Der Reichstag und die Vereinigten Staaten in
der Wilhelminischen Epoche (1895-1914)

Zivilisationen & Geschichte

Herausgegeben von
Ina Ulrike Paul und Uwe Puschner

Band 82

*Zu Qualitätssicherung und Peer Review
der vorliegenden Publikation*

Die Qualität der in dieser Reihe
erscheinenden Arbeiten wird vor
der Publikation durch
einen Herausgeber der Reihe geprüft.

*Notes on the quality assurance and
peer review of this publication*

Prior to publication, the quality of
the work published in this series
is reviewed by one of
the editors of the series.

Markus Hiltl

Der Reichstag und die Vereinigten Staaten in der Wilhelminischen Epoche (1895-1914)

PETER LANG

Berlin - Lausanne - Bruxelles - Chennai - New York - Oxford

Bibliografische Information der Deutschen Nationalbibliothek
Die Deutsche Nationalbibliothek verzeichnet diese Publikation
in der Deutschen Nationalbibliografie; detaillierte bibliografische
Daten sind im Internet über http://dnb.d-nb.de abrufbar.

Zugl.: München, Univ., Diss., 2022

Umschlagabbildung:
Mitglieder des Reichstags im Sitzungssaal, um 1889;
Bundesarchiv, Bild 116-121-007 / Fotograf: Julius Braatz

D 19
ISSN 1867-092X
ISBN 978-3-631-90253-0
E-ISBN 978-3-631-90972-0
E-ISBN 978-3-631-90973-7
DOI 10.3726/b21263

© 2023 Peter Lang Group AG, Lausanne

Verlegt durch: Peter Lang GmbH, Berlin, Deutschland

info@peterlang.com http://www.peterlang.com/

Für Frau Franziska Beier (1901 - 1991)

Summary

The book is based on an analysis of the political speeches of members of the Reichstag, the German parliament, from 1895 to 1914, from the perspective of cross-country and transnational history. The study is rooted in the desire to understand how, at the turn of the twentieth century, the emergence of two powers on either side of the Atlantic: the United States and the 'German Empire' (1871-1918), influenced the political agenda of a group of actors generally considered to be 'subordinate': the members of the Reichstag. They used their position in an institution that was important for both economic and social equilibrium to change norms, such as the constitutional balance of power between the executive and legislative branches, and to move the Wilhelmine regime towards greater separation of these powers.

This approach is in line with the changes that have taken place in recent decades in the transnational history of political discourse. From 1890 onwards, the German Empire and the United States experienced similar economic and social development, revealing both a 'race to modernity' and attempts at rapprochement as a result of these parallel developments. In political terms, too, there are many parallels: issues of naval armaments, global political expansion and growing social differentiation all concerned both countries.

This study analyses the way in which members of the Reichstag appropriated the theme of the Empire's relationship with the United States, in order to gain a better understanding of how this assembly came to occupy an increasingly important place in the institutional functioning, as well as in the commercial and economic considerations and political debates that contributed to the transformation of the German Empire, which, like its neighbours, was engaged in a process of democratisation, parliamentarisation and enlargement of the public sphere, linked in particular to the rise of the press.

The Reichstag remains a largely underestimated institution of the Empire, yet it played an essential role in the informal, rational and systemic development and change from constitutionalism to parliamentarianism under the Empire.

This institution remains a controversial subject in historiography, one that can give rise to extreme interpretations.

It is necessary, however, to understand more precisely the role played by Parliament beyond the functions assigned to it by the Constitution. Although this study seems to lean towards an optimistic view, its main aim was to examine the debates in the Reichstag in greater detail, and to analyse them impartially and objectively. In a way, it was a question of taking a closer look at the engine room of the legislative power in order to see how people spoke, what subjects were dealt with and how, who spoke, what the tone was, how the MPs reacted to the speeches and how they behaved towards the representatives of the executive. The study therefore focuses not only on the oral text, but also on the paratext recorded in the minutes (interjections, reactions from Parliament, spontaneous reactions from speakers).

From the outset, it is worth emphasising the exceptional nature of the source used for this work. The stenographic records of the Reichstag are a special source, in other words, a hybrid: they fall somewhere between the written and the oral, which makes them exceptional material for the historian. By analysing tone, rhetorical figures of speech, vocabulary and sentence structure, the paratextual analysis of Parliament's reaction also allows conclusions to be drawn about the indirect, underlying and perhaps real intentions and objectives of the MPs.

The minutes give a direct and relatively accurate impression of the speeches. The ironic tone, for example, which is characteristic of critical societies and therefore in the process of democratisation, stands out in particular and enabled the deputies to portray themselves as superior to the executive. This immediately brings us back to another characteristic of the Reichstag debates and their archiving as stenographic reports: thanks to the public nature of the debates, the Reichstag was like a theatre stage. And this stage could be used for many purposes: arguments could be aired, a certain image could be constructed, and, as is often the case with MPs' speeches, a perlocutionary attempt could be made to challenge and alter hierarchies. The new elite represented in Parliament could demonstrate their skills and their social networks and links, and challenge the authority of the old elite, or even the monarchy, with impunity, thereby shaking up all the underlying social structures. Social power relations were reflected, renegotiated and rebalanced on this stage, and informal parliamentarisation progressed steadily. Not least because the "concept of the centre", so important for the future Federal Republic, of the balance between right-wing and left-wing positions, was at that time taking shape and moving towards a bipartite pattern, with a dominant camp on the right (conservatives and national liberals) and on the left (SPD and left liberals).

This research shows that the Reichstag debates on topics related to the United States provided an opportunity to analyse and highlight the role of parliament in the process of increasing democratic participation and the extension, at least informally, of parliament's rights. The theme of parliamentarisation proved to be the real subject of the work, an issue which, according to Oliver Haardt, constitutes "one of the most controversial aspects of the political history of the Empire, if not the most controversial: the alleged parliamentarisation of imperial power". In economic and social matters, the Reich leadership was also subject to pressure from the Reichstag. When it came to economic issues, the deputies were often not only highly competent. They also often had a strong personal interest in particular economic decisions, for example for or against free trade. They were also directly elected members of parliament, who had to keep the economic interests of their electoral clientele in mind, and even represent them. In a way, it could be said that the MPs, who were certainly required to defend the interests of the people as a whole and who sometimes stressed this strongly, were lobbying within Parliament. The growing importance of the economy thus contributed to strengthening the role of the Reichstag and forcing the Reich Government to share competences and take account of the majority opinion of the Reichstag.

Finally, a closer analysis of the Reichstag's debates on issues relating to the United States not only provides a better understanding of the institutional development of the Reichstag within the constitutional structure of the Empire. It also allows us to better grasp the increasing differentiation and complexity of society through the deputies and their language as well as their areas of interest before the catastrophe of the First World War. It is therefore not only a cultural history of politics, but also a cultural history of political actors.

Résumé

Le livre repose sur une analyse des discours politiques des députés du Reichstag, le parlement allemand, des années 1895 à 1914, dans une perspective d'histoire croisée et transnationale. L'étude prend sa source dans la volonté de comprendre comment, au tournant du XXe siècle, l'émergence de deux puissances de part et d'autre de l'Atlantique: les ÉtatsUnis et l'« Empire allemand » (1871-1918), influence l'agenda politique d'un groupe d'acteurs généralement considérés comme « subalternes »: les députés du Reichstag. Ces derniers font usage de leur position, au sein d'une institution importante pour l'équilibre autant économique que social, pour modifier les normes, par exemple les rapports de force constitutionnels entre pouvoir exécutif et pouvoir législatif, et amener le régime wilhelminien vers une plus séparation croissante de ces pouvoirs.

La démarche s'inscrit en effet dans les renouvellements qui ont concerné ces dernières décennies l'histoire transnationale des discours politiques. À partir de 1890, l'Empire allemand et les États-Unis ont connu un développement économique et social similaire, qui laisse apparaître à la fois une « course à la modernité » et des tentatives de rapprochement dues à ces évolutions parallèles. Sur le plan politique, aussi, de nombreux parallèles s'imposent: les questions d'armement naval, l'expansion politique mondiale ou la différenciation sociale croissante concernaient les deux pays.

La présente étude consiste en une analyse de la manière dont les députés du Reichstag s'approprièrent le thème de la relation de l'Empire avec les États-Unis, afin de mieux comprendre comment cette assemblée parvint à occuper une place croissante dans le fonctionnement institutionnel, ainsi que dans les réflexions de nature commerciale, économique, et les débats politiques qui contribuèrent à la transformation de l'Empire allemand, engagé comme ses voisins dans des dynamiques de démocratisation, de parlementarisation et d'élargissement de la sphère publique liée notamment à l'essor de la presse.

Le Reichstag demeure une institution largement sous-estimée de l'Empire, mais il a pourtant joué un rôle essentiel dans le développement et le changement informels, rationnels et systémiques, de la constitution vers le parlementarisme, sous l'Empire.

Cette institution demeure un sujet de controverse dans l'historiographie, un sujet qui peut donner lieu à des interprétations extrêmes.

Or, il est nécessaire de comprendre plus précisément le rôle que jouait le Parlement au-delà des fonctions que lui assignait la Constitution. Même si la présente étude semble plutôt pencher vers une vision optimiste, son objectif principal était d'examiner plus en détail les débats au Reichstag, de les analyser de manière impartiale et objective. Il s'agissait en quelque sorte de s'intéresser de plus près à la salle des machines du pouvoir législatif afin de voir comment on parlait, quels sujets étaient traités et de quelle manière, qui parlait, quel était le ton, comment les députés réagissaient aux interventions et comment ils se comportaient face aux représentants de l'exécutif. L'étude s'intéresse donc non seulement au texte oral, mais aussi au paratexte noté par le procès-verbal (interjections, réactions du Parlement, réactions spontanées des orateurs).

D'emblée, il convient de souligner le caractère exceptionnel de la source utilisée pour ce travail. En effet, les comptes rendus sténographiques du Reichstag sont une source particulière, c'est à-dire hybride: elle se situe entre l'écrit et l'oral, ce qui en fait un matériau exceptionnel pour l'historien. Par le biais de l'analyse du ton, des figures de style rhétoriques, du vocabulaire utilisé, des structures de phrases, l'analyse paratextuelle de la réaction du Parlement permet également de tirer des conclusions sur les intentions et les objectifs indirects, sous-jacents, peut-être réels, des députés. Les comptes rendus donnent une impression directe et relativement fidèle des discours. Le ton ironique, par exemple, caractéristique des sociétés critiques et donc en voie de démocratisation, ressort particulièrement et a permis aux députés de se mettre en scène comme étant supérieurs au pouvoir exécutif. Cela renvoie immédiatement à une autre caractéristique des débats du Reichstag et de leur archivage en tant que rapports sténographiques: grâce à la publicité des débats, le Reichstag était comme une scène de théâtre. Et cette scène pouvait être utilisée à de nombreuses fins: on pouvait diffuser ses arguments, on pouvait construire une certaine image, on pouvait, comme souvent dans le cas des interventions des députés, tenter perlocutoirement de remettre en question et de modifier les hiérarchies. La nouvelle élite représentée au Parlement pouvait témoigner de ses compétences et de ses réseaux et liens sociaux, elle pouvait défier impunément l'autorité de l'ancienne élite, voire de la monarchie, et ainsi faire vaciller l'ensemble des structures sociales profondes. Les rapports de force sociaux étaient reflétés, renégociés et rééquilibrés sur cette scène, la parlementarisation informelle progressait sans cesse. Notamment parce que la « conception du centre », si importante pour la future République fédérale, de l'équilibre entre les positions de droite et de gauche, était, à l'époque en train de se dessiner et de se diriger vers un schéma bipartite, avec un camp dominant à droite (conservateurs et nationaux-libéraux) et à gauche (SPD et libéraux de gauche).

Cette recherche fait apparaître que les débats du Reichstag sur des thèmes liés aux États-Unis permettaient d'analyser et de mettre en évidence le rôle du Parlement dans le processus de participation démocratique croissante et l'extension, du moins informelle, des droits du Parlement. Le thème de la parlementarisation s'est révélé être le véritable sujet du travail, une question qui, selon Oliver Haardt, constitue « l'un des aspects les plus controversés de l'histoire politique de l'Empire, si ce n'est le plus controversé; la prétendue parlementarisation du pouvoir impérial ». Pour les questions économiques et sociales, la direction du Reich était également soumise à la pression du Reichstag. Concernant les questions économiques, les députés n'avaient pas seulement très souvent une forte compétence. Ils avaient aussi souvent un intérêt personnel fort dans des décisions économiques particulières, par exemple pour ou contre le libre-échange. Ils étaient également des députés élus au suffrage universel direct, qui devaient garder à l'esprit les intérêts économiques de leur clientèle électorale, voire les représenter. D'une certaine manière, on peut dire que les députés, qui étaient certes tenus de défendre les intérêts de l'ensemble du peuple et qui le soulignaient parfois fortement, faisaient du lobbying au sein du Parlement. L'importance croissante de l'économie a donc contribué à renforcer le rôle du Reichstag et à contraindre le gouvernement du Reich à partager les compétences et à tenir compte de l'opinion majoritaire du Reichstag.

Enfin, l'analyse plus précise des débats du Reichstag sur les thèmes liés aux États-Unis ne permet pas seulement de mieux comprendre l'évolution institutionnelle du Reichstag dans la structure constitutionnelle de l'Empire. Elle permet également de mieux saisir la différenciation et la complexité croissantes de la société à travers les députés et leur langage ainsi que leurs domaines d'intérêt avant la catastrophe de la Première Guerre mondiale. Il s'agit donc d'une histoire culturelle du politique mais aussi d'une histoire culturelle des acteurs politiques.

Inhaltsverzeichnis

Abkürzungen

AA	Auswärtiges Amt
BdI	Bund der Industriellen
BdL	Bund der Landwirte
BHStA	Bayerisches Hauptstaatsarchiv
CDI	Centralverband deutscher Industrieller
DHPG	Deutschen Handels- und Plantagengesellschaft
DK	Deutschkonservative Partei
FVg	Freisinnige Vereinigung
FVp	Freisinnige Volkspartei
FVP	Fortschrittliche Volkspartei
GP	Die Große Politik der Europäischen Kabinette
Leg.-Periode	Legislaturperiode
NLP	Nationalliberale Partei
RV	Reichsverfassung
Stg. Berichte	Stenografische Berichte
Z	Zentrum

"A German writer [Hans Delbrück] has said recently, In Germany we hold a strong independent Government, assisted by a democratic Parliament, to be a better scheme than the continual change of party rule customary in England."

T. Mahan

1. Einleitung

Zu Ende des 19. Jahrhunderts entstanden auf beiden Seiten des Atlantiks zwei neue Großmächte: Die Vereinigten Staaten von Amerika und das Deutsche Reich (1871–1918, dessen Geschichte offiziell am 18. Januar 1871 im Spiegelsaal von Versailles ihren Anfang genommen hatte). Während es in der Bismarckzeit zwischen Deutschland und den USA noch relativ wenig Reibeflächen gab, änderte sich dies im Laufe der Wilhelminischen Epoche.[1]

Als Zäsur in den bilateralen Beziehungen zu den USA kann man die Jahre ab dem Spanisch-Amerikanischen Krieg 1898[2] bis zur zweiten Venezuelakrise 1902/03 sehen. Wenn man die sozialen, wirtschaftlichen und politischen Entwicklungen in den USA und im Deutschen Reich in den Jahren nach 1890 betrachtet, kann man somit sowohl einen „Wettlauf um die Moderne"[3] dieser Entwicklungen als auch Annäherungsversuche auf Grund der Parallelitäten erkennen.[4] Der amerikanische

---

1   Andrew White, amerikanischer Gesandter (1879–1881) und Botschafter in Berlin (1897–1903), gibt in seinen Memoiren „Aus meinem Diplomatenleben" interessante Einblicke in das deutsch-amerikanische Verhältnis. Dabei wird deutlich, dass die Beziehungen bis in die 1890er Jahre hinein durchaus sehr freundschaftlich waren. Gerade Reichskanzler Otto von Bismarck genoss in den USA einen ausgezeichneten Ruf. Siehe dazu: Andrew WHITE, Aus Meinem Diplomatenleben, Verlag Voigtländer, Leipzig 1906. Deutschland wurde zudem nicht als Konkurrent gesehen und die Tatsache, dass Preußen unter Friedrich dem Großen im Jahre 1785 als erste Macht mit den USA nach dem Unabhängigkeitskrieg einen Freundschafts- und Handelsvertrag geschlossen hatte und im amerikanischen Bürgerkrieg die Union unterstützt hatte, spielte für die beiderseitigen Beziehungen lange Zeit eine wichtige Rolle.

2   Eine wichtige Arbeit zur Expansionspolitik zwischen den USA und Deutschland in der Zeit des spanisch-amerikanischen Krieges stellt das Werk von Olli KAIKKONEN, Deutschland und die Expansionspolitik der USA in den 1890er Jahren des 19. Jahrhunderts, Jyväskylän Yliopisto, Jyväskälä 1980, dar. Darin analysierte er in einem vergleichenden Ansatz in der Hauptsache zum einen die Akten des von ihm so bezeichneten „offiziellen" Deutschlands, also vor allem die des Auswärtigen Amts, zum anderen die des „inoffiziellen" Deutschlands, also Zeitungen und Zeitschriften.

3   Christoph MAUCH und Kiran PATEL (Hg.), Wettlauf um die Moderne. Die USA und Deutschland 1890 bis heute, Pantheon Verlag, München 2008; Mary NOLAN, Visions of Modernity: American Business and the Modernization of Germany, Oxford University Press, New York 1994; Peter FRITZSCHE, Reading Berlin 1900, Harvard University Press, Cambridge Mass. 1996.

4   Daniel T. RODGERS, Atlantic Crossing: Social Politics in a Progressive Age, Cambridge, Mass. 1998; Paul NOLTE, Effizienz oder „self-governement"? Amerikanische Wahrnehmungen deutscher Städte und das Problem der Demokratie 1900 bis 1930,

Journalist und Historiker Henry Adams machte dazu in einem Brief folgende
Beobachtung: „*Nothing is more curious to me than the sudden change of our national
susceptibilities. Down to 1898 our bête noire was England. Now we pay little or no at-
tention to England, we seem to regard her as our property; but we are ridiculous about
Germany. The idea of a wretched little power like Germany, with no coast, no colonies
and no coal, attacking us, seems to me too absurd for a thought, but Cabot and Theodore and the Senate and Moody seem to have it on brain.*"[5]

In einer wichtigen Studie hat Marek Czaja[6] die Sicht der Reichstagsparteien
zwischen 1898 und 1903 auf die USA untersucht. Er hat dabei den Schwerpunkt auf
die wirtschaftlichen und imperialistischen Fragen gelegt. Ziel seiner Arbeit war es,
eine Bestandsaufnahme der Sichtweisen der verschiedenen Reichstagsparteien auf
die USA zu erstellen, kurz gesagt, eine Geschichte der Wahrnehmungen.

In der vorliegenden Arbeit ist das Ziel nun ein wesentlich anderes. Themen,
die die Vereinigten Staaten im Allgemeinen und die Beziehungen des Kaiserreichs
zu den Vereinigten Staaten von Amerika im Besonderen betrafen, standen zwischen der Außen- und Innenpolitik und stellten einen „geeigneten Ansatzpunkt
zu parlamentarischen Eingriffen"[7] und zu dem damit verbundenen Versuch des
Reichstags dar, seine verfassungsmäßig begrenzten Kompetenzen auszuweiten.
Durch eine Analyse der Art und Weise also, wie sich der Reichstag das Thema
der Beziehungen des Reiches zu den Vereinigten Staaten zu eigen machte, soll
ein besseres Verständnis erreicht werden, wie es ihm gelang, einen immer wichtigeren Platz in der institutionellen Funktionsweise – zumindest als Korrektiv des
Regierungshandelns – sowie in den Überlegungen kommerzieller und wirtschaftlicher Art und in den politischen Debatten einzunehmen. Es geht in der Arbeit
also nicht darum, eine Geschichte der Beziehungen zwischen dem Kaiserreich und
den Vereinigten Staaten zu schreiben oder gar eine Geschichte der USA zu verfassen, sondern es soll versucht werden, einen Beitrag zur Parlamentsgeschichte
zu leisten, indem Aspekte der Verflechtung von Innen- und Außenpolitik und die

---

in: Die Alte Stadt, Bd. 15, 1988, S. 261–288. Beide Werke zitiert in NOLTE, Transatlantische Ambivalenzen, S. XI, Anm. 5.

5   Henry Adams an Elisabeth Cameron, 22. März 1903, zitiert nach: Erik GRIMMER-
SOLEM, Learning Empire: Globalization and the German Quest for World Status
1875–1914, Cambridge University Press, New York 2019, S. 316.

6   Marek CZAJA, Die USA und ihr Aufstieg zur Weltmacht um die Jahrhundertwende: Die Amerikaperzeption der Parteien im Kaiserreich, Duncker & Humblot,
Berlin 2006.

7   Winfried BAUMGART, Deutschland im Zeitalter des Imperialismus 1890–1914.
Grundkräfte, Thesen und Strukturen, Mainz [5]1986, S. 120, zit. nach Maria-Theresia
SCHWARZ, „Je weniger Afrika, desto besser". Die deutsche Kolonialismuskritik am
Ende des 19. Jahrhunderts: Eine Untersuchung zur kolonialen Haltung von Linksli-
beralismus und Sozialdemokratie, Peter Lang Verlag, Frankfurt am Main 1999, S. 308.

Instrumentalisierung dieser Beziehung und Fragen durch die Parlamentarier aufgezeigt werden.[8] Diese Auseinandersetzung der Parlamentarier mit Fragen also, die die Vereinigten Staaten und/oder ihre Beziehungen mit dem Kaiserreich betrafen, trugen zu einer Transformation des Deutschen Reiches bei, das den Tendenzen der Zeit entsprechend in die Dynamiken der Demokratisierung, der Parlamentarisierung und der Erweiterung der öffentlichen Sphäre, die insbesondere mit dem Aufschwung der Presse verbunden war, einbezogen war. Und obwohl das Parlament keine formelle Kompetenzausweitung in außenpolitischen Fragen erreichte, so wurde doch informell eine größere parlamentarische Mitwirkung an außenpolitischen Entscheidungen erzielt. Der Abgeordnete und Vorsitzende der linksliberalen Freisinnigen Volkspartei Eugen Richter hatte dazu in Bezug auf die Kolonialpolitik erklärt, dass die Möglichkeit, im Reichstag Kritik zu äußern, „abschreckend wirken kann auf Exzesse und Rechtswidrigkeiten."[9] Um nun diese Entwicklungen genauer zu verstehen, ist es zunächst notwendig, sich mit einer Reihe von Vorannahmen auseinanderzusetzen, die nach wie vor auf der Geschichtsschreibung dieses Reiches lasten, nämlich mit seinen verfassungsrechtlichen Grundlagen und mit seiner Fähigkeit – oder gar Unfähigkeit –, an der Wende zur „Moderne" teilzunehmen. An dieser Stelle ist es dem Verfasser wichtig zu betonen, dass weder eine Anklage noch eine Verteidigung des Kaiserreichs im erkenntnistheoretischen Interesse dieser Untersuchung liegt und dass der Verfasser sich der Gefahren, der möglichen Missverständnisse und der zu erwartenden polemischen Angriffe angesichts eines weiterhin so emotionalisierten Themas bewusst ist.[10]

Die verfassungsrechtliche Bezeichnung Deutsches Reich war gemeinsam vom Reichstag des Norddeutschen Bundes und mit den süddeutschen Staaten am 10./11. Dezember 1870 beschlossen worden, und die Geschichte dieses Gebildes nahm offiziell am 18. Januar 1871 durch die Kaiserproklamation im Spiegelsaal von Versailles ihren Anfang, nachdem der bayerische König Ludwig II. Im Namen der deutschen Fürsten am 18. Dezember 1870 dem preußischen König die deutsche Kaiserwürde angetragen hatte. Der preußische König sollte als „Deutscher Kaiser" oberstes Organ dieses Gebildes sein.[11] Dieses Gebilde bestand aus 25 Mitgliedstaaten, die sich im Bundesrat 58 Stimmen teilten. Allerdings verfügte Preußen mit 17 Stimmen über eine große Entscheidungsmacht, der gegenüber vor allem die 17 Kleinstaaten mit nur einer Stimme deutlich unterlegen waren. Im Vergleich zum Alten Reich[12] war die Verfassung Deutschlands, das sich nun auf seinen deutschsprachigen Kern

---

8   Einen ähnlichen Ansatz verfolgte Maria-Theresia Schwarz in ihrem Werk: Schwarz, „Je weniger Afrika, desto besser", S. 19–20.

9   Zitiert nach Schwarz, „Je weniger Afrika, desto besser", S. 313, Anm. 42.

10   In Anlehnung an Schwarz, „Je weniger Afrika, desto besser", S. 23.

11   Deutsche Geschichte in Quellen und Darstellungen 7: Vom Deutschen Bund zum Kaiserreich 1815–1871, Reclam, Stuttgart 2003, S. 467.

12   Das Heilige Römische Reich deutscher Nation wird in der Historiographie als Altes Reich bezeichnet.

konzentrierte, also weit zentralistischer angelegt, wenngleich auch das Deutsche
Reich stark föderalistisch geprägt blieb. Am 26. April 1871 hatte der im März 1871
gewählte erste Reichstag schließlich diese neue Verfassung angenommen. Damit
war der Staatsbildungsprozess abgeschlossen.

In der folgenden Studie soll nun der Reichstag, dem Historiker Hans Fenske
zufolge eine weit unterschätzte Institution des Kaiserreiches,[13] diese beinahe „ver-
gessene Institutionen,"[14] die jedoch bei der rationalen und systemisch evolutionären[15] informellen Entwicklung und Veränderung der Verfassung hin zu einem
Parlamentarismus im Laufe des Kaiserreichs wesentlich beteiligt war, in den Fokus
gerückt werden. Denn „wie stark auch immer in Verfassungsrecht und Verfassungswirklichkeit des Bismarckschen Reichs die traditionellen Momente geblieben sein mögen. [...]. Das eigentlich epochemachende war doch der Übergang
zum bürgerlichen Repräsentativsystem."[16] In der Tat lässt sich in der jüngsten For-
schungsliteratur ein erwachtes Interesse am Parlament feststellen. Oliver Haardt
etwa widmet in seinem Werk *Bismarcks ewiger Bund* dem „Aufstieg des Reichstags" ein ausführliches Unterkapitel.[17] Die genaue Untersuchung der Reichstagsdebatten zu Themen mit USA-Bezug lässt die Zeit nach 1895 in einem gewissen
Kontinuum in Hinblick zunehmender Demokratisierung und Parlamentarisierung
escheinen, welche im Grunde mit dem Regierungsantritt Wilhelms II. und dem
„Neuen Kurs" eingeschlagen wurde und wohl eingeschlagen werden musste. Ein
vom Historiker Wolfram Pyta anlässlich des 30. Jahrstages der Entscheidung,
den Sitz des Parlaments und der Regierung des wiedervereinigten Deutschlands
in Berlin anzusiedeln, in der FAZ veröffentlichte Artikel, welcher dafür eintrat,
die parlamentarischen Traditionslinien Deutschlands bis ins Kaiserreich zurück-
zuverfolgen und den Parlamentarismus Deutschlands dort grundgelegt zu sehen,
bezeugt die Aktualität und auch Brisanz der Fragestellung: Sie ist in der Historiographie weiterhin ein Streitpunkt.[18]

---

13 Hans Fenske, Auf dem Weg zur Demokratie: Das Streben nach deutscher Einheit
    1792–1871, Reinbeck, Lau 2018.
14 Siehe dazu: Die „vergessenen" Institutionen: Eine Analyse der Institutionen im par-
    lamentarischen Regierungssystem der Bundesrepublik Deutschland, hg. von Konrad-
    Adenauer-Stiftung, Verlag Ernst Knoth, Melle 1979.
15 Niklas Luhmann, Verfassung als evolutionäre Errungenschaft, Rechtshistorisches
    Journal 1990, S. 177–220.
16 Ernst Rudolf Huber, Die Bismarcksche Reichsverfassung im Zusammenhang der
    deutschen Verfassungsgeschichte, in: Reichsgründung 1870/1871: Tatsachen, Kon-
    troversen, Interpretationen, hg. von Theodor Schieund Ernst Deuerlein, Seewald
    Verlag, Stuttgart 1970, S. 164 -196, hier S. 177.
17 Vgl. dazu: Oliver R. Haardt, Bismarcks ewiger Bund; Eine neue Geschichte des
    Deutschen Kaiserreichs, Wbg./Theiss Verlag, Darmstadt 2020, S. 391–603.
18 Wolfram Pyta, Das Symbol: Wie der Bundestag den Reichstag verhüllte, in FAZ,
    Donnerstag, 17. Juni 2021, S. 6.

Marcus Kreuzer hatte nach vielen Jahrzehnten einer, wie es Haardt schreibt, „ziemlich undurchsichtigen Debatte über die Parlamentarisierung des Reichs [...] etwas Ordnung in dieses Wirrwarr gebracht"[19]. Kreuzer teilte die Historiker dabei in drei Gruppen ein: die Optimisten, die Pessimisten und die Skeptiker. Zu ersteren zählte er Manfred Rauh, Thomas Nipperdey, Christoph Schönberger oder Ernst-Wolfgang Böckenförde. Auch Paul Nolte kann man wohl dazu zählen.[20] Hans-Ulrich Wehler, Heinrich August Winkler und Volker R. Berghahn ordnete er den Pessimisten zu und Gerhard A. Ritter oder David Blackbourn den Skeptikern.[21] Insgesamt lässt sich jedoch eine erhebliche Unbeweglichkeit der historischen Debatte feststellen, die weiterhin fortzuwirken scheint. So gehen selbst eher optimistische Historiker wie Eckhart Conze, wie es Ewald Frie in seiner Rezension schrieb, über bereits von ihnen gemachte Erkenntnisse wieder zurück, um schließlich doch ihre pessimistische Sichtweise zu vertreten.[22] Die Beiträge der Historikerin Hedwig Richter[23] hingegen werden als viel zu optimistisch betrachtet und von weiten Teilen der etablierten Zunft grundsätzlich abgelehnt. Auch Christoph Nonn kommt trotz einer im allgemeinen recht optimistischen Sicht auf die sozialen und politischen Verhältnisse im Kaiserreich im Vergleich zu Großbritannien, Frankreich oder den USA[24] letztendlich wieder zu einem negativen Schluss aufgrund der fehlenden Parlamentarisierung, wie wir sie uns heute vorstellen. Der Prozesscharakter der Parlamentarisierung, wie es bereits das Suffix ausdrückt, wird immer wieder vergessen, nicht beachtet und es scheint eine Obsession für einen nicht vorhanden Status quo zu geben, die im Grunde auf eine Verkennung historischer Abläufe gründet. Verlaufen geschichtliche Veränderungen denn nicht meist nach dem Prinzip eines Aufbauens von Druck in eine bestimmte Richtung, der sich erst im günstigen Moment, im Kairos entladen kann?[25] Und verlief die Geschichte des

---

19   Ibid. S. 406.

20   Vgl. etwa Paul NOLTE, Transatlantische Ambivalenzen: Studien zur Sozial- und Ideengeschichte des 18. bis 20. Jahrhunderts, De Gruyter Oldenbourg, München 2014.

21   Marcus KREUZER, Und sie parlamentarisierte sich doch: Die Verfassungsordnung des Kaiserreichs in vergleichender Perspektive: in: Parlamentarismus in Europa: Deutschland, England, Frankreich im Vergleich, hg. von Marie-Luise RECKER, Oldenbourg Wissenschaftsverlag, München 2004, S. 17–41.

22   Ewald FRIE, Rausch und Nation: Neuerscheinungen zum 150. Jubiläum der Reichsgründung, Historische Zeitschrift, Bd. 313, 2021/3, De Gruyter Oldenbourg, S. 695–714, hier S. 711: Rezension des Buches von Eckart CONZE, Schatten des Kaiserreichs.

23   So etwa ihr Buch: Hedwig RICHTER, Demokratie, eine deutsche Affäre: Vom 18. Jahrhundert bis zur Gegenwart, C.H. Beck, München 2020.

24   Christoph NONN, 12 Tage und ein halbes Jahrhundert: Eine Geschichte des Deutschen Kaiserreichs 1871–1918, C.H. Beck, München 2020, S. 514–515.

25   Immanuel WALLERSTEIN, The Inventions of TimeSpace: Realities: Towards an Understanding of our Historical Systems, in: Geography, Bd. 73, Nr. 4, Oktober 1988, S. 289–297, hier S. 295–296: *„But real change, fundamental change, structural change*

Kaiserreichs nicht so? Statt den Prozesscharakter zu sehen, das Aufbauen von
Druck, das Aufstauen bestimmter demokratisch-parlamentarischer Erregungen
wird *ceterum censeo* gleich am Schluss der meisten Studien und Beiträge zum Kaiserreich das Mantra wiederholt: Und eine parlamentarische Demokratie war es
nicht. Dies führt zu einer relativen Verkrustung der Debatte und sie mag zurück-
gehen auf eine seit den 1970er Jahren bis erst in die jüngste Zeit weitgehende
Einstellung empirischer Forschung zum Reichstag und zur Parlamentarisierung.
Es ist deshalb sehr zu begrüßen, wenn sich die Forschung nun für das Leben der
Reichstagsabgeordneten eingehender interessieren, um dadurch besser einordnen
zu können, wie der Umgang der Parlamentarier untereinander war, welche informellen Beziehungen es gab, wie sich die Gruppe der Reichstagsabgeordneten herausbildete. Denn noch herrscht zumindest außerhalb eines relativ kleinen Zirkels
weiterhin eine „pessimistische" Sicht auf den persönlichen Umgang der Parlamentarier untereinander vor. Diese Forschung würde mithin stark helfen, genauer zu
verstehen, welche Rolle das Parlament trotz der Verfassung spielte. Wenngleich
nun die vorliegende Studie wohl eher einer optimistischen Sichtweise zugeneigt
erscheint, so war es doch das Hauptanliegen, die Debatten im Reichstag eingehender zu untersuchen, sie unvoreingenommen und objektiv zu analysieren. Es sollte
sozusagen in den Maschinenraum der Legislative geblickt werden, um zu sehen,
wie gesprochen wurde, welche Themen auf welche Weise behandelt wurden, wer
sprach, wie der Ton war, wie die Abgeordneten auf Redebeiträge reagierten und
wie sie sich gegenüber den Vertretern der Exekutive verhielten. Die Studie interessiert sich somit nicht nur für den Sprechtext, sondern auch für den vom Protokoll
notierten Paratext (Zwischenrufe, Reaktionen des Parlaments, spontane Reaktionen der Redner).

Grundsätzlich stehen zu dem Themenkomplex Parlamentarisierung und Demokratisierung häufig zwei antagonistische Positionen gegenüber: Einmal der
Gedanke, dass die Demokratie und der Parlamentarismus im modernen Sinne aus
dem Wechselspiel von Gewaltandrohung von unten und deren reformistischen
Einhegen von oben resultieren. Dann die Sichtweise, dass demokratische Teilhabe nicht von außen und über Druck auf die Herrschenden erzeugt worden ist,
sondern von den Herrschenden wegen innerer Zwänge eines parlamentarischen

---

*does of course occur. [...] The tension between the cyclical rhythms and the secular trends
is the defining characteristic of a geohistorical social system. [...] It is when demise is in
that a system is in crisis, and must therefore be in a transition to something else. This
is the 'right time' and of course the 'right place' to which the concept of kairos refers.
[...] People resist fundamental moral choice. [...] Suppose that the contradictions of the
system are so fully developed that we find ourselves in a systemic crisis. [...] Unfortu-
nately, kairos is the TimeSpace of human choice. It is the rare moment when free will is
possible. It is the Time Space where [...] 'cascading bifurcations' ensure the 'transition
to chaos', and out of this chaos, a new but not easily predictable order will emerge."*

Systems aus utilitaristischen, herrschaftspraktischen Überlegungen und konkreten Notwendigkeiten ausgeweitet wurde.[26] Aus den Untersuchungen der vorliegenden Studie ergab sich hingegen die Einsicht, dass sich Demokratisierung und Parlamentarisierung gegenseitig verstärkten, beeinflussten und bedingten. Ohne das Fazit der Studie vorwegnehmen zu wollen, ergab sich das Bild der Geschichte des Deutschen Reichs als einer Staatsform auf dem langen Weg einer „informellen" Parlamentarisierung – die Wahl des Attributs soll weiter unten genauer erklärt werden– vor dem Hintergrund der voranschreitenden Demokratisierung. Es soll also, um noch einmal mit Haardt zu sprechen, untersucht werden, „wie sich die Rolle des Reichstags im Zuge [...] des allgemeinen Wandels [...] veränderte"[27]. Es handelt sich hier somit um eine Institutionengeschichte, die jedoch die Rolle der individuellen Akteure und ihre Integration und Einbettung in die Zeit nicht vernachlässigen möchte. Die Studie versucht dabei eine Verbindung von strukturgeschichtlicher mit einer kulturgeschichtlichen, ethnografischen und mikrogeschichtlichen Herangehensweise[28]. Sie folgt der Überlegung, dass sich für die Forschung „ein überaus interessantes Arbeitsfeld" öffnen würde, „würde sie versuchen, auch die Schaltzentralen der Macht – Regierung, Parlament, Fraktionen u.a. – der kulturgeschichtlichen Erweiterung des Faches zu öffnen".[29]

1.1. Die historiographische Sicht auf das Kaiserreich

Das Kaiserreich, wie es hier abwechselnd mit Deutsches Reich bezeichnet werden soll, stellt für die neuere deutsche Geschichte seit dem Ende des Alten Reichs im Jahre 1806 eine sehr wichtige und einschneidende Epoche dar, denn es „war im Übergang vom frühmodernen zum hochmodernen Staat begriffen."[30] Die beiden Fundamentalprozesse des 19. Jahrhunderts in Deutschland waren Nationalisierung und Demokratisierung bzw. Konstitutionalisierung. Diese beiden Prozesse waren die Triebfedern für die weitere politische Entwicklung Deutschlands, die im Grunde bis zur Gründung der Bundesrepublik 1949 und eigentlich bis zur Wiedervereinigung 1990 andauerten. Diesen Prozessen gemäß strebten die Deutschen

---

26 Vgl. Ute DANIEL, Postheroische Demokratiegeschichte, Verlag Hamburger Edition, Hamburg 2020.

27 HAARDT, Ewiger Bund, S. 408.

28 Carlo GINZBURG, Der Käse und die Würmer: Die Welt eines Müllers um 1600, übers. v. Karl F. Hauber. Syndikat, Frankfurt am Main 1979.

29 Thoma KÜHNE, Das Deutsche Kaiserreich 1871–1918 und seine politische Kultur. Demokratisierung, Segmentierung, Militarisierung, in: Neue Politische Literatur, Bd. 43, 1998, S. 206–263, hier S. 249.

30 Sebastian DIECKMANN, Handlungsspielräume des Reichstags im späten Deutschen Kaiserreich. Exemplarisch dargelegt am Beispiel der Zabernaffäre 1913/14, GRIN Verlag, München 1999, S. 5.

nach der Französischen Revolution und den Niederlagen in den Napoleonischen Kriegen einen konstitutionellen, national geeinten Staat an. Dieser erschien vielen Zeitgenossen nur in einem starken Nationalstaat nach französischem oder britischem Muster, die das Ideal darstellten, verwirklichbar. Das aus der Durchsetzung der kleindeutschen Lösung über den Norddeutschen Bund im Jahr 1871 gegründete Deutsche Reich sollte im Laufe der Jahrzehnte versuchen, eine immer stärkere nationale Identität zu entwickeln und die Zentralisierung voranzutreiben. Die Herstellung nationaler Einheit war eine der Voraussetzungen für die Errichtung eines zentralisierten Nationalstaates. Im Deutschen Reich erwies sich dies jedoch wegen seiner multiethnischen Zusammensetzung, der gewachsenen föderalistischen Struktur mit starken regionalen Loyalitäten und Identifikationen und bis tief in die lange Geschichte des Alten Reiches zurückreichenden Traditionen, Denkmustern, gesellschaftlichen und wirtschaftlichen Strukturen als schwierig. Die nationalen Eliten, wie eben die Reichstagsabgeordneten, Akademiker, Journalisten, hohe Beamte, Generäle und Unternehmer, zumal diejenigen preußischer Herkunft, stießen immer wieder an eine gewisse nationale Indifferenz[31] und Opposition. Um diese zu überwinden, brauchte es nationaler Institutionen (Kaiser, Reichstag) und Unternehmungen (Flotte, Kolonien). Wenngleich das Jahr 1918 im Rückblick als die große Zäsur erscheint und das Deutsche Reich mit der Abdankung Kaiser Wilhelms II. und der Ausrufung der Republik durch Philipp Scheidemann am 9. November 1918 unterging, sahen die Jahre 1871 bis 1914/18 doch nur eine unvollständige Realisierung dieses Ideals und der Kampf um das richtige Austarieren der nationalen und der regionalen Identitäten und Kompetenzen. Der im Kaiserreich geschaffene oder ausgebaute rechtlich-institutionelle Unterbau der modernen Gesellschaft sowie die damals entwickelten Beteiligungsmechanismen der im Entstehen befindlichen Zivilgesellschaft[32] sind zum guten Teil noch bis in die heutige Bundesrepublik gültig.[33] In dieser Sicht erscheint das Deutsche Reich als Wegbereiter von politischer und gesellschaftlicher Modernität,[34] wenngleich die ebenso im Kaiserreich sich auszubilden beginnenden nationalistischen, chauvinistischen und rassistischen Tendenzen und Gedanken, die im Dritten Reich

---

31 Judson, zitiert in Einleitung, in: Creating Nationality in Central Europe: Modernity, Violence and (be)longing in Upper Silesia, hg. von James Bjork, Tomasz Kamusella, Tim Wilson, Anna Novikov, Routledge 2016, S. 5: *„Indifference to nation requires us to see nationhood as transient, rather than fixed in time and space."*

32 Inwiefern dieser Begriff für das Kaiserreich zutreffend ist, besteht ein großer Dissens in der historischen Forschung. Siehe dazu den Artikel in der FAZ: Rüdiger Soldt, Helle Seite, dunkle Zeit, FAZ, 17. Juli 2021.

33 Hans-Ulrich Wehler, Krisenherde des Kaiserreichs 1871–1914, Vandenhoeck & Ruprecht, Göttingen 1979², S. 340.

34 Ewald Frie, das deutsche Kaierreich, WBG (Wissenschaftliche Buchgesellschaft), Darmstadt 2013², S. 1.

ihren katastrophalen und tragischen Höhepunkt erreichten und zum Teil bis in die Gegenwart nachwirken, nicht ausgeblendet werden können und dürfen.

Für die Geschichte des Deutschen Reichs wird in der Regel von einer Zweiteilung ausgegangen:[35] Die ersten Jahrzehnte von der Reichsgründung bis zur Entlassung des Reichskanzlers Otto von Bismarck 1890 bzw. bis zur Kanzlerschaft Leo von Caprivis (1890–1895) stellen einen ersten Epochenabschnitt dar. Die Zeit nach 1890/95 bis zum Ausbruch des Ersten Weltkriegs wird als zweiter Epochenabschnitt verstanden.[36] Trotz aller Kritik vor allem an ihren sozialen und gesellschaftlichen Härten und ihren Demokratiedefiziten, die in der Sozialistengesetzgebung und im Kulturkampf deutlich sichtbar wurden, versuchen jüngere Darstellungen, die Leistungen und Mängel von Bismarcks Politik ausgeglichen zu betrachten.[37] So werden Bismarcks Bündnispolitik und sein Heraushalten des Reichs aus den europäischen weltpolitischen Ambitionen und Kolonialbestrebungen eher als positiver Beitrag zur Beibehaltung des bestehenden Mächtegleichgewichts und der daraus folgenden Abwesenheit von Konflikten und Kriegen, zumindest zwischen europäischen Mächten, bewertet.[38]

---

35 Allerdings wird diese sehr personalisierende Epochenteilung immer mehr in Frage gestellt. Siehe dazu etwa: Lothar GALL (Hg.), Otto von Bismarck und Wilhelm II. Repräsentanten eines Epochenwechsels? Epochenwechsels?, Schöningh, Paderborn 2000.

36 Carl-Wilhelm REIBEL, Handbuch der Reichstagswahlen 1890–1918. Bündnisse, Ergebnisse, Kandidaten, Erster Halbband, Droste, Düsseldorf 2007, S. 15: „Das Jahr 1890 stellte schon wegen des Rücktritts von Reichskanzler Bismarck eine Zäsur in der Geschichte des Kaiserreichs dar. Die von Wilhelm II. erzwungene Demission des Reichsgründers veränderte die politische Landschaft der konstitutionellen Monarchie; u.a. formte das Ende des „Systems Bismarck" das bisherige Herrschaftssystem um, ließ neue Machtzentren entstehen, aber auch das Gewicht des Reichstags anwachsen und beschleunigte die organisatorische Verfestigung und Professionalisierung der deutschen Parteien."

37 So etwa Michael EPKENHANS, Ulrich LAPPENKÜPER, Andreas von SEGGERN, Otto von Bismarck: Aufbruch in die Moderne, Bucher Verlag, München 2015.

38 Otto von BISMARCK, Gesammelte Werke. Neue Friedrichsruher Ausgabe, hg. von Holger AFFERBACH, Konrad CANIS, Lothar GALL, Eberhard KOLB, Abt. III. 1871–1898. Schriften. Das Forschungsvorhaben „Neue Friedrichsruher Ausgabe" etwa bestätigt das von der Forschung vermittelte insgesamt positive Bild von Bismarck und das weiterhin bestehende Interesse. Letzter im Jahr 2018 herausgegebener Band 7: 1886–1887, bearb. von Ulf MORGENSTERN, Paderborn, Ferdinand Schöningh 2018. Oder jüngst: Begegnungen mit Bismarck, Bd. 1: Robert von Keudell: Fürst und Fürstin Bismarck. Erinnerungen aus den Jahren 1846–1872; Bd. 2: Robert Lucius von Ballhausen: Bismarck-Erinnerungen des Staatsministers Robert Lucius von Ballhausen 1871–1890, Wbg. / Theiss Verlag, Darmstadt 2020.

Der zweite Abschnitt, die sog. Wilhelminische Epoche, die nun für unsere Untersuchung relevant ist, wird in der Historiographie hingegen kontrovers beurteilt. Die ersten Jahre der Regierungszeit Wilhelms II., in der die Politik des „Neuen Kurses" eingeleitet und verfolgt wurde, gelten in der Historiografie als Zeit der Hoffnung. Mit Hilfe von Reformen im Bereich der Finanzpolitik- und Innenpolitik, der Sozialpolitik und Handelspolitik sollten die Stagnation und die inneren Spannungen der letzten Jahre der Bismarckzeit überwunden werden. Die Reformen zumal in der Sozialpolitik und auch der Handelspolitik werden durchaus als gewisser Erfolg und Fortschritt bewertet, obschon sie nicht weit genug gingen, um Deutschland im heutigen Sinne zu demokratisieren und zu parlamentarisieren.[39] Allein mit dem Einbringen der Umsturzvorlage im Dezember 1894 im Reichstag, die zwar von diesem im Mai 1895 zurückgewiesen wurde,[40] und der Absetzung Caprivis schienen sich die eher reaktionären Vertreter der alten Elite durchgesetzt zu haben. Und so werden die Regierungsjahre Wilhelms II. vor 1895 als in gewisser Weise einer anderen Epoche angehörig betrachtet, als die Zeit nach 1895. Im Lichte der Tatsache, dass der Nationalsozialismus weiterhin den Dreh- und Angelpunkt der Historiographie zum 19. und 20. Jahrhundert darstellt[41] und das Deutsche Reich lange Zeit Bezugspunkt nationaler und staatlicher Selbstbeschreibung der Deutschen war,[42] wurde zunächst das Erstarken weltpolitischer, kolonialer und auch hegemonialer Ambitionen und Vorstellungen im Kaiserreich nach etwa 1895 und die Politik der freien Hand, also das Losgelöstsein von Bündnisverpflichtungen, als einer der Gründe für den Ausbruch des Ersten Weltkriegs und der Zerstörung des bis dahin herrschenden europäischen Mächtegleichgewichts gesehen. Bestimmte in der Wilhelminischen Epoche wurzelnde gesellschaftliche, kulturelle und wissenschaftliche Entwicklungen wurden sodann als grundlegend für den Aufstieg und die Etablierung der nationalsozialistischen Diktatur und für die in seinem Namen ausgeführten Verbrechen gesehen.

Nun waren allerdings das Deutsche Reich im Allgemeinen und die Regierungszeit Wilhelms II., hier wiederum vor allem die Jahre nach 1895, im Besonderen für Deutschland eine Zeit höchster wirtschaftlicher und demografischer Dynamik. Die Historiographie zum Kaiserreich bewegt sich demnach im Wesentlich an zwei Narrativen entlang: Zum einen untersucht sie das Verhältnis des ersten deutschen Nationalstaats zur national nicht geeinten Geschichte vor 1871 und zur

---

39   Etwa Hans-Peter ULLMANN, Das deutsche Kaiserreich 1871–1918, Suhrkamp, Frankfurt 1995,
     S. 141.

40   Hans RALL, Wilhelm II.: Eine Biographie, Verlag Styra, Graz 1995, S. 161.

41   Sven Oliver MÜLLER und Cornelius TORP, Das Bild des Deutschen Kaiserreichs im Wandel, in: Das Deutsche Kaiserreich in der Kontroverse, hg. von Oliver MÜLLER und Cornelius TORP, Vandenhoeck & Ruprecht, Göttingen 2009, S. 9 -29, hier S. 17.

42   FRIE, Kaiserreich, S. 1.

katastrophischen ersten Hälfte des 20. Jahrhunderts. Zweitens wurde das Kaiserreich als eine in sich faszinierende Wandlungsepoche beschrieben, in der Deutschland vom Agrar- zum Industriestaat wurde, sich die Fundamentalpolitisierung der Gesellschaft vollzog, der Interventions- und Wohlfahrtsstaat ausgebaut wurden und der Moderne in Kunst, Literatur, Musik der Durchbruch gelang.[43] Nach den Jahren der durch die Gründerkrise 1873 ausgelösten „Großen Depression", welche jedoch heute eher als eine Zeit der Stagnation und der Absorption der bis dahin tiefgreifenden Wandlungen beschrieben wird, kam es zu einem beschleunigten Aufschwung, der vor allem von den damaligen Hochtechnologien der Elektro- und Chemieindustrie und des Maschinenbaus getragen wurde.[44] Berlin, die neue Reichshauptstadt, wurde zum Sinnbild dieser Modernität und zum steigenden Reichtum zumal der Mittelschicht.[45]

Nicht zuletzt auf Grund eben dieser wirtschaftlichen und kulturellen Stärke[46] formulierte das Reich ab den 1890er Jahren seine weltpolitischen, militärischen und kolonialen Ambitionen auch zunehmend vehementer, was ihm in bürgerlichen Kreisen Großbritanniens etwa durchaus zugestanden wurde.[47] So hatte Deutschland bis 1913 die zweitstärkste Marine der Welt aufgebaut und verfügte über das größte Landheer.[48] Mithin hat sich die Forschung mit den Jahren nach 1895 und den in diesen Jahren vollzogenen umwälzenden Entwicklungen und Ereignissen in Gesellschaft und Wirtschaft des Deutschen Reichs eingehend beschäftigt. Den internationalen Beziehungen und der Außenpolitik und der Diplomatie des Kaiserreichs, seinen staatlichen Beziehungen zu fremden Mächten, seinen gegenseitigen Abhängigkeiten, Handlungsverschränkungen und Beziehungsgeflechten wurden ebenso zahlreiche Forschungen gewidmet.[49] Eingehend untersucht wurden dabei

---

43 Ibid.

44 Wolfgang J. MOMMSEN, Der autoritäre Nationalstaat: Verfassung, Gesellschaft und Kultur im deutschen Kaiserreich, Fischer Taschenbuch Verlag GmbH, Frankfurt am Main 1990, S. 236.

45 Jason J. DOERRE, Staging the New *Reichshauptstadt:* Modern Encounters in Hermann Sudermann's *Die Ehre*, in: German Studies Review, Bd. 43, 1, S. 1–17.

46 Volker ULLRICH, Die nervöse Großmacht: Aufstieg und Untergang des deutschen Kaiserreichs 1871–1918, Fischer, Frankfurt am Main 1997, S. 127: „Manche Historiker sprechen, bezogen auf die Dynamik der wirtschaftlichen Entwicklung nach 1895, von einem ersten deutschen *Wirtschaftswunder."*

47 Frank BECKER, Rezension zu: Volker BERGHAHN, Das Kaiserreich 1871–1914: Industriegesellschaft, bürgerliche Kultur und autoritärer Staat, Stuttgart: Klett-Cotta 2003, in: Sehepunkte, Ausgabe 4, Nr. 5, 2004.

48 Magnus Brechtken, Scharnierzeit 1895–1907: Persönlichkeitsnetze und internationale Politik in den deutsch-britisch-amerikanischen Beziehungen vor dem Ersten Weltkrieg, Vandenhoeck & Ruprecht, Mainz 2006, S. 53.

49 Vgl. etwa Klaus HILDEBRAND, Deutsche Außenpolitik 1871–1918, Oldenbourg Verlag, München ³2008.

vor allem die Beziehungen Deutschlands zu England und Russland und die Bündnispolitik des Deutschen Reichs und der anderen Mächte.[50] Russland und Großbritannien galten dabei neben Frankreich als die wichtigsten Konkurrenten und auch potentiellen Gegner des aufstrebenden Deutschen Reichs. Allerdings wurden für die deutsche Außenpolitik in der Wilhelminischen Epoche zumeist nur drei Akteure ausgemacht, nämlich Kaiser, Reichskanzler und Auswärtiges Amt (AA). Die von der Neuen Diplomatiegeschichte definierten nicht-professionellen, nur zeitweise außenpolitisch relevanten Akteure wie Geschäftsleute, Reisende oder Wissenschaftler und Gelehrte wurden zwar untersucht, zumal im Rahmen des kulturgeschichtlichen Ansatzes betont werden sollte, dass „Außenpolitik immer das Resultat eines Mehrebenenprozesses ist: einerseits von vertikalen Interaktionsprozessen zwischen staatlichen und gesellschaftlichen Akteuren im internationalen Raum und andererseits von horizontalen Verhandlungsprozessen zwischen staatlichen Akteuren und gesellschaftlichen Gruppen innerhalb eines politischen Systems oder zwischen mehreren politischen Systemen."[51]

Ein institutioneller Akteur in den Außenbeziehungen wurde aber meist nicht er- und anerkannt: der Reichstag.[52] In der vorliegenden Arbeit soll mithin neben anderen Politikfeldern, wie gesellschaftlichen Fragen und Handels- und Wirtschaftsfragen die Rolle des Reichstags auch in diesem Politikfeld genauer untersucht und interpretiert werden.

---

50 Vgl. etwa Konrad Canis, Von Bismarck zur Weltpolitik: Deutsche Außenpolitik 1890 bis 1902, Akademie Verlag, Berlin 1999; Konrad Canis, Der Weg in den Abgrund: Deutsche Außenpolitik 1902–1914, Ferdinand Schöningh, Paderborn 2011.

51 Ursula Lehmkuhl, Diplomatiegeschichte Als Internationale Kulturgeschichte: Theoretische Ansätze und Empirische Forschung Zwischen Historischer Kulturwissenschaft Und Soziologischem Institutionalismus, in: Geschichte und Gesellschaft, Bd. 27, Nr. 3, 2001, S. 394–423, hier S. 395–396. [JSTOR, www.jstor.org/stable/40186 015. Eingesehen am 19. Februar 2019.]

52 Magnus Brechtken etwa zeigt sich höchst erstaunt darüber, dass der nationalliberale Abgeordnete und Parteivorsitzende Ernst Bassermann im Reichstag die Nominierung Hermann Max von Sternburgs als deutscher Botschafter in Washington auf Wunsch Theodore Roosevelts im Jahre 1903 hin kritisierte. Brechtken, Scharnierzeit, S. 342, Anm. 308: „Eine ähnliche Reaktion in Großbritannien, wonach ein Unterhausabgeordneter ernsthaft darüber hätte klagen können, Roosevelt seinen Freund Spring Rice mit „Springy" anredete (oder Michael Herbert mit „Mungo"); er hierdurch die englische Außenpolitik kritisieren zu können meinte sowie eine offiziöse Reaktion des Foreign Office auslösen sollte, ist schwer vorstellbar. Schon der offiziöse Artikel des Auswärtigen Amtes schloß unter Hinweis auf den Spitznamen „Mungo": „Wir wüssten nicht, daß man sich in England darüber aufgeregt hätte."

Insbesondere Kaiser Wilhelm II.[53] und seine Politik, vor allem seine Außenpolitik, standen im Fokus des historischen Interesses. Die komplexe Persönlichkeit des Kaisers, der „mal schwülstig, dann wieder nachdenklich, brutal, naiv, eloquent, berechnend oder auch taktlos auftreten"[54] konnte, seine oft marktschreierisch mit Geistesgestörtheit in Verbindung gebrachte persönliche Tragik[55] haben auf die Forschung immer eine gewisse Faszination ausgeübt. „An seiner Persönlichkeit [scheiden] sich die Geister", wie es Christopher Clark ausdrückte: Die einen, etwa John Röhl, der vielleicht wichtigste Biograph Wilhelm II., sehen diesen als „Nemesis der Weltgeschichte", als „Vorbote Adolf Hitlers"[56]. Die Wilhelminische Epoche, verkörpert in der Gestalt des Monarchen, mit all seinen Widersprüchen[57] und seiner die Gesellschaft zutiefst verändernden Dynamik wird von diesen Historikern also häufig als das wichtigste Momentum auf den Weg Deutschlands in die Hitler-Diktatur und die Katastrophe des Dritten Reiches mit all seinen Verbrechen ausgemacht.[58] Diese Sichtweise wurde inzwischen durch zahlreiche

---

53 Vor allem der Historiker John C.G. Röhl hat sein Augenmerk besonders auf die Persönlichkeit Wilhelm II. gerichtet und dadurch versucht, die zur Katastrophe des 1. Weltkriegs führende Entwicklung des Deutschen Kaiserreichs zu erklären: John C.G. RÖHL, Wilhelm II., 3 Bände, Beck, München 1992–2008.

54 Christopher CLARK, Wilhelm II.: Die Herrschaft des letzten Deutschen Kaisers. Aus dem Englischen von Norbert JURASCHITZ, Deutsche Verlags-Anstalt, München 2008, S. 7–8.

55 Frank BECKER, Rezension zu: Volker Berghahn: (...) der Kaiser ist latent geistesgestört."

56 CLARK, Wilhelm II., S. 9.

57 Die Generation Wilhelms II. (geb. 27. Januar 1859) der zwischen 1854 und 1864 geborenen wurde in der Literatur genau untersucht und als Wilhelminer bezeichnet. Jürgen Reulecke beschrieb diese Generation als autoritätsfixiert, als getrieben nach Harmoniestreben in den Formen von Anpassung einerseits und Ausgrenzung andererseits sowie ausgestattet mit einer von Panzerung und Angriff bestimmten Aggressivität. Jürgen REULECKE, Neuer Mensch und neue Männlichkeit. Die „junge Generation" im ersten Drittel des 20. Jahrhunderts, in: Jahrbuch des Historischen Kollegs 2001, München 2002, S. 109–138; Martin Doerrys Titel „Übergangsmenschen" ist ein Wortspiel mit Nietzsches Konzept des Übermenschen und spiegelt zum einen die sozialdarwinistische Ideologie des 19. Jahrhunderts wider, welche immer weitere Kreise in ihren Bann zog als auch die nach-evenementiellen Erklärungsversuche der deutschen Katastrophen im 20. Jahrhundert. Siehe dazu: Martin DOERRY, Übergangsmenschen. Die Mentalität der Wilhelminer und die Krise des Kaiserreichs, München 1986.

58 Helmut WALSER SMITH hat die zur Katastrophe und den Verbrechen des Dritten Reichs führenden Kontinuitäten noch tiefer zurück angelegt angesehen. In seinem Artikel „Jenseits der Sonderweg-Debatte", in: Das Deutsche Kaiserreich in der Kontroverse, hg. von Oliver MÜLLER und Cornelius TORP, Vandenhoeck & Ruprecht, Göttingen 2009, S. 31-50, hier S. 31, schreibt er: „Die deutsche Geschichte hat einen

sozialgeschichtliche Forschungen relativiert.[59] Denn andere Historiker, wie Hans Rall[60] oder Nicolaus Sombart, betonen die moderne, wohlwollende und die Verfassung respektierende Seite des Monarchen.[61] Die „scharfen Konturen zwischen den beiden Lagern" haben sich aber nach Ansicht von Christopher Clark mittlerweile ein wenig abgestumpft. Und dennoch: Der letzte deutsche Kaiser bleibt weiterhin ein besonders ergiebiges Thema, der „als Symbolfigur größerer, historischer Zwänge"[62] erscheint und über dem man die Spannungsfelder wie Monarchie und Demokratie, Eliten und Massen untersucht.[63]

Über die umstrittene Persönlichkeit Wilhelm II. hinweg hatte das politische System des Kaiserreichs selbst aber bereits seit seiner Gründung Kontroversen unter Historikern ausgelöst. Diese wurden nach dem Zweiten Weltkrieg dann sehr virulent. Das kam etwa in der Fischer-Kontroverse, die mit Fritz Fischers Buch von 1961 *Griff nach der Weltmacht* über die Frage nach der deutschen Schuld am Beginn des Ersten Weltkriegs diskutiert wurde,[64] und in der Sonderweg-Debatte am Stärksten zum Ausdruck.[65] Der Ausbruch des Ersten Weltkriegs war ein Ereignis so weitreichender Bedeutung, dass er weiterhin Monographien und Sammelbände hervorbringt. Bereits in den 70er und 80er Jahren des 20. Jahrhunderts wurde das Interesse für Wilhelm II. und den Ersten Weltkrieg noch durch die

---

langen Weg durch schwieriges Terrain zurückgelegt. Die Reformation und die Erschütterung der Religionskriege, der prekäre Zustand der Aufklärung, der Schock des napoleonischen Überfalls, das Scheitern der Revolution von 1848 und die Wucht der Bismarck'schen Politik – all das waren entscheidende Eckpunkte einer komplizierten Vergangenheit, die schließlich im Zusammenbruch endete, sofern Geschichte denn überhaupt enden kann, Das „Dritte Reich" war durch diese Geschichte keineswegs prädeterminiert, doch genauso wenig ist es ohne diese denkbar."

59 NOLTE, Transatlantische Ambivalenzen, S. 46.
60 RALL, Wilhelm II., S. 270.
61 CLARK, Wilhelm II., S. 9.
62 Ibid.
63 FRIE, Kaiserreich, S. 125.
64 Siehe dazu: ibid. S. 81–94.
65 Margaret Lavinia ANDERSON, Ein Demokratiedefizit? Das Deutsche Kaiserreich in vergleichender Perspektive, in: GG, Zeitschrift für Historische Sozialwissenschaft, 44. Jahrgang 2018, Heft 3, hg. von Tim B. MÜLLER und Hedwig RICHTER, S. 395: „Schlussendlich neigen Sonderwegsargumente zumindest in den Köpfen von Historikern dazu, am Ende anzufangen: mit der Machtergreifung, dem Holocaust oder, in jüngster Zeit, mit dem Genozid an den Herero – und dann sucht man nach Erklärungen. Das Ende, mit dem viele, vielleicht sogar die meisten, Sonderwegsargumente begonnen haben, ist jedoch der August 1914, mit der deutschen Kriegsschuld. Sehr vieles ging nach 1914 schief in Deutschland, aber nicht, weil das Kaiserreich mit einem besonderen Demokratiedefizit belastet war."

Sonderweg-Debatte verstärkt, die ja so eigentlich bereits mit dem Ausbruch des Ersten Weltkriegs begonnen hat.[66] Sowohl deutsche als auch alliierte Historiker suchten seit 1914 nach den deutschen politischen, gesellschaftlichen und wirtschaftlichen Besonderheiten im Vergleich zu den kapitalistischen Demokratien des Westens und der autokratischen Zarenherrschaft im Osten. Der diagnostizierte deutsche Sonderweg sollte dann in der Debatte um das Kaiserreich – positiv oder negativ gewendet – eine herausragende Rolle spielen.[67] Denn in der Tat wurde vor allem von Historikern der Deutschen Historischen Sozialwissenschaft der 1970er und 1980er Jahre, allen voran Hans-Ulrich Wehler, das Dritte Reich teleologisch[68] aus eben seiner in den Tiefen der Geschichte angelegten Fehlentwicklungen heraus zu interpretieren versucht, welche man im Wesentlichen auf das Kaiserreich zurückzuführen suchte. Dabei wurden wichtige und interessante Forschungen angestoßen und Begriffe, wie Modernisierung, Sozialimperialismus, Imperialismus, Primat der Innenpolitik und Deutscher Sonderweg spielten herausragende Rollen. Ende der 1980er und 1990er Jahre mündeten diese Diskussionen in bedeutenden Monographien zum Kaiserreich, etwa von Michael Stürmer (*Das ruhelose Reich*, 1983), Wolfgang J. Mommsen (*Der autoritäre Nationalstaat*, 1992), Hans-Ulrich Wehler (*Deutsche Gesellschaftsgeschichte*, Bd. 3, 1995) Thomas Nipperdey (*Deutsche Geschichte 1866–1918*, 1992) oder Volker Ullrich (*Die nervöse Großmacht*, 1997).[69] Insbesondere die englischen Historiker Geoff Eley und David Blackbourn (*Mythen deutscher Geschichteschreibung*, 1980) stellten jedoch die sehr kritische Sichtweise auf das Kaiserreich der deutschen Historischen Sozialwissenschaft in

---

66 Ernst Schulin sprach vom „merkwürdigen Begriff des ‚Sonderwegs‘". Ernst SCHULIN, Rezension zu: Bernd Faulenbach, Ideologie des deutschen Weges. Die deutsche Geschichte in der Historiographie zwischen Kaiserreich und Nationalsozialismus, München 1980, in: HZ 234, 1982, S. 363.

67 FRIE, Kaiserreich, S. 5.

68 Vgl. dazu NOLTE, Transatlantische Ambivalenzen, S. XVIII: „Es [wird] immer mehr zum Normalfall, sich […] nur noch mit dem 20. Jahrhundert zu beschäftigen, ohne jemals mit der Geschichte vor 1914 […] in vertiefte Berührung zu kommen. In mancher Hinsicht hat die Geschichte des 19. Jahrhunderts davon (zunächst) sogar profitieren können, zum Beispiel im Sinne einer Befreiung von Teleologien, ob diese nun „negativ" auf 1933 in der deutschen Geschichte oder „positiv" auf Fortschritte zur Modernität verwiesen;" Diese Herangehensweise dauert bis heute noch an, wenngleich meist vorgegeben wird, diesem Erzählschema nicht folgen zu wollen. Siehe dazu:GRIMMER-SOLEM, Learning Empire S. 2: „*Indeed, nearly the entire history of the German Empire has come to be narrated as a prelude to war. Imperial Germany has effectively become synonymous with cataclysm, it's history a pathology of dysfunctional illiberal and authoritarian polities, persistent Juncker militarism, and the erratic warmongering Kaiser Wilhelm II.*"

69 Siehe dazu: FRIE, Kaiserreich, S. 10–15.

Frage und lösten damit heftige Widersprüche aus. Beide hatten das Kaiserreich als Epoche des schnellen wirtschaftlichen Aufstiegs und der sozialen und kulturellen Lebendigkeit dargestellt.[70] Diese Perspektive machten sich auch deutsche Historiker ab Ende der 1990er Jahre vermehrt zu eigen.

Wenn man also die Wilhelminische Epoche nicht von der Katastrophe des Ersten Weltkriegs her denkt, von einer Perspektive der analytischen Problematisierung vom Ende her, sondern in ihr einen Prozesscharakter mit identifizierbaren Einzelphasen der Gesamtepoche erkennt, wie etwa die von Magnus Brechtken als Scharnierzeit definierten Jahre 1895 bis 1907, so war diese Epoche eine Zeit überdurchschnittlicher Entwicklungen in allen Bereichen[71] mit einer Vielzahl denkbarer Weiterentwicklungen. Dies führt mithin weg vom Versuch einer endgültigen Deutung des Kaiserreichs, und insbesondere der Wilhelminischen Epoche, hin zu einem Versuch, ein verfeinertes Verständnis der „polyformen Veränderungsprozesse"[72] zu gewinnen. In den letzten Jahren hat der als besonders bedeutsame, die globalen zeitgeschichtlichen Entwicklungen spiegelnde globalgeschichtliche Ansatz, wie etwa der von Jürgen Osterhammel oder Christopher Bayly, den nationalen Rahmen als nicht mehr zeitgemäß beschrieben und stattdessen nach den weltweiten Verflechtungen und Interdependenzen gefragt. Der Nationalstaat gilt in diesem Ansatz als eine von mehreren Identifikations- und politischen Handlungsräumen.[73] Die vorliegende Arbeit kommt auf Grund der Quellenlektüre zu einem Ansatz, der den globalgeschichtlichen Gedanken mit demjenigen verbindet, dass der Nationalstaat weiterhin einen wirkmächtigen Bezugs- und Orientierungsrahmen darstellt.

1.2. Die Reichstagsdebatten: Angewandte Interpretationsmethoden

In der vorliegenden Arbeit sollen die Reichstagsprotokolle, oder die „Stenographischen Berichte über die Verhandlungen des Reichstags", so ihre genaue Bezeichnung, im Spannungsfeld zwischen Parlamentarisierung und Demokratisierung untersucht werden. Denn gerade der Reichstag verkörperte zum einen das in der Wilhelminischen Epoche immer weiter voranschreitende Erodieren der Klassenunterschiede und damit die Demokratisierung vieler bisher der Oberschicht und Aristokratie vorbehaltenen Lebens- und Ausdrucksformen.[74] Zudem spiegeln die Verhandlungen des Reichstags die beiden widersprüchlichen sowohl globalen als auch nationalen Entwicklungstendenzen der zunehmenden Internationalisierung

---

70 Ibid., S. 109.
71 BRECHTKEN, Scharnierzeit, S. 285.
72 REIBEL, Handbuch, S. 19.
73 FRIE, Kaiserreich, S. 124.
74 DOERRE, Staging the New Reichshauptstadt, S. 3.

und Globalisierung auf der einen Seite und der Steigerung nationalistischen, chauvinistischen und rassistischen Denkens und Zurückziehens in engere Identifika-
tionsräume auf der anderen Seite wider.

Die Analyse der Reichstagsdebatten soll hier also zum einen im Geiste des *New
Historicism*[75] auf die Textquellen beschränkt bleiben und geht von der ontologi-
schen Verbundenheit von Text und Kontext, Dokument und gesellschaftlicher Situation aus. Es handelt sich also eher um eine sozialwissenschaftliche Diskursanalyse
im Sinne Foucaults[76]: Sie interessiert sich für das „Wissen" und wie das jeweils gültige Wissen zustande kommt und welche Funktion es für die Konstituierung von
Subjekten (hier die Reichstagsabgeordneten, die Institution des Reichstags) und die
Gesellschaft hat. Sie interessiert sich weiter für die Regeln und Regelmäßigkeiten
des Diskurses, seine Kraft zur Wirklichkeitskonstruktion und seine gesellschaftliche Verankerung.

Zum anderen aber und ungleich wichtiger ist für die Analyse der Debatten John
L. Austins Sprechakttheorie.[77] In der der Sprachwissenschaft würde man sie zur
Pragmatik rechnen. Austin hat dabei drei Sprechakte definiert: den lokutionären,
Akt, den illokutionären Akt und den perlokutionären oder perlokutiven Akt. Der
Untersuchung des letzteren kommt dabei in unserer Arbeit eine gewichtige Rolle
zu. Der perlokutive Akt ist ein Sprechakt, der mit der Absicht geäußert wird, beim
Hörer zu einem perlokutiven Effekt zu führen. Wenn etwa ein Abgeordneter der
Regierung sagt, er vertraue auf ein bestimmtes Verhalten dieser, so erhofft er sich,
dadurch eine bestimmte Handlung auszulösen, einen bestimmten perlokutiven
Effekt zu erzielen. Neben perlokutiven Akten spielt in den Reden die nach Austin
zu den illokutionären Akten zählende Performativität eine wichtige Rolle, etwa,
wenn ein Abgeordneter in seiner Rede über Entscheidungen der Regierung urteilt
oder vor bestimmten Entscheidungen warnt. Dies zielte darauf ab, eine bestimmte
Sicht der Dinge, eine bestimmte (politische) vom Abgeordneten gewünschte Realität zu schaffen. Perlokutive Akte und Performativität wurden also in den Reden
eingesetzt, um die Politik in eine bestimmte Richtung zu beeinflussen und mithin – bewusst oder unbewusst, absichtlich oder unabsichtlich – die Kompetenzen
des Reichstags über informellen Einfluss auszuweiten.

---

75 Siehe dazu: Moritz BASSLER, New Historicism: Literaturgeschichte als Poetik der
    Kultur, Fischer Taschenbuch-Verlag, Frankfurt am Main 1995.

76 Siegfried JÄGER, Theoretische und methodische Aspekte einer Kritischen Diskurs-
    und Dispositivanalyse, in: Handbuch Sozialwissenschaftliche Diskursanalyse, hg.
    von Reiner KELLER, Andreas HIRSELAND, Werner SCHNEIDER, Willy VIEHÖVER, Bd.
    1, Theorien und Methoden, Leske + Budrich, Opladen 2001, S. 81– 113.

77 John Langshaw AUSTIN, Zur Theorie der Sprechakte (How to do things with words),
    Deutsche Bearbeitung von Eike von SAVIGNY, Reclam, Stuttgart 1972; Gabriele GRAE-
    FEN, Martina LIEDKE, Germanistische Sprachwissenschaft: Deutsch als Erst-, Zweit-
    oder Fremdsprache, A. Francke Verlag, Tübingen, Basel 2012², hier S. 244–250.

Eine weitere für die vorliegende Arbeit bedeutsame Theorie ist Erving Goffmans Theorie des symbolischen Interaktionismus. Die Theorie des symbolischen Interaktionismus erhellt einmal das Verhalten und die Rede von Reichstagsabgeordneten, hilft aber auch die gruppendynamischen Prozesse im Reichstag besser zu verstehen. Für die Vertreter des symbolischen Interaktionismus ist „das menschliche Zusammenleben ein Prozess, in dem Objekte geschaffen, bestätigt, umgeformt und verworfen werden. Das Leben und Handeln von Menschen wandelt sich notwendigerweise in Übereinstimmung mit den Wandlungen, die in ihrer Objektwelt vor sich gehen."[78]

Im Zusammenhang mit der Theorie des symbolischen Interaktionismus und der Analyse der Sprechakte, der Wörter, des Paratextes (Zwischenrufe, Reaktionen, Applaus) soll zudem weder von einer gegenseitigen Bedingung beider Phänomene, Demokratisierung und Parlamentarisierung, ausgegangen werden, noch der Interpretation Christoph Schönbergers gefolgt werden, der beide Abläufe sich immer weiter trennen sah und gar davon ausging, dass auf Grund der populistischen, militaristischen und rassistisch-chauvinistischen Tendenzen „die fortschreitende Demokratisierung einer Parlamentarisierung des Kaiserreichs entgegengewirkt habe".[79] Es soll also keineswegs eine idealistische Sicht der Demokratisierung und Parlamentarisierung eingenommen werden.

Beispielhaft mag hier die Flottenrüstung stehen: Die durch außerparlamentarische Lobbygruppen, wie dem Flottenverein und der Rüstungsindustrie,[80] aber auch durch Teile der Presse immer weiter angeheizte Flottenbegeisterung der Bevölkerung trieb ab 1907 die Reichsleitung beinahe vor sich her. Obwohl bereits ab Herbst 1907 sowohl ehemalige flottenbegeisterte Professoren als auch die Reichsleitung, nicht zuletzt das Reichsmarineamt und das Nachrichtenbüro unter Tirpitz selbst die Gefahr der finanziellen Überforderung und zunehmenden Isolierung des Reiches durch einen immer weiteren Ausbau einer Schlachtflotte erkannt hatten,[81] stimmten die Reichstagsabgeordneten, ebenfalls (an)getrieben durch die

---

78 Erving Goffman, Stigma. Über Techniken der Bewältigung beschädigter Identität. Übersetzt von Frigga Haug, Suhrkamp Verlag, Frankfurt am Main 1967, S. 91 Der Begriff des symbolischen Interaktionismus wurde von dem amerikanischen Soziologen Herbert Blumer eingeführt.

79 Reibel, Handbuch, S. 19–20.

80 Sebastian Diziol, „Deutsche, werdet Mitglieder des Vaterlandes!": Der Deutsche Flottenverein 1898–1934, 2. Bde., Solivagus Praeteritum, Kiel 2015, hier Bd. 1.

81 Konrad Canis, Der Weg in den Abgrund, S. 272–273: Bülow wollte den Kaiser von den Gefahren eines Flottenwettrüstens überzeugen. Bülow glaubte, dass sich das Schicksal Deutschlands zu Lande und nicht zur See entscheiden würde und deshalb der Fokus auf das Heer zu richten sei. So versuchte er den Kaiser davon zu überzeugen, das Flottenwettrüsten „nicht allein den Frieden [gefährde] [...], sondern Deutschland vermöge es auf Dauer, schon finanziell, gar nicht durchzuhalten."

Flottenbegeisterung[82] der Bevölkerung, am 27. März 1908 einer Flottennovelle und somit einer Beschleunigung des Flottenbaus zu.[83] Derartige Überlegungen zur Sinnhaftigkeit des weiteren Ausbaus der Flotte gab es im Übrigen auch in Großbritannien, wo sich die Regierung ebenfalls außerparlamentarischer Bedrängnis gegenübersah, etwa mit dem in der Presse verbreiteten Schlachtruf „we want eight [neue Schlachtschiffe pro Jahr] and we won't wait"[84] und einer sich immer weiter ausbreitenden Angst vor einer deutschen Invasion und vor einem Verlust der Seeüberlegenheit.[85] Die Nachrichtentransfers ließen sich auch über Landesgrenzen hinweg immer weniger kontrollieren,[86] was zu einer zusätzlichen Einschränkung des Wissensmonopols der Regierungen führte. Einer derartigen Sicht auf die Demokratisierung und Parlamentarisierung des Reichs steht jedoch auch die Tendenz gegenüber, die Machtfülle des Kaisers, der Exekutive und der alten Elite gerade für die Zeit Wilhelms II. stark zu betonen[87] und den demokratischen, bürgerlichen und konstitutionellen Seiten dementsprechend weniger Bedeutung zu schenken.

Begleitend zu den o.g. Theorien wurde Hartmut Rosas Resonanztheorie[88] und der von Elisabeth Schüssler Fiorenza geprägte Begriff des Kyriarchats[89], der die Tatsache ausdrücken soll, dass ein und dieselbe Person in einem Kontext unterdrückt in einem anderen Kontext Unterdrücker sein kann, zur Analyse der Debatten herangezogen. Daneben dienen die Systemtheorie Niklas Luhmanns[90] sowie

---

82 GRIMMER-SOLEM, Learning Empire, S. 450: „*The German masses participating in Wilhelmine naval culture and in Flottenpolitik were active participants in a process over which RMA, Tirpitz, Bülow, and the Kaiser no longer had full control, if ever they had it.*"

83 Ibid., S. 448.

84 Dominik GEPPERT, Pressekriege: Öffentlichkeit und Diplomatie in den deutschbritischen Beziehungen (1896–1912), Oldenbourg Verlag, München 2007, S. 296.

85 GRIMMER-SOLEM, Learning Empire, S. 454.

86 GEPPERT, Pressekriege, S. 281.

87 ULLRICH, Die nervöse Großmacht, S. 144: „Die Epoche zwischen 1890 und 1914 wird allgemein mit dem Beiwort *wilhelminisch* gekennzeichnet. Damit wird zum Ausdruck gebracht, daß Wilhelm II. [...] in dieser Phase deutscher Geschichte als Schlüsselfigur anzusehen ist. [...]. [Aber] Wilhelm II., der der Epoche den Namen gab, war nicht der Einzige, der ihr den Stempel aufgedrückt hat."

88 Hartmut ROSA, Resonanz. Eine Soziologie der Weltbeziehung. Suhrkamp Verlag, Berlin 2016².

89 Elisabeth SCHÜSSLER FIORENZA, But she said: Feminist Practices of Biblical Interpretation, Beacon Press, Boston 1982.

90 Niklas LUHMANN, Soziale Systeme: Grundriss einer allgemeinen Theorie, Suhrkamp, Frankfurt am Main 1984.

Überlegungen zu korrespondenter und kohärenter Wahrheit[91] der besseren Einordnung des von den Abgeordneten in ihren Redebeiträgen Gesagten.

Die „Verhandlungen des Reichstags" wurden bisher meist lediglich als eine Art Quellenreservoir zur Unterstützung von Thesen und Geschichtsinterpretationen genutzt, die man aus anderen, „wirklich bedeutenden und ernsthaften Quellen", wie Zeitungen außerparlamentarischen Diskursen, Verbands- und Vereinsschriften, Parteitagsreden oder auch literarischen Quellen erarbeitet hatte.

Im vorliegenden Falle aber werden die Verhandlungen des Reichstags dezidiert als ein eigenständiges, eigenwertiges Korpus betrachtet. Dieses erlaubt es, über eine Betrachtung der *moyenne longue durée* im Sinne Fernand Braudels – in unserem Fall etwa 25 Jahre – nicht nur die Geschichte der Parlamentarisierung und Demokratisierung des Deutschen Reichs, sondern über diesen Teilabschnitt (1895–1914) der neuesten deutschen Geschichte seit dem Ende des Alten Reichs die deutsche Geschichte aus einem anderen Blickwinkel zu betrachten und neue Facetten hinzuzufügen. Die Ambition und der Wille des Verfassers war es dabei, dies ohne, wie es zu betonen gilt, „political agenda" zu unternehmen. Die Studie wurde weder aus einer teleologischen noch einer gleichwie gearteten voreingenommenen Sicht auf die Zeit verfasst, sondern mit dem Anspruch, möglichst objektiv die Zeitläufte zu verstehen. Dabei soll, um es noch einmal zu betonen, nicht kontrafaktisch, postfaktisch, dekonstruktiv vorgegangen werden. Vielmehr soll davon ausgegangen werden, dass die historische Wirklichkeit hermeneutisch fassbar und erkennbar ist. Das eigentliche Ziel ist demnach der Versuch, über den Ansatz der kritischen Theorie und den Rekurs auf o.g. geeignete theoretische Ansätze, etwa aus dem Bereich der Soziologie, die eigentlichen historischen unterschwelligen Dominanzen und Oppressionen und deren Veränderungen herauszuarbeiten und den historiografischen zeitgenössischen, in der Hauptsache pessimistischen Diskurs über das Kaiserreich, so nötig, neu zu bewerten. Die „Verhandlungen des Reichstags" wurden mithin unter der Prämisse von Objektivität – wenngleich diese im Sinne von Hayden White[92] immer auch eine Illusion ist- interpretiert, analysiert und betrachtet. Mit der Betrachtung der Debatten über den relativ langen Zeitraum der *moyenne durée* wurde also versucht, der historischen Wirklichkeit der Geschichte des Deutschen Reichs näher zu kommen und unser Verständnis der Zeit zu verfeinern.

Die Besonderheit der Reichstagsprotokolle, eine Art hybride Form zwischen schriftlicher und oraler Quelle darzustellen, bietet dabei eine faszinierende und ganz außerordentlich ertragreiche historische Ausbeute. Aus diesem Grunde werden der Paratext, die stenographisch festgehaltenen Reaktionen des Reichstags auf

---

91 Als Einführung zu Wahrheitstheorien siehe: Thomas GRUNDMANN, Philosophische
    Wahrheitstheorien, Reclam, Stuttgart 2019.
92 Siehe dazu: Hayden WHITE, Metahistory. Die historische Einbildungskraft im 19.
    Jahrhundert in Europa, S. Fischer, Frankfurt 1991.

Äußerungen und Reden zur Interpretation herangezogen (Zwischenrufe, Reaktionen, wie Bravo, Sehr richtig usw.). Und genauso werden die benutzten rhetorischen Stilmittel, allen voran die Tropen, wie Ironie, Sarkasmus, Metonymie, Synekdoche und Metapher zur Analyse als integrale Bestandteile der Verhandlungen berücksichtigt.

Es werden zudem sehr viele Redebeiträge sehr ausführlich zitiert, denn nur so können deren Wirkungen auf den Reichstag, ihr Ton und ihre unterschwelligen Intentionen recht genau erfasst werden. Auch werden dadurch die im Reichstag herrschende Atmosphäre, der Umgangston und die Stimmung erst wirklich spürbar und fassbar. Allerdings gilt es natürlich immer auch zu berücksichtigen, dass es sich bei den „Verhandlungen des Reichstags" um Quellen einer Scharnierzeit handelt. Diese Quellen scheinen einerseits über die von Franz Xaver Gabelsberger seit 1834 entwickelten Möglichkeiten der Stenographie[93] den oralen Diskurs hörbar zu machen. Andererseits aber tragen sie doch durch das Fehlen von Audioaufzeichnungen eine gewisse Willkürlichkeit und Lückenhaftigkeit der Aufzeichnungen in sich.

Alte versus neue Elite: Der Reichstag als Labor und zentraler Ort dieses Konflikts

In der Arbeit wird häufig die Bezeichnung „alte Elite" in Abgrenzung zur „neuen Elite" benutzen. Die Reichstagsabgeordneten als Gruppe formten eine neue Elite, wie etwa Journalisten, Akademiker, Künstler, Gewerkschaftsführer, Ingenieure, Unternehmer aus den neuen industriellen Sektoren. Bei der alten Elite handelte es sich natürlich einerseits um die vorkapitalistische Herrschaftsschicht des Adels, der den allergrößten Teil der Offiziere, hohen Beamten und Diplomaten stellte, aber auch um die Vertreter des Junkertums und des großindustriellen und schwerindustriellen Sektors, die sich ab den 1895er Jahren mit der vorkapitalistischen Herrschaftsschicht zu einem agrarisch-industriellen Kondominium verbanden. Das Ziel dieser alten Elite war es, die aus dem nach Emanzipation strebenden proletarischen und liberalen Milieus, darunter die Vertreter der exportorientierten Industrie aus den Hochtechnologiesektoren, von der Erlangung politischer Macht abzuhalten und den gesellschaftlichen Status quo zu stabilisieren und zu verteidigen.[94] Allerdings konnten die Vertreter der alten Elite über ihre gesellschaftliche Aufgabe als Parlamentarier etwa durchaus Interessenvertreter der

---

93 Rudolf WEINMEISTER, Gabelsberger, Franz Xaver, in: Neue Deutsche Biographie 6 (1964), S. 4–5 [Online-Version]; URL: https://www.deutsche-biographie.de/pnd11 8716026.html#ndbcontent.
94 Siegfried MIELKE, Der Hansa-Bund für Gewerbe, Handel und Industrie 1909–1914: Der gescheiterte Versuch einer antifeudale Sammlungspolitik, Vandenhoeck & Ruprecht, Göttingen 1976, S. 15–19.

neuen Elite werden. Ein interessantes Beispiel dafür sind etwa die Reichstagspräsidenten oder die Repräsentanten der alten Elite im Reichstag, wie zum Beispiel
Junker oder ehemalige hohe Beamte. Dies alles trug zur gesellschaftlichen Dynamik des Kaiserreichs und den tiefgreifenden Veränderungen bei, die nicht immer
an der Oberfläche sichtbar wurden. Denn trotz aller Veränderungen suchten auch
große Teile der neuen Eliten weiterhin häufig, ihren sozialen Aufstieg und ihren
Bedeutungsgewinn über die Teilnahme an der überkommenen feudalen Prestige-
hierarchie zu manifestieren. Dazu gehörten etwa der Erwerb von Rittergütern
oder die Einrichtung des Titels des Reserveoffiziers, der zur Satisfaktionsfähigkeit
führte.[95] Ausländische Beobachter analysierten diese gesellschaftliche Dynamik
oft als Fehlen klarer Kompetenzzuweisungen. Bereits der englische Kriegsminis-
ter Richard Haldane, der ein ausgezeichneter Kenner Deutschlands war und sich
vor allem in der Kriegszeit germanophiler Verdächtigungen erwehren musste,
beklagte *„the extraordinary ignorance which exists even among educated people
in this country* [Großbritannien] *of the language and literature of Germany and
the changing character of her constitution.“*[96] Viele ausländische Diplomaten und
Beobachter verstanden das komplexe Zusammenspiel der verschiedenen Akteure,
etwa im internationalen und transnationalen Bereich, sowie das in der Reichsver-
fasstheit seit dem Alten Reich angelegte beständige Aushandeln von Kompetenzen
nur schlecht. Diese Aushandlungsprozesse wurden durch den gesellschaftlichen
Wandlungsprozess und das dadurch hervorgerufenen Entstehen einer neuen Elite,
die der mangelnden Synchronisation von politischer und wirtschaftlicher Macht[97]
entgegenzuwirken trachtete, zusätzlich verstärk. So zitierte Haldane einen Diplomaten mit folgenden Worten; *„In this highly organized nation, when you have
ascendend to the very top story you find not only confusion but chaos.“*[98] Die Zusam-
menführung der „zwei Schienen“[99] der Sichtweise auf das Kaiserreich scheint nun
ein vielversprechenderer Ansatz zu dessen besserem Verständnis zu sein.

---

95 Ibid., S. 18.
96 Memorandum of Events between 1906–1915, NLS, Haldane Papers MSS 5919, S. 4
    (zitiert nach BRECHTKEN, Scharnierzeit, S. 303, Anm. 140).
97 MIELKE, Der Hansa-Bund, S. 16.
98 Richard Burdon HALDANE, Before the War, Cassell, London 1920, S. 71.
99 James RETALLACK, Obrigkeitsstaat und politischer Massenmarkt, in: Das Deutsche
    Kaiserreich in der Kontroverse, hg. von Oliver MÜLLER und Cornelius TORP, Van-
    denhoeck & Ruprecht, Göttingen 2009, S. 129: „Doch in einem überraschenden
    Ausmaß bleiben wissenschaftliche Sichtweisen zum Kaiserreich in zwei Schienen
    verhaftet, die niemals zusammenlaufen werden. Die eine Sicht beschreibt ein autori-
    täres, funktionsgestörtes Kaiserreich, lahmgelegt durch unversöhnliche Konflikte,
    sich bewegend am Rande der Revolution oder des Zusammenbruchs. Die andere
    stellt das Kaiserreich als „erstaunlich liberal“ dar, geprägt von politischem Plura-
    lismus und dem Potential für demokratische Weiterentwicklung.“; S. 135: „Wenn
    man sich heute mit dem Kaiserreich beschäftigt, ist es nicht mehr nötig, zwischen

1.3. Das demokratisch-parlamentarische System in der Wilhelminischen Epoche im Vergleich

Es gab zu den anderen wichtigen Staaten, wie Großbritannien, Frankreich oder den USA, in der vergleichenden Perspektive kein – jedenfalls kein gravierendes – „Demokratiedefizit" und lediglich ein „formelles" Parlamentarismusdefizit. Der Weg des Kaiserreichs war keineswegs vorgezeichnet im Sinne einer tragischen Unausweichlichkeit, sondern durchaus offen, wenngleich Deutschlands Stellung in der westlichen und zumal europäischen Mächtekonstellation im betrachteten Zeitraum immer isolierter wurde und dies im Deutschen Reich als Ausgrenzung wahrgenommen wurde. Zum einen zielten wohl maßgebliche Teile in Deutschland, darunter Bernhard von Bülow, auf die Errichtung eines Weltreiches und auf die Hegemonie in Europa ab. Diese Ziele standen in Einklang mit den damals in ganz Europa gängigen Weltreichsvorstellungen und den immer besser akzeptierten und die Gesellschaft durchdringenden sozialdarwinistischen Ideen.[100] Die Ausbreitung sozialdarwinistischer und rassenideologischer Ideen wird dabei von manchen Historikern als der „modernen" Epoche[101] gleichsam immanent betrachtet. Für sie ist die Zeit der Hochindustrialisierung, der Kommerzialisierung, der Modernisierung[102] des Lebens gleichbedeutend mit zunehmendem gesellschaftlichem Zwang.

---

derartig grundlegenden Alternativen zu wählen. [...] Die Aufmerksamkeit für politischen Wandel – nicht für das politische „System" – wird auch in Zukunft noch ertragreich sein."

100 Siehe dazu: Johannes KIRCHER, Sozialdarwinismus im wilhelminischen Kaiserreich: Umgang mit Determinismus und den Ideen der Weltreichslehre in den Reichstagsdebatten, Diplomica Verlag GmbH, Hamburg 2015.

101 NOLTE, Transatlantische Ambivalenzen, S. 27–68: In diesem Aufsatz „Abschied vom 19. Jahrhundert oder Auf der Suche nach einer anderen Moderne" zeigt Paul NOLTE zum einen, wie sehr der Platz des 19. Jahrhunderts als „Ankerplatz" in der zeitgenössischen Historiographie seine Bedeutung zunehmend an das 20. Jhd. verliert. Zum andern verdeutlicht er sehr klar den Unterschied zwischen einer eher pessimistischen und eher optimistischen Interpretation der Geschichte der Modernität. Eine Zeit, die um etwa 1800 beginnt und deren Höhepunkt oder Plateau sozusagen mir etwa dem Beginn der Amtszeit von Bülows als Reichskanzler 1900 zusammenfällt; Vgl. auch MÜLLER und TORP, Das Bild des Deutschen Kaiserreichs im Wandel, S. 10–20: Die Autoren zeigen hier auf, wie sich die eher positive Modernitätsvorstellung des „Sonderwegsparadigmas" hin zu einem „dunkel getönten Modernisierungsparadigma" gewandelt hat.

102 Sven Oliver MÜLLER und Cornelius TORP, Das Bild des Deutschen Kaiserreichs im Wandel, in: Das Deutsche Kaiserreich in der Kontroverse, hg. von Oliver MÜLLER und Cornelius TORP, Vandenhoeck & Ruprecht, Göttingen 2009, S. 22: Wir verstehen hier Modernisierung wie von Müller und Torp beschrieben, und zwar als „im Sinne der soziologischen Systemtheorie [...] zunehmende gesellschaftliche

Eine Zeit der „Dialektik der Ordnung"[103], welche In- und Outsider in Bezug auf das gesamtgesellschaftliche System schuf. Die Ausdifferenzierung der Parteienlandschaft und die sich breiter auffächernde Zivilgesellschaft wären demnach weniger Beispiele für die alles ordnen wollenden, diktatorischen Tendenzen in der Gesellschaft, als der Ausdruck steigender Differenzierung und Liberalität.[104] Die hegemonialen Tendenzen Deutschlands wären demnach Teil der, den modernen Gesellschaften innenwohnenden Wesenszügen zum Aussortieren und Ordnen. Allerdings führte dieses Hegemoniestreben auf Grund des allgemeinen Erstarkens Deutschlands auch zu einer sich vergrößernden Isolationsgefahr.[105] Diese negative Definition der Modernität in der Wilhelminischen Epoche muss, auch über die genaue Lektüre der Reichstagsakten, um das Erkennen emanzipatorischer und zivilisatorischer Fortschritte und Entwicklungen ergänzt werden. Ohne in die Falle der Uchronie oder der kontrafaktischen Geschichtsschreibung[106] tappen zu wollen, lässt sich doch annehmen, dass das Kaiserreich nicht zwingend in der Katastrophe des Ersten Weltkriegs hätte enden müssen. Es herrschte im Kaiserreich eine recht große Meinungsvielfalt, und in weiten Teilen der Bevölkerung hatten die demokratischen und friedliebenden Meinungen und Haltungen ein zunehmendes Gewicht erlangt. Auch hatte das Bürgertum in gesellschaftlichen und wirtschaftlichen Fragen weitgehend Entscheidungsfreiheit erreicht.[107] Der britische Diplomat Spring Rice etwa beschrieb die hochkomplexe und dichotomisch erscheinende innere Verfasstheit des Kaiserreichs als sich zusammensetzend einerseits aus *„the monarch with the history of blood and iron and the army of (in theory) absolute slaves"*, andererseits aus *„all the pople who are liberal, who read, think, work, make money and books."*[108] Es zeichnet sich in dieser Beschreibung eine in

---

Ausdifferenzierung funktionaler Subsysteme mit entsprechend vervielfältigten Modi der Selbstbeobachtung".
103 Vgl. Zygmunt BAUMANN, Dialektik der Ordnung. Die Moderne und der Holocaust, EVA, Hamburg 1992.
104 NOLTE, Transatlantische Ambivalenzen, S. 51.
105 CANIS, Von Bismarck zur Weltpolitik, S. 356–361.
106 Sönke NEITZEL, Was wäre wenn...? Gedanken zur kontrafaktischen Geschichtsschreibung, in: Geschichtsbilder: Festschrift für Michael Salewski zum 65. Geburtstag, hg. von Thomas STAMM-KUHLMANN, Jürgen ELVERT, Birgit ASCHMANN, Jens HOHENSEE, Franz Steiner Verlag, Wiesbaden 2003, S. 312–324.
107 Siehe dazu: David BLACKBOURN, Geoff ELEY, The Peculiarities of German History: Bourgeois Society and Politics in 19th Century Germany, Oxford University Press, Oxford 1984.
108 Spring Rice an Theodore Roosevelt, 3. November 1897, in: [SPRING RICE, Cecil] The Letters and Friendships of Sir Cecil Spring Rice. A Record, ed. By Stephen GWYNN, Bde. 1–2, Boston/New York 1929, repr. New York 1972, S. 233.

seinen Tiefenstrukturen liberale, der individuellen Freiheit zugeneigte Gesellschaft ab.[109]

Diese liberale Tendenz bezeugen die regen Debatten, die sich entfaltende Demokratisierung, die dynamische Gesellschaftsentwicklung und die zahllosen Vereinsgründungen. Wenngleich das Bild der Zeit stark von Romanen, wie etwa Heinrich Manns *Der Untertan* geprägt wurde, so beschrieben doch viele Zeitgenossen denn auch im Rückblick die Jahre vor Ausbruch des Ersten Weltkriegs als Jahre des Friedens und der Prosperität. Der Diplomat, Industrielle und Politiker Günter Henle etwa schwärmte von der „unbeschwerten Lebenslust und Daseinsfreude"[110] und dem Bankier Hans Fürstenberg erschienen die letzten vier Jahre vor dem Krieg „als eine Zeit fast ununterbrochenen Sonnenscheins"[111]. Und auch die Romane Theodor Fontanes malen das Bild einer im Großen und Ganzen relativ sorglosen Zeit. In der Nachschau ergab sich so ein erstaunliches Bild von sehr hellen und sehr dunklen Farben. Eine Komposition, die durch den weiteren geschichtlichen Verlauf bis zur Katastrophe und den Verbrechen des Zweiten Weltkriegs immer krasser ausfiel und der neuen Generation nach dem Krieg als Orientierungshilfe, als Kompass zur Weiterentwicklung der Geschichte diente. Als exemplarisch mögen dafür einerseits Stefan Zweigs Werk *Die Welt von Gestern*, andererseits etwa Walther Rathenaus Analyse der Zeit vor 1914 stehen: „Ein entseeltes, übermechanisiertes Europa, worin jeder Mensch jedes Menschen Feind war [...], wo Begriffe der Vorherrschaft zur See, der Vorherrschaft zu Lande, der Weltherrschaft mit Augenaufschlag besprochen wurden, als ob es sich um ein Schweineauskegeln

---

109 GRIMMER-SOLEM, Learning Empire, S. 9–10: In Deutschland kann man Liberalismus verstehen *„not as a party designation but rather as a broader political ideology linked intimately to German nationalism and associated closely with the Protestant and Jewish middle classes of Imperial Germany. Like its close cousin in Britain and France, this liberalism placed the emancipated individual (not class, church or king) at its core, was committed to representative government (if not necessarily parliamentarism or democracy), and saw scientific, social, economic and cultural progress as desirable and the result of individual freedom, initiative and upward mobility. It was an ideology that gave priority to civil society (bürgerliche Gesellschaft), and market forces in creatin social order and in that march of progress, yet one that was also committed to older German ideals of a classless civil society (Mittelstandsgesellschaft) and the state as a patron and guarantor of religious, educational, scientific and artistic freedoms (Kulturstaatlichkeit)."*

110 Günter HENLE, Weggenosse des Jahrhunderts. Als Diplomat, Industrieller, Politiker und Freund der Musik, DVA, Stuttgart 1968, S. 13.

111 Hans FÜRSTENBERG, Erinnerungen. Mein Weg als Bankier und Carl Fürstenbergs Altersjahre, Rheinische Verlagsanstalt, Wiesbaden 1965.

und nicht um das todeswürdigste Verbrechen handelte: In diesem unglücklichen und nichtswürdigen Europa brach der Krieg am 1. August 1914 aus."[112]

Die Verfassung (im Folgenden RV) des Kaiserreichs begründete eine konstitutionelle Monarchie, in der dem Kaiser zwar eine starke und zentrale Stellung zufiel. Allerdings musste er alle Amtshandlungen vom Reichskanzler oder einem Staatssekretär gegenzeichnen lassen. Zudem gab es die Institution des Bundesrates und vor allem die des Reichstages, der das parlamentarische-demokratische Element repräsentierte. Gerade diese Institution und die Ausbildung der deutschen Bevölkerung, die Nutzbarmachung der nationalen Man-Power,[113] machten das deutsche System in den Augen vieler ausländischer Beobachter immer interessanter und überzeugender. Alfred Thayer Mahan etwa schrieb in einem Artikel in der Daily Mail: „*A German writer* [Hans Delbrück] *has said recently, 'In Germany we hold a strong independent Governement, assisted by a democratic Parliament, to be a better scheme than the continual change of party rule customary in England'*".[114] Großbritannien stand einem Land gegenüber „*one fourth more numerous than themselves, and one more highly organized for the sustainment by force of a national policy. It is so because it has a Government more efficient in the ordering of national life, in that it can be, and is, more consecutive in purpose than one balanced unsteadily upon the shoulders of a shifting popular majority.*[115] [...] „*The menacing feature in the future is the apparent indisposition and slackness of the new voters of the last half-century over against the resolute spirit and tremendous faculty for organizing strength evident in Germany.*"[116]

Das deutsche konstitutionelle System wurde von angelsächsischen Beobachtern mit steigender wirtschaftlicher Kraft des Deutschen Reichs als oft effizienter als das eigene angesehen und erzeugte in Großbritannien Selbstzweifel, wie es etwa in H.G. Wells in seinem Roman *The New Machiavelli* thematisierte.[117] Vor allem britische Beobachter sahen das deutsche Zivilisationsmodell als zunehmend überlegen und als Gefahr für die Grundlagen des Empire an.[118] In der Forschung

---

112 Walther RATHENAU, Der Kaiser, in: Die Zukunft, 31. Mai 1919, wieder abgedruckt in: Walther RATHENAU, Schriften und Reden, Frankfurt a. M. 1964, S. 235–272, hier S. 263.

113 Halford John MACKINDER, Man-Power as a Measure of National and Imperial Strength, in: National Review, Bd. XLV, 1905, S. 136–143.

114 Alfred Thayer MAHAN, Britain and the German Navy, in: The Daily Mail, 4. Juli 1910, wieder abgedruckt in: John B. HATTENDORF (Hg.), Mahan on British Strategy. Selections from the Writings of Rear Admiral Alfred Thayer Mahan, Naval Institute Press, Annapolis 1991, S. 359-367.

115 Ibid., S. 360.

116 Ibid., S. 366.

117 H.G. WELLS, The New Machiavelli, The Bodley Head, London 1911.

118 BRECHTKEN, Scharnierzeit, S. 291.

fanden die Entwicklung der Parteien, so wie weiter oben gezeigt, die Außenpolitik und Diplomatie lebhaftes Interesse der Historiker. Auch einzelne Fragen, wie etwa die Wirtschaftspolitik und soziale und kulturelle Entwicklungen waren häufig das Objekt der Forschung, Dem eigentlichen demokratischen Element der Verfassung des Deutschen Reichs aber, dem Reichstag, wurde bislang nur wenig Aufmerksamkeit zuteil. Immer wieder wurde allen gegenteiligen Forschungserkenntnissen zum Trotz versucht, den Reichstag als ein „pseudodemokratisches Feigenblatt" darzustellen und „es wird das alte Lied von einem reaktionären System [gesungen], das seine inneren Widersprüche so lange nicht löst, ja sogar eskalieren lässt, bis die Katastrophe unvermeidlich ist."[119]

1.4. Der Reichstag und die Vereinigten Staaten

Wir haben bereits weiter oben die Arbeit von Marek Czaja über die Perzeption der Vereinigten Staaten um 1900 durch die verschiedenen Parteien des Kaiserreichs angesprochen. Um zu verstehen, aus welchen Gründen sich der Reichstag zumal in der Wilhelminischen Epoche immer stärker für die Vereinigten Staaten interessierte, wurde jedoch eine Quelle bis lange weder systematisch mobilisiert noch tiefergehend analysiert, nämlich die Stenographischen Berichte des Reichstags. Diese Berichte, die die im Reichstag gehaltenen Debatten widerspiegeln, zeichnen in der Tat aber ein etwas anderes Bild zu der im Allgemeinen akzeptierten zweifachen Sichtweise auf den Reichstag: Dieser spielte demzufolge im politischen System des Kaiserreichs eine eher passive Rolle, und die Beziehungen zwischen dem Kaiserreich und den USA wurde vor allem von einer recht kleinen Gruppe getragen: Diplomaten, Professoren, geflüchtete Sozialdemokraten. Und doch erscheint die Einbeziehung anderer Akteure, nicht zuletzt aus der Wirtschaft, vor allem ab den 1890er Jahren gerade wegen der parallelen Entwicklung auf zahlreichen Feldern beinahe selbstverständlich: Fragen der Flottenrüstung, das weltpolitische Ausgreifen oder die zunehmende gesellschaftliche Ausdifferenzierung betrafen beide Länder.[120]

Dies hatte eine Vervielfachung der Kontakt- und auch der Reibungsflächen zwischen beiden Ländern zur Folge Die Beziehungen zwischen dem Kaiserreich und den Vereinigten Staaten hatten also vor dem Ersten Weltkrieg eine weitaus größere Bedeutung und betrafen ein viel weiteres Spektrum an Akteuren, als in der Forschung lange angenommen worden war.[121]

---

119 Frank BECKER, Rezension zu: Volker Berghahn.

120 Nancy MITCHELL, The Danger of Dreams. German and American Imperialism in Latin America, Univ. of North Carolina Press, Chapel Hill 1999, S. 9–10.

121 BRECHTKEN, Scharnierzeit, S. 25; Ute MEHNERT, Deutschland, Amerika und die „Gelbe Gefahr": Zur Karriere eines Schlagworts in der Großen Politik, 1905–1917, Steiner, Stuttgart 1995, S. 19.

Die USA wurden in der Tat zunehmend als Konkurrent mit schier unbegrenzten Möglichkeiten wahrgenommen, so Ludwig Max Goldberger,[122] und sie wurden zu einer wichtigen Orientierungsgröße deutscher Entwicklungsziele. Daneben wurden die USA langfristig aber auch als eine starke Bedrohung für Deutschlands welt(macht)politische Ambitionen betrachtet.[123] Der Aufstieg Amerikas, der als eine „Amerikanisierung der Welt" wahrgenommen wurde,[124] faszinierte und bot zahlreiche, nicht zuletzt finanzielle und wirtschaftliche Chancen, flößte aber auch Furcht ein. In diesem Zusammenhang kam zu Beginn des 20. Jahrhunderts parallel zur „deutschen Gefahr" in den Vereinigten Staaten im Deutschen Reich der Begriff der „amerikanischen Gefahr" auf. So stand etwa in der von Alfred H. Fried in Berlin herausgegebenen Zeitschrift *Die Friedens-Warte* folgendes: „Die grosse industrielle Krise, die augenblicklich den deutschen Markt bedrückt [...] hat das Augenmerk der europäischen Welt neuerdings auf die sogenannte amerikanische Gefahr gelenkt, [die] auch alle Wahrscheinlichkeiten in sich trägt, durch ihr machtvolles Emporwachsen die europäische Industrie auf ihrem ureigenen Boden zu schädigen, diese auf anderen Märkten zu bedrohen. [...] Diese Gefahr, die zunächst eine rein wirthschaftliche ist, ist für Europa von grosser politischer Bedeutung, da sie [...] die Möglichkeit in sich birgt, die politischen Verhältnisse Europas in absehbarer Zeit einem grossen Wandel zu unterziehen."[125]

Dabei erschienen der wirtschaftliche Aufschwung und die zunehmende ökonomische und auch politische Dominanz jedoch nur als die konkreten Ausformungen einer spezifischen amerikanischen Identität, die sich im Laufe der nordamerikanischen Geschichte seit Beginn der europäischen Eroberung herausgebildet hatte. Max Prager etwa betonte, wie sehr der durch keinerlei feudale Gegebenheiten oder moralische Überlegungen gehemmte „kühne Unternehmergeist"[126] der Amerikaner und damit einhergehend die Möglichkeit zur beinahe schrankenlosen freien Entfaltung des Individuums bisher ungeahnte Kräfte freizusetzen vermochte. Allein es entwickelte sich ab Ende des 19. Jahrhunderts auf Grund der enormen

---

122 Max Ludwig GOLDBERGER, Das Land der unbegrenzten Möglichkeiten. Beobachtungen über das Wirtschaftsleben der Vereinigten Staaten von Amerika, F Fontane & Company, Berlin 1903.

123 GRIMMER-SOLEM, Learning Empire, S. 22.

124 Egbert KLAUTKE, Unbegrenzte Möglichkeiten: „Amerikanisierung" in Deutschland und Frankreich (1900–1933), Franz Steiner Verlag, Wiesbaden 2003, S. 8: Im Jahre 1902 hatte der englische Journalist William T. Stead in einem Essay dieses Schlagwort kreiert.

125 Alfred H. FRIED, Die Amerikanische Gefahr, in: Die Friedens-Warte: Wochenschrift für internationale Verständigung, Bd. 3, Nr. 35/36, 26. Oktober 1901, S. 137 -139, hier S. 137.

126 Max PRAGER, Die amerikanische Gefahr. Vortrag gehalten in der Münchner Volkswirtschaftlichen Gesellschaft am 16. Januar 1902, S. 137 -139, hier S. 137.

wirtschaftlichen und nun auch weltmachtpolitischen Erfolge immer stärker auch ein Gefühl des Antiamerikanismus, der „d[en] amerikanischen Geist, die amerikanische Lebensführung, die amerikanische Art, Dinge zu bewerten" in Frage stellte und als zunehmende Bedrohung empfand, wie es etwa Gustav Friedrich, alias Germanus ausdrückte.[127] Während man das technisch-wirtschaftliche System durchaus als vorbildlich betrachtete, wurde das politische System der USA in den meisten Schriften von Beobachtern und Intellektuellen als dem europäischen unterlegen eingeschätzt, da es wegen der Bedeutung des Geldes bei Wahlen, der Wahl etwa von Richtern und Staatsanwälten, und dem Fehlen eines Berufsbeamtentums als sehr korrupt galt.[128] Auch im Bereich der Kunst und der Kultur galten die USA bis vor dem Ersten Weltkrieg als Europa nicht ebenbürtig.[129] Dies äußerte sich darin, dass die Kultur-Zivilisation-Antithese[130] immer stärker auf die USA übertragen wurde.[131] Während es in Europa Kultur gab, gab es in Amerika lediglich eine Zivilisation. Allerdings bestand die Gefahr, dass die Kultur auch in Europa durch die amerikanische Massendemokratie und den amerikanischen Kapitalismus zerstört und von einer wie auch immer gearteten, jedoch unterlegenen Zivilisation ersetzt würde.

Sowohl im Kaiserreich als auch in den USA mussten sich die Menschen aber nun an die sich seit der Mitte der 1890er Jahre stark ändernden politischen, wirtschaftlichen, sozialen und kulturellen Gegebenheiten anpassen und den Umgang mit diesen und den daraus sich ergebenden Freiheiten und Möglichkeiten lernen.[132] Aus all diesen Gründen ist es äußerst interessant und lohnend, mit Sicht auf den „politischen Wandel"[133] des Deutschen Reichs in den Jahren nach 1890 und bis vor dem Ersten Weltkrieg, die im Reichstag geführten Debatten bezüglich der USA

---

127 Gustav FRIEDRICH [Germanus], Die amerikanische Gefahr, keine wirtschaftliche, sondern eine geistige, Stephan Geibel, Altenburg 1905, S. 30.

128 KLAUTKE, Unbegrenzte Möglichkeiten, S. 88.

129 Ibid., S. 87

130 Tim LÖRKE, „Niederschlag eines organischen und immer gegenwärtigen Grundgedankens": Thomas Manns Arbeit am rechten Begriff Begriffsgeschichte, in: Vom Nutzen und Nachteil der Theorie für die Lektüre: Das Werk Thomas Manns im Lichte der neuen Literaturtheorien, Königshausen und Neumann, hg. von Tim LÖRKE, Christian MÜLLER, Würzburg 2006, S. 169–180, hier S. 174 ff.

131 KLAUTKE, Unbegrenzte Möglichkeiten, S. 97.

132 NOLTE, Transatlantische Ambivalenzen, S. XII.

133 RETALLACK, Obrigkeitsstaat und politischer Massenmarkt, S. 135: „Wenn man sich heute mit dem Kaiserreich beschäftigt, ist es nicht mehr nötig, zwischen derartig grundlegenden Alternativen zu wählen. [...] Die Aufmerksamkeit für politischen Wandel – nicht für das politische „System" – wird auch in Zukunft noch ertragreich sein."

im Allgemeinen und des Verhältnisses zu den Vereinigten Staaten im Besonderen genauer zu untersuchen.

Für Magnus Brechtken waren ökonomische Faktoren in den Beziehungen zu Staaten weit weniger bedeutend als die Art und Weise wie, die Eliten „die machtpolitische|] Situation ihrer Mächte" wahrnahmen und verglichen. Fragen des Prestiges und die Ideologie waren demnach wichtiger als Wirtschaft und Handel.[134] Gerade die Sicht des Reichstags auf die USA, also die Sicht von nicht-professionellen Akteuren der Außenbeziehungen, kann vielleicht zu einer Relativierung sowohl dieser Aussage als zur Bedeutung und Wirkmächtigkeit der etablierten Eliten und Institutionen führen. Zum einen nämlich waren die USA „ein Pionier – wenn nicht der Pionier im globalen Maßstab – dieser Moderne".[135] Zum anderen haben zahlreiche neuere Untersuchungen offengelegt, wie sehr die USA und Europa bereits weit vor der Zeit des Kalten Krieges eine „globale[] Verflechtungszone" bildeten, die „zeitlich und sachlich in viel tiefere Schichten zurückreicht."[136] Die Reichstagsprotokolle bieten somit eine sehr vielversprechende Quelle, diese Verflechtungen nachzuvollziehen, was nicht zuletzt mit den Besonderheiten der Kompetenzen und der Verfassung dieses Organs zusammenhängt.

1.5. Der historische Kontext der Wilhelminischen Epoche

Während die Jahre von 1871 bis 1890 von Reichskanzler Otto von Bismarck geprägt wurden, gelten die Jahre nach Bismarcks Ausscheiden als Wilhelminische Epoche. Obwohl die Reichskanzler dieser Zeit ebenfalls zum Teil starke Persönlichkeiten waren, allen voran Bernhard von Bülow oder Theobald von Bethmann Hollweg, standen sie doch im Schatten Wilhelms II. oder wurden, wie man es parallel zu dem weiter oben erklärten kritisch dekonstruktiven Ansatz zur Stellung des Reichstags formulieren könnte, in der historiografischen Nachschau dorthin gestellt. Diese „Wilhelminische Epoche" ist insofern bedeutend und auch faszinierend, als sich die deutsche Gesellschaft damals grundlegend veränderte. Für die Wirtschaft lassen sich drei Phasen unterscheiden: Eine erste Phase der Industriellen Revolution (1835/51–1873) mit Wachstumsraten von 4–5 Prozent jährlich; eine zweite Phase der „Großen Depression", die bis 1895 dauerte und von liberalkapitalistischer Hochindustrialisierung und interventionsstaatlichen Tendenzen geprägt war und immerhin noch 2,6–3 Prozent Wachstum aufwies; schließlich ab 1895 die dritte Phase des

---

134 BRECHTKEN, Scharnierzeit, S. 30.
135 NOLTE, Transatlantische Ambivalenzen, S. 54.
136 Ibid., S. XI.; Alexander SCHMIDT, Reisen in die Moderne. Der Amerika-Diskurs des deutschen Bürgertums vor dem Ersten Weltkrieg im europäischen Vergleich, De Gruyter, Berlin 1997, (zitiert in NOLTE, Transatlantische Ambivalenzen, S. 54, Anm. 73).

organisierten Kapitalismus und der Hochkonjunktur, die mit zwei kurzen Stockungen (1900–1902 und 1907–1909) bis zum Ausbruch des Ersten Weltkriegs andauerte.[137] Diese Hochkonjunkturphase, in der die Gesamtindustrieerzeugung jährlich um 4,5 Prozent anstieg, ging einher mit einschneidenden sozialen und kulturellen Umwälzungen. Die Jahre zwischen 1895 und 1914 kann man wohl als „Goldene Jahre einer Dauerprosperität" bezeichnen.[138] Deutschland rückte bis 1913 hinter den Vereinigten Staaten (32 Prozent) und noch vor Großbritannien (13,6 Prozent) mit einem Anteil von 14,8 Prozent an der weltweiten Industrieproduktion zur zweitstärksten Wirtschaftsmacht auf.[139] Frankreich hingegen etwa hatte 1913 nur noch einen Anteil von 6,1 Prozent, Italien von 2,4 Prozent und Österreich-Ungarn von 4,4 Prozent.[140] Bei der Produktion von Eisen und Stahl stand Deutschland 1913 ebenso an zweiter Stelle hinter den USA.[141] Allerdings gab es auch innerhalb dieses Zeitraums verschiedene konjunkturelle Phasen mit ihren speziellen politischen Entscheidungserfordernissen. So zeichnete sich Ende 1900 eine Überproduktionskrise der deutschen Exportwirtschaft ab, die der sozialdemokratische Abgeordnete August Bebel[142] darauf zurückführte, dass „auf der einen Seite alle Staaten der Welt mehr und mehr große Industriestaaten zu werden trachten-, wie jeder darauf hinausgeht, nicht nur zum eigenen Bedarf seine Industrieerzeugnisse zu schaffen, sondern noch einen Ueberschuß derselben in fremde Welttheile und Länder abzustoßen."[143] Allerdings verschlimmerte sich diese Lage vor allem dadurch, dass „von diesem Wetteifer jetzt auch Amerika in unheimlichem Maße gegenüber dem alten Europa sich entwickeln."[144] Diese Überproduktionskrise mündete zwischen 1901

137 Mielke, Der Hansa-Bund, S. 13–14
138 Ullrich, Die nervöse Großmacht, S. 127.
139 Hans Ulrich Wehler, Deutsche Gesellschaftsgeschichte, Bd. 3: Von der deutschen Doppelrevolution bis zum Beginn des Ersten Weltkriegs. 1849–1914, C.H. Beck, München 1995, S. 612.
140 Brechtken, Scharnierzeit, S. 49.
141 Siehe dazu die Tabellen bei Brechtken, Scharnierzeit, S. 55.
142 Theodor Heuss, Bebel, August, in: Neue Deutsche Biographie 1 (1953), S. 683–685 [Online-Version]; URL: https://www.deutsche-biographie.de/pnd118507893.html#ndbcontent: August Bebel (22. Februar 1840–13. August 1913) war einer der Begründer der deutschen Sozialdemokratie und einer ihrer wichtigsten Vertreter. Er saß für die SPD von 1867 bis zu seinem Tod im Reichstag und war ab 1892 neben Paul Singer bzw. Hugo Haase einer beiden Vorsitzenden der Partei. Er repräsentierte zwischen dem linken und revisionistischen Flügel das sog. marxistische Zentrum der Partei.
143 http://www.reichstagsprotokolle.de: Stenographische Berichte über die Verhandlungen des Reichstags (im Folgenden: Stg. Berichte), 10. Leg.-Periode, 1900/03, 9, 244. Sitzung, Donnerstag, den 22. Januar 1903, S. 7471B.
144 Ibid.

und 1904 in eine zweite, wenn auch ungleich harmlosere Gründerkrise, welche zu einer stärkeren Schuldenaufnahme des Reiches, zu höheren Getreidezöllen und insgesamt zu protektionistischen Tendenzen führte.[145] In der Debatte zum Reichstagshaushalt des Jahres 1903 ging etwa August Bebel deshalb mit der Reichsleitung und dem neuen Bülow-Zolltarif, der, wie er glaubte, die Lebensmittelpreise für die Arbeiter verteuern und die Exportchancen des Reiches vermindern würde, hart ins Gericht.[146] Bebel befürchtet dabei vor allem, dass die gegenwärtige Krise auf Nordamerika übergreifen könnte, denn dadurch würde „die Krisis eine sehr bedeutende Verschärfung erfahren [...], (Sehr richtig! links)."[147] Die Jahre 1895 bis 1914 brachten die verarbeitende Industrie, welche möglichst einen freien Handel mit allgemein niedrigen Zöllen anstrebte, in immer schärferen Gegensatz zum agrarisch-konservativen Komplex.[148] Die Gesamtproduktion von Industrie und Handwerk verdoppelte sich nämlich in diesem Zeitraum, die Wertschöpfung der gesamten Volkswirtschaft wies eine Steigerung um 75 % auf.[149] Besonders der Export trug zu diesem Wachstum bei. Nicht nur wuchs er schneller als der Welthandel, er stieg auch stärker an als die Wirtschaft des Deutschen Reichs insgesamt.[150] Diese Steigerung des Exports, dessen Zuwachs regelmäßig über dem Zuwachs des BIP lag, löste vor allem in England, aber auch Frankreich Ängste aus, dass die eigene Industrie deswegen immer mehr geschwächt werden würde und zunehmend ins Hintertreffen geraten könnte. Auch die Bevölkerung wuchs stark an, und zwar von 49,4 Millionen Einwohnern im Jahre 1890 auf 66,9 Millionen im Jahre 1913,[151] was wiederum eine starke Verstädterung und eine Zunahme von Großstädten zur Folge hatte. Es kam dadurch zu einem Erstarken sowohl der Sozialdemokratie als

---

145 MOMMSEN, Der autoritäre Nationalstaat, S. 236; Stg. Berichte, 10. Leg.-Periode, 1900/ 03, 9, 244. Sitzung, Donnerstag, den 22. Januar 1903, S. 7471B/C: wegen der Zollpolitik Bülows „zwingen Sie die anderen Staaten, dasselbe Spiel zu treiben; und indem sich so schließlich alle gegen einander abschließen und sie sich gegenseitig die Märkte abschneiden, aber gleichzeitig immer neue Warenmassen auf den Weltmarkt werfen, kommt nothwendig die Katastrophe, die Sie vermeiden wollen. Wie auf dem ökonomischen, so auch auf dem militärischen und marinistischen Gebiete. (Sehr richtig! bei den Sozialdemokraten.)."
146 Stg. Berichte, 10. Leg.-Periode, 1900/03, 9, 244. Sitzung, Donnerstag, den 22. Januar 1903, S. 7464C–7489B, hier S. 7465B.
147 Ibid. S. 7465C.
148 CANIS, Von Bismarck zur Weltpolitik, S. 356–361.
149 ULLRICH, Die nervöse Großmacht, S. 127.
150 Cornelius TORP, Die Herausforderung der Globalisierung. Wirtschaft und Politik in Deutschland 1860–1914, in: Vandenhoeck & Ruprecht, Göttingen 2005, S. 62 f. Siehe auch: Walther G. HOFFMANN, Das Wachstum der deutschen Wirtschaft seit der Mitte des 19. Jahrhunderts, Berlin 1965.
151 ULLRICH, Die nervöse Großmacht, S. 135.

auch der nationalistischen und liberalen Kräfte. Ab den 1895er Jahren lässt sich überdies beobachten, dass das wirtschaftliche Element stetig an Gewicht zunahm und wirtschaftliche Interessen in das Zentrum des Staatsinteresses rückten. Über die wirtschaftliche Frage wurde aber im Grunde ein viel tiefer sitzender Konflikt ausgetragen, nämlich der zwischen den alten agrarisch-konservativen Eliten der Gesellschaft und den neuen Eliten des liberalen Wirtschaftsbürgertums. Die gesellschaftlichen Spannungen und Veränderungen schlugen sich in der zu führenden Politik nieder und verstärkten sich gegenseitig. Die starken Veränderungen im Inland wie auf internationaler Ebene erhöhten beständig den Druck auf die Reichsleitung, Deutschland zu einem weltweiten Machtfaktor auszubauen. Deutschland wollte und musste – so schien es jedenfalls einem Großteil des maßgeblichen Teils der Bevölkerung – zu einer weltweit agierenden Großmacht werden. Bernhard von Bülow, der im Oktober 1897 zum Staatssekretär des Äußeren ernannt worden war, forderte schließlich in seiner Antrittsrede im Reichstag am 6. Dezember 1897 für das so erstarkende Deutschland einen Platz an der Sonne. Am 17.10.1900 war er Chlodwig zu Hohenlohe-Schillingsfürst als Reichskanzler nachgefolgt.[152] Er war Jurist, erfahrener Diplomat und galt als gewandter Redner. Allerdings trug er mit manchen seiner Entscheidungen und Reden zur zunehmenden außenpolitische Isolation Deutschlands bei. So etwa in seiner „Granitbeißerrede" vom 08.01.1902[153] oder in seiner als Reaktion auf die Bildung der Entente zwischen Frankreich und Großbritannien am 14.11.1906 gehaltenen Reichstagsrede, in der er von einer „Einkreisung" Deutschlands sprach. Damit hatte er ein Schlagwort vorgegeben, welches im weiteren Verlauf von nationalistischen Kreisen benutzt werden sollte, um eine aggressivere Außenpolitik Deutschlands zu fordern.

Im Jahr 1903 verdeutlichte er im Zuge der Reichstagsdebatten zu Venezuela sein Verständnis von Außenpolitik: „Die auswärtige Politik [...] soll den bleibenden Bedürfnissen des betreffenden Volkes, des betreffenden Staates dienen. Wenn diese Interessen Weltinteressen geworden sind, so wird die Politik des betreffenden Landes und Volkes ganz von selbst eine Weltpolitik werden."[154] Zum einen

---

152 Zu Reichskanzler von Bülow siehe: Peter WINZEN, Reichskanzler Bernhard von Bülow: Mit Weltmachtphantasien in den Ersten Weltkrieg: Eine politische Biografie, Verlag Friedrich Pustet, Regensburg 2013.

153 Rede von Bülows, in der er den britischen Kolonialminister Joseph Chamberlain angriff, der das britische Vorgehen im zweiten Burenkrieg (1899–1902) gerechtfertigt hatte. Deutschland stand in diesem Krieg auf Seiten der Buren, was bereits davor durch die sog. Krügerdepesche Wilhelms II. im Jahre 1896 unterstrichen worden war. Siehe dazu: Hans FENSKE, Friedrich von Holstein: Außenpolitiker mit Augenmaß, in: Otto von Bismarck und das „lange 19. Jahrhundert": Lebendige Vergangenheit im Spiegel der „Friedrichsruher Beiträge" 1996–2016, hg. von Ulrich LAPPENKÜPER, Ferdinand Schöningh, Paderborn 2017, S. 873–933, hier S. 906.

154 Stg. Berichte, 10. Leg.-Periode, 1900/03, 9, 251. Sitzung, Donnerstag, den 5. Februar 1903, S. 7697D.

beinhaltete dies weltpolitische und koloniale Ansprüche, die sich auf vier Räume außerhalb Europas konzentrierten: An erster Stelle sind zu nennen Kleinasien und China. Des Weiteren zielten die deutschen weltpolitischen Interessen auf Südamerika und Marokko.[155] Marokko, dessen Verfall sich nach dem Tod des Sultans Mulai al-Hassan I. noch beschleunigte, spielte für Deutschland wirtschaftlich eine eher untergeordnete Rolle und man wollte sich politisch dort nicht allzu sehr engagieren, da es vor allem in Blickfeld Frankreichs und Englands lag. Allerdings dachte man daran, über die Marokkofrage seine wachsenden weltpolitischen Ambitionen zum Ausdruck bringen zu können, was in der Ersten Marokkokrise (1904–1906) dann umgesetzt wurde. Anders als in Marokko besaß das wirtschaftliche Element in Bezug auf Südamerika herausragende Bedeutung. So hatte der Export nach Lateinamerika von 1895 bis 1905 von 219 Millionen Mark auf 389 Millionen Mark zugenommen. Deutschland war damit hinter England, aber vor Frankreich und den USA zweitwichtigster Exporteur in dieser Region, vor allem in Argentinien, Brasilien, Chile und Mexiko[156]. Das führte zu einigen Reibungspunkten mit den USA, die Lateinamerika seit den 1890er Jahren immer stärker als ihren Hinterhof zu betrachten begannen und die Monroe-Doktrin konsequent anzuwenden gedachten. Vor allem in der Venezuela-Krise sollte das deutlich werden.

In der vorliegenden Untersuchung werden deshalb im Kapitel zur Außenpolitik auch in der Hauptsache Südamerika (Spanisch-Amerikanischer Krieg, Venezuelakrise) und der pazifische Raum (Samoa, Philippinen) eine Rolle spielen, da es dort mit den USA zu Interessenkonflikten, aber auch zu Annäherungsversuchen kam. Zur Absicherung der Weltpolitik sollte eine starke Flotte aufgebaut werden. Zudem war es seit der Reichskanzlerschaft Caprivis zu einer tiefgreifenden Veränderung der von Bismarck präzise ausbalancierten Bündnispolitik gekommen, wofür die Nichterneuerung des Rückversicherungsvertrages mit Russland 1890 exemplarisch steht.[157] Wilhelm II. und die Regierung des „Neuen Kurses" glaubten daran, dass Deutschlands Interessen nun besser durch die Politik der freien Hand und Bündnisfreiheit durchzusetzen seien. Der wirtschaftliche und machtpolitische Aufstieg des Kaiserreiches wurde aber international mit großem Misstrauen verfolgt. Sämtliche Großmächte fühlten sich vom ihm in ihren Interessen herausgefordert und befürchteten entweder eine Einschränkung ihres eigenen Aufstiegs, wie etwa Russland und Amerika, oder die Verdrängung, wie vor allem Frankreich und Großbritannien.[158] Der bereits erwähnte Henry Adams etwa schrieb 1897:

---

155 Canis, Von Bismarck zur Weltpolitik, S. 361.
156 Ibid., S. 367.
157 Ibid., S. 16.
158 Das Werk von Konrad Canis schildert dies in komplexer und ausführlicher Weise. Allerdings richtet es sein Augenmerk vor allem auf die europäischen Großmächte. Die Situation und die Rolle der USA werden nur sehr randständig untersucht. Canis, Von Bismarck zur Weltpolitik, S. 352.

„Der Prozeß der Gewichtsverlagerung zentriert meiner Meinung nach weder in Rußland noch bei uns; er zentriert in Deutschland. Seit 1865 war Deutschland der große Unruhe-herd, und solange seine expansive Kraft nicht erschöpft ist, gibt es weder politisches noch wirtschaftliches Gleichgewicht. Rußland kann sich ausdehnen, ohne zu explodieren. Deutschland nicht. Rußland ist in vieler Hinsicht schwach und verrottet. Deutschland ist ungeheuer stark und konzentriert".[159]

Der englische Diplomat Cecil Arthur Spring Rice, der von Oktober 1895 bis Juli 1898 in Berlin britischer Botschafter war, schrieb in einem Brief an Henry Adams zur wirt-schaftlichen Kraft Deutschlands: Das Kaiserreich *„[is] solely occupied with making money. I should think that never since man began to adorne the universe, was a whole nation so entirely and exclusively engaged in the occupation of money making. To call the Americans and the English dollar-worshippers! An occasional flirtation in face of a constant and unswerving devotion."*[160] Obwohl das Deutsche Reich als konstitutionelle Monarchie verfasst war und sowohl die Reichsleitung als auch das demokratische-parlamentarische Element, mithin der Reichstag, und die Zivilgesellschaft, wie Presse und Interessengruppen, eine immer bedeutendere Rolle spielten, wurde Wilhelm II. in den Jahren 1895–1914 im allgemeinen Bewusstsein und nicht zuletzt im Ausland als zentrale Figur wahrgenommen. Für einen Diplomaten wie Spring Rice schien es schwierig, das Funktionieren des deutschen Staates zu erfassen. So schrieb er an The-odore Roosevelt: *„The odd thing is, that this Governement which is entirely carried on by the anti-commercial class is the most frankly commercial Governement in the world."*[161] Allerdings wäre es zu kurz gegriffen, den historischen Ort des Kaiserreichs nur mit Blick auf die durch eine starke autoritäre Überformung gekennzeichnete Struktur des politischen Systems zu charakterisieren. Eine solche Argumentation nimmt einen besonders sichtbaren Teil der Gesellschaft, den Kaiser, das Militär, die offizielle Politik, für das Ganze, ohne damit der Multiperspektivität gerecht zu werden, die nötig ist, um die komplexe Gesellschaft des Deutschen Reichs zu beschreiben.[162] Denn die Dekomposition oder, positiv gewendet, Demokratisie-rung Deutschlands war in vollem Gange. Thomas Nipperdey stellt heraus, „die

---

159 Golo Mann, Ein amerikanischer Aristokrat, über die Memoiren des Henry Adams, in: Der Monat, Jg. 6, Nr. 71, Heft 8, (August 1954), S. 485–488, Nachgedruckt in Geschichte und Geschichten, S. 395–403, hier S. 399.

160 Spring Rice an Henry Adams, 24. August 1896, in: [Spring Rice, Cecil] The Letters and Friendships of Sir Cecil Spring Rice. A Record, ed. By Stephen Gwynn, Bde. 1–2, Boston/New York 1929, repr. New York 1972, S. 209.

161 Ibid., S. 233.

162 Benjamin Ziemann, Das Kaiserreich als Epoche der Polykontexturalität, in: Das Deutsche Kaiserreich in der Kontroverse, hg. von Sven Oliver Müller, Cornelius Torp, Vandenhoeck & Ruprecht, Göttingen 2009, S. 61.

Wilhelminische Gesellschaft war auch politisch eine kritische Gesellschaft".[163] Die
Presse war relativ frei, kritische Literatur, oftmals gegen den Kaiser gerichtete, wie
Ludwig Quiddes *Caligula*, und Satire, wie der *Simplicissimus*, der *Kladderadatsch*
oder auch *Der Wahre Jakob* blühten.[164] Darüber hinaus entstanden immer mehr
bürgerliche Interessenvereinigungen,[165] die auf die verschiedensten Politikfelder
Einfluss zu nehmen versuchten und häufig über eigene Presseorgane verfügten.
„Die deutsche Gesellschaft war vor 1914 [...] eine Gesellschaft des Rechts, der relativen Liberalität und der Arbeit. [...] Sie war eine Gesellschaft der Reformen [...],
[die] aus sich auch das wachsende Potential einer kommenden Demokratie [ent-
wickelte]".[166] Bereits Caprivi hatte die Bedeutung der öffentlichen Meinung und
die Macht der Presse erkannt.[167] Und im Jahre 1890 etwa schrieb der Staatssekretär
des Auswärtigen Amtes, Herbert von Bismarck, an Paul von Hatzfeld,[168] dass die
Regierung wegen ihrer Nachgiebigkeit gegenüber England in kolonialen Fragen in
Afrika „in Presse und Interessenkreisen großen Vorwürfen ausgesetzt [sei]" und
die deutsche Regierung deshalb entgegen ihrer Meinung in Afrika auf „Gegenseitigkeit" seitens Englands drängen müsse.[169] Das Bewusstsein, auf die öffentliche
Meinung Rücksicht nehmen zu müssen, wuchs in der Regierungszeit vor allem

---

163 Thomas NIPPERDEY, Nachdenken über die deutsche Geschichte, C.H. Beck, München 1991, S. 220.

164 Ann Taylor ALLEN, Satire and Society in Wilhelmine Germany: Kladderadatsch & Simplicissimus, 1890–1914 (Lexington University Press of Kentucky), Lexington 1984, S. XI–XII: „*Literature such as Kladderadatsch and Simplicissimus suggests the increasing prevalence of certain sceptical, dissenting, or critical attitudes among a significant segment of the general public. [...] the Witzblätter provide unique and valuable evidence of the evolution of critical and self-critical attitudes among a significant segment of the Wilhelmine bourgeoisie.*"

165 Hier die Gründungsdaten einiger der wichtigsten: 1887 Deutsche Kolonialgesellschaft, Allgemeiner Deutscher Verband 1891, ab 1894 Alldeutscher Verband, 1893 Bund der Landwirte (BdL), 1895 Bund der Industriellen (BdI), 1898 Deutscher Flottenverein, Bund Heimatschutz 1904. Siehe dazu: Volker ULLRICH, Deutsches Kaiserreich, Fischer Verlag, Frankfurt 2006: Kapitel Parteien und Interessenverbände; Dirk STEGMANN, Konservativismus und Nationale Verbände Im Kaiserreich. Bemerkungen zu einigen neueren Veröffentlichungen, in: GG, Bd. 10, Nr. 3, 1984, S. 409–420, hier S. 411. [JSTOR, www.jstor.org/stable/40185431. Eingesehen am 15. Januar 2020].

166 NIPPERDEY, Nachdenken, S. 224.

167 CANIS, Von Bismarck zur Weltpolitik, S. 47, Anm. 153.

168 Paul von Hatzfeld (1831–1901) war viele Jahre deutscher Botschafter in London (1885–1901).

169 CANIS, Von Bismarck zur Weltpolitik, S. 56, Anm. 15: BA Potsdam, RKA, Nr. 6926, Bl. 29 ff.: H. v. Bismarck an Hatzfeld 18.01.1890, Bl. 92 ff.: H. v. Bismarck an Hatzfeld 15.03.1890.

Bülows stark. So versuchte man durch gezielte Pressearbeit, z.B. über den Ausbau von Presseabteilungen in den Staatssekretariaten, und durch zahlreiche Interventionen bei den der Regierung nahe stehenden Zeitungen die öffentliche Meinung zu lenken.[170] Allerdings überschätzte die Exekutive wohl auch ihre Möglichkeiten, diese zu beeinflussen oder gar zu beherrschen und sie konnten wohl nie „mit dem Problem der Öffentlichkeit fertigwerden."[171] Berlin war am Ende des Kaiserreichs zur Stadt mit der größten Tageszeitungsdichte Europas geworden, was zu einer Art Verdoppelung der sozialen Welt geführt hatte.[172]

1.6. Der Reichstag im Verfassungsgefüge: Seine politische Bedeutung

Der Reichstag stellte einen wichtigen Ort für die Regierung zur Außendarstellung und zur Beeinflussung der öffentlichen Meinung dar, wie nicht zuletzt die Reden des Reichskanzlers im Parlament bezeugen. Denn zwar war der Reichstag von Bismarck bei der Reichsgründung als relativ einflussarmes Zugeständnis an die fortschrittlichen Kräfte gedacht worden war. Im Grunde aber entsprach seine Konzipierung wohl weit höher den gesellschaftlichen Interessen der verschiedenen Gruppen der damaligen deutschen Gesellschaft als vielfach behauptet und angenommen wurde.[173] Auch spiegelte er immer genauer die „segmentierte Gesellschaft"[174] der Wilhelminischen Epoche in Form seiner ausdifferenzierten Parteienlandschaft sehr gut wider. Das Spektrum reichte in der untersuchten Zeit von den Deutschkonservativen und Freikonservativen, den Nationalliberalen und Linksliberalen (Freisinnige Vereinigung, Freisinnige Volkspartei, Deutsche Volkspartei, seit 1910 Fortschrittliche Volkspartei[175]) über das Zentrum und die Sozialdemokraten bis zu Minderheitenparteien und antisemitischen Parteien.

---

170 Siehe dazu: Frank Bötsch, Grenzen des „Obrigkeitsstaates". Medien, Politik und Skandale im Kaiserreich, in: Das deutsche Kaiserreich in der Kontroverse, hg. von Sven Oliver Müller, Cornelius Torp, Vandehoeck & Ruprecht, Göttingen 2009, S. 136.

171 Mommsen, Der autoritäre Nationalstaat, S. 359. Mommsen interpretiert diese Tatsache eher negativ, als ein Machdefizit. Wahrscheinlich ist sie aber weit mehr ein Beweis für die „stille Parlamentarisierung" und das Fortschreiten der Demokratisierung in den Jahren vor dem Ersten Weltkrieg.

172 Ziemann, Das Kaiserreich als Epoche der Polykontexturalität, S. 54.

173 Mommsen, Der autoritäre Nationalstaat, S. 291.

174 Nipperdey, Nachdenken, S. 214.

175 Siehe dazu: James J. Sheehan, Der deutsche Liberalismus. Von den Anfängen im 18. Jahrhundert bis zum Ersten Weltkrieg. 1770–1914, C.H. Beck, München 1983.

So „kam diesem Parlament im kaiserlichen Deutschland ein sehr erheblicher, im Zeitablauf erkennbar zunehmender Einfluss auf die Gestaltung der Politik zu".[176] In der Historiographie zum Kaiserreich wurden die Abgeordneten oft – in Ausdehnung des Begriffs– wie Subalterne betrachtet, die zwar eine Sprache hatten, und am Diskurs offiziell teilnehmen konnten, jedoch nur unzureichend gehört wurden.[177] Nicht zuletzt Max Webers Unterscheidung zwischen einem „redenden" und mithin kraftlosen Parlament und einem „arbeitenden", kraftvollen Parlament[178] trug stark zur abwertenden Sicht auf den Reichstag des Kaiserreichs und der nachfolgenden historiografischen Taubheit – wir benutzen hier das Wort mit Bedacht, denn es handelte sich bei den Reichstagsprotokollen um eine hybride Quelle zwischen Schriftlichkeit und Oralität – diesem gegenüber bei. Allerdings nahm auch Deutschland am „säkularen Trend zu populären, wenn nicht demokratischen Regierungsformen" teil, was sich „nicht zuletzt in einem gesteigerten Selbstbewusstsein des Reichstags ausdrückte."[179] Die Abgeordneten entwickelten sich zu spezifischen Wissens- und Kompetenzträgern, wie etwa in Hinblick auf die wirtschaftlichen und gesellschaftlichen Gegebenheiten in den USA, und gar zu außenpolitischen Akteuren, und zwar über die Aneignung diplomatischer Themen oder die kontinuierliche Entwicklung eigener Wissenskompetenzen und internationaler wie transnationaler[180] Expertisen zu innenpolitisch relevanten Fragen. Es kam mithin zu einer kompetenz- und wissensbasierten „Professionalisierung" der Abgeordneten und zur Herausbildung des Berufspolitikers. So hatte sich im

---

176 Andreas BIEFANG, Michael EPKENHANS, Klaus TENFELDE (Hg.), Das politische Zeremoniell im Kaiserreich 1871–1918, Droste Verlag 2008, S. 11.

177 Der Begriff der Subalternität wurde von Antonio Gramsci geprägt und meinte zunächst Sklaven in Rom oder Arbeiter in kapitalistischen Gesellschaften. Vgl. dazu: Antonio GRAMSCI, Gefängnishefte. Hg. von Klaus BOCHMANN, Wolfgang Fritz HAUG, 10. Bd., Hamburg/Berlin (1991–2002); Später wurde der Begriff vor allem von der „Subaltern Studies Group", einer Gruppe südasiatischer Historiker, aufgenommen. Siehe weiter: Gayatri CHAKRAVORTY SPIVAK, Can the Subaltern speak? Postkolonialität und subalterne Artikulation, Wien 2007: Für sie bedeutet Subalternität das Ergebnis einer durch hegemoniale Diskurse hergestellten gesellschaftlichen Ausgrenzung.

178 Max WEBER, Parlament und Regierung im neugeordneten Deutschland: Zur politischen Kritik des Beamtentums und Parteiwesens, Berlin 2011, zweite Auflage (erste Auflage 1918), S. 53: „Denn nicht ein redendes, sondern nur ein *arbeitendes* Parlament kann der Boden sein, auf dem nicht bloß demagogische, sondern echte *politische* Führungsqualitäten wachsen [...]. Vor dem Krieg gab es das bei uns nicht. Nach dem Krieg muß aber das Parlament dazu umgebildet werden, oder wir haben die alte Misere."

179 MOMMSEN, Der autoritäre Nationalstaat, S. 343.

180 Siehe dazu Kapitel 2, Außenpolitik der vorliegenden Arbeit.

Laufe der Wilhelminischen Epoche immer mehr die Ansicht durchgesetzt, dass ein modernes Parlament ohne einen erheblichen Prozentsatz an Berufspolitikern nicht möglich war[181].

In der Verfassung des Kaiserreichs stellte der Reichstag eine zwar unterschätzte, aber zukunftsreiche[182], und fortschrittliche Institution dar, wenngleich man vielleicht eher von einer „Institutionalisierung" dieser Institution sprechen sollte.[183] Eine ähnliche Feststellung gilt auch für andere Institutionen[184] des Deutschen Reichs, etwa das Reichsgericht oder die verschiedenen Staatssekretariate. Zum einen weist der Name des Reichstags zurück in die Epoche des Alten Reiches, in welcher der die verschiedenen Fürsten und Städte des Reiches repräsentierende „Reichstag" neben dem Kaiser und den verschiedenen Reichsgerichten zu den politischen Machtzentren des Reiches gehört hatte. In gewisser Weise und mit großen Einschränkungen stellte der „alte" Reichstag im Machtgefüge der Verfassung des Heiligen Römischen Reiches ein vor-demokratisches Element dar. An diese Tradition wurde mit dem „Reichstag" des Deutschen Reiches, wie mit dem Namen des neuen Gebildes insgesamt – Reich – angeknüpft.[185] Friedrich Naumann etwa schrieb dazu im Jahre 1915 in seiner Schrift *Mitteleuropa*: „Aus allen Teilen Mitteleuropas fuhr und ritt man weite Wege zu den Reichstagen. [...] Es gab eine besondere mittelalterliche mitteleuropäische Lebens- und Kulturgemeinschaft [...]. Dieses Alte Reich ruckt und stößt jetzt im Weltkriege unter der Erde, denn

---

181 Hermann BUTZER, Diäten und Freifahrt im Deutschen Reichstag – Der Weg zum Entschädigungsgesetz von 1906 und die Nachwirkung dieser Regelung bis in die Zeit des Grundgesetzes. Droste Verlag, Düsseldorf 1999, S. 24.

182 Dieter HERTZ-EICHENRODE, Deutsche Geschichte 1871–1890: Das Kaiserreich in der Ära Bismarck, Verlag W. Kohlhammer, Köln 1992, S. 44.

183 Daniel LEGUTKE, Diplomatie als soziale Institution: brandenburgische, sächsische und kaiserliche Gesandte in Den Haag 1648–1720, Waxmann, Münster, New York 2010, S. 54: „Genese, Verfestigung und Symbolisierung der Verhaltensmuster zu erfassen, setzt ein prozedurales Verständnis von Institution voraus, das dem Begriff Institutionalisierung ohnehin innewohnt".

184 Antje GIMMLER, Institution und Individuum: Zur Institutionentheorie von Max Weber und Jürgen Habermas, Campus Verlag, Frankfurt 1998, S. 22 f.: Unter Institution verstehen wir dabei das innere Ordnungs- und Regelsystem und die konkrete Einrichtung.

185 Stefan BERGER, Building the Nation Among Visions of German Empire, in: Stefan BERGER and Alexei MILLER (Hg.), Nationalizing Empires; CEU Press, New York 2015, S. 247–308, hier S. 247: „*[Theodor Schieder] was well aware of the symbolic strength of Medievalism and of the Holy Roman Empire of the German Nation for the new found nation-state of 1871. Not for nothing was it called a Reich, an empire. It had an emperor as head of state and it was to develop imperial ambitions, both in Central and Eastern Europe and overseas.*"

es will nach langem Schlafe gern wieder kommen."[186] Zum anderen entwickelte
sich die Institution Reichstag sowie auch die anderen Institutionen, wie etwa das
Reichsgericht oder der Bundesrat, im Laufe des Kaiserreichs weiter. Die Verfassung des Reiches passte sich also der „Verfassungswirklichkeit"[187], wenn nicht
immer *de jure*, so doch *de facto* an: „Die in Deutschland bis 1918 vorherrschende
Form des Konstitutionalismus kannte zwar keine Gleichberechtigung monarchischer und parlamentarischer Gewalt, aber seine aus freien, direkten, gleich-
artigen und geheimen Wahlen hervorgegangene parlamentarische Institution, der
Reichstag, realisierte in seinen Debatten, auch ohne Regierungsverantwortung der
Parteien, bereits wichtige Prinzipien wie Öffentlichkeit, Kontrolle der Exekutive
und Diskussion."[188] Der Reichstag war eine politische Institution, also ein „Regelsystem der Herstellung und Durchführung verbindlicher, gesamtgesellschaftlicher
relevanter Entscheidungen" und besaß damit durchaus eine wirklichkeitskonsti-
tuierende Kraft.[189] Er war aber auch eine soziale Institution, für welche die „einzelne[n] Personen als Träger des Institutionellen weniger bedeutend" sind, denn
Symbolisierungssysteme und „Leitideen, die von den Mitgliedern der Institution
geteilt werden".[190] Für den Reichstag des Kaiserreichs entspräche in diesem Sinne
also die Entwicklung des reichstagsinternen Zeremonielles, der Geschäftsordnung
und auch der sprachlichen Konventionen für Reichstagsreden und Reaktionen aus
dem Plenum der Symbolisierung. Die Aneignung und Ausweitung von Kompetenzen, etwa im Bereich der Außenpolitik, über die Sprache und den Inhalt der Reden
der Abgeordneten kommen perlokutiven Akten gleich, welche sowohl die Institution des Reichstags selbst als auch die Gewalt- und Machtausübung im Reich
insgesamt umformten. Darüber hinaus spricht, wer zu einem anderen spricht,
auch immer zu sich selbst. Das Sprechen zu anderen kann somit nicht nur perlokutiv auf jene, sondern auch auf den Sprecher selbst zurückwirken. Dies kann
beispielsweise dadurch geschehen, dass der Sprechende durch die Rezeption des
Diskurses (durch seine Wortwahl) jenen verinnerlicht und sich zu eigen macht.[191]

---

186 Friedrich Naumann, Mitteleuropa, G. Reimer, Berlin 1915, S. 41–42.
187 Günther Küchenhoff, Allgemeine Staatslehre, Stuttgart 1977, S. 89.
188 Dieckmann, Handlungsspielräume des Reichstags, S. 6.
189 Frank Becker, Rezension zu: Volker Berghahn.
190 Legutke, Diplomatie als soziale Institution, S. 54; ebenda, S. 55: „Symbolisierungen
     vermögen Legitimität zu stiften, sie prägen feste Verhaltensmuster aus, die als per-
     formative Akte die Existenz gesellschaftlicher Institutionen nicht nur bestätigen,
     sondern zugleich immer wieder formen und umformen. Institutionen gelten daher
     als „bevorzugter Ort des Symbolischen". In einer Leitidee wird dagegen ein Grün-
     dungsmythos der Institution zusammengefasst, bei dem es sich jedoch um einen
     Komplex normierender und handlungsbestimmender Orientierungen handelt, die
     sich im Nachhinein als institutionell verfestigt erweisen."
191 Siehe dazu: Bruno Liebrucks, Sprache und Bewußtsein, 7 Bände, Akad. Verl.-Ges.,
     Frankfurt (Bände 1–5) und Lang, Bände 6 und 7, 1964 bis 1979.

Über die Reichstagsreden wird denn auch deutlich, wie sich im Laufe des Kaiserreichs die spezifische Gruppe der Reichstagsabgeordneten mit einer eigenen, nationalen Identität und einem gemeinsamen, identitären Interesse herausbildete. Die Reichsleitung und die Abgeordneten selbst waren sich der Tendenz des Reichstags, seine Kompetenzen auszuweiten, durchaus bewusst. So erinnerte der Abgeordnete Ferdinand von Radziwill von der Polenpartei den Reichstag anlässlich der Debatten zum Vereinsgesetz 1908 an die Ermahnung Reichskanzler Bülows an den Reichstag, „über seine Kompetenzen wegzuschreiten;"[192] Als eine die Institution entwickelnde Leitidee kann man dann sehr wohl Artikel 29 der Verfassung betrachten: „Die Mitglieder des Reichstags sind Vertreter des gesamten Volkes und an Aufträge und Instruktionen nicht gebunden". Diese Idee wurde von den Abgeordneten denn auch immer wieder als Argument angeführt und war für die Entwicklung des Reichstags und auch der nationalen Identität des Kaiserreichs von ganz außerordentlicher Bedeutung. So wies der sozialdemokratische Abgeordnete Carl Legien[193] während der scharf und kontrovers geführten Debatten zum genannten Vereinsgesetz auf diese Tatsache hin, als er der Freisinnigen Volkspartei vorwarf, es sei

> „die alte Praxis der rechtsstehenden Parteien, in allen Fragen, bei denen es sich um Volksrechte handelt, unbesehen anzunehmen, was die Regierung vorschlägt [...]. Zu dieser Praxis scheinen die Liberalen auch gekommen zu sein. (Sehr richtig! bei den Sozialdemokraten). Sonst müssten sie von ihrem Recht als Volksvertreter, als zweiter mitbestimmender Faktor der Reichsgesetzgebung Gebrauch machen und der Regierung erklären: wenn euch etwas, was wir vorschlagen, nicht annehmbar ist, dann ist das, was ihr vorschlagt, uns auch nicht annehmbar. (Sehr richtig! bei den Sozialdemokraten). Diese Stellung hätte ein Volksvertreter einzunehmen."[194]

Auch der linksliberale Abgeordnete Georg von Siemens wies die ihm im Zuge der Debatte der zweiten Flottennovelle gemachte Vorhaltung, er sei gegen eine Finanzierung dieser über die Börse, weil er selbst Bankier sei, mit dem Argument zurück: „Ich habe die Kandidatur zum Reichstag nicht angetreten, um meine

---

192 Stg. Berichte, 12. Leg.-Periode, 1907/1909, 06, 140. Sitzung, Sonnabend, den 4. April 1908, S. 4638B.

193 Heinrich POTTHOFF, Legien, Carl, in: Neue Deutsche Biographie 14 (1985), S. 61–63 [Online-Version]; URL: https://www.deutsche-biographie.de/pnd11857101X. html#ndbcontent: Carl Legien (1. Dezember 1861–26. Dezember 1920) war Reichstagsabgeordneter der SPD (1893–1898, 1903–1920) und bedeutender Gewerkschaftsfunktionär. Ab 1891 war er Vorsitzender der Generalkommission der Gewerkschaften Deutschlands und ab 1913 erster Präsident des Internationalen Gewerkschaftsbundes.

194 Stg. Berichte, 12. Leg.-Periode, 1907/1909, 06, 138. Sitzung, Donnerstag, den 2. April 1908, S. 4576B/C.

persönlichen Interessen zu vertreten, sondern um die Allgemeininteressen zu vertreten. (Sehr gut! links.)."[195] Eines der Merkmale sozialer Institutionen ist ihre „kontinuierliche[n] Tätigkeitsstruktur, das „Auf-Dauer-Stellen" der Norm- und Wertesysteme, [diese] bilden einen Aspekt erfolgreicher Institutionalisierungsleistungen."[196] Der Sprachphilosoph John Searle meinte dazu: „Weil Institutionen auf der Basis von Anerkennung überleben, wird in vielen Fällen ein komplizierter Apparat von Prestige und Ehre beschworen, um die Anerkennung zu sichern und die Akzeptanz aufrecht zu erhalten."[197] Die Eröffnung des Reichstags im Weißen Saal des Stadtschlosses in Berlin durch Kaiser Wilhelm II. und seine Anrede der Abgeordneten als „Geehrte Herren", die Anwesenheit von zahlreichen Mitgliedern der kaiserlichen Familie, des diplomatischen Corps und von ausländischen Fürsten, wie etwa 1898 Prinz Mirza von Persien, bezeugt diese Ehrerbietung deutlich.[198] Searle zufolge sind „vornehmlich drei Elemente bei der Formierung von Institutionen zu identifizieren: „Die anfängliche Schaffung einer institutionellen Tatsache, ihre fortdauernde Existenz und ihre offizielle (gewöhnlich sprachliche) Repräsentation in Form von Statusindikatoren."[199] Von allen Institutionen war daher der Reichstag wie eingangs gesagt die zukunftsreichste, denn er sollte nicht nur das Ende der Monarchie überdauern, sondern in seinen Debatten auch der modernen Gesellschaft Platz und Entfaltungsmöglichkeiten bieten. Im Lauf der Zeit entwickelte der Reichstag dabei ein eigenständiges politisches Zeremoniell mit bestimmten Sprechkonventionen,[200] welches zu einer Demokratisierung der politischen Handlungen beitragen sollte.

---

195 Stg. Berichte, 10. Leg.-Periode, 1898/1900, 7, 205. Sitzung, Donnerstag, den 7. Juni 1900, S. 5864A.

196 LEGUTKE, Diplomatie als soziale Institution, S. 56.

197 Joseph R. SEARLE, Die Konstruktion der gesellschaftlichen Wirklichkeit. Zur, Münster, New York Zitiert nach: LEGUTKE, Diplomatie als soziale Institution, S. 56.

198 Stg. Berichte, 10. Leg.-Periode, 1898/1900, Eröffnungssitzung im Weißen Saale des Königlichen Schlosses zu Berlin, Dienstag, den 6. Dezember 1898.

199 SEARLE, Die Konstruktion der gesellschaftlichen Wirklichkeit, S. 124.

200 Andreas BIEFANG, Die Reichstagswahlen als demokratisches Zeremoniell, in: Andreas BIEFANG, Michael EPKENHANS, Klaus TENFELDE (Hg.), Das politische Zeremoniell im Kaiserreich 1871–1918, Droste Verlag Düsseldorf 2008, S. 251: „[...] das parlamentarische Zeremoniell stellte eine ernsthafte Konkurrenz zum „imperialen Zeremoniell! Und seinem Geltungsanspruch dar – zumal [...] von einem spezifisch nationalen, imperialen Zeremoniell ungeachtet der medialen Präsenz Wilhelm II. nur in begrenztem Umfang gesprochen werden kann".

1.7. Der Reichstag: Kompetenzen und Wahl

In einem letzten Unterkapitel der Einleitung scheint es für die vorliegende Untersuchung nicht unerheblich, die Stellung und den Einfluss des Reichstags auf die allgemeine politische Organisation des Kaiserreichs kurz darzustellen und sich zunächst ein Bild der konkreten Kompetenzen dieser Institution im Rahmen der Reichsverfassung (RV) zu machen. Neben der Entwicklung eines eigenständigen Zeremoniells und eines bestimmten gruppeninternen Vokabulars und authentischer Sprachkonventionen gab der dem Reichstag durch die Verfassung zugewiesene Platz im Verfassungsgefüge in der Tat einen Trumpf in die Hand, den die Abgeordneten über die Behandlungen von Fragen, die die USA betrafen, auszuspielen wussten.

Obwohl mithin der Bundesrat, dem der Reichskanzler vorstand, zum einen die Gesetzesvorlagen an den Reichstag feststellen sollte und die Beschlüsse des Reichstages an- oder abzulehnen hatte sowie für die Ausführung der Gesetze zuständig war, hatte Bismarck dem Reichstag dennoch eine große Bedeutung zugestanden, da sein Ziel der Gründung eines starken deutschen Reiches, das mit den anderen europäischen Großmächten auf einer Ebene stehen sollte, nur durch die „nationale Kraft des deutschen Volkes"[201] erreicht werden konnte und der ebendieses Volk repräsentierende Reichstag durch die „freie Kritik in der Volksvertretung [...] ein notwendiges Gegengewicht gegen überspannte monarchische Tendenzen [sein sollte]"[202]. Der Reichstag mit seinen Abgeordneten, die in einer allgemeinen Wahl durch das männliche Wahlvolk gewählt worden waren, repräsentierte das nationale und demokratische Element der Reichsverfassung und stand dem föderalen Bundesrat und der monarchischen Exekutive mit Reichsleitung und Kaiser gegenüber. Während aber der Bundesrat, der nach Bismarck eigentlich „das Bollwerk gegen die Parlamentarisierung"[203] hätte bilden sollen, im Laufe der Zeit auf Grund einer immer stärkeren Vereinheitlichung von Gesetzgebung und Verwaltung im Reich an Gewicht verlor[204] und auch der autonome Handlungsspielraum der Exekutive enger wurde, nahmen die Bedeutung und die Mitgestaltungsmacht des Reichstags kontinuierlich zu. Betrachten wir deshalb kurz die Stellung des Reichstags im Verfassungsgefüge.

---

201 Otto von BISMARCK, Die gesammelten Werke (im Folgenden: Bismarck, GW), 15. Bde., Berlin 1924–1935, Bismarck an Rudolf von Auerswald, 30.11.1860, GW XIV/ 1, S. 565.

202 Ibid., XIII, S. 464, Ansprache Juli 1892.

203 Manfred RAUH, Föderalismus und Parlamentarismus im Wilhelminischen Reich, Droste, Düsseldorf 1973, S. 13. Zitiert nach ULLRICH, Die nervöse Großmacht, S. 162.

204 Oliver F.R. HAARDT, Der Bundesrat in Verfassung und Wirklichkeit, in: Einigkeit und Recht doch Freiheit? 150 Jahre Kaiserreich, Online-Tagung, 29.–30. Oktober 2020, S. 24–28, hier S. 28. https://www.demokratie-geschichte.de/extra/docs/tag ungsbericht.pdf.

Das Wahlrecht zum Reichstag war relativ modern.[205] Die Wahl war geheim, allgemein, gleich und direkt, wenn auch auf den männlichen Teil der Bevölkerung beschränkt. Das stellte im Vergleich zu den meisten Landtagswahlen, die oftmals nicht direkt waren und an deren Teilnahme zahlreiche Bedingungen geknüpft waren, einen großen Fortschritt dar. Jedoch kam es bei den Wahlen immer wieder zu Problemen, namentlich, weil die Wahl nur selten wirklich geheim war. Zu dieser waren alle männlichen Bürger ab 25 Jahren zugelassen, im Jahre 1912 zum Beispiel waren 22 % der Menschen wahlberechtigt, was weit mehr war als in den meisten Teilstaaten des Reiches.[206] Die Abgeordneten mussten in ihrem Wahlkreis (397 Wahlkreise zu etwa 100.000 Einwohnern) die absolute Mehrheit erringen, was dem einzelnen Abgeordneten ein relativ großes Gewicht und auch Selbstvertrauen gab. Dieses Selbstvertrauen spiegelte sich in den Debatten wider; viele Abgeordnete traten selbstsicher auf, legten deutlich ihre Meinung dar und debattierten frei. Dieses Selbstbewusstsein wurde darüber hinaus noch dadurch verstärkt, dass die Abgeordneten als Vertreter des gesamten Reichsvolkes Immunität und Indemnität genossen und mithin eine relativ große Meinungsäußerungsfreiheit hatten. Selbst beamtete Abgeordnete konnte man nicht belangen.

Es herrschte eine strikte Trennung zwischen Exekutive und Parlament, die Abgeordneten konnten kein exekutives Amt ausfüllen. Bis ins Jahr 1906 wurden entsprechend Artikel 32 RV keine Diäten gezahlt.[207] Die Abgeordneten sollten finanziell unabhängig sein, um die Schaffung von Berufspolitikern zu vermeiden, was allerdings wie oben gesehen ein Misserfolg war. Ein Nebeneffekt war allerdings, dass so viele Wahlberechtigte *de facto* von der passiven Wahl ausgeschlossen blieben. Das Gros der Abgeordneten stellten denn auch bis in die 1890er Jahre Beamte, Junker, Anwälte, Großindustrielle. Das Zentrum entsandte viele Geistliche in den Reichstag, die von der katholischen Kirche unterhalten wurden. Die SPD versuchte ihren Abgeordneten ein Gehalt zu zahlen oder sie bei der Partei zu beschäftigen, etwa in den zahlreichen Presseorganen der Partei. Das waren die sog. „Journalisten mit Mandat".[208] Die Maßnahmen der SPD eröffneten im Laufe

---

205 Im Jahre 1869 wurde vom Bundesrat des Norddeutschen Bundes ein Wahlgesetz für den Reichstag des zunächst Norddeutschen Bundes dann deutschen Reichstags erlassen. 1870 wurde nähere Details durch ein vom Bundesrat des Kaiserreichs erlassenes Wahlreglement geregelt, das im Wesentlich bis 1903 nicht mehr verändert wurde. Siehe dazu auch: HUBER, Die Bismarcksche Reichsverfassung, S. 178.

206 Vgl. HERTZ-EICHENRODE, Ära Bismarck, S. 38: In den beiden mecklenburgischen Großherzogtümern gab es bis 1918 gar keine gewählte Volksvertretung, sondern nur einen ständischen Landtag aus Rittergutsbesitzern und Vertretern der städtischen Magistrate.

207 BUTZER, Diäten und Freifahrt, S. 247: Erst ab 1906 erhielten die Abgeordneten eine Aufwandsentschädigung von 3.000 Mark im Jahr.

208 Nikolaus URBAN, Die Diätenfrage: Zum Abgeordnetenbild in Staatsrechtslehre und Politik 1900–1933, Mohr Siebeck, Tübingen 2003, S. 12.

der Reichstagswahlen einer wachsenden Zahl Arbeitern die Möglichkeit, gewählt zu werden.

Der Reichstag wurde seit 1888 alle 5 Jahren neu gewählt und kam in den sog. Sessionen zusammen. Insgesamt gab es im Kaiserreich 13 Legislaturperioden mit 42 Sessionen. Diese Sessionen konnten mehrere Monate und sogar Jahre dauern. Während bis zur 9. Legislaturperiode (1893–1897) jeweils etwa 4–5 Sessionen pro Legislaturperiode zu je 1–4 Monate stattfanden, gab es ab der 10. Legislaturperiode (1898) nur noch zwei Sessionen, die sich aber zum Teil über mehrere Jahre erstreckten.[209] Die Masse an Protokollseiten wuchs dabei stark an, wie ein Blick in den Index der stenografischen Berichte zeigt. Auch daraus lässt sich folgern, dass dem Reichstag immer mehr Aufgaben zufielen und der Diskussionsbedarf zunahm, was mit der Tendenz zu steigender Verrechtlichung einherging und zusammenhing.

Allerdings hatte der Reichstag kein Selbstversammlungsrecht, sondern wurde vom Kaiser nach Artikel 12 RV einberufen. Es war mithin der Kaiser, der auch die Sessionen eröffnete und beendete.[210] Die Sitzungen waren öffentlich, und sie wurden dank der recht freien Presse mit großer Bandbreite und stetig steigenden Auflagen im Deutschen Reich breit diskutiert.

Dem Reichstag stand nach Artikel 23 RV das Recht der Gesetzesinitiative zu, doch bedurfte jedes Gesetz der Zustimmung des Bundesrates, der nach Artikel 16 RV ebenfalls Gesetze im Reichstag einbringen konnte. Die Kernkompetenz des Reichstages war das Budgetrecht (Artikel 69 RV). Über den Haushalt musste jedes Jahr abgestimmt werden, der größte Teil freilich, der Militärhaushalt, kam lediglich alle 5 Jahre zur Abstimmung. Während sich die erste Beratung auf eine allgemeine Debatte beschränkte, folgte in der zweiten Beratung eine Diskussion des zur Abstimmung stehenden Gesetzes. Die dritte Beratung, welche manchmal auch ohne Debatte stattfand, brachte schließlich eine Synthese der Diskussionen und es wurde zur Abstimmung geschritten. Der Reichstag konnte sich im Grunde mit allen Themen beschäftigen, auch mit der Außenpolitik. Diese Themenbreite wurde namentlich durch das Budgetrecht des Reichstags ermöglicht, da im Zuge der Verhandlungen der verschiedenen Etats alle möglichen Fragen behandelt werden konnten und wurden. Diplomatische, außenpolitische oder internationale Fragen und Themen, welche in der vorliegenden Arbeit naturgemäß eine hervorragende Stellung einnehmen, konnten nicht zuletzt deshalb thematisiert werden, da alle Verträge mit fremden Staaten, die die Zoll- oder Handelspolitik berührten, der Zustimmung des Reichstages bedurften. Diese recht weitgehenden Kompetenzen

---

209 Michael F. Feldkamp, Die parlamentarische „Sommerpause" im Reichstag und im Deutschen Bundestag, in: Zeitschrift für Parlamentsfragen, Bd. 38, Nr. 3 (2007), S. 630–647, hier S. 630–636; siehe auch: Kurt Perels, Das autonome Reichstagsrecht. Die Geschäftsordnung und die Observanz des Reichstages in systematischer Darstellung, Mittler & Sohn, Berlin 1903.

210 Adolf Arndt, Das Staatsrecht des Deutschen Reiches, Berlin 1901, S. 129.

eröffneten dem Reichstag den Zugang zu dem sich stetig vergrößernden öffentlichen Raum, der eines der charakteristischen gesellschaftlichen Entwicklungs-
merkmale auf beiden Seiten des Atlantiks war.

Der Reichstag war sehr debattierfreudig und die Debatten wurden intensiv von
der Presse beobachtet und verfolgt. Über die Debatten des Reichstags ließen sich
somit „am stärksten die Hauptströmungen der Epoche: Sozialintervention, Nationalismus, Massendemokratie" nachvollziehen.[211] Die allgemeinen, sehr offenen
und oft auch langen Aussprachen – wie gesagt drei Beratungen – ließen darüber
hinaus vielfältigen Themen und Meinungen Raum. Dabei lassen sich die Debatten
selbst durchaus als performative und perlokutive Akte sehen, die mit Hilfe eines
kulturgeschichtlichen[212] Ansatzes, der seit den 1980er Jahren verstärkt zur historischen Analyse zum Einsatz kommt, gedeutet werden können, zumal gerade
durch die Sprache religiöse, ethnische, mentale oder ideologische und politische
Faktoren und damit kulturelle oder auch soziale und politische Hintergründe
der Abgeordneten hervorgehoben und erkennbar wurden.[213] Die Abgeordneten
kann man zumindest in ihrer Ausgangssituation durchaus als subalterne Gruppe
betrachten, die mit den traditionell „Mächtigen", also den Vertretern der alten Elite
in den bisher staatstragenden Institutionen, wie Armee, Bürokratie und Exekutive,
neue Arten der Kooperation und des Zusammenlebens aufbauen mussten[214] und
dabei gleichzeitig ihre Stellung stärken wollte und über den demokratischen Druck
der Wahl auch musste. Für die Abgeordneten – und auch für die Reichsleitung-
stellte der Reichstag zudem eine Bühne dar, auf der sie dem Wahlvolk, welches
diese Debatten über die zunehmende Mediatisierung rege verfolgte, ein Schauspiel
boten. So wurden demokratische Akte, demokratisches Handeln und Miteinander-
Umgehen gleichsam sowohl seitens der Abgeordneten vorbildhaft dargestellt. Die
Rezeption dieser „Inszenierung" seitens der Bürger wirkte jedoch selbst wiederum
auf die Abgeordneten und ihr Auftreten im Reichstag zurück. Es kam so zu einem

---

211 Michael STÜRMER, Das ruhelose Reich. Deutschland 1866–1918, Berlin 1983, S. 113.
212 Die Kulturgeschichte des Politischen „strebt danach, die fundamentale Bedeutung
   symbolischer und diskursiver Praktiken sowohl in der Struktur politischer Institutionen und Ordnungen als auch in der Umsetzung von politischen Geltungs- und
   Herrschaftsansprüchen aufzudecken." Zitiert nach Christoph CORNELISSEN, Das
   politische Zeremoniell im Kaiserreich im europäischen Vergleich, in: Andreas BIE-
   FANG, Michael EPKENHANS, Klaus TENFELDE (Hg.), Das politische Zeremoniell im
   Kaiserreich 1871–1918, Droste Verlag 2008, S. 433. Das grundlegende Werk zur Kulturgeschichte des Politischen stammt in der Tat von Barbara STOLLBERG-RILINGER,
   Was heißt Kulturgeschichte des Politischen?, Duncker & Humblot, Berlin (Zeitschrift für Historische Forschung, Beiheft 25) 2005.
213 Jürgen HEIDEKING, Vera NÜNNING, Einführung in die amerikanische Geschichte,
   C.H. Beck, München 1998, S. 59.
214 Ibid.

wechselseitigen Bedingungsgeflecht, wodurch sich die Gewöhnung an die Ausübung demokratischer Macht und Verhaltensweisen gegenseitig verstärkten und intensivierten.[215] Das „politische Ritual [glich also einer] Art von Aufführung, welche der Selbstdarstellung und Selbstverständigung bzw. der Stiftung oder Bestätigung von Gemeinschaft unter Anwendung spezifischer Inszenierungsstrategien und -regeln dient[e].“[216]

Da der Reichskanzler vom Kaiser ernannt wurde und die Staatssekretäre dem Reichskanzler unterstanden, hatte der Reichstag nur wenig direkte Einwirkungsmöglichkeiten auf die Zusammensetzung der Reichsleitung. So blieben auch die verschiedenen Bereiche der Exekutive hauptsächlich mit Vertretern der vorindustriellen Herrschaftsgruppen oder der alten Elite besetzt.[217] Die Bedeutung des Reichstages nahm im Laufe der Zeit auf Grund der „allgemeinen Tendenz zum Interventionsstaat" und der daraus folgenden Ausweitung der öffentlichen Haushalte immer weiter zu.[218] Durch die steigende Verrechtlichung und der allgemeinen Entwicklung des Rechtes, wie etwa die Durchsetzung des Rechtspositivismus[219] und des Gesetzesvorbehalts, musste der Reichstag vermehrt an den Gesetzesvorhaben

---

215 Siehe dazu: Erika FISCHER-LICHTE, Performance, Inszenierung, Ritual. Zur Klärung kulturwissenschaftlicher Schlüsselbegriffe, in: Geschichtswissenschaft und "performative turn". Ritual, Inszenierung und Performanz vom Mittelalter bis zur Neuzeit, hg. von Jürgen MARTSCHUKAT und Steffen PATZOLD, Böhlau, Köln u. a. 2003, S. 34 -54, hier S. 47. Zitiert nach CORNELISSEN, Das politische Zeremoniell im Kaiserreich, S. 435.

216 CORNELISSEN, Das politische Zeremoniell im Kaiserreich, S. 435.

217 MIELKE, Der Hansa-Bund, S. 120.

218 ULLRICH, Die nervöse Großmacht, S. 161: „Kolonien, Heeresvermehrungen, später die Schlachtflotte, dazu der Ausbau des Sozialstaates – all das kostete Geld und ließ sich nur in Zusammenarbeit mit dem Reichstag, vor allem mit dessen Budgetkommission, verwirklichen."

219 Im Kaiserreich herrschte eine ausgedehnte staatsrechtliche und staatstheoretische Diskussion darüber, inwiefern der Reichstag ein Staatsorgan war und was dieses nun bedeutete. Für Staatsrechtler wie Carl Friedrich von Gerber oder Paul Laband bedeutete dies in der Tat, dass der Reichstag kein Organ mit eigenem Staatswillen war, sondern lediglich ein Organ des Staates, welches vom eigentlichen Willensträger des Staates, nämlich dem Kaiser, abhängig war. Der Reichstag wurde mithin nicht als Träger des Volkswillens verstanden, sondern als Abbildung der Gesellschaft. Diese „Abbildtheorie" war für den Reichstag jedoch insofern gefährlich, als das Parlament tendenziell dem Verdacht ausgesetzt war, das Volk nicht in seiner Gänze abzubilden, sondern lediglich Gruppeninteressen zu vertreten. Vgl. dazu: Christoph SCHÖNBERGER, Das Parlament im Anstaltsstaat: Zur Theorie parlamentarischer Repräsentation in der Staatsrechtslehre des Kaiserreichs (1871–1918), Klostermann, Frankfurt am Main 1997, S. 40–412.

beteiligt werden. Man kann zweifellos von der, wie von Manfred Rauh so bezeichneten, „stillen" Parlamentarisierung[220] des Kaiserreichs sprechen. Allerdings lief diese Parlamentarisierung wohl weniger still denn informell ab. Zwar wurden die offiziellen Befugnisse und Kompetenzen des Reichstags im untersuchten Zeitraum nur wenig legalisiert und durch Gesetze offiziell gemacht. Nichtsdestoweniger kann man die Kompetenzausweitung, den immer stärkeren Zwang zur Implikation und Beteiligung des Reichstags gerade bei Debatten zu internationalen Themen sehr gut nachvollziehen.[221] Die Abgeordneten selbst waren sich dieser Parlamentarisierung durchaus bewusst, wie es in zahlreichen Reichstagsdebatten zum Ausdruck kam. Deshalb scheint der Ausdruck „informelle" Parlamentarisierung treffender zu sein als der der „stille" Parlamentarisierung und wird in der vorliegenden Arbeit durchgehend bevorzugt.

Im Einklang mit der Feststellung einer informellen Parlamentarisierung steht die Beobachtung, dass dem Reichstag im Laufe der Zeit ein anwachsendes Interesse seitens des Wahlvolkes entgegengebracht wurde. Die Wahlbeteiligung stieg von 51 % im Jahre 1871 auf 84,9 % im Jahre 1912.[222] Diese Steigerung war Ausdruck einer von der Wissenssoziologie so bezeichneten „Fundamentalpolitisierung" der Bevölkerung[223] ab dem Jahr 1890[224], dem Jahr von Bismarcks Entlassung

---

220 Manfred RAUH, Die Parlamentarisierung des Deutschen Reiches, Droste Verlag, Düsseldorf 1977.

221 Vgl. RAUH, Föderalismus; Thomas KÜHNE, Demokratisierung und Parlamentarisierung: Neue Forschungen zur politischen Entwicklungsfähigkeit Deutschlands vor dem Ersten Weltkrieg, in: Geschichte und Gesellschaft, 31. Jahrg., H. 2, Apr.–Jun. 2005, S. 293–316, hier 299: „Dennoch gibt es gute Gründe, die engere Zeit der Jahrhundertwende, das Jahrfünft von 1898 bis 1903 als Zäsur zu begreifen, in der die obrigkeitsstaatlichen Politikmuster des „Systems Bismarck" stärker als zuvor erschüttert wurden."

222 Wilhelm Heinz SCHRÖDER, Sozialdemokratische Abgeordnete und Reichstagskandidaten 1898–1918, Biographisch-Statistisches Handbuch, Droste, Düsseldorf 1998, S. 15.

223 Vgl. Karl MANNHEIM, Mensch und Gesellschaft im Zeitalter des Umbaus, Sejthoff, Leiden 1935. Hans Rosenberg spricht auch von der Entstehung eines „politischen Massenmarktes". Siehe dazu: Hans ROSENBERG, Große Depression und Bismarckzeit, Wirtschaftsablauf, Gesellschaft und Politik in Mitteleuropa, De Gruyter, Berlin 1967.

224 REIBEL, Handbuch, S. 15–16: „Dies bezieht sich nicht nur auf das Auslaufen des Sozialistengesetzes im Herbst 1890 [...]. Nichtminder wichtig war, daß sich mit dieser Zäsur der politische Raum erweiterte und neu strukturiert wurde, da immer mehr Männer – teils auch Frauen – am politischen Geschehen teilnahmen. Der zeitgleich einsetzende Aufstieg der Interessens- und Agitationsverbände führte zu neuen Formen des Politikverständnisses. Schließlich ging mit dem Durchbruch des Interventionsstaates einher, daß neue Inhalte die Politik bestimmten, die sich von

also. Die Menschen erlebten die Wahlen als ein nationales Ereignis, was zu einer zunehmenden Identifikation mit dem Reich führte. So „boten die Reichstagswahlkämpfe und Reichstagswahlen die Möglichkeit, die Einheit der politischen Nation zu erfahren."[225] Obwohl die Verfassung des Kaiserreichs im Gegensatz zu anderen Verfassungen, wie etwa der amerikanischen, den Begriff der Volkssouveränität nicht kannte[226] und obwohl sie dem Reichstag nur beschränkte Kompetenzen zuwies, konnte er durch die Zunahme der Wahlbeteiligung und dem starken Interesse an den Wahlkämpfen[227] seine „laterale Macht"[228] steigern, d.h. „eine Macht, die aus der Beziehung zwischen Menschen erwächst". Dass die Abgeordneten immer stärker versuchten, ihre Macht zu steigern und so die Politik ihres Landes mitzugestalten, lässt sich auch in anderen Ländern beobachten.[229] Die Zunahme dieser „lateralen Macht" wurde sicher auch dadurch erreicht, dass die Reichstagsabgeordneten sich mehr und mehr als einen Körper wahrnahmen, dessen einzelne Mitglieder sich auch immer stärker gegenseitig über Parteigrenzen hinweg respektierten.[230] Diesen „gegenseitigen Respekt" kann man sehr wohl in den Debatten und der Debattenkultur zu Themen mit USA-Bezug erkennen.[231] Die Beobachtung, dass die Abgeordneten im Reichstag relativ leidenschaftslos sprachen, im Gegensatz zu etwa ihren französischen Kollegen, kann auf den Unterschied Republik - konstitutionelle Monarchie verweisen, oder aber eben auch Ausdruck des sich als Gruppe-Fühlens bedeuten. Diese Feststellung steht wie viele andere auch in Bezug auf die Forschung zum Kaiserreich der oft betonten Zersplittertheit des

---

denen der Bismarckära unterschieden und auch den Parteien neue Aktionsfelder und Profilierungschancen im parlamentarischen Raum eröffneten."

225 BIEFANG, Die Reichstagswahlen, S. 245.

226 Ibid., S. 246: „[im Kaiserreich] waren die Wahlen im rechtlichen Sinne nicht Ausdruck der Volkssouveränität".

227 Ibid., S. 245: „Zugleich gab es eine sehr ausgedehnte Berichterstattung [über die Wahlkämpfe] [...]. In Wahlkampfzeiten waren Parlamentspolitik und Wahlkandidaten das herausragende Medienthema, das auch die Berichterstattung über die Fürstenhäuser zeitweilig in den Hintergrund treten ließ".

228 Herfried MÜNKLER, Die Visibilität der Macht und Strategien der Machtvisualisierung, in: Gerhard GÖHLER (Hg.), Macht der Öffentlichkeit – Öffentlichkeit der Macht, Nomos-Verl.-Ges., Baden-Baden 1995, S. 213-230.

229 Rudolf BEHRENS, Jörn STEIGERWALD (Hg.), Die Macht und das Imaginäre, Eine kulturelle Verwandtschaft in der Literatur zwischen Früher Neuzeit und Moderne, Königshausen & Neumann, Würzburg 2005, S. 48.

230 CORNELISSEN, Das politische Zeremoniell im Kaiserreich, S. 435: „Seit dem letzten Drittel des 19. Jhds. [...] kam es [...] in vielen Staaten zu einer Machtverlagerung, denn die Parlamentarier erhoben nun unüberhörbar den Anspruch, die Politik ihres Landes mitgestalten zu wollen".

231 LEGUTKE, Diplomatie als soziale Institution, S. 54–56.

Reichstages entgegen.[232] Sebastian Dieckmann etwa schrieb beispielhaft für derartige Meinungen dazu:

> „Für den heutigen Betrachter auffällig ist das Auseinanderklaffen zwischen verbalem Ton und politischen Konsequenzen bei den Debatten im Reichstag. Ein genaues Studium zeigt, daß nicht nur die „Reichsfeinde" SPD und Zentrum sehr scharfe Töne im politischen Gespräch fanden, sondern alle Beteiligten sowohl untereinander, mit der Exekutive sowie dem Staat an sich scharf ins Gericht gingen. Dafür war im Falle der SPD etwa natürlich die programmatische Kluft zwischen revolutionärer Theorie und zunehmend reformorientierter Revisionismuspraxis mitverantwortlich. Aus solchen äußerst erregt geführten Debatten erwuchsen nun aber kaum praktische Ergebnisse. Dies lag einerseits an der fehlenden Regierungsverantwortung der Abgeordneten, denn für verbalem Schlagabtausch folgende Kompromisskoalitionen fehlte ihnen der Anteil an der Macht, ohne Verantwortung der Zwang zur Integration. Damit blieben die Parteien reaktiv und auf verbale Kritik beschränkt. Die konstatierte mangelnde Einigkeit der im Reichstag vertretenen Parteien war also systembedingt. Die in der Reichsverfassung des konstitutionalistischen Deutschlands festgelegte ausschließliche Positionierung der Parteien in den Bereich der Legislative war für ihre Haltung gegenüber Staat und Politik mitverantwortlich."[233]

Diese pessimistische und apodiktisch verurteilende Sicht auf den Reichstag lässt sich nach einer intensiven und extensiven Lektüre der Verhandlungen des Reichstags so nicht halten. Vielmehr stellt man den unaufhaltsamen, wenn auch langsamen Prozess der „informellen" Parlamentarisierung und Festigung des „repräsentativen" Charakters fest, in der das Parlament als institutionell geschlossener Körper sowohl gegenüber der Exekutive als auch dem „Volk", oder anders ausgedrückt, dem plebiszitären Element der Verfassung[234] an Gewicht beständig zunahm. Auch der Ton der Debatten war, wie man sehen wird, im Übrigen gar nicht so scharf oder gar aggressiv, wie hier behauptet. Vielmehr war der benutzte Ton oft sehr sachlich oder aber ironisch-sarkastisch. Dass im Übrigen der Ton in den Verhandlungen des Reichstags 100 Jahre später als oft scharf interpretiert wurde, zeugt von einer Aufgeregtheit und ideologisch-systemischen Unsicherheit unserer Zeit. Ob heute noch ein „Bützower Hoftag" möglich wäre, ist dabei fraglich. Die zwischen 1895 und 1914 von Rostocker Corpsstudenten durchgeführte Persiflage auf Wilhelm II. und dessen Hofstatt nahm ab Kriegsbeginn ein jähes Ende.[235]

---

232 Dem wurde etwa von James F. Sheehan widersprochen: James F. SHEEHAN, Politische Führung im deutschen Reichstag 1871–1918, in: Die deutschen Parteien vor 1918, hg. von Gerhard A. Ritter, Kiepenheuer & Witsch, Köln 1973, S. 81 -99, bes. S. 86 ff.

233 DIECKMANN, Handlungsspielräume des Reichstags, S. 22.

234 Vgl. dazu NIPPERDEY, Machtstaat vor der Demokratie, S. 106.

235 P.J.C., Der Kaiser von Bützow - ein Studentenscherz, in: Mecklenburgische Monatshefte, Bd. 4, 1928/2, S. 86–91.

In der Untersuchung soll der an Selbstbewusstsein gewinnenden, jedoch tendenziell weniger im Deutschen Reich als in der Historiographie als subaltern behandelten Gruppe der Reichstagsabgeordneten „zugehört" werden.[236] Darüber soll besser verstanden werden, wie sie eine „informelle" Parlamentarisierung vorantrieben, welche letztlich zu jener eigentümlichen Verknüpfung von Rechtsstaatlichkeit und parlamentarischer Demokratie[237] des Grundgesetzes führen sollte.

Ansatz und Ziele der Arbeit

Versteht man das Deutsche Reich „als eine Epoche der Polykontexturalität"[238], also eine Gesellschaft, in der kein Politikfeld gegenüber einem anderen von überlegenem Gewicht war, so nimmt der Reichstag darin eine besondere Stellung ein: Spiegelte er doch eben diese immer stärker fragmentierte, polykontexturale Gesellschaft sowohl in seiner Zusammensetzung als auch in seiner zunehmenden Rolle als Brennpunkt und Katalysator der relevanten und aktuellen Themen, Entwicklungen und Wandlungen immer genauer wider. Dazu soll auch betrachtet werden, wie sich das Deutsche Reich durch die wachsende globale Vernetzung und Verflechtung veränderte und sich tatsächlich in einer Phase sich verstärkt durchsetzender demokratischer Umgangsformen und der Herausbildung einer modernen parlamentarischen Kultur befand. Schließlich soll die Geschichte des Kaiserreichs nicht nur als für die Entwicklung der deutschen Geschichte überhaupt wichtiger Punkt auf einer linear verlaufenden Kontinuitätslinie über Weimar und das „Dritte Reich" bis in die Gegenwart untersucht werden. Sie soll vielmehr auch für sich selbst betrachtet werden, um der geschichtlichen Wirklichkeit der Zeit noch näher zu kommen. Die weiterhin oft anzutreffende Meinung eines auf sich selbst bezogenen hoch-nationalistischen[239] Gebildes mit in der Tendenz aggressiver

---

236 In Anlehnung an Chakravorty Spivak stellt sich die Frage: Können bzw. wollen die Historiker die „subalternen" Abgeordneten hören? Siehe dazu: Sumit SARKAR, Writing social history, Oxford University Press, Oxford 1998.

237 Klaus Ferdinand GÄRDITZ, Florian MEINEL, Unbegrenzte Ermächtigung, in: Frankfurter Allgemeine Zeitung, Donnerstag, 26. März 2020, S. 6.

238 ZIEMANN, Das Kaiserreich als Epoche der Polykontexturalität, S. 61.

239 Walser Smith versucht zwar ebenfalls, die Existenz eines Sonderwegs zu leugnen. Allerdings möchte er sehen, welche Kontinuitäten letztendlich dazu geführt haben, dass Deutschland den Holocaust verübt hat. Helmut WALSER SMITH schreibt dazu in seinem Artikel, Jenseits der Sonderweg-Debatte, in: Das Deutsche Kaiserreich in der Kontroverse, hg. von Oliver MÜLLER und Cornelius TORP, Vandenhoeck & Ruprecht, Göttingen 2009, S. 31-50, hier S. 50: „Wenn wir jedoch den Holocaust als eine brutale Mischung aus archaischer Gewalt und alltäglicher Technik betrachten und davon ausgehen, dass die Täter ideologisch stärker motiviert waren, als es das Modernitätsparadigma eigentlich zuließ, dann rücken die Bedeutung des Nationalismus, ethnische und religiöse Feindschaft sowie die absolute Vernichtung als

und potentiell gefährlicher Grundmentalität und Stimmung, für die der Wille zur Weltpolitik und das Flottenbauprogramm stellvertretend stehen, soll durch diese Arbeit eine differenziertere Betrachtung erfahren. Die unterschwellig weiterhin verbreitete Meinung, es hätte einen deutschen Sonderweg gegeben, soll ebenfalls durch die vorliegende Untersuchung einer erneuten Analyse unterworfen werden. Dieckmanns o.g. Zitat etwa bezeugt, dass über das retroperspektivische Herauspicken von „parlamentarischen Rosinen" die überholte These vom Sonderweg dabei wie bei der Technik des Palimpsestierens immer unter der abgekratzten Oberfläche hindurch schimmert.[240] Sebastian Conrad und Jürgen Osterhammel haben zu dieser Frage ein aufschlussreiches Werk verfasst und neue Interpretationsfenster geöffnet.[241]

Der Reichstag interessierte sich für sehr unterschiedliche politische Themen. An den Verhandlungen des Reichstages ist diese breite Themenpalette gerade für die USA nachvollziehbar und äußerst aufschlussreich. Das untermauert die These, dass die Verfassung des Deutschen Reichs zwar der ständigen politisch-praktischen Interpretation bedurfte. Dafür enthielt sie aber auch die Chancen für manche Weiterentwicklung wie für eine sich verfestigende Blockierung.[242]

Insgesamt hatte der Reichstag der Verfassung gemäß zwar nur stark begrenzte Mitspracherechte in internationalen Angelegenheiten – lediglich in Zoll- Handels- und Verkehrsangelegenheiten war er abstimmungsberechtigt. Zudem bedurfte es seiner Zustimmung zu völkerrechtlichen Verträgen (Artikel 4 und 11 RV). Die Bündnispolitik, Entscheidungen über Krieg und Frieden allerdings waren alleine Sache des Kaisers, der hierfür jedoch die Zustimmung des Bundesrates einzuholen hatte. Es existierte seit Bismarck auch die Tendenz, die Parteien und somit den Reichstag auf die Vertretung materieller Interessen zu beschränken und von den politischen Problemen fern zu halten.[243] Dennoch behandelte der Reichstag in Bezug auf die USA neben Handels- und Wirtschaftsfragen die Außenpolitik der Vereinigten Staaten und die internationalen Beziehungen zu diesem Land. Darüber hinaus blickten die Abgeordneten bei gesellschaftspolitischen Fragestellungen über den Atlantik und debattierten und analysierten etwa die Situation der Schwarzen oder die spezifische Lage der Arbeiterschaft oder der Frauen.

Im Folgenden werden die drei Politikfelder Diplomatie, Außenpolitik und internationale Beziehungen, Wirtschaft und schließlich Gesellschaft über verschiedene

---

militärisches Ethos schärfer in den Blick. Jenseits des Sonderwegs gibt es also ein Konzept, das Kontinuität als Länge der kausalen Regression sieht."

240 Gerard GENETTE, Palimpsestes. La Littérature au second degré, Seuil, Paris 1982.

241 Sebastian CONRAD, Jürgen OSTERHAMMEL (Hg.), Das Kaiserreich transnational: Deutschland in der Welt 1871–1914, Vandenhoeck & Ruprecht, Göttingen 2005.

242 Thomas NIPPERDEY, Deutsche Geschichte: Machtstaat vor der Demokratie, Bd. 2, Verlag C.H. Beck, München 1995³, S. 85.

243 MIELKE, Der Hansa-Bund, S. 121.

Themen mit USA-Bezug in drei Kapiteln untersucht. Mit dem Ziel, ein differenzierteres und genaueres Bild von der Wilhelminischen Epoche zu gewinnen, sollen die „informelle" Parlamentarisierung, die Verbindung zwischen Demokratisierung und Parlamentarisierung, die Frage der Stellung des Reichstags im Verfassungsgefüge und die soziale Gruppe der Reichstagsabgeordneten untersucht werden.

2. Außenpolitik und Diplomatie des Deutschen Reichs: Der Reichstag als internationaler Akteur.

Gerade im Bereich der Außenpolitik und der Diplomatie, die der Verfassung gemäß die ureigensten Domänen des Kaisers und der Reichsleitung waren und durch die Exekutive und den Kaiser weitgehend selbst gestaltet werden konnten, wird der Bedeutungsgewinn des Reichstags und die damit einhergehende informelle Parlamentarisierung des Deutschen Reichs sichtbar. Über die zahlreichen transnationalen Beziehungen und Verflechtungen[244] der Gesellschaft des Kaiserreichs, aus der die Abgeordneten ja stammten, hatten die außenpolitischen Kompetenzen des Reichstags über internationale Expertise und transnationales Wissen eine Steigerung erfahren. Dieser Zuwachs an Expertenwissen und Kenntnissen, an Professionalisierung führte zu einem steigenden Druck auf die Reichsleitung, auf außenpolitischem Feld die Kompetenzen zu teilen, und verstärkte so wiederum den Druck zur informellen Parlamentarisierung des Deutschen Reichs. Die Institution des Reichstags funktionierte dabei wie ein soziales System: Es erlangte seine zunehmende Legitimität einerseits durch absichtsvolles Handeln der Akteure, also der Abgeordneten, andererseits autopoietisch mittels des sozialen Mechanismus des Verfahrens, also evolutionär, unbeabsichtigt.[245]

Internationale Beziehungen werden oft mit Außenpolitik und Diplomatie gleichgesetzt, also der konkreten Aktion der Vertreter der Außenpolitik der Staaten. Jedoch muss man einen Unterschied zwischen Außenpolitik und Diplomatie[246] und internationalen und transnationalen Beziehungen machen. Die Außenbeziehungen des Kaiserreichs waren mannigfacher Natur. Dazu gehörten neben den staatlichen Beziehungen, den internationalen Beziehungen also im engeren Sinne, internationale und transnationale Beziehungen,[247] also grenzüberschreitende

---

244 Karl KAISER, "Transnational Politics: Toward a Theory of Multinational Politics." International Organization, Bd. 25, Nr. 4, 1971, S. 790–817. [JSTOR, www.jstor.org/stable/2705925. Eingesehen am 3 März. 2020].

245 Siehe dazu: Niklas LUHMANN, Legitimation durch Verfahren, 6. Auflage, Suhrkamp, Frankfurt am Main 2001.

246 Deutsches Staats-Wörterbuch: in Verbindung mit deutschen Gelehrten, Bd. 3, hg. von J.S. BLUNTSCHLI und R. BRATER, Stuttgart, Leipzig 1858, S. 116: „Nach dem bisher Gesagten ist der Begriff der Diplomatie leicht festzustellen. Man versteht darunter die staatsmännische Thätigkeit in auswärtigen Angelegenheiten, die praktische Staatskunst im Verkehr der Staaten untereinander."

247 Im Laufe der letzten Jahrzehnte hat sich der Begriff „transnational" verbreitet, bleibt in seiner Abgrenzung zu dem Begriff „international" jedoch weiter etwas

Beziehungen zwischen nicht-staatlichen Akteuren, wie Unternehmern, Akademikern oder Künstlern. Zwar war deren Handeln selbstverständlich vorhanden und auch wirkmächtig, was letztlich zu Politik führen konnte. In unserem Kontext kann man jedoch durchaus eine engere Perspektive einnehmen und die vom Reichstag behandelten Themen der Außenbeziehungen, wie Samoakrise, Venezuelakrise, Spanisch-Amerikanischer Krieg mit Außenpolitik und indirekter Diplomatie – indirekt, weil die Abgeordneten über ihre Debatten versuchten, die konkrete, direkte Diplomatie der Exekutive und ihrer Diplomaten zu beeinflussen – in etwa gleichsetzen: Denn es ging dem Reichstag darum, an den zwischenstaatlichen Beziehungen teilzunehmen und eingeweiht zu sein in das außenpolitische Handeln und Entscheiden des Staates.[248] Ziel war es, die Exekutive immer stärker

---

schwammig und ungenau. Er hilft aber zuvörderst, die Beziehungen auch zwischen nicht-staatlichen Akteuren besser in die politische und historische Analyse einzubeziehen, etwa Unternehmer, Akademiker, Künstler, Auswanderer. „International" bedeutet hier somit zuerst die Beziehungen zwischen verschiedenen staatlichen Akteuren und Staaten, etwa das Aushandeln der Samoaakte. Dann bezieht der Begriff „international" aber auch nicht-staatliche Akteure verschiedener Staaten ein, etwa die reinen Geschäftsbeziehungen zwischen einem deutschen und einem amerikanischen Unternehmer. „Transnational" meint hingegen die Beziehungen zwischen Akteuren über verschiedene Staaten und staatliche Angelegenheiten hinweg, wobei die Akteure durchaus demselben Staat angehören können und in verschiedenen Staaten eingebunden sind.

Beide Begriffe überlappen sich zum einen, helfen aber auch, das Feld der Beziehungsanalyse auszuweiten und zu verdichten, indem sie sich ergänzen und verstärken. Siehe dazu: Jürgen OSTERHAMMEL, Transnationale Gesellschaftsgeschichte: Erweiterung oder Alternative?, in: Geschichte und Gesellschaft, Bd. 27, Nr. 3, 2001, S. 464–479, hier besonders S. 471–474. [JSTOR, www.jstor.org/stable/40186019. Eingesehen am 18. Mai 2021].

Auch in der Geschichtswissenschaft nimmt laut Osterhammel die „transnationale Geschichte" eine immer wichtigere Stellung ein, unsere Arbeit ist zum Teil auch eine Geschichte der transnationalen Beziehungen. Siehe dazu: Kiran Klaus PATEL, Transnationale Geschichte, in: Europäische Geschichte Online (EGO), hg. von Institut für Europäische Geschichte (IEG), Mainz, 2010-12-3. URL: http://www.ieg-ego.eu/patelk-2010-de URN: urn:nbn:de:0159-20100921309 [2021-05-10].

248 Vgl. dazu SCHWARZ, Je weniger Afrika, desto besser', S, 298: „In dieser gespannten Lage empfand die Partei [SPD] die außenpolitische Ohnmacht des Reichstags als besonderes Manko. Nichts bezeichne besser den absolutistischen Herrschaftswillen Wilhelms II., seine Verachtung der Abgeordneten und der Bevölkerung als die Unwissenheit, in der die Volksvertreter belassen würden, und die Tatsache, dass sie vor Beginn der chinesischen Eroberung nicht informiert, geschweige denn um ihre Meinung befragt worden wären.

zu kontrollieren[249] und sie zu zwingen, Kompetenzen zu teilen, denn hier entschied sich, ob der Reichstag ein vollwertiger Teilhaber an der staatlichen Souveränität war oder nicht. In einer Rede zum Etat für das Jahr 1900 bettete der linksliberale Abgeordnete Eugen Richter[250] in eine allgemeine Beurteilung der außenpolitischen Gegebenheiten im Rahmen eines Vorhabens der Reichsleitung, ein zweites Flottengesetz einzubringen, eine Definition der Rolle des Reichstags im Verfassungsgefüge ein:

> „Meine Herren, eine Volksvertretung kann nicht selbst regieren; aber eine Volksvertretung hat die Aufgabe, darüber zu wachen, daß die verschiedenen Interessen des Reichs gleichermaßen Berücksichtigung finden, [...] Wo man dieses Bestreben hervortreten sieht, da ist es nicht bloß ein Recht der Volksvertretung, sondern eine Pflicht der Volksvertretung, zu kritisieren, und die Kritik muß umso schärfer sein [...] je gefährlicher die Wege scheinen, die beschritten werden sollen."[251]

Bereits 1890 hatte Reichskanzler Caprivi diese Entwicklung ausgesprochen, als er an Konstantin Rössler[252] schrieb, dass „[heute], wo alle Beziehungen nicht mehr allein vom Standpunkt der Regierungen behandelt werden können, wo Kriege wie Verträge Zustimmung der Nation mehr wie früher bedürfen, die Herstellung guter handelspolitischer Beziehungen zwischen politisch Verbündeten sehr wertvoll ist."[253] Als Hebel und „Diskussionsvorwand" außenpolitischer Fragen benutzten

---

249 Andreas WILHELM, Außenpolitik: Grundlagen, Strukturen und Prozesse, R. Oldenbourg Verlag Wien, München 2006, S. 6–8.

250 Andreas THIER, Richter, Eugen, in: Neue Deutsche Biographie 21 (2003), S. 526–528. [Online-Version]; URL: https://www.deutsche-biographie.de/pnd118600400. html#ndbcontent: Eugen Richter war einer der bedeutendsten links-liberalen Politiker seiner Zeit. Im Jahre 1898 stimmen er und seine Partei (sowie die SPD und Teile des Zentrums) gegen das erste Flottengesetz, weil er Angst vor einem Krieg mit England hatte. Siehe auch: Heinrich BEST, Wilhelm Heinz SCHRÖDER, Biographisches Handbuch der Abgeordneten des Norddeutschen Reichstages, des Zollparlaments und der Deutschen Reichstage 1867–1918, Zentrum für Historische Sozialforschung, Köln 1992.

251 Stg. Berichte, 10. Leg.-Periode, 1898/1900, 4, 122. Sitzung, Donnerstag, den 14. Dezember 1899, 3370B/C.

252 Karina URBACH, Rößler, Constantin, in: Neue Deutsche Biographie 21 (2003), S. 750 [Online-Version]; URL: https://www.deutsche-biographie.de/pnd116595736. html#ndbcontent: Constantin Rössler (1820–1896) war ein bedeutender Publizist des Kaiserreichs und ein Kämpfer für die deutsche Einheit. Er unterstützte die Politik Bismarcks (einer der „Preßbanditen" Bismarcks) und wurde 1890 Legationsrat im Auswärtigen Amt.

253 Caprivi an Rössler, 23. Oktober 1890, BA Potsdam, Reichskanzlei, NR. 413, Bl „ff. Zitiert nach: Rainer POMMERIN, Der Kaiser und Amerika: Die USA in der Politik der Reichsleitung 1890–1917, Böhlau, Köln 1986, S. 25.

die Abgeordneten dabei häufig das Zustimmungserfordernis zum Reichsetat und wirtschaftspolitische Fragen. Denn durch das Erfordernis zur Bewilligung von Geldern für die neuen und stetig ansteigenden auswärtigen Aufgaben, die hauptsächlich durch die wirtschaftliche Expansion des Reiches entstanden, konnte der Reichstag vor allem in der Wilhelminischen Epoche seine Macht deutlich steigern und, wenngleich eher indirekt, zu einem Akteur der Außenpolitik werden.

Im folgenden Kapitel sollen neben der Flottengesetzgebung, welche das herausragende Symbol für den Beginn des deutschen Imperialismus und des Willens zum Treiben von Weltmachtpolitik war, verschiedene außenpolitische Konflikte zwischen dem Deutschen Reich und den USA genauer untersucht werden. Dabei soll die Haltung des Reichstags betrachtet werden und analysiert werden, inwiefern das Parlament über diese Ereignisse versuchte, seine Kompetenzen auszuweiten und damit sein Gewicht im Institutionengefüge des Reichs zu erhöhen, und ob dies letztendlich gelang. Es soll chronologisch vorgegangen werden: Zuerst der Spanisch-Amerikanische Krieg und der Philippinisch-Amerikanische Krieg 1898/ 1900, dann die Samoakrise und die Flottengesetze, schließlich die Venezuelakrise 1902/03.

Zunächst aber ein einführendes Beispiel in die Frage, wie sich der Wille des Reichstags, seine außenpolitischen Mitwirkungsmöglichkeiten auszuweiten, im Parlament darstellte: die Interpellation[254] Kanitz, vorgelegt in der 30. Sitzung des 10. Reichstags, am 11. Februar 1899.

2.1. Die „Interpellation Kanitz" vom 11. Februar 1899

Unter dem Vorwand, die Regierung hinsichtlich ihrer Reaktion auf den seit Oktober 1897 gültigen und für die deutschen Exporte recht nachteilig wirkenden Dingley-Tarif anzurufen, nutzte der deutschkonservative Abgeordnete Hans

---

254 Dieckmann, Handlungsspielräume des Reichstags, S. 19. „Das Interpellationsrecht, das nur in der Geschäftsordnung des Reichstags geregelt war, war die Einbringung eines Verhandlungsgegenstandes durch den Reichstag (mindestens 30 Abgeordnete unterstützen die Anfrage) an den Bundesrat und seinen Vorsitzenden, den Reichskanzler. Dieser trat dann im Reichstag zur Beantwortung an, anschließend war bei einem Antrag von mindestens 50 Abgeordneten eine Aussprache fällig. Sehr typisch für die ständigen staatsrechtlichen Komplikationen der Ära war aber der Passus, daß der Reichskanzler formal nicht verpflichtet war, Rede und Antwort zu stehen. In der Praxis durfte er jedoch seine Position fortschreitend nicht durch eine bloße Verweigerung schwächen. In diesem Fall standen sich direkt der Reichstag, dessen Geschäftsordnung Anfragen an die Regierung vorsieht, und die Verfassungslücke, die das Interpellationsrecht nicht enthält, gegenüber. Doch garantierte die Publizität der Debatten im Reichstag, daß die Öffentlichkeit von einem Schweigen des Kanzlers Notiz nahm und so seine Antwort geradezu herausforderte."

Graf von Kanitz[255] zugleich seine Rede, um die außenpolitischen Ambitionen der Reichstagsabgeordneten zu fördern.[256] Um die Bedeutung seiner Worte nachhaltig zu unterstützen, griff er auf das Stilmittel der Untertreibung zurück und erklärte:

> „Ich kann es überhaupt nicht als meine Aufgabe betrachten, bestimmte Maßregeln zu bezeichnen, welche unsere Regierung den Amerikanern gegenüber zur Anwendung zu bringen haben wird. Das überlasse ich den Herrn Vertretern der verbündeten Regierungen selbst. Immerhin dürfte es sich doch empfehlen, die Amerikaner darauf aufmerksam zu machen, daß wir keineswegs genöthigt sind, eine ganze Zahl wichtiger Bedarfsartikel gerade von ihnen zu beziehen (Sehr richtig! rechts) (...)."[257]

Der Ton des Abgeordneten klingt drängend, fast schulmeisterlich, was ihn in eine den Regierungsvertretern überlegene, prüfende Stellung bringt. Zum Ende steigerte Kanitz gar die Bedeutung der Abgeordneten als außenpolitische Akteure, indem er explizit die außenpolitischen Traditionen und Verhaltensweisen Deutschlands

---

255 Günter RICHTER, Kanitz, Hans Graf von, in: Neue Deutsche Biographie 11 (1977), S. 102 f. [Online-Version]; URL: https://www.deutsche-biographie.de/pnd116039086. html#ndbcontent.

256 Auch im heutigen Bundestag lässt sich eine Kompetenzerweiterung des Bundestages auf außenpolitische Fragen beobachten. Dies geschieht auch hier oft über das Instrument der Anhörung. Vielleicht lässt sich hier eine vom Reichstag grundgelegten institutionell-verfassungsrechtlichen Traditionslinien erkennen Siehe dazu: Johannes LEITHÄUSER, Bundestag macht Außenpolitik: Ein Parlament emanzipiert sich, in: Frankfurter Allgemeine Zeitung, 25. Dezember 2019: „Die ungeduldigere Art, die Regierung zu befragen, ist ein Symptom außenpolitischer Autoritätsverschiebung. Immer wieder wurden außenpolitische Impulse in den vergangenen Monaten nicht von der Regierung gesetzt und zur Bestätigung ins Parlament gesandt; Die Stoßrichtung ändert sich. [...] In dem Ringen um Formulierungen klingen grundsätzliche Haltungen an. [...] Auch andere Vorstöße, die zuerst von Außenpolitikern im Bundestag formuliert wurden, schleppen solche großen Fragen mit sich. [...] Eine Ursache der außenpolitisch aktiveren Rolle des Parlaments steckt im Generationenwechsel der Außenpolitiker. Eine Riege älterer Herren ist von jüngeren, oft auslandserfahrenen, ehrgeizigen Abgeordneten abgelöst worden. [...] Der Vorsitzende präsidiere nicht heißt es, sondern er führe straff durchs Programm und unterbreche lange Ausführungen von Repräsentanten der Regierung schon mal mit der Frage; „Wann verlassen Sie denn die Analyse-Ebene?" Der Ausschuss-Vorsitzende führte auch zum Thema 5G das Instrument öffentlicher Anhörungen wieder ein. Dessen bedienen sich viele Bundestags-Ausschüsse, um ihre Haltung zu politischen Themen zu präsentieren und sie durch Sachverständige bekräftigen zu lassen."

257 Stg. Berichte, 10. Leg.-Periode, 1898/1900, 1, 30. Sitzung, Sonnabend, den 11. Februar 1899, S. 795D.

beschrieb und sich gegenüber den Vertretern der Regierung als Garant dieser in
Szene setzte. Kanitz gab der Regierung den in Hoffnung verkleideten Auftrag mit,
„mit der nöthigen Umsicht und, wenn erforderlich, mit derjenigen Energie, welche
in unserer auswärtigen Politik die traditionelle ist, die vaterländischen Interessen
wahr[zu]nehmen. Eine zielbewußte Aktion wird inn- und außerhalb dieses hohen
Hauses, wird in ganz Deutschland kräftigen Widerhall finden. (Lebhaftes Bravo
rechts, in der Mitte und bei den Nationalliberalen)."[258]

Zudem unterstrich Kanitz, der ein bedeutender konservativer Politiker war, in
dieser Interpellation noch einmal die Rolle des Abgeordneten nicht als Vertreter
von Parteiinteressen, sondern des ganzen Volkes – eine Frage, die im weiteren Verlauf der Arbeit noch genauer erörtert wird.[259]

Staatssekretär Bülow erwiderte daraufhin, dass er solange nicht über die Verhandlungen sprechen wolle, bis sie nicht zu einem Abschluss gelangt wären.
Allerdings wolle er „vor diesem hohen Hause klarzustellen, in welchem Geiste
unsererseits die Verhandlungen mit Amerika geführt werden."[260]

Im weiteren Verlauf gab Bülow eher einen historischen Überblick über die Handelsbeziehungen zu Amerika seit dem preußisch-amerikanischen Abkommen vom
Jahre 1828 und die Gültigkeit seines Inhalts.[261] Gerade die Frage der Meistbegünstigung wurde in diesen Jahren stark diskutiert und die immer stärker werdende
wirtschaftspolitische Konkurrenz mit England und mit Amerika führte zu Überlegungen, die mitteleuropäischen Wirtschaftsbeziehungen zu stärken. Ein Ergebnis
dieser Überlegungen war die Gründung des mitteleuropäischen Wirtschaftsvereins
durch Julius Wolf im Januar 1904.[262] Bülow blieb, was die Verhandlungsführung
und die eigentliche politische Zielrichtung der Beziehungen zu Amerika betraf,
indessen im Vagen. Außenpolitik wurde immer öffentlicher: Presse und Parlament
diskutierten das außenpolitische Handeln der Regierungen kontrovers und kritisierten es zum Teil massiv. Doch gerade das führte dazu, dass außenpolitische

---

258 Ibid., S. 789A.
259 Ibid., S. 788C/D.
260 Ibid., S. 789B.
261 Ludwig GLIER, Die Meistbegünstigungsklausel. Eine Entwicklungsgeschichtliche
     Studie unter besonderer Berücksichtigung der deutschen Verträge mit den Ver-
     einigten Staaten von Amerika und mit Argentinien, in: Veröffentlichungen des
     Mitteleuropäischen Wirtschaftsvereins, Heft II, Druck und Verlag von Georg Reimer,
     Berlin 1905, S. 280–324.
262 FIEBIG-VON HASE, Die Rolle Kaiser Wilhelms II., S. 229–230: „Julius Wolf sah in
     der „amerikanischen Gefahr" eine „Gegenwartssache", die Superiorität Englands
     dagegen war für ihn bereits „Vergangenheit" und das „Greater Britain" allenfalls
     „Zukunftsmusik". Zu Wolf siehe dazu Anm. 24 ebenda: Julius WOLF, Materialien
     betreffend den mitteleuropäischen Wirtschaftsverein, Berlin 1904; Meyers Großes
     Konversations-Lexikon, Band 13, Leipzig 1908, S. 217.

Entscheidungsträger in den Regierungen den Versuch unternahmen, Außenpolitik als Arkanpolitik durchzuführen und sie der Öffentlichkeit zu entziehen. Für beide Entwicklungen, die sich im Grunde nicht widersprachen, sondern wechselseitig verstärkten, standen auch das Auswärtige Amt und seine Führung.[263] Bülow versuchte also, dem Druck der Abgeordneten zur reellen Einbeziehung und Einsicht in die Entscheidungsmotivationen auszuweichen und in recht defensiver Argumentation betonte er am Ende, dass die Regierung sich der durch ihre Rechte ihr auferlegten Verantwortung bewusst sei und das Vertrauen des Reichstags erbete für das weiter Vorgehen.[264] Dass Bülow an das Vertrauen des Reichstags appellierte bezeugt, dass sich über die Außenpolitik der Gedanke, eine Regierung hinge vom Vertrauen der Legislative ab, nicht mehr ohne Weiteres zurückweisen ließ. *De jure* hing die Reichsleitung bzw. nur der Reichskanzler ja vom Vertrauen des Kaisers ab, der einzig den Reichskanzler ein- oder absetzen konnte. Diese Frage soll im weiteren Verlauf der Arbeit noch häufig auftauchen und untersucht werde. Bülow betonte jedoch hier die Honorigkeit der Abgeordneten und Regierungsmitglieder, eine Art Gentlemen's Agreement, welches Vertrauen und Ehrlichkeit als gegebene Tatsachen annimmt, derer es keiner weiteren Beweise oder Regeln bedürfte. Dies erinnert an die Funktionsweise des englischen Parlamentarismus. Die Reichsregierung kämpfte um die Exklusivität ihrer außenpolitischen Vorrechte. Die alte Elite war sich des Kampfes bewusst, den sie über diese Vorrechte auch für ihre Stellung insgesamt im gesellschaftlichen Gefüge des Reiches führte, wie man sehen wird.

Exkurs 1: Die Reichstagspräsidenten: Vertreter der alten Elite als Stützen der Parlamentarisierung

Die Bezeichnung „alte Eliten" ist allerdings irreführend. Denn gerade über die Debatten mit außenpolitischem Bezug wird deutlich, dass die Trennlinien nicht eigentlich zwischen alten und neuen Eliten im diachronischen Sinne verliefen, sondern eher entlang thematischer und ideologischer Grenzen: Bedeutend war, an welcher Stelle man im Machtgefüge stand, welches die gegenwärtigen Interessen waren, nicht die Tatsache, in welche Stellung man hineingeboren wurde. Über den Debattenbeitrag Fürst Herbert von Bismarcks, Abgeordneter der Deutschen Reichspartei, ehemaliger Außenstaatssekretär und Sohn von Reichskanzler Otto von Bismarck,[265] lässt sich der Gedanke einer Aufhebung des Unterschieds

---

263 Eckart CONZE, Das Auswärtige Amt: Vom Kaiserreich bis zur Gegenwart, C.H. Beck, München 2013, S. 21.

264 Stg. Berichte, 10. Leg.-Periode, 1898/1900, 1, 30. Sitzung, Sonnabend, den 11. Februar 1899, S. 790B.

265 Siehe dazu: Eberhard von VIETSCH, Bismarck, Herbert Fürst von, in: Neue Deutsche Biographie 2 (1955), S. 268 [Online-Version]; URL: https://www.deutsche-biograp hie.de/pnd118663542.html#ndbcontent: Herbert von Bismarck (1849–1904), war von 1886 bis 1890 Staatssekretär des Auswärtigen Amtes. Nach dem Rücktritt seines

zwischen „alter und neuen Elite" recht gut nachvollziehen. Bismarck gehörte zweifelsohne der Schicht oder Klasse an, die man als alte Elite bezeichnen könnte. Schon zu Beginn seiner Rede jedoch verortet er sich selbst als „Volksvertreter" und wiederholt diesen Begriff mehrfach, wenngleich er auch den Begriff des Volkes auf die arbeitenden und schaffenden Schichten beschränkte.[266] Allerdings wolle er den Reichstag auch nicht als außenpolitischen Konkurrenten zur Regierung aufbauen, sondern bestand darauf, dass die Abgeordneten sich derweilen mit den Erklärungen des Staatssekretärs bis zum Abschluss der Verhandlungen begnügen müssten.[267]

Gemäß der Theorie des symbolischen Interaktionismus bedeutet das Verhalten Herbert von Bismarcks für die Gruppe der Abgeordneten des Reichstags, dass durch den neuen Rahmen des Reichstags auch ihre Identität beeinflusst wurde. Man begann, sich als Vertreter des gesamten Volkes zu fühlen, diese Rolle anzunehmen und auszuarbeiten und dementsprechend zu sprechen und zu handeln. Man nahm eine neue Rolle auf der Bühne der Welt ein.

Zu dieser Identitätsbildung trugen auch die Reichstagspräsidenten bei.[268] Bei einer Diskussion eines Gesetzentwurfes zur Wahlrechtsreform in den Bundesstaaten am 20. Februar 1895 etwa, bei der Eugen Richter von der Freisinnigen Volkspartei das mecklenburgische Wahlrecht stark kritisiert hatte, hatte der Großherzoglich Mecklenburgische Gesandte Fortunat von Oertzen das Wort erbeten, da er sich für verpflichtet halte, „hier Verwahrung einzulegen gegen die empörende [...] Aeußerung, die der Herr Abgeordnete Richter (große Unruhe und Zurufe links) sich erlaubt hat über die Bevölkerung Mecklenburgs zu machen."[269]

Auf diese Aussage hin läutete Reichstagspräsident Rudolf von Buol-Berenberg seine Glocke und wies Oertzen zurecht, was von der linken Seite des Hauses mit „Bravo" quittiert wurde: „Ich habe mein lebhaftes Bedauern darüber auszusprechen, daß von Seiten des Bundesrathstisches hier Aeußerungen gefallen sind, die mit der Ordnung dieses Hauses nicht in Einklang zu bringen sind."[270]

Vaters, Reichskanzlers Otto von Bismarck 1890, trat auch er entgegen des ausdrücklichen Wunsches Kaiser Wilhelms II. zurück. Von 1893 bis zu seinem Tode im September 1904 saß er als Abgeordneter der Deutschen Reichspartei im Reichstag.

266 Stg. Berichte, 10. Leg.-Periode, 1898/1900, 1, 30. Sitzung, Sonnabend, den 11. Februar 1899, S. 792B.

267 Ibid., S. 792C.

268 Zur Entwicklung des Amtes des Reichstagspräsidenten siehe: Raban von WEST-PHALEN (Hg.) Deutsches Regierungssystem, R. Oldenbourg Verlag, München 2001, S. 33–35.

269 Stg. Berichte, 9. Leg.-Periode, 1895/97, 2, 42. Sitzung, Mittwoch, den 20. Februar 1895, S. 1013D.

270 Ibid.

Wie sehr gerade das Parlament als Gefahr für die alte Ordnung denn auch angesehen wurde und wie groß die alte Elite die Gefahr einer echten Parlamentarisierung des Reiches wahrnahm, machte ein Redebeitrag Graf Berthold von Bernstorffs[271] von der Deutsch-Hannoverschen Partei (Welfenpartei) zu der Kritik Richters an der mecklenburgischen Verfassung deutlich, in dem er auch die Schattenseiten des amerikanischen parlamentarischen Systems ansprach. Denn gerade in den parlamentarischen Verfassungsstaaten wie England, Frankreich oder Amerika zeigten die Auswüchse des Parlamentarismus, wenngleich er das fortschrittliche Wahlrecht zum Reichstag nicht ablehnte, da jeder Mensch denselben „Werth" besaß. Allerdings würde er eine ständische Verfassung bevorzugen.[272]

Am Ende der letzten Sitzung der 9. Legislaturperiode, am 5. Mai 1898, ergriff der ehemalige Reichstagspräsident und Führer der deutschkonservativen Reichstagsfraktion Albert von Levetzow[273] das Wort und wandte sich an den amtierenden Reichstagspräsidenten Rudolf von Buol-Berenburg[274]: „Meine Herren, ich bin Ihrer

---

271 BIORAB-Kaiserreich: Berthold von Bernstorff (21. Januar 1841–12. Februar 1917) war Rittergutsbesitzer und Mitglied der antipreußischen Deutsch-Hannoverschen Partei. Diese vertrat er von 1893 bis 1908 im Reichstag. Er hatte Landwirtschaft studiert und zunächst als Forstinspektor gearbeitet.

272 Stg. Berichte, 9. Leg.-Periode, 1895/97, 2, 42. Sitzung, Mittwoch, den 20. Februar 1895, S. 1009C/D.

273 Kristina Hübener, Levetzkow, Albert Frhr. v., in: Brandenburgisches Biographisches Lexikon (=Einzelveröffentlichung der Brandenburgischen Historischen Kommission e.V.), Bd. 5, hg. von Friedrich Beck, Eckart Henning, Verlag für Berlin-Brandenburg, Potsdam 2002, S. 255–256: Albert von Levetzow (12. September 1827–12. August 1903) war von 1877 bis 1903 Abgeordneter der deutschkonservativen Partei im Reichstag. Von 1881 bis 1884 und 1888 bis 1895 war er Reichstagspräsident, ab 1897 Führer der deutschkonservativen Fraktion.

274 Wolfgang Kramer, „Ritter ohne Furcht und Tadel" – Reichstagspräsident Rudolf von Buol-Berenberg, in: Mühlingen, eine gemeinsame Ortsgeschichte der Madachdörfer Gallmannsweil, Mainwangen, Mühlingen, Schwackenreute und Zoznegg (= Hegau-Bibliothek. Band 135). MarkOrPlan Hegau-Bodensee, Singen (Hohentwiel) 2007, S. 386 f.: Rudolf von Buol-Berenburg (24. Mai 1842–4. Juli 1902) war von 1884 bis 1898 Zentrumsabgeordneter im Reichstag. Von 1895 bis 1898 war er der erste Reichstagspräsident vom Zentrum; Amine Haase, Katholische Presse und die Judenfrage: Inhaltsanalyse katholischer Periodika am Ende des 19. Jahrhunderts, Verlag Dokumentation, Pullach bei München 1975, S. 29: Das Zentrum hatte Ende der 1890er Jahre die Stellung übernommen, die die Nationalliberalen in den 1870er Jahren hatten. Weder Caprivi noch Hohenlohe wollten das Reich gegen die Sozialdemokratie oder das Zentrum regieren. Dafür, dass das Zentrum nun als „staatsloyal" angesehen wurde, spricht die Ernennung Rudolfs von Buol-Berenbergs zum Reichstagspräsidenten. Auch sein Nachfolger, Franz von Ballestrem war Katholik und Zentrumsmitglied.

allseitigen Zustimmung gewiß, wenn ich in Ihrer Aller Namen unserem hochver-
ehrten Herrn Präsidenten den Dank des Hauses darbringe für die mühevolle und
unermüdliche, für die treue und unparteiische Leitung unserer Verhandlungen
auch in dieser Session. (Lebhafter Beifall.)." Buol-Berenburg antwortete darauf sehr
berührt und dankte seinerseits „dem ganzen Hause für die Unterstützung, die mir
in so reichem Maße zu Theil geworden ist; um mich kurz zu fassen, sage ich Ihnen
allen ein herzliches Lebewohl! (Lebhafter Beifall.)."

Buol-Berenburg erteilte anschließend das Wort dem Staatssekretär des Innern,
Graf von Posadowsky-Wehner[275]. Dieser erwähnte mit keinem Wort den Reichs-
tagspräsidenten und dessen Ausscheiden aus dem Amt. Stattdessen verlas er eine
Botschaft Wilhelms II., in der dieser „kund" tat und „verfügte", „gemäß Art. 12
der Verfassungsurkunde, die gegenwärtige Sitzung des Reichstags am 6. D. M. im
Namen der verbündeten Regierungen zu schließen. Er „forderte] hierdurch den
Reichstag auf, zu dem Zwecke an dem gedachten Tage um 10 Uhr Vormittags im
Weißen Saal Unseres Residenzschlosses in Berlin zusammenzutreten."

Der autoritäre und kalte Ton des Schreibens kontrastiert mit dem warmen und
egalitären Ton des Präsidenten, des Abgeordneten und dem herzlichen Beifall
des Reichstags für die Arbeit Buol-Berenbergs. Der Reichstag wirkt wie ein Hort
moderner demokratischer Zusammenlebenskonventionen, wohingegen das Verhalten des Staatssekretärs und der Befehlston des kaiserlichen Schreibens leicht
deplatziert und etwas aus der Zeit gefallen erscheinen. Bereits 1894 war es zwischen dem Reichstagspräsidenten Levetzow und dem Kaiser zu einem Zwischenfall gekommen, der das Vertrauen Levetzows und darüber vieler Angehöriger der
traditionellen Elite in Wilhelm II. erschüttert hatte, als dieser sich herablassend
über die „dummen Junker" geäußert hatte.[276]

Der Reichstag, also die Abgeordneten und das Präsidium, machten in dieser
kurzen Szene den Eindruck einer geschlossenen Gruppe, die sich gegen die Exekutive über ihre modernere, demokratischere Haltung eine Identität zu geben suchte
und Zusammenhalt herstellen wollte.

Ein anderes frappierendes Beispiel für die Konstruktion einer Gruppenidentität und einer neuen politischen Kultur bot auch das Verhalten des Reichstagspräsidenten Franz von Ballestrem in der 10. Legislaturperiode.[277] Der

---

275 Hansjoachim HENNING, Posadowsky-Wehner, Arthur Graf von, in: Neue Deutsche
Biographie 20 (2001), S. 646 f. [Online-Version]; URL: https://www.deutsche-bio
graphie.de/pnd118792970.html#ndbcontent: Er war von 1893 bis 1897 Reichsschatzsekretär und vom 1. Juli 1897 bis 1907 Staatssekretär des Innern und Vizekanzler.

276 John C. G. RÖHL, Wilhelm II. Der Aufbau der persönlichen Monarchie 1888–1900,
München 2001, S. 631.

277 Anton RITTHALER, Ballestrem, Franz Karl Wolfgang Graf von, in: Neue Deutsche
Biographie 1 (1953), S. 561 [Online-Version]; URL: https://www.deutsche-biograp
hie.de/pnd118665847.html#ndbcontent: Franz von Ballestrem (5. September 1834–
23. Dezember 1910). Er war Reichstagsabgeordneter für das Zentrum und von 1898

schlesische Gutsbesitzer und Montanindustrielle hatte Reichskanzler Hohenlohe-Schillingsfürst ausdrücklich darauf hingewiesen, dass er die Diskussion einer öffentlich bekannt gewordenen Rede des Kaisers im Reichstag genehmigte,[278] was eine bemerkenswerte Entwicklung darstellte, wie es der preußische Finanzminister von Miquel einige Tage später feststellte. Während der ersten Lesung des zweiten Flottengesetzte am 8. Februar 1900 hatte der Abgeordnete Hilpert[279] die Sozialdemokraten als „weniger patriotisch[]" bezeichnet als seine Partei. Reichstagspräsident von Ballestrem läutet daraufhin die Glocke und wies Hilpert zurecht, dass er „keinem Abgeordneten hier im Hause vorwerfen [dürfe], daß er keinen patriotischen Sinn hat." Hilperts einigermaßen unverschämte Antwort, er habe nur die Sozialdemokraten außerhalb des Hauses gemeint, was „Große Heiterkeit" auslöste, wurde von Ballestrem erneut zurückgewiesen: „Herr Abgeordneter Hilpert, das ist nicht richtig. Sie haben gesagt: wenn sie hier stimmen, – Die außerhalb des Hauses stimmen hier nicht. Ich halte meinen Ordnungsruf aufrecht."[280] Zwei Tage später unterbrach von Ballestrem kurz die Rede des Sozialdemokraten Bebel, um „die Herren [zu] bitten, Privatgespräche zu vermeiden, den Redner anzuhören und ihn dann – auch wieder in einer Rede – zu widerlegen, soweit Sie das wünschen. (Sehr gut! und Bravo! links.) Dieselbe Bitte möchte ich an die Herren Vertreter des Bundesraths richten (Bravo! links)."[281]

Interessanterweise gehörten die drei erwähnten Reichstagspräsidenten als Rittergutsbesitzer der Schicht an, die man als alte Elite, als Junker bezeichnete. In ihren Ämtern innerhalb der Legislative aber schienen sie eine neue Identität und Gruppenzugehörigkeit zu konstruieren, die allen Ergebenheitsbekundungen zum Trotz – so ließ Buol-Berenburg nach dem Verlesen des Schreibens des Kaisers ein dreifaches Hoch auf den Kaiser ausbringen und richtete eine Ergebenheitsadresse

bis 1907 Präsident des Reichstages; Thomas KÜHNE, Handbuch der Wahlen zum Preußischen Abgeordnetenhaus 1867–1918. Wahlergebnisse, Wahlbündnisse und Wahlkandidaten (= Handbücher zur Geschichte des Parlamentarismus und der politischen Parteien. Band 6). Droste, Düsseldorf 1994, S. 354–358.

278 Stg. Berichte, 10. Leg.-Periode, 1898/1900, 4, 120. Sitzung, Dienstag, den 12. Dezember 1898, S. 3308A.

279 REIBEL, Handbuch, S. 1081–1085: Leonhard Hilpert (30. April 1852–27. März 1927) war von 1893 bis 1912 für den Bayrischen Bauernbund im Reichstag. Er war ein scharf antisemitischer Konservativer, weshalb seine Rede von viel „Heiterkeit" und „schallendes Lachen" begleitet wurde. Siehe auch: Manfred KITTEL, Provinz zwischen Reich und Republik: Politische Mentalitäten in Deutschland und Frankreich 1918–1933/36, R. Oldenbourg Verlag München 2000, S. 99.

280 Stg. Berichte, 10. Leg.-Periode, 1898/1900, 5, 143. Sitzung, Donnerstag, den 8. Februar 1900, S. 3977D.

281 Stg. Berichte, 10. Leg.-Periode, 1898/1900, 5, 145. Sitzung, Sonnabend, den 10. Februar 1900, S. 4013A.

an den Kaiser – die Konfrontation mit der Exekutive nicht scheute und den Reichstag in Verbindung mit den Abgeordneten zu einem immer gewichtigeren Machtzentrum auszubauen suchte. Dies taten sie sicher auch aus Eigeninteresse, da die traditionellen Eliten und die Landwirtschaft insgesamt – also auch die oftmals das Zentrum wählenden Kleinbauern Süddeutschlands – das Vertrauen in den Kaiser seit Beginn der 1890er Jahre vor allem wegen dessen Unterstützung der Caprivischen Handelsverträge immer weiter verloren.[282] Es kam darüber zu einer Annäherung zwischen Zentrum und Konservativen, wie es bereits unter Bismarck 1878 versucht worden war, die Leventzows Lob an Buol-Berenberg verdeutlicht.[283]

Exkurs 2: Das Parlament als gesellschaftlicher Integrationsraum

Dass der Reichstag wie ein Integrationsraum wirken konnte, bezeugte auch die Verteidigung Hilperts durch den deutschkonservativen Abgeordneten und Co-Vorsitzenden Conrad von Wangenheim, einen pommerschen Junker.[284] Er bedauerte, „daß von einem großen Theile der Mitglieder dieses Hauses neulich die kurze Rede des Abgeordneten Hilpert in einer Weise mit Lachen und Hohn begrüßt wurde, wie sie das nicht verdiente. (Sehr wahr! rechts.)."

Wangenheim setzte sich für die Redefreiheit auch des kleinen Mannes im Parlament ein, selbst wenn dessen Sprache teilweise „grob" und „ungelenk" sein sollte. Allerdings erkannte er an, „daß auch ein süddeutscher Bauer erklärt: wir werden trotz aller Bedenken die Opfer bringen, wenn wir überhaupt dazu in die Lage versetzt werden. (Bravo! rechts.)."[285]

Ebenfalls in einem Debattenbeitrag zum zweiten Flottengesetz lobte der Diplomatensohn und Rittergutsbesitzer Hermann von Hodenberg[286] von der Deutsch-Hannoverschen Partei

---

282 RÖHL, Der Aufbau der persönlichen Monarchie, S. 632–633.

283 Amine HAASE, Katholische Presse und die Judenfrage: Inhaltsanalyse katholischer Periodika am Ende des 19. Jahrhunderts, Verlag Dokumentation, Pullach bei München 1975, S. 29.

284 https://www.bundesarchiv.de/aktenreichskanzlei/1919-1933/0000/adr/adrsz/kap1_5/para2_37.html, [Eingesehen am 14. August 2020]: Conrad von Wangenheim (17. September 1849–10. Juni 1926) war in der 10. Legislaturperiode Abgeordneter für die Deutschkonservative Partei. Von 1898 bis 1920 war er einer der Co-Vorsitzenden des Bundes der Landwirte. Später stellte er sich gegen einen Verständigungsfrieden und war einer der Beteiligten am Kapp-Putsch 1920.

285 Stg. Berichte, 10. Leg.-Periode, 1898/1900, 5, 145. Sitzung, Sonnabend, den 10. Februar 1900, S. 4025D.

286 Beatrix HERLEMANN, Helga SCHATZ (Hg.), Biographisches Lexikon niedersächsischer Parlamentarier 1919–1945 (= Veröffentlichungen der Historischen Kommission für Niedersachsen und Bremen, Band 222), Hahnsche Buchhandlung, Hannover 2004,

„die Aufführungen des Herrn Abgeordneten Bebel, von denen ich trotz der Kritik des Herrn Staatssekretärs Grafen von Posadowsky sagen muß, daß sie bei vielen Mitgliedern dieses Hauses doch wohl den Eindruck erweckt haben, daß er heute nicht so sehr als sozialdemokratischer Parteiführer, sondern als guter Deutscher und echter Friedensfreund gesprochen hat. (Sehr gut! links. Heiterkeit rechts.)."[287]

Dass zwischen Präsidenten und Abgeordneten ein ziviler und freundlicher Umgangston herrschte, der Reichstagspräsident sich mit den Abgeordneten solidarisch zeigte und die Exekutive zurechtwies oder Herbert von Bismarck sich nun also als Volksvertreter sah und gab, bedeutete jedoch nicht, dass alle Klassenschranken nun bereits gefallen wären und die Junker die Angehörigen aller Schichten des Volkes unbedingt auch als Abgeordnete im Reichstag sehen wollten, wie die Diskussionen um die Einführung von Abgeordnetendiäten während der Debatte des Reichshaushalts-Etats für das Rechnungsjahr 1903 im Februar 1902 zeigte. Der sozialdemokratische Abgeordnete Georg Ledebour,[288] der, anders als die Revisionisten in der SPD, eine „sozialistische Gesellschaftsordnung" einführen wollte,[289] hatte Herbert von Bismarck vorgeworfen, aus zwei miteinander verbundenen Gründen gegen die Diäten zu sein: Erstens, weil dies „zu einer Vermehrung rühriger, radikaler Elemente in allen Parteien, also auch in der konservativen Partei [führe]. [...] Diese rührigen radikaleren Elemente rekrutieren sich nun interessanter Weise nicht aus den Standesgenossen des Herrn Fürsten v. Bismarck, sondern es sind Herren, allerdings nur wenige, aus dem sogenannten Mittelstand, auch ein paar Handwerksmeister darunter."[290] Ledebour betonte, dass diese Abgeordneten zwar einer anderen Partei angehörten und andere Meinungen verträten als die Sozialdemokraten, aber auf Grund ihrer Herkunft und ihrer Art Politik zu machen, „[ihre] Parteianschauungen mit größerer Schärfe, rücksichtsloser zum Ausdruck [bringen],"[291] den Sozialdemokraten doch

---

S. 161: Hermann von Hodenberg (27. Januar 1862–24. Februar 1946) war der Sohn des hannoverschen Diplomaten Bodo von Hodenberg und Rittergutsbesitzer. Von 1893 bis 1907 saß er im Reichstag für die Deutsch-Hannoversche Partei.

287 Stg. Berichte, 10. Leg.-Periode, 1898/1900, 5, 145. Sitzung, Sonnabend, den 10. Februar 1900, S. 4037D.

288 Ursula RATZ, Ledebour, Georg, in: Neue Deutsche Biographie 14 (1985), S. 37 f. [Online-Version]; URL: https://www.deutsche-biographie.de/pnd118726994. html#ndbcontent: Georg Ledebour (7. März 1850–31. März 1947) war von 1900 bis 1918 Mitglied des Reichstags. Er gehörte dem linken Flügel an und tat sich insbesondere als Kritiker der Verbrechen an den Herero hervor. 1917 schloss er sich als Antimilitarist der USDP an und musst 1933 vor den Nationalsozialisten ins Exil in die Schweiz fliehen, wo er 1947 starb.

289 Stg. Berichte, 10. Leg.-Periode, 1900/03, 9, 251. Sitzung, Donnerstag, den 5. Februar 1903, S. 7696A/B.

290 Ibid., S. 7687C.

291 Ibid., S. 7687D.

nahe standen. Zweitens wolle Bismarck „der Proletarisierung des Reichstags [vor-beugen]."[292] Ledebour zufolge hat Bismarck deshalb den Begriff des Proletariers weitgefasst und auch auf die Geistesarbeiter ausgedehnt.[293] Ledebour versuchte über die Betonung einer gemeinsamen Klassenzugehörigkeit die parteilichen Gegensätze innerhalb des Parlaments zu überwinden und den Klassenkampf ins Parlament zu tragen. Bismarck antwortete auf die Vorwürfe Ledebours – ohne dessen Namen zu nennen, was die tiefsitzende Gegnerschaft zu den Sozialdemo-kraten ahnen lässt –, über das Verbot von Diäten sollten die Sozialdemokraten am Einzug ins Parlament gehindert werden, „daß sich die Nichtgewährung der Diäten hauptsächlich gegen die Ueberhandnahme von Berufsparlamentariern und nicht gegen die Sozialdemokratie richtete, die ja, wie Figura zeigt, auch dadurch nicht getroffen worden ist." Allerdings wollte er „die Hoffnung nicht aufgeben, daß die Regierung auch in diesem Punkte schließlich Einsicht haben wird, und daß der Moment kommt, wo wir gratulieren können, daß sie die richtigen Mit-tel zur Abwehr gegen die Sozialdemokratie ergreift. (Bravo! rechts.)"[294] Es lässt sich an Hand dieser Auseinandersetzung sehen, wie sich zum einen die „Klassen-gesellschaft" der alten Klassenzugehörigkeiten im Reichstag fortsetzte, wie aber auch andererseits die Institution des Reichstags und die Gruppe der Reichstags-abgeordneten die sich demokratisch entwickelnde moderne Mittelschichtenge-sellschaft nachzeichneten und sich traditionelle Klassengegensätze aufzulösen begannen. Ausgehend von dem Gedanken, dass die Geschichte der Demokratien ein beständiger Kampf um die Ausweitung von politischen, gesellschaftlichen und wirtschaftlichen Mitwirkungsmöglichkeiten und die Anerkennung individueller oder kollektiver Identitäten immer größerer und ausdifferenzierterer Gruppen ist, kann man die Reichstagsabgeordneten als Teilhaber des gesellschaftlichen Kyriar-chats[295] definieren: Abgeordnete der alten Elite, welche außerhalb des Reichstags durchaus zur Herrschaftselite zählten, wie etwa die ostelbischen Junker, wurde durch ihre Teilidentität als Reichstagsabgeordnete in eine subalterne Stellung pro-jiziert – ähnlich derjenigen von Frauen oder ethnischen oder religiösen Gruppen.

Zurück zur Interpellation Kanitz: Was nun wieder die Beziehungen zu den USA betraf, so betonte Herbert von Bismarck dann weiter, dass der Reichstag in außen-politischen Fragen zwar unterrichtet werden müsse, dass es die Pflicht des Reichs-tags ist, die Regierung um Unterrichtung aufzufordern, dass er aber auch der Regierung grundsätzlich zu vertrauen habe. Hier scheint die sich im Laufe der Wil-helminischen Epoche tendenziell verbreitende Auffassung auf, dass die Regierung zwar nicht offiziell vom Vertrauen des Parlaments abhängig ist, dieses gleichsam in einer ehrenwerten honorigen Gesellschaft jedoch vorausgesetzt werden darf.

---

292 Ibid., S. 7687D.
293 Ibid., S. 7688B.
294 Ibid., S. 7714B.
295 Schüssler Fiorenza, But she said.

Gleichzeitig setzte sich so eine Art informeller Parlamentarisierung immer mehr durch. Zugleich besteht diese Tradition des rein mündlichen Übereinkommens in der deutschen Verfassungstradition nicht, wie etwa die Pflicht zur Wahlkapitulation durch die angehenden deutschen Kaiser und Könige[296] oder die herausragende Bedeutung der Reichspublizistik im Alten Reich bereits verdeutlichen. Diese besondere deutsche Gesetzestradition bildete zusammen mit der deutschen Sprache, einer bestimmten Idee von deutscher Kultur und dem Reichsgedanken ein über die frühe Neuzeit vom Mittelalter hergekommenes deutsches Nationalbewusstsein und eine Idee von dem, was Deutschland eigentlich ausmachte.[297]

Nach Bülows Antwort auf Kanitz trat als nächster der Zentrumsabgeordnete Dr. Ernst Lieber an das Pult. Lieber zählte zu den Gründern der Zentrumsfraktion im Reichstag. Er unterstützte nicht zuletzt die Flottenpolitik der Regierungen Hohenlohe und Bülow.[298] Er benutzte die Interpellation zu den Handelsbeziehungen als Türöffner für eine Diskussion der allgemeinen politischen Beziehungen zu den USA. Der sich in der Bismarckzeit als geschickter Redner einen Namen gemacht habende Lieber behandelte zunächst die Problematik des Dingley Tarifs (Juli 1897)[299], die Handelsbeziehungen und den Standpunkt Deutschlands. Dann aber ging er zu seinem wohl eigentlichen Anliegen über, nämlich den politischen Beziehungen. Er stellte fest, dass es neben wirtschaftlichen Streitpunkten politische gab, die ihren Grund in der in den USA falsch verstandenen deutschen Haltung während des Spanischen-Amerikanischen Krieges hätten. Er nahm dabei den Standpunkt des Kaisers wieder auf, wenn er bestritt, dass man in Deutschland den USA ihren Erfolg missgönne.[300] Er bedauerte die steigende Gereiztheit in Nordamerika gegen Deutschland und wollte über die Interpellation beitragen,

---

296 Fritz HARTUNG, Die Wahlkapitulationen der Deutschen Kaiser und Könige, in: Historische Zeitschrift, Bd. 107, 1911/2 S. 306–344.

297 BERGER, Building the Nation Among Visions of German Empire, S. 265.

298 Rudolf MORSEY, Lieber, Ernst, in: Neue Deutsche Biographie 14 (1985), S. 477 f. [Online-Version]; URL: https://www.deutsche-biographie.de/pnd118728180. html#ndbcontent: Ernst Lieber (16. November 1838–31. März 1902) war von 1871 bis zu seinem Tod Mitglied des Reichstags für das Zentrum. Er stammte aus einer katholischen Teehändlerfamilie und stand u.a. dem Mainzer Bischof von Ketteler nahe, einem der Begründer der katholischen Arbeitnehmerbewegung. Er gehörte zu den Mitbegründern der Zentrumspartei und wurde 1891 nach dem Tode Ludwig Windthorsts deren Vorsitzender. In der Zeit des Kulturkampfes galt er als redegewandter Gegner Bismarcks. In der wilhelminischen Zeit unterstützte er die Flottenpolitik und richtete das Zentrum nationaler aus. Lieber hielt im Übrigen enge Verbindung zu den nach den USA ausgewanderten Deutschen.

299 Siehe dazu Kapitel 3.2.1.

300 Stg. Berichte, 10. Leg.-Periode, 1898/1900, 1, 30. Sitzung, Sonnabend, den 11. Februar 1899, S. 791D.

alle amerikanischen Besorgnisse hinsichtlich der deutschen Absichten und Politik, etwa den kolportierten beabsichtigten Erwerb der Philippinen, beseitigen helfen.[301] Und um alle Unklarheiten auszuräumen bat er Bülow dringend, „sich auch über die politischen Beziehungen Deutschlands zu den Vereinigten Staaten zu äußern. (Lebhafter Beifall)."[302]

Über die Diskussion der Interpellation Kanitz bezüglich der Handelsbeziehungen mit Amerika versuchte hier der Abgeordnete Lieber zweierlei: Zum einen wollte er Druck auf die Regierung ausüben, den Reichstag in die politischen Beziehungen zu Amerika tiefer einzuweihen und ihn somit daran teilnehmen zu lassen. Er setzte sich darüber hinaus als Experte der Außenbeziehungen in Szene, der der Regierung hinsichtlich ihres Verhaltens und Vorgehens Ratschläge erteilen konnte. Gleichsam als Folge dieser Miteinbeziehung des Reichstags und seiner außenpolitischen Kompetenzen würden so in einem zweiten Schritt seine politischen Kompetenz insgesamt erweitert und seine Stellung im Machtgefüge des Kaiserreiches gestärkt werden.[303] Der seinen Ausführung von allen Seiten des Hauses gespendete Beifall macht deutlich, dass die Abgeordneten sich dieser Stoßrichtung der Rede Liebers wohl bewusst waren, diese unterstützten und über die außenpolitischen Mitwirkungsforderungen eines einzelnen Abgeordneten zudem das Wir-Gefühl der soziologisch relativ jungen Gruppe der Reichstagsabgeordneten gestärkt wurde. Hier greifen wieder die Theorien des weiter oben beschriebenen symbolischen Interaktionismus. Der Zuhörer ist über seine Handlungen zugleich Akteur und Gestalter der Realität.

Herbert von Bismarck, der sich wie gesagt zunächst als Volksvertreter definiert und der Argumentation Liebers zugestimmt hatte, der Reichstag müsse verstärkt in die Außenbeziehungen mit einbezogen werden, legte seine Ansichten offen, wie mit den Amerikanern und Amerika zu verfahren sei. Zunächst betonte er, dass Deutschland und die USA beides Großmächte seien und Deutschland deshalb von Amerika Gleichbehandlungen erwarten dürfe. Der Reichstag quittierte diese Aussage mit einem „Sehr richtig!"[304] Damit wird erkennbar, dass die Mehrheit der Abgeordneten diese Meinung teilte und über die Einschätzung der Stellung Deutschlands in der Welt Einigkeit nach innen hergestellt werden konnte. Bismarck, der ehemalige Außenstaatssekretär, wiederholt seine Forderung nach Gleichbehandlung und seine Auffassung der Gleichwertigkeit beider Länder. Er unterstrich zudem, dass er die Amerikaner als in Geschäftsangelegenheiten und Vertragssachen ehrlich einschätzte. So bezeugte er seine internationalen

---

301 Ibid., S. 791D–792A.

302 Ibid., S. 792A/B.

303 Siehe dazu: Morsey, Lieber, Ernst, „Lieber war betont national eingestellt und suchte die Stellung des Reichstags zu festigen".

304 Stg. Berichte, 10. Leg.-Periode, 1898/1900, 1, 30. Sitzung, Sonnabend, den 11. Februar 1899, S. 793C.

Kompetenzen und sein Expertenwissen, das er auch den vielen anderen Mitgliedern des Parlaments zugestand, die Beziehungen zu den USA hatten und dort Freundschaften pflegten. Damit hob er hervor, dass der Reichstag über profunde Kenntnisse der USA verfügte, was ihn als außenpolitisches Gegengewicht zur Exekutive legitimierte. Darüber hinaus öffnete er die USA Deutschland als potentiellen und zuverlässigen Bündnispartner und stärkte den Gedanken, der Reichstag könne außenpolitischer und diplomatischer Richtungsgeber sein. Allerdings kam es auch zu einem kurzen Schlagabtausch zwischen ihm und den Linken, die seine Aussage zu den „distinguierten Staatsmännern der so zivilisierten Nation Amerika mit „Lachen" kommentierten.[305]

Bismarck zitierte dann Auszüge aus Reden seines Vaters, Reichskanzlers Otto von Bismarck. Er unterstrich die traditionell guten Beziehungen zu den USA und erhielt lebhaften Beifall für seine Aussage, dass er nicht wüsste, „worin anders eine Trübung liegen sollte als in Verhetzungen, welche lange angelegt und systematisch betrieben worden waren. Wir verstehen uns hierüber, wie ich sehe; wir wollen dem Ursprung der Verhetzung aber nicht weiter nachgehen, um heute niemanden zu kränken."[306] Bismarck zielte damit auf Großbritannien, welches in deutschen diplomatischen Kreisen verdächtigt wurde, die deutsch-amerikanischen Beziehungen zu hintertreiben,[307] zumal es seit der Krüger-Depesche Wilhelms II. am 3. Januar 1896 dem Deutschen Reich zunehmend misstraute.[308] Einige Jahre später schrieb Graf Waldersee im Zuge der Venezuelakrise, von der weiter unten ausführlich gesprochen werden wird: „Die Stimmung gegen uns ist doch allein

---

305 Ibid., S. 793C/D-794A.

306 Ibid., S. 794B.

307 Großbritannien hoffte wie Deutschland, der erste wirkliche Bündnispartner der neuen Weltmacht USA zu werden. Am 11. Februar 1904 schrieb der englische Premierminister dazu an Außenminister Landsdowne: *„It would open an new era in the history of the world."* British Library, Balfourpapers, 1DD, 49728. Nach: Raimund LAMMERSDORF, Anfänge einer Weltmacht: Theodor Roosevelt und die transatlantischen Beziehungen der USA 1901–1909, Akademie Verlag, Berlin 1994, S. 164.

308 Es war dieses Telegramm, das zu einem grundsätzlichen Umbruch in den deutschenglischen Beziehungen führte. Der ehemalige Londoner Botschafter Münster sprach von einem „Zustand des Hasses, der zwischen den beiden großen Kulturstaaten Europas [auf Grund der Krüger-Depesche] entstanden ist." Münster an Holstein, 13. Januar 1896, in: HOLSTEIN, Die geheimen Papiere Friedrich von Holsteins, hg. von Norman RICH und M. H. FISHER, dt. Ausgabe hg. von Werner FRAUENDIENST, Bd. 1–4, Göttingen 1956–1963, hier: Bd. 3, S. 524; Paul HOSER, Die Krügerdepesche (1896), in: Jürgen ZIMMERER (Hg.): Kein Platz an der Sonne. Erinnerungsorte der deutschen Kolonialgeschichte, Campus Verlag, Frankfurt 2013, S. 150–163.

von England und mit englischem Gelde gemacht und kann daher nur gemildert werden, wenn man Mittel findet, die englischen Hetzereien abzustellen."[309]

Über die Außenpolitik ließen sich ein innerer Konsens und eine gemeinsame Vertrauensbasis herstellen, die Konflikte abzuflachen vermögen und das Wir-Gefühl der Gruppe synthetisch stärken können.[310] Bismarck bat sodann die Abgeordneten, doch zunächst der Regierung freie Hand in den Verhandlungen zu lassen. Auch dies begründete er mit einem Beispiel aus der Zeit des Reichskanzlers Otto von Bismarcks. Die Regierung sollte den nötigen Spielraum in Verhandlungen haben, ohne auf eine vom Parlament vorgegebene „Marschlinie" Rücksicht nehmen zu müssen. Er wolle der Regierung keine Vorschläge machen, denn „das muß Sache der Herren bleiben, denen die Geschäfte des Reichs zur Führung anvertraut sind. Die Diplomatie ist ein so schwieriges Gewerbe, daß es bei ihr in verschärftem Maße heißt: viele Köche verderben den Brei. (Sehr richtig!)."

Allerdings gab es noch bis 1897 nur wenige mit amerikanischen Handelsfragen vertraute Beamte im Auswärtigen Amt[311]. Der wichtigste unter ihnen war Johannes Kriege. Deshalb vertrat Außenstaatssekretär Bülow sein Ressort meist selbst bei derartigen Besprechungen.[312] Er hoffte auf die Unterstützung des gesamten Parlaments und auch auf das Gerechtigkeitsgefühl „der Regierung des großen und stammverwandten Volkes", dass man zu einer gerechten Lösung der Handelsfrage kommen würde. „(Lebhaftes Bravo rechts.)"[313]

Bülow antwortete dann auf die Abgeordneten Lieber und Bismarck. Während er noch einmal auf die deutsche Haltung im Spanisch-Amerikanischen Krieg einging,

---

309 Alfred Graf von WALDERSEE, Denkwürdigkeiten des General-Feldmarschalls Alfred Grafen von Waldersee, bearb. und hg. von Heinrich Otto Meisner, Bde. 1–3, Stuttgart/Berlin 1922–1923, hier, Bd. 3, S. 201.

310 Jeanette Hedwig MÜLLER, Vertrauen und Kreativität: Zur Bedeutung von Vertrauen Für diverse AkteurInnen in Innovationsnetzwerken, Peter Lang, Frankfurt am Main 2009, S. 45: Georg Simmel bezeichnete Vertrauen als eine der wichtigsten synthetischen Kräfte innerhalb der Gesellschaft. Vertrauen kann man als Mikrofundierung gesellschaftlicher und politischer Ordnung betrachten. Niklas Luhmann sah Vertrauen als Mechanismus der Reduktion sozialer Komplexität.

311 CONZE, Das Auswärtige Amt, S. 21: Bereits in der Bismarckzeit wurde gelegentlich Kritik an der Trennung zwischen politischen Fragen und Wirtschaftsfragen und an der Fehleinschätzung der Bedeutung der internationalen Wirtschaftspolitik laut. Allerdings verhallte sie ohne Echo und spielte beispielsweise für die Rekrutierung und bei der Ausbildung junger Diplomaten kaum eine Rolle. Erst in den Jahren vor dem Ersten Weltkrieg kam es zu zaghaften Reformmaßnahmen, die jedoch an den Grundstrukturen und seiner Binnengliederung nichts änderten.

312 POMMERIN, Der Kaiser und Amerika, S. 194.

313 Stg. Berichte, 10. Leg.-Periode, 1898/1900, 1, 30. Sitzung, Sonnabend, den 11. Februar 1899, S. 794C/D.

kam er dann, wie von seinen beiden Vorrednern gefordert, auf die politischen Beziehungen zu sprechen. Zunächst jedoch erregte sein Dank an Bismarck für „die freundliche Art und Weise, in der er sich ausgesprochen hat über die Staatssekretäre im Allgemeinen und über meine Wenigkeit im Besonderen (Heiterkeit links)", auf die er jedoch nicht reagierte. Die Reaktion auf der linken Seite – es wird nicht zwischen Parteien unterschieden und man kann davon ausgehen, dass auch die Abgeordneten der SPD darunter fielen – macht zum einen das Selbstbewusstsein dieser Abgeordneten erst einige Jahre nach dem Ende der Sozialistengesetze 1890 sichtbar, zum anderen erweckt dies den Eindruck einer recht gelösten Atmosphäre. Eine solche schien im Reichstag nicht selten zu herrschen. Armin Burkhardt hat Sprache in den verschiedenen deutschen Parlamenten untersucht und auch wie die Reden und die Reaktionen darauf stenographisch erfasst und wiedergegeben wurden. In seiner Systematisierung der Parlamente ordnet Burkhardt den Reichstag in die Kategorie Alibi-Parlament und verkennt so eigentlich die Macht der Sprache, Realitäten zu schaffen. Nichtsdestoweniger bietet sein Buch aber eine Geschichte und Systematik der parlamentarischen stenografischen Berichte, was sehr zur Erhellung der stenographischen Erfassung non-verbaler Reaktionen des Reichstags beiträgt. „Heiterkeit" gehört dabei zu einer der drei Kategorien einer Notierungsskala von Reaktionen, die Zustimmung, Heiterkeit und Ablehnung graduell erfasst.[314]

Bülow, sich hinter die Arkanen der Macht zurückziehend, kündigt anschließend an, dass er sich in seiner „amtlichen Stellung [über] diese Seite der Frage nur einigermaßen diplomatisch auslassen kann. Ich will aber doch nicht zu diplomatisch sprechen; denn ich glaube, daß zwischen zwei starken und männlichen Völkern Offenheit und Geradheit die beste Politik sind (bravo!) und die beste Medizin für mehr eingebildete als wirkliche politische Verstimmungen. (Sehr gut! in der Mitte)."[315]

Bülow veranschaulichte die Gleichheit zwischen den beiden Völkern, indem er ihnen männliche Attribute zugestand. Völker und Ethnien, die als minderwertig betrachtet wurden, wurden mit femininen oder kindlichen Attributen charakterisiert. Dies geschah etwa im Laufe der 19. Jahrhunderts mit Frankreich: Während man einen deutschen Nationalcharakter mit männlich konnotierten Eigenschaften

---

314 Siehe dazu: Armin BURKHARDT, Das Parlament und seine Sprache, in: Reihe Germanistische Linguistik, Max Niemeyer Verlag, Tübingen 2003, S. 529–532, hier S. 529: Aus diesem Bericht der *Stenographischen Praxis* [eine Fachzeitschrift] kann man für die Spätzeit des „kaiserlichen" Reichstags lernen: [...] 7. daß „Heiterkeit" als (fröhliches) Lachen (über einen Witz) zu verstehen ist, „Lachen" dagegen als Auslachen eine Form des Widerspruchs darstellt und daher ebenso wie die seltenere Steigerungsform „Gelächter" eher „Hohngelächter" bedeutet.

315 Stg. Berichte, 10. Leg.-Periode, 1898/1900, 1, 30. Sitzung, Sonnabend, den 11. Februar 1899, S. 795C.

konstruierte, beschrieb man den Nationalcharakter der Franzosen zusehends mit „weibisch" assoziierten Merkmalen.[316] Auch die Polen wurden im Deutschen Reich als inkompetenter Gegenpart des deutschen Mannes entworfen und als effeminierte Wesen gezeichnet.[317] Die kolonisierten Völker und deren Verhalten, vor allem in Afrika, setzte man oft mit demjenigen von Kindern gleich.[318] Bülow hob zunächst hervor, „daß die Beziehungen zwischen der deutschen Regierung und der amerikanischen Regierung gute und freundliche sind (bravo! rechts)", wofür er Rede des amerikanischen Botschafters in Berlin, White, die dieser am amerikanischen Unabhängigkeitstag gehalten hatte, als Beleg zitierte.[319] Für die Zukunft sah er im Übrigen keine Konfliktstoffe. Allerdings schränkte er dies ein, indem er unterstrich, dass „in unsere Zeit für das Verhältnis zwischen zwei Staaten die Beziehungen zwischen den beiderseitigen Regierungen nicht mehr allein maßgebend sind, sondern daß auch die Stimmungen und Verstimmungen der Völker schwer ins Gewicht fallen[320]."[321]

Bereits seit Beginn der 1890er Jahre waren sich die traditionellen Entscheidungsträger dieser Tatsache bewusst gewesen, was ein weiterer Beleg für die sich durchsetzende Demokratisierung und informelle Parlamentarisierung war. Bülow drückte aber auch die Angst aus, welche vor der zu starken Implikation

---

316 Karen HAGEMANN, Nation, Krieg und Geschlechterordnung. Zum Kulturellen Und Politischen Diskurs in der Zeit der Antinapoleonischen Erhebung Preußens 1806–1815, in: GG, Bd. 22, Nr. 4, 1996, S. 562–591, hier S. 571. [JSTOR, www.jstor.org/stable/40185917. Eingesehen am 16 Februar 2019.]

317 Angela KOCH, DruckBilder. Stereotype und Geschlechtercodes in den antipolnischen Diskursen der „Gartenlaube" (1870–1930), Böhlau Verlag, Köln 2002.

318 S. Natasha A. KELLY, Das N-Wort, in: Rassismus auf gut Deutsch: Ein kritisches Nachschlagewerk zu rassistischen Sprachhandlunge, hg. von Adibeli NDUKA-AGWU, Antje Lann HORNSCHEIDT, Brandes & Apsel, Frankfurt am Main 2013, S. 157–167, hier S. 158–159.

319 Stg. Berichte, 10. Leg.-Periode, 1898/1900, 1, 30. Sitzung, Sonnabend, den 11. Februar 1899, S. 795C.

320 Gerade die Bedeutung der Anerkennung, des Respekts und der Ehre in Beziehungen wurde in den letzten Jahren intensiv erforscht, nicht zuletzt von Axel Honneth. Ein zwar die Gegenwart betreffendes, aber gerade im vorliegenden Zusammenhang interessantes Buch wurde von Groten zu den Beziehungen zwischen den USA und China verfasst. Deutschland war wie heute China der eigentliche Herausforderer der amerikanischen Weltmachtambitionen und pochte in seinen Beziehungen immer wieder auf Gleichwertigkeit. David GROTEN, How Sentiment Matters in International Relations: China and the South China Sea Dispute, Verlag Barbara Budrich, Leverkusen 2019.

321 Stg. Berichte, 10. Leg.-Periode, 1898/1900, 1, 30. Sitzung, Sonnabend, den 11. Februar 1899, S. 795D.

nicht-professioneller Akteure in außenpolitischen Fragen bei den professionellen Diplomaten herrschte. Gerade in außenpolitischen Fragen gelte es, „die Sprache der kühlen Vernunft zu sprechen".[322] So zitiert er als Beispiel, dass einerseits die Amerikaner glauben,

> „in Deutschland [herrsche] gegen Amerika Groll und Abneigung, während bei uns vielfach die Ansicht verbreitet ist, daß die Amerikaner von besonders abgünstigen Gesinnungen gegen uns beseelt wäre. [...] ich glaube, meine Herren, daß man sich in Amerika vielfach ganz im Unklaren ist über die Empfindungen, mit denen die deutsche öffentliche Meinung dem amerikanisch-spanischen Kriege gegenübergestanden hat. (Sehr richtig!)".[323]

In Deutschland versuchte man, nicht „ungerecht oder blind für die tüchtigen und glänzenden Eigenschaften des amerikanischen Volkes" zu sein.[324] Auch stimmte Bülow mit dem Abgeordneten Lieber darin überein, dass „die deutsche öffentliche Meinung [...] weit entfernt [ist], den Amerikanern die Früchte und den Lohn ihrer Anstrengungen und Siege zu mißgönnen. Aber die deutsche öffentliche Meinung hat auch dem spanischen Volke [...] den Ausdruck menschlicher Sympathie nicht verweigert. (Bravo! und sehr gut! rechts und in der Mitte)."[325] Wenn es jedoch in der Öffentlichkeit beiderseits des Atlantiks zu Missverständnissen gekommen war, so war dies die Schuld „von gewissen fremden Preßorganen [, die] in tendenziöser – und ich nehme gar keinen Anstand, zu sagen: hier und da in der perfidesten Weise [die eigentlichen Beweggründe der Deutschen] entstellt [hätten] (bravo! rechts und in der Mitte), um Mißtrauen gegen uns in Amerika [...] zu erwecken. (Sehr wahr! rechts und in der Mitte)"[326]

Zur Zeit des Beginns des deutschen und amerikanischen Imperialismus, auf dem Höhepunkt des weltweiten Imperialismus also, entstand auch die Massenpresse.[327] Zumindest im Deutschen Reich konnte sie dabei auf bis ins Alte Reich reichende Strukturen zurückgreifen.[328] Mit der Entwicklung der Massenpresse entstand eine „politische Nation"[329]. Die Menschen bildeten sich, unterstützt von den immer

---

322 Ibid., S. 796A.
323 Ibid.
324 Ibid.
325 Ibid.
326 Ibid., S. 796A/B.
327 Heidi J.S. Tworek, News from Germany: The Competition to Control World Communications, 1900–1945, Harvard University Press, Cambridge, Massachusetts 2019, S. 31–32.
328 Siehe dazu: Wolfgang Behringer, Im Zeichen des Merkur. Reichspost und Kommunikationsrevolution in der Frühen Neuzeit, Vandenhoeck & Ruprecht, Göttingen 2003.
329 Frank Bötsch, Grenzen des „Obrigkeitsstaates", S. 359.

besser verfügbaren Informationen, eine Meinung zu außenpolitischen Fragen, zu transnationalen Beziehungen. Die offiziellen, staatlichen Entscheidungsträger mussten immer stärker auf diese öffentliche Meinung Rücksicht nehmen, und der Begriff tauchte vermehrt in ihren Reden auf. Denn wenn es sicher stimmte, dass die „öffentliche Meinung" in der fortschreitenden Demokratisierung zunehmend bei politischen Entscheidungen beachtet werden musste, so wurde das Argument der „öffentlichen Meinung" wiederum von der regierenden Elite als Vorwand für die Begründung und Durchsetzung ihrer Vorhaben und Entscheidungen benutzt.[330] Der Reichstag, dessen Abgeordnete direkt vom Volke, der „politischen Nation", gewählt wurden, und somit verstärkt um die Wählergunst buhlen mussten, hatte oftmals eine bessere Kenntnisse der eigentlichen Meinungen, Motivationen und Lebensrealitäten der Menschen. Er ließ sich deswegen auch in außenpolitischen Fragen „immer weniger in Schach halten"[331] und übte, wie man an den Debatten zu den handelspolitischen Beziehungen mit Amerika eindringlich feststellen kann, steigenden Druck auf die Regierung aus, ihr Handeln vor dem Reichstag zu begründen und den Mehrheitsmeinungen des Reichstags anzupassen. Die Eliten im Wilhelminischen Herrschaftssystem waren mithin, entgegen der Vorstellung des Kaiserreichs als „autoritärer Nationalstaat"[332] „trotz seiner autoritären Züge nie mit dem Problem der Öffentlichkeit fertig geworden,"[333] obwohl sie seit Beginn des Kaiserreichs versucht hatten, die politische Nachrichtenlage zu beeinflussen.[334] Zwar kann man dies als Defizit des autoritären Staates ausmachen, gleichwohl scheint es aber eher ein Indiz nicht nur für die informelle Parlamentarisierung, sondern auch für die fortschreitende Demokratisierung zu sein,[335] da etwa der

---

330 Tworek, News from Germany, S. 36–37.

331 Bötsch, Grenzen des „Obrigkeitsstaates", S. 343.

332 Vgl. dazu: Mommsen, Der autoritäre Nationalstaat.

333 Bötsch, Grenzen des „Obrigkeitsstaates", S. 359.

334 Tworek, News from Germany, S. 21; Deutsches Reichsgesetzblatt Band 1892, Nr. 21, Gesetz Nr. 20145, Seite 467–470, [https://www.deutscher-reichsanzeiger.de/ rgbl/jahrgang-1892/ Eingesehen am 12. Mai 2020.]: Nur das Reich hatte das Recht, „Telegraphenanlagen für die Vermittlung von Nachrichten zu errichten und zu betreiben".

335 Kühne, Demokratisierung und Parlamentarisierung, S. 311–312: „Demokratisierung und Parlamentarisierung bezeichnen Entwicklungen, die weder parallel laufen noch überhaupt kausal zusammenhängen müssen. Demokratisierung ist ein gesellschaftlicher, durch die Ausweitung von Partizipationsrechten und deren massenhafte Nutzung gekennzeichneter Prozess. Unter Parlamentarisierung ist die Transformation eines monarchischen oder monarchisch-konstitutionellen Regierungssystems in ein anderes zu verstehen, in dem die Legislative maßgeblichen Einfluss auf die Regierungsbildung hat. [...] Dass der Reichstag vor 1914 erheblich gegenüber der Bismarckzeit an Einfluss gewonnen hat, gehört mittlerweile ebenfalls zum Forschungskonsens. [...] Allerdings hat sich die Forschung in der letzten Zeit

Einfluss des Wahlverhaltens auf die Menschen weit weniger geringer war, als von den Machern der Zeitungen wohl oft gehofft wurde, und sich die Menschen im Durchschnitt aus mehr als nur einer Zeitung informierten.[336] Im Gegensatz zur Annahme der Frankfurter Schule würde man in diesem Sinne also die Entstehung der Massenmedien weniger als einen Pfeiler einer autoritären Gesellschaftsordnung betrachten denn als eine der Bedingungen für die Entstehung demokratischer Systeme.[337]

Zurück zur Rede Bülows. Bülow versuchte wie bereits Herbert von Bismarck vor ihm über die Anklage ausländischer „Preßorgane" einen inneren Zusammenhalt herzustellen. Er meinte damit ebenfalls die englische Presse, welche wegen der zunehmenden weltpolitischen Konkurrenz zwischen England und Deutschland die deutsch-amerikanischen Beziehungen zu stören trachtete. Die Reaktionen der Abgeordneten bezeugen, dass es Bülow gelungen war, diese hinter sich zu versammeln. Bülow beschwor denn geradezu noch einmal die traditionell engen Bande zwischen den USA und Deutschland, zumal den Güteraustausch.[338] Während die Bedeutung der Handelsbeziehungen allen Abgeordneten unmittelbar eingeleuchtet haben dürfte, blieb Bülow aber gerade in der Frage, worin denn nun diese wichtigen politischen Interessen bestünden, wieder im Allgemeinen. Dies kann wohl dahingehend bewertet werden, die Abgeordneten so weit als möglich von der rein politischen Sphäre auf Distanz zu halten. Zum Schluss geriet Bülow beinahe ins Pathetische, als er die deutsch-amerikanischen Verbindungen über die Millionen Auswanderer festmachte.[339] Besonders wichtig erschienen ihm dann „die alten geistigen Beziehungen zwischen Deutschland und Amerika.[340] [...] Die

---

um diese Machtrelation zwischen Regierung, genauer Reichsleitung, und Reichstag weitaus weniger gekümmert als um die „unteren" gesellschaftlichen Dimensionen der politischen Dynamik des Kaiserreichs." S. 313: Marcus Kreuzer hat versucht zu zeigen, dass „die legislative Macht des Reichstags wesentlich größer als etwa die des *House of Commons* gewesen [ist]." Für KÜHNE, Demokratisierung und Parlamentarisierung, S. 315–316, ist die stille Parlamentarisierung aber das „Produkt eines Wunschdenkens." Man suchte ein „am verfassungspraktischen Status quo orientiertes Konsenssystem zu errichten. [...] Demokratisierungs- und Politisierungsprozesse im Kaiserreich hatten kein Ziel. Sie transportierten Ambivalenzen und erzeugten Spannungen und Unsicherheiten".

336 TWOREK, News from Germany, S. 42–43.

337 Vgl. Niklas LUHMANN, Die Realität der Massenmedien, Opladen 1995.

338 Stg. Berichte, 10. Leg.-Periode, 1898/1900, 1, 30. Sitzung, Sonnabend, den 11. Februar 1899, S. 796B.

339 Ibid., S. 796C.

340 1897 hatte der in Harvard lehrende deutsche Professor Kuno Francke die Idee eines *German Museums* aufgebracht, um den Amerikanern die Bedeutung deutscher Kunst und Kultur näher zu bringen. Dieser Gedanke wurde nicht zuletzt von Kaiser Wilhelm begeistert aufgenommen und während der Reise des Prinzen Heinrich

deutsche Politik wird die gerade Straße, welche ihr das nationale Interesse und die nationale Würde vorzeichnen, auch in Zukunft verfolgen, ohne Provokation und ohne Schwäche."[341]

Diese Aussage wurde vom gesamten Reichstag mit „Bravo! quittiert, was dahingehend interpretiert werden kann, dass die Abgeordneten sämtlicher Parteien diese Politik der Regierung stützten, mithin auch die Abgeordneten der SPD – ein erneuter Hinweis darauf, dass die SPD bereits Ende des 19. Jahrhunderts keine grundsätzliche Opposition mehr betrieb. Diese Einschätzung wird durch das im Protokoll vermerkte „Allseitiges lebhaftes Bravo" nach Bülows Schlussworten noch unterstützt. Wie Herbert von Bismarck appellierte auch er an „die Einmüthigkeit dieses hohen Hauses" und war sich sicher, dass er sich „in Übereinstimmung mit dem ganzen Hause befinde", wenn er auf die „volle[] Reziprozität, [das] gegenseitige[] Entgegenkommen[] und gegenseitige[] Achtung [besteht] [...], welche die Voraussetzung und Grundbedingung sind für ein richtiges Verhältnis zwischen zwei großen und selbstbewußten Völkern."

Die Begriffe Respekt,[342] Anerkennung[343] stechen bei den Reden ins Auge. Für die deutsche Seite war die Anerkennung nicht zuletzt durch Amerika als einer mächtigen und bedeutenden Nation wichtig, um auch von den konkurrierenden europäischen Mächten als neuer weltpolitischer Akteur anerkannt zu werden. Die Bedeutung der Anerkennung durch die USA spiegelt auch die Tatsache wider, dass sich die Deutschen durchaus bewusst waren, dass die Vereinigten Staaten die eigentliche neue Weltmacht waren und auch, dass Deutschland allenfalls zweiter im neuen Weltmachtgefüge sein konnte. Dass sich nicht nur die Reichstagsabgeordneten der Bedeutung der Anerkennung, des Respekts und der Achtung im Konzert der Nationen bewusst waren, verdeutlicht eine Rede des Nationalökonomen und Amerikaexperten Max Sering,[344] die dieser ein Jahr später, am 14. Februar

---

nach Amerika im Frühjahr 1902 in die Tat umgesetzt. Besonders die deutschstämmigen Bierbrauer Adolphus Busch und sein Schwiegersohn Hugo Reisinger trugen finanziell kräftig zur Umsetzung der Idee bei. Siehe dazu: Hinrich C. SEEBA, Cultural History: An American Refuge for a German Idea, in: German Culture in Nineteenth-Century America: Reception, Adaptation, Transformation, hg. von Lynne TATLOCK und Matt ERLIN, Boydell & Brewer, Camden House 2005, S. 3–20.

341 Stg. Berichte, 10. Leg.-Periode, 1898/1900, 1, 30. Sitzung, Sonnabend, den 11. Februar 1899, S. 796C.

342 Reinhard WOLF, Respekt. Ein unterschätzter Faktor in internationalen Beziehungen, in Zeitschrift für internationale Beziehungen, 15. Jahrg., Heft 1, Juni 2008, S. 5–42, hier S. 17: „Respekt in allen Formen, [...], ist immer ein hilfreiches Mittel, wenn internationale Akteure ihre materiellen Interessen realisieren möchten."

343 Siehe dazu: Axel HONNETH, Anerkennung, eine europäische Ideengeschichte, Suhrkamp, Berlin 2018.

344 GRIMMER-SOLEM, Learning Empire, S. 60.

1900, in der Philharmonie zu Berlin im Auftrag der Freien Vereinigung für Flotten-vorträge[345] gehalten hatte. Er betonte darin die Unumgänglichkeit des Erwerbs von Kolonien und des Baus einer Schlachtflotte, um dadurch die nötige Anerkennung und den gebührenden Respekt zu erhalten, die für Deutschlands Wohlstand und Überleben als selbständige Nation unentbehrlich sind.[346]

Bülows Nachredner Cornelius von Heyl zu Herrnsheim[347] von der National-liberalen Partei betonte ebenso das herrschende Gefühl von Mangel an Respekt der Amerikaner Deutschland gegenüber. Er machte dies an der Tatsache fest, dass die Amerikaner bereits seit 1894, also seit 5 Jahren, den preußisch-amerikanischen Handelsvertrag von 1828 wohl als nicht mehr für das Reich gültig ansahen. Wenn-gleich er gegen einen Zollkrieg war, so dachte er doch, dass es nun Zeit wäre, die Zügel anzuziehen. Dabei hielt er Bülow die Politik Bismarcks als Spiegel vor. Denn nun, da „in Deutschland die Politik der großen Nachgiebigkeit an die Stelle trat (sehr gut! rechts), die Politik der einseitigen Zugeständnisse, da hat sich das Blatt gewendet."[348]

Heyl zu Herrnsheim war ein großer Unterstützer der bismarckschen Politik gewesen, hatte dann aber die Handelsvertragspolitik Caprivis bekämpft, da für ihn eine gesunde Volkswirtschaft nur bei gleichmäßiger Förderung von Industrie und

---

345 Der Gründungsaufruf der freien Vereinigung für Flottenvorträge war am 18. No-vember 1899 von Professoren aus ganz Deutschland unterzeichnet worden. Sie gehörte zu den sogenannten vaterländischen Verbänden, die sich dadurch aus-zeichneten, innere Konflikte und Ungleichheiten im Zeichen bedeutender nationaler Ziele überspielen zu wollen und hierfür die Mittel moderner Massenmobilisierung nutzten. Siehe dazu: Olaf WILLETT, Sozialgeschichte Erlanger Professoren 1743–1933, Vandenhoeck & Ruprecht, Göttingen 2001, S. 325–326, Anm. 288.

346 Max SERING, Die Handelspolitik der Großstaaten und die Kriegsflotte, in: Han-dels- und Machtpolitik: Reden und Aufsätze im Auftrag der „Freien Vereinigung für Flottenvorträge", hg. von Gustav SCHMOLLER und Adolph WAGNER, Bd. 2, J. G. Cotta'sche Buchhandlung, Stuttgart 1900, S. 1–44, hier S. 40–41.

347 Biografisches Lexikon zur Geschichte der Deutschen Sozialpolitik, 1871 bis 1945, hg. von Eckhard HANSEN, Florian TENNSTEDT, u.a., Bd. 1: Sozialpolitiker im Deut-schen Kaiserreich 1871 bis 1918, Kassel University Press GmbH, Kassel 2010, S. 73: Cornelius Wilhelm Heyl zu Herrnsheim (10. Februar 1843–25. September 1923) war ein nationalliberaler Abgeordneter aus Worms. Heyl besaß dort eine bedeu-tende Lederwarenfabrik und war als sozialpaternalistischer Unternehmer bekannt. Heyl gehörte zu den Anhängern einer etatischen, nationalistischen, schutzzöllne-rischen Politik, die 1887 zur Bildung des sog. Kartells aus Nationalliberalen und Konservativen führen sollte. Zur nationalliberalen Partei siehe: WEHLER, Doppel-revolution, S. 340 ff.

348 Stg. Berichte, 10. Leg.-Periode, 1898/1900, 1, 30. Sitzung, Sonnabend, den 11. Februar 1899, S. 796D–797A.

Landwirtschaft gedeihen konnte. Deshalb trat er auch für Schutzzölle ein. Nach der Reichstagswahl von 1907 zum 12. Reichstag war er einer der stärksten Verfechter des sog. Bülowblocks. Dieser war eine quasi-Koalition aus Konservativen, National- und Linksliberalen zwischen 1907 und 1909,[349] der die Arbeit Reichskanzler Bülows unterstützte, wenngleich es zwischen den Parteien häufig zu Konflikten kam, was letztlich zu dessen Sprengung führte. Bülow hatte die Zusammenarbeit mit dem Zentrum aufgegeben, als dieses im Zusammenhang mit den Aufständen in Deutsch-Südwestafrika im Herbst 1906 zusammen mit der SPD gegen einen Nachtragshaushalt für eine Aufstockung der Mittel der Schutztruppen gestimmt hatte. Er löste daraufhin den Reichstag am 13. Dezember 1906 auf und gab für den Wahlkampf als Wahlparole den Kampf gegen Zentrum und Sozialdemokratie aus.[350] Die Nähe Heyl zu Herrnsheims zu Bülow und dessen Politik zeigte sich aber bereits in dieser Rede, als er der neuen Regierung, deren starker Mann bereits Bülow war, zugestand, dass sie in dieser Frage zu reagieren gedachte. Allerdings glaubte er auch, dass „Nadelstiche" nicht genügen würden. Der Reichstag beantwortete dies mit einem „Sehr richtig!". Heyl von Herrnsheim, ein großer Kenner handelspolitischer Fragen, erklärte detailliert den Zustand der deutsch-amerikanischen Handelsbeziehungen, wobei er sich vor allem als Vertreter der Interessen der Landwirtschaft, der Arbeiterschaft und der Kleinindustrie darstellte.[351] In einer Art verfassungsrechtlich begründeten sprachlichen Konvention wollte Heyl zu Herrnsheim so wie seine Vorredner der Regierung keine Ratschläge erteilen, da es „außerordentlich schwer [ist], zu sage, was in diesem Augenblicke zu geschehen hat." Allerdings lagen nach seiner Auffassung die Dinge so, dass ein Abschluss eines Handelsvertrags auf der Basis des Dingley-Tarifs mit Amerika kaum möglich wäre. Stattdessen plädierte er für ein freies Vertragsverhältnis mit den USA, da Deutschland so „eine viel günstigere Position gewinnen [könnte], als wir sie jetzt in dem durchaus unklaren Zustand besitzen. (Sehr richtig! rechts.)."

Und obwohl er behauptete, dass Amerika bereits „seit 5 Jahren" einen Zollkrieg gegen Deutschland führte, „ein Zollkrieg von unserer Seite veranlaßt werden müsste. (Sehr richtig! rechts.)" Stattdessen schlug er eine „autonome Meistbegünstigung Amerika gegenüber" vor. Dies würde es erlauben, „Herren in unserem Land mit Bezug auf die innere Gesetzgebung [zu sein] (Sehr richtig! rechts);"

---

349 NIPPERDEY, Machtstaat vor der Demokratie, S. 729–741.

350 MIELKE, Der Hansa-Bund, S. 26, Anm. 164.

351 Stg. Berichte, 10. Leg.-Periode, 1898/1900, 1, 30. Sitzung, Sonnabend, den 11. Februar 1899, S. 798C: „An der Zunahme des Gesammtexportes von 1897 bis 1898 sind nur ganz bestimmte Industriezweige betheiligt, welche doch die Gesammtheit der volkswirthschaftlichen Interessen Deutschlands in keiner Weise repräsentieren. Beispielsweise ist bei der Vermehrung unseres Exports die chemische Industrie betheiligt mit 32 Prozent, Eisen und Maschinen mit 43 Prozent, Steinkohlen mit 16 Prozent, während alle anderen Fabrikate nur mit 9 Prozent in Betracht kommen."

Zum Schluss kam Heyl zu Herrnsheim auf den Petroleum- und Getreideimport aus Amerika zu sprechen, eine Frage, die im Kapitel Wirtschaft, Interpellation Bassermann genauer beleuchtet werden soll. Wenn es keinen Handelsvertrag mit Amerika gäbe, könnte man zwischen Petroleum und Raffinerieprodukten zollmäßig differenzieren, was mehrere Vorteile für die deutsche Wirtschaft brächte. Als Argument für eine derartige Handelspolitik führe er an, dass „der gesunde Egoismus, welchen die Amerikaner uns gegenüber zum Ausdruck bringen, [] bei uns doch auch vollständig berechtigt [ist]." Diese Aussage wurde vom gesamten Reichstag mit „Sehr gut!" beantwortet. Es lässt sich hier erkennen, wie über die Konstruktion außenpolitischen Wissens, über die Konstruktion eines Nationalcharakters einer anderen Nation innerhalb einer sozial differenzierten Gruppe Einheit und Einigkeit gestiftet werden können. Auf diese Stereotypenkonstruktion und deren nach innen integrierend wirkende Funktion wird auch an anderen Stellen in der Arbeit hingewiesen. Den Versuch der Herstellung einer nationalen Einheit verstärkte Heyl zu Herrnsheim dann noch, als er versuchte, die Sozialdemokraten zu gewinnen, indem er betonte, dass es zwar richtig ist, die Frage des Handelsvertrags vorsichtig zu behandeln. Nicht zuletzt im Interesse der Arbeiter müsse man jedoch zu einem Ergebnis gelangen: „Daß diese Vertretung der Arbeiterinteressen in handelspolitischen Fragen, [...] richtig ist, hat auch der sozialdemokratische Abgeordnete Schippel auf dem Stuttgarter Parteitage anerkannt."

Heyl zu Herrnsheim wollte zudem neben den Interessen der Arbeiter auch die Interessen der Landwirtschaft vertreten, denn durch die Exportunterbilanz mit den USA würden sowohl die Industrie als auch die Landwirtschaft in Deutschland geschädigt. Deshalb musste die Regierung Fürsorge treffen für beide Sektoren.[352]

Der Abgeordnete Eugen Richter[353] von der Freisinnigen Volkspartei unterstützte die Politik der Reichsleitung und hatte Vertrauen zu ihr, obwohl er seine Partei als „Oppositionspartei" definierte, die „die Auswärtige Politik der Regierung mit Aufmerksamkeit [verfolgt]. Aber wir haben nichts wahrzunehmen vermocht irgendwo, was solche Angriffe in der fremden Presse auf die deutsche Regierung in Bezug auf Amerika hätte rechtfertigen können."[354] Im Eintrag der NDB zu Eugen Richter wird dessen Politik interessanterweise sehr kritisiert und unter den Rückgriff auf seinen liberalen Kontrahenten Friedrich Naumann als kompromisslos beschrieben.[355] Dies fügt sich gut in das einer teleologischen Sonderwegs-Debatte

---

352 Stg. Berichte, 10. Leg.-Periode, 1898/1900, 1, 30. Sitzung, Sonnabend, den 11. Februar 1899, S. 799C.

353 THIER, „Richter, Eugen".

354 Stg. Berichte, 10. Leg.-Periode, 1898/1900, 1, 30. Sitzung, Sonnabend, den 11. Februar 1899, S. 799D–800A.

355 „Hier [Steuerreformkonzeption von Johannes von Miquel] wie auch sonst beschränkte er sich in der Kompromißlosigkeit seiner Ablehnung auf die Rolle des „Reichskritikus" (F. Naumann) und trug dadurch dazu bei, daß der Linksliberalismus

zuträgliche und gängige Narrativ der kompromissunfähigen, unflexiblen Reichstagsabgeordneten, die einem starren ideologischen Korsett verhaftet waren, ein. Gerade in diesem Auszug aber ist eine derartige Sichtweise nicht haltbar, denn Richter unterstützte ausdrücklich die Politik der Regierung und drückte ein Nationalgefühl aus, das den inneren Zusammenhalt der Nation stärken sollte. Zudem bezeugt der Begriff „Oppositionspartei" im Umkehrschluss, dass es die Regierung unterstützende Parteien gab und man sich somit auf dem Weg der informellen Parlamentarisierung befand. Richter ging nach seinen einleitenden Worten zu den Handelsbeziehungen über und lobt auch hier die Haltung Bülows, der davon ausging, dass der 1828 von Preußen mit Amerika geschlossene „Meistbegünstigungsvertrag" auch für das Kaiserreich galt, denn dies garantierte stabile Beziehungen zu den Vereinigten Staaten. Für diese Aussage erhielt er Zustimmung von links.[356] Im weiteren Verlauf seiner Rede verließ Richter dann die Beziehungen zu Amerika *sensu stricto*, um mit den Argumenten seiner Vorredner, allen voran denen von Heyl zu Herrnsheim und Kanitz, abzurechnen. Er warf beiden vor, unredlich argumentiert zu haben und, vor allem Kanitz, die Interessen ihrer eignen Klientel zu vertreten.[357] Richter wurde dann ironisch: „Ich weiß überhaupt nicht, weshalb der erste Theil der Ausführungen des Herrn Grafen Kanitz hier nothwendig war. [...] er bezog sich gar nicht auf die Interpellation, es ist auch keine Antwort darauf ertheilt worden. Man hat mir gesagt, es solle die Ouvertüre sein zu der agrarischen Woche, [...] werden. (Heiterkeit.)"[358]

Die Reaktion des Plenums und der ironische Ton bestätigen einerseits wieder die häufig gelöste Atmosphäre, andererseits aber auch das langsame Verschwimmen der Klassengegensätze innerhalb der Gruppe der Reichstagsabgeordneten, was wiederum auf die oben angesprochene Theorie des Kyriarchats verweist. Der bürgerliche Abgeordnete Richter scheute sich nicht, die honorigen Absichten des Angehörigen der alten Elite (Grafen Kanitz) anzuzweifeln und sich gar über ihn lustig zu machen. Der Prozess der Verschiebung der Hierarchien, aber auch der Schaffung einer gemeinsamen Identität, eines Korps, der Abgeordneten, welche die alten oder hergekommenen Identitäten schwächte, lässt sich an diesem Redeauszug sehr gut beobachten. Richter versuchte dann zum einen die Argumentation von Kanitz für die positiven Aspekte einer Schutzzollpolitik zu entkräften, indem er ihm die Redlichkeit seiner Argumentation absprach: Kanitz habe nicht die Interessen der Industrie im Auge, sondern die Interessen der Landwirtschaft. Da erhöhter Schutzzoll auf landwirtschaftliche Produkte jedoch höhere Preise

---

im politischen Gefüge des Kaiserreiches zunehmend in die Isolation geriet." Zitiert nach: THIER, „Richter, Eugen".

356 Stg. Berichte, 10. Leg.-Periode, 1898/1900, 1, 30. Sitzung, Sonnabend, den 11. Februar 1899, S. 800A.
357 Ibid., S. 801C.
358 Ibid.

für den Konsumenten, also den Arbeiter, bedeuten würde, gab Kanitz vor, mit hohen Zöllen zuvörderst die Industrie schützen zu wollen. Richter setzte dabei die amerikanischen Trusts gleich mit „Ihrem [der Landwirtschaft] großen Spiritusring, der eben jetzt im Werke ist, und Sie möchten es auch mit dem Zucker so machen."[359] Passend dazu verdächtigte Richter Kanitz einige Zeilen weiter, ein Aufleben einer Koalition der sog. Kartellparteien (Deutschkonservative, Freikonservative und Nationalliberale) im Sinne zu haben, wie sie zwischen 1887 und 1890 bestand,[360] wenn er in seiner Rede auf den Begriff der „Sammelpolitik"[361] zu sprechen kommt. Dieser Begriff war 1897 vom preußischen Finanzminister Johannes Miquel eingeführt worden und bezeichnete den Gedanken, gegen die aufstrebende Sozialdemokratie über die Flotten- und Kolonialpolitik eine Zusammenarbeit der liberalen und konservativen Kräfte zu erwirken.[362] Richter definierte dieses Wort

---

359 Ibid., S. 801D.

360 Andreas BIEFANG, Die andere Seite der Macht: Reichstag und Öffentlichkeit im „System Bismarck" 1871–1890, Bd. 156, Droste, 2009, S. 61.

361 „Sammelpolitik" war ein Konzept im Kaiserreich, um die Sozialdemokratie von der Macht abzuhalten. Der Gedanke war, dass sich die konservativen und bürgerlichen Parteien gegen die Sozialdemokratie sammeln sollte. Allerdings stammte dieser Gedanke aus den Anfängen des Kaiserreichs und entbehrte 1899 jedweder Grundlage und Realität. Siehe dazu: Die Neue Zeit: Revue des geistigen und öffentlichen Lebens, (Hg. von Karl Kautsky), Siebzehnter Jahrgang, Zweiter Band, Nr. 47, Stuttgart 1899, Moralischer Irrsinn, Berlin, 9. August 1899, S. 642–643: In der Neuen Zeit vom 9. August 1899 kann man unter dem Titel „Moralischer Irrsinn" folgendes lesen: „Die Wagener und Genossen wußten ihrer Zeit ganz gut, daß die revolutionäre Arbeiterbewegung ihre historischen Wurzeln habe und also eine ernsthafte Sache sei, die von ernsthaften Politikern nicht als Fata Morgana betrachtet werden dürfe, [...] daß die verschiedenen bürgerlichen Parteien in den verschiedenen Ländern mit der Sozialdemokratie zu paktieren sich bemühen, hat mit Moral überhaupt gar nichts zu tun."

362 Johannes WILLMS, Nationalismus ohne Nation: Deutsche Geschichte von 1789 bis 1914, Fischer Taschenbuch, Frankfurt 1985, S. 250: Auch der vom preußischen Finanzminister Johannes Miquel 1897 propagierte Gedanke einer „Sammlungspolitik", die wie Arthur Strecker, dem Leiter des schwerindustriellen Organs „Deutsche Volkswirtschaftliche Correspondenz" vorschwebte, „ein Kartell der gesamten bürgerlichen Gesellschaft" gegen Sozialdemokratie darstellen sollte, blieb Illusion. Weder der bülowsche Zolltarif von 1902 und die darauf aufbauenden Handelsverträge noch die Flottenrüstung des Reichs, die häufig als die systematischen Komponenten jener vermeintlich erfolgreich praktizierten „Sammlungspolitik" interpretiert werden, vermochten einzulösen, was Eckart Kehr als die grundlegende Absicht dieser Politik bezeichnet hat: „die Stabilisierung und Neubalancierung der durch Bismarcks Reichsgründung legalisierten, aber unterdessen ins Wanken geratenen sozialen Lage."

dabei als ein Synonym für Kompromiss, mithin für Koalition. Zugleich zeigte er, dass die Regierung *de facto* von Parteienbündnissen abhängig war bzw. Koalitionen im Parlament geschmiedet wurden, die, da es auch eine Opposition dazu gab, gewechselt werden konnten.[363] Richter glaubte, dass die Handelsbeziehungen mit Amerika nicht so negativ waren, wie sie vor allem von Kanitz beschrieben worden waren, und er nutzte seine Rede zuvörderst, um diesem zu unterstellen, trotz all seiner Bekundungen, die Interessen der Gesamtwirtschaft im Auge zu haben, lediglich für die Interessen der Landwirtschaft zu sprechen. Am Ende seiner Rede kam Richter noch einmal auf die politischen Beziehungen zu Amerika zurück. Er äußerte den Wunsch, dass „die Ausführungen, die der Herr Staatssekretär heute über die politischen Beziehungen zu Amerika gemacht hat, in Amerika auch die Stimmung verbessern, um die handelspolitischen Beziehungen zu Deutschland auf einen besseren Fuß zu bringen." Allerdings wünschte Richter, dass die Regierung Zolltarife verabschiedet, auf die sich die Industrie einrichten konnte.[364] Richter stellte so eine solidarische Verbindung zwischen den Interessen der Industrie und denjenigen der Arbeiter her, was wohl nicht zuletzt mit Blick auf mögliche „Regierungskoalitionen" geschah. Er schloss mit den staatstragenden Worten: „Ich hoffe, daß die heutigen Verhandlungen, so sehr auch verschiedene Ansichten in wirthschaftlichen Beziehungen dabei zu Tage getreten sind, die handelspolitischen Beziehungen zu Amerika derart festigen und konsolidieren, wie es den natürlichen Beziehungen der beiden Völker zu einander entspricht. (Bravo! links.)"[365]

Damit hob Richter die Bedeutung des Reichstags in außenpolitischen Fragen hervor und er bekundete gleichzeitig seine außenpolitische Kompetenz und seinen Willen zum Tragen und Übernehmen von Verantwortung. Dieser Eindruck wird noch verstärkt durch seine einige Zeilen vorher geäußerte Kritik an den Entscheidungsabläufen im deutschen konstitutionellen System. Er hatte bedauert, dass Deutschland auf Veränderungen nicht so schnell reagieren konnte wie die USA, da hierzulande Entscheidungen des Parlaments, welche durch die Beeinflussung und die Meinung des Volkes zustande kommen, durch ein Veto der Regierung gestoppt werden könnten, was adäquate, flexible und schnelle Reaktionen auf vor sich gehende Entwicklungen behindert.[366] Richter benutzte die Frage der

---

363 Stg. Berichte, 10. Leg.-Periode, 1898/1900, 1, 30. Sitzung, Sonnabend, den 11. Februar 1899, S. 801D.

364 Ibid., S. 802B.

365 Ibid., S. 802B/C.

366 Ibid., S. 802A: „Bei den Amerikanern gehen solche Wechsel [Änderung der Zolltarife] ja rascher vor als bei uns: wenn die Volksstimmung einmal einen Irrthum in der Gesetzgebung erkannt hat, so ist die Mehrheit sofort im Stande, den Irrthum wieder gut zu machen; es kann sich dort nicht ein Veto der Regierung entgegenstellen, wenn die Mehrheit erkannt hat, daß sich die Gesetzgebung auf falschem Wege befunden hat."

internationalen handelspolitischen Beziehungen zu Amerika demnach in der Hauptsache für innenpolitische Zwecke: Zum einen stellte er vor allem die Position von Kanitz bloß. Insofern wurden hier die außenpolitischen Beziehungen benutzt, um sich innenpolitisch zu profilieren, den politischen Gegner zu schwächen und den inneren Zusammenhalt mit gleichgesinnten Parteien zu stärken. Richter zeigte sich in seiner Rede als liberaler Vertreter der Arbeiterinteressen, was ihm auch von der linken Seite des Hauses honoriert wurde. Die Tatsache, dass Richter sich im Großen und Ganzen mit der Regierung auf einer Linie sah, obwohl er seine Partei selbst als Opposition bezeichnete, bezeugt die parlamentarischen Tendenzen, die Regierung von einer bestimmten Parteienkonstellation abhängig zu machen. Allerdings kritisierte Richter auch das konstitutionelle System des Deutschen Reichs. Insgesamt kann man die Rede Richters als den Versuch ansehen, dem Reichstag über die Beziehungen zu den Vereinigten Staaten zu größerem institutionellen Gewicht zu verhelfen, dessen Kompetenzen auszuweiten und in gewisser Weise der Regierung das Vertrauen auszusprechen: Sich also einmal gleichsam wie in einer echten parlamentarischen Verfassung dieser überzuordnen – ein Eindruck, der durch den expliziten Gebrauch des Begriffs der „Oppositionspartei" noch verstärkt wurde – und zweitens die Linksliberalen der Regierung als mögliche Partner der Regierung als Option gegenüber den Konservativen im Parlament zu präsentieren.

Staatssekretär Posadowsky-Wehner antwortete auf Richter. Während er ausführlich und zahlengesättigt die Entwicklung der amerikanischen Ein- und Ausfuhren sowie die Handelsbilanz Amerikas mit Deutschland und auch anderen europäischen Ländern aufzeigte, bestand sein Hauptargument darin, dass man die Handelsbilanzverschiebung zugunsten Amerikas nicht alleine auf dessen Schutzzollpolitik schieben konnte. Er betonte sowohl zu Beginn[367] seiner Rede als auch am Schluss, dass dies der Tatsache geschuldet war, dass Deutschland sich vom Agrar- zum Industriestaat wandelte. Dennoch ging das Besterben der Regierung dahin, „eine paritätische Handhabung des für uns zu Recht bestehenden Vertrages von 1828 zu erlangen. (Lebhafter Beifall.)"[368]

---

367 Stg. Berichte, 10. Leg.-Periode, 1898/1900, 1, 30. Sitzung, Sonnabend, den 11. Februar 1899, S. 802C: „Es ist selbstverständlich, daß ein Staat wie Amerika, der sich so kolossal entwickelt hat, auch auf industriellem Gebiet eine steigende Expansivkraft ausübt. Wenn man also diese Zahlen kritisch betrachtet, darf man nicht die ganze Entwicklung allein auf die Zollgesetzgebung Amerikas schieben (Sehr richtig!) und auf die Auslegung der Verträge, sondern einen Theil dieser Entwicklung muß man, wenn man vollkommen gerecht sein will, auch auf die natürliche Erschließung der Produktionskraft eines so großen Staates schieben (Sehr richtig!)."

368 Stg. Berichte, 10. Leg.-Periode, 1898/1900, 1, 30. Sitzung, Sonnabend, den 11. Februar 1899, S. 804B.

Posadowsky-Wehner war sehr ernsthaft auf die Rede Richters eingegangen und seine detaillierte Auflistung der Handelsbeziehungsentwicklungen sowie die Betonung einer objektiven Betrachtung der Handelsbeziehungen hatte zum Ziel, die höhere Kompetenz der Exekutive und des Beamtenapparats zu bezeugen. Außerdem zeigte Posadowsky-Wehner so, dass er Richter, der ein ausgewiesener Kenner von Handelsfragen war, und das Parlament in seiner Gesamtheit ernst nahm. Die Kompetenz eines einzelnen Abgeordneten ist konstituierender Bestandteil der Gesamtkompetenz eines Parlaments. Der Reichstag gewann mithin auch durch die Addition der Kompetenzen der einzelnen Abgeordneten an Einfluss und Gewicht. Die Reichsleitung sah sich vom Parlament herausgefordert und musste ihrerseits an Kompetenzen und Professionalität zunehmen. Die Reaktion der Abgeordneten am Ende seiner Rede zeigt, dass Posadowsky-Wehner sie von seinen Argumenten überzeugen konnte und sie der Reichsleitung in der weiteren Behandlung der Frage das Vertrauen aussprachen. Obschon die Regierung dieses Vertrauen *de jure* nicht brauchte, war es *de facto* jedoch für die Exekutive entscheidend, über die Abgeordneten die sie wählende Klientel in ihren Entscheidungen mitzunehmen. Zudem konnten die Beziehungen zum Ausland, hier zu den USA, über das Parlament als Katalysator Klassengrenzen und teilstaatliche Grenzen abgebaut und nationale Einheit gestiftet werden, welche man im Deutschen Reich ja erst konstruieren musste.

Nach dem Staatssekretär des Inneren ergriff Dr. Gustav Roesicke,[369] fraktionslos, der Deutschkonservativen Partei nahe stehend und als 2. Vorsitzender neben Dr. Diederich Hahn einer der Führungspersönlichkeiten des Bundes der Landwirte noch einmal das Wort. Er verteidigte zunächst seinen Fraktionskollegen Kanitz, lediglich die Interessen der Landwirtschaft vertreten zu wollen und griff Richter scharf an, dem er die Kompetenz absprach, für die nationalen industriellen Interessen sprechen zu können.[370] Roesicke kritisierte dann auf ironische Weise den Ton der bisherigen Redebeiträge: „Nun, meine Herren, sind wir nicht alle Staatsmänner; und wenn auch die Debatte im Anfang einen sehr hohen Schwung genommen hat, so, glaube ich, sind wir doch genöthigt, dem gegenüber schlicht das auszusprechen, was im allgemeinen im Volke über die Situation gedacht wird." Roesicke beschrieb den Ton der Debatte ironisierend als staatstragend und setzt diesem hohen Register das einfache, volksnahe Register eines Abgeordneten entgegen. Dies war ein populistischer Ansatz, zumal er am Schluss seiner Rede der Regierung das „Vertrauen" aussprach und ihr gleichzeitig riet mit Nachdruck und Energie die Interessen des „ganzen produktiven Volkes" zu vertreten. So konnte er sich selbst

---

369 Thomas SCHLEMMER, Roesicke, Gustav, in: Neue Deutsche Biographie 21 (2003), S. 740–741 [Online-Version]; URL: https://www.deutsche-biographie.de/pnd129409 162.html#ndbcontent.

370 Stg. Berichte, 10. Leg.-Periode, 1898/1900, 1, 30. Sitzung, Sonnabend, den 11. Februar 1899, S. 804B/C.

als integrierender Staatsmann charakterisieren, der das Wohl des ganzen Volkes im Blick hatte.[371] Roesicke betonte zu Beginn weiter die Bedeutung dessen, was das Volk in handels- und außenpolitischen Dingen dachte und wiederholte Bülows Aussage, dass heute auch die Meinung der Völker über die gegenseitigen Angelegenheiten wichtig wären.[372] Er gab so vor, das eigentliche Denken des Volkes zu repräsentieren und stellte sich dadurch zum einen auf eine Stufe mit diesem, zum anderen aber auch gleichzeitig über das Volk. Dieser populistische Ansatz nahm den Gedanken des von den Nationalsozialisten so missbrauchten Begriffs des „gesunden Volksempfindens" vorweg. Unter dem Vorwand, die Meinung des Volkes zu kennen und dieses in seiner Gesamtheit zu repräsentieren, gab sich Roesicke so selbst die Autorität, die Politik der Regierung zu kritisieren bzw. der Regierung Ratschläge zu erteilen. Der Abgeordnete, der *eo ipso* die Gedanken eines von ihm konstruierten Volkes kennt,[373] stärkte so seine Stellung gegenüber der Exekutive. Gleichzeitig wird in Roesickes Argumentation deutlich, wie sehr gerade eine Partei wie die Deutschkonservative um eine Ausweitung ihrer potentiellen Wählerklientel kämpfen musste, wollte sie weiterhin eine wichtige Stellung im Reichstag einnehmen, zumal die Nationalliberalen – ihre wichtigsten möglichen Verbündeten – bis 1898 mit jeder Reichstagswahl schwächer wurden.[374] D Darauf lässt sich auch Roesickes Betonung, die Interessen der Arbeiterschaft zu vertreten, zurückführen.

---

371 Ibid., S. 806B.

372 Ibid., S. 804C.

373 David BLACKBOURN, Das Kaiserreich transnational. Eine Skizze, in: Das Kaiserreich transnational. Deutschland in der Welt 1871–1914, hg. von Sebastian CONRAD und Jürgen OSTERHAMMEL, Vandenhoeck & Ruprecht, Göttingen 2004, S. 304: „Die Historiker sind sich nicht einig, inwieweit die Spaltungen und Dissonanzen im Bismarckschen und besonders im Wilhelminischen Kaiserreich überwunden wurden, oder auch zum Beispiel inwieweit Reichstag und Reichsgerichtsbarkeit echte nationale Legitimität genossen. Noch weniger sind sie sich darüber einig, wie man die fortdauernde Koexistenz von deutschen und anderen Identitäten während des ganzen Kaiserreichs bewerten soll; deshalb dauert die Debatte über Regionalismus, Milieus, das katholische Ghetto und die doppelte Identität der Sozialdemokraten an."

374 Der Stimmenanteil der beiden konservativen Parteien war von ca. 20 Prozent vor 1898 auf nur mehr 15,5 Prozent bei den Wahlen zum 10. Reichstag 1898 gefallen. Die Nationalliberalen hatte gar bei den Wahlen zum 10. Reichstag mit 12,5 Prozent ihr schlechtestes Ergebnis in der Zeit des Kaiserreichs eingefahren. Quelle: Gerd HOHORST u.a., Sozialgeschichtliches Arbeitsbuch. Bd. 2. 1870–1914. München: Beck. 2. durchgesehene Auflage 1978. S. 173–176, in: Historische Ausstellung des Deutschen Bundestages, Mai 2006; https://de.wikipedia.org/wiki/Reichstagswahlen_in_ Deutschland.

Auf Roesicke folgte der Abgeordnete Walther Münch-Ferber von der Nationalliberalen Partei.[375] Münch-Ferber verbarg nicht, dass er für die Interessen der Textilindustrie sprach und gab einen genauen Bericht darüber, wie der amerikanische
Zoll die Einfuhr deutscher Textilwaren nach Amerika erschwerte. Seit der Wahl
McKinleys zum amerikanischen Präsidenten, der, wie man im weiteren Verlauf der
Arbeit genauer sehen wird, ganz offen eine Schutzzollpolitik betrieb, hatten sich
unter dem Druck der „Protective Union"[376] die Bedingungen zusehends erschwert
und zu einer Verringerung der deutschen Textilausfuhr nach Amerika geführt.
Münch-Ferber beschrieb sehr anschaulich die Vorgehensweise der amerikanischen
Konsuln in Deutschland.[377] Diese Worte bezeugten die sehr starke Industrialisierung immer weiterer Teile Deutschlands und die zunehmende Angst der Amerikaner vor den deutschen Waren und ihrer besonderen Qualität im Gegensatz zu den
französischen oder schweizerischen, da diese Waren „minderwerthig ausgerüstet
gewesen seien."[378] Münch-Ferber verdächtigte die amerikanischen Konsuln auch
der Industriespionage. Neben einer lückenlosen Protokollierung der verwende-
ten Rohstoffe, der Produktionskosten sowie Angaben zu den Geschäftsgewinnen,
mussten drei Warenproben beigegeben werden.[379] Die Gefahr dieser amerikanischen Vorgehensweise war die Verlagerung der Produktion nach Amerika. Um die
Regierung von der Dringlichkeit der Lage zu überzeugen, malte Münch-Ferber das
Gespenst der Verlagerung der Produktion nach Amerika an die Wand und stellte
die rhetorische Frage „Wo bleibt dann der Verdienst für unsere industriellen Arbeiter?"[380] Die allgemeine Zustimmung des Plenums zeigt, wie sich die Abgeordneten
der Bedeutung der sozialen Frage und des Druckes bewusst waren, der von der
Arbeiterschaft und ihren Interessen auf die Regierung ausging. Dieser hatte sich
gerade bei den Wahlen zum 10. Reichstag in einem starken Stimmenzuwachs der
SPD niedergeschlagen.[381] Der nationalliberale Abgeordnete suchte diese Lage für

---

375 REIBEL, Handbuch, S. 1044–104: Walther Münch-Ferber (13. Dezember 1850–2.
      Januar 1931) war ein Textilunternehmer aus Hof und saß von 1893 bis 1904 für die
      Nationalliberale Partei im Reichstag.
376 Es ist nicht ganz klar hier wen der Abgeordnete damit meint. Vielleicht sprach er
      von der 1890 gegründeten *American protective Association*, die sich gegen den Ein-
      fluss des Katholizismus und die Einwanderung aus Südosteuropa richtete. Wahr-
      scheinlicher aber sprach er über die Gewerkschaften.
377 Stg. Berichte, 10. Leg.-Periode, 1898/1900, 1, 30. Sitzung, Sonnabend, den 11. Februar
      1899, S. 806C/D.
378 Ibid., S. 807C.
379 Ibid., S. 807D.
380 Ibid., S. 807D–808A.
381 Mit 12,5 Prozent hatten die Nationalliberalen ihr geringstes Ergebnis bis dato ein-
      gefahren, während sich die SPD seit den Wahlen zum 9. Reichstag (15. Juni 1893) von
      23,4 Prozent auf 27,2 Prozent gesteigert hatte. Quelle: Gerd HOHORST u.a., Sozial-
      geschichtliches Arbeitsbuch. Bd. 2. 1870–1914. München: Beck. 2. durchgesehene

seine Interessen und die seiner Klientel zunutze zu machen. Gleichzeitig warb er um die Stimmen der Arbeiterschaft, da die Nationalliberalen stetig an Stimmen und damit Sitzen im Reichstag eingebüßt hatten. Münch-Ferber schloss demnach seine Rede mit der Betonung, wie wichtig ein Vorgehen der Regierung gegen die protektionistischen Maßnahmen Amerikas gerade für die Arbeiterschaft wäre: „Sollte es der Regierung gelingen, diese oder ähnliche Erleichterungen zu erreichen, würde sie sich ein großes Verdienst erwerben im Interesse der Textilindustrie, im Interesse des Exports und im Interesse der in der Industrie beschäftigten hunderttausende von Arbeitern. (Bravo! rechts und bei den Nationalliberalen)."[382]

Die begeisterte Reaktion aus dem konservativen-nationalliberalen Lager wirkt mithin wie ein Ausdruck der Erleichterung, dass endlich jemand nicht nur die Problematik für die deutsche Exportwirtschaft klar und deutlich aufgezeigt hatte, sondern auch wie eine Bekräftigung des Werbens um die Arbeiterschaft.

Der Abgeordnete und Nationalökonom Max Broemel[383] von der linksliberalen Freisinnigen Vereinigung ergriff als letzter Redner zur Interpellation Kanitz das Wort. Seine Rede war sehr ironisch und zum Teil scharf und kritisch. Er kritisierte zunächst die Sozialdemokraten, denen er vorwarf, sich zum Thema auszuschweigen. Dann bezeichnete er die detailgesättigten Reden seiner Vorredner, vor allem Münch-Ferbers, als nicht sehr nützlich: „Ich kann nicht anerkennen, daß es richtig war, in die Debatte die Fülle von Einzelheiten zu bringen [...] ich meine, daß solche einzelnen Beschwerden am richtigsten und zweckmäßigsten der Regierung übergeben werden, welche sie bei den schwebenden Verhandlungen zum Vorteil zu verwerthen hat."[384]

Broemel sprach dem Reichstag auch die Kompetenz ab, diese Fragen wirklich behandeln zu können, denn „dazu gehört eine sachliche Prüfung des Materials, welche in diesem Hause ja nicht möglich ist."[385]

Broemel wollte damit zum Ausdruck bringen, dass im Parlament nicht Detailfragen zu behandeln waren, sondern die großen Fragen und Linien der Politik.

Auflage 1978. S. 173–176, in: Historische Ausstellung des Deutschen Bundestages, Mai 2006.

382 Stg. Berichte, 10. Leg.-Periode, 1898/1900, 1, 30. Sitzung, Sonnabend, den 11. Februar 1899, S. 809A.

383 BIORAB-Kaiserreich: Max Broemel (7. Juni 1846–17. April 1925) gehörte zu den Mitgliedern der Deutschen Freisinnigen Partei, die im Mai 1893 entgegen dem Willen des Parteivorsitzenden Eugen Richter für eine Heeresvorlage des Reichskanzlers Leo von Caprivi gestimmt hatten. Daraufhin war es zur Spaltung der Partei in den eher rechten Flügel der Freisinnigen Vereinigung, u.a. Max Broemel, und dem eher linken Flügel, weiter unter Eugen Richter, der Freisinnigen Volkspartei gekommen.

384 Stg. Berichte, 10. Leg.-Periode, 1898/1900, 1, 30. Sitzung, Sonnabend, den 11. Februar 1899, S. 809B.

385 Ibid., S. 809B.

Das Parlament verlor durch die Konzentration auf Detailfragen die nötige Höhe und den nötigen Abstand, um als höchste Institution des Volkes seine Würde und Autorität zu behalten. Am schärfsten ging er jedoch mit den Nationalliberalen und Konservativen ins Gericht, die das amerikanische System zugleich angriffen und verteidigten. Die Reaktion des Parlaments bezeugt die angespannte Atmosphäre während der Rede Broemels. Das Protokoll vermerkt mehrmals Lachen[386] rechts und bei den Nationalliberalen, das eine negative Reaktion des Parlaments darstellte. Broemel beleuchtete zudem kritisch die Zollpraxis des Deutschen Reiches und widerlegte den Gedanken, im Deutschen Reich gäbe es keine Trusts.[387] Die Anspannung nahm zu, als Broemel auf einen „Zuruf rechts" antwortete: „Gewiß, Sie scheinen anzunehmen, „national" sei nur: recht parteiisch zu sein, dagegen verwahre ich mich an dieser Stelle durchaus. (Beifall links.)."

Das Parlament war demnach der Ort, an dem ausgehandelt wurde, was national war und was nicht, wer zur Nation gehörte und wer nicht. Insofern war dieses knappe Wortgefecht symptomatisch für die informelle Parlamentarisierung und Demokratisierung des Wilhelminischen Reichs: Die alten Eliten, die sich als die eigentlichen Repräsentanten der Nation verstanden, wurden offen und ungestraft herausgefordert. Die Bedeutung des Parlaments als Ort der „zivilisierten" Konfrontation, der Aushandlung gesellschaftlicher Fragen und Normen stieg. Mit Broemels harscher und beinahe sarkastischer Kritik an der Zollpraxis des Deutschen Reiches[388] kam es schließlich zu einem kurzen, im Reichstag aber eher seltenen Wortgefecht zwischen ihm und dem Reichstagsvizepräsidenten. Ein Zwischenfall der zeigt, wie parlamentarische Gepflogenheiten, Umgangsformen und Debattenkultur ausgearbeitet und ausgehandelt wurden. Broemel war nach seiner Kritik der deutschen Zollpraxis vom Abgeordneten Wilhelm von Kardorff während seiner Rede unterbrochen worden, hatte diesem geantwortet und war deshalb vom Reichstagsvizepräsidenten Arnold Woldemar von Frege-Weltzien[389] aufgefordert worden, Zwiegespräche mit einem einzelnen Abgeordneten zu unterlassen. Broemel gab dieser Aufforderung nicht sogleich nach, sondern forderte seinerseits

---

386 Der Vermerk „Lachen" bedeutet im Gegensatz zu „Heiterkeit" eine aggressive, boshafte Atmosphäre. Siehe dazu: BURKHARDT, Das Parlament und seine Sprache, S. 529–532.

387 Christian BÖSE, Kartellpolitik im Kaiserreich. Das Kohlensyndikat und die Absatzorganisation im Ruhrbergbau 1893–1914, De Gruyter Oldenbourg, Berlin, Boston 2018. Laut Böse sollte das Ruhrkohlensyndikat vor allem die Expansion in umkämpfte revierferne Absatzgebiete fördern.

388 Stg. Berichte, 10. Leg.-Periode, 1898/1900, 1, 30. Sitzung, Sonnabend, den 11. Februar 1899, S. 809D.

389 BIORAB-Kaiserreich: Arnold Woldemar von Frege-Weltzien (30. Oktober 1841–22. Oktober 1916) war ein deutschkonservativer Reichstagsabgeordneter und von 1898 bis 1901 Vizepräsident des Reichstags.

den Präsidenten auf, „daß der Herr Präsident mich darin unterstützt, daß er die Bitte ausspricht, den Redner nicht zu unterbrechen. (Glocke des Präsidenten) Was ich zu tun habe [Präsident], weiß ich allein; das braucht mir der Herr Abgeordnete Broemel nicht zu sagen. (Heiterkeit rechts.) Und ich kann sagen [Broemel]: es würde mir nicht einfallen, ein Zwiegespräch zu führen, wenn ich nicht in der bisher beliebten Weise unterbrochen worden wäre."[390]

Man erkennt an einem derartigen Beispiel, wie parlamentarische Umgangsformen und Debattenkultur eingeübt und ausgehandelt wurden Die Bedeutung der Reichstagspräsidenten in diesem Prozess wurden weiter oben bereits ausführlicher gezeigt. Am Ende drückte Broemel die Hoffnung aus, die beiden Regierungen würden einen für beide Seiten günstigen Kompromiss finden, der auf dem Prinzip „billig und vernünftig" beruht, „das die angelsächsische Rasse recht eigentlich als ihre Devise erkoren hat."[391]

Broemel stimmte hier mithin der Analyse Herbert von Bismarcks hinsichtlich des amerikanischen Geschäftsgebarens zu, was bezeugt, wie innerhalb der Gruppe der Reichstagsabgeordneten über die Konstruktion von transnationalem Wissen und internationalen Kompetenzen innere Gegensätze überwunden werden konnten. Während er die Rede Posadowsky-Wehners kritisch kommentierte, zeigte er sich mit den Ausführung Bülows zufrieden, der betont hatte, er wolle keinen handelspolitischen Bruch mit den USA, sondern Frieden. Es lässt sich hier einmal mehr die perlokutive Vorgehensweise des Kommunikationsraumes und sozialen Systems Reichstag beobachten: Über die Aussprache von Zufriedenheit soll die Regierung zu einer entsprechenden Handlung angeregt werden.[392] Der Beifall von links unterstütze und verstärkte dabei diese kommunikative Vorgehensweise des Abgeordneten.[393] Broemel zeigte sich mit Bülow darin einig, die Zollproblematik zwischen den USA und Deutschland im Parlament mit Distanz und aus einer gewissen politischen Höhe zu behandeln, statt sich in Einzelheiten zu verlieren. Zudem hatten Broemel Bülows Darlegung des Verhandlungsgeistes zwischen den USA und Deutschland, welche er als „Reiche" bezeichnete, zufriedengestellt.[394] Die Bezeichnung Amerikas und Deutschlands als Reiche hob die Absicht Broemels hervor, die Diskussion auf eine höhere Ebene zu stellen. Der Reichstag repräsentierte das Volk eines Reiches, das die Größe besaß, eigene Fehler einzugestehen und dem Anderen vernünftige und friedfertige Absichten zu unterstellen. Mit der

---

390 Stg. Berichte, 10. Leg.-Periode, 1898/1900, 1, 30. Sitzung, Sonnabend, den 11. Februar 1899, S. 809D.

391 Ibid., S. 810A.

392 Jürgen HABERMAS, Theorie des kommunikativen Handelns, Bd. 1, Suhrkamp, Frankfurt a. M. 1981, S. 396.

393 Stg. Berichte, 10. Leg.-Periode, 1898/1900, 1, 30. Sitzung, Sonnabend, den 11. Februar 1899, S. 810A.

394 Ibid., S. 810A.

expliziten Bezeichnung Deutschlands als Reich, dem Willen zur Feierlichkeit und Höhe der Debatten, die sich nicht mit Detailproblemen und Partikularinteressen beschäftigten, stiegen die Bedeutung und Würde des Parlaments und seiner Abgeordneten insgesamt. Der Reichstag, dem die Aufgabe und eigenexistentielle Notwendigkeit zufiel, eine immer stärkere nationale Identität zu schaffen, benutzte den Reichsgedanken als Vehikel für diese Aufgabe.[395] Allerdings kann man mit Blick auf das Alte Reich wohl davon ausgehen, dass es bereits seit dem Mittelalter eine „deutsche Identität" und einen deutschen Nationalismus gegeben hatte, welche aber in der Zeit der Idee des Nachholenmüssens vorgeblicher verspäteter Nationalstaatsbildung tabuisiert oder zumindest nicht bewusst waren.[396] Die Betonung Deutschlands Wesen als Reich wiederum führte zu einem Bedeutungsgewinn des Reichstags im Institutionengefüge, der durch die offensichtliche Nähe und damit Gleichwertigkeit mit der Haltung des Außenministers deutlich werden sollte, dessen beinahe exklusive Kompetenzen im Bereich der Außenpolitik im Grunde jedoch dadurch beschnitten und geteilt wurden. Die gleichzeitige Kritik des Debattenbeitrags des Staatssekretärs des Innern und die Zurückweisung unkritischer Betrachtungen innerer Gegebenheiten, die eines Parlaments nicht würdig wären, bezeugen den Willen Broemels, die Signifikanz und politische Reichweite „dieses Hauses"[397] insgesamt zu steigern.[398] Das Bewusstsein um die steigende Bedeutung Deutschlands, die Idee, dass es sich um ein „Reich" handelte, dessen Aktionen unmittelbare Wirkungen nach außen hatten, wurden durch den Imperialismus und die Weltpolitik noch gesteigert. Auch in den Vereinigten Staaten hatte dieses Bewusstsein um die eigene Größe und die damit verbundene Legitimität zum imperialen Ausgreifen eine Vertiefung erfahren, zumal im Gefolge der Politik des neuen amerikanischen Präsidenten William McKinley und d des

---

395 BERGER, Building the Nation Among Visions of German Empire, S. 247–308, hier S. 249–250: „[...] the German was shaped significantly through empire. [...] Philip Ther, for example, has argued that empire is crucial to any understanding of the character of Imperial Germany. And Edward Ross-Dickinson has reminded us of a possible German pecularity in the entanglement of empire and nation before 1914: those who referred to themsevles as culturally German could be found in three different empires, namely the Hohenzollern, Habsburg and Romanov Empires and in one Republic, namely Switzerland. This kind of transnationalism produced a range of produvtive tensions and synergies between the imperial and national."

396 Ibid. S. 247.

397 Stg. Berichte, 10. Leg.-Periode, 1898/1900, 1, 30. Sitzung, Sonnabend, den 11. Februar 1899, S. 810A.

398 DIECKMANN, Handlungsspielräume des Reichstags; Hans-Peter GOLDBERG, Bismarck und seine Gegner. Die politische Rhetorik im kaiserlichen Reichstag, Droste, Düsseldorf 1998, S. 524 ff.; DOERRY, Übergangsmenschen.

Spanisch-Amerikanischen Krieges, der nun im Folgenden genauer in den Debatten des Reichstags betrachtet werden soll.

2.2. Der Spanisch-Amerikanische Krieg: Präsident McKinley, Deutschland und der amerikanische Imperialismus

2.2.1. Die Wahl des Präsidenten und die Rede des antisemitischen Abgeordneten Ahlwardt

Am 14. September 1901 war der amerikanische Präsident William McKinley an den Folgen eines gegen ihn verübten Attentats gestorben. McKinley hatte seit März 1897 als 25. Präsident regiert. Unter ihm, der der republikanischen Partei angehörte, endete in den USA das *Gilded Age* und es begann die sog. *Progressive Era* mit weitreichenden sozialen und gesellschaftlichen Reformen.[399] In diese Epoche fiel aber auch die eigentliche, über Amerika hinauszielende imperialistische und koloniale Politik der USA. Der Spanisch-Amerikanische Krieg (1898), der Philippinisch-Amerikanische Krieg (1899–1902) sowie die Grundlagen zur Auslösung der Venezuela Krise (1902/03) fielen in die Regierungszeit McKinleys. Mit dem Kurs der „Offenen Tür" strebte er zudem die Erschließung neuer Märkte für die USA in Ostasien an. Man zielte dabei vor allem auf China, welches seit den 1850er Jahren (Opiumkrieg, innere Aufstände, verkrustete kaiserliche Regierung) und schließlich dem chinesisch-japanischen Krieg (August 1894–April 1895) im Niedergang begriffen war und von den europäischen Großmächten in Interessengebiete aufgeteilt wurde.[400] Unter McKinley, der dem Progressivismus nahe stand, kam es in den USA auch zu Amerikanisierungen bisher weitgehend ethnisch geprägter Städte und Gemeinden, vor allem deutscher.[401] McKinley betrieb eine Schutzzollpolitik und stieß damit vor allem bei deutschen Konservativen auf Ablehnung, wie im Kapitel Wirtschaft der vorliegenden Arbeit gezeigt wird.

Im Mai 1897 sprach der Abgeordnete Hermann Ahlwardt[402] von der Antisemitischen Volkspartei, die sich 1893 wieder von der Deutschen Reformpartei

399 Lewis L. Gould, America in the Progressive Era 1890–1914, Routledge, London, New York 2013, hier S. IX.

400 Volker Depkat, Geschichte Nordamerikas, Böhlau Verlag, Wien 2008, Bd. 2, S. 265.

401 Raimund Lammersdorf: William McKinley (1897–1901). Der Eintritt in die Weltpolitik, in: Christof Mauch (Hg.), Die amerikanischen Präsidenten. 5., fortgeführte und aktualisierte Auflage, C. H. Beck, München 2009, S. 261– 270, hier S. 253–254.

402 Emil Dovifat, Ahlwardt, Hermann, in: Neue Deutsche Biographie 1 (1953), S. 112 [Online-Version]; URL: https://www.deutsche-biographie.de/pnd123440 041.html#ndbcontent: Ahlwardt war von 1892 bis 1902 Reichstagsabgeordneter und einer der schlimmsten Antisemiten im der Wilhelminische Epoche. Er unternahm zahlreiche Agitationsreisen in die USA und wurde mehrfach wegen seiner

abgespalten hatte, im Rahmen einer Diskussion der vom deutschkonservativen Abgeordneten Kanitz eingebrachten Interpellation zum neuen amerikanischen Zolltarif, dem sog. Dingley-Tarif (Juli 1897), über die Wahl McKinleys und die Konsequenzen für das Deutsche Reich. In seiner Rede vermischte der Abgeordnete sachliche Argumente mit antisemitischen Parolen, was aus historischer Sicht sehr interessant erscheint. Zudem lassen sich über seine Rede drei Dinge, wie unter einem Brennglas konzentriert, erkennen, die im weiteren Verlauf eingehender ausgearbeitet werden sollen: zum einen die Rolle der Außenpolitik und außenpolitischer Fragen in der Konstruktion der Kompetenzen des Reichstags gegenüber der Exekutive; zum anderen die Entwicklung von Stereotypen zum amerikanischen Nationalcharakter und zum dritten die Ausformung der Abgeordneten als eine eigenständige Gruppe mit bestimmten Konventionen und Regeln.

Ahlwardt, den der Publizist Hellmuth Gerlach 1926[403] als einen der stärksten Demagogen, den Deutschland vor Adolf Hitler hatte, bezeichnet hatte, eröffnete seine Rede mit einer Kritik an den Ausführungen eines seiner Vorredner, des freisinnigen Abgeordneten Dr. Theodor Barth[404], eines Wirtschaftsexperten mit großer Amerikaerfahrung, dem er vorwarf, dazu beigetragen zu haben, „daß Deutschland in diese traurige Situation gekommen ist Amerika gegenüber durch die Wahl Mac Kinleys.“[405]

Ahlwardt fuhr fort, dass die Abgeordneten wüssten, „daß ich durch eine Zwangsmaßregel des Gerichts in Hoboken viel länger in Amerika festgehalten wurde, als es meine Absicht war.“ Das Protokoll notierte dazu „Heiterkeit“, welche Ahlwardt zu einer antisemitischen Tirade führte: „[Ich schließe] aus diesen Lachanfällen […] auf eine Erkrankung […] Ich möchte diese Erkrankung als akute Talmuditis bezeichnen im Gegensatz zur chronischen Talmuditis, die im Volk vielfach obwaltet in Folge der Pest durch die jüdischen Blätter“.[406] Bemerkenswerterweise

---

antisemitischen Schriften verurteilt. Er war Mitgliede der von Otto Böckel gegründeten antisemitischen Deutschen Reformpartei.

403 Christoph JAHR, Hermann Ahlwardt, in: Handbuch des Antisemitismus, Bd. 2, Personen, hg. von Wolfgang BENZ, De Gruyter Saur, Berlin 2009, S. 6–7.

404 Theodor HEUSS, Barth, Theodor, in: Neue Deutsche Biographie 1 (1953), S. 606–607 [Online-Version]; URL: https://www.deutsche-biographie.de/pnd11865277X. html#ndbcontent: Theodor Barth (16. Juli 1849–3. Juni 1909) war ein bedeutender linksliberaler Politiker des Kaiserreichs (Freisinnige Vereinigung). Er war von 1881–1883, 1885–1898 und 1901–1903 Abgeordneter im Reichstag. Er hatte seine Jugend in Bremen verbracht und war 1876 Syndikus der Bremer Handelskammer geworden. Barth war ein Unterstützer der Frauenemanzipation und Herausgeber der von ihm gegründeten liberalen Zeitschrift *Die Nation*.

405 Stg. Berichte, 9. Leg.-Periode, 1895/97, 8, 213. Sitzung, Montag, den 3. Mai 1897, S. 5725C.

406 Ibid., S. 5725C.

kam es zu keinem Widerspruch aus dem Parlament und der Präsident ließ Ahlwardt hier noch gewähren. Ahlwardt bezeichnete weiter die USA als Kulturland.[407] Der Begriff der Kulturländer war in der damaligen Zeit durchaus üblich und man benutzte ihn, um einen Unterschied zu den Kolonien zu machen. Die USA gehörten trotz ihrer Vergangenheit als europäische Kolonie zu den Kulturländern, was bezeugt, dass die Wahrnehmung der USA als eine den europäischen Ländern gleichberechtigte Nation auf Grund der Unabhängigkeit sehr früh eingesetzt hatte und durch die immer größere wirtschaftliche Stärke noch verstärkt wurde. In der Hauptsache aber hat die Anerkennung der USA als Kulturland aber wohl rassische Gründe. Zwanzig Jahre später sollte diese Frage jedoch durch die verstärkte Konkurrenz mit den USA zu einem machtpolitischen Pfand werden. Ahlwardt fuhr nun mit einem kurzen geschichtlichen Abriss der Entwicklung der USA fort, in der man bereits die sich in den kommenden Jahrzehnten verstärkende nationale Konkurrenz aufscheinen sieht. Die USA hätten sich von einem „Eldorado des kleinen Mannes" zu einem Land mit großer Vermögenskonzentration gewandelt, was zu einer Verarmung der Massen führt. In Deutschland hingegen stelle sich die Situation Ahlwardts Meinung nach völlig gegenteilig dar.[408]

Die USA befanden sich zwischen 1893 und 1897 in einer Wirtschaftskrise, die aber im Grunde zu einem natürlichen Aufwärtszyklus gehörte.[409] In den USA herrschte jedoch bei den „kleinen Leuten" die Meinung, „die überlegene Konkurrenz Europas sei an dem wirthschaftlichen Niedergang schuld."[410]

Ahlwardt spielte hier wohl auf die sich zu Beginn der 1890er Jahre ausbreitende populistische Bewegung und die Gründung der *People's Party* im Jahre 1892 an.[411] Neben der Einführung des Silberstandards erhob sie auch sozialpolitische Forderungen, wie etwa die Verkürzung der Arbeitszeit der Industriearbeiter oder die Beschränkung der Immigration.[412] Themen, die im Kapitel Gesellschaft der vorliegenden Arbeit genauer behandelt werden. Die beiden großen politischen Parteien in den USA hatten sich gewandelt und die Republikaner hatten sich der Politik der Interessengruppen geöffnet und schmiedeten eine Koalition von *business and labor*.[413] Ahlwardt wandte sich dann gegen die Hochschutzzollbewegung und sprach sich lobend über den demokratischen Präsidentschaftskandidaten Jennings

---

407 Ibid., S. 5725C/D.
408 Ibid, S. 5725D.
409 Jürgen HEIDEKING, Christof MAUCH, Geschichte der USA, A. Francke Verlag, Tübingen und Basel 2008[6], S. 168.
410 Stg. Berichte, 9. Leg.-Periode, 1895/97, 8, 213. Sitzung, Montag, den 3. Mai 1897, S. 5725D.
411 Siehe: Thomas FRANK, The people, no: A brief history of anti-populism, Metropolitan Books, New York 2020, S. 19–52.
412 HEIDEKING, MAUCH, Geschichte der USA, S. 188.
413 Ibid., S. 190.

Bryan aus.[414] Dieser hatte von der *People's Party* den Ruf nach einer auf Silber basierenden Währung übernommen. Auf dem Konvent der Partei entschloss sich diese, Bryan zu unterstützen.[415] Ahlwardt gefiel an Bryan, dass er nicht die europäische Konkurrenz für den wirtschaftlichen Niedergang verantwortlich machte, sondern die Konzentration des Reichtums in der Hand weniger. Zudem lobte er dessen Kampf gegen den Kommunismus und dessen Vorschlag eines Mittelwegs zwischen sozialistischen Ideen und ungezügeltem Kapitalismus, wozu nicht zuletzt die Einführung des Silberstandard beitragen sollte. Ahlwardt kritisiert dann Barth weiter harsch für dessen Verhalten bei seiner Wahlkampfbeobachtungsreise in den USA, wo er sich, vor allem in Illinois, entgegen seiner Äußerungen in Deutschland Ahlwardt zufolge in der „Illinois Staatszeitung" für McKinley eingesetzt hatte, obwohl er sich in Deutschland als Freihändler gerierte.[416]

Illinois liegt im sog. *German Belt*. Ein Großteil der deutschen Auswanderer der Mitte des 19. Jahrhunderts hatte sich in den Staaten des mittleren Westens angesiedelt und blieb seiner deutschen Identität verbunden. In Milwaukee in Wisconsin etwa betrug 1890 der deutsche Bevölkerungsanteil 69 %.[417] Eine Reise eines deutschen Abgeordneten in diese Staaten machte also durchaus Sinn, sollte dieser versuchen wollen, das Wahlverhalten amerikanischer Bürger im Sinne deutscher Politik zu beeinflussen: „Sie sehen da die Wahrheit über jene Herren. Angeblich arbeiten sie im Volksinteresse für den Freihandel, aber wenn es sich um das liebe Geld handelt, das Mittel mit dem das Judenthum die ganze Welt knechtet – (Glocke des Präsidenten.) Ich möchte den Herrn Redner jetzt bitten, zu dem eigentlichen Gegenstand der Interpellation zu kommen (Beifall)."[418]

Obwohl Ahlwardt der Antisemitischen Volkspartei angehörte, beließ er es bei diesem kurzen antisemitischen Ausfall. Dem Antisemitismus – ein Begriff, welcher im Übrigen erst 1879 populär wurde – zählte zu den Signaturen des Kaiserreichs: Es gab schon früh Vertreibungs- und Vernichtungsphantasien und die sog. Emanzipation der Juden (vollständige Gewährung staatsbürgerlicher Rechte) wurde immer wieder in Frage gestellt.[419] Das Parlament hatte denn auch im Gegensatz zum Vorfall vorher eindeutig Stellung dagegen genommen. Ahlwardt respektierte

---

414 Stg. Berichte, 9. Leg.-Periode, 1895/97, 8, 213. Sitzung, Montag, den 3. Mai 1897, S. 5725D.

415 HEIDEKING, MAUCH, Geschichte der USA, S. 189.

416 Stg. Berichte, 9. Leg.-Periode, 1895/97, 8, 213. Sitzung, Montag, den 3. Mai 1897, S. 5726A/B

417 Thomas ADAM (Hg.), Germany and the Americans: culture, politics, and history, Oxford 2005, S. 752.

418 Stg. Berichte, 9. Leg.-Periode, 1895/97, 8, 213. Sitzung, Montag, den 3. Mai 1897, S. 5726B/C.

419 Siehe dazu: Peter LONGERICH, „Antisemitismus". Eine deutsche Geschichte. Von der Aufklärung bis heute, Siedler Verlag, München 2021.

die Ermahnungen des Reichstagspräsidenten ohne Widerrede und fuhr mit seinen Ausführungen fort.

Ahlwardt machte dann weiter mit der Beschreibung des Nationalcharakters der Amerikaner, der von vielen anderen Abgeordneten, wie man später noch genauer sehen wird, ebenfalls als rücksichtslos und egoistisch betrachtet wurde. Eine Vorstellung, die sich im Übrigen mit der seit Alters her in der Bevölkerung populären antisemitischen Vorstellung vom rücksichtslosen und geldgierigen Juden deckte. Ahlwardt bezweifelte, dass man in den USA „durch freundliches Verhandeln und Zuwarten etwas" erreichen könnte. Denn „für nichts hat der Nordamerikaner weniger Verständnis als für Schüchternheit und Zartheit. (Heiterkeit)."[420]

Der ironische Ton, mit dem dies vorgebracht wurde, bezeugt, dass trotz aller Gegenseitigkeiten keine tiefe Feindschaft oder Gegnerschaft zu den Amerikanern empfunden wurde. Eher war wohl das Gegenteil der Fall. Denn es schwang hier beinahe die Anerkennung mit, die man einem ebenbürtigen Gegner zuteilwerden lässt und der auch in den oben genannten Beiträgen Bülows, Bismarcks und Broemels zur Interpellation Kanitz zum Ausdruck gekommen war. Aus diesem Grunde wohl hatte der Reichstag den USA nach der Ermordung McKinleys 1901 seine Anteilnahme ausgedrückt. Diese fiel zwar kurz, aber doch einfühlsam aus.[421] Zudem wurden die Amerikaner in der Hauptsache als Angelsachsen wahrgenommen wurden, denen man sich historisch und kulturell verbunden fühlte. Die „Rücksichtslosigkeit" der Amerikaner entsprach zudem dem Idealbild vom Übermenschen, welches unter anderem vor allem von Friedrich Nietzsche am Ende des 19. Jahrhunderts neu entwickelt wurde.[422]

Zurück zu Ahlwardts Rede im Jahre 1897: Er bezeichnete zwar die Amerikaner wie gesehen als rücksichtslos und er hatte wenig Hoffnung für eine Verbesserung der Beziehungen, er war jedoch auch pragmatisch und glaubte, Deutschland könnte sehr wohl auf amerikanische Produkte verzichten und wäre demnach dem amerikanischen Schutzzoll nicht wehrlos ausgeliefert.[423] Die Betonung des Nomens „Rücksichtslosigkeit" in Ahlwardts Charakterisierung der Amerikaner spiegelt zudem den sozialdarwinistischen Zeitgeist, die bereits erwähnte nietzscheanische Idee vom Übermenschentum und eine davon beeinflusste bestimmte Rhetorik Kaiser Wilhelms II. wider: Dieser hatte vor allem zwischen 1897 und 1908 in seinen Reden immer wieder auch das Wort Rücksichtslosigkeit benutzte, um

---

420 Ibid., S. 5726C.
421 Stg. Berichte, 10. Leg.-Periode, 1900/03, 4, 97. Sitzung, Dienstag, den 26. November 1901, S. 2757: Eröffnungsrede des Reichstagspräsidenten Graf von Ballestrem.
422 Friedrich NIETZSCHE, Also sprach Zarathustra: Ein Buch für Alle und Keinen (1883–1885), De Gruyter, Berlin 1968.
423 Stg. Berichte, 9. Leg.-Periode, 1895/97, 8, 213. Sitzung, Montag, den 3. Mai 1897, S. 5726D.

den Anspruch Deutschlands auf „seinen Platz an der Sonne" zu unterstreichen.[424] Da Ahlwardt seine Kenntnisse der USA eingehend unter Beweis gestellt zu haben meinte, konnte er zum Ende der Reichsleitung perlokutiv Empfehlungen zum diplomatischen Umgang mit den USA geben. Dies war, wie eingangs beschrieben, eine Möglichkeit, die Kompetenzen des Reichstags auszuweiten. Ahlwardt stellte fest: „Aber Festigkeit und Rücksichtslosigkeit in der Verfolgung unserer berechtigten Ziele wird uns nützlich sein, und deshalb möchte ich der Staatsregierung in diesem Fall ein gewisses rücksichtsloses Vorgehen empfehlen."[425]

Amerikas vor allem von den Reichstagsabgeordneten der rechten Parteien immer wieder betonter Egoismus, seine Rücksichtslosigkeit und Eitelkeit, wurden dabei durchaus als nachzueiferndes Beispiel betrachtet, da „die Amerikaner für ‚Gegenseitigkeit' wenig Sinn haben. Natürlich werden sie [...] zu Gegenleistungen bereit sein. Die Selbstsucht der Amerikaner findet ihre Schranken nur in ihrer Eitelkeit."[426]

Die USA hatten außenpolitisch gerade gegenüber Großbritannien an der Jahrhundertwende oftmals mit einer gewissen Rücksichtslosigkeit agiert. So hatte es sowohl in der ersten Venezuelakrise 1895 als auch im Hay-Pauncefote-Vertrag vom 18. November 1901 zur Regelung der Bedingungen des Baus und Betriebs des Panamakanals und in der Frage um die Grenze zwischen Alaska und Kanada im Hay-Herbert-Vertrag von 1903 seine Interessen und Auffassungen durchgesetzt, teilweise unter Kriegsandrohungen, wie etwa in der ersten Venezuelakrise 1895, oder unter der Betonung des Rechts des Stärkeren, wie beim Grenzstreit.[427] In dieser Außenpolitik zeigte sich ein Politikstil, der ein robustes Selbstbewusstsein der aufsteigenden Nation offenbarte, „hinter dem das Gefühl einer unangreifbaren Immunität immer wieder durchschimmerte, das aber zugleich bemüht ist, sich dem

---

424 In einer Rede vom November 1897 sagte Wilhelm II in Bezug auf die Annexion von Kiautschou in China: „Ich bin fest entschlossen, unsere hypervorsichtige, in ganz Ostasien bereits als schwach angesehene Politik nunmehr aufzugeben und mit voller Strenge und wenn nötig mit brutalster Rücksichtslosigkeit den Chinesen gegenüber endlich zu zeigen, daß der Deutsche Kaiser nicht mit sich Spaßen läßt und es übel ist, denselben zum Feind zu haben." Zitiert nach: Röhl, Der Aufbau der persönlichen Monarchie, S. 54–55.

425 Stg. Berichte, 9. Leg.-Periode, 1895/97, 8, 213. Sitzung, Montag, den 3. Mai 1897, S. 5726D.

426 Die Große Politik der Europäischen Kabinette 1871–1914 (im Folgenden: GP): Sammlung der Diplomatischen Akten des Auswärtigen Amtes, Hg. von Johannes Lepsius, Albrecht Mendelssohn-Bartholdy, Friedrich Thimme, 1924, Bd. 15: Rings um die Erste Haager Friedenskonferenz, Nr. 4158, Der Botschafter in Washington von Holleben an das Auswärtige Amt (13. Juli 1898), S. 60.

427 Roosevelt an Henry White, 26. September 1903, in: Letters of Theodore Roosevelt, Bd. 6, Nr. 5143, S. 1495.

nach wie vor europäisch dominierten Staatensystem zu adaptieren. Darin kommt sowohl das Bewusstsein von der Involviertheit in die Staatenbeziehungen einer globalisierten, weil begrenzten Welt zum Ausdruck als auch ein parvenühaftes Bedürfnis nach diplomatischer Anerkennung im Verein des traditionellen Konzerts der Mächte."[428]

Trotz der imperialistischen Politik und der Streitigkeiten in Handelsfragen waren in der Amtszeit McKinleys die Beziehungen zu Amerika freundschaftlicher Natur, wie Staatssekretär Bülow Ende 1899 in einer Art Tour d'Horizon zu den außenpolitischen Beziehungen Deutschland erklärte.[429]

2.2.2. Der Spanisch-Amerikanische Krieg und die Reaktion der Exekutive und des Reichstags

In die Präsidentschaft McKinleys fiel der Spanisch-Amerikanische Krieg. Diesen Krieg kann man als Wendepunkt, als „Scharnier zwischen territorialer und exterritorialer Orientierung" der Vereinigten Staaten betrachten.[430] Allerdings war die Geschichte der Vereinigten Staaten von Anfang an eine Geschichte selten unterbrochener Expansion gewesen und das *Empire building* zieht sich wie ein roter Faden durch die Entwicklung dieser *Expanding Society*.[431] Bülow erklärte Ende 1899 im Reichstag in einer Art Kurzfassung der imperialen Weltgeschichte: „vor vier Jahren hat der chinesisch-japanische Krieg, vor kaum anderthalb Jahren der spanisch-amerikanische Krieg die Dinge weiter ins Rollen gebracht, große, tiefeinschneidende, weitreichende Entscheidungen herbeigeführt, alte Reiche erschüttert, neue und ernste Fermente der Gehrung in die Entwicklung getragen."[432]

---

428 BRECHTKEN, Scharnierzeit, S. 263. Das abwertende Adjektiv „parvenühaft" zeigt, wie sehr deutsche Historiker immer noch in einer etwas sterilen Bewunderung der alten aristokratischen, arrivierten Mächte gefangen sind, die einen objektiven Blick auf die historischen Entwicklungen von Gesellschaften und Staaten behindert. Derselbe Vorwurf wurde auch Deutschland gemacht, als ob es eine natürliche Mächteordnung der Welt zu geben hätte, welche nicht herausgefordert werden darf. Dies offenbart zugleich ein zutiefst in Klassenkategorien verhaftetes Ausschlussdenken.

429 Stg. Berichte, 10. Leg.-Periode, 1898/1900, 4, 119. Sitzung, Montag, den 11. Dezember 1899, S. 3293C.

430 BRECHTKEN, Scharnierzeit, S. 22; GRIMMER-SOLEM, Learning Empire, S. 217: „(...) *the Spanish-American War marked United States' emergence as an overseas imperial power.*"

431 Hans-Ulrich WEHLER, Der Aufstieg des amerikanischen Imperialismus: Studien zur Entwicklung des Imperium Americanum 1865–1900, Vandenhoeck & Ruprecht, Göttingen 1987², S. 7.

432 Stg. Berichte, 10. Leg.-Periode, 1898/1900, 4, 119. Sitzung, Montag, den 11. Dezember 1899, S. 3292–32934D/A.

Bereits in diesem ersten Japanisch-Chinesischen Krieg (August 1894–April 1895) hatte China die Vereinigten Staaten um Vermittlung gebeten. Zwar hatte Japan das abgelehnt, die USA waren aber, zumal sie im Jahre 1894 auch einen Handelsvertrag mit Japan abgeschlossen hatten, der im Februar 1911 erneuert wurde,[433] doch in den Pazifik vorgedrungen und zu einem Schiedsrichter in Ostasien geworden,[434] obwohl Japan im Jahr 1890 den Pazifik als „japanisches Meer" definiert hatte[435]. Das Heraushalten der Vereinigten Staaten aus der Intervention von Shimonoseki (23. April 1895), mit der Russland, Frankreich und das Deutsche Reich Japan gezwungen hatten, die Halbinsel Liaodong wieder an China zurückzugeben,[436] hatte die amerikanische Position in Ostasien weiter gestärkt. Der Krieg, in dem die japanische Flotte ihre Stärke bewiesen hatte, hatte neue seekriegstechnische Erkenntnisse erbracht und zudem den Wert einer Flotte gezeigt. Japan verabschiedete nach dem Krieg einen 10-Jahres-Plan zum Aufbau einer starken Schlachtflotte. Beide Kriege und insbesondere der Spanisch-Amerikanische Krieg, nach dem die Vereinigten Staaten immer stärker als imperiale und zukünftige Weltmacht wahrgenommen wurden, waren zu Schlüsselereignissen für die endgültige und weite Akzeptanz des Gedankens der Notwendigkeit einer starken Flotte für das Deutsche Reich geworden, wie der Staatssekretär der Marine Tirpitz während der Beratungen zum zweiten Flottengesetz Ende 1899 eindringlich betonte.[437]

In einer anderen Sitzung zu diesem Thema hatte der Sozialdemokrat August Bebel dieses Argument jedoch zurückgewiesen, denn so Bebel, „will er behaupten, daß Deutschland dann jenen Kriegen gegenüber eine andere Stellung eingenommen hätte, als es jetzt der Fall war? (Sehr gut! links.) Will der Herr Staatssekretär behaupten, man hätte sich dann in den spanisch-amerikanischen Krieg gemischt (...)? (Sehr gut! links.) Das glaube ich nie und nimmer."[438]

Auch Eugen Richter stieß in dieses Horn, als er eine derartige Argumentation bezweifelte. Denn selbst wenn Deutschland damals schon eine starke Flotte gehabt hätte, „der Gedanke, daß wir [dann] so dumm hätten sein können, uns da hineinzumischen, ist, glaube ich auf keiner Seite geteilt worden. (Sehr wahr! links.)."[439]

Das war ein versteckter Seitenhieb auf den Kaiser. Wilhelm II. hatte zu Beginn des spanisch-amerikanischen Konfliktes dem spanischen König seinen Beistand

---

433 Mehnert, „Gelbe Gefahr", S. 272.

434 Pommerin, Der Kaiser und Amerika, S. 65.

435 Mehnert, „Gelbe Gefahr", S. 152.

436 Canis, Von Bismarck zur Weltpolitik, S. 245.

437 Stg. Berichte, 10. Leg.-Periode, 1898/1900, 4, 119. Sitzung, Montag, den 11. Dezember 1899, S. 3296A.

438 Stg. Berichte, 10. Leg.-Periode, 1898/1900, 4, 120. Sitzung, Dienstag, den 12. Dezember 1899, S. 3232A/B.

439 Stg. Berichte, 10. Leg.-Periode, 1898/1900, 4, 122. Sitzung, Donnerstag, den 14. Dezember 1899, S. 3367B.

zugsichert und versucht, eine Koalition der Monarchien gegen Amerika zusammenzustellen. Allerdings scheiterte dies, zumal Bülow und auch der Kaiser letztlich die deutschen Interessen in Amerika, das Verhältnis zu den Vereinigten Staaten und weltpolitische Bestrebungen als wichtiger erachteten.[440] Für Richter lieferte der Spanisch-Amerikanische Krieg vor allem ein Argument gegen weitreichende Kolonisationsprojekte."[441]

Ehe die Reichstagsdebatten nun genauer betrachtet werden, soll erst ein kurzer Überblick über die Geschichte des Spanisch-Amerikanischen Krieges gegeben werden: Seit Anfang der 1890er Jahre hatten sich die wirtschaftlichen Verbindungen zwischen Kuba und den Vereinigten Staaten vertieft. Sowohl der amerikanische Export nach Kuba als auch der kubanische Export in die Vereinigten Staaten, vor allem Rohrzucker, der von Einfuhrzöllen ausgenommen war, hatten stark zugenommen. Als im Jahre 1894 der Wilson-Tarif Zoll auf die Einfuhr von Rohrzucker erhob, kam es deshalb zu einer wirtschaftlichen Depression auf Kuba. Bereits vorher hatte es wegen der Korruption der spanischen Zivil- und Militärverwaltung Aufstände der Kubaner gegeben. Spanien zeigte sich indes immer unfähiger, seine ihm verbliebenen Kolonien zu kontrollieren. Im Februar 1895 entluden sich die kubanischen Unabhängigkeitsbestrebungen gegen das Kolonialsystem der Spanier[442] mit starker amerikanischer Unterstützung in Kämpfen gegen die Kolonialmacht. So hatten die Kubaner in New York eine Junta gegründet, die den Aufstand vorbereiten und die öffentliche Meinung beeinflussen sollte.[443] Der Aufstand hatte außerdem zur Folge, dass die amerikanischen Unternehmen, die einen wachsenden Anteil an der kubanischen Wirtschaft erlangt hatten, Einbußen befürchteten. Zum anderen strebten die USA nach Abschluss der inneren Kolonisation nach der Eroberung weiterer Märkte in Asien. Die amerikanische Bevölkerung sympathisierte auf Grund des amerikanischen Freiheitsideals und ihrer Antipathie gegen Alleinherrschaft in der Mehrheit mit den kubanischen Aufständischen und erhöhte ab Sommer 1895 den Druck auf die amerikanische Regierung, ihrerseits den Druck auf Spanien zu erhöhen, den Krieg zu beenden.[444] Der demokratische Präsident Grover Cleveland aber, der eine eher traditionelle, zurückhaltende Außenpolitik betrieb, lehnte eine amerikanische Intervention auf

---

440 Jost Dülffer, Martin Kröger, Rolf-Harald Wippich, Vermiedene Kriege: Deeskalation von Konflikten der Großmächte zwischen dem Krimkrieg und Erstem Weltkrieg 1865–1914, R. Oldenbourg Verlag München 1997, S. 527 -555, hier S. 514.

441 Stg. Berichte, 10. Leg.-Periode, 1898/1900, 4, 122. Sitzung, Donnerstag, den 14. Dezember 1899, S. 3367B.

442 GP, Bd. 15: Rings um die Erste Haager Friedenskonferenz (im Folgenden: GP, Bd. 15), Nr. 4125, Der Staatssekretär des Auswärtigen Amtes Bernhard von Bülow an den Botschafter in Wien Grafen zu Eulenburg (15. März 1898) S. 11.

443 Kaikkonen, Deutschland und die Expansionspolitik der USA, S. 57–58.

444 Ibid., S. 58.

Kuba aus mehreren Gründen ab, nicht zuletzt, weil er befürchtete, dass ein unab-
hängiges Kuba ins Chaos stürzen würde. Stattdessen schlug er eine Autonomie
Kubas vor. Als im April 1897 der Republikaner McKinley ins Amt kam, änderte
sich die amerikanische Politik: Sie wurde dezidiert imperialistisch, behielt jedoch
einstweilen eine gewisse Zurückhaltung bei, obwohl seit Sommer 1897 auf eine
Ablösung Kubas von Spanien hingearbeitet wurde. So bot McKinley Spanien seine
guten Dienste zur friedlichen Lösung des Konflikts an.[445] Um aber den amerikanischen Unmut über die wirtschaftlichen Einbußen und das brutale Vorgehen der
spanischen Truppen nicht noch weiter zu reizen und den USA so einen Grund
zum Eingreifen zu geben, versuchte Spanien mit allen Mitteln den Konflikt über
erste Reformen zu befrieden. Zudem sollte Kuba autonom werden.[446] Das Deutsche
Reich stand wie die anderen europäischen Mächte dem amerikanischen Vorgehen in Kuba seit Ausbruch des Aufstandes gegen Spanien skeptisch gegenüber.
Insbesondere in Deutschland fühlte sich zumindest die alte Elite der spanischen
Monarchie verbunden. Tatsächlich regte Wilhelm II. nach einem Protest des ameri-
kanischen Gesandten in Madrid General Stewart L. Woodford gegen die spanische
Kriegsführung im September 1897 in Kuba beim Auswärtigen Amt ein Eingrei-
fen der europäischen Staaten zugunsten Spaniens an. Allerdings überwogen im
Auswärtigen Amt Bedenken und man wollte ohne Frankreich und Russland keine
Initiative ergreifen.[447] Deutschland hatte „in Amerika weit erheblichere wirtschaft-
liche Interessen als Frankreich"[448] und Russland oder Österreich-Ungarn. Kurz vor
Ausbruch des Krieges verstärkten die europäischen Mächte ihre diplomatischen
Aktivitäten, um einen Krieg zwischen Amerika und Spanien doch noch zu verhindern. Jedoch waren zum einen die Interessengegensätze unter den einzelnen euro-
päischen Mächten sehr groß und zum anderen wollte es sich keine Macht mit den
USA verscherzen. In einem Schreiben Bülows an Wilhelm II. betonte dieser, dass
man alles vermeiden müsse, was in den USA Misstrauen gegenüber Deutschland
wecken könnte.[449] So kam es lediglich zu diplomatischen Konfliktschlichtungs-
bemühungen seitens des Papstes und der Übergabe einer Kollektivvorstellung der
Vertreter der sechs Großmächte beim Präsidenten.[450] Ab Frühjahr 1898 stiegen die
Spannungen. Die Kubaner hatten die Autonomie zurückgewiesen und führten die
Kämpfe fort, in Spanien selbst stieß eine Unabhängigkeit Kubas auf Widerstand.

---

445 Ibid., S. 59.

446 Ibid., S. 61.

447 GP, Bd. 15, S. 3.

448 Ibid., Nr. 4120, Der Staatssekretär des AA von Bülow, z.Zt. in Semmering, an das
     Auswärtige Amt (30. September 1897) S. 6.

449 Ibid., Nr. 4137, Der Staatssekretär des AA von Bülow an Kaiser Wilhelm II., z.Zt. In
     Homburg v. d. H. (7. April 1898), S. 21.

450 GP, Bd. 15, Nr. 4138, Der Botschafter in Washington von Holleben an das Auswärtige
     Amt (7. April 1898), S. 21.

Zur Unterstreichung seiner Entschlossenheit, Kuba zu befrieden, sandte Präsident McKinley das Kriegsschiff *USS Maine* vor die kubanische Küste. Am 15. Februar 1898 kam es auf dem Schiff zu einer Explosion. Obwohl deren Gründe bis heute umstritten sind, schloss eine Untersuchungskommission der Marine damals, dass die Explosion von außen kam. Am 11. April bat McKinley den Kongress, ihm die Ermächtigung zu einem Eingreifen in den kubanisch-spanischen Konflikt zu geben, um dem menschlichen Leiden ein Ende zu bereiten, Sicherheit und Eigentum der Amerikaner zu schützen und Amerika nicht durch einen geografisch nahen Krisenherd zu gefährden. Der Kongress ratifizierte am 20. April 1898 eine Resolution, nach der Spanien auf das Besitzrecht an Kuba zu verzichten habe und seine Truppen von dort entfernen musste, was Spanien naturgemäß ablehnte.[451] Am 24. April erfolgte ein Dekret zum Ausbruch des Krieges, der am folgenden Tag begann und mit der Unterzeichnung des Vertrags von Paris am 10. Dezember 1898 endete.[452] Der Sieg über Spanien machte die USA zu einer imperialen Macht, die sich von einem Teil der Monroe-Doktrin verabschiedete, nämlich des 1870 unter Präsident Ulysses S. Grant erlassenen Verbots des Transfers von kolonialen Besitz an andere Mächte.[453]

2.2.3. Der Reichstag in den ersten Wochen des Krieges bis zum Ende der 9. Legislaturperiode

Während als Ergebnis des Krieges Kuba die Unabhängigkeit erhielt, wurden Puerto Rico zu einer amerikanischen Überseebesitzung und die Philippinen zu einer amerikanischen Kolonie. In der ausführlichen auch außenpolitischen Debatte am 27. April 1898 im Reichstag spielte der zwei Tage zuvor ausgebrochene Krieg zwischen Spanien und den USA keine Rolle. Vielmehr konzentrierte man sich auf den Nutzen oder den Nachteil des just an diesem Tag unter deutschen Schutz gestellten Pachtgebiets Kiautschou. Auch in den Debatten bis zum Ende der Legislaturperiode am 6. Mai 1898 wurde nicht über dieses Thema gesprochen, obwohl in den Sitzungen vom 2. Mai und 4. Mai die erste bis dritte Beratung des auf den internationalen Sanitätskonferenzen[454] 1894 unterzeichneten Abkommens stattfand. Bezeichnenderweise hatten an dieser internationalen Konferenz folgende Länder die Konvention unterschrieben: Deutschland, Österreich-Ungarn, Belgien, Dänemark, Spanien, Frankreich, Großbritannien, Griechenland, Italien, die Niederlande,

---

451 KAIKKONEN, Deutschland und die Expansionspolitik der USA, S. 62–63.

452 GP, Bd. 15, S. 22–23.

453 George C. HERRING, From Colony to Superpower: U.S. Foreign Relations Since 1776, Oxford University Press, New York 2008, S. 259.

454 Siehe dazu: Norman HOWARD-JONES, The scientific background of the International Sanitary Conferences, 1851–1938. World Health Organization, Genf 1975, [Eingesehen am 30. Juli 2020], S. 73.

Persien, Portugal und Rußland. Die USA jedoch hatten sie nicht mitunterzeichnet, obwohl sie an dieser Konferenz teilgenommen hatten. In der Debatte am 2. Mai 1898 wurde auch noch einmal das 1896 abgeschlossene „Uebereinkommen zur Regelung einiger Fragen des internationalen Privatrechts" erwähnt. Dieser „internationale Vertrag" regelte die zivilrechtlichen Auseinandersetzungen zwischen Angehörigen verschiedener Vertragsstaaten. Er war wegen des hohen Anteils ausländischer Arbeiter in den unterschiedlichen Staaten nötig geworden. Auch hier waren die Vereinigten Staaten nicht daran beteiligt und wurden auch in der Debatte nicht erwähnt, obwohl sie eines der wichtigsten Länder für Arbeitsmigration waren.[455] So wie Japan waren die Vereinigten Staaten damals noch kein international wirkmächtiges Land gewesen, was den Bruch, der gerade im April 1898 stattfand, noch einmal unterstreicht. Erst in der Sitzung am 5. Mai 1898 kam der dem revisionistischen Flügel zugerechnete sozialdemokratische Abgeordnete Max Schippel[456], der ein Amerikaexperte war,[457] im Rahmen der „Begründung, Beantwortung und Besprechung der Interpellation der Abgeordneten Auer und Genossen, betreffend eine zeitweilige Aufhebung der Getreidezölle" auf den Krieg der USA mit Spanien zu sprechen. Der Antrag auf Aufhebung des Getreidezolls war von den Sozialdemokraten gestellt worden, da die Getreidepreise seit 1897 sehr stark gestiegen waren. In vielen getreideexportierenden Ländern war die Ernte schlecht ausgefallen. Schippel glaubte, dass auch der amerikanische Exportmarkt ausfallen würde. Allerdings nicht wegen des Ausbruchs des Spanisch-Amerikanischen Krieges, wie es eine zusätzliche Teuerung seitdem suggeriert hatte. Man hatte diese auf eine Angst vor einer Blockade der amerikanischen Häfen zurückgeführt. Schippel aber befürchtet eine allgemeine schwache Ernte in den USA, da die Preise trotz der Beteuerungen Spaniens und Amerikas, die Häfen nicht zu blockieren und keine Schiffe kapern zu wollen, hoch blieben. Als weiteres Argument für eine allgemeine weltweite Verknappung führte er an, dass die Amerikaner eine Exportblockade nicht zu fürchten hatten, denn ihr „Haupthandelsplatz für Getreide, Chicago, liegt an den Seen; von diesen aus kann das Getreide jederzeit billig auf dem Flußwege nach den kanadischen Häfen gelangen. Dort stehen genügend neutrale Schiffe zur Verfügung, da bisher schon das amerikanische Getreide meist auf englischen und fremden Schiffen transportiert wurde."[458]

---

455 Stg. Berichte, 9. Leg.-Periode, 1897/98, 3, 81. Sitzung, Montag, den 2. Mai 1898, S. 2099A/B.

456 Max Schippel, in: Biographisches Lexikon des Sozialismus. Verstorbene Persönlichkeiten. Bd. 1, hg. von Franz OSTERROTH, J. H. W. Dietz Nachf., Hannover 1960, S. 263–265: Max Schippel (6. Dezember 1859–6. Juni 1928) arbeitet vor allem als Journalist für verschieden sozialdemokratische Zeitungen und war von 1890 bis 1905 Reichstagsabgeordneter.

457 KLAUTKE, Unbegrenzte Möglichkeiten, S. 67.

458 Stg. Berichte, 9. Leg.-Periode, 1897/98, 3, 84. Sitzung, Donnerstag, den 5. Mai 1898, S. 2202D.

Der Staatssekretär des Reichsschatzamtes Max von Thielmann, ebenfalls ein Kenner Amerikas,[459] nahm die Argumente Schippels auf und betonte, dass die jüngste Preissteigerung von Getreide auf den Beginn des Spanisch-Amerikanischen Krieges und die Angst vor einer Behinderung des Getreideexports zurückzuführen war. Er sprach aber anscheinend nur recht widerwillig von Krieg und bemühte sich, diesen nicht als solchen zu bezeichnen, so als ob es noch nicht denkbare wäre, dass die Vereinigten Staaten einen wahrhaften Krieg gegen eine alte europäische Macht führen könnten. In gewisser Weise sprach er so den Vereinigten Staaten den Status als gleichwertige Nation ab. Vielleicht aber wollte er auch keine Panik schüren und der Exekutive die Deutungshoheit nicht aus der Hand nehmen lassen, trotz der freien Berichterstattung der Presse, die neben dem Reichstag der Exekutive das Monopol auf die auswärtige Politik immer mehr streitig machte. Thielmann wies denn auch den Antrag auf Zollsenkung zurück und bezeichnete die hohen Getreidepreise als temporäres Problem: Eine Senkung würde der „acker-bauenden Bevölkerung" sehr schaden und die Preise würden wegen der hohen amerikanischen Getreideexportrate nicht dauerhaft hoch bleiben, selbst wenn wegen der „jüngsten Ereignisse" nun Befürchtungen wegen einer Blockade der amerikanischen Atlantikhäfen herrschten.[460]

Thielmann zitierte sodann eine Quelle vom 27. April 1898 über die zur Verfü-gung stehende amerikanische Getreidemenge, um alle Ängste vor einer Getreide-knappheit und damit weiter steigenden Preisen endgültig zu zerstreuen. Zudem betonte er, dass wegen der freien Berichterstattung zum Spanisch-Amerikanischen Krieg jedermann erkennen konnte, dass die Kriegspanik schuld an der jüngsten Verteuerung war. Allerdings war er sicher, dass „nach den neuesten Nachrich-ten vom Kriegsschauplatz [...] diese Kriegspanik schwerlich mehr lange anhalten wird."[461]

Die Abgeordneten, die der Rede Thielmanns heftig von allen Seiten des Hauses applaudierten, waren sich also zu diesem Zeitpunkt wohl nicht klar darüber, dass es sich beim Ausbruch des Krieges zwischen Spanien und den USA um eine his-torische Zäsur handelte, die das politische Gesicht des 20. Jahrhunderts und die weltpolitischen Machtverhältnisse nachhaltig verändern sollte. Sie hatten die USA noch nicht als politische Macht auf dem Schirm. Die handels- und wirtschaftspoli-tischen Aspekte und Überlegungen überwogen klar, zumal Deutschland gegenüber

---

459 Friedrich Rosen, Max von Thielmann: Ein Nachruf, in: Zeitschrift der Deutschen Morgenländischen Gesellschaft, Bd. 83, 1929, S. 262–264: Max von Thielmann (1846–1929), der Diplomat war und ausgedehnte Reisen nach Süd- und Mittelamerika unternommen hatte, war vom 1. Juli 1897 bis zum 23. August 1903 Staatssekretär im Reichsschatzamt.

460 Stg. Berichte, 9. Leg.-Periode, 1897/98, 3, 84. Sitzung, Donnerstag, den 5. Mai 1898, S. 2207D.

461 Ibid., S. 2208D.

den Vereinigten Staaten eine negative Handelsbilanz aufwies. Die „amerikanische Gefahr" wurde denn auch mehr als eine wirtschaftliche denn eine politische wahrgenommen.[462] Der Abgeordnete Kanitz brachte diese Sichtweise explizit zum Ausdruck. Er klagte die Börsen an, den Ausbruch des Krieges für eine Preissteigerung ausgenutzt zu haben, obwohl „die Interessen der weitaus meisten europäischen Staaten durch diesen Krieg doch eigentlich so gut wie gar nicht berührt werden."[463]

Auch der nationalliberale Abgeordnete Dr. Hermann Paasche[464] gab in seiner Ursachenforschung zur jüngsten Preissteigerung von Getreide den Ereignissen in Amerika die Schuld, betrachtete aber lediglich die wirtschaftlichen Konsequenzen des „amerikanischen Krieges". Er versuchte zudem über den Topos der Rücksichtslosigkeit eine europäische Identität und Gemeinschaft zu konstruieren, was darauf hinweist, dass er den aufkeimenden politischen Gegensatz zu Amerika wohl spürte, die Tragweite der neuen amerikanischen Politik, die er wie viele andere Abgeordnete als „Rücksichtslosigkeit" wahrnahm, aber wohl noch nicht in seiner ganzen Tiefe erkannte. Die Preissteigerung war seiner Ansicht nach vor allem eine „Folge der rücksichtslosen Spekulation der Amerikaner, die in Chicago und New York daran angeknüpft ist. (Sehr richtig!) Denn die Amerikaner sind es allein, die heute noch Getreidevorräte in großem Umfang haben; und die Amerikaner sind klug genug, uns Europäer die Kosten des Krieges zahlen zu lassen (sehr richtig!) durch die hohen Getreidepreise."[465]

Der freisinnige Abgeordnete Theodor Barth, der eigentlich ein Kenner Amerikas war, erwähnte den Spanisch-Amerikanischen Krieg ebenso lediglich im Zusammenhang mit der Steigerung des Getreidepreises. Auch er sprach von einer anfänglichen Kriegspanik, die aber nun, zehn Tage nach Ausbruch des Krieges, „wesentlich vorüber" war.[466]

---

462 KLAUTKE, Unbegrenzte Möglichkeiten, S. 47–48.

463 Stg. Berichte, 9. Leg.-Periode, 1897/98, 3, 84. Sitzung, Donnerstag, den 5. Mai 1898, S. 2209D.

464 Christoph NONN, Paasche, Hermann, in: Neue Deutsche Biographie 19 (1999), S. 734 f. [Online-Version]; URL: https://www.deutsche-biographie.de/pnd116011 300.html#ndbcontent: Hermann Paasche (24. Februar 1851–11. April 1925) war ein führendes Mitglied der Nationalliberalen Partei. Er war gegen Protektionismus und marktwirtschaftlich orientiert, gehörte aber eher dem linken Flügel dieser Partei an, für die er von 1893 bis 1918 im Reichstag saß. Zweimal war er Vizepräsident des Reichstags (1903–1909 und 1912–1918). Paasche trat für eine Gleichberechtigung des Bürgertums mit den traditionellen Adelseliten und für eine Aufwertung des Reichstags ein. Dazu gehörte auch die Entwicklung neuer sozialer und außenpolitischer Initiativen.

465 Stg. Berichte, 9. Leg.-Periode, 1897/98, 3, 84. Sitzung, Donnerstag, den 5. Mai 1898, S. 2217B.

466 Ibid., S. 2219C.

Der Sozialdemokrat August Bebel nannte den Spanisch-Amerikanischen Krieg eine „Kriegskatastrophe", die „jetzt im kleinen" gezeigt hatte, was im Falle eines europäischen Krieges mit den Getreidepreisen und damit verbunden den „Ernährungsmöglichkeiten" geschehen würde. Auch Bebel betrachtete und erfasste mithin nicht die eigentliche politische Bedeutung dieses Krieges, sondern sah in ihm eher ein abschreckendes Beispiel, einen Warnschuss dafür, „was für ein ungeheueres Unglück für die Völker Europas ein europäischer Krieg mit sich bringen würde."[467] Die in ihrer semantischen Stärke sehr kontrastierenden Adjektive „klein" und „ungeheuer" verdeutlichen, dass Bebel den Vereinigten Staaten unbewusst oder bewusst den Status einer wirklich ernst zu nehmenden, mit europäischen Ländern gleichberechtigten Macht absprach. Diese Wahrnehmung schien auch bereits in den Reden anderer Abgeordneter durch.

Am Ende des Spanisch-Amerikanischen Krieges hatte sich die Wahrnehmung der Ereignisse und ihrer Bedeutung dann aber geändert, wie die Diskussionen über den Erwerb eines Teils des spanischen Kolonialreichs im Pazifik zeigen werden. Am 6. Mai 1898 sprach Wilhelm II. in seiner Thronrede zum Ende der 9. Legislaturperiode nur kurz den spanisch-amerikanischen Kriegszustand an, denn das Deutsche Reich hatte, wie man im Kapitel Wirtschaft genauer sehen wird, starke wirtschaftliche Interessen in den USA. Und so betonte er nur, dass er es als „die Aufgabe [s]einer Regierung [betrachte], einerseits nach beiden Seiten hin den Pflichten unserer neutralen Stellung voll zu entsprechen, andererseits darauf hinzuwirken, daß die deutsche Schifffahrt und der deutsche Handel vor Behelligung und Schädigung nach Möglichkeit bewahrt werden." Die Versammlung im Weißen Saal des königlichen Schlosses zu Berlin kommentierte dies mit einem einmütigen „Bravo!"[468], was aber wohl auch dem Ritual einer Schlusssitzung entsprach, da alle vom Kaiser verlesenen Punkte mit einem Bravoruf kommentiert wurden. Während des Krieges enthielt sich Deutschland jedweder weiteren Einmischung, um sein Ende und die sich daraus ergebenden Optionen abzuwarten. Das Deutsche Reich sollte schließlich einer der Nutznießer der spanischen Niederlage sein, da es im deutsch-spanischen Vertrag vom 12. Februar 1899 mit dem Erwerb der Karolinen, der Palauinseln und der Marianen von Spanien sein Kolonialreich ausweiten konnte. Während des Höhepunkts des Spanisch-Amerikanischen Krieges, also im Sommer 1898, fanden keine Reichstagssitzungen statt, da am 16. Juni 1898 ein neuer Reichstag gewählt worden war und dieser 10. Reichstag erst am 6. Dezember 1898 zum ersten Mal zusammentrat.

---

467 Ibid., S. 2222D–2223A.
468 Stg. Berichte, 9. Leg.-Periode, 1897/98, 3, Schlußsitzung, Freitag, den 6. Mai 1898, S. 2232.

2.2.4. Der Reichstag blickt auf den Spanisch- Amerikanischen Krieg zurück

In der Thronrede zur Eröffnung des Reichstag im Weißen Saal des königlichen Schlosses zu Berlin, wie gesagt am 6. Dezember 1898, also ein halbes Jahr nach den ersten Debatten dazu und einige Tage vor Unterzeichnung des Vertrags von Paris, sprach Kaiser Wilhelm II. unter anderem den Spanisch-Amerikanischen Krieg an: „Den aus unserer Neutralität im spanisch-amerikanischen Kriege sich ergebenden völkerrechtlichen Pflichten ist Deutschland gewissenhaft und loyal nach beiden Seiten hin gerecht geworden."[469] Vielleicht wollte er so noch einmal, auch vor dem zu diesem Anlass versammelten diplomatischen Corps, die Position Deutschlands klar machen, da die auswärtigen Beziehungen in dieser Rede ansonsten einen recht geringen Platz einnahmen.

Der neu zusammengetretene Reichstag hat sich dann in der Nachschau mit dem Spanisch-Amerikanischen Krieg beschäftigt und seine Meinung zum deutschen Verhalten diesem gegenüber dargestellt. Die Sprecher spiegeln das Amerikabild der Parteien und damit der eigenen Ideologien und Auffassungen wider. Im Gegensatz zu den offiziellen diplomatischen Schreiben sind die Reden im Reichstag von Emotionalität, Argumentationsdichte und Offenlegung der Standpunkte und Motivationen geprägt. Sie zeigen insofern den Unterschied zwischen der demokratischen Diskussion und der technokratischen, nüchternen und geschäftsmäßigen Betrachtung der Angelegenheit und zeichnen das Bild einer dichotomischen, geteilten Gesellschaft: hier die leidenschaftslosen und geschäftsmäßigen Diplomatem und hohen Beamten; dort die persönlich Betroffenen oder persönliche Betroffenheit und Emotionen zeigenden Abgeordneten. Dieser Unterschied im Ton, Stil und Inhalt ist auch zurückzuführen auf die unterschiedliche Kommunikationssituation: Einerseits die physische Präsenz der Kommunizierenden und Redner, andererseits die Distanz durch Schriftlichkeit. Allerdings weisen die Diskussionen im Reichstag auf heutige demokratische, im öffentlichen Raum gelebte und zu erlebende Diskussionskulturen voraus. Man kann im Reichstag bereits mithin das antreffen, was Bülow mit Blick auf die amerikanische Diskussionskultur als „Gewohnheit der Amerikaner, über alle Dinge akademisch offen zu reden" charakterisierte.[470] Und wenngleich bei bestimmten Rednern auch nationalistische und teilweise rassenideologische Motive anklangen, so ergibt sich aus der Analyse der Reden im Reichstag mit USA-Bezug doch das Bild einer eher demokratischen und rechtsstaatlichen Gesellschaft.

---

469 Stg. Berichte, 10. Leg.-Periode, 1898/1900, 1, Eröffnungssitzung, Dienstag, den 6. Dezember 1898, S. 3.

470 GP, Bd. 15, Nr. 4151, Der Staatssekretär des AA von Bülow an den Botschafter in Washington von Holleben (1. Juli 1898), S. 45.

Am 12. Dezember 1898 begann die erste Beratung des Entwurfs eines Gesetzes betreffend die Feststellung des Reichshaushaltsetats für das Rechnungsjahr 1899. Zunächst stellte der Staatssekretär es Reichsschatzamtes Thielmann die großen Linien des Etats vor. In seiner langen und ausführlichen Rede kam er auf den Spanisch-Amerikanischen Krieg nicht zu sprechen, was den Schluss nahelegt, dass dieser noch im Dezember 1898 nicht als ein sehr einschneidendes Ereignis wahrgenommen wurde. Als erster Abgeordneter sprach Aloys Fritzen[471] vom Zentrum. Er schnitt zum Ende seiner ebenfalls recht ausführlichen Rede die Außenpolitik des Reiches im abgelaufenen Jahr kurz an. Dabei kam er auch auf die Haltung der Reichsleitung zum Spanisch-Amerikanischen Krieg zu sprechen. Allerdings überrascht der Ton seiner einleitenden Worte zu diesem Thema. Er beurteilte die innenpolitische Leistung der Reichsleitung als eher unbefriedigend, für die äußere Politik, jedoch sprach er ihr ein Lob und sein Vertrauen aus, „daß auch nach dem Abgang des Fürsten Bismarck die Leiter des Deutschen Reichs es verstehen würden, das Ansehen und die Würde Deutschlands nach außen hin in demselben Maße aufrecht zu erhalten, wie dies bisher geschehen ist. (...) (Sehr richtig!).“[472]

Die einhellige Zustimmung des Reichstags und das Urteil des Abgeordneten, welches wie eine Art Notenvergabe wirkte, bezeugten den Willen des Parlaments, sich über die Exekutive gestellt zu verorten, welche dieser Leistungszensuren vergab und darüber versuchte, deren Handlungen in eine bestimmte Richtung zu lenken. Zum Spanisch-Amerikanischen Krieg selbst meinte Fritzen, dass die Sympathien der Deutschen zumeist auf Seiten Spaniens gestanden hatten und sich Reichsleitung allen gegenteiligen Behauptungen der ausländischen Presse zum Trotz neutral verhalten hatte. „(Sehr richtig!)“.[473]

Der stellvertretende Staatssekretär von Richthofen bestätigte in seinen Aufzeichnungen diese Einschätzung, dass die Mehrheit der Deutschen für Spanien Sympathien gezeigt hatte. Richthofen hoffte jedoch, dass Deutschland nun in Samoa, wovon weiter unten ausführlich gesprochen werden wird, die Oberherrschaft zugesprochen bekam und andere Teile der ehemaligen spanischen Kolonien im Pazifik erwerben könnte.[474] Der deutsche Botschafter in Washington Holleben hoffte, dass die „Annexionisten[475] [...] Erwerbungen unsererseits wohl kaum

---

471 Biografisches Lexikon zur Geschichte der Deutschen Sozialpolitik, S. 53: Aloys Fritzen (19. Februar 1840–19. August 1916) vertrat von 1890 bis 1916 die Zentrumspartei im Reichstag.

472 Stg. Berichte, 10. Leg.-Periode, 1898/1900,1, 3. Sitzung, Montag, den 12. Dezember 1898, S. 24D–25A.

473 Ibid., S. 25A.

474 GP, Bd. 15, Nr. 4157, Aufzeichnung des Stellvertretenden Staatssekretärs des AA Freiherrn von Richthofen (10. Juli 1898), S. 45.

475 Die Annexionisten, denen sowohl Demokraten als auch Republikaner zuneigten, setzten sich für eine Annexion Kubas ein. Auch die kreolische Elite auf Kuba wollte

prinzipiell widersprechen, wenn dieselben nicht in die amerikanische Interessensphäre eingreifen."[476]

Im Gegensatz zu Richthofen und Holleben ordneten Fritzen wie auch der nächste Redner, Eugen Richter, die Ereignisse im Spanisch-Amerikanischen Krieg nicht in die größeren imperialistischen Zusammenhänge und deutsch-amerikanischen Beziehungen ein. Wie im Übrigen die Debatten bei Ausbruch des Krieges gezeigt hatten, wurde im Reichstag nicht über die Berechtigung oder die Nicht-Berechtigung des Krieges gesprochen, der als relativ belanglos zumal für Deutschland angesehen wurde. So meinte Richter zu diesem Krieg:

> „Auch ich finde das Verhalten der deutschen Regierung in dem spanisch-amerikanischen Krieg durchaus korrekt, [...] Indeß hat es ja gar keinen Zweck, darüber hier jetzt nach Abschluß des Friedens sich noch in längeren Betrachtungen zu ergehen."[477]

Dann ging Richter sogleich zu handelspolitischen Fragen über, was erneut bezeugte, dass für die Mehrheit der Abgeordneten zu diesem Zeitpunkt die USA trotz des imperialistischen Ausgreifens allenfalls als wirtschaftlich gefährlich wahrgenommen wurde und eine imperialistische, weltmachtpolitische Konkurrenz keine wirklich große Rolle in ihren Überlegungen spielte. Der Abschluss eines Handelsvertrages mit den USA stehe wohl unmittelbar bevor und er würde einen solchen begrüßen: „Der Präsident McKinley hat in seiner Botschaft mitgetheilt, daß Verhandlungen mit Deutschland schweben wegen des Abschlusses eines Handelsvertrags, und daß seine Regierung sich bemühe, Deutschland zu überzeugen, daß die Einfuhr getrockneter Früchte in keiner Weise gesundheitsgefährlich sei (...)."[478]

Damit deckt sich seine Meinung mit der des deutschen Botschafters in Washington, der bereits im Juli gemeint hatte, dass der Zeitpunkt für Handelsfortschritte gekommen sei, da Amerika zum Ausgleich gewisser Differenzen in außenpolitischen Fragen auf diesem Gebiet Deutschland entgegenkommen würde.[479] Richter sprach dann weiter über die Bedeutung steigender Fleischimporte unter anderem aus den USA nach Deutschland für die Sicherstellung der Versorgung der deutschen Bevölkerung mit Fleisch. Dies war natürlich ein für die konservative Seite

---

diese Siehe dazu: Michael ZEUSKE, Kleine Geschichte Kubas, C.H. Beck, München 2007³, S. 154–156.

476 GP, Bd. 15, Nr. 4158, Der Botschafter in Washington von Holleben an das Auswärtige Amt (13. Juli 1898), S. 59–60.

477 Stg. Berichte, 10. Leg.-Periode, 1898/1900,1, 3. Sitzung, Montag, den 12. Dezember 1898, S. 27D.

478 Ibid., S. 27D–28A.

479 GP, Bd. 15, Nr. 4158, Der Botschafter in Washington von Holleben an das Auswärtige Amt (13. Juli 1898), S. 59.

nicht sehr willkommener Aspekt der deutsch-amerikanischen Beziehungen. Etwas später in seiner Rede kam Richter erneut auf den Spanischen-Amerikanischen Krieg zu sprechen in Bezug mit der von der deutschen Regierung gewünschten Vergrößerung des Heeres. Richter kritisierte, dass in der „Militärvorlage [...] nun auf den spanisch-amerikanischen Krieg Bezug genommen [wird], der in erschreckender Weise klar an den Tag gelegt habe, wie schwer der Mangel an sorgsamer und planmäßiger Kriegsvorbereitung im Frieden sich räche."

Richter glaubte, dass Deutschland ein genügend starkes Heer habe. Er verwies darauf, dass die USA vor dem Krieg lediglich „ein kleines stehendes Heer [...] zur Indianerbewachung von 26000 Mann" hatten. Der Spanisch-Amerikanische Krieg tauge deshalb nicht zur Beweisführung für eine Vergrößerung des Heeres. Ironisch betonte Richter, dass der Spanisch-Amerikanische Krieg allenfalls zeige, „daß man auch mit einer Milizarmee, wie der amerikanischen, einen Militärstaat, wie den spanischen mit einer großen stehenden Armee, besiegen kann. (Heiterkeit)."[480] Zwei Tage später, am 14. Dezember 1898 kam der Breslauer Abgeordnete Wilhelm von Kardorff[481] von der freikonservativen Partei, die auf Bundesebene den Namen Deutsche Reichspartei führte,[482] auf das Verhältnis Deutschlands zu den Vereinigten Staaten im Zusammenhang mit dem Spanisch-Amerikanischen Krieg zu sprechen. Die Deutsche Reichspartei, die eine ihrer Hochburgen in Schlesien hatte, galt als Partei der Eliten und hatte kaum Erfolg bei den unteren sozialen Schichten. Sie stand politisch zwischen der Deutschkonservativen Partei und der Nationalliberalen Partei. In der Wilhelminischen Epoche war sie für eine aktive Kolonialpolitik und den Ausbau der Schlachtflotte. Der schlesische Gutsbesitzer von Kardorff war neben dem Historiker Hans Delbrück, dem Industriellen Carl-Ferdinand von Stumm-Halberg und dem Politiker Heinrich von Achenbach einer

---

480 Stg. Berichte, 10. Leg.-Periode, 1898/1900,1, 3. Sitzung, Montag, den 12. Dezember 1898, S. 29B/C

481 Günter RICHTER, Kardorff, Wilhelm von, in: Neue Deutsche Biographie 11 (1977), S. 150 f. [Online-Version]; URL: https://www.deutsche-biographie.de/pnd118776 72X.html#ndbcontent: Wilhelm von Kardorff (8. Januar 1828–21. Juli 1907) gehörte für die freikonservative Partei dem Deutschen Reichstag von 1871 bis 1906 an. Rittergutsbesitzer in Schlesien trat er früh den Freikonservativen, deren Parteivorstand er von 1880 bis 1906 war, bei. Er gründete 1876 den Centralverband deutscher Industrieller und war für Schutzzollpolitik. Er war einer der wichtigsten Akteure im Kartellreichstag von 1887 und maßgeblich am Zustandekommen des Bülow-Tarif beteiligt.

482 Matthias ALEXANDER, Die Freikonservative Partei 1890–1918. Gemäßigter Konservatismus in der konstitutionellen Monarchie. Droste, Düsseldorf 2000; Die Freikonservative Partei war vor allem in Preußen präsent und nannte sich auf Reichsebene Deutsche Reichspartei. Sie vertrat vor allem die Großagrarier und die hohe Beamtenschaft.

der wichtigsten Repräsentanten der Partei. Er war auch einer der Wirtschaftsexperten im Reichstag.

Er war stark von der *American School* und den Schriften des amerikanischen Ökonomen Henry Charles Carey beeinflusst worden, die im Gegensatz zu den britischen Ökonomen Schutzzollpolitik und Staatsinterventionismus zur Steigerung der Wirtschaftsleistung vorschlug. Carey hatte auch den Deutschen Friedrich List, einen der Begründer der Historischen Schule der Nationalökonomie,[483] der zwischen 1825 und 1833 in den USA im Exil gelebt hatte, beeinflusst.[484] Carey lehnte die marxistischen Vorstellungen vom Klassenkampf ab und trat stattdessen für den Interessenausgleich der unterschiedlichen gesellschaftlichen Gruppen und wirtschaftlichen Akteure zum Wohle der Nation ein.[485] In Kardorffs verschiedenen Reichstagreden schien diese Auffassung häufig auf, so etwa zur Arbeitsgesetzgebung, wie im Kapitel Gesellschaft der vorliegenden Arbeit genauer betrachtet wird. Kardorff nahm im Abschnitt seiner Rede zu den internationalen Beziehungen Deutschlands Bezug auf die Rede des Abgeordneten Fritzen, der behauptet hatte, dass im Spanisch-Amerikanischen Krieg die Sympathien des deutschen Volkes auf Seiten Spaniens waren. Kardorff stimmte dem zu, denn der Nationalcharakter der Deutschen zwang diese, immer für die Schwächeren Partei zu ergreifen. Dichotomisch stellte er so das arme Spanien dem gewaltigen Amerika gegenüber. Allerdings war dies eine sentimentale, unpolitische Haltung. Stattdessen wäre es weit nützlicher, wenn „ein großes aufstrebendes Volk wie das amerikanische die Oberhand gewinnt, namentlich, nachdem sich die Zustände Spaniens als so verrottet gezeigt haben, wie es während dieses Krieges zu Tage getreten ist". Das seit der Regierung Friedrich des Großen herrschende „gute Einvernehmen mit den Vereinigten Staaten" müsse unbedingt aufrechterhalten werden. Kardorff unterstrich dann wie sehr auch er von dem plötzlichen Richtungswechsel der USA zu expansionistischer Politik überrascht gewesen war. Dennoch war er überzeugt, dass Deutschland eher ein Interesse daran habe, „daß gegenüber allen anderen großen Mächten, die auf der Welt konkurrieren, die kampfbereite Flotten und kampfbereite Armeen besitzen, auch ein Land wie Amerika in Konkurrenz tritt. Wir haben keine Veranlassung, das in irgendeiner Weise zu bedauern, ebenso wenig wie Japan gegenüber.[486]

---

483 Siehe dazu: Jürgen G. Backhaus, Historische Schulen, LIT Verlag, Münster 2005.

484 Siehe dazu: Keith Tribe, Strategies of Economic Order: German Economic Discours, 1750–1950, Cambridge University Press, Cambridge 1995, hier besonders Kapitel 3 sowie Eric Helleiner, The Neomercantilists: A Global Intellectual History, Cornell University Press, Ithaca 2021, hier besonders Kapitel 1 und 6.

485 Henry C. Carey, The Harmony of Interests: Agricultural, Manufacturing and Commercial, Industrial Publishers, Philadelphia 1872, Reprint University of Michigan 2005.

486 Stg. Berichte, 10. Leg.-Periode, 1898/1900, 1, 5. Sitzung, Mittwoch, den 14. Dezember 1898, S. 70C/D.

Die USA, Deutschland und Japan hatten ab der zweiten Hälfte des 19. Jahrhunderts in vielen Bereichen ähnliche Entwicklungswege genommen, nicht zuletzt in außenpolitischen Bereich, was dazu führte, dass die drei Staaten eine Art „Triade" der geschichtlichen Entwicklung bildeten.[487] Kardorffs Argumentation für eine stärker Hinwendung zu den Vereinigten Staaten wurde dann völkisch: „Aber bei Amerika habe ich auch noch das Gefühl, daß es mir eine gewisse Genugthuung gewährt, den anglo-sächsischen, den germanischen Stamm – denn die Amerikaner sind doch zum guten Theil Germanen – so kräftig auftreten zu sehen, wie es die Amerikaner in dem letzten Kriege haben."[488]

Schließlich gab er, ehe er zu einem anderen Thema überging, der Reichsleitung einen Rat zur Handhabung außenpolitischer Frage. Wenngleich dies direkter geschah als bei Fritzen, da Kardorff der sich staatstragend fühlenden alten Elite angehörte, so stand er als Abgeordneter doch auch der neuen und aufstrebenden Elite nahe. Es lag im Interesse von allem Abgeordneten, dem Reichstag mehr Gewicht zu geben und die Exekutive zum Teilen der Kompetenzen zu bewegen, was der Entstehung einer neuen, teilweise hybriden Gruppenidentität dienlich war[489]. Hier sieht man, dass sich sowohl die Systemtheorie Luhmanns als auch der von Elisabeth Schüssler Fiorenza eingeführte Begriff des Kyriarchats auf den Reichstag anwenden lassen.

Wie bereits gesehen, war in der Besprechung der Interpellation Kanitz vom 11. Februar 1899 der Zentrumsabgeordnete und Vorsitzende der Partei Ernst Lieber über die Handelsproblematik noch einmal auf das Verhalten Deutschlands während des Spanisch-Amerikanischen Krieges zu sprechen gekommen. Er hatte zunächst festgestellt, dass es neben wirtschaftlichen Streitpunkten politische Konflikte gab, die ihren Grund in der in Amerika falsch verstandenen deutschen Haltung während des Krieges hatten. Lieber hatte in seiner Rede gezeigt, dass er diese gegenüber den USA während des Spanisch-Amerikanischen Krieges verteidigt und sich hinter die Regierung gestellt hatte. Über die Bezeugung seiner nationalen Loyalität

---

487 Manfred P. Emmes, Die Außenpolitiken der USA, Japans und Deutschlands im wechselseitigen Einfluß von der Mitte des 19. bis Ende des 20. Jahrhunderts, Studien zur Politikwissenschaft Abt. B, Bd. 91, Lit Verlag, Münster 2000.

488 Stg. Berichte, 10. Leg.-Periode, 1898/1900, 1, 5. Sitzung, Mittwoch, den 14. Dezember 1898, S. 70D.

489 Ibid., S. 70D: „Wenn ich auf ein gutes Einvernehmen mit Amerika für die Zukunft hoffe, so rechne ich allerdings darauf, daß der alte Bismarcksche Grundsatz wieder ins Leben tritt, handelspolitische Fragen nicht mit anderen politischen Fragen zu verquicken. (Sehr richtig! rechts.) [...] Aber die ganze Natur der Amerikaner ist so geartet, daß sie für ein schwächliges Zurückweichen unsererseits auch in handelspolitischen Fragen meiner Auffassung nach gar kein Verständnis haben werden. (Sehr gut! rechts.) Es wird ihnen sehr angenehm sein; aber wie wir das thun können, dafür werden sie gar kein Verständnis besitzen. (Sehr richtig! rechts.)."

bewies er so seine staatstragende und verantwortungsbewusste Haltung. Als Folge dieser Haltung des Reichstags würden nicht nur die außenpolitischen Kompetenzen, sondern vielmehr auch dessen politische Kompetenz insgesamt erweitert und seine Stellung im Machtgefüge des Kaiserreiches gestärkt werden.[490] Der seinen Ausführung von allen Seiten des Hauses gespendete Beifall bezeugt, dass die Abgeordneten sich dieser Stoßrichtung der Rede Liebers bewusst waren, diese unterstützten und über die außenpolitischen Mitwirkungsforderungen eines einzelnen Abgeordneten zudem das Wir-Gefühl der soziologisch relativ jungen Gruppe der Reichstagsabgeordneten gestärkt wurde. Staatssekretär Bülow ging in seiner Antwort auf Lieber und dessen Nachredner Herbert von Bismarck intensiv auf die deutsche Haltung im Spanisch-Amerikanischen Krieg ein. Er übernahm dabei die Argumentation sowohl des Kaisers als auch des Abgeordneten Lieber.[491] Immer wieder unterbrochen von allen Seiten des Reichstags durch das zustimmende und begeisterte „Bravo" betonte er, dass man nur zum Schutze des deutschen Handels und deutscher Staatsangehöriger einen Teil des Ostasiengeschwaders nach Manila geschickt hätte. Allerdings habe Deutschland immer Neutralität im Konflikt bewahrt.[492] Durch den repetitiven Gebrauch des Possessivpronomens „unser" sowie über das Lächerlich machen der Presse, die den sog. Manilazwischenfall und Gerüchte während des Krieges aufgebauscht hatte, versuchte er das Vertrauen und die Zustimmung der Abgeordneten zu gewinnen. Dass ihm dies gelang, zeigte die Reaktion der Abgeordneten: „(Große Heiterkeit.)."[493] Er unterstrich dazu weiter das gute Einvernehmen zwischen den deutschen und amerikanischen Seeoffizieren und das tadellose Verhalten der deutschen Seeoffiziere. Der Reichstag kommentierte diese Aussage mit „Bravo!"[494] Bülow, ein begabter Redner, wiederholt noch einmal, immer wieder unterbrochen von der Reaktion „Bravo", die neutrale Haltung Deutschlands, aber auch, dass sich Deutschland, immer im Rahmen des Völkerrechts, „niemals abhalten lassen [werde], dieses unser Recht und diese unsere Pflicht mit ruhiger Besonnenheit, aber auch in vollem Umfange wahrzunehmen. (Lebhaftes Bravo.)".[495] Bülow betonte wiederholt, dass Deutschland lediglich seine Rechte beansprucht hatte. Und er appellierte deshalb an die USA, ihrerseits die Rechte Deutschlands zu respektieren. Er benutzte den Reichstag somit als Bühne, um vor der deutschen und internationalen Öffentlichkeit implizit die neue deutsche außenpolitische Weltmachtdoktrin vom „Platz an der Sonne" zu wiederholen

---

490 Siehe dazu: Morsey, „Lieber, Ernst": „Lieber war betont national eingestellt und suchte die Stellung des Reichstags zu festigen".

491 Stg. Berichte, 10. Leg.-Periode, 1898/1900, 1, 30. Sitzung, Sonnabend, den 11. Februar 1899, S. 794D.

492 Ibid., S. 794D–795A.

493 Ibid., S. 795A.

494 Ibid., S. 795A/B.

495 Ibid., S. 795B.

und zu festigen. Die Abgeordneten reagierten dabei wie ein verstärkender Chor in einem antiken Drama,[496] was wiederum die nationale Einheit als auch die Bedeutung des Reichstags im Institutionengefüge stärkte. Und in der Tat: Gerade für die Abgeordneten und für die offiziellen staatliche außenpolitischen Akteure der aufstrebenden Großmacht Deutsches Reich war die Anerkennung der erhobenen legitimen Ansprüche durch die anderen Großmächte von geradezu existentieller Bedeutung. Darin drückt sich die Existenz als gleichberechtigter Akteur in den internationalen Beziehungen der Großmächte aus.[497]

2.2.5. Zwischenbilanz Spanisch-Amerikanischer Krieg

Der Spanisch-Amerikanische Krieg, der sich daran anschließende Philippinisch-Amerikanische Krieg und der Erwerb der Karolinen von Spanien durch das Deutsche Reich im Gefolge dieser Krieg, fanden in denselben für die Geschichte des Deutschen Reichs so entscheidenden Jahren 1898/1899 statt. Denn zur gleichen Zeit hatte Deutschland Kiautschou von China „gepachtet" und nach einem langen Konflikt mit Großbritannien und vor allem den USA den größten Teil Samoas erworben. Darüber soll jedoch weiter unten ausführlich berichtet werden.[498] Daneben hatte es mit dem Ausbau und der Vergrößerung seiner Flotte begonnen. Deutschlands starkes Wirtschaftswachstum und fortschreitende industrielle Modernisierung hatten es neben den Vereinigten Staaten und mit etwas Abstand Japan zum wohl dynamischsten Land werden lassen und beide Länder hatten also mit der imperialen Expansion begonnen. Darüber hinaus aber waren die Demokratie und der informelle Parlamentarismus, zumindest auf Reichsebene, mittlerweile fortgeschritten genug, dass der Reichstag in die außenpolitischen Überlegungen mit einbezogen werden wollte und musste. Allerdings kann man über die Vorgänge zumal zum Erwerb der Karolinen zweierlei erkennen: Einerseits versuchte der Staatssekretär im Auswärtigen Amt und wichtigste politische Persönlichkeit dieser Jahre, Bernhard von Bülow, auf die Befindlichkeiten des Reichstags einzugehen und diesen in der Außenpolitik mitzunehmen, andererseits wollte er ihn von den eigentlichen Arkanen der Entscheidungen und der Diplomatie möglichst fernhalten. Der Reichstag selbst versuchte, an den Richtungsentscheidungen beteiligt zu werden, nicht zuletzt dadurch, dass sich einzelnen Mitglieder als Experten der Außenbeziehungen und transnationaler Fragen etwa zu den Vereinigten Staaten

---

496 Helga AREND, Der Chor. Partizipation, Isolation und Auflösung des Einzelnen, in: Theater als Raum bildender Prozesse, hg. von Mayte ZIMMERMANN, Kristin WESTPHAL, Helga AREND, Wiebke LOHFELD. Athena, Oberhausen 2020, S. 65–78.
497 Zu der Bedeutung von Respekt in internationalen Beziehungen siehe: WOLF, Respekt, S. 19: „Ein staatlicher Akteur [könnte] in einer internationalen Krise auch deshalb auf bestimmten Rechten beharren, weil er dem Eindruck entgegenzutreten sucht, er sei nur ein Staat zweiter Klasse."
498 Siehe Kapitel 2.6.

profilierten. Dann aber erkennt man auch eine Art manipulatives Vorgehen. Die Abgeordneten sprachen in beinahe parlamentarischer Manier der Reichsleitung das Vertrauen in ihre außenpolitischen Fähigkeiten und Entscheidungen aus oder machten ihr verständlich, dass die Außenpolitik ein eher zweitrangiger Teilbereich in der allgemeinen Politik war, welche von handels- und innenpolitischen, sozialen Fragen dominiert wurde.

Ehe also weiter die Debatten des Reichstags zu den außenpolitischen Überlegungen und Diskussionen im Zuge der Veränderungen des Spanisch-Amerikanischen Krieges weiterverfolgt werden, soll zunächst die Flottengesetzgebung, die offiziell im Dezember 1898 – als kurz nach dem Ende des Spanisch-Amerikanischen Krieges – eingeleitet worden war, betrachtet werden. Denn nicht zuletzt der offene amerikanische Imperialismus und die wirtschaftliche und imperiale Konkurrenz mit diesem Land wurden als Argument für den Flottenausbau benutzt. Dies geschah wohl auch, um den eigentlichen Adressaten der Flottenpolitik, nämlich Großbritannien, nicht explizit zu nennen und so das Risiko einer deutlichen und schnellen englischen Gegenwehr zu vermindern, welche man nicht wenig fürchtete. Tirpitz sprach in diesem Zusammenhang von der „Risikozone", also dem Zeitraum, in dem die Flotte im Aufbau war,[499] welche es unbeschadet und ohne das Auslösen eines britischen Eingreifens zu überbrücken galt.

2.3. Die Flottenpolitik: Das erste Flottengesetz

Als Wilhelm II. 1888 den Thron bestieg, begann für das deutsche Militär eine neue Epoche. Bis dahin hatte die Flotte eine nur geringe Rolle gespielt. Noch am 27. April 1898, kurz nach Ausbruch des Spanisch-Amerikanischen Krieges, meinte der Sozialdemokrat Wilhelm Liebknecht im Reichstag, dass eine Flotte zur Hebung des Handels, der Wirtschaftskraft oder des Prestiges einer Nation unnötig wären. Als Vorbild dafür führte er die Vereinigten Staaten an.[500] Seit Beginn der europäischen Expansion wollten auch deutsche Privatleute und Fürsten an dieser teilhaben. Koloniale Projekte gab es mehrere, etwa in Venezuela oder an der afrikanischen Westküste. Darüber wurde auch die Frage der Notwendigkeit einer Flotte immer wieder erörtert. Der erste echte Anlauf zur Gründung einer solchen aber wurde vom Fünfzigerausschuss des Frankfurter Vorparlaments unternommen, welcher im April 1848 einen Marineausschuss eingesetzt hatte. Es wurde eine Bundeskriegsflotte gegründet, die bis 1853 existierte.[501] Nach der Gründung des

---

499 Michael SALEWSKI, Die Deutschen und die See, Studien zur deutschen Marinegeschichte des 19. und 20. Jahrhunderts, Franz Steiner Verlag, Stuttgart 1998, S. 96–127.

500 Stg. Berichte, 9. Leg.-Periode, 1897/98, 3, 76. Sitzung, Mittwoch, den 27. April 1898, S. 1983B.

501 Horst GRÜNDER, „… da und dort ein junges Deutschland gründen", Rassismus, Kolonien und kolonialer Gedanke vom 16. bis zum 20. Jahrhundert, Deutscher Taschenbuchverlag, München 1999, S. 9–16.

Deutschen Reichs wurde 1872 die Kaiserliche Marine eingerichtet und 1873 wurden zunächst zwei Auslandsstationen zum Schutz deutscher Wirtschaftsinteressen und Seehandelswege festgelegt, nämlich die Ostasiatische und die Westindische Station.[502] In den Jahren 1876–1878 kam es im Zuge eines Konfliktes zwischen dem Deutschen Reich und Nicaragua, der sog. Eisenstuck-Affäre,[503] bereits zu einer Zusammenarbeit zwischen Marine, Auswärtigem Amt und einer Vermittlung der Vereinigten Staaten, welche an die Vorgehensweise in der Venezuelakrise dreißig Jahre später erinnert, aber noch zur sog. Kanonenbootpolitik[504] zählte und demnach keine Gefahr oder Herausforderung für die Monroe-Doktrin darstellte, die zudem von den USA in der Zwischenzeit noch nicht verschärft worden war.

Insgesamt aber hatte das Hauptaugenmerk auf der Landarmee gelegen. Zu Beginn von Wilhelms Herrschaft bestand das Landheer aus 19.294 Offizieren und 468.409 Unteroffizieren und Mannschaften. Die Marine brachte es hingegen auf nur 15 480 Männer, davon 534 Offiziere. Die Flotte selbst bestand aus 36 Schiffen unterschiedlicher Größe. 1913, also 25 Jahre später, dienten 2196 Offizier und 59 991 Unteroffiziere und Mannschaften in der Marine. Insgesamt besaß die Flotte nun 154 Schiffe, davon 61 Großschiffe und 72 U-Boote.[505] Die Kriegsschifftonnage war von 190 000t im Jahr 1890 auf 1 305 000t 1914 gestiegen. Damit war die deutsche Marine hinter der Englischen (2 714 000t) noch vor der amerikanischen Flotte (985 000t) zur zweit größten der Welt geworden.[506] Was war geschehen? Welche Rolle spielten die USA in dieser Entscheidung? Warum hatte der Reichstag schließlich die Gelder bewilligt und inwiefern stellten die Debatten zum Flottengesetz unter besondere Berücksichtigung der USA eine Etappe auf dem Weg der informellen Parlamentarisierung dar?

---

502 Heiko HEROLD, Reichsgewalt bedeutet Seegewalt: Die Kreuzergeschwader der kaiserlichen Marine als Instrument der deutschen Kolonial- und Weltpolitik 1885 bis 1901, Oldenbourg Verlag, München 2013, S. 5.

503 Gerhard WIECHMANN, Die preußisch-deutsche Marine in Lateinamerika 1866–1914. Eine Studie deutscher Kanonenbootpolitik, H.M. Hauschild, Bremen 2002.

504 Gerhard WIECHMANN, Die Königlich-Preußische Marine in Lateinamerika 1851 bis 1867: Ein Versuch deutscher Kanonenbootpolitik in Übersee, in: Preußen und Lateinamerika: Im Spannungsfeld von Kommerz, Macht und Kultur, hg. von Sandra CARRERAS, Günther MAIHOLD, LIT VERLAG, Münster 2004, S. 105 -144, hier S. 106.

505 Michael EPKENHANS, Wilhelm II and his navy, 1888–1918, in: The Kaiser: New Research on Wilhelm II's role in Imperial Germany, hg. von Annika MOMBAUER und Wilhelm DEIST, Cambridge University Press, New York 2003, S. 12–36.

506 BRECHTKEN, S. 58. In Brechtkens Buch finden sich zahlreiche aufschlussreiche Tabellen zum Vergleich zwischen Deutschland, Großbritannien und Amerika.

2.3.1. Die Gründe für eine starke Flotte

Wilhelm war seit seiner Kindheit von der Flotte begeistert.[507] Zu Beginn seiner
Herrschaft jedoch war sein Denken immer noch sehr auf Europa ausgerichtet,[508]
wo Deutschland zu einer Art Hegemon werden sollte und deshalb in der Hauptsache über eine starke Landarmee verfügen musste. Demzufolge wurde auch die
Armee stark vergrößert.[509] Die Bülow'sche Weltmachtkonzeption hatte sich noch
nicht vollständig entwickelt und Wilhelm selbst hatte auch noch keine klare Vorstellung von seiner Weltpolitik. Erst ab 1894 etwa, auch unter dem Einfluss der
Lektüre des marinetheoretischen Buches von Alfred T. Mahan[510] sowie dem Beginn
des chinesisch-japanischen Krieges im Juli 1894[511] steigerte sich Wilhelms Interesse für eine starke Flotte. Bülow sollte diesen Krieg fünf Jahre später als eines der
tiefgreifendsten Ereignisse der letzten Jahre bezeichnen,[512] der die Notwendigkeit
einer starken Flotte gezeigt hätte. Der Sozialist Bebel wies Bülows Argumentation
jedoch herausfordernd zurück und stellte zudem die beinahe trotzige Frage, „was
denn das wieder mit uns zu thun [hat]."[513] Darüber hinaus zog er über das Verhalten Deutschlands in diesem Krieg die Kompetenz der Exekutive in Frage und
stellte den Reichstag in auswärtigen Fragen in Konkurrenz zu der Reichsleitung.
Die Eigencharakterisierung mittels einer Untertreibung verstärkte dabei indirekt
die verfassungsrechtlich nicht gedeckte Anmaßung Bebels, sich in dieser internationalen Frage gar als kompetenter zu beschreiben: „[D]enn wenn an irgend einer
Stelle nach meiner Laienauffassung die deutsche Politik einen schweren Fehler
gemacht hat, so im japanisch-chinesischen Krieg."[514]

Bülow und der Kreis um ihn durchdachten jedoch in der Folge die beiden sich
zum einen widersprechenden, zum anderen aber auch komplementierenden Konzeptionen „Weltpolitik" und „Weltmachtpolitik" immer schlüssiger. Während die
Idee der „Weltpolitik" in der Hauptsache von merkantilen deutschen Interessen
getragen wurde und die weltweite Durchsetzung und Verteidigung dieser als Ziel
ausgegeben wurde, wollte die „Weltmachtpolitik" die Schaffung eines deutschen

---

507 Wilhelm II., Aus meinem Leben 1859-1888, Koehler, Berlin und Leipzig 1927, S. 263.

508 Zara STEINER, Elitism and Foreign Policy: the Foreign Office before the Great War,
in: Shadow and Substance in British Foreign Policy, hg. von B. J. C. McKERCHER and
D. J. Moss, The University of Alberta Press, Endmonton 1984, S. 19–55, hier S. 44.

509 CANIS, Von Bismarck zur Weltpolitik, S. 12.

510 Alfred T. MAHAN, The Influence of Sea-Power upon History, 1660–1783, Little,
Brown & Company, Boston 1890.

511 RÖHL, Der Aufbau der persönlichen Monarchie, S. 1113.

512 Stg. Berichte, 10. Leg.-Periode, 1898/1900, 4, 119. Sitzung, Montag, den 11. Dezember
1899, S. 3292–3293D/A.

513 Stg. Berichte, 10. Leg.-Periode, 1898/1900, 4, 120. Sitzung, Dienstag, den 12. Dezember 1899, S. 3323A.

514 Ibid.

politischen Weltreiches, welches dem englischen Konkurrenz machen können sollte.[515] Die „Weltmachtpolitik", als deren Protagonisten man den Staatssekretär der Marine Tirpitz und vor allem Bülow ansehen kann, aber auch den Alldeutschen Verband, Kolonialverbände etwa oder die Nationalliberale Partei, war geprägt von dezidiert sozialdarwinistischen und teilweise rassistischen Motiven. Tirpitz etwa sah die Welt als Kampfplatz der zwei zum Herrschen auserwählten Rassen, nämlich der germanischen und der angelsächsischen.[516] Friedrich Naumann, einer der bedeutendsten liberalen Politiker der Wilhelminischen Ära, meinte geradezu zynisch: „Die Kleinen haben das Recht, sich beschützen und verteilen zu lassen, das ist alles". Oder auch: „Wir scheuen uns gar nicht, Polen, Dänen, Suaheli, Chinesen nach Kräften zu entnationalisieren."[517]

Diese Haltung kam auch bei Bülows, allerdings etwas zurückhaltender formuliert, im Reichstag zum Vorschein, als er im Zuge einer Rede zum zweiten Flottengesetz den englischen Kolonialminister Chamberlain zitierend sagte, „daß die starken Staaten immer stärker und die schwachen immer schwächer werden würden",[518] was zu einer neuen Aufteilung der Welt führen würde. Der Sozialdemokrat Bebel hatte dieser Auffassung in seiner Antwort darauf vehement widersprochen und erwidert, dass der Erwerb von Kolonien und der auch dadurch begründete Aufbau einer Flotte keinen Sinn machten. Der Großteil des deutschen Handels würde mit den europäischen Staaten und den Vereinigten Staaten abgewickelt. Es wäre auch illusorisch zu denken, in Lateinamerika „festen Boden zu fassen", denn „da mischen sich die Vereinigten Staaten hinein, dort gilt die Monroe-Doktrin,"[519] deren Berechtigung von Bebel interessanterweise hier nicht infrage gestellt wurde, obwohl die Monroe-Doktrin von vielen Europäern noch lange Zeit nicht ganz ernst genommen worden war.[520] Auch Bebel zog dabei die hierarchische und eurozentrische Einteilung der Welt in „große Kulturnationen", die zum Beherrschen berechtigt waren, wozu Deutschland und die Vereinigten Staaten seinem Dafürhalten

---

515 Zu den beiden Konzeptionen „Weltpolitik" und „Weltmachtpolitik", ihre Entstehung und ihre Unterscheidung siehe: Peter WINZEN, Zur Genesis von Weltmachtkonzept und Weltpolitik, in: Der Ort Kaiser Wilhelms II. in der deutschen Geschichte, hg. von John C.G. RÖHL, Elisabeth MÜLLER-LUCKNER, Schriften des Historischen Kollegs, Kolloquien 17, Oldenbourg, München 1991, S. 189–213.

516 WINZEN, Zur Genesis von Weltmachtkonzept und Weltpolitik, S. 203.

517 Friedrich NAUMANN, „National und international", Oktober 1899, zitiert nach: WINZEN, Zur Genesis von Weltmachtkonzept und Weltpolitik, S. 178–179.

518 Stg. Berichte, 10. Leg.-Periode, 1898/1900, 4, 119. Sitzung, Montag, den 11. Dezember 1899, S. 3293A.

519 Stg. Berichte, 10. Leg.-Periode, 1898/1900, 4, 120. Sitzung, Dienstag, den 12. Dezember 1899, S. 3323B.

520 HEIDEKING, MAUCH, Geschichte der USA, S. 194.

nach fraglos gehörten, und in andere halb- oder unzivilisierte Nationen nicht in Zweifel.[521]

Zwar hatte Wilhelm II. wegen seiner entfachten Flottenbegeisterung und der von ihm unterstützten Kolonialerwerbung seit seiner Thronbesteigung immer wieder versucht, den Reichstag von der Notwendigkeit zu überzeugen, Geld für den Ausbau der Flotte bereitzustellen. Allerdings gab der Reichstag diesem Ansinnen bis ins Jahr 1897 in immer nur sehr geringen Maßen nach. Erst am 28. März 1898 stimmte der Reichstag dem ersten der sog. Flottengesetze zu, das den Umfang der Flotte stark erhöhte.[522] Die Hauptakteure der Flottenpropaganda waren Großadmiral Alfred von Tirpitz,[523] der 1897 zum Staatssekretär des Reichsmarineministeriums ernannt worden war, sowie der Chef des von Tirpitz im Reichsmarineamt eingerichteten Nachrichtenbüros, August von Heeringen.[524] Theoretische Schützenhilfe hatte das Projekt des Schlachtflottenbaus von den sog. Flottenprofessoren erhalten, allen voran Ernst von Halle und etwas später Hermann Schumacher, welche Schüler Gustav Schmollers gewesen waren, zu dem wiederum Tirpitz eine freundschaftliche Beziehung hegte.[525] Um den Reichstag zur Zustimmung zu bewegen, hatte Tirpitz als erster s ein für die Mehrheit der Abgeordneten schlüssiges Konzept für einen etwaigen Einsatz einer großen deutschen Flotte vorgelegt. Dabei handelte es sich um eine strategische Kehrtwende: Die Flotte wurde nun erstmals als Abschreckungswaffe konzipiert, deren Kern schwere Schlachtschiffe und Kreuzer sein sollten.

Im August des Jahres 1897 hatten sich Wilhelm II., Tirpitz und Bülow in langen Diskussionen auf eine Strategie zur Überzeugung des Reichstags verständigt. Der Gesetzesvorschlag sollte klar, kohärent und begrenzt sein und zudem die große Mehrheit der Bevölkerung überzeugen können, so dass der Reichstag letztlich zustimmen konnte und musste.[526] Die Führung des Reiches war sich also des Zusammenhanges zwischen Demokratisierung und Parlamentarisierung bewusst und suchte diese in ihrem Sinne zu beeinflussen. Besonders Bülow, der bereits im Juni 1897 zum geschäftsführenden Staatssekretär des Auswärtigen Amtes ernannt worden war, war sich zum einen über die zunehmende Bedeutung des Reichstags

---

521 Stg. Berichte, 10. Leg.-Periode, 1898/1900, 4, 120. Sitzung, Dienstag, den 12. Dezember 1899, S. 3324A.

522 GRIMMER-SOLEM, Learning Empire, S. 207; siehe auch: Holger H. HERWIG, „Luxury" Fleet: The Imperial German Navy 1888–1918, Ashfield, Atlantic Highlands, NJ 1987; de.wikisource.org/wiki/Gesetz, betreffend_die_deutsche_Flotte, erschienen im Reichsgesetzblatt am 16. April 1898, Nr. 15, Gesetz Nr. 2464, S. 165–168.

523 Volker R. BERGHAHN, Der Tirpitz-Plan: Genesis und Verfall einer innenpolitischen Krisenstrategie unter Wilhelm II., Droste Verlag, Düsseldorf 1971.

524 GRIMMER-SOLEM, Learning Empire, S. 197.

525 Ibid., S. 202.

526 Ibid., S. 193–194.

im Klaren, andererseits wollte er das parlamentarische System als Gegengewicht zum Kaiser und zum Beamtenapparat stärken. Und so begann er bei den verschiedenen Parteien für das Flottengesetz zu werben. Er reiste etwa gar nach Rom, um bei einer Audienz mit Papst Leo XIII. diesen und wichtige Würdenträger der katholischen Kirche von der Begründetheit des deutschen Projekts zu überzeugen. Bülow wollte sich so der Zustimmung des katholischen Zentrums versichern. Darüber hinaus gab es auch Gespräche mit dem einflussreichen Fürstbischof von Breslau Georg von Kopp[527], da die Schlesier in ihrer Mehrheit katholisch waren[528] und Breslau damals das reichste deutsche Bistum war.[529] Der Zusammenhang zwischen Demokratisierung und „informeller" Parlamentarisierung sowie deren unaufhaltsamer Fortschritt waren den Zeitgenossen, nicht zuletzt der alten Elite also durchaus klar und bekräftigt den allgemeinen Eindruck, dass beides sich in der Wilhelminischen Epoche gegenseitig zu verstärken und zu bedingen schien.

In seiner Rede während der ersten Lesung des Flottengesetzes sprach der deutschkonservative Abgeordnete Friedrich zu Limburg-Stirum[530] die Absicht eines Teils der Abgeordneten, die Parlamentarisierung über den Hebel etwa des Budgetrechts *de facto* einführen zu wollen, auch explizit an. Er bestritt, dass das Flottengesetz das Budgetrecht des Reichstags gefährden würde, es sei denn,

---

527 Norbert CONRADS, „Kopp, Georg von", in: Neue Deutsche Biographie 12 (1979), S. 570–572 [Online-Version]; URL: https://www.deutsche-biographie.de/pnd118714 031.html#ndbcontent: Georg von Kopp (25. Juli 1837–4. März 1914) war seit 1887 Fürstbischof von Breslau und seit 1900 Leiter der Fuldaer Bischofskonferenz. Er galt als enger Vertrauter Papst Leos XIII., der wegen seiner Stärkung der katholischen Soziallehre als Arbeiterpapst galt und mit Bismarck zusammengearbeitet hatte. Kopp zählt wegen seiner Mithilfe bei der Beilegung des Kulturkampfes und der Aussöhnung der deutschen Katholiken mit dem Kaiserreich zu den wichtigsten Kirchenführern seiner Zeit.

528 Zu Fragen der Identität und zur Rolle des Katholizismus in Schlesien siehe: James E. BJORK, Neither German nor Pole: Catholicism and National Indifference in a Central European Borderland, University of Michigan Press, Ann Arbor 2008.

529 GRIMMER-SOLEM, Learning Empire, S. 195.

530 Zu Friedrich zu Limburg-Stirum (6. August 1835–27. Oktober 1912) siehe: Bernhard MANN, Biographisches Handbuch für das Preußische Abgeordnetenhaus. 1867–1918 (= Handbücher zur Geschichte des Parlamentarismus und der Politischen Parteien. Bd. 3), Mitarbeit von Martin DOERRY, Cornelia RAUH und Thomas KÜHNE, Droste, Düsseldorf 1988, S. 247: Limburg-Stirum war ein deutscher Diplomat, Reichstagsmitglied für die Deutschkonservative Partei von 1898 bis 1907. Wegen seiner Kritik am deutsch-österreichischen Handelsvertrag vom 6. Dezember 1891 war er in den vorzeitigen Ruhestand versetzt worden. 1904 war ihm die Ehrendoktorwürde der University of Wisconsin-Madison überreicht worden.

„man [verstehe] unter Budgetrecht das Recht des Reichstags, das Budget zu benutzen,
um den Schwerpunkt der Macht des Staates in die Parlamente zu legen, dadurch daß
man nothwendige Dinge verweigert, die Krone zwingt, solche Männer zu Ministern zu
machen, welche dem Parlament genehm sind, dann, meine Herren, wäre jede Bindung
des Budgets auf längere Zeit hinaus für das Parlament eine Unbequemlichkeit."[531]

Der Staatssekretär des Innern,[532] Graf von Posadowsky-Wehner, verdeutlichte in
seiner Rede vor dem Reichstag am 6. Dezember 1897 das Problem der Differenzierung
der Flottenaufgaben mit der Notwendigkeit, unterschiedliche Schiffstypen zu bauen.
Er sagte, dass es zwei verschiedener Flottentypen bedürfte, die zwei verschiedene Kos-
tentypen darstellten: Einerseits die „Kosten, die wirklich Kosten der Landesvertheidi-
gung sind, und den Kosten, die ausgegeben werden für Schiffe, die unseren Handel
im Auslande schützen sollen."[533] Der Aufbau einer Kreuzerflotte wäre demnach wichtig, um die Handelsniederlassungen auf der ganzen Welt schützen zu können, und er
berichtete, wie man etwa beim von Limburg-Stirum angeschnittenen Zwischenfall in
Haiti sehen wird, von „fortgesetzt[en] Reklamationen an das Auswärtige Amt [...],
Schiffe zu schicken nach den verschiedensten Welttheilen, und daß wir notorisch wiederholt in der Lage gewesen sind, entweder gar keine Schiffe schicken zu können oder
doch nicht in der [nötigen] Anzahl."[534]

Der Streit über die Zielsetzung hatte denn auch den Ausbau der Flotte verzögert.
Während Wilhelm II. zunächst beeinflusst von der französischen *jeune école*[535] insbesondere den Bau von schnellen Kreuzern forcieren wollte, glaubte Tirpitz eher an

---

531 Stg. Berichte, 9. Leg.-Periode, 1897/98,1, 4. Sitzung, Montag, den 6. Dezember 1897,
S. 55D.
532 HERTZ-EICHENRODE, Ära Bismarck, S. 43–44: Im Laufe der Zeit wurden die Staatssekretäre immer wichtiger und erlangten über die Zeichnungsberechtigung für ihr
Aufgabengebiet *de facto* den Rang von Ministern, wenngleich *de jure* der Reichskanzler der einzige Reichsminister war. Zunächst gab es sieben Reichsämter, an
deren Spitze ein Staatssekretär stand, nämlich das Reichseisenbahnamt, das Reichs-
postamt, das Ministerium für Elsaß-Lothringen, das Auswärtige Amt, das Reichsamt des Innern, das Reichsjustizamt, das Reichsschatzamt. Im Jahre 1907 kam das
Reichskolonialamt hinzu. Zum wichtigsten Personal in der Wilhelminischen Zeit
siehe den Aufsatz von Katharina A. LERMAN, The Kaiser's elite? Wilhelm II and the
Berlin administration, 1890–1914, in: The Kaiser: New Research on Wilhelm II's role
in Imperial Germany, hg. von Annika MOMBAUER und Wilhelm DEIST, Cambridge
University Press, New York 2003, S. 63-90.
533 Stg. Berichte, 9. Leg.-Periode, 1897/98,1, 4. Sitzung, Montag, den 6. Dezember 1897,
S. 59A.
534 Ibid., S. 57.
535 Heinz Friedrich Ernst WEGENER, Der Einfluss der Internationalen Flottenkonzeptionen auf die Marinepolitik des Kaiserreichs und ihre Durchsetzung in der deutschen Öffentlichkeit 1871 -1908, Dissertation, Würzburg 1983. Volkmar BUEB, Die

den Aufbau einer vor allem aus Linienschiffen und schweren Kreuzern bestehenden Flotte: Zum einen sollten diese die deutschen Seegrenzen vor einem englischen Angriff schützen. Zum anderen war Tirpitz davon überzeugt, dass einer wirklichen deutschen Überseeexpansion immer die gewaltige englische Flotte im Wege stehen würde.[536] Da Deutschland nur über sehr wenige weltweite Stützpunkte und Kolonien verfügte, schien es den Abgeordneten nicht schlüssig, in der Hauptsache eine Art schneller Eingreiftruppe, bestehend aus Kreuzern, aufzubauen.[537] Und so überzeugte das Konzept von Tirpitz schließlich die Abgeordneten. Ein weiterer Grund für die Zustimmung des Reichstages war sicherlich, dass sich gegen Ende des 19. Jahrhunderts die politischen und wirtschaftlichen Kräfteverhältnisse und die politische Weltlage grundsätzlich verändert hatten. Gerade Deutschland befand sich auf der Suche nach einer seinem Gewicht und Wirtschaftskraft angemessenen Rolle. Der Wille Wilhelms II. hätte also sicher nicht genügt, die Abgeordneten vom Aufbau einer starken Flotte zu überzeugen. Viele in Deutschland waren jedoch mit dem Kaiser einer Meinung – symptomatisch mag hier der Kolonialverein oder der Flottenverein stehen –, dass es Deutschlands wirtschaftliche und politische Stärke nun erforderlich machte, diese durch eine Flotte und einen deutschen Imperialismus langfristig abzusichern. Unterstützt wurde diese sich ausbreitende Meinung auch durch die Propaganda des oben erwähnten Nachrichtenbüros im Reichsmarineamt und die Argumente der Flottenprofessoren. Gerade in Bezug auf die immer intensivere Flottenbegeisterung und Flottenpropaganda wirkte vor allem die Linke im Reichstag teilweise als rationales Korrektiv, wie etwa der ironische Beitrag des Sozialdemokraten Bruno Schoenlank[538] während der ersten Lesung des Flottengesetzes verdeutlichte: „Es haben sich ja auch glücklich eine Reihe von Universitätsprofessoren gefunden, die mit großem Eifer das Tamtam für die Flotte schlagen bei den unmöglichsten Gelegenheiten, und sogar [...] ein Schwager des Professors Schmoller, des bösen Kathedersozialisten, Herr

---

„Junge Schule" der französischen Marine. Strategie und Politik 1875–1900, Harald Boldt Verlag, Boppard am Rhein 1971, S. 185. In: Militärgeschichtliches Forschungsamt (Hg.): Wehrwissenschaftliche Forschungen, Abteilung Militärgeschichtliche Studien, Band 12.

536 WINZEN, Zur Genesis von Weltmachtkonzept und Weltpolitik, S. 192.

537 Siehe dazu: EPKENHANS, Wilhelm II and his navy, 1888–1918, S. 31.

538 Karsten RUDOLPH, Schoenlank, Bruno, in: Neue Deutsche Biographie 23 (2007), S. 417–418 [Online-Version]; URL: https://www.deutsche-biographie.de/pnd116888 970.html#ndbcontent: Bruno Schoenlank (16. Mai 1859–30. Oktober 1901) saß von 1893 bis 1901 für die SPD im Reichstag. Er war Schüler Gustav Schmollers und bedeutender Journalist. Während seiner Rede zum Flottengesetz kritisierte er die „Flottenprofessoren" und deren Eintreten für eine durch Flottenausbau gestützte Weltpolitik. Schoenlank bezeichnet diese zudem als eine neue Mode der Politik.

Rathgen."[539] Der Linksliberale Eugen Richter erregte anlässlich der ersten Beratung des zweiten Flottengesetztes Ende Dezember 1899 im Reichstag große Heiterkeit, als er das Agieren des „Herr[n] Schmoller, auch ein solcher Flottenprofessor" als chauvinistisch und „ungezügeltes Größenbewußtsein" beschrieb.[540] Die öffentliche Meinung begann jedoch langsam umzuschlagen, zumal im Kontext der in China seit dem Sommer 1899 immer stärker werdenden antiwestlichen Stimmung, die sich gegen die Symbole ausländischer Besetzung, wie Eisenbahnen und christliche Missionen, richteten und im Frühjahr des Jahres 1900 im sog. Boxeraufstand mündeten. Ende des Jahres 1899 etwa sprach Hermann Schumacher auf einer von Karl Liebknecht organisierten sozialdemokratischen Veranstaltung. Die anfangs einem zweiten Flottengesetz und der Einrichtung der deutschen Kolonie Kiautschou in China skeptisch gegenüberstehende Zuhörerschaft wurde schließlich von Schumachers Argumenten überzeugt.[541] Neben großen Investitionen zum Ausbau der Infrastruktur und des Bergbaus in Shantung, der Kiautschou umgrenzenden Region, bedurfte es eben auch einer Flotte. Es bedurfte einer solchen aber auch, um dem als eigentliches Hindernis für Deutschland auf dem Weg zur Weltgeltung angesehenen Gegner, nämlich Großbritannien, Angst und Respekt einzuflößen. In einem bekannten und einflussreichen Aufsatz schilderte Schumacher, um welche Flottendimensionen es sich nur in Bezug auf China handelt: Obwohl Deutschland nach England der zweitwichtigste wirtschaftliche Akteur in China war, hatte es die schwächste Flotte dort nach Tonnage.[542] Die imperialistischen Bestrebungen Deutschlands führten denn auch zu starken Befürchtungen in Großbritannien, zumal um 1900 das Land nicht nur in China und Ostasien von Russland stark herausgefordert wurde, sondern auch in Südafrika im Burenkrieg die Schwächen der britischen Armee und Finanzierungsprobleme zutage traten und das Zurückweichen vor den Vereinigten Staaten während der ersten Venezuelakrise 1895 noch im Gedächtnis lag und der Konflikt mit Kanada über die Grenze zu Alaska schwelte.[543]

---

539 Stg. Berichte, 9. Leg.-Periode, 1897/98,1, 4. Sitzung, Montag, den 6. Dezember 1897, S. 51A.

540 Stg. Berichte, 10. Leg.-Periode, 1898/1900, 4, 122. Sitzung, Donnerstag, den 14. Dezember 1899, 3370A.

541 GRIMMER-SOLEM, Learning Empire, S. 208–209; Marco BÜNTE, Formen und Formenwandel politischer Gewalt in Südostasien – ein Überblick, in: Multiple Unsicherheit: Befunde aus Asien, Nahost, Afrika und Lateinamerika, hg. von Matthias BASEDAU, Hanspeter MATTES, Anika OETTLER, DÜI, Hamburg 2005, S. 33–59, hier S. 51.

542 Hermann SCHUMACHER, Deutschlands Interessen in China, in: Handels- und Machtpolitik: Reden und Aufsätze im Auftrage der „Freien Vereinigung für Flottenvorträge", hg. von Gustav SCHMOLLER, Max SERING, Adolph WAGNER, Bd. 2, zweite Auflage, J. Cotta, Stuttgart 1900, S. 175–246, hier S. 192.

543 Der im Hay-Herbert-Vertrag von 1904 über einen Schiedsspruch gelöste Streit hatte England auf Seiten der Vereinigten Staaten gesehen und bewies die immer

Großbritannien büßte immer mehr Marktanteile am Welthandel ein und sah vor allem Deutschland als neuen und gefährlichen Konkurrenten. Das sich in Großbritannien ausbreitende Gefühl der Unzulänglichkeit nationaler Institutionen und Organisationen, um 1900 nicht zuletzt wegen der deutschen wirtschaftlichen und demografischen Entwicklung[544] verstärkt, drückte sich in dem Bestreben der Steigerung nationaler Effizienz aus.[545] Zudem hatte Deutschland nicht nur mit dem Aufbau einer Kriegsflotte begonnen, auch die Handelsmarine hatte einen starken Aufschwung erlebt und schickte sich an, England den Rang abzulaufen. Auf einem Feld also, welches den größten Nationalstolz der Briten[546] zur damaligen Zeit darstellte. Eine starke Flotte sollte somit einerseits dazu dienen, deutsche Interessen schnell an jedem Ort der Welt durchzusetzen oder doch zumindest zu verteidigen. Andererseits sollte sie England oder andere mögliche Angreifer, wie die USA, welche in bestimmten Kreisen zunehmend als ein zukünftiger potentieller Kriegsgegner angesehen wurden, abschrecken und einschüchtern. Jedoch wirkte eine starke Flotte anziehend, und zwar als möglicher Bündnispartner. Die Bündnisfähigkeit Deutschland, etwa mit den USA, konnte dadurch erhöht werden. Neben der „gelben Gefahr", die vor allem durch viele Reden Wilhelms II. im kollektiven Gedächtnis hängen geblieben ist, sprach man zu Zeiten Wilhelms II. nämlich auch von der „amerikanischen Gefahr". Auf dieser Wahrnehmung hatten teilweise die Mitteleuropa- und Kontinentalbundpläne und deren konkrete Ausformung in den

---

größere Akzeptanz der Monroe-Doktrin durch Großbritannien. Auch in der Frage der Fischereirechte und in der des Panamakanalbaus zeigte sich diese Annäherung sowie nicht zuletzt in der zweiten Venezuelakrise 1902/03 Dieser Prozess wurde in der Historiographie als das „Great Rapprochement" bezeichnet. Siehe dazu: Stuart ANDERSON, Race and Rapprochement: Anglo-Saxonism and Anglo-American Relations, 1895–1904, Fairleigh Dickinson University 1981.

544 Bernhard von BÜLOW, Denkwürdigkeiten, Bd. 2, hg. von Franz von STOCKHAMMERN, Ullstein, Berlin 1930–1931, S. 428–429: Bülow berichtet hier von Eindrücken Walther Rathenaus aus England im Jahre 1909, dass England von zwei schweren Sorgen erfüllt wäre: der wirtschaftlichen und der kolonialen. Dabei sei sich England bewusst, dass es in der modernen Industrie hinter Deutschland zurückbliebe. [...] Mit jedem Schiff, das Deutschland baue, lockere sich ein Stein des britischen Kolonialgebäudes." Etwas weiter zitiert Bülow Rathenau wörtlich: „Hier [in Deutschland] sitzt der Konkurrent und der Rivale. [...] Man blickt von außerhalb in den Völkerkessel des Kontinents und gewahrt, von stagnierenden Nationen eingeschlossen, ein Volk von rastloser Aktivität und enormer physischer Expansion. Achthunderttausend neue Deutsche jährlich."

545 Siehe dazu: GRIMMER-SOLEM, Learning Empire, S. 258–262.

546 Siehe dazu: Katharina LAU, Gentlemen und Dandys: Studien zur Darstellung eines männlichen Ideals im englischen Porträt des frühen 19. Jahrhunderts, LIT Verlag, Berlin 2018, S. 133–145.

Caprivischen mitteleuropäischen Handelsverträgen zu Beginn der 1890er Jahre gefußt, wovon weiter unten genauer gesprochen werden wird. Deutsche wirtschaftliche und handelspolitische Interessen trafen vor allem im pazifischen und lateinamerikanischen Raum verstärkt diejenigen der USA, was zu Konflikten und Streitigkeiten führte.[547] Für den Bau der Flotte waren also zwei Gründe ausschlaggebend: Deutschlands größere Präsenz in allen Teilen der Welt führte vermehrt zu Situationen, bei denen die Kaufleute sich eine Flotte im Hintergrund als Schutz und Unterstützung zur Durchsetzung ihrer Interessen wünschten. Daneben lag dem Flottenbau aber auch ein imperialistischer Gedanke zugrunde: Deutschland wollte eine weltpolitische Rolle im neu sich sortierenden System der Weltmächte finden und gegebenenfalls ein interessanterer Bündnispartner sein. Und so wurde das Gesetz im März des Jahres 1898 verabschiedet, am 10. April von Wilhelm II. verordnet und am 16. April im Reichsgesetzblatt veröffentlicht. Am 30. April 1898 trat es schließlich in Kraft.

2.3.2. Die erste Lesung des Flottengesetzes im Reichstag

Wie war es nun dazu gekommen? Tatsächlich waren lange und intensive Debatten im Reichstag vorausgegangen: Die erste Beratung des Gesetzes fand vom 6. bis zum 9. Dezember 1897 statt. Vom 23. März 1898 bis zum 26. März 1898 fand in drei Sitzungen die zweite Beratung statt, die dritte Beratung mit der anschließenden Abstimmung wurde am 28. März 1898 im Reichstag geführt. Im Folgenden soll die erste Lesung des Gesetzentwurfs genauer analysiert werden, da hier die emblematischen Worte für die weitere historische Bedeutung der deutschen Flottenrüstung fielen und erste grundsätzliche Überlegungen gemacht wurden, welche auch die Vereinigten Staaten mit einbezogen. Die zweite Beratung des Gesetzes war hingegen von der Diskussion von Detailfragen zur Flotte und zum Budget geprägt. In

---

547 Ragnhild FIEBIG-VON HASE, Die Rolle Kaiser Wilhelms II. in den deutschamerikanischen Beziehungen, 1890–1914, in: John C.G. RÖHL (Hg.), Elisabeth MÜLLER-LUCKNER, Der Ort Kaiser Wilhelms II. in der deutschen Geschichte, Oldenbourg Wissenschaftsverlag, München 1991, S. 240. Ragnhild Fiebig-von Hase ist in ihrer Analyse der Wahrnehmung der USA durch Wilhelm II. recht skeptisch und interpretiert die um 1901 einsetzende wohlwollendere Sicht und auch die sog. Teddy-Willy-Beziehung, also die Beziehung zwischen dem amerikanischen Präsidenten Theodore Roosevelt und Wilhelm II., als im Grunde heuchlerisch und opportunistisch. Im Gegensatz zu Raimund Lammersdorf, der durchaus von einer wirklichen Freundschaftsabsicht zumindest seitens Wilhelms II. ausging. Siehe auch: LAMMERSDORF, Anfänge einer Weltmacht, S. 26–29: Lammersdorf betont, dass sich Theodore Roosevelt durch seine rassenideologische Weltsicht, der den Deutschen unter den Angelsachsen eine sehr wichtige weltkulturelle Rolle zubilligte, sich diesem Volk sehr verbunden fühlte.

der dritten Beratung wurden die bereits vorher genannten Argumente der Gegner und Befürworter noch einmal, jetzt konziser gefasst, vorgebracht. Die Debatte begann am 6. Dezember 1897. Reichskanzler Hohenlohe-Schillingsfürst, welcher sie eröffnete, hielt eine kurze und weitgehend emotionslose Rede. Das Ziel des Gesetzes sei die „Schaffung einer zwar nicht großen, aber leistungsfähigen und achtunggebietenden Kriegsflotte,"[548] welche, wie er meinte, vom Reichstag auch theoretisch immer anerkannt worden war. Deutschlands „glänzende Machtstellung in der Welt, [...] der Gang der Ereignisse jedoch, die ungeheure Entwicklung unserer überseeischen Interessen, die für Deutschland ungünstige Verschiebung der Stärkeverhältnisse zwischen unserer eigenen und den fremden Kriegsmarinen"[549] hat zur Erkenntnis geführt, dass eine starke Flotte notwendig sei. Auf den Reichskanzler folgte Admiral Tirpitz, der ebenso emotionslos die technischen Argumente für den Bau einer Flotte vorbrachte. Zum Ende fasste er noch einmal die Seeinteressen Deutschlands zusammen.[550]

Beiden Reden wurde am Ende mit „Bravo" bzw. „lebhafte[m] Beifall" durch den gesamten Reichstag bedacht. Die Annahme war also richtig gewesen, die Mehrheit des Reichstags stehe hinter einer Marinevergrößerung. Als erster Abgeordneter hielt der bereits weiter oben erwähnte Bruno Schoenlank von der SPD eine lange Rede zum Flottengesetz, in der er versuchte, sämtliche vorgebrachten Argumente für den Ausbau der Flotte zu entkräften. Dabei kam er auch dreimal kurz auf die USA zu sprechen, um seine Argumentation zu unterfüttern. Es handelte sich dabei stets um statistische Vergleiche zwischen Deutschland und anderen wichtigen Mächten, darunter Amerika. So verglich er die Entwicklung der Marineetats der verschiedenen westlichen Länder mit der des Deutschen Reiches. Während zwischen 1873 bis 1896 der deutsche Etat um das Dreieinhalbfache gestiegen war, so war er in den Vereinigten Staaten lediglich um ein Drittel gestiegen.[551] Allerdings war darin noch nicht die Steigerungen auf Grund des Spanisch-Amerikanischen Krieges und der imperialistischen Politik unter McKinley berücksichtigt. Und wirklich sollten sich in der Zukunft auch die Marineausgaben der Vereinigten Staaten gewaltig erhöhen. Wenig später versuchte Schoenlank mit einem Vergleich der Küstenlängen das Argument, der Küstenschutz bedürfe einer starken Kriegsmarine, zu entkräften. Zur Entkräftigung des Arguments, Deutschland brauche eine starke Flotte, um seinen gewaltigen Export zu sichern betonte er, dass der größte Teil des deutschen Handels in Länder „mit hoher Zivilisation, nach Nord-Amerika, Argentinien, Brasilien, nach Großbritannien" geht. Und so fragte er rhetorisch: „Meine

---

548 Stg. Berichte, 9. Leg.-Periode, 1897/98,1, 4. Sitzung, Montag, den 6. Dezember 1897, S. 42A.
549 Ibid., S. 42C.
550 Ibid., S. 46B/C.
551 Ibid., S. 47B.

Herren, brauchen denn dort unsere Unternehmer und Händler besonderen Schutz? Sind wir dort unter den Wilden? Herrschen dort barbarische Zustände?"[552] Die USA zählten also nicht nur zu den Kulturländern, wie bereits weiter oben zu Hermann Ahlwardts Rede im Mai 1897 angesprochen. Sie wurden von Schoenlank auch nicht als potentieller Gegner angesehen, was die bis zur Venezuelakrise weitgehend vorherrschende Auffassung bezeugt, dass die USA als Gegner oder gar Feind nicht ernsthaft in Betracht zu ziehen waren. Zudem erlaubte der Vergleich mit den USA, die Unsinnigkeit eines Aufbaus einer deutschen Flotte klarer darzulegen.[553]

Limburg-Stirum machte die beiden oben genannten, im Grunde paradox anmutenden Zielsetzungen des Flottenausbauprogramms verständlicher, die den unterschiedlichen Ansatz der „Weltpolitik" und der „Weltmachtpolitik" widerspiegelten: Sollte die Flotte genutzt werden, um vor allem Großbritannien einzuschüchtern und notfalls angreifen zu können und zudem Deutschland als einen möglichen Verbündeten interessanter machen oder sollte es sich lediglich um eine Art schneller maritimer Eingreiftruppe zum Schutz deutscher Interessen weltweit handeln? Je nach Zielsetzung, also „Weltpolitik" oder „Weltmachtpolitik", schienen unterschiedliche Flottenzusammensetzungen und Schiffstypen notwendig. Er war der Überzeugung, dass im Reichstag Einigkeit herrschte über den Aufbau einer Schlachtflotte.[554] Dann aber wollte er „hauptsächlich einige Worte sagen über die Kreuzer im Auslande, und da [ist er] der Meinung, daß dasjenige, was die Regierung für Stationierung von Kreuzern im Auslande fordert, wohl das Geringste ist, was wir brauchen."[555] Zu dieser Frage kam Limburg-Stirum wie bereits oben angekündigt auf einen Zwischenfall in Haiti[556] zu sprechen, bei dem der deutsche Geschäftsträger „in so unverschämter Weise von diesen Herren Negern sich behandeln lassen [musste]."[557] Es handelt sich hier um eine Anspielung auf den Fall Emil Lüders, eines deutschen Kaufmanns, der von der haitianischen Polizei in Gewahrsam genommen wurde, weil er nicht akzeptiert hatte, dass auf seinem Anwesen sein Kutscher verhaftet wird. Er und andere Kaufleute wandten sich daraufhin, auch weil es bereits vorher zu Zwischenfällen gekommen war, an den Hamburger Senat, um diesen zu bitten, sich bei der Reichsregierung für sie einzusetzen. Der deutsche Geschäftsträger in Haiti Ulrich Graf Schwerin forderte daraufhin die Freilassung Lüders, die aber erst nach einer Intervention des

---

552 Ibid., S. 49D.
553 Ibid., S. 50D.
554 Ibid., S. 57B.
555 Ibid.
556 Brenda PLUMMER, Haiti and the Great Powers, 1902–1915, Baton Rouge, Powers, 1902–1915, State University Press, Baton Rouge, Louisiana 1988.
557 Stg. Berichte, 9. Leg.-Periode, 1897/98,1, 4. Sitzung, Montag, den 6. Dezember 1897, S. 57B.

amerikanischen Gesandten erfolgte. Wegen der innenpolitischen Diskussionen in Deutschland über Weltpolitik und Flottenbau wurde die Affäre in Deutschland in den Medien stark mit rassistischem Grundton, der auch in der Rede des Abgeordneten Limburg-Stirum sichtbar wird, diskutiert:[558] „Dies wäre nicht geschehen, wenn, „als er seine Forderungen stellte, auch schon das Kriegsschiff da war, und der gemeinschaftlich mit dem Kommandanten des Kriegsschiffes hinging und seine Forderungen vorlegte? (Sehr richtig! rechts.).“[559] Und um seine Argumentation für die Notwendigkeit des Aufbaus einer starken Flotte zu unterstreichen, zeigte der Abgeordnete, dass „als nachher der Amerikaner hinging und die Freilassung der Deutschen forderte, sie ihm bewilligt wurde – freilich auch, als sein Kriegsschiff dalag!“[560]

In seinem Debattenbeitrag zum Flottengesetz wies Eugen Richter am nächsten Tag gerade dieses Argument für die Notwendigkeit einer Flotte und den vorgeblichen verletzten deutschen Nationalstolz zurück. Er betonte, dass es „unter allen zivilisierten Nationen [Gebrauch sei], daß sie sich in anderen Staaten gegenseitig vertreten und Schutz gewähren, wenn unter ungewöhnlichen Verhältnissen einer von ihren Bürgern verletzt wird.“[561]

Limburg-Stirum sprach anschließend das bis 1900 bestehende Problem der Abhängigkeit vor allem vom britischen Kabelnetz[562] auf Grund mangelnder eigener direkter Überseekabel an, das virulent wurde und sich erst im Laufe der nächsten zehn Jahre abschwächte, als Deutschland zwei eigene direkte Kabel in die USA verlegt hatte.[563] Durch Limburg-Stirums Rede wird zweierlei deutlich: Erstens

---

558 Herbert Kraus, Die Monroedoktrin in ihren Beziehungen zur amerikanischen Diplomatie und zum Völkerrecht, Berlin 1913, Nachdruck Salzwasser Verlag, Paderborn 2012, S. 251; Christian Methfessel, Rassistische Prestigepolitik mit Kanonenbooten: Die Militäraktion gegen Haiti 1897 und die deutsche Öffentlichkeit, in: http://portal-militaergeschichte.de/methfessel_prestigepolitik; Ragnhild Fiebig-von Hase, Lateinamerika als Konfliktherd der Deutsch-Amerikanischen Beziehungen 1890–1903: Vom Beginn der Panamapolitik bis zur Venezuelakrise von 1902/03. Teil 2, Vandenhoeck & Ruprecht, Göttingen 1986, S. 398–404; Alfred Vagts, Deutschland und die Vereinigten Staaten in der Weltpolitik, Bd. 2, Lovat Dickson & Thompson Ltd., London 1935, S. 1707–1727.

559 Stg. Berichte, 9. Leg.-Periode, 1897/98,1, 4. Sitzung, Montag, den 6. Dezember 1897, S. 57B/C.

560 Ibid., S. 57C.

561 Stg. Berichte, 9. Leg.-Periode, 1897/98,1, 5. Sitzung, Dienstag, den 7. Dezember 1897, S. 69B.

562 Brechtken, Scharnierzeit, S. 89, Anm. 179 und 182: Michael Wobring, Die Globalisierung der Telekommunikation im 19. Jahrhundert: Pläne, Projekte und Kapazitätsausbauten zwischen Wirtschaft und Politik, Peter Lang, Frankfurt 2005.

563 Stg. Berichte, 9. Leg.-Periode, 1897/98,1, 4. Sitzung, Montag, den 6. Dezember 1897, S. 57C.

sah er die USA als Vorbild an, die in Bezug auf die Durchsetzungsfähigkeit ihrer Interessen bereits weiter waren als Deutschland. Dann aber stufte er Amerika als die nun stärkste Macht auf der Welt und „als der leistungsfähigste Konkurrent der Zukunft [ein]"[564], zuvörderst im wirtschaftlichen Bereich, dann aber auch im imperialen und schließlich im politischen. Vor allem die Marine begann, die USA zunehmend als einen potentiellen zukünftigen Kriegsgegner zu betrachten. In den USA wurden erste Kriegspläne und Strategien zu einem Konflikt mit dem Deutschen Reich angedacht,[565] die im Jahre 1913 im *War-Plan-Black*, der einen Krieg mit Deutschland vorbereitete,[566] mündete. Am Schluss kam Limburg-Stirum noch einmal auf die Rolle des Parlaments in auswärtigen Fragen zu sprechen, welche ein Schlaglicht auf die Problematik der Reichsverfassung von 1871 und die demokratisch-parlamentarischen Herausforderungen für die alte Elite des Reichs wirft. Obgleich er im Grunde der Meinung war, dass die Debatten im Reichstag zur Auswärtigen Politik keinen großen Wert hätten, da der Reichstag zu wenig Informationen besäße, um darüber zu debattieren, glaubte er, „daß in diesem Falle der Reichstag ausnahmsweise in der Lage ist, die Regierung hinsichtlich unserer auswärtigen Beziehungen zu unterstützen. (Sehr richtig! rechts.)."[567]

Zudem forderte er den Reichstag auf, für das Gesetz zu stimmen, um dem Ausland die innere Geschlossenheit des Landes und damit seine Stärke zu beweisen: „(Bravo!)."[568]

Limburg-Stirum war es also gelungen, mit seinem Appell an das Nationalgefühl schließlich den gesamten Reichstag hinter sich zu bringen. Und wirklich: Bei Ausbruch des Ersten Weltkriegs konnte die Regierung auf den Reichstag zählen. In der Zwischenzeit aber verdeutlichen seine Worte das wachsende Problem der Exekutive mit außenpolitischen Ambitionen des Reichstags: Einerseits wollte die Reichsleitung ihre auswärtigen Kompetenzen nicht mit der Legislative teilen, auch, um die Parlamentarisierung zu bremsen. Andererseits aber schaute das Ausland auf den Reichstag und nahm ihn als Gradmesser für die innere Geschlossenheit des Reichs und damit seine außenpolitische Kraft. Somit musste die Reichsleitung das Parlament deshalb immer mehr in die außenpolitischen Überlegungen und Fragen einbeziehen.

---

564 Fiebig-von Hase, Die Rolle Kaiser Wilhelms II. S. 229.

565 Ibid. S. 240.

566 Siehe dazu: Sebastian Balfour, The End of the Spanish Empire, 1898–1923, Clarendon Press. Oxford 1997; Czaja, Die USA und ihr Aufstieg zur Weltmacht; Fiebig-von Hase, Lateinamerika als Konfliktherd; Ragnhild Fiebig-von Hase und Jürgen Heideking (Hg.), Zwei Wege in die Moderne: Aspekte der deutsch-amerikanischen Beziehungen 1900–1918, WTV, Trier 1988.

567 Stg. Berichte, 9. Leg.-Periode, 1897/98,1, 4. Sitzung, Montag, den 6. Dezember 1897, S. 57D.

568 Ibid., S. 57D–58A.

Nach Limburg-Stirum sprach Posadowsky-Wehner. In den ersten Jahren seiner
Amtszeit hatte er eine harte Gangart gegenüber der SPD eingeschlagen, deren
Höhepunkt die letztlich gescheiterte Zuchthausvorlage von 1899 sein sollte, und
er wollte, wie ihm Schoenlank in seiner Rede vorwarf, die Sozialgesetzgebung
verlangsamen. Seiner damaligen Auffassung gemäß schlug er einen scharfen und
aggressiven Ton an, der sich gegen die SPD richtete und in starkem Kontrast zur
Rede der anderen Staatssekretäre oder gar des Reichskanzlers stand. Er betonte,
„daß wir diese Partei [die SPD] für jene nationale Frage gewinnen, darauf, glaube
ich, kann die Mehrheit des Hauses und mit den verbündeten Regierungen von
vornherein verzichten."[569]

Dennoch setzt er sich dann intensiv mit den von Schoenlank vorgebrachten Argumenten auseinander, der sehr selbstbewusst aufgetreten war und so
das gestiegene Selbstbewusstsein des Reichstags insgesamt widerspiegelte. Dies
bezeugt, wie sehr die Reichsleitung sich in dieser Frage in gewisser Weise gegenüber der SPD und dem Volk, welches erst noch von der Bedeutung einer Marine
überzeugt werden musste – auch, wie oben gesehen, mit Hilfe der Flottenprofessoren –, abhängig sah und den „säkulären Trend zu populären, wenn nicht
demokratischen Regierungsformen"[570] ablehnte und fürchtete, aber gleichzeitig
zu akzeptieren begann. Posadowsky-Wehners Betonung, dass niemand an eine
Rücknahme der Parlamentarisierung dachte und dies lediglich sozialdemokratische Phantasmen wären, macht deutlich, wie die voranschreitende informelle Parlamentarisierung der alten Elite zu schaffen machte und wie getrieben sie sich von
jener sah.[571] Neben der Zurückweisung des Arguments, der Reichstag würde durch
die lange Gültigkeit des Gesetzes seines Budgetrechts beraubt, was einen schlei-
chenden Rückschritt in der sich tendenziell ausweitenden Parlamentarisierung
bedeutet hätte, wies er vor allem das Argument Schoenlanks zurück, Deutschlands
Handels- und Exportinteressen bedürften keines Schutzes durch Kriegsschiffe. Er
hatte von der Notwendigkeit von Auslandskreuzern bereits, wie in der Einleitung
zu diesem Kapitel gesehen, im Zusammenhang mit der Affäre Lüders gesprochen.
Um diese Notwendigkeit zu unterstreichen, spielte er im gleichen Absatz, ohne
sie beim Namen zu nennen, auf die Politik der USA an, wenn er sagte, dass es
sowohl in Europa als auch in „außereuropäische[n] Kulturstaaten das Bestreben"
zu Protektionismus gab, nicht zuletzt von Staaten, „die bisher glatte Anhänger der

---

569 Ibid., S. 58B.
570 Bötsch, Grenzen des „Obrigkeitsstaates", S. 343.
571 Henning, Posadowsky-Wehner, Arthur Graf von: „Ein Reformversuch für die
     Reichsfinanzen, der die Steuerhoheit des Reiches ausbauen und seine Einnahmen
     durch neue indirekte Steuern erhöhen sollte, scheiterte im Reichstag am Widerstand
     der Liberalen und des Zentrums. Durch diese Niederlage erkannte P. das politische
     Gewicht des Reichstags; fortan akzeptierte er die Teilnahme der Parteien am Prozeß
     der politischen Willensbildung."

Freihandelstheorie waren". Da sich so die rechtliche Lage für die deutschen Kaufleute im Ausland verschlechtern würde, „namentlich in halbkultivierten Staaten",
bräuchte es eben einer „reale[n] Macht". Der Reichstag stimmte dem mit „Sehr
richtig!" zu.[572]

Am 7. Dezember 1897 wurde die Debatte zum Flottengesetz fortgeführt. Zuerst
sprach Eugen Richter, der, wie oben gesehen, Limburg-Stirums Argumente für eine
Flotte am Beispiel des Zwischenfalls in Haiti zurückgewiesen hatte. In seiner sehr
langen Rede wurden die Vereinigten Staaten dann nicht weiter erwähnt. Stattdessen lehnt er den Ausbau der Flotte aus Gründen zur Sicherung deutscher Handelsinteressen völlig ab. Dass die USA in dieser wohl längsten Rede zum Gesetz keine
Rolle spielten, ebenso wenig wie in der Antwort von Tirpitz auf Richter, bezeugt,
dass sie in deren Augen zu diesem Zeitpunkt noch keine Gefahr für Deutschlands
Sicherheit darstellten.

Auch die beiden letzten Redner der Sitzung, der Zentrumsabgeordnete Ernst
Lieber und Berthold von Bernstorff (Welfenpartei), erwähnten die USA mit keinem
Wort. Die Rede von Lieber war jedoch insofern interessant, als sie einen Einblick in
das Selbstverständnis eines Reichstagsabgeordneten und seine Auffassung von der
Rolle oder dem Wesen des Reichstags erlaubte. Er wandte sich in der Hauptsache
gegen die lange Gültigkeit des Gesetzes, weil diese die Freiheit der zukünftigen
Reichstage zu sehr einschränken würde: denn „der Reichstag kennt, das ist ja eine
Fundamentallehre alles modernen Konstitutionalismus, keinerlei staatsrechtliche
Kontinuität. Er ist nach jeder Tagung etwas Neues."[573]

Dies zeigt, dass Lieber den Reichstag in gewisser Weise als den Garanten der
legislativen Freiheit und der Fortentwicklungsmöglichkeiten des so dynamischen
Deutschen Reichs betrachte. Damit stellte er die Freiheit und Individualität der
Abgeordneten heraus und definierte sie gleichzeitig als geschlossene Gruppe
gegenüber dem Bundesrat und der Regierung, was zu einer Stärkung des inneren Zusammengehörigkeitsgefühls der Abgeordneten führen konnte. Dass der
Reichstag an Gewicht gewonnen hatte, wurde darüber hinaus in zwei weiteren
Bemerkungen Liebers deutlich. Erstens hob er hervor, dass neben dem Reichskanzler auch mehrere Staatssekretäre bei den Debatten zum Flottengesetz anwesend
waren und dafür warben. Zweitens werden durch seine folgenden Worte die Fortschritte in der informellen Parlamentarisierung des Deutschen Reichs deutlich,
wenn er sich in einer Art negativen Argumentation darüber sehr befriedigt zeigte,
„daß es „dieser Reichstag" ist, dem die verbündeten Regierungen das Vertrauen
schenken, mit ihm eine so wichtige nationale Frage zu verhandeln. (Heiterkeit und
Bravo.)."[574]

---

572 Stg. Berichte, 9. Leg.-Periode, 1897/98,1, 4. Sitzung, Montag, den 6. Dezember 1897,
     S. 58D/59A.

573 Stg. Berichte, 9. Leg.-Periode, 1897/98,1, 5. Sitzung, Dienstag, den 7. Dezember 1897,
     S. 86C.

574 Ibid., S. 87D.

Indem die Regierung dem Reichstag Vertrauen schenkte, zeigte sie, dass sie im Grunde das Vertrauen des Reichstags suchte und teilweise wohl bereits davon abhing, was eines der Merkmale des Parlamentarismus ist.

In der letzten Sitzung, in der die erste Lesung zum Flottengesetz auf der Tagesordnung stand, am 9. Dezember 1897, ging der nationalliberale Abgeordnete Friedrich Hammacher[575] ausführlich darauf ein, weshalb Deutschland neben Auslandskreuzern auch eine Schlachtflotte brauchte. Hammacher, der die Ausführungen Schoenlanks und Richters stark kritisierte, glaubte, dass sich die Verhältnisse auf der Welt sehr geändert hatten. Früher konnte man Handel treiben, ohne eine starke nationale Flotte im Rücken zu haben. Engländer oder Franzosen hätten den Schutz deutscher Interessen sichergestellt. Heute hingegen habe sich die Konkurrenz zwischen den Großmächten, aber auch zu den „halbkultivierten" Mächten verstärkt und vergrößert, wie die Vorkommnisse in Haiti und China zeigten. Deutsche Interessen konnten dort letztlich nur gewahrt und durchgesetzt werden, weil man Kriegsschiffe zur Untermauerung der Ansprüche gesandt hatte. Für Hammacher war der Zusammenhang zwischen wirtschaftlicher Prosperität und militärischer Macht vollkommen unzweifelhaft, zumal Deutschland von einem reibungslosen Import und Export abhängig war.[576] Doch wurde dieser Exporthandel durch mehrere Faktoren bedroht: „Ein namhafter Theil derjenigen Staaten, in deren Gebieten wir zur Zeit einen mehr oder weniger bedeutenden Absatz haben, ist im Begriff seine mit der unsrigen konkurrierende Industrie und Gewerbe zu entwickeln. Ich erinnere an Japan, ich erinnere an Australien, ich erinnere an die südamerikanischen Staaten."[577]

Jedoch drohte die eigentliche Gefahr für den deutschen Handel von Großbritannien, das mit seinen Kolonien ein einheitliches Zollgebiet schaffen wollte,[578] und vor allem von Seiten der USA.[579] Im Juli 1897, also ein halbes Jahr vor der

---

575 Friedrich ZUNKEL, Hammacher, Friedrich, in: Neue Deutsche Biographie 7 (1966), S. 588 f. [Online-Version]; URL: https://www.deutsche-biographie.de/pnd116440 619.html#ndbcontent: Friedrich Hammacher (1. Mai 1824–11. Dezember 1904) war ein führender Abgeordneter der Nationalliberalen Partei im Reichstag mit Unterbrechungen von 1869 bis 1898. Hammacher kam früh in Kontakt zu sozialistischen Kreisen und schloss sich dann der liberalen Deutschen Fortschrittspartei an. 1867 gehörte er zu den Gründern der Nationalliberalen Partei. Er besaß zahlreiche Anteile an Bergwerken und vertrat eine moderate sozialpolitische Haltung gegenüber den Arbeitern.

576 Stg. Berichte, 9. Leg.-Periode, 1897/98,1, 6. Sitzung, Donnerstag, den 9. Dezember 1897, S. 95C/D.

577 Ibid., S. 95D.

578 Ibid., S. 96A; GRIMMER-SOLEM, Learning Empire, S. 141–144; https://www.britann ica.com/biography/Joseph-Chamberlain [Eingesehen am 17. März 2020].

579 Stg. Berichte, 9. Leg.-Periode, 1897/98,1, 6. Sitzung, Donnerstag, den 9. Dezember 1897, S. 95D.

ersten Lesung des Gesetzes, hatte die britische Regierung das Ende des Deutsch-Englischen Handelsvertrages von 1865 zum Juli 1898 angekündigt, der dem Zollverein und dann dem Deutschen Reich den Status der Meistbegünstigung zugestanden hatte. Der Vertrag hatte Deutschland darüber hinaus den gleichen Handelszugang zu den Kolonien wie Großbritannien selbst gewährt.

Die ungleich größere Gefahr jedoch drohte dem deutschen Export von Seiten der USA. Bemerkenswerterweise fand die erste Lesung kurz vor dem eigentlichen Beginn des amerikanischen Imperialismus statt, dessen Startschuss in gewisser Weise die Verabschiedung des protektionistischen Dingley-Tarifs (1897)[580] war. Wenngleich die Vereinigten Staaten auch schon früher imperialistische Handlungen durchgeführt hatten, wie etwa im mexikanisch-amerikanischen Krieg (1846–1848)[581] oder im Pazifik, wo sie seit den 1840er Jahren in Hawaii ihre Präsenz ausbauten und über Handelsverträge festigten[582], so waren die Jahre 1897/98, und insbesondere der Spanisch-Amerikanische Krieg, doch der eigentliche Beginn eines „direkten" (formalen) Imperialismus, wie es auch die am 7. Juli 1898 erfolgte Annexion Hawaiis durch die USA unterstrich. Früher hatte sich dieser Imperialismus denn auch eher als Interessensgebietspolitik gezeigt.[583] Hammacher wies auf die möglichen Folgen des Dingley-Tarifs für die deutsche Industrie hin. Insbesondere aber fürchtete er den Panamerikanismus, denn dieser „ist für uns in Deutschland nach meiner Überzeugung noch beachtenswerther, noch bedeutsamer als die Monroedoktrin."[584]

Man muss die Monroe-Doktrin von 1823 und den nordamerikanischen Panamerikanismus als die zwei Seiten derselben Medaille denken. Ziel beider war es, die nordamerikanischen hegemonialen Interessen in Lateinamerika durchzusetzen. Während der unilaterale Ansatz der Monroe-Doktrin dafür Sorge tragen sollte, namentlich die europäischen Staaten aus Amerika hinauszudrängen bzw. ihren Einfluss dort einzuschränken, wie etwa im Jahre 1866 die amerikanische Intervention zugunsten der mexikanischen Republikaner gegen die Franzosen in

---

580 TORP, Herausforderung, S. 325: Der Dingley-Tarif, der den Wilson-Tarif ablöste, wurde am 27. Juli 1897 eingeführt. „Mit ihm erreichte der amerikanische Hochprotektionismus vor dem Ersten Weltkrieg seinen Höhepunkt."

581 Mit dem Vertrag von Guadalupe Hidalgo trat Mexiko gegen den Erhalt von 15 Millionen Dollar und eine Schuldenübernahme 1.360.000 km² Land an die Vereinigten Staaten ab und erkannte den Rio Grande als Grenze von Texas an. Zum mexikanisch-amerikanischen Krieg siehe: Karl Jack BAUER, The Mexican War 1846–1848. Einführung von Robert W. JOHANNSEN, University of Nebraska Press, Lincoln, London. 1992.

582 KAIKKONEN, Deutschland und die Expansionspolitik der USA, S. 42.

583 Ibid., S. 1.

584 Stg. Berichte, 9. Leg.-Periode, 1897/98,1, 6. Sitzung, Donnerstag, den 9. Dezember 1897, S. 96A.

Mexiko,[585] zielte der multilaterale und kooperative Ansatz des Panamerikanismus auf eine zunehmende imperiale Beherrschung des amerikanischen Kontinents durch die Vereinigten Staaten.[586] Der Panamerikanismus war insofern für Deutschland gefährlicher, als er im Gewand der Soft-Power daherkam und an die interamerikanische Solidarität und Einigkeit appellierte, was wirtschaftliche Interessen und Unternehmungen außeramerikanischer Staaten leichter abwehren konnte, als reine nordamerikanische Gewalt und Machtdemonstrationen.[587] Nach dem Spanisch-Amerikanischen Krieg und zu Beginn des 20. Jahrhunderts finden sich in den Reichstagsakten jedoch weniger Bezüge zum Panamerikanismus als im Jahrzehnt davor, was daran lag, dass die USA diese Seite ihrer Dominanzbestrebungen durch eine rein imperialistische Politik verdrängt hatten. Die Monroe-Doktrin wurde bei weitem wichtiger als der panamerikanische Gedanke. Zunächst aber durfte die Propagierung des Panamerikanismus Hammachers Ansicht nach für Deutschland nicht ohne Folgen bleiben, da die USA „im nächsten Jahrhundert eine Bedeutung erlangen, die aequivalent sämmtlichen Staaten von Zentraleuropa den Rang streitig macht."[588] Setzte sich der nordamerikanisch dominierte Panamerikanismus durch, würde ein noch größeres und gewaltiges Gebilde entstehen. Deshalb forderte Hammacher die Einrichtung eines kontinentaleuropäischen Wirtschaftsblocks,[589] wie es bereits im Januar 1891 nach Einführung des McKinley Tarifs im Oktober 1890 vom Sekretär der Handelskammer Dortmund, Bernhardi[590], getan worden war, nachdem Großbritannien Im Jahre 1887 versucht hatte, durch den *Merchandise Marks Act*, ausländische Industriegüter vom englischen Markt fernzuhalten.[591] Deutschland musste also in der Verteidigung der kontinentaleuropäischen Interessen in diesem Kampf eine Vorreiterrolle spielen,

---

585 KRAUS, Die Monroedoktrin, S. 117–131.

586 Jakob LEMPP, Stefan ROBEL, Regionale Entwicklung und US-amerikanische Hegemonie, in: Alexander BRAND, Nicolaus von der GOLTZ (Hg.), Herausforderung Entwicklung: Neuere Beiträge zur theoretischen und praxisorientierten Entwicklungsforschung, LIT Verlag, Münster 2004, S. 39 -64, hier S. 58.

587 Siehe dazu: KAIKKONEN, Deutschland und die Expansionspolitik der USA, S. 47; GRIMMER-SOLEM, Learning Empire, S. 145 und insbesondere zur Panamerikapolitik FIEBIG-VON HASE, Lateinamerika als Konfliktherd, S. 272–292.

588 Stg. Berichte, 9. Leg.-Periode, 1897/98,1, 6. Sitzung, Donnerstag, den 9. Dezember 1897, S. 96A.

589 Diese Politik führte seit Beginn der 1890er Jahre zu Warnungen vor der „Amerikanischen Gefahr" und der Propagierung einer mitteleuropäischen Zollunion. Siehe dazu: POMMERIN, Der Kaiser und Amerika, S. 23–43.

590 FIEBIG-VON HASE, Lateinamerika als Konfliktherd, S. 273.

591 Stg. Berichte, 9. Leg.-Periode, 1897/98,1, 6. Sitzung, Donnerstag, den 9. Dezember 1897, S. 96A; Vgl. Ernest Edwin WILLIAMS, „Made in Germany", 4. Ausgabe, William Heinemann, London 1896.

wozu es einer Seemacht bedurfte. Man dürfe „den deutschen Philister"[592], der Angst hatte, für die Seemacht zahlen zu müssen, [nicht] schonen. „(Sehr richtig! bei den Nationalliberalen)."[593]

Ein weiteres Problem für Deutschland stellte sein eigenes starkes Bevölkerungswachstum dar. Bisher konnte der Überschuss an Bevölkerung vor allem in die USA abfließen. Nachdem aber das Ende der kontinentalen Ausdehnung erreicht war,[594] kam es dort zu restriktiveren Einwanderungsregelungen. Hammacher spielt dann auf den *Homestead Act* von 1862 an, der es jedem Amerikaner erlaubte, unbesiedeltes Regierungsland für sich zu bewirtschaften und nach Ablauf von 5 Jahren dessen Eigentümer zu werden. Obwohl dieses Gesetz bis weit ins 20. Jahrhundert galt, waren bis 1900 bereits die gut zu bewirtschaftenden Gebiete vergeben und somit

---

592 Der aus der Bibel stammende Begriff des Philisters, der einen kleingeistigen Menschen bezeichnet, hatte sich im studentischen Milieu als Abgrenzung zu der nicht-studierenden Bevölkerung entwickelt. Der Gebrauch dieses Wortes hier lässt auf eine elitäre Grundhaltung des Abgeordneten schließen, der zwar eine gewisse sozialpolitische Verantwortung gegenüber den Arbeitern sieht, sich aber intellektuell und sozial durch diese Wortwahl abgrenzt. Siehe dazu: Remigius BUNIA, Till DEMBECK, Georg STANITZEK (Hg.), Philister. Problemgeschichte einer Sozialfigur der neueren deutschen Literatur, Akademie Verlag, Berlin 2011; Historische deutsche Studenten- und Schülersprache: Einführung, Bibliographie und Wortregister, hg. von Helmut HENNE, Heidrun KÄMPER-JENSEN, Georg OBJARTEL, Walter De Gruyter, Berlin, New York 1984.

593 Stg. Berichte, 9. Leg.-Periode, 1897/98,1, 6. Sitzung, Donnerstag, den 9. Dezember 1897, S. 96B.

594 Anlässlich des amerikanischen Historikertags in Chicago 1893 verkündete Professor Frederick Jackson Turner aus Wisconsin anhand der Bevölkerungszählung von 1890 und dem letzten Gefecht der amerikanischen Armee mit amerikanischen Ureinwohnern bei Wounded Knee in South Dakota im selben Jahr das Ende der frontier-Zeit. Diese eindeutige Zäsur wird heute relativiert wird, da es auch im 20. Jahrhundert noch relativ unbesiedelte Gebiete gab, die im Zuge von verschiedenen „Rushes" erobert wurden. Siehe dazu: Will Paul ADAMS, Die USA vor 1900, R. Oldenbourg Verlag München 2009[2], S. 112–118, Volker DEPKAT, Geschichte der USA, 2016, S. 145. Zur Einwanderung siehe: Wolfgang-Uwe FRIEDRICH, Vereinigte Staaten von Amerika: Eine politische Landeskunde, Springer Fachmedien Wiesbaden GmbH 2000, S. 19–20: Allerdings war es doch insofern ein Einschnitt, als die Vereinigten Staaten ab den 1890er Jahren damit begannen, ihre Einwanderungspraxis zu überdenken und weniger liberal zu handhaben, zumal die Einwanderer vermehrt aus Süd- und Osteuropa kamen und zu steigendem Rassismus führte. Im Jahre 1894 etwa war die *Immigration Restriction League* gegründet worden, mit dem rassistischen Ziel, Einwanderung nach ethnischen Gesichtspunkten zu beschränken. Bereits im Jahre 1882 hatte man den *Chinese Exclusion Act* verabschiedet.

dem *Homesteading* entzogen[595]. Daraus ergab sich „für jeden denkenden deutschen Mann die Pflicht, dafür zu sorgen, daß in dem nächsten Jahrhundert und schon jetzt Deutschland in den Stand gesetzt wird, auf eigenem Boden seine Bevölkerung zu beschäftigen und zu ernähren."[596]

Hammacher sah Deutschland also durch die amerikanische Entwicklung getrieben im Zugzwang. Neben der Stärkung Europas durch ein einigendes Deutschland brauchte es eine starke Flotte als Rückgrat und Ausweis von Macht, um die eigenen Interessen weltweit zu schützen. Zudem stellte das Flottenbauprogramm ein staatliches Investitionsprogramm zur Generierung wirtschaftlichen Wachstums dar, was vielleicht einen Teil des Bevölkerungsüberschusses aufzunehmen vermochte. Dabei darf allerdings nicht vergessen werden, dass Hammacher als Anteilseigner an zahlreichen Bergbauunternehmen ein persönliches Interesse an einem intensiven eisen- und stahlverbrauchenden Schiffsbau hatte. Sein Nachredner, Julius Oskar Galler von der linksliberalen Deutschen Volkspartei[597], wies zunächst die Argumente der Regierung und Hammachers zurück, die Flotte würde für den Handel wichtig sein, da dafür vielmehr „die Güte der Waren und die Preisbestimmung maßgebend"[598] seien. Denn der deutsche „Export ist überhaupt zum vorwiegenden Theil vollständig unabhängig von dem Schutz durch Kriegsschiffe."[599] Stattdessen sollte die Regierung auf Handelsverträge mit den wichtigsten Handelspartnern, darunter die USA, hinwirken.[600] Galler verneinte hier sowohl

---

595 Jason PORTERFIELD, The Homestead Act of 1962: A Primary Source History of the Settlement of the American Heartland in the late 19th Century, Rosen Publishing Group, Inc., New York 2005.

596 Stg. Berichte, 9. Leg.-Periode, 1897/98, 1, 6. Sitzung, Donnerstag, den 9. Dezember 1897, S. 96C.

597 https://de.wikipedia.org/wiki/Julius_Oskar_Galler: Julius Oskar Galler (16. Mai 1844–16. Juli 1905), ein Buchhändler aus Stuttgart, war in der 9. Legislaturperiode (1893–1898) Abgeordneter des Reichstags. Er gehörte der vornehmlich in Süddeutschland erfolgreichen linksliberalen Deutschen Volkspartei an, die bei den Reichstagswahlen 1893 ihr bestes Ergebnis erzielte. Die Partei trat für die föderalen Rechte und die demokratischen Rechte des Reichstags ein, was Galler in seiner Rede auch einleitend betonte; Stg. Berichte, 9. Leg.-Periode, 1897/98,1, 6. Sitzung, Donnerstag, den 9. Dezember 1897, S. 97D: Seine Partei wird wegen des sog. Aeternats gegen die Flottenvorlage stimmen, da sie darin „die Preisgebung eines wichtigen Volksrechts, das zu wahren die vornehmste Aufgabe eines demokratischen Volksvertreters ist," sehen. Siehe dazu: Johann JACOBY, Das Ziel der Deutschen Volkspartei: Rede des Abgeordneten Dr. Johann Jacoby vor seinen Berliner Wählern am 30. Januar 1868, Theiles Buchhandlung (Ferd. Meyer), Königsberg 1869².

598 Stg. Berichte, 9. Leg.-Periode, 1897/98,1, 6. Sitzung, Donnerstag, den 9. Dezember 1897, S. 98B.

599 Ibid., S. 98A/B.

600 Ibid., S. 98B.

eine Kriegsgefahr mit diesen Ländern, da es sich um „zivilisierte Staaten" handelte – eine Abwandlung des weiter oben genauer betrachteten Begriffs der „Kulturstaaten" –, welche die Rechte deutscher Kaufleute achteten. Insofern bedeutet
„zivilisiert" im Kontext der Zeit immer auch Rechtsstaatlichkeit[601] Diese Idee hing
eng zusammen mit der Intensivierung und der Ausbreitung des Rechtsgefühls in
der sich sozial wandelnden Gesellschaft des Kaiserreichs, das wiederum von der
fortschreitende Demokratisierung und Parlamentarisierung gestärkt wurde und in
einer Art Rückkopplung diese stärkte.[602] Galler wies zudem indirekt die Gefahren
für den deutschen Handel durch den Panamerikanismus der Vereinigten Staaten
zurück, wenn er die Bedeutung des Handels Deutschlands mit Süd- und Zentralamerika relativierte, welcher lediglich 8 Prozent der Gesamtausfuhr betrug.[603]

Die letzten Redner zum Flottengesetz sprachen allesamt die USA nicht an.
Selbst der Sozialdemokrat Hermann Molkenbuhr[604] verglich lediglich die deutsche
mit der englischen Flotte und rechnete dem Reichstag sehr detailliert vor, wie viele
Kriegsschiffe in Deutschland auf die gesamte Handelsflotte kamen und wie viele
in Großbritannien. Die aufstrebende amerikanische Macht wurde also zwar als
Argument für die konkrete Umsetzung des Flottenbaugedankens herangezogen.
Allerdings wurde die Konkurrenz mit Großbritannien weit stärker betont, mit
welchem man sich denn auch verglich. Wenngleich bereits schon früher immer

---

601 Martin HÖNER, Die Diskussion um das richterliche Prüfungsrecht und das monarchische Verordnungsrecht als Beitrag zur Entwicklung der Rechtsstaatlichkeit im
zweiten deutschen Kaiserreich, LIT, Münster 2001, S. 1: „Namentlich Huber [einer
der führenden Staatsrechtler in der Zeit des Nationalsozialismus] hat in seinem
Werk zur Verfassungsgeschichte nachgewiesen, dass das zweite deutsche Kaiserreich in wesentlichen Punkten nicht nur in der Theorie, sondern auch in der Realität
ein wohlgeordneter Rechtsstaat war." NIPPERDEY, Machtstaat vor der Demokratie,
S. 182.

602 Sandra SCHNÄDELBACH, Entscheidende Gefühle: Rechtsgefühl und juristische Emotionalität vom Kaiserreich bis in die Weimarer Republik, Wallstein Verlag, Göttingen
2020, hier. S. 18.

603 Stg. Berichte, 9. Leg.-Periode, 1897/98,1, 6. Sitzung, Donnerstag, den 9. Dezember
1897, S. 98B.

604 Gisela M. KRAUSE, Molkenbuhr, Hermann, in: Neue Deutsche Biographie 17 (1994),
S. 730–731 [Online-Version]; URL: https://www.deutsche-biographie.de/pnd117120
944.html#ndbcontent: Hermann Molkenbuhr (11.09.1851–22.12.1927), der aus einfachen Verhältnissen stammte, war einer der führenden Sozialdemokraten seiner
Zeit. Er galt als sozialpolitischer Experte. Bereits 1893, zu einer Zeit als die SPD
selbst noch nicht als gleichberechtigter politischer Partner im Parlament anerkannt
wurde, hatte man Molkenbuhr in die amtliche Reichskommission für Arbeiterstatis-
tik berufen. Er galt als ein Wegbereiter konstruktiver parlamentarischer Mitarbeit
der SPD.

mehr Kreise in Deutschland zur Überzeugung gelangt waren, dass man wegen der immer wichtigeren und bedeutenderen weltweiten deutschen Handels- und Wirtschaftsinteressen an den Aufbau einer Flotte, welche diese im Notfall schützen und verteidigen konnte, nicht vorbeikommen würde, hatte es doch bis zum Ende der 1890er Jahre gedauert, dass die Marine neu und straffer organisiert wurde, und bis April 1898, dass ein erstes Flottengesetz verabschiedet wurde. Der Aufstieg der USA zu einer weltweit agierenden Macht hatte dabei neben dem in seiner Definition doch einigermaßen diffusen Wilhelminischen Weltpolitikdenken[605] einen gewissen Anteil daran. Zwar teilte selbst Wilhelm II. mit den meisten Zeitgenossen die inhaltliche Unbestimmtheit des neuen Weltpolitikgedankens. Graf Waldersee etwa notierte am 13. Juli 1900 in sein Tagebuch: „Wir sollen Weltpolitik treiben. Wenn ich nur wüsste, was das sein soll, zunächst doch nur ein Schlagwort."[606] Molkenbuhr meinte in seiner Rede, Weltpolitik solle aus innenpolitischen Überlegungen betrieben werden: „So will man eine Basis für eine Weltpolitik haben [...], hinter welche[r] man die innere Schwäche verbergen kann. [...]. (Bravo! bei den Sozialdemokraten)."[607]

Trotz dieser skeptischen Stimmen, die die Historiographie später zum Teil unter dem Schlagwort des „Sozialimperialismus"[608] aufnahm, aber glaubten viele Zeitgenossen, dass die Reichsgründung noch gerade rechtzeitig das Betreiben einer Weltpolitik zum „Finale der Weltgeschichte", also die endgültige Verteilung der Erde unter den westlichen Großmächten,[609] erlaubt hätte. Neben einer gewissen Bewunderung für die amerikanische Politik führte die deutsche Flottenpolitik, die einherging mit imperialistischen Ambitionen, zu Konflikten mit den USA. Allerdings wollte man Amerika auch nicht zum Feind haben, wie in einer Episode im August 1898 zum Ausdruck kam.

Laut einem Telegramm des kaiserlichen Ministerresidenten Georg Michaelis in Haiti wünschte der Präsident der Dominikanischen Republik, General Ulisses

---

605 EPKENHANS, Wilhelm II and his navy, 1888–1918, S. 16–17.

606 Heinrich O. MEISNER (Hg.), Denkwürdigkeiten des Generalfeldmarschall Alfred Graf Waldersee, Bd. 2, 1888–1900, DVA, Stuttgart 1923. S. 449.

607 Stg. Berichte, 9. Leg.-Periode, 1897/98,1, 6. Sitzung, Donnerstag, den 9. Dezember 1897, S. 105C/D.

608 Hans-Ulrich WEHLER, Bismarck und der Imperialismus, Kiepenheuer & Witsch, Köln 1972³, S. 86: Sozialimperialismus wäre demnach eine „Strategie herrschender Eliten, [...] die Dynamik der Wirtschaft und der sozialen und politischen Emanzipationskräfte in die äußere Expansion zu leiten, von den inneren Mängeln des sozialökonomischen und politischen Systems abzulenken und durch reale Erfolge seiner Expansion [...] zu kompensieren."

609 Siehe dazu: Elisabeth FEHRENBACH, Wandlungen des deutschen Kaisergedankens, 1871–1918 (= Studien zur Geschichte des neunzehnten Jahrhunderts. Bd. 1). Oldenbourg, München u.a. 1969 (Zugleich: Köln, Universität, Dissertation), hier S. 164.

Heureux, „aus Furcht vor Amerikanern [...] daß eine europäische Macht, vornehmlich Deutschland, hier größeres Interesse erwirbt." Bülow fragte daraufhin Holleben: „Welchen Eindruck würde nach ihrer Kenntnis der dortigen Verhältnisse in den Vereinigten Staaten ein militärisches Einnisten Deutschlands auf San Domingo machen?"[610] Hollebens Antwort fiel sehr eindeutig aus: „Der Eindruck würde allerdings der denkbar ungünstigste sein, und ich wage nicht die Vermutung darüber aufzustellen, bis zu welchem Grade der Feindseligkeiten die hiesige öffentliche Meinung und auch die Regierung sich uns gegenüber fortreißen lassen würden."[611]

Bülow leitete dies an Wilhelm weiter. Er unterstrich, dass er sich „dieser Auffassung des Botschafters alleruntertänigst anschließ[t]." Wilhelm wiederum wies das Ansinnen des Präsidenten der Dominikanischen Republik ebenfalls zurück mit einer für ihn so charakteristischen, das Bild der Zeit bis heute prägende Anmerkung: „O die liebe Unschuld! Auf solchen Leim krieche ich nicht!"[612]

Die USA und das Deutsche Reich kamen sich ab 1898 vor allem in der Karibik und im pazifischen Raum in die Quere, wo die letzten Teile des ehemaligen spanischen Weltreiches zur Aufteilung standen. Es kam so zu Zwischenfällen auf Samoa, den Philippinen oder auch in Venezuela. Diese Konflikte und das erste Flottengesetz fielen in die Amtszeit William McKinleys, dessen Präsidentschaft als der eigentliche Beginn des amerikanischen Imperialismus und Kolonialismus gilt.

Die im folgenden betrachteten Ereignisse (Zwischenfall vor Manila, Samoa, wirtschaftliche Konkurrenz) verschlechterten das Bild der USA im Deutschen Reich, was Tirpitz dazu brachte, Ende 1899 die Marine zu beauftragen, für die Beratungen im Reichstag zu einem zweiten Flottengesetz ein Papier auszuarbeiten, in dem gezeigt werden sollte, wie viele Kriegsschiffe die deutsche Marine benötigte, um über die USA einen Sieg davontragen zu können. Dieses Papier wurde der Budgetkommission des Reichstags am 20. Januar 1900 vorgestellt, das zweite Flottengesetz wurde, wie man weiter unten sehen wird, am 14. Juni 1900 vom Reichstag angenommen.[613] Am 20. Januar 1900 hatte der Kaiser auch verlangt, dass das Heer und die Marine einen gemeinsamen Kriegsplan gegen die Vereinigten Staaten erstellen sollten. Der Chef des Generalstabs, Alfred von Schlieffen, wies diesen

---

610 GP, Bd. 15, Nr. 4201, Der Staatssekretär des AA von Bülow an den Botschafter in Washington von Holleben (30. August 1898), S. 109.

611 Ibid., Nr. 4202, Der Botschafter in Washington von Holleben an das AA (31. August 1898), S. 109–110.

612 Ibid., Nr. 4203, Der Staatssekretär des AA von Bülow an Kaiser Wilhelm II., z.Zt. in Hannover (2. September 1898), S. 110–111.

613 Holger HERWIG und David F. TRASK, Naval Operations Plans between Germany and the United States of America, 1898–1913: A study of Strategic Planning in the Age of Imperialism, Militärgeschichtliche Mitteilungen, Bd. 2, 1970, S. 5 -32, hier S. 13b- 14.

deutlich als undurchführbar und nutzlos zurück. Obwohl es bis 1906 noch weitere Pläne zu einem Krieg mit den USA gab, waren es doch im Wesentlichen Gedankenspiele eines untergeordneten Zweiges der Marine. Die USA wurden zwar auch vom Kaiser und den maßgeblichen militärischen Führern als imperialer und wirtschaftlicher Konkurrent betrachtet, nicht jedoch als wirklicher zukünftiger Kriegsgegner, zumal sich Deutschlands Sicherheitslage in Europa immer weiter verschlechterte und es hier zunehmend in Isolation geriet. Die Vereinigten Staaten hatten lediglich als Vorwand für die weitere Flottenrüstung gedient, da ab Ende der 1890er Jahre der Antiamerikanismus zunahm und die eigentliche Stoßrichtung der Flottenrüstung, nämlich England, so verschleiert werden konnte. Die deutsche Marine fürchtete einen Krieg mit den USA weniger als es umgekehrt der Fall war, wie man weiter unten sehen wird. Dies lag zuvörderst daran, dass Deutschland in Europa von starken möglichen Gegnern umgeben war und als einzige europäische Großmacht die USA herausfordern konnte, was es zumindest in der amerikanischen Wahrnehmung sowohl in politischer als auch in wirtschaftlicher Hinsicht tat. Die Symmetrie in der politischen, wirtschaftlichen und gesellschaftlichen Entwicklung beider Länder, die zum Teil daraus erwachsende Existenz echter Interessenkonflikte, wie etwa auf dem Gebiet des Handels, sowie eine gewisse gegenseitige Achtung und Bewunderung spiegelte sich auch darin wider, dass das jeweils andere Land als Projektionsfläche für das subtile Wechselspiel von gleichzeitigen Ängsten und Träumen einen Vorwand für eine beiderseitige Ausarbeitung von Kriegsplänen und eine Flottenrüstung liefern konnte.[614]

2.4. Deutsch-amerikanische Kolonialkonkurrenz um die Philippinen

2.4.1. Kontext: China als eigentliches Ziel kolonialer Expansion

Die USA waren unter McKinley zu einer expansiven Politik übergegangen, just zu dem Zeitpunkt also, als auch im Deutschen Reich der Wert von Kolonien nach der bis in die 1890er Jahre dauernden Kolonialskepsis immer weniger infrage gestellt wurde. Gerade Asien und insbesondere China rückten in den Mittelpunkt der deutschen Kolonialinteressen. Als aufstrebende Industrie- und Handelsnation erblickte das Deutsche Reich in China einen riesigen Absatzmarkt und stand dabei in Konkurrenz mit den anderen europäischen Kolonialmächten, Japan und den USA, die nach dem Ende der inneren Kolonisierung auf der Suche nach Absatz- und Handelsmärkten waren. Zudem hatten die USA 1897 ihre Zölle stark erhöht, was ein weiterer Grund für Deutschland war, nach alternativen Absatzmärkten zu suchen. Nachdem nun im November 1897 zwei katholische Missionare in Schantung

---

ermordet worden waren, sahen der Kaiser und das Auswärtige Amt den Zeitpunkt für gekommen, zur kolonialen Tat zu schreiten, und der Befehl zur Okkupation Kiautschous wurde gegeben. Am 6. März 1898 erpresste Deutschland schließlich von China einen Pachtvertrag über 99 Jahre über das Gebiet um die Stadt Qingdao, das sog. Deutsche Schutzgebiet Kiautschou. Dies wurde in der Presse und in der Bevölkerung als großer Erfolg gefeiert, da die propagierte Weltpolitik endlich Früchte zu tragen schien.

Allein das deutsche Kolonialamt befand, dass es noch weiterer Kolonien in Asien bedurfte oder zumindest Kohlestationen. Und so warf man verstärkt ein Auge auf die Kolonien des schwächelnden Spaniens. Zumal die Philippinen waren für Deutschland aus zweierlei Motiven interessant: Wirtschaftlich nahm Deutschland 1896 im philippinischen Außenhandel die siebte Stelle ein und der Archipel war reich an Kohle-, Öl- und Eisenerzvorkommen. Strategisch boten die Philippinen einen Vorteil, und zwar sowohl als Bindeglied zwischen den verstreuten deutschen Südseebesitzungen und der erst gepachteten Kiautschoubucht und zwischen Ostasien und Amerika. Bereits 1896, zu Beginn der philippinischen Revolution gegen die spanische Kolonialherrschaft, hatten die Aufständischen Deutschland um Unterstützung gegen Spanien gebeten.[615] Seit dem Sieg George Deweys über die spanische Flotte vor Manila am 1. Mai 1898 rechnete man in den diplomatischen Kreisen jeden Tag mit einem Ende der spanischen Herrschaft über die Philippinen und hoffte auf einen irgendwie gearteten Vorteil dort.[616] Am 14. Mai 1898 etwa leitete Bülow ein Telegramm des deutschen Konsuls in Manila, Krüger, an Wilhelm II. weiter, in dem dieser schrieb: „Spanische Herrschaft auf Philippinen nach menschlichem Ermessen unhaltbar. Blutige Abrechnung der Eingeborenen stündlich bevorstehend." Allerdings schien es, als ob die einheimische Tagalenbevölkerung zwar selbständig werden wollte, aber gerne ein Königreich mit einem aus Europa stammenden Monarchen gegründet hätte. So schrieb Krüger weiter in seinem Telegramm, dass die Aufständischen selbständig werden wollten, jedoch nicht als Republik, sondern als Monarchie, da sie sich „zur Republikgründung" selbst nicht recht für fähig hielten. Ein im Übrigen bemerkenswerter Satz eines Repräsentanten der Monarchie, der hier die Republik indirekt auf einer höheren Politikstufe stehend bezeichnete, als eine Monarchie. Dies könnte zweierlei bedeuten: erstens, er warf einen subversiven Blick auf das Kaiserreich; zweitens, der Gedanke, das Kaiserreich wäre im Grunde schon einer Republik sehr ähnlich, war ein gar nicht so wenig verbreiteter. Doch bleibt das Spekulation und man müsste mehr zu den politischen Anschauungen des Konsuls erfahren. Zurück zum Telegramm, in dem er berichtete, dass der Blick der Tagalen sich auf „Deutschland, für das sie große Zuneigung hatten,"[617] richtete, so dass bald „ein Thronangebot an

615 DÜLFFER, KRÖGER, WIPPICH, Vermiedene Kriege, S. 513.
616 MITCHELL, The Danger of Dreams, S. 27.
617 Jose Rizal (19. Juni 1861–30. Dezember 1896), einer der geistigen Väter der philippinischen Revolution, hatte in Heidelberg Medizin studiert. Siehe dazu: Bernhard

einen deutschen Prinzen" ergehen würde.[618] Dies war eigentlich kein ungewöhnlicher Vorgang, suchten doch auch die aus dem Osmanischen Reich hervorgegangenen Staaten unter den zahlreichen deutschen Fürsten einen Monarchen, etwa das Fürstentum Bulgarien, wo Alexander von Battenberg 1879 zum König gewählt wurde.[619]

Es fällt der herablassende Stil Krügers auf, der im Gegensatz zu der vorsichtigeren und „moderneren" Ausdrucksweise vieler Reichstagsabgeordneten steht. Der mentale Graben zwischen zumindest einem Teil der das Volk repräsentierenden Abgeordneten und der alten Elite der offiziellen Funktionsträger wird so ersichtlich. Weiter ist bemerkenswert, wie genau die Menschen auf den Philippinen begriffen hatten, dass sie die europäischen Mächte auf Grund ihrer Kolonialinteressen gegeneinander ausspielen konnten. Weiter unten wird man sehen, dass die Samoaner auf ähnliche Weise gehandelt hatten, deren unterschiedliche Machtfraktionen die drei Kolonalmächte für jeweils eigene Interessen gegeneinander auszuspielen suchten. Sogar ihren Führer begannen sie als „König" zu bezeichnen, um die politische Kommunikation mit den Kolonialisten zu erleichtern. Hier scheint die Frage der Agency von Subalternen auf, deren Handlungsspielraum oft größer ist, als die Oberflächenstrukturen von Macht suggerieren. Auch die „Agency" des zunächst als „subalterne" Institution gedachten Reichstags war größer, als die Verfassung eigentlich denken ließ. Das schien den Abgeordneten sehr wohl bewusst zu sein, wie etwa die Debattenbeiträge zur Außenpolitik bezeugten, während derer die Abgeordneten durchaus selbstbewusste Positionen einnahmen. Dabei konnte auch über eine explizite Zustimmung zur auswärtigen Politik und dem Eingeständnis, dass man selbst ja nur ein Laie war, eine starke Position vertreten werden, die sich über den perlokutiven Akt der zustimmenden Haltung als der Regierung übergeordnet definierte. So meinte der freikonservative Abgeordnete Wilhelm von Kardorff, dass er das „Schachbrett" der auswärtigen Politik kaum übersehen könne. Deshalb erteile er „das Vertrauensvotum den Herren bezüglich der Auslandspolitik gern," ohne jedoch etwa sodann auf die Darstellung seiner Sicht der englischen Weltmacht zu verzichten. Kardorffs Ansicht nach wurde England „nachdem es die Vereinigten Staaten als Kolonie verloren hatte erst recht Großmacht und Weltmacht."[620]

DAHM, José Rizal, Der Nationalheld der Filipinos, Muster-Schmidt, Göttingen/ Zürich 1989.

618 GP, Bd. 15, Nr. 4145, Der Staatssekretär des AA von Bülow an Kaiser Wilhelm II., z.Zt. in Urville (14. Mai 1898), S. 33.

619 Vgl. Hans-Joachim HÄRTEL, Roland SCHÖNFELD, Bulgarien: Vom Mittelalter zur Gegenwart, Pustet Verlag, Regensburg 1998.

620 Stg. Berichte, 10. Leg.-Periode, 1898/1900, 4, 121. Sitzung, Mittwoch, den 13. Dezember 1899, S. 3346C/D.

Doch wie dachte die Reichsleitung, zuvörderst Bülow, darüber, einen Teil des spanischen Kolonialbesitzes in Asien zu erwerben?

2.4.2. Die Sicht der Reichsleitung auf die Philippinenfrage und den Manila-Zwischenfall

Zwar dachte Bülow nicht daran, sich auch nur zu einer „Besitzveränderung [auf den Philippinen] erklären" zu können, da dies vor allem zu einem „Konflikt nicht nur mit Amerika, sondern auch mit England geraten könnte[]." Zudem könnte „ein unvorsichtiges deutsches Vorgehen [] eine mit der Spitze gegen uns gerichtete allgemeine Koalition hervorrufen." Die einzige Chance Deutschlands „für die glückliche Durchführung eines erfolgreichen deutschen Unternehmens auf den Philippinen" bestünde in „eine[r] Verständigung mit England und Amerika [...]." Wilhelm II. kommentiert dazu: „ausgeschlossen!"[621]

Allerdings war man im Grunde unschlüssig und zögerte, sich auf eine Linie festzulegen. Um die deutschen Interessen auf den Philippinen vor Schaden zu schützen und in dieser unübersichtlichen Lage präsent zu sein und eventuell doch über Kolonialbesitz auf den Philippinen ein Einfallstor in den chinesischen Markt zu erhalten, wurden am 18. Mai zwei deutsche Kriegsschiffe des Ostasiengeschwaders nach Manila geschickt. Im Juni folgte diesen der Geschwaderchef Vizeadmiral Otto von Diederichs mit drei weiteren älteren Kreuzern nach. Denn in der Tat hatte es, wie Bülow berichtete, der Kaiser „für eine Hauptaufgabe der deutschen Politik [erachtet], keine infolge des spanisch-amerikanischen Konflikts sich etwa bietende Gelegenheit zur Erwerbung maritimer Stützpunkte in Ostasien unbenutzt zu lassen."[622]

Obwohl auch Frankreich, England und Japan Schiffe geschickt hatten, um die amerikanische Blockade der Philippinen zu beobachten und, bei sich bietenden Gelegenheiten, gleichfalls Vorteile für sich herauszuschlagen, war es die Anwesenheit des deutschen Geschwaders, das das größte amerikanische Misstrauen erregte.[623] So kam es zu Spannungen mit dem amerikanischen Geschwader unter George Dewey. Dessen Flotte war nach Ausbruch des Spanisch-Amerikanischen Krieges nach den Philippinen gesegelt, um dort die Spanier zu bekämpfen und hatte am 1. Mai 1898 die spanische Flotte in der Bucht von Manila besiegt. Auch die Amerikaner sahen den Besitz der Philippinen als strategisch wichtig für ihre vor allem auf China gerichteten Interessen im Südchinesischen Meer an.[624] Von nun an

---

621 GP, Bd. 15, Nr. 4145, Der Staatssekretär des AA von Bülow an Kaiser Wilhelm II., z.Zt. in Urville (14. Mai 1898), S. 35–37.

622 Ibid., Nr. 4151, Der Staatssekretär des AA von Bülow an den Botschafter in Washington von Holleben (1. Juli 1898), S. 44.

623 GRIMMER-SOLEM, Learning Empire, S. 214.

624 Die historische Wirkung des Spanisch-Amerikanischen Krieges wird etwa deutlich, wenn in einer kürzlich erschienen Arbeit zu den heutigen internationalen

lagen beide Flotten gemeinsam in der Bucht, was zu Spannungen zwischen ihnen führte.[625] In der Folge dieser Spannungen kam es in amerikanischen Zeitungen zu einer Hetze gegen Deutschland, welche, nicht zuletzt erleichtert durch das weiter oben beschriebene britische Kabelmonopol, von der englischen Presse beständig angeheizt wurde.[626] Die deutsche Flottenpräsenz in der Bucht von Manila wurde dort sehr hoch gespielt. Dies lag auch an der Haltung Deweys, der trotz seines Sieges über die Spanier noch recht unsicher war, was den weiteren Verlauf der Ereignisse anging. Zudem legte Diederichs, der im Rang über Dewey stand und dessen herrschaftliche Haltung letzteren störte, ein weniger unterwürfiges Verhalten an den Tag, als etwa die Engländer oder Franzosen, weswegen er auch als „mischief maker" bezeichnet wurde. Im Grunde aber war das Völkerrecht auf Diederichs Seite.[627] Und so verdächtigte man „Deutschland wegen seiner angeblichen direkten Absichten auf die Philippinen." Der amerikanische Botschafter White hatte im Juni an Außenminister William R. Day in einem Schreiben die Deutschen als in imperialistischer Hochstimmung beschrieben, zumal nach dem Erwerb Kiautschous, die nun eine Flotte bauen und imperialistische Weltpolitik betreiben wollten.[628] Holleben betonte in seinem Schreiben an Hohenlohe, dass die Hetze gegen Deutschland sehr von London geschürt wurde und auch, dass die offiziellen Kreise in Washington die Beschuldigungen in der amerikanischen Presse zurückwiesen und dementierten.[629]

Deutschland hatte sich zurückgehalten. Die spanische Regierung wollte Manila weder den Rebellen noch den Amerikanern überlassen und wandte sich stattdessen u.a. an Deutschland, das Manila als Depot in Verwahrung nehmen sollte. Als dann aber der spanische Generalgouverneur in Manila am 22. Juni Admiral

---

Beziehungen Chinas auf die Bedeutung auch der Präsenz der USA im Südchinesischen Meer seit diesem Krieg hingewiesen wird, in dessen Gefolge es zum philippinisch-amerikanischen Krieg gekommen war. Siehe dazu: GROTEN, How Sentiment Matters, S. 164.

625 GP, Bd. 15, Nr. 4160, Aufzeichnung des Stellvertretenden Staatssekretärs des AA Freiherrn von Richthofen (25. Juli 1898), S. 62, Anm. 2: Admiral von Diederichs, Darstellung der Vorgänge vor Manila von Mai bis August 1898, in: Marine-Rundschau, März 1914, S. 270 f.: Laut Diederichs soll Dewey folgendes geäußert haben: *„Why, I shall stop each vessel whatever may be her colours! And if she does not stop I shell fire at her! And that means war, do you know, Sir? And I tell you, if Germany wants war, all right, we are ready."*

626 GRIMMER-SOLEM, Learning Empire, S. 215. Zum Kabelmonopol siehe: BRECHTKEN, Scharnierzeit, S. 88 ff.

627 MITCHELL, The Danger of Dreams, S. 29–30.

628 White an Day, 18. Juni 1898, M44: 8, National Archives, Washington, D.C.

629 GP, Bd. 15, Nr. 4148, Der Botschafter in Washington von Holleben an den Reichskanzler Fürsten von Hohenlohe (6. Juni 1898), S. 40.

Diederichs genau darum bat, lehnte Diederichs dieses Ansinnen „ohne Spezial-
befehl" ab.[630] In der Reichsleitung herrschte eh die Ansicht vor, dass Deutschland
und Amerika im Grunde keine Feinde sein könnten, da für Deutschland für den
Unterstaatssekretär Richthofen die „Notwendigkeit" bestehe, „alle seine Kräfte in
Europa für den Kampf ums Dasein stets gesammelt und bereithalten zu müssen.
[...] Denn Deutschland hat nicht die entfernteste Absicht, den Amerikanern ihre
Weltstellung oder die Früchte des Krieges streitig zu machen, sofern es auf amerikanischer Seite einer billigen Anerkennung des Grundsatzes „leben und leben
lassen" begegnet."[631]

Die diplomatische und imperialistische Zurückhaltung veranschaulicht, dass
der sozialdarwinistische Gedanke zu diesem Zeitpunkt noch weniger verbreitet
war als einige Jahre später: Als Reichskanzler Bülow im Zuge einer Diskussion zur
Venezuelakrise 1903 die Kritik des sozialdemokratischen Abgeordneten Ledebour
an der deutschen Außenpolitik seit Samoa – beides Themen, die weiter unten ausführlicher betrachtet werden sollen – mit dem Argument zurückwies, dass dessen
Weltanschauung „vergißt, daß uns damit im Kampfe ums Dasein, der doch nun
einmal den Inhalt der Weltgeschichte bildet, die Wege abgegraben werden würden [...]," beantwortete dies der Reichstag mit „Sehr richtig" und „Bravo."[632] Nach
dem Spanisch-Amerikanischen Krieg, den Flottengesetzen und der Kolonisierung
von Samoa sowie der weiter gewachsenen wirtschaftlichen Stärke Deutschlands
erschien der sozialdarwinistische Gedanke wohl einer immer breiteren Masse
attraktiver zu werden und gewann die Funktion eines allgemeinen Deutungs-
schemas.[633] Allerdings wollte Bülow auch 1903 keine imperiale aggressive Politik
mit extremen Zielen betreiben, „die sich leiten ließe von Gefühlen, von vielleicht
edlen, aber hier und da unklaren Gefühlen, statt von den dauernden und nüch-
tern erwogenen Interessen des deutschen Volkes."[634] Diese nuancierende Antwort
auf die Reaktion des Reichstags offenbarte zwei Dinge: Erstens konnte Bülow den
Abgeordneten zu verstehen geben, dass Außenpolitik und Diplomatie echter Professionalität bedurften, die er dem Reichstag so indirekt absprach – hier zeigte sich
also der Kampf um institutionelle Verfassungskompetenzen. Zweitens verdeutlicht es die Möglichkeit der Manipulation von Volksversammlungen und die damit

---

630 Ibid., Nr. 4150, Der Konsul in Hongkong Reiloff an das AA (23. Juni 1898), S. 43.
631 Ibid., Nr. 4154, Der Stellvertretende Staatssekretär des AA von Richthofen an den
     Botschafter in London Grafen von Hatzfeldt (6. Juli 1898), S. 50–51.
632 Stg. Berichte, 10. Leg.-Periode, 1900/03, 9, 251. Sitzung, Donnerstag, den 5. Februar
     1903, S. 7697C.
633 CANIS, Von Bismarck zur Weltpolitik, S. 226.
634 Stg. Berichte, 10. Leg.-Periode, 1900/03, 9, 251. Sitzung, Donnerstag, den 5. Februar
     1903, S. 7697C.

einhergehenden politischen Gefahren eines demokratisch-parlamentarischen Systems – die dunkle Seite der Demokratie[635].

2.4.3. Der Reichstag und die Philippinenfrage im Kontext des zweiten Flottengesetzes

Nach dem Erwerb der Philippinen durch die USA nach dem Spanisch-Amerikanischen Krieg ein Jahr später, am 11. Dezember 1899, hatte Reichskanzler Hohenlohe-Schillingsfürst dem Reichstag angekündigt, dass die Flotte weiter vermehrt und ein neues Flottengesetz verabschiedet werden sollte. In derselben Sitzung kam Bülow auf den Spanisch-Amerikanischen Krieg und die damals offenbar gewordenen Schwächen Deutschlands zurück. Deutschland brauchte Kohlenstationen, „wie alle Staaten mit maritimen Interessen" und dies hatte sich zumal während des Krieges gezeigt, der auch in anderen Fragen „Fraktur geredet" habe.[636]

Der linksliberale Abgeordnete Richter bezweifelte in einer Sitzung am 14. Dezember 1899, dass Amerika nun bei all den „Schwierigkeiten mit den Tagalen und Filipinos" die Philippinen noch einmal erwerben würde. Denn die Amerikaner waren sogleich nach dem Erwerb des Archipels, den Präsident McKinley widerstrebend akzeptiert hatte, in der Hauptsache, um ihn nicht den Handelsrivalen, den Franzosen oder Deutschen, zu überlassen, mit dem Fortgang der philippinischen Revolution konfrontiert worden. Sie führte am 4. Februar 1899 zum Ausbruch des Philippinisch-Amerikanischen Krieges, der im muslimischen Süden bis ins Jahr 1916 dauern und in einem Genozid an der philippinischen Bevölkerung münden sollte.[637]

Richter zog mit Blick auf den Spanisch-Amerikanischen Krieg den Wert von Kolonien jedoch an sich in Zweifel. Denn dieser hatte gezeigt, dass die „Völkerschaften ihrer Kolonialherren müde [werden]", was unweigerlich in einen Konflikt mündete zwischen Kolonialisierten und Kolonialisten oder zwischen unterschiedlichen Kolonialmächten.[638] Diese Aussage bezeugt den sich stetig vertiefenden gesellschaftlichen Graben und die fortschreitende Komplexität der

---

635 Michael MANN, Die dunkle Seite der Demokratie: Eine Theorie der ethnischen Säuberung, (Aus dem Englischen von Werner ROLLER) HIS Verlag, Hamburg 2019.

636 Stg. Berichte, 10. Leg.-Periode, 1898/1900, 4, 119. Sitzung, Montag, den 11. Dezember 1899, S. 3294A.

637 Siehe dazu: Frank SCHUMACHER, „Niederbrennen, plündern und töten sollt ihr." Der Kolonialkrieg der USA auf den Philippinen, in: Kolonialkriege. Militärische Gewalt im Zeichen des Imperialismus, hg. von Thoralf KLEIN, Frank SCHUMACHER, Hamburger Edition, Hamburg 2006, S. 109–144.

638 Stg. Berichte, 10. Leg.-Periode, 1898/1900, 4, 122. Sitzung, Donnerstag, den 14. Dezember 1899, S. 3368B/C.

Wilhelminischen Gesellschaft, die die „stille Revolution"[639] und die informelle Parlamentarisierung im Reich verstärkte, wobei der Reichstag ein immer größeres
Gewicht bekam und zudem an Ernsthaftigkeit und politischer Bedeutung die anderen Reichsinstitution zu überflügeln begann. Trotz der antideutschen Pressekam-
pagnen in den USA und der Spannungen vor Manila blieben aber die Beziehungen
zwischen amerikanischer Regierung und deutscher Reichsleitung weiterhin recht
gut. Jedoch stieg seit dem Manilazwischenfall bis zum Ausbruch des Ersten Weltkriegs das amerikanische Misstrauen gegenüber Deutschland beständig, was
immer Deutschland auch an Schritten unternahm.[640] So schrieb etwa der deutsche
Botschafter in London Graf von Hatzfeldt am 8. Juli 1898 an das Auswärtige Amt,
er denke, dass es wichtig sei, die Amerikaner, welche nicht besonders gut mit europäischer Politik vertraut waren, darüber aufzuklären, dass die Briten die deutschen
Ansprüche übertrieben.[641]

Der stellvertretende Staatssekretär Richthofen stellte dann in einer Unterredung
mit dem amerikanischen Botschafter Andrew D. White die deutschen Vorstellungen vor, welche im Wesentlichen auf einen Erwerb Samoas zielten, und zwar als
Kompensation für Hawaii, und der Karolinen.[642]

Es zeigt sich hier der unterschiedliche geopolitische Horizont zwischen einem
Teil des Reichstags, dessen Überzeugtheit von den neuen globalen Möglichkeiten
sich aus einem informierten Verständnis weltwirtschaftlicher Zusammenhänge
speiste, und der zum Großteil aus Adeligen bestehenden Exekutive, die weiterhin
eher national oder eurozentrisch dachte. In Bezug auf die deutsche Einschätzung
des Spanisch-Amerikanischen Kriegs muss man zudem bedenken, dass wegen des
Endes der 9. Legislaturperiode bis zum Dezember 1898 keine Reichstagssitzungen
stattfanden, so dass die Ereignisse während des Krieges und die Überlegungen,
wie das spanische „Erbe" aufgeteilt werden sollte, vom Reichstag nicht unmittelbar über Debatten begleitet werden konnten und der Reichstag in dieser Zeit so als
politisches Korrektiv entfiel. Diese Tatsache legte eine der Schwächen der Reichsverfassung offen: Das Parlament besaß bekanntlich kein Selbstversammlungsrecht.
Und so war es also in der Hauptsache die Exekutive, mithin die alte Elite, die sich
in den entscheidenden Monaten mit dieser Frage auseinandersetzte. Und für diese
stand weiterhin Europa und die europäische Großmächtepolitik im Vordergrund.

---

639 Ein vom amerikanischen Politologen Ronald Inglehart geprägter Begriff zur Erfas-
     sung des Wertewandels in einer Gesellschaft. Siehe dazu: Ronald INGLEHART, The
     Silent Revolution: Changing Values and Political Styles among Western Publics,
     Princeton University Press, Princeton 1977.
640 Mitchell, The Danger of Dreams, S. 31.
641 GP, Bd. 15, Nr. 4155, Der Botschafter in London Graf von Hatzfeldt an das AA (8.
     Juli 1898), S. 52.
642 Ibid., Nr. 4156, Der Stellvertretende Staatssekretär im AA von Richthofen an den
     Botschafter in London Grafen von Hatzfeldt (10. Juli 1898), S. 53.

Graf von Hatzfeldt, der deutsche Botschafter in London, etwa berichtete in einem
Telegramm an das Auswärtige Amt von einer interessanten Unterredung mit dem
amerikanischen Botschafter in London John Hay, dem späteren amerikanischen
Außenminister.[643] Hatzfeldt hatte Hay ebenfalls auf das vor allem durch die englische Presse zwischen beiden Ländern hervorgerufene Misstrauen angesprochen,
woraufhin Hay betonte, dass „die unüberlegten Äußerungen einiger chauvinisti-
scher Blätter bei uns auf die Auffassung seiner Regierung keinen Einfluss ausüben
könnten." Im Gegenteil war „das Verhalten der Kaiserlichen Regierung den Vereinigten Staaten gegenüber ein durchaus korrektes." Hay bedauerte, dass es zu
einem Krieg mit Spanien gekommen sei. „Noch vor nicht langer Zeit habe man in
Amerika an keine Eroberungen und keine Kolonien gedacht, wozu es den Amerikanern an dem nötigen Material an Verwaltungsbeamten fehlte." Darauf angesprochen, dass Deutschland wegen seiner Situation in Europa lediglich bescheidene
koloniale Wünsche habe und deshalb die Freundschaft zu Amerika nicht gefährdet
werden könnte, Amerika aus diesem Grunde auch „auf große Rüstungen für die
Zukunft verzichten könne, „meinte er, daß die amerikanische Armee nach dem
Kriege auf die frühere Stärke reduziert werden müsse, daß die Vereinigten Staaten aber voraussichtlich in der Zukunft jedenfalls eine größere Flotte halten müß-
ten, als sie früher getan hätten." Die USA waren sich mithin nicht so sicher, dass
Deutschland nicht doch ein zukünftiger Feind sein könnte. Zudem wird hier deutlich, dass für Hay ebenso wie für viele in Deutschland maßgebende Kreise der
Aufbau und der Unterhalt einer Flotte in einer globalisierten Welt unverzichtbar
waren. So hatte Amerika ab 1895 die Ausgaben für seine Flotte überproportional
hochgefahren und auch im Vergleich zu den Ausgaben für das Heer hochgehalten.
Im Jahre 1891 wurden für das Heer 48,7, für die Marine 26,1 Millionen Dollar ausgegeben. Bis zum Ausbruch des Spanisch-Amerikanischen Krieges 1898 blieben
diese nahezu unverändert. 1898 dann verdoppelten sie sich für das Heer auf 92 und
für die Marine auf 58,8 Millionen. 1899 für das Heer gar auf 229,8 und gingen dann
zwischen 1900 und 1907 auf ca. 120 Millionen zurück. Für die Marine hingegen
wurden in den Jahren 1898 und 1902 um die 65 Millionen ausgegeben, stiegen
dann aber ab 1903 kontinuierlich auf über 100 Millionen an.[644] Während Hay wohl
nichts gegen deutsche Kohlestationen auf den Philippinen einzuwenden hatte und
auch in der Frage der kolonialen Zukunft der Karolinen seine Zustimmung zu

---

643 John Hay (1838–1905), war von Mai 1897 bis September 1898 amerikanischer Bot-
     schafter in London. Am 30. September 1898 wurde er unter Präsident William Mc-
     Kinley – er starb am 1. Juli 1905 – amerikanischer Außenminister.
644 BA Lichterfelde, R 101/5022, Bd. 2, Die Finanzen von Frankreich, Großbritannien
     und Irland, Italien, Japan, Österreich-Ungarn, Rußland, der Schweiz, den Vereinigten
     Staaten von Amerika, Nov. 1908, Gruppe I: Finanzverwaltung 303 II, S. 397–437, hier
     S. 406.

geben schien, betonte der amerikanische Außenminister jedoch das große Interesse seines Landes an Samoa.[645]

Richthofen regte nach einer Unterredung mit Hay an, die deutschen Schiffe vor Manila hin und her zu bewegen, um „eine gewisse „uneasiness" in Amerika" zu vertreiben, da viele Amerikaner befürchteten, die Deutschen hegten den Gedanken, für Spanien und gegen Amerika einzugreifen.[646] Bülow schrieb daraufhin an Richthofen, dass es besser wäre, den Kaiser von diesem Ansinnen nicht zu berichten, da dieser ebenso wie die Öffentlichkeit die Motivation einer solchen Entscheidung nicht verstünden und den Eindruck erhielten, Deutschland ließe sich von den USA einschüchtern.[647] Bülow ließ hier aufscheinen, wie sehr die Reichsleitung zwischen dem Kaiser und der öffentlichen Meinung lavieren und auf beide Seiten Rücksicht nehmen musste. Es wird die komplexe Machtstruktur des Kaiserreichs deutlich sowie der relative Machtverlust des Kaisers als auch der relative Machtzuwachs der durch den Reichstag repräsentierten öffentlichen Meinung.

Mittlerweile hatten am 26. Juli, auch unter Vermittlung Frankreichs, Friedensgespräche zwischen den Vereinigten Staaten und Spanien begonnen. Man war übereingekommen, dass Spanien die Oberhoheit über Kuba verlieren und alle übrigen Inseln Westindiens an die USA abtreten solle. Die Zukunft der Philippinen sollte einstweilen offenbleiben. Deutschland und die anderen europäischen Mächte wollten den USA das Feld nicht ohne Gegenleistung überlassen und die öffentliche Meinung sah genau hin, ob und wie die Reichsleitung deutsche Interessen vertrat. Der Anschein einer äußeren Einwirkung auf die deutschen Entscheidungen musste unbedingt verhindert werden. In Amerika wurden derweil Nachrichten kolportiert, wie etwa diejenige, dass der amerikanische Botschafter White im Reichstag beleidigt worden wäre und ihm obendrein der Zugang zum Kaiser verwehrt geblieben war.[648] Wann genau dies geschehen sein sollte, blieb unklar, der Reichstag jedenfalls tagte zu dieser Zeit gar nicht. Es wird hier aber deutlich, dass in den USA der Kaiser und der Reichstag als die maßgeblichen machtpolitischen Institutionen gesehen und das Kaiserreich mithin als parlamentarische Monarchie mit drei Machtzentren wahrgenommen wurde. Bis in den August hinein war man sich in der Reichsleitung sicher, dass Amerika auf den Philippinen lediglich eine Kohlestation zu erwerben gedachte. Botschafter Hatzfeldt glaubte fest, dass es für Deutschland „kein Mittel der Erwerbung dort als die Zustimmung der Amerikaner." Zudem

645 GP, Bd. 15, Nr. 4159, Der Botschafter in London Graf von Hatzfeldt an das AA (13. Juli 1898), S. 61.

646 Ibid., Nr. 4160, Aufzeichnung des Stellvertretenden Staatssekretärs des AA von Richthofen (25. Juli 1898), S. 62.

647 Ibid., Nr. 4161, Der Staatssekretär des AA von Bülow, z. Z in Semmering, an das AA (27. Juli 1898), S. 64.

648 Ibid., Nr. 4163, Aufzeichnung des Stellvertretenden Staatssekretärs des AA von Richthofen (30. Juli 1898), S. 67.

musste es in Bezug auf einen Erwerb spanischer Kolonien vorsichtig vorgehen, da „es einen eigenen Eindruck hervorbringen würde, wenn wir als monarchischer Staat die traurige Lage Spaniens benutzen, um ihnen noch etwas abzunehmen".[649]

Interessant in den Akten des Auswärtigen Amtes ist im Übrigen die Tatsache, dass nie von dem Amerikaner oder auch dem Engländer gesprochen wurde, sondern immer die Pluralbezeichnung benutzt wurde. Der Gebrauch des Plurals wirkt neutraler und objektiver, weniger chauvinistisch als der Gebrauch des Singulars, der den einzelnen Individuen die Persönlichkeit, die Individualität abspricht und über diese Verallgemeinerung zudem leicht menschenverachtend und volksverachtend wirkt. Auch wird über diese sog. Generizität ein Wissen geteilt bzw. eine Wissensteilung vorgegeben. Dies wiederum führt zu einer Festigung der an diesem Wissen Beteiligten, im vorliegenden Falle, der Reichstagsabgeordneten.[650] Im Verlauf der Debatten kann man eine derartige Stereotypisierung im Sinne Walter Lippmanns und Klischeebildung „des" Amerikaners beobachten. So konnte man die gestiegene Macht der Vereinigten Staaten über herablassende, pejorative Stereotypisierung für die eigene Nation ertragbarer machen.[651] Nicht nur die nationale Identität wird über die Repräsentanten des Volkes, die Abgeordneten, dadurch gestärkt. Gleichzeitig wird so die Gruppenidentität der Abgeordneten und damit die eigene institutionelle Macht über die Generizität vergrößert.

Doch zurück zum Amerikanisch-Philippinischen Krieg: Die Reichsleitung musste wie gesehen auf die öffentliche Meinung achten, die humanitären Argumenten gegenüber sensibler war, als rein wirtschaftlichen und praktischen. Am 8. August 1898 war dann klar, dass Spanien „die amerikanischen Friedensbedingungen [annehmen]" musste. Außerdem zeichnete sich ab, dass Spanien auch den Rest [seiner Kolonien] vorteilhaft zu verwerten" suchte. Wilhelm merkte dazu gewohnt pointiert an: „d.h. loszuschlagen".[652] Richthofen bezeichnete dies als eine sehr bedeutsame Information und wies den deutschen Botschafter in Madrid, Radowitz, an, „Klarheit über etwa vorhandene Projekte hinsichtlich Verkaufs spanischer Kolonien [...] zu geben."[653] Es wird in dieser Anweisung an den Botschafter

---

649 Ibid., Nr. 4164, Der Botschafter in London Graf von Hatzfeldt an das AA (3. August 1898), S. 69.

650 Daniel SCHMIDT-BRÜCKEN, Verallgemeinerung im Diskurs: Generische Wissensindizierung im kolonialen Sprachgebrauch, Walter De Gruyter GmbH, Berlin, München, Boston 2015, S. 20–27.

651 Georges SCHADRON, De la naissance d'un stéréotype à son internalisation, in: Cahiers de l'Urmis [Online-Ausgabe], Bde. 10-11, 2006 [URL: http://journals.openedition.org/urmis/220; DOI: https://doi.org/10.4000/urmis.220. Eingesehen am 15. Februar 2020].

652 GP, Bd. 15, Nr. 4167, Der Botschafter in Madrid von Radowitz an den Reichskanzler Fürsten von Hohenlohe (8. August 1898), S. 72–73.

653 Ibid., Nr. 4168, Der Stellvertretende Staatssekretär des AA Freiherr von Richthofen an den Botschafter in Madrid von Radowitz (12. August 1898), S. 73.

ersichtlich, wie sehr es der Reichsleitung um den überseeischen Besitz als solchen ging. Wichtig war nicht, welche Kolonien wo erworben wurden, sondern dass man überhaupt welche besäße. Um eine Weltmacht zu sein, die Weltpolitik aktiv mitgestaltet, war es unabdingbar, weltweit Kolonien und Stationen zu besitzen. Einer der Gründe für die Reichsleitung war auch, den imperialen Pressuregroups in Deutschland, die die Regierung unter Druck setzten, den Wind aus den Segeln zu nehmen.[654] Während des Krieges und so lange die USA Spanien nicht endgültig besiegt hatten, standen mehrere Optionen zur Zukunft der Philippinen zur Diskussion. Zuvörderst dachte man an ihre „Neutralisierung und Unterstellung unter den gemeinsamen Schutz eines Areopages von Seemächten."[655]

Nachdem am 12. August 1898 zwischen McKinley und dem französischen Vermittler, Botschafter Jules Cambon, das spanisch-amerikanische Friedensprotokoll unterzeichnet worden war, wurde man sich in der Reichsleitung bewusst, dass es nicht zu einer Neutralisierung der Philippinen, auch wegen der ablehnenden Haltung Großbritanniens, kommen würde. Und so suchte man sich noch einen anderen Teil des Kuchens zu sichern und konzentrierte sich auf den Erwerb einiger Karolinen-Inseln. Der Preis sollte dabei nur eine untergeordnete Rolle spielen.[656] Spanien stimmte dem Verkauf der Karolinen-Inseln an Deutschland zu und sicherte Deutschland zudem zu, dass es, „wenn es noch anderen Kolonialbesitz aufgeben wolle, jedesmal unser Angebot mit besonderem Wohlwollen behandeln werde." Allerdings wollte Spanien dieses „arrangement" noch bis zu einem endgültigen Friedensschluss mit Amerika geheim halten.[657] Ab dem 1. Oktober tagte die Friedenskonferenz in Paris. Deutschland war in die Verhandlungen nicht eingeweiht und musste sich auf Informationen aus zweiter Hand verlassen. Ende Oktober wurde klar, dass McKinley einer Übergabe der Philippinen von Spanien an die USA auf Grund „der öffentlichen Meinung in den Vereinigten Staaten" zuzustimmen gedachte. Nach dem Spanisch-Amerikanischen Frieden vom 10. Dezember 1898 wussten die Amerikaner dann zunächst nicht genau, wie sie mit den Philippinen verfahren sollten, auf denen es seit 1896 zu Unabhängigkeitsbewegungen gegen Spanien gekommen war. Allerdings entschied sich Präsident McKinley schließlich, allen anti-imperialistischen Tendenzen und Traditionen zum Trotz, für eine Integration der Philippinen als Kolonie.

Es wird also ersichtlich, dass die deutsche Außenpolitik in diesen entscheidenden Monaten zum einen ohne die korrigierenden Debatten des Reichstags schalten

---

654 Canis, Von Bismarck zur Weltpolitik, S. 277.

655 GP, Bd. 15, Nr. 4145, Der Staatssekretär des AA von Bülow an Kaiser Wilhelm II., z.Zt. in Urville (14. Mai 1898), S. 38.

656 Ibid., Nr. 4171, Der Staatssekretär des AA von Bülow an den Botschafter in Madrid von Radowitz (3. September 1898), S. 75.

657 GP, Bd. 15, Nr. 4172, Der Stellvertretende Staatssekretär des AA Gesandter von Derenthall an Kaiser Wilhelm II. (12. September 1898), S. 76–77.

und walten konnte, wie es ihr gelegen kam. In der Hauptsache aber suchte sie alles zu vermeiden, was zu einem Konflikt mit den USA geführt hätte. Gleichzeitig aber wollte sie in der Öffentlichkeit auch den Eindruck erwecken, den USA ebenbürtig und als globaler politischer Akteur anerkannt zu sein. Wegen des verfassungsbedingten Ausfalls des Reichstags wurde dabei die öffentliche Meinung zuvörderst in Gestalt der Presse repräsentiert, was eine Verzerrung und ungenau Wiedergabe dieser Meinung bedeutete. Jedoch gab diese Rücksichtnahme auf die öffentliche Meinung der Reichsleitung die nötige demokratische Legitimierung für ihre Entscheidungen, was also trotz alledem den Fortschritt der Demokratisierung und informellen Parlamentarisierung bezeugte. Ein Fortschritt, den Konsul Krüger implizit in seinem Telegramm auch als solchen beschrieben hatte.

2.5. Deutschland erwirbt einen Teil des spanischen Kolonialreichs im Pazifik.

Die deutsche Politik konzentrierte sich im weiteren Verlauf der Friedenskonferenz auf die Frage der Karolineninseln. Die Amerikaner erhoben zeitweise Anspruch auf eine der Inseln, um dort eine Zwischenstation für ihr von San Francisco über Honolulu und Guam nach Manila zu verlegendes Telegraphenkabel aufzubauen. Für Deutschland wurde der Besitz der wichtigsten Karolineninseln jedoch zu einer innen- wie außenpolitischen Prestigefrage. In einer Anweisung an den deutschen Geschäftsträger in Washington, Hermann Speck von Sternburg, betonte Bülow die Bedeutung der Frage für die öffentliche Meinung in Deutschland seit dem Konflikt darüber im Jahre 1885.[658] Diese Bedeutung wird hervorgehoben, weil es für die Wirtschaft beider Länder sehr wichtig war, dass die jeweilige Bevölkerung die Produkte und politischen Aktivitäten des jeweils anderen Landes akzeptierte. Die Reichsleitung konnte unter den Druck von sich widerstreitenden Lobbyverbänden geraten, wie dem BdI, BdL oder dem Alldeutschen Verband. Zudem konnten aber auch die demokratisch gewählten Abgeordneten durch die sich mobilisierende öffentliche Meinung starkem Wiederwahldruck ausgesetzt werden – der Wahlkampf zur 10. Legislaturperiode war in vollem Gange und man war sich bewusst, dass die Sozialdemokraten weiter zulegen würden. Wegen der Sitzungspause des Reichstags konnten die ersten Debatten zum Erwerb der Karolinen und anderer

---

658 Im Jahre 1885 war es zwischen Deutschland und Spanien zu einem Konflikt über die Oberhoheit über die Karolinen gekommen. Bismarck schlug Papst Leo XIII. als Schiedsrichter vor. Dessen Vorschlag, Spanien die Souveränität über die Karolinen zu gewähren, Deutschland aber weitreichende Handelsrechte einzuräumen, wurde von beiden Ländern angenommen. Zur Geschichte der deutschen Südseekolonisation siehe: Gerd HARDACH, Die deutsche Herrschaft in Mikronesien, in: Hermann Joseph HIERY (Hg.), Die deutsche Südsee 1884–1914. Ein Handbuch, Schöningh, Paderborn 2001, S. 508-534.

Inseln aber erst ab Anfang 1899 durch den Reichstag begleitet werden und wurden so eigentlich nur rückblickend im Sommer 1899 diskutiert. Dass Bülow trotz der Sitzungspause indirekt den Reichstag in seine außenpolitischen strategischen Überlegungen miteinschließen musste, bezeugt das Bewusstsein um die Demokratisierung und informelle Parlamentarisierung des Kaiserreichs. Die offiziellen Befugnisse und Kompetenzen des Reichstags wurden in der Zeit des Kaiserreichs so auch bis kurz vor Ende des Ersten Weltkrieges nur wenig legalisiert und durch Gesetzestexte offiziell gemacht. Nichtsdestoweniger kann man die Kompetenzausweitung, den immer stärkeren Zwang zur Implikation und Beteiligung des Reichstags gerade bei Debatten zu außenpolitischen Themen, wie etwa den Erwerb der Karolinen, sehr gut nachvollziehen. Ohne die radikale Zäsur des Ersten Weltkriegs und der sich anschließenden Revolution wären die Kompetenzen des Reichstags sehr wahrscheinlich im Laufe der Zeit verfassungsmäßig anerkannt worden und das Reich so *de jure* zu einer konstitutionellen Monarchie, ähnlich der in England, geworden.

2.5.1. Die Reichsleitung und der Erwerb der Karolinen

Bülow argumentierte für einen Verzicht der USA auf die Karolinen auch historisch. Er betont die traditionelle Freundschaft zwischen beiden Ländern, besonders seit dem Sezessionskrieg. Um die Legitimität Deutschlands auf Anspruch auf Weltpolitik im Allgemeinen und die Karolinen im Besonderen zu unterstreichen, erhob er Forderungen auf eine Kohlestation Deutschlands auf den auf jeden Fall den USA zugeschlagen werdenden Suluinseln. Speck von Sternburg berichtete daraufhin, dass Hay betont habe, man wolle auf den Karolinen Deutschlands Interesse in keiner Weise entgegentreten und dass die USA keine Absichten hatten, „die freundschaftlichen Beziehungen zu Deutschland, auf deren Förderung man hier soviel Wert lege, zu trüben."[659]

Immer wieder wurde auf beiden Seiten die Freundschaft zwischen den zwei Ländern unterstrichen. Um eventuellen amerikanischen Absichten auf die Karolinen doch zuvorzukommen, drängte Bülow nun über Radowitz darauf, die Spanier so schnell wie möglich zu einem Verkaufsvertrag zu bewegen.[660] Der drängende Ton Bülows vermittelt den Eindruck einer beinahe ängstlichen Gier, nicht zu kurz zu kommen und einen möglichst großen Rest vom Kuchen abzubekommen. Der Erwerb der spanischen Kolonien stellte für Deutschland eine der letzten Möglichkeiten dar, die sich durch seine wirtschaftliche globale Expansion ergebenden Herausforderungen und den damit einhergehenden Anspruch auf Weltpolitik territorial zu untermauern und abzusichern. Auf die anderen Mächte konnten diese

---

659 GP, Bd. 15, Nr. 4181, Der Geschäftsträger in Washington Freiherr Speck von Sternburg an das AA (30. November 1898), S. 87.

660 Ibid., Nr. 4183, Der Staatssekretär des AA von Bülow an den Botschafter in Madrid von Radowitz (3. Dezember 1898), S. 88.

deutsche Ungeduld und das Vorpreschen sicher sehr verstörend und auch beängstigend wirken. Besonders in England, aber auch in Spanien fühlte man sich überrumpelt. Allein es entsteht aber auch der Eindruck, dass Deutschland sich mit den Resten der Amerikaner begnügen musste und keineswegs über die Macht und den Einfluss verfügte, echte Konzessionen und wirklich wertvolle Territorien zu erringen. Deutschland war bei den Verhandlungen ein Zuschauer am Rande, der auf die Entscheidungen der anderen Großmächte lediglich reagieren konnte. Aus innenpolitischen, außenpolitisch-weltpolitischen und wirtschaftspolitischen Gesichtspunkten schien aber selbst der Besitz dieser relativ unbedeutenden Territorien von großer Wichtigkeit. Bülows Mangel an Initiativkraft und Handlungsspielraum führt in seinen Telegrammen also zu dem Eindruck von Gier und Ungeduld, macht aber auch deutlich, wie sehr die deutsche Politik von inneren und äußeren Notwendigkeiten und Zwängen getrieben wurde.

Am 10. Dezember 1898 war der spanisch-amerikanische Friedensvertrag in Paris unterzeichnet worden. Spanien hatte darin sehr große Verluste hinnehmen müssen. Am 20. Dezember schließlich gab Bülow sein Plazet zum Vertrag über den Verkauf der Karolinen, der Palauinseln sowie der Marianen, mit Ausnahme Guams, an Deutschland. Erneut wird deutlich, wie sehr Deutschland unter Handlungszwang und Erfolgsdruck stand. Die Abhängigkeit Deutschlands in der Frage des Erwerbs ehemaliger spanischer Kolonien vom Wohlwollen der USA wird in dem von Holleben am 31. Dezember abgesandten Telegramm an das Auswärtige Amt deutlich. Holleben zeigte sich äußerst erleichtert, dass die USA wohl keine Einwände gegen eine deutsche Erwerbung der Karolinen hätten. Deutschland suchte zu den USA, trotz der durch die weltpolitische Konkurrenz zunehmenden Spannungen, freundschaftliche Beziehungen aufrecht zu erhalten. Dieser Wunsch beruhte bis zum Ersten Weltkrieg auch unter der Regierung Theodore Roosevelts auf Gegenseitigkeit.[661]

Interessanterweise fiel die Antwort auf Hollebens positiven Bericht hinsichtlich der amerikanischen Reaktion kalt aus: „Von der Erklärung des amerikanischen Staatssekretärs, wonach die amerikanische Regierung gegen die Erwerbung des nach dem spanisch-amerikanischen Friedensschluß Spanien noch verbleibenden Inselbesitzes im Stillen Ozean durch uns keinerlei Einwendungen erhebt, [...], habe ich Akt genommen."[662] Die Reaktion wirkte nach dem deutschen Drängen beinahe unfreundlich und undankbar. So als zeigte man nun sein wahres Gesicht. Von einer eher unterwürfigen Haltung ging Bülow hier zu einer eher abweisenden über. Eine Tatsache, die sicher zu der Einschätzung einer gewissen Unberechenbarkeit und Unaufrichtigkeit der deutschen Politik beitrug.

---

661 Ibid., Nr. 4191, Der Botschafter in Washington von Holleben an das AA (31. Dezember 1898), S. 96–97.

662 Ibid., Nr. 4192, Der Staatssekretär des AA von Bülow an den Botschafter in Washington von Holleben (4. Januar 1899), S. 97–98.

Im Reichstag, in dem naturgemäß verschiedene Meinungen beständig gegeneinander kämpften, schien derartig wankelmütiges Verhalten weniger an der Tagesordnung gewesen zu sein. Der Druck durch die öffentliche Rede und die Öffentlichkeit und Archivierung des Gesagten durch Zeitungen und stenographische Berichte hatten sicher eine disziplinierende und rationalisierende Wirkung, so dass die Haltung des Reichstags zu bestimmten Fragen und die Reaktionen der einzelnen Abgeordneten berechenbarer waren, als diejenigen weitgehend unkontrollierter Einzelpersonen in der Exekutive und Bürokratie. Die fehlenden Kontroll- und Korrektivmöglichkeiten des Reichstags, nicht zuletzt wegen der langen Sitzungsunterbrechung im Sommer 1898, über den Erwerb eines Teils des spanischen Kolonialreiches mitzureden und darüber als Ausgleichsfaktor zu wirken, mag sicher zu einer Schwächung der deutschen Außenpolitik beigetragen haben.

Holleben versuchte in weiteren Telegrammen an das Auswärtige Amt, Bülow davon zu überzeugen, dass sowohl Hay als auch der Präsident dem Ansinnen einer Kohlestation auf einer der amerikanischen Suluinseln wohlwollend gegenüberstanden, durch wirtschaftliche, institutionelle und auch politische Zwänge diesem jedoch nicht sofort nachgeben konnten. Holleben riet deshalb, „den Präsidenten und den Staatssekretär nicht zu sehr zur Eile zu drängen; es könnte dadurch das noch nicht ganz gewichene Mißtrauen gegen unsere ostasiatische Politik wieder angefacht werden."[663]

Das Schreiben Bülows an Kaiser Wilhelm vom 15. Januar 1899 zu dieser Frage ist inhaltlich recht überraschend.[664] Zunächst fällt sein sehr unterwürfiger Stil auf, der in schroffem Gegensatz zu dem oft sehr einfachen und klaren Ton der Schreiben an seine Diplomaten steht. Bülow schien hier durch besonders unterwürfige Wortwahl die relativ geringe Einbeziehung Wilhelms in die diplomatischen Abläufe, Austausche und Überlegungen vergessen machen zu wollen. Dann war in den diplomatischen Telegrammen weder von wirtschaftlichen Faktoren die Rede, noch von Pressehetze. Sodann schilderte Bülow die Lage auf den Karolinen als dramatisch, welche von den amerikanischen Missionaren dort noch verschlimmert wurde, die die „Eingeborenen" aufhetzten und anarchische Zustände förderten.[665] Bülow argumentierte in seinem Telegramm an Wilhelm dann wieder wirtschaftlich, und er schürte die Angst vor einem möglichen militärischen Konflikt mit den USA. Er baute hier einen klaren Interessengegensatz zu den USA auf, der so nicht in den diplomatischen Telegrammen durchschien. Und er sprach auch von einer kriegerischen Stimmung in Amerika, die sich so nicht nachvollziehen lässt, und er schlug sogar die Entsendung eines Kriegsschiffes vor. Der Konflikt

---

663 GP, Bd. 15, Nr. 4194, Der Botschafter in Washington von Holleben an das AA (15. Januar 1899), S. 98–99.

664 Ibid., Nr. 4195, Der Staatssekretär des AA von Bülow an Kaiser Wilhelm II. (15. Januar 1899), S. 99 f.

665 Ibid., S. 99–101.

mit den Vereinigten Staaten schien gegenüber dem Kaiser aufgebauscht zu werden. Vielleicht lag einer der Gründe darin, Wilhelm für die Frage zu interessieren. Zudem konnte er so Wilhelm indirekt Argumente für den Ausbau der Flotte an die Hand legen.

So wird erneut deutlich, wie sehr die Regierung zwischen den verschiedenen Machtzentren und sich oft widersprechenden Handelsinteressen, weltpolitischen Ambitionen und der umstrittenen Flottenpolitik lavieren musste, um letztendlich eine mittlere Linie halten zu können.[666] Wilhelm, der zuvor sein Einverständnis zur Entsendung eines Kriegsschiffes nach Manila zum Schutze der Spanier vor amerikanischen Übergriffen gegeben hatte, zog diese aber einige Tage später wieder zurück. Er wollte „Differenzen mit der Union, solange dies mit der Würde des Reiches zu vereinen wäre, [vermeiden]."[667]

In einem Telegramm Bülows an den deutschen Botschafter in Madrid vom 4. Februar wird der Zwang der Reichsleitung deutlich, zwischen den verschiedenen Macht- und Entscheidungszentren zu lavieren. Zudem sieht man, dass die eigentliche Entscheidungsgewalt immer mehr auf den Reichstag überging, der, was die Gewährung der Meistbegünstigung an Spanien betraf, zusammen mit dem Bundesrat die eigentliche legislative Entscheidungsgewalt innehatte. Der Kaiser hatte zwar symbolisches Kapital und Gewicht, letztendlich musste jedoch der Reichstag mittels Argumente überzeugt werden. Bülow beschrieb hier das Reich als einen Verbund von Bürgern mit konkreten, materiellen Interessen, der das idealistische Prinzip einer Monarchie mit auf den Monarchen und die abstrakte Nation ausgerichteter Interessenlage durch die demokratischen Prinzipien des Interessenausgleichs, der Kompromisssuche und der Überzeugungsarbeit ersetzte. Bülow wollte den Vertrag mit Spanien so schnell wie möglich durchbringen, da auf Grund eben des demokratisch-parlamentarischen Vorgangs eine Verzögerung die Gefahr einer Nichtannahme durch den Reichstag vergrößern würde. Zum einen könnten die Gegner des Vertrags mehr Abgeordnete überzeugen, zum anderen bestimmte in einem demokratisch-parlamentarischen System die öffentliche Meinung zunehmend die Agenda der Regierung.

Das sog. Südseeabkommen oder der deutsch-spanische Vertrag wurde schließlich nach der Einsetzung der neuen spanischen Regierung am 1. März und der Unterzeichnung des Friedensvertrags mit den Vereinigten Staaten am 17. März von den neuen Cortes am 19. Juni und vom Reichstag am 21. Juni, allerdings ohne die Stimmen der SPD und der Freisinnigen Volkspartei, angenommen. Die Meistbegünstigung wurde von Bülow aber wegen der schutzzöllnerischen Richtung im Reichstag nur auf fünf Jahre gewährt.[668]

---

666 Ibid.
667 Ibid., S. 101, Anm. 1.
668 Ibid., Nr. 4197, Der Staatssekretär des AA von Bülow an den Botschafter in Madrid von Radowitz (4. Februar 1899), S. 103 und Anm. 1.

2.5.2. Die Reichstagdebatten nach dem Erwerb ehemaliger spanischer Kolonien

Erst am 21. Juni 1899 debattierte der Reichstag über den Erwerb der Karolinen, nördlichen Marianen und Palaus unter dem bezeichnenden Tagesordnungspunkt „Erste und zweite Berathung der Vereinbarung über die Handelsbeziehungen zwischen dem Reich und Spanien".[669] Spanien hatte dem Verkauf seines Kolonialbesitzes in der Südsee mit der Bedingung zugestimmt, vom Deutschen Reich die Meistbegünstigung zu erhalten. Dieser und der nötigen Anleihe für den Erwerb der Inseln musste der Reichstag seine Zustimmung geben, welche schließlich nach der dritten Lesung ohne Debatte am 22. Juni 1899 erteilt wurde.[670] Der eigentliche Vertrag „Abtretungsvertrag zwischen Deutschland und Spanien bezüglich der Karolinen, Marianen (ohne Guam) und Palauinseln", der ein völkerrechtlicher Vertrag war und damit vom Kaiser alleine geschlossen werden konnte und durfte, wurde am 30. Juni geschlossen. Am 18. Juli 1899 wurden die drei Inselgruppen durch kaiserlichen Erlass zu deutschen Schutzgebieten erklärt.[671] Nur über die beiden Verträge aber konnten die neuen Kolonien vollständig integriert werden. Man sieht hier also einmal die komplementären Funktionen der Reichsinstitutionen in den Außenbeziehungen und dann das Eindringen des Reichstags über handelspolitische Fragen in den Bereich der Außenpolitik. Dies lief de facto auf eine Bedeutungszunahme des Reichstags hinaus, der seinen Kompetenzbereich darüber informell ausdehnte.

Nun zur Debatte: Zunächst stellte der Staatssekretär des AA Bülow den neuen Erwerb und seine wirtschaftlichen und geopolitischen Vorteile in beinahe wissenschaftlicher Manier vor: Er wirkte hier sozusagen als Vermittler neuen kulturellen Wissens. Da Bülow wusste, dass es breite Kritik am Kaufpreis gab, pries er den wirtschaftlichen Wert der neuen Kolonien an, und er versuchte, die Kritik über einen ironischen Einstieg und bewusste Untertreibung der Bedeutung des Kaufes, denn er musste den Reichstag davon überzeugen, dem Vertrag zuzustimmen, zu zerstreuen. Die Reaktion des Parlaments macht klar, dass es Bülow gelang, die Stimmung zu entspannen und die Abgeordneten hinter sich zu versammeln: „Ich komme jetzt zu einem Punkte, wo ja leicht die Gemüthlichkeit aufzuhören pflegt, nämlich zu dem Kostenpunkt. (Heiterkeit links.) Meine Herren, umsonst waren die

---

669 Stg. Berichte, 10. Leg.-Periode, 1898/1900, 3, 98. Sitzung, Mittwoch, den 21. Juni 1899, S. 2693B.

670 Stg. Berichte, 10. Leg.-Periode, 1898/1900, 10, Reichstag, Aktenstück 397, S. 2509–2510.

671 Hellmuth HECKER, Schutzangehörigkeit Und Staatsangehörigkeit in Deutschland, in: Archiv des Völkerrechts, Bd. 21, Nr. 4, 1983, S. 433–91. [www.jstor.org/stable/40798050 Eingesehen am 5. August 2020]: Das Gesetz ist zu finden im RAnz. 1899, Nr. 153.

Inseln wirklich nicht zu haben! (Heiterkeit); das kommt selbst unter den besten Freunden nicht vor, daß man sich gegenseitig ohne weiteres Inseln und Inselgruppen schenkt. (Heiterkeit)."[672]
Zudem bezog er sich auf die amerikanische Presse und die amerikanische Verhandlungsdelegation in Paris, die den Preis für die Inseln noch weit höher veranschlagt hatten, um zu beweisen, dass Deutschland keinen exorbitanten Preis bezahlt hatte. Auch gab er darüber den Abgeordneten zu verstehen, dass zwischen Spanien und dem Deutschen Reich weiter gute Beziehungen bestanden.

Ein anderer Kritikpunkt, den Bülow zu entkräften suchte, bestand in der Befürchtung, dass Deutschland über diesen Erwerb in Konflikte mit den Vereinigten Staaten und Japan kommen könnte.[673] Dabei richtete sich seine Rede wohl nicht nur an die Abgeordneten, sondern auch an die jeweiligen Länder, die sehr genau verfolgten, was im Reichstag gesprochen wurde. Bülow benutzte hier die Bühne des Reichstags als Ort der Diplomatie, in dem die Abgeordneten über ihre direkte Reaktion auf seine Ausführungen und ihre anschließenden Debattenbeiträge gleichsam das Publikum und den Chor einer Aufführung darstellten. Mithin kam es im Reichstag zu einer Koproduktion[674] von Außenpolitik.

In der anschließenden Debatte ging es also um die Gewährung der Anleihe für den Kauf der Inseln sowie die der o.g. Meistbegünstigung an Spanien. Die eigentliche welt- und machtpolitische Bedeutung des Erwerbs blieb relativ ausgeblendet und kam nur jeweils kurz zur Sprache. Dr. Lieber vom Zentrum ebenso wie der nationalliberale Abgeordnet und Vorsitzende des Alldeutschen Verbandes Dr. Ernst Hasse sprachen Bülow, dem AA und den beteiligten Diplomaten ihren Dank und ihren Glückwunsch zum Erwerb der Karolinen aus, der, wie Dr. Hasse betonte, im Gegensatz zu den amerikanischen Erwerbungen „in unblutiger Weise sich vollzog".[675] Hasse und Graf von Kanitz von den Deutschkonservativen bereitete vor allem die Meistbegünstigung Sorgen, zumal der Handelsvertrag mit Spanien laut dem Unterstaatssekretär im Auswärtigen Amt von Richthofen bis 1905 gültig sein sollte, also über die Zeit der Gültigkeit der meisten anderen deutschen Handelsverträge hinaus, wie im Kapitel Wirtschaft der vorliegenden Arbeit genauer erklärt wird. Dies könnte Hasse und Kanitz zufolge zu einem Hindernis bei der Ausgestaltung neuer Handelsverträge führen,[676] was eine Anspielung auf das Verhältnis zu den Vereinigten Staaten war, die die Meistbegünstigung auf Grund des

---

672 Stg. Berichte, 10. Leg.-Periode, 1898/1900, 3, 98. Sitzung, Mittwoch, den 21. Juni 1899, S. 2696C.

673 Ibid., S. 2696D.

674 Sheila Jasanoff (Hg.), States of Knowledge: The co-production of science and social order, Routledge, New York 2004.

675 Stg. Berichte, 10. Leg.-Periode, 1898/1900, 3, 98. Sitzung, Mittwoch, den 21. Juni 1899, S. 2699B.

676 Ibid., S. 2698C.

preußisch-amerikanischen Handelsvertrags von 1828 weiter einforderten. Erst
der Abgeordnete der Freisinnigen Volkspartei Dr. Otto Wiemer[677] kritisierte den
Erwerb der Karolinen, deren Kaufpreis er als weitaus zu hoch betrachtete, stark.
Sie stellten ein wirtschaftlich wertloses Kolonialgebiet dar mit zu erwartenden
hohen zukünftigen Kosten. Interessanterweise ließ er sich im Gegensatz zu seinen
Vorrednern auch sehr herablassend über die „Eingeborenen" der Inseln aus: „Was
die eingeborene Bevölkerung anlangt, so hat der Herr Staatssekretär von Bülow
allerdings einige Worte des Lobes für diese Herrschaften übrig gehabt; aber die
Denkschrift selbst läßt doch keinen Zweifel darüber, daß diese neuen Reichsge-
nossen, die wir bekommen, immerhin auf niedriger Kulturstufe stehen."[678] Erst
am Ende seiner Rede sprach er über die möglichen politischen Verwicklungen
mit den USA. Wiemer fürchtete diese wegen des Erwerbs der neuen Kolonien,
die eine Reibungsfläche mit den Vereinigten Staaten schufen, zumal diese sich auf
der Insel Guam militärisch niedergelassen hatten. Auch würden solche Konflikte
neue Argumente für einen weiteren Ausbau der Flotte liefern, der dann wiederum
das Konfliktrisiko noch verstärken könnte. Dabei erinnerte Wiemer an die weiter
unten in der Arbeit behandelte Krise um Samoa, wo sich ein derartiges Szenario
bereits abgespielt hatte und es nur wegen des Mangels an deutscher Seemacht zu
keinem ernsten Konflikt gekommen war.[679]

Staatssekretär Bülow sah sich daraufhin gezwungen, auf die harte Kritik Wie-
mers zu antworten. Er versuchte, die Bedeutung der Einwände des Abgeordneten
durch Ironie und Witz als irrelevant hinzustellen. Bülows „Heiterkeit" hervorru-
fenden Sätze verschleierten jedoch im Grunde eine destruktive Absicht bzw. den
Willen, die hergebrachte Ordnung der Dinge,[680] also den Ausschluss der Abgeordneten von tieferen außenpolitischen Überlegungen und damit weitreichenden
politischen Entscheidungen, zu bestätigen. Seine direkte und klare, beinahe brutale
Beschreibung dessen, wie Außenpolitik funktioniert, wirkte mithin wie ein Versuch, dem Parlament über eine indirekte Unterstellung außenpolitischer Inkompetenz und Unwissens von diesem Bereich fernzuhalten, was der Gebrauch einer
bildungsbürgerlichen lateinischen Sentenz noch unterstrich:

---

677 Zu Otto Wiemer (27. Januar 1868–11. Februar 1931) siehe: MANN, Biographisches
     Handbuch, S. 416: Wiemer war ein bedeutender linksliberaler Abgeordneter. Er saß
     für die Freisinnige Volkspartei und die Fortschrittliche Volkspartei von 1898 bis
     1918 im Reichstag. Siehe auch: Peter MOLT, Der Reichstag vor der improvisierten
     Revolution, Springer Fachmedien GmbH, Wiesbaden 1963, S. 195.
678 Stg. Berichte, 10. Leg.-Periode, 1898/1900, 3, 98. Sitzung, Mittwoch, den 21. Juni
     1899, S. 2702A.
679 Ibid., S. 2703D.
680 Dirk SCHÜMER, „Lachen mit Bachtin" – ein geisteshistorisches Trauerspiel, in: Mer-
     kur. Zeitschrift für europäisches Denken, Bd. 10, 2002, S. 847–853, hier S. 852.

„[...] in der Außenpolitik [kann] nicht alles über einen Leisten geschlagen werden.
(Sehr richtig! rechts.) Man kann die auswärtige Politik nicht nach einem von vornherein in allen Einzelheiten für immer, in omnes casus et omnes eventus festgelegten
Plan führen, sondern man muß sich richten nach den gegebenen Verhältnissen und
mit den gegebenen Faktoren rechnen. [...] Die große Politik, und die auswärtige Politik, kann unmöglich geführt werden allein aus dem Gesichtswinkel und von dem
Standpunkt von Adam Riese (Heiterkeit); damit läßt sich auswärtige Politik nicht
treiben."[681]

Außenpolitische Überlegungen überstiegen Bülow zufolge also die buchhalteri-
schen des Reichstags, was ein Seitenhieb auf das Budgetrecht war. Die Abgeordneten wurden so als Krämerseelen beschrieben, denen der Horizont staatspolitischen
Denkens abging. Ziel war natürlich, die Kompetenzen auf diesem Politikfeld nicht
mit dem Parlament teilen zu müssen.

Der Sozialdemokrat Liebknecht nutzte seine Rede zu einer Generalabrechnung
mit der Kolonialpolitik, die er als Mittel und Vorwand für den Aufbau einer Flotte
und als Ablenkungsmanöver von inneren, sozialen Problemen bezeichnete. Dass
der Kauf der Karolinen von Spanien keinen Sinn machte, bewies er an Hand der
Tatsache, dass die Amerikaner, „die sie hätten nehmen könne, die ja auch Geld
haben, und mehr als wir,"[682] keinerlei Interesse an den Inseln gezeigt hatten. Hier
blitzte kurz der sozialdemokratische Neid am kapitalistischen Amerika gerade in
diesen Jahren auf. Denn in sozialpolitischer Hinsicht waren die Vereinigten Staaten, in denen es keine nennenswerte sozialdemokratische Partei gab und deren
soziale Entwicklung den sozialistischen, marxistischen Theorien zu widersprechen
schien, für die linken Sozialdemokraten eine intellektuelle Herausforderung.[683]
Liebknecht insistierte denn auch auf den hohen Kaufpreis und die Wertlosigkeit
der Inseln und wiederholte, dass selbst die Amerikaner die Inseln verschmäht hatten[684] Liebknecht sah im Kolonialbesitz im Gegenteil zu seinem freikonservativen Vorredner Traugott Hermann von Arnim-Muskau,[685] der völlig mit Bülows
Analyse übereinstimmte, dass es um „die Zunahme unserer Machtstellung in

---

681 Stg. Berichte, 10. Leg.-Periode, 1898/1900, 3, 98. Sitzung, Mittwoch, den 21. Juni
     1899, S. 2704C/D.
682 Ibid., S. 2707C.
683 KLAUTKE, Unbegrenzte Möglichkeiten, S. 61–71.
684 Stg. Berichte, 10. Leg.-Periode, 1898/1900, 3, 98. Sitzung, Mittwoch, den 21. Juni
     1899, S. 2707D.
685 Traugott Hermann von Arnim-Muskau (20. Juni 1839–22. Januar 1919) war ein
     deutscher Diplomat, u.a in Washington, und von 1887 bis 1907 Abgeordneter der
     Deutschen Reichspartei. Er war 1875 im Zusammenhang mit der Affäre um Harry
     von Arnim vom Staatsdienst zurückgetreten und hatte einige Wochen im Gefäng-
     nis wegen Beleidigung Bismarcks verbracht. Arnim war auch Vizepräsident des
     Alldeutschen Verbandes.

nationaler, politischer und kommerzieller Beziehung" ging, keinerlei politischen Vorteil und zog in seine Überlegungen lediglich innenpolitische, soziale Gegebenheiten mit ein. Interessanterweise sprach auch Liebknecht wie bereits Wiemer von der Freisinnigen Volkspartei, im Gegensatz zu seinen konservativen rechten Vorrednern sehr herablassend über die „winzige und ganz- oder halbwilde Bevölkerung."[686] Zu der Funktion rassistischer Sprache wird im Kapitel Gesellschaft noch tiefer eingegangen.

In der unterschiedlichen Wahrnehmung und Analyse des neuen Kolonialerwerbs wurden auch der klassenbedingte Unterschied und der im Parlament geführte Klassenkampf zwischen den Abgeordneten sichtlich. Während sich von Arnim als Angehöriger der alten Elite und ehemaliger Diplomat mit der Außen- und Weltmachtpolitik der Reichsleitung identifizieren konnte, betrachtet sie der Sozialdemokrat Liebknecht lediglich als Ablenkungsmanöver der herrschenden Klasse, welche alleinige Nutznießer einer solchen Politik wäre: „Die deutsche Kolonialpolitik ist eine Politik zur Versorgung von Leuten, für die in Europa eben kein Platz ist, die aber den höheren Schichten der Gesellschaft angehören."[687]

Sowohl der nationalliberale Abgeordnete Hermann Paasche als auch Karl Schrader von der Freisinnigen Vereinigung hoben sodann lobend hervor, dass der Erwerb der Karolinen auf friedlichem Wege stattgefunden hatte. Dabei drückten sie unausgesprochen eine Kritik am Vorgehen der Vereinigten Staaten aus. Vor allem Paasche unterstrich die weltpolitische Bedeutung des Erwerbs.[688] Er sprach aber dann so wie Schrader auch vor allem über die damit einhergehende Neuordnung des handelspolitischen Verhältnisses zu Spanien und eine Verbesserung der politischen Beziehungen zu diesem Land,[689] zumal in einer Zeit, in der Deutschland auf Grund möglicher Konflikte mit anderen Ländern gut Verbündete brauchen konnte. Im Gegensatz zu ihren linken Vorrednern konzentrierten sich beide auf die handelspolitischen Aspekte und gingen nicht auf weltpolitische Überlegungen im Allgemeinen ein. Sie sprachen indirekt der Reichsleitung in dieser Hinsicht ihr Vertrauen aus. Zudem hielten sie sich mit dem Kundtun außenpolitischer Expertise in der Debatte zurück. Beides kann unter dem Gesichtspunkt der Anerkennung als Machtmittel und Verhaltensmanipulation betrachtet werden: Einerseits zeigte man so der Exekutive, dass es sich bei der Außen- und Kolonialpolitik lediglich um einen politischen Teilbereich handelte, dessen Bedeutung damit abgewertet wurde, weswegen sie man vertrauensvoll der – unausgesprochen – subalternen Exekutive überlassen konnte. Andererseits benutzten sie die Anerkennung der Arbeit der Diplomaten und des Auswärtigen Amtes als Machtmittel und Stärkung

---

686 Stg. Berichte, 10. Leg.-Periode, 1898/1900, 3, 98. Sitzung, Mittwoch, den 21. Juni 1899, S. 2707C.

687 Ibid., S. 2707D.

688 Ibid., S. 2709D.

689 Ibid., S. 2711C.

der Stellung des Parlaments.[690] In einem positiv gewendeten Ansatz kann man hier auch eine Bestätigung der Resonanztheorie sehen, in der die eine horizontale Achse zwischen den Subjekten Abgeordnete und Exekutive besteht, die sich wechselseitig anregen und so zu einer kontinuierlichen Transformation führte. Eine der Voraussetzungen für die Konkretisierung der Transformation und der Resonanzbeziehungen aber ist dem Soziologen Hartmut Rosa zufolge die Überwindung existentieller Not und politischer Repression. In gewisser Weise zeigen die Debatten zur Außenpolitik und im Reichstag im Allgemeinen, dass das Versprechen der Moderne, nämlich die Überwindung politischer Willkür und die Verbesserung materieller Ressourcen, die letztendlich Resonanz und damit Austausch und Kontakt unterschiedlicher gesellschaftlicher Gruppen und Schichten ermöglichen,[691] eingelöst wurde. Konkret etwa zeigte sich dies im Wachstum der relativ gut situierten Mittelschicht der Angestellten.

Die Geschichte des Erwerbs der Karolinen, die in der Hauptsache vom Auswärtigen Amt sowohl aus innenpolitischen, aber vor allem aus weltpolitischen Gründen und Überlegungen forciert worden war, schrieb sich ein in die Zeit des beginnenden deutschen Imperialismus und der zweiten Kolonisierungswelle. Wegen der Sitzungsunterbrechung konnten die Abgeordneten des Reichstags nur beding direkt über diese Vorgänge sprechen, die Regierung musste jedoch auf die öffentliche Meinung Rücksicht nehmen und zog so indirekt die Abgeordneten mit ein. Während viele Abgeordnete weiterhin kolonialem Erwerb, Weltpolitik und Imperialismus skeptisch gegenüberstanden, erkannten sie doch in der gesteigerten außenpolitischen Aktivität der Reichsleitung eine Möglichkeit, die eigene Stellung innerhalb des Institutionengefüges auszuweiten, indem sie etwa der Regierung perlokutiv Vertrauen in ihre Entscheidungen bekundeten, die Außenpolitik als zweitrangiges Politikfeld abtaten, welches man getrost der Exekutive überlassen könnte, oder aber selbst als außenpolitische und transnationale Experten in Erscheinung traten.

Während der Erwerb der Karolinen in der deutschen Öffentlichkeit nur wenig Bedeutung hatte, verhielt es sich mit dem beinahe gleichzeitig stattfindenden Erwerb von Samoa völlig anders, wie man im Folgenden sehen wird. Denn Samoa hatte sich im Laufe des Kaiserreichs zu einem politischen kolonialen Prestigeobjekt und populären Sehnsuchtsort gewandelt, der bis heute eine gewisse Faszination ausübt und historischer Mythos geblieben ist, weshalb über die koloniale Herrschaft und Gewalt dort auch etwa weit weniger bekannt ist als über diejenige in den afrikanischen Kolonien.[692]

---

690 Barbara KALETTA, Anerkennung oder Abwertung: Über die Verarbeitung sozialer Desintegration, Verlag für Sozialwissenschaften, Wiesbaden 2008, S. 34 ff.

691 Siehe dazu: ROSA, Resonanz.

692 Vgl. Götz ALY, Das Prachtboot: Wie Deutsche die Kunstschätze der Südsee raubten, Fischer Verlag, Frankfurt am Main 2021.

2.6. Der Kampf um die Vorherrschaft auf Samoa

2.6.1. Vom Beginn der europäischen Herrschaft bis zu den Verhandlungen der Samoa-Akte 1889

Seit 1830 wurden die Samoainseln von den Europäern wirtschaftlich dominiert und die Bewohner durch die *London Missionary Society* christianisiert. 1839 installierten die Amerikaner einen Konsul auf Samoa, die Engländer hatten um 1845 ein Konsulat dort eröffnet. Seit Mitte der 1850er Jahre hatten sich hanseatische Händler stark im Pazifik organisiert. In Polynesien lag der Anteil im Handel mit Kopra 70 Prozent in deutscher Hand.[693] Auf der wichtigsten Samoainsel Upolu, in der Stadt Apia wiederum, war das bedeutendste dieser Handelshäuser Johann Cesar Godeffroy & Sohn aus Hamburg.[694] Dadurch lag das wirtschaftliche Übergewicht auf Samoa bei den Deutschen. Die Samoainseln erlangten seit der Bismarckzeit den Status eines kolonialen Prestigeprojekt des Kaiserreiches,[695] Ende der 1890er Jahre wurde es gar zu einer Art Lackmustest für die Fähigkeit Deutschlands, seine Weltmachtinteressen und Ambitionen durchzusetzen, vor allem im nationalliberalen Milieu hochstilisiert.[696] Die Samoainseln oder kurz Samoa, das im kolonialen Narrativ der Zeit als das „Paradies der Südsee"[697] galt und zu einem Sehnsuchtsort vieler Deutscher geworden war, war neben Togo im Übrigen die einzige deutsche Kolonie, die, zumindest im Jahrzehnt vor 1914, nicht von staatlichen Subventionen

---

693 Jürgen SCHMIDT, Arbeit und Nicht-Arbeit im „Paradies der Südsee": Samoa um 1890 bis 1914, in: Arbeit Bewegung Geschichte: Zeitschrift für Historische Studien 2016/II, 15. Jahrgang, Metropol Verlag, Berlin, Mai 2016, S. 7–25, hier S. 10. Siehe auch: Stefan JOHAG, Verwaltung von Deutsch-Samoa: eine vergleichende verwaltungswissenschaftliche Analyse, Galda Verlag, Berlin 2011 und auch Gabriele FÖRDERER, Koloniale Grüße aus Samoa: Eine Diskursanalyse von deutschen, englischen und US-amerikanischen Reisebeschreibungen aus Samoa von 1860 bis 1916, transcript Verlag, Bielefeld 2017.

694 DÜLFFER, KRÖGER, WIPPICH, Vermiedene Kriege, S. 264. Zu Samoa siehe auch: KAIKKONEN, Deutschland und die Expansionspolitik der USA, S. 39–41.

695 GP, Bd. 14, 2: Weltpolitische Rivalitäten (im Folgenden: GP, Bd. 14, 2), Nr. 4072, Der Staatssekretär des AA von Bülow an den Botschafter in London Grafen von Hatzfeldt (6. Mai 1899) S. 614: „[...] für Deutschland bedeutet der Name Samoa den Anfang und den Ausgangspunkt unserer kolonialen Bestrebungen."

696 DÜLFFER, KRÖGER, WIPPICH, Vermiedene Kriege, S. 305.

697 Das Bild wurde u.a. stark geprägt vom Reiseschriftsteller, Publizisten und Kolonialapologeten Richard DEEKEN, Manuia Samoa! Samoanische Reiseskizzen und Beobachtungen, Stalling, Oldenburg 1902, S. 152. Weiter siehe Reinhard WENDT, Die Südsee, in: Kein Platz an der Sonne: Erinnerungsorte der deutschen Kolonialgeschichte, hg. von Jürgen Zimmerer, De Gruyter, Frankfurt am Main/ New York 2013, S. 41–55, hier S. 45–49.

abhing.[698] Die Inselgruppe wurde aber seit den 1870er Jahren von den *Three Powers*, also Deutschland, den USA und Großbritannien, beherrscht. Mit der Munizipal-konvention vom 2. September 1879 hatten die drei Mächte die Hauptstadt Apia und das sie umliegende Gebiet nämlich zur neutralen Zone erklärt, die unter der gleichberechtigten gemeinsamen Verwaltung der drei Konsuln stand.[699] Seit dem Tod Malietoa Molis im Jahre 1860 fand ein Nachfolgekampf um die Macht statt, zwischen seinem Sohn Laupepa und seinem Halbbruder Talavou, der auch nach der Wahl Laupepas zum König im Jahre 1881 andauerte. Indem sie die samoa-nische Führung und Herrschaft transformierten, machten sich die drei Kolonial-mächte die innersamoanischen Gegensätze bis zur endgültigen Aufteilung Samoas zunutze,[700] vor allem da es seit den 1880er Jahren in Samoa immer wieder zu Inter-essenkonflikten zwischen den drei Mächten, in der Hauptsache zwischen Deutsch-land und Großbritannien, kam. Der neuseeländische Subimperialismus, Malietoa Laupepas[701] Protektoratsersuchen an England 1883 und 1884 und der Konkurrenz-druck seitens der britischen Kolonien Fidji und Queensland um die melanesischen Arbeitskräfte[702] für die deutschen Plantagen auf Samoa führten dazu, dass der deutsche Konsul Oscar Wilhelm Stübel und der Vertreter der Deutschen Handels-und Plantagengesellschaft (DHPG) Theodor Weber am 10. November 1884 Malie-toa Laupepa zwangen, einen deutsch-samoanischen Staatsvertrag anzuerkennen. Dieser erschien ihnen jedoch nicht ausreichend, und so stürzten Stübel und Weber Ende Januar 1885 Malietoa, setzen den Vizekönig Tamasese ein und hissten die deutsche Flagge auf dessen Residenz.

Da es in diesen Jahren in Ägypten und Afghanistan Schwierigkeiten mit fran-zösischen und russischen Kolonialabsichten hatte und Bismarck offen beteuerte, Samoa trotz der Aktionen der *men on the spot* dort nicht annektieren zu wollen, gab sich Großbritannien ob dieser Ereignisse gelassen.[703] Der administrative und machtpolitische Schwebezustand in Samoa dauerte an, allerdings machte sich nach Beginn der Präsidentschaft Grover Clevelands im März 1885 eine aktivere amerikanische Pazifikpolitik bemerkbar. Der neue amerikanische Außenminis-ter Thomas F. Bayard forderte angesichts des deutschen Aktivismus eine *open-door* Politik in Samoa. Anstelle des wegen seiner weltweiten Interessen und

---

698 SCHMIDT, Arbeit und Nicht-Arbeit, S. 8.

699 Norbert WAGNER (Hg.): Archiv des Deutschen Kolonialrechts. Konvention vom 2. September 1879 betreffend die Munizipalverwaltung für Apia. (RT-Vhdl., 4. LP, 3. Session, Bd. 65, Aktenst. Nr. 101, S. 728; PDF; 2,0 MB), S. 311.

700 SCHMIDT, Arbeit und Nicht-Arbeit, S. 8.

701 A. Morgan TUIMALEALI'IFANO, O Tama A ,Aiga: The Politics of Succession to Samoa's Paramount Titels, Institute of Pacific Studies, The University of South Pa-cific, Suva Fidji 2006, S. 9–14.

702 SCHMIDT, Arbeit und Nicht-Arbeit.

703 DÜLFFER, KRÖGER, Harald WIPPICH, Vermiedene Kriege, S. 285–287.

Konfliktpunkte auf Samoa eher zurückhaltend agierenden Großbritanniens wurde nun die als pazifische Macht auftretenden USA zur wichtigsten Herausforderung deutscher Interessen im Pazifik: Die Vereinigten Staaten besaßen zwar den bedeutenden samoanischen Hafen Pago-Pago, sie hatten aber die Munizipalkonvention von 1879 weder ratifiziert noch akzeptiert. So wurden sie von Deutschland und Großbritannien bis 1885 nicht in die Überlegungen zu Samoa mit einbezogen.[704]

Um die Samoafrage zu lösen, wurde eine Konferenz anberaumt.[705] Mittlerweile hatten sich der deutsche und britische Standpunkt angenähert, auch wegen der Probleme Großbritanniens in anderen Regionen seines Kolonialreichs. In einem Geheimabkommen vom 23. April 1887 wollte Großbritannien sich wegen seiner Probleme in Ägypten im Gegenzug des deutschen Wohlwollens in internationalen Fragen versichern; dafür wollte Großbritannien Deutschland als alleinigen Mandatar über Samoa akzeptieren. Mit den Vereinigten Staaten hingegen wuchsen die Spannungen, zumal es im Juni 1887 unter amerikanischer Förderung zu einem Handelsvertrag zwischen Samoa und Hawaii gekommen war, der Bismarcks Ansicht nach die deutschen Interessen auf Samoa stark bedrohte. Er drohte Hawaii daraufhin gar mit einem Krieg.[706] Nach dem Scheitern einer ersten Konferenz in Washington zur Regelung der Samoaangelegenheit entschied sich Deutschland für eine härtere politische Gangart. Der Staatssekretär des Auswärtigen Amtes, Herbert von Bismarck, beklagte insbesondere die ungerechtfertigte Ausdehnung der Monroe-Doktrin auf den Pazifik.[707] Ende August 1887 spitzte sich die Lage zu: König Malietoa Laupepa wurde wegen Majestätsbeleidigung und Zerstörung deutschen Plantagenbesitzes gefangen genommen und nach Kamerun ins Exil geschickt und Tamasese als König bekräftigt, wohingegen die USA Mata'afa unterstützen. Tamasese wurde Eugen Brandeis[708] als Berater zur Seite gestellt. Marinesoldaten kontrollierten die Insel und der deutsche Konsul Heinrich Becker setzte die Munizipalkonvention außer Kraft. Deutschland hatte Samoa zu einer *de facto* Kolonie gemacht.[709] Die Vereinigten Staaten reagierten sehr verärgert, aber doch

---

704 Ibid., S. 290–291.

705 Ibid., S. 291–292.

706 Ibid., S. 292–293.

707 Ibid., S. 294.

708 Dirk H. R. Spennemann, An Officer, Yes But a Gentleman...? Eugen Brandeis, Military Adviser, Imperial Judge and Administrator in the German Colonial Service in the South Pacific. Centre for South Pacific Studies, University of New South Wales, Sydney 1998: Eugen Brandeis (23. September 1846–9. Dezember 1930) war ein deutscher Ingenieur und Kolonialbeamter. Im Januar 1906 wurde er von seinem Posten als Landeshauptmann der Marshallinseln wegen Brutalität und übermäßiger Strafen gegenüber Einheimischen abgesetzt und in den Ruhestand geschickt.

709 Paul Kennedy, The Samoan Tangle: A Study in Anglo-German-American Relations 1878–1900, Irish University Press, Dublin 1974, S. 69.

zurückhaltend. Die Angriffe der amerikanischen Presse hingegen auf die deutsche Samoapolitik wurden immer heftiger und es breitete sich in beiden Ländern eine *war scare* aus. Nachdem die deutschen Truppen Anfang 1889 gegen Mata'afa eine vernichtende Niederlage erlitten hatten, rief der deutsche Konsul Knappe am 19. Januar 1889 den Kriegszustand aus und stellte alle Einwohner, auch Engländer und Amerikaner, unter Kriegsrecht. Wegen militärischer Bedenken schreckten aber sowohl Wilhelm II. als auch der amerikanische Außenminister Thomas F. Bayard vor einer weiteren Eskalation des Konflikts zurück und versuchten, ihn zu entschärfen. Nichtsdestoweniger entsandte der, Deutschland ungünstig gestimmte, amerikanische Präsident Cleveland drei Schiffe nach Samoa. In den USA wurden diese Vorfälle im Übrigen dazu genutzt, über das Aufbauschen einer angeblichen deutschen Gefahr das seit dem 2. Februar 1889 im Kongress diskutierte Gesetz über den Aufbau einer amerikanischen Schlachtflotte einzubringen.[710] Weiterhin bewilligte der amerikanische Kongress 500 Millionen Dollar zur Verteidigung Samoas und auch in Deutschland drängten Generalstabschef Waldersee sowie die Admiralität auf eine Vorbereitung eines Krieges um Samoa. Bismarck, der einen Konflikt mit den Vereinigten Staaten vermeiden wollte, schlug eine erneute Konferenz vor und suchte die Lage zu entspannen. In der Berliner Samoa-Konferenz vom 29. April 1889 bis zum 14. Juni 1889 kam es schließlich zu einer ersten Einigung der drei Mächte über Gesamtsamoa. Die Samoa-Akte sah ein gemeinsames Protektorat der drei über die Inselgruppe vor, die *de jure* souverän blieb. Malietoa Laupepa wurde aus dem Exil zurückgeholt und erneut als König eingesetzt. Das neutrale Territorium um Apia wurde in einen Munizipaldistrikt umgewandelt. Der Präsident der Munizipalverwaltung sowie der Oberrichter wurden von den Konsuln der drei Mächte eingesetzt. An der Spitze des Munizipalrats stand ein deutscher Beamter. Der Oberrichter, der Appellationsinstanz in internationalen Fragen und Schiedsrichter in Thronfolgefragen war, war entweder Engländer oder Amerikaner; es galt englisches Recht und die Gerichtssprache war Englisch.

Ein wichtiger Aspekt dieser Konferenz, auf der zum ersten Mal Englisch Französisch als Konferenzsprache abgelöst hatte, war, dass sie den Eintritt der USA in die europäische Arena bedeutete, handelte es sich doch um einen ersten imperialistischen Vertrag der USA mit anderen europäischen Mächten.[711] Das Samoa-Abkommen stellte somit den eigentlichen Beginn der imperialen amerikanischen Expansion in den Pazifik dar und sowohl Deutschland als auch Amerika, die beiden erst relativ spät in den imperialistischen Wettlauf eingetreten Mächte, bezeugten so, dass man kooperieren konnte, allerdings auch mit den weltmachtpolitischen Ambitionen des anderen zu rechnen hatte, die unter der Präsidentschaft McKinleys und unter der Reichskanzlerschaft Bülows offizielle und propagierte Politik werden sollten.

---

710 Pommerin, Der Kaiser und Amerika, S. 54.
711 Pommerin, Der Kaiser und Amerika, S. 54.

In den Jahren danach blieb die Situation auf Samoa jedoch schwierig. Weder die innersamoanischen dynastischen Probleme noch die Rivalitäten zwischen den Angehörigen der europäischen vorherrschenden Schicht ließen sich auf Dauer und befriedigend lösen. Großbritannien wollte sich wegen Problemen in seinen kolonialen Kerngebieten nicht wirklich in Samoa engagieren, die Inseln aber auch nicht Deutschland alleine überlassen, Deutschland fühlte sich alleine zu schwach, die Stabilität auf Samoa aufrecht zu erhalten, und die USA erwogen unter Grover Cleveland zeitweise einen Rückzug. Erst mit dem Spanisch-Amerikanischen Krieg und der Annexion Hawaiis durch die USA bekamen die deutschen Ambitionen auf Samoa erneut auftrieb. Zusätzlich kühlten sich mittlerweile die deutsch-englischen Beziehungen wegen sich verändernder Interessenlagen und sich wandelnden welt-politischen Gegebenheiten wieder ab und auch die Beziehungen zu den USA litten wegen handels- und weltpolitischer Fragen,[712] was eine endgültige, für Deutsch-land zufriedenstellende Regelung unwahrscheinlicher machte und die Span-nungen zwischen den drei Ländern erhöhte. Die Jahre zwischen 1898 und 1900 stellten mit den zeitgleich stattfindenden Krisen zum Spanisch-Amerikanischen Krieg, Philippinisch-Amerikanischen Krieg, der Faschoda-Krise zwischen England und Frankreich, die im März 1899 durch den Sudanvertrag endgültig beigelegt wurde[713], und dem Konflikt um Samoa parallel zur Verschiebung wirtschaftlicher Gewichte – Deutschland erlebte einen Boom, der nur mit dem starken Wachstum der Gründerjahre zu vergleiche war[714] – die Weichen für eine neue sich abzeich-nende weltmachtpolitische Konstellation, die zur *Entente cordiale* und zur ameri-kanischen Parteinahme auf der Konferenz von Algeciras zur Beilegung der Ersten Marokkokrise führen sollte.

2.6.2. Der westliche Teil der Samoainseln wird endgültig zu einer deutschen Kolonie

Im Jahre 1898 kam es in Samoa zu Streitigkeiten um die Nachfolge des am 22. August 1898 verstorbenen Malietoa Laupepas, und zwar sowohl innerhalb der Bevölkerung als auch unter den drei Mächten.[715] Während Amerikaner und Bri-ten den Sohn des verstorbenen Königs, Tanu, unterstützten, wollte Deutschland den zuvor von den USA unterstützten Mata'afa auf den Thron. Zunächst wurde die Wahl Mata'afas zum König von den drei Konsuln genehmigt. Um die Ver-waltung Samoas zu vereinfachen, hatte es bereits seit September 1898 intensive

---

712 DÜLFFER, KRÖGER, WIPPICH, Vermiedene Kriege, S. 299–301.
713 Ibid., S. 491–512; Zu Faschoda siehe: Henri BRUNSCHWIG, Le partage de l'Afrique noire, Flammarion, Paris 2009.
714 WEHLER, Doppelrevolution, S. 607.
715 Stg. Berichte, 10. Leg.-Periode, 1898/1900, 2, 65. Sitzung, Freitag, den 14. April 1899, S. 1757B.

Gespräche zwischen Deutschland und Großbritannien über eine Aufteilung der Samoainseln zwischen Deutschland und Amerika gegeben. Während für die USA Samoa nun eine große Bedeutung erlangt hatte wegen seiner durch den Spanisch-Amerikanischen Krieg merklich ausgeweiteten strategischen Interessen im Pazifik und der geplanten Fertigstellung des Panamakanals, der ganz neue Handelswege zwischen der Ostküste der Vereinigten Staaten und dem Pazifik eröffnen würde, hatte England an Samoa kein wirkliches Interesse. In einem Schreiben an Randolph Churchill hatte Lord Salisbury[716] dies bereits in den 1880er Jahren betont.[717]

Großbritannien sollte als Ersatz für Samoa unter anderem die Tonga-Inseln bekommen. So schrieb der deutsche Botschafter in London, Graf von Hatzfeldt, im September mehrere Telegramme, in denen er von seinen Verhandlungen mit dem englischen Außenminister Lord Balfour[718] berichtete. Dieser schien gegenüber der Idee einer Aufteilung Samoas zwischen Deutschland und den USA mit Kompensationen für Großbritannien aufgeschlossen zu sein. Bis in den Januar 1899 ruhte die Sache.[719] Da es wegen der innersamoanischen Thronstreitigkeiten aber immer wieder zu Unruhen kam, erklärte der amerikanische Oberrichter Chambers, der gemäß der Samoaakte die höchste Autorität beanspruchte, am 31. Dezember 1898 die Wahl Mata'afas zum König für ungültig, und er ernannte Laupepas Sohn Tanu zum Gegenkönig. Dies wiederum führte zu „einem offenen Bürgerkrieg zwischen den Eingeborenen".[720] Um die Lage zu beruhigen kamen die drei Konsuln überein, eine provisorische Regierung mit Anhängern Mata'afas zu gründen. Der deutsche Vorsitzende des Munizipalrats von Apia, John Raffel, und der deutsche Generalkonsul Friedhelm Wilhelm Rose jedoch begnügten sich nicht damit. Offenbar in der Absicht, die Gunst der Stunde zu nutzen und die deutsche Vorherrschaft über Samoa zu zementieren, ließ Raffel am 4. Januar 1899 das Gerichtsgebäude schließen

---

716 https://www.britannica.com/biography/Robert-Arthur-Talbot-Gascoyne-Cecil-3rd-marquess-of-Salisbury. [Eingesehen am 15. März 2020}: Salisbury (Robert Gascoyne-Cecil, 3rd Marquess of Salisbury, 1830–1903) war dreimal englischer Premierminister (Conservative Party): Juni 1885–Januar 1886; Juli 1886–August 1892; Juni 1895–Juli 1902.

717 POMMERIN, Der Kaiser und Amerika, S. 51.

718 https://www.britannica.com/biography/Arthur-James-Balfour-1st-earl-of-Balfour [Eingesehen am 20. April 2020]: Arthur James Balfour (1848–1930) hatte zahlreiche Ämter inne. Im konservativen Kabinett seines Onkels, Lord Salisbury, übernahm er im Jahre 1898 bei dessen Krankheit das Amt des Außenministers sowie des Premierministers. Von Juli 1902 bis Dezember 1905 war er Premierminister.

719 Siehe dazu: Kees VAN DIJK, Pacific Strife: The great Powers and their Political and Economic Rivaleries in Asia and the Western Pazific 1870–1914, Amsterdam University Press, Amsterdam 2015, S. 401–416.

720 GP, Bd. 14, 2, Nr. 4028, Der Staatssekretär des AA von Bülow an den Botschafter in London, Grafen von Hatzfeldt (31. August 1898) S. 567, Anm. 2.

und ernannte sich eigenhändig selbst zum Oberrichter. Chambers und der engli-
sche Konsul, die sich zusammen mit Tanu wegen der Kämpfe auf das englische
Kriegsschiff *Porpoise* geflüchtet hatten, erzwangen jedoch, unter Androhung, das
Feuer auf Apia zu eröffnen, dessen Wiedereröffnung. In den nächsten Wochen
blieb die Stimmung ruhig, zumal der Kommandant des deutschen Kriegsschiffes
Falke Order erhalten hatte, jedweden Konflikt mit den beiden anderen Mächten zu
vermeiden.[721] Am 20. Januar empfing Wilhelm II. den englischen Botschafter Frank
Lascelles, um das Verhalten John Raffels und Roses zu verurteilen.[722] Gleichzeitig
schrieb der Vortragende Rat im Auswärtigen Amt Holstein[723] ein privates Telegramm an den deutschen Botschafter in London, dass Hatzfeldt „bei der Samoa-
konfusion mithelfen [müsse]." Holstein betonte, dass sowohl die deutschen, aber
auch der amerikanische Oberrichter im Unrecht gewesen seien: „Wir erkennen
das deutsche Unrecht an, dasselbe sollte nun aber auch die amerikanische Regierung hinsichtlich des Amerikaners tun, und hierauf sollte sich eine vermittelnde
englische Aktion richten."[724] Man gewinnt hier den Eindruck, dass Samoa benutzt
werden sollte, Deutschland und Großbritannien über den Gegensatz zu den USA
anzunähern. Zudem zeigten die Vorfälle, dass die Exekutive und der Kaiser keinesfalls einen echten Konflikt wollten, bestimmte kolonialinteressierte Kreise jedoch
versuchten, ihre eigene koloniale Politik zu machen, wie es ja seit Beginn der Kolonisierungswelle zu Anfang der 1870er Jahre der Fall gewesen war[725].

Über die Unstimmigkeiten über das Vorgehen in Samoa kommen aber auch die
innerinstitutionellen Konfliktlinien des Reiches klarer zum Vorschein: Während
der Reichstag vor allem die amerikanische Seite gewinnen wollte, schien für die
Reichsleitung England wichtiger, wie eine Rede Bülows im Reichstag am 19. Juni
1899 zeigte, als er zwar auf die Rede des antisemitischen Abgeordneten Liebermann von Sonnenberg und dessen harte Kritik an England einging, selbst aber

---

721 Dülffer, Kröger, Wippich, Vermiedene Kriege, S. 302.

722 British Documents on the Origins of War, 1899–1914, hg. von G.P. Gooch, H. Tem-
     perley, 1. Bd., London 1926–1938, Nr. 128.

723 Günter Richter, Holstein, Friedrich von, in: Neue Deutsche Biographie 9 (1972),
     S. 550–552 [Online-Version]; URL: https://www.deutsche-biographie.de/pnd118553
     16X.html#ndbcontent: Friedrich von Holstein (1837–1909). Er war zwischen 1890
     und 1906 einer der wichtigsten deutschen Diplomaten und nach Meinung des Jour-
     nalisten Maximilian Harden die „Graue Eminenz" des Auswärtigen Amtes. Holstein
     war auch ein Freund des deutschen Botschafters in London, Hatzfeldt (1885–1901).
     Beide suchten stetig eine Annäherung zwischen Deutschland und England, um
     der ihrer Meinung nach größten Gefahr für Deutschland, nämlich der russischen,
     vorzubeugen.

724 GP, Bd. 14, 2, Nr. 4028, Der Vortragende Rat im AA von Holstein an den Botschafter
     in London, Grafen von Hatzfeldt (20. Februar 1899) S. 572–573.

725 Siehe dazu: Gründer, „… da und dort ein junges Deutschland gründen", S. 64–69.

England mit keinem Wort erwähnte.[726] Immer wieder kann man die verschiedenen außenpolitischen Perspektiven und Prioritäten zwischen Reichstag und Exekutive beobachten. Während weite Teile der Reichstagsabgeordneten (SPD, Linksliberale, Teile des Zentrums und der Nationalliberalen) eine eher weltweite Perspektive einnahmen, die bedingt war durch die nun globalen deutschen Exportinteressen, blieben die offiziellen Diplomaten mithin weiter stark auf Europa und das Gleichgewicht der Mächte dort fokussiert.[727]

So betonte Bülow etwa am 11. Dezember 1899 bei der erstmaligen Begründung eines neuen Flottengesetzes, dass „wir darum auch bei allem Eifer für die Entwicklung unserer überseeischen Interessen nicht [vergessen], daß unser Zentrum in Europa ist und wir vernachlässigen nicht die Politik, für die Sicherheit unserer europäischen Stellung zu sorgen, die beruht auf dem Dreibund [...] und unseren guten Beziehungen zu Rußland. (Bravo! rechts.)."[728]

Auch in einem Privattelegramm Hatzfeldts an Holstein wird diese eurozentrische Perspektive der Diplomaten, alten Eliten und konservativen Kreise deutlich. Die Samoakrise war Anlass zu einem allgemeineren Gespräch über Allianzen zwischen Botschafter Hatzfeldt und Lord Salisbury gewesen. Interessanterweise sprach man nur von innereuropäischen Allianzen, etwa einer englisch-französischen oder gar deutsch-französischen Allianz, welche, so Lord Salisbury, zu einem englisch-russischen Bündnis führen würde.[729] Von einer Allianz mit den USA hingegen war keine Rede: Der Fokus richtete sich ganz klar auf die europäischen Mächte und die innereuropäischen Mächtekonstellationen.[730] Der Aktions- und Denkrahmen blieb also für die alte Elite vornehmlich Europa und die Politik der Kabinette. Trotz der fortschreitenden politischen Partizipation spielten in der Korrespondenz der

---

726 Stg. Berichte, 10. Leg.-Periode, 1898/1900, 3, 96. Sitzung, Montag, den 19. Juni 1899, S. 2635B–2636A.

727 STEINER, Elitism and Foreign Policy, S. 44: „[...] the mental maps of the diplomatic establishment at home and abroad legged behind contemporary changes. [...] In diplomatic terms, Europe was the centre". Die Erkenntnis Steiners, dass die diplomatische Elite Englands auf Europa fokussiert blieb und die globalen tiefenstrukturellen außenpolitischen Veränderungen nicht wahrnahm, traf auch auf die deutsche Elite zu. Viele Reichstagsabgeordneten waren weitaus stärker auf die USA und globale Fragen ausgerichtet als die alte Elite, deren Denken weiter sehr um die europäische Mächtebalance kreiste.

728 Stg. Berichte, 10. Leg.-Periode, 1898/1900, 4, 119. Sitzung, Montag, den 11. Dezember 1899, S. 3294B.

729 GP, Bd. 14, 2, Nr. 4044, Der Botschafter in London Graf von Hatzfeldt an das AA. Privat für Baron von Holstein (23. Februar 1899) S. 578.

730 GRIMMER-SOLEM, Learning Empire, S. 337: „The rigid Europe-centered strategic perspective overlooked the fact that great powers were dynamic entities that would realign as German, American and Japanese power grew."

Exekutive die Interessen des „Volkes", die neuen Beziehungen und Verflechtungen so gut wie keine Rolle. Dahinter verbarg sich das Ringen um die Grenzen monarchischer Herrschaft und politischer Partizipation.[731]

Dieses Ringen zwischen Volk, Reichstag und Zivilgesellschaft und alte Eliten fand in den imperialen Räumen neu zu verteilende Felder, welche heftig umkämpft wurden. Während in der diplomatischen Korrespondenz von konkreten Vorteilen von Kolonien, wie Samoa, wenig die Rede war, und der machtpolitische Gedanke stark im Vordergrund stand, versuchte man im Reichstag hingegen über konkrete und handfeste wirtschaftliche Vorteile die Abgeordneten zu überzeugen.[732] Da Lord Salisbury laut dem obigen Telegramm Hatzfeldts im Übrigen in Bezug auf deutsche Kolonialprojekte angedeutet hatte, dass Großbritannien in Samoa und anderswo nichts für Deutschland tun werde, schlug Hatzfeld vor, Salisbury klar zu machen, dass Deutschland andere Schritte zum Schaden Großbritanniens unternehmen könnte.[733] Es handelt sich hier um eine unverhohlene Drohung auch mit Krieg. Den alten Eliten war Krieg immer noch die Fortsetzung der Politik mit anderen Mitteln. Eine Ansicht, die für viele Reichstagsabgeordneten aus demokratisch-humanitären Vorstellungen heraus und auch im Wissen um die Zerstörungskraft der neuen Waffen bereits sehr unwahrscheinlich und beinahe undenkbar im eigentlichen Wortsinn war,[734] wie etwa eine Rede Bebels zum zweiten Flottengesetz, welches weiter unten behandelt wird, bezeugte. Allerdings schien auch Großbritannien daran interessiert zu sein, seinerseits die Samoafrage zu einer Annäherung an die USA zu nutzen, indem es vorschlug, bei dem „Inzidenzfall" zwischen Deutschland und Amerika gleichsam einer neutralen Macht zu vermitteln, ohne jedoch die eigene Haltung und das gleichzeitige Agieren mit den Amerikanern zu erwähnen.[735] Hier zeichnete sich bereits die immer stärkere englische Annäherung an die USA ab, die weiter unten in der Venezuelakrise näher

---

731 Johannes PAULMANN, Globale Vorherrschaft und Fortschrittsglaube: Europa 1850–1914, C.H. Beck, München 2019, S. 295–296.

732 Zum Beispiel Bülows Begründung im Reichstag zur Abrundung deutschen Besitzes in der Südsee: Stg. Berichte, 10. Leg.-Periode, 1898/1900, 3, 96. Sitzung, Mittwoch, den 21. Juni 1899, S. 2704A-C.

733 GP, Bd. 14, 2, Nr. 4044, Der Botschafter in London Graf von Hatzfeldt an das AA. Privat für Baron von Holstein (23. Februar 1899) S. 579.

734 BRECHTKEN, Scharnierzeit, S. 92: „Die nachhängende Kraft, die alte technische Systeme und die Erfahrung ihrer Anwendung auf das Denken und Handeln während Zeiträumen haben, die an sich schon über neue Dimensionen technischer Möglichkeiten verfügen, wird hier elementar sichtbar. Dies ist ein allgemeines Phänomen menschlicher Wahrnehmung, und es mag die erschrockene Verwunderung über die Totalität der Vernichtungsmaschinerie des Ersten Weltkriegs erklären."

735 GP, Bd. 14, 2, Nr. 4036, Der Botschafter in London Graf von Hatzfeldt an das AA (21. Januar 1899) S. 573.

betrachtet werden soll. Holstein dachte, dass der Hauptgrund der Entscheidung Chambers gegen Mata'afa aber vor allem konfessioneller Natur war: „Gegen letzteren [Mata'afa] wühlen jetzt nur noch die amerikanischen Missionare, weil er Katholik ist."[736]

In Deutschland war man sich der konfessionellen Problematik in Amerika sehr bewusst, zumal sie starke Parallelen zu derjenigen in Deutschland aufwies. Wie im deutschen Kaiserreich in der Bismarckzeit galten in den USA die Katholiken vor allem seit der Nativismus-Bewegung der 1830er Jahre als unsichere Kantonisten und Zerstörer der amerikanischen Kultur. Es kam zu Pogromen und Ausschreitungen gegen sie.[737] Während sich der Antikatholizismus zunächst vor allem gegen Österreicher, Iren und auch Deutsche richtete, kam dann später mit der steigenden Zuwanderung aus meist südeuropäischen katholischen Ländern und Polen das rassische Element verstärkt hinzu.[738] Ein bedeutender Kämpfer gegen den Katholizismus war dabei etwa der als Erfinder des Telegraphen und der „Morsezeichen" in die Geschichte eingegangene Samuel Morse.[739] Er war ein Verfechter der Idee einer katholischen Verschwörung und stand der nativistischen *Know-Nothing-Party*[740] nahe.

Parallel zu den Ereignissen in Samoa hatten die USA Krieg gegen Spanien geführt und waren durch die Regelungen des weiter oben beschriebenen Vertrags von Paris[741] zu einer global wirkenden Macht geworden. Vor allem in Asien wurden die USA so zu einem echten Konkurrenten hauptsächlich der Engländer, welche nicht nur Kolonialmacht in Indien, sondern weiterhin in Australien und Neuseeland[742] waren. Gerade Australien wurde aber zu dieser Zeit immer mehr vom Handel mit den USA abhängig, und eine starke Präsenz der Amerikaner auf Samoa würde eine größere geografische Nähe zu und damit stärkere amerikanische

---

736 GP, Bd. 14, 2, Nr. 4035, Der Vortragende Rat im AA von Holstein an den Botschafter in London Grafen von Hatzfeldt (20. Januar 1899) S. 572.

737 Patrick W. CAREY, Catholics in America: A History, Prager, Westport Connecticut, London 2004; James HENNESEY, American Catholics: A History of the Roman Catholic Community in the United States, Oxford University Press, Oxford 1981, S. 184 ff.

738 John RADZILOWSKI, In American eyes: Views of Polish Peasants in Europe and the United States, 1890s–1930s, in: *The Polish Review*, Bd. 47, Nr. 4, 2002, S. 393–406. [*JSTOR*, www.jstor.org/stable/25779346. Eingesehen am 13. Juli 2020.]

739 Christian BRAUNER (Hg.), Samuel F. B. Morse. Eine Biographie. Birkhäuser, Basel, Boston, Berlin 1991.

740 Siehe dazu: Tyler ANBINDER, Nativism and Slavery: The Northern Know Nothings and the Politics of the 1850s, Oxford University Press, New York, Oxford 1992.

741 Unterzeichnung am 10. Dezember 1899, Ratifizierung am 6. Februar 1900 (Amerika) und 19. März 1900 (Spanien).

742 GP, Bd. 14, 2, Nr. 4048, Der Botschafter in London Graf von Hatzfeldt an den Reichskanzler Fürsten von Hohenlohe (9. März 1899) S. 584.

Druckmittel auf Australien bedeuten.[743] So drängten beide Pazifikkolonien Großbritannien, Samoa weder von Deutschland noch von den USA annektieren zu lassen.[744] Bülow traute dem Vermittlungsangebot Englands nicht, weil er dachte, „daß England seine Abneigung gegen deutschen Erwerb diesmal wie vor zehn Jahren durch Vorschiebung amerikanischer Ansprüche würde stützen wollen. Es dürfte nützlich sein, daß wir zunächst mit Amerika direkt verhandeln, ohne daß England etwas davon weiß."[745] Die USA wurden so über den innereuropäischen Machtkampf immer mehr in die Rolle eines Schiedsrichters und Züngleins an der Waage gedrängt, ein Status, der schließlich im 20. Jahrhundert seinen Höhepunkt erreichen sollte.

2.6.2.1. Der Streit um die Vorherrschaft auf Samoa eskaliert

Um den Streit zwischen den drei Mächten zu bereinigen, schlug Deutschland zur Wiederherstellung eines guten Einvernehmens vor, sowohl den amerikanischen Oberrichter William L. Chambers als auch die drei Konsuln abzulösen.[746] Nun hatten aber die USA im Januar bereits den schweren Kreuzer *Philadelphia* unter Konteradmiral Kautz nach Samoa geschickt, der dort am 6. März 1899 eintraf. Er sollte eine befürchtete deutsche Annexion verhindern, die amerikanischen Interessen schützen und zur Lösung der Samoakrise beitragen. Am 11. März 1899 erklärte Kautz die provisorische Regierung bestehend aus dem deutschen Konsul Raffel und 13 Häuptlingen der Mata'afa-Partei entgegen der Bestimmungen der Samoa-Akte für abgesetzt. Als Mata'afa der Aufforderung von Kautz nicht nachgekommen war,

---

743 Hermann Mückler, Australien, Ozeanien, Neuseeland, Neue Fischer Weltgeschichte, Bd. 15, Frankfurt am Main 2020, hier: Kap. III–V: Im Januar 1901 formierte sich das Commonwealth, 1907 erhielt Australien den Dominionstatus, 1931 erhielt Australien durch das Statut von Westminster formal die Unabhängigkeit, Staatsoberhaupt ist aber bis heute der englische Monarch. Seit den 1950er Jahren verbindet die USA und Australien eine starke Partnerschaft; GP, Bd. 14, 2, Nr. 4040, Der Botschafter in London Graf von Hatzfeldt an das Auswärtige Amt (8. Februar 1899) S. 576: „[...] die größte Schwierigkeit liege für ihn [Lord Salisbury] in der Stimmung in Australien, wo man ihm jede Lösung der Frage, durch welche nicht die ganze Samoagruppe englisch würde, außerordentlich verübeln würde."

744 In Australien gab es seit den 1850er Jahren Unabhängigkeitsbestrebungen und es entwickelte sich, wie auch in Neuseeland, ein Subimperialismus, der Großbritannien zwang, im Südpazifik aktiv zu werden. Dies führte etwa zur Aufteilung Neu-Guineas in einen englischen und deutschen Teil (Kaiser-Wilhelm-Land). Siehe dazu: Dülffer, Kröger, Wippich, Vermiedene Kriege, S. 317–333.

745 GP, Bd. 14, 2, Nr. 4039, Der Staatssekretär des AA von Bülow an den Botschafter in London Grafen von Hatzfeldt (22. Januar 1899) S. 575.

746 Ibid., Nr. 4042, Der Staatssekretär des AA von Bülow an den Botschafter in Washington von Holleben (20. Februar 1899) S. 577.

Apia zu verlassen, beschoss Kautz am 15. März die Hauptstadt Apia, bei der auch das deutsche Konsulat beschädigt wurde. Die amerikanischen Angriffe wurden noch ausgedehnt, als der Widerstand der Mata'afa-Partei zunahm. Zusammen mit dem englischen Kriegsschiff *Porpoise* bombardierten sie nun auch das Hinterland der Hauptstadt, um den Ausschreitungen ein Ende zu bereiten.[747] Zunächst hatte auch Deutschland die Entsendung zweier Schiffe des ostasiatischen Geschwaders in Erwägung gezogen. Kaiser Wilhelm II. aber wich davor zurück, da er erwartete, die USA und Großbritannien würden den Samoavertrag von 1898 auf jeden Fall respektieren. In einem Schreiben an das Auswärtige Amt berichtete Botschafter Hatzfeldt von einem Gespräch mit dem britischen Kolonialminister Joseph Chamberlain, dem er klar gesagt habe, dass Deutschland gegen die USA und England gemeinsam keinen Widerstand leisten könne. Allerdings warnte er Chamberlain vor der Entrüstung der öffentlichen Meinung. Hatzfeldt betonte in seinem Telegramm, dass man in Großbritannien der Ansicht war, „daß es in Deutschland in bezug auf auswärtige Politik überhaupt keine öffentliche Meinung im englischen Sinne gibt, daß die Haltung unserer Presse in dieser Hinsicht daher von den Inspirationen der Kaiserlichen Regierung abhängt".[748] Die Bedeutung der öffentlichen Meinung unterstreicht auch die Bedeutung der Demokratisierung und der Parlamentarisierung. Die Debatten in der Presse sowie im Parlament waren sehr frei, und man beschäftigte und interessierte sich für alle möglichen Themen. Gerade die Außenpolitik war zudem ein Mittel, diese Tendenzen zu verstärken, indem man sich immer mehr eine klassische Domäne der alten Eliten aneignete. Innerhalb der Reichsleitung zögerte man zwischen einer Annäherung an England und an der Durchsetzung einer auf den Bau einer Schlachtflotte und den Erwerb von Kolonien beruhenden Weltpolitik. Diese wiederum brachte Deutschland sehr in Opposition zu Großbritannien. Die öffentliche Meinung und auch ein Großteil der Reichstagsabgeordneten hingegen waren tendenziell stärker englandfeindlich gestimmt. Gerade in der Samoafrage kam deutlich zum Ausdruck, wie sehr die Reichsleitung zwischen den verschiedenen Machtpolen lavieren musste: „Für seine Majestät wie gegenüber Reichstag und öffentlicher Meinung ist es für uns eine Notwendigkeit, an der Arbitrage des Königs von Schweden festhalten".[749] Man betonte eher die Nähe zu Amerika und verurteilte den englischen Widerstand gegen eine deutsche Weltpolitik. Hatzfeldt fuhr dann fort, er habe im Einvernehmen mit dem englischen Botschafter in Washington Sir Julian Pauncefote die Einsetzung einer Untersuchungskommission vorgeschlagen.[750]

---

747 DÜLFFER, KRÖGER, WIPPICH, Vermiedene Kriege, S. 305.

748 GP, Bd. 14, 2, Nr. 4075, Der Botschafter in London Graf von Hatzfeldt an den Reichskanzler Fürsten von Hohenlohe (25. März 1899) S. 620.

749 Ibid., Nr. 4094, Der Staatssekretär des AA von Bülow, z.Z. in Semmering, an das Auswärtige Amt (25. September 1899), S. 643.

750 Ibid., Nr. 4049, Der Botschafter in London Graf von Hatzfeldt an das AA (25. März 1899) S. 585–586.

Am 1. April schrieb Bülow an den Kaiser,

> „Ich kann mich des Eindrucks nicht erwehren, daß bei dem neuesten Zwischenfall in Samoa England der treibende, Amerika der getriebene Teil war. Die Engländer möchten augenscheinlich die Amerikaner benutzen, um uns aus Samoa zu verdrängen. [...] Der Vorfall auf Samoa ist ein neuer Beweis dafür, daß sich überseeische Politik nur mit einer ausreichenden Flottenmacht führen läßt."

Wilhelms Reaktion: „Was ich seit 10 Jahren den Ochsen von Reichstagsabgeordneten alle Tage gepredigt habe."

Bülow betont dann zum Schluss die Bedeutung der öffentlichen Meinung und die Wichtigkeit des internationalen Rufes Deutschlands zur Durchsetzung der Weltpolitik.[751]

In Bülows Schreiben an den Kaiser wird die Uneinigkeit hinsichtlich der zu führenden Außenpolitik innerhalb des Auswärtigen Amtes deutlich. Während ein Großteil der alten Eliten dazu neigte, sich England aus eurozentrischen und machtpolitischen Überlegungen heraus anzunähern, verfolgten Bülow und der Kaiser eine Weltpolitik, die auch im Reichstag von vielen verstanden und unterstützt wurde. In seiner Rede zum zweiten Flottengesetz im Juni 1900[752] betonte der nationalliberale Abgeordnete Karl Sattler die Flottenbegeisterung, die, anders als von den Sozialdemokraten behauptet, im Lande auch unter der Arbeiterschaft herrsche und weite Teile des Volkes erfasst haben sollte. Diese Begeisterung, der die Erkenntnis der globalen Vernetzung Deutschlands und seiner weltweiten Interessen und Verbindungen zugrunde lag, spiegelte sich durch die Annahme des Gesetzes im Reichstag wider. Sattler war sich sicher, dass man sich einig wäre, dass Deutschland zum Schutze seiner Interessen eine Weltpolitik betreiben musste: „(Lebhafter Beifall.)."[753]

Bezüglich der starken Fixierung auf England glaubte etwa Botschafter Hatzfeldt hingegen, sich gar rechtfertigen zu müssen.[754] Bülow benutzte auch in seinem Schreiben an den Kaiser, welches wieder in einem sehr untertänigen Ton verfasst ist, den Fall Samoa als Argument für den im ersten Flottengesetz beschlossenen Bau einer Schlachtflotte und zeigte sich darin mit dem Kaiser völlig einig. Zudem wollte er durch das Hervorheben der Tatsache, dass Deutschland und die USA sich im Gegensatz zu Großbritannien an völkerrechtliche Verträge hielten, den Beginn einer neuen Weltordnung beschreiben. Nicht mehr Großbritannien oder auch

---

751 Ibid., Nr. 4053, Der Staatssekretär des AA von Bülow, z. Z. in Klein-Flottbeck, an das Auswärtige Amt (1. April 1899), Für des Kaisers und Königs Majestät S. 590–592.
752 Siehe dazu Kapitel 2.7.
753 Stg. Berichte, 10. Leg.-Periode, 1898/1900, 7, 209. Sitzung, Dienstag, den 12. Juni 1900, S. 6031B/C.
754 GP, Bd. 14, 2, Nr. 4067, Der Botschafter in London Graf von Hatzfeldt an den Vortragenden Rat im Auswärtigen Amt von Holstein, Privatbrief (15. April 1899), S. 608.

Frankreich waren die Garanten und Träger des internationalen Systems und der internationalen Ordnung, sondern die USA und Deutschland. Dass das Deutsche Reich sich zu einem Garanten dieser Ordnung aufschwingen wollte, wird ersichtlich durch ein Schreiben Bülows an Hatzfeldt, in welchem er diesen aufforderte, Großbritannien zu verdeutlichen, dass es die Aufgabe diplomatischer Vertretungen sei, Krisen durch ruhige Besprechungen vorzubeugen.[755] Indem Bülow den Botschafter aufforderte, der Weltmacht England den Sinn diplomatischer Beziehungen neu zu erklären, griff er die bestehende Ordnung an und versuchte, die neue Ordnung, in der Deutschland eine Stellung als Weltmacht hatte, zu festigen. In dieser neuen Ordnung schieden mithin Kriege als Mittel zur Darlegung von Streitigkeiten aus, der friedlichen Streitbeilegung und der Dekonstruktion von Krisen auf Verhandlungswege würde der Vorzug gegeben. Dennoch bedurfte es der Möglichkeit der Abschreckung durch eine starke Flotte. Die Verbreitung dieser neuen Auffassung von internationalen Beziehungen und internationalen Streitbeilegungsmechanismen wurde bezeugt durch die aufkommende Schiedsgerichtsbewegung und die Abhaltung der Haager Konferenzen.[756]

Allerdings hat Deutschland auf Samoa natürlich sehr wohl seine Interessen beachtet und deshalb Mata'afa unterstützt.[757] Großbritannien verhielt sich weiterhin dilatorisch, während sich Deutschland und die USA in der Frage der Streitbeilegung mittels einer gemeinsamen Untersuchungskommission näherkamen. Bülow schlug gar vor, die Verhandlungen mit Großbritannien so lange abzubrechen, bis die Briten die geschlossenen Verträge wieder einhielten und verstanden, dass sie auf die deutschen Interessen Rücksicht nehmen mussten.[758] Er sah sich durch die Verständigung mit Amerika gestärkt,[759] England zu drohen und zu belehren, um so die Machtverhältnisse zu verschieben. Am 13. Mai 1899 waren die Kommissare der Untersuchungskommission auf Samoa eingetroffen und hatten dort die provisorische Regierungsgewalt übernommen.[760]

---

755 GP, Bd. 14, 2, Nr. 4059, Der Staatssekretär des AA von Bülow an den Botschafter in London Grafen von Hatzfeldt (5. April 1899), S. 590.

756 Siehe dazu: Jost DÜLFFER, Regeln gegen den Krieg? Die Haager Friedenskonferenzen von 1899 und 1907 in der internationalen Politik, Ullstein Verlag, Frankfurt 1981.

757 Herman HIERY, Das Deutsche Reich in der Südsee (1900–1921), Vandenhoeck & Ruprecht, Göttingen 1995, S. 291.

758 GP, Bd. 14, 2, Nr. 4062, Der Staatssekretär des AA von Bülow an den Botschafter in London Grafen von Hatzfeldt (11. April 1899), S. 601–602.

759 Ibid., Nr. 4074, Kaiser Wilhelm II. an Königin Viktoria von England (22. Mai 1899), 617: In diesem Privatbief Wilhelms an seine „Dear Grandmama" beklagte sich der Kaiser, dass England im Gegensatz zu Amerika sein Deutschland auf Samoa zugefügtes Unrecht nicht anerkannt hatte. Deutlich wird so die Annäherung an Amerika und das gute Einvernehmen mit dieser Großmacht.

760 Stg. Berichte, 10. Leg.-Periode, 1898/1900, 3, 96. Sitzung, Montag, den 19. Juni 1899, S. 2635B.

2.6.2.2. Auf dem Weg zu einer Lösung der Frage

In einer Rede im Reichstag am 19. Juni 1899 bot der Abgeordnete Liebermann von Sonnenberg Bülow die Möglichkeit, seine harte Haltung gegenüber England zu bekräftigen, als er die hinhaltende Taktik zu einem Handelsvertrag mit Deutschland zu kommen mit der Hinhaltetaktik in der Frage der Untersuchungskommission zu den Ereignissen im März 1899 auf Samoa verglich und unterstrich, daß „die Stimmung im deutschen Volke [...] eine sehr wenig freundliche gegenüber England [ist], trotz der freundschaftlichen Beziehungen, die von Staat zu Staat herrschen mögen." Liebermann fuhr dann eindringlicher fort, dass die Kommission eine volle Entschädigung für die geschädigten deutschen Staatsbürger beschließen würde.[761] Interessanterweise sprach Liebermann lediglich von Großbritannien, obwohl es doch eigentlich der amerikanische Admiral, Kautz, gewesen war, der die militärische Initiative ergriffen hatte. Die ausschließlich gegen Großbritannien gerichteten Anschuldigungen spiegelten eine breite Meinung wider und bezeugten, dass die Vereinigten Staaten nicht als Gegner oder gar Feind betrachtet wurden, sondern eher als ebenbürtiger Konkurrent. Ob Bülow nun improvisierte und den ihm von Liebermann zugeworfenen Ball spontan auffing ob es vorher abgesprochen war, ist schwierig zu beurteilen, aber im Grunde nicht sehr relevant. Liebermanns Worte zeigen hingegen, wie sehr in der Bevölkerung das Interesse für Samoa im Besonderen und internationale Angelegenheiten im Allgemeinen mittlerweile hoch war, da immer weitere Bevölkerungskreise direkt oder indirekt von der zunehmenden weltweiten Verflechtung und Integration Deutschlands betroffen waren und auch davon profitierten. Diese Tatsache veranlasste die Abgeordneten, sich im Reichstag verstärkt dieser Themen anzunehmen. Und so antwortete Bülow auf Liebermann: „Ich hatte nicht erwartet, meine Herren, daß die Samoafrage im Laufe der heutigen Diskussion angeschnitten werden würde. Nachdem dies aber geschehen ist, nehme ich keinen Anstand, unseren Standpunkt in dieser Angelegenheit zu präzisieren."[762]

Zunächst beschrieb er sachlich die gegenwärtige Lage auf Samoa und betonte, dass sich Deutschland in die innersamoanischen Streitigkeiten nicht einzumischen wünschte. Es klang beinahe wie ein demokratisches Plädoyer, als er unterstrich, dass sich die Ruhe auf Samoa wiederherstellen ließe, „wenn hinsichtlich der Schaffung einer künftigen Eingeborenenregierung die Wünsche der Bevölkerung thunlichst in Berücksichtigung gezogen würden."[763]

Dieser Ton änderte sich aber sodann und glitt über ins Nationalistisch-Pathetische, als er hervorhob, dass Deutschland alles tun würde,

---

761 Ibid., S. 2634B.
762 Ibid., S. 2635B.
763 Ibid., S. 2635D.

„daß unsere Staatsangehörigen auf Samoa entschädigt werden für die Verluste, die
sie erlitten haben durch die Zerstörung von deutschen Eigenthum oder durch wider-
rechtliche Beschränkung ihrer persönlichen Freiheit. (Lebhaftes Bravo und Zustimmung.) [...] Wir werden nicht um Haares Breite von unserem guten Recht abweichen.
(Lebhafter Beifall.) [...] Auf der anderen Seite werden wir aber auch nicht vergessen,
[dass außenpolitische Fragen] mit ruhiger Ueberlegung und mit kaltem But behandelt
werden. (Lebhaftes Bravo.)."[764]

Die Begeisterung des Parlaments bezeugte, dass es über außenpolitische Debatten
und einem gemeinsamen Projekt wie der Kolonisation gelang, größere Einigkeit
und Harmonie sowie nationale Identität herzustellen. Zum Zeitpunkt der Rede
etwa gab es eine „deutsche" Staatsangehörigkeit noch gar nicht. Wir man weiter
unten sehen wird, wurde eine solche erst im Juli 1913 eingeführt. Bis dahin gab
es gemäß Art. 3 der RV nur ein gemeinsames Indigenat, welches jedem Angehörigen eines Bundesstaates garantierte, in jedem anderen Bundesstaat als Inländer
behandelt zu werden. Die diplomatische Härte gegenüber England und das relative
Aussparen Amerikas[765], die durch eine derartige Rede im Reichstag flankiert wurden, zeitigten offensichtlich Ergebnisse. Denn Hatzfeldt, bekräftigte, dass England
in der Frage der Untersuchungskommission nachgegeben hätte, „als es erkennen
mußte, daß Amerika der Sache müde wurde und Neigung zur Verständigung mit
uns zeigte." Dies hätte wiederum zu einem Nachgeben Lord Salisburys geführt, der
eine deutsch-amerikanische Annäherung noch mehr fürchtete als eine deutsch-
russische.[766] Es wird deutlich, dass sich die alten Eliten Europas immer klarer
bewusstwurden, dass die USA die neue ausschlaggebende Macht sein würden.[767]

---

764 Ibid., S. 2636A.

765 Ibid. S. 2635C: Dies bedeutete zweierlei: Amerika wollte, indem es den eigentlichen
      Schuldigen an den Vorkommnissen im März aus Samoa abgezogen hatte, versöhn-
      lich auf Deutschland zugehen; Deutschland seinerseits wollte das Verhältnis zu
      Amerika nicht weiter verschlechtern.

766 GP, Bd. 14, 2, Nr. 4067, Der Botschafter in London Graf von Hatzfeldt an den Vor-
      tragenden Rat im AA von Holstein, Privatbrief (15. April 1899), S. 608.

767 Ibid., Nr. 4073, Der Staatssekretär des AA von Bülow an den Botschafter in London
      Grafen von Hatzfeldt (16. Mai 1899) S. 615: Bülow berichtet von einem Gespräch
      mit Herrn Holls, einem „mit dem Präsidenten MacKinley eng befreundete[n] deut-
      sche[n] Amerikaner". Dieser habe ihm berichtet, dass der amerikanische Botschafter
      in London, Joseph H. Choate, Minister Chamberlain auf dessen Bemerkung hin,
      Australien würde nie die völlige Aufgabe der englischen Rechte auf Samoa dulden,
      geantwortet: „Sie werden sich schließlich von Ihren Kolonien unabhängig erklären
      müssen, wie sich seinerzeit Ihre größte Kolonie, Amerika, von Ihnen unabhän-
      gig erklärt hat." Zweierlei wird hier deutlich: Erstens die Bedeutung der Deutsch-
      Amerikaner in der Vermittlung zwischen Deutschland und Amerika, zweitens der
      Aufstieg Amerikas und der allen bewusste, sich abzeichnende Abstieg Englands.

Allerdings war dies doch für diese „maßgebenden Kreise"[768] eine recht schwer zu akzeptierende bzw. einzugestehende Tatsache. Wie Deutschland, war auch England davon überzeugt, eine der herrschenden Weltmächte sein zu können, welche eine Politik der freien Hand, d.h. ohne feste Bündnisse eingehen zu müssen, führen könnte: „Diese Auffassung, begründet oder nicht, ist das unzweifelhafte Resultat der Flottenvermehrung,[769] die man hier eventuell ins Unendliche glaubt fortsetzen zu können."[770]

Mitte Juli willigte Lord Salisbury schließlich prinzipiell in die deutschen Forderungen ein.[771] Bülow war der Meinung, dass „der günstige Verlauf der Verhandlungen der Samoakommission [...] übrigens in erster Linie dem einträchtigen Zusammenwirken zwischen dem deutschen und dem amerikanischen Delegierten zuzuschreiben [wäre], welch letzterer das Verhalten seines englischen Kollegen vielfach in rückhaltloser Weise mißbilligt und in scharfen Ausdrücken kritisiert hat."[772]

Wichtig für die Einwilligung Salisburys war sicherlich aber auch die sich zuspitzende Lage in Südafrika. England wollte angesichts der anstehenden Mobilmachung gegen die Buren nicht wegen Samoa den Konflikt mit Deutschland weiter schwelen lassen, sondern sich dessen wohlwollender Neutralität versichern.[773] Ende August wollte das Deutsche Reich dann endgültig die Aufteilung Samoas unter Deutschland und Amerika erreichen, da es ohne eine endgültige Lösung immer eine „Quelle des Haders" bleiben würde.[774] Während Deutschland auf eine schnelle Lösung der Frage drängte – der Kaiser wollte sie noch vor seiner geplanten Englandreise im Herbst 1899 geregelt sehen –, spielte Großbritannien weiter auf Zeit. Als Hauptargument gebrauchten dabei beide Länder den Druck der öffentlichen Meinung, die in Deutschland unmöglich einen Verzicht der Insel

---

768 Ibid., Nr. 4067, Der Botschafter in London Graf von Hatzfeldt an den Vortragenden Rat im AA von Holstein, Privatbrief (15. April 1899), S. 606.

769 Vgl. ibid., Nr. 4071, Der Botschafter in London Graf von Hatzfeldt an den Vortragenden Rat im AA von Holstein, Privatbrief (22. April 1899), S. 612, Anm. 2: „Nachdem schon im Frühjahr 1898 eine gewaltige Flottenverstärkung beschlossen worden war, brachte im März 1899 die Vorlegung des Marineetats im Unterhaus neue große Forderungen."

770 Ibid., Nr. 4067, Der Botschafter in London Graf von Hatzfeldt an den Vortragenden Rat im AA von Holstein, Privatbrief (15. April 1899), S. 608.

771 GP, Bd. 14, 2, Nr. 4077, Der Staatssekretär des AA von Bülow, z. Z. in Semmering an das AA, Für des Kaiser und Königs Majestät (13. Juli 1899), S. 623.

772 Ibid., Nr. 4080, Aufzeichnung des Staatssekretärs des AA von Bülow für den Prinzen Heinrich von Preußen, Ganz geheim (15. August 1899), S. 626–662.

773 DÜLFFER, KRÖGER, WIPPICH, Vermiedene Kriege, S. 307.

774 GP, Bd. 14, 2 Nr. 4081, Der Staatssekretär des AA von Bülow an den Botschafter in London Grafen von Hatzfeldt (29. August 1899), S. 627–628.

Upolu mit Apia hinnehmen könnte.[775] Im September erarbeitete das Auswärtige Amt trotzdem einen Plan, unter welchen Bedingungen Deutschland auf Upolu verzichten könnte. Allerdings fürchtete man weiterhin die öffentliche Meinung in dieser nicht zuletzt von kolonialen Kreisen zur Prestigeangelegenheit angewachsenen und wohl auch aufgebauschten Angelegenheit.[776] Bülow verdeutlichte zudem dem britischen Botschafter, wie sehr die deutsche öffentliche Meinung gegen England eingestellt war und auf Seiten der Buren stand.[777] Solange außerdem die Samoafrage nicht geregelt war, konnte die Reichsleitung ein herzliches Einvernehmen mit England nicht ins Auge fassen, zumal auch der Kaiser selbst immer stärker unter den agitatorischen Druck der Alldeutschen und der Kolonialenthusiasten stand.[778] Die Reichsleitung musste in der Gestaltung der Auswärtigen Politik stets die verschiedenen Machtpole des Kaiserreichs berücksichtigen, als da waren Kaiser, öffentliche Meinung, Bürokratie und Armee und Reichstag. Alle fünf standen dabei sowohl getrennt und verfolgten ihre eigenen Interessen. Gleichzeitig aber waren sie auch untereinander verflochten und beeinflussten sich beständig gegenseitig.

Am 10. Oktober schließlich überreichte der englische Kolonialminister Joseph Chamberlain[779] ein Schreiben mit zwei verschiedenen Vorschlägen zur Erledigung

---

775 Ibid., Nr. 4083, Der Staatssekretär des AA von Bülow, z.Z. in Karlsruhe, an das Auswärtige Amt (11. September 1899), S. 630: Lord Salisbury benutzte seinerseits die öffentliche Meinung in England und vor allem Australien als Grund für sein Zögern. Zudem schlug er ein Referendum unter den Bewohnern Samoas vor, was aber von Deutschland aus innenpolitischen Gründen nicht akzeptiert werden konnte; siehe dazu: ibid., Nr. 4086, Der Stellvertretende Staatssekretär des AA Freiherr von Richthofen an den Staatssekretär des AA von Bülow, z.Z. in Semmering (14. September 1899), S. 634: „Indessen dürften jedem Plebiszit unsererseits so gewichtige, in der Richtung auf Berufungen liegende politische Bedenken entgegengesetzt sein, daß solchem Vorschlage von hier aus nicht näher getreten werden kann."

776 Ibid., Nr. 4090, Der Stellvertretende Staatssekretär des AA Freiherr von Richthofen an den Staatssekretär des AA Grafen von Bülow, z.Z. in Semmering (21. September 1899), S. 639.

777 Auch hier gab es große Unterschiede zur Reichsleitung, welche versuchte trotz der sehr pro-burischen Haltung der öffentlichen Meinung und eines Teils der Abgeordneten, England ihrer Neutralität in dieser Frage zu versichern. Siehe dazu: ibid., Nr. 4098, Der Staatssekretär des AA von Bülow, z.Z. in Semmering, an das AA (2. Oktober 1899), S. 648–649; Peter WALKENHORST, Nation – Volk – Rasse: Radikaler Nationalismus im Deutschen Kaiserreich 1890–1914, Vandenhoeck & Ruprecht, Göttingen 2011, S. 183–192; Zum zweiten Burenkrieg siehe: Marin BOSSENBROEK, The Boer War, übersetzt ins Englische von Yvette ROSENBERG, Seven Stories Press, New York 2018[2].

778 DÜLFFER, KRÖGER, WIPPICH, Vermiedene Kriege, S. 311.

779 Ibid., S. 309.

der Samoaangelegenheit. Nach Konsultationen insbesondere mit Admiral Tirpitz wurde der erste Vorschlag Chamberlains abgelehnt. In seiner Stellungnahme an das Auswärtige Amt schrieb Tirpitz, dass Samoa wegen der geplanten Fertigstellung des Panamakanals und als Etappe für die deutsche Flotte zwischen Kiautschou und Südamerika für Deutschland von imminenter Bedeutung wäre.[780] Am 20. Oktober erklärte sich Chamberlain damit einverstanden, dass Deutschland Upolu und Savaii erhalten solle,[781] welche für die Deutschen zu einem nationalen Begriff geworden waren.[782] Bereits nach dem Ende der Untersuchungskommission zu den Ereignissen im März am 17. Juli 1899 hatten sich die USA dazu bereit erklärt, künftig ihr Interesse auf den Hafen Pago Pago auf der Insel Tutuila zu beschränken. Für die USA war der Besitz dieses Hafens wichtig, um den amerikanischen Handel von der amerikanischen Pazifikküste nach Australien zu sichern.[783] Und um einen zukünftigen Krieg zwischen den drei westlichen Mächten zu verhindern, einigte man sich schließlich am 14. November 1899 in London zwischen Deutschland und Großbritannien auf die Aufteilung der Inselgruppe zwischen Deutschland und den USA. Großbritannien erhielt zum Ausgleich die Tonga- sowie die Salomonen-Inseln. Am 2. Dezember 1899 wurde in Washington der Samoa-Vertrag von den drei beteiligten Parteien unterzeichnet.

2.6.3. Die Samoa-Akte im Reichstag

Die Samoafrage wurde insbesondere am Ende der 1890er Jahre nicht zuletzt im Zusammenhang mit der Flottenfrage im Reichstag ausführlich besprochen. Zwei Jahrzehnte zuvor, am 27. April 1880, war Bismarck mit der sog. „Samoavorlage" im Reichstag gescheitert.[784] Die Abgeordneten hatten damals dem Reichskanzler den nötigen Kredit, um die in Zahlungsschwierigkeiten geratene DHPG zu unterstützen, aus Angst vor dem Beginn eines kolonialen Engagements des Reiches verweigert. Ein Ereignis, welches im Übrigen eine wichtige Etappe auf dem Weg der seit Beginn des Deutschen Reichs 1871 fortschreitenden informellen Parlamentarisierung darstellte.

Im Jahre 1899 hatten sich die Vorzeichen deutscher Außenpolitik aber stark verändert: Das Reich hatte gegen die Überzeugung des Reichskanzlers seit 1884 mehrere Kolonien in Afrika und in der „Südsee"[785] erworben, Wilhelm II. und Bülow

---

780 GP, Bd. 14, 2, Nr. 4107, Der Staatssekretär des Reichsmarineamtes von Tirpitz an den Staatssekretär des AA von Bülow (11. Oktober 1899), S. 660–661.

781 DÜLFFER, KRÖGER, WIPPICH, Vermiedene Kriege, S. 311.

782 GP, Bd. 14, 2, Nr. 4109, Der Staatssekretär des AA von Bülow an den Botschafter in London Grafen von Hatzfeldt (18. Oktober 1899), S. 663–664.

783 Ibid., S. 49.

784 Ibid., S. 284.

785 Siehe dazu: Horst GRÜNDER, Hermann J. HIERY (Hg.), Die Deutschen und ihre Kolonien: Ein Überblick, be.bra Verlag, Berlin 2018[2], S. 89–123.

propagierten nun eine Weltpolitik und Deutschland war dabei, eine starke Flotte aufzubauen, wie man zum ersten Flottengesetz gesehen hat. Im Folgenden soll zunächst eine Interpellation vom April 1899 genauer analysiert werden, dann eine Debatte im Dezember desselben Jahres.

2.6.3.1. Die Interpellation des Reichstags vom April 1899 zu Samoa

Bereits in der Sitzung des Reichstags am 14. April 1899[786] hatten verschiedene Reichstagsabgeordnete eine Interpellation an die Regierung gerichtet, um von ihr zu erfahren, wie sie auf das amerikanisch-englische Vorgehen in Samoa und den Beschuss Apias reagieren wollte. Die Debatte zeigt, wie über die Samoafrage unterschiedliche innenpolitische Konflikte im Reichstag ausgetragen wurden und die Parlamentarisierung vorangetrieben wurde. Neben der Flottenfrage und der Entwicklung Deutschlands zu einer Weltmacht wird deutlich, wie heftig im Reichstag um eine parlamentarische und demokratische politische Kultur gerungen wurde. Gerade die Beschäftigung mit dem Verhältnis zu den USA über die Vorfälle in Samoa spiegelt zum einen wider, dass die Vereinigten Staaten als weltpolitisches Vorbild, aber auch als Konkurrent betrachtet wurden. Zudem schien durch die Reden hindurch, dass die deutschen Abgeordneten in den USA einen möglichen Verbündeten vor allem gegen Großbritannien sahen und durchaus ein gutes Verhältnis zu Amerika suchten.[787]

Die Interpellation der Reichsregierung erfolgte im Namen der Interpellanten durch den nationalliberalen Abgeordneten Dr. Adolf Lehr. Dieser war zudem Geschäftsführer des Alldeutschen Verbandes und Schriftführer der Alldeutschen Blätter.[788] Seine Rede durchzog eine gewisse ironische Schärfe. So begann er sie

---

786 Stg. Berichte, 10. Leg.-Periode, 1898/1900, 2, 65. Sitzung, Freitag, den 14. April 1899, S. 1754B/C: „**Interpellation der Mitglieder des Reichstags Dr. Lehr** [Nationalliberal], **Dr. von Levetzow** [Deutschkonservativ], **Rickert** [freisinnige Vereinigung], **Dr. Schaedler** [Zentrum], **Graf von Arnim** [Graf Arnim-Muskau, Traugott Hermann, Deutsche Reichspartei/Freikonservative], **Schmidt (Elberfeld)** [freisinnige Volkspartei] **und Genossen, betreffend die Vorgänge vor und auf Samoa** (...). [Fett im Text] Die Interpellation lautet: Ist der Herr Reichskanzler bereit, über die Vorgänge vor und auf Samoa, sowie über die von der Regierung getroffenen und beabsichtigten Maßnahmen Auskunft zu geben?" [...] Bülow: „Ich bin bereit, die Interpellation sogleich zu beantworten."

787 GP, Bd. 14, 2, Nr. 4081, Der Staatssekretär des AA von Bülow an den Botschafter in London Grafen von Hatzfeldt (29. August 1899), S. 628, Anm. 1: Hier wird ersichtlich, dass um die Jahrhundertwende durchaus eine gute Beziehung zwischen Deutschland und Amerika bestand und der Hauptgegner der deutschen Politik in England gesehen wurde.

788 BIORAB-Kaiserreich: Dr. Adolf Lehr (12. Dezember 1839–12. November 1901) war von 1898 bis zu seinem Tod Mitglied des Reichstags für die Nationalliberale Partei. Er war Berg- und Hütteningenieur und hatte auch Staatswissenschaften studiert.

folgendermaßen: „Meine Herren, eine allzu freundliche Osterstimmung ist es gerade nicht gewesen, die durch die deutschen Lande ging, als uns die Kunde zugebracht wurde von jener Beschießung Apias durch die amerikanisch-englische Flotte."[789] Der Ton war parodistisch salbungsvoll, indem er ein Bibelzitat zur Geburt Jesu gebrauchte. In Deutschland hatte man seit Abschluss der Samoa-Akte im Jahr 1889 darauf gehofft, „daß eine Änderung der Samoa-Akte herbeigeführt werde, eine gründliche, die zur Alleinherrschaft des Deutschen Reichs über jene Inselgruppe führen würde."[790] Somit war es kein Wunder, dass in Deutschland über das amerikanische Vorgehen große Aufregung herrschte, wenngleich diese von der Presse unterschlagen wurde. Er beschuldigte diese denn auch, „daß die Erregung in unserem Volke eine tiefere und allgemeinere ist, als wie es nach den Erörterungen in der Presse vielleicht den Anschein haben möchte. (Heiterkeit links. Sehr richtig! rechts)".[791]

Der Gebrauch des Pronomens „unser" signalisierte dabei zweierlei: Sein Anspruch, als Sprecher des ganzen Volkes aufzutreten, sollte unterstrichen werden; und durch den gleichzeitigen Gebrauch des exophorischen bestimmten Artikels „in der Presse" konstruierte er einen Gegensatz Volk (wir) – Presse (die), welcher zudem anklagend und abfällig wirkte. Die protokollierte Reaktion des Parlaments bezeugt die Spaltung zwischen den Linken und den Rechten. Die Alldeutschen versuchten zu polarisieren und trugen zu einer Verrohung der Sprache bei. Es wird aber auch eine gelöste Stimmung im Parlament deutlich, welches die häufig die Parteigrenzen überschreitende „Heiterkeit" manifestierte. Dr. Lehr frug dann nach dem Hauptschuldigen für die gegenwärtigen Probleme in Samoa und machte dabei England aus, „[...] das es verstand, seit Anbeginn des spanisch-amerikanischen Krieges die systematische Verhetzung zwischen uns und den Vereinigten Staaten zu nähren und zu schüren."[792] Der Vorläufer des Alldeutschen Verbandes (seit 1894), der Allgemeine Deutsche Verband, der im September 1886 von Imperialismusanhängern gegründet worden war, hatte sich im April 1891 mit einer aus der Protestbewegung gegen den Helgoland-Sansibar Vertrag (1. Juli 1890) hervorgegangen

---

Ab 1894 war er Geschäftsführer des Alldeutschen Verbandes. Zu der Beziehung zwischen Alldeutschen und nationalliberaler Partei siehe: Peter WALKENHORST, Nation – Volk – Rasse: Radikaler Nationalismus im Deutschen Kaiserreich 1890–1914, Vandenhoeck & Ruprecht, Göttingen 2011, hier S. 307–316; Bernd ELLERBROCK, Flotten-Agitprop anno 1900: Schwarze Gesellen auf dem Rhein, Books on Demand, Norderstedt 2020, S. 30: Lehr galt als Vertrauensmann im Reichsmarineamt und war eine Flottenapologet.

789 Stg. Berichte, 10. Leg.-Periode, 1898/1900, 2, 65. Sitzung, Freitag, den 14. April 1899, S. 1754C.
790 Ibid., S. 1754C.
791 Ibid.
792 Ibid., S. 1754D.

Protestbewegung vereinigt[793] und war sehr anti-englisch gestimmt. Großbritannien wurde in weiten Teilen der deutschen Gesellschaft als größtes Hindernis für die deutsche Weltpolitik betrachtet und der Bau einer Schlachtflotte war auch zu allererst gegen England gerichtet. Der Historiker Friedrich Meinecke stellte die Frage: „Sollen wir, ein aufquellendes Volk von über 60 Millionen, das an die Ernährung seiner kommenden Generationen denken muss, uns einschnüren lassen von den Rivalen in der Welt?"[794] Aber auch in Großbritannien wurde der Aufstieg Deutschlands als großes Problem und echte Herausforderung betrachtet. Vielen in Deutschland war dies durchaus bewusst, wenngleich es die offizielle Politik in der Regel vermied, das so deutlich zu sagen, wie es der Abgeordnete Haußmann[795] betonte.[796]

In den *Preußischen Jahrbüchern* etwa wiederholte der Chefredakteur Hans Delbrück beständig den von ihm so interpretierten zutiefst sitzenden Neid der Engländer auf das demografische und wirtschaftliche Potential und den stetigen machtpolitischen Aufstieg Deutschlands.[797] Während in der Regel vor allem die Sozialdemokraten und Linksliberalen für die Annäherung an Großbritannien eintraten, organisierten aber auch Teile der eher konservativen und nationalliberalen deutschen Eliten, wie Geschäftsleute, Mitglieder der Hochfinanz und führende

---

793 WEHLER, Doppelrevolution, S. 1073–1075.

794 Friedrich MEINECKE, Sammlungspolitik und Liberalismus (1910), in: Ders., Politische Schriften und Reden, hg. von G. KOTOWSKI, Siegfried Toeche -Mittler, Damstadt 1958, S. 40–43.

795 Lothar ALBERTIN, „Haußmann, Conrad", in: Neue Deutsche Biographie 8 (1969), S. 130 f. [Online-Version]; URL: https://www.deutsche-biographie.de/pnd118547 208.html#ndbcontent: Conrad Haußmann (8. Februar 1857–11. Februar 1922) war ein bedeutender linksliberaler Politiker aus Württemberg. Von 1890 bis 1918 war er Reichstagsabgeordneter der Deutschen Volkspartei (oder Süddeutschen Volkspartei), die der Freisinnigen Volkspartei Eugen Richters nahestand. Haußmann setzte sich für die deutsch-französische Aussöhnung ein und forderte nach der Daily-Telegraph Affäre 1908 eine Verfassungsreform.

796 Stg. Berichte, 10. Leg.-Periode, 1898/1900, 5, 145. Sitzung, Sonnabend, den 10. Februar 1900, S. 4030C.

797 Laut Delbrück war nicht ein Faktor, wie die Flottenrüstung, ausschlaggebend für die starke anti-deutsche Stimmung in England. „Die Sache liegt vielmehr so, daß mit der ungeheuren Steigerung von Deutschlands Volksmenge und Wohlstand auch Deutschlands politische Macht in demselben Maße gewachsen ist: wir sind seit langem die stärkste Landmacht auf dem Kontinent und nähern uns mit schnellen Schritten der Stellung einer bedeutenden Seemacht. [...] Dies alles hat man in England begriffen, und alle patriotische Sorge richtet sich deshalb auf Deutschland, dessen unaufhörliches Wachsen einmal die Briten auf ihrer eigenen Insel bedrohen könnte", in: Preußische Jahrbücher, Bd. 133, Berlin 1908, S. 376.

Persönlichkeiten aus Kultur und Wissenschaft, vor allem um die Jahreswende 1905/06, Konferenzen und Veranstaltungen zu den deutsch-englischen Beziehungen, in denen die engen wirtschaftlichen Vernetzungen und kulturellen und wissenschaftlichen Verbindungen gelobt und hervorgehoben wurden.[798] Nichtsdestoweniger versuchte England jedoch, sich ab den 1895er Jahren Russland und Frankreich anzunähern, was im Laufe der Zeit über die *Entente cordiale* (8. April 1904) mit Frankreich und die *Tripleentente* (1907) mit Russland in Deutschland zu einem weit verbreiteten Gefühl der langsamen Einkreisung führte.[799] England wurde von Lehr somit konsequenterweise als Hauptschuldiger für die Verstimmungen mit den USA in der Samoafrage ausgemacht. Im Gesamtgefüge des englischen Weltreiches nahm der Südpazifik jedoch eine im Grunde untergeordnete Rolle ein und man suchte wegen der Probleme in anderen Erdteilen, wie Afrika und Afghanistan, eine gütliche Lösung mit Deutschland. Diese sehr auf die europäische Mächtekonstellation bezogene Vorstellung wirkte aber vielleicht auch auf die Protagonisten des Alldeutschen Verbandes wie eine etwas schiefe Wahrnehmung der neuen Realitäten am Ende des 19. Jahrhunderts. Denn im weiteren Verlauf seiner Rede verlangte Lehr dann hauptsächlich über amerikanische Verstöße gegen das Recht Deutschlands und die Samoa-Akte Aufklärung.

Zunächst nannte Lehr als Grund der Interpellation Zeitungsberichte über das in den Augen der Interpellanten unrechtmäßige Verhalten der amerikanischen Autoritäten in Samoa. Obwohl er zwar den Nachrichten zu Samoa misstraute, zumal Deutschland wie bereits weiter oben ausführlich dargestellt über keine eigene telegrafische Kabelverbindung verfügte und so von amerikanischen Informationen abhängig war,[800] würde er doch gerne Aufklärung darüber erlangen. Denn diese Nachrichten, selbst wenn sie „den Stempel der Tendenz, des Unwahrscheinlichen" tragen, haben doch das Verdienst, „in Amerika [] zur Zeit eine erfreuliche Reaktion seitens bei den Deutsch-Amerikaner" auszulösen. Sollte „diese Reaktion von Dauer und von Reichhaltigkeit sein [], dann glaube ich, daß sich dort vieles zu unseren Gunsten wenden wird."[801] Die Alldeutschen wollten für das „Deutschtum im Ausland" kämpfen und dieses für Deutschland nutzbar machen,[802] nicht zuletzt in den USA, wohin die meisten Deutschen ausgewandert waren. Obwohl er sein Anliegen in höfliche und korrekte diplomatische Sprache verpackte, verlangte Lehr gleichwohl vom Staatssekretär Aufklärung zu verschiedenen Vorkommnissen:

> „[...] wir sind daher dem Herrn Staatssekretär des Auswärtigen Amts zu besonderem Dank verpflichtet, daß er sich sofort bereit erklärt hat, uns Auskunft darüber

---

798 Canis, Der Weg in den Abgrund, S. 172.
799 Siehe dazu: Canis, Von Bismarck zur Weltpolitik.
800 Brechtken, Scharnierzeit, S. 89, Anm. 179.
801 Stg. Berichte, 10. Leg.-Periode, 1898/1900, 2, 65. Sitzung, Freitag, den 14. April 1899, S. 1755A.
802 Wehler, Doppelrevolution, S. 1073.

zu geben, was denn an jenen Vorkommnissen thatsächlich wahr ist, welche Maßregeln die Reichsregierung aus Anlaß dieser thatsächlichen Vorkommnisse getroffen
hat, und, soweit es eben angängig ist, auch vielleicht über diejenigen Maßregeln, die
demnächst in Aussicht genommen sind."[803]

Um es erneut zu unterstreichen: Die Reichsleitung musste in der Samoafrage immer
die verschiedenen Machtpole oder Machtzentren der „wilhelminischen Polykratie"[804] berücksichtigen: Dabei kann man einerseits unterscheiden zwischen den
eigentlichen verfassungsrechtlich definierten Machtzentren Exekutive, Bundesrat
und Reichstag. Darüber hinaus aber entwickelten sich der gesellschaftliche Raum
mit der öffentlichen Meinung, der Presse und den Lobbygruppen immer stärker zu
weiteren informellen und flexiblen Machtzentren, da sie sich mit den Lesern und
den Bürgern über einen komplexen Prozess wechselseitig Einfluss auf den öffentlichen Diskurs verschafften.[805] Alle diese Machtzentren standen und wirkten dabei
einerseits getrennt und verfolgten ihre eigenen Interessen. Gleichzeitig aber waren
sie auch untereinander verflochten und beeinflussten sich beständig gegenseitig.
Der Reichstag suchte in dieser Polykratie oder vielleicht besser Übergangsphase
zum Parlamentarismus auf informelle, bewusste und unbewusste Weise an Macht
und vor allem Einfluss zu gewinnen. Ähnlich wie die Presse nämlich beanspruchte
der Reichstag in der sich zunehmend demokratisierenden Gesellschaft für sich, die
Volksmeinung zu vertreten.[806]

Lehr zählte nun die verschiedenen Vorkommnisse auf, die allesamt von amerikanischen Autoritäten ausgegangen waren.[807] Neben diesen verschiedenen Punkten, zu denen Lehr vom Staatssekretär Aufklärung verlangte, gehörte auch „die
unglaubliche Nachricht" von einem Befehl des „amerikanischen Admirals Kautz an
den Kommandanten des deutschen Kriegsschiffes „Falke", er dürfe den Hafen von
Apia nicht verlassen". Lehr glaubte sich auch „mit allen Seiten dieses Hauses" einig,
dass ein deutscher Offizier keineswegs einem amerikanischen Befehl gefolgt wäre.
Der Reichstag stimmte dem zu und spendete dieser Ansicht „lebhaften Beifall".[808]

Lehr drückte hier einen gewissen Zweifel am Verhalten des Offiziers aus und
erhob diesem gegenüber den Verdacht, die Ehre Deutschlands nicht stark genug
verteidigt zu haben. Der Bericht Dr. Lehrs und seine spöttische Haltung gegenüber den Amerikanern und Engländern erzeugte große Unruhe im Reichstag, und

---

803 Stg. Berichte, 10. Leg.-Periode, 1898/1900, 2, 65. Sitzung, Freitag, den 14. April 1899,
     S. 1755A.

804 WEHLER, Doppelrevolution, S. 1000 ff.: Wehler sah das Aufkommen einer „Polykratie
     miteinander rivalisierender Machtzentren" negativ.

805 NONN, 12 Tage, S. 495.

806 Ibid.

807 Stg. Berichte, 10. Leg.-Periode, 1898/1900, 2, 65. Sitzung, Freitag, den 14. April 1899,
     S. 1755A/B.

808 Ibid., S. 1755B/C.

der Präsident musste zweimal mit der Glocke um Ruhe läuten. Der erste Zwischenfall erfolgte, als Lehr berichtete, dass „die Samoaner unter der Führung eines
Amerikaners, der leider den deutschen Namen Klein führte, [standen] (Heiterkeit
links), – ja, das wundert Sie vielleicht, von Ihnen freilich wundert es mich nicht,
aber Andere, die werden mir zustimmen. (Lebhaftes Bravo. Zwischenrufe links.) –
Na, das ist Geschmackssache, um die ich Sie nicht beneide."[809]

Der Schlagabtausch zwischen Dr. Lehr und den zwischenrufenden Abgeordneten war beinahe gehässig, da Lehr den Linken verdeckt den Vorwurf der Vater-
landsverräterei machte. Jedoch blieb die Sprache recht implizit und ironisch, ja
manchmal zynisch statt offen brutal oder feindselig. Die Reaktion der Amerikaner
nahm Lehr zum Anlass, sich über deren Heuchelei lustig zu machen. Wie sollte
sich Deutschland aber nun gegen das Vorgehen der Amerikaner wehren, wie es
rächen? Dr. Lehr zufolge lautete „des Pudels Kern [...]: wir brauchen kein krie-
gerisches Vorgehen, wir haben wirthschaftliche Mittel genug zur Abwehr. Also
eine feste, auf gesundem nationalem Egoismus beruhende Politik; denn nur für
ein solches scheint man auf jener Seite ein Verständnis zu haben. (Sehr richtig!
rechts.)."[810]

Das Zitat aus Goethes Faust verdeutlicht zweierlei: Zum einen gab sich Dr. Lehr
so als „honoriger" Bildungsbürger zu erkennen. In seiner sozialen Zusammensetzung war der Alldeutsche Verband sehr bildungsbürgerlich und glaubte durchaus
an das „öffentliche Wächteramt der Gebildeten".[811] Zum anderen betont er durch
den Gebrauch eines Zitats aus einem der bedeutendsten Werke des wohl wichtigsten deutschen Nationaldichters seine Rolle als Abgeordneter einer „faustischen"
Nation.

Oswald Spengler zufolge ist Faust „das Portrait einer ganzen Kultur". Das faus-
tische Wesen der deutschen Kultur wird gekennzeichnet durch eine „maßlose[],
willensstarke[], in alle Fernen schweifende[] Seele".[812] Lehr brachte diese Forderung nach Willensstärke und Ausgreifen in fremde Räume dann im weiteren
Verlauf durch den Gebrauch bestimmter Stilmittel, wie etwa von Alliterationen,
Anaphern und Wiederholungen, eindringlich zum Ausdruck. Er steigerte die
Intensität und Schärfe seiner Rede: „Das braucht durchaus nicht zum Krieg führen, das ist keine Kriegsdrohung, denn wie gesagt, an einen Krieg denkt niemand
von uns."[813] Der wiederholte Gebrauch des Wortes „Krieg" klang gleichwohl wie

---

809 Ibid., S. 1755D.
810 Ibid., S. 1756B/C.
811 WEHLER, Doppelrevolution, S. 1074.
812 Vgl. Willi JASPER, Faust und die Deutschen: Zur Entwicklungsgeschichte eines litera-
     rischen und politischen Mythos, in: Zeitschrift für Religions- und Geistesgeschichte,
     Bd. 48, Nr. 3, 1996, S. 215 -230, hier S. 223–224 und Anm. 27.
813 Stg. Berichte, 10. Leg.-Periode, 1898/1900, 2, 65. Sitzung, Freitag, den 14. April 1898,
     S. 1756C.

eine versteckte Drohung und verstärkt den Eindruck, dass Krieg gerade nicht auszuschließen wäre, zumal ein Krieg nicht grundsätzlich abzulehnen war, sondern
lediglich „aus zahlreichen wirthschaftlichen und politischen Gründen geradezu
thöricht [wäre]".[814] Über Intensitätssteigerung seiner Rede kam Lehr zum Höhepunkt seiner Rede, nämlich seinem eigentlichen Anliegen: „Wir müssen darauf
bedacht sein, daß Deutschland auch zur See stark sei (Zuruf links), und wir können
uns freuen, daß wir durch die Annahme des vorjährigen Flottengesetzes auf den
richtigen Weg dazu gelangt sind."[815]

Er zeigte sich davon überzeugt, dass der Spanisch-Amerikanische Krieg und die
Vorkommnisse um Samoa allen deutlich gemacht haben, wie sehr eine Flotte von
Nöten war, zumal das Deutsche Reich weltweit ausgegriffen hatte und aus Selbsterhaltungstrieb zu einer kolonialen Politik übergehen müsse.[816] Kolonialpolitik
wurde in Deutschland und in den anderen Mächten Ende des 19. Jahrhunderts als
normal betrachtet. Sie gehörte zum sozialdarwinistischen Weltbild und zur später in der Zeit des Nationalsozialismus ganz dezidiert so gewollten Macht- und
Raumpolitik der damaligen Zeit. Die Rede wurde dann wieder etwas sachlicher. Da
Deutschland über die zweitgrößte Handelsflotte der Welt verfügte und der Hamburger Hafen in Europa der zweitgrößte war, war es

> „eine Wahrheit: „unsere Zukunft liegt auf dem Wasser"[817], und von diesem Standpunkt
> aus muß die samoanische Frage beurtheilt werden. [...] Was am letzten Ende auf dem
> Spiel steht, das ist die Erhaltung der Großmachtstellung des Deutschen Reichs. Ver-
> stehen wir diese nicht zu erhalten, dann werden wir zunächst in wirthschaftliche
> Abhängigkeit von anderen Völkern kommen, und dieser wirthschaftlichen wird die
> politische Abhängigkeit unmittelbar auf dem Fuße nachfolgen."[818]

Zum Schluss sprach er zunächst perlokutiv der Reichsregierung sein Vertrauen aus.
Dies war insofern bemerkenswert, als die Reichsregierung nicht vom Vertrauen
des Parlaments abhing, wie dies etwa heute in der Verfassung der Bundesrepublik
der Fall ist, sondern wie weiter oben gesehen erst mit den Verfassungsänderungen
im Oktober 1918 wurde. Die Verschiebung und das Neuaustarieren der staatlich
legitimierten Machtzentren, aber auch das wachsende Gewicht der öffentlichen

---

814 Ibid.
815 Ibid.
816 Ibid., S. 1756D.
817 Ulrich van der HEYDEN, Joachim ZELLER, Kolonialismus hierzulande: eine Spuren-
    suche in Deutschland, Sutton, Erfurt 2007, S. 150: Wilhelm II. hatte dies anlässlich
    der Eröffnung des Stettiner Freihafens am 23. September 1898 gesagt. Wie weiter
    oben gesehen, stand Wilhelm sehr unter dem Eindruck seiner Lektüre des Buches
    von Mahan.
818 Stg. Berichte, 10. Leg.-Periode, 1898/1900, 2, 65. Sitzung, Freitag, den 14. April 1898,
    S. 1756D.

Meinung, das Erstarken von Interessen- und Lobbygruppen, führten dazu, dass die Reichsregierung zwar nicht *de jure*, jedoch *de facto* immer stärker vom Vertrauen und von der Mitarbeitswilligkeit des Reichstags abhing. Im Übrigen weist schon die Unschärfe der Bezeichnung der Exekutive darauf hin: Obwohl sie eigentlich bis zum Ende des Kaiserreichs weiterhin offiziell Reichsleitung hieß, wurde sie im Reichstag und in der Öffentlichkeit immer häufiger als Reichsregierung bezeichnet.[819] Bei der Eröffnung des Reichstags im Februar 1912 schließlich hatten alle Parteien außer den Konservativen in separaten Anträgen ein Gesetz zur Verantwortlichkeit des Kanzlers eingebracht. Zwar wurde dies vom Bundesrat und vom Kanzler zurückgewiesen, im Mai 1912 aber sollte es schließlich einer Mehrheit aus SPD, Zentrum und Liberalen gelingen, dass ein sog. Missbilligungsvotum in die Geschäftsordnung des Reichstags aufgenommen wurde,[820] welches es den Abgeordneten erlaubte, der Reichsleitung wenn zwar nicht das Misstrauen, so doch eine deutliche Missbilligung ihres Tuns auszudrücken.[821] Es lässt sich hier die „informelle Parlamentarisierung" des Reichs durch perlokutives Handeln beobachten, wenngleich in der Nachschau deutsche Historiker diese Vorgehensweisen oftmals lediglich als *in fine* gescheitert bewerten wollten. Lehr forderte dann die Reichsregierung auf, den genauen Ablauf und die Reaktion der Regierung zu erklären. Außerdem sollten alle sehen „daß die Zeiten eines würdelosen Weltbürgerthums bei uns vorüber sind, und daß die deutsche Reichsregierung darauf rechnen darf, das ganze Volk hinter sich haben, wenn [...] ihre Politik nur das Eine kennt: die Wahrung der nationalen Interessen. (Lebhaftes Bravo. – Zischen links.)"[822]

Die Reaktion des Parlaments auf die Rede macht dreierlei deutlich: Zunächst herrschte ein gewisser Konsens über die außenpolitische Richtung des Reiches – und das Durchsetzen von weltweiten Interessen mittels einer starken Flotte. Dann sieht man, dass sich die Sozialdemokraten – trotz der langen Verfolgung durch die Sozialistengesetzgebung – keineswegs scheuten, auch in Anwesenheit des Staatssekretärs ihre gegenteilige Meinung deutlich kund zu tun. Drittens schließlich bezeugt die Rede das wachsende Selbstvertrauen des Reichstags, im Namen des Volkes mitzuregieren und die Regierung immer stärker vom Willen des Volkes abhängig zu sehen, für dessen Interesse und Wohl sie nun zu agieren hatte. Im Grunde kann man hier eine bereits im 18. Jahrhundert begonnene Verschiebung der Staatsräson erkennen.[823] Der Staat findet seinen Existenzgrund nicht in der

---

819 Rauh, Parlamentarisierung, S. 29–30.

820 Nonn, 12 Tage, S. 509.

821 Mommsen, Der autoritäre Nationalstaat, S. 299: § 33a der Geschäftsordnung des Reichstags.

822 Stg. Berichte, 10. Leg.-Periode, 1898/1900, 2, 65. Sitzung, Freitag, den 14. April 1898, S. 1757A.

823 Erinnert sei hier an die Reformen in Preußen unter Friedrich II. und in Österreich unter Josef II. im 18. Jahrhundert, die beide darauf abzielten, das Wohl der Bürger und deren Wohlstand zu erhöhen, um so insgesamt den Staat und nicht zuletzt die

bloßen Weiterexistenz als Staat und seines Souveräns, sondern in der Prosperität und dem Wohlergehen seiner Bürger. „Je länger der Nationalstaat existierte, um so mehr wurde das Volk vom bloßen Untertanenverband und Sicherheitsrisiko zur Berufungsinstanz und zum Auftraggeber der Herrschaft von Fürsten, Königen und Kaisern".[824] Dass sich die Definition der Staatsräson änderte, wurde auch durch die Bedeutungssteigerung des Reichstages im Verfassungsgefüge erreicht. Allerdings lag in der dichotomischen Anschauung der Staatsräson zwischen Adel, alten Eliten und Bürgern und neuen Eliten bis zum Ende des Kaiserreichs eines der Probleme und Reformfelder des Staates. Man sieht hier erneut, wie die Beziehungen zu den USA im Reichstag immer wieder dazu genutzt wurden, um innenpolitische Problematiken anzusprechen und die Parlamentarisierung voranzubringen. Neben der im Reich viel diskutierten Beziehung zu England als Hauptrivalen Deutschlands wird in diesem Falle einmal mehr die Bedeutung der Medien in einem zunehmend parlamentarischen System deutlich.

Die Antwort von Staatssekretär Bülow auf die Interpellation war äußerst sachlich. Er bestand auf der Gültigkeit der Samoa-Akte und pochte auf die Einhaltung dieser. Er unterstrich dann weiter die Schwierigkeit, an genaue Informationen zu kommen. Wie sich später während des Zweiten Burenkrieges (1899–1902) zeigen sollte, zögerte England nicht, die über seine Kabel versandten Nachrichten zu zensieren, was dazu führte, dass Deutschland 1900 sein erstes Unterseekabel verlegte[825]. Schließlich verteidigte er das Verhalten des Offiziers, was der Reichstag mit „Bravo" beantwortete. Bülow kündigt dann an, dass eine Spezialkommission der drei Mächte eingesetzt werden würde, die Vorschläge zur Zukunft Samoas erarbeiten sollte. Zum Ende seiner Rede wurde er emotionaler und versuchte zu erklären, weshalb Samoa in der internationalen Politik einen derartigen Stellenwert gefunden hatte: „Gewiss, meine Herren, auch wir Deutschen glauben, daß wegen einer Inselgruppe in der fernen Südsee, die von 30.000 Wilden bewohnt wird, unter denen kaum 500 Europäer leben, mit einem Gesamthandel von kaum 3 Millionen Mark, zwischen drei großen und gesitteten und christlichen Völkern den Krieg zu entfesseln, im höchsten Grade ruchlos sein würde."

Im Gegensatz zum Beginn seiner Rede, wo Bülow von „Eingeborenen" gesprochen hatte, fanden sich am Schluss seiner Ausführungen rassistische und völkische Anklänge. Er appellierte auch an die Solidarität unter den sog. zivilisierten Mächten. Es fällt auf, dass der Ton der Abgeordneten, sogar der des Abgeordneten Lehr, weniger hart und völkisch war. Zum einen mag dies dem Unterschied zwischen

---

Autorität des Fürsten zu festigen. Siehe dazu: Heinz Duchhardt, Barock und Aufklärung: Das Zeitalter des Absolutismus, Oldenbourg, München 2007 und Helmut Reinalter, Josephinismus als Aufgeklärter Absolutismus, Böhlau Verlag, Köln 2008.

824 Frank Oliver Sobich, Schwarze Bestien, rote Gefahr: Rassismus und Antisozialismus im deutschen Kaiserreich, Campus Verlag, Frankfurt, New York 2006, S. 155.

825 Tworek, News from Germany, S. 48–49.

den alten an der Macht sitzenden, meist aristokratischen Eliten und den eher aus dem Bürgertum stammenden Reichstagsabgeordneten geschuldet sein. Zum anderen versuchte Bülow hier wohl, an die Emotionen und rassischen und kulturellen Vorurteile zu appellieren, was auch funktioniert. Denn die Abgeordneten quittieren diese Sätze mit „Sehr richtig!" und „Bravo!". Wobei der Beifall von allen Seiten des Parlaments zu kommen schien, da das Protokoll nicht zwischen rechts und links unterschied. Bülow beendete seine Rede mit einem Rat an alle Parlamentarier, „dies auf keiner Seite zu vergessen, daß es in der auswärtigen Politik vor allen Dingen darauf ankommt, sich nicht das richtige Augenmaß beeinträchtigen zu lassen und jede Frage nach ihrer realen Bedeutung einzuschätzen." Er wollte also die Stimmung wieder etwas abkühlen, um so zu versuchen, unrealisierbaren Forderungen nach Durchsetzung der internationalen Interessen Deutschlands vorzubeugen. Allerdings „dürfen wir zweierlei nicht vergessen: daß wir die Pflicht haben, Handel und Wandel, Eigenthum und Erwerb unserer Landsleute auf Samoa zu schützen, dann aber, daß wir auf Samoa vertragsmäßige Rechte besitzen, deren Aufrechterhaltung das deutsche Volk als eine nationale Ehrensache empfindet. (Sehr richtig! Bravo!)."

Bülow gebrauchte diese bedeutungsschweren Worte, um zu zeigen, dass die Regierung trotz aller Anfeindungen im Parlament und auch in außerparlamentarischen Kreisen, wie etwa bestimmten Zeitungen,[826] für die nationale Ehre kämpfte. Er wollte die Abgeordneten durch die zunehmende Emotionalisierung seiner Rede hinter sich versammeln und sie sowohl dem Einfluss radikaler Abgeordneter als auch außerparlamentarischer Extremisten, wie dem Alldeutschen Verband, entwinden. Radikale, kriegstreibende Forderungen gegen Großbritannien und die USA sollten wohl im Keim erstickt werden, denn Bülow war sich klar bewusst, dass Deutschland zum einen weder einen Krieg gegen England noch die USA gewinnen konnte, zumal es erst am Beginn des Aufbaus einer Flotte stand, und es dazu auch keinerlei Veranlassung gab. Am Ende seiner Rede hob er noch einmal seine legalistische Position hervor, indem er auf das Recht Deutschlands bestand. Gleichzeitig variierte Bülow seine im Dezember 1897 im Reichstag gehaltene Rede vom „Platz an der Sonne": Der vom Protokoll notierte „Lebhafte[r] Beifall"[827] durch Abgeordnete aller Richtungen bezeugt, dass es Bülow gelungen war, die Abgeordneten erstens von der Richtigkeit seiner legalistischen Haltung und zweitens seinem Willen zur Durchsetzung deutscher Interessen zu überzeugen.

Nach den Ausführungen des Staatssekretärs ergriffen noch weitere sieben Abgeordnete das Wort. Sowohl der Abgeordnete Richter als auch die Abgeordneten

---

826 Christian METHFESSEL, Kontroverse Gewalt: die imperiale Expansion in der englischen und deutschen Presse vor dem Ersten Weltkrieg, Böhlau Verlag, Köln 2019, S. 107.

827 Stg. Berichte, 10. Leg.-Periode, 1898/1900, 2, 65. Sitzung, Freitag, den 14. April 1899, S. 1758B.

Heinrich Rickert und von Levetzow distanzieren sich von den Aussagen Lehrs. Am deutlichsten wurde dabei der freisinnige Abgeordnete Eugen Richter.

Er erklärte, dass er und seine Parteifreunde „mit der Art der Begründung der Interpellation absolut nichts gemein haben wollen." Vielmehr seien sie in die Irre geführt worden. Wenn sie gewusst hätten, dass „der Herr Befürworter der Interpellation diese Gelegenheit benutzen würde, um den Geist des Chauvinismus des Alldeutschen Verbandes zum Ausdruck zu bringen", hätten sie die „Unterschrift verweigert".[828]

Interessanterweise kritisierte Richter hier zwar die Aussagen Lehrs als chauvinistisch, nicht jedoch die Wortwahl Bülows. Er bestätigte somit indirekt das Vorherrschen der Vorstellung einer Hierarchie der Völker, in der der Begriff „Wilde" für die Samoaner keinen der Abgeordneten störte, wohl aber eine chauvinistische Haltung gegenüber Großbritannien oder die USA. Graf von Arnim, der auf von Levetzow antwortete, spottete über dessen Aussage, dass „wir selbstverständlich die Verantwortung für jedes Wort, das der Begründer der Interpellation gesagt hat, nicht übernehmen können. (Sehr gut! und Heiterkeit)." Auch Arnim verzichtete „angesichts der politischen Lage und angesichts der Erklärungen des Herrn Staatssekretärs des Auswärtigen" auf eine weitere Besprechung der Angelegenheit. Allerdings ließ er es sich nicht nehmen, auf Levetzow ironisch zu antworten, wodurch die innenpolitische Konkurrenz zwischen Deutschkonservativen und Freikonservativen verdeutlicht wurde: „Meine Herren, daß jedes Wort des Begründers der Interpellation von jedem einzelnen Mitglied des Reichstags unterschrieben werden soll, das erwartet in der Regel der Betreffende nicht." Dies löste „große Heiterkeit" im Plenum aus. Daraus lässt sich erneut auf eine zwar spannungsgeladene, aber nicht unbedingt aggressive Grundstimmung im Parlament schließen.[829]

Nach Arnim ergriff Herbert von Bismarck das Wort. Er nutzte die Angelegenheit, um zum einen seine eigene Rolle während der Verhandlungen zur Samoaakte 1889 ins Gedächtnis zu rufen und einige Aussagen sowohl Lehrs als auch Bülows richtigzustellen: Dieser Wissensvorsprung sollte ihm im hierarchischen Gefüge der Abgeordneten eine herausragende Stellung sichern.

Die kurze Rede des sozialdemokratischen Abgeordneten Wilhelm Liebknecht heizte die Stimmung dann wieder an. Er erklärt zunächst, „daß die Darlegungen des Herrn Staatssekretärs nach unserer Ansicht es unnöthig machen, in diesem Augenblick in eine Diskussion einzutreten. Dieselben waren durchaus korrekt. Die Regierung hat sich auf den Boden des Rechts gestellt, und auf diesem Boden wird sie von uns allen unterstützt werden." Liebknecht billigte nicht nur die Aktion der Regierung, sondern sagte ihr obendrein die Unterstützung der SPD zu. Dies ist ein sehr interessanter Aspekt, da er zeigt, dass die SPD bereits um die Jahrhundertwende auch auf nationaler Ebene die Politik der Regierung oftmals unterstützt

---

828 Ibid. S. 1758C.
829 Ibid., S. 1758D.

oder positiv bewertet hatte. Insbesondere aber wurde der Weg zur Regierungsbeteiligung auf regionaler Ebene geebnet: Der sog. Großblock in Baden 1905[830]; 1912 in Bayern ein Wahlbündnis zwischen Liberalen, Sozialdemokraten und Bauernbund, zur Brechung der Vormachtstellung des Zentrums.[831] Der lapidare Ton von Liebknechts Aussage erweckt denn auch den Anschein, als ob es sich dabei um eine recht banale Angelegenheit handelte und es für ihn eine gewöhnliche Haltung wäre. Allerdings bedauerte Liebknecht weiter, dass „wir nicht im Stande sind, gegen die Begründung hier in ausführlicherer Weise Protest zu erheben." Liebknecht ging davon aus, dass es sich bei der Samoafrage um eine gewollte Konstruktion handelt, um ein künstliches Aufbauschen, mit dem Zweck, einen Zollkrieg gegen Amerika zu entfachen, zum Wohle der Agrarier: Wir haben ja jetzt gesehen, welchen Zweck diese Interpellation gehabt hat. Wir haben gesehen, daß es nicht nöthig ist, einen Krieg mit Amerika vom Zaun brechen zu wollen, aber wenigstens einen Zollkrieg, damit die Herrn Agrarier – (Lebhafte Rufe rechts: Zur Geschäftsordnung!)."

Diese Aussagen empörten die rechten Abgeordneten so, dass sie vom Präsidenten Graf von Ballestrem forderten, Liebknecht das Wort zu entziehen. Dieser jedoch antwortete auf souveräne Weise: „Meine Herren, darüber steht mir allein das Urtheil zu." Die klare Behauptung seiner Autorität im Reichstag wurde von den Abgeordneten mit „Bravo!" quittiert: Es kam also zu keiner Beschneidung der Rechte der SPD im Reichstag, und die rechtlichen und geregelten Bestimmungen wurden eingehalten, was zu einer „Zivilisierung" der Abläufe im Parlament beitrug. Nachdem auch Liebknecht auf eine weitere Besprechung der Angelegenheit verzichtet hatte, lösten die abgeklärten Worte des Präsidenten „Hiermit verlassen wir diesen Gegenstand" eine „Große Heiterkeit"[832] aus und bezeugt so wiederum die relative Gelöstheit der Stimmung, in der die geltenden Regeln der Debatte

---

830 Hans Fenske, Baden 1860 -1918, in: Handbuch der baden-württembergischen Geschichte, Band 3: Vom Ende des alten Reiches bis zum Ende der Monarchien, hg. von Meinrad Schaab, Hansmartin Schwarzmaier u.a. im Auftrag der Kommission für geschichtliche Landeskunde in Baden-Württemberg. Klett-Cotta, Stuttgart 1992, S. 133-233.

831 Manfred Krapf, Auf verlorenem Posten? Die bayerische Sozialdemokratie seit den 1990er Jahren, Tectum Verlag, Baden-Baden 2018, S. 28–36; Peter Claus Hartmann, Bayerns Weg in die Gegenwart: Vom Stammesherzogtum zum Freistaat heute, Verlag F. Pustet, Regensburg 2004, S. 450; Wolfgang Behr, Sozialdemokratie und Konservatismus: Ein empirischer und theoretischer Beitrag zur regionalen Parteienanalyse am Beispiel der Geschichte und Nachkriegsentwicklung Bayerns, Verlag für Literatur und Zeitgeschehen, Hannover 1977, S. 37: Bereits 1899 hatten die bayerische SPD und das Zentrum in München und in der Pfalz ein Wahlbündnis geschlossen.

832 Stg. Berichte, 10. Leg.-Periode, 1898/1900, 2, 65. Sitzung, Freitag, den 14. April 1899, S. 1759A/B.

eingehalten wurden, trotz harscher Angriffe und direkter Anschuldigungen seitens mancher Redner.

2.6.3.2. Die Reichstagssitzungen im Dezember 1899: Samoa und das Zweite Flottengesetz

Am 11. Dezember 1899 begann die „erste Berathung des Entwurfs eines Gesetzes, betreffend die Feststellung des Reichshaushaltsetats für das Rechnungsjahr
1900."[833] Ehe die Beratung im eigentlichen Sinne begann, kündigte Reichskanzler
Hohenlohe-Schillingsfürst den überraschten Abgeordneten an, dass man zu der
Überzeugung gelangt war, dass der im Flottengesetzt von 1898 festgesetzte Soll-
bestand der Flotte einer Vermehrung bedurfte.[834] Das war ein geschickter Schach-
zug der Reichsleitung, da der Erfolg der deutschen Politik in Samoa und eine
ganze Reihe weiterer weltweiter Ereignisse und Veränderungen seit 1898 bei der
Bevölkerung und dem Reichstag das Verständnis für die Notwendigkeit einer Flottenvermehrung unterstützten. Der deutschkonservative Abgeordnete Limburg-
Stirum bestätigte dies in seiner Rede am nächsten Tag (12. Dezember 1899): „[...]
es herrscht, was auf die Bewilligung Einfluß hat, im Hause eine wohlwollende
Stimmung, und diese wohlwollende Stimmung theile ich: denn sie ist hervorgegangen durch den Vertrag über Samoa. Es ist gar nicht zu verkennen, daß dieser
Vertrag über Samoa im ganzen Lande ein sehr angenehmes Gefühl erzeugt hat."[835]

Allerdings war die Überraschung des Reichstags auch eher gespielt. Bereits seit
Oktober 1899 hatte die Regierung den Gedanken einer Flottennovelle in der Presse
lanciert. Der Zentrumsabgeordnete Lieber betonte ebenfalls in der Sitzung am 12.
Dezember 1899, dass dieses außerparlamentarische Vorgehen verfassungsrechtlich ungebührlich gewesen war und der Gedanke einer weiteren Flottenvermehrung zuerst im Reichstag hätte diskutiert werden müssen. Lieber rief in diesem
Zusammenhang das verfassungsmäßige Funktionieren des Reiches in Erinnerung
und dass dieser Bund, welcher den Namen „Das Deutsche Reich" führte, födera-
ler Natur war und es auf Reichsebene keine Regierung gab.[836] Lieber definierte
und verortete mithin den Reichstag als Hüter der Verfassung, zumal das Reichsgericht in Leipzig kein Verfassungsgericht war, und als der Exekutive demzufolge
übergeordnetes Organ.

---

833 Stg. Berichte, 10. Leg.-Periode, 1898/1900, 4, 119. Sitzung, Montag, den 11. Dezember
     1899, S. 3289C.
834 Ibid., S. 3292B.
835 Stg. Berichte, 10. Leg.-Periode, 1898/1900, 4, 120. Sitzung, Dienstag, den 12. Dezem-
     ber 1899, S. 3309D.
836 Ibid., S. 3305B/C.

Eine Aussage, die im Reichstag keinen Widerspruch fand! Einige Jahre später zitierte der linksliberale Karl Schrader[837] die USA in dieser konstitutionellen Frage als Vorbild.[838]

Zur Strategie der Reichsleitung passte, dass just in der Sitzung der Ankündigung eines neues Gesetzesvorschlags zur Flottenrüstung am 11. Dezember 1899 Bülow dem Reichstag berichtete, die Samoafrage wäre geklärt, und er stellte den Abgeordneten den Inhalt des Londoner Abkommens vom 14. November 1899 und der zwei Washingtoner Abkommen, einmal zur förmlichen Aufhebung der Samoa-Akte vom 14. Juni 1889 und dann zur Klärung der Frage der Entschädigungsansprüche für die in den letzten Wirren erlittenen Kriegsschäden, vor.[839] Diesen Verträgen musste, ehe sie ratifiziert werden konnten, noch vom amerikanischen Senat zugestimmt werden. Trotz des ehrerbietigen Tons wirkte das dem Reichstag von Bülow dann aufgezeigte weitere diplomatische Vorgehen beinahe herablassend. Der Reichstag wurde von ihm so in die bloße Zuschauerrolle gedrängt, und er erwartete eine im Grunde widerspruchslose Annahme des Nachtragshaushalts für Samoa durch den Reichstag:

> „Dem Hohen Reichstag wird der Text der drei Verträge mitgetheilt werden und nach erfolgter Zustimmung des Bundesraths die zur diesseitigen Ratifikation erforderliche Gesetzesvorlage zugehen. Ich würde es mit Dank erkennen, bis dahin von einer Berathung des Gegenstandes hier Abstand genommen würde. (Sehr richtig! aus der Mitte.) Nach erfolgtem Austausch der Ratifikationen wird dem Reichstag ferner ein Ergänzungsetat für Samoa vorgelegt werden. [...] Mehrforderungen für den nächsten Reichshaushaltsetat [werden sich] nicht ergeben werden. (Bravo!)."[840]

Die herablassende Ansicht Bülows über die außenpolitischen Kompetenzen und das diplomatische Verständnis des Reichstags kam später in einem weiteren Redebeitrag während dieser Sitzung noch einmal zum Ausdruck, und zwar als Bülow die Notwendigkeit eines zweiten Flottengesetzes zu begründen suchte: es ist nicht schwierig,

---

837   Wolfgang Ayass, „Schrader, Karl", in: Neue Deutsche Biographie 23 (2007), S. 505 [Online-Version];   URL: https://www.deutsche-biographie.de/pnd117646121. html#ndbcontent: Karl Schrader (4. April 1834–4. Mai 1913) saß zwischen 1881 und 1913 für linksliberale Parteien im Reichstag. Er engagierte sich stark für soziale Belange, nicht zuletzt für die Förderung der Frauen, z.B. im Vaterländischen Frauenverein (gegründet 1866). Er war mit der Pädagogin Henriette Breymann verheiratet. Schrader war auch persönlicher Berater Kaiser Friedrichs III.

838   Stg. Berichte, 11. Leg.-Periode, 1903/05, 11, 107. Sitzung, Mittwoch, den 7. Dezember 1904, S. 3412C.

839   Stg. Berichte, 10. Leg.-Periode, 1898/1900, 4, 119. Sitzung, Montag, den 11. Dezember 1899, S. 3289B.

840   Ibid., S. 3289B/C.

„in seinem Studierzimmer, die Weltkarte vor sich und die Zigarre im Munde, neue
Kohlenstationen, Schutzgebiete und Kolonien zu erwerben (Sehr gut! – Heiterkeit),
daß das aber in der Praxis verwickelter ist, das Kiautschou, die Karolinen, Marianen,
Samoa für Deutschland zu erwerben, nicht so ganz einfach war, mit einem Wort, daß
die Gedanken leicht bei einander wohnen, die Sachen im Raume aber verdammt hart
aneinander stoßen."[841]

Bülow und die Reichsleitung waren wegen einer erfolglosen Kolonialpolitik oft
hart kritisiert worden. Deshalb war ein Erfolg in Samoa umso wichtiger gewesen. Bülows Aussagen wirkten deshalb auch beinahe trotzig und beleidigt. Die
implizite Beschreibung des Reichstags als bloßes Zustimmungsplenum zu nicht
wirklich zu diskutierenden Haushaltsentscheidungen und die explizite Betonung
der verfassungsmäßigen Regelung außenpolitischer Vorgänge sowie der darin
mitausgedrückte Wille, den Reichstag nicht in die außenpolitischen Überlegungen einzuweihen, wirkten wie eine Abwehrreaktion gegen ein immer tiefer in den
außenpolitischen Bereich vorstoßendes Parlament, der eigentlich außerhalb seiner
Kompetenzen lag. Denn die Meinung Miquels, über die Debatte außenpolitischer
Fragen im Reichstag die Nation hinter der Regierung zu versammeln, wurde nicht
von allen geteilt, zumal sehr viele Kreise monarchisch, anti-parlamentarisch und
anti-demokratisch eingestellt blieben. So zeigte sich in vielen Reden, wie vehement viele Abgeordnete das monarchische System verteidigten und die Stellung
des Reichstags nicht unbedingt verstärken wollten. Allerdings offenbarte im
Grunde aber auch die dezidierte Abwehr einer zunehmenden Parlamentarisierung die informelle Parlamentarisierung des Reiches, wenngleich unter negativen
Vorzeichen.

Bülow verwendete in seiner eigentlichen Rede zum Haushalt einen hohen
staatsmännischen Ton, der darauf abzielte, den Reichstag in gewisser Weise zu
überrumpeln und ihm keine Wahl bei der Annahme und Akzeptanz eines zweiten
Flottengesetzes zu lassen. Er machte zunächst eine Tour d'Horizon der weltpolitischen Veränderungen seit 1898. Dabei betonte er die ungeheure Beschleunigung
der Veränderungen in den auswärtigen Bedingungen und Gegebenheiten, was die
Entscheidungsfindung stark erschwerte, da im Gegensatz zu früher „die Dinge in
der Welt auf eine Weise in Fluß geraten sind, die noch vor zwei Jahren niemand
voraussehen konnte. (Bewegung.) [...].[842] In früheren Zeiten lebte Diplomatie 25
Jahre oder 50 Jahre oder noch länger von einer einzigen Reibungsfläche."[843]

Mit nationalistischem Pathos versuchte er dann, die Legitimität der neuen
deutschen Weltpolitik zu begründen und die Abgeordneten hinter sich zu versammeln, was ihm zunächst auch sehr gut gelang.[844] Dann aber schien sein Ton den

---

841 Ibid., S. 3294A.
842 Ibid., S. 3292D.
843 Ibid., S. 3293C.
844 Ibid., S. 3293A.

Abgeordneten der Linken wohl doch zu pathetisch, denn sie quittierten die folgenden Ausführungen mit „Heiterkeit". Der Sozialdemokrat Bebel machte sich in der
Sitzung am 12. Dezember 1899 geradezu über Bülows Ausführungen lustig: „Insbesondere ist es Graf Bülow gewesen, der zeitweise mit dichterischem Schwunge
uns klar zu machen versucht hat (Heiterkeit links), wie nothwendig die neue Flottenvorlage wäre."[845]

Aber auch der Zentrumsabgeordnete Lieber bemerkte in derselben Sitzung leicht
spöttelnd zu den Ausführungen Bülows: „Überall da, wo er die vaterländische, die
nationale Saite angeschlagen hat, hat er gewiß auch zu seiner Befriedigung einen
lauten und redlichen Widerhall aus dem Schoße des Hauses gefunden."[846]

Zurück zu Bülow, der fortfuhr, dass Deutschland in dieser neuen Zeit nicht
untätig zusehen durfte, und zwar aus folgenden Gründen: „Die rapide Zunahme
unserer Bevölkerung, der beispiellose Aufschwung unserer Industrie, [...] haben
uns in die Weltwirthschaft verflochten und in die Weltpolitik hineingezogen. [...]
auch wir [haben] Anspruch auf ein größeres Deutschland. (Bravo! rechts, Heiterkeit links.)."[847] Bülow fasste unter diesem Stichwort vom größeren Deutschland
die seit der Rede Wilhelms II. am 18. Januar 1896 zum 25. Jahrestag der Gründung
des Deutschen Reiches verfolgte Weltpolitik zusammen, die in einer zweiten koloniale Annexionswelle ihre konkrete Ausformung fand, wie man im Kapitel zum
Spanisch-Amerikanischen Krieg und der damit erfolgten Erwerbung der Karolinen
gesehen hat.[848] Bülow hob sodann die Akzeptanz seiner Weltmachtpolitik durch
die anderen Großmächte als auch seine guten Beziehungen zu anderen Staatsmännern, vor allem dem amerikanischen Präsidenten, hervor.[849]

Ein, allerdings recht schwacher, Zuruf von rechts bezeugte dabei, dass das Verhältnis zu den USA vor allem von konservativer Seite wegen der Landwirtschafts-
importe und dem Dingley-Tarif als immer angespannter wahrgenommen wurde,
wohingegen die Sozialdemokraten, die Linksliberalen und die Mitte der Republik
Amerika eher wohlgesinnt waren. Der Staatssekretär unterstrich im weiteren Verlauf, dass gerade der Spanisch-Amerikanische Krieg und die Wirren um Samoa
gezeigt hätten, welche Bedeutung weltweite Marinestützpunkte und eine starke

---

845 Stg. Berichte, 10. Leg.-Periode, 1898/1900, 4, 120. Sitzung, Dienstag, den 12. Dezem-
    ber 1899, S. 3321D.

846 Ibid., S. 3307B.

847 Stg. Berichte, 10. Leg.-Periode, 1898/1900, 4, 119. Sitzung, Montag, den 11. Dezember
    1899, S. 3293B.

848 Gerd HARDACH, Bausteine für ein grösseres Deutschland: Die Annexion der Karoli-
    nen und Mariannen 1898–1899, in: Zeitschrift Für Unternehmensgeschichte, Bd. 33,
    Nr. 1, 1988, S. 1–21. [JSTOR, www.jstor.org/stable/40695012. Eingesehen am 3. Feb-
    ruar. 2021.].

849 Stg. Berichte, 10. Leg.-Periode, 1898/1900, 4, 119. Sitzung, Montag, den 11. Dezember
    1899, S. 3293C.

Flotte hatten. Jedoch ließ er auch durchscheinen, dass er aus politischen Gründen nicht alles öffentlich – die Reichstagssitzungen waren ja bis auf wenige Ausnahmen öffentlich – sagen konnte:

> „Sie werden verstehen, meine Herren, daß ich manches in meiner amtlichen und verantwortlichen Stellung hier nicht sagen kann, [...] Sie werden mich aber doch alle verstehen, wenn ich sage, daß das Schicksal uns an mehr als einem Punkte des Erdballs gezeigt hat, wie dringend und brennend die vor zwei Jahren erfolgte Verstärkung unserer Flotten wie weise und patriotisch es von diesem hohen Hause war, der Regierungsvorlage seiner Zeit zuzustimmen, und wie unerläßlich [...] der ins Auge gefaßte Ausbau des Flottengesetzes von 1898 geworden ist."[850]

Einerseits wollte er dem Reichstag von den inneren staatlichen Entscheidungen und vom professionellen Wissen ausschließen und dessen Kompetenzausweitung über den Vorwand, er könne die Abgeordneten aus übergeordnetem Staatsinteresse nicht in bestimmte Überlegungen einweihen, insofern beschränken. Der hohe Ton und das zelebrierte weltpolitische, diplomatische Verständnis sollten zudem den Kompetenzvorsprung der Exekutive unterstreichen. Allerdings wurde dies schon am nächsten Tag von Limburg-Stirum angezweifelt, wofür er Zustimmung sowohl in der Mitte als auch von links erhielt. Über eine selbstironische Äußerung hinsichtlich des außenpolitischen Wissens der Abgeordneten gelang es ihm, eine gewisse gruppendynamische Verbundenheit gegenüber der Exekutive herzustellen, ohne jedoch in Opposition zu dieser zu gehen:

> „Meine Herren, die Verhältnisse haben sich ja seit zwei Jahren an und für sich nicht geändert. Denn die Beziehungen und die Machtverhältnisse der Staaten waren eigentlich vor zwei Jahren genau dieselben wie heute sind. [...] Aber, meine Herren, es sind uns Thatsachen vor Augen gekommen, die uns gezeigt haben, daß wir damals die Verhältnisse nicht vollkommen überschauten und nicht ganz richtig beurtheilten, und wir müssen, wenn auch die Parlamentarier sich gerne eine gewisse Unfehlbarkeit beizulegen lieben, doch anerkennen, daß auch unser Wissen in höchsten Grade Stückwerk ist. (Sehr richtig! Heiterkeit.)."[851]

August Bebel kam in dieser Sitzung zu einem ähnlich kritischen Ergebnis: „Der Herr Staatssekretär warf die Frage auf: was ist seit zwei Jahren passirt? Es seien Dinge passirt, die noch vor zwei Jahren niemand voraussehen konnte. Das ist wahr; aber das passirt immer so. (Große Heiterkeit links.)."[852]

Bülow versuchte andererseits über Anspielungen auf ein geteiltes nicht-öffentliches Wissen, die Verbindung mit dem Reichstag, dessen Zustimmung zum

---

850 Ibid., S. 3294B.
851 Stg. Berichte, 10. Leg.-Periode, 1898/1900, 4, 120. Sitzung, Dienstag, den 12. Dezember 1899, S. 3311C.
852 Ibid., S. 3322A.

Flottengesetz notwendig war, zu stärken und ihn in die staatstragenden Entscheidungen einzubinden, was letztlich in einer Art Rückkoppelung zu einer institutionellen Stärkung des Reichstags führte und wiederum die Gruppenidentität der Reichstagsabgeordneten über ihre Beschreibung als Wissensträger, ja staatliche Geheimnisträger schärfte. Bülows pendelnde Haltung offenbarte dabei, wie sehr die Exekutive durch die Demokratisierung und das Parlament getrieben war. So ermahnte der Abgeordnete Limburg-Stirum etwa die Reichsleitung, dass seine positiven Aussagen zum Samoa-Vertrag nur unter dem Vorbehalt gemacht wurden, „daß keine geheimen Abreden dabei sind, die vielleicht im Vertrage nicht gesagt sind, sondern nur als Versprechen, im Verwaltungswege."[853]

Die Demokratisierung und die Parlamentarisierung schritten voran, bedingten und verstärkten sich gegenseitig und wurden ausgebaut sowohl durch äußeren, gesellschaftlichen Druck als auch aus verfassungsbegründeter Notwendigkeit. Die Abgeordneten Lieber und Bebel verlangten nach den Reden von Tirpitz, und dem Staatssekretär im Reichsschatzamtes, Max von Thielmann, eine Vertagung der Diskussion und zeigten sich ungehalten darüber, dass der Beginn der Etatberatungen für 1900 lediglich zur Werbung für ein neues Flottengesetz genutzt worden war. Natürlich war der Zeitpunkt gut gewählt, da die diversen Krisen im Spanisch-Amerikanischen, im Philippinisch-Amerikanischen Krieg und während der Samoakrise die Wichtigkeit einer Flotte vor Augen geführt hatten. Bebel betonte zudem, dass „von all den Ausführungen, die wir heute von den Herren vom Bundesrathstische gehört haben, für die in Frage stehenden Vorlagen die Ausführungen des Herrn Staatssekretärs des Auswärtigen die wichtigsten sind."[854] Zur Vorbereitung der nächsten Sitzungen bat er den Reichstagspräsidenten, den stenografischen Bericht von Bülows Rede bereits am selben Abend zu erhalten. Dieser stimmte sowohl der Vertagung als auch der schnellen Ausfertigung des Berichts zu, da er sich den angeführten Gründen „nicht verschließen" konnte,[855] was übrigens ein weiterer Hinweis auf die Integration der SPD in die Institution des Reichstags bezeugte und, wie weiter oben in einem Exkurs dargestellt, die für die Demokratisierung und Parlamentarisierung so wichtige Rolle der Reichstagspräsidenten. Hier wird darüber hinaus die Bedeutung auswärtiger Politik und ihrer Diskussion für die Abgeordneten ersichtlich. Über die Diskussion der von Bülow vorgestellten auswärtigen Politik und der aktuellen Weltlage konnte der Reichstag versuchen, der Exekutive ebenbürtig zu werden und so seine Kompetenzen im Institutionengefüge auszuweiten. Indem sich der Reichstag nicht damit zufriedangab, lediglich technische Fragen, wie die des Budgets oder der Flottenstärke zu behandeln, sondern vielmehr die großen Linien der auswärtigen Politik zu diskutieren trachtete,

---

853 Ibid., S. 3310B.
854 Stg. Berichte, 10. Leg.-Periode, 1898/1900, 4, 119. Sitzung, Montag, den 11. Dezember 1899, S. 3297D.
855 Ibid., S. 3298B.

trat er in die höheren Sphären des Staates ein. Dass Bebel in der Hauptsache über die vormals einer Elite vorbehaltenen Fragen zu diskutieren wünschte und sich darin mit seinen Abgeordnetenkollegen einig sah, bezeugte die fortgeschrittene Demokratisierung der Gesellschaft. Sie eroberte sich immer weitere Teile des staatlichen Verfügungs- und Kompetenzraumes, was unter anderem über die Partizipation über die Parlamente geschah.[856]

In den Sitzungen am 12. und 13. Dezember 1899 nun nahm die Außenpolitik in der Tat einen prominenten Platz ein, wie der nationalliberale Abgeordnete Karl Sattler[857] feststellte.[858]

Limburg-Stirum kam dann in seiner Rede auf außenpolitische Fragen zu sprechen. Obwohl er Bülow durchaus zugestanden hatte, dass der Samoa-Vertrag im ganzen Land und auch im Reichstag positiv aufgenommen worden war, zweifelte er doch am Wert dieser neuen kolonialen Errungenschaft.[859] Limburg-Stirum befürchtete, dass die Reichsleitung im Zusammenhang mit der Samoafrage mit den USA geheime und private Absprachen getroffen hatte, da ihr ein kolonialer Erfolg so wichtig war, dass die Landwirtschaft „bei den Verhandlungen mit Amerika wegen des Samoavertrages zu kurz gekommen [ist]."[860] Es war dies ein weiterer Versuch eines Abgeordneten, die Arkanpolitik in der Außenpolitik zu durchbrechen und auch dieses Politikfeld unter immer engere parlamentarische Kontrolle zu bringen. Geschuldet war das freilich nicht nur einem ideologisch-politischen Willen zur Kompetenzausweitung des Reichstags, sondern es beruhte auch auf handfesten Interessen – hier die der Landwirtschaft. Bülow wies diese Unterstellung in seiner Antwort sogleich zurück.[861] Das bezeugt, dass der Reichstag die

---

856 PAULMANN, Globale Vorherrschaft, S. 295.

857 Karl Sattler (26. Januar 1850–13. Juli 1906) war von 1884 bis 1888 und von 1898 bis zu seinem Tod nationalliberaler Reichstagsabgeordneter und eine führende Persönlichkeit dieser Partei. Sattler, dessen Mutter Engländerin war, war Archivar und zuletzt zweiter Direktor der preußischen Staatsarchive. Siehe dazu: Friedrich MEINECKE, Autobiographische Schriften, hg. und eingeleitet von Eberhard KESSEL, K. F. Koehler Verlag, Stuttgart 1967, S. 125–127. Meinecke beschrieb Sattler als symptomatisch für den Verfall der Nayionalliberalen Partei seit 1898: „Ich erzähle in diesen Erinnerungen nicht gerne von Leuten, die mir nicht gefallen haben und sprechen von ihm hier nur, weil mir in der Tatsache, daß ein Sattler Parteiführer im Parlament werden konnte, der innere Verfall des Nationalliberalismus vor Augen trat."; MANN, Biographisches Handbuch, S. 333.

858 Stg. Berichte, 10. Leg.-Periode, 1898/1900, 4, 121. Sitzung, Mittwoch, den 13. Dezember 1899, S. 3341C.

859 Stg. Berichte, 10. Leg.-Periode, 1898/1900, 4, 120. Sitzung, Dienstag, den 12. Dezember 1899, S. 3310A.

860 Ibid., S. 3310C.

861 Ibid., S. 3313B.

Reichsleitung über den für Demokratien charakteristischen Vorwurf des Trans-
parenzmangels einzuschüchtern vermochte, was wiederum ein weiterer Mosaik-
stein auf dem Weg zu einer immer vollständigeren Parlamentarisierung war und
die Verschränkung der beiden politischen Orte Demokratisierung und Parlamentarisierung verdeutlicht. Limburg-Stirum nutzte dann die Samoafrage, um einer
harschen handelspolitischen Kritik an den USA Luft zu machen. Wie im Kapitel
Wirtschaft gezeigt wird, stand die Regelung dieser Frage seit Mitte der 1890er Jahre
im Raum. Er beschuldigte die Amerikaner einer ungerechten Meistbegünstigungs-
politik.[862] Limburg-Stirum benützte den sich etablierenden stereotypen Topos vom
„rücksichtslosen" Amerikaner, der das Produkt des kapitalistisch-darwinistischen
Systems sei, welches eine Gefahr für die bisherige Ordnung darstellte. Diesem Verhalten galt es mit derselben Rücksichtslosigkeit zu begegnen, wollte man sich Respekt verschaffen.[863]

Die sich verändernde Weltordnung führte zur Entwicklung neuer Topoi, wie
eben dem des „rücksichtslosen" Amerikaners. Diese verstärkten sich im weiteren
Verlauf zu Vorurteilen und verbanden sich mit anderen herkömmlichen Topoi, wie
etwa dem des „jüdischen Geizes"[864], was aber bei Limburg-Stirum nicht der Fall
war. Da allerdings das Gewicht der Landwirtschaft und parallel dazu die Anzahl
konservativer Abgeordneter im Reichstag abnahm, suchte er eine Verbindung zu
den Nationalliberalen, denn auch die Schwerindustrie kam zunehmend unter ausländischen Wettbewerbsdruck.[865]

Leicht spöttisch wiederholte er dann die von Bülow vorgestellte Freundlich-
keit der Amerikaner und brachte so seine Zweifel darüber zum Ausdruck.[866]
Diese Kritik am Verhalten der USA war aber im Grunde nur das Vorspiel zu einer
Abrechnung mit der Landwirtschaftspolitik der Reichsleitung und der unter den
Agrariern weit verbreiteten Überzeugung und Furcht, dass Deutschland unweigerlich zu einem Industriestaat werden würde. Amerika diente hier also lediglich
als eine Art Aufhänger, um zum eigentlichen Thema zu kommen, welches zutiefst
innenpolitischer Natur war. Der Horizont der Konservativen – Limburg-Stirum
sprach vom „europäischen Konzert"[867], ein Ausdruck welcher in der Hauptsache

---

862 Ibid., S. 3310C.

863 Ibid., S. 3310D.

864 Zur Geschichte der Entwicklung jüdischer Stereotype siehe: Eduard FUCHS, Die
     Juden in der Karikatur: Ein Beitrag zur Kulturgeschichte, DOGMA, Bremen 2013.

865 Stg. Berichte, 10. Leg.-Periode, 1898/1900, 4, 120. Sitzung, Dienstag, den 12. Dezem-
     ber 1899, S. 3310D.

866 Ibid.

867 Siehe dazu: Winfried BAUMGART, Europäisches Konzert und nationale Bewegung.
     Internationale Beziehungen 1830–1878. 2. Auflage. Schöningh, Paderborn 2007;
     Heinz DUCHHARDT, Balance of Power und Pentarchie. Internationale Beziehungen
     1700–1785, Schöningh, Paderborn, München, Wien, Zürich 1997.

für die Machtkonstellation der frühen Neuzeit und in der Zeit zwischen 1815 und 1853 angewendet wird und vor allem zutreffend ist – war offensichtlich weiterhin europäisch zentriert und stärker innenpolitisch ausgerichtet. Er schloss die neu sich etablierende globale Weltordnung mit den neuen machtpolitischen Akteuren USA und Japan, aber auch China oder Australien aus. Dieser verengte Horizont trug sicher ebenso zum stetigen Niedergang der konservativen Wahlergebnisse, trotz der sie begünstigenden Wahlkreiseinteilung,[868] und zu einem gesellschaftlichen Auseinanderdriften in der Zeit des Kaiserreichs bei wie der Gewichtsverlust der Landwirtschaft in der Zusammensetzung des Bruttonationalprodukts.

In der bereits weiter oben erwähnten Rede des nationalliberalen Abgeordneten Karl Sattler am 13. Dezember 1899 nahm die Außenpolitik in Verbindung mit dem neuen Flottengesetz einen wichtigen Platz ein, obwohl er einführend vorschob, dass er über dieses Thema nur mit „Scheu" sprach, „weil wir doch, ich wenigstens persönlich, nur sehr geringe Information auf diesem Gebiet haben [...]. Aber ich kann mich doch der Verpflichtung nicht entziehen, über die auswärtige Politik hier einige Worte zu sagen, weil [...] natürlich auch unsere Fraktion gezwungen ist, zu seine Ausführungen [Bülows] Stellung zu nehmen."[869]

Das rhetorische Mittel der Untertreibung und des Bescheidenheitstopos erlaubte es ihm auf subtile Weise, seine Kompetenz in auswärtigen Fragen hervorzukehren und vor allem mittels Lobes und Handlungsanregungen nicht nur Einfluss auf die außenpolitischen Entscheidungen zu nehmen zu versuchen, sondern sich auch als gleichsam über der Exekutive stehend darzustellen. Dass er sich der Exekutive in gewisser Weise übergeordnet sah, bezeugte die Tatsache, dass er sogar die diplomatischen Fähigkeiten Bülows lobte und ihm auf Grund seiner Wortwahl diplomatische Kompetenz bescheinigte:

Das Parlament reagierte darauf mit „Heiterkeit"[870], was die fortgeschrittene Gruppenidentität unterstrich und die Exekutive beinahe wie vom Parlament getrieben erscheinen ließ; es sind solche Beiträge, die das Bild einer sich auf dem Weg zum Parlamentarismus befindlichen informellen Parlamentarisierung immer konturschärfer hervortreten lassen. Obwohl sich Sattler, wie andere Abgeordnete, sehr erfreut über den Ausgang der Samoakrise zeigte, war er, was die Fähigkeiten Deutschlands zur effektiven Betreibung einer auswärtigen Politik als Weltpolitik betrafen, doch eher skeptisch, da es dem Land an der nötigen militärischen Macht mangelte. Deshalb standen er und seine Partei einer Flottenvermehrung positiv gegenüber, wenngleich der Reichsschatzsekretär seiner Meinung nach noch weiter Überzeugungsarbeit zu leisten hatte. Der Mangel an Machtdurchsetzungsfähigkeiten wurde, wie Sattler meinte, gerade in Bezug auf neue überseeische

---

868 WEHLER, Doppelrevolution, S. 1061.
869 Stg. Berichte, 10. Leg.-Periode, 1898/1900, 4, 121. Sitzung, Mittwoch, den 13. Dezember 1899, S. 3342D–3343A.
870 Ibid., S. 3343A.

Machtfaktoren deutlich, denen man im Notfalle die Stirn bieten können müsste.[871]
Besonders Amerika machte dabei Sattlers Dafürhalten nach den Versuch, „die
übrigen Theile seines Festlandes immer mehr sich anzugliedern," was Nachteile
für den deutschen Export nach sich zöge. Und obwohl „gegenwärtig in Amerika
eine sehr günstige Stimmung für uns zu herrschen scheint, nach der Botschaft des
Präsidenten, so können wir doch nicht leugnen, daß früher man in der Vernachläs-
sigung und Zurückdrängung unserer Interessen in Amerika recht weit gegangen
ist."[872] Dies war eine Anspielung auf den Spanisch-Amerikanischen Krieg, die verstärkte Betonung der Monroe-Doktrin, den Dingley-Tarif und die allgemeinen protektionistischen Tendenzen, die für Sattler allen Freundschaftsbekundungen zum
Trotz möglichen Konfliktstoff mit Deutschland bargen. Zudem hatte sich ein Jahr
zuvor, im August 1898, wie oben gesehen der sog. Manila-Zwischenfall ereignet,
der zu einer ersten militärischen Konfrontation zwischen Deutschland und den
Vereinigten Staaten geführt hatte.[873]
    Der linksliberale Abgeordnete Eugen Richter hielt danach eine sehr lange Rede,
welche besonders für die Analyse des Selbstverständnisses des Reichstags und dessen gestiegenes Selbstbewusstsein in der Wilhelminischen Epoche von Interesse
ist. So wies er gleich zu Beginn seiner Ausführungen die Ermahnung des preußischen Finanzministers Miquel zurück, der Reichstag dürfe die Person des Monarchen nicht kritisieren. Richter entgegnete, es sei die Pflicht des Reichstags, „von
unserer Redefreiheit Gebrauch zu machen, [...]. (Sehr richtig! links.) Wie du mir,
so ich dir; [...] (Sehr richtig! links.). [...] das ist einfach Pflicht der Selbstachtung.
(Sehr gut!)."[874]
    Die Reaktion des Reichstags verdeutlicht einmal mehr, dass sich die Abgeord-
neten als solidarische Gruppe zu fühlen begannen und die Exekutive herausfor-
derten, ja geradezu einen Keil zwischen Reichsleitung und Monarchen zu treiben
suchten. Außerdem präsentierte Richter sich und damit den Reichstag in gewisser
Weise als den Garanten der Reichsverfassung, hier Artikel 15 und 17, deren Abänderung kurz vor Kriegsende in dieser Rede bereits präfiguriert wird.[875] Denn etwas
weiter kam Richter erneut auf eine Rede des Kaisers in Hamburg zurück und verteidigte noch einmal die Kritik durch den Reichstag, da keiner

> „der Herrn Minister bereit ist, die Verantwortung zu übernehmen für die Rede [...].
> (Sehr gut! und Heiterkeit.) Bitter noth thut es, daß, wenn solche Reden, die nach-
> her Minister verantworten sollen, vor der Oeffentlichkeit gehalten werden, sie vorher

---

871 Ibid., S. 3343A.
872 Ibid., S. 3343A.
873 Dülffer, Kröger, Wippich, Vermiedene Kriege, hier: S. 513–525.
874 Stg. Berichte, 10. Leg.-Periode, 1898/1900, 4, 122. Sitzung, Donnerstag, den 14.
    Dezember 1899, 3356B.
875 Deutsche Geschichte in Quellen und Darstellungen 8: Kaiserreich und Erster Welt-
    krieg 1871–1918, Reclam, Stuttgart 2002, S. 30–31.

dem betreffenden Minister zur Kenntnis gelangen, damit er sie in Uebereinstimmung mit seinem eigenen Wissen und mit dem, was zu verantworten er bereit ist, bringen kann. (Sehr richtig! links.)"[876]

Die hier von Richter geäußerte Kritik am Kaiser zeigte, wohin der Weg gehen sollte: „[...] die Grenzen dessen, was über den Monarchen gesagt werden konnte, verschoben sich in den folgenden Jahren immer weiter."[877] Richter plädierte im weiteren Verlauf seiner Rede für die Einführung einer echten Regierung mit verantwortlichen Ministern, zumal der Bundesrat, der „immer so dargestellt [worden war], daß [dieser] die eigentliche Reichsregierung sei", seiner Meinung nach mittlerweile zu einer „bloßen Registrirbehörde" gemacht worden sei.[878] Richter sah deshalb den Reichstag umso mehr in der Pflicht, „die frühere Forderung wieder aufzunehmen nach verantwortlichen Ministern, nach einem Ministerkollegium." Auch hier definierte Richter also den Reichstag als eine Art Wächter der Verfassung und der Legitimität.[879] Richter kommentierte sodann die von der Reichsleitung geplanten enormen Ausgaben für die Flotte. Dabei bediente er sich der Stilmittel der Ironie und des Sarkasmus, was den inneren Zusammenhalt und die Konstruktion des Reichstags als Gegengewicht zur Exekutive stärkte. Das Protokoll vermerkte denn auch häufig „Heiterkeit".

In dieser sehr langen Rede mit zahlreichen grundsätzlichen Überlegungen zur Rolle des Reichstags, zur Rolle von Parteien und zur der der Reichsleitung kommentierte der linksliberale Abgeordnete Eugen Richter – teilweise sehr ironisch, beinahe spöttisch – ausführlich Bülows außenpolitische Grundsatzrede zur Begründung eines neuen Flottengesetzes im Reichstag am 11. Dezember 1899:

„Ich wende mich zu der Rede des Herrn Staatssekretärs Grafen Bülow. Das war eine schöne Rede. (Heiterkeit.) Der Herr Staatssekretär hat auch früher schon schöne Reden gehalten; er hält überhaupt nur schöne Reden. (Heiterkeit.) Es steigen die Gedanken hoch, Lichtgarben erscheinen von geistreichen oder humoristischen Bemerkungen, ein prasselndes Feuerwerk! (Heiterkeit.) Aber schließlich fragt man sich: was hat er denn eigentlich gesagt? (Schallende Heiterkeit)."[880]

Richter wies sodann Bülows Ausführungen zurück, der Japanisch-Chinesische Krieg von 1895 und der Spanisch-Amerikanische Krieg hätten zu einer völligen Umwälzung der außenpolitischen Gegebenheiten und Voraussetzungen geführt. Er wunderte sich darüber, dass man so tue, „als ob es eine äußerst bewegte kritische

---

876 Stg. Berichte, 10. Leg.-Periode, 1898/1900, 4, 122. Sitzung, Donnerstag, den 14. Dezember 1899, 3357B/C.
877 Nonn, 12 Tage, S. 501.
878 Ibid., S. 480–481.
879 Ibid., 3358D.
880 Ibid., 3366D.

Zeit sei, in der wir leben. Kriege hat es immer irgendwo in der Welt gegeben und gerade in der neueren Zeit, ich erinnre nur an den russisch-türkischen Krieg."[881]

Er bezweifelte auch, dass die Ereignisse in Samoa für eine Rechtfertigung einer Flottenvermehrung dienen könnten. Richter unterstellte der Reichsleitung indirekt, diplomatische Überlegungen und Rücksichtnahmen vorzuschieben und sich hinter den Arkanen der Macht zu verstecken, um nicht tiefergehend über Samoa im Reichstag diskutieren zu müssen. Denn gerade Samoa bewies nach Ansicht Richters, dass die Sache dort auch mit einer noch viel größeren Flotte nicht hätte besser ausgehen können.[882]

Richter bezeugte über seine Ausführungen das gestiegene Selbstvertrauen des Reichstags und dessen Gruppengefühl, welches sich in parteiübergreifender solidarischer Heiterkeit gegen die Reichsleitung spiegelte, und wie sehr die Reichsleitung unter Druck stand, ihre Kompetenzen im außenpolitischen Bereich mit dem Reichstag zu teilen: Richters ironisch-sarkastische Rede, welche eine gewisse „Verletzungsmacht"[883] der Reichstagsabgeordneten bezeugte, und demokratisch-egalitäre Sprache waren somit ein weiteres Mosaiksteinchen auf dem langen Weg der informellen Parlamentarisierung. Denn sie zeigte die im Reichstag gemachte Politik als kommunikative Sozialpraktiken, in denen „Menschen, welche einander nicht befehlen können (oder wollen) in einem [...] Überzeugungs- und Überredungskampf und mit einem Willen zur Macht die soziale Welt in bestimmter Hinsicht dauerhaft verändern wollen."[884]

---

881 Ibid., 3367B/C.

882 Ibid., 3367C.

883 Martina KESSEL, Gewalt und Gelächter. „Deutschsein" 1914–1945, Steiner Verlag, Stuttgart 2019, S. 218.

884 Henning SCHLUSS, Ironie als Bildungsziel, in: Zeitschrift für Pädagogik, Bd. 57 2011/ 1, S. 37–54. Zitiert nach Roland Reichenbach, in: Zwischen Pathos und Ernüchterung. Zur Lage der Politischen Bildung in der Schweiz, hg. von R. REICHENBACH & F. OSER, Universitätsverlag, Freiburg/CH 2000, S. 4. Zur Ironie in der Politik siehe: Christoph MENKE, Von der Ironie der Politik zur Politik der Ironie: Eine Notiz zum Prozess liberaler Demokratien, in: Die Ironie der Politik: Über die Konstruktion politischer Wirklichkeiten, hg. von Thorsten BONACKER, André BRODOCZ, Thomas NOETZEL, Campus Verlag, Frankfurt am Main 2003, S. 19–34, hier S. 28: „So wie Gleichheit der normative Kern eines liberal-ironischen Konzepts von politischer Gerechtigkeit ist, ist mithin Demokratie der normative Kern eines liberal-ironischen Konzepts von politischer Macht. In beiden Dimensionen hat Ironie dabei den von Schlegel hervorgehobenen Sinn von Selbstironie als liberaler oder republikanischer Selbstbeschränkung.".

Zusammenfassung Samoa

Im Grunde hatten die langen Verhandlungen bis zur Unterzeichnung des Vertrages deutlich gemacht, dass es sich bei dem Konflikt um Samoa um einen Stellvertreterkrieg zwischen Deutschland und Großbritannien über die zukünftige weltpolitische Vormachtstellung gehandelt hatte, gemäß den sozialdarwinistischen Ideen und der Weltreichslehre. Seit Beginn der 1890er Jahre war klar geworden, dass das deutsche Prestigeobjekt einer Inbesitznahme der Samoa-Inseln weniger an den USA denn an England scheitern könnte, obwohl letzteres wie oben gezeigt im Grunde kein Interesse an diesen Inseln hatte.[885] Deutschland wusste dann aber 1898/99 die Gunst der Stunde und die relative Schwäche Großbritanniens, welches ja in andere, für das Land bedeutendere Konflikte verwickelt war, zu nutzen, um endlich einen weltpolitischen Prestigeerfolg zu erlangen. Im März 1894 bereits hatte die deutsche Kolonialgesellschaft die ausschließliche Herrschaft des Deutschen Reiches über die Samoa-Inseln gefordert, da Deutschland der weitaus größte wirtschaftliche Akteur dort war.[886] Gleichzeitig war aber auch deutlich geworden, wie sehr sich im Kaiserreich seit dem Abgang Bismarcks mittlerweile drei staatliche Machtzentren herausgeschält hatten, welche von der Exekutive berücksichtigt und deren Positionen durch Kompromisse miteinander versöhnt werden mussten. Am Erstaunlichsten ist dabei historiografisch gesehen die Rücksichtnahme auf den Reichstag, welchem gemäß der Verfassung zu außenpolitischen Weichenstellungen nur sehr wenig offizielle Kompetenzen zustanden. Dem Reichstag war es gelungen, auch in diesen Fragen zu einem unumgänglichen Machtzentrum zu werden, indem er einerseits aus der Konkurrenz zu den anderen Machtpolen Nutzen schlug. Zum anderen aber konnte er auch in der Verbindung von wechselseitiger Abhängigkeit und gegenseitiger Beeinflussung mit den anderen staatlichen und gesellschaftlichen Machtzentren seine Kompetenzen zumindest informell ausdehnen.

Die beiden betrachteten Debatten im Reichstag (April und Dezember 1899) machten mithin deutlich, wie eng die Flottenpolitik, Imperialismus (hier Samoa) und Kompetenzverteilungskämpfe zwischen den Verfassungsinstitutionen im sich so schnell verändernden und entwickelnden Deutschen Reich zusammenhingen. Im Kern drehte es sich stets um den Druck zur weiteren Parlamentarisierung, der ausgelöst wurde durch die gesellschaftlich und wirtschaftlich nötige, gewollt und ungewollt fortschreitende Demokratisierung. Die so vorangetriebene informelle Parlamentarisierung wirkte dann selbst wiederum auf die Demokratisierung zurück und verstärkte diese, wie etwa der Ton der Rede des Abgeordneten Richters zeigte.

Um diese Konnexion noch besser herauszuarbeiten, sollen im nächsten Kapitel die Debatten zum zweiten Flottengesetz, welches im Dezember 1899 von Reichskanzler Hohenlohe-Schillingsfürst angekündigt worden war, untersucht werden.

---

885 POMMERIN, Der Kaiser und Amerika, S. 56.
886 Ibid., S. 58.

2.7. Das zweite Flottengesetz

Das zweite Flottengesetz schien wegen der sich dauernd verändernden Weltlage und einiger markanter Ereignisse nötig: Manila-Zwischenfall, Streit um Samoa, Erwerb weiterer Kolonien im Pazifik, Kolonialkonkurrenz der Großmächte um China und chinesischer Widerstand. Das Gesetz, welches bereits nach dem erst knapp zwei Jahre zuvor verabschiedeten ersten Flottengesetz von der Reichsleitung in den Reichstag eingebracht wurde, war umstritten, da es vorher geäußerte Befürchtungen mancher Abgeordneter, das erste Gesetz wäre lediglich eine Art Versuchsballon, bestätigte. Dementsprechend wurde es in drei langen Lesungen ausgiebig debattiert. Die erste Lesung fand in drei Sitzungen im Februar 1900 statt. Anschließend ging das Gesetz zur Beratung in die Budgetkommission. Die zweite Lesung fand am 6. und 7. Juni 1900 statt, die dritte und letzte, nach der das Gesetz auch angenommen wurde, am 12. Juni 1900.

2.7.1. Erste Lesung: Die USA sind nur wenig präsent

Die erste Beratung der Flottennovelle zog sich über drei Sitzungen hin, vom 8. bis zum 10. Februar 1900. Die Vereinigten Staaten kamen trotz eines von Diederichs auf Verlangen Tirpitz' hin der Budgetkommission des Reichstags vorbereiteten Memorandums zur Bedeutung Amerikas in der Motivation der Flottenvergrößerung nur relativ am Rande vor. Über das Memorandum selbst wurde nicht gesprochen. Auch Tirpitz, der die Debatte dazu am 8. Februar 1900 eröffnete, erwähnte die Vereinigten Staaten nicht. Der deutschkonservative Abgeordnete von Levetzow sprach die Vereinigten Staaten nur indirekt an, als er von den beiden Kriegen der letzten Jahre sprach, die gezeigt hätten, wie sehr die Bedeutung einer Schlachtflotte zugenommen hatte. Wahrscheinlich meinte er den Spanisch-Amerikanischen Krieg und den seit Oktober 1899 ausgebrochenen zweiten Burenkrieg; der Philippinisch-Amerikanische Krieg hatte erst vier Tage vorher begonnen und sein Ausbruch war dem Abgeordneten vielleicht noch gar nicht bekannt. Zudem spielte Levetzow wohl auf die Vereinigten Staaten an, als er die Abgeordneten „an den hie und da sich breit machenden sogenannten Imperialismus [erinnerte], der von einer Stelle her die Einmischung in unsere Angelegenheiten jetzt befürchten läßt, von der diese Einmischung sonst nicht zu befürchten war. (Sehr richtig! rechts.)"[887]

Auch der Fraktionsvorsitzende der Nationalliberalen Partei Ernst Bassermann[888] betonte die Zeitverdichtung seit zwei Jahren und den weltweiten politischen

---

887 Stg. Berichte, 10. Leg.-Periode, 1898/1900, 5, 143. Sitzung, Donnerstag, den 8. Februar 1900, S. 3963C.

888 Theodor Eschenburg, Bassermann, Ernst, in: Neue Deutsche Biographie 1 (1953), S. 623 [Online-Version]; URL: https://www.deutsche-biographie.de/pnd118657526.html#ndbcontent: Ernst Bassermann (26. Juli 1854–24. Juli 1917) war von 1893 bis 1917 Mitglied des Reichstags für die Nationalliberale Partei. 1898 wurde er deren

Paradigmenwechsel, für den der Spanisch-Amerikanische Krieg als der Auslöser galt.[889] Die von diesem Krieg eingeleiteten globalen Veränderungen machten eine andere Politik zwingend notwendig. Dazu zählte etwa auch der Aufbau einer starken Flotte. Bassermann sprach dies deutlich aus und betonte in der Hauptsache die Gefahr, dass der Streit über ausländische Märkte leichter als früher zu kriegerischen Verwicklungen führen könnte. Deshalb musste man gerüstet sein.[890]

Auch die Ereignisse um Samoa und Manila hatten, so Bassermanns Meinung, gezeigt, wie sehr sich die Zeiten innerhalb der letzten zwei Jahre geändert hatten und dass eine starke Flotte bedeutend sein würde.[891]

In seiner sehr langen Rede für eine Novellierung des Gesetzes nahmen jedoch die USA als Argument insgesamt einen relativ geringen Platz ein; er kam nur noch einmal darauf zu sprechen, und zwar in Bezug auf den amerikanischen Bürgerkrieg. Dieser hatte gezeigt, dass „gerade die Unterbindung des Seeverkehrs, die den Nordstaaten gelungen ist, einen verhängnisvollen Zustand für die Südstaaten geschaffen hat und im wesentlichen mit die Ursache war, daß der Krieg für die Nordstaaten siegreich durchgeführt werden konnte."[892]

Auch sprach Bassermann mit keinem Wort von der Denkschrift Diederichs an den Reichstag. Dies bezeugt, dass Amerika nicht wirklich als möglicher Kriegsgegner angesehen wurde und ein echter Konflikt mit den USA außerhalb der Vorstellungskraft der meisten Abgeordneten lag. Allerdings hatte im November 1899 der deutsche Historiker Dietrich Schäfer[893] in der Deutsche Stimmen ein Plädoyer für eine Flottenvermehrung verfasst, in der er die möglichen Seekriegsszenarien durchspielte. Darin sprach er sich dafür aus, die englische Flotte nicht herausfordern zu wollen und nicht zu versuchen, dieser ebenbürtig zu werden, da dies zu enormen Verlusten führen würde. Während man gegenüber Frankreich und Russland gedeckt sei, war jedoch seit der letzten Flottenvorlage eine Seemacht entstanden, nämlich die USA.[894] Schäfer wollte mit seinem Artikel die Leser hinsichtlich

Fraktionsvorsitzender, 1905 ihr Parteivorsitzender. Er vertrat eine liberale Sozialpolitik und versuchte, die Partei für die Arbeiter interessant zu machen. Er gehörte zu den Initiatoren des sog. Bülowblock, stand aber dann in Opposition zu Reichskanzler Bethmann Hollweg.

889 Stg. Berichte, 10. Leg.-Periode, 1898/1900, 5, 143. Sitzung, Donnerstag, den 8. Februar 1900, S. 3969D.

890 Ibid., S. 3969C.

891 Ibid., S. 3969D.

892 Ibid., S. 3972A.

893 Karl-Ludwig AY, „Schäfer, Dietrich", in: Neue Deutsche Biographie 22 (2005), S. 504–505 [Online-Version]; URL: https://www.deutsche-biographie.de/pnd118794841. html#ndbcontent: Dietrich Schäfer (16. Mai 1845–12. Januar 1929) war ein deutscher Historiker und er stand dem Alldeutschen Verband nahe.

894 Quellen zum politischen Denken der Deutschen im 19. und 20. Jahrhundert, Freiherr vom Stein-Gedächtnisausgabe: Unter Wilhelm II. 1890–1918, hg. von Hans FENSKE,

der möglichen Kriegsszenarien aufklären und sah den Reichstag als Ort der Volksrepräsentation in der Pflicht, die Realitäten klar und deutlich zu benennen. Der Reichstag wurde so dank seiner spezifischen Verfasstheit zu einem weiteren, komplementären Kompetenzzentrum für auswärtige Fragen definiert, neben dem Auswärtigen Amt und der Reichsleitung: „Die Regierungen müssen bei ihren Vorlagen auf eine derartige Begründung in der Regel verzichten, aber das Volk, das durch den Reichstag mitzusprechen hat, muß gerade diese, die Hauptseite der Sache, einer gründlichen Prüfung unterziehen." Deutschland sollte, so Schäffer zumindest zweitstärkste Seemacht sein.

In der Fortführung der ersten Beratung der Flottennovelle begann der freikonservative Abgeordnete Graf von Arnim-Muskau die Debatte. Er verteidigte in seiner Rede die von der Linken angegriffene Informationspolitik der Reichsleitung gegenüber dem Reichstag. Die Argumente der Reichsleitung schienen den Abgeordneten der Linken wenig überzeugend, dies lag aber, so Arnim, daran, dass „bei Begründung der Vorlage eine gewisse Beschränkung und Reserve in den Argumenten unserer Staatsmänner sich auferlegen müssen, und die Opposition sollte diesen Umstand doch nicht aus den Augen verlieren."[895]

Arnim stellte sich damit auf dieselbe Kompetenzstufe wie die Vertreter der Reichsleitung und konnte sich so sowohl als dieser ebenbürtige Kenner der außenpolitischen Gepflogenheiten und Zwänge präsentieren als auch eine gewisse Distanz zu seinen in diesem Bereich unerfahrenen „bürgerlichen" Reichstagskollegen schaffen.

Auf diese Weise trug von Arnim, der ja selbst Diplomat gewesen war, einerseits zur Ausweitung der Kompetenzen des Reichstags auf das Feld der Außenpolitik bei. Andererseits wurde darüber die bestehende Herrschaftsstruktur weiter verfestigt: So waren die meisten Mitarbeiter des Auswärtigen Amtes Adelige. Arnim wies dann wie bereits Bülow im Dezember 1899 in seiner Rede auf die Tatsache hin, dass Deutschland über seinen Kolonialbesitz nun zu Mächten Grenzen bekommen hatte, zu denen es früher nur wenige Reibungsflächen gab. Damit meinte er die Vereinigten Staaten und Japan. Staaten, die im Falle einer Bedrohung oder eines Konflikts vom Landheer nicht zu erreichen waren. Deshalb und zum Schutze des Handels benötigte man eine Flotte. Die Welt hatte sich geändert und die Staaten waren in stärkere Konkurrenz zueinander getreten. Um die linken Parteien von diesen Veränderungen zu überzeugen, die für Deutschland eine starke Flotte notwendig machten, benutzte er die demokratische Verfasstheit der Vereinigten Staaten als Argument: „Damit der Absatz nicht stockt, setzen sich die großen Weltreiche in Besitz von weiten Territorien, und Amerika, das demokratischste Volk

---

Bd. VII, Wissenschaftliche Buchgesellschaft, Darmstadt 1982, Nr. 48, S. 179–182, hier S. 181.

895 Stg. Berichte, 10. Leg.-Periode, 1898/1900, 5, 144. Sitzung, Freitag, den 9. Februar 1900, S. 3979D–3980A.

der Welt, hat seine frühere Politik verlassen, erweitert seine Grenzen, seinen Kolonialbesitz und tritt als neuer Faktor auf der erweiterten Weltbühne auf, und Japan nimmt im fernen Asien als neue Macht den Ausbau seiner Flotte in Angriff."[896] Eugen Richter nahm Bassermanns Argument, Samoa und Manila hätten gezeigt, dass man einer starken Flotte bedurfte, auf und wies es gleich zurück, indem er einen Marineoffizier zitierte, der bei einer Versammlung des Flottenvereins gesagt hatte, dass,

> „wem die Vorgänge in Manila und Samoa genau bekannt sind, der werde sie nicht als Beweis für die Nothwendigkeit der Flottenverstärkung heranziehen können. Das Verhalten der Amerikaner sei auf die vielleicht nicht ganz ohne Grund gereizte Stimmung zurückzuführen, weil damals Deutschland eine verhältnismäßig starke Flotte hingeschickt habe, die ihnen bei ihren militärischen Operationen unbequem sein müsste. (Hört! hört! links.) Auch von einer Schmach vor Samoa lasse sich nicht reden. (Hört! hört! links.)."[897]

Zynisch zog Richter weiter eine Parallele zwischen der Flottenvorlage und der Umsturzvorlage aus dem Jahre 1894,[898] die sich gegen die Sozialdemokratie gerichtet hatte, vom Reichstag aber zurückgewiesen worden war.[899] Der Reichstag beantwortet dies mit einem „Sehr richtig!", und zeigte sich so als eine Gruppe, welche sich bewusst war, Manipulationsversuchen durch die Reichsleitung oder außerparlamentarischem Druck ausgesetzt zu sein.

Richter verwarf denn auch den von Levetzow geäußerten Gedanken, eine Flotte würde Deutschland als Bündnispartner interessanter machen. In einer geostrategischen Tour d'Horizon sprach er über die bestehenden deutschen Bündnisse und die möglichen Allianzen. Er kam dabei zum Schluss, dass Deutschland außer den existierenden Bündnissen im Rahmen des Dreibundes zu Italien und Österreich-Ungarn keine Aussichten auf andere Bündnispartner hätte. Bezeichnenderweise erwähnte er weder die Vereinigten Staaten noch Japan in seiner Ausführung und zeigte so die geopolitische Verhaftung im europäischen Rahmen.[900] Richter schien sich der seit dem Chinesisch-Japanischen und Spanisch-Amerikanischen Krieg entstehenden „neuen" Weltordnung im Gegensatz zu Bülow etwa, nicht bewusst zu sein und sein Fokus lag trotz Samoa und Manila weiter auf den geopolitischen Gegebenheiten in Europa. Dass die Philippinen amerikanisch geworden waren, hatte für ihn etwa keinerlei weitere Bedeutung. Er nahm das als einfach gegeben

---

896 Ibid., S. 3980B.
897 Ibid., S. 3987D.
898 WEHLER, Doppelrevolution, S. 1007; Ernst SCHRAEPLER, August Bebel: Sozialdemokrat im Kaiserreich, Musterschmidt-Verlag, Zürich 1966, S. 78–79.
899 Stg. Berichte, 10. Leg.-Periode, 1898/1900, 5, 144. Sitzung, Freitag, den 9. Februar 1900, S. 3988C.
900 Ibid., S. 3994C.

hin und wunderte sich nur, warum die Deutschen dort eigentlich Schiffe hinge-
schickt hatten.[901] Dadurch brachte er zum Ausdruck, dass er den amerikanischen
Imperialismus als gerechtfertigt betrachtete und diesen nicht in Zweifel zog, für
Deutschland jedoch einen solchen ablehnte. Während er mit seinem bündnis-
politischen Rundblick durchaus außenpolitische Kompetenz und außenpolitisches
Interesse bewies, bezeugte dieser doch einen in gewisser Weise eingeschränkten,
eurozentrischen Horizont. Damit befand er sich im Reichstag jedoch wie an anderer Stelle gezeigt nicht unbedingt in der Mehrheit, denn viele Abgeordnete, welche über mannigfache internationale und transnationale Erfahrungen verfügten,
waren sich im Gegenteil sehr der stattfindenden Globalisierung und der sich verschiebenden Machtverhältnisse bewusst. Allerdings zeigen Richters Ausführungen, dass es im Laufe des Kaiserreichs zu einer Ausdifferenzierung der Meinungen
und einer Vermischung der soziokulturellen Milieus kam.

Max Liebermann von Sonnenberg von der antisemitischen Deutschsozialen
Reformpartei hielt eine eher pathetische Rede, in der er sehr oft das Wortfeld
„Volk" benutzte und vor allem die Bedeutung der „deutschen Ackerkrume"[902] für
das Wohlergehen eines Landes hervorhob. Er befürchtete, dass die Flotte in der
Hauptsache dazu dienen könnte, aus Deutschland doch noch einen Industriestaat
zu machen, da wegen der Flotte der Import von landwirtschaftlichen Erzeugnissen leichter gesichert werden könnte. Er erwähnte die Vereinigten Staaten nicht,
benutzte jedoch ebenfalls die Vorfälle um Manila und Samoa als Argument für den
weiteren Ausbau der Flotte.[903] Etwas weiter in seiner Rede gebrauchte er dann
aber beide Ereignisse noch einmal, um das seiner Meinung nach bestehende Misstrauen des Volkes gegen die innere und äußere Politik der Regierung gegenüber
auszusprechen: „Man wird im Lande überall gefragt: ja, Sie reden uns zu, für die
Flotte uns zu interessiren und dafür zu stimmen, – wird denn auch die Regierung
überhaupt im Stande sein, eine solche verstärkte Flottenmacht zu verwenden?"[904]

Das allgemeine „Sehr gut!" des Reichstags kann wohl als Indiz dafür gelten, dass
ein Großteil der Abgeordneten diese Skepsis teilte, ob die Regierung überhaupt
etwas mit einer Flotte anzufangen wüsste. Liebermann von Sonnenberg gelang es
mit seiner Rede, die Reichstagsabgeordneten für sich zu gewinnen. Sie war frei von
antisemitischen Ausfällen, etwa gegen amerikanische Juden, bis auf einen Hinweis
auf Victor Schweinburg[905]. Schweinburg war ein getaufter Jude aus Mähren und
Protegé des Schwerindustriellen Friedrich Alfred Krupp. Aus diesem Grunde war

---

901 Ibid., S. 3988A.
902 Ibid., S. 4002A.
903 Ibid., S. 4001D.
904 Ibid., S. 4003D.
905 Peter Pulzer, Die jüdische Beteiligung an der Politik, in: Juden in Wilhelminischen
     Deutschland 1890–1914, hg. von Werner Mosse, Arnold Paucker, Mohr Siebeck,
     Tübingen 1998, erste Auflage 1976, S. 143–240. hier S. 217, 226.

er kurzfristig der erste Generalsekretär des im April 1898 gegründeten Flottenvereins gewesen und einer der wenigen jüdischen Chefredakteure einer konservativen Zeitung, nämlich der *Berliner Neuesten Nachrichten*. Schweinburg war ein
allgemeines Feindbild agrarischer Kreise und auch antisemitischer Flottengegner.
Als einer der wenigen Abgeordneten äußerte sich Liebermann von Sonnenberg
auch sehr abwertend über die indigenen Bewohner der Südsee, die er vorgeblich
humoristisch als „Menschenfresser" und „Kanaken" bezeichnete, was wiederum
„Heiterkeit" im Plenum auslöste und bezeugte, dass die völkische und rassistische
Anschauung auf dem Weg zur Ausbreitung war, von vielen jedoch noch als eine
Art „Herrenwitz" betrachtet wurde. Die tieferen politischen Gefahren, die von
einer derartigen Haltung ausgingen, wurden von einem Großteil der Abgeordneten wohl nicht wirklich erfasst. An Hand eines Redeauszugs Bebels am folgenden
Tag lässt sich dies sehr gut beobachten: Bebel relativierte die Angriffe eines Teils
der englischen Presse auf Deutschland mit einem Blick auf eine Rede Liebermann
von Sonnenbergs zur Beschlagnahmung deutscher Post- und Handelsschiffe durch
England Ende 1899, Anfang 1900[906] und bezeichnet Liebermann von Sonnenberg
als politisch bedeutungslos (Heiterkeit).[907] Bebel hinterfragte dann das häufig auch
von seinem Vorredner Hans Graf von Schwerin-Löwitz vorgebrachte Argument
für eine Flottennovelle, die letzten beiden Jahre hätten weltpolitische Änderungen
mit sich gebracht, die eine weitere Flottenvermehrung notwendig machten. Insbesondere der Spanisch-Amerikanische Krieg diente Bebel zum Vorwand, in einer
beinahe prophetischen Art die katastrophalen Folgen und die Verheerungen eines
Krieges zwischen hochgerüsteten europäischen Mächten zu beschreiben. Nach
Ansicht Bebels hatte der Spanisch-Amerikanische Krieg zunächst gelehrt, „[d]aß
eine Macht wie Amerika, ein moderner Staat, ausgerüstet mit den modernsten
Machtmitteln, über eine im Verfaulen begriffene, rückständige Macht hergefallen
und dieselbe in kurzer Zeit zusammengeschlagen hatte. (Sehr wahr! sehr richtig!
links.)."[908] Indem er die Niederlage auf die Rückständigkeit Spaniens zurückführte,
drückte Bebel unterschwellig eine Kritik am politischen System des Deutschen
Reiches aus: Das moderne, republikanisch verfasste Land war der alten Monarchie
überlegen. Der Krieg hatte aber zudem gezeigt, dass „die moderne, vorzüglich aus-
gerüstete amerikanische Flotte nicht im Stande war, gegenüber den spanischen
Landbefestigungen auch nur das geringste auszurichten. (Sehr richtig! links.)"[909]
Weit bedeutender aber war die Tatsache, dass man über den Spanisch-
Amerikanischen Krieg erkennen konnte, wie zukünftige Kriege wohl aussehen
würden. Zum einen waren die technisch hochgerüsteten Schiffe äußerst anfällig

906 GRIMMER-SOLEM, Learning Empire, S. 245.
907 Stg. Berichte, 10. Leg.-Periode, 1898/1900, 5, 145. Sitzung, Sonnabend, den 10. Februar 1900, S. 4014D.
908 Ibid., S. 4015B.
909 Ibid., S. 4015C.

und konnten leicht manövrierunfähig geschossen werden. Das hatte zur Folge, dass „[n]icht nur die Kosten, die dafür aufgewendet wurden verloren [sind], sondern auch die Menschen, die auf ihm sind, sind rettungslos verloren. Was für ein Bild eine moderne Seeschlacht wirklich bieten wird, davon haben wir heute noch keine Ahnung."[910]

Dann wurde Bebel geradezu prophetisch und warnte vor den unvorstellbaren Ausmaßen eines zukünftigen Krieges: „aber ich bin überzeugt: wie einst unsere Seeschlachten auf dem Lande, wenn die Riesenheere, ausgerüstet mit den furchtbarsten Zerstörungsmitteln gegeneinander in Feld rücken, der Welt etwas ganz anderes lehren werden, als heute die Strategiker und Theoretiker sich einbilden, genauso so wird es auf der See werden. (Sehr wahr! Sehr richtig! bei den Sozialdemokraten.)."

Bebel sah in der fortschreitenden Globalisierung, die gekennzeichnet war durch eine immer stärkere Verflechtung der einzelnen Länder, eine Garantie für Frieden und Wohlstand, gemäß der aufklärerischen Theorie von Montesquieu vom Handel als zivilisierendem Element[911]: „Und in dem Maße, wie die friedlichen und kulturellen Beziehungen der Völker mit einander, genährt durch die Handelsbeziehungen und den Austausch der Kulturprodukte, immer inniger werden, in demselben Maße wächst die Unmöglichkeit, daß sie die furchtbaren Waffen, die ungeheuren Gewaltmittel anzuwenden im Stande sind, um Störungen herbeizuführen."[912]

Für Bebel hatte also der Spanisch-Amerikanische Krieg zweierlei gelehrt: erstens die Überlegenheit eines republikanischen, demokratischen Staates über eine Monarchie. Zweitens hatte die Welt eine Ahnung von der ungeheuren Zerstörungskraft moderner Waffen bekommen.

Bebel hob sodann zu einem Rundumschlag gegen den militärisch-industriellen Komplex und die diesen beherrschende Klasse an: „Es giebt ferner eine große Klasse von Leuten, die durch alle diese Dinge mächtige und soziale und wirthschaftliche Vorteile haben, da sie durch dieselben in Aemter und Würden und in Stellungen kommen, die ohne diese nicht für sie vorhanden wären, oder die enorme Kapitalprofite davon haben, die sonst nicht zu haben wären."[913]

Während in Bebels Rede also die USA eine gewisse Rolle spielten, so stand doch bei ihm, wie auch bei den anderen Rednern zur Flottennovelle, die Beziehung Deutschlands zu Großbritannien deutlich im Vordergrund. Obwohl es von der Reichsleitung nicht offen gesagt wurde, wussten die Abgeordneten, dass die Flotte sich in der Hauptsache gegen dieses Land richtete und ein Mittel darstellen

---

910 Ibid., S. 4015D.

911 Siehe dazu: Olaf ASBACH, Der moderne Staat und „le doux commerce": Politik, Ökonomie und Internationale Beziehungen im politischen Denken, Nomos, 2014.

912 Stg. Berichte, 10. Leg.-Periode, 1898/1900, 5, 145. Sitzung, Sonnabend, den 10. Februar 1900, S. 4016A.

913 Ibid., S. 4016A.

sollte, an die Stelle Englands als Weltmacht zu treten. Für Bebel war trotz aller Beschwichtigungen und gegenteiligen Behauptungen klar, dass das Ziel der Flottenvermehrung war, „eine Flotte zu gründen, eine Flotte zu unterhalten, die stark und mächtig genug ist, es im Offensivkampf mit der ersten Flotte der Welt, mit der englischen Flotte aufnehmen zu können. (Hört! hört! Bewegung.).“[914] Die USA wurden mithin von den Abgeordneten im Allgemeinen nicht als relevanter Faktor für die Flottenrüstung betrachtet.

Der Co-Vorsitzende des Bundes der Landwirte, Conrad von Wangenheim, wollte die Flottennovelle unterstützen, allerdings unter der Bedingung, dass die Flotte dazu benutzt würde, eine neue deutsche Industrie- und Handelspolitik zu unterstützen. Konkret wollte er, dass Deutschland mit der Flotte als Argument im Hintergrund neue koloniale Absatzmärkte erschloss, namentlich in Asien, aber auch in tropischen Regionen, da deren landwirtschaftliche Produkte nicht mit den deutschen in Konkurrenz treten würden, zumal die USA die deutschen Importgüter mit der Zeit verdrängen würden.[915]

Aus diesen Worten sprach eine gewisse Bewunderung angelsächsischen Unternehmergeistes, der sich auch in anderen Reden wiederfinden lässt. Wangenheim sprach hier über die amerikanische oder englische Konkurrenz sehr objektiv, ohne besonders auf eine „amerikanische Gefahr" hinzuweisen. Dies bezeugt, dass er einmal an die Stärke der deutschen Wirtschaft glaubte und dann die Konkurrenz nicht als existentielle Herausforderung, sondern eher als naturgegebene Sache hinnahm. Wangenheim gab der Regierung einen Rat in außenpolitischen Angelegenheiten, und zwar nach all den jüngsten Vorgängen zum Friedenserhalt nicht auf eine Freundschaft mit England zu setzten, wie Bebel es vorgeschlagen hatte, sondern eine starke Flotte zu bauen, „die auch England zu fürchten hat" und eine auswärtige Politik zu betreiben, die „unsere politischen Beziehungen zu denjenigen Ländern [begünstigt], von denen wir mehr Freundschaft zu erwarten haben als von England. (Sehr richtig! rechts.).“[916]

Wangenheim meinte hier vielleicht unter anderem die USA, zu denen das Verhältnis trotz der Vorkommnisse im Pazifik und der handelspolitischen Konflikte politisch noch recht unbelastet war und die bisher in keine Allianzen mit anderen Großmächten eingebunden waren. Was die außenpolitische Kompetenz der Abgeordneten betraf, so konnte deren Infragestellung durch andere Abgeordnete auch dazu benutzt werden, Politik zu machen in dem Sinne, dass man sich zum einen als Verbündeter und Unterstützer der Regierung zu erkennen geben konnte. Zum andern konnte man aber über das der Regierung ausgedrückte Vertrauen in ihre auswärtigen Kompetenzen indirekt seine eigene Kompetenz ausdrücken. Die Kritik an außenpolitischen Ambitionen des Reichstags und damit an dem Versuch

---

914 Ibid., S. 4011B.
915 Ibid., S. 4026C.
916 Ibid., S. 4027A.

einer rechtsstaatlichen Domestizierung der Außenpolitik[917] erlaubte es zudem konservativ eingestellten Abgeordneten, diesen Kernbereich staatlichen Handelns der alten, herkömmlichen Elite vorzubehalten.

Der nationalliberale Abgeordnete Waldemar Graf von Oriola etwa kommentierte in seinem Beitrag zum neuen Flottengesetz, das er im Übrigen unterstützte, spöttisch die auswärtigen Kompetenzen von Bebel, Hausmann und anderen Abgeordneten, wie auch von Arnim oder Wangenheim, die der Regierung Ratschläge betreffend die zu führende Außenpolitik gegeben hatten: „Nun, meine Herren, ich glaube denn doch mehr an die Diplomatie des Auswärtigen Amts. Ich traue dem Herrn Grafen Bülow denn doch mehr Kenntnis zu in Bezug auf die Verhältnisse, die in der auswärtigen Politik zur Zeit vorhanden sind, als den einzelnen Abgeordneten des Hauses."[918]

Udo Graf zu Stolberg-Wernigerode kritisierte in seiner Rede zur zweiten Lesung des Flottengesetztes, immerhin vier Monate später, am 6. Juni 1900, noch einmal die Auslassungen Bebels zur Außenpolitik und bezeugte so, wie sehr sich die alte Elite auf diesem Gebiet herausgefordert sah und es als Bereich des Distinktionsmerkmals zu verteidigen suchte.

In der Zeit des Kaiserreichs waren von 548 Diplomaten 377 adelig. Die Botschafter waren durchweg adelig. Auch wenn die Zahl der Bürgerlichen im diplomatischen Corps beständig zunahm, fanden sie in der Hauptsache in eher zweitrangigen Abteilungen (Konsular-, Rechts- oder Kolonialabteilung) und Dienststellen (Südamerika, Mittlerer und Ferner Osten) Verwendung:[919]

„Meine Herren, der Herr Abgeordnete Bebel hat sodann eine Exkursion auf das Gebiet der auswärtigen Politik unternommen. Ich kann darin nur mit einer gewissen Reserve folgen; denn diejenigen Parteien, die im Auslande als der Regierung befreundet gelten, müssen sich in Fragen der auswärtigen Politik eine größere Zurückhaltung auferlegen, als es für die Parteien, die sich anerkanntermaßen in der Opposition befinden erforderlich ist."[920]

---

917 Tanja Hitzel-Cassagnes, Rechtsstaatliche Domestizierung der Außenpolitik?, in: Kritische Justiz, Bd. 33, Nr. 1, 2000, S. 63–85. [doi:10.2307/45214086. Eingesehen am 18. August 2020].

918 Stg. Berichte, 10. Leg.-Periode, 1898/1900, 5, 145. Sitzung, Sonnabend, den 10. Februar 1900, S. 4042D.

919 Röhl, Kaiser, Hof und Staat, S. 164. Ders., S. 162: „[...] weshalb [war] das deutsche diplomatische Korps nicht willig oder imstande, den so verheißungsvollen politischen, wirtschaftlichen und kulturellen Aufstieg der preußisch-deutschen Großmacht friedlich zu gestalten?"

920 Stg. Berichte, 10. Leg.-Periode, 1898/1900, 7, 204. Sitzung, Mittwoch, den 6. Juni 1900, S. 5822A.

Die alte Elite und die konservativen Parteien versuchten mithin so wie die neue Elite und die linken Parteien, die Außenpolitik als Mittel zur Kompetenzausweitung der Institution Reichstag zu benutzen. Gleichzeitig diente die auswärtige Politik auch als Feld zur Austragung von reichstagsinternen und damit die Gesamtgesellschaft widerspiegelnden Klassenkonflikten. Über derartige Auseinandersetzungen konnte also einerseits die Gruppenidentität der Reichstagsabgeordneten und damit die Institution gegenüber der Regierung an sich gestärkt werden. Andererseits dienten sie den Parteien auch als Bühne, um die in der Gesellschaft existierenden und sich verstärkenden oder verringernden Klassengegensätze zur Aufführung zu bringen.[921] Der Reichstag bot demzufolge die Möglichkeit eines „Reenactments" gesellschaftlicher Realitäten.

Die Sitzung am 10. Februar 1900 widmete sich wie die beiden vorausgegangene Sitzungen ausschließlich der Flottennovelle, insgesamt ergriffen fünfzehn Abgeordnete dazu das Wort. Die Flottennovelle wurde am Ende dieser Sitzung zur weiteren Diskussion an die Budgetkommission überwiesen (Aktenstück 836, 1898/1900, 14). Die Kommission entschied, die Frage in einer Generaldebatte und zwei Lesungen zu behandeln. Dabei wurde die Generaldebatte in vier Hauptabschnitte unterteilt. Unter dem Hauptabschnitt „Nothwendigkeit und Umfang der Flottenvermehrung "waren in Bezug auf die Vereinigten Staaten drei Fragen von Bedeutung: 1. Welche Ereignisse sind seit dem Erlaß des Flottengesetzes vom 10. April 1898 eingetreten, die eine Aenderung derselben nothwendig machen? 2. Was ist das derzeitige Stärkeverhältnis [verschiedener] Flotten: c) Englands und der Vereinigen Staaten von Nordamerika? 3. Welche Verstärkungen der Flotten dieser Staaten sind zur Zeit bereits bewilligt oder in Aussicht genommen? 4. Welches sind die Stärkeverhältnisse der Landarmee dieser Staaten? 5. Wie sind unsere politischen Beziehungen zu diesen Staaten? 7. Welche Ziele verfolgen die verbündeten Regierungen über vorstehende Aufgaben hinaus mit der geplanten Weltmachtpolitik?

Die USA nahmen sowohl während der Beratungen im Reichstag als auch in der Kommission eine eher zweitrangige Bedeutung ein. In der Zusammenfassung der Begründung der Notwendigkeit einer Flottenverstärkung wurde lediglich allgemein gesagt, „daß seit zwei Jahren eine politische Entwicklung eingetreten sei, welche man nicht ignoriren dürfe. Fast alle größeren Nationen seien bestrebt, sich auszudehnen, wie das Beispiel der Vereinigten Staaten, Englands, Frankreichs und Rußlands zeige, auch Deutschland könne nicht völlig stagniren."[922]

---

921 Volker STALMANN, Das Verhältnis der Sozialdemokratie zum parlamentarischen System 1871–1890, in: SPD und Parlamentarismus: Entwicklungslinien und Problemfelder 1870–1990, hg. von Detlef LEHNERT, Böhlau Verlag, Köln 2016, S. 37–69, hier S. 41.

922 Stg. Berichte, 10. Leg.-Periode, 1898/1900, 14, Reichstag, Aktenstück 836, S. 5400–5401.

Unter der Behandlung „Weltmachtpolitik" fasst das Protokoll zusammen, dass vielen Abgeordneten nicht klar war, was damit gemeint war. Zudem herrschte die Furcht, dass diese Politik dazu genutzt werden konnte, den katholischen Teil des Reiches über die Weltmachtpolitik weiter zu schwächen, da der Ökonom Hans Wagner in der Zeitung *Grenzboten* angekündigt hatte, daß die deutsche Weltpolitik protestantisch sein müsse, daß Seewasser und Weihwedel sich absolut nicht vertragen, daß Deutschland zunächst im Innern reinen Tisch machen und die protestantische Zivilisation in die Welt hinaustragen müsse." Die Bedeutung des Reichstags als Ort des Zusammenwachsens der noch jungen Nation im modernen Sinne und als Korrektiv derartiger kruder Ideen bezeugte die Antwort der Regierung: „Von einer konfessionellen Weltmachtpolitik könne gar keine Rede sein; [...] Die Politik, welche das Deutsche Reich betreibe, könne weder eine protestantische, noch eine katholische, sondern nur eine allgemeine deutsche sein."[923]

Übrigens lag in dieser konfessionellen Problematik eine weitere Parallele zu den USA, wo die Katholiken bis weit in das 20. Jahrhundert hinein als Fremdkörper in der protestantisch dominierten Nation betrachtet wurden. Diese Auffassung hatte sich durch starke Zuwanderung aus Ost- und Südosteuropa Ende des 19. Jahrhunderts sogar noch verstärkt, wie die im Kapitel Gesellschaft behandelten Debatten zum Staatbürgerschaftsrecht zeigen. Der Anfang Januar 2021 vereidigte Präsident Joe Biden war denn nach John F. Kennedy auch erst der zweite katholische Präsident der USA.[924]

2.7.2. Zweite Lesung: Die Frage der Finanzierung des Gesetzes, die USA gewinnen an Bedeutung.

So wie bereits während der ersten Lesung spielten die Vereinigten Staaten auch in der zweiten Lesung des neuen Flottengesetztes, die am 6. und 7. Juni 1900 stattfand, in der Argumentation der Abgeordneten eher eine Nebenrolle. Das Hauptaugenmerk lag auf Großbritannien. Es wurde entweder als Argument für oder gegen die Vermehrung der Flotte benutzt und in alle Überlegungen hinsichtlich eines möglichen Krieges, bei dem tatsächlich eine Schlachtflotte gebraucht würde, miteinbezogen. Die USA hingegen wurden stets nur am Rande erwähnt, etwa von Bebel, der betonte, dass sie zusammen mit England, Russland und Österreich-Ungarn für mehr als die Hälfte der deutschen Ausfuhren stünden. In Anlehnung an Bismarcks Diktion von den deutschen Kolonien, die in Mitteleuropa lägen,[925] meinte Bebel

---

923 Ibid., S. 5402.

924 Michael HOCHGESCHWENDER, Glaubensbruder Joe Biden, in: FAZ, Mittwoch, den 27. Januar 2021.

925 Axel RIEHL, Der „Tanz um den Äquator". Bismarcks antienglische Bündnispolitik und die Erwartung des Thronwechsels in Deutschland 1883 bis 1885, Duncker&Humblot, Berlin 1993, S. 751, Anm. 1.

denn auch, der sich einige Zeilen zuvor interessanterweise lobend über Bismarcks
Kolonial- und Flottenpolitik geäußert hatte, „[...] Deutschlands beste Kolonien sind
die großen Kulturstaaten der Welt, England, Rußland, Österreich-Ungarn, Nordamerika u.s.w.“[926]
Hier zeigte sich auch mit der Einbeziehung der USA in die Liste der bedeutendsten Staaten die neue Weltordnung – Frankreich und Spanien etwa wurden
gar nicht erwähnt – und der globale Blick Bebels, der zur „neuen“ Elite gehörte
und wohl weniger eurozentrisch und auf Grund der Parteiideologie auch internationaler dachte. Allerdings war dies wie oben im Falle Eugen Richters gesehen
keine allgemeingültige Regel.
Der Erwerb von Kolonien und damit die Notwendigkeit des maritimen Schutzes
dieser wurde von Bebel ebenso abgelehnt, da die vom amerikanischen Außenminister John Hays am 6. September 1899 im Zusammenhang mit China vorgeschlagene
Politik der „offenen Tür“[927] Deutschland ja den freien Handel garantieren würde.[928]
Allerdings blendete Bebel dabei gerade den erwachten amerikanischen Imperialismus und die amerikanischen Neuerwerbungen in der Karibik und in Asien aus, die
sehr wohl bezeugten, dass andere Länder an den Erwerb neuer Kolonien glaubten
und, wie etwa die USA, darauf bedacht waren, ihre eigenen Interessen zu schützen.
So herrschten etwa in den USA um 1900 die Angst und der Verdacht, Deutschland
könne wegen seiner großen Auswanderungsgemeinschaft in Südbrasilien versucht
sein, dort eine Kolonie zu gründen.[929] Dies wurde in den USA durchaus als Argument für den weiteren Ausbau der Flotte benutzt. Bebel versuchte anhand statisti-
schen Materials zu zeigen, dass Deutschland insbesondere England in der Zahl an
Kriegsschiffen immer hinterherhinken würde und sich deshalb auf einen sinnlosen
Rüstungswettlauf zubewegte bzw. diesen sogar entfachte. Dazu zitierte er einen
Auszug aus der *New Yorker Handelszeitung*[930] (April 1900).[931]
Bebel wies das von der Regierung vorgelegte Argument zurück, Deutschland
müsse auf Grund seiner überseeischen Interessen eine stärkere Flotte aufbauen.

---

926 Stg. Berichte, 10. Leg.-Periode, 1898/1900, 7, 204. Sitzung, Mittwoch, den 6. Juni
     1900, S. 5817D.
927 Hans-Ulrich WEHLER, Der Amerikanische Handelsimperialismus in China, 1844–
     1900, in: Jahrbuch für Amerikastudien Bd. 14, 1969, S. 55–76, hier S. 72–73 [http://
     www.jstor.org/stable/41155635. Eingesehen am 27. Januar 2021].
928 Stg. Berichte, 10. Leg.-Periode, 1898/1900, 7, 204. Sitzung, Mittwoch, den 6. Juni
     1900, S. 5818A.
929 MITCHELL, The Danger of Dreams, S. 109–159.
930 https://www.loc.gov/item/sn83030147/: Das war eine deutschsprachige Zeitung,
     die 1855 gegründet worden war und bis Juli 1917 bestand [Eingesehen am 20.
     August 2020].
931 Stg. Berichte, 10. Leg.-Periode, 1898/1900, 7, 204. Sitzung, Mittwoch, den 6. Juni
     1900, S. 5818C.

Von dem von der Regierung angegeben 7.000 Millionen überseeisch investierten Kapital entfielen 2.000 Millionen auf die Vereinigten Staaten. Auf Grund dieser Tatsache erachtete Bebel also dieses Argument als hinfällig, da Deutschland wegen Handelsinteressen keinen Krieg gegen die Vereinigten Staaten beginnen würde, zumal bisher in keiner Militärvorlage die Höhe des investierten deutschen Kapitals je eine Rolle gespielt hatte.

Bebel hatte während seiner Rede immer wieder den Begriff der „Kulturstaaten" gebraucht, zu denen auch die Vereinigten Staaten gehörten, zwischen denen ein Krieg im Grunde nicht mehr denkbar war – eine Ansicht, die im Laufe des folgenden Jahrzehnts auf Grund der zunehmenden Spannungen zwischen beiden Ländern, wie an anderer Stelle in der vorliegenden Arbeit besprochen wird, differenziert werden sollte. Hier jedoch befand man sich noch unter dem Eindruck der ersten Haager Konferenz und in einer international sehr pazifistischen Phase – zumindest was die Großmächte untereinander anbelangte. Bebel wies das neue Flottengesetz folgerichtig nicht zuletzt deshalb zurück, weil es eines Kulturstaats unwürdig wäre und lediglich nationale Gegensätze verschärfen würde.[932]

Der deutschkonservative Abgeordnete Udo Graf zu Stolberg-Wernigerode[933] nahm in seiner bereits weiter oben schon einmal zitierten Rede eine Äußerung Bebels wieder auf, um die USA als erfolgreiches Modell für Deutschland darzustellen. Sie würden nach innen Schutzzollpolitik betreiben, nach außen hin aber auf Freihandel („offene Tür") pochen; Stolberg-Wernigerode war überzeugt, dass darin kein Wiederspruch, sondern der Schlüssel zu einer erfolgreichen Wirtschaft lag.[934]

Der nationalliberale Bassermann ging ebenso wie Stolberg-Wernigerode auf die Rede Bebels ein und bedauerte, dass die Budgetkommission den Bau zusätzlicher Auslandskreuzer nicht bewilligt hatte. Denn Deutschland würde in der Zukunft wegen der gestiegenen und verschärften Imperialkonkurrenz, „auf die Rüstung der auswärtigen Staaten und die Expansionsgelüste" eine starke und weltweit schnelle verfügbare Seemacht zur Verteidigung seiner Handelsinteressen brauchen. Zunächst aber spöttelte er über den „Exkurs auf das Gebiet der hohen Politik"[935] des Abgeordneten Bebel.

Die auswärtige Politik war Karl Marx und Friedrich Engels zufolge ein hochsymbolisches und entscheidendes Politikfeld des Klassenkampfes und des Kampfes

---

932 Ibid., S. 5821B.

933 Bernd HAUNFELDER, Die konservativen Abgeordneten des deutschen Reichstags 1871–1918. Ein biographisches Handbuch Aschendorff, Münster 2010, S. 264: Udo zu Stolberg-Wernigerode (4. März 1840–19. Februar 1910) war von der Reichsgründung bis zu seinem Tod Reichstagsabgeordneter der deutschkonservativen Partei. Von 1907 bis 1910 war er Reichstagspräsident.

934 Stg. Berichte, 10. Leg.-Periode, 1898/1900, 7, 204. Sitzung, Mittwoch, den 6. Juni 1900, S. 5822B.

935 Ibid., S. 5823C.

um den Parlamentarismus. Wer die Außenbeziehungen des Landes debattieren, definieren konnte, gehörte zum Souverän.[936] Für den bürgerlichen Bassermann jedoch war der Wille des Reichstags zur Kompetenzaneignung auf auswärtigem Gebiet ein ambivalentes Unterfangen. Zum einen wurde so auch seine Rolle als Abgeordneter und Bürger des Reiches gestärkt, zum anderen bestand die Gefahr einer Anerkennung und damit Stärkung der Sozialdemokratie, deren sozialer, gesellschaftlicher Gegner er eigentlich war. Letztendlich aber musste und wollte der nationalliberale Abgeordnete auch auf diesem Gebiet mitsprechen. Um seine Überzeugung, Deutschland brauche eine Vermehrung der Auslandsschiffe, zu untermauern, verwies er sowohl auf die Haltung der französischen Sozialdemokraten zur französischen Flottenvermehrung als auch auf die Vereinigten Staaten und amerikanische Pressestimmen:

> „Ein jüngst erschienener Artikel des „Journal of Economic"[937] von [...] Professor Powers,[938] sagt über die ganze Tendenz, die heute in Amerika obwaltet, Folgendes: Der Herrscherinstinkt, der Instinkt, anzugreifen, zu unterwerfen, zu kontroliren, ist durch den spanisch-amerikanischen Krieg angestachelt worden. [...] Ein weiteres amerikanisches Blatt, das „Cincinnati Volksblatt"[939], [...] sagt: Deutschland ist der Weg zu seiner veränderten Politik vorgezeichnet, es ist dazu gezwungen, wenn es seine Machtstellung in der Weltpolitik behaupten und nicht dauernd vom guten Willen der großen Kolonialmächte abhängig sein will, die ihre Kolonien dem

---

936 „Der schamlose Beifall, die Scheinsympathie oder idiotische Gleichgültigkeit, womit die höheren Klassen Europas dem Meuchelmord des heroischen Polen und der Erbeutung der Bergveste des Kaukasus durch Rußland zusahen; die ungeheueren und ohne Widerstand erlaubten Übergriffe dieser barbarischen Macht, deren Kopf zu St. Petersburg und deren Hand in jedem Kabinett von Europa, haben den Arbeiterklassen die Pflicht gelehrt, in die Geheimnisse der internationalen Politik einzudringen, die diplomatischen Akte ihrer respektiven Regierungen zu überwachen, ihnen wenn nötig entgegenzuwirken; Der Kampf für solch eine auswärtige Politik ist eingeschlossen im allgemeinen Kampf für die *Emanzipation der Arbeiterklasse*" (MEGA² I/20, S. 25). Zitiert nach Paolo DALVIT, Die Außenpolitik im Klassenkampf: Die Position von Marx und Engels zum Krimkrieg, in: Zeitschrift Marxistische Erneuerung, Nr. 88, Dezember 2011. http://www.zeitschrift-marxistische-erneuerung.de/article/285.die-aussenpolitik-im-klassenkampf.html.

937 Gemeint war hier das *Quarterly Journal of Economics*, die älteste in Harvard 1886 erstmals herausgegeben englischsprachige Fachzeitschrift für Wirtschaftswissenschaften, in welcher der zitierte Artikel publiziert worden war.

938 Horace Henry POWERS, Expansion and Protection, in: The Quarterly Journal of Economics, Bd. 13, 1899/4, S. 361 -378. [http://www.jstor.org/stable/1883642. Eingesehen am 24. Juni 2020].

939 Don Heinrich TOLZMANN, Images of America: German Cincinnati, Arcadia Publishing, Charleston SC, 2005, S. 95.

überseeischen Handel Deutschlands erschließen. [Deutschland] wird gezwungen sein, Kolonialpolitik im großen Stil zu treiben; und dazu bedarf Deutschland einer starken Kriegsflotte."[940]

Bebel ging in seinen zweiten Redebeitrag auf die Pressezitate Bassermanns ein und beschuldigte ihn, so getan zu haben, als ob es sich um amerikanische sozialdemokratische Stimmen handelte. Dies wies Bebel zurück.[941] Gleichzeitig machte er so klar, dass er auf gewisse Tendenzen der alten Elite und des rechten Lagers nicht weiter Bezug nehmen wollte, sich der Sozialdemokratie aus politischen Überlegungen heraus anzunähern. Diese Tendenz wurde, wie im Kapitel Gesellschaft genauer beschrieben wird, im Laufe der nächsten zehn Jahre immer stärker und fand ihren aussagekräftigsten Niederschlag in den Bemühungen des Hansabundes, auf den im Kapitel Gesellschaft genauer eingegangen wird, auf die gemäßigte, revisionistische Sozialdemokratie zuzugehen.

Eugen Richter lehnte die Zustimmung seiner Partei zur Vorlage ab. Er wollte diese Ablehnung als Misstrauensausweis gegenüber der Regierung gewertet sehen, denn

> „bei Vorlagen von solcher Tragweite müsse zur sachlich-technischen Begründung auch noch das Vertrauen zur Regierung hinzukommen [...]. Dies Vertrauen [...] haben wir jetzt am Schlusse dieser Berathung noch weniger angesichts der in Aussicht stehenden Wirthschaftspolitik als zu Anfang, und auch darum stimmen wir gegen die Vorlage. (Beifall links.)"[942]

Diese Aussage war insofern bedeutend, als sie einen weiteren Hinweis auf den Fortschritt der informellen Parlamentarisierung des Deutschen Reiches gibt. Zwar kam der Beifall nur von links, das rechte Lager enthielt sich aber auch einer gegenteiligen, diese Aussage widersprechenden Reaktion. Die Regierung musste die Abgeordneten nicht nur sachlich überzeugen, sie bedurfte auch des Vertrauens des Parlaments, um über das formale Gesetz konkrete Handlungslegitimität zu erhalten. Es entwickelte sich demnach ein modernes Verständnis von demokratischer Politik, welche einem rein autoritären oder absoluten System diametral entgegensteht: Das jeweilige handelnde Machtzentrum brauchte das Vertrauen der anderen Machtpole, um konkret handlungsfähig zu sein, denn Vertrauen, Verfassung und Demokratie sind eng miteinander verwoben und als historische Phänomene im Zuge der Modernisierung entstanden. Vertrauen ist eine der elementaren Voraussetzungen von Demokratie. Demokratie wiederum bedarf einer Verfassung und eine Verfassung inkorporierten Vertrauenskonzeptionen.[943]

---

940 Stg. Berichte, 10. Leg.-Periode, 1898/1900, 7, 204. Sitzung, Mittwoch, den 6. Juni 1900, S. 5823C/D.

941 Ibid., S. 5837C.

942 Ibid., S. 5831A.

943 Zur Bedeutung des Vertrauens in der Demokratie siehe: Gary S. SCHAAL, Vertrauen, Verfassung und Demokratie: Über den Einfluss konstitutioneller Prozesse

In seiner Argumentation gegen das Gesetz kam Richter zweimal auf die USA zu sprechen. Zum einen in einer humorvoll-spöttischen Beschreibung der Werbefahrt der Torpedodivision auf dem Rhein, welche die Bevölkerung von der Notwendigkeit einer starken Flotte überzeugen sollte; darin spiegelte sich auch eine Bewunderung für die Erfolge der amerikanischen Marine gegen Spanien wider und die Vereinigten Staaten erschienen so als ein für Deutschland nicht gefährlicher oder relevanter Gegner.[944]

Diese eher verharmlosende militärische Sicht auf die USA kam auch einige Zeilen weiter zum Ausdruck, als er eine halboffizielle Broschüre mit dem Titel *Warum hat jedermann im deutschen Volke ein Interesse an einer starken deutschen Flotte?*[945] ironisch kommentierte. In der Zeit des Spanisch-Amerikanischen Krieges, der Ereignisse um Samoa und vor Manila kam es zwischen Deutschland und den Vereinigten Staaten wegen des amerikanischen Dingley-Tarifs und des neuen deutschen Zolltarifs, der bis 1903 eingeführt werden musste und bereits ein wichtiges Thema war, was im Kapitel Wirtschaft der vorliegenden Arbeit genauer untersucht wird. zu handelspolitischen Spannungen. Richter versuchte nun über die Beziehungen mit den Vereinigten Staaten in seiner Rede die widersprüchliche Handels- und Außenpolitik, den „Zickzackkurs" des Kaiserreichs, zu verdeutlichen.[946] In der Broschüre stand nämlich ausgerechnet „bei dem Hinweis darauf, wie nützlich gerade die amerikanischen Fleischfabrikate für uns Deutsche sind, welchen Werth die verstärkte Flotte hat, indem sie uns die Zufuhr der amerikanischen Fleischfabrikate sichert," was bei den linken Abgeordneten „Heiterkeit" auslöste: „Es ist doch eine wundersame schöne Sache um Schifffahrt und Seeverkehr, die es möglich machen, daß die fernsten Zonen sich helfend die Hand reichen, und daß der natürliche Reichthum entlegenster Wildnis den anderen Kulturmenschen dienstbar gemacht wird."

Die Hervorhebung der Bedeutung des Büchsenfleisches stand in einigermaßen großem Widerspruch zur vor allem von den Agrariern forcierten Richtung,

---

und Prozeduren auf die Genese von Vertrauensbeziehungen in modernen Demokratien, Springer Fachmedien, Wiesbaden 2004.

944 Stg. Berichte, 10. Leg.-Periode, 1898/1900, 7, 204. Sitzung, Mittwoch, den 6. Juni 1900, S. 5828B: Im Mai 1900 hatte die Torpedoschiffe der kaiserlichen Marine von Rotterdam aus eine Fahrt den Rhein hinauf unternommen, wovon die Zeitungen entlang des Rheins intensiv berichteten. Siehe dazu: https://www.lagis-hessen.de/de/subjects/idrec/sn/edb/id/2079 [Eingesehen am 26. August 2020].

945 Stg. Berichte, 10. Leg.-Periode, 1898/1900, 7, 204. Sitzung, Mittwoch, den 6. Juni 1900, S. 5830B.

946 Ibid., S. 5831A: „[...] wir sind ja an eine widerspruchsvolle Politik längst gewöhnt [...], widerspruchsvoll nicht bloß in Bezug auf das, was gleichzeitig von diesem und jenem Ressort ausgeht, sondern auch widerspruchsvoll in der Folge der Zeit, wofür man ja den bekannten Ausdruck „Zickzackkurs" eingeführt hat."

durch den neuen Zolltarif den Import von Fleisch und Getreide zu erschweren.[947]
Im Jahre 1900 war es der Agrarlobby gelungen, durch das Fleischbeschaugesetz
ein weitreichendes Importverbot für Büchsen-, Gefrier- und Pökelfleisch auszusprechen, was einer fast vollständigen Fleischeinfuhrsperre von Produkten der
überseeischen Konkurrenz gleichkam. Die Folgen waren eindeutig: Die Preise für
Fleisch- und Milchprodukte stiegen im Kaiserreich erheblich.[948]

Richter interpretierte die Politik der Reichsleitung dahingehend, dass Amerika
militärisch nicht gefürchtet und als Gegner betrachtet wurde, denn dann hätte
die Reichsleitung auf die Vermehrung der Auslandsflotte bestanden; handelspoli-
tisch konnte die deutsche Regierung einen Konflikt mit den USA riskieren, da sie
sich weniger um die Interessen der Arbeiter und der Exportindustrie kümmerte,
denn um diejenigen der Agrarier und der Schwerindustrie, der vor allem die Vermehrung der Schlachtflotte zugutekam. Schlachtflottenbau und eine die Agrarier
bevorzugende Zolltarifpolitik waren für den linksliberalen Abgeordneten mithin
die zwei Seiten derselben Medaille.

Dies drückte der freisinnige Abgeordnete und einer der Gründungsdirektoren
und Vorstandssprecher (bis 1900) der Deutschen Bank, Georg von Siemens[949], in
seiner Rede während der letzten Diskussion zum Flottengesetz, in der Sitzung am
7. Juni 1900, aus: „[...] die Flottenvorlage [steht] mit unserer industriellen, schutzzöllnerischen Entwicklung in einem gewissen Zusammenhang."[950]

In dieser Sitzung ging es in der Hauptsache um die Finanzierung der neuen
Schiffe. Wie Berichterstatter Müller betonte, durfte die Flottenvermehrung nicht
über neue, die Volksmassen belastende Steuern finanziert werden. Siemens war
ein sehr guter Kenner der USA und er wies das von Stolberg-Wernigerode, dem
er Unkenntnis der Verhältnisse vorwarf, vorgebrachte Argument, auch sie verbänden hohe Getreidezölle mit schutzzöllnerischen Maßnahmen für die Industrie,
zurück.[951]

---

947 Ibid., S. 5830C.
948 Patrick WAGNER, Bauern, Junker und Beamte: Lokale Herrschaft und Partizipation
     im Ostelbien des 19. Jahrhunderts, Wallstein Verlag, Göttingen 2005, S. 404: Der Ver-
     such, den Import von Fleisch zu verhindern, hatte bereits 1880 mit dem Viehseuchen-
     Verhütungsgesetz begonnen und wurde im Laufe der Jahrzehnte immer weiter
     perfektioniert.
949 Martin L. Müller, Siemens, Georg von, in: Neue Deutsche Biographie 24 (2010),
     S. 375–376 [Online-Version]; URL: https://www.deutsche-biographie.de/pnd118797
     093.html#ndbcontent: Georg von Siemens (21. Oktober 1839–23. Oktober 1901)
     saß von 1874 bis zu seinem Tod zunächst für die Nationalliberale Partei, dann für
     die Deutsche Freisinnige Partei und ab 1898 für die Freisinnige Vereinigung im
     Reichstag.
950 Stg. Berichte, 10. Leg.-Periode, 1898/1900, 7, 205. Sitzung, Donnerstag, den 7. Juni
     1900, S. 5842A.
951 Ibid.

Hier wird einer der Konfliktpunkte des Kaiserreichs deutlich, nämlich der zwischen der alten Elite und der neuen, die von den Vertretern der exportorientierten Industrien und dem Dienstleitungssektor, wie Banken, repräsentiert wurde. Siemens sprach sich in seiner technischen Rede im Wesentlichen gegen die Finanzierung der Flottenvermehrung über eine Erhöhung der Börsensteuer aus.[952] Er stellte sich deutlich als Vertreter der modernen Welt dar, der die konservativen Kreise von den positiven Effekten der Arbeitsteilung, der Beschleunigung und des Austausches und des Verkehrs, sowohl des nationalen als auch des internationalen, überzeugen musste. Um den globalisierten Verkehr zu verdeutlichen, führte er den Güteraustausch mit Amerika als Beispiel an und verwarf zugleich nationalistisches Denken.[953] Auch was die nationale Aktienkultur betraf, nannte er England und Amerika als Beispiele. Dort konnte jedermann Aktien erwerben. Der Vorteil für diese Länder war im Vergleich mit Deutschland die schnelle Schaffung großer und kapitalstarker Aktiengesellschaften, was wiederum zum Nachteile Deutschlands gereichte. Siemens wies die Begründung für die Erhöhung der Aktienausgaben- und Aktienumsatzsteuer, welche mit dem Jahr 1894 argumentiert, als sich die Einnahmen daraus im Vergleich zu 1893 verdoppelt hatten, zurück, da das Jahr 1893 eine weltweite Wirtschaftskrise erlebt hatte, namentlich in den Vereinigten Staaten, und zwar die sogenannte *Panic of 1893*:[954] Siemens stellte dann seine Sicht der auswärtigen Beziehungen dar, die im Wesentlichen auf finanziellen und wirtschaftlichen Interessen, Kämpfen und Abhängigkeiten beruhten. Er präsentierte sich damit als Kenner und Analyst außenpolitischer Fragen neuen Typs. Damit beteiligte er sich als Mitglied der Gruppe der Abgeordneten in gewisser Weise an der vom Reichstag insgesamt bewusst und unbewusst unternommenen institutionellen Kompetenz- und Bedeutungsausweitung über die Außenpolitik. Siemens versuchte über verschiedene Beispiele internationaler Beziehungen und Allianzen, wie der zwischen Frankreich und Russland oder zwischen Österreich und Serbien, und auch im Zusammenhang mit dem Japanisch-Chinesischen Krieg die Bedeutung der Finanzen für die auswärtige Politik zu beweisen: „Mehr als einmal ist ein politischer Akt durch eine finanzielle Transaktion eingeleitet worden, und wenn Sie unsere Börsen, d.H. den Konzentrationspunkt der liquiden Mittel des Landes,

---

952 1881 wurden Börsengeschäfte erstmals mit einer Steuer belegt (Reichsstempelgesetz). Dieses wurde im Laufe der Jahre reformiert. Siehe dazu: Wilhelm GERLACH, Die Wirkung der deutschen Börsensteuergesetzgebung, in Zeitschrift für die Gesamte Staatswissenschaft, Bd. 61, Nr. 3, 1905, S. 461–520, besonders S. 467–468. [http://www.jstor.org/stable/40740344. Eingesehen am 27. August 2020.].

953 Stg. Berichte, 10. Leg.-Periode, 1898/1900, 7, 205. Sitzung, Donnerstag, den 7. Juni 1900, S. 5843B.

954 Vgl. Douglas STEEPLES, David O. WHITTEN, Democracy in Desperation: The Depression of 1893, Greenwood Press, Westport Connecticut 1998.

schwächen, so schwächen Sie zugleich auch die politische Leistungsfähigkeit des Landes."[955]

Die Zustimmung der Linken zu dieser Aussage bezeugte, dass sich im Reichstag neue gesellschaftliche Verbindungen, Koalitionen, Konfigurationen widerspiegelten und sich dort ausdrücken und aktualisieren konnten. Zudem entwickelten die Reichstagsabgeordneten ihre eigenständigen auswärtigen Kompetenzen und Sichtweisen, was wiederum, um es noch einmal zu unterstreichen, das institutionelle Gewicht des Reichstags hob.

Der freikonservative Abgeordnete Wilhelm von Kardorff zeigte sich durch die Ausführungen von Siemens, den er mehrfach herausfordernd als „Herr von Siemens, Herr Abgeordneter oder Herr Abgeordneter von Siemens " direkt ansprach, um so dessen vermeintliche Arroganz hervorzuheben, irritiert und beinahe beleidigt. So machte sich Kardorff wohl nur halb über den Vortragsstil von Siemens lustig, der „uns im übrigen eine volkswirthschaftliche Vorlesung gehalten [hat], die im Ganzen den seit einigen Jahrtausenden bekannten Satz verfocht, daß das Geld eine große Macht ist. (Heiterkeit und sehr gut! recht und in der Mitte.)."[956]

Die alte Elite sah sich von der neuen Elite, die nicht zuletzt von den Bankiers repräsentiert wurde, und deren kapitalistische und global-freihändlerische Vision stark in ihren traditionellen Rechten herausgefordert, was jedoch gleichzeitig dazu führte, dass die Qualität der Argumente in den Debatten zunahm, wie Kardorffs weitere Antwort auf Siemens bezeugte.[957]

Die Wissenskompetenzen des Reichstags, seine Professionalisierung nahmen so zu und diese angenommene Kompetenz wiederum stärkte die Stellung des Parlaments im Institutionengefüge selbst. Über diese Professionalisierung, welche Kompetenz implizierte, wuchs auch das Vertrauen der Bürger und der Exekutive selbst in das Parlament und so die Autorität des Reichstags innerhalb des Institutionengefüges.[958] Dies lief auf eine fortschreitende informelle Parlamentarisierung und demokratische Festigung der Gesellschaft hinaus, denn Vertrauen ist für die Integration moderner Gesellschaften von enormer Relevanz und eine elementare Voraussetzung sozialer Prozesse[959].

Herrmann Paasche ging ebenso wie Kardorff vor ihm intensiv auf die Rede von Siemens ein. Auch er positionierte sich gegen dessen sehr freihändlerische und insgesamt sehr liberale Wirtschaftsvorstellung. Insbesondere die Rolle der Börse, den freien Kapitalverkehr und den weltweiten Kapitaltransfer kritisierte

---

955 Stg. Berichte, 10. Leg.-Periode, 1898/1900, 7, 205. Sitzung, Donnerstag, den 7. Juni 1900, S. 5845A.

956 Ibid., S. 5848D.

957 Ibid., S. 5848B–5850B.

958 SCHAAL, Vertrauen, Verfassung, S. 59: Kompetenz wird als wesentliche Grundlage des Vertrauens verstanden.

959 Martin ENDRESS, Vertrauen, transcript Verlag, Bielefeld 2002, S. 9.

er als schädlich für die deutsche Wirtschaft, die vor allem mit den USA ein starkes Handelsdefizit aufwies. In drastischen Worten schilderte er dieses Defizit und die schlimmen Folgen nachgerade für Deutschland. Er warnte auch davor, dass die USA über das Aufkaufen europäischer Staatsanleihen eine zu große politische Rolle in Europa spielen könnten, die es unbedingt zu verhindern galt. Die imperiale Konkurrenz zu den USA fing an, das Bild, das man sich von diesem Land machte, zu verändern. Amerikas stetig steigende Wirtschaftskraft erschien zusammen mit der neuen imperialen Politik nunmehr als potentielle Bedrohung auch für europäische Länder.[960]

Paasche ging es also um den zukünftigen deutschen Zolltarif, den er sich, was den freien Kapitalverkehr betraf, protektionistischer wünschte. Interessanterweise war Paasche als Wissenschaftler- er war Professor für Staatswissenschaften an mehreren Universitäten gewesen- eher liberal orientiert und hatte gerade wegen seines Wechsels von protektionistischer zu marktwirtschaftlicher Auffassung nicht unwesentlich zur Bewältigung der Krise der deutschen Zuckerwirtschaft beigetragen.

2.7.3. Dritte Lesung: Rechtfertigungen des Abstimmungsverhaltens und Klarstellungen

Während die deutschkonservativen Abgeordneten Carl-Ferdinand Stumm-Halberg und Georg Oertel von der Deutschkonservativen Partei noch einmal die ihnen zufolge wahren Gründe ihrer Zustimmung zum Flottengesetz vorbrachten und den Vorwurf zurückwiesen, sie hätten diese lediglich gegen lobbyistische Vorteile erteilt, verurteilte der Sozialdemokrat Wilhelm Liebknecht aufs Schärfste das Flottengesetz. Neben innen- und sozialpolitischen Gründen machte er geltend, dass die deutsche Flotte in der Hauptsache gegen England gerichtet sei, dieses Land jedoch in der Flottenstärke niemals eingeholt werden könnte. Die weltpolitische Argumentation konzentrierte sich über die Agitation der Alldeutschen, des Flottenvereins, des Kaisers und der Reichsleitung auf die Überzeugung, die Rivalität mit England als bestimmendes Problem der deutschen Außenpolitik zu betrachten.[961] Genau diese Anschauung wies Lieberknecht in seiner Rede scharf zurück. Als Beweis verwies er auf die deutschen Interessen und Angelegenheiten in China, die sich dort gerade nicht wegen einer großen deutschen Flottenpräsenz gut entwickelten. Die eigentlichen Gründe waren, – und hier bewegte sich Liebknecht nun wieder auf dem Feld weltpolitischer auswärtiger Überlegungen – „die Interessengemeinschaft mit den Kulturstaaten. Nicht mit Rußland, in dessen Schlepptau wir jetzt segeln, haben wir dort gemeinsame Interessen, sondern gerade mit dem

---

960 Stg. Berichte, 10. Leg.-Periode, 1898/1900, 7, 205. Sitzung, Donnerstag, den 7. Juni 1900, S. 5858A/B.
961 CANIS, Von Bismarck zur Weltpolitik, S. 229.

verlästerten England und den Vereinigten Staaten, welche die Theilung von China nicht wollen und bloß verlangen, daß China der Kultur und dem Handel erschlossen werden. Und das ist ein Werk des Friedens."[962]

Als Deutschlands Eintritt in die Weltpolitik gilt, fast gleichzeitig mit den Vereinigten Staaten, das Jahr 1897, als Bernhard von Bülow und Alfred Tirpitz Staatssekretäre des Auswärtigen Amtes bzw. der Marine wurden und gegen dessen Ende die Okkupation Kiautschous erfolgte.[963] Damals hatten Liebknecht und Bebel die deutsche Expansionspolitik in China noch als schädlich für die deutschen Arbeiter und als Gefahr für die auswärtigen Beziehungen kritisiert. Zu Beginn des Jahres 1900 aber herrschte Optimismus vor und die Inbesitznahme Kiautschous wurde nun weitgehend als Erfolg gewertet.[964] Für den Sozialdemokraten Liebknecht waren die demokratischen Vereinigten Staaten und auch das konstitutionelle England „Kulturstaaten" und politisch eher Verbündete als das zaristische Rußland.[965] Er nutzte die außenpolitischen Betrachtungen zu einer sarkastischen und immer direkteren Kritik des bestehenden politischen Systems und vor allem des Kaisers:

> „Ueber eins wundern sich die Engländer allerdings: daß das deutsche Volk, welches sie für sehr gesittet und hochgebildet halten, heute noch solche, fast mittelalterlichen Zustände duldet, wie wir sie leider haben. Sie begreifen nicht, daß eine Nation, die das allgemeine Wahlrecht hat, noch unter einem persönlichen Regiment stehen kann, welches fast persönlicher sich äußert, als das persönliche Regiment heut zu Tage in der Türkei und in Rußland auftritt. (Sehr richtig! bei den Sozialdemokraten. Gelächter.)."[966]

Diese wurde von den Abgeordneten der Rechten weder unterbrochen noch ablehnend begleitet; nur der Reichstagspräsident schritt kurz ein, um Liebknecht daran zu erinnern, dass er nicht das Recht hatte, „sich hier mit der Allerhöchsten Person des Kaisers zu beschäftigen."[967]

Die außenpolitische Vision der Abgeordneten spiegelte insofern auch die Spaltung der Gesellschaft in die monarchische, eher demokratiefeindliche alte Elite und die neue, die Demokratisierung und Parlamentarisierung vorantreiben wollende neue Elite wider. Liebknecht nutzte dann die Rede, um zu beweisen, dass die SPD trotz des Revisionismusstreits geeint war und die Arbeiter hinter ihrer Politik der Ablehnung einer Flottenvermehrung stünden. Als Beispiel für die Einigkeit

---

962 Stg. Berichte, 10. Leg.-Periode, 1898/1900, 7, 209. Sitzung, Dienstag, den 12. Juni 1900, S. 6026C.

963 CANIS, Von Bismarck zur Weltpolitik, S. 223.

964 Ibid., S. 270–271.

965 Ibid., Berlin 1999, S. 287.

966 Stg. Berichte, 10. Leg.-Periode, 1898/1900, 7, 209. Sitzung, Dienstag, den 12. Juni 1900, S. 6026C.

967 Ibid., S. 6027B.

aller Arbeiter, ihre internationale Solidarität und ihre gemeinsamen Werte, Ziele und Interessen im antikapitalistischen Klassenkampf und in der Ablehnung kapitalistenfreundlicher Politik zitierte er das Verhalten der englischen Arbeiter während des „amerikanischen Sklavenkriegs."[968]

Über Liebknechts Wortwahl zeichnet sich bereits ab, was im Kapitel Gesellschaft zur „Rassenfrage" genauer betrachtet werden soll: Die „Rassenfrage" und besonders die Menschen in den Kolonien wurden zunehmend zu einem Spielball und Einsatz im innenpolitischen Klassenkampf.

Der nationalliberale Abgeordnete Karl Sattler hingegen gab seiner Befriedigung darüber Ausdruck, dass das Gesetz nun wohl verabschiedet werden würde, und er unterstrich die Bedeutung dieser Investition gerade auch für die deutsche Arbeiterschaft. Zudem wies er den Vorwurf Liebknechts, die Flotte würde gegen England ausgebaut, zurück, obwohl die „systemtragenden Kräfte – Industrie, Aristokratie, Konservative, Freikonservative und Nationalliberale, die großen Interessenverbände und die Mehrheit der Bildungsbürger – noch eindeutiger in eine antienglische und prorussische Richtung" tendierten.[969] Bereits vor der Wahl 1898 hatte der preußische Finanzminister Johannes von Miquel unterstrichen, man müsse, um die Ordnungsparteien und das Zentrum auf Regierungskurs zu bringen, die Mittelklasse, Bauern und Handwerker der fortgesetzten Fürsorge des Reichs versichern.[970]

Wegen der Wahlerfolge der SPD bei den Reichstagswahlen zum 10. Deutschen Reichstag im Juni 1898 wandten sich sogar die Nationalliberalen und Konservativen nun verstärkt den Interessen der Arbeiter zu. Nachdem die letzten Redner eher persönliche und sehr innenpolitische Themen unter dem Vorwand der Diskussion des Flottengesetzes besprochen hatten, ergriff zum Ende, vor der endgültigen Abstimmung des Gesetzes, der Staatssekretär des Auswärtigen Amtes Bülow das Wort. Er führte die Debatte in seinem kurzen Beitrag in die Sphären der höheren Politik zurück, was die Abgeordneten mit „lebhaftem Beifall" begleiteten. Bülow fasste noch einmal den außenpolitischen Standpunkt der Regierung zusammen und versuchte so, den Abgeordneten zu verdeutlichen, dass die eigentliche auswärtige Kompetenz bei der Reichsleitung lag: „Die Politik eines großen Landes darf weder durch Sympathien noch durch Antipathien bestimmt werden., sondern sie kann nur geleitet werden vom Standpunkt der deutschen Gesammtinteressen."[971]

Die dritte Lesung des Flottengesetztes hatte eine starke Fixierung auf England gesehen, die Vereinigten Staaten hatten in der Argumentation für oder dagegen eine nur untergeordnete Rolle gespielt. Die Abgeordneten nutzten die Debatte

---

968 Ibid., S. 6027D–6028A.

969 CANIS, Von Bismarck zur Weltpolitik, S. 287.

970 Ibid., S. 276.

971 Stg. Berichte, 10. Leg.-Periode, 1898/1900, 7, 209. Sitzung, Dienstag, den 12. Juni 1900, S. 6039D.

hingegen zur Offenlegung ihrer Sicht auf die auswärtige Politik, zumal die Abgeordneten der SPD. Die antisemitischen, völkischen Parteien führten die Debatte am Ende auf antislawisches, völkisches Terrain und machten sich über die höheren politischen Ambitionen der Abgeordneten anderer Parteien, die sich gerade in der Diskussion auswärtiger Angelegenheiten offenbarten, lustig.[972] Der antisemitische Abgeordnete Heinrich Graefe von der Deutschen Reformpartei sprach der Regierung das Misstrauen seiner Partei aus und träumte gar von einem, der „kommen wird, der das Steuer des Reichs in nationales Fahrwasser zu lenken versteht."[973]

Fazit Zweites Flottengesetz

Das Gesetz, das mit 201 Ja-Stimmen und 103 Nein-Stimmen angenommen worden war, wurde bis zum Ausbruch des Ersten Weltkriegs noch einige Male den veränderten geopolitischen Umständen angepasst. Mit diesem Gesetz stieg Deutschland bis zum Vorabend des Ersten Weltkriegs zur zweitstärksten Seemacht der Welt hinter den USA auf. Darüber hinaus verfügte es auch über das größte Landheer. Wenngleich in der Historiographie die Flottenrüstung als eine der Bedingungen und Gründe für den Ausbruch des Ersten Weltkriegs gesehen wird[974] und immer noch als Zeugnis für den in der Wilhelminischen Epoche übertriebenen Militarismus gilt[975], zeigten die Debatten zum Flottengesetz doch die Komplexität der Überlegungen der Reichstagsabgeordneten, welche schließlich das Volk repräsentierten, und die breite Skepsis, auf welche diese Rüstung in weiten Teilen der Gesellschaft stieß.[976] Zudem befand sich Deutschland damit nicht auf einem Sonderweg – dies gilt es immer wieder zu betonen- bauten doch auch Frankreich, die USA, Japan,

---

972 Ibid., S. 6038A.

973 Ibid., S. 6036C.

974 Etwa bei John C.G. Röhl, Wilhelm II.: Der Weg in den Abgrund (1900–1941), C.H. Beck Verlag, München 2018³, S. 863–886: Kapitel 31, „Den Gegner erkannt": Forcierte Flottenrüstung trotz Kriegswahrscheinlichkeit.

975 So etwa Carola Groppe, Im deutschen Kaiserreich: Eine Bildungsgeschichte des Bürgertums 1871–1918, Böhlau Verlag, Köln 2018, S. 771–438, hier S. 381: „[Es] scheint ein ganz anderer Militarismus auf, nicht einer der Unterwerfung unter militärische Rollenvorgaben, sondern einer, der Wehrpflicht und Kriegseinsatz als Teil staatsbürgerlicher Verpflichtung im Kontext einer wehrhaften Zivilgesellschaft begriff. Das Militär sollte ein institutionalisierter und funktionaler Teil der Gesellschaft sein, und nicht umgekehrt."; oder auch Thomas Rohkrämer, Der Militarismus der „kleinen Leute"; Die Kriegervereine im Deutschen Kaiserreich 1871–1914, Oldenbourg Verlag, München 2009.

976 Rüdiger Bergien, Flotte und Medien im Kaiserreich, in: Deutsche Marinen im Wandel: Vom Symbol nationaler Einheit zum Instrument internationaler Sicherheit, hg. von Werner Rahn, R. Oldenbourg Verlag, München 2005, S. 143–160, hier S. 154.

Russland und Österreich-Ungarn ihre Flotten stark aus,[977] von der Überzeugung Großbritanniens, ein natürliches Recht auf Seemacht und überseeischen Kolonial-besitz zu haben, ganz zu schweigen. Zudem veränderte sich die geopolitische Lage in den nächsten Jahren stetig und es kam zu zahlreichen Ereignissen, die die welt- und europapolitischen Gegebenheiten veränderten: Das Osmanische Reich sah sich mit immer stärkeren Unabhängigkeitsbestrebungen auf dem Balkan konfrontiert, was zu verschiedenen Krisen (Annexion Bosniens durch Österreich-Ungarn 1908, welches Bosnien seit dem Berliner Kongress von 1878 bereits verwaltet hatte[978]) und Kriegen[979] (1. und 2. Balkankrieg 1912/13) führen sollte. Russland, von inneren Spannungen erschüttert, sah sein monarchisches System Aufständen und Gefah-ren ausgesetzt und reagiert auch deshalb mit einem aggressiven Panslawismus, der wiederum im multikulturellen und stark slawisch geprägten Österreich zu Erschütterungen führte. Das Deutsche Reich, dessen wirtschaftliches Gewicht und militärische Kraft weiterhin zunahmen, wurde von Großbritannien und Frankreich äußerst kritisch beobachtet, weshalb sich beide annäherten. Italien, als Verbünde-ter Deutschlands und Österreichs, war wirtschaftlich angeschlagen und versuchte trotz seiner Mitgliedschaft im Dreibund, zwischen den anderen Großmächten zu lavieren. Die USA gingen ihren unaufhaltsamen Weg zur größten und stärksten Weltmacht weiter und sahen sich allenfalls von Japan und dem Deutschen Reich herausgefordert. Insbesondere auf dem amerikanischen Kontinent wurden sie zur unbestrittenen Hegemonialmacht, welche ihre Interessen dort hart und klar ver-folgte und vertrat.

In der Venezuelakrise des Jahres 1902/03, die im letzten Teil des Kapitels zur Außenpolitik und Diplomatie in der Wilhelminischen Epoche behandelt wer-den soll, kam es denn beinahe zu einem militärischen Konflikt zwischen beiden Ländern, wenngleich die Gefahr in der Nachschau wohl von der Historiographie zum Teil überzogen dargestellt wurde, wie es ja bereits während des Spanisch-Amerikanischen Krieges und zumal beim sog. Manila-Zwischenfall der Fall war.

Denn Deutschland wurde trotz aller inneramerikanischen Propaganda weder von der Bevölkerung noch den maßgeblichen Teilen der Gesellschaft als wirklicher Feind betrachtet, so wenig wie die USA und Lateinamerika in den strategischen Überlegungen für Deutschland eine echte Rolle spielten. In der Öffentlichkeit und

---

977 Rolf HOBSON, Die Besonderheiten des Wilhelminischen Navalismus, in: Deutsche Marinen im Wandel: Vom Symbol nationaler Einheit zum Instrument internationa-ler Sicherheit, hg. von Werner RAHN, R. Oldenbourg Verlag, München 2005, S. 161–185; Jakob VOGEL, Nationen im Gleichschritt: Der Kult der „Nation in Waffen" in Deutschland und Frankreich 1871–1914, Vandenhoeck & Ruprecht, Göttingen 1997.

978 AFFLERBACH, Der Dreibund, Europäische Großmacht- und Allianzpolitik vor dem Ersten Weltkrieg, Böhlau, Wien 2002, S. 628.

979 Siehe dazu: Catherine HOREL (Hg.), Les guerres balkaniques (1912–1913): Conflits, enjeux, mémoires. Peter Lang, Brüssel 2014.

also auch im Reichstag wurden die Beziehungen zu den USA und etwa die Venezuelakrise gerade auch aus diesem Grunde als Hebel für die Durchsetzung innenpolitischer Absichten und die Verfolgung verfassungspolitischer Zielrichtungen, nämlich Förderung oder Verhinderung der informellen Parlamentarisierung und der Ausweitung des demokratischen Raumes, benutzt.

2.8. Die Venezuela-Krise 1902/1903[980]: Deutschland als Herausforderer der Monroe-Doktrin

2.8.1. Die Vorgeschichte

Deutschland war in Lateinamerika und nicht zuletzt in Venezuela wirtschaftlich hoch präsent und gehörte zu den wichtigsten Exporteuren von Fertigwaren und Kapital. Es kam zu Investitionen vor allem in der Elektroindustrie und im Eisenbahnbau.[981]

Die Discontogesellschaft[982] etwa hatte Krupp das Kapital zum Bau einer Eisenbahn in Venezuela bereitgestellt. Allerdings war Venezuela ein politisch instabiles Land und zwischen 1898 und 1900 war es zu einem Bürgerkrieg gekommen, der, so gab sich Bülow überzeugt, deutschen, englischen, amerikanischen und italienischen wirtschaftlichen Interessen „schwere Schädigungen an Geld und Gut" zugefügt hatte.[983] Die Wiedergutmachung dieser Schäden und die Begleichung

---

980   Zur Venezuelakrise siehe: Ragnhild FIEBIG-VON HASE, Großmachtkonflikte in der westlichen Hemisphäre: das Beispiel der Venezuelakrise vom Winter 1902/03, in: DÜLFFER, KRÖGER, WIPPICH, Vermiedene Kriege, S. 528 ff.

981   GP, Bd. 17: Die Wendung im Deutsch-Englischen Verhältnis (im Folgenden: GP, Bd. 17), Nr. 5107, Der Reichskanzler Graf von Bülow an Kaiser Wilhelm II. (1. September 1902) S. 245: Aus diesem Grunde schlug Bülow dem Kaiser „ein scharfes Vorgehen gegen Venezuela" vor [...], „schon im Hinblick auf unser Ansehen in Zentral- und Südamerika und die dort zu schützenden großen deutschen Interessen."

982   Die Disconto-Gesellschaft war 1851 gegründet worden. Ihr langjähriger Geschäftsführer und somit einer der bedeutendsten deutschen Bankiers war Adolph von Hansemann (27. Juli 1826–9. Dezember 1903). Die Gesellschaft war innerhalb des Preußen-Konsortiums – eine Gemeinschaft deutscher Banken, die die Staatsanleihen Preußens und des Kaiserreichs emittierten – die mächtigste Bank. Siehe dazu: Manfred POHL, Konzentration im deutschen Bankenwesen (1848–1980), Verlag Fritz Knapp, Frankfurt am Main 1982; MIELKE, Der Hansa-Bund, S. 15; GP, Bd. 17, Nr. 5110, Der Botschafter in London Graf von Metternich, z.Z. in Sandringham, an das Auswärtige Amt (11. November 1902) S. 250, Anm. 1: [...] die vor allem von der Diskontogesellschaft vertretenen Ansprüche Privater beliefen sich auf rund 41 Millionen Bolivares."

983   GP, Bd. 17, Nr. 5106, Der Reichskanzler Graf von Bülow an Kaiser Wilhelm II. (20. Januar 1902) S. 241, Anm. 1.

der ausstehenden Schulden war denn auch der Auslöser der eigentlichen Vene-
zuelakrise um die Jahreswende 1902/03.[984] Während dieser lange schwelenden
Venezuela-Krise beschäftigte sich der Reichstag in Verbindung mit dem Aufbau
der Flotte und der entsprechenden Gesetzgebungstätigkeit häufig mit den USA.
Die Venezuela-Krise war ein Symptom für die parallel verlaufende Entwicklung
Deutschlands und der USA auch auf dem Gebiet der Außenpolitik, die hier im
Gewande des Imperialismus daherkam.[985] In der deutschen – und übrigens auch in
der amerikanischen Admiralität – war es zudem zu Kriegsplänen gekommen, ein
Aspekt der jedoch nicht überbetont werden sollte.

Am 11. Dezember 1899 fand die erste Beratung zum Reichshaushalts-Etat für
das Jahr 1900 statt „in Verbindung mit der ersten Berathung des Entwurfs eines
Gesetzes, betreffend die Aufnahme einer Anleihe für Zwecke der Verwaltungen
des Reichsheeres, der Marine und der Reichseisenbahnen."[986]

In dieser Sitzung hatte Reichskanzler Hohenlohe-Schillingsfürst das Einbringen
eines zweiten Flottengesetzes angekündigt. Im Herbst/Winter 1899 begann sich die
Lage der privaten Unternehmen, die in Venezuela investiert hatten, zu verschlechtern. Im Oktober 1899 ergriff Cipriano Castro die Macht. Der neue venezolanische Präsident stellte wegen der schlechten finanziellen Lage des Landes 1899 den
Schuldendienst erstmals ein. Deutsche Unternehmen gehörten zu den am stärksten tätigen in Venezuela und waren besonders betroffen. Sie wandten sich deshalb
an das Reich, ihnen bei der Eintreibung der Schulden behilflich zu sein. Um die
deutschen Interessen in dieser Zeit zu schützen, bat das Deutsche Reich die USA
um Hilfe, da es selbst noch nicht über die nötigen maritimen Mittel verfügte.[987]
Die Vorfälle und Entwicklungen in Venezuela kamen also für die Reichsleitung
zum richtigen Zeitpunkt, benötigte sie doch Finanzmittel, um die Marine weiter
ausbauen zu können. Die o.g. Ankündigung Hohenlohe-Schillingsfürsts, das erste
Flottengesetz von 1898 zu erweitern, mündete wie gesehen am 14. Juni 1900 in die
Verabschiedung eines zweiten Flottengesetzes ein.

---

984 Stg. Berichte, 10. Leg.-Periode, 1900/03, 9, 252. Sitzung, Freitag, den 6. Februar 1903,
     S. 7722C.

985 Holger H. HERWIG, Germany's Vision of Empire in Venezuela, 1871–1914, Princeton
     University Press, Princeton 1986, S. 195 f.: *The United States, for its part, seemed to be
     on the same path of growth as Germany; undergoing industrial expansion, building a
     substantial surface fleet, and expanding into the wider world as result of its successful
     war with Spain. Not surprising, one saw the Republic in Berlin as the most dangerous
     rival for colonies and fleet stations – as well as for the expected "liquidation" of the
     British Empire in the coming century.*

986 Stg. Berichte, 10. Leg.-Periode, 1898/1900, 4, 119. Sitzung, Montag, den 11. Dezember
     1899, S. 3289C.

987 RÖHL, Wilhelm II.: Der Weg in den Abgrund, S. 272.

Die Reichsleitung nahm derweil die Ereignisse in Venezuela, so wie auch die Ereignisse um Samoa, zum Anlass, im Reichstag für den Ausbau der Flotte zu werben. In der Debatte am 11. Dezember 1899 wies Bülow denn darauf hin, dass alle Länder ihre Flotte derzeit ausbauten, und zwar

> „nicht bloß aus Vergnügen am Geldausgeben. (Heiterkeit. links). [...] Rußland hat das Tempo seiner Flottenverstärkung verdoppelt. Amerika und Japan machen in dieser Richtung gewaltige Anstrengungen [...]. Ohne eine wesentliche Erhöhung des Sollbestandes unserer Flotte können wir [...] neben Frankreich und England, neben Rußland und Amerika unsere Stellung in der Welt nicht behaupten, und wir haben eine Stellung in der Welt zu behaupten. [...] Ich erinnere nur an die Vorgänge, die sich jetzt in Venezuela abspielen, wo wichtige deutsche Interessen auf dem Spiel stehen [...] und wohin wir kaum zwei oder drei alte Schulschiffe senden können."[988]

In den folgenden beiden Jahren reagierte die Reichsleitung auf die Beschwerden der deutschen Unternehmer wegen des genannten Mangels an maritimen Mitteln jedoch nur relativ verhalten. Erst im Sommer 1901 tauchten deutsche Kriegsschiffe demonstrativ vor der Küste Venezuelas auf, und im Oktober desselben Jahres kam es zu einem Zwischenfall, den Admiralstabschef Diederichs nutzen wollte, die seit dem ersten Flottengesetz neu aufgebaute deutsche Seemacht zu demonstrieren.

Wilhelm, der zunächst in gewohnt stürmischer Manier für ein rabiates Vorgehen war, konnte jedoch von Bülow und Tirpitz mit dem Argument, dies würde zu einem ernsten Konflikt mit den USA führen, abgehalten werden,[989] Diederichs Vorschlag zu folgen. Im Laufe des Jahres 1902, Bülow war unterdessen Hohenlohe-Schillingsfürst als Reichskanzler nachgefolgt, nahm sich die Reichsleitung wieder aktiver der Dinge in Venezuela an. Das ganze Jahr über wurde so von der Reichsleitung und den betroffenen Stellen überlegt, wie man dort vorgehen könnte. Im Frühjahr 1902 fand die Reise von Prinz Heinrich in die USA statt, die dazu genutzt wurde, die Stimmung hinsichtlich eines Vorgehens in Venezuela auszuloten.[990]

---

988 Stg. Berichte, 10. Leg.-Periode, 1898/1900, 4, 119. Sitzung, Montag, den 11. Dezember 1899, S. 3294C/D.

989 Röhl, Wilhelm II.: Der Weg in den Abgrund, S. 273.

990 GP, Bd. 17, Nr. 5106, Der Reichskanzler Graf von Bülow an Kaiser Wilhelm II. (20. Januar 1902) S. 243, Anm. 1: „Zweck der Reise ist lediglich, daß Eure Königliche Hoheit als Bruder seiner Majestät des Kaisers durch Höchstihre Persönlichkeit, Auftreten und Erscheinen die Amerikaner erfreuen und gewinnen, sie von der Sympathie Seiner Majestät für das große und mächtig aufstrebende amerikanische Volk überzeugen, wie von der Nützlichkeit guter Beziehungen zwischen dem deutschen und amerikanischen Volk, die durch keinerlei politische Divergenzen getrennt, wohl aber durch zahlreiche und schwerwiegende Interessen, alte Traditionen und Blutsverwandtschaften verbunden sind."

Anfang 1902 unterbreitete Reichskanzler Bülow Wilhelm den Vorschlag einer „Friedensblockade", zumal auch die Vereinigten Staaten „gegen die Verhängung einer Friedensblockade nichts einzuwenden" hätten, wie er fälschlich dem Kaiser darstellte.[991] Wilhelm befürwortete zwar diese Maßnahme, wollte aber zuvor die Reise Heinrichs nach Amerika abwarten. In den nächsten Monaten kam es zu zahlreichen diplomatischen Austauschen hinsichtlich Venezuelas zwischen den Vereinigten Staaten, Deutschland und Großbritannien, welches ebenfalls starke wirtschaftliche Interessen in Venezuela hatte und dort bereits 10 Jahre früher, in der ersten Venezuelakrise, in Konflikt mit den USA geraten war. Während einerseits die Jahreszeit bis in den Herbst in der Karibik für eine maritime Aktion ungünstig war, spielte auch die Uneinigkeit über das weitere Vorgehen gegen Venezuela zwischen Kaiser, Reichsleitung bzw. Reichsmarineamt und Admiralstab eine Rolle.[992] Im September 1902 kam Bülow erneut auf den Kaiser wegen einer Friedensblockade im Verein mit England zurück, da die Verhandlungen mit Venezuela wegen Begleichung der deutschen Forderungen und der während des Bürgerkriegs entstandenen Schäden an deutschem Eigentum in Venezuela keine Ergebnisse gezeigt hatten. Wieder betonte Bülow, dass „von seiten der Regierung der Vereinigten Staaten von Amerika [...] nach der von ihr abgegebenen Erklärungen keine Schwierigkeiten zu besorgen seien."[993] Dies bezeugt, dass sich die Reichsleitung der amerikanischen Sensibilitäten und der Neuausrichtung ihrer auswärtigen Politik seit dem Spanisch-Amerikanischen Krieg sehr bewusst war und diese keinesfalls verletzen wollte. Im Jahre 1902 herrschte nun auch wieder Bürgerkrieg in Venezuela. Manuel Antonio Matos wollte das Regime Castros stürzen und wurde dabei auch von den im Land agierenden ausländischen Finanziers unterstützt. Die Regierung Castro weigerte sich weiterhin, die deutschen Forderungen zu begleichen. Derweil verhandelte Deutschland bis in den Herbst einerseits mit Venezuela wegen Begleichung der Forderungen, anderseits aber auch mit Großbritannien wegen der Durchführung von Zwangsmaßnahmen. Da das Deutsche Reich befürchtete, Venezuela könnte den englischen Forderungen eher nachgeben als den deutschen, erkundigte sich Bülow im November bei Wilhelm, ob Deutschland gegebenenfalls auch alleine Gewalt anwenden könnte.[994] Wilhelm blieb jedoch in Bezug auf militärische Aktionen zögerlich, da er sich der militärischen Schwächen der deutschen Marine bewusst und zudem nicht sicher war, „ob das Objekt [Venezuela] diese Ausgaben rechtfertige. In die ungünstige Finanzlage des Reiches wird sie sehr störend eingreifen."[995]

---

991 Röhl, Wilhelm II.: Der Weg in den Abgrund, S. 273.

992 Ibid., S. 275.

993 GP, Bd. 17, Nr. 5107, Der Reichskanzler Graf von Bülow an Kaiser Wilhelm II. (2. September 1902) S. 245.

994 Ibid., Nr. 5109, Der Reichskanzler Graf von Bülow an Kaiser Wilhelm II. (2. September 1902) S. 247–248.

995 Ibid., S. 249, Anm. 1.

Wilhelm wusste natürlich, dass man, sollte es zu einem Konflikt mit Venezuela kommen, den Reichstag um einen Nachtragshaushalt bitten musste. Allerdings wollte er nicht offen zugeben, dass seine Macht und Entscheidungsgewalt dadurch eingeschränkt waren, zumal sich die Finanzlage des Reiches gerade durch die Flottenrüstung und das Fehlen einer Reichsfinanzreform, um die dadurch entstandenen Kosten zu decken, in schlechtem Zustand befand. Das Deutsche Reich war sehr überschuldet. Gerade in einer Untersuchung der Außenpolitik, die eigentlich zu den ausschließlichen Kompetenzen des Kaisers gehörte, tritt deshalb die relative Schwäche der alten Eliten und die relative Stärke des parlamentarischen Systems deutlich zutage. Auch Bülow war sich dieser Notwendigkeit bewusst, tat jedoch so, als ob es sich dabei nur um eine Formalität handelte: „Sollte es bei der Aktion zu einer Hinaussendung von Schiffen des Heimatgeschwaders kommen, so würden diese durch Indienststellung anderer Schiffe zu ersetzen sein, Die Bewilligung der dadurch entstehenden Kosten würde alsdann durch Nachtragsetat beim Bundesrat und Reichstag beantragt werden."[996]

Die Exekutive und der Kaiser versuchten, das polyzentrische Machtsystem zu ignorieren, um so die eigene Bedeutung zu steigern und die stetige Parlamentarisierung und Demokratisierung des Reiches durch Verdrängung und Tabuierung des Problems aufzuhalten.[997]

Im Verlaufe des Novembers 1902 einigten sich Deutschland und Großbritannien darauf, gemeinsam gegen Venezuela vorgehen. Jedoch erwies sich die Koordination des gemeinsamen Vorgehens als recht kompliziert. Sowohl Großbritannien als auch Deutschland wollten die Fähigkeit zur eigenen Initiative nicht vollständig aufgeben. Da beide aber in der Hauptsache von dem Motiv getrieben wurden, engere und, wenn möglich, privilegiertere Partner der aufstrebenden Weltmacht USA zu werden, wollte keiner der beiden Amerika verärgern, da man sich der neuen verschärften amerikanischen Außenpolitik-Doktrin sehr bewusst war, obschon der amerikanische Staatssekretär betonte, dass die USA zwar jede Einmischung einer europäischen Macht in die Angelegenheiten einer südamerikanischen Republik bedauerten, aber auch verstünden, daß sie das Recht beanspruchen müssten, ihre Interessen in Südamerika zu wahren.[998] Kurz vor der Übergabe eines gemeinsamen Ultimatums an Venezuela am 7. Dezember 1902 bestand der Staatssekretär im Auswärtigen Amt, Richthofen, denn auch noch darauf, dass es sich bei der Blockade der venezolanische Häfen um eine Friedensblockade handelte, „da eine Blockade, die wir amtlich als Kriegsblockade bezeichnen, dem Wesen nach auf

---

996 Ibid., S. 250.

997 Jean LAPLANCHE, Jean-Bertrand PONTALIS, Das Vokabular der Psychoanalyse, Suhrkamp, Frankfurt am Main 1973, S. 582.

998 GP, Bd. 17, Nr. 5116, Der Geschäftsträger in Washington Graf von Quadt an das AA (25. November 1902) S. 256.

eine Kriegserklärung herauskommen und daher ebenso wie eine förmliche Kriegserklärung die Zustimmung des Bundesrats voraussetzen würde."[999]
Für Deutschland war die Durchführung einer äußeren militärischen Aktion auf
Grund der Verfassungslage kompliziert. Zum einen bedurfte es des Reichstages
wegen der Finanzierung einer solchen Aktion. Eine förmliche Kriegserklärung
hätte der Zustimmung des Bundesrates bedurft (Artikel 11 RV) und somit der Vertreter der Einzelstaaten, welche wiederum selbst eigene Absichten und Interessen
verfolgten, wie es Wilhelm in einem Gespräch mit dem englischen Premierminister Balfour im November 1902 anlässlich seines Zusammentreffens mit König
Eduard VII. in Sandringham ausgedrückt hatte:

> „Während England ein staatlich in sich abgeschlossenes Ganzes bilde, gleiche
> Deutschland einem Mosaikbilde, in dem die einzelnen Gefüge noch deutlich erkenn-
> bar und noch nicht mit einander verschmolzen seien. Dies zeige sich auch in der
> Armee, die zwar von dem gleichen patriotischen Geiste durchdrungen, aber doch aus
> den Kontingenten der verschiedenen Staaten zusammengesetzt sei. Das junge Deut-
> sche Reich brauche aber Einrichtungen, in denen es klar den einheitlichen Reichs-
> gedanken verkörpert findet. Eine solche Einrichtung sei die Flotte. Über sie befehle
> nur der Kaiser."[1000]

Das Heer war bundesstaatlich organisiert und taugte als nationales identitäts-
stiftendes Symbol nur wenig, wie etwa die Tatsache bezeugte, dass die föderale
Ordnung Deutschland dazu zwang, „die militärischen Feierlichkeiten auf die Anerkennung der Souveränität der Einzelstaaten und der symbolischen Differenzierung
der einzelnen Regionen aufzubauen"[1001].
Während das Deutsche Reich also vor einem verfassungsbedingten Dilemma
stand, eskalierten Ende Dezember 1902 die Ereignisse in Venezuela.

2.8.2. Die Ereignisse in Venezuela eskalieren

Nachdem die Regierung Venezuelas Anfang Dezember den Forderungen noch
immer nicht nachgekommen war, erließ die Reichsregierung zusammen mit der
englischen Regierung am 7. Dezember 1902 ein Ultimatum an Venezuela. Neben
der Beschlagnahme der Flotte hatte man sich auch auf eine mögliche Blockade
der venezolanischen Häfen als höchstmögliche Zwangsmaßnahme geeinigt. Man
wollte zudem die Gelegenheit nutzen, um zum einen den deutschen Einfluss in der
Region auszuweiten und sich zum anderen Großbritannien, welches als wichtigstes

---

999 GP, Bd. 17, Nr. 5118, Der Staatssekretär des AA von Richthofen an den Botschafter
    in London Grafen von Metternich (5. Dezember 1902) S. 257.
1000 Ibid., Nr. 5031, Kaiser Wilhelm II., z.Z. in Sandringham, an den Reichskanzler
    Grafen von Bülow (12. November 1902) S. 115, Anm. 1.
1001 VOGEL, Nationen im Gleichschritt, S. 279.

Hindernis für Deutschlands Weltpolitik galt und den Aufstieg Deutschlands sehr skeptisch und nachgerade feindlich beobachtete, anzunähern. Graf Lerchenfeld, der langjährige bayerische Gesandte in Berlin, schrieb, dass er den Eindruck gewonnen habe, „daß neben der Absicht, das Prestige des Reiches zu heben, der Wunsch, mit England gemeinschaftlich eine Aktion durchzuführen, die Expedition hier entschieden hat."[1002]

Von dem Gedanken, das Reich müsse an Prestige über eine Ausweitung des Militärs und die Weltpolitik gewinnen, war man im Kreis der diplomatischen Elite und im Auswärtigen Amt um 1900 überzeugt.[1003] Zwar war diese Überzeugung im Kaiserreich sehr umstritten und wurde immer wieder hauptsächlich von den linken Reichstagsabgeordneten als „Renommisterei"[1004] kritisiert, allerdings wurde sie in dieser Auffassung vom Bürgertum unterstützt, was dazu führte, dass „der Reichstag jede Flottennovelle mit noch größerer Mehrheit verabschiedete als die vorangegangene"[1005].

Einen Tag später, am 8. Dezember, legte Reichskanzler Bülow dem Reichstag eine „Denkschrift über die Reklamationen Deutschlands gegen die Vereinigten Staaten von Venezuela" vor. Darin fasste er die Gründe für das Ultimatum zusammen, sprach aber nur andeutungsweise über die Maßnahmen, die zur Durchsetzung dieses Ultimatums ergriffen werden sollten: „Sollte auf das Ultimatum nicht alsbald eine befriedigende Antwort erfolgen, so würde die kaiserliche Regierung zu ihrem Bedauern genöthigt sein, die Sorge für die Durchsetzung der deutschen Ansprüche selbst zu übernehmen."

Die Denkschrift hatte einen überaus friedliebenden Ton und unterstrich vor allem den Einsatz des Reichs für die einfachen deutschen Bürger in Venezuela. Von der Anwendung von militärischer Gewalt war an keiner Stelle die Rede. Am selben Tag der Übergabe der Denkschrift an den Reichstag jedoch zerstörte die deutsche Flotte drei von vier gekaperten Kanonenbooten der venezolanischen Flotte, da die venezolanische Regierung dem Ultimatum nicht nachgekommen war. Einige Tage später, am 13. Dezember, beschoss die deutsche Marine gemeinsam mit englischen Schiffen das Fort Solano. Bülow stellte die deutsche Aktion gegenüber den Abgeordneten als geleitet zuerst vom Willen zum Schutz der Interessen der einfachen deutschen Bürger in Venezuela dar. Dies und das Verschweigen der Absicht, militärische Gewalt anzuwenden, lässt darauf schließen, dass er den Reichstag als eine

---

1002 BHStA München, MA Nr. 76024, Lerchenfeld an Crailsheim 30.11.1902.

1003 Canis, Von Bismarck zur Weltpolitik, S. 245.

1004 Vgl. etwa: Stg. Berichte, 10. Leg.-Periode, 1900/03, 9, 251. Sitzung, Donnerstag, den 5. Februar 1903, S. 7695A; das Wort Renommisterei war um 1900 stark verbreitet, ähnlich wie „Philisterei" und stammte aus der Studentensprache. Der Gebrauch dieser Wörter wies den Sprecher als Angehörigen der Bildungsschicht aus. Siehe dazu: Historische deutsche Studenten- und Schülersprache.

1005 Hobson, Die Besonderheiten des Wilhelminischen Navalismus, S. 171.

Institution ansah, die gegen militärische Aktionen des Reiches eingestellt war und in der Hauptsache nicht das Wohl industrieller Partikularinteressen, sondern das jedes einzelnen Bürgers im Auge hatte. Der Reichstag erscheint hier also als eine in der Mehrheit von demokratischen, modernen Werten und Prinzipien geleitete Institution. Die Interessen der Discontobank und der großen deutschen Firmen, die beim Bau der Eisenbahnlinie Caracas–Valencia (1888–1894) mitgewirkt hatten, wurden so auch nur am Ende relativ schnell angesprochen.

Bei den Debatten Im Reichstag selbst hingegen wurde von den Abgeordneten vor allem der Einsatz für die Interessen der Industrie gerügt und insgesamt das militärische Unternehmen in Venezuela relativ negativ bewertet. Die zu einem Großteil aus der Zivilgesellschaft stammenden Abgeordneten ohne mehrheitliche Militärerfahrung standen dem Einsatz militärischer Gewalt als diplomatisches Mittel fern. In der Denkschrift wurde als Grund für die Intervention der Regierung auch die Tatsache genannt, dass „die Deutschen in besonders feindseliger Weise behandelt worden sind." Wenn dies nicht bestraft werden würde, würde es „den Eindruck erwecken, als ob die Deutschen in Venezuela fremder Willkür schutzlos preisgegeben sind, und demnach geeignet seien, das Ansehen des Reiches in Mittel- und Südamerika sowie die dort zu schützenden großen deutschen Interessen empfindlich zu schädigen." Das gemeinsame Vorgehen mit Großbritannien wurde in der Denkschrift jedoch fast völlig ausgeblendet. Bülow hatte seit Mitte 1902 auch den Eindruck gewonnen, dass sich der weitere weltpolitische und wirtschaftliche Aufstieg des Kaiserreichs nicht fortsetzen würde, da die Konjunktur des Reichs in den Jahren 1900/02 eine wirtschaftliche Delle erlebte, wie man in der Einleitung der vorliegenden Arbeit gesehen hat. Bülow begann deshalb, an der Politik der freien Hand zu Zweifeln. Großbritannien hatte langsam die lähmenden Folgen des Burenkrieges überwunden und setzte seine Offensiven im asiatischen Raum genauso wie in Russland fort. Die Vereinigten Staaten gewannen zusehends an Stärke. Deutschland wollte sich also England über die gemeinsame Aktion in Venezuela annähern, da Großbritannien einen Verbündeten gegen Russland suchte[1006] und man verhindern wollte, dass es sich deshalb Frankreich zuwandte[1007]. Zudem wollte Bülow so nach innen über die Aktion gegen Venezuela Stärke beweisen und gleichzeitig die Vorherrschaft der Vereinigten Staaten in Lateinamerika anerkennen.[1008] Vielleicht wollte Bülow Deutschland als stark genug darstellen, alleine handeln zu können, oder auch die Annäherung an Großbritannien nicht durch zu viel öffentliche Diskussionen gefährden. Nicht zuletzt achteten das Auswärtige Amt sowie die alte Elite wie bereits auch bei Samoa etwa gesehen im Allgemeinen sehr darauf, den Bereich der Außenpolitik und der Diplomatie vor den

---

1006 Sven Däschner, Die deutsch-britische Annäherung um 1900, GRIN Verlag, Norderstedt 2005.
1007 Canis, Der Weg in den Abgrund, S. 31.
1008 Ibid., S. 16.

Reichstagsabgeordneten abzuschirmen, um die Kompetenzen auf diesem Feld nicht teilen zu müssen. Man wollte alles vermeiden, um dem Reichstag einen Kompetenz- und damit Machtgewinn zu gewähren,[1009] der seit der Zustimmung zu den Flottengesetzen und der damit zusammenhängenden engen Zusammenarbeit von Tirpitz mit den Parteien – denn hier gilt es in Erinnerung zu rufen, dass die Regierung die Zustimmung des Reichstags zur Finanzierung dieser erreichen musste – an Gewicht im politischen System gewonnen hatte[1010].

In Bezug auf die Größe der vor Venezuela zusammengezogenen deutschen Flotte mahnte Bülow jedoch Wilhelm, dass eine weitere Vergrößerung der Blockadeflotte bedenklich sei, um der amerikanischen Presse keine neuen Argumente gegen Deutschland zu liefern.[1011]

Das Versenken der venezolanischen Schiffe hatte dem deutschen Botschafter in London Metternich zufolge in Großbritannien, aber auch in anderen Ländern zu dem Vorwurf geführt, „[d]aß Deutschland allzu geneigt sei, mit unnötiger Schärfe vorzugehen." Metternich schlug denn interessanterweise zur Glättung der Wogen eine „Erklärung im Reichstag oder [eine] Veröffentlichung in der „Norddeutschen Allgemeinen Zeitung" vor."[1012]

In der amerikanischen und englischen Demokratie nahm man den Reichstag – nicht zu Unrecht – als Garant der „Rechtsstaatlichkeit", der Legitimation von Regierungshandeln wahr. Man wollte sicher gehen, dass die Handlungen der Regierung von der Zustimmung des Volkes gedeckt waren. Nur so könnte man die Handlungen der deutschen Marine in Venezuela nachvollziehen.

2.8.3. Die USA als Vermittler im Konflikt mit Venezuela

Bereits kurz nach Beginn der Maßnahmen bat Venezuela die USA um Vermittlung, mit dem Vorschlag einer schiedsgerichtlichen Erledigung.[1013] Die amerikanische Regierung übergab dann durch ihre Vertreter in London und Berlin den venezolanischen Schiedsgerichtsvorschlag. Bülow berichtete dieses Vorgehen auf Aufforderung verschiedener Reichstagsabgeordneter hin am 20. Januar 1903 detailliert im Reichstag. Dabei betonte er, wie sehr die Reichsleitung auf eine Vermittlung der Angelegenheit durch Präsident Roosevelt oder, im Falle dessen Ablehnung, durch

1009 Stg. Berichte, 10. Leg.-Periode, 1900/03, 17, Aktenstück Nr. 786, S. 4957–4959.

1010 HOBSON, Die Besonderheiten des Wilhelminischen Navalismus, S. 171.

1011 GP, Bd. 17, Nr. 5120, Der Reichskanzler Graf von Bülow an Kaiser Wilhelm II. (12. Dezember 1902) S. 258–259.

1012 Ibid., Nr. 5122, Der Botschafter in London Graf von Metternich an das AA (13. Dezember 1902) S. 261.

1013 Ibid., Nr. 5120, Der Reichskanzler Graf von Bülow an Kaiser Wilhelm II. (12. Dezember 1902) S. 259, Anm. 1; ibid., Nr. 5121, Der Staatssekretär des AA von Richthofen an den Botschafter in London Grafen von Metternich (14. Dezember 1902) S. 260, Anm. 1.

das Haager Schiedsgericht gedrängt hatte.[1014] Allerdings übertrieb er dieses Drängen vor den Abgeordneten ein wenig, denn zunächst hatte man noch gezögert, wie man darauf reagieren sollte, und man fragte sich, ob eine Blockade ihrer Häfen die venezolanische Regierung nicht zu einem schnellen Einlenken bringen würde. Botschafter Metternich hatte am 14. Dezember 1902 dazu an das Auswärtige Amt telegrafiert, dass er den Eindruck habe, London befürchte, das deutsch-englische Vorgehen gegen Venezuela könnte zu einer Abkühlung mit den Vereinigten Staaten führen. Allerdings habe er, Metternich, die Briten versichert,

> „daß die kaiserliche Regierung den Wunsch hege, alles sorgfältig zu vermeiden, was in den Vereinigten Staaten berechtigte Empfindlichkeiten erregen könnte [...]. Auf der anderen Seite dürften wir es aber auch nicht zu ernst nehmen und uns nicht davon beeinflussen lassen, wenn der eine oder der andere Amerikaner, auf einer unhaltbaren Auslegung der Monroedoktrin fußend,[1015] unser Vorgehen gegen Venezuela mißbillige. Die amerikanische Regierung wisse sehr wohl, daß wir uns nicht in Venezuela festzusetzen wünschten, und wir hätten von ihr freie Hand erhalten, gegen den widerspenstigen Schuldner vorzugehen. Auch sei die überwiegende Mehrzahl der amerikanischen Blätter gegen Venezuela eingenommen. Das beste Mittel, Preßdiskussionen über Arbitrage zu ersticken, bestehe darin, sie möglichst rasch abzulehnen und zur Blockade zu schreiten."[1016]

Der deutsche Botschafter in Washington Holleben kam in seiner Analyse zu ähnlichen Schlüssen die amerikanische Presse betreffend: Diese stand Deutschland nicht feindlich gegenüber und stellte den Konflikt in weiten Teilen recht neutral dar. Die Rechtmäßigkeit der Durchsetzung der deutschen Forderungen wurde nicht wirklich angezweifelt. Auffällig ist aber die Bedeutung, die Holleben der Privatwirtschaft für das Bild Deutschlands sowohl in den USA als auch in Südamerika zubilligte. Die dortigen kaufmännischen Kreise hofften, dass Deutschland einer Einigung des Konflikts vor dem Schiedsgericht zustimmte.[1017] Um den Gegnern eines gemeinsamen deutsch-englischen Vorgehens in Venezuela, vor allem in England, den Wind aus den Segeln zu nehmen, wollte Deutschland schließlich in die Schaffung einer Schiedsinstanz einwilligen. Deutschland wollte, auch um einen gewissen Handlungsspielraum zu behalten, dem Washingtoner Kabinett die Schiedsrichterrolle anbieten. Was die finanziellen Forderungen betraf, so verwies

---

1014 Stg. Berichte, 10. Leg.-Periode, 1900/03, 8, 242. Sitzung, Dienstag, den 20. Januar 1903, S. 7431C/D.

1015 GP, Bd. 17, Nr. 5127, Der Geschäftsträger in Washington Graf von Quadt an das AA (18. Dezember 1902) S. 269.

1016 Ibid., Nr. 5123, Der Botschafter in London Graf von Metternich an das AA (15. Dezember 1902) S. 262.

1017 Ibid., Nr. 5124, Der Botschafter in Washington von Holleben, z. Z. in New York, an das AA (16. Dezember 1902) S. 264.

Bülow in seinem Telegramm zu den Details dieser Forderungen auf eine dem Reichstag zugleitete Denkschrift[1018] und bezeugte so die als Selbstverständlichkeit wahrgenommene Kompetenzverteilung im Reich, was wiederum ein Zeichen für die sich verstetigende Parlamentarisierung war.

Bülow würde es sehr begrüßen, wenn der Präsident der Vereinigten Staaten von Amerika das Schiedsamt übernähme, schlug dann aber als Alternative einen Schiedsspruch des Schiedsgerichts in Den Haag vor. Denn sollten die USA dies annehmen, würde sie in gewisser Weise eingestehen, dass sie keine weltmachtpolitische Rolle übernehmen wollte und zudem die Monroedoktrin militärisch nicht sehr ernst nahm. Der Hinweis auf Samoa war dabei sehr klug, waren sich dort doch erstmals die drei nun auch in Venezuela implizierten Mächte gegenübergestanden. Während England nachgeben und aus Samoa abziehen musste, hatten sich die Vereinigten Staaten und Deutschland die Inselgruppe gleichberechtigt untereinander aufgeteilt. Insofern bezeugten die Konflikte um Samoa und nun in Venezuela auch eine Veränderung des weltweiten Mächtegleichgewichts, mit den USA und Deutschland als den zukunftsträchtigsten Mächten.

In der Zwischenzeit hatten seit dem 20. Dezember deutsche, englische und auch italienische Kriegsschiffe die Küste blockiert, um den Forderungen während der Verhandlungen Nachdruck zu verleihen.

2.8.4. Die Reichstagssitzung am 20. Januar 1903

In der oben bereits erwähnten Reichstagssitzung vom 20. Januar 1903 ging der sozialdemokratische Abgeordnete und bayerische SPD-Vorsitzende Georg von Vollmar[1019] auf diese Ereignisse ein. Im Rahmen der „erste[n] Beratung des Entwurfs eines Gesetzes, betreffend die Feststellung des Reichshaushalts-Etat für das Rechnungsjahr 1903", welche am 19. Januar 1903 begonnen hatte und sich über fünf Sitzungen bis zum 23. Januar 1903 hinzog, wollte Vollmar, ehe er sich „der

---

1018 GP, Bd. 17, Nr. 5126, Der Reichskanzler Graf von Bülow an den Botschafter in London Grafen von Metternich (17. Dezember 1902) S. 267–268.

1019 Georg von Vollmar (7. März 1850–30. Juni 1922), der Vorsitzende der bayerischen SPD, an deren Aufbau er entscheidend mitwirkte (1894–1918), war von 1881 und 1887 sowie 1890 bis 1919 Mitglied des Reichstags. Vollmar gehörte zu den Revisionisten in der SPD und wurde immer mehr zum Antipoden August Bebels. Vgl. Walter EUCHNER, Helga GREBING, F.-J.STEGMANN, Peter LANGHORST, Traugott JÄHNICHEN, Norbert FRIEDRICH, Geschichte der sozialen Ideen in Deutschland: Sozialismus – Katholische Soziallehre – Protestantische Sozialethik. Ein Handbuch, hg. von Helga GREBING, VS Verlag für Sozialwissenschaften, Wiesbaden 2005², hier: S. 160–168.

Beurtheilung innenpolitischer Verhältnisse" zuwendete, „einige Bemerkungen zur äußeren Politik" vorausschicken.[1020]

Die subtile Wahl der Substative erscheint hier interessant, spiegelt sie doch die Tatsache wider, dass der Reichstag in rein außenpolitischen Angelegenheiten zwar nicht mitwirken konnte, im Zuge der informellen Parlamentarisierung sich dieses Themas gewissermaßen jedoch selbst ermächtigte. Vollmar betonte zunächst, dass „die Sozialdemokratie [...] die äußere Repräsentation, eine geräuschvolle Machtentfaltung nach außen, bekanntlich nicht als eine Hauptsache an[sieht] und namentlich auf das entschiedenste eine ruhmsüchtige und abenteuerliche Weltpolitik [bekämpft]." Da es aber „stets das Volk [ist], das politisch und wirthschaftlich die Kosten bezahlen muß"[1021], sah er sich gleichsam gezwungen, über dieses Politikfeld zu sprechen.

Vollmar kritisierte dann die Außenpolitik in harschen Worten, ähnlich wie es Eugen Richter wie weiter oben gesehen bereits im Juni 1900 getan hatte:

> „Wir sehen in der äußeren Politik nach wie vor einen Mangel an festen Zielen, ein fahriges Wesen, das wetterwendisch den Kurs wechselt, das jeden Augenblick zu neuen Improvisationen bereit ist, das die verschiedenen Mächte der Reihe nach geflissentlich, um nicht zu sagen aufdringlich, umwirbt, sich an dieselben heranwirft, dadurch schließlich überall Mißtrauen weckt und dadurch zur Erfolgslosigkeit verdammt ist."[1022]

Auf parteipolitischer Ebene nutzte Vollmar die Außenpolitik und die innere Solidarität gegenüber dem Ausland, das Bild von den Sozialdemokraten als „vaterlandslose Gesellen" zu revidieren, welches vor allem von Reichskanzler Otto Bismarck in der Zeit der Sozialistengesetze (1878–1890) geprägt und gepflegt worden war.[1023]

1020 Stg. Berichte, 10. Leg.-Periode, 1900/03, 8, 242. Sitzung, Dienstag, den 20. Januar 1903, S. 7413C.

1021 Ibid.

1022 Ibid., S. 7413D.

1023 Walter Mühlhausen, Gegen den Reichsfeind – Anmerkungen zur Politik von Staat und Gesellschaft gegenüber der Sozialdemokratie im Kaierreich, in: Otto von Bismarck und das „lange 19. Jahrhundert": Lebendige Vergangenheit im Spiegel der „Friedrichsruher Beiträge" 1996–2016, hg. von Ulrich Lappenküper, Ferdinand Schöningh, Paderborn 2017, S. 329–352, hier S. 332–333: In der Tat wurde der Internationalismus der Sozialdemokraten als unpatriotisch gegeißelt. Viele Sozialdemokraten etwa erinnerten am 18. März jedes Jahres nicht an die siegreiche Schlacht von Sedan gegen die Franzosen, sondern an die Revolution von 1848. Ab 1890 beging die SPD den 1. Mai als Feiertag des internationalen Proletariats. Neben der Verunglimpfung als „vaterlandslose Gesellen" verglich Bismarck sie sogar mit Ratten, die vertilgt werden müssten. Noch 1905 ließ Reichskanzler Bülow prüfen, ob hinter Gerüchten, die SPD erhielte Geld von Frankreich, um innere Unruhen zu schüren, etwas dran war.

Und so hob er hervor, dass es der SPD lieber wäre, wenn sie diese Kritik nicht zu üben hätte, da ihm „so schwer einem die Karikatur des nationalen Gefühls die Sache macht – das Gefühl dafür, wie das Deutsche Reich von den übrigen Mächten angesehen wird, keineswegs fremd [ist].“[1024]

Er schritt sodann zu einer Art Tour d'Horizon der Beziehungen des Reichs mit ausländischen Mächten und dessen Außenpolitik in den letzten Jahren. Vollmar kritisierte das Verhalten der Reichsleitung während des Burenkrieges, lehnte das deutsche Vorgehen in China ab und kam dann – ironisch – auf die Venezuelakrise zu sprechen.[1025] Vollmar erwartete von der Regierung eine ausführliche Information, ehe er sich wirklich dazu äußern wollte, und stellte einen Fragenkatalog zusammen, insbesondere was das Verhalten der Marine betraf. Dieses Vorgehen erinnert sehr an die moderne Institution des parlamentarischen Untersuchungsausschusses und könnte deshalb vielleicht also Proto-Untersuchungsausschuss bezeichnet werden. Er stellte mithin den Reichstag als über der Exekutive stehend dar, was einem parlamentarischen System entsprechen würde. Über eine Art performativen Akt wurde hier vom Abgeordneten so versucht, einen *de facto*-Parlamentarismus zu konstruieren, was auf eine informelle Parlamentarisierung hinauslief.[1026] Vollmar betonte ferner indirekt den Nutzen für die USA, die über diese Affäre den in der Monroe-Doktrin formulierten Anspruch weiter ausbauen konnten, ohne jedoch diese explizit beim Namen zu nennen. Die Reaktion des Parlaments darauf lässt schließen, dass viele nicht-SPD-Abgeordnete diese Meinung teilten.[1027]

Wie Vollmar so verlangte auch der nationalliberale Abgeordnete Karl Sattler in der Reichstagssitzung am 20. Januar 1903 vom Reichskanzler,

> „einige Aufklärung über die auswärtigen Angelegenheiten [...], namentlich in Betreff der Verwicklungen, welche wir jetzt in Venezuela haben. [...] Es ist das ja ein Mangel der ständigen Vertagungen der Reichstagsverhandlungen, daß wir nicht durch eine Thronrede über die gesetzgeberischen Aufgaben, welche uns bevorstehen, und die Lage unserer Verhältnisse in Kenntnis gesetzt werden, sondern in unseren Verhandlungen fortschreiten, wo sie gerade stehen geblieben sind. Es ist aber, glaube ich, doch erwünscht, daß wir hier einige Aufklärung von dem Leiter unserer auswärtigen Politik erhalten, namentlich weil sich bei dieser Gelegenheit doch auch wieder herausgestellt hat, daß in England und Amerika eine sehr starke deutsch-feindliche Stimmung besteht, welche sogar ein Zusammengehen mit uns zur Einkassierung von Schulden für bedenklich hält und diese Thatsache benutzt, um gegen Deutschland zu hetzen.“[1028]

1024 Stg. Berichte, 10. Leg.-Periode, 1900/03, 8, 242. Sitzung, Dienstag, den 20. Januar 1903, S. 7413C.

1025 Ibid., S. 7413A.

1026 Ibid., S. 7413A.

1027 Ibid., S. 7413A/B.

1028 Ibid., S. 7424D–7425A.

Er stimmte damit dem Zentrumsabgeordneten Franz Xaver Schaedler zu. Die Tatsache, dass er in seiner Rede zuvor hart mit dem Zentrum ins Gericht gegangen war und die Partei bezichtigt hatte, eine zu starke Stellung im Reich zu halten, was wiederum zur Spaltung des inneren Zusammenhalts führte, verdeutlicht, dass sich über eine gemeinsame Haltung gegenüber der Exekutive in Fragen der Außenpolitik die reichstagsinternen Spannungen und Parteiquerelen über die Schaffung einer Gruppenidentität mildern ließen. Auch dies konnte eines der Ziele der Aneignung außenpolitischer Themen durch den Reichstag sein. Sattler fuhr fort:

> „Deshalb können wir es auch nur für durchaus richtig halten, wenn man sich bemüht, in gutem Verhältnis mit England und Amerika u.s.w. zu bleiben. Gewiß sind wir auch gegen überschwengliche Liebeswerbungen, wie der Herr Abgeordnete v. Vollmar sagte. Aber, wenn es gelingt, durch Höflichkeiten, durch freundschaftliche Besuche, wie des Prinzen Heinrich in Amerika, bessere Stimmung zwischen den Völkern der verschiedenen Welttheile und Nationen zu erreichen, so kann man das unsererseits nur begrüßen.“[1029]

Bülow, der nach Karl Sattler das Wort ergriffen hatte, antwortete auf dessen und Vollmars Kritik an der Handhabung der Venezuelakrise. Jedoch wollte er sich im zweiten Teil seiner Rede nun noch kurz zur auswärtigen Politik äußern.[1030]

Der Gebrauch des Adjektivs „kurz" unterstrich, dass Bülow dies nur widerwillig tat und die Auswärtigen Angelegenheiten eigentlich nicht im Reichstag debattieren wollte. Er betonte zunächst die Rechtmäßigkeit der Intervention in Venezuela und beschrieb sodann das weitere Vorgehen, nämlich Verhandlungen in Washington zu führen. Zunächst aber zeigte er sich erfreut darüber, dass sich die amerikanische Regierung als Vermittler zwischen den beteiligten Mächten bereit erklärt hatte. Er wies die ironische Kritik des Abgeordneten Vollmar zurück, Deutschland und sein Verbündeter seien in dieser Affäre vollständig auf die guten Absichten der Vereinigten Staaten angewiesen.[1031] Um den Wissens- und Kompetenzvorsprung der Reichsleitung in auswärtigen Fragen gegenüber dem Reichstag zu verdeutlichen und den Reichstag so auf Distanz zur Außenpolitik zu halten, berichtigte Bülow in seiner Rede auch bestimmte Behauptungen Vollmars hinsichtlich des Hergangs der Geschehnisse in Venezuela und vor allem der Frage der Vermittlung durch die Vereinigten Staaten. Bülows fast technokratische Darlegung des Geschehens zielte darauf ab, den Reichstag zu beeindrucken und ihm sein fehlendes Wissen um die eigentlichen außenpolitischen Vorgänge vorzuhalten. Denn im Gegensatz zu den Behauptungen Vollmars, habe der amerikanische Präsident „die Vorschläge von Deutschland, England und Italien wegen schiedsgerichtlicher Behandlung der

---

1029 Ibid., S. 7425A.
1030 Ibid., S. 7431B.
1031 Ibid., S. 7414A.

Angelegenheit [nicht] abgewiesen."[1032] Bülow legte dann dar, wie die Dinge seiner Meinung nach tatsächlich abgelaufen waren und vergaß nicht zu betonen, dass,

> „der Präsident [...] außerordentlich die von den drei Mächten an ihn ergangenen ehrenvolle Aufforderung, ihre gegenwärtigen Streitigkeiten mit Venezuela als Schiedsrichter zu schlichten [schätze]. [...] Der Präsident ist aber immer der Ansicht gewesen, daß der ganze Streit dem hohen Schiedshof im Haag zu unterbreiten sei, da dieser Schiedshof von den wichtigsten Mächten der Welt ins Leben gerufen ist."[1033]

Bülow stellte sich und die Reichsleitung als entscheidungsmächtige Akteure dar und beschrieb die Vorgänge um die Vermittlungen in neutralem, objektivem Ton. So legte er die Tatsache, dass Roosevelt zunächst darauf bestanden hatte, die Angelegenheit müsse vor dem Schiedsgericht in Den Haag entschieden werden, lediglich als eine für die Reichsleitung neutrale Entscheidung dar.[1034] Freilich hatte Bülow den Reichstag über den genauen Ablauf des Verfahrens und auch über die eigentlichen Absichten der Reichsleitung etwas im Unklaren gelassen. Er hatte den Reichstag nicht darin eingeweiht, dass er eine schiedsgerichtliche Regelung aus weltmachtpolitischen Überlegungen heraus bevorzugt hätte, da das Roosevelt die Möglichkeit genommen hätte, sich als Beschützer Südamerikas darzustellen und so den Einfluss der europäischen Mächte dort weiter zu schwächen. Und so waren Deutschland und seine beiden Alliierten zwar zu dem Schluss gelangt, dass ihnen „nichts übrig [bliebe], als sich an das Haager Schiedsgericht zu wenden." Man war sich aber auch darüber im Klaren, „die dem Präsidenten Roosevelt dargebotene Versuchung, den blockierenden Mächten einen snub zu erteilen und zugleich als Schirmherr Südamerikas dazustehen .... auch für die Zukunft Europa zu warnen, sei zu groß, um ihr widerstehen zu können."[1035]

Nach einigen weiteren Diskussionen und Verhandlungen war man sich am 20. Januar 1903, also am selben Tag, an dem Bülow vor dem Reichstag zu beweisen suchte, dass Deutschland den USA durchaus ein gleichberechtigter Akteur sei, schließlich einig geworden, wie die Venezuelaangelegenheit zu regeln sei. Der amerikanische Botschafter in Caracas, Herbert Wolcott Bowen, der Venezuela bei den Gesprächen in Washington vertreten sollte, war in Washington eingetroffen und die Verhandlungen sollten – nun gewissermaßen unter amerikanischer Ägide – beginnen. Am Ende wurde die Angelegenheit somit doch durch eine amerikanische Vermittlung beigelegt und endete mit der Unterzeichnung der Washingtoner Protokolle am 13. Februar 1903. Lediglich die Klärung bestimmter Fragen nach der Begleichung von Forderungen wurden an den Schiedsgerichtshof in Den Haag, der

---

1032 Ibid., S. 7431C.
1033 Ibid., S. 7431D.
1034 Ibid., S. 7431B–D.
1035 GP, Bd. 17, Nr. 5142, Der Botschafter in London Graf von Metternich an das AA (30. Januar 1903) S. 283.

schließlich die Einsetzung einer gemischten Kommission anordnete, die von April bis Oktober 1903 tagte, überwiesen.[1036]

2.8.5. Vollmars Systemkritik im Zuge der Venezuelakrise

Im Zuge seiner Kritik an der Handhabung der auswärtigen Angelegenheiten war der Abgeordnete Vollmar auch auf den wohl eigentlichen Kern seiner Äußerungen zur Venezuelakrise zu sprechen gekommen: nämlich ein ironisch-ätzendes, kritisches Hinterfragen des monarchischen Systems. Dieses wäre einem republikanischen System unterlegen, und zwar wegen seiner undemokratischen Geheimdiplomatie, der Arkanen der Macht, die Vollmar als „Zunftdiplomatie" mit „Geheimkünsten" spöttisch herabsetzte, was wohl nicht zuletzt deshalb so scharf ausfiel, weil die Reichsleitung systematisch versuchte, den Reichstag von diesem Bereich auszuschließen. Bereits während der französischen Revolution hatte man die Diplomatie so beurteilt, als eine Domäne der Adeligen und eine Widerstandsbastion der alten Eliten.[1037] Auch für den Reichstag bedeutete eine Mitwirkung an den auswärtigen Angelegenheiten den eigentlichen Zugang zur und die echte Teilnahme an der Macht. Die Existenz eines Staates hängt neben den von Georg

---

1036 Der von Jackson H. Ralston unter wohlwollender Mitwirkung des amerikanischen Außenministeriums erstellte ausführliche Bericht macht die Bedeutung, die die amerikanische Regierung der Venezuelakrise und der gemischten Kommission für zukünftige Streitigkeiten und Problem zwischen Europa und Nordamerika einerseits und Südamerika andererseits beimaß, deutlich. In diesem Bericht stellte Ralston die Verhandler und Diplomaten der Vereinigten Staaten zudem als die dominierenden Akteure dar, was viel über das Selbstverständnis und die Zukunftsprojektionen verrät. Jackson H. RALSTON, Venezuelan Arbitrations of 1903, Government Printing Office, Washington 1904.

1037 Virginie MARTIN, Du noble ambassadeur au fonctionnaire public : l'invention du « diplomate » sous la Révolution française in: Indravati FÉLICITÉ (Hg.), L'identité du diplomate (Moyen Âge XIX siècle). Métier ou noble loisir?, Paris, Classiques Garnier, 2020, S. 119–134, hier S. 123: *En réalité, c'est dès le mois de mai 1790 que les députés formulent leur ambition de rompre avec l'opacité et l'arbitraire d'une pratique qui ne peut plus être seulement dévouée aux intérêts du roi, ni exclusivement réservée à ses favoris. Volney invite ainsi l'Assemblée à renoncer « aux rites mystérieux » de cette « diplomatie tracassière n'ayant pour objet que des intérêts de maison et de famille, pour leviers que des passions d'individus, et pour moyens que des corruptions et des intrigues ». Pour « régénérer » la diplomatie, les Constituants s'emploient donc à la soumettre à des règles de droit, à une éthique de transparence et à une exigence de nationalisation qui supposent à la fois de légaliser la fonction, de démocratiser la carrière et de professionnaliser la pratique.*

Jellinek definierten drei Elementen Staatsgebiet, Staatsvolk und Staatsgewalt[1038] auch von der souveränen Kompetenz zur völkerrechtlichen Vertretung nach außen ab, also dem Recht, die Beziehungen mit fremden Mächten souverän, d.h. selbstbestimmt zu gestalten. Eine Teilnahme des Reichstags daran würde die Verfassung des Reiches weiter in Richtung *de facto* Parlamentarismus und echte demokratische Teilhabe schieben, da die der Legislative vorbehaltenen Politikbereiche immer weniger würden und letztendlich alle Staatsgewalt vom Volke ausgehen würde, wie dies etwa in der Verfassung der Bundesrepublik in Art. 20 des GG geregelt ist. Im Zuge der durch die Demokratisierung zunehmenden Möglichkeiten der politischen Partizipation und Repräsentation, etwa in Vereinen und Verbänden,[1039] konnten immer mehr Menschen über die „Aktivitäten des politischen Systems mitbestimmen und die Folgen und Risiken des staatlichen Verhaltens mittragen". Die Reichsleitung fürchtete, dass sie über diese gesellschaftliche Ausdifferenzierung der Teilhabe nun auch den die Gesellschaft repräsentierenden Abgeordneten auf dem Gebiet der Außenpolitik Kompetenzen abgeben oder mit ihnen teilen müsste und so in ihrer außenpolitischen Autonomie „gezügelt" würde.[1040]

Für seine Systemkritik erntete Vollmar von seinen Parteigenossen Zuspruch, während die Abgeordneten der anderen Parteien, was aber als zumindest teilweise als Zustimmung interpretiert werden könnte, schwiegen: „Die transatlantische Republik hat dabei gezeigt, daß ein politisch freies Land mit ungehemmter Volkskraft und einer machtvollen Oeffentlichkeit auch ohne Zunftdiplomatie und deren Geheimkünste, und auch ohne eine erstickende Waffenrüstung im Stande ist, die alten monarchischen Staaten trefflich in Respekt zu halten. (Sehr wahr bei den Sozialdemokraten.)."[1041]

Vollmar zeigte sich erleichtert, dass die USA als Vermittler aufgetreten waren, um Deutschland vor einem mexikanischen Abenteuer zu schützen. Er spielte dabei auf das Kaisertum des Habsburgers Maximilian, des jüngeren Bruders Kaiser Franz-Josephs I. von Österreich, an, der vom französischen Kaiser Napoleon III. während der Mexikanischen Interventionskriege, deren Anlass Parallelen zur

---

1038 Utz SCHLIESKY, Souveränität und Legitimität von Herrschaftsgewalt: Die Weiterentwicklung von Begriffen der Staatslehre und des Staatsrechts im europäischen Mehrebenensystem, Mohr Siebeck, Tübingen 2004, S. 25.

1039 Nils FREYTAG, Das Wilhelminische Kaiserreich 1890–1914, Ferdinand Schöningh, Paderborn 2018, hier S. 164–166. Und genauer zur Entwicklung des Vereinswesens: Klaus NATHAUS, Vereinsgeselligkeit und Soziale Integration von Arbeitern in Deutschland, 1860–1914. Mit Einem Vergleichenden Blick Auf Den Britischen Fall, in: Geschichte Und Gesellschaft, Bd. 36, Nr. 1, 2010, S. 37–65. |*JSTOR*, www.jstor.org/stable/27797776. Eingesehen am 28 May 2020.].

1040 WILHELM, Außenpolitik, S. 19.

1041 Stg. Berichte, 10. Leg.-Periode, 1900/03, 8, 242. Sitzung, Dienstag, den 20. Januar 1903, S. 7413B.

Venezuelakrise aufwies, 1864 als Kaiser von Mexiko eingesetzt und 1867 durch ein mexikanisches Kriegsgericht zum Tode verurteilt worden war.[1042] Getreu der Monroe-Doktrin waren die USA nach dem Ende des Sezessionskrieges (1861–1865) ab 1866, damals allerdings militärisch, eingeschritten und hatten die Franzosen und Österreicher aus Mexiko vertrieben.[1043] Vollmar bewertete das Verhalten der USA in der Venezuelakrise, und mithin indirekt die Monroe-Doktrin, anders als etwa der Abgeordnete Roesicke in seiner Rede zwei Wochen später am 6. Februar, somit global positiv, wenngleich dies für Deutschland nicht schmeichelhaft war.[1044] In gewisser Weise nahm er hier die später von den USA eingenommene Rolle als „Weltpolizist" vorweg. In der nächsten Sitzung, am 21. Januar 1903, kam der linksliberale Abgeordnete Karl Schrader auf Venezuela zu sprechen, gab aber, die Argumentation Bülows aufnehmend, zu verstehen, dass er die Verhandlungen nicht über eine Debatte im Reichstag stören wollte.[1045] Schrader stellte sich zudem als Nicht-Experte in dieser diplomatischen Verhandlung dar, der sich um die Einzelheiten nicht bekümmerte.[1046] Er lobte die Reichsleitung für ihre Vorgehensweise und die Übertragung der Angelegenheit an das Haager Schiedsgericht, was freilich etwas ungenau war, und er machte deutlich, dass er, wie Vollmar, die Monroe-Doktrin für legitim hielt:

„Ich glaube es war klug von unserer politischen Leitung, dem Herrn Präsidenten der Vereinigten Staaten diese Frage so vorzulegen. Es ist damit aller Verdacht beseitigt, […] auch für die Amerikaner, daß durch unsere Aktion Venezuela gegenüber irgend etwas beabsichtigt sei, was den amerikanischen Doktrinen hätte entgegen sein können. Aber dankbar bin ich dem Präsidenten, daß er nun nicht selbst das Schiedsrichteramt übernommen, sondern an das Haager Schiedsgericht abgelenkt hat, dankbar, weil ich glaube, daß diese Stelle bei weitem die richtigere ist."[1047]

1042 Peter Burian, „Maximilian", in: Neue Deutsche Biographie 16 (1990), S. 507–511 [Online-Version]; URL: https://www.deutsche-biographie.de/pnd118579363. html#ndbcontent.

1043 Ferdinand Anders, Klaus Eggert, Maximilian von Mexiko. Erzherzog und Kaiser, Verlag Niederösterreichisches Pressehaus, Wien 1982.

1044 Stg. Berichte, 10. Leg.-Periode, 1900/03, 8, 242. Sitzung, Dienstag, den 20. Januar 1903, S. 7413B.

1045 Stg. Berichte, 10. Leg.-Periode, 1900/03, 8, 243. Sitzung, Mittwoch, den 21. Januar 1903, S. 7451A.

1046 Ibid.: „Eines ist aber – wenn ich den Herrn Reichskanzler recht verstanden habe – abgeschlossen. Es ist dem Herrn Präsidenten der nordamerikanischen Freistaaten die Bitte vorgelegt [worden], entweder selbst das Schiedsrichteramt in der Venezuela-Frage zu übernehmen oder aber sich zu entscheiden für die Ueberweisung an das Haager Schiedsgericht."

1047 Ibid.

Schrader blieb jedoch wohl deshalb im Ungenauen, weil es seiner eigentlichen
Absicht, nämlich seine Ausführungen mit Kritik an einer zu großen Machtfülle
des Monarchen zu verbinden, gelegen kam. Und um seine Kritik am monarchischen System zu unterstreichen, zog er eine Parallele zwischen dem amerikanischen Präsidenten und dem deutschen Kaiser, den er freilich nur indirekt erwähnte
und allgemein als Monarchen bezeichnete. Indem Schrader das Verhalten des amerikanischen Präsidenten lobte und die positive Bedeutung von Schiedsgerichten
explizit hervorhob, kritisierte er gleichzeitig Wilhelm II. und schloss sich auch hier
der Einschätzung Vollmars in Bezug auf die Überlegenheit eines republikanischen
Systems an.[1048]

2.8.6. Das Deutsche Reich als Herausforderer der Monroedoktrin

Am Tag dieser Reden, am 21. Januar 1903, allerdings beschossen und zerstörten
deutsche Kriegsschiffe das Fort San Carlos, nachdem am 17. Januar das deutsche
Kriegsschiff *Panther* von dorther unter Feuer genommen worden war. Dieser Zwischenfall erregte in Amerika die Gemüter stark – insbesondere Hay war darüber
sehr verbittert.[1049] Während es im Reichstag und in der Öffentlichkeit zu Kritik
der Beschießung des Forts gekommen war, bezeichnete der Staatssekretär Richthofen in einem Schreiben an Quadt hingegen einige Tage später die Zerstörung
des Forts als gerechtfertigte Abwehr eines kriegerischen Angriffs. Auch hätte kein
amerikanischer oder englischer Admiral anders gehandelt. Das Völkerrecht stand,
so Richthofen, „klar auf Seite unserer Marine".[1050]

Richthofens Telegramm bezeugt, dass man in Deutschland mit der neuen Poli-
tikdoktrin erst umzugehen lernen musste. Im Deutschen Reich hatte man noch
nicht tief genug verstanden, dass die Taten und Worte einer aufstrebenden Macht
doppelt schwer wogen. Die Bedeutung der Außenwahrnehmung wurde von der
deutschen Diplomatie nicht genug berücksichtigt, da sie erst lernen musste, die
Weltpolitik nicht nur als Handlungsraum, sondern auch als Kommunikationsraum
zu verstehen. Deswegen fand sie oftmals nicht die, allen verständliche und akzep-
table richtige Sprache,[1051] zumal nicht nur der Kaiser, sondern auch Vereine, wie

---

1048 Ibid., S. 7451B.
1049 GP, Bd. 17, Nr. 5133, Der Geschäftsträger in Washington Graf von Quadt an das
AA (23. Januar 1903) S. 274.
1050 Ibid., Nr. 5127, Der Staatssekretär des AA von Richthofen an den Geschäftsträger
in Washington Grafen von Quadt (24. Januar 1903) S. 274–275.
1051 Susanne SCHATTENBERG, Die Sprache der Diplomatie oder das Wunder von Portsmouth. Überlegungen zu einer Kulturgeschichte der Außenpolitik, in: Jahrbücher
Für Geschichte Osteuropas, Bd. 56, Nr. 1, 2008, S. 3–26, hier S. 6. [*JSTOR*, www.
jstor.org/stable/41052010. Eingesehen am 14. März 2020].

etwa die Alldeutschen, und der Reichstag mit harschen Äußerungen den Diplomaten in die Quere kamen. Das führte dazu, dass vor allem Großbritannien, aber auch
Amerika und Frankreich sich von Deutschland in ihrer Stellung bedroht fühlten.
Auch aus diesem Grunde wollten die anderen Großmächte das Deutsche Reich in
gewisser Weise einhegen, um entweder den eigenen relativen Machtverlust (England, Frankreich) einzudämmen oder den gerade erste erworbenen Weltmachtsta-
tus (USA) nicht sogleich mit einer weiteren „neuen" Macht teilen zu müssen. Und
in der Tat informierte Bülow den Kaiser, dass sich die englische Regierung noch
am 23. Januar bereit erklärt hatte, die beschlagnahmten venezolanischen Schiffe
bei einer befriedigenden Lösung möglichst schnell zurückzugeben. Bülow schlug
vor, diesem Beispiel zu folgen und nicht schärfer als England vorzugehen. Der Kaiser billigte das Ansinnen Bülows umgehend[1052] und bestätigte erneut, dass er kein
wirklicher Kriegstreiber war, sondern einen echten Konflikt mit Großbritannien
scheute. Großbritannien, welches im Gegensatz zum Deutschen Reich bereits über
eine lange Erfahrung als Weltmacht verfügte, hatte denn auch schnell verstanden,
wie es den Vorfall zu seinen Gunsten ausnutzen konnte, um die Vereinigten Staaten, die wegen der Monroedoktrin und der eigenen öffentlichen Meinung durch die
Venezuelaaffäre zum Handeln gezwungen waren, stärker an sich zu binden. Die
beiden europäischen Mächte buhlten um die Gunst der neuen Weltmacht Amerika,
welches sich immer mehr unter Zug- und Handlungszwang gestellt sah. Der Vorfall zeigte aber auch, wie relativ wenig in der Beurteilung eines Landes rechtliche
und „rationale" Gesichtspunkte eine Rolle spielen. Die deutschen Verantwortlichen
waren sich, um es noch einmal zu betonen, vielleicht viel zu wenig dem Gewicht
von Worten in den internationalen Beziehungen bewusst. Die mangelnde Souveränität im äußeren Umgang mit der Macht wird durch das schnelle Einlenken
Bülows und des Kaisers deutlich, die nicht auf der völkerrechtlichen Richtigkeit
der Entscheidung des deutschen Kommodores beharrten, sondern sogleich völlig
auf die englische Linie umschwenkten. Dies war eine weitere, im diplomatischen
Verkehr wohl ungünstige Entscheidung, vermittelte sie doch das Bild einer nicht
durchdachten und zögerlichen Politik. Man wollte sich aber nichtsdestoweniger
durch die auf Grund des Vorfalls aufgeheizte Stimmung in der amerikanischen und
englischen Öffentlichkeit nicht drängen lassen, da „dieselbe öffentliche Meinung
später doch die Regierungen um so heftiger angreifen würde, wenn trotz der Venezuelaaktion unsere Ansprüche in unbefriedigender Weise erledigt würden."[1053]
    Der Beschluss löste zudem in der amerikanischen und in der britischen Presse
Angriffe auf Deutschland aus,[1054] dem man „Landerwerbsabsichten" unterstellte.

1052 GP, Bd. 17, Nr. 5135, Der Reichskanzler Graf von Bülow an Kaiser Wilhelm II.
     (23. Januar 1903) S. 275–276.
1053 Ibid., Nr. 5137, Der Botschafter in London Graf von Metternich an das AA (27.
     Januar 1903) S. 278.
1054 Siehe dazu: LAMMERSDORF, Anfänge einer Weltmacht, S. 54–96. Lammersdorf
     beschreibt hier sehr gut, unter welchem Druck der Presse die amerikanische

Allerdings war von einer Eintreibung der Forderungen an Venezuela „wegen Nordamerikas Bedenken" [...] mittels einer „Besetzung von Territorium in irgendeiner
Art [...] aus bekannten Gründen [Monroedoktrin]"[1055] keinesfalls ins Auge gefasst
worden. In Deutschland wurden die heftigen Angriffe aus den USA als eher dem
„beleidigenden Verhalten des Volkes der Vereinigten Staaten"[1056] denn als prinzipi-
elle Gegensätze betrachtet. Im Reichstag zeigte man sich über diese Reaktionen in
der amerikanischen Presse beunruhigt, wie es etwa in der Rede Sattlers zum Ausdruck gekommen war. Dass die Stimmung in der Venezuelakrise in der englischen
Öffentlichkeit immer feindseliger wurde, führte Bülow auf die englandfeindliche
Reaktion der deutschen Presse während des Burenkrieges zurück. Bülow ging
denn auch hart mit der Kritik Vollmars ins Gericht, die Reichsleitung habe damals
nicht auf das „Volksempfinden" gehört und bezeichnete diese als „Volkserregungen". Er betonte, „daß ich es mir zur Ehre rechne, unsere Politik lediglich nach den
dauerhaften deutschen Interessen zugeschnitten zu haben."[1057]

Bülow begründete seine Kritik an öffentlichen Diskussionen auswärtiger Fra-
gen und mithin an der Mitwirkung des Reichstags an der Außenpolitik und deren
Behandlung im Parlament damit, dass „durch solche Volkserregungen, meine
Herren, in allen Ländern den Leitern der auswärtigen Politik ihre Aufgabe sehr
erschwert [wird,]." Überlegen ironisch zitierte er sodann Horaz, der gesagt hatte
„*Quidquid delirant reges, plectuntur Achivi.*"[1058]

Bülow stellte so die Reichsleitung als vom Volk getrieben dar, denn heute wären
es, so bedauerte er, „die *Achivi* die das Unheil anrichten, und die *reges* sollen es aus-
baden. (Zuruf links.) Jedenfalls müssen die Könige und Staatsmänner gerade dann

---

Regierung und Präsident Roosevelt standen, die Monroe-Doktrin sehr strikt aus-
zulegen. Roosevelt war persönlich nicht gegen eine begrenzte Landintervention
europäischer Mächte zur Durchsetzung ihrer, seiner Meinung nach berechtigten,
Interessen in Lateinamerika. Laut dem deutschen Sondergesandten und Führer der
Venezuelaverhandlungen Speck von Sternburg ermutigte er Deutschland sogar,
die Auswanderung verstärkt nach Südamerika zu lenken, zumal nach Brasilien,
um dort „deutsche Ordnung und deutschen Fleiß hin[zu]bringen" (Sternburg an
AA, Nr. 72, 19. Februar 1903, GP 17, S. 291–292.).

1055 GP, Bd. 17, Nr. 5137, Der Botschafter in London Graf von Metternich an das AA
(27. Januar 1903) S. 278.
1056 Preußische Jahrbücher, Bd. 111, Berlin 1903, S. 576 ff.; Bd. 112, Berlin 1903, S. 184 ff.
1057 Stg. Berichte, 10. Leg.-Periode, 1900/03, 8, 242. Sitzung, Dienstag, den 20. Januar
1903, S. 7432B.
1058 Brockhaus' Kleines Konversations-Lexikon, fünfte Auflage, Band 2. Leipzig 1911,
S. 481: *Quidquid delīrant reges, plectuntur Achivi* (lat.), alles was die Könige [die
vor Troja entzweiten Agamemnon und Achilles] in ihrer Raserei verschulden,
die Achäer [d.i. die Völker] müssen es büßen; Zitat aus Horaz.

Besonnenheit, kaltes Blut und ruhige Ueberlegung bewahren, wenn sich die *Achivi* ihren Leidenschaften überlassen."[1059]

In leicht spöttischem Ton beendete Bülow dann jedoch seine Ausführungen zum Thema Venezuela damit, dass „es nicht im Interesse der Sache liegen [würde], wenn ich heute mehr sagte. Sobald sich die Situation geklärt haben wird, werde ich aber nicht verfehlen, diesem hohen Hause Mittheilung zu machen."[1060]

Wieder zeigt sich in diesem Redeausschnitt, wie die Reichsleitung versuchte, den Reichstag über Arkanpolitik und die Behauptung, sie wüsste im Gegensatz zum Volk und zur Volksvertretung besser, was die wahren Interessen Deutschlands seien, von der Mitwirkung und Teilhabe an der Außenpolitik fern zu halten. Allerdings gelang ihr dies immer weniger, was an der fortschreitenden Demokratisierung und Parlamentarisierung lag, die sich beide in diesem Bereich ergänzten und verstärkten. Zudem brachte eine zu starke öffentliche Diskussion außenpolitischer Themen wegen unbedachter oder aggressiver Äußerungen wie gesehen die Gefahr, dass es zu diplomatischen Missverständnissen und Verwicklungen kam.

Bülows Ansicht nach enthielt sich die offizielle Politik in Washington diesen Angriffen aus der Presse,[1061] wobei die Forschung gezeigt hat, dass die amerikanische Regierung die „deutsche Gefahr" durchaus seit den 1890er Jahren für nationale Zwecke zu nutzen verstand: Zum einen für die Ausweitung und Anwendung der Monroe-Doktrin und den Imperialismus in Richtung Lateinamerika.[1062]

1059 Stg. Berichte, 10. Leg.-Periode, 1900/03, 8, 242. Sitzung, Dienstag, den 20. Januar 1903, S. 7432B/C.

1060 Ibid., S. 7431C.

1061 Andrew White, amerikanischer Botschafter in Berlin (1897 1903), gibt in seinen Memoiren „Aus meinem Diplomatenleben" interessante Einblicke in das deutsch-amerikanische Verhältnis. Dabei wird deutlich, dass die Beziehungen bis in die 1890er Jahre hinein durchaus sehr freundschaftlich waren. Gerade Reichskanzler Otto von Bismarck genoss in den USA einen ausgezeichneten Ruf. Siehe dazu: Andrew WHITE, Aus Meinem Diplomatenleben, Verlag Voigtländer, Leipzig 1906. Deutschland wurde zudem nicht als Konkurrent gesehen und die Tatsache, dass Preußen unter Friedrich dem Großen im amerikanischen Bürgerkrieg die Union unterstützt hatte und im Jahre 1785 mit den USA einen Freundschafts- und Handelsvertrag geschlossen und damit diplomatisch anerkannte hatte, spielte für die beiderseitigen Beziehungen lange Zeit eine wichtige Rolle. Siehe dazu: Knud KRAKAU, „… important luminaries for the political telescope to observe": Preußen – gesehen durch das politische amerikanische Teleskop des ausgehenden 18. Jahrhunderts, in: Gesellschaft und Diplomatie im transatlantischen Kontext: Festschrift für Reinhard R. Doerries zum 65. Geburtstag, hg. von Michael WALA, Franz Steiner Verlag, Stuttgart 1999, S. 39 -60, hier S. 43–45.

1062 Nancy Mitchell versuchte in ihrem Buch nachzuweisen, dass die „deutsche Gefahr" in den Vereinigten Staaten übertrieben und für eigene imperiale Zwecke missbraucht wurde. Siehe dazu: MITCHELL, The Danger of Dreams, S. 8: „The German

Zum anderen, und mit dem ersten verwoben, für die Verstärkung ihrer Marine[1063] durchaus instrumentalisierte[1064] und ein seit 1901 in Kraft gewesenes Moratorium zu Marineausgaben beendete, welches es Präsident Roosevelt erlaubte, die Flotte bis zum Ende seiner Amtszeit 1909 um zehn Schlachtschiffe und vier Kreuzer zu vergrößern.[1065] Einige Jahre später, am 1. März 1917 sollte Gustav Stresemann vor dem Reichstag erklären, dass der Grund, für die sich in den Jahren zuvor verschlechternden deutsch-amerikanischen Beziehungen und die zunehmende bündnispolitische Isolation des Reiches war, dass es Deutschland nicht verstanden hatte, die öffentliche Meinung zu seinen Gunsten zu beeinflussen.[1066]

2.8.7. Die Debatten zum Vorgehen der Reichsleitung in Bezug auf Venezuela im Januar 1903

August Bebel hielt am 22. Januar 1903 im Rahmen der Beratung des Reichshaushalts-Etats für 1903 eine sehr lange Rede. In dieser setzte er sich intensiv nicht zuletzt mit handels- und außenpolitischen Fragen auseinander. Der Kern seiner Rede bestand aus einer harschen Kritik der schlechten Finanzlage des Reiches, die zu einer immer höheren Verschuldung führte, da es immer noch nicht zu einer echten Reichsfinanzreform gekommen war und zudem zwischen 1900 und 1902 ein leichter Konjunktureinbruch zu verzeichnen gewesen war. Die zu hohen Ausgaben wiederum führte er auf die viel zu hohen Militärausgaben für Heer und Marine

---

threat, bandied about by the U.S. press and naval officers and politicians at the time, and by historians to the present day, whether sincerely believed or not, was useful. The Germans, with their expansionist talk and their growing navy, provided the Americans with an opportunity".

1063 Johannes REILING, Deutschland: Safe for Democracy? Deutsch-amerikanische Beziehungen aus dem Tätigkeitsbereich Heinrich F. Alberts, kaiserlicher Geheimrat in Amerika, erster Staatssekretär der Reichskanzlei der Weimarer Republik, Reichsminister, Betreuer der Ford-Gesellschaften im Herrschaftsgebiet des Dritten Reiches 1914 bis 1945, Franz Steiner Verlag, Stuttgart 1997, S. 45: Der New York Herald formulierte dies am 16. Dezember 1902: „The lesson of the Hour is Strength afloat und „Battleships cheaper than war" (zitiert nach Erich ANGERMANN, Ein Wendepunkt in der Geschichte der Monroe-Doktrin und der deutsch-amerikanischen Beziehungen, S. 57).

1064 MITCHELL, The Danger of Dreams; Siehe auch: CANIS, Von Bismarck zur Weltpolitik, S. 361: Laut Canis konzentrierte sich das deutsche weltpolitische Interesse außerhalb Europas auf vier Räume: „In erster Linie auf Kleinasien und China, in zweiter auf Südamerika und Marokko".

1065 GRIMMER-SOLEM, Learning Empire, S. 316.

1066 Elisabeth PILLER, Selling Weimar: German Public Diplomacy and the United States 1918–1933, Franz Steiner Verlag, Stuttgart 2021, S. 15–16.

zurück: Kein Land der Welt könne gleichzeitig das stärkste Heer und die stärkste Marine haben. Besonders das Zentrum kritisierte er stark dafür, den beiden Flottengesetzen zugestimmt zu haben, obwohl sie zuvor gegen den Aufbau einer starken Marine gewesen waren.[1067]

Bebels Kritik an der deutschen Rüstung mündete in einer allgemeinen Kritik an dem weltweiten Trend zur Aufrüstung[1068], die durch den Eintritt Amerikas in die Weltpolitik ein hohes Gefahrenpotential barg. Er zeigte dies durch das Beispiel der Entwicklung einer panzerbrechenden Kanone. Europa könnte mit Amerika auf lange Sicht nicht konkurrieren: „Eines, meine Herren, möchte ich Ihnen hier sagen: in dem Augenblick, in dem die Amerikaner anfangen, auf militärischem und marinistischem Gebiet mit dem alten Europa in Konkurrenz zu treten, geht es dem alten Europa auf diesem Gebiet genau wie auf dem ökonomischen, auf dem industriellen Gebiete."[1069] Die Worte Bebels spiegelten dabei sowohl echte Bewunderung für die Schaffenskraft Amerikas wider als auch eine gewisse Ablehnung der dortigen hocheffizienten kapitalistischen Gesellschaftsform. Amerikas Tatkraft und Energie stellte Bebel zudem das alte Europa gegenüber, was vielleicht eine versteckte Kritik an der Regierungsform der Monarchie mit dem Weiterbestehen überkommener Strukturen war:

> „Wie auf diesem Gebiet es die Amerikaner gewesen sind, die durch Erfindungen und Verbesserungen aller Art das alte Europa in den Schatten gestellt haben, und wie es gerade diese kolossale technische Entwicklung ist, die Amerika das riesige Uebergwicht auf dem Weltmarkt giebt und später in immer höherem Grade geben wird, so, meine Herren, können wir versichert sein, daß bei der außerordentlichen Energie und Thatkraft der Amerikaner und bei den kolossalen, nahezu unerschöpflichen Finanzmitteln, die ihnen zur Verfügung stehen, sie auch auf dem Militär- und Marinegebiet unglaubliches bisher nie Dagewesenes leisten werden, sobald sie einmal anfangen, sich damit zu beschäftigen. (Sehr richtig! links.)."[1070]

Über die Kritik der amerikanischen Weltpolitik kritisierte Bebel erneut die deutschen imperialen Ambitionen und die Flottenvermehrung, welche im Grunde angesichts der möglichen Übermacht der USA noch unsinniger erschienen.[1071]

Und um seinen Worten Nachdruck zu verleihen, kam er auf die großen militärischen Fortschritte zu sprechen, die Amerika während des Bürgerkriegs gemacht hatte, was letztlich zu der von Vollmar weiter oben zitierten Niederlange der Franzosen in den Mexikanischen Interventionskriegen führte. Und, so prophezeite er,

---

1067 Stg. Berichte, 10. Leg.-Periode, 1900/03, 8, 244. Sitzung, Donnerstag, den 22. Januar 1903, S. 7468C/D.
1068 Ibid., S. 7470C.
1069 Ibid., S. 7470D.
1070 Ibid., S. 7471A.
1071 Ibid.

auch in Zukunft würden die USA Europa den militärisch-technischen Takt vorge-
ben: „(Sehr richtig! bei den Sozialdemokraten.)."[1072]

Der nationalliberale Abgeordnete Graf von Oriola[1073] nahm in seiner Rede
am nächsten Tag auf diese Stellen in Bebels Rede sowie auf die Rede Vollmars
zwei Tage früher Bezug. Nachdem er zuvor um die Stimmen der Arbeiter gebuhlt
hatte,[1074] wies er Vollmars und Bebels Argumentation gegen Rüstungsinvestitio-
nen zurück. Amerika konnte sich in Venezuela nur deshalb „so außerordentlich
machtvoll" erweisen, weil es „darauf dringt, daß es auch eine kräftige und tüchtige
Flotte erhält. (Sehr richtig! bei den Nationalliberalen). Die Amerikaner arbeiten
allerdings mit aller Energie daran, daß sie brauchbare mächtige Schiffe bekommen"[1075] Ähnlich wie Bebel zeigte sich auch der nationalliberale Oriola von der
Tatkraft der Amerikaner beeindruckt. Im Gegensatz zu den von Bebel zitierten
Chile und Argentinien aber,[1076] die versuchten, zukünftige Kriege über einen Flot-
tenabbau zu verhindern, wie Bebel lobend berichtete, „ist Amerika entschlossen,

---

1072 Ibid.

1073 Waldemar von Oriola (27. August 1857–17. April 1910) entstammte einem alten
portugiesischen Adelsgeschlecht. Sein Großvater Joaquim von Oriola war por-
tugiesischer Gesandter am preußischen Hof gewesen und hatte sich 1822 natu-
ralisieren lassen. Waldemar von Oriola saß zwischen 1893 und 1910 für die
Nationalliberale Partei im Reichstag und war eher konservativ eingestellt. Siehe
dazu: Michael KELLER, Waldemar Graf von Oriola 1854–1910. Ein konservativer
Agrarier zwischen Büdesheim, Darmstadt und Berlin, in: Büdesheim 817–1992. Zur
1175-Jahrfeier herausgegeben von der Gemeinde Schöneck in Hessen, Schöneck
1992, S. 299–340.

1074 Stg. Berichte, 10. Leg.-Periode, 1900/03, 8, 245. Sitzung, Freitag, den 23. Januar
1903, S. 7512A: „Nun, daß wir auch der Meinung sind, das die sozialpolitische
Gesetzgebung weiter fortgeführt werden muß, das brauche ich eigentlich nicht
erst zu versichern; sind es doch gerade Mitglieder meiner Partei gewesen, darunter
große Arbeitgeber, die zusammen mit Mitgliedern des Zentrums erst die Initiative
haben ergreifen müssen, damit von der Regierung Verbesserungen unserer sozialpolitischen Gesetze gekommen sind.".

1075 Ibid., S. 7513C.

1076 Bebel spielte hier auf die *Pactos de Mayo* (engl. *Pacts of May*) vom 28. Mai 1902 an.
Es handelte sich um vier zwischen Argentinien und Chile unterzeichnete Proto-
kolle, die für eine Entspannung der zahlreichen vor allem Grenzkonflikte führe
sollten. Das wichtigste Protokoll war dabei das zur Waffenkontrolle (*Convención
sobre Limitación de Armamanentos Navales*), welches beide Flotten abrüsten sollte.
Dies war wohl der erste Abrüstungsvertrag der Neuzeit. Siehe dazu: Scott Andrew
KEEFER, The Law of Nations and Britain's Quest for Naval Security: International
Law and Arms Control, Palgrave Macmillan, gedruckt von Springer Nature, Cham,
Schweiz 2016, hier S. 149–176.

eine kräftige Politik nach außen zu führen."[1077] Oriola bestätigte so Bebels ironisch verkleidete Anschuldigung, dass es sich in den Augen der Rechten, wie Bebel andeutete, bei den beide südamerikanischen Ländern um „halbbarbarische Staaten" handelt, „deren Beispiel nachzumachen, das fällt uns zivilisierten selbstverständlich nicht ein,"[1078] wenn er eine internationale Staatenhierarchie für natürlich annahm, in der die iberischen Staaten und ihre ehemaligen Kolonien ähnlich wie etwa in Theodor Roosevelts Weltsicht zu den abgestiegenen Nationen gehörten.[1079] Zudem wollte Oriola Deutschland in dieser Hierarchie auf eine Stufe mit den USA gestellt sehen: Die Vereinigten Staaten erschienen so mithin als Modell und Ansporn, nicht aber, trotz dessen unverhüllter Anwendung der Monroe-Doktrin, als Gegner oder gar Feind. Deutschland sollte deshalb die militärische sowie die industrielle Konkurrenz mit Amerika aufnehmen und sich diesem nicht von vorneherein unter dem Vorwand, dass man „doch nichts machen" könne, unterordnen. Oriola zeigte sodann über die mehrfachen Bezüge zur Industrie und der Industriearbeiterschaft und den Vergleich mit den USA ein nationalliberales Gegenmodel auf, das auch für die Arbeiter eine Alternative zur SPD bieten sollte. Die SPD hatte seit der Aufhebung der Sozialistengesetze erheblich an Stimmen gewonnen, während die Nationalliberalen tendenziell schwächer wurden. Seit der Jahrhundertwende war den Führern der liberalen Parteien klar, dass der Liberalismus seinen Einfluss nur behalten konnte, wenn er Verbündet auf der rechten oder linken Seite suchte[1080] oder wenn es gelänge, etwa das Stimmenpotential der ständig zunehmenden Arbeiterschaft für die Liberalen anzuzapfen. Oriola schien eher auf der rechten Seite Verbündete suchen zu wollen, wenn er am Ende seiner Rede kämpferisch behauptete, dass der Kampf „den wir alle zu führen haben" und „in dem die verschiedenen Parteien zusammentreten müssen, der „Kampf gegen die Sozialdemokratie" ist[1081]. Anders als etwa der konservative Oertel, der vor ihm gesprochen hatten, wollte Oriola die gesamte Sozialdemokratie bekämpfen und die Partei, unter welcher ideologischen Ausrichtung auch immer, nicht an der Macht teilnehmen lassen. Bebel hingegen hatte tags zuvor stark die deutsche Welt- und Flottenpolitik hinterfragt. Das gewaltsame Vorgehen der deutschen Marine als Teil dieser neuen Politik verdeutlichte er dann an dem deutschen Vorgehen gegen

---

1077 Stg. Berichte, 10. Leg.-Periode, 1900/03, 8, 244. Sitzung, Donnerstag, den 22. Januar 1903, S. 7471C.

1078 Ibid.

1079 Vgl. LAMMERSDORF, Anfänge einer Weltmacht S. 26–29.

1080 James J. SHEEHAN, Deutscher Liberalismus im postliberalen Zeitalter 1890–1914, in: GG, 4. Jahrg., H 1, Liberalismus im aufsteigenden Industriestaat, hg. von J. J. SHEEHAN, Wolfgang MOCK, Vandenhoeck & Ruprecht, Göttingen 1978, S. 29–48, hier S. 48.

1081 Stg. Berichte, 10. Leg.-Periode, 1900/03, 8, 245. Sitzung, Freitag, den 23. Januar 1903, S. 7514B.

Haiti und vor allem Venezuela. Bebel zeigte für die Reaktion beider Länder auf die deutschen Forderungen großes Verständnis, da es sich um instabile Länder mit großen Problemen handelte, für die deshalb die Rückzahlung der Schulden nicht oberste Priorität haben konnte. Zumal jeder, der dort investierte, um die Risiken wissen musste. Außerdem beklagte er, anders als etwa Oriola einen Tag später, dass Deutschland in der Behandlung einen Unterschied zwischen kleinen Ländern und den Großmächten machte, was schädlich sowohl für das politische Ansehen Deutschlands als auch seine wirtschaftlichen Interessen wäre.[1082] Ausgehend von den Informationen, die dem Reichstag im Dezember über eine Denkschrift zugeleitet worden waren, präsentierte Bebel dann eine eigene Darstellung der Ereignisse und stellte vor allem die Beschießung des Forts San Carlos am 17. Januar durch das deutsche Kriegsschiff *Panther*, anders als das Auswärtige Amt, als einen unnötigen und überzogenen Angriff dar. Bebel betonte dabei, dass er seine Informationen über die Telegraphenberichte bezogen hatte und machte dadurch zwei Dinge deutlich: Erstens, dass der Reichstag nicht von den Informationen des Auswärtigen Amtes abhängig war und sich dank der öffentlichen Zugänglichkeit zu Informationen seine eigene Meinung bilden konnte. Das Monopol der Exekutive in auswärtigen Fragen wurde also auch über die freie Zugänglichkeit zu Informationen unterwandert. Zweitens machte er so klar, dass die Reichsleitung unter der Beobachtung und Kontrolle des Reichstags stand. Bebel schloss seine Ausführungen zur Weltpolitik und zur Venezuelakrise im Besonderen mit dem Ratschlag an die Regierung, dass es durchaus legitim sei, Deutsche im Ausland zu schützen, Gewalt sei jedoch das allerletzte Mittel. „(Sehr richtig! links.).“[1083] Da dies in Venezuela aber nicht geschehen sei, da man erst dann bereit war, „den bequemeren Weg des Schiedsgerichts zu betreten“[1084], als man mit einer Blockade nicht weiterkam, hatte dies zu einer erregten öffentlichen Meinung in England, Nordamerika, Frankreich und anderen Ländern geführt. Hier zeichneten sich, wie im Jahrzehnt zwischen 1897 und 1907 im Allgemeinen, die Konturen der späteren Konfliktlinien ab, wenngleich die Welt zur Zeit der Venezuelakrise noch nicht diejenige von 1912 oder 1914 war. Die Bündnisformationen, die im Ersten Weltkrieg Deutschland gegenüberstanden, hatten sich noch nicht ganz herausgebildet und verfestigt und die internationale Lage schien noch offen. Allerdings trug auch eine wie im Falle Venezuelas geführte internationale Politik durch die Reichsleitung zu der späteren Verschärfung bei.[1085] Und selbst wenn man nicht kontrafaktisch interpretieren

---

1082   Stg. Berichte, 10. Leg.-Periode, 1900/03, 8, 244. Sitzung, Donnerstag, den 22. Januar 1903, S. 7473B.

1083   Ibid., S. 7474B.

1084   Ibid.

1085   Dirk Schumann, Der Brüchige Frieden. Kriegserinnerungen, Kriegsszenarien Und Kriegsbereitschaft, in: GG. Sonderheft, Bd. 18, 2000, S. 113–145, hier S. 116–117. [JSTOR, www.jstor.org/stable/40194906. Eingesehen am 14. Februar 2021.].

möchte, hätte sich die Katastrophe des Ersten Weltkrieges vielleicht durch den Aufbau eines Bündnisses zwischen dem Deutschen Reich und den USA vermeiden lassen.

Dem nationalliberalen Abgeordneten und Vorsitzenden des Alldeutschen Verbandes Ernst Hasse[1086] wurde nach der weiter oben zitierten Rede Bülows als letztem Abgeordneten in der Sitzung am 22. Januar 1903 das Wort erteilt. Als Interessenvertreter des Alldeutschen Verbandes sprach er ausgiebig über die Außenpolitik. Er ging dabei hart und sehr ironisch auf Bülows Horaz Zitat ein und betonte, dass es die „Achäer" seien, die die eigentlichen Leistungsträger der Gesellschaft seien, und zwar zuvörderst nicht das Bürgertum und die Landwirtschaft, sondern die Arbeiter.[1087] Gegenüber dem bayerischen SPD-Abgeordneten Vollmar, der dem revisionistischen Flügel zugehörte, zeigte sich Hasse, anders als Bebel gegenüber, in seinem Redebeitrag hingegen denn auch offener und unterstrich, dass sowohl die Nationalliberalen als auch die Sozialdemokraten im Grunde dieselben Interessen vertraten. Im Jahr 1903 vollzog der Alldeutsche Verband einen Richtungswechsel. Neben der Tatsache, dass er den Rassegedanken nun in seine Satzung aufnahm, radikalisierte er seine politische Haltung und warf der Reichsleitung vor, in der Außenpolitik einen zu moderaten Kurs zu fahren. Anstatt die Reichsleitung über Kritik im Sinne seines Programms voranzutreiben und zu unterstützen, traten

---

1086 Gerald KOLDITZ, Hasse, Ernst Traugott Friedrich, in: Sächsische Biografie, hg. vom Institut für Sächsische Geschichte und Volkskunde e.V. Online-Ausgabe: [http://www.isgv.de/saebi/. Eingesehen am 18.06.2020]:
Ernst Hasse (14. Februar 1846–12. Januar 1908). Er war von 1893 bis 1903 für die Nationalliberale Partei Mitglied des Reichstags. Der Sachse Hasse, der auch im Vorstand des Deutschen Kolonialvereins saß, war von 1893 bis 1908 geschäftsführender Vorstand des Alldeutschen Verbandes. Hasse gehörte bis zur Gründung des Reichskolonialamtes auch dem Kolonialrat im Auswärtigen Amt an. Hasse, ein Verfechter des „kontinentalen Imperialismus", wird allgemein als einer der Wegbereiter des Nationalsozialismus betrachtet. Hannah Arendt etwa hat sich in ihrem Buch *Elemente und Ursprünge totalitärer Herrschaft* mit Hasse auseinandergesetzt. Zum Alldeutschen Verband siehe insbesondere: Roger CHICKERING, We Men who feel most German: A cultural study of the Pan-German League 1886–1914, Allen & Unwin, Boston 1984. Rainer HERING, Konstruierte Nation. Der Alldeutsche Verband 1890 bis 1939, Christans Verlag, Hamburg 2003, S. 115; Uwe PUSCHNER, Die völkische Bewegung in Deutschland, in: „Weltanschauung en marche". Die Bayreuther Festspiele und die Juden 1876 bis 1945, hg. von Hannes HEER, Königshausen & Neumann, Würzburg 2013, S. 151–167; Uwe PUSCHNER, Die völkische Bewegung im wilhelminischen Kaiserreich. Sprache – Rasse – Religion, Wissenschaftliche Buchgesellschaft, Darmstadt 2001.
1087 Stg. Berichte, 10. Leg.-Periode, 1900/03, 8, 244. Sitzung, Donnerstag, den 22. Januar 1903, S. 7493A.

die Alldeutschen immer mehr in Opposition zu ihr.[1088] Zu dieser Strategie gehörte auch die Aneignung auswärtiger Kompetenz durch den Reichstag und das in ihm vertretene Volk: So betonte Hasse, dass es die „Achiver" wären, deren Opferwilligkeit es doch zu danken wäre, „daß wir unsere Marine, unsere Armee heute in der Vollkommenheit besitzen."[1089]

Beinahe sarkastisch setzte Hasse dann über eine rhetorische Frage die Bedeutung der offiziellen Diplomatie und der diplomatischen Rituale herab: „Was spielen nun diesen Grundpfeilern des Friedens gegenüber diplomatische Noten, Kaiserreisen, Schwarze-Adler-Orden, Glückwunschtelegramme und Liebenswürdigkeiten bei Freund und Feind für eine Rolle?"[1090]

Hasse stellte zudem das Volk, die Bürger und die maßgeblichen Stellen, die administrative Elite dichotomisch gegenüber, wobei dem Volke die rationale Rolle zufiel und die alte Elite als nervös, unüberlegt dargestellt wurde. Letztlich kann man seine Worte als eine Systemkritik lesen, in der die Alternative einer im Denken der Alldeutschen propagierten völkischen Diktatur aufschien, welche von seinem radikaleren Nachfolger und Konkurrenten Heinrich Claß stark propagiert werden sollte.[1091] Die Hinwendung zur Arbeiterschaft und zum revisionistischen Flügel der SPD wirkte somit folgerichtig, wie Vollmars Beitrag zwei Tage früher gezeigt hatte. Die im Parlament erzeugte Reaktion auf seine Rede verdeutlichte zudem über die Gegnerschaft zur Reichsleitung die stetig fortschreitende Identifikation der Reichstagsabgeordneten als spezifische Gruppe mit originärem Interesse:

> „Ich meine im Gegentheil, wenn man eine Nervosität, einen Uebereifer auf diesem Gebiet täglich beobachten muß, so daß es dem kühl denkenden Bürger oft angst und bange wird, dann gilt das Wort des Horaz *„quidquid delirant reges, plectuntur Archivi"* in seiner ursprünglichen Bedeutung. Der Herr Reichskanzler hat nun für dieses *„delirant reges"* gestern eine gedrängte Anweisung gegeben, einen kleinen „Knigge" – vielleicht nennt man es später den kleinen „Bülow" oder die „gedrängte Anweisung für den Verkehr zwischen Staatsmännern. (Heiterkeit)."[1092]

Zwischen einer Auseinandersetzung mit den deutsch-französischen Beziehungen, dem deutschen Rückzug aus Shanghai zugunsten Englands[1093], dem Verhalten der

---

1088 Rainer HERING, Konstruierte Nation., S. 123–125.

1089 Stg. Berichte, 10. Leg.-Periode, 1900/03, 8, 244. Sitzung, Donnerstag, den 22. Januar 1903, S. 7493A.

1090 Ibid., S. 7493B.

1091 Rainer HERING, Konstruierte Nation., S. 123–125. Hamburg 2003, S. 355.

1092 Stg. Berichte, 10. Leg.-Periode, 1900/03, 8, 244. Sitzung, Donnerstag, den 22. Januar 1903, S. 7493B.

1093 Gemeint ist das Jangtse-Abkommen vom 16. Oktober 1900, welches die vom amerikanischen Außenminister geforderte *open-door* Politik in China erklärte. Siehe dazu: Gregor SCHÖLLGEN, Das Zeitalter des Imperialismus, Oldenbourg Verlag, München 2000[4], S. 45 ff.

Regierung während des Krieges in Südafrika, einer langen Ausführung zu Deutsch-Ostafrika und einem Seitenhieb auf die SPD, die er verklausuliert den Vorwurf der „Vaterlandslosigkeit" machte, indem er Bebel unter dem Beifall der Nationalliberalen als Anwalt der venezolanischen Interessen bezeichnete, sprach er die Venezuelakrise nur kurz an. Er betonte lediglich die für Deutschland und den Kaiser ungünstige Berichterstattung der sog. *yellow press* in Amerika und – ein Punkt der für die Alldeutschen sehr wichtig war – das für ihn allzu zurückhaltende Verhalten der Deutsch-Amerikaner, die dieser Berichterstattung entgegentreten sollten.[1094]

In der Sitzung vom 23. Januar 1903 sprach als erster Redner der bereits weiter oben kurz erwähnte Georg Oertel[1095] von der Deutschkonservativen Partei. Zunächst stellte er sich und seine Partei als den Sozialdemokraten diametral entgegengesetzt dar, wenn er diese wegen ihrer Ablehnung der monarchischen Staatsform als außerhalb der Verfassung stehend anging. Oertel griff auch Bebel persönlich stark an, den er indirekt als „vaterlandslosen Gesellen" bezeichnete, vor allem in Bezug auf sein Verständnis für das Verhalten der venezolanischen Regierung. Oertel stellte sich sodann explizit nicht nur hinter die Verfassung, sondern auch hinter die Person des Kaisers. Die Auslassungen Oertels dazu gipfelten in der Aussage, dass diese bedingungslose Akzeptanz der Monarchie ihn und seine Partei „von den Herren der äußersten Linken so [unterscheidet], daß wir uns in alleweg niemals werden verständigen können. (Bravo! rechts. – Bravo! bei den Sozialdemokraten.)."[1096]

Die Reaktion der Sozialdemokraten überrascht hier und die Ungenauigkeit des Protokolls lässt Raum für zwei Interpretationen: War es eine Zustimmung des rechten Flügels, die sich so vom linken abheben konnte? Oder handelte es sich um eine sarkastische Reaktion? Nachdem er dann sozusagen über den Angriff auf die Sozialdemokratie eine öffentliche Ergebenheitsadresse getan hatte, die wie eine

---

1094 Stg. Berichte, 10. Leg.-Periode, 1900/03, 8, 244. Sitzung, Donnerstag, den 22. Januar 1903, S. 7494A.

1095 Georg Oertel (27. März 1856–23. Juli 1916) war von 1898–1903 und von 1912 bis zu seinem Tod Reichstagsabgeordneter für die Deutschkonservative Partei. Er war als Chefredakteur der Verbandszeitung Deutsche Tageszeitung eines der führenden Mitglieder des BdL. Oertel stand Bülow zwar nahe, gerade in der Zeit der Ausarbeitung des Bülow-Tarifs aber (1902/03) trat er in starke Opposition zu diesem. Oertel wurde wegen seines Eintretens für die Prügelstrafe von den Sozialdemokraten als „Knuten-Oertel" bezeichnet. Cornelius TORP, Die Herausforderungen der Globalisierung: Wirtschaft und Politik in Deutschland 1860–1914, Göttingen, Vandenhoeck & Ruprecht, 2005, S. 325–342: Während der Handelsvertragsverhandlungen mit den Vereinigten Staaten 1906/07 forderten Oertel und der BdL eine aggressive Handelspolitik zum Schutze der agrarischen Interessen.

1096 Stg. Berichte, 10. Leg.-Periode, 1900/03, 8, 245. Sitzung, Freitag, den 23. Januar 1903, S. 7501B.

captatio benevolentiae wirkte, setzte er sich mit der Politik der Reichsleitung auseinander. Seine Auslassungen zu den Finanzproblemen fielen noch recht milde aus,
da er um die Schwierigkeiten und die Komplexität einer Reichsfinanzreform im
föderalen System wusste. Was aber die auswärtige Politik anbelangte, so wurde
seine Kritik härter, beinahe sarkastisch, vor allem in Bezug auf Venezuela. Während ihn die Ausführungen Bülows zur Bedeutung der Ablehnung des amerikanischen Präsidenten, für Deutschland Schiedsrichter zu sein, überzeugten, vermisste
er zu den letzten Ereignissen, der Bombardierung des Forts San Carlos, eine Information durch die Reichsleitung. Diese Aufforderung wurde von den Sozialdemokraten mit „Sehr richtig!"[1097] kommentiert. Das könnte ein Hinweis darauf
sein, dass die zweite Hypothese, also die der Annäherung eines Teils des Sozialdemokraten an die konservativen Parteien über eine wohlwollende Begleitung der
Ausführungen Oertels, zutreffend ist. Oertel wurde dann noch aggressiver und
wunderte sich darüber, dass die Reichsleitung trotz der in allen Zeitungen und
Telegrammen verbreiteten Informationen selbst nicht Bescheid wissen sollte. In
einer Art Metonymie bezeichnete er dann den Reichstag als „Reich", wenn er fortfuhr: „Aber wenn es möglich wäre, heute hier etwas mehr Klarheit darüber zu
schaffen, das Reich würde dem Herrn Reichskanzler oder dem Herrn Staatssekretär des Auswärtigen Amtes dankbar sein."[1098] Er wurde noch drängender und rief
die Reichsleitung dazu auf, in der Frage der Schuldenzurückzahlung standhaft zu
bleiben. Dies wurde sowohl von rechts als auch links – wiederum ein Hinweis auf
die sich herausbildende Identität der Reichstagsabgeordneten als Gruppe und den
Weg zur „informellen" Parlamentarisierung über ein „zivilisiertes" demokratisches
Miteinander – mit „Sehr gut! Sehr wahr!" kommentiert. Denn „der Herr Reichskanzler kann versichert sein, daß die Mehrheit des Deutschen Reichstags und die
überwiegende Mehrheit des deutschen Volkes hinter ihm steht, wenn er die Angelegenheit mit aller maßvollen Besonnenheit, aber auch mit der nachdrücklichen
Kraft, die wir aus den beiden ersten Jahrzehnten des Reichs gewohnt sind, bis zu
Ende durchführt."[1099]
    Oertel essentialisierte sozusagen den Reichstag als echten Repräsentanten des
Volkes und stellte ihn als den eigentlichen Quell der Legitimation von Regierungshandeln dar. Über die Auswärtige Politik wurde hier die Gruppenidentität der
Reichstagsabgeordneten gefördert und der Weg hin zu einem echten Parlamentarismus weiter geebnet. Lediglich der von Gottes Gnaden eingesetzte Kaiser stand
über dieser Verfassung, seine Bedeutung nahm aber im Grunde ab und wurde
immer stärker auf eine symbolische Funktion reduziert, trotz oder gerade wegen
aller Ergebenheitsadressen.[1100]

1097 Ibid., S. 7503C.
1098 Ibid., S. 7503D.
1099 Ibid.
1100 Ibid., S. 7505B/C.

Oertels Annäherung an die revisionistischen Sozialdemokraten wird recht explizit, wenn er im letzten Teil seiner Rede das „Großkapital, [dass] schon auswandert, weil es 4 Prozent seines Einkommens als Steuer zahlen soll" bloßstellte und es als „ein[en] national werthvolle[n] Bestandtheil" der Gesellschaft infrage stellte. Dafür erntete er auch von den Sozialdemokraten ein „Sehr richtig!". Die Kritik am Großkapital, die Hinwendung zu einem Teil der Linken und die Betonung der Bedeutung des Reichstags gehörten parallel zur harten Kritik an der Regierung in der Handhabung auswärtiger Angelegenheiten, zumal der Venezuelakrise und ihrem Zurückschrecken vor den Vereinigten Staaten, zu der allgemeinen Strategie der konservativen Partei und des BdL, die Reichsleitung als schwach und unentschlossen darzustellen. Auch die Überhöhung Bismarcks in seiner Rede sollte diese Schwäche der aktuellen Reichsleitung, gerade in Auswärtigen Angelegenheiten, unterstreichen. Das Ziel all dieser Auslassungen Oertels, der ja eine führende Persönlichkeit des BdL war, bestand derweil darin, sein eigentliches Anliegen vorzubringen: Die Warnung an die Reichsleitung vor dem Abschluss die Landwirtschaft nicht genug berücksichtigender Handelsverträge. Neben anderen Beispielen zitierte er das Verhalten der Reichsleitung während der Verhandlungen zur Zuckerkonvention, aber auch darüber, dass wir „mit Amerika die traurige Erfahrung gemacht [haben], daß über einen Handelsvertrag, den wir abgeschlossen hatten, schwerwiegende Differenzen bestanden: die mußten wir beseitigen."[1101]

Oertel sprach hier wohl das Handelsabkommen vom Juli 1900 an, das vom BdL als für die Landwirtschaft schlecht angesehen wurde. Der BdL fürchtete, dass ein zukünftiges neues Handelsabkommen mit den USA für die Landwirtschaft nur negative Folgen zeitigen könnte und arbeitete in der Folgezeit gegen ein solches, welches ab März 1906 mit den USA verhandelt wurde,[1102] wie im Kapitel Wirtschaft

---

1101 Ibid., S. 7508A.

1102 Heinrich DIETZEL, Der deutsch-amerikanische Handelsvertrag und das Phantom der amerikanischen Industriekonkurrenz, Berlin, Verlag von Leonhard Simion Nf., 1905² S. 39: „Jedoch – der Bund der Landwirte wird sein bestes tun, damit diese Bedingungen sich nicht verwirklichen. Er wird die öffentliche Meinung aufputschen, ihr einreden, daß wiederum wie 1900 Deutschland den Kürzeren gezogen habe. Und leider sieht es so aus, daß er kein schweres Spiel haben wird. Denn: selbst wenn der Union nur die Herabsetzung gewisser Agrarzölle bewilligt worden wäre; selbst wenn die Union [...] auf Herabsetzung unserer Eisen- und Maschinenzölle verzichtet hätte und demgemäß unsere Industriellen nur Vorteile, keine Nachteile von dem Vertrage zu gewärtigen hätten, würden diese gleichwohl mit Leichtigkeit für jene pessimistische Auffassung zu gewinnen sein." Zu Dietzel siehe Erwin von BECKERATH, Dietzel, Heinrich, in: Neue Deutsche Biographie 3 (1957), S. 708–709 [Online-Version]; URL: https://www.deutsche-biographie.de/pnd116117060.html#ndbcontent: Heinrich Dietzel (19. Januar 1857–22. Mai 1935), ein Schüler Adolph Wagners, stand der jüngeren historischen Schule Schmollers

der vorliegenden Arbeit zu lesen ist. Oertel beendete seine Rede mit einem flam-
menden Plädoyer für die Landwirtschaft und einem interessanten Hinweis auf die
„realen Machtfaktoren" bei den „parlamentarischen Verhältnissen", ohne deren
Berücksichtigung die Regierung nichts tun könne. Nach Zeitungsberichten hatte
der preußische Handelsminister Möller davon gesprochen. Oertel meinte, dass
Möller dabei an das Großkapital und die „Börse" dachte.[1103]

Die Landwirtschaft, deren wirtschaftliches Gewicht in der Zeit des Kaiserreichs
immer weiter zurückging, versuchte wohl deshalb auf die Arbeiterschaft und
die gemäßigten Sozialdemokraten zuzugehen, um dem Einflussverlust über das
Schmieden neuer Allianzen aufzuhalten. Die auswärtigen Beziehungen, zumal zu
den USA, boten dabei ein ideales Feld, da sie ohne nennenswertes inneres Konfliktpotential waren. Heinrich Dietzel war der der Ansicht, dass sich Amerika zudem
im Gegensatz zu vor etwa zehn Jahren, nicht zuletzt wegen der imperialistischen
Konfrontationen auf den Philippinen, auf Samoa und jetzt in Venezuela, zu einem
Kontrahenten entwickelte, auf dessen wirtschaftliche Leistungen immer weitere
Teile der Bevölkerung immer neidischer wurden.[1104] Dies verstärkte die Möglichkeit einer Annäherung der Parteien im Reichstag. Deshalb wohl auch die harte Kritik an Bebel und dessen Verständnis für den venezolanischen Präsidenten Castro,
versuchte er so doch einen Keil zwischen die Linken zu treiben und die gemäßigten
Sozialdemokraten für die konservative Partei zu öffnen. Es zeichneten sich hier
bereits die ersten Umrisse der späteren „Volkspartei" CDU ab, die statt einer Pro-
grammpartei eine überparteiliche, die Milieugrenzen überwindende Union schaffen wollte und die sich explizit auch an die Arbeiterschaft richten sollte.[1105]

Posadowsky-Wehner wies die „lebhafte[n] Angriffe" Oertels „gegen unser [...]
handelspolitisches Verhältnis zum Ausland" scharf zurück, mit der Begründung, es
sei „nicht ganz empfehlenswert, diese Verhältnisse fortgesetzt hier zum Gegenstand

---

nahe und war einer der eifrigsten Verfechter der Freihandelspolitik und der indus-
triestaatlichen Entwicklung.

1103 Stg. Berichte, 10. Leg.-Periode, 1900/03, 8, 245. Sitzung, Freitag, den 23. Januar 1903,
S. 7508C–7509A.

1104 DIETZEL, Der deutsch-amerikanische Handelsvertrag, S. 39: „Sind sie [die Agrarier, MH] doch von wurzeltiefem Mißtrauen, von bitterbösem Handelsneid gegen
den Nachbarn jenseits des großen Teichs erfüllt. Und mit ihnen, so scheint es
wenigstens, die große Mehrheit unseres Volkes. Noch vor zehn Jahren hegte man
bei uns, abgesehen von den Agrariern große Sympathie für Onkel Sam als guten
Kunden. Jetzt ist, wie der frühere Botschafter Andrew White neulich klagte, aus
Freundschaft Haß geworden."

1105 Zu Begriff der „Volkspartei" siehe Alf MINTZEL, Die Volkspartei: Typus und Wirklichkeit, Springer Fachmedien GmbH, Wiesbaden 1984, S. 23–28.

der parlamentarischen Verhandlungen zu machen."[1106] Johannes Miquel, der preußische Finanzminister, hatte allerdings bereits 1897 vorgeschlagen:

> „Man müsse daher auch Fragen [...] der Auswärtigen Politik an den Reichstag bringen; in
> auswärtigen Fragen würden die Gefühle der Nation am meisten auf einen gemeinsamen
> Boden gebracht. Unsere unleugbaren Erfolge in der auswärtigen Politik würden bei einer
> Besprechung im Reichstag einen guten Eindruck machen und dadurch die politischen
> Gegensätze gemildert werden."[1107]

Die Abgeordneten handelten diesem Gedanken nach: Auswärtige Angelegenheiten
wurde verstärkt diskutiert, die Exekutive über sie herausgefordert und die Gruppenidentität gestärkt und geschärft. Die Frage aber stellt sich: War es die Reichsleitung,
die verstärkt zur Debatte auswärtiger Politik animierte und den Reichstag manipu-
lierte? Oder entsprang Miquels Gedanke einer gesellschaftlichen Entwicklung, die
sich wegen der zunehmenden globalen Verflechtung Deutschlands und dem Ausbreiten imperialistischen Denkens mit auswärtiger Politik zu beschäftigen begann,
welche der Reichstag, gleichsam sensorisch und physisch verbunden mit dieser Gesellschaft, aufnahm, um seine Kompetenzen und seine Bedeutung gegenüber der Exekutive zu stärken?

Die Tirade Posadowsky-Wehners, die ihn als von den Abgeordneten getriebenen
wirken lässt, lässt das Pendel eher in Richtung zweiter Hypothese ausschlagen:

> „Ja, wollten Sie denn, daß bei internationalen Verhandlungen so schwieriger Natur,
> welche unser handelspolitisches Verhältnis fast zur ganzen zivilisierten Welt neure-
> geln sollen, wir der Mehrheit des Reichstags auf Gnade oder Ungnade ergeben sein
> sollen? Das ist keine Auffassung, welche meines Erachtens den Begriffen entspricht
> von der Stellung der Exekutive im monarchischen Staat. (Sehr gut! links.) Meine Her-
> ren, wir wollten – mit vollem Bewußtsein – allerdings die Hand am Ventil haben
> und behalten (sehr richtig!), weil wir bei den Verhandlungen mit anderen Staaten die
> Verantwortung tragen. Deshalb mußten wir auch im Interesse unserer Volkswirth-
> schaft den Zeitpunkt bestimmen können, wann wir das bisherige handelspolitische
> Verhältnis in neue Handelsverträge konvertieren. Ich glaube, daß eine Regierung, die
> nicht diesen Standpunk, selbst auf die Gefahr des Scheiterns der ganzen Zollaktion,
> festgehalten und diese wichtigen Interessen des Landes lediglich einer wechselnden
> Mehrheit des Parlaments überlassen hätte, auf die Rechte der Exekutive verzichtet

---

1106 Stg. Berichte, 10. Leg.-Periode, 1900/03, 8, 245. Sitzung, Freitag, den 23. Januar 1903,
      S. 7510A.
1107 Finanzminister Miquel in der Sitzung des Königlichen Staatsministeriums 11. No-
      vember 1897, P.A. Preußen Nr. 11, Geheim. Staatsministerial- und Kronrathspro-
      tokolle, Bd. 16.

hätte, welche sie in einem monarchische Staate dauernd festhalten muß. (Sehr richtig!
links.)."[1108]

Die Reaktion des Parlaments ist überraschend und weist darauf hin, dass sich
die Linken – also Teile der Sozialdemokratie und der Linksliberalen – von Oertel
und den Konservativen nicht auseinanderdividieren lassen wollten. So konnte die
SPD etwa ihre innere Einigkeit festigen, sich der Exekutive gegenüber als verfas-
sungsloyal darstellen und darüber unmerklich in die Richtung einer staatstragenden Partei gleiten. Auch stützte sich die Reichsleitung unter zuerst Reichskanzler
Hohenlohe-Schillingsfürst dann Bülow während des 10. Reichstags (Juni 1898–
Juni 1903) wie bereits in der vorausgegangenen Legislaturperiode auf das Zentrum
und die linksliberale Freisinnige Volkspartei, um gegen die Konservativen und die
Nationalliberalen ihre Politik, darunter die Handelspolitik oder die Weiterentwicklung des Parteienrechts (sog. Lex Hohenlohe[1109]), durchzuführen.[1110] Darüber hinaus kam aber die Zustimmung zu den Ausführungen Posadowsky-Wehners einem
perlokutiven Akt gleich: Die Zustimmung zur Verfassungsauslegung durch den
Staatssekretär des Inneren bedeutete auch, sich über die Exekutive zu stellen und
die Verfassung im Grunde in Richtung eines echten Parlamentarismus zu drängen.
Diese Haltung der Linken zeigte sich auch in ihrer Reaktion auf die Antwort des
Staatssekretärs des Auswärtigen Amtes Richthofen auf die Ausführungen Oertels,
der nach Posadowsky-Wehner sprach.

Richthofen schien von dessen Vorwurf, die Reichsleitung informiere den
Reichstag in Bezug auf Venezuela nicht genug, getroffen, was die leicht ironische
Formulierung unterstrich: „Ich entspreche diesem Wunsch gerne."[1111]

Zunächst betonte er, dass Deutschland bereits seit Juni 1901 versucht hatte, die
Frage der Schuldenzurückzahlung diplomatisch und über ein Schiedsgericht zu
lösen, dass eine entsprechende Note von Venezuela aber „als beleidigend, unzulässig, frevelhaft und widersinnig" zurückgewiesen wurde. Dies wurde von links mit
einem zustimmenden „hört! hört" kommentiert[1112]. Richthofen gab sich aber zuversichtlich, dass es dem amerikanischen Gesandten Bowen, der „vor drei Tagen aus
Caracas in Washington angekommen ist",[1113] gelingen würde, die Schuldenfrage zu

---

1108 Stg. Berichte, 10. Leg.-Periode, 1900/03, 8, 245. Sitzung, Freitag, den 23. Januar 1903,
       S. 7510C/D.
1109 https://de.wikisource.org/wiki/Gesetz,_betreffend_das_Vereinswesen: Gesetz
       betreffend das Vereinswesen vom 11. Dezember 1899, RGBL, Nr. 48, 2630, S. 699;
       FREYTAG, Das Wilhelminische Kaiserreich, S. 165: Die Lex Hohenlohe erlaubte es
       den Parteien, reichsweite dauerhafte Organisationen aufzubauen.
1110 Volker STALMANN Ein deutscher Reichskanzler, Schöningh, Paderborn 2009.
1111 Stg. Berichte, 10. Leg.-Periode, 1900/03, 8, 245. Sitzung, Freitag, den 23. Januar 1903,
       S. 751OD.
1112 Ibid., S. 7511A.
1113 Ibid., S. 7511B.

schlichten. Und um zu beweisen, dass die Exekutive dem Reichstag keine Informationen vorenthalten wolle, unterstrich er, dass über die Beschießung des Forts San Carlos erst am 22. Januar eine offizielle Mitteilung eingetroffen war, was den materiellen Umständen in Venezuela geschuldet war. Richthofen stellte sich schließlich hinter das Vorgehen der deutschen Offiziere, die im Rahmen einer Blockade völlig normal gehandelt hätten und „die Ehre unserer Flagge hochzuhalten wissen werden." Richthofens Beitrag wurde vom gesamten Parlament, also auch den Sozialdemokraten, mit „Lebhafte[m] Beifall"[1114] quittiert.

Die Debatten des Parlaments zu auswärtigen Fragen führten mithin zwingend zu einer Kompetenzausweitung des Reichstags, die so wahrscheinlich von der Exekutive, wie Miquel es im Kronrat formuliert hatte, nicht vorhergesehen worden war: Diese Kompetenzausweitung vollzog sich über eine offene Besprechung der Auswärtigen Regierungspolitik, die gut geheißen oder bemängelt wurde, der man zustimmte oder offen ablehnend gegenüberstand und die man perlokutiv in eine bestimmte Richtung zu lenken suchte. All dies geschah dabei im Reichstag einerseits wohl eher unbewusst, über eine gewollte Manipulation durch die Regierung, andererseits bewusst über die Aufnahme breiterer gesellschaftlicher Entwicklungsströme und den Willen zur Kompetenzaneignung.

Unterdessen zogen sich die diplomatischen Verhandlungen hinsichtlich der Streitbeilegung der Venezuelakrise bis zum 13. Februar 1903 hin. Immer wieder wurde mit der „öffentlichen Meinung" argumentiert, um die Partner darauf zu drängen, möglichst bald zu einem Abschluss zu gelangen.

In Deutschland war die öffentliche Meinung sehr gegen die deutsche militärische Venezuelaaktion eingestellt, was auch in vielen Redebeiträgen im Reichstag zum Ausdruck gekommen war. In den Vereinigten Staaten und vor allem in Großbritannien hatte sich die öffentliche Meinung wie oben gesehen nach der Bombardierung des Forts stark gegen Deutschland gewandelt. Vor allem in den USA drängte man deshalb unterdessen immer lauter auf eine Aufhebung der Blockade. Zudem bestand jede der drei verbündeten Mächte Deutschland, England und Italien darauf, bei der Rückzahlung der Forderungen privilegiert behandelt zu werden, was von dem amerikanischen Unterhändler Bowen zunächst abgelehnt wurde. Er weigerte sich, die Forderung der drei Verbündeten zu erfüllen, namentlich, weil man den Einsatz von Gewalt zur Durchsetzung von Ansprüchen nicht fördern wollte. Speck von Sternburg, der Anfang Januar als Gesandter in außerordentlicher Mission nach Washington beordert worden war und Mitte des Jahres den von Roosevelt, aber auch von Wilhelm II. wenig geschätzten Holleben ablöste,[1115]

1114 Ibid., S. 7511C/D.
1115 Am Hof der Hohenzollern: Aus dem Tagebuch der Baronin Spitzemberg 1865–1914, hg. von Rudolf VIERHAUS, Deutscher Taschenbuchverlag, München 1979², S. 208–20; Erwin MATSCH, Wien–Washington: Ein Journal diplomatischer Beziehungen 1837–1917, Böhlau Verlag, Wien, Köln, 1990 S. 500.

telegraphierte dazu an das Auswärtige Amt, dass die USA Angst hätten, der Fall
Venezuela könnte ein Präzedenzfall für Südamerika werden. Im Übrigen korre-
lierte der Sympathieverlust für Deutschland in Südamerika mit einer gesteigerten
Sympathie für die USA. Er plädierte deshalb für eine schnelle Lösung der Angelegenheit, um den Ansehensverlust Deutschlands in Süd- und Zentralamerika und in
den USA in Grenzen zu halten.[1116]

2.8.8. Die Debatten im Reichstag und die Venezuelakrise im Februar 1903

Vom 3. Februar bis 26. Februar 1903 (2. Session, 249.–268. Sitzung) fand die
„Zweite Berathung des Entwurfs eines Gesetzes betreffend die Feststellung des
Reichshaushalts-Etats für das Rechnungsjahr 1903" statt, dabei wurde u.a. der Etat
für den Reichskanzler und die Reichskanzlei diskutiert. In diesen Zeitraum fiel
auch die Beendigung der Venezuelakrise durch die Washingtoner Protokolle.

In der Sitzung am 5. Februar 1903 hielt der dem linken Flügel der SPD zugerechnete SPD-Abgeordnete Georg Ledebour im Rahmen der Behandlung des Etats
für den Reichskanzler und die Reichskanzlei eine sehr lange Rede. Wie bereits in
früheren Sitzungen wurden auch hier demokratische Verfahrensweisen, wie die
Wahlkreiseinteilung, Diäten und Wahlgeheimnis, besprochen. Im ersten Teil seiner
Rede setzte sich Ledebour mit der für die Reichstagsabgeordneten sehr bedeutenden Frage der Diäten und der Wahlkreiseinteilung auseinander. Im zweiten Teil
wollte er dann über die Außen- und Weltpolitik der Regierung sprechen.[1117] Ähnlich wie Bülow in einer Rede nur kurz über auswärtige Fragen reden wollte so
auch Ledebour hier. Vielleicht deswegen, weil die Behandlung derartiger Fragen
eigentlich nicht im Kompetenzbereich des Reichstags lag, diese aber mit Macht in
den demokratischen Raum drängten, ähnlich wie Fragen zur Änderung oder Reform demokratischer Verfahrensweisen.

Wie ein unterirdischer Mahlstrom schob die Demokratisierung diese Themen
verstärkt an die Oberfläche der parlamentarischen Debatte. Ledebour kritisierte
erst herb die Germanisierungspolitik vor allem in den polnisch sprachigen Gebieten. Er wies rassische Gründe für die starke Bevölkerungsvermehrung der Polen
zurück und führte stattdessen soziale Gründe dafür an. Um seine Argumentation
zu unterfüttern, verglich er die polnische Bevölkerungsgruppe in Ostdeutschland
mit den französischen Kanadiern. Dabei verband er eine harsche Kapitalismus-
kritik mit einer sehr abwertenden Sicht auf die US-amerikanische Gesellschaft, die
er metaphorisch als ausnahmslos krank kapitalistisch darstellte, wenn er anführte,

---

1116 GP, Bd. 17, Nr. 5145, Der Gesandte in außerordentlicher Mission in Washington
      Freiherr Speck von Sternburg an das Auswärtige Amt (3. Februar 1903) S. 285–286.
1117 Stg. Berichte, 10. Leg.-Periode, 1900/03, 9, 251. Sitzung, Donnerstag, den 5. Februar
      1903, S. 7692B.

dass sich beide als besitzlose Proletarier im Gegensatz zur deutschen Bevölkerung in den preußischen Ostprovinzen und den „kapitalistisch mehr und mehr durchseuchten Yankees" stärker „vermehrt[en]"[1118]. Am Schluss seiner Rede stellte er allgemeine Betrachtungen zum Weltfrieden an, nachdem er zuvor scharf mit der Weltmachtpolitik Bülows ins Gericht gegangen war und die immer wieder im Raum stehende Forderung nach einer starken Marine als Gefahr für eben diesen Weltfrieden beschrieben hatte. Ledebour betonte, dass seine Partei nichts gegen das Argument einzuwenden hätte, der deutsche Handel müsse überall auf der Welt geschützt werden und bezeugte somit zum einen, dass selbst der linke Flügel der SPD keine Fundamentalopposition betrieb. Zum anderen gab die selbstverständliche Zuordnung von Parteien als Oppositionsparteien zu verstehen, dass Ledebour, und damit stand er sicher nicht alleine, von einem „informellen Parlamentarismus" ausgingen: „Dagegen hat, soviel ich weiß, auch kein Mensch im Reichstag weder von unserer Partei noch von den anderen Parteien der Opposition jemals einen Widerspruch geltend gemacht."[1119]

Allerdings war er nicht mit der „Art und Weise, wie die deutsche Reichsregierung eingreift in die Welthändel"[1120] einverstanden. Ledebour wollte zwar „auf den neuesten Beweis der Weltpolitik, der sich an die sogenannte Venezuelafrage anknüpft, nicht eingehen, weil ich mich lieber auf Gebiete beschränke, die beim Auswärtigen Amt behandelt werden können: das ist aber eine Frage, die eingehend und ausführlich beim Auswärtigen Amt behandelt werden kann."[1121]

Mit der Wahl bestimmter Begriffe aus der Studenten- und Offizierssprache, um seine Ablehnung der militärischen Aktionen der deutschen Marine während der Venezuelakrise zu erklären, übte Ledebour zugleich Sozial- und allgemeine Gesellschaftskritik an einem Verhalten und einer Mentalität, die er in einer überkommenen[1122] militärischen und obrigkeitsstaatliche Sozialisierung begründet sah.[1123]

1118 Ibid., S. 7695B.

1119 Ibid., S. 7692D.

1120 Ibid.

1121 Ibid.

1122 NIPPERDEY, Nachdenken über die deutsche Geschichte: Der Autor zeigt, dass das Deutsche Kaiserreich zwar ein Obrigkeitsstaat war, aber keine Untertanengesellschaft. Vielmehr war sie eine Gesellschaft im Umbruch: Differenziert, fragmentiert und eine aufstrebende Industrienation mit Weltmachtambitionen.

1123 Siehe dazu: Ute FREVERT, Die Kasernierte Nation: Militärdienst und Zivilgesellschaft in Deutschland, Verlag C.H. Beck, München 2001, S. 193–301; Bettina MUSALL, Schneidige Untertanen, in: Das Kaiserreich: Deutschland unter preußischer Herrschaft, hg. von Uwe Klussmann, Joachim Mohr, Deutsche Verlags-Anstalt, München 2014, S. 44 -53; Michael BÖLDICKE, Erziehung zur Männlichkeit im deutschen Kaiserreich, 1871–1914, Helmut-Schmidt Universität 2008; zur Bedeutung des Militärs im Kaiserreich und insbesondere des Reserveoffizierskorps siehe: Lothar MERTENS, Das Privileg des Einjährigen-Freiwilligen Militärdienstes

Es überrascht deshalb nicht, dass er zwischen dem militärischen Verhalten gegenüber Venezuela und dem polizeilichen gegenüber Bürgern im Innern eine Parallele zog.[1124] So wie durch das autoritäre Verhalten der Polizei Konflikte im Inneren ausgelöst wurden, entstanden über dasselbe militärisch-autoritäre Verhalten Konflikte mit dem Ausland, ein Verhalten, das er als „übertriebene Schneidigkeit" bezeichnete, welche letztlich den deutschen Interessen mehr schadete denn nützte.[1125] Allerdings war Ledebour zwar Antimilitarist,[1126] aber kein Pazifist und es war ihm eine Selbstverständlichkeit, dass ein Land wie Deutschland auf See durchaus für Recht und Ordnung sorgen durfte, allerdings mussten immer die Sensibilitäten der anderen Mächte berücksichtigt werden.[1127]

Ledebour verband die Kritik eines weiteren Flottenausbaus mit einer Kritik zum einen an der Mentalitätsentwicklung im Kaiserreich, der er einen gewissen Hang zum Größenwahn und zur Überschätzung der eigenen Möglichkeiten vorwarf: „Ebenso ist das Anwachsen, die beständige Vermehrung der Weltflotte, diese beständigen renommistischen Verherrlichungen der Aufgaben, die die Weltflotte demnächst einmal haben solle, nur dazu angethan, Deutschland zu schädigen. Es ist das eine Renommierpolitik [...] [die] thatsächlich das ganze Ausland aufbringt und gegen Deutschland argwöhnisch macht."[1128]

Zum anderen sprach er sich dann ganz explizit gegen die seiner Meinung nach „durchaus überflüssige Vermehrung der Kriegsflotte" aus. „[...] überflüssig deshalb, weil Deutschland aus wirthschaftlichen und handelspolitischen Gründen, infolge seiner kontinentalen Lage gar nicht in der Lage ist, eine Seemacht ersten Ranges zu werden, wie England aber auch die Vereinigten Staaten von Amerika das in Zukunft werden können, wenn sie wollen."[1129]

Diesen gewissen Größenwahn sah er gleichzeitig bedingt durch die Existenz einer sich nach außen durch exklusive Verhaltens- und Sprachnormen abzuschotten versuchenden Elite in den Universitäten, im Offizierskorps und in der hohen Beamtenschaft. Bülow etwa gebrauchte in seinen Reden häufig lateinische oder

---

im Kaiserreich und seine gesellschaftliche Bedeutung, in: Militärgeschichtliche Mitteilungen, Bd. 39, 1986/1, S. 59 -66, hier S. 59: „Der preußische Staat und das deutsche Kaiserreich (1871–1914) sind gekennzeichnet durch einen latenten Militarismus. Die Sozialordnung wurde durch die Armee determiniert."

1124 Stg. Berichte, 10. Leg.-Periode, 1900/03, 9, 251. Sitzung, Donnerstag, den 5. Februar 1903, S. 7693A.

1125 Ibid., S. 7692D.

1126 Siehe dazu: Wolfram BEYER, Pazifismus und Antimilitarismus. Eine Einführung in die Ideengeschichte, Schmetterling, Stuttgart 2012.

1127 Stg. Berichte, 10. Leg.-Periode, 1900/03, 9, 251. Sitzung, Donnerstag, den 5. Februar 1903, S. 7692D–7693A.

1128 Ibid.

1129 Ibid.

griechische Zitate, ohne sie zu übersetzen,[1130] oder machte literarische Anspielungen, was darauf abzielte, Abgeordneten ohne die entsprechende Ausbildung über soziale Distinktion auf Distanz zu halten.[1131] Über die Beschäftigung mit äußeren Themen und deren Verknüpfung mit innenpolitischen konnte der Reichstag leichter innenpolitische Problemfelder aufzeigen, seine institutionellen Kompetenzen ausweiten und damit den Abgeordneten individuelles soziales und symbolisches Kapital[1132] kumulieren und zugleich an einer gesellschaftlichen Modernisierung arbeiten: „[...] insbesondere Modernität avancierte um 1900 zu einem Schlüsselbegriff der gesellschaftliche Veränderungshoffnungen im Sinne eines liberalen Freiheitspathos und eines sozialdemokratisch erträumten Gesellschaftsumbaus [sowie] alternativ gemeinte Entwürfe der privaten und sozialen Lebensführung."[1133]

Reichskanzler Bülow antwortet auf Ledebour und wies dessen Anschuldigung zurück, er habe das Deutsche Reich in außenpolitische Abenteuer gestürzt. Er fasste kurz die Ergebnisse seiner seit seinem Amtsantritt als Außenstaatssekretär geführten auswärtigen Politik zusammen und nannte deren drei wichtigste Etappen: Zunächst Ostasien, wo Deutschland nach den Aktionen in Bezug auf Samoa und Kiautschou seine Position festigen konnte. Ledebours Kritik an dem deutschen Vorgehen in Venezuela wies er ironisch zurück: „Und auch in Venezuela, das dem Herrn Vorredner große Besorgnisse einzuflößen scheint, bewegen wir uns genau auf derselben Linie wie England und Italien, auf der Bahn ruhiger Besonnenheit. (Bravo!)."[1134]

Bülow versuchte auch, dem Reichstagsabgeordneten die Kompetenz, außenpolitische Themen zu behandeln, ähnlich wie bereits bei den Diskussionen zu Samoa

---

1130 Ibid., S. 7697A.

1131 Encarnacion Gutiérrez RODRIGUEZ, Die Tasse Tee und die Toilettenbürste, in: Symbolische Gewalt: Herrschaftsanalyse nach Pierre Bourdieu, hg. von Robert SCHMIDT, Volker WOLTERSDORFF, Köln: Halem, Köln 2018, S. 195–218, hier S. 206.

1132 Laut Pierre Bourdieu gibt es vier Kapitalsorten. Viele Abgeordnete und Bürger, die von diesen repräsentiert wurden, hatten bereits ökonomisches Kapital angehäuft, nun machten sie sich daran, soziales, kulturelles und damit symbolisches Kapital zu vermehren. Siehe dazu: Pierre BOURDIEU, Ökonomisches Kapital, kulturelles Kapital, soziales Kapital, in: Soziale Ungleichheiten, Ökonomisches Kapital, kulturelles Kapital, soziales Kapital, in: Soziale Ungleichheiten, hg. von Reinhard Kreckel (Soziale Welt, Sonderheft 2), Otto Schwartz & Co., Göttingen 1983, S. 183–198.

1133 Rüdiger vom BRUCH, Wissenschaftspolitik, Wissenschaftssystem und Nationalstaat im Deutschen Kaiserreich, in: Wirtschaft, Wissenschaft und Bildung in Preußen: Zur Wirtschafts- und Sozialgeschichte Preußens vom 18. bis zum 20. Jahrhundert, hg. von Karl Heinrich KAUFHOLD, Bernd SÖSEMANN, Franz Steiner Verlag, Stuttgart 1998, S. 73–90, hier S. 73.

1134 Stg. Berichte, 10. Leg.-Periode, 1900/03, 9, 251. Sitzung, Donnerstag, den 5. Februar 1903, S. 7697B.

gesehen, auf ironische Weise abzusprechen, was den Eindruck nur bekräftigt, dass
die Reichsleitung den Reichstag immer weniger von außenpolitischen Themen und
Entscheidungen auszuschließen vermochte.[1135]

Der freikonservative Abgeordnete Karl Gamp[1136] bezeugte mit seiner Antwort,
wie sehr es sich normalisiert hatte, dass der Reichstag zu außenpolitischen Fragen
Stellung bezog, wenn er explizit betonte, dass „wir in dieser Beziehung volles Vertrauen zu dem Herrn Reichskanzler haben, daß wir hoffen und wünschen, er wird
die Wege, welcher er bisher gegangen ist, weiter gehen, und es wird ihm gelingen,
unsere nationalen Bedürfnisse und Interessen auch auf dem Gebiet des Welthan-
dels zu befriedigen, ohne uns in Koalitionen zu bringen mit anderen Staaten, durch
die wir in unangenehme Lage kommen könnten."[1137] Über eine Art rhetorische
Manipulation, den perlokutiven Akt des Aussprechens von Vertrauen, was aber
zugleich wie eine versteckte Mahnung klang, forderte Gamp die Reichsleitung zu
einer bestimmten Außenpolitik auf, gerade indem er ihr das Vertrauen aussprach.
Er mischte sich also sehr wohl in diesen Politikbereich ein, gebar sich aber eher als
ein delegierender Chef, denn als gleichwertiger Diskussionspartner. Dies bekräftigt den Eindruck der steigenden Macht und Bedeutung des Parlaments und mithin
der informellen Parlamentarisierung des Reichs.

Bülow stützte sich während des 10. Reichstags (Juni 1898–Juni 1903) v.a. auf das
Zentrum, während die Beziehungen zu den Nationalliberalen und den Konservati-
ven, namentlich der Landwirtschaft, angespannt waren, da diese der Bülow'schen
Weltpolitik, der Exportorientierung und dem weiteren Ausbau Deutschlands als
Hochindustrienation skeptische gegenüberstanden.

2.8.9. Die Rede von Gustav Roesicke: Ein Beispiel für die informelle Parlamentarisierung über den Umweg der außenpolitischen Stellungnahme.

Diese Spannung zeigte sich auch in der Rede des Abgeordnete Gustav Roesicke
vom BdL in der Sitzung vom 6. Februar 1903. Die Rede verbarg hinter einem ironischen Ton eine durchaus aggressive Stoßrichtung. Landwirtschaftliche Themen
gaben Roesicke die Vorlage, und über die Venezuelakrise und die Monroedoktrin
kam er zu seinem eigentlichen Hauptanliegen, dem Klimax der Rede: Die Minister-
verantwortlichkeit und das Recht, den Kaiser zu kritisieren. Dieses Recht hatte sich
der Reichstag in gewisser Weise im Laufe der Jahre erkämpft, wie man etwa bei

---

1135 Ibid., S. 7697D.

1136 Karl Gamp (24. November 1846–13. November 1918), ab 1907 Karl Freiherr von
      Gamp-Massaunen. Gamp war ostpreußischer Gutsbesitzer und saß von 1884 bis
      1918 im Reichstag. Siehe dazu: REIBEL, Handbuch, S. 110–113.

1137 Stg. Berichte, 10. Leg.-Periode, 1900/03, 9, 251. Sitzung, Donnerstag, den 5. Februar
      1903, S. 7698A.

der Rede Eugen Richters zu Samoa im Dezember 1899 weiter oben gesehen hat: In einer Rede im Dezember 1899 hatte der preußische Finanzminister Johannes von Miquel tatsächlich festgestellt, dass er „in langjähriger parlamentarischer Praxis eine solche Behandlung Allerhöchster Kaiserlicher Äußerungen nicht kenne. Sie war bisher nicht üblich. Allerdings gegenwärtig hält sie unser hochverehrter Herr Präsident für zulässig."[1138]

Roesicke gebärdete sich als der Reichsleitung ebenbürtig und der Ton legte den Eindruck nahe, er habe den Reichskanzler vorbestellt, damit dieser dem Reichstag Rede und Antwort stehe.

2.8.9.1. Außenpolitik und die Probleme der Landwirtschaft

Und so kam Roesicke zuerst darauf zu sprechen, dass der Staatssekretär des Inneren bereits erklärt hatte, „daß die Regierung für die Landwirthschaft viel Positiveres nicht mehr thun könne"[1139] und das Reich überdies mit einer kanadischen Firma einen Vertrag über die Lieferung von Büchsenfleisch für das Heer geschlossen hatte, die „die Lieferung im Wettbewerb gegen mehrere amerikanische Konkurrenten"[1140] zugeschlagen bekam. Dies lief natürlich den Interessen der Landwirtschaft zuwider. Zudem zeigte es, dass man sich mit England in einer stärkeren national-emotionalen Konkurrenz befand als mit den Vereinigten Staaten, die hier beinahe als benachteiligt gegenüber der kanadisch-englischen Konkurrenz erschienen. Allerdings hatte Roesicke, wie er ironisch-provozierend betonte, die Absicht, „dem Herrn Reichskanzler Gelegenheit zu geben, authentisch diese Mittheilung zu widerlegen."[1141] Weiter nahm er jedoch die Debatte zum Anlass, über eine kritische Nachbetrachtung des Zustandekommens der Brüsseler Konvention über den Handel mit Zucker (5. März 1902)[1142], das außenpolitische Agieren und Geschick der Regierung in Zweifel zu ziehen. Es hatte sich nach der Ratifizierung der Konvention herausgestellt, dass sowohl England als auch Russland die Konvention anders interpretierten, als es das Reich bei der Ratifizierung „angenommen" hatte. Roesicke wies deshalb die Regierung zurecht und erteilte ihr eine Lehre in außenpolitischer Verhandlungsführung, was auf Grund der eigentlich verfassungsmäßig dem Reichstag nicht zustehenden Kompetenz dem Versuch einer Kompetenzermächtigung gleichkam:

1138 Stg. Berichte, 10. Leg.-Periode, 1898/1900, 4, 121. Sitzung, Mittwoch, den 13. Dezember 1899, S. 3330C.

1139 Stg. Berichte, 10. Leg.-Periode, 1900/03, 9, 252. Sitzung, Freitag, den 6. Februar 1903, S. 7719D.

1140 Ibid., S. 7719D.

1141 Ibid., S. 7720A.

1142 „Die Brüsseler Konvention Und Das Deutsche Zuckersteuergesetz," in: FinanzArchiv, Nr. 2 (1902): 260–279. [www.jstor.org/stable/40905257. Eingesehen am 14. Mai 2020.].

„Nun, meine Herren, das war eine Annahme, und auf Grund dieser Annahme ist die Konvention ratifiziert worden. Auch hier, meine ich, wäre es von eminenter Bedeutung gewesen, für unsere Regierung, doch dafür zu sorgen, daß diese Annahme vor der Ratifizierung der Konvention zur Sicherheit wurde. Aber einen derartigen weittragenden Vertrag abzuschließen, ehe man sicher ist, wie die anderen Staaten sich zu dem verhalten, was man selbst als Grundlage und Veranlassung seiner Haltung nimmt, ist nicht im Interesse des Reichs. Ich meine, daß die Regierung verpflichtet war, sich vorher Klarheit zu verschaffen."[1143]

Roesicke ging dann noch weiter und ermahnte fast oberlehrerhaft die Regierung vor den anstehenden Handelsvertragsverhandlungen, beim Abschluss dieser Verträge Sorgfalt walten zu lassen und nur solche Verträge abzuschließen, deren Inhalt man vollständig verstanden habe, um der deutschen Landwirtschaft keine Nachteile einzuhandeln.[1144] Diese harten Worte lösten im Plenum „Heiterkeit" aus, was ein gewisses Zusammengehörigkeitsgefühl unter den Abgeordneten bezeugte. Solche Momente waren wichtige Etappen auf dem Weg zur Vertiefung der Gemeinschaft der Abgeordneten als Gruppe und damit zum Aufbau eines institutionellen, gewichtigen Gegenspielers zur Reichsleitung. Auch der nächste von ihm angesprochen Punkt trug zu der Schaffung einer solchen Gruppenidentität bei. Da er bis dahin noch nicht über das eigentliche Thema des zu debattierenden Tagesordnungspunktes gesprochen hatte, schickte er diesem eine Art *Captatio Benevolentiae* vor, um das nächste angesprochene Thema zu begründen: „Dann habe ich auf eine Sache noch hinzuweisen, die ich wohl berechtigt bin, hier gerade beim Etat des Reichskanzlers zu behandeln, weil sie auf unsere Finanzen einen Einfluß hat und daher der allgemeinen Beachtung des Herrn Reichskanzlers ganz entschieden unterbreitet werden muß."[1145]

Roesicke positionierte sich und den Reichstag hier also als Hüter der Finanzen des Reiches, was mit dem Possessivpronomen „unser" deutlich herausgestellt wurde, und er kritisierte erneut die außenpolitische Inkompetenz und Machtlosigkeit der Regierung. So hatte die Berliner Börse festgestellt, „daß Weizen, welcher aus New York kam, von der dortigen Börse hinübergeschickt war, nicht amerikanischer, sondern kanadischen Ursprungs war."[1146]

Das war insofern ein Problem, als Kanada seit dem *Constitution Act* von 1867 zwar ein halb-souveräner Staat geworden war, aber über seinen Status als *Commonwealth Realm*, als Dominion innerhalb des Britischen Weltreiches, eng mit dem Vereinigten Königreich verbunden blieb.[1147] Auf Grund dieser institutionellen

---

1143 Stg. Berichte, 10. Leg.-Periode, 1900/03, 9, 252. Sitzung, Freitag, den 6. Februar 1903, S. 7721 B/C.
1144 Ibid., S. 7721 D.
1145 Ibid.
1146 Ibid., S. 7722 A.
1147 Zu Kanada siehe: Udo SAUTTER, Geschichte Kanadas, Verlag C.H. Beck, München 2007², hier S. 53–76.

Verbindung mit Großbritannien wurde Kanada wohl eher als Gegner oder Konkurrent betrachtet, als die Vereinigten Staaten. Mit Großbritannien und seinen Kolonien bestand, seitdem es den Vertrag mit dem deutschen Zollverein von 1865 zum 30. Juni 1898 gekündigt hatte, kein Handelsvertrag mehr. Kanada und Deutschland schlossen erst am 15. Februar 1910 einen provisorischen Handelsvertrag.[1148] Seitens des Deutschen Reichs wurden Großbritannien, seinen Kolonien und auswärtigen Besitzungen nach 1898 durch verschiedene Gesetze fortlaufend die Meistbegünstigung gewährt, zuletzt durch Gesetz vom 13. Dezember 1913 bis zum 31. Dezember 1915. Roesicke erklärte sodann weiter, dass die Berliner Börse denn auch auf diese Information reagierte. Zwar konnte sie die New Yorker Börse dazu bringen, nur Getreide aus den USA als amerikanisches zu deklarieren. Allerdings weigerten sich die anderen amerikanischen Börsen diesem Beispiel zu folgen.[1149] Deshalb war weit mehr kanadisches Getreide ins Reich gelangt, als es die offizielle Statistik auswies, was dem Staat Einnahmen vorenthalten hatte. Der Ton Roesickes legte den Verdacht nahe, die Regierung hätte dies stillschweigend zugelassen. Die Reaktion der rechten Seite des Parlaments schuf dann wie der Chor in einer griechischen Tragödie die bedrohlich anmutende Begleitmusik: „(Hört! hört! rechts)"[1150]. Der Reichstag machte hier so seine Wächter- und Kontrollfunktion deutlich. Er beschuldigte anschließend die Regierung indirekt, bestimmte Informationen über Bestimmungen zu Ursprungszeugnissen zurückzuhalten und deutete so an, dass die Abgeordneten von Informationen aus Presse oder der Zivilgesellschaft abhängig waren und von den Arkanen der Politik ferngehalten werden sollten.[1151]

Staatssekretär Posadowsky-Wehner ging auf diese Anschuldigungen Roesickes ausführlich ein und wollte wohl so die Wogen zur Landwirtschaft glätten, wenngleich er darauf bestand, dass das Land gegenüber den Städten nicht benachteiligt würde. Er betonte weiter: „Meine Herren, jede Anregung, die hier im Hause gegeben wird, verfolge ich; ich lasse sofort einen Auszug aus dem betreffenden Stenogramm machen, und die Sache wird geschäftsmäßig weiter behandelt."[1152] Wenngleich der Staatssekretär hier vielleicht übertrieben hatte, lässt sich an solchen Äußerungen die Dynamik der informellen Parlamentarisierung gut beobachten, zumal Posadowsky-Wehner dann ausführlich die Zollkontrolle beschrieb, die verhindern sollte, dass kanadisches als amerikanisch deklariertes Getreide nach

---

1148 Handbuch der Forstpolitik, mit besonderer Berücksichtigung der Gesetzgebung und Statistik, hg. von Dr. Max Endres, Verlag von Julius Springer, zweite, neubearbeitete Auflage, Berlin 19222, S. 793.

1149 Stg. Berichte, 10. Leg.-Periode, 1900/03, 9, 252. Sitzung, Freitag, den 6. Februar 1903, S. 7722A.

1150 Ibid.

1151 Ibid., S. 7722B.

1152 Ibid., S. 7725D.

Deutschland gelangte. Dabei unterstich er die Zusammenarbeit mit den amerikanischen Zollbehörden und zeigte zudem auf, wie eng in einer zunehmend
globalisierten Welt die internationalen Handelsströme und die amerikanische,
kanadische und deutsche Wirtschaft etwa miteinander verbunden und untereinander verflochten waren, was zum Beispiel im Fall von Mehlexporten eine eindeutige nationale Zuweisung erschwerte.[1153] Gerade dieses Beispiel verdeutlicht,
wie sehr die Reichsleitung zwischen den wirtschaftlichen Beharrungskräften und
den ökonomischen Möglichkeit der modernen, verflochtenen Welt innenpolitisch
jonglieren und auf die handelspolitischen Entscheidungen anderer Staaten reagieren musste. Darüber hinaus hatte die Reichsleitung ihre handelspolitischen Entscheidungen immer auf ihre außenpolitischen Folgen hin zu prüfen.[1154] In diesem
Spannungsfeld fiel dem öffentlichen Forum des Reichstags und seinen Debatten in
zunehmendem Maße die Rolle einer die verschiedenen Interessen formulierenden
und ausgleichenden Institution zu.

Zurück zur Rede Roesickes, welcher nun den Ton seiner Worte emotionali-
sierte: Indem er die Deutschen als Opfer ihrer „Nachgiebigkeit" hinstellte, kritisierte er im Grunde die Exportlastigkeit der deutschen Wirtschaft und die damit
einhergehende Offenheit des Handels.[1155]

Er zeichnete weiter das Bild des „deutschen Michels" dessen Charakter „ja eine
gewisse Generosität und Vertrauensseligkeit besitzt. Wir sagen dem Auslande Liebenswürdigkeiten und Schmeicheleien, wir geben ihm unsere Leistungen aus dem
reichen Born unserer Schätze, ohne daß wir Gegenleistungen dafür bekommen
oder uns solche wenigstens sichern."[1156]

2.8.9.2. Venezuela und „die Amerikaner"

Der Ton war nationalistischer geworden und die Rede lief nun auf seinen nationalistischen Höhepunkt zu, an dem Roesicke als Antipoden zum Charakter der
Deutschen den Charakter der Amerikaner gegenüberstellte. Diesen zeichnete
er am Beispiel der Venezuelakrise nach, die ja zu einem Markstein im deutsch-
amerikanischen Verhältnis werden sollte. Die beschriebene deutsche Nachsichtig-
keit gegenüber seinen ausländischen Partnern fand er namentlich im Verhältnis
mit den USA als falsch:

> „Soweit ich sie kenne, haben die Amerikaner gar kein Verständnis dafür, wenn man
> ihnen eine Leistung macht und nicht eine Gegenleistung verlangt. Es imponiert ihnen
> nicht, dass jemand nicht unbedingt seinen Vorteil bei den Massnahmen, die er trifft,

---

1153 Zur ersten Globalisierung siehe: Torp, Herausforderung.
1154 Ibid., S. 20.
1155 Stg. Berichte, 10. Leg.-Periode, 1900/03, 9, 252. Sitzung, Freitag, den 6. Februar 1903,
      S. 7722B/C.
1156 Ibid., S. 7722C.

im Auge hat. Es scheint mir, dass wir hierunter auch bei unseren Massnahmen gegen Venezuela leiden.[1157] [...] Jetzt allerdings ist die nationale Ehre engagiert, und da entspricht es völlig unserer Auffassung, dass mit aller Energie die Ehre Deutschlands gewahrt wird. [...] Wir wünschen aber wohl, dass die Ausführung möglichst unabhängig erfolgt. Und sich frei halte von zu weit gehenden Liebenswürdigkeiten und Entgegenkommen Amerika gegenüber."[1158]

Dann ging er sogleich zur Monroedoktrin über: „Nun muss ich sagen, dass es mich etwas gewundert hat, aus amerikanischen Zeitungen zu erfahren, ohne dass es meines Wissens widerrufen wurde, dass Deutschland die Monroedoktrin glattweg anerkannt habe als alleiniger Staat, während kein anderer Staat mir bekannt geworden ist, der sie auch anerkannt hätte."[1159]

Im Jahre 1895 war es allerdings zu einem ernsten Konflikt zwischen den Vereinigten Staaten und Großbritannien über die Gültigkeit der Monroe-Doktrin gekommen. Es handelte sich um die Grenzziehung zwischen British-Guayana und Venezuela. In einem Schreiben an Salisbury hatte der amerikanische Außenminister Richard Olney Großbritannien unverhohlen mit Krieg gedroht, sollte es den amerikanischen Schiedsanspruch in dieser Frage, und damit die Monroe-Doktrin, nicht anerkennen.[1160]

Salisbury ließ sich vier Monate mit der Antwort Zeit. Er wies die Monroe-Doktrin als im internationalen Recht nicht existent zurück. Zudem habe Großbritannien Territorium in Südamerika besessen, ehe es den Staat Venezuela überhaupt gegeben hatte. Präsident Cleveland antwortete darauf am 17. Dezember 1895 mit einer *message to Congress*, in der er auf die Durchsetzung einer amerikanisch geleiteten Kommission zur Festlegung der Grenze und damit auf die Durchsetzung der Monroe-Doktrin bestand. Der Konflikt endete schließlich am 2. Februar 1897.[1161] Die amerikanische Seite hatte sich vollständig gegenüber Großbritannien

---

1157 GP, Bd. 17, Nr. 5151, Der Botschafter in London Graf von Metternich. Z.Z. in Sandringham, an das AA (11. November 1902) S. 250, Anm. 1. Näheres über die deutschen Forderungen siehe in der dem deutschen Reichstag am 8. Dezember 1902 überreichten „Denkschrift über die Reklamationen Deutschlands gegen die Vereinigten Staaten von Venezuela."

1158 Stg. Berichte, 10. Leg.-Periode, 1900/03, 9, 252. Sitzung, Freitag, den 6. Februar 1903, S. 7722C.

1159 Ibid.

1160 Olney an Bayar, 20. Juli 1895, weitergereicht an Salisbury am 7. August 1895, in: British Documents on Foreign Affairs [BDFA Part I]. Reports and Papers from the Foreign Office Confidential Print, General Editors Kenneth BOURNE and D. Cameron WATT, Part I: From the Mid-Nineteenth Century to the First World War, Series C, North America 1837–1914, Bd. 10: Expansion and Rapprochement, 1889–1898, Doc. 137, S. 241–261, hier S. 258.

1161 BRECHTKEN, Scharnierzeit, S. 238–241.

durchgesetzt. Die britische Seite hatte aus innen- wie außenpolitischen machtpolitischen Überlegungen sicherlich weit weniger Interesse, den Konflikt mit den USA
zu sehr publik werden zu lassen. Dem amerikanischen Diplomaten Henry White
etwa war durchaus bewusst, wie sehr „Großbritannien von der Führung bis zur
politischen Öffentlichkeit eine stupende Furcht vor einer kriegerischen Auseinandersetzung mit den Vereinigten Staaten hatte."[1162]

Die Ansicht, die Monroe-Doktrin entbehrte jeglicher Grundlage, wurde auch
von Roesicke vertreten:

> „Es ist bekannt, dass die Monroe-Doktrin von den Amerikanern gänzlich aus der Luft
> gegriffen ist, ohne dass stichhaltige Gründe für sie vorzubringen wären.[1163] Was für
> eine Gegenleistung ist uns dagegen gemacht worden? Sind denn irgendwelche Garan-
> tien dafür geschaffen worden, dass durch die Anerkennung dieser Monroe-Doktrin
> nicht irgendwelche Nachtheile für uns entstehen, dass nicht etwa der Verkehr unse-
> rer Schiffe in den amerikanischen Gewässern dadurch ungerechtfertigterweise beein-
> trächtigt wird? Ich meine, wir brauchen den Amerikanern nicht nachzulaufen. Sie
> können uns weder imponieren durch ihr Heer, noch kann uns ihre Flotte irgendwie
> als gleichbedeutend erscheinen. Was den Handel aber betrifft, so sind sie die Verkäu-
> fer, wir sind ihre Käufer. (Sehr richtig!)."[1164]

Die Reaktion des Plenums bezeugte die Einhelligkeit der Meinung zu Roesickes
Auslassungen zur Stärke der deutschen Industrie, des Handels, der Flotte und des
Heeres. Bülow und das Deutsche Reich befanden sich 1902/03 den USA gegenüber

---

1162 BRECHTKEN, Scharnierzeit, S. 239.

1163 Ernst von HALLE, deutsche Nationalökonom und Pressesprecher im Reichsmarineamt (ab 1897), hatte dazu in den Preußischen Jahrbüchern folgendes – halb ironisierend – geschrieben. Ernst von HALLE, Die Neuregelung der handelspolitischen
Beziehungen zu den Vereinigten Staaten Amerikas, in: Preußische Jahrbücher
122 (Oktober 1905), S. 33–68, hier S. 61: „Ein unseliger Gelehrtenmißbrauch hat
Nord- und Südamerika als einen Kontinent behandelt, dagegen Europa, Asien und
Afrika, die doch mindestens in demselben Maße einen Kontinent bilden, bzw. nicht
bilden, mit drei Namen belegt. Aus dieser Fiktion heraus konnte die Monroedoktrin
neben politischen sich wirtschaftliche Ziele für Mittel- und Südamerika über die
beiden Isthmen von Tehuanatepec und Panama hinaus stellen, während bei uns
der Gedanke einer Spezialstellung der Bewohner des europäisch-asiatisch-afri-
kanischen Kontinents gegenüber Amerika niemals ernsthaft in Betracht gezogen
ist. Selbst für Mitteleuropa sind wir ja von einer wirtschaftlichen Monroedoktrin
oder auch nur Nachbarschaftsbegünstigung unendlich weit entfernt, und die Entwicklung der Dinge weist uns darauf hin, nicht sie zur Grundlage unserer handelspolitischen Unternehmungen nach außen hin zu machen".

1164 Stg. Berichte, 10. Leg.-Periode, 1900/03, 9, 252. Sitzung, Freitag, den 6. Februar 1903,
S. 7722D.

in einer vorteilhafteren Position als Großbritannien während der ersten Venezuelakrise 1895. Roesicke äußerte sodann erneut Zweifel an der außenpolitischen Kompetenz der Regierung, die durch den ironisch-unterwürfigen Ton und den Vergleich mit der Bismarck'schen Außenpolitik noch an Härte gewannen und die ein Gefühl ausdrückten, welches ab der Jahrhundertwende zahlreiche Deutsche teilten, nämlich dass dem Land fähige Führer, wie es Bismarck einst war, fehlten[1165]: „Die kühle Zurückhaltung eines Bismarck hat meiner Auffassung nach Amerika gegenüber bessere Früchte gezeitigt und uns mehr Achtung dort errungen, als es heute das übersprudelnde Darbieten tut." Die Schärfe des Tons nahm weiter zu und steigerte sich zu einer offenen Anklage:

> „Der Herr Reichskanzler möge es mir nicht übelnehmen, wenn ich den Eindruck äußere, den ich über das Verhältnis der auswärtigen Politik zu der heutigen habe, welche letztere der Herr Reichskanzler wiederholt hier sehr rühmte: unsere frühere auswärtige Politik rühmte die Erfolge, heute müssen Worte die Erfolge im Rühmen ersetzen. Die frühere Zeit war das Zeitalter des Handelns, heute haben wir das Zeitalter des Redens! Ich wünschte wohl, es würde hierin eine Aenderung eintreten"[1166]

Dass Roesicke sich erlaubte, die Außenpolitik der Regierung derart harsch zu kritisieren, hing vielleicht damit zusammen, dass Bülow wie gesehen selbst eine Stärkung des Reichstages wollte und ihm eine derartige Haltung sogar entgegenkam. Denn auch die Reaktion des Staatssekretärs des Auswärtigen Amtes von Richthofen an dieser Kritik fiel danach eher gemäßigt und pädagogisch aus. Richthofen antwortet auf Roesicke. Dabei sagt er Grundsätzliches zur „parlamentarische[n] Behandlung auswärtiger Dinge." Dies bezeugt, wie sehr der Reichstag auch und vielleicht gerade über die Debatten zu diplomatischen Fragen, seine Kompetenzen auszuweiten und sich, als eine Art Forum der Nation, ein Recht auf Generalkompetenz anzueignen versuchte, im Sinne einer Kompetenz-Kompetenz.[1167] Die Antwort Richthofens erinnert sehr an die Antwort des damaligen Außenstaatssekretärs Bülow auf die Interpellation Kanitz, der die Abgeordneten nicht in die Geheimnisse der Außenpolitik einweihen wollte. Dies war wohl ein Täuschungsmanöver, um

---

1165 SHEEHAN, Deutscher Liberalismus, S. 43.

1166 Stg. Berichte, 10. Leg.-Periode, 1900/03, 9, 252. Sitzung, Freitag, den 6. Februar 1903, S. 7722D.

1167 Martin GROSSE-HÜTTMANN, Kompetenz-Kompetenz: „Die K. ist ein zentrales Merkmal für die Staatsqualität und Souveränität von politischen Verbänden; die K. umfasst die Kompetenz, sich selbstständig neue Kompetenzen zu geben. Der Begriff geht zurück auf eine wissenschaftliche Studie aus dem Jahre 1869". |Online-Version] https://www.bpb.de/kurz-knapp/lexika/das-europalexikon/177 087/kompetenz-kompetenz/. Siehe auch: Mathias MÜLLER, Rechtsgrundlagen und Verfahrenspraxis der Parlamentarischen Untersuchungsausschüsse des Deutschen Bundestages, Diplomica Verlag GmbH, Hamburg 2003, S. 40, Anm. 177.

von der Tatsache abzulenken, dass sich zunehmend außenpolitische oder transnationale Kompetenz außerhalb der offiziellen Institution des Auswärtigen Amtes
ansammelte. Es mangelte ihm so wie dem Reichsmarienamt an Experten und Mit-
arbeitern und wurde so immer stärker abhängig von externen Beratern. Das Auswärtige Amt war eine *hidebound and reactive institution still dominated by an often
bumbling aristocratic elite hostile to the new informed assertiveness of the increasingly
well-traveled and experienced educated middle class in Wilhelmine Germany.*[1168]
Viele Abgeordnete gehörten genau jener gut informierten und weitgereisten oberen Mittelschicht an, wie etwa Dr. Roesicke. Man sieht mithin, wie die Reichsregierung beständig die außenpolitischen Mitwirkungsambitionen des Reichstags mit
denselben Argumenten zurückzuweisen und die stetige Aushöhlung dieser beinahe exklusiven Reichsleitungskompetenz zu verhindern suchte. Darüber hinaus
waren die Abgeordneten als Vertreter des Volkes nahe am Puls der Zeit und mussten auch mit Blick auf ihre Wiederwahl auf den herrschenden Zeitgeist reagieren.
Gerade etwa in den Beziehungen zu Großbritannien, weit mehr vielleicht als zu
denen mit den Vereinigten Staaten, herrschte in der öffentlichen Meinung nicht
zuletzt wegen der traditionellen Konkurrenzsituation beider Länder eine gewisse
Anglophobie. Die Regierung war sicher im Zusammenhang mit der Flottenrüstung
und den Ereignissen rund um den zweiten britischen Burenkrieg davor gewarnt,
sich außenpolitisch zu sehr in die Karten sehen zu lassen und hatte eine gewisse
Angst vor der öffentlichen Diskussion außenpolitischer Themen. Englische Kriegsschiffe hatten entgegen der Pariser Deklaration von 1856 während des zweiten
Burenkriegs (1899–Mai 1902) damit begonnen, auch mehrere deutsche neutrale
Handelsschiffe aufzubringen, unter dem Vorwand, deutsche Handelsschiffe brächten über Maputo und Delgado Bay verbotene Güter zu den Buren. Daraufhin war
es zu sehr aggressiven und englandfeindlichen Reaktionen in Deutschland gekommen, was der deutschen Regierung die Politik gegenüber England erschwerte.[1169]
Und so erklärt Richthofen denn auch, dass die Besprechung

> „der Verhältnisse zum Ausland sehr seine zwei Seiten [hat]: sie kann nützlich, sie
> kann schädlich sein (sehr richtig!), sie kann vorteilhaft sein und auch nachteilig.
> Dies trifft insbesondere zu bei der Verhandlung abgeschlossener Staatsverträge mit
> Rücksicht darauf, dass diese Staatsverträge an sich ja nur eine Art von Programm
> bilden und in Wirksamkeit treten nicht durch den stattgehabten Abschluss, sondern
> erst durch den Austausch der Ratifikationen. Die Bemerkungen, die in der Zwischen-
> zeit öffentlich gemacht werden, können ja selbstverständlich für das eigen Land

---

1168 GRIMMER-SOLEM, Learning Empire, S. 18.
1169 Ibid., S. 247: „*German Anglophobic public opinion followed its own unpredictable
     dynamic plot the governement had only a very limited capacity to influence and
     that could pose its own perils. [...]. Indeed, the press and public opinion on both sides
     of the North Sea worked to complicate foreign policy in both countries and lead it in
     new directions that markedly worsened Anglo-German relations.*“

vorteilhaft sein: sie können die Regierung darauf aufmerksam machen, wo etwa ein Uebersehen vorgefallen ist, und sie können auf diese Weise der Regierung die Möglichkeit geben, ein solches bei dem Austausch der Ratifikationen wiederrum gut zu machen. (Sehr richtig!) Sie könne aber auch – ich will nicht sagen: den Gegner aber den anderen Kontrahenten die Möglichkeit geben, eine Lücke zu sehen, die sie ihrerseits dann auszufüllen sich gemüssigt sehen."[1170]

Eine ähnliche, den Reichstag von außenpolitischen Verhandlungen auszuschließen suchende Definition hatte bereits einige Jahr zuvor Bülow im Zusammenhang mit Samoa gegeben.

Doch noch einmal zurück zur Rede Roesickes: Dieser hatte in seinen Ausführungen eine eigene außenpolitische Vision und damit außenpolitisches Selbstbewusstsein und diplomatische Kompetenz entwickelt und formuliert, welche ihm denn auch im Anschluss an seine Ausführungen zu Venezuela und der Monroe-Doktrin auf ein sensibles Thema über zu schwenken erlaubten. Dieses stand zwar im Zusammenhang mi der Außenpolitik, berührte aber ureigentlich die Verfassung des Reiches, „nämlich die Mahnung an den Reichstag, doch die Person Seiner Majestät des Kaisers hier nicht fortwährend in die Debatte zu ziehen."[1171] Bereits tags zuvor hatte Bülow im Hinblick auf die Kritik des sozialdemokratischen Abgeordneten Ledebour an der Germanisierungspolitik in den polnisch-sprachigen preußischen Ostprovinzen gesagt:

„Ich glaube aber, mich in Uebereinstimmung zu befinden mit der Mehrheit, mit der großen Mehrheit dieses hohen Hauses, wenn ich meine, daß es gleichmäßig dem Wesen des konstitutionellen wie dem Buchstaben und dem Geiste der Reichsverfassung entspricht, die unverantwortliche und unverletzliche Person des Reichsoberhauptes so selten wie möglich (lebhafte Zustimmung rechts, in der Mitte und bei den Nationalliberalen) nur, wenn zwingende Gründe vorliegen, in die Diskussion hineinzuziehen. (Lebhaftes sehr richtig.)."[1172]

Die Reaktion des Parlaments darf nicht darüber hinwegtäuschen, dass sich die Abgeordneten nicht scheuten, den Kaiser persönlich zu kritisieren und dadurch das dicke Brett des Parlamentarismus und des Demokratismus stetig weiter zu bohren. Die Reaktion des freikonservativen Abgeordneten Karl Gamp auf Bülows Aussage bestätigte nur diesen Eindruck: „Ich bin dem Herrn Reichskanzler besonders für die letzte Erklärung außerordentlich dankbar (Lachen links) und möchte wünschen, daß wir zu den Traditionen zurückkehren, die früher in diesem Hause allgemein bestanden haben. (Sehr richtig! rechts)."[1173]

1170 Stg. Berichte, 10. Leg.-Periode, 1900/03, 9, 252. Sitzung, Freitag, den 6. Februar 1903, S. 7724C.
1171 Ibid., S. 7723A.
1172 Stg. Berichte, 10. Leg.-Periode, 1900/03, 9, 251. Sitzung, Donnerstag, den 5. Februar 1903, S. 7698A.
1173 Ibid.

Roesicke wendete sich denn auch an seine Parlamentskollegen mit der Aussage, dass dies

„eine Mahnung [war], die nicht nur bei der Mehrheit des Reichstags Anklang findet, sondern auch in weiten Kreisen des deutschen Volkes verstanden und gebilligt wird. Aber bereits Herr Dr. Oertel hat darauf hingewiesen, dass die Berücksichtigung dieser Mahnung doch beiderseits sein muss, und daß auch von der anderen Seite keine Veranlassung gegeben werden darf, die Person Seiner Majestät des Kaisers hereingezogen wird. Das können auch die Herren Vertreter der Regierung allein nicht erreichen, daß hier über die Reden des Kaisers gesprochen wird, dazu würde ja ein Beschluss des Hauses vorliegen müssen. Man spricht davon, dass Maßregeln getroffen werden sollen, welche die weitere Hineinziehung der Person Seiner Majestät des Kaisers, den früheren Gepflogenheiten entsprechend, ausschliessen sollen. Aber was von Allerhöchster Stelle gesagt wird, kann nicht unbedingt übersehen werden. [...] Besonders schwierig ist es zu vermeiden, daß darüber gesprochen wird, wenn die Äußerungen mehr aggressiver Natur sind gegen irgend eine Sache, gegen irgend eine Idee oder Personen. [...] Der Herr Reichskanzler hat zum Ausdruck gebracht, daß er über den Rahmen der Verfassung hinweg die Verantwortung übernehme für das, was von Allerhöchster Stelle gesagt und gesprochen wird. Ich meine, dass die Verantwortung nicht bloß sein kann und darf eine rein formelle, äußerliche, sondern sie muss doch auch eine innere sein, eine, die mit dem inneren Wesen dessen, was gesagt ist, im Einklang steht."[1174]

Allerdings schien diese nicht zu bestehen, da Bülow immer betont hatte, er suche den Mittelweg.

„Wir können nicht sagen, daß in den Äußerungen des Kaisers, [...] dieser Mittelweg immer eingehalten würde. (...) Ich möchte daher glauben, daß der Herr Reichskanzler sich beschränken sollte auf den thatsächlichen Inhalt der Verfassung. [...] Die Verfassung kennt keine Verantwortlichkeit des Reichskanzlers außer der, die er übernimmt durch Gegenzeichnung. Es wird dies daher kommen, daß es früher eben nicht der Fall war, das politische, namentlich programmatische Äußerungen seitens des Kaisers erfolgten, die nicht vorher schriftlich niedergelegt waren. (...) Das beste wäre das, daß er [der Reichskanzler] seine Aufgabe darin erblickt, dahin zu wirken, daß diese engere Grenze der Verfassung dem Wortlaut und Sinn nach möglichst eingehalten wird, und irgendwelche politische und programmatische Äußerung Seiner Majestät des Kaisers nicht an die Öffentlichkeit kämen ohne vorherige Gegenzeichnung des Reichskanzlers."[1175]

1174 Stg. Berichte, 10. Leg.-Periode, 1900/03, 10, 252. Sitzung, Freitag, den 6. Februar 1903, S. 7723A/B.
1175 Ibid., S. 7723C.

Zusammenfassung Venezuelakrise

Am 13. Februar 1903 wurden also die Washingtoner Protokolle unterzeichnet, in denen sich Venezuela zur Begleichung sämtlicher Forderungen verpflichtete. Die amerikanische Regierung hatte die Venezuelaverhandlungen geschickt für ihre Zwecke ausgenutzt. Sie konnte nach innen wie außen, vor allem in Richtung Südamerika, bezeugen, wie sehr es ihr mit der Durchsetzung der Monroedoktrin ernst war[1176] und zudem ihre neue weltpolitische Großmachtrolle unterstreichen.

Einen Tag später, am 14. Februar, „beehrt[e] sich" Bülow, dem Reichstag eine Kopie des von Speck von Sternburg und Herbert Bowen unterzeichneten Washingtoner Protokolle zusammen mit einer Denkschrift „vorzulegen über die Beilegung der Streitigkeiten zwischen Deutschland und den Vereinigten Staaten von Venezuela". Diese beinhaltete eine kurze Zusammenfassung der Ereignisse während der Krise und ihres Auslösers sowie eine Zusammenfassung des Protokolls.[1177] In einem Gespräch mit Sternburg einige Tage nach Unterzeichnung der Protokolle hatte Roosevelt zur Venezuelaangelegenheit interessante Einblicke in die amerikanische Sichtweise gegeben. So hatte er das Gespräch auf die Republiken Südamerikas gelenkt: „Die beste Garantie für Besserung der dortigen Zustände erblicke er in der Ausdehnung deutschen Einflusses, der in Südbrasilien bereits so festen Fuß gefaßt habe. In der Schaffung eines unabhängigen Staates von Deutschen in Brasilien erblicke er die beste Lösung der südamerikanischen Frage."[1178]

1176 REILING, Deutschland: Safe for Democracy?, Anm. 155, S. 45: So läßt sich aber doch sagen, daß die Krise einen wichtigen Wendepunkt in der Geschichte der Monroe-Doktrin darstellt, die damals ihren rein defensiven Charakter verlor, und daß sich die Angelegenheit überaus nachteilig auf die deutsch-amerikanischen Beziehungen auswirkte, während die englisch-amerikanische Freundschaft eher gefestigt und neu gestärkt aus ihr hervorging (zitiert nach Erich ANGERMANN, Ein Wendepunkt in der Geschichte der Monroe-Doktrin und der deutsch-amerikanischen Beziehungen: Die Venezuelakrise von 1902/03 im Spiegel der amerikanischen Tagespresse, Jahrbuch für Amerikastudien, Bd. 3 (1958), S. 57); HERWIG, Germany's Vision. Lammersdorf hat zur Venezuelakrise eine abwägendere Meinung. Siehe dazu: LAMMERSDORF, Anfänge einer Weltmacht, S. 83–84. Er bezeichnet sie als eine „Phantomkrise", die wohl einer teleologischen Geschichtsschreibung zur Unterfütterung der im Kaiserreich angelegten zerstörerischen und aggressiven Grundströmungen dienen sollte: „Nichts weist auch nur im entferntesten auf eine anhaltende gravierende Verschlechterung der transatlantischen Beziehungen hin". Er sieht vor allem in der deutschen Historiographie, dass es „das Ergebnis [einer] zielgerichteten Forschungsarbeit" war, mit der Ansicht, eine Dichotomie zwischen „Gut und Böse oder U.S. – und deutschem Imperialismus" zu konstruieren.

1177 Stg. Berichte, 10. Leg.-Periode, 1900/03, 18, Aktenstück Nr. 860, S. 5814–5815.

1178 GP, Bd. 17, Nr. 5151, Der Gesandte in außerordentlicher Mission in Washington von Sternburg an das AA (19. Februar 1903) S. 291–292.

Seit Beginn des brasilianischen Kaisertums hatte eine sehr starke deutsche und österreichische Auswanderung[1179] dorthin stattgefunden.[1180] Sternburg erklärte weiter, er glaube, der Präsident hege nun weniger freundschaftliche Gefühle zu England. Für die Verstimmung zu Deutschland machte er den Manila-Zwischenfall verantwortlich. Vor allem aber glaubte er, dass Roosevelt fürchtete, Deutschland würde die Monroe-Doktrin nicht wirklich respektieren, weshalb er ihm versicherte, dass Deutschland an Landerwerb in Zentral- und Südamerika nicht dachte, was Wilhelm mit „Gut" kommentierte.[1181]

Mit dem *Roosevelt Corollary* von 1904 baute die USA ihre Dominanz in Südamerika dann weiter aus.[1182] Einige Wochen nach der Unterzeichnung der Washingtoner Protokolle, am 18. März 1903, kam die Rede erneut auf Venezuela. Der Zentrumsabgeordnete und spätere Reichskanzler Georg von Hertling berichtete davon, dass die Meinung zu hören sei, die deutsche Intervention in Venezuela habe mehr geschadet als genutzt. Deshalb fände er es sehr wichtig, „wenn der Herr Reichskanzler die Güte haben wollte, uns nochmals zu sage, worauf es für uns in Venezuela ankam."[1183] Der ironische Ausdruck zeigt, dass der Reichskanzler dem Parlament trotz aller Höflichkeit Rede und Antwort zu stehen hatte. Und so ging Bülow auf diese Bitte ein und erklärte, dass, trotz aller Gerüchte und Anfeindungen in der amerikanischen Presse, die Beziehungen sowohl zu Großbritannien als auch den USA durch die Venezuelakrise nicht beschädigt worden waren.[1184]

In der Analyse der Debatten zur Venezuelakrise lassen sich im Wesentlichen drei Dinge erkennen: Erstens war das Deutsche Reich zu einem echten Konkurrenten der USA geworden und auf dem Wege, Großbritannien den Platz als zweite Großmacht streitig zu machen. Sie hatte aber auch gezeigt, dass Deutschland keine echten imperialen Absichten in Südamerika hatte und die Flotte vor allem als Abschreckung und Instrument des Schutzes seiner Handelsinteressen zu benutzen gedachte. Drittens hatte sich über die Debatten zur Venezuelakrise weiter offenbart, wie der Reichstag über die Debatte außenpolitischer Fragen seine Kompetenzen und sein Gewicht im Institutionengefüge auszuweiten suchte und konnte,

---

1179 Ursula PRUTSCH, Das Geschäft mit der Hoffnung. Österreichische Auswanderung nach Brasilien 1918–1938, Böhlau Verlag, Köln 1996.

1180 1915 hatte Ernst Wagemann eine Untersuchung dazu erstellt: Ernst WAGEMANN, Die deutschen Kolonisten im brasilianischen Staate Espirito Santo, in: Die Ansiedlung von Europäern in den Tropen, hg. von Ständiger Ausschuss des Vereins für Socialpolitik, Bd. 147, Fünfter Teil, Duncker & Humblot, Leipzig 1915.

1181 GP, Bd. 17, Nr. 5151, Der Gesandte in außerordentlicher Mission in Washington von Sternburg an das AA (19. Februar 1903) S. 291–292.

1182 CANIS, Von Bismarck zur Weltpolitik, S. 369.

1183 Stg. Berichte, 10. Leg.-Periode, 1900/03, 10, 287. Sitzung, Donnerstag, den 19. März 1903, S. 8718B.

1184 Ibid., S. 8720A.

nicht zuletzt deshalb, weil das Deutsche Reich in Südamerika vor allem Handelsinteressen hatte, welche die neue Elite stark betrafen, was dieser wiederum Gewicht gegenüber der eher eurozentrierten alten Elite in Bürokratie, Militär und Adel verlieh. Das soziale System des Organs Reichstag trug, wie in der Einleitung gesagt, zu einer rational absichtlichen und auch evolutionären autopoietischen Fortentwicklung der Verfassung über die informelle Parlamentarisierung bei.

Fazit Reichstag als außenpolitischer Akteur

Betrachtet man die Debatten zur Außenpolitik, so kann man anhand des Inhaltsverzeichnisses der stenografischen Berichte feststellen, dass diese ab dem Jahre 1898 zunahmen, also just zu der Zeit, als die USA imperialistische Politik zu betreiben begannen. Ab diesem Zeitpunkt war auch Deutschland zu einem imperialistischen Akteur geworden. Die propagierte Weltpolitik als relativ „neues" Feld der deutschen Außenpolitik eröffnete den neuen Akteuren der sich ausdifferenzierenden Gesellschaft Betätigungs- und politische Teilhabemöglichkeiten über den komparativen Vorteil eines Wissensvorsprungs und über ihre globale Vernetzung. Dies zeigte sich gerade im Reichstag, dessen Mitglieder zum Teil aus den aufgestiegenen Klassen und Gruppen stammten und die im weltweiten außenpolitischen Bezugsrahmen des Kaiserreichs, zumal in Hinblick auf die USA, Lateinamerika und Asien, einen Wissensvorsprung gerade wegen ihrer mannigfachen Vernetzungen hatten.

Welchen weiten Weg der Reichstag hin zu mehr Parlamentarismus in der Wilhelminischen Epoche zurücklegte und schließlich bis zum Vorabend des Ersten Weltkriegs zurückgelegt hatte, wird deutlich durch zwei Debattenbeispiele. Die erste Debatte fand am 9. Dezember 1909 statt: Der deutsche Botschafter in den USA Graf Bernsdorff hatte eine Rede zur deutschen Weltmachtpolitik in Philadelphia gehalten, an der Akademie für Sozialpolitik. Er hatte dort erklärt, dass deutsche Weltpolitik keinen Territorialgewinn suche. Seine Kritik an den Alldeutschen aber führte zu einer Kontroverse im Reichstag. Der nationalliberale Bassermann forderte Bernsdorff auf, solche innenpolitische Kritik als Botschafter zukünftig zu unterlassen.

Diese Anekdote beleuchtet beispielhaft den Versuch des Reichstags, seine Kompetenzen auszuweiten, an außenpolitischen Fragen aktiv teilzuhaben und sich im Institutionengefüge vor oder über der Exekutive, in diesem Falle das Auswärtige Amt, zu verorten.

Die zweite Debatte spielte sich am 5. Juni 1913, dem letzten kriegsfreien Jahr in der Geschichte des Deutschen Reichs, ab. Am 23. Juli 1912 war vom Kaiserreich ein Abkommen zur Vereinheitlichung des Wechselrechts[1185] unterzeichnet worden, das nun ein Jahr später dem Reichstag zur Beratung vorgelegt wurde. Hier gilt

---

1185 Ernst Jacobi, Wechsel- und Scheckrecht unter Berücksichtigung des ausländischen Rechts, De Gruyter, Berlin 1956.

es hervorzuheben, dass die USA und England dem Abkommen nicht beigetreten waren, was von fast allen Rednern bedauert wurde. Am Ende der Debatte machte Dr. Kriege,[1186] Direktor im Auswärtigen Amt, eine für die vorliegende Analyse wichtige Bemerkung. Er versprach, den Reichstag, der sich für derartige Fragen sehr interessierte, in Zukunft auch während der laufenden Verhandlung der Konferenzen in Kenntnis zu setzen und nicht erst, wenn sämtliche beteiligte Staaten ihre Zustimmung gegeben hatten.[1187]

Der Reichstag war zu einem Akteur und informell beinahe gleichberechtigten Partner der Reichsleitung in außenpolitischen, transnationalen und internationalen Fragen geworden. Und vielleicht mehr noch: Die Exekutive war dem Reichstag über ihre Entscheidungen und Zielrichtungen *de facto* Rechenschaft schuldig und schien sich ihm nun, trotz einer gewissen, noch spürbaren Widerständigkeit, unterzuordnen. Das bedeutet im Umkehrschluss, dass der Parlamentarismus einer *de jure* Verwirklichung ein sehr großes Stück nähergekommen war. Die Verfassung hatte sich mithin weiterentwickelt.

1186 https://www.bundesarchiv.de/aktenreichskanzlei/1919-1933/0000/adr/adrhl/kap1_4/para2_261.html: Johannes Kriege (22. Juli 1859–28. Mai 1937) war ein deutscher Diplomat. In der Weimarer Republik war Kriege Abgeordneter des preußischen Landtags für die DVP. Er trat 1885 in den Dienst des Auswärtigen Amtes ein, von 1889 bis 1894 war er Konsul in Asuncion. Er nahm an vielen internationalen Konferenzen teil, u.a. in Den Haag 1907. Kriege war bis zu seinem Tod Mitglied des Ständigen Gerichtshofes in Den Haag. Zwischen 1911 und 1918 war er Ministerialdirektor im Auswärtigen Amt.

1187 Stg. Berichte, 13. Leg.-Periode, 1912/14, 8, 169. Sitzung, Mittwoch, den 25. Juni 1913, S. 5785A.

3. Die deutsch-amerikanischen Wirtschaftsbeziehungen

Am 9. Dezember 1897 fand die „Berathung der Interpellation des Abgeordneten Bassermann, den deutschen Petroleumhandel betreffend" statt. Interessanterweise folgte sie auf den Schlussbeitrag zur ersten Lesung des ersten Flottengesetzes, welche am 6. Dezember begonnen worden war. Es mag Zufall sein, ist nichtsdestoweniger symptomatisch für die deutsch-amerikanischen Beziehungen der Zeit und ihres Entwicklungsganges. Wie im Kapitel Außenpolitik gezeigt wurde, kam es ab den 1895er Jahren zu einer verstärkten Konkurrenz zwischen den beiden „verspäteten", nun aber im Aufsteigen begriffenen Ländern Deutschland und den Vereinigten Staaten. Die Beziehung, die vormals relativ konfliktfrei gewesen war und sich ohne wirkliche Spannungen, jedenfalls militärischer Art, gestaltet hatte,[1188] wurde jetzt zusehends angespannter. Wie im Kapitel zuvor gesehen kam es in Samoa, vor den Philippinen und nicht zuletzt wegen Venezuelas zu immer brisanteren und aggressiveren Zwischenfällen. Diese imperiale und teilweise koloniale Konkurrenz beider Mächte zeigte sich aber auch in handels- und wirtschaftspolitischen Fragen. Die Interpellation Bassermann sowie das Ringen um einen Handelsvertrag zwischen beiden Staaten in den Jahren 1906/07 bezeugen, wie sich das Verhältnis auf Grund der veränderten Weltrolle beider Mächte, aber auch auf Grunde sich verändernder industrieller Voraussetzungen entwickelt hatte

Anhand der beiden Beispiele soll untersucht werden, wie diese Konkurrenz von den deutschen Abgeordneten betrachtet und bewertet wurde und inwiefern die Debatten dazu beitrugen, die Stellung der Abgeordneten und somit des Reichstags im Machtgefüge des Reiches zu stärken oder neu auszutarieren und die Kompetenzen des Reichstags auszuweiten. Darüber hinaus soll auch hier, neben dem Problem der informellen Parlamentarisierung des Kaiserreichs, der Frage nachgegangen werden, in welchem Verhältnis Demokratisierung und Parlamentarisierung standen. Im Folgenden soll zunächst die Debatte der Interpellation Bassermann genauer untersucht werden.

1188 MITCHELL, The Danger of Dreams, S. 10.

1189 ESCHENBURG, „Bassermann, Ernst": Ernst Bassermann (26. Juli 1846–24. Juli 1917) gehörte 1893 bis 1917 dem Reichstag an. Er war ein führender nationalliberaler Politiker (1898 Vorsitzender der Reichstagsfraktion, 1905 Parteivorsitzender).

3.1. Die Interpellation Bassermann[1189]

3.1.1. Die Rede Bassermanns und die *Standard Oil Company*

Ernst Bassermann begründete die Interpellation seiner Partei damit, dass das Vorgehen der amerikanische *Standard Oil Company*[1190] in Deutschland „die Aufmerksamkeit nicht nur der betreffenden Kreise von Händlern und Detailleuren auf sich [zieht], sondern [es] erregt auch in den Kreisen der Konsumenten berechtigtes Aufsehen. Aus kleinen Anfängen heraus ist der Ring amerikanischer Produzenten von Petroleum zu einer Weltmacht geworden."[1191]

Die *Standard Oil Company* war im Jahre 1863 als Erdölraffinerie von John D. Rockefeller und vier anderen Geschäftspartnern gegründet worden. Die enorme Konzentration der Ölverwertung (Erdölraffinerien, Pipelines, Händlernetze) in der Hand dieser einen Firma führte im Jahre 1890 zum Antitrust-Gesetz des *Sherman Antitrust Acts*. Ab den 1880er Jahren hatte die Gesellschaft mit ihrem internationalen Ausbau über Unternehmenskooperationen begonnen und so etwa 1890 mit deutschen Kaufleuten die Deutsch-Amerikanische Petroleum Gesellschaft (DAPG) gegründet. Auf diese Tatsache spielte Bassermann an, wenn er eingangs die Frage stellte, welche Maßregeln die verbündeten Regierungen ergreifen wollen, „um den auf Monopolisierung des deutschen Petroleumhandels gerichteten Bestrebungen der Standard Oil Company entgegenzutreten?"[1192] Bassermann beschrieb in sehr klaren Worten das Vorgehen der *Standard Oil Company* zu Erlangung ihres Monopols zunächst in Amerika selbst, dann auf internationaler Ebene. Dabei bediente er sich auch der Adjektive und Worte, die das Amerikabild zu prägen begannen und einerseits Bewunderung, andererseits Ablehnung, gar Abscheu ausdrückten:

Bassermann trat für eine liberale Sozialpolitik ein und wollte die Partei für Arbeiter wählbar machen.

1190 Ida M. TARBELL, The History of the Standard Oil Company, briefer Version, hg. von David M. CHALMERS, Dover Publications, Inc., Mineola, New York 1966. In seiner Einleitung zu seiner verkürzten Ausgabe des berühmten Buches von 1902 zur Geschichte der *Standard Oil Company* von Ida Tarbell, einer Feministin und einer der ersten muckracker-Journalistinnen der Zeit, schrieb David M. Chalmers folgendes, S. XIII: „*During the post-Civil War industrialization of the United States, the great monopolists gained power because they were even greater competitors. John D. Rockefeller and his associates did not build Standard Oil Company in the board rooms of Wall Street banks and investment houses, water their stock and rig the market. They fought their way to control by rebate and drawback, bribe and blackmail, espionage and price cutting, and perhaps even more important by ruthles, never slothful efficiency of organization and production*".

1191 Stg. Berichte, 9. Leg.-Periode, 1897/98, 1, 6. Sitzung, Donnerstag, den 9. Dezember 1897, S. 108A.

1192 Ibid.

„Die ganze Entwicklung in Amerika [...] trägt durchweg den Charakter der brutalen Rücksichtslosigkeit und skrupelloser Energie in der Verfolgung ihrer Endziele und zeigt jahrelang ein Vorgehen, das von der Anwendung keines Mittels in Amerika, insbesondere auch nicht von der Bestechung maßgebender Faktoren zurückschreckt."[1193]

Die Stereotypisierung der USA und der Amerikaner und die leidenschaftliche Diskussion darüber, welche bereits im vorausgehenden Kapitel und in der Einleitung genauer besprochen wurde, hatte im Übrigen bereits Mitte des 18. Jahrhunderts mit dem Mitarbeiter Diderots, Cornelis de Pauw, eingesetzt, dessen Werk *Recherches philosophiques sur les Américains, ou Mémoires intéressants pour servir à l'Histoire de l'Espèce Humaine* zahlreiche Polemiken ausgelöst hatte.[1194]

Bassermann zeigte dann in einem kurzen historischen Rückblick auf, wie es der amerikanischen Firma vor allem durch Preisunterbietung gelungen war, die meisten deutschen Petroleumhändler entweder aufzukaufen oder in den Ruin zu treiben. Mit dem immer weiter steigenden Petroleumbedarf nicht zuletzt der deutschen chemischen Industrie, welche weltweit führend war, wurde diese Monopolsituation jedoch immer unhaltbarer und gefährlicher, zumal von den 876 586 Tonnen importieren Petroleums nahezu 800 000 Tonne aus den Vereinigten Staaten stammten.[1195] Bereits früher hatten die Petroleumhändler versucht, die Reichsleitung und den Reichstag auf diese Situation aufmerksam zu machen. Im April 1895 hatte der, damals als Staatssekretär des Schatzamtes fungierende Arthur Posadowsky-Wehner im Reichstag darüber gesprochen und im Mai 1895 hatte der Abgeordnete Oswald Zimmermann von der antisemitischen Deutschsoziale Reformpartei eine erste Interpellation eingereicht. Im Dezember 1896 hatte der Staatssekretär des Reichsamts des Innern Heinrich von Boetticher[1196] darauf hingewiesen, dass die Reichsleitung an einer Lösung des Problems arbeite. Nun attackierte die *Standard Oil Company* aber auch die selbstständig gebliebenen Händler und wollte diese über, wie es Bassermann ausdrückte, regelrechte „Knebelverträge", deren Paragrafen Bassermann vorlas, veranlassen, „in den Dienst der Standard Oil Company

---

1193 Ibid., S. 108B.

1194 Peter FROWEIN, „Pauw, Kornelius de", in: Neue Deutsche Biographie 20 (2001), S. 140 f. [Online-Version]; URL: https://www.deutsche-biographie.de/pnd124060 552.html#ndbcontent.

1195 Stg. Berichte, 9. Leg.-Periode, 1897/98, 1, 6. Sitzung, Donnerstag, den 9. Dezember 1897, S. 108B.

1196 Heinrich Otto MEISNER, „Bötticher, Heinrich von", in: Neue Deutsche Biographie 2 (1955), S. 413–414 [Online-Version]; URL: https://www.deutsche-biographie.de/ pnd135552850.html#ndbcontent: Karl Heinrich von Boetticher (6. Januar 1833–6. März 1907) war Staatssekretär des Innern von 1880 bis 1897. Boetticher unterstützte den „Neuen Kurs" des Kaisers und trat für die Caprivische Handelspolitik und einen gewissen sozialen Ausgleich ein.

überzutreten."[1197] Bassermann berichtete sodann davon, wie sehr das Bekanntwerden der Verträge in ganz Deutschland Entsetzen ausgelöst hatte. Bemerkenswerterweise erwähnte Bassermann, einer der führenden nationalliberalen Abgeordneten in der Wilhelminischen Epoche, sogar eine sozialdemokratische Interpellation im badischen Landtag. Der äußere Feind in Gestalt einer übermächtigen amerikanischen Ölgesellschaft fungierte hier also als Bindemittel zwischen eigentlich zwei so weit entfernt voneinander stehenden politischen Gesinnungen wie die eines nationalliberalen Abgeordneten und der SPD.

Sie bezeugt aber auch, wie Bassermann konkret versuchte, diese Schranken des „alten Regimes" zu überwinden und die Arbeiterschaft in gewisser Weise mit der nationalliberalen Partei zu versöhnen: Dies war, wie man bei der Interpellation Kanitz zwei Jahre später im Februar 1899 im Kapitel Außenpolitik gesehen hat, eine dezidierte Wahlstrategie dieser Partei geworden. Sowohl die Vertreter der Industrie und der Landwirtschaft als auch die Arbeiterschaft hatten im Grunde gemeinsames Interesse an einer starken deutschen Industrie und Wirtschaft. Bassermann bemühte dann wieder das sich verfestigende konstruierte, stereotype Bild von der amerikanischen Gesellschaft: „Es ist dasselbe brutale, rücksichtslose Vorgehen, das bereits in Amerika vorhin zu konstatieren war mit dem klaren Endziel, das Privatmonopol zur Durchführung zu bringen und dabei rücksichtslos über niedergetretene Existenzen hinwegzuschreiten."[1198]

Das Stereotyp des rücksichtslosen und brutal vorgehenden Amerikaners beruhte stark auf dem wirtschaftlichen Erfolg auch etwa eines Rockefellers, der der Ideologie eines „calvinistischen Darwinismus" anhing. Diese spezifisch amerikanische Form des Sozialdarwinismus hatte sich in den Vereinigten Staaten über die Arbeiten William Graham Sumners ausgebreitet. Sumner verband die wirtschaftsliberalen und selektionistischen Theoreme mit puritanischer Ethik. Der harte wirtschaftliche Konkurrenzkampf war danach eine gottgewollte Prüfung, der wirtschaftliche Daseinskampf eine individuelle Bewährung auf dem Weg zu Gott. Daraus folgte der Wille zur unbedingten Leistungsbereitschaft. In Deutschland hatte sich diese extrem selektive und kämpferische Vorstellung bis dahin nicht durchgesetzt. Obwohl auch in Deutschland Darwins Theorien sehr populär und erfolgreich waren, wurden sie eher in einem fortschrittseuphorischen, naturwissenschaftlichen Sinne betrachtet.[1199] Bassermanns Kritik an der Vorgehensweise des amerikanischen Unternehmens stellte diesen Unterschied klar heraus. Auch er

---

1197 Stg. Berichte, 9. Leg.-Periode, 1897/98, 1, 6. Sitzung, Donnerstag, den 9. Dezember 1897, S. 109B.

1198 Ibid., S. 109C.

1199 Uwe PUSCHNER, Sozialdarwinismus als wissenschaftliches Konzept und politisches Programm, in: Europäische Wissenschaftskulturen und politische Ordnungen in der Moderne (1890–1970), hg. von Gangolf HÜBINGER und Anne MITTELHAMMER, Oldenbourg Verlag, München 2014, S. 99– 122, hier S. 102–103.

glaubte an eine evolutionäre, grundlegende Veränderung der Gesellschaft hin zu mehr Demokratie und Parlamentarismus, aber ohne revolutionäre, also umstürzende Momente. Hier finden sich Beweise für den im Kapitel Außenpolitik einleitend beschriebenen Gedanken Niklas Luhmanns der Verfassung als evolutionärem und des Reichstags als einem sozialen, selbstreferentiellen System. Bassermann stand mit dieser Auffassung den Protagonisten des „Neuen Kurses", wie gerade von Boetticher, aber auch einem immer stärker werdenden Teil der Sozialdemokratie, den sog. Revisionisten und Reformisten, und Teilen der Linksliberalen nahe. Es lässt sich beobachten, wie hier im Spiegel der amerikanischen Perzeption des Darwinismus, mit der Reibung an der amerikanischen Adaption eines theoretischen Konzepts und der Hervorhebung der Unterschiede dazu in Deutschland Annäherung an den innenpolitischen Gegner erreicht werden sollte und konnte. Das Mittel dazu war dabei nicht zuletzt die Schaffung einer Gruppenidentität oder eines sozialen Systems, nämlich des der die nationalen Interessen vertretenden Reichstagsabgeordneten. So kam es schließlich über die Konstruktion eines gemeinsamen anderen zu einer Veränderung der innenpolitischen Figurationen.

Bassermann beschrieb in seinem Redebeitrag weiter zum einen den Prozess des Raffinierens und die Eigenschaften der verschiedenen Ölsorten und zum anderen, wie die *Standard Oil Company* ihr Monopol immer weiter ausbaute und was dagegen unternommen werden könnte, sehr genau und bewies so Kompetenz und Expertentum. Er erwähnte das amerikanische Beispiel der im Jahre 1895 gegründeten *Pure Oil Company*, die versucht hatte, dem Monopol der *Standard Oil Company* entgegenzutreten, wenngleich er bezweifelte, dass diese die Kraft dazu hätte.[1200] Zudem schlug Bassermann vor, den Import russischen und österreichisch-galizischen Petroleums zu steigern sowie über staatliche Subventionen eigene Raffinerien in Deutschland aufzubauen. Bassermann appellierte an den Reichstag und die verbündeten Regierungen, das Problem sehr ernst zu nehmen, da Erdöl insgesamt immer wichtiger werden würde, und ihm, „was Motorbetriebe und Verwendung zu Heizungszwecken anlangt, einer großen Zukunft noch entgegengeht."[1201]

In der Zukunft würden die Gefahren eines derartigen Monopols nur steigen können. Jedoch zielte seine Interpellation auf eine innenpolitische Regulierung ab, nämlich ein Kartellgesetz nach dem Beispiel eines österreichischen Gesetzentwurfs vom 1. Juli 1897 zu verabschieden. Der Reichstagsabgeordnete benutzte also die Interpellation zum Petroleummonopol einer mächtigen amerikanischen

---

1200 Stg. Berichte, 9. Leg.-Periode, 1897/98, 1, 6. Sitzung, Donnerstag, den 9. Dezember 1897, S. 111A; Pure Oil Trust vs. Standard Oil Company, The Report of An Investigation by the United States Industrial Commission, Compiled From Private and Official Sources by the Oil City Derrick, 1899–1900, Derrick Publishing Co., Printers, Oil City, PA, 1901.

1201 Stg. Berichte, 9. Leg.-Periode, 1897/98, 1, 6. Sitzung, Donnerstag, den 9. Dezember 1897, S. 110C.

Gesellschaft für zwei nach innen gerichtete Ziele: Bassermann zeigte sich als genauer Kenner der Frage und trug so dazu bei, den Reichstag als Kompetenz- und Wissenszentrum immer stärker zu etablieren. Nicht zuletzt erwähnt er deshalb wohl die wissenschaftlichen Berichte einiger Experten hinsichtlich der Petroleumfrage.[1202] Bassermann konfrontierte so auf subtile Weise die Reichsleitung mit der demokratischen Verbundenheit, Vernetzung und Verflechtung der Reichstagsabgeordneten mit den Bürgern. Der mit Expertise und Wissenskompetenz ausgestattete Reichstag suchte also erstens, so seine Stellung im Machtgefüge zu stärken. Zweitens versuchte er über den Vorschlag, ein Kartellgesetz auf den Weg zu bringen, die Reichsleitung zur Getriebenen der Volksvertretung zu machen, welche zuvörderst das allgemeine Wohl im Auge zu haben hatte. Sein Hinweis über ein Gutachten des Reichsgerichts[1203] zu Kartellen und Syndikaten stellte zudem heraus, dass sich der Reichstag und ein anderes, noch in der Entwicklung befindliches Organ der Reichsverfassung komplementär sahen und die Reichsleitung lediglich den exekutiven Teil einer parlamentarisch-demokratischen Ordnung darzustellen hätte. Mithin sollte die Interpellation dazu beitragen, über Wissenskonstruktion und proaktive Gesetzesgestaltungsvorschläge dem demokratisch-parlamentarischen Aufbau des Reiches einen weiteren Stein hinzuzufügen.

3.1.2. Die Debatte

Die ausführliche Antwort des Staatssekretärs Posadowsky-Wehner auf Bassermanns Interpellation bezeugt, dass er die Interpellation und auch das Problem sehr ernst nahm. Posadowsky-Wehner zeigte sich zum einen als Verfechter der wirtschaftsliberalen Idee, wenn er betonte, dass es sich bei den von der *Standard Oil Company* den Händlern angebotenen Verträgen um privatwirtschaftliche Verträge handelte, weshalb der Staat nur sehr bedingt eingreifen könne. Zum anderen hatte die von der *Standard Oil* über die Schaffung der DAPG erreichte Monopolstellung bisher für den Verbraucher keine negativen preislichen Auswirkungen gezeigt. Allerdings wollte er das Problem doch sehr ernstnehmen, da sich dieses Monopol eines Tages sehr wohl als gefährlich herausstellen könnte. Deshalb befürwortete

---

1202 Ibid. S. 111C/D.

1203 Das 1879 in Leipzig eingerichtet Reichsgericht hatte im Grunde mit denselben Herausforderungen wie der Reichstag zu kämpfen Es war kein „Verfassungsgericht", sondern lediglich oberste Instanz in Straf- und Zivilangelegenheiten. Es wäre wohl interessant zu sehen, ob das Reichsgericht ähnlich wie der Reichstag seine Kompetenzen auszuweiten suchte, um so im Laufe der Zeit zu einem echten Verfassungsgericht zu werden, mithin im Deutschen Reich eine echte Gewaltenteilung zu erreichen. Interessant wäre auch zu sehen, ob das Gericht dies so wie der Reichstag über die weitläufige Auslegung ihm zugestandener Themengebiete tat, wie es im vorliegenden Fall der Reichstag versuchte, über eine ihm obliegende Handelsfrage, seine innenpolitische gesetzgeberische Kompetenz auszuweiten.

er, wie Bassermann, die Steigerung des Petroleumimports aus Russland. Zum Beweis, dass die Reichsleitung nicht der Expertise des Reichstags bedürfe, betonte er, dass die Reichsleitung bereits dementsprechende Gespräche und Überlegungen eingeleitet hatte. Eine weitere Lösung für das Problem bestünde darin, das Petroleum durch andere in Deutschland hergestellte Brennstoffe zu ersetzen. So ließ der Staatssekretär durchblicken, dass die Reichsleitung über eigene Expertise verfügte und sich nicht vom Reichstage jagen ließ. Die Ausführlichkeit der Antwort und die detailgesättigte Argumentation wirken wie eine Flucht nach vorne und lassen eher das Gegenteil vermuten. Um allerdings die Tatkraft und Entschlossenheit der Exekutive noch einmal deutlich zu unterstreichen, versicherte er am Schluss seiner Rede dem Reichstag, dass die Regierung gegen eine spekulative Preiserhöhung „rücksichtslos" vorzugehen gedenke.[1204] Die durch diese Worte ausgelöste Begeisterung im Reichstag („Bravo!") bezeugte, dass die Auseinandersetzung mit den USA unter anderem dazu führte, Eigenschaften wie „Rücksichtslosigkeit" und tatkräftigem Handeln einen immer höheren intrinsischen Wert zuzumessen. Auch in Deutschland sollte sich dieser oben beschrieben „calvinistische Darwinismus" immer stärker ausbreiten, schien er in den Vereinigten Staaten doch zu großen Erfolgen im Macht- und Wohlstandszuwachs zu führen. Die Interpellation diente somit beiden Seiten zum einen, ihre Kompetenzen zur Schau zu stellen, was dazu beitrug die Machtverteilung zwischen Reichstag und Exekutive neu auszubalancieren. Zum anderen erlaubte die Diskussion gesellschaftlicher Werte, die innere nationale Einheit zu stärken.

3.1.2.1. *Theodor Barth – linksliberales Weltbild und Annäherung an die Sozialdemokratie*

Theodor Barth von der Freisinnigen Vereinigung nutzte seinen oft sehr ironisch, beinahe sarkastisch gehaltenen Debattenbeitrag dazu, seine liberale Einstellung und Sichtweise darzulegen, die die ordoliberalen Grundsätze der Freiburger Schule der Nationalökonomie um Walter Eucken vorwegnahmen, die den Staat als einen Regulator und Rahmengeber definierte, innerhalb dessen sich die freie Konkurrenz entfalten sollte. Hier ist wieder eine der im Kaiserreich bis in die bundesrepublikanische Verfassung reichende grundgelegte Entwicklungslinie erkennbar,[1205] nämlich die Idee der von dem Wirtschaftswissenschaftler Alfred Müller-Armack

---

1204 Stg. Berichte, 9. Leg.-Periode, 1897/98, 1, 6. Sitzung, Donnerstag, den 9. Dezember 1897, S. 115D.

1205 Derartige grundlegende Entwicklungen lassen sich durchweg bei der Entwicklung der wirtschaftlichen Grundstrukturen Deutschlands seit dem Kaiserreich erkennen, wie auch die Diskussionen um amerikanische Zollschikanen und den Handelsvertrag mit den USA zeigen.

so genannten sozialen Marktwirtschaft.[1206] Barth wollte, dass der Staat alles vermied, was natürliche Konkurrenzverhältnisse beeinflussen würde. Der Staat müsse aber die Konsumenten vor künstlichen Preissteigerungen schützen und deshalb die Entstehung von Kartellen verhindern.[1207]

Die Interpellation gab den verschiedenen Parteien die Gelegenheit, durch die wirtschaftliche Auseinandersetzung mit einer amerikanischen Monopolgesellschaft die eigenen wirtschaftspolitischen Anschauungen vorzustellen und sich ihrer selbst klarer zu werden. Barth betonte seine Ansicht, dass der Staat sich mit Gesetzgebungen in Wirtschaftsfragen möglichst zurückhalten und stattdessen der Entwicklung auch zu Monopolen freien Lauf lassen sollte. Er vermittelte in einem kurzen Rückblick auf die Entstehung der *Standard Oil Company* dann zwei ihm wichtige wirtschaftliche Grundsätze und Ansichten: Zum einen war er gegen Schutzzölle und Protektionismus – ein Seitenhieb auf den Dingley-Tarif einerseits und die schutzzöllnerischen Tendenzen in Deutschland andererseits. Für Barth waren Schutzzölle und die darauffolgend zwingende Entwicklung von innerstaatlichen Monopolen ein Betrug am Konsumenten. Gerade die das freie Unternehmertum und die Hochtechnologie vertretenden linksliberalen Parteien hatten, wie die Sozialdemokraten, ein Interesse daran, den Konsumenten genügend Geld für nicht-lebensnotwendige Produkte zu lassen, da erst dies den Aufschwung bestimmter, eher auf den Konsum und die allgemeine Verbesserung des Lebensstandards gerichtete Industrien möglich machte. Auch hier wieder diente der Vergleich mit den USA dazu, der innenpolitischen Situation, nämlich der Entstehung von Monopolen, wie dem Zuckerring, und den sich daraus ergebenden Problemen den Spiegel vorzuhalten und wenn möglich gegenzusteuern.[1208]

Jedoch bewunderte Barth auch das freie Unternehmertum und den Geist des Unternehmers, wie John D. Rockefeller ihn verkörperte, den er als klugen Mann bezeichnete, und wie Joseph Schumpeter ihn in seinem einige Jahre später erscheinenden Werk definieren sollte.[1209] Aus diesem Grunde war er nicht grundsätzlich gegen Monopole, wenn sich diese, wie ihm zufolge die *Standard Oil Company*, natürlich, d.h. über die Durchsetzung auf Grund ihrer besonderen Kompetenzen oder Qualität der Produkte oder der außergewöhnlichen Tatkraft des Unternehmers entwickelt hatten.[1210] Barth beschrieb auf humorvolle Weise den Geschäftscharakter dieser erfolgreichen amerikanischen Unternehmer, wie Rockefeller, dessen Intelligenz und Geschäftssinn er ehrlich bewunderte. Er war zwar „ein

---

1206 Ralf Ptak, Vom Ordoliberalismus zur Sozialen Marktwirtschaft: Stationen des Neoliberalismus in Deutschland, Springer Fachmedien GmbH, Wiesbaden 2004, S. 9.

1207 Stg. Berichte, 9. Leg.-Periode, 1897/98, 1, 7. Sitzung, Freitag, den 10. Dezember 1897, S. 119B/C.

1208 Ibid., S. 119C.

1209 Joseph Schumpeter, Theorie der wirtschaftlichen Entwicklung, Berlin 1911.

1210 Ibid., S. 120A.

außerordentlich frommer Mann (Zuruf); aber jemand, der auf der Basis des Bibel-
spruches: liebe deinen Nächsten wie dich selbst, – Geschäfte mit ihm abschließen
wollte, könnte allerlei trübe Erfahrungen machen (Heiterkeit.)"[1211]
    Barth entlarvte auf ironische Weise den religiös begründeten Sozialdarwinis-
mus, hinter dem er eine gewisse „Heuchelei" sah. Neben der Rücksichtslosigkeit,
gerierte die amerikanische Auslegung des calvinistischen Sozialdarwinismus also
auch „Heuchelei" und „Scheinheiligkeit", Eigenschaften, die mit der deutschen
kollektiven Vorstellung vom Bild des ehrbaren deutschen Kaufmanns[1212] nicht
vereinbar waren und als Gefahren angesehen wurden. Gleichzeitig erlaubte diese
Mentalität aber auch den Aufstieg von klugen Männern, wie eben Rockefeller oder
Präsident Wilson (amerikanischer Präsident von 1913–1921), den Eduard Bernstein in einer Rede im Mai 1913 im Reichstag als positiven Gegenpol zu Wilhelm II.
lobend darstellen sollte.[1213] Gerade im Zusammenhang mit der Technologie der
Telegraphie hatte sich der Börsenterminhandel immer stärker ausgebreitet und
zu einer Veränderung des Kaufmannsverhaltens beigetragen. Die Tugenden des
„ehrbaren Kaufmanns", wie Redlichkeit gegenüber seinen Geschäftspartnern, also
gerecht, aufrichtig und loyal zu sein, wurden immer mehr von der Entwicklung
überlagert, dass Gewinn nur derjenige erzielte, der Informationsvorsprünge kalt
und rational auszunutzen wusste.
    Statt also auf persönlichen, auf Vertrauen basierenden Geschäftskontak-
ten gründeten der Handel und der unternehmerische Erfolg immer stärker auf
schnellen anonymen Entscheidungen, auf Spekulation und Gewinnmaximierung.
In diesem Zusammenhang war 1896 das Börsengesetz verabschiedet worden.[1214]
Barth gelang es mithin, über die Konstruktion und das beinahe Persiflieren eines
amerikanischen Unternehmercharakters ein parteiübergreifendes, heimliches
Einverständnis unter den Reichstagsabgeordneten herzustellen, was die Gruppenidentität und das System Reichstagsabgeordnete verstärkte und somit der Legislative ein stärkeres Gewicht gegenüber der Exekutive verlieh. Allerdings beließ
es Barth nicht bei einem Appell an chauvinistische, antiamerikanische Klischees.
Stattdessen betonte er zugleich ebenfalls ironisch, dass subversive Trustbildun-
gen auch in Deutschland nicht selten waren. Er hielt so der eigenen Wirtschaft

---

1211 Ibid., S. 119D–120A.
1212 Siehe dazu: Christoph LÜTGE, Christoph STROSETZKI, Zwischen Bescheidenheit
       und Risiko: Der Ehrbare Kaufmann im Fokus der Kulturen, Springer Fachmedien
       Wiesbaden 2017; Oswald BAUER, Der ehrbare Kaufmann und sein Ansehen, Stein-
       kopf & Springer, Dresden 1906.
1213 Siehe dazu das Kapitel Gesellschaft, 3.3.2.2.
1214 Julia Laura RISCHBIETER, „Er würde, wie man so sagt, kaltgestellt": Scheitern in kauf-
       männischen Kooperationen um 1900, in: Pleitiers und Bankrotteure: Geschichte
       des ökonomischen Scheiterns vom 18. bis 20. Jahrhundert, hg. von Ingo KÖHLER,
       Roman ROSSFELD, Campus Verlag, Frankfurt 2012, S. 153– 184, hier S. 171.

und ihren Akteuren den Spiegel vor, indem er in sarkastischem Ton diejenigen angriff, die solch hehren Grundsätze auf Deutschland selbst nicht anwenden wollten. Dabei zielte er vor allem auf die Nationalliberalen, die in der Hauptsache die Schwerindustrie vertraten und innerhalb Deutschlands Trusts gebildet hatten. Die allgemeine Reaktion des Parlaments, im Protokoll mit „(Heiterkeit.)" vermerkt, bezeugte denn auch, wie sehr darüber auch über Parteigrenzen hinweg eine gewisse Einigkeit herrschte und wie sehr eine Mehrheit wohl in Richtung liberale Wirtschaftsordnung tendierte.[1215]

Um also den Gefahren, die von „natürlichen" Monopolen auch wegen der ihnen zugrunde liegenden unternehmerischen Charaktereigenschaften nichtsdestoweniger ausgingen, zu begegnen, schlug Barth vor, der Staat solle versuchen, über die Ermöglichung von mehr Konkurrenz das Angebot zu diversifizieren. Barth, der sich und seine Partei während seiner Rede als Verteidiger der Konsumenteninteressen stark in Szene setzte, wollte vor allem darauf achten, dass die Preise möglichst niedrig blieben. Die Konkurrenz, die er vorschlug, sollte also nicht darin bestehen, den Markteintritt für amerikanisches Petroleum etwa über Zolldifferenzierung zu erreichen, wie von den Nationalliberalen vorgeschlagen; denn dies würde lediglich zu einem Zollkrieg mit den USA führen und den Preis für die Konsumenten auch für russisches Petroleum erhöhen. Der Staat sollte weder gesetzgeberisch noch verwaltungstechnisch einschreiten, da dies den Preis des Petroleums nur verteuern würde.[1216] Das Einzige, was dem Staat also zu tun übrigblieb, war, bestimmte Steuern und Tarife, wie die Eisenbahntarife, zu senken. Das würde dazu führen, dass es zum Beispiel für Russland interessanter werden würde, Petroleum nach Deutschland zu exportieren. Ironisch analysierte er dann die Reaktion der Reichsleitung und deren energisches Auftreten im Reichstag. Denn obwohl er zunächst gefürchtet hatte, sie „würde unter einer gewissen Stimmung der öffentlichen Meinung das erste beste gesetzgeberische Mittel ergreifen, um hier einmal etwas zu thun," war er sich nach den Ausführungen Posadowsky-Wehners jedoch sicher, dass den energischen Worten der Reichsleitung keine Taten folgen würden. Barth stellte die Reichsleitung als Getriebene der öffentlichen Meinung dar und machte deutlich, dass sie den Reichstag dazu benutzte, die Menschen über ihr Auftreten dort zu beeinflussen bzw. dem außerparlamentarischen Druck über die demokratische Bühne des Reichstags in gewisser Weise demokratisch entgegenzuwirken. Zum Schluss seiner Rede, die mit „lebhaftem Beifall von links" quittiert wurde, fasste er noch einmal sein wirtschaftlich liberales Kredo zusammen. Tatsächlich glaubte er an die von Adam Smith formulierte ordnende Kraft des Marktes, die unsichtbare Hand,[1217] zum Wohle der Verbraucher, an dessen erster Stelle der Preis von

---

1215 Stg. Berichte, 9. Leg.-Periode, 1897/98, 1, 7. Sitzung, Freitag, den 10. Dezember 1897, S. 119B.

1216 Ibid., S. 121A.

1217 Adam Smith, An Inquiry into the Nature and Causes of the Wealth of Nations, W. Strahan and T. Cadell, London 1776.

Gütern stand.[1218] Barth hatte die Interpellation zum Geschäftsgebaren des amerikanischen Unternehmens *Standard Oil* also im Grunde für nach innen gerichtete Zwecke benutzt: Erstens, um seine wirtschaftliche und staatspolitische liberale Sicht klar auszuformulieren und über die damit verbundene vorgebliche Interessenvertretung der Konsumenten eine Gemeinsamkeit mit den Sozialdemokraten herzustellen. Zweitens stellte er die Reichsleitung als Getriebene der öffentlichen Meinung dar. Der Exekutive stellte er die überlegene Sicht und Unabhängigkeit des Reichstags gegenüber, welcher die Regierung durch seine Kompetenzen und seine demokratische Legitimität vor überstürzten, populistischen Handlungen schützen konnte. Er sah den Reichstag mithin als ein wichtiges und ausgleichendes Korrektiv im Machtgefüge des Reiches.

3.1.2.2. Wilhelm von Heyl zu Herrnsheim – moderne nationalliberale Anschauungen

Heyl zu Herrnsheim schlug in seiner Rede einen härteren Ton gegenüber den Vereinigten Staaten an. Er rief zunächst eine Interpellation vom Mai 1897 zum Dingley-Tarif in Erinnerung, in der bereits vor einer Monopolbildung durch *Standard Oil* gewarnt wurde, und betonte, dass auch ihm die Interessen der Konsumenten am Herzen lagen und er gegen eine derartige „Ringbildung" war.[1219]

Teile der nationalliberalen Partei, wie etwa Bassermann, wollten wie oben gesehen die Partei den Arbeitern annähern, was der zunehmenden Demokratisierung, also Teilnahme und damit einhergehend Egalisierung der Gesellschaft geschuldet war, die sich in immer mehr Stimmen für die Sozialdemokratie niederschlug. Den Vorwurf aber, in Deutschland gebe es ähnliche Monopole und Trusts wie in den USA, wies er denn doch weit von sich, da die Nationalliberale Partei im Herzen eine Partei der Schwerindustrie geblieben war. Wegen der für die Nationalliberalen aber notwendigen Ausweitung ihrer Wählerklientel versprach er, dass die Nationalliberale Partei bereit wäre, „etwa nach Art der österreichischen Gesetzgebung einer derartigen gemeingefährlichen Wirkung von Syndikaten oder Monopolen entgegenzutreten".[1220]

Im Gegensatz zu Barth, der die Amerikaner nicht allgemein der Rücksichtslosigkeit bezichtigte und Rockefeller durchaus bewunderte, schreckte Heyl zu Herrnsheim nicht davor zurück, mit den Amerikanern hart ins Gericht zu gehen. Er benutzte die Debatte der Interpellation, um im zweiten Teil seiner Rede über sein, wie es den Anschein hat, eigentliches Anliegen zu sprechen, nämlich den Dingley-Tarif. Er verurteilte diesen auf das Schärfste, da er dem deutschen Export

---

1218 Stg. Berichte, 9. Leg.-Periode, 1897/98, 1, 7. Sitzung, Freitag, den 10. Dezember 1897,
      S. 122A.
1219 Ibid., S. 122B.
1220 Ibid.

von Fertigwaren sehr schadete,[1221] was sicher auch damit zusammenhing, dass seine eigene Lederwarenfirma sehr viel in die Vereinigten Staaten exportierte und nun betroffen war. Zudem verteidigte er gleichzeitig die Interessen der Landwirtschaft. Dies bezeugt, dass gewisse gemeinsame Interessen und Verbindungen unter den ehemaligen Kartellparteien der Bismarckzeit immer noch wirksam waren und durch die von Johannes Miquel initiierte Sammlungsbewegung einen neuen Schub erhalten hatten.[1222]

Anders als Barth betonte Heyl zu Herrnsheim die Bedeutung eines starken und gesetzgeberisch tätigen Staates, was wiederum im Interesse der Schwerindustrie und der Konservativen lag. Je mehr der Staat regelnd eingriff, umso besser konnten die besitzenden Schichten ihre Stellung verteidigen. Als Beispiel führte er zunächst Frankreich an, das über Zolldifferenzierung eine nationale Raffinerieindustrie aufgebaut hatte.[1223] Dann zitierte er das Beispiel Großbritannien, welches es Rockefeller gesetzlich unmöglich gemacht hatte, minderwertigeres Öl einzuführen.[1224] Die Nationalliberale Partei stand zum einen den Konservativen näher und hatte eine nationalistischere, imperialistische und im Laufe des Kaiserreichs immer stärker werdende chauvinistische Tendenz, was nicht zuletzt mit den wirtschaftlichen Interessen der Vertreter dieser Partei zusammenhing.[1225] Seine Rede, die konzipiert war nach den Regeln der Spannungssteigerung, wurde im Ton immer härter und drängender. Das schlug sich im Gebrauch der Adjektive „deutsch" und „rücksichtslos" und des Substantives „Rücksichtslosigkeit" nieder. Er versuchte, über den Appell an nationalistische Gefühle und die Konstruktion des Feindbildes des „rücksichtslosen" Amerikaners bei den das Volk repräsentierenden Parlamentariern ein einigendes Nationalgefühl herzustellen, um so die Reichsleitung zum Intervenieren zu drängen. Hinter dem Mantel der nationalen Gemeinsamkeit freilich verbargen sich handfeste, vor allem großindustrielle Interessen. Und so schlug Heyl denn auch vor, so schnell wie möglich die Einfuhr von raffiniertem Öl mit höheren Zollsätzen zu belegen „und damit wohl auch den amerikanischen Rücksichtslosigkeiten in dieser so sehr interessierenden Frage wie der Schädigung der Interessen unserer Konsumenten und unseres deutschen Handels wirksam

---

1221 Ibid., S. 123B.

1222 Siehe dazu Kapitel 3.2.2. der vorliegenden Arbeit.

1223 Stg. Berichte, 9. Leg.-Periode, 1897/98, 1, 7. Sitzung, Freitag, den 10. Dezember 1897, S. 122C.

1224 Ibid.

1225 BERGER, Building the Nation Among Visions of German Empire, S. 295: „*The economic and financial elite of Imperial Germany were, qua their profession, transnational in their orientation, and yet they carried their own nationalism into their transnational business affairs and arrangements. For the Krupps and Stumms of Germany, the building of the German navy and the idea of a German Empire was both a business opportunity and a national concern.*"

entgegentreten zu können.“[1226] Und um die Ungeheuerlichkeit des amerikanischen Verhaltens noch deutlicher zu machen, zeichnete er detailliert deren Vorgehen nach. Seiner Meinung nach legten es die amerikanischen Zollbehörden darauf an, Regelungen einzuführen, mit Hilfe derer sie deutsche Exporteure im Falle einer falschen Zolldeklaration kriminell belangen konnten.[1227] Heyl zu Herrnsheim drängte die Reichsleitung zum Handeln und setzte sich gleichsam über die negative Beurteilung der bisherigen deutschen Reaktionen auf das amerikanische Gebaren und die Handlungsempfehlungen, die er aussprach, als der Exekutive übergeordnet in Szene. Er forderte die Regierung dazu auf, „mit derselben Energie, mit welcher sie jetzt einigen ausländischen Staaten gegenübergetreten sind, in anderer Hinsicht in wirthschaftlichen Fragen Amerika und den überseeischen Staaten begegnen [zu wollen].[1228]

Heyl spielte hier sicherlich auf die Vorgänge in China, auf die vom Kaiser und Bülow verkündete Weltpolitik und das Einbringen des ersten Flottengesetzes an. Mit seiner Aussage, dass er nicht glaube, dass die USA einen Zollkrieg beginnen würden, sollte Deutschland eine Doppeltarif bestehend aus Minimal- und Maximaltarif einführen, da dies auch für Frankreich zu keinen Konsequenzen geführt hatte, versetzte er sich selbst in die Rolle eines Experten der internationalen Beziehungen und als Kenner der USA.

Der herablassende Ton gegenüber den Amerikanern, die er als „Yankees“ und „anmaßend“ bezeichnete und seine Appelle an die nationalistischen Gefühle der Abgeordneten verfehlten ihr Ziel nicht, wie die Reaktion des Parlaments am Ende seiner Rede bezeugte, nämlich „Lebhafter Beifall.“[1229]

Heyl zu Herrnsheim nahm die Interpellation zu der in der damaligen Zeit noch relativ zweitrangigen Petroleumfrage zum Anlass, um seinen Unmut über den Dingley-Tarif erneut zum Ausdruck zu bringen. Er war der Meinung, dass Deutschland über dieses Problem seinen Beziehungen zu den Vereinigten Staaten eine andere Richtung geben könnte, und zwar hin zu einer offensiveren, weniger ängstlichen. Zudem nutzte er die Interpellation für verschiedene nationalliberale Ziele: um die Nationalliberale Partei den Arbeitern anzunähern, um über die Verteidigung der Interessen der Landwirtschaft den Schulterschluss mit den konservativen Parteien zu suchen und schließlich, um seine Vision eines starken, gesetzgeberisch tätigen Machtstaates vorzustellen. Zur Festigung der nationalen Einheit und auch zu einer Verstärkung des inneren Zusammenhaltes der Reichstagsabgeordneten karikierte er zudem wiederholt den Charakter der Amerikaner

---

1226 Stg. Berichte, 9. Leg.-Periode, 1897/98, 1, 7. Sitzung, Freitag, den 10. Dezember 1897, S. 123A.

1227 Ibid.

1228 Ibid., S. 123B/C.

1229 Stg. Berichte, 9. Leg.-Periode, 1897/98, 1, 7. Sitzung, Freitag, den 10. Dezember 1897, S. 123D.

als „rücksichtslos". Über den Vortrag detaillierter Kenntnisse des amerikanischen
Ölmarktes präsentierte er sich darüber hinaus als USA-Experte. Das wirkte auf den
Reichstag als Ganzes zurück. Nicht zuletzt trug sein perlokutiver Versuch, sich als
der Exekutive übergeordnet darzustellen, sie zu kritisieren und ihr seine Wünsche
vorzutragen, dazu bei, dem Rohbau eines parlamentarischen Systems einen weiteren Stein hinzuzufügen.

3.1.2.3. Die Sicht des Zentrums – Peter Joseph Spahn

Peter Joseph Spahn[1230] von der Zentrumspartei erklärte sich zu Beginn seiner Rede
mit Heyl zu Herrnsheim zwar „in der Verurteilung des amerikanischen Kartell-
unwesens [einverstanden]"; er distanzierte sich aber dann von der Interpellation,
indem er die Frage stellte, was diese „mit der amerikanischen Wirthschaftspolitik
und mit dem Staate Nordamerika zu thun hat."

Im Gegensatz zu Heyl gebrauchte Spahn keinerlei nationalistisches Vokabular
oder suchte die Abgeordneten chauvinistisch anzustacheln. Er zeigte zunächst in
ruhigem und neutralem Ton auf, dass es sich um ein normales Geschäft zwischen
einer deutschen und einer amerikanischen Firma handelte. Er konnte keinerlei
Unredlichkeit im Geschäftsgebaren der *Standard Oil* feststellen.[1231] Spahn sah auch
keine Gründe dafür, den Staat zu gesetzgeberischem Aktionismus zu treiben, da
die Preise für Petroleum einem von ihm zitierten Artikel aus der „Norddeutschen
Allgemeinen Zeitung" zufolge seit 1882 beständig gesunken waren. Spahn stellte
sich als Verteidiger der Interessen des „Kleinen Mannes" dar, was auf die eigene
Wählerschaft zielte als auch der Absicht des Zentrums geschuldet war, sich in
gewissen Fragen der SPD anzunähern und deren Wählerschaft für das Zentrum
zu interessieren. Das Zentrum war zudem eher föderal eingestellt und wollte eine
zu starke gesetzgeberische Tätigkeit des Reiches verhindern, denn das Ziel der
Förderung von Konkurrenz konnte nur sein, „das Petroleum für den gewöhnlichen
Mann möglichst billig zu verschaffen."[1232]

Man erkennt hier unter der höflichen und ruhigen Ausdrucksweise, der Zurückhaltung des Abgeordneten die unterschwellige, beinahe subversive Arbeit des

---

1230 Biografisches Lexikon zur Geschichte der Deutschen Sozialpolitik, S. 153: Peter
      Joseph Spahn (22. Mai 1845- 31. August 1925) war Jurist und von 1884 bis 1917
      Reichstagsabgeordneter des Zentrums. Er war zeitweise stellvertretender Reichs-
      tagspräsident. 1912 wurde er Parteivorsitzender des Zentrums. Als Mitglied der
      zweiten Beratungskommission (1890–1895) war er maßgeblich an der Ausarbei-
      tung des 1896 beschlossenen und 1900 in Kraft getretenen BGB beteiligt. Am Ende
      des Krieges setzte er sich, obwohl überzeugter Monarchist, für eine Zusammen-
      arbeit des Zentrums mit der SPD ein.
1231 Stg. Berichte, 9. Leg.-Periode, 1897/98, 1, 7. Sitzung, Freitag, den 10. Dezember 1897,
      S. 123D.
1232 Ibid., S. 124A/B.

Reichstags an einer immer weiterführenden Parlamentarisierung. Spahn positionierte gleichsam, wie in einem echten parlamentarischen System, die Legislative
über die Exekutive, indem er der Regierung zu vorsichtigem Vorgehen riet und
ihren Entscheidungen das Vertrauen aussprach, was in der Mitte und Links mit
„Bravo" beantwortet wurde.[1233]
Interessanterweise war Spahn Jurist und später Reichsgerichtsrat, Mitglied also
zweier Reichsinstitutionen, die sich ihre einem vollständigen parlamentarisch-
demokratischen System innewohnenden Kompetenzen erst noch erkämpfen mussten, wie es etwa der Staatssekretär des Reichsjustizamtes Rudolf Arnold Nieberding
in einer Sitzung ausdrückte, als er unterstrich, dass die Reichsjustizverwaltung sehr
gerne „die Thätigkeit und die Zuständigkeit des höchsten Gerichtshofs im Interesse
der Wahrung unseres deutschen Rechts möglichst zu erweitern und zu fördern suchen
[würde][1234].

3.1.2.4. Diederich Hahn und der Bund der Landwirte

Diederich Hahn[1235] ergriff als nächster das Wort. Hahn, der ein großer Anhänger Otto von Bismarcks gewesen war und dank dessen Unterstützung eine
politische Karriere, nicht zuletzt als Direktor des Bundes der Landwirte (BdL),
machen konnte,[1236] kritisierte zunächst interessanterweise Spahns Zitat aus der

---

1233 Ibid., S. 124B.

1234 Stg. Berichte, 9. Leg.-Periode, 1897/98, 1, 15. Sitzung, Mittwoch, den 12. Januar
      1898, S. 388A.

1235 Heinz HAUSHOFER, Hahn, Diederich, in: Neue Deutsche Biographie 7 (1966),
      S. 503 f. [Online-Version]; URL: https://www.deutsche-biographie.de/pnd117377
      457.html#ndbcontent: Diederich Hahn (12. Oktober 1859–24. Februar 1918) war
      von 1893 bis 1903 und 1907 bis 1912 Mitglied des Reichstags als Hospitant der Nati-
      onalliberalen Partei, später der Deutschkonservativen Partei. Er stand Bismarck
      sehr nahe und war einer der Mitbegründer des BdL und ab 1898 dessen 1. Direktor.
      Im Reichstag nahm er in der Streitfrage – liberale Industrie- und Außenhandels-
      politik oder konservative Agrarpolitik – eindeutig für die letztere Stellung. Im
      Besonderen setzte er sich für das Verbot des umstrittenen börsenmäßigen Getreide-
      terminhandels ein, das auf Drängen der sogenannten Agrarier dann 1897 erfolgte.
      Außenpolitisch wandte er sich gegen die Tirpitzsche Flottenpolitik. Obwohl er sich
      aus dem Zwang der agrarpolitischen Arbeit für die Konservativen entschieden
      hatte, stand er geistig den Liberalen nahe, gehörte auch zum politischen Freundes-
      kreis Naumanns. Während er Zeitgenossen als freundlicher, fröhlicher und guter
      Redner galt, charakterisierte ihn Thomas Nipperdey als rechtsintellektuellen Auf-
      steiger, populistischen und antisemitischen Nationalisten. Siehe dazu: NIPPERDEY,
      Machtstaat vor der Demokratie, S. 584.

1236 Christian Diederich HAHN, Erinnerung an Diederich Hahn, in: Stader Jahrbuch,
      Stader Archiv, Neue Folge Heft 75, 1985, S. 82–98, hier S. 85–88: Wie sehr Hahn

Norddeutschen Allgemeinen Zeitung.[1237] Bis 1890 galt die Zeitung als wichtiger Teil der Presse- und Informationspolitik der Reichsregierung. Auf Grund ihrer schlechten wirtschaftlichen Verfasstheit in den 1890er Jahren war sie jedoch immer stärker auf Inserate öffentlicher Stellen angewiesen. Obwohl sie weiterhin als offiziöses Organ galt, litt ihr Ruf bei der Regierung immer mehr, aber Reichskanzler Hohenlohe-Schillingsfürst wollte sie trotz ihrer schlechten Qualität weiterhin benutzen, „da kein anderes Blatt da sei, in das man jede Notiz bringen könne."[1238] Hahn argumentierte dann, dass er glaube, nicht die Regierung, sondern einer der „Petroleumsinteressenten – es könnte Herr Riedemann, die Firma Schütte in Bremen oder sonst jemand sein", habe die Anzeige gesetzt. Denn viele als offiziös geltende Zeitungen öffneten „ihre Spalten der Vertretung der Interessen großer Interessensgruppen."[1239]

Der verächtliche Ton gegenüber dieser Zeitung als „offiziöses Organ der Regierung" belegte das zunehmende Auseinanderdriften von offiziellen Stellen und der Presse, die einerseits immer selbstbewusster auftrat und sich schon wegen der immer härteren Konkurrenz auf dem Zeitungsmarkt als „vierte Gewalt" zu verstehen begann.[1240] Die deutsche und preußische Presse wurde zudem nicht von kaiserlichen Zensoren maßlos geknebelt und war sogar besonderes frech.[1241] In einem Schreiben Wilhelms, dessen Stellung spätestens seit der Daily-Telegraph-Affäre Ende 1908 sehr geschwächt war, an Reichskanzler Bethmann Hollweg wird deutlich, dass nun klar war: Der Aufstieg der Medien zur „vierten Gewalt" neben

---

Bismarck als Begründer des Reiches verehrte, ist offensichtlich. Seine Frau Margarethe veröffentlichte 1936 in ihrem autobiographischen Bericht über ihren Mann: „Das große Erlebnis der Studentenzeit von Diederich Hahn war die Bekanntschaft mit Bismarck." [Bismarck] schlug dann seinerseits 1893 Hahn als seinen Nachfolger [für die Reichstagswahl] vor, die Hahn gewann."

1237 Stg. Berichte, 9. Leg.-Periode, 1897/98, 1, 7. Sitzung, Freitag, den 10. Dezember 1897, S. 124B.

1238 Gunda STÖBER, Pressepolitik als Notwendigkeit: zum Verhältnis von Staat und Öffentlichkeit im wilhelminischen Deutschland 1890–1914, Steiner, Stuttgart 2000, S. 55–57, Zitat, S. 57.

1239 Stg. Berichte, 9. Leg.-Periode, 1897/98, 1, 7. Sitzung, Freitag, den 10. Dezember 1897, S. 124B/C.

1240 BERGER, Building the Nation Among Visions of German Empire, S. 300–301: *The nineteenth century also saw a massive proliferation of newspapers in the German lands, which was unparalleled in Europe. [...] About half the male population read newspapers and journals. [...] The effective privatization of the media market between 1869 and 1871 and the relative lack of censorship further contributed to a booming newspaper market."*

1241 Hedwig RICHTER, Moderne Wahlen: Eine Geschichte der Demokratie in Preußen und den USA, Hamburger Edition, Hamburg 2017, S. 28.

Exekutive, Reichstag und Bundesrat konnte nicht mehr rückgängig gemacht werden.[1242] Für die Reichsleitung wurde eine effiziente, exklusive Pressemanipulation immer schwerer, da sie auch in diesem Bereich durch die immer aktivere Zivilgesellschaft, bedingt durch die Demokratisierung und diese wiederum bedingend, in Konkurrenz zu gesellschaftlichen, demokratischen Einflussnahmen stand.

Hahn, der eines der Gründungsmitglieder und eine führende Persönlichkeit des Bundes der Landwirte gewesen war, stützte sich dann aber im weiteren Verlauf seiner Rede überraschenderweise nicht auf landwirtschaftliche, sondern industrielle Argumente. Er warnte zum einen vor einem Monopol der *Standard Oil Company* und griff dazu vor allem die Ansicht des Abgeordneten Barth an, dass das Monopol der *Standard Oil Company* für den Konsumenten nicht gefährlich sei, da die Preise bisher nicht gestiegen, sondern gefallen seien. Zum anderen plädierte er für eine Zolldifferenzierung zwischen Rohöl und raffiniertem Öl und der damit einhergehenden staatlich unterstützten Entwicklung eigener Raffinerien. Auch wollte er das amerikanische Öl durch Importe aus Galizien ersetzen, wie es zuvor der Abgeordnete Heyl vorgeschlagen hatte. Zur Untermauerung dieser Ansicht griff er, wie auch etwa bei Bassermann weiter oben gesehen, auf Argumente der chemischen Industrie zurück. Diese gehörte neben der Elektroindustrie zu den modernsten und stärksten der Welt und galt als Symbol der erfolgreichen deutschen Exportwirtschaft. Mit ihren wirtschaftlichen Interessen und ihrem Eintreten für Handelsverträge war sie eigentlich ein Gegner der vom BdL vertretenen landwirtschaftlichen Interessen und seines Eintretens für Schutzzölle. Allerdings hatte sich die chemische Industrie seit den 1880er Jahren mehrfach mit dem Vorschlag an den Reichskanzler gewandt, Rohpetroleum bei der Verzollung gegenüber raffiniertem Petroleum zu begünstigen, um so die Entstehung heimischer Raffinerien zu fördern.[1243] Die Chemieindustrie wollte zudem die Einfuhr von galizischem Öl unterstützen, „da andernfalls die Gefahr nahe liegt, daß die in Frage stehenden Petroleumgesellschaften unter Verzicht auf ihre Selbstständigkeit mit der Standard Oil Company in ein bindendes Vertragsverhältnis zu treten genöthigt werden könnten."[1244]

Hahn nutzte die Expertise der chemischen Industrie als Garantie der Richtigkeit seiner Aussagen.[1245] So konnte er zudem subtil die Verbindung und Verflechtung der Legislative mit der Zivilgesellschaft, die dem Reichstag und seinen eben von der Gesellschaft gewählten Vertretern ein Wissens- und Kompetenzreservoir bot, welches sie anzapfen konnten, aufscheinen lassen. Hahn zitierte so

---

1242 Wilhelm an Bethmann Hollweg, 28.08.1910, (zitiert nach NONN, 12 Tage, S. 503, Anm. 59).

1243 Stg. Berichte, 9. Leg.-Periode, 1897/98, 1, 7. Sitzung, Freitag, den 10. Dezember 1897, S. 125C.

1244 Ibid., S. 125A.

1245 Ibid.

etwa einen gewissen Herrn Alexander Jahn aus Hamburg, der berichtet hatte, die *Standard Oil Company* hätte sich einen maßgeblichen Einfluss auf die russische Erdölproduktion in Galizien gesichert, was die Gefahr eines Weltmonopols weiter vergrößerte.[1246] Das durch das Wahlrecht erzeugte System einer dynamischen Verbindung zwischen den Abgeordneten und der Zivilgesellschaft, wie Lobbygruppen oder Wissenschaftlern, stärkte die Stellung des Reichstags und seiner Mitglieder gegenüber der Exekutive. Sie wurde in gewisser Weise von den Parlamentariern und der Zivilgesellschaft in die Zange genommen, die so den gesellschaftlichen, demokratischen Druck auf sie erhöhten.

Deutschland lief also Gefahr, bezüglich des Ölimports beinahe völlig von der *Standard Oil Company* abhängig zu werden. Die Bekämpfung des amerikanischen Monopols durch Abgeordnete diente hier als Mittel, innere Gegnerschaft zu überwinden und eine Annäherung zwischen zwei Gruppen herzustellen, die eigentlich entgegengesetzte Interessen hatten. Innere Einheit herzustellen, dazu dienten aber auch die dezidierten Appelle an das Nationalgefühl. Das schlug sich nieder im ausführlichen Gebrauch des Wortfeldes „Heimat", „deutsch" und „Deutschland" als dichotomischen Gegensatz zu „Amerika", „amerikanisch", „Ausland". Hahn glaubte zwar, dass es nun, im Jahre 1897, bereits zu spät war, die *Standard Oil Company* aufzuhalten, schlug aber dennoch zweierlei vor, um für die Zukunft gerüstet zu sein: Zum einen empfahl er, dass man „die Industrie des Raffinierens des Petroleums nach Deutschland herein[zieht] und zwar durch eine differentielle Behandlung des Petroleums."[1247] Zum anderen plädierte er für die Ausweitung der inländischen Petroleumproduktion. Dabei stützte er sich wieder auf die Aussagen eines Experten, um seiner Argumentation eine Grundlage zu geben und die Richtigkeit seiner Worte zu bekräftigen. Über die geologisch-geografischen Fachbegriffe schuf er zudem eine Verbindung zwischen Heimat, also örtlicher, emotionaler Nähe, und Vaterland, also nationaler Identität und Zugehörigkeit. Im Kaiserreich dienten vor allem die Geschichtswissenschaften, als Königsdisziplin, aber auch die Anthropologie und die Geografie und Geologie der Herstellung nationaler Einheit über die Schaffung eines Wissensschatzes und Vorstellungsrahmens[1248].

Hahn erklärte dann genau, wo sich in Deutschland überall Erdöl fördern ließe. Und auch wenn hierzulande diese Förderung teurer wäre, bliebe so doch das Geld

---

1246 Ibid., S. 125A/B.

1247 Ibid., S. 125B.

1248 Berger, Building the Nation Among Visions of German Empire, S. 288–289: „*A third group of scientists, who were absolutely crucial in constructing the imperial nation, were geographers. A range of geographical societies in Germany produced maps and circulated information, which played a vital role in promoting a national understanding of space that differentiated between core and various peripheries. Geographers [...] played a hugely influential role in forging ideas of nation against the background of globalization and empire.*"

in Deutschland.[1249] Die ausbleibende Reaktion des Reichstags auf diese drängenden, emotionalen und an das Nationalgefühl appellierenden Worte bezeugt, dass ein Großteil der Abgeordneten zu dem Zeitpunkt wohl noch eher liberal als nationalistisch eingestellt war und günstigem Öl den Vorrang vor einer nationalen Industriepolitik gab. Hahn versuchte diese liberale, marktfreundliche Haltung dadurch zu schwächen, indem er den Reichstag davon zu überzeugen suchte, dass sich eine Produktion im Inlande zudem volkswirtschaftlich positiv auswirken würde. Dazu legte er den Abgeordneten an einem detaillierten Beispiel dar, „welche Mengen von Arbeitslohn für deutsche Arbeiter zu verdienen wären, und welche Ausgaben, die in Deutschland gemacht werden könnten, wiederum Deutschen zufallen würden."[1250]

Das starke Eintreten für die nationale, heimische Produktion im Allgemeinen und für und die Interessen der Chemieindustrie im Besonderen bezeugte, dass die Landwirtschaft zur Durchsetzung ihrer Interessen auf Verbündete aus den modernen Sektoren, wie Chemie, angewiesen war. Und so kam er, erst ganz zum Schluss seiner Rede, kurz auf die Landwirtschaft zu sprechen und die Tatsache, dass Deutschland versuchen sollte, durch den Gebrauch von Spiritus etwa vom ausländischen Petroleum unabhängig zu werden.[1251] Denn in der Tat konnten diese Produkte aus landwirtschaftlichen Erzeugnissen hergestellt werden, was der Landwirtschaft einen zusätzlichen Absatzmarkt bescheren würde. Es gab also zwischen der Chemieindustrie und der Landwirtschaft mehr gemeinsame Interessen, als etwa mit der Elektroindustrie oder gar dem Dienstleistungssektor, wie Banken, wo Hahn zunächst gearbeitet hatte. Es lässt sich zudem die stetig zunehmende Schwäche des landwirtschaftlichen Sektors und der ihn repräsentierenden konservativen Parteien, allen voran der Deutschenkonservativen Partei, aus der Rede Hahns ableiten. Und wirklich erlebte die Deutschkonservative Partei seit den 1890er Jahren einen stetigen Niedergang. Es gab für sie im Reichstag kaum noch Möglichkeiten, stabile Koalitionen einzugehen, und auch in Preußen schwand ihr Einfluss zusehends.[1252] Die politische und soziale Bedeutung dieser Gruppe war im Rückgang begriffen und sie wurde nachgerade von den Liberalen als ein Hindernis auf dem Weg der Modernisierung des Reiches betrachtet. Im Jahre 1909 kulminierte das in einem Aufruf liberaler Persönlichkeiten, wie Theodor Wolff oder Max Weber, zur Abschaffung des Zensuswahlrechts in Preußen, der sich ganz dezidiert

---

1249 Stg. Berichte, 9. Leg.-Periode, 1897/98, 1, 7. Sitzung, Freitag, den 10. Dezember 1897, S. 125C.

1250 Ibid., S. 125C/D.

1251 Ibid., S. 126C.

1252 Joachim BOHLMANN, Die Deutschkonservative Partei am Ende des Kaiserreichs: Stillstand und Wandel einer untergehenden Organisation, Südwestdeutscher Verlag für Hochschulschriften, London 2012, S. 268.

gegen die Junker richtete.[1253] Das steht der immer noch weit verbreiteten Vorstellung entgegen, das Deutsche Reich und zumal Preußen wären fest in der Hand der Konservativen, des Landadels oder der Junker gewesen und bis zum Ende des Kaiserreichs geblieben, was auch ein Ergebnis des Mangels an Forschungsarbeit zum Konservatismus im Kaiserreich ist.[1254] Weiter muss man festhalten, dass Hahns Rede trotz seiner Appelle an das Nationalgefühl frei war von pejorativen Charakterisierungen der Amerikaner und rassistischen oder chauvinistischen Stereotypisierungen. Die festgestellte Umformung der konservativen Partei weg von einem alten preußischen Weltanschauungskonservatismus hin zur Übernahme der völkischen Ideen des Antisemitismus und Nationalismus lässt sich in Hahns Rede noch nicht nachweisen.[1255] Auch die Person Rockefellers oder der amerikanische Unternehmer im Allgemeinen wurden in dieser Rede nicht angegriffen, die zudem dadurch hervorsticht, dass Hahn, immerhin eine der Führungsfiguren des Bundes der Landwirte und Hospitant der Deutschkonservativen Partei, nicht explizit für die Interessen der Landwirtschaft eintrat und seine Argumentation in der Hauptsache auf Expertisen aus der modernen Chemieindustrie stützte. Seine eher nationalliberale Wirtschaftsausrichtung begründete er zudem, wenn auch indirekt, mit dem Wohl des deutschen Arbeiters. Ähnlich wie die Nationalliberalen mussten die Konservativen die soziale Basis ihrer Wählerschaft ausweiten und versuchten deshalb ab Ende der 1890er Jahren, sich als Volkspartei darzustellen. Der Appell an das Volk und die Massen war jedoch schon bei der Gründung der Partei eine rhetorische Figur gewesen.[1256] Die Interpellation diente Hahn in erster Linie als Vorwand, seine volkswirtschaftlichen Vorstellungen zu formulieren. Er versuchte, oder gab es zumindest vor, vielleicht aus macht- und parteipolitischen Überlegungen, nationale Einheit herstellen zu wollen, und zwar auf zwei Ebenen: Zunächst auf der mikrokosmischen Ebene des sozialen Systems des Reichstags und dann auf der makrokosmischen nationalen Ebene, die vom Parlament ja korrekter abgebildet wurde, als von jedweder anderen Institution des Kaiserreichs.

1253 Max WEBER, Wirtschaft, Staat und Sozialpolitik: Schriften und Reden, 1900–1912, hg. von Horst BAIER, Mario Rainer LEPSIUS, Wolfgang J. MOMMSEN, Tübingen 1998 (Bd. 8 der Max-Weber-Gesamtausgabe), S. 458.

1254 RICHTER, Moderne Wahlen, S. 28: „Die prominenteste Darstellung über den deutschen Wahlgang in der Zeit vor dem Ersten Weltkrieg ist der Junker in Ostelbien, der sein Wahlvolk schikaniert."; BOHLMANN, Die Deutschkonservative Partei, S. 6.

1255 STEGMANN, Konservativismus, S. 411.

1256 Ibid. S. 412–418.

3.1.2.5. Die Antwort von Posadowsky-Wehner und die Rede von Otto Fischbeck: auf dem Weg zu einem modernen Parlamentarismus und Politikstil

In seiner Antwort auf Hahn wies Posadowsky-Wehner ironisch die auf Quellen der Chemieindustrie fußende und „mit großer Sicherheit" vorgetragene Behauptung Hahns, „es wäre schon eine Fusionierung zwischen den amerikanischen und den kaukasischen Petroleuminteressenten zu Stande gekommen"[1257] zurück. Die Interpellation bot die Möglichkeit, unterschwellig einen Kampf um die außenpolitischen Kompetenzen auszutragen, um das Wissen um außenpolitische und transnationale Vorgänge: Auf der einen Seite stand der Reichstag, der auf die zivilgesellschaftlichen Informationen und Kompetenzen zurückgreifen konnte, da die Abgeordneten gleichsam ein integrativer Bestandteil dieser Zivilgesellschaft waren.Auf der anderen Seite befand sich die Exekutive, die sich hinter die Arkanen der Macht zurückzog und sich über eine gewisse Geheimniskrämerei die Aktions- und Handlungshoheit nicht aus der Hand nehmen lassen und ihre Prärogative gegen die aus dem Reichstag kommenden Kompetenzerweiterungsversuche verteidigen wollte. So fuhr der Staatssekretär mit einem distanziert ironischen Ton fort, der die Kompetenz-Überlegenheit und den Wissensvorsprung der Exekutive betonen sollte, dass er solchen Behauptungen gegenüber nur erklären könne, er habe im Frühjahr mit einer Persönlichkeit über diese Frage verhandelt, die darüber jedenfalls am allerbesten orientiert sein müsste, und diese Persönlichkeit habe ihm [...] positiv erklärt, dass eine solche Fusionierung nicht stattgefunden habe.[1258]

Die Tatsache, dass er den Namen der Persönlichkeit verschwieg, unterstrich den Willen der Exekutive zum Ausschluss des Reichstags bei außenpolitischen Fragen und Entscheidungsfindungsprozessen. Der durch den ironisch-distanzierten Ton erzielte Eindruck von Arroganz wirkte jedoch, wie etwa auch bei Bülow in den Debatten zu Samoa gesehen, wie ein Rückzugsgefecht, ein Eindruck, der durch den Einsatz des parlamentarischen Instruments der Interpellation gefördert wurde.

Otto Fischbeck[1259] von der Freisinnigen Volkspartei ergriff als nächster das Wort. Zu Beginn und im weiteren Verlauf seiner Rede beschrieb und beleuchtete

---

1257 Stg. Berichte, 9. Leg.-Periode, 1897/98, 1, 7. Sitzung, Freitag, den 10. Dezember 1897, S. 126D.

1258 Ibid., S. 127A.

1259 Georg KOTOWSKI, Georg, Fischbeck, Otto, in: Neue Deutsche Biographie 5 (1961), S. 171 f. [Online-Version]; URL: https://www.deutsche-biographie.de/pnd123565 103.html#ndbcontent: Otto Fischbeck (28. August 1865–23. Mai 1939) war von 1895 bis 1903 und 1907 bis 1918 Mitglied des Reichstags für die Freisinnige Volkspartei. Er wurde im Wahlkreis Lennep-Mettmann im Bergischen Land gewählt, obwohl er aus der Mark Brandenburg kam und steht stellvertretend dafür, dass die Abgeordneten des Reichstags zumindest in Preußen in Wahlkreisen aufgestellt wurden bzw. sich aufstellen ließen, mit denen sie eigentlich keine lokale,

Fischbeck die symbolische und moralische Kraft der Volksvertretung, die über ihre rein legislative Aufgabe im Institutionengefüge des Reiches hinausging und vielleicht sogar der eigentliche Kern dieser sich entwickelnden demokratisch-parlamentarischen Ordnung war. Er hob die Schutzfunktion des Reichstags hervor, dem als dem wichtigsten demokratischen Element der Verfassung besonders die Aufgabe zukam, die Interessen der Bürger, in diesem Falle als Konsumenten, zu verteidigen. Wenn es also darum ging, diese vor Ausbeutung zu schützen – eine Gefahr, wie sie vielleicht auf Grund der Geschäftspraktiken der *Standard Oil Company* drohte-, „dann meine ich, auch von meinem Standpunkte aus, daß der Reichstag nicht nur die Berechtigung, sondern auch die Verpflichtung hat, in Erwägung darüber einzutreten, ob Mittel der Allgemeinheit gefunden werden können, um derartige Schädigungen der Allgemeinheit aus der Welt zu schaffen."[1260]

Bis heute nehmen Debatten in Form der Großen Anfrage[1261] zu moralisch und ethisch wichtigen Fragen im Bundestag eine tief in das Volk ausstrahlende Wirkung ein und stellen eine wichtige Kontrollmöglichkeit des Bundestages dar. Mit dem Interpellationsrecht, das nicht in der Verfassung, sondern nur in der Geschäftsordnung des Reichstags verankert war, wurden die Grundlagen dazu in Deutschland zwar schon im Zuge der März Revolutionen 1848 gelegt[1262], aber erst im Reichstag des Kaiserreichs wirklich ausgearbeitet und eingeübt. Im Laufe der Zeit sollte das Interpellationsrecht immer stärker in Richtung Misstrauenskundgebung fortentwickelt werden, vor allem nach der Daily-Telegraph Affäre 1908. 1912 erhielt der Reichstag durch den in die Geschäftsordnung des Reichstags[1263] neu eingeführten

---

heimatliche Verbindung hatten. Im zentralistischen Frankreich nennt man dieses Phänomen *parachutage*. Auch dies trug zur Herausbildung einer Identität des Reichstagsabgeordneten als Vertreter der Reichsinteressen und darüber zu einer immer stärkeren Entwicklung einer nationalen Reichsidentität der Bevölkerung bei. Siehe dazu: Marcus KREUZER, Ina STEPHAN, Frankreich: Zwischen Wahlkreishonoratioren und nationalen Technokraten, in: Politik als Beruf: Die politische Klasse in westlichen Demokratien, hg. von Jens BORCHERT, Springer Fachmedien, Wiesbaden 1999, S. 161–186, hier S. 172.

1260 Stg. Berichte, 9. Leg.-Periode, 1897/98, 1, 7. Sitzung, Freitag, den 10. Dezember 1897, S. 127C/D.

1261 SCHÄFER, Der Bundestag, S. 234 ff.

1262 Georg KIRSCHNIOK-SCHMIDT, Das Informationsrecht des Abgeordneten nach der brandenburgischen Landesverfassung, Peter Lang GmbH, Frankfurt am Main 2010, S. 7: „Im deutschsprachigen Raum findet sich die erste Regelung des Interpellationsrechts in der Geschäftsordnung der preußischen Nationalversammlung vom 26. Juni 1848."

1263 Gerald KRETSCHMER, Geschäftsordnungen deutscher Volksvertretungen, in: Parlamentsrecht und Parlamentspraxis: Ein Handbuch, hg. von Hans-Peter SCHNEIDER und Wolfgang ZEH, Walter De Gruyter, Berlin 1989,Teil 3, § 9, S. 293: Die Geschäftsordnung des Reichstags wurde bei seinem ersten Zusammentritt am 21. März 1871

Paragrafen 33a das Recht, Anträge nach der Diskussion einer Interpellation zu stellen und dem Reichskanzler die Missbilligung auszusprechen.[1264] Der Weg zum offenen Misstrauensvotum war damit frei. Das war aber noch nicht die *de jure* Parlamentarisierung. Es fehlte den Parteien im Reichstag die Entschlossenheit, bei Konflikten mit der Regierung zum äußersten Mittel zu greifen und eine Regierung aus den eigenen Reihen vorzuschlagen.[1265] Bereits in der Amtszeit des Reichskanzlers Georg von Hertling[1266] von der Zentrumspartei (1. November 1917–30. September 1918) hatte man einen sehr wichtigen Schritt in Richtung eines *de facto* parlamentarischen Systems gemacht, indem die Regierung zuvor das Programm mit den Mehrheitsparteien (Zentrum, Linksliberale, Nationalliberale und SPD) im Reichstag abstimmen musste und wichtige Mitglieder der Regierung diesen Parteien, mit Ausnahme der SPD, angehörten.[1267] Aber erst kurz vor Ende des Kaiserreichs wurde am 28. Oktober 1918 über eine Neufassung des Artikels 15 RV der Reichskanzler vom Vertrauen des Reichstags abhängig. Damit sollte die über die Reichstagsdebatten zu beobachtende und sich ausbildende „informelle" Parlamentarisierung endgültig offiziellen Verfassungsrang erreichen.[1268] Neben dieser Heraushebung der nationalen Verantwortung und Schutzfunktion des Reichstags aber

---

vom Reichstag des Norddeutschen Bundes übernommen, der sie selbst am 12. Juni 1868 im Wesentlich auf der Basis der Geschäftsordnung des preußischen Abgeordnetenhauses von 1862 beschlossen hatte; Text der Geschäftsordnung: https://www.digizeitschriften.de/dms/img/?PID=PPN345575377_0001%7CLOG_0007

1264 Klaus Erich POLLMANN, Das Unbehagen an den Parteien in der Gründungsphase des Deutschen Kaiserreichs, in: Politikverdrossenheit: Der Parteienstaat in der historischen und gegenwärtigen Diskussion: ein deutsch-britischer Vergleich, hg. von Adolf M. BIRKE und Magnus BRECHTKEN, K.G. Saur, München 1995, S. 41 -51, hier S. 49, Anm. 45.

1265 Klaus von BEYME, Die parlamentarische Demokratie: Entstehung und Funktionsweise 1789–1999, Springer Fachmedien, Wiesbaden 2014[4]; S. 66.

1266 Ernst DEUERLEIN, „Hertling, Georg Graf von", in: Neue Deutsche Biographie 8 (1969), S. 702–704 [Online-Version]; URL: https://www.deutsche-biographie.de/pnd118550071.html#ndbcontent.

1267 RAUH, Parlamentarisierung, S. 383–426.

1268 Marc GROHMANN, Exotische Verfassung: Die Kompetenzen des Reichstags für die deutschen Kolonien in Gesetzgebung und Staatsrechtswissenschaft des Kaiserreichs (1884–1914), Mohr Siebeck, Tübingen 2001, S. 12, Anm. 61: „[1] Der Reichskanzler bedarf zu seiner Amtsführung das Vertrauen des Reichstags. [2] Der Reichskanzler trägt die Verantwortung für alle Handlungen von politischer Bedeutung, die der Kaiser in Ausübung der ihm nach der Reichsverfassung zustehenden Befugnisse vornimmt. [3] Der Reichskanzler und seine Stellvertreter sind für ihre Amtsführung dem Bundesrat und Reichstag verantwortlich." Ergänzt durch Gesetz vom 28.10.1918 (RGBl. 1274).

stellte Fischbeck, der aus der Mark Brandenburg stammte und vor allem in Berlin
gelebt und gewirkt hatte, zudem über die ausdrückliche Betonung seiner Solidarität mit den Händlern in Süd- und Westdeutschland nationale Solidarität und damit
nationale Identität her. So lässt sich beobachten, wie Raum soziale Beziehungen
schafft[1269]: Über das Konstruieren eines allen gemeinsamen geografischen Wissens, einer mentalen Landkarte, wird Zusammengehörigkeitsgefühl und somit nationale Identität hergestellt, das Ferne wird zum Nahen. Zunächst aber unterstrich
Fischbeck, dass er einen Zweck der Interpellation darin sah, den Petroleumhänd-
lern zu zeigen, der Reichstag unterstütze sie bei ihrem Kampf gegen die *Standard
Oil Company*.[1270]

Fischbeck beschrieb sodann die Komplementarität der Entscheidungs- und
Handlungsmotivationen im Kaiserreich. Statt über Anordnungen, die von einer
Machtzentrale ausgehen, die alle politische Entscheidungsgewalt auf sich konzentriert, wird die Gesellschaft in eine bestimmte Richtung gelenkt und werden die
Menschen zu bestimmten Handlungen gebracht, indem verschiedene öffentliche
und private Institutionen in demokratischer Weise auf dasselbe Ziel hinarbeiten
und Überzeugungsarbeit leisten. Fischbeck skizzierte das Idealbild eines liberalen,
nicht autoritären, modernen und demokratisch verfassten Staates, der konzertiert
vorging. Denn es schien, als ob das Vorgehen der Händler, die Erregung der Öffentlichkeit, das Eingreifen der Reichsregierung und die bevorstehenden Verhandlungen des Reichstags schon Wirkung gezeigt hätten.[1271]

Für Fischbeck stand jedoch die Tatsache im Vordergrund, dass die Preise bisher nicht gestiegen, sondern, mit Ausnahme des Jahres 1895, beständig gesunken
waren und dass nach Posadowsky-Wehner „überhaupt keine Rede davon sein
kann, daß heute schon eine solche Ausbeutung des deutschen Marktes durch die
amerikanische Gesellschaft vorliegt."[1272] Insofern sah Fischbeck keine Veranlassung für den Gesetzgeber einzuschreiten.

Ähnlich wie im Bereich der Außenpolitik versuchte die Reichsleitung auch
bei anderen Fragen ihre Macht möglichst ungeteilt zu erhalten, indem sie vorgab, über eine Art „Geheimmittel", über Möglichkeiten zu verfügen, die den von
den Arkanen der Politik ausgeschlossenen Kreisen unbekannt und unverständ-
lich wären. So kam Fischbeck zurück auf eine Rede des ehemaligen Staatssekretärs des Innern, Karl Heinrich von Boetticher, der während des Preisanstiegs von
Petroleum im Jahre 1895 davon gesprochen hatte, „daß die Erwägungen darüber,
wie einer Monopolisierung des Petroleumhandels zu begegnen sein möchte, einen

---

1269 Jörg Döring, Tristan Thielmann (Hg.), Spatial Turn: Das Raumparadigma in den
      Kultur- und Sozialwissenschaften, transcript Verlag, Bielefeld 2008.
1270 Stg. Berichte, 9. Leg.-Periode, 1897/98, 1, 7. Sitzung, Freitag, den 10. Dezember 1897,
      S. 127A/B.
1271 Ibid., S. 127B.
1272 Ibid., S. 127D.

gewissen Abschluß gefunden haben"[1273] und so den Eindruck vermittelt hatte, es gäbe ein geheimes Mittel von Seiten der Reichsregierung, um, wenn heute plötzlich eine Preissteigerung eintrat, morgen schon unfehlbare Maßregeln ergriffen werden könnten. Fischbeck lobte denn auch die transparenten und nüchternen Ausführungen Posadowskys, der im Gegenteil zu seinem Vorgänger Boetticher nicht so getan habe, als stünden der Reichsregierung „große[] Mittel", also eine Art Geheimwaffe, zur Verfügung: Diese relative Transparenz und das Eingeständnis, über keine geheimen Machtmittel zu verfügen, stellten ganz klar einen Fortschritt auf den Weg der Demokratisierung und Parlamentarisierung dar. Fischbecks ironischer Zweifel, dass der Staat über geheimnisvolle und große Mittel verfügte, drückte damit eine demokratische Sichtweise der Begrenztheit politischer Macht aus. Denn im Gegenteil hätte ein zu hartes Eingreifen der Reichsleitung „eine[] Vertheuerung des Petroleums" und damit eine Schädigung der Konsumenten zur Folge, was *in fine* zu Unzufriedenheit in der Bevölkerung, von deren Stimmung die Politik doch immer stärker abzuhängen begann, führen würde. Neben der Ablehnung einer gesetzlichen Beschränkung der Marktmacht der *Standard Oil Company* war Fischbeck auch gegen das Errichten eines Reichsraffineriemonopols, wie es etwa den Nationalliberalen vorschwebte. Für Fischbeck sprach grundsätzlich alles gegen die Errichtung von Monopolen, im Falle des Petroleummonopols war er aber sogar noch stärker davon überzeugt.[1274] Im Gegensatz zu den Abgeordneten mit einer eher nationalistisch-chauvinistischen Sichtweise glaubte Fischbeck nicht daran, dass das Monopol einer amerikanischen Firma für die Petroleumhändler und die Konsumenten grundsätzlich gefährlicher wäre als ein deutsches. Er zog die Existenz einer auf Nationalität gegründeten Solidarität in Zweifel, ja geradezu ins Lächerliche und stand damit der internationalistischen Sichtweise der Sozialdemokraten nahe. Anders als für jene aber lag die Gefahr nicht nur in der Ausbeutung einer Klasse durch eine andere, sondern auch in der Ausbeutung der Bürger durch den Staat. Fischbeck argumentierte hier gegen die Nationalliberalen, die der historischen Schule und den im „Verein für Socialpolitik" zusammengeschlossenen sog. Kathedersozialisten um Gustav Schmoller, Adolph Wagner oder Lujo Brentano nahestanden. Für sie stand die Volkswirtschaft im Mittelpunkt der politischen Ökonomie. Diese wird als ein Körper verstanden, dessen Herz und Zentrum der Staat und seine Bürokratie darstellen. Nicht das Individuum und seine wirtschaftliche Freiheit stehen im Zentrum, sondern das Wohl der Gemeinschaft.[1275] Er

---

1273 Ibid.

1274 Ibid., S. 128A.

1275 http://www.wirtschaftslexikon24.com/d/historische-schule/historische-schule. htm; Siehe auch: Handwörterbuch der Wirtschaftswissenschaften, hg. von Willi ALBERS u.a., Bd. 4, Gustav Fischer, Stuttgart 1978, Eintrag: Historische Schule, S. 69–74; Heinz RIETER, Historische Schulen, in: Geschichte der Nationalökonomie, hg. von Otmar ISSING, Verlag Vahlen, München, 4. Auflage, S. 131–168, hier S. 146–147.

konstruierte also über den Gegensatz zwischen privaten und öffentlichen Interessen die Gefahr einer Art Diktatur der politisch-bürokratischen Klasse, der „konservativen Zentralregierung"[1276]

Fischbeck bezweifelte, dass Deutschland über die nötigen eigenen Rohstoff-
reserven an Erdöl verfügte. Die oben beschriebenen Ausführungen des BdL-
Funktionärs und Abgeordneten Hahn nannte er das Gerede „gerade d[er] Herren,
die hier immer davon sprechen, daß andere „nationale" Brennstoffe schließlich das
Petroleum ersetzen können."

Fischbeck glaubte, dass es lediglich der Versuch war, hinter dem Mantel der
Heimatverbundenheit und des Nationalismus eigene egoistische landwirtschaftliche Interessen durchzusetzen. Fischbeck wurde in seinen Anschuldigungen dann
noch direkter, als er auch die Motive, die sich hinter dem Vorschlag einer Zolldifferenzierung verbargen, noch einmal genauer untersuchte. Für ihn zielten die
Vorschläge der Konservativen und Nationalliberalen, die unter dem nationalsoli-
darisch verbrämten Vorwand gemacht wurden, den deutschen Konsumenten vor
ausländischen Ausbeutern zu schützen, lediglich auf die eigenen Interessen. Er
versuchte so, das nationalistische Vokabular als Mittel zur Durchsetzung eigener
Vorteile zu entlarven oder, im Sinne Derridas, zu dekonstruieren. Denn tatsächlich beschuldigte er die Landwirtschaft, die amerikanische Konkurrenz über Zölle
ausschließen zu wollen, um dadurch die Deutschen zu zwingen, den von ihnen
produzierten teureren Spiritus als Beleuchtungs- und Brennmittel zu verwenden.
„(Sehr richtig! links.)."[1277]

Hahn, der am Ende der Debatte u.a. auf Fischbecks Vorwürfe antwortete, verteidigte die der „Brennereiindustrie" gewährten steuerlichen Vergünstigungen, die
sog. Liebesgabe, nachdem der Staat die Branntweinsteuer eingeführt hatte, die nicht
zuletzt die Arbeiter traf. Die 1887 eingeführte Branntweinsteuer war bis zu ihrer
Reform im Juli 1909 im Zuge der Reichsfinanzreform[1278] immer wieder Gegenstand
von Auseinandersetzungen im Reichstag und trug im Jahre 1909 zusammen mit
den Vorkommnissen um die Daily-Telegraph-Affäre sogar wesentlich zum Ende
des Bülowblock und des damit verbundenen Rücktritts Bülows am 14. Juli 1909 bei,
dem Theobald von Bethmann Hollweg nachfolgte.[1279] Die Branntweinproduzenten

---

1276 Karl MARX, Zweites Kaiserreich: Diktatur der konservativen Zentralregierung und
      die Revolution des Proletariats in Frankreich, mit Einleitung und hg. von Friedrich
      ENGELS 1895 nach Karl MARX, Klassenkämpfe in Frankreich 1848 bis 1850, (Histo-
      riografische Werke), Musaicum Books, OK Publishing 2017.

1277 Stg. Berichte, 9. Leg.-Periode, 1897/98, 1, 7. Sitzung, Freitag, den 10. Dezember 1897,
      S. 128C.

1278 Fritz SCHUMANN, „Die Reichsfinanzreform Von 1909," in: FinanzArchiv, Bd. 27,
      Nr. 1, 1910, S. 201–245, hier S. 223–226. [JSTOR, www.jstor.org/stable/40905680.
      Eingesehen am 8. Mai 2020].

1279 MIELKE, Der Hansa-Bund, S. 30

betrieben eine beständige Lobbyarbeit, die unter anderem darauf abzielte, Petroleum als Leuchtstoff durch Spiritus zu ersetzen. Zur Zeit der Debatte der Interpellation Bassermann war dieser Prozess in vollem Gange. Wenngleich Fischbeck und seine Partei Maßnahmen der Reichsleitung zur Stärkung der Konkurrenz, wie Senkung der Eisenbahnfrachtraten, mittragen wollten, so stand für sie vordergründig jedenfalls immer das Interesse der Konsumenten im Mittelpunkt und nicht außenmachtpolitische oder nationalistische Überlegungen. Sollte die *Standard Oil Company* ihre Preise nicht erhöhen, würden er und seine Partei sich „mit aller Energie gegen Vorschläge wehren, durch welche zum Sondervortheil bestimmter Interessenkreise eine Schädigung der deutschen Volkswirthschaft dadurch herbeigeführt wird, daß man zollpolitische Experimente zur Vertheuerung des nothwendigen Leuchtmaterials vornimmt. (Beifall links.)."[1280]

3.1.2.6. *Max Schippel – die Sicht der SPD und der zukunftsträchtige revisionistische Flügel*

Der sozialdemokratische Abgeordnete Max Schippel[1281] ergriff als nächster Redner das Wort. Er betonte zunächst, mit den Äußerungen des Zentrumsabgeordneten Spahn übereinzustimmen.[1282] Schippel wurde den sog. Revisionisten um Eduard Bernstein, dem reformorientierten Flügel der SPD, zugerechnet. Er gehörte somit zu denen, die sich von der Linie des revolutionären Marxismus der Partei entfernt hatten. Sie glaubten nicht mehr an eine Revolution des Proletariats, sondern an eine evolutionäre, durch Reformen hervorgerufene Verbesserung des Loses der Arbeiter. In der SPD gärte es seit dem Erfurter Programm 1890 wegen dieser Frage und die Partei war deshalb gespalten, was spätestens um 1900 mit der Revisionismustheorie Eduard Bernsteins offensichtlich wurde. Diese Spaltung sollte im April 1917 endgültig vollzogen werden und die revisionistische Richtung der Partei, die sich fortan im Gegensatz zur USPD MSPD nannte, hatte sich damit durchgesetzt. In der Zwischenzeit mussten die Reformer, deren pragmatische Haltung immer mehr Zulauf fand, mit dieser Situation leben, weshalb Schippel auch unterstrich, dass es sich hier um seine persönliche Meinung handelte.[1283] Im November 1908,

---

1280 Stg. Berichte, 9. Leg.-Periode, 1897/98, 1, 7. Sitzung, Freitag, den 10. Dezember 1897, S. 128D.

1281 Andreas Peschel, Schippel, Valentin Max (Pseud. Isegrim), in: Sächsische Biografie: Max Valentin Schippel (6. Dezember 1859–6. Juni 1928) war von 1890 bis 1905 sächsischer Abgeordneter des Reichstags für die SPD. Er hatte zunächst als Journalist für verschiedene sozialdemokratische Zeitungen gearbeitet, von 1897 bis zu seinem Tod war er ständiger Mitarbeiter der als Organ der Revisionisten geltenden *Sozialistischen Monatshefte*.

1282 Stg. Berichte, 9. Leg.-Periode, 1897/98, 1, 7. Sitzung, Freitag, den 10. Dezember 1897, S. 129A.

1283 Ibid., S. 129A.

im Zuge der Daily-Telegraph-Affäre, sollte sich erstmals eine Mehrheit des Reichstags aus SPD, Zentrum und Linksliberalen für eine Parlamentarisierung des politischen Systems aussprechen.[1284] In der Tat hatten sich also bereits Ende 1897 die
ersten Konturen der späteren Weimarer Koalition[1285] aus Zentrum, SPD und linksliberaler DDP, die aus verschiedenen linksliberalen Parteien des Kaiserreichs hervorgegangen war, abgezeichnet. Dass dies über ein außenwirtschaftliches Thema
geschah, also das Agieren eines ausländischen, hier amerikanischen Konzerns in
Deutschland, nimmt dabei nicht Wunder: Darüber ließ sich zwischen zwei sich
bekämpfenden Anschauungen innenpolitisch gewissermaßen neutral eine Nähe
herstellen. Dass es sich hierbei um eine amerikanische Firma handelte, erleich-
terte die Annäherung zudem, weil die USA zu diesem Zeitpunkt des Kaiserreichs
im Vergleich zu den europäischen Großmächten noch wenig innenpolitisch spal-
terisches Potential hatten: Die USA galten zwar als wirtschaftlicher Konkurrent,
nicht jedoch als potentieller, grundsätzlicher Gegner. Diese Wahrnehmung sollte
sich erst mit der Venezuelakrise 1902/03, die Ragnhild Fiebig-von Hase zufolge den
Höhepunkt der deutsch-amerikanischen Spannungen vor dem Ausbruch des Weltkriegs darstellte,[1286] zu ändern beginnen. Eine weitere Etappe auf dem Weg einer
Verschlechterung der Beziehungen markierte die Erste Marokkokrise von 1906, als
Theodore Roosevelt zugunsten Frankreichs auf der Konferenz von Algeciras vermittelt hatte.[1287] Noch im November 1905 hatte der deutsche Botschafter Speck von

---

1284 Nonn, 12 Tage, S. 504.

1285 Siehe dazu: Heinrich August Winkler, Weimar 1918–1933: Die Geschichte der
Ersten Deutschen Demokratie, Verlag C H. Beck, München 1993; Molt, Der
Reichstag, S. 21: „Die kaiserlichen Reichstage haben eine über ihre Zeit hinaus-
gehende Bedeutung, weil sie gleichzeitig Vorstufe und Vorschule des Weimarer
Parlamentes waren."

1286 Hans-Jürgen Schröder, Deutsch-amerikanische Beziehungen im 20. Jahrhundert: Geschichtsschreibung und Forschungsperspektiven, in: Amerika und die Deutschen. Die Beziehungen im 20. Jahrhundert, Zweiter Teil, hg. von Frank Trommler,
Springer Fachmedien, Wiesbaden 1986, S. 491–513, hier S. 492–493: „Bereits 1958
hatte Erich Angermann auf die Bedeutung der zweiten Venezuelakrise von 1902/
03 für die Interpretation der weiteren Entwicklung der deutsch-amerikanischen
Beziehungen hingewiesen. Die Krise stellte einmal „einen wichtigen Wendepunkt
in der Geschichte der Monroe-Doktrin" dar und wirkte sich „überdies nachteilig
aus" auf die deutsch-amerikanischen Beziehungen. [...] Ihr Ausgang wurde in den
USA zu Recht als ein Sieg für die Monroedoktrin gefeiert und „Lateinamerika war
[laut Ragnhild Fiebig-von Hase] für die deutsch-amerikanischen Beziehungen zum
Konfliktherd geworden."

1287 Zu den deutsch-amerikanischen Beziehungen vor dem Ersten Weltkrieg siehe: Tors-
ten Oppelland, Der lange Weg in den Krieg (1900–1918), in: Deutschland und die
USA im 20. Jahrhundert. Geschichte der politischen Beziehungen, hg. von Klaus
Larres und Torsten Oppelland, Wissenschaftliche Buchgesellschaft, Darmstadt

Sternburg aus Washington berichtet, dass der Präsident, [die] Bemerkung machte, daß Seine Majestät der einzige Herrscher Europas gewesen sei, mit welchem er während der äußerst kritischen Periode des russisch-japanischen Krieges eine gemeinsame Politik hätte betreiben können."[1288]

Doch zurück zu Schippel: Er betonte zunächst, dass die Preise für Petroleum nicht gestiegen seien, „wie es von den Antisemiten und den Rechten hingestellt wird."[1289] Antisemitenparteien wurden im Kaiserreich verschiedene antisemitische Parteien, wie die Deutschsoziale Partei und die Deutschen Reformpartei Partei, die sich zwischen 1894 und 1900 zur Deutschsozialen Reformpartei zusammengeschlossen hatten, und die Christlich-soziale-Partei genannt. Diese Antisemitenparteien hatten bei den Wahlen zum 9. Reichstag im Jahre 1893 einen starken Zugewinn erfahren. Ihr Stimmenanteil war von 0,7 Prozent 1890 auf 3,5 Prozent gestiegen und sie erhielten 16 Sitze im Reichstag.[1290] Die Reformpartei und ihr Eintreten für soziale Reformen und gegen „Junker und Juden", mit welcher sie nicht zuletzt die protestantischen Kleinbauern Mitteldeutschlands, Brandenburgs und Pommerns als Wählerschaft erobern wollte, sowie die Christlich-soziale-Partei, die 1878 vom Hof- und Domprediger Adolf Stoecker explizit als sozialpolitische Alternative zur SPD gegründet worden war, konnten vielleicht zu einer Gefahr werden, die es zu bekämpfen galt, da sie mit der SPD ein gemeinsames potentielles Stimmenreservoir besetzten.[1291] Schippel benutzte seine Rede im weiteren Verlauf sodann für dreierlei: Einmal, um die makroökonomischen Vorstellungen der SPD darzulegen. Dann, um einen Reformvorschlag für die Ausweitung der Rechte des Reichstags zu vorzubringen. Am Schluss seiner Rede machte er in gewisser Weise Wahlkampf gegen die Agrarier und die konservative Partei. Ein mit den Vereinigten Staaten in Verbindung stehendes Thema eignete sich wegen seiner relativen innenpolitischen Konfliktfreiheit sehr gut, im Zuge einer Debatte bestimmte politische Absichten vorzutragen und darüber eine Reform und Ausweitung der Kompetenzen des Reichstags gegenüber der Exekutive durchzusetzen zu versuchen.

1997, S. 1 -30; Hans-Jürgen SCHRÖDER, Deutschland und Amerika in der Epoche des Ersten Weltkriegs, 1900–1924, Franz Steiner, Stuttgart 1993; Reinhard R. DOERRIES, Kaiserreich und Republik. Deutsch-Amerikanische Beziehungen vor 1917, in: Amerika und die Deutschen. Die Beziehungen im 20. Jahrhundert, hg. von Frank TROMMLER, Springer Fachmedien, Wiesbaden 1986.

1288 GP, Berlin 1927, Bd. 21,1: Die Konferenz von Algeciras und ihre Auswirkung, Nr. 6896, Der Botschafter in Washington Freiherr Speck von Sternburg an das Auswärtige Amt (3. November 1905), S. 9.

1289 Stg. Berichte, 9. Leg.-Periode, 1897/98, 1, 7. Sitzung, Freitag, den 10. Dezember 1897, S. 129A.

1290 NIPPERDEY, Machtstaat vor der Demokratie, S. 298.

1291 MOLT, Der Reichstag, S. 132–133.

340 Die deutsch-amerikanischen Wirtschaftsbeziehungen

Über ein derartiges Vorgehen herrschte zudem unter den Reichstagsabgeordneten eine gewisse Einigkeit.

Da die Preise für Petroleum trotz der Monopolstellung der *Standard Oil Company* also nicht gestiegen waren, wertete dies Schippel als Bestätigung bestimmter wirtschaftlicher Ideen der SPD: „Gerade bei der Standard Oil Company zeigt sich, was für kolossale ökonomische Ersparnisse durch große konzentrierte, einheitlich geleitete Betriebe gegenüber den rückständigen alten Produktionsverfahren und der Produktionszersplitterung hervorgerufen werden können." Schippel trat mithin für die Bildung von vertikal integrierten Großkonzernen ein, da diese für die Konsumenten einen weit günstigeren Preis bieten konnten. Er lobte die *Standard Oil Company* als „eine musterhafte Absatzorganisation. Da zeigt sich wieder seine kolossale ökonomische Ueberlegenheit durch die modernsten großkapitalistischen Einrichtungen."[1292]

Die Kraft des Kapitalismus war für Schippel keine Bedrohung an sich. Wenn er sich in freier Konkurrenz entwickelte, brachte er vielmehr große Vorteile für die Verbraucher, vor allem die Mittel- und Unterschicht, da ihnen erst der Kapitalismus einen Zuwachs an Wohlstand ermöglichte. Er griff dann erneut die Antisemiten und Konservativen an und bezeichnete sie als „Kleinbürger". Er wies deren Furcht zurück, der Trust würde, sobald er „fest im Sattel sitzt", die Preise erhöhen.[1293] Schippel schloss die Arbeiter und abhängig Beschäftigten nicht nur vom Bürgertum aus. Er hielt sich hier auch an die abwertende marxistische Terminologie, nachdem die Kleinbürger, zu denen Handwerker, kleine Kaufleute oder untere und mittlere Beamte zählten, sich ohne festen Klassenstandpunkt der herrschenden Klasse anpassten. Durch diese Definition verschloss er der SPD jedoch das Wählerpotential des Kleinbürgertums.[1294] Das mag letztlich einer der Gründe gewesen sein, warum das Stimmenreservoir der SPD am Vorabend des Ersten Weltkriegs einen Deckel erreicht hatte.[1295] Die materialistische Sichtweise Schippels, der eine Tendenz zu sozialdarwinistischem Denken innewohnte, zeigte sich, als er hervorhob, dass seine Überlegungen dabei nicht von christlich-humanistischen Werten, wie Vertrauen, geleitet würden, sondern, dass er „auf den Selbsterhaltungstrieb und den Geschäftssinn, welcher vorschreibt, das Publikum nicht in der geschilderten Weise auszubeuten und nicht in dieser Weise gegen das Publikum vorzugehen,"

1292 Stg. Berichte, 9. Leg.-Periode, 1897/98, 1, 7. Sitzung, Freitag, den 10. Dezember 1897, S. 129A/B.

1293 Ibid., S. 129B.

1294 Siehe dazu: Heinz SCHILLING, Kleinbürger: Mentalität und Lebensstil, Campus Verlag, Frankfurt 2003; Karl MARX, Lohnarbeit und Kapital. [http://www.mlwerke.de/me/me06/me06_397.htm. Eingesehen am 1. Mai 2020].

1295 Gerhard A. RITTER, Die Sozialdemokratie im Deutschen Kaiserreich in sozialgeschichtlicher Perspektive, in: Schriften des Historischen Kollegs, hg. von Horst FUHRMANN, München 1989, hier S. 70.

vertraute.[1296] Schippel wies darauf hin, dass durch die zahlreichen Ölfunde in allen Teilen der Welt obendrein die Gefahr geringer würde, dass die *Standard Oil Company* eine weltweite Monopolstellung erreichen könnte, zumal bei einer Preiserhöhung von Petroleum andere Beleuchtungsstoffe, wie Gas oder Spiritus preislich interessanter würden und zur Verfügung stünden. Schippel war somit ein bekennender Anhänger einer liberalen, unternehmerfreundlichen, die freie Konkurrenz fördernden Wirtschaftspolitik, die am Ende zuvörderst den wenig betuchten Verbrauchern einen Wohlstandsgewinn sicherte und zum Vorteil gereichte. Nach der Vorstellung seiner wirtschaftspolitischen Konzeption kam Schippel dann aber auf den wohl wichtigeren Punkt seiner Rede zu sprechen, nämlich die Rolle des Reichstags. Die Ausführungen seiner Abgeordnetenkollegen und des Staatssekretärs hatten ihn überzeugt, dass „der Reichstag bei diesen ganzen Verhandlungen allzu sehr die Rolle eines hilflosen Zuschauers [spielt]."[1297]

Nicht nur, dass nach den Debatten zu derselben Frage im Jahre 1895 trotz der versprochenen Untersuchungen und Erwägungen dem Reichstag von der Reichsleitung dann nichts weiteres mehr mitgeteilt worden war und die Sache sozusagen im Sande verlaufen war. Auch bei den aktuellen Verhandlungen zeigten die sehr widersprüchlichen Aussagen und Tatsachen, die von den einzelnen Abgeordneten angeführt wurden, dass es sich dabei um „unbeglaubigte Mittheilungen aus wenig sicheren Quellen [handelte]."[1298] Im Gegensatz zu Spahn etwa oder Hahn beschrieb Schippel den Reichstag als wenig Kompetent und nicht in der Lage, dank seiner Verflechtungen und Verbindungen mit der Zivilgesellschaft Zugang zu eigenen Informationen zu bekommen. Vielmehr war man davon abhängig, was die Exekutive dem Reichstag an Informationen gerne zuleiten wollte.[1299] Schippel stellte die Möglichkeiten der gesellschaftlichen Teilhabe der Vertreter der Arbeiterklasse im Reichstag und damit die gesamte Arbeiterklasse infrage. Er zeichnete aus politischen Überlegungen das Bild einer vom „Herrschaftswissen"[1300] ausgeschlossenen Klasse. Diese, in gewisser Weise, Opfer-Haltung und das Schmälern der eigenen Kompetenzen und der Möglichkeiten, eigenes Wissen zu generieren, kam seinem

---

1296 Stg. Berichte, 9. Leg.-Periode, 1897/98, 1, 7. Sitzung, Freitag, den 10. Dezember 1897, S. 129C.

1297 Ibid., S. 130A.

1298 Ibid.

1299 Ibid., S. 130B.

1300 Gunnar Folke SCHUPPERT, Wissen, Governance, Recht: Von der kognitiven Dimension des Rechts zur rechtlichen Dimension des Wissens, Nomos Verlagsgesellschaft, Baden-Baden 2019; Hans ALBERT, Macht und Gesetz, Grundprobleme der Politik und Ökonomik, Mohr Siebeck, Tübingen 2012, S. 6: Laut Max Scheler gab es drei Arten von Wissen: Heils- und Erlösungswissen, Bildungswissen und Herrschafts- oder Leistungswissen. Letzteres diente der praktischen Beherrschung und Umbildung der Welt für unsere menschlichen Ziele und Zwecke.

Eintreten für eine Reform der Befugnisse des Reichstags entgegen. Und wirklich zielten Schippels Ausführungen darauf ab, seine Kollegen davon zu überzeugen,

> „wie wichtig es für den deutschen Reichstag wäre, wenn er das Recht besäße, daß wir Sozialdemokraten ja auch stets in Anträgen für ihn beansprucht haben – das Recht, eigene Enquetekommissionen einzusetzen (sehr sichtig! links), in freier Rede und Gegenrede zu erforschen, wie die Dinge liegen und selber auf Grund dieser festgestellten Thatsachen sein Urtheil zu fällen."[1301]

Dies würde dazu führen, ein derartiges Informationsdefizit, welches zu ungenauen und widersprüchlichen Debatten und damit wiederum falschen Einschätzungen und einer Verstärkung der Machtlosigkeit führte, zu verhindern. Im Laufe des Kaiserreichs wurden immer wieder Reformvorschläge für den Reichstag eingebracht.[1302] Die Debatte zur Stellung der *Standard Oil Company* eignete sich hervorragend dafür: Es handelte sich, um es noch einmal zu betonen, um ein relativ konfliktfreies Thema, mit geringen innenpolitischen Implikationen. Das gestattete es, sich auf das eigentliche Thema, hier die Einführung von Enquetekommissionen, konzentrieren und die Forderungen klar formulieren zu können. Die Tatsache jedoch, dass es dazu nur Beifall von linker Seite gab, offenbarte das Dilemma, in dem sich die Abgeordneten der rechten Parteien befanden: Einerseits hätte eine derartige Reform und damit ein Machtzuwachs des Reichstags auch ihnen genutzt, andererseits wollten sie über eine solche Reform nicht die Arbeiterschaft und die Sozialdemokratie stärken. Denn der Machtzuwachs des Reichstags über den Zugang zu Wissen durch die Möglichkeit der Einsetzung einer Enquetekommission hätte unweigerlich zu einem Verlust der Macht der Exekutive geführt.[1303] Allerdings sah Schippel auch, dass der Reichstag bereits an Macht hinzugewonnen hatte. Denn mittlerweile konnte „man in so verwickelten Fragen, zur Abwägung und Ausgleichung der maßgebenden Interessen gegeneinander, besondere Sachverständigenkommissionen nicht [...] entbehren."[1304]

1301 Stg. Berichte, 9. Leg.-Periode, 1897/98, 1, 7. Sitzung, Freitag, den 10. Dezember 1897, S. 130B.

1302 Peter MOLT, Der Reichstag, S. 19.

1303 Hans ALBERT, Macht und Gesetz, S. 76: „Jede eigene Machterweiterung ist daher nur auf Kosten fremder Mächte möglich, und wo im politischen Raum die Macht des einen verschwindet, da wächst in entsprechendem Maße die Macht des anderen. Ein Vakuum kann hier niemals entstehen. [...] Wer Freiheit für alle fordert, kann damit nach dem oben Gesagtem nur eine gleichmäßigere Verteilung der Macht meinen, die nur auf Kosten der bisherigen Machthaber möglich ist. Deren Freiheit wird also in diesem Falle eingeschränkt."

1304 Stg. Berichte, 9. Leg.-Periode, 1897/98, 1, 7. Sitzung, Freitag, den 10. Dezember 1897, S. 130C.

Das Problem war jedoch, dass der Reichstag nicht selbst Kommissionen einsetzten konnte und auf die Zusammensetzung dieser keinen Einfluss hatte. Deshalb würde es für den Reichstag, den er wie selbstverständlich in einem parlamentarischen System verortete,

> „ein immer größeres und wichtigeres Interesse werden, selber Kommissionen ernennen zu können, die vollständig alle Rechte haben, die sonst in anderen parlamentarisch regierten Ländern solche Enquetekommissionen besitzen: [...] Es hat sich auch in der Petroleumfrage gezeigt, wie nützlich es sein würde, wenn wir unser öffentliches Leben mehr nach dem Zuschnitt anderer, parlamentarisch regierter Länder einrichten würden."[1305]

Der letzte Teil seiner Ausführungen geriet dann zu einer Wahlkampfrede, sie wurde schärfer und nationalistischer. Der Gebrauch der Wörter „deutsch" und „Deutschland" sollte beleuchten, dass er nicht nur die Interessen der Arbeiterklasse, sondern ganz Deutschlands vertrat. Er lieferte sich so über die Petroleumfrage und das Wirken einer amerikanischen Gesellschaft in Deutschland einen Kampf mit den Rechten darüber, was die Interessen Deutschlands waren und wer sie eigentlich repräsentierte. Im Grunde widersprach er so seinen eigenen Ausführungen im ersten Teil der Rede, in welchem er die Arbeiterschaft und die Sozialdemokratie als in die Entscheidungen nicht mit einbezogen und in gewisser Weise als außerparlamentarische Opposition wirkend dargestellt hatte. Er verdächtigte die Reichsleitung zum einen, deshalb nicht gegen die *Standard Oil Company* vorzugehen, weil sie deutsche Kartelle und Monopole[1306], wie das Zuckerkartell, unterstützte und am Kohlesyndikat und Kalisyndikat selbst beteiligt war.[1307] Zum anderen hatte Posadowsky-Wehner 1895, als er noch Staatssekretär des Reichsschatzamtes gewesen war, im Zuge der damaligen Petroleumpreissteigerung gegen Syndikate argumentiert und, Präsident Cleveland zitierend, gar vom „Kommunismus

---

1305 Ibid.

1306 Albert Schäffle, Zum Kartellwesen und zur Kartellpolitik, zweiter Artikel, in: Zeitschrift Für Die Gesamte Staatswissenschaft, Bd. 54, Nr. 4, 1898, S. 647–719, [JSTOR, www.jstor.org/stable/40740776. Eingesehen am 25. Mai 2019], hier S. 648: „Was Deutschland betrifft, so hat Liefmann (1897) allein für die Industrie 345 Kartelle ermittelt. Davon entfallen 82 auf die chemische Industrie, 80 auf die Eisenindustrie, 59 auf die Industrie der Steine und Erden, 38 auf die Textilindustrie, 19 auf die Papierindustrie, 18 auf die Holzindustrie, 17 auf die Kohlenindustrie, 15 auf die metallurgische (außer Eisen), 12 auf die Nahrungsmittelindustrie, 5 auf die Lederindustrie. [...] Dabei war die Entwicklung der Industriekartelle eine rasche, namentlich seit der Rückkehr zum Schutzzollsystem 1879. [So bestanden] 1875 8 Kartelle, 1885 schon 90 und 1890 210."

1307 Stg. Berichte, 9. Leg.-Periode, 1897/98, 1, 7. Sitzung, Freitag, den 10. Dezember 1897, S. 130D.

des Mammons" gesprochen, während er heute „an der Standard Oil Company nur Gutes" sah.[1308] Wie sein Vorredner Otto Fischbeck zuvor, unterstellte Schippel ihm dabei, die wahren Beweggründe seiner Meinungsänderung wären, eine Preissteigerung von Petroleum regelrecht zu wünschen, „um dadurch für den Brennspiritus, welchen die Ostelbier produzieren, einen größeren Absatz zu gewinnen."

Ehe Schippel in noch heftigeren Ton fortfuhr, löste er mit einer kurzen Anekdote zur Berichterstattung der Debatten in der Presse „Heiterkeit" im Reichstag aus. Das bezeugte einmal, wie sehr die einem immer stärkeren Konkurrenzdruck ausgesetzte Presse mit greller und übertreibender Wiedergabe der Debatten um die Gunst der Leser buhlen musste[1309] und so ein zum Teil falsches Bild dieser wiedergab. Zum anderen machte es deutlich, dass während der Debatten trotz aller Gegensätze und Meinungsverschiedenheiten eine relativ gelöste Atmosphäre herrschte. Schippel zitierte einen Auszug aus einer „Resolution des konservativen Parteitags von Brandenburg. Da heißt es: „Eine stärkere Verwendung der Kartoffeln für Brennereizwecke zur Herstellung von Spiritus für Beleuchtung und Krafterzeugung ist im Interesse der vaterländischen Landwirthschaft dringend anzustreben." Auch die Linke würde es, wie Schippel betonte, im Interesse der deutschen Arbeit freudig begrüßen, „wenn es dem Spiritus gelingen könnte, ohne daß die ärmeren Klassen als Steuerzahler und Konsumenten bedrückt werden, sich an Stelle des Petroleums hier in Deutschland zu setzen."[1310] Nur wollten die Agrarier jedoch über eine Erhöhung des Petroleumzolls gleichzeitig eine Preissteigerung für Spiritus erreichen. Schippel stritt den Agrariern und der konservativen Partei deshalb ab, für nationale Interessen einzutreten.[1311]

Was waren also die Interessen eines Landes? Für Schippel deckten sie sich im Grunde mit denjenigen der „ärmeren Massen", dem Volk sozusagen, während die Rechten lediglich Partikularinteressen unter dem Mantel nationaler Interessenvertretung verbargen. Auf ironische Weise riet er dann der Reichsleitung jedoch, auf ihrem Weg fortzufahren, da dies eine Umwälzung in der Landwirtschaft hervorrufen würde. Die kleinen Betriebe könnten nicht überleben und

> „dann werden Sie auch hier den Großbetrieb über das Land ausbreiten müssen. Die bevorzugten Glückspilze werden dann vielleicht äußerlich konservativ bleiben, aber sie werden kapitalistisch tanzen, die verdrängten Kleinbesitzer und Landarbeiter hingegen sozialdemokratisch springen lernen. (Sehr gut! bei den Sozialdemokraten)."[1312]

1308 Ibid., S. 131A.
1309 BERGER, Building the Nation Among Visions of German Empire, S. 300–301.
1310 Stg. Berichte, 9. Leg.-Periode, 1897/98, 1, 7. Sitzung, Freitag, den 10. Dezember 1897, S. 131B.
1311 Ibid.
1312 Ibid., S. 131C.

Ebenfalls in Widerspruch zum Beginn seiner Rede, als er den Reichstag als machtlos beschrieben hatte, drückte er nun seine Überzeugung von der Kraft des Reichstags aus. Er konstruierte dabei eine Gruppenidentität, in der die einzelnen Mitglieder trotz aller inneren (parteipolitischen/klassenspezifischen) Gegensätze dem äußeren Feind des Reichstags, der hier nicht ausländischer, amerikanischer Natur war, sondern innerer, wie eine Armee entgegensteht. „(Bravo bei den Sozialdemokraten.)."[1313]

Es galt das Volk vor der Exekutive und den Partikularinteressen, hier der Agrarier, zu schützen. Der Wille, eine Gruppenidentität mit originären Interessen herauszubilden, wird dabei deutlich. Die Interpellation zeigte, wie sehr der Abgeordnete zu einer Existenz mit multiplen Interessen unterschiedlichen Maßstabs wurde: Lokale, nationale und auch institutionelle Interessen überschnitten sich und konnten je nach Bedarf mehr oder weniger in den Vordergrund gerückt und mobilisiert werden.

3.1.2.7. Diederich Hahn – die Landwirtschaft und die alte Elite in der Defensive

Nach dem Abgeordneten Schippel ergriff noch einmal Diederich Hahn das Wort, um seine Vorredner zu korrigieren und seine gemachten Aussagen klarzustellen. Zunächst stellte er eine Aussage Posadowsky-Wehners höflich aber beinahe ironisch richtig.[1314] Hahn beharrte auf seiner Meinung, dass durch den Aufbau einer Raffinerieindustrie in Deutschland viel Geld im Lande bliebe. Dann verneinte er noch einmal die Aussage des linksliberalen Abgeordneten Fischbeck, man käme um Rockefeller nicht herum, denn „solange die Standard Oil Trust Company zusammen mit ihren Verbündeten – was eines Tages Rothschild für die Naphtaquellen werden könnte – nicht im Besitz sämmtlicher Bohrlöcher für die verschiedenen Arten von Erdöl ist, so lange werden wir die Möglichkeit behalten, uns ihrer Uebermacht zu entziehen und erfolgreich Maßregeln gegen sie zu ergreifen."[1315]

Diederich Hahn war in dieser Frage insofern ein Experte, als er während seiner Tätigkeit bei der Deutschen Bank zusammen mit Georg von Siemens am Bagdadbahn-Projekt mitgearbeitet hatte. Nicht zuletzt die entdeckten Erdölquellen in Mesopotamien hatten einen Ausschlag für dieses Bahnprojekt gegeben.[1316] Die Erwähnung des Namens Rothschild und dessen Aktivitäten hatte zudem einen antisemitischen Unterton, stand dieser Name doch Ende des 19. Jahrhundert für den Zionismus und die vorgebliche Allmacht des Weltjudentums. Theodor Herzels

---

1313 Ibid., S. 131D.
1314 Ibid.
1315 Ibid., S. 132A.
1316 Siehe dazu: GRIMMER-SOLEM, Learning Empire, S. 298–302 und S. 361–371.

zionistisches Buch „Der Judenstaat" war im Februar 1896 erschienen,[1317] also nicht
sehr lange vor dieser Debatte. Interessanterweise aber gebrauchte Hahn das Wort
„Jude" oder „jüdisch" nicht, was darauf schließen lässt, dass im Reichstag offene
antisemitische Aussagen jedenfalls in diesen Jahren noch nicht geduldete und
üblich waren, was auch an anderen Beispielen bereits gezeigt wurde. Der BdL und
die ihm nahestehenden Deutschkonservativen waren nach der romantischen, liberalen und realistischen Phase seit ihrer Gründung[1318] noch nicht auf der vierten
Stufe der Entwicklung des deutschen Konservatismus angekommen, nämlich dem
völkischen deutschen Nationalismus.[1319] Hahns ironische Verwunderung über die
Berührungspunkte zwischen Sozialdemokratie und Freisinnige Vereinigung nahm
Theodor Barth zum Anlass, seinerseits auf Hahn zu antworten und diese Beziehung als beinahe schon traditionell darzustellen. Darin könnte man wieder einen
Hinweis erkennen, dass einige der später die Weimarer Koalition bildenden Parteien bereits recht früh im Kaiserreich die Grundlage dazu legten. Beide Parteien
sahen sich als Verteidiger der Konsumenteninteressen. Zudem sprach Barth den
Sozialdemokraten, die dieselben Ansichten teilten wie die Linksliberalen, große
volkswirtschaftliche Expertise zu. Allerdings enthielt Barths Argumentation einen
ideologischen Unterton, denn er bestritt, man könne im Grunde zu anderen wirtschaftspolitischen Schlüssen gelangen als zu denjenigen der Sozialdemokraten
und Linksliberalen.[1320] Hahn wiederum warf den Vertretern beider Parteien vor,
„die Machenschaften" von „Herrn Rockefeller" zu verharmlosen.[1321] Mit seiner
abwertenden Wortwahl stellte er die Sozialdemokraten und Linksliberalen Ver-
brechern gleich. Durch ihre Nähe zum „amerikanischen Millionär" distanzierte er
sie gleichsam als Fremdkörper in der Nation und schloss sie rhetorisch daraus
aus. Den Konservativen und Agrariern kam somit die Aufgabe zu, Deutschland
und die Reichsleitung vor diesen Feinden zu schützen.[1322] Barth wies auch diesen Vorwurf scharf zurück und betonte, „daß es sich hier nicht um Zutrauen zu
irgend welchen lobenswerthen Charaktereigenschaften des Mannes handelt, sondern ich habe zum Ausdruck gebracht, daß dieser Mann ein außerordentlich guter

---

1317 Theodor HERZL, Der Judenstaat: Versuch einer modernen Lösung der Judenfrage,
     M. Breitenstein & Verlagsbuchhandlung, Leipzig, Wien 1896.
1318 Eine von Sigmund Neumann entwickelte Typologie der drei Stufen des preußi-
     schen Konservatismus. Siehe dazu: STEGMANN, Konservativismus, S. 411.
1319 Hans Jürgen PUHLE, Radikalisierung und Wandel des deutschen Konservatis-
     mus vor dem Ersten Weltkrieg, in: Die deutschen Parteien vor 1918, hg. von G.A.
     RITTER, Kiepenheuer & Witsch, Köln 1973, S. 165–186, hier S. 175.
1320 Stg. Berichte, 9. Leg.-Periode, 1897/98, 1, 7. Sitzung, Freitag, den 10. Dezember 1897,
     S. 133A.
1321 Ibid., S. 132B.
1322 Ibid.

Geschäftsmann ist, und daß es in seinem Geschäftsinteresse liegt, den Bogen nicht zu überspannen."[1323]

Es fällt auf, dass Rockefeller hier nicht als Amerikaner charakterisiert oder identifiziert wurde, sondern als Geschäftsmann, dessen Nationalität keine Rolle spielte. Zu diesem Zeitpunkt gab es noch relativ geringe stereotype Vorstellungen vom amerikanischen Charakter, obwohl sie sich langsam herauszubilden begannen. Dies hing wohl stark damit zusammen, dass es bisher noch keine größeren Konflikte mit den USA gegeben hatte. Zudem kannte Dr. Barth die Vereinigten Staaten aus eigener Anschauung und war ein Anhänger freien Unternehmertums. In ironischem und scharfem Ton machte sich Barth anschließend über die wirtschaftliche Kompetenz der Vertreter der Agrarier lustig. Er stritt ihnen eine solche komplett ab. Sie wären nicht nur schädlich für die Volkswirtschaft im Allgemeinen, sondern vor allem für ihre eigene Klientel. Hier spiegelte sich der noch nicht geklärte Streit in der Gesellschaft wider, ob Deutschland nun ein Hochindustrieland geworden sei, mit erheblichem Interesse an Freihandel, oder ob es sich immer noch um ein weitgehend agrarisch geprägtes Land handelte:

> „Kurz, die Herren mögen die Hand anlegen, wo sie wollen: sobald Herr Hahn mit seinem volkswirthschaftlichen Verständnis an die Sache hervortritt, kann man mit Sicherheit darauf rechnen, daß die Landwirthe selbst geschädigt werden; Das nennt man nun die Vertretung der Landwirthschaft durch den Bund der Landwirthe. (Beifall links. Lachen rechts.)."[1324]

Zurück zu Hahn. Dieser demonstrierte am Ende seiner Rede noch einmal seine Kenntnisse der deutschen und amerikanischen Geografie und Geologie. Er bezeugte damit die Bedeutung dieses Wissens für die Schaffung einer nationalen Identität. Wenn die *Standard Oil Company* ihr Petroleum recht billig anbieten konnte, so lag dies am geologischen Standort ihrer Ölquellen am Ohio und in Pennsylvania.[1325] Hahn, der für einen starken Zentralstaat war, ergriff die Gelegenheit, hier den Sinn der Reichssteuern noch einmal kurz darzulegen: „Vergessen Sie nicht, daß [...] bei der heutigen Zucker- und Branntweinsteuer doch in erster Reihe die fiskalischen Interessen stehen, und daß die Summen, die hier vom Steuerzahler entnommen werden, doch dem Reichsfiskus zu seinen verschiedenen Zwecken zur Verfügung stehen."[1326]

Die Einnahmen des Reiches bestanden insbesondere aus den an das Reich fließenden Zöllen, den Matrikularbeiträgen der Gliedstaaten und Einnahmen aus dem Post- und Telegraphenwesen. Um den immer höheren Bedarf an Reichsfinanzmitteln zu stillen, hatte man verschiedene indirekte Verbrauchssteuern eingeführt,

---

1323 Ibid., S. 133A.
1324 Ibid., S. 133B.
1325 Ibid., S. 132C.
1326 Ibid., S. 132D.

darunter die Branntweinsteuer und die Zuckersteuer, die aber teilweise zu den Reservatrechten einzelner Gliedstaaten gehörten. Insbesondere die auf Druck des Zentrums eingeführte sog. „Franckensteinsche Klausel"[1327] für Zölle und indirekte Steuern, die die finanzielle Unabhängigkeit des Reiches von den Gliedstaaten und damit seine machtpolitischen Möglichkeiten einschränken sollte, führte dazu, dass das Reich finanziell fragil blieb und die Reichsschulden unaufhörlich höher stiegen, nicht zuletzt durch die seit 1898 immer stärker steigenden Ausgaben für die Marine und die Kolonien. Diese Klausel vom 9. Juli 1879 wurde erst mit dem Finanzreformgesetz vom 14. Mai 1904 abgeschafft.[1328] Hahn ging am Ende seiner Rede im Zusammenhang mit den Reichssteuern näher auf die Branntweinsteuer und Branntweinproduktion ein.[1329] Über die Betonung der Bedürfnisse der Landwirtschaft im Osten Deutschlands unterstrich Hahn, der nicht nur Agrarpolitik, sondern auch deutsche Politik machen wollte,[1330] die nationalstaatliche Identität Deutschlands und forderte so indirekt nationale Solidarität ein: Die Probleme eines Teils des Landes wurden zu den Problemen der übrigen Teile. Zudem betonte er, der bekennender Monarchist war, die Identität Deutschlands als Monarchie. Im Grunde lag darin aber auch ein Bekenntnis zum Primat Preußens und zu einer Art Deckungsgleichheit Preußens mit dem gesamten Kaiserreich. Vielleicht sah er sich dazu verpflichtet, da Hahns Familie und er selbst in seiner Jugend- und Studentenzeit den Welfen nahe gestanden hatten[1331] und er hier die Gelegenheit wahrnehmen konnte, seine Loyalität zu Preußen beweisen.

3.1.2.8. Bewertung der Debatte

Die untersuchte Debatte der Interpellation Bassermann zur Petroleumfrage und die Virulenz ihrer Diskussion bezeugen, dass das Instrument der Interpellation eine recht scharfe Waffe in der Hand der Reichstagsabgeordneten darstellte: Sie erlaubte es ihnen, die Regierung direkt herauszufordern und sie zu einer Stellungnahme zu drängen. Ob diese nun antwortete oder nicht, war zweitrangig, sie erschien auf jeden Fall als dem Reichstag gegenüber in der Defensive und ihm konstitutionell untergeordnet. Gleichzeitig konnte der Reichstag so der Wählerschaft seine Expertise und damit Legitimation klar vor Augen führen. Die

---

1327 Andreas Thier, Franckensteinsche Klausel, in: Handwörterbuch zur deutschen Rechtsgeschichte, 2. Auflage, Bd. I, Erich Schmidt Verlag, Berlin 2008, S. 1648–1650.

1328 Hugo Preuss, Gesammelte Schriften, hg. von Detlef Lehnert und Christoph Müller, Zweiter Band: Öffentliches Recht und Rechtsphilosophie im Kaiserreich hg. von Dian Schefold in Zusammenarbeit mit Christoph Müller, Mohr Siebeck, Tübingen 2009, hier Einleitung von Dian Schefold, S. 31–32.

1329 Stg. Berichte, 9. Leg.-Periode, 1897/98, 1, 7. Sitzung, Freitag, den 10. Dezember 1897, S. 132D.

1330 Hahn, Erinnerung an Diederich Hahn, S. 94.

1331 Ibid., hier S. 98.

Interpellation Bassermann reflektierte weiterhin die sozio-ökonomischen Veränderungen im Kaiserreich: die immer stärkere Stellung der deutschen Exportindustrie und die gleichzeitige Schwächung des Primärsektors. Obwohl die Interpellation
auch die sich verstärkende und anspannende Konkurrenz zwischen Deutschland
und den Vereinigten Staaten erkennbar machte, bot das Thema der Interpellation
den Vorteil, dass die wirtschaftlichen Spannungen zwischen dem Deutschen Reich
und den USA außenpolitisch relativ ungefährlich waren. So konnten die Abgeordneten der verschiedenen Parteien die Interpellation dafür nutzen, ihre politischen
Positionen zu schärfen und klarer darzustellen. Dies führte dann zu einer deut-
licheren Positionierung der einzelnen Parteien zueinander, was rückwirkend die
Möglichkeiten von Koalitionen aufzeigte und eine wichtige Etappe auf dem Par-
lamentarisierungspfad des Deutschen Reichs darstellte. In der Debatte der Interpellation Bassermann zeigte sich somit nachdrücklich die von den Abgeordneten
selbst definierte Aufgabe eines Parlaments: Erstens die Darstellung der verschiedenen parteipolitischen Vorstellungen, die Information der Bevölkerung und die
aufklärende und erzieherische Wirkung der Debatten in der Volksvertretung;[1332]
zweitens der im untersuchten Zeitraum zumindest informelle Versuch der Kontrolle der Regierung.

Im Folgenden sollen nun die Debatten zur Ausarbeitung eines neuen Handelsvertrags mit den Vereinigten Staaten genauer untersucht werden, um zu sehen,
inwiefern die in der Analyse der Interpellation Bassermann gewonnen Einsichten
zutreffen und ob sie sich an Hand einer weiteren analysierten Debatte verifizieren
lassen.

3.2 Das Handelsabkommen von 1907

Die Interpellation Bassermann war Ende des Jahres 1897 eingereicht worden. Ein
Jahr später, am 22. Dezember 1898, fand eine gemeinsame Sitzung des Reichskanzlers Hohenlohe-Schillingsfürst mit allen preußischen Ministern und mit Außenstaatssekretär Bülow statt, in der man darüber einig geworden war, dass trotz der
hohen amerikanischen Zölle ein Handelskrieg mit Amerika keine Option darstellte,
da die USA nach dem gewonnen Krieg gegen Spanien zu einer Weltmacht geworden waren und Deutschland nun zudem von bestimmten amerikanischen Rohstoffen, wie Harze, Dosenfleisch, Petroleum oder Baumwolle, abhängig sei.[1333] In der
Sitzung des Reichtags, am 11. Februar 1899, meinte der Abgeordnete von Kanitz
in seiner weiter oben ausführlich behandelten Interpellation, dass die schwebenden Handelsbeziehungen zu den USA derzeit die wichtigste Frage wären, da in

---

1332 Friedrich SCHÄFER, Der Bundestag: Eine Darstellung seiner Aufgaben und Arbeitsweisen, verbunden mit Vorschlägen zur Parlamentsreform, Springer Fachmedien,
Wiesbaden 1967, S. 235.
1333 POMMERIN, Der Kaiser und Amerika, S. 195.

allen europäischen Ländern die steigenden amerikanischen Exporte als Problem betrachtet würden und die USA bald „ein bedenkliches Übergewicht über die alten Kulturländer Europas erlangen werden, nicht bloß in industrieller und kommerzieller Beziehung, sondern auch in Ansehung ihrer politischen Machtstellung."[1334] Gründe für den Aufstieg der USA sah Kanitz weniger in einem „höher entwickelten Unternehmergeist oder Gewerbefleiß", als vielmehr in „ein[er] zielbewußte[n], ich möchte fast sagen, rücksichtslose[n] Zollpolitik."[1335]

Die USA wurden in Deutschland aber trotz all dieser Skepsis, einer sich verschärfenden wirtschaftlichen und imperialen Konkurrenz und einer zunehmenden Ausbreitung rassenideologischer Ideen[1336] durchaus als, wie es Wilhelm von Polenz formulierte, Land der Zukunft betrachtet.[1337] Die Diskussionen von Themen mit ökonomischem Bezug zu den USA wurden aber auch immer wieder, wie etwa während der Debatte zur Interpellation Bassermann gesehen, zur Diskussion innenpolitischer Fragen und zur Formulierung innenpolitischer Ziele benutzt, wie wir im Prolog zur Untersuchung der Debatte zum Handelsabkommen sehen werden.

Prolog: Die Betrachtung der Handelsbeziehungen zu den USA als Vorwand für das Ansprechen innenpolitischer Probleme

Im untersuchten Zeitraum wurden aber nicht nur explizit über die Vereinigten Staaten betreffende wirtschaftliche Themen debattiert. Die Abgeordneten kamen auch immer wieder bei den unterschiedlichsten im Reichstag behandelten wirtschaftlichen Themen auf die USA zu sprechen. Auch hier diente das häufig als

---

1334 Stg. Berichte, 10. Leg.-Periode, 1898/1900, 1, 30. Sitzung, Sonnabend, den 11. Februar 1899, S. 738C.

1335 Ibid., S. 738D.

1336 Siehe dazu: Alexander SCHMIDT-GERNIG, Faszination und Schrecken der „radikalisierten" bürgerlichen Gesellschaft: Das europäische Bürgertum und die Erfahrung der USA vor dem ersten Weltkrieg, in: Das Bild „des Anderen", Politische Wahrnehmung im 19. und 20. Jahrhundert, hg. von Birgit ASCHMANN und Michael SALEWSKI, HMRG, Beihefte, Bd. 40, Franz Steiner Verlag, Stuttgart 2000, S. 165-183, hier S. 165–166: „Amerika [rückte] aufgrund seine[s] fundamentalen Charakter[s] des (vermeintlichen) *melting pot* der Rassen und Völker [in die Ferne]. Für ein auf nationale und zunehmend auch „rassische" Homogenität ausgerichtetes Denken vieler europäischer Intellektueller nach 1890 musste die zivilisatorische Stärke der amerikanischen Gesellschaft deshalb nicht nur irritierend und fremd, sondern in besonderem Maße herausfordernd wirken."

1337 Arthur HOLITSCHER, Amerika heute und morgen, Reiseerlebnisse, S. Fischer Verlag, Berlin 1913, S. 428 f.; Wilhelm VON POLENZ, Land der Zukunft, Fontane, Berlin 1903.

Vorwand, um innenpolitische Ziele anzuvisieren, wie man im folgenden Exkurs sehen wird.

Theodor Barth und die geheime Wahl

In der Sitzung des Reichstags am 22.01.1902 sprach der Abgeordnete Dr. Theodor Barth von der Freisinnigen Vereinigung die Beziehungen zwischen dem Deutschen Reich und den USA während der zweiten Beratung über den Etat des Reichskanzlers und der Reichskanzlei an.

Barth war ein anerkannter Kenner der USA. Er hatte sich vom Nationalliberalen zum Linksliberalen gewandelt, am Ende seines Lebens stand er der Sozialdemokratie nahe und wirkte als Abgeordneter nachdrücklich für die immer stärkere Demokratisierung des Landes. In den USA galt Dr. Barth geradezu als Sprecher eines anderen Deutschlands. Zu seinem Tod im Jahre 1909 veröffentlichte die *New York Times* einen Nekrolog, in welchem sie Dr. Barth als einen *ardent free trader and an advocate of democratic ideals* beschrieb.[1338] Interessanterweise sprach Barth zunächst aber nicht über den Etat, sondern über das Verhältnis des Reichstags zum Bundesrat. Er beklagt dabei in seiner Rede, dass Gesetzesinitiativen des Reichstages häufig entweder vom Bundesrat nicht bearbeitet oder aber ohne nähere Begründung zurückgewiesen würden. Dies führte er dann näher am Beispiel des Problems aus, eine wirklich geheime Wahl zu gewähren.[1339] Zwar hatte das Wahlgesetz des Norddeutschen Bundes vom 31. Mai 1869, welches für das Kaiserreich übernommen worden war, die geheime Wahl vorgesehen, allerdings wurde diese nicht wirklich in der Realität gewährt: Es gab noch keine einheitlichen Stimmzettel, keine Wahlkabinen und keine Wahlbriefumschläge, so dass man lediglich an Hand der Stimmzettel bereits sehen konnte, wer wen gewählt hatte.[1340] Seit 1892 hatte der Reichstag in jeder Legislaturperiode einen Antrag des liberalen

---

1338 Detlef LEHNERT, Paul Nathan (1857–1927). Ein demokratischer Berliner Sozialforscher und „Die Nation", in Detlef LEHNERT, Vom Linksliberalismus zur Sozialdemokratie. Politische Lebenswege in historischen Richtungskonflikten 1890–1945, Böhlau Verlag, Köln 2015, S. 177 -204, hier S. 200.

1339 http://www.reichstagsprotokolle.de/Blatt_3_nb_bsb00016304_00589810.html, S. 641: Paragraf 10 des Reichwahlgesetzes sieht dazu vor: „Das Wahlrecht wird in Person durch verdeckte, in eine Wahlurne niederzulegende Stimmzettel ohne Unterschrift ausgeübt. Die Stimmzettel müssen von weißem Papier und dürfen mit keinem äußeren Kennzeichen versehen sein."

1340 Margaret Lavinia ANDERSON hat dazu ein interessantes Werk verfasst: Lehrjahre der Demokratie. Wahlen und politische Kultur im Deutschen Kaiserreich, Franz Steiner Verlag, Stuttgart 2009. Darin beschreibt sie detailliert die verschiedenen Möglichkeiten, die geheime Wahl zu umgehen, etwa durch die Tatsache, dass anders als in anderen Ländern, der Wähler den Stimmzettel nicht selbst in die Urne warf.

Abgeordneten (FVg) Heinrich Rickert zur geheimen Wahl mit Wahlkabine angenommen. 1903 wurde er dann auch von beiden Kammern des Reiches als Gesetz
verabschiedet.[1341] Es sah Umschläge für Wahlzettel sowie Wahlkabinen vor und
wurde nach dem linksliberalen Abgeordneten Heinrich Rickert benannt.[1342] Die
Nationalliberale Partei hatte ihren Widerstand aufgegeben, da sie den Einfluss des
Staates zurückdrängen wollten.[1343] Zudem waren Reichskanzler von Bülow und
das Zentrum einen Handel eingegangen, der zur Änderung des Wahlgesetztes und
zu einer Verbesserung der Situation führte, und zwar im Austausch zu Zugeständnissen des Zentrums bei der Neufassung des Zolltarifs.[1344] Einzig die Konservativen sperrten sich noch dagegen. In konservativen Kreisen und Publikationen
machten man sich darüber im Gegenteil lustig und versuchte, die Tragweite eines
solchen Gesetzes klein zu reden,[1345] was wiederum die weiter oben besprochene
These vom starken Einflussverlust der Konservativen bestätigt.

Die Sabotage derartiger Änderungen zur Garantie einer echten geheimen
Wahl über einen so langen Zeitraum hinweg gründete nach Ansicht von Barth in
der Absicht, die Wähler und ihr Wahlverhalten kontrollieren zu können. Um die
Unhaltbarkeit dieses Vorgehens zu unterstreichen, wies er in seiner Rede deshalb
auf Beispiele für eine wirklich geheime Wahl in anderen „Kulturländern" hin, darunter auch in den USA.[1346]

Für die liberale Elite, zu der Barth gehörte, war es entscheidend, den Bereich
der Politik von den anderen sich ausdifferenzierenden Bereichen oder Systemen,
wie Wirtschaft oder Religion, zu trennen. Denn erst damit konnten sich die Politik
und die Politiker, und in der Tat stellten die Reichstagsabgeordneten Vorreiter in
der Entwicklung des modernen Politikertypus dar, einen eigenständigen Bereich
innerhalb der Gesellschaft einrichten. Deshalb war die Sicherung der Geheimhal-
tung der Wahl über Wahlzettel und Wahlkabinen ein praktisches Symbol dieses
Reformwillens,[1347] der sich in den Prozess der Demokratisierung und Parlamentarisierung einfügte. 1903 schließlich hatte der Bundesrat auch die Einführung von

---

1341 Siehe dazu: ANDERSON, Practicing Democracy; RICHTER, Moderne Wahlen, S. 454.
1342 Isabela MARES, Menus of Electoral Irregularities: Imperial German National Elec-
     tions in a Comparative Perspective, in: GG, 44. Jahrg., H. 3, Juli -September 2018,
     S. 399 -415, hier S. 413: „*The year 1903 marks the most important turning point in
     the democratization of electoral practices in Imperial Germany.*"
1343 Ibid., S. 414.
1344 BIEFANG, Die Reichstagswahlen, S. 249.
1345 Margaret Lavinia ANDERSON, Lehrjahre der Demokratie, S. 301/302. Auch Andreas
     Biefang beschreibt den Vorgang des Wählens im Kaiserreich und seine problema-
     tischen Momente gut. Siehe dazu: BIEFANG, Die Reichstagswahlen, S. 246–250.
1346 Stg. Berichte, 10. Leg.-Periode, 1900/03, 4, 124. Sitzung, Mittwoch, den 22. Januar
     · 1902, S. 3560D.
1347 RICHTER, Moderne Wahlen, S. 34.

Umschlägen und Wahlkabinen akzeptiert.[1348] Man kann hier also nachvollziehen, dass es auch bei einem Thema, welches im Grunde nicht direkt etwas mit den Beziehungen Deutschlands zu den USA zu tun hatte, die Darstellung von Regelungen in den USA den Abgeordneten erlaubte, bestimmte Vorgänge im Reich zu kritisieren und anzuprangern. Im vorliegenden Falle benutzte Dr. Barth die USA, um ein Demokratiedefizit des Reiches zu beleuchten und über das Beispiel der USA zu einer Verbesserung der demokratischen Voraussetzungen im Reich selbst zu kommen. Gerade das parallel zur deutschen Geschichte verlaufende wirtschaftliche und politische Erstarken der USA und die parallele Entwicklung spezifischer Mentalitäten und struktureller Prozesse, die den Schluss einer nordatlantischen Geschichte nahelegen,[1349] sowie die engen Beziehungen mit diesem Land sollten die Entwicklung moderner Wahltechniken prägen und dabei mitwirken, das Deutsche Reich weiter zu demokratisieren. Darüber hinaus war es vielen Abgeordneten undenkbar, Deutschland, so wie die USA ein „Kulturland", könnte in der Entwicklung hinterherhinken, wie die Worte Barths suggerierten. Es gilt hier aber festzuhalten, dass die Wahlen und der Wahlvorgang in den USA in der Realität weit weniger idealtypisch demokratisch abliefen, als es oft in der amerikanischen Historiographie und in der Nachschau behauptet wurde.[1350] Nun spielt dies für die vorliegende Untersuchung keine große Rolle. Ziel dieser Studie ist ja zu erforschen, über welche Prozesse im Reichstag die Demokratisierung und vor allem die (informelle) Parlamentarisierung vorangetrieben wurden, und ob sich Fortschritte erkennen lassen. Zum Ende seiner Ausführungen zum Wahlgeheimnis kam Barth auf das eigentliche Verhältnis und die Beziehungen zu den USA zu sprechen, und zwar weil er auf einem „ander[en] Gebiet der Thätigkeit des Herrn Reichskanzlers der Reichsregierung Gerechtigkeit widerfahren [lassen wollte]."[1351]

Theodor Barth und die Beziehungen zu den Vereinigten Staaten

Barth drückte der Reichsregierung zunächst seine Dankbarkeit darüber aus, dass sie seit geraumer Zeit die traditionell freundschaftlichen Beziehungen zwischen den Vereinigten Staaten und Deutschland weiter Pflegte.[1352] In dieser wohlwollenden Haltung gegenüber der Regierung Bülow zeichnete sich wohl bereits die

---

1348 Margaret Lavinia ANDERSON, Lehrjahre der Demokratie, S. 301/302. Zu einem Vergleich der Wahlpraxis in den USA und in Preußen siehe: RICHTER, Moderne Wahlen.

1349 Ibid. S. 11.

1350 Ibid., S. 30; Alexander KEYSSAR, The Right to Vote: The Contested History of Democracy in the United States, revised edition, Basic Books, New York 2009.

1351 Stg. Berichte, 10. Leg.-Periode, 1900/03, 4, 124. Sitzung, Mittwoch, den 22. Januar 1902, S. 3560D.

1352 Ibid., S. 3561A.

bei den Wahlen des Jahres 1907 zustande kommende Parlamentsmehrheit des sog. Bülowblocks ab.

Barth, der allerdings schon 1903 nicht mehr als Abgeordneter in den Reichstag einzog, zeigte sich 1907 als Gegner eines Eintritts der Freisinnigen Vereinigung in den Bülowblock. Barth, der nicht an die Strategie glaubte, über eine Zusammenarbeit mit den Konservativen und den Vertretern der Schwerindustrie die bestehenden asymmetrischen politischen Machtverhältnisse im Deutschen Reich ändern zu können, gründete deshalb zusammen mit anderen ehemals freisinnigen Abgeordneten, wie Rudolf Breitscheid und Hellmut von Gerlach[1353], eine neue linksliberale Partei, die Demokratische Vereinigung. Zum Zeitpunkt der Rede (1902) freilich wurde die Regierung noch von einem Parteienbündnis aus den ehemaligen Kartellparteien unterstützt. Dieses Bündnis hatte zwischen 1887 und 1890 dem damaligen Reichskanzler Otto von Bismarcks bei der Durchsetzung seiner Politik geholfen. So wie bereits in den 1880er Jahren dienten auch zu Beginn des 20. Jahrhunderts diese Parteien dazu, der vorkapitalistischen Herrschaftselite, der alten Elite aus dem Adel, aus Landwirtschaft und Schwerindustrie, die Macht zu erhalten. Dazu gehörte der Einsatz für eine protektionistische Handels- und Wirtschaftspolitik. Der Agitation dieser Parteien und ihrer Lobbyorganisationen, allen voraus des Bundes der Landwirte, war es geschuldet, dass die Politik des Deutschen Reiches weitgehend deren Interessen schützte.[1354] Und so betont Barth, der für offenen Handel eintrat, weiter, dass es trotz des

> „bei uns in Deutschland jetzt herrschende[n] protektionistische[n] Übereifers [, der dazu ...] übergegangen ist, mit einem etwaigen Zollkrieg mit Amerika, als mit einer ganz leichten Sache zu kokettieren [...] es nicht immer der Reichsregierung ganz leicht gewesen sein wird, diese freundschaftlichen Beziehungen zu den Vereinigten Staaten ganz ungetrübt zu erhalten.“

Barth meinte, dass die amerikanische Bevölkerung Deutschland sehr schätze.[1355] Er, der Syndikus der Bremer Handelskammer war und seine Kindheit in

---

1353 Adrien Robinet de Clery, „Gerlach, Hellmut Georg von“, in: Neue Deutsche Biographie 6 (1964), S. 301 f. [Online-Version]; URL: https://www.deutsche-biograp hie.de/pnd118538691.html#ndbcontent: Hellmut von Gerlach (1866–1935) war ein deutscher Liberaler und Journalist. Als Chefredakteur der Berliner Wochenzeitschrift *Welt am Montag* trat er in seinen Beiträgen stark für eine weitergehende Parlamentarisierung des Reichstags ein. Von 1903 bis 1907 war von Gerlach der einzige Abgeordnete des Nationalsozialen Vereins. Er schloss sich dann der Freisinnigen Vereinigung an und gründete 1907 zusammen mit Dr. Theodor Barth die Demokratische Vereinigung.

1354 Mielke, Der Hansa-Bund.

1355 Stg. Berichte, 10. Leg.-Periode, 1900/03,4, 124. Sitzung, Mittwoch, den 22. Januar 1902, S. 3561A.

Bremerhaven[1356] verbracht hatte, kannte die USA sehr gut, wohin er mehrfach gereist war und wo er „geradewegs als Sprecher eines anderen Deutschlands gefeiert wurde".[1357] Er dachte, die anstehende Reise des Prinzen Heinrich in die USA würde die freundschaftlichen Gefühle der Amerikaner noch verstärken.[1358] Denn um die Stimmung dort positiv zu beeinflussen, die zu jenem Zeitpunkt wegen der Venezuela-Krise[1359] angespannt war, hatte Wilhelm seinen Bruder Heinrich auf eine USA-Reise geschickt.[1360] Die Reise, die vom 22. Februar bis 11. März 1902 dauerte, stellte sich als ein großer Erfolg heraus[1361] und bewies die von Barth behaupteten freundschaftlichen Gefühle der Amerikaner, trotz einer von der Politik aus innenpolitischen Gründen beschworenen „deutschen Gefahr".[1362] Mit dem Bewusstsein dieser Konfliktgefahr zwischen beiden Ländern[1363] fuhr Barth fort:

> „Ich glaube, daß es nicht bloß für die engeren Interessen Deutschlands, sondern für die ganze internationale Stellung Deutschlands von außerordentlicher Bedeutung ist, mit den Vereinigten Staaten in aufrichtiger Freundschaft zu leben; wir können es deshalb nur auf das wärmste begrüßen, wenn eine Gelegenheit geschaffen wird, welche die wahren Anschauungen der Bevölkerungen beider großen Länder deutlich zu Tage treten läßt. Ich bin nämlich der Meinung, daß auch in Deutschland, abgesehen von

---

1356 Bremerhaven war zeitweise der bedeutendste europäische Auswandererhafen. 90 Prozent der sich dort einschiffenden Auswanderer fuhren in die USA. Hier wurde 1857 auch der Norddeutsche Lloyd gegründet, der einen regelmäßigen Linienverkehr nach New York sowie Baltimore aufbaute. Siehe dazu: http://www.deutsche-auswanderer-datenbank.de/index.php?id=557.

1357 LEHNERT, Linksliberalismus, S. 200. Barth hat ein Buch über seine Amerikareisen geschrieben: Theodor BARTH, Amerikanische Eindrücke. Eine impressionistische Schilderung amerikanischer Zustände in Briefen, Verlag Georg Reimer, Berlin 1907.

1358 Stg. Berichte, 10. Leg.-Periode, 1900/03, 4, 124. Sitzung, Mittwoch, den 22. Januar 1902, S. 3561B.

1359 Siehe Kapitel 2.8.

1360 Siehe dazu: FIEBIG-VON HASE, Lateinamerika als Konfliktherd, S. 943 ff. Zur Reise des Prinzen Heinrich als Mittel zur Beeinflussung der öffentlichen Meinung in den USA siehe: PILLER, Selling Weimar, S. 58–59.

1361 Siehe dazu: Michael KNOLL, Prinz Heinrich von Preußen an John Deweys Laborschule in Chicago, in: Pädagogische Rundschau 65 (September 2011), S. 561–575 (ohne Anmerkungen).

1362 MITCHELL, The Danger of Dreams, S. 8: Die amerikanische Regierung benutzte die Venezuela-Krise, um innenpolitisch ihre imperialistischen Bestrebungen und die damit verbundenen Militärausgaben durchsetzen zu können.

1363 FIEBIG-VON HASE, Lateinamerika als Konfliktherd, S. 788 ff.

einer kleinen Minderheit, die große Mehrheit der Bevölkerung auf das lebhafteste gute Beziehungen zu Amerika wünscht."[1364]

Tatsächlich gab es im Zuge der Venezuelakrise Überlegungen der deutschen Admiralität, in Südamerika einen Flottenstützpunkt aufzubauen, was von den Amerikanern sehr negativ bewertet wurde. Diese Überlegungen standen im Gleichklang mit sozial-wirtschaftlichen Überlegungen eines Teils der deutschen Ökonomen. Denn Wirtschaftswissenschaftler wie Lujo Brentano oder Gustav von Schmoller[1365] waren davon überzeugt, es müssten für deutsche Produkte Exportmöglichkeiten geschaffen werden, nicht zuletzt in Südamerika, um so den Reichtum der deutschen Arbeiterbevölkerung zu erhöhen.[1366] Es kam im Verlauf der Krise aber auch zu Handlungen seitens der Deutschen, die die imperialistischen Bestrebungen eines Teils der Bevölkerung widerspiegelten und die in klaren Konflikt zu den imperialistischen Tendenzen der USA traten. Die USA und das Deutsche Reich, welches parallel zu der Auffassung als „verspätet Nation"[1367] erst nach Frankreich oder Großbritannien etwa mit einer imperialistischen Politik begonnen hatte[1368]– eine Auffassung, die jedoch die aus postkolonialer und globaler Perspektive heute nicht länger haltbare Voraussetzungen impliziert, der Imperialismus wäre gerechtfertigt gewesen–, gerieten im karibischen Raum und in Asien in Konflikt. Dies macht den Aufruf Barths zu einem freundschaftlichen Verhältnis umso eindringlicher. Barth

---

1364 Stg. Berichte, 10. Leg.-Periode, 1900/03, 4, 124. Sitzung, Mittwoch, den 22. Januar 1902, S. 3561B.

1365 Beide gehörten zu den sog. Kathedersozialisten, die sich für eine starke staatliche Sozialpolitik einsetzten, um so einer sozialistischen Revolution vorzubeugen. Der Begriff wurde erstmals vom liberalen Ökonomen Heinrich Bernhard Oppenheim im Jahre 1871 polemisch verwendet.

1366 Dieter KRÜGER, Nationalökonomen im wilhelminischen Deutschland, Vandenhoeck & Ruprecht, Göttingen 1983, S. 262, Anm. 63: So schrieb etwa Brentano an Schmoller bereits im Jahre 1897: „Die Zahlungsfähigkeit unserer Arbeiterbevölkerung hat aber zur Voraussetzung die Entwicklung unseres Exports. Die Zukunft unseres Exports ist z.Z. aber sehr bedroht. Unter solchen Umständen sieht man sich naturgemäß nach einem Ersatz um. [...] in Asien und Südamerika ist vielleicht noch sehr viel zu holen. (ZStA II, Rep. 92/Schmoller, Nr. 144, Bl. 275vf., Brentano an Schmoller am 27.07.1897).

1367 Helmuth PLESSNER, Die verspätete Nation. Über die politische Verführbarkeit bürgerlichen Geistes (1935/1959), in: Helmuth PLESSNER, Gesammelte Schriften VI Die verspätete Nation, Suhrkamp, Frankfurt am Main 1982, S. 10-223.

1368 Peter REICHEL, Politische Kultur der Bundesrepublik, Leske und Budrich, Opladen 1981, S. 101; Wilfried RÖHRICH, Politische Theorien zur bürgerlichen Gesellschaft: Von Hobbes bis Horkheimer, 2. Auflage, Springer VS, Wiesbaden 2013, S. 99–118; Jürgen BELLERS, Politische Kultur und Außenpolitik im Vergleich, R. Oldenbourg Verlag, München 1999, S. 33.

unterstrich zum Schluss die wirtschaftliche Stärke und die kulturellen Leistungen der USA[1369]. Dass er seine Rede damit beendete, zeigt, welch außerordentliche Bedeutung dieses Thema für die bilateralen Beziehungen einnahm. Gerade die SPD und die Linksliberalen, die die Arbeiterschaft und die moderne Industrie repräsentierten, wollten die Verbindungen zu den USA weiter ausbauen. Sie versprachen sich davon großen Nutzen für die deutsche Wirtschaft, weshalb Barth fortfuhr:

> „Es liegen somit Fundamente vor für eine Freundschaft zwischen diesen beiden großen Kulturmächten Deutschland und den Vereinigten Staaten, wie sie solider kaum gedacht werden könnten, und ich glaube deshalb, es ist eine ebenso nothwendige wie dankenswerte Aufgabe für die Reichsregierung, die Freundschaft zwischen diesen beiden großen Ländern auch ihrerseits nach jeder Richtung hin zu pflegen. (Bravo! Links)"[1370]

Man muss hier anmerken, dass Barth die USA bereits zu Beginn, als er über das Wahlgeheimnis sprach, unter die Kulturländer einordnete. Zusammen mit dem oben zitierten Satz zu den „Kulturleistungen" bezeugt der Ausdruck „Kulturmächte", dass er dabei unter Kulturnation wohl nicht nur Kultur im herkömmlichen Sinne, d.h. Kultur als Ausdruck künstlerisch-geistigen Schaffens, wie es etwa in der Bedeutung „Deutschland ist eine Kulturnation" zum Ausdruck kommt, verstand. Er meinte vielmehr auch Kultur im politischen Sinne. Die USA wären demnach auch eine Kulturnation, weil sie eine eigenständige politische Kultur entwickelt hatten, etwa in ihrer demokratischen Verfasstheit, deren Werte, Vorstellungen und Einstellungen von einer großen Anzahl Menschen geteilt wurden.[1371] Zusätzlich verortete er das Deutsche Reich so de facto oder informell in die demokratisch-parlamentarisch verfassten Nationen – wie weiter oben indirekt der deutsche Konsul Krüger, wenngleich bis heute immer wieder bestritten und hinterfragt wird, dass und ob dies denn für das Kaiserreich zutraf.[1372] Barths Ausführungen erlauben weiter die Frage, inwiefern es neben künstlerischen oder geistigen auch zu einem politischen Kulturtransfer zwischen beiden Ländern gekommen ist. Zwar wurde derjenige von Deutschland in die USA untersucht, so etwa der Einfluss der Verfassung des Alten Reichs auf die föderalen Aspekte der amerikanischen Verfassung der Vereinigten Staaten von 1788.[1373] Zum umgekehrten

---

1369 Stg. Berichte, 10. Leg.-Periode, 1900/03, 4, 124. Sitzung, Mittwoch, den 22. Januar 1902, S. 3561B.

1370 Ibid.

1371 Jürgen BELLERS, Politische Kultur, S. 6–7.

1372 Siehe dazu: Patrick BAHNERS, Eine umgekehrte Dolchstoßlegende, FAZ, 20. März 2021.

1373 Volker DEPKAT, Das Alte Reich in den Verfassungsdebatten des kolonialen British Nordamerika und den USA 1750–1788, DTIEV-Online, Nr. 1/2013.

Transfer gibt es aber bislang nur wenige Untersuchungen zum hier bearbeiteten Zeitraum.[1374]

Barths Betonung des engen Zusammenhangs zwischen Wirtschaft und politischer und künstlerischer Kultur war auch insofern bemerkenswert, als in eher konservativen und nationalliberalen Kreisen ein derartiger Zusammenhang auch für Deutschland selbst nicht notwendigerweise gesehen wurde. Dass im untersuchten Zeitraum Deutschland neben einer wirtschaftlichen Expansion eine kulturelle Blüte nicht zuletzt auf dem Gebiet der politischen Kultur erlebte, wie die Zunahme kultureller Aktivitäten und Vereine und das steigende Interesse an politischer Information über die Presse, verdeutlicht den engen Zusammenhang zwischen wirtschaftlich-technischen und politisch-künstlerischen kulturellen Leistungen.

Im Folgenden soll nun die wichtige Frage eines Handelsabkommens zwischen beiden Ländern an Hand der Reichstagsprotokolle genauer betrachtet werden. Dazu möchten wir die Debatten im Februar 1906 und Mai 1907 analysieren.

3.2.1. Die Vorgeschichte des Handelsabkommens

Als im Februar 1906 die Diskussionen über das Handelsabkommen mit den USA begannen, war ein Jahr zu Ende gegangen, das für Deutschland und für die Welt epochemachend gewesen war, indem die Karten der internationalen Beziehungen und des Gleichgewichts der Großmächte neu gemischt worden waren. Die beiden wohl einschneidendsten Ereignisse dieses Jahres 1905 waren zum einen der russisch-japanische Krieg gewesen, zum anderen die anschließende erste Revolution in Russland. Zudem war die erste Marokkokrise ausgebrochen und es hatte die Konferenz von Algeciras stattgefunden. Sowohl im Friedensvertrag von Portsmouth am 5. September 1905, der den russisch-japanischen Krieg beendete, als auch auf der Konferenz von Algeciras (16. Januar bis 7. April 1906) zur Lösung der Marokkokrise hatten die USA zum ersten Mal seit ihrer Gründung auf internationalen Konferenzen eine herausragende Stellung eingenommen. Deutschland befand sich hingegen in einem Zustand zunehmender Isolierung, vor allem nachdem am 8. April 1904 die sog. *Entente cordiale* zwischen England und Frankreich geschlossen worden war, die die Interessengegensätze beider Großmächte in Afrika löste. Deutschland, welches zudem seit 1898 seine Flottenrüstung forcierte,[1375] wurde zunehmend in Europa und vor allem seitens der Engländer als Bedrohung betrachtet. Um dieser immer stärker wahrgenommenen Isolation nun zu entgehen, suchte Deutschland Verbündete. Der Ansicht des Schriftstellers und Publizisten

---

1374 Die Bedeutung des Kulturtransfers im herkömmlichen Sinne wurde bereits gut untersucht, etwa von Kurt MUELLER-VOLLMER, Transatlantic Crossings and Transformations: German-American Cultural Transfer from the 18th to the 19th century, Peter Lang, Wien 2015. Besonders die pietistische Bewegung auf die amerikanischen Transzendentalisten wird hier untersucht.

1375 Siehe dazu Kapitel 2.3. und 2.7.

Paul Samassa zufolge, die stellvertretend für eine in der Presse und Öffentlichkeit weit verbreitete Meinung stehen mag, lief es international nach der Konferenz von Algeciras auf eine „völlige Vereinsamung" des Deutschen Reiches hinaus.[1376] Eines der Instrumente, dieser zunehmenden Isolierung zu entgehen,[1377] war die Zollpolitik im Allgemeinen und die Annäherung an andere Länder durch den Abschluss von Handelsverträgen im Besonderen, da die Zolltarife im Kaiserreich per Gesetz verabschiedet wurden und nach den jeweiligen politischen Vorgaben und wirtschaftlichen Erfordernissen ausgerichtet werden konnten. Die Zolltarife konnten zudem durch Handelsverträge abgemildert oder verstärkt werden und dadurch zielgerichtet politische Wirksamkeit und Symbolik entfalten.

So hatte Deutschland bis 1904 zehn Handelsverträge abgeschlossen, darunter mit Belgien, Rumänien, Italien, Österreich-Ungarn und am 28. Juli 1904 mit Russland. Russland galt in bestimmten Kreisen Deutschlands zudem als Exportalternative zu den Vereinigten Staaten, welches mit seinen schier unerschöpflichen Rohstoffen, dem seit dem Spanisch-Amerikanischen Krieg errichtetem Kolonialimperium, der immer differenzierteren Industrie und dem sich verbessernden Hochschulwesen zunehmend von deutschen Exporten unabhängiger wurde.[1378] Wenngleich es in der russischen Führung durchaus Stimmen gab, die sich für eine stärkere Hinwendung zu Deutschland aussprachen, nicht zuletzt, um ein Gegengewicht zu der drohenden amerikanischen und britischen weltweiten Dominanz zu schaffen,[1379] fürchtet die Mehrheit der maßgeblichen Personen in Russland, dass Deutschland es von Frankreich entfremden wollte. Deshalb ratifiziert Russland etwa den Vertrag von Björkö, der zwischen Kaiser Wilhelm II. und Zar Nikolaus II. am 24. Juli 1905 unterzeichnet worden war und in den auch Bülow große Hoffnungen gesetzt hatte, um im Westen freie Hand zu bekommen,[1380] letztendlich nicht. Die USA waren nun aber zur wohl stärksten Großmacht aufgestiegen und nicht in internationale Bündnisse mit den anderen Großmächten eingebunden, wenngleich sich die Briten seit den beiden Venezuelakrisen, dem Hay-Pauncefote

---

1376 Zitiert nach Sönke NEITZEL: Paul SAMASSA, Die Niederlage von Algeciras, in: Alldeutsche Blätter, Bd. 16, 07.04.1906, S. 109. Laut Neitzel teilten dieses Urteil auch die Parteien im Reichstag. Vgl. dazu Sönke NEITZEL, Das Revolutionsjahr 1905 in den internationalen Beziehungen der Großmächte, in: Das Zarenreich, das Jahr 1905 und seine Wirkungen, hg. von Jan KUSBER, Andreas FRINGS, LIT Verlag, Berlin 2007, S. 17 -56, hier S. 18.

1377 Siehe dazu: Martin MAYER, Geheime Diplomatie und öffentliche Meinung. Die Parlamente in Frankreich, Deutschland und Großbritannien und die erste Marokkokrise 1904–1906, Droste, Düsseldorf 2002.

1378 GRIMMER-SOLEM, Learning Empire, S. 385.

1379 Ibid., S. 386.

1380 Zum Vertrag von Björkö und dem letztendlichen Scheitern einer deutsch-russischen Annäherung siehe: RÖHL, Wilhelm II.: Der Weg in den Abgrund, S. 413.

Vertrag und dem Hay-Herbert-Vertrag weitgehend aus dem amerikanischen Kontinent zurückgezogen[1381] und sich so den Vereinigten Staaten politisch angenähert hatten.[1382] Insofern stellten die USA für Deutschland einen noch relativ freien Spieler in der Gruppe der Großmächte dar, dem man sich gerne annähern würde, um so einer totalen Isolation gegenüber England, Frankreich und Russland zu entgehen. Die USA allerdings wurden trotz aller militärischen Erfolge noch nicht als wirkliche militärische Großmacht betrachtet, und es schienen auch keine Gefahren von ihnen auszugehen, obschon es sowohl in Mittelamerika als auch im Pazifik zwischen Deutschland und den Vereinigten Staaten zu kleineren Zwischenfällen gekommen war. Zudem herrschte um 1900 die Meinung vor, dass der Großmachtstatus einer Nation in Zukunft eher über ihre wirtschaftliche, denn militärische Macht entschieden werden würde.

Und so nimmt es nicht Wunder, dass Barth am Ende seiner Rede auf den wichtigsten Bereich deutsch-amerikanischer Beziehungen hingewiesen hatte, nämlich den wirtschaftlichen. Er unterstrich dadurch die herausragende Bedeutung dieses Themas für Deutschland und seine immer stärker werdende industrielle Basis.

Im Kaiserreich und in den USA wurden die Gesellschaften durch die stark wachsende Industrialisierung und das hohe Wirtschaftswachstum zunehmend von der Logik des Marktes durchdrungen. Der einzelne Bürger wurde zu einem Produzenten, aber auch Konsumenten von Gütern und Dienstleistungen. Es kam mithin zu einer „Kommerzialisierung"[1383] aller gesellschaftlichen Schichten und Gruppen, die Moderne wurde gleichsam zu einem Erlebnis, es etablierte sich die „Konsum- und Arbeitsgesellschaft", die vor allem von den Angestellten und Arbeitern getragen wurde, deren Arbeitsethos sich zudem von dem des Bürgertums entfernte.[1384] Damit einher gingen die immer stärkere Politisierung dieser Gruppen und Schichten und die Verschärfung der einzelnen Interessenunterschiede und Bedürfnisse, was sich auf die Entwicklung des Parteiensystems und die Kräfteverschiebungen innerhalb dieses Systems im Laufe der Jahrzehnte auswirkte und die mangelnde Synchronisation von wirtschaftlicher und politischer Macht immer konturschärfer hervortreten ließ. Die sich stets weiter öffnende Schere zwischen wirtschaftlicher und politischer Macht, die Zuspitzung der Interessensunterschiede und die zunehmende Bedeutung wirtschaftlicher Aspekte und Fragen, was einherging mit der steigenden Bedeutung der sozialen Frage und mit derjenigen der politischen Mitwirkung der Arbeiterschaft und des liberalen Bürgertums in den politischen

1381 GRIMMER-SOLEM, Learning Empire, S. 329.
1382 Ibid., S. 337: Grimmer-Solem bezeichnet die englische Politik nach 1895 als „Appeasement of the United States".
1383 NOLTE, Transatlantische Ambivalenzen, S. XIII.
1384 Siehe dazu auch Peter-Paul BÄNZIGER, Die Moderne als Erlebnis. Eine Geschichte der Konsum- und Arbeitsgesellschaft, 1840–1940, Wallstein, Göttingen 2021, hier S. 198 f.

Machtzentralen des Kaiserreichs, bewirkten, dass sich in der Wilhelminischen Epoche die Zoll- und Handelsfrage zu einer der drängendsten und wichtigsten Fragen im Verhältnis zu den Vereinigten Staaten herausschälte. Die Zollpolitik bestimmte, inwieweit die beiden aufstrebenden Industrienationen gegenseitig mit Waren und Gütern handeln konnten. Dies wiederum entschied, wie sehr sie ihre Produktion weiter steigern und, damit verbunden, ihre Wirtschaftskraft und politischen Macht vergrößern konnten.

Darüber hinaus jedoch nahm vor allem die Debatte um die Zollsätze auf Getreidepreise im letzten Jahrzehnt des 19. Jahrhunderts Züge eines Stellvertreterkonflikts zwischen der auf Herrschaftsstabilisierung zielenden alten Elite und den neuen wirtschaftlichen und gesellschaftlichen Kräften an. Einerseits ging es in diesem Kampf um die Machtstellung der alten konservativ-agrarischen Eliten, deren politischer Einfluss im Vergleich zu ihrer wirtschaftlichen Kraft unverhältnismäßig hoch geblieben war. Dies hatte seitens der Vertreter der neuen Leitsektoren der Wirtschaft (Chemie-, Elektroindustrie, Maschinenbau, Handel, Verkehr, Großbanken) zum Aufbau neuer Organisationen geführt, wie dem Bund der Industriellen, der Centralstelle zur Vorbereitung von Handelsverträgen oder dem im November 1900 gegründeten Handelsvertragsverein. Diese Organisationen sollten den freien Handel propagieren und dabei die Arbeiter von den Vorzügen eines solchen überzeugen. Ziel war es, der von den Agrariern und der Schwerindustrie zur Aufrechterhaltung der bestehenden politischen Machtverhältnisse betriebenen Änderung der Caprivischen Handelsvertragspolitik in Richtung einer verstärkten Schutzzollpolitik entgegenzuwirken.[1385] Andererseits aber ging es in den Debatten zu den Getreidezollsätzen auch darum, wie das Wirtschaftsleben in der kapitalistischen Gesellschaft neu organisiert und moralisiert[1386] werden könnte. Bereits seit der Mitte des 19. Jahrhunderts hatte die Nationalökonomie sicher auch unter dem Eindruck der Entwicklung und Ausbreitung sozialistischer Ideen und Organisationen damit begonnen, sich wieder verstärkt der „ethischen"[1387] Dimension des Wirtschaftslebens zu widmen und die durch die Repräsentanten des sog. Manchesterliberalismus vertretenen Wirtschaftskonzeptionen einzuhegen. Die Sozialgesetzgebung in der Bismarckzeit, aber auch in der Ära Wilhelms II., bezeugt dies. Einer der Hauptkritikpunkte an dieser Wirtschaftstheorie bestand jedoch in der Infragestellung des freien Handels und der Abschaffung von Zöllen. In den USA wie in Deutschland standen sich grundsätzlich in Bezug auf die Zollpolitik zwei Gruppen gegenüber, die beiderseits des Atlantiks von innenpolitischen Überlegungen geleitet wurden: Die eine trat für freien Handel ein, die andere für Schutzzollpolitik. Die unterschiedlichen Ansichten verliefen entlang des politischen Spektrums, und die Parteien vertraten in der Hauptsache die Interessen ihrer entsprechenden

---

1385 Mielke, Der Hansa-Bund, S. 23–24.
1386 Nolte, Transatlantische Ambivalenzen, S. 307.
1387 Ibid.

Wählerschaft. Doch waren die Ansichten zur Zollpolitik nicht immer durchgängig
kohärent, was an der Komplexität der Wirtschaftsgegebenheiten lag und an dem
zunehmenden Auseinanderdriften politischer und wirtschaftlicher Entwicklungen
und Herrschaftsverhältnisse. Zum Teil sahen sich die Vertreter der alten Eliten in
einer Lage, in der sie den Forderungen der neuen Eliten näherstanden bzw. die
neuen Eliten sich aus einer Zusammenarbeit mit den alten Eliten einen Vorteil
und Macht- und Mitwirkungszuwachs versprachen. Auch herrschte vor allem im
Linksliberalen und im revisionistischen Lager der SPD bis zu Beginn des Ersten
Weltkriegs Unklarheit darüber, wie ein politischer Machtzuwachs im bestehenden System erreicht werden konnte und sollte.[1388] Das wiederum führte dazu, dass
das Problem des Zolls im Reichstag um die Jahrhundertwende immer wieder sehr
kontrovers diskutiert wurde. Allerdings konnte die Problematik bis zum Ende des
Kaiserreichs nie zufriedenstellend geklärt werden. Mit der zunehmenden wirtschaftlichen Stärke Deutschlands und der USA und den sozial- und machtpolitischen Forderungen und Spannungen in den beiden Ländern stellte sich jedoch
die Zollfrage vor allem ab den 1890er Jahren verschärft, und die entsprechenden
Reden im Reichstag spiegelten die kontroversen Meinungen und die angespannte
politische Gemengelage dazu wider. So war der deutsche Export im Zeitraum 1889/
90 bis 1911/13 „im Jahresdurchschnitt von 390 auf 684 Mio. Mark [gestiegen] – das
entsprach einem Zuwachs von immerhin 75 %." Allerdings war im selben Zeitraum
der amerikanische Export nach Deutschland „von 372 auf 1.547 Mio. Mark, und
damit um 316 % [angestiegen[1389]]."

Zudem war der Anteil des deutschen Exports in die USA von 12 % im Jahr
1889/90 auf 7,6 % im Zeitraum 1911/13 zurückgegangen. Der starke Exportanstieg
amerikanischer Waren nach Deutschland und der zurückgehende Anteil deutscher
Exporte in die USA am gesamten deutschen Export ließen in der deutschen Wirtschaft zunehmend die Wahrnehmung eines Ungleichgewichts zwischen beiden
Ländern und einer Gefährdung durch die USA entstehen.[1390] Der Gedanke und
die Vorstellung einer amerikanischen Gefahr, wie sie auch militärisch im Zusammenhang mit Samoa oder dem Manila-Zwischenfall ein Thema geworden war,
breiteten sich in Wirtschaftskreisen aus und führten gleichzeitig dazu, die eigene
Wirtschaft als relativ schwach und anfällig einzuschätzen. Darüber hinaus fiel
der Umschwung weg von der Schutzzollpolitik hin zu mehr freiem Handel über
das Abschließen von Handelsverträgen mit der Ernennung Leo von Caprivis als

---

1388 Mielke, Der Hansa-Bund für Gewerbe, S. 22: Den linksliberalen Kräften der neuen
      wirtschaftlichen Leitsektoren boten sich drei verschiedene Konzeptionen zur
      Lösung der mangelnden Synchronisation wirtschaftlicher und politischer Macht: 1.
      Eine Rechtsblock-Konzeption. 2. Eine der Mitte mit wohlwollender Neutralität der
      SPD. 3. Eine Linksblock-Konzeption.
1389 Torp, Herausforderung, S. 325.
1390 ibid.

Reichskanzler im Jahre 1890 zusammen, just zu dem Zeitpunkt, als Amerika zu einer verstärkten Schutzzollpolitik zurückkehrte. Caprivi, der die Politik des „Neuen Kurses" von Wilhelm II. vertrat,[1391] glaubte, dass eine auf Export angewiesene Nation den freien Welthandel fördern müsse und schloss deshalb ab Ende 1891 mit zahlreichen europäischen Ländern Freihandelsabkommen. Durch analoges Vorgehen in anderen Ländern entstand so das System mitteleuropäischer Handelsverträge. Viele dieser Verträge liefen jedoch am 31. August 1903 aus. Bereits seit 1897 war es in den betroffenen Reichsämtern sowie im wirtschaftlichen Beirat des Wirtschaftlichen Ausschusses zu Vorbereitungen einer Zolltarifreform gekommen, die den seit 1879 geltenden Generaltarif ersetzen sollte. Der am 14. Dezember 1902 vom Reichstag verabschiedete und am 25. Dezember 1902 im Reichsgesetzblatt bekannt gemachtesog. Bülow-Tarif bildete den Rahmen für alle zukünftigen Handelsverträge. So sah er insbesondere Minimal- und Maximalzölle für Getreide (Weizen, Roggen, Hafer und Braugerste) vor[1392] und erhöhte die Zollsätze für eine ganze Reihe von Industriegütern um 40 bis 80 Prozent. Diese starke Erhöhung der Zolltarife hatte auch zum Ziel, die Handelspartner zu Zugeständnissen und zum Abschluss von Handelsverträgen zu bringen.[1393] Insgesamt bewegten sich die Zollsätze aber im internationalen Rahmen und halfen zusammen mit den ab 1904 abgeschlossenen, weiter oben erwähnten neuen Handelsverträgen das internationale Handelssystem zu stabilisieren und protektionistische Tendenzen einzuhegen;[1394] insbesondere, da es im gleichen Zeitraum (1890–1900) in anderen Ländern, namentlich in Frankreich, Russland und den USA, verstärkt zu einer Schutzzollpolitik gekommen war.[1395] Der deutschen Handelsvertragspolitik mit möglichst niedrigen Zollsäten, vor allem auf Industriegüter, und einer Politik des verstärkten Freihandels stand somit die amerikanische Hochschutzollpolitik seit der Einführung des McKinley-Tarifs am 1. Oktober 1890, des Wilson-Tarifs und dann des Dingley-Tarifs 1897 entgegen. Die amerikanische Hochschutzollpolitik und zumal die von der deutschen Wirtschaft als Zollschikanen wahrgenommenen amerikanischen Importvorschriften wurden demzufolge ab den 1890er Jahren als die Hauptgründe für die „Probleme des deutschen Exports" in die USA betrachtet.

1391 WEHLER, Doppelrevolution, S. 1005.
1392 TORP, Herausforderung, S. 211.
1393 Siehe dazu: GRIMMER-SOLEM, Learning Empire, S. 268: Schmoller, dessen Gedanken Bülow stark beeinflusst hatten, *„had come to occupy a pragmatic middle ground between doctrinaire free trade and mercantilism, justifying moderate protective tariffs for agriculture on the grounds of preserving and modernizing German farming in the face of fierce international competition [...] yet mindful that such tariffs could and should be used as a negotiating tool to secure beneficial trade treaties, as they had been in signing the Caprivi treaties".*
1394 Ibid., S. 278–279.
1395 Meyers Großes Konversations-Lexikon, Band 8. Leipzig 1907, S. 745–747.

Freilich wurde dabei übersehen, dass sich die „überschäumende Entwicklung der amerikanischen Industrie [...] zunehmend in der Lage zeigte, importkonkurrierende Produkte zu erzeugen und selber zu exportieren."[1396] Der amerikanische Protektionismus und Handelsimperialismus, versinnbildlicht seit 1890 durch die sog. Reziprozitätspolitik, das starke Wachstum der amerikanischen Industrie und die um 1897/98 erfolgte Exportoffensive verstärkten in der deutschen Öffentlichkeit, und vor allem in den wirtschaftlichen Kreisen, die Idee einer „amerikanischen Gefahr". Die Angst vor der zunehmend mächtiger werdenden amerikanischen Industrie, hauptsächlich aber die immer stärker ins Land drängenden Agrarexporte Amerikas und auch Russlands brachten nicht zuletzt die Großagrarier gegen den Kurs Caprivis auf. Diese sahen sich auf Grund des Wegfalls von Getreideschutzzöllen der Konkurrenz vor allem mit Russland ausgesetzt. Sie hatten Gewinneinbußen hinzunehmen und forderten deshalb vehement die Einführung von Schutzzöllen auf Getreide. Caprivi wurde schließlich am 29. Oktober 1894 durch Chlodwig zu Hohenlohe-Schillingsfürst als Reichskanzler und preußischer Ministerpräsident abgelöst (bis 1900).[1397] In die Amtszeit von Hohenlohe-Schillingsfürst fiel am 4. März 1897 die Wahl William McKinleys zum amerikanischen Präsidenten. Dieser erließ den Dingley-Tarif, der im Reichstag sehr kontrovers diskutiert wurde, da es in den entsprechenden agrarischen Kreisen in Deutschland zu einer stärker werdenden Forderung nach einer Erhöhung der Getreidezölle kam. Diesen Forderungen wurde schließlich unter Reichskanzler Bernhard von Bülow 1902, der Chlodwig zu Hohenlohe-Schillingsfürst am 17. Oktober 1900 nach dessen Rücktritt als Reichskanzler abgelöst hatte, zum Teil nachgegeben. Für Bülow war eine gedeihliche Entwicklung der deutschen Landwirtschaft die wichtigste Grundlage dafür, das gesellschaftliche und staatliche System zu sichern. Zum einen hatte die Lobby der Agrarier, allen voran der BdL, ein immer noch überproportionales Gewicht etwa im Reichstag;[1398] zum andern waren weiterhin viele Menschen in der Landwirtschaft beschäftigt und die Verstädterung konnte so etwas verlangsamt werden. Es stellte sich darüber hinaus die Frage nach der gesicherten und nachhaltigen Versorgung dieser stark anwachsenden städtischen Bevölkerung in den Industriezentren mit Getreide. Deutschland musste zur Versorgung seiner Bevölkerung und weil es über wenig natürliche Ressourcen, wie Petroleum, Baumwolle oder Kupfer verfügte, Nahrungsmittel und Rohstoffe importieren. Aus diesem Grund hatte das Deutsche Reich zwischen 1899 und 1913 ein beständiges Handelsbilanzdefizit, das es nur über den Export und die Steigerung ausländischer Direktinvestitionen

---

1396 Torp, Herausforderung, S. 326.

1397 Die Darstellung beruht im Wesentlichen auf: Nipperdey, Machtstaat vor der Demokratie, S. 700 ff.

1398 1900 gehörte etwa ein Drittel der Reichstagsabgeordneten dem Bund der Landwirte an. Siehe dazu: Hans-Peter Ullmann, Interessenverbände in Deutschland, Frankfurt am Main 1988, S. 93 f.

einigermaßen ausgleichen konnte, wollte es zudem nicht zu sehr von ausländischen Kapitalgebern, vor allem aus Großbritannien, abhängig sein.[1399] Da Bülow
aber bewusst war, wie sehr der so wichtige deutsche Export von Industriewaren,
der auf Grund einer Überproduktionskrise zu Beginn des 20. Jahrhunderts zusätzlich auf verstärktem Export vor allem nach Übersee abhängig war, durch eine allgemeine Erhöhung von Industriezöllen in den Industrieländern gefährdet werden
konnte, tendierte der Reichskanzler somit zu einem die verschiedenen Interessen
ausgleichenden und in Betracht ziehenden Doppeltarif, einem Zolltarif also, der
für jede Zollposition zwei Zollsätze enthält. Der Doppeltarif kennt dabei zwei
Arten: Einerseits im Voraus gesetzlich festgelegte Minimum- und Maximumtarife
auf bestimmte Waren und anderseits der autonome (General)zolltarif und der Ver-
trags- oder Konventionaltarif. Der autonome Tarif gilt für Staaten, mit denen kein
Handelsvertrag besteht, der Konventionaltarif hingegen für Staaten mit bestehen-
dem Handelsvertrag oder für solche, mit denen Handelsverträge abzuschließen
waren oder zur Erneuerung anstanden.[1400] Differenzierte Doppelsätze kamen also
der verarbeitenden Industrie, wie dem Wirtschaftsbürgertum generell, entgegen,
da sie Angst vor Retorsionszöllen oder, wie man heute sagen würde, Vergeltungs-
zölle hatten.[1401] Die Grundsätze, die zu einem solchen Zolltarif führen sollten,
wurden Bülow zufolge während einer von ihm geleiteten „geheimen Beratung der
höheren Beamten der zuständigen Reichsressorts und der größeren Bundesstaaten"[1402] entwickelt. Dabei wurde unter anderem vereinbart, dass der Zolltarif eine
Ausgestaltung bekommen müsse, die das Zustandekommen von Handelsverträgen
nicht ausschlösse, dass weiter Doppelsätze für möglichst wenige Warengattungen
aufgenommen werden sollten und dass die Vieh- und Fleischzölle unter gar keinen
Umständen so hoch gegriffen werden,[1403] dass die Ernährung der Arbeiterbevölkerung in den großen Städten verteuert würde. Seit 1897 hatte also die zoll- und
handelspolitische Frage an Bedeutung stark zugenommen. Auf der Grundlage des

---

1399 GRIMMER-SOLEM, Learning Empire, S. 266.

1400 CANIS, Von Bismarck zur Weltpolitik; Gottfried HABERLER, Der internationale
     Handel, Verlag Julius Springer, Berlin 1933, S. 249; Dr. Gablers Wirtschaftslexikon,
     hg. von Dr. Dr. h.c. R. SELLIEN und Dr. H. SELLIEN, Springer Fachmedien, Wies-
     baden 1977, S. 1097.

1401 http://www.digitalis.uni-koeln.de/Lichterh/lichterh13-16.pdf, S. 13, eingesehen am
     17. Juli 2015

1402 von BÜLOW, Denkwürdigkeiten, S. 531.

1403 Im Wiederspruch zu dieser Prämisse stand das Reichsgesetz betreffend die
     Schlachtvieh- und Fleischbeschau vom 1. April 1903. Dieses Gesetz verhinderte
     bis zum Ausbruch des Ersten Weltkriegs fast vollständig die Einfuhr von Gefrier-
     fleisch und Kühlfleisch. Siehe dazu: Claudia Linda REESE, Neuseeland und Deutsch-
     land: Handelsabkommen, Außenhandelspolitik und Handel von 1871 bis 1973,
     Franz Steiner Verlag, Stuttgart 1989, S. 26.

Bülow-Traifs begannen schließlich im Jahre 1906 die Debatten im Reichstag über den Abschluss eines Handelsabkommens mit den USA.

Handelsabkommen waren insofern bedeutend, als der Bülow-Tarif lediglich für die vier oben genannten Hauptgetreidearten bindende Minimaltarife enthielt. Alle anderen im Generaltarif festgelegten Zollsätze konnten durch Handelsverträge herabgesetzt werden.[1404] Begünstigt durch das Wahlergebnis der Reichstagswahlen vom 25. Januar 1907, aus denen der Bülowblock als Gewinner hervorging, wurde am 22. April bzw. am 2. Mai des Jahres 1907 schließlich nach langen Diskussionen ein Handelsabkommen mit den USA unterzeichnet, das „dem Reichstag zur verfassungsmäßigen Beschlußnahme" vorgelegt wurde.[1405] Das Abkommen wurde als ein Provisorium angelegt, welches am 1. Juli 1907 in Kraft treten und bis zum 30. Juni 1908 in Wirksamkeit bleiben sollte.

Es soll nun, wie bereits im Kapitel zur Außenpolitik, analysiert werden, inwiefern und ob sich über die Diskussionen zum Handelsvertrag mit den Vereinigten Staaten eine fortschreitende Demokratisierung und „informelle" Parlamentarisierung des Reiches erkennen und beobachten lassen, wie gegebenenfalls beide zusammenhingen und was gerade die spezifische Beschäftigung mit den Vereinigten Staaten dann dazu beitrug. So soll ein immer genaueres Bild der parlamentarischen und demokratischen Verfasstheit und Entwicklung des Kaiserreichs entstehen, welches im letzten Kapitel zu gesellschaftlichen Fragen vervollständigt werden soll.

3.2.2. Beginn der Debatten zum Handelsabkommen mit den USA im Februar 1906: Die provisorische Gewährung der Meistbegünstigung bis 1907

In der Sitzung am 22. Februar 1906 fanden die erste und die zweite Beratung des Entwurfs eines Gesetzes, betreffend die Handelsbeziehungen zu den Vereinigten Staaten von Amerika, statt. In der Sitzung am 23. Februar 1906 wurde die dritte Beratung geführt. Im folgenden Kapitel sollen die Debatten zu den beiden ersten Beratungen analysiert werden. In der dritten Beratung wurden die Argumente zum Teil nur noch einmal wiederholt. Die Debatten konzentrierten sich auf die Petroleumfrage[1406], denn die Bedeutung des Petroleums zumal für die chemische Industrie war seit der im ersten Unterkapitel[1407] untersuchten Interpellation Bassermann (Dezember 1897) noch gestiegen. So hob Johannes Semler von der Nationalliberalen Partei hervor, dass eine Herausnahme des Petroleums aus der

1404 Torp, Herausforderung, S. 17.
1405 Stg. Berichte, 12. Leg.-Periode 1907/09, 16, Anl.Bd. 242, Nr. 391.
1406 Stg. Berichte, 11. Leg.-Periode 1905/06, 2, 51. Sitzung, Freitag, den 23. Februar 1906, S. 1523D.
1407 Siehe dazu Kapitel 3.1.

Meistbegünstigung, wie sie von seinem Parteikollegen Heyl zu Herrnsheim – ein
Hinweis auf die innere Gespaltenheit der Nationalliberalen – in einem Antrag vorgeschlagen worden war, die USA an ihrer empfindlichsten wirtschaftliche Stelle
getroffen hätten und dies unweigerlich zu einem Zollkrieg geführt hätte.[1408] Dieser
wurde zwar von einigen Abgeordneten gewünscht, von der Reichsleitung und der
großen Mehrheit aber deutlich abgelehnt. Das Gesetz zur Gewährung der provisorischen Meistbegünstigung wurde nach dieser Beratung denn auch ohne weitere
Änderungen am Text angenommen.

3.2.2.1. Erste Lesung, 22. Februar 1906

Ehe diese Debatten genauer analysiert werden, zunächst ein kurzer Überblick
zum vertraglichen Rahmen und zur Entwicklung der deutsch-amerikanischen
Handelsbeziehungen zwischen 1890 und 1915: Mit den Vereinigten Staaten hatte
Deutschland am 10. Juli 1900 ein Handelsabkommen mit Wirkung vom 13. Juli
1900 abgeschlossen. Den Erzeugnissen der USA wurden seitens Deutschlands
diejenigen Zollsätze zugesichert, welche durch die in den Jahren 1891–1894 zwischen Deutschland einerseits und Belgien, Italien, Österreich-Ungarn, Rumänien,
Rußland, Schweiz, Serbien andererseits abgeschlossenen Handelsverträge diesen
Ländern zugestanden worden waren. Formell wurde die Meistbegünstigung nicht
eingeräumt. Das Abkommen vom Juli 1900 wurde von deutscher Seite auf den
1. März 1906 gekündigt. Zwischen dem 1. März 1906 und Mai 1907 galt die provisorische Meistbegünstigung in den Handelsbeziehungen mit den USA, wie sie
etwa auch Schweden oder Argentinien gewährt wurde,[1409] mit denen das Deutsche
Reich ebenfalls noch keine neuen Handelsverträge hatte. Das Provisorium wurde
selbst durch ein Handelsabkommen vom 22. April/2. Mai 1907 abgelöst.Dieses
Abkommen wurde von den Vereinigten Staaten zum 7. Februar 1910 gekündigt.
Da der Kongress allen Handels- und Tarifverträgen abgeneigt war, wurden die
Handelsbeziehungen zwischen den USA und Deutschland von da an gegenseitig
autonom geregelt. In Deutschland wurde durch Gesetz vom 5. Februar 1910 der
Bundesrat ermächtigt, den Erzeugnissen der Vereinigten Staaten die Vertragszoll-
sätze einzuräumen. Dies geschah durch Bekanntmachung vom 7. Februar 1910.
Jedoch galten die in den Handelsverträgen mit Schweden und Japan von deutscher
Seite gewährten Zollermäßigungen für die Vereinigten Staaten nicht. In den Vereinigten Staaten wurden durch Proklamation des Präsidenten vom 7. Februar, 1.
März und 24. März 1910 der Einfuhr aus Deutschland und seinen Kolonien die Mindesttarife zugebilligt. Seit dem Inkrafttreten des amerikanischen Zolltarifgesetzes
vom 3. Oktober 1913 wurde die deutsche Einfuhr nur nach diesen behandelt.[1410]

1408 Stg. Berichte, 11. Leg.-Periode 1905/06, 2, 51. Sitzung, Freitag, den 23. Februar 1906,
     S. 1525B.
1409 Ibid., S. 1524C.
1410 Handbuch der Forstpolitik, S. 793.

Nun aber zurück ins Jahr 1906: Am 1. März 1906 sollte der Bülow-Tarif in Kraft treten. Deshalb bedurfte es einer Neuverhandlung des Abkommens mit den USA von 1900 und ein neues Handelsabkommen sollte ausgehandelt werden. Die USA hatten Deutschland deswegen gebeten, ihnen bis zum 30. Juni 1907 den relativ niedrigen ermäßigten Zolltarif, den sog. minimalen Generaltarif, zuzugestehen, um bis dahin zu einem Handelsvertrag mit spezifischem Konventionaltarif zu kommen.[1411] Im Gegenzug würden die Vereinigten Staaten „Deutschland den Fortgenuß der bisherigen Zollermäßigungen der Sektion III des Dingley-Tarifs sicher[] stellen"[1412].

An der kontroversen Diskussion zu dem Entwurf beteiligten sich 10 Abgeordnete. Dies unterstreicht die Dringlichkeit und die Bedeutung der Angelegenheit. Seit den 1890er Jahren hatte sich die Sicht auf die USA verändert. Amerika, welches zuvörderst als demokratisches Modell und auch als Freiheitsverheißung betrachtet wurde, wurde mit seinem wirtschaftlichen Erstarken und seinen imperialistischen Strömungen seit dem Spanisch-Amerikanischen Krieg 1898 und vor allem seit dem Philippinisch-Amerikanischen Krieg 1899–1902 nun immer stärker als Gefahr[1413] und nicht zuletzt als Konkurrent wahrgenommen. Diese Wahrnehmungsänderung ging einher mit der Ausbreitung sozialdarwinistischer Ideen in der Gesellschaft insgesamt sowie der sich zunehmend durchzusetzen beginnenden ökonomischen Meinung, die Welt werde zukünftig von drei Weltreichen dominiert, darunter den USA.[1414] Die Interessenvertreter der Industrie und der Landwirtschaft drängten

---

1411 Meyers Großes Konversations-Lexikon, Band 20. Leipzig 1909, S. 977–982.

1412 Stg. Berichte, 11. Leg.-Periode 1905/06, 2, 50. Sitzung, Donnerstag, den 22. Februar 1906, S. 1495A/B.

1413 Vgl. Manila-Zwischenfall Juni–August 1898: Deutschland, das die Philippinen als Einfallstor nach China betrachtete, hatte während des Spanisch-Amerikanischen Krieges ein Geschwader nach Manila entsandt, wo es zu einem Zwischenfall mit dem amerikanischen Geschwader kam.

1414 Siehe dazu: TORP, Herausforderung, S. 337–338; CANIS, Der Weg in den Abgrund, S. 14: „Den herrschenden bürgerlichen Zeitgeist prägten vor allem der Sozialdarwinismus, die Hegelsche Machtstaatslehre und die Geldpolitik, in zweiter Instanz Weltreichsvorstellungen und völkische Ideen. [...] Ein wachsendes Volk wie das Deutsche muß neue Räume erkämpfen [...]. Konkurrenz und Rivalität beherrschen somit die Beziehungen zwischen den großen Mächten", S. 8. „In der vorherrschenden politisch-weltanschaulichen Vorstellung hatten sich schon seit längerem die großen Theoriekomplexe, der Sozialdarwinismus, der Raumgedanke, die Weltreichslehre und das Machtstaatsdenken, immer mehr miteinander verschränkt. [Aus Sicht der Politiker auf Deutschland tat sich] ein eklatanter Widerspruch, ein tiefer Graben [auf], [...] zwischen seinen Fähigkeiten, seiner Potenz und seiner Leistungskraft auf der einen und seinen begrenzten weltpolitischen Grundlagen und Möglichkeiten auf der anderen Seite (...). Dabei verfügten die drei Weltreiche

mithin verstärkt auf den Abschluss eines Handelsvertrages mit den USA. Vor allem der 1904 gegründete Mitteleuropäische Wirtschaftsverein forderte die Reichsregierung auf, sich „nicht einschüchtern zu lassen und festzubleiben".[1415] Auf Grund des Drucks durch die verschiedenen Interessenvertreter der Wirtschaft sah sich der Reichskanzler somit „genötigt, uns an dieses hohe Haus zu wenden",[1416] um den Vereinigten Staaten noch vor dem 1. März den Generaltarif gewähren zu können.

Am 22. Februar 1906 stellte Reichskanzler Bülow selbst dem Reichstag einen Gesetzentwurf vor.

Bülow: Deutschland als verantwortungsvoller Partner

Seit dem Jahr 1905 hatte sich die internationale Lage deutlich und anschaulich verändert.[1417] In dieser Situation nun wollte Deutschland einen Handelsvertrag mit den USA abschließen und darüber wohl auch einen neuen Verbündeten finden. Bülow legte in seiner Rede zunächst die handelspolitische Lage dar: Deutschland hatte mit den europäischen Staaten bereits Handelsverträge abgeschlossen[1418] und stand nun vor der Aufgabe, „auch das wirtschaftliche Verhältnis zu den Vereinigten Staaten von Amerika neu zu ordnen".[1419]

Rußland in Asien, die USA in Amerika und England mit seinem Empire über sogar noch weiter wachsende Räume von ganz anderem Ausmaß."

1415 Mitteleuropäischer Wirtschaftsverein in Deutschland, Denkschrift, betr. die Neuregelung der Handelspolitischen Beziehungen zu den Vereinigten Staaten von Amerika, Berlin 1905, S. 36, BA, R 1501, 103086.

1416 Stg. Berichte, 11. Leg.-Periode 1905/06, 2, 50. Sitzung, Donnerstag, den 22. Februar 1906, S. 1494B.

1417 NEITZEL, Das Revolutionsjahr 1905.

1418 Interessanterweise hatte der Reichstag im vorhergehenden Punkt den am 7. März 1905 in Addis Abeba abgeschlossenen deutsch-äthiopischen Freundschafts- und Handelsvertrag angenommen. Dies macht die fortschreitende globale Vernetzung der deutschen Wirtschaft zu Beginn des 20. Jahrhunderts deutlich. Ausgangspunkt dieses Vertrages war die sog. Rosen-Gesandtschaft nach Abessinien, geleitet von Friedrich Rosen, Beamter im Auswärtigen Amt, vom Januar bis Mai 1905. Der Vertrag wurde am 7. März 1905 unterzeichnet und trat am 25. Mai 1906 in Kraft. Siehe dazu: Werner DAUM, Gelehrter und Diplomat, Friedrich Rosen und die Begründung der diplomatischen Beziehungen zwischen Deutschland und Äthiopien: Der Mann ohne den es die Axum-Expedition nicht gegeben hätte, in: Afrikas Horn, Akten der Ersten Internationalen Littmann-Konferenz, 2. bis 5. Mai 2002 in München, hg. von Walter RAUNIG und Steffan WENIG, Harrassowitz Verlag, Wiesbanden 2005, S. 265-281.

1419 Stg. Berichte, 11. Leg.-Periode 1905/06, 2, 50. Sitzung, Donnerstag, den 22. Februar 1906, S. 1494B.

Bülow erläuterte, dass die Reichsregierung den USA ein neues Abkommen nach dem Muster der mit den anderen europäischen Staaten abgeschlossenen Verträge vorgeschlagen habe. Allerdings sei sich die Regierung der Schwierigkeiten eines solchen Abschlusses von Anfang an bewusst gewesen. Bülow betonte, dass beiden Ländern an guten Beziehungen läge. Deshalb habe die Regierung beschlossen, das Gesetz zur Verlängerung der Meistbegünstigung bis 30. Juni 1907 einzubringen.[1420]

Die Tatsache, dass der Reichskanzler dem Reichstag persönlich die Gründe für die Einbringung eines Gesetzes vorstellte, welches den USA vorübergehend die Zollsätze der Handelsverträge mit den europäischen Staaten gewähren sollte, betont die Wichtigkeit dieses Abkommens und unterstreicht zudem die Stellung, die der Reichstag im Verfassungsgefüge mittlerweile einnahm. Denn Bülow hatte zu dieser Zeit – die Algeciras-Konferenz war noch am Tagen – vor allem die politischen Beziehungen mit den USA im Sinn, die er nach der positiven Zusammenarbeit bei der Neutralisierung Chinas nach dem russisch-japanischen Krieg nun in der Marokkofrage als sehr gut und zukunftsträchtig erachtete.[1421] Jetzt wollte er durch eine zu harte Haltung in der Zoll- und Wirtschaftsfrage diese gute Zusammenarbeit nicht gefährden. Er betrachtete sie als nötig, um der angenommenen, von England und Frankreich ausgehenden Kriegsgefahr einen eventuellen Bündnispartner entgegensetzen zu können. Der Reichstag, der trotz seiner wie im Kapitel zur Außenpolitik gezeigten verstärkten Aneignung außenpolitischer Themen in der Hauptsache weiterhin die wirtschaftlichen und sozialen Interessen des Reiches repräsentierte und dessen Augenmerk zuvörderst auf den nationalen Reichtum (Konservative Parteien, Nationalliberale) und den zunehmenden Wohlstand aller Schichten (SPD, Linksliberale) gerichtet war, glaubte weniger an diese politische Argumentation Bülows, da pragmatische Fortschritte in den Wirtschaftsbeziehungen ausblieben. Bülow hingegen, das Auswärtige Amt und der Kaiser sahen Verbesserungen in den Beziehungen weniger pragmatisch und sie waren auch weniger an handfesten Ergebnissen für die Bürger interessiert. Fortschritte in den Beziehungen bedeuteten für sie etwa die gelungene Reise des Prinzen Heinrich (1902) oder der zunehmende Professorenaustausch.[1422] Der Unterschied in der Beurteilung der Qualität der Beziehungen zu Amerika verdeutlicht die Kluft zwischen den Interessen der Volksvertreter und der regierenden, meist adeligen alten Elite. Um diese Kluft zu überwinden und den Graben nicht zu vertiefen und so ihr eigenes Herrschaftsmonopol weiter zu gefährden, mussten die Regierungsvertreter dem Reichstag durchaus Respekt zollen. Auch dies führte zu einem größeren

---

1420 Ibid., S. 1494B/C.

1421 Positionspapier des AA zur Frage der Handelsbeziehungen mit den USA: „Zu eventueller Verwertung im Staatsministerium bei Erörterung der Eventualität eines deutsch-amerikanischen Zollkriegs", 05.02.1906, AA Ver. St. 16, Bd. 18.

1422 Charlotte LERG, Universitätsdiplomatie. Wissenschaft und Prestige in den transatlantischen Beziehungen 1890–1920, Vandenhoeck & Ruprecht, Göttingen 2019.

Gewicht des Reichstags und der damit einhergehenden informelle Parlamentarisierung des Reiches. Bülow wandte sich zweimal mit der Bezeichnung „hohes
Haus" an den Reichstag, was dessen Bedeutung hervorhob, aber auch bezeugte,
wie sehr der Kanzler unter Druck stand, vom Parlament die Erlaubnis zu erhalten,
den USA bis zum Abschluss eines endgültigen Handelsvertrages provisorisch die
günstigeren Konventionszölle zu gewähren, um eben die USA gerade zu jenem
Zeitpunkt politisch nicht zu vergrämen. Bülow betonte weiter die freundschaftlichen Beziehungen, die beide Völker verbanden und die nicht durch einen Zollkrieg
in Frage gestellt werden sollten.[1423] Die Industrie war sich der Bedeutung ihrer
Ausfuhr in die USA bewusst und „die Geister schieden sich, wie weit eine handelspolitische Konfrontation mit den USA getrieben und welche Risiken dabei in Kauf
genommen werden sollten."[1424] Posadowsky-Wehner fasste 1906 zusammen, dass
im Grunde nur „diejenigen Industrien" für eine harte Haltung gegenüber Amerika
eingetreten seien, die „einen großen Teil ihres Absatzes nach den Vereinigten Staaten bereits verloren hätten."[1425]

Deshalb wiederholte Bülow am Ende seiner Rede zum einen noch einmal die
Wichtigkeit der Handelsbeziehungen zu den Vereinigten Staaten.[1426] Zum anderen
beleuchtete er die Bedeutung des gegenseitigen Handels für die Industrie beider
Länder und die Notwendigkeit, einen Zollkrieg zu vermeiden.[1427]

Der Beifall von Links für den konservativen Reichskanzler kann dahingehend
interpretiert werden, dass sich die Parteien im Reichstag wohl weniger feindlich
und gegnerisch gegenüber standen, als gemeinhin durch die Analyse von Wahl-
programmen oder Partei- und Wahlveranstaltungen vermittelt wurde.[1428] Zudem

---

1423 Stg. Berichte, 11. Leg.-Periode 1905/06, 2, 50. Sitzung, Donnerstag, den 22. Februar
      1906, S. 1494C.

1424 TORP, Herausforderung, S. 341.

1425 Sitzung des Staatsministeriums am 12.02.1906, BA, R 43, 308, Bl. 78.

1426 Stg. Berichte, 11. Leg.-Periode 1905/06, 2, 50. Sitzung, Donnerstag, den 22. Februar
      1906, S. 1495B.

1427 Ibid., S. 1494D.

1428 Vgl. CANIS, Der Weg in den Abgrund, S. 10: „Verglichen mit den neunziger Jahren
      kam es nach 1900 trotz anhaltender Gegensätze zwischen dem dominierenden
      bürgerlich-konservativen und dem sozialdemokratischen Lager im ersteren zu
      Ansätzen gesellschaftlicher Ausgeglichenheit und dadurch zu einer größeren
      innenpolitischen Stabilität. Staatsstreichpläne auf der einen Seite traten ebenso
      zurück wie revolutionäre Alternativen auf der anderen; Peter REICHEL, Parteien und
      politische Kultur in Deutschland. – Ein Rückblick, in: Bürger und Parteien: Ansich-
      ten und Analysen einer schwierigen Beziehung, hg. von Joachim RASCHKE, Schrif-
      tenreihe der Bundeszentrale für politische Bildung, Bonn, Bd. 189S. 102–112: Im
      Gegensatz zu Canis zeichnet Peter Reichel hier ein sehr negatives Bild von den
      Parteien und ihr Verhältnis zueinander, welches man so aus den hier untersuchten
      Reichstagsreden nicht herauslesen kann, zumindest nicht für die Zeit nach 1900.

ist der Beifall der Linken hier wohl auch der Tatsache geschuldet, dass sie vor allem von Menschen aus dem Industriearbeitermilieu gewählt wurden, deren Wohlergehen in nicht geringer Weise von der Stärke der Industrie abhing. Die SPD war zusammen mit den Linksliberalen der Freisinnigen Vereinigung eine der amerikafreundlichsten Parteien, was sowohl darauf gründete, dass viele Sozialdemokraten nach den Sozialistengesetzen Zuflucht in den USA gefunden hatten, die Partei aber auch lange Zeit von einem Durchbruch sozialistischer Ideen in Amerika überzeugt war.[1429]

In seiner Rede hatte Bülow deutlich gemacht, dass man den USA keineswegs unterlegen wäre und auch die amerikanische Industrie verwundbar und vom Export nach Deutschland abhängig sei. Durch das Gewähren eines zeitlich begrenzten Vorzugstarifs suchte Deutschland, nicht nur Zeit zu gewinnen, sondern auch zu zeigen, dass es alles tun wollte, um einen Zollkrieg zu vermeiden.[1430] Es handelte sich hier zum einen darum, eine Gleichgewichtssituation zwischen beiden Ländern darzustellen, indem er betonte, dass die deutsche Industrie nicht stärker von Exporten in die USA abhängig war als umgekehrt. Auch litt die deutsche Landwirtschaft im Grunde weniger unter den amerikanischen Exporten als unter den russischen. Zum anderen wollte Bülow den Abgeordneten zu verstehen geben, dass Deutschland gerade durch eine einseitige Gewährung von Zollvorteilen seine wirtschaftliche Stärke bewies und Selbstvertrauen ausstrahlte. Obendrein charakterisierte er das Deutsche Reich den USA moralisch und psychologisch als überlegen, indem er vorgab, durch eine derartige Entscheidung Verantwortung für beide Völker wahrnehmen zu wollen. Bülows Ton war geprägt von Respekt gegenüber den Abgeordneten, und er schlug versöhnliche Töne gegenüber den USA an. Obwohl der Abschluss eines Handelsvertrages mit den USA als sehr bedeutend für die deutsche Wirtschaft beschrieben wurde, überwog doch der Eindruck, dass man sich nicht in einer wirklichen Notlage befand, in der schnelles und zielgerichtetes Handeln von besonderer Wichtigkeit wäre, sondern man durchaus die Diskussion mit den USA ruhig und gelassen abwarten konnte. Man kann weiter feststellen, dass in Bülows Rede zwar das in Deutschland verbreitete Bild von einer im Grunde amerikanischen Unterlegenheit aufschien, welches auf der Wahrnehmung der USA fußte, ein relativ junger Staat zu sein, der auf kulturell und zivilisatorisch wenig entwickelten Traditionen beruhte. Andererseits aber wurden die Vereinigten Staaten doch den Kulturmächten zugerechnet und damit als gleichberechtigt und potentiell befreundet betrachtet.[1431] Um es noch einmal zu betonen: Der

---

1429 Siehe dazu: Czaja, Die USA und ihr Aufstieg zur Weltmacht, S. 73–79.

1430 Stg. Berichte, 11. Leg.-Periode 1905/06, 2, 50. Sitzung, Donnerstag, den 22. Februar 1906, S. 1494D.

1431 Siehe dazu: Alexander Schmidt-Gernig, Faszination und Schrecken, S. 165–166: „Amerika [...] war [...] seit den 1890er Jahren nun endgültig zum Kontinent der Verwirklichung einer „Moderne" geworden, die nicht nur keinerlei Vergangenheit (im Sinne von Kultur- und Geschichtsbewusstsein) zu kennen schien,

Kanzler musste qua verfassungsrechtlicher Stellung im Gegensatz zum Reichstag die internationale Figuration und die Position des Kaiserreichs im Mächtegefüge in seine Überlegungen einbeziehen und im Blick behalten. Bülows wohlwollender und freundschaftlicher Ton gegenüber den USA mochte somit nicht zuletzt darauf zurückzuführen sein, dass das Kaiserreich politisch seit dem Abschluss der *Entente cordiale* in Europa zunehmend isoliert war. Deutschland brauchte aus existenziellen Überlegungen heraus einen starken Bündnispartner, und die USA waren gleichsam ein noch freier Spieler, dem man sich annähern konnte, zumal im Jahre 1907 die *Entente cordiale* noch mit Russland zur sog. *Triple Alliance* erweitert werden sollte. Und um dieses Bündnis-Ansinnen zu vermitteln, benutzte er die von den USA durchaus beobachtete Bühne des Reichstags. Die anwesenden Abgeordneten und ihre Reaktionen auf Bülows Rede machten die Stärke und Komplexität des Deutschen Reiches fassbar.

Hans Graf von Schwerin-Löwitz: Der Abgeordnete als Vertreter nationaler Interessen

Nach Bülow ergriff der Abgeordnete und spätere Reichstagspräsident (1910–1912) Hans Graf von Schwerin-Löwitz von der Deutschkonservativen Partei das Wort. Von Schwerin-Löwitz entstammte einem alten Adelsgeschlecht und gehörte zu den sogenannten Ostelbischen Junkern, die unter der Reichskanzlerschaft Otto von Bismarcks dessen Schutzzollpolitik unterstützt hatten. Die Deutschkonservative Partei und die sie namentlich tragenden ostelbischen Großgrundbesitzer werden oft in der Historiographie seit Beginn des 20. Jahrhunderts als eine der hauptverantwortlichen Gruppen für die mangelhafte Durchsetzung demokratischer Strukturen im Kaiserreich betrachtet. Allerdings gilt es diese Sichtweise bei näherer Betrachtung zu verfeinern. Schwerin-Löwitz etwa vertrat durchaus relativ liberale Positionen und – er war sehr im BdL aktiv – gehörte auch zu denjenigen, die die sog. Sammlungspolitik von Landwirtschaft und Schwerindustrie unterstützen. Allerdings trug er die konfrontative Linie des Bundes der Landwirte nicht mit und bedauerte etwa öffentlich, dass sich seine Partei ab 1909 von Reichskanzler Bülow zunehmend entfremdete. Schwerin-Löwitz saß von 1893 bis zu seinem Tod 1918 im Reichstag und gehörte seit 1897 dem Ausschuss zur Vorbereitung von Handelsverträgen beim Reichsamt des Inneren an.[1432] Er war demnach ein Experte auf dem Gebiet von Handelsfragen und hatte wohl an dem nun im

---

sondern überdies durch den Mangel an ebendiesem Traditionsballast in geradezu atemberaubendem Tempo in die Zukunft vorauswies. Die USA als ‚Land der Zukunft' [...] verkörperten zunehmend eine Konkurrenz in ökonomischer, technisch-wissenschaftlicher und vor allem auch gesellschaftlicher Hinsicht."

1432 Hartwin SPENKUCH, Schwerin, Hans Graf von, in: Neue Deutsche Biographie 24 (2010), S. 76–77 [Online-Version]; URL: https://www.deutsche-biographie.de/gnd11 7422355.html#ndbcontent.

Reichstag zu behandelndem Abkommen bereits im Reichsinnenamt mitgewirkt. Er betonte zunächst, dass die Deutschkonservative Partei mit der bisherigen Landwirtschaftspolitik des Reichskanzlers zufrieden war und sie die „bittere Pille [das Handelsprovisorium] [...] in schweigender Resignation [...] schlucken [könnte]" – eine Metapher, die im Plenum „Heiterkeit" auslöste und so wieder auf eine relativ offene und ungezwungene Atmosphäre unter den Abgeordneten schließen lässt. Nichtsdestoweniger war er der Überzeugung, dass dieses Abkommen schlecht für Deutschland und namentlich seine Industrie sein würde. Er sah sich zwar hauptsächlich als Vertreter landwirtschaftlicher Interessen und hätte sich „mit der Erwägung trösten können, daß [...] jedermann ja nur die Behandlung verdient, die er sich gefallen läßt. [...] [und die Industrie] auch nicht würde beklagen können, wenn sie amerikanischerseits in Zukunft ebenso schlecht wie bisher oder vielleicht noch schlechter behandelt werden wird." Hier aber handelt es sich um eine „weittragend[e] national[e] Frage". Die Deutschkonservativen müssen, „weil wir Reichstagsabgeordneten doch nicht dazu gewählt sind, bei so weittragenden nationalen Fragen, auch wenn sie unsere wirtschaftlichen Interessen nicht direkt berühren, mit unserer Meinung hinter dem Berg zu halten,"[1433] in der Debatte deutlich ihren Standpunkt sagen und eine Entscheidung im Interesse der ganzen Nation treffen.

Schwerin-Löwitz gebrauchte hier ein Argument, das den durch viele Redebeiträge entstehenden Eindruck bekräftigte, die Abgeordneten suchten so die Bedeutung und den Einfluss des Reichstages zu stärken. Während der zweiten Beratung des Reichshaushalts-Etat 1903 etwa sprach der preußische Zentrumsabgeordnete Georg Friedrich Dasbach[1434] das Problem des Fehlens von Diäten für Reichstagsabgeordnete an. Er monierte, dass die Reichstagsabgeordneten aus Bayern, Sachsen, Baden und Württemberg ein zusätzliches Landtagsmandat bräuchten, da den Landtagsabgeordneten Anwesenheitsgelder bezahlt werden. Er wunderte sich, wie die süddeutschen Minister zwar den Landesabgeordneten, nicht aber den Reichstagsabgeordneten Anwesenheitsgelder zahlen konnten. Denn in der Tat waren die preußischen Abgeordneten im Reichstag so bevorzugt, da sowohl der preußische Landtag als auch der Reichstag in Berlin tagten. Obwohl er selbst Preuße war, „also

---

1433 Stg. Berichte, 11. Leg.-Periode 1905/06, 2, 50. Sitzung, Donnerstag, den 22. Februar 1906, S. 1495C/D.

1434 Wilmont HAACKE, Dasbach, Georg Friedrich, in: Neue Deutsche Biographie 3 (1957), S. 518 [Online-Version]; URL: https://www.deutsche-biographie.de/pnd11 852383X.html#ndbcontent: Georg Friedrich Dasbach (9. Dezember 1846–11. Oktober 1907) war von 1898 bis 1907 Reichstagsabgeordneter. Da er in der Zeit des Kulturkampfes aktiv gegen die Politik Bismarcks kämpfte, zumal in Trier, wo dieser Kampf zwischen der Kirche und dem preußischen Staat eskaliert war, konnte er keine innerkirchliche Karriere machen. Er war zum Teil antisemitisch eingestellt und engagierte sich für die Rechte der Arbeiter. So war er Mitbegründer einer der ersten gewerkschaftsähnlichen Bewegungen an der Saar.

darüber eine gewisse Freude empfinden kann, glaube ich doch hier als Vertreter des gesammten deutschen Volkes aussprechen zu dürfen, daß es eine Verpflichtung der süddeutschen Minister ist, dafür zu sorgen, daß Anwesenheitsgelder den Abgeordneten des Deutschen Reichstags gezahlt werden."[1435]

Die Reichstagsabgeordneten waren zwar bereits gemäß der Verfassung Interessenvertreter des ganzen Volkes.[1436] Erst durch diese Art der Argumentation aber wurde der Verfassungsgedanke mit Leben erfüllt und dann die Stellung des Reichstags als nationales Element verfestigt. Vertreter des ganzen Volkes zu sein, war ein Argument, das von Abgeordneten aller Parteien immer wieder verwendet wurde. Die Reaktion des Parlaments macht deutlich, dass sich viele Abgeordneten mit dieser Beschreibung ihres Mandats identifizieren konnten.

Im weiteren Verlauf der Rede von Schwerin-Löwitz schien wie bei Barth zum einen eine gewisse Bewunderung für „die geschäftsmännische Klugheit der Amerikaner"[1437] durch. Andererseits beschrieb er jedoch die Handelspolitik Amerikas als „rücksichtslose[] und gewalttätige[] Schutzzollpolitik"[1438]. Das Adjektiv „rücksichtslos" wurde häufig und von Abgeordneten aller Parteien im Zusammenhang mit der amerikanischen Politik benutzt. Es gehörte zu den attributiven Versatzstücken des zu jener Zeit konstruierten Stereotyps vom Charakter der US-Amerikaner. Die Verwendung dieses Adjektivs drückte zum einen ein gegenüber Amerika herrschendes Schwäche- oder Unterlegenheitsgefühl aus. Es schwang zum anderen aber auch eine moralisierende Haltung gegenüber den USA mit, die Ausdruck eines paternalistischen Überlegenheitsgefühls war. Ähnlich, wie bereits Limburg-Stirum im Jahre 1899,[1439] war Schwerin-Löwitz die zwischen der „nordamerikanischen Union", als die er die Vereinigten Staaten durchgängig bezeichnete, und Deutschland herrschende Ungleichheit in den Handelsbeziehungen ein Dorn im Auge und er befürchtete, dass sie, wenn man den Amerikaner zu sehr entgegenkam, noch zunehmen würde. Er betonte, dass andere Länder nicht aus Angst vor einem Zollkrieg davor zurückgeschreckt wären, den USA lediglich den Generaltarif zu gewähren und nicht die Meistbegünstigung, die, so Schwerin-Löwitz, für die Amerikaner selbst „den Gesetzen der Billigkeit und Gegenseitigkeit nicht entspräche".[1440] Indem er die deutsche Reaktion mit der französischen verglich, unterstrich Löwitz gleichsam die deutsche Angst vor einer gewissen Härte, die

---

1435   Stg. Berichte, 10. Leg.-Periode, 1900/03, 9, 251. Sitzung, Donnerstag, den 5. Februar 1903, S. 7709A.

1436   Vgl. Art. 29 der Verfassung vom 16. April 1871.

1437   Stg. Berichte, 11. Leg.-Periode 1905/06, 2, 50. Sitzung, Donnerstag, den 22. Februar 1906, S. 1496C.

1438   Ibid., S. 1497A.

1439   Vgl. dazu Kapitel 2.6.3.2. der vorliegenden Arbeit.

1440   Stg. Berichte, 11. Leg.-Periode 1905/06, 2, 50. Sitzung, Donnerstag, den 22. Februar 1906, S. 1495D.

er bei den Amerikanern analysierte. Wie Bülow bereits zuvor, hob der Abgeordnete die Abhängigkeit der amerikanischen Industrie von Ausfuhren nach Deutschland hervor, was einen Zollkrieg zwischen beiden Ländern sehr unwahrscheinlich
erscheinen ließ. Im Gegensatz zum Reichskanzler aber befürchtete er nicht, sollte
es dennoch zu einem solchen kommen, dass er für Deutschland dann sehr schädlich wäre. Schwerin-Löwitz schloss mit der Aussage, dass seine Partei gegen das
Abkommen stimmen werde und zwar, weil „wir uns nicht entschließen [können],
das Provisorium, welches uns […] als eine einfache Kapitulation unserer Industrie
vor der rücksichtslosen und gewalttätigen Schutzzollpolitik Amerikas erscheint,
anzunehmen".[1441]

Hermann Molkenbuhr (SPD) und Carl Herold (Zentrum): Freihandel oder Protektionismus: Alles zum Wohle der Arbeiter

Hermann Molkenbuhr sprach als nächster. Der von ihm angeschlagene Ton war
ironisch und direkt. Er begann seine Rede damit, dass die Sozialdemokraten für ein
Handelsprovisorium mit Amerika stimmen wollten, aber nicht, „weil wir ein ganz
besonderes Zutrauen zum Bundesrat und zum Herrn Reichskanzler haben, sondern
weil [das Abkommen] im wirtschaftlichen Interesse Deutschlands liegt".[1442] Molkenbuhr baute seine weitere Rede nun auf zwei Säulen auf: Ihm war vor allem am Interesse des deutschen Volkes gelegen, und er ergriff Partei für die Belange der Arbeiter.
Er brachte damit den Internationalismus der Sozialdemokraten zum Ausdruck und
reduzierte in gewisser Weise das Volk auf die Angehörigen der Arbeiterschicht und
die kleinen Unternehmer. Zunächst versuchte er aufzuzeigen, dass die rechten Parteien gegen das Abkommen waren, „weil Sie gerne sehen würden, daß wir mit den
Vereinigten Staaten in einen Zollkrieg kommen, sodaß der ganze Vereinigte-Staaten-
Weizen, der auf den deutschen Markt kommt, […] verteuert werden muß."[1443]
    Um nun seine Argumentation für eine Handelsprovisorium mit Amerika zu
untermauern, berichtete Molkenbuhr davon, wie er selbst die Lage wahrgenommen hatte, als er Anfang der 1880er Jahre in den USA war und dort die Hochschutzzollbewegung einsetzte.[1444] Seiner Ansicht nach war der Auslöser dafür die von
Deutschland seit 1879 betriebene Zollpolitik, insbesondere das von Deutschland

---

1441 Ibid., S. 1497A.

1442 Ibid., S. 1497B.

1443 Ibid.

1444 Molkenbuhr war nach dem Inkrafttreten des Sozialistengesetzes 1878 aus Hamburg
      ausgewiesen worden. Da er in Deutschland anderswo keine Arbeit fand, wanderte
      er 1881 in die USA aus. Er übte dort seinen Beruf als Zigarrenmacher aus und
      engagierte sich zudem in der *Socialist Labour Party of America.* 1884 kehrte er nach
      Deutschland zurück. Siehe dazu: KRAUSE, Molkenbuhr, Hermann, S. 730–731.

gegen die USA erlassene Schweineeinfuhrverbot.[1445] In leicht ironischem, ja beinahe humorvollem Ton berichtete er darüber, wie das Nationalgefühl der Amerikaner verletzt wurde, „weil ihr Schwein so offensichtlich von der deutschen Regierung beleidigt sei." Allerdings steckte seiner Meinung nach weit mehr dahinter, „weil meistens die Leute über die dem Schweine zugefügten Beleidigungen am meisten schrien, die gar kein Schwein zu verkaufen hatten. Es waren die Industriellen in den Neuenglandstaaten, die am meisten Lärm machten, daß man für diese Beleidigung des amerikanischen Schweins Repressalien ergreifen solle."[1446]

Das Wort „beleidigen" hat im Zusammenhang mit Schwein eine derart ironische Fallhöhe, dass der Zuhörer erst recht den eigentlichen Skandal im Hintergrund begreift, der darin bestand, dass die Industriellen erkannt hatten, dass sie so die Farmer für Zölle gewinnen konnten, mit welchen sie selbst wiederum das Volk „ausplündern" könnten. Deshalb hatte Molkenbuhr die ganze Zollbewegung vor allem als eine Maßregel aufgefasst, die sich nicht gegen andere Nationen richtete, sondern die Bewohner der Vereinigten Staaten auszubeuten gedachte.[1447]

Die zweimalige Verwendung des Adverbs „drüben" erweckt den Eindruck einer gewissen fast herablassenden Distanz, gleichzeitig schimmert aber durch diesen leicht familiären Ausdruck eine gewisse Nähe durch, die sicher der Tatsache geschuldet war, dass Molkenbuhr sich in den USA unter all den vielen Einwanderern aus Deutschland nicht fremd gefühlt hatte. Molkenbuhr betonte, dass er dort politisch engagiert war, ein Hinweis darauf, wie stark die deutschstämmigen Einwanderer im politischen Leben der USA involviert waren. Diese Integration in der Aufnahmegesellschaft lief dem seit der Jahrhundertwende zunehmenden Nationalismus der Alldeutschen geradezu diametral entgegen, die, wie im Kapitel Gesellschaft genauer gezeigt wird, wollten, dass die Deutschen im Ausland ihre Wurzeln gerade nicht kappten. Obendrein zeigen die Worte Molkenbuhrs, wie genau deutsche Abgeordnete die Lage in den USA aus eigener Anschauung kannten, was in nicht geringem Maße auf die Sozialistenverfolgung unter Bismarck zurückzuführen war.[1448] Und Molkenbuhr fuhr – gleichzeitig den Patriotismus der Sozialdemokraten als auch die internationale sozialdemokratische Solidarität unter der Arbeiterklasse betonend – fort:

> „Wenn wir hier gegen die Zölle, die sich angeblich gegen Amerika richten, auftreten, so ist das nicht Vorliebe für Amerika, sondern einfach Rücksicht auf die Interessen des deutschen Volkes, die uns leitet. (Sehr richtig! bei den Sozialdemokraten). Und genauso wie ich drüben dieser Schutzzollbewegung entgegentrat, war es nicht die

---

1445 Stg. Berichte, 11. Leg.-Periode 1905/06, 2, 50. Sitzung, Donnerstag, den 22. Februar 1906, S. 1497C.
1446 Ibid.
1447 Ibid., S. 1497D.
1448 Czaja, Die USA und ihr Aufstieg zur Weltmacht, S. 74.

Vorliebe für die europäischen Exportländer als vielmehr Rücksicht auf den amerikanischen Arbeiter."[1449]

Molkenbuhr kritisierte weiter die Unterstützung der Schutzzollpolitik in den USA durch die „federation of labour", also der Gewerkschaften und zweifelte stark, dass die durch Schutzzölle gewonnenen höheren Preise an die Arbeiter weitergegeben würden. Er unterfütterte seine Argumentation mit konkreten Beispielen aus der amerikanischen Industrie, in diesem Falle der Nähmaschinenherstellung. Dadurch bezeugte er zum einen seine Kenntnisse der Verhältnisse in den USA, was ihn und damit den Reichstag zu einem Experten auf internationalem Feld machte. Zum anderen war es ein direkter Angriff auf die alte Elite, der er im Grunde „vaterlandsloses" Verhalten vorwarf und damit deren Legitimität zur Vertretung gesamtstaatlicher Belange infrage stellte. Es zeichnete sich hier eine Umkehrung der Verhältnisse ab, die durch die Demokratisierung und Parlamentarisierung begünstigt wurde und diese auch vorantrieb. Außerdem suchte er über den Schulterschluss der Interessen des deutschen Arbeiters mit denjenigen der amerikanischen eine übernationale Solidarität im Sinne der sozialistischen Ideologie herzustellen, welche letztlich den Nationalstaat überwinden wollte und eine weitere Herausforderung für die im Nationalen verhafteten alten Eliten darstellte:

> „Diese ganze Zolltreiberei der verschiedenen Länder läuft doch darauf hinaus, immer höhere Zollmauern zu haben, nicht etwa, um die fremde Konkurrenz abzusperren, sondern lediglich, um die Inlandspreise für die mit hohen Zöllen belegten Produkte erhöhen zu können. Das ist das Streben, was sowohl jenseits des Ozeans als auch bei Ihnen (rechts) das treibende Element ist. Ihnen ist es ja nicht darum zu tun, den amerikanischen Weizen vom Markt fernzuhalten, sondern hohe Preise für den Weizen zu erzielen, den sie selber bauen, und genau so geht es den amerikanischen Fabrikanten. Die wollen nicht etwa die deutsche Industrie vom amerikanischen Markt ferngehalten haben, nein, sie wollen nur hohe Preise für die Produkte haben, die sie selber herstellen. Sie benutzen diese Zölle lediglich zur Ausplünderung des amerikanischen Volks, wie wir die Zölle zur Ausplünderung unseres Volkes benutzen."[1450]

Allerdings traf diese „Ausbeutung" und „Ausplünderung" nicht nur die Arbeiter, „sondern auch de[n] kleinen Fabrikanten, der auf den Bezug anderer Rohstoffe angewiesen ist." Dies schädigte wiederum die Arbeiter in diesen Firmen, welche wegen der hohen Rohstoffpreise nur niedrige Löhne erhielten.[1451] Der Grund, weshalb die Sozialdemokraten dennoch dem Handelsprovisorium zustimmen wollten, bestand aber darin, dass dieses im Vergleich zur Ausdehnung des „Generaltarif[s]" gegenüber Amerika das kleinere Übel darstellte. Der Generaltarif

---

1449 Stg. Berichte, 11. Leg.-Periode 1905/06, 2, 50. Sitzung, Donnerstag, den 22. Februar
        1906, S. 1497D.
1450 Ibid., S. 1498A.
1451 Ibid., S. 1498B.

würde amerikanische Repressalien zur Folge haben, die sehr schädlich für die deutsche Industrie und den Handel wären, was negative Auswirkungen auf den deutschen Arbeiter zur Folge hätte. Molkenbuhr hob hervor, dass besonders die deutsche Schifffahrt darunter leiden würde, sollte amerikanischer Weizen nicht mehr nach Deutschland, sondern vielleicht nach England exportiert werden. Er veranschaulichte mittels beeindruckender Zahlen die bedeutende Verbindung Deutschlands mit der amerikanischen Wirtschaft,[1452] was ihn zum einen erneut als Kenner moderner wirtschaftspolitischer Verhältnisse charakterisierte, zum anderen die Rückschrittlichkeit der alten Eliten noch krasser hervortreten ließ, denn diese dachten noch immer vor allem im nationalen und europäischen Rahmen. Am Ende erbrachte der Sozialdemokrat einen weiteren Beweis für seine Vertrautheit mit den amerikanischen Verhältnissen, als er auf die anstehenden Wahlen für das Repräsentantenhaus und die Präsidentschaftswahlen im Jahre 1908[1453] zu sprechen kam.[1454] Molkenbuhr hoffte, dass das amerikanische Volk dann „mit dieser Ausplünderungspolitik [...] aufräumt." Und er hoffte, dass man „auch bei uns in Deutschland immer mehr erkennen [wird]", wie sehr die Zolltarife schädlich sind und „daß das deutsche Volk auch vielleicht ohne Äquivalent schließlich erheblich weitere Herabsetzungen unserer Zölle erzwingen wird, und zwar in seinem eigenen Interesse."[1455]

Aus seiner Rede lässt sich mithin erkennen, dass sich Molkenbuhr durchaus als selbstbewusster Vertreter der Interessen des deutschen Volkes sah. Das so vertretene Volk bestand aber im Wesentlichen aus der Arbeiterklasse und den Kleinunternehmern, deren Anliegen gleichsam das Gemeinwohl darstellten. Mit seiner Rhetorik, wie etwa dem häufigen Gebrauch der Wörter und Ausdrücke „unser", „Interessen" oder „deutsches Volk" reduzierte Molkenbuhr das Volk auf eine bestimmte Gruppe oder Klasse und schloss gleichzeitig die Vertreter des

---

1452 Ibid., S. 1498C.

1453 Zur Bedeutung des Jahres 1908 in der amerikanischen Geschichte siehe: Jim RASEN-BERGER, America 1908: The Dawn of Flight, the Race to the Pole, the Invention of the Model T, and the Making of a Modern Nation, Scribner, New York 2007.

1454 Seit der Ermordung William McKinleys im Jahre 1901 regierte der Republikaner Theodore Roosevelt die USA. 1908 verzichtete er auf eine erneute Kandidatur. Sein Nachfolger wurde der Republikaner William Howard Taft (1909–1913). Siehe dazu: Christoph MAUCH (Hg.) Die amerikanischen Präsidenten: 44 historische Portraits von George Washington bis Barack Obama, München 2005. Taft hatte gegen den Demokraten William Jennings Bryan gewonnen, der sich gegen Kartelle und bessere Bedingungen für Farmer einsetzte. Zu W. J. Bryan siehe: Robert W. CHERNY, A Righteous cause: the Life of William Jennings Bryan, Oklahoma Press, Norman 1994.

1455 Stg. Berichte, 11. Leg.-Periode 1905/06, 2, 50. Sitzung, Donnerstag, den 22. Februar 1906, S. 1498D.

Großbürgertums oder des Adels aus. Dabei lief es beinahe auf die Neu-Definition eines deutschen Volkes hinaus, ohne aber die oberen Klassen oder die Reichsleitung direkt und frontal anzugreifen.

Carl Herold[1456] von der Zentrumspartei sprach als nächster. Er unterstrich zuerst, dass das Zentrum für Schutzzölle war, und zwar weil „für die Arbeiterschaft, wenn wir Freihandel einführen wollten, geradezu Elend eintreten würde. Die Arbeiter selbst haben Verständnis dafür, daß der Schutz unserer einheimischen Produktion in ihrem wesentlichen Interesse selbst liegt.“[1457] Wie die SPD, so wollte auch das Zentrum die Arbeiter schützen, allerdings durch die genau entgegengesetzte Maßnahme. Es erfolgte darauf sogleich eine Reaktion des Sozialdemokraten Ledebour, der in einem Zwischenruf auf die Lage der Arbeiter in England hinwies und so die Konkurrenz der Parteien um die immer größer werdende Arbeiterschaft als Wählerpotenzial verdeutlichte. Herold ging auf diesen Zwischenruf ein und entgegnete, „England ist konkurrenzfähig uns gegenüber auch ohne Schutzzölle; bei uns liegen aber die Produktionsverhältnisse ungünstiger, sodaß wir den Schutzzoll notwendig haben, wenn wir den billiger produzierenden Ländern gegenüber konkurrenzfähig bleiben sollen.“

Herold kam dann auf den eigentlichen Debattengegenstand zu sprechen, und zwar den, den USA bis zum 1. Juli 1907 zu gewährenden Vorzugstarif. Er war der Meinung, „daß die Vorzugszölle nur gewährt werden können und sollen den Ländern gegenüber, welche auch ihrerseits uns gewisse Vorteile einräumen. Wenn andere Länder Vorteile haben wollen, dann müssen sie ihrerseits auch entsprechende Konzessionen machen. (Sehr wahr! in der Mitte.).“[1458] Er benutzte dabei dieselbe Argumentation wie die deutschkonservativen Abgeordneten, was auf eine gewisse Einigkeit in außenpolitischen Fragen schließen lässt. Nichtsdestoweniger wollte er der Regierung die Möglichkeit geben, den USA den Vorzugstarif provisorisch zu gewähren, um einen Zollkrieg mit den USA zu vermeiden. Sollten die Amerikaner jedoch „keine ausreichenden Konzessionen machen [...], namentlich auch in bezug auf die Zollabfertigung, welche ja so gewaltig schikanös ist, dann allerdings muß der entscheidende Schritt getan werden, daß der Generaltarif eingeführt wird, auch auf die Gefahr hin, daß der Zollkrieg wirklich entsteht.“ Zunächst aber wollte er „der Regierung eine Vollmacht geben [und ihr] für ein Jahr das Vertrauen entgegenbringen“,[1459] ohne Einschränkungen mit den USA zu

---

1456 MANN, Biographisches Handbuch, S. 176: Carl Herold (20. Juli 1848–13. Januar 1931) saß von 1898 bis 1918 für das Zentrum im Reichstag. Er arbeitete für mehrere Landwirtschaftsverbände im Münsterland und war engagierter sozialkonservativer Katholik. So war er etwa 1909 Präsident des deutschen Katholikentages.

1457 Stg. Berichte, 11. Leg.-Periode 1905/06, 2, 50. Sitzung, Donnerstag, den 22. Februar 1906, S. 1499A.

1458 Ibid.

1459 Ibid., S. 1499B.

verhandeln. Hier sieht man wieder ein Beispiel für die perlokutive Aussprache von „Vertrauen", welche die Reichstagsabgeordneten intensiv nutzten, um bewusst oder unbewusst durch ihre Wortwahl neu Tatsachen zu schaffen bzw. zu schaffen suchten.

Johannes Kaempf (FVp): Alles tun, um einen Zollkrieg zu vermeiden.
Johannes Kaempf wies zunächst die Ausführungen des deutschkonservativen Abgeordneten Graf von Schwerin-Löwitz zurück. Es handelte sich nicht um Rücksichtslosigkeit der Amerikaner und es hatte auch keine Verletzung der nationalen Würde stattgefunden, wenn bisher noch keine Tarife oder Reziprozitätstarife mit Amerika abgeschlossen werden konnten. Vielmehr lag es nach Meinung von Kaempf an der Struktur der beiderseitigen Handelsbeziehungen, über die man sich „vollständig klar" werden sollte. Zudem „sollte [man] sich auch hineindenken in den Gedankengang des anderen Teils; denn das ist die Vorbedingung für alle nationalen und internationalen, für alle geschäftlichen und politischen Verhandlungen."[1460]

Er zitierte den „jetzigen Reichskanzler" von Bülow dessen Ansicht nach „Politik nichts anderes als die Kunst, das Mögliche zu erreichen, und die Kunst sich nicht an dem Unmöglichen den Kopf einzurennen [bedeutet]."[1461] Kaempf gab sich im weiteren Verlauf als Realist, der die genauen Machtverhältnisse zwischen Deutschland und den USA kannte[1462] und so wie Molkenbuhr zuvor bereits die Expertise des Reichstags, sein Eindringen auf das Gebiet internationaler und außenpolitischer Fragen und damit den Versuch des Machtzuwachses über die Entwicklung von Fachwissen und Kompetenzen bezeugte. Während Deutschland vor allem

---

1460 Ibid., S. 1500A.
1461 Ibid., S. 1500B.
1462 Wolfgang WÖLK, Kaempf Johannes, in: Neue Deutsche Biographie 10 (1974), S. 728 f.: Johannes Kaempf (1842–1918) war Direktor der Bank für Handel und Industrie und von 1912 bis zu seinem Tod Reichstagspräsident. Seine Kenntnisse der USA und die Einschätzung der Bedeutung dieses Landes in der Welt um 1900 zeigen sich auch in seinem Eintreten für einheitliche europäische Schadenersatzstandards nach der Katastrophe von San Francisco im Jahre 1906. Im Reichstag argumentierte er denn auch für das Setzen einheitlicher europäischer Standards, da dies „auch auf die amerikanischen Verhältnisse von günstigem Einfluss [wäre] insofern, als es moralisch dahin drängen würde, dass auch in Amerika Policen und Klauseln, wie ich sie besprochen habe, zur Einführung gelangen" (Reichstagsprotokolle 1907/1908). Zitiert nach Tilmann J. RÖDER, Katastrophe als Katalysator: Der Untergang von San Francisco als Impuls für die Entwicklung einer Weltgesellschaft, in: Weltereignisse. Theoretische und empirische Perspektiven, hg. von Stefan NACKE, René UNKELBACH, Tobias WERRON, VS Verlag für Sozialwissenschaften, Wiesbaden 2008, S. 203 -222, hier S. 218.

industrielle Fabrikate nach Amerika exportierte, ruhte der amerikanische Export nach Deutschland auf zwei Säulen: Einerseits „Waren, die einen Weltmarktpreis haben […], nämlich Lebensmittel, Futtermittel, Baumwolle, Kupfer, Petroleum und endlich Weizen." Diese musste Deutschland auf jeden Fall importieren, weshalb die USA für diesen Teil des Exports in einer stärkeren Lage als Deutschland seien. Dafür erhielt er Zustimmung von rechts.[1463] Was den zweiten Teil des Exports betraf, nämlich die „Fabrikate", so hätten beide Länder einen Zollkrieg zu fürchten. Allerdings stimmte Kaempf Herold zu, der bereits dargelegt hatte, was ein solcher für die deutsche Industrie und Schifffahrt bedeuten würde. Er wollte deshalb einen Zollkrieg unbedingt vermeiden und zitierte dazu Bismarck: „[w]enn er die Wahl habe, einen Krieg früher oder später zu bekommen, dann ziehe er vor den Krieg später zu bekommen; denn dann ist doch immer noch die Möglichkeit vorhanden, daß sich inzwischen der Krieg vermeiden läßt." Interessant ist bei dem Gebrauch des Zitats in diesem Zusammenhang, dass für Kaempf Krieg hier nicht im Sinne von bewaffneter Auseinandersetzung gebraucht wurde, was deuten lässt, dass für ihn zum damaligen Zeitpunkt das Führen eines bewaffneten Konflikts nicht mehr wirklich ein wahrscheinlich eintretendes Ereignis zu sein schien, zumindest nicht mit einem Land wie den USA. Kaempf, der sein Verständnis für „den Gedankengang […] des Amerikaners"[1464] äußerte, schwankte in seiner Wortwahl zur Bezeichnung des amerikanischen oder deutschen Volkes zwischen dem metonymischen Gebrauch des kollektiven maskulinen Singulars „der Amerikaner, der Deutsche", „durch dessen Verwendung die Existenz eines prototypischen Vertreters der jeweiligen Gruppe postuliert wird […], dem jegliche Individualität abgesprochen wird"[1465], und des generischen maskulinen Plurals „die Amerikaner, die Deutschen". Dieses Schwanken verweist auf eine Wahrnehmungsambiguität der Staaten: Einerseits wird deutlich, dass die Stereotypisierung noch nicht abgeschlossen war, welche im Gebrauch des Singulars zum Ausdruck kommt. Andererseits wurde das amerikanische Volk auch noch nicht vollständig als eine Gruppe bestehend aus Individuen, als eine vollständige Demokratie, betrachtet, deren Handlungen und Entscheidungen das Resultat eines Kompromisses aller individuellen Einzelentscheidungen und -handlungen wären. Dies würde den Gebrauch des Plurals nahelegen. Die die Modernität so bezeichnende Vorstellung von der Vorherrschaft des Individuums erscheint also noch unscharf und in der Entwicklung begriffen.

1463 Stg. Berichte, 11. Leg.-Periode 1905/06, 2, 50. Sitzung, Donnerstag, den 22. Februar 1906, S. 1500D.

1464 Ibid., S. 1501A.

1465 Elisabeth DEMLEITNER, Gentlemen und Nazis? Nationale Stereotype in deutschen und britischen Printmedien, WespA, Würzburg Mai 2010, S. 10. [Online-Version] https://opus.bibliothek.uni-wuerzburg.de/opus4-wuerzburg/frontdoor/deliver/index/docId/3961/file/DissDemleitnerWespa8.pdf.

Kaempf betonte wiederholt, dass alles, was er sagte, bereits breit und offen in der Presse beider Länder diskutiert worden war und wies sich somit nicht nur als Kenner der USA aus, sondern auch als Demokrat, dem die Transparenz und Pressefreiheit durchaus etwas Selbstverständliches waren.[1466] Er kritisierte die Schutzzollpolitik beider Länder, an der die Einführung eines ausgeglicheneren Zollsystems bisher gescheitert war, und erhielt dafür Zustimmung von links.[1467] Kaempf sicherte am Ende die Zustimmung der Freisinnigen zur Vorlage zu, da man im gegenwärtigen Kräfteverhältnis zwischen Deutschland und den USA „nicht Vernünftigeres tun [kann]".[1468]

Hermann Paasche (Nationalliberale Partei): Eine harte Linie

Hermann Paasche schlug in seinem Beitrag sogleich einen härteren und beinahe sarkastischen Ton an. Im Gegensatz zu Kaempf sprach er durchweg von den „Amerikanern", betonte also die Tatsache, dass die amerikanischen Entscheidungen von sich ihres Tuns bewussten Individuen getroffen wurden. Die von Paasche dabei seine ganze Rede hindurch betonte „Rücksichtslosigkeit" der Amerikaner erhielt so ein höheres Drohpotenzial. Es lassen sich in Paasches Rede zwei Stränge erkennen: Zum einen die Hervorhebung des von ihm so interpretierten rücksichtslosen und einseitigen Verhaltens der Amerikaner, dem sich die meisten deutschen Parteien widerstandslos ergeben wollten; zum anderen der Vorwurf an die deutsche Regierung, den Reichstag nicht frühzeitig genug mit dem Thema „Handelsvertrag mit den USA" beschäftigt zu haben.

Paasche wurde immer wieder von Zurufen von links unterbrochen, da er vor allem die Sozialdemokraten und Linksliberalen beschuldigte, den „rücksichtslose Schutzzollstandpunkt" der Amerikaner als „eine naturgemäße Entwicklung der Verhältnisse" beinahe resigniert hinzunehmen. Ihre Reaktion darauf („Sehr richtig! bei den Freisinnigen und den Sozialdemokraten.") bestätigte die Richtigkeit seiner Aussage. Paasche war aber der Auffassung, dass sich Deutschland dieses Verhalten nicht gefallen lassen dürfe, zumal „die Amerikaner [...] in einer Überschätzung ihrer Position es nicht der Mühe wert erachten, mit dem Deutschen Reich wirklich in Verhandlungen zu treten." Und das, obwohl er die Amerikaner als „praktisch" charakterisierte, die „einsehen [sollten], daß auf die Dauer Handelsbeziehungen zwischen zwei Völkern nicht bestehen können, wenn das eine nur verkaufen will, ohne dem anderen eine Verkaufsgelegenheit in seinem eigenen Lande zu gestatten." Auf diesen Satz hin erhielt Paasche „Lebhafte Zustimmung".[1469] Das Protokoll vermerkte dabei nicht von welcher Seite, so dass davon ausgegangen

---

1466 Stg. Berichte, 11. Leg.-Periode 1905/06, 2, 50. Sitzung, Donnerstag, den 22. Februar 1906, S. 1500C.
1467 Ibid., S. 1500B.
1468 Ibid., S. 1501B.
1469 Ibid., S. 1501C/D.

werden kann, dass dieser Aussage alle Parteien zustimmten. Dies bedeutete, dass der Reichstag ein bestimmtes Amerikabild zu konstruieren begann, was es ihm wiederum gestattete, eine Gruppenidentität und damit Solidarität gegenüber der Exekutive zu entwickeln. Die nationale Einheit, die von den Reichstagsabgeordneten ja verkörpert werden sollte, konnte über ein derartiges „Othering" der Amerikaner zudem gestärkt werden[1470].

Paasche betonte weiter, dass sich auch in den USA die Ansicht verbreitete, dass „das Hochschutzzollsystem mit der rücksichtslosen Begünstigung der eigenen Industrie und mit dem ebenso rücksichtslosen Ausschluß der fremden Industrien auf die Dauer nicht den allgemeinen Interessen entspricht."[1471]

Er verwandte zweimal das Adjektiv „rücksichtslos". Neben dem Pragmatismus war für die rechten Parteien, aber wie gesagt nicht nur für diese, die Rücksichtslosigkeit eine der herausstechenden Charaktereigenschaften des noch relativ jungen amerikanischen Volkes. Es klang hier einerseits Ablehnung an, andererseits aber auch Bewunderung für eine aufstrebende Nation, die wusste, wie man sich durchsetzen konnte. Deutschland hatte dies ja etwa im Falle der Venezuelakrise 1902/03 zu spüren bekommen. Im bürgerlichen Deutschland der Kaiserzeit galt Rücksichtslosigkeit als eine Untugend, die nach dem Ende des Ersten Weltkriegs auch unter dem Eindruck der Niederlage und der von den Entente-Mächten aufgezwungenen Friedenskonditionen im Laufe der Weimarer Zeit zu einer Tugend umgedeutet wurde, um in der Nazizeit schließlich zu einer der herausragendsten Charaktereigenschaften zu werden.[1472] Paasche wandte sich dann gegen die Exekutive, die den Reichstag nicht früh genug an den Verhandlungen beteiligt hatte. Ein Vorwurf, den Lieber der Reichsleitung bereits zum zweiten Flottengesetz 1899 gemacht hatte.[1473] Paasche bezeugte so zum einen, wie sehr die Abgeordneten mit ihren Reden auf eine immer stärkere Durchsetzung des Parlamentarismus drangen, indem sie die Exekutive über die Kontinuität der Konfliktlinien unter Druck setzten, und zudem das im Reichstag versammelte Expertenwissen gerade etwa zu den USA in die Waagschale warfen. Die Reaktion aus dem Plenum darauf war: „Sehr wahr!"[1474]

1470 Zum Begriff Othering, der aus den postkolonialen Studien stammt, siehe: Gayatri CHAKRAVORTY SPIVAK, The Rani of Sirmur: An Essay in Reading the Archives, in: History and Theory, Bd. 24, Nr. 3, 1985, S. 247–272. [JSTOR, www.jstor.org/stable/2505169. Eingesehen am 28. Mai 2020]; Lajos BRONS, Othering, An Analysis, in: Transcience, a Journal of Global Studies, Bd. 6, Nr. 1, 2015, S 69-90.

1471 Stg. Berichte, 11. Leg.-Periode 1905/06, 2, 50. Sitzung, Donnerstag, den 22. Februar 1906, S. 1502A.

1472 Senya MÜLLER, Sprachwörterbücher im Nationalsozialismus: Die ideologische Beeinflussung von Duden, Sprach-Brockhaus und anderen Nachschlagewerken während des „Dritten Reichs B B", J.B. Metzler, Stuttgart 1994, S. 40.

1473 Siehe dazu Kapitel 2.6.2.3. der vorliegenden Arbeit.

1474 Stg. Berichte, 11. Leg.-Periode 1905/06, 2, 50. Sitzung, Donnerstag, den 22. Februar 1906, S. 1502A/B.

Der Redner benutzte das Possessivpronomen „uns" und implizierte damit, dass er sich allen parteilichen Unterschieden zum Trotz einer Gruppe, nämlich der der Reichstagsabgeordneten, zugehörig fühlte. Diese Konstruktion einer gemeinsamen Identität, einer we-group, die der Regierung geschlossen gegenüberstand, welche in gewisser Weise dem soziologischen Phänomen des Othering ausgesetzt wurde, lässt sich in den Reden von Abgeordneten aller Parteien finden. Weiter scheute er sich nicht, durch das Bedauern der späten Beschäftigung des Reichstages mit dem Thema im Grunde einen Primat der Volksvertretung einzufordern, die sich rechtzeitig und umfassend mit den Themen auseinandersetzen zu können habe.[1475] Da die Umstände aber nun einmal so waren und er ebenso wie Herold von der Zentrumspartei Angst vor einem Zollkrieg hatte, wollten er und „seine Freunde" der Vorlage zustimmen. Doch sollte klar gemacht werden, dass es sich lediglich um ein Provisorium handeln würde, nicht um ein endgültiges Zugestehen des besseren Tarifs, „weil wir auf die Dauer es uns von den Amerikanern nicht gefallen lassen können, daß sie einfach unsere Forderungen ignorieren und ihren Standpunkt schroff und rücksichtslos vertreten."[1476]

Allein zum Ende hin wurde der Ton beinahe eindringlich und lamentierend, als er die „Art und Weise, wie sie [die Amerikaner] ihre Wertzölle bemessen haben, uns in einer Weise behandelt haben, die auch in Kreisen freihändlerischer Industrieller lebhafte Erbitterung hervorgerufen hat."

Das von den nationalliberalen Abgeordneten zugerufene „Sehr richtig"[1477] unterstrich im Grunde die Hilflosigkeit des Deutschen Reiches, mit den Amerikanern in Handelsangelegenheiten zu einer Gleichheit zu gelangen. Die Rede des die Interessen der Industrie vertretenden nationalliberalen Abgeordneten machte deutlich, wie sehr die deutsche Industrie, zumal die Hochtechnologie, von Exporten in die USA abhängig war und wie wenig sie gegen die USA ausrichten konnte. Der harsche Ton den USA gegenüber mochte aber auch nur eine nach innen gerichtete Hyperbel gewesen sein, da insbesondere die Landwirtschaftslobby auf eine verstärkte Schutzzollpolitik hinwirkte, der es durch einen harten Ton argumentativ entgegenzukommen hieß, um letztendlich den Handel mit Amerika nicht zu gefährden.

Heinrich Dove (Freisinnige Vereinigung): Verständnis für die USA

Auf dem Nationalliberalen Paasche folgte Heinrich Dove[1478] von der linksliberalen Freisinnigen Vereinigung. Er hob zunächst hervor, er stimme mit Herold überein,

---

1475 Die Aussprache fand am 22. Februar 1906 statt. Das Abkommen sollte aber bereits am 1. März in Kraft treten.

1476 Stg. Berichte, 11. Leg.-Periode 1905/06, 2, 50. Sitzung, Donnerstag, den 22. Februar 1906, S. 1502C.

1477 Ibid., S. 1502C.

1478 Biografisches Lexikon zur Geschichte der Deutschen Sozialpolitik, S. 35: Heinrich Wilhelm Dove (11. Dezember 1853–3. März 1931) war von 1903 bis 1908

dass das bis zum Frühjahr 1907 zu gewährende Provisorium nicht sehr erstrebens-
wert sei, dass aber im Angesicht der Tatsachen keine andere Möglichkeit bestünde,
als dem Antrag zuzustimmen, nicht zuletzt im Interesse der Industrie, die durch
den neuen Zolltarif ab dem 1. März 1906 bereits genügend Herausforderungen zu
meistern habe. Sodann kritisierte er jedoch die Vertreter landwirtschaftlicher Interessen, dass sie die Industrie in dieser Angelegenheit alleine lassen:

> „Die Industrie hat die Kosten [des Zollprovisoriums] zu tragen, und wer den Schaden
> hat, braucht für den Spott nicht zu sorgen. Der Herr Graf Schwerin ruft der Industrie
> zu: jeder verdient die Behandlung, die er sich gefallen läßt. Meine Herren, wenn die
> deutsche Industrie auf dem Gebiete, auf dem sie kompetent ist, den Wettbewerb auf-
> zunehmen hat, so leistet sie stets, was von ihr verlangt wird; da steht sie ihren Mann.
> Aber hier, wo es darauf ankommt, daß ihre Interessen von anderer Stelle wahrge-
> nommen werden, bekommt sie, wie üblich, nichts wie Lobsprüche zu hören, dagegen
> keine Wahrnehmung ihrer Interessen. (Sehr gut! links.)."[1479]

Dove lobte die Wettbewerbsfähigkeit der deutschen Industrie, denn die Interessen
der Industrie waren für die linken Parteien, deren Wählerschaft sich vornehmlich aus der Industriearbeiterschaft und den modernen Industrien rekrutierte, von
großer Bedeutung. Dennoch betonte er im nächsten Absatz auch die Versäumnisse
der Industrie, die „sich in tausend kleine Zersplitterungen differenziert, und jeder
nur sein Zöllchen ins Trockene zu bringen sucht und darüber das gemeinsame
Interesse vergißt, das alle daran haben, der Industrie in unserem inneren Staatsleben und in der Gesetzgebung diejenige Stellung zu verschaffen, die ihr zukommt.
(Sehr richtig! links.)."[1480] Dove glaubte, dass diese Zersplitterung auch mit der politischen Organisation des Deutschen Reiches zusammenhängen könnte, etwa der
Wahlkreiseinteilung. Interessanterweise sprach er im Gegensatz zu Paasche auch
die von deutscher Seite angewendeten Zollschikanen an, indem er etwa auf die
Einfuhrbedingungen für amerikanisches Schweinefleisch hinwies.[1481] Dove, der
die Interessen der modernen und neuen Industrie vertrat, kritisierte indirekt den
auf landwirtschaftliche Produkte zielenden deutschen Protektionismus. Er schloss
mit dem Vorschlag, Deutschland solle sich im Zollkampf gegen die USA „Bundes-
genossen" suchen, um „unsere Position dadurch zu stärken". Er ging aber dann
nicht näher auf diesen Vorschlag ein.[1482] Dove hatte sowohl die Konservativen als

---

Abgeordneter für die Freisinnige Vereinigung. Er gehörte zu den Abgeordneten,
die sich für das Frauenwahlrecht einsetzten. Von 1912 bis 1918 war der Jurist Vizepräsident des Reichstags.

1479 Stg. Berichte, 11. Leg.-Periode 1905/06, 2, 50. Sitzung, Donnerstag, den 22. Februar
      1906, S. 1503A.
1480 Ibid., S. 1503B.
1481 Ibid.
1482 Ibid., S. 1503C/D.

auch die Nationalliberalen beschuldigt, nicht genügend Einigkeit zu zeigen und ohne Nachdruck für die Interessen der Industrie einzutreten, was im Grunde auf eine mangelnde nationale Solidarität hinauslief. Er machte so deutlich, dass sich diese erst noch entwickeln musste, sofern sie nicht eigentlich eine konstruierte Idealvorstellung ist, die von den „Realitäten der sozialen und wirtschaftlichen Ungleichheiten [...] und das ‚unfeine' Gedränge der Interessengruppen bei der Verteilung des Sozialprodukts"[1483] ablenken sollte. Zudem kann man seinen Hinweis auf die zu führende Außenpolitik in die von den anderen Abgeordneten verfolgte Linie einordnen, die Exekutive über perlokutive Akte in diesem Bereich ihre Kompetenzen streitig zu machen und so das Gewicht des Reichstags zu erhöhen.

Max Hugo Liebermann von Sonnenberg (Antisemit): Deutschland soll es dem „egoistischen" Amerikaner gleichtun.

Max Hugo Liebermann von Sonnenberg, Abgeordneter und Vorsitzender der antisemitischen Deutsch-Sozialen Partei,[1484] die seit der 11. Legislaturperiode (ab 1903) im Reichstag zusammen mit anderen antisemitischen und bäuerlichen Parteien die Wirtschaftliche Vereinigung als eine Fraktionsgemeinschaft bildete, ergriff als nächster Redner das Wort. Er hielt eine der längsten Reden zu diesem Thema. Die Rede ist in vielerlei Hinsicht interessant, da er wohl als Mitglied einer nicht die Regierung stützenden Partei, die zudem ihre Wählerschaft über die Provokation und das Brechen von Regeln und Konventionen zu rekrutieren suchte, offener und direkter sprach und zudem den Jargon der Nationalsozialisten vorwegnahm. So sind neben dem Inhalt seiner Rede die Rhetorik und der Stil besonders hervorzuheben. Er hielt eine mit Bildern und klassischen und biblischen Zitaten gesättigte Rede. Der Ton war eher leicht und oft ironisch, an manchen Stellen, vor allem zu Beginn, auch patriotisch-pathetisch mit völkischen Anklängen. Er begann seine Rede mit einem Lob auf den BdL und bezeichnete ihn als „großartigste[] Organisation der Landwirtschaft, [...], [die] seit [ihrer] Entstehung in Wort und Schrift die Gemeinsamkeit der Interessen der deutschen Arbeit in Stadt und Land betont hat. (sehr richtig! rechts – Lachen links.)"[1485]

1483 Hans Rosenberg, Machteliten und Wirtschaftskonjunkturen: Studien zur neueren deutschen Sozial- und Wirtschaftsgeschichte, Vandenhoeck & Ruprecht, Göttingen 1978, S. 102.

1484 Siehe zu den völkischen Parteien: Stefan Breuer, Die Völkischen in Deutschland: Kaiserreich und Weimarer Republik, Wissenschaftliche Buchgesellschaft, Darmstadt 2008. Zu Liebermann von Sonnenberg und der Deutsch-Sozialen Partei siehe: Werner Bergmann, Völkischer Antisemitismus im Kaiserreich, in: Handbuch zur Völkischen Bewegung 1871–1918, hg. von Uwe Puschner, Walter Schmitz, Justus H. Ulbricht, München u.a. 1996, S. 449–463.

1485 Stg. Berichte, 11. Leg.-Periode 1905/06, 2, 50. Sitzung, Donnerstag, den 22. Februar 1906, S. 1503D.

Die Reaktion des Parlaments bezeugte die Feindseligkeit der Linken gegenüber Liebermann von Sonnenberg und die sich verschärfenden Fronten zwischen den Linken und den Rechten, welche in ihrem Abwehrkampf gegen die Ausweitung der Macht der der neuen Eliten und Gesellschaftsschichten immer extremer zu werden drohten, was sich im Übrigen im Tonfall der Rede Liebermanns deutlich zeigte, etwa im Gebrauch des Superlativs, der eines der Merkmale proto-faschistischer und nationalsozialistischer Rhetorik werden sollte[1486]. Liebermann wies die Idee zurück, dass die Landwirtschaft ein „Sorgenkind" sein soll. Er verglich sie vielmehr mit dem „erstgeborene[n] starke[n] Sohn, der im Elternhause für die jüngeren heranwachsenden Geschwister, Industrie und Handel, lange Zeit gearbeitet und geschafft hat und dabei schließlich einmal etwas müde und angegriffen worden ist (Sehr richtig! rechts!) den man daher nun auch etwas pflegen und dem man Gelegenheit geben muß, sich zu stärken und zu erholen."[1487]

Hier schimmerte der völkische Gedanke durch, der die Nation als eine Familie definierte und der auch eine gewisse Nostalgie für den geordneten Ständestaat[1488] hegte, in dem jedem Stand seine Rolle zufiel.[1489]

Dann aber betonte er, dass das Handelsprovisorium mit den USA die Interessen der Landwirtschaft zwar weniger berührt, als die „der Industrie und des Handels", diese ihm aber „in gleicher Weise am Herzen [liegen]. [...]; wir wünschen, daß unserer tüchtigen und leistungsfähigen, erfindungsreichen Industrie und unserem großen, weitausblickenden, kühnen Handel die Gelegenheit gewahrt werden soll, sich kräftig zu entwickeln."[1490]

Die die Industrie und den Handel beschreibenden Adjektive stechen aus den übrigen Redebeiträgen hervor, die in der Regel eher sachlich, kühl und wissenschaftlich an das Thema herangingen. Liebermann benutzte hier völkische Tropen, mit denen versucht wird, eine dementsprechende deutsche Identität im Volk zu verankern und die Diskussion auf ein emotionales Niveau zu heben. Man kann hier nachvollziehen, wie sich die völkischen Ideen langsam eingeschlichen und ausgebreitet haben und gleichsam die emotionale Temperatur im Parlament erhöht wurde. Der Reichstag diente dabei als Bühne, um eine derartige überhöhte

---

1486 Victor KLEMPERER, Die Sprache des Dritten Reiches: Beobachtungen und Reflexionen aus LTI, Ausgewählt und herausgegeben von Heinrich Detering, Philipp Reclam jun. Verlag GmbH, Ditzingen 2020, S. 78–81.

1487 Stg. Berichte, 11. Leg.-Periode 1905/06, 2, 50. Sitzung, Donnerstag, den 22. Februar 1906, S. 1504A.

1488 Zum Begriff „völkisch" siehe: Sven BRAJER, Am Rande Dresdens? Das völkisch-nationale Spektrum einer konservativen Kulturstadt 1879–1933, Thelem Universitätsverlag, München und Dresden 2022, S. 38–44.

1489 Stg. Berichte, 11. Leg.-Periode 1905/06, 2, 50. Sitzung, Donnerstag, den 22. Februar 1906, S. 1504A.

1490 Ibid.

Idee von allem, was deutsch war, auszusäen. Liebermann glaubte im Gegensatz zu Kaempf oder Herold weiter, dass es besser wäre, einen Zollkrieg mit den USA zu beginnen, um eine unbefriedigende Situation möglichst schnell zu bereinigen. Er gebrauchte dabei das Bild von einer zwar schmerzhaften, aber notwendigen Operation, an deren Ende eine Gesundung steht. Der starke Gebrauch von Bildern und Vergleichen sticht ebenso wie der Ton aus den anderen Beiträgen hervor und diente ebenfalls einer Emotionalisierung der Debatten. Liebermann schien überzeugt zu sein, dass sich ein Zollkrieg mit Amerika nicht vermeiden ließe. Mit seinem Bedauern darüber, dass die Abgeordneten sehr wenig von dem Gang der Verhandlungen erfahren hatten, suchte er jedoch über das gemeinsame Gruppeninteresse der Kompetenzausweitung des Reichstags nicht außerhalb der Gruppe zu stehen. Dies wurde noch verstärkt durch seine spöttische Wiedergabe des Verhältnisses zwischen Roosevelt und Botschafter Speck von Sternburg.[1491]

Er zitierte dann einen amerikanischen Politiker, der in der „Dortmunder Zeitung" ein Interview gegeben hatte, in dem er die Abhängigkeit Deutschlands von bestimmten amerikanischen Produkten betonte, so dass „im Falle eines Zollkriegs Deutschland allein der Geschädigte wäre."[1492]

Liebermann wies dies zurück und wies stattdessen darauf hin, dass Deutschland diese Produkte auch etwa aus Russland einführen bzw. selbst herstellen könnte. Vielmehr wäre Amerika der wahre Geschädigte, da dessen „Einfuhr nach Deutschland die unsrige nach Amerika um 450 Millionen Mark übersteigt."[1493] Deutschland war, so meinte Liebermann, schlicht zu liebenswürdig und schwach, was „von den Amerikanern auch zu ihren Gunsten ausgenutzt wird. Das ist ihr gutes Recht, das ist gesunder nationaler Egoismus." Er betonte weiter: „Wir sind keine Amerikafeinde; im Gegenteil, wir wünschten, man lernte bei uns mancherlei von Amerika."[1494]

Es folgte nun ein kurzer Schlagabtausch mit linken Parlamentariern, als er sich beim Zitieren der Bibel versprach. Die Heiterkeit der linken Parlamentarier kommentierte er folgendermaßen: „(Nach links.) Ich freue mich, meine Herren, wenn ich Ihnen ab und zu einmal durch einen lapsus lingue einen kleinen Spaß mache, Sie müssen sich so viel über mich ärgern, da gönne ich Ihnen auch einmal eine kleine Freude." Das Protokoll vermerkt daraufhin „(Heiterkeit.)", was wieder ein Hinweis darauf ist, dass im Reichstag die Atmosphäre noch nicht sehr vergiftet war und die Fronten trotz der Zunahme etwa völkischen und protofaschistischen Sprechens, wie etwa das Lob des Egoismus, noch nicht klar und unüberbrückbar waren. Seine Reaktion hier stand in Kontrast zu einem ähnlichen Schlagabtausch mit den Linken zu Beginn seiner Rede, wo Liebermann, der zunächst einen

---

1491 Ibid., S. 1504C.
1492 Ibid., S. 1504C/D.
1493 Ibid., S. 1504D.
1494 Ibid., S. 1505A.

pathetisch-überhöhten Ton angeschlagen hatte, das Lachen der Linken noch recht scharf zurückgewiesen hatte.

Liebermann befürchtete allerdings, dass Deutschland, welches geopolitisch und strategisch vor allem an einem guten und stabilen Verhältnis zu Großbritannien interessiert war, am Ende sowohl von England als auch den USA über den Tisch gezogen würde, da „wir Deutsche außerordentlich gutmütige Menschen sind."[1495] Das Adjektiv „gutmütig" ist eine weitere nationale Trope, die mit dem Bild des deutschen Michels verbunden wird und bereits seit der Neuzeit zu finden ist.[1496] Dann zeichnete er in sehr ironischem Ton die Ereignisse nach dem Bruch des Sara-togaabkommens[1497] durch Amerika seit dem Dingley-Tarif von 1897 nach. 1897 war von der Reichsleitung ein *de facto* Abkommen mit den USA geschlossen wor-den, das, da es vom Reichstag nicht genehmigt worden war, bis 1910 als Proviso-rium bezeichnet wurde.[1498]

Interessanterweise hatte sich der Ton nun vom pathetisch Überhöhten ins Ironische fast Sarkastische gewandelt, was vielleicht der insgesamt im Reichstag herrschenden Stimmung geschuldet war. Die Mehrzahl der Abgeordneten zeigte sich für das völkische Pathos wohl nicht empfänglich, wie der o.g. Zwischenfall bezeugte. Liebermann führte die Überlegenheit Amerikas auch auf die Tatsache zurück, dass es dort ein starkes Parlament gab, das wirkliche Mitbestimmungs-möglichkeiten hatte. Er versteckte dabei seine Kritik an der Reichsverfassung hin-ter einem beinahe sarkastischen Ton:

> „Ich wünschte von ganzem Herzen, unser freundlicher und liebenswürdiger Herr Reichskanzler hätte so einen bösen Reichstag hier an seiner Seite, der ihm gestattete, alle seine bezaubernde Liebenswürdigkeit auf Amerika loszulassen, der dann aber im

---

1495 Ibid., S. 1505B.

1496 Obwohl die Figur des deutschen Michel wohl aus der Renaissance-Zeit stammt, wurde sie vor allem in der Zeit des Vormärz zu einem Symbol für die Unfähigkeit der Deutschen, über die Schaffung eines Nationalstaats zu nationaler Stärke zu gelangen. Vgl. Tomasz SZAROTA, Der deutsche Michel. Geschichte eines nationalen Symbols und Autostereotyps, Fibre Verlag, Osnabrück 1998.

1497 POMMERIN, Der Kaiser und Amerika, S. 27: Das Saratoga-Abkommen vom 22. Au-gust 1891 sicherte den USA die Meistbegünstigung zu. Es beruhte auf dem Vertrag zwischen Preußen und den USA aus dem Jahre 1828. Gemäß Artikel 33 der Reichs-verfassung hatten die deutschen Länder ihre Zollhoheit an das Reich abgetreten; Suellen HOY und Walter NUGENT, Public Health or Protectionism? The German-American Pork War 1880–1891, in: Bulletin of the History of Medicine , Bd. 63, Nr. 2, 1989, S. 198–224, [www.jstor.org/stable/44451379. Eingesehen am 28. Juli 2020.]: Das Abkommen beendete auch den sog. *Pork War* zwischen Deutschland und den USA, während dem Deutschland seit 1880 ein immer weiter reichendes Importverbot auf amerikanisches Schweinefleisch verhängt hatte.

1498 POMMERIN, Der Kaiser und Amerika, Köln 1986, S. 200.

geeigneten Augenblick Nein sagte aus nationalem Egoismus. Der Herr Reichskanzler würde sich dabei in der gleichen angenehmen Lage befinden wie Herr Roosevelt; auch er könnte sagen: „Ihr seht, ich tue alles für euch, was ich irgend tun konnte; aber das letzte, was mir zu tun noch übrig bleibt, darf ich nicht tun, der Reichstag will es nicht, und er hat dabei mitzureden!"[1499]

Obwohl Liebermann von Sonnenberg durch zahlreiche antisemitische Schriften in der Öffentlichkeit bekannt geworden war, hielt er sich in seiner Rede mit antisemitischen Ausfällen zurück. Seine Aussagen zum Verhalten und Verhandeln der Amerikaner waren beinahe bewundernd, jedenfalls aufgeschlossen. Er zeigte Verständnis für ihre Haltung eines „gesunden Egoismus" und schrieb ihnen vielen wirtschaftlichen Verstand und politische Klugheit zu. Er war der Auffassung, dass ein Zollkrieg unvermeidlich wäre, um den Amerikanern Respekt vor Deutschland zu lehren und sie dadurch zu zwingen, die schikanösen Zollformalitäten aufzugeben und Deutschland als Partner ernst zu nehmen. Er zitierte auch sehr stark die Presse, um seine Argumentation zu unterfüttern. Dabei wird zum einen die große Bandbreite der Meinungsblätter in der Wilhelminischen Epoche ersichtlich, zum anderen war er als der Vertreter einer der Regierung fernstehenden Partei auf die Presseberichterstattung stärker angewiesen. Die von ihm zitierte Presse vertrat wie er die Meinung, dass das Provisorium schlecht sei und Amerika erst dann einer gerechten Zollvereinbarung zustimmen würde, wenn es ihm klar gemacht worden ist, dass eine Hand die andere wäscht. Dazu zitiert er Goethe.[1500]
  In einem zweiten Absatz aber kritisierte er nun auch die Presse, die seiner Meinung nach genauso wie die Regierung „unglaubliche Fehler" gemacht hätte. Dabei fällt wiederum seine Wortwahl auf, die aus dem üblichen Vokabular der Reichstagsabgeordneten herausstach und gleichsam den Jargon der Nationalsozialisten vorwegzunehmen schien: „[...] in der Presse durch das furchtbare Winseln, Zukreuzkriechen und Windelweichtum gegenüber Amerika."[1501]
  Die Regierung kritisierte er dahingehend, dass sie den USA gegenüber zu stark die eigenen Abhängigkeiten offenbart hatte, z.B. durch Minister Delbrück. Der hatte die deutsche Abhängigkeit von amerikanischen Kupfer- und Baumwolleinfuhr auf dem Handelstag deutlich gemacht und durch eigene Kupferminen in den Kolonien Abhilfe verlangt. Liebermann verwarf dies und erregte mit seinem Hinweis auf Bismarck Heiterkeit im Plenum, der Delbrück wohl dazu aufgefordert hätte, „für seine Person die Kupferminen zu suchen (Heiterkeit) und Platz

---

1499 Stg. Berichte, 11. Leg.-Periode 1905/06, 2, 50. Sitzung, Donnerstag, den 22. Februar 1906, S. 1505C.
1500 Johann Wolfgang von GOETHE, Gedichte, Ausgabe letzter Hand, 1827, in: Epigrammatisch, Wie du mir, so ich dir.
1501 Stg. Berichte, 11. Leg.-Periode 1905/06, 2, 50. Sitzung, Donnerstag, den 22. Februar 1906, S. 1505C.

zu machen für einen geschäftserfahreneren Manne".[1502] Interessant ist hier, dass im Jahre 1906 immer noch kein Konsens darüber zu bestehen schien – selbst im rechten, ja extrem-rechten Spektrum –, inwiefern Kolonien im deutschen Interesse waren und dass die Einstellung Bismarcks gegen den Kolonialerwerb und für die eigene nationale Stärkung weiterhin viele Anhänger hatte. Liebermann zu Sonnenberg betonte dann noch einmal, dass er gegen das Handelsprovisorium war, da „Amerika einen überaus günstigen status quo für neue Verhandlungen bekommen wird". In der Zwischenzeit werden „wir [...] es dauernd als Verletzung unseres Nationalgefühls empfinden, daß wir uns schlecht behandeln lassen müssen von einem Staate, der den Deutschen so viel zu verdanken hat."[1503]

Hier ist unklar, was Amerika genau den Deutschen zu verdanken hatte, vielleicht aber seine auch durch deutsche Zuwanderung erlangte Prosperität und die Unterstützung der amerikanischen Unabhängigkeit durch Preußen und die Unterzeichnung des Freundschafts- und Handelsvertrags mit Preußen, des ersten Vertrags mit einer europäischen Macht nach dem Unabhängigkeitskrieg.[1504] Liebermann fuhr fort: „Amerika müßte nicht das kluge Amerika sein, wenn es nicht später sagte: für nichts gibt es bei uns nichts, wenn ihr jetzt etwas von uns haben wollt, so gebt uns dafür auch neue Konzessionen."[1505]

Es scheint wieder die Bewunderung für das Selbstvertrauen und den nationalen Egoismus auf, die häufig von Abgeordneten aller Parteien gegenüber Amerika gezeigt wurde. Deutschland als ebenfalls aufstrebende Macht sollte sich mithin daran ein Beispiel nehmen und eine härtere und kompromisslosere Politik verfolgen, mutiger werden und keine Angst vor einem Zollkrieg haben. Hier wird deutlich, wie die Beschäftigung mit den USA durchaus benutzt wurde, innenpolitische Mentalitätsveränderungen anzubahnen. Liebermann kam dann zum Schluss und betonte, dass er auch im Interesse seiner Wählerschaft gegen das Provisorium zu stimmen gedenkt. Dieser Satz führt zu einem erwähnenswerten kurzen Schlagabtausch zwischen Liebermann und einem Abgeordneten der Linken, der wohl einwarf, dass Liebermann die Reichsverfassung nicht zu kennen schien. In dieser stand, dass Reichstagsabgeordnete kein imperatives Mandat hatten, sondern einzig das Gesamtinteresse des Landes im Blick zu haben hatten. Liebermann wies diese Anschuldigung zurück und antwortet: „[...] glauben Sie

---

1502 Ibid., S. 1505D.

1503 Ibid., S. 1506A.

1504 Karl John Richard ARNDT, Der Freundschafts- und Handelsvertrag von 1785 zwischen Seiner Majestät dem König von Preussen und den Vereinigten Staaten von Amerika: erstmals in deutscher Übersetzung mit den französischen und amerikanischen Originaltexten und Kommentaren zur Ursprungsgeschichte, H. Moos, München 1977.

1505 Stg. Berichte, 11. Leg.-Periode 1905/06, 2, 50. Sitzung, Donnerstag, den 22. Februar 1906, S. 1506A.

etwa, daß die Reichsverfassung dem Abgeordneten verbietet, für die Interessen seiner Wähler zu stimmen? Die Reichsverfassung kennt kein imperatives Mandat, aber die Pflicht des Abgeordneten ist es, seinen Wählern zu nützen."[1506] Durch Liebermanns Rechtfertigung erhält man einen Einblick in das Selbstverständnis der Abgeordneten und wie sie sich vielleicht sahen. Die Definition der Aufgaben und des Selbstverständnisses waren noch in der Entwicklung begriffen und musste erst ausgehandelt und mit Leben erfüllt werden – auch dies war ein Aspekt der informellen Parlamentarisierung. Denn die Konstruktion einer nationalen Identität war eine der Hauptaufgaben des 1871 neu gegründeten Deutschen Reichs. Die Konstruktion einer kollektiven Identität der Gruppe der Reichstagsabgeordneten war ein Baustein oder ein Teilsystem, um mit Luhmann zu sprechen,[1507] auf dem Weg zur Schaffung eines neuen Systems, nämlich des deutschen Nationalstaates.

Der Hinweis auf den in der Verfassung niedergeschriebenen Grundsatz, dass der Abgeordnete „kein imperatives Mandat" innehat (Artikel 29, RV), sondern den Interessen des ganzen deutschen Volkes verpflichtet ist, so wie es etwa Schwerin-Löwitz weiter oben betont hatte, ist wichtig für die weitere Entwicklung der Identität der Reichstagsabgeordneten, die durch ihre Arbeit bis in die heutige Zeit gültige Traditionen und Prinzipien begründeten. Die Frage der deutschen Identität ist bis in die heutige Zeit virulent und von regionaler, konfessioneller und sozialer Fragmentierung geprägt. Dies deutet auf Folgendes hin: Dass sich bis zum Ende des Kaiserreichs statt eines einheitlichen nationalen Selbstbewusstseins ein „föderatives Nationalbewußtsein"[1508] bildete, hängt anscheinend mit den Tiefenstrukturen der deutschen Gesellschaft zusammen und kann somit nur eingeschränkt als Scheitern oder Defizit bewertet werden. Insofern gelang diese Identitätsbildung im Deutsche Reich nicht „nur gebrochen"[1509], sondern eine gebrochene Identität wäre demnach die tiefenstrukturelle eigentliche Identität der deutschen Gesellschaft.

Liebermann endete damit, dass „in den Anschauungen über das Provisorium alle [seine] Freunde ohne Ausnahme einig [sind]".[1510] Allerdings neigten einige Mitglieder der Fraktion dazu, der Regierung ein Probejahr zu geben, was belegt, dass sich die Abgeordneten als der Exekutive übergeordnet zu verorten begannen– ein weiteres Argument für die informelle Parlamentarisierung des Kaiserreichs. Liebermann bemühte zur Unterfütterung seines Aussage noch einmal ein Zitat, diesmal aus der Oper der Freischütz von Carl Maria von Weber, was insofern

---

1506 Ibid., S. 1506B.

1507 Vgl. LUHMANN, Soziale Systeme.

1508 Dieter LANGEWIESCHE, Georg SCHMIDT (Hg.), Föderative Nation: Deutschlandkonzepte von der Reformation bis zum Ersten Weltkrieg, Oldenbourg Verlag, München 2000.

1509 Deutsche Geschichte in Quellen und Darstellungen 8, S. 9.

1510 Stg. Berichte, 11. Leg.-Periode 1905/06, 2, 50. Sitzung, Donnerstag, den 22. Februar 1906, S. 1506C.

bemerkenswert ist, als deren Thema der Freiheitskampf ist und man somit durchaus interpretieren kann, dass Liebermann sich als Kämpfer für die Freiheit Deutschlands sah.[1511] Dies ist natürlich ein nationalistischer Topos, der durchweg von rechten Parteien gebraucht wurde.[1512] Die Rede des als führender deutscher Antisemit in die Geschichte eingegangenen Abgeordneten überrascht dennoch durch die völlige Abwesenheit xenophober oder antisemitischer Äußerungen. Derartige extreme, rassistische oder völkische Töne schienen im Reichstag nicht sehr üblich, wie die intensive Lektüre der Reichstagsakten zumindest zum Thema USA gezeigt hat. Ein solcher Ton und ein solches Vokabular verbot sich unter „honorigen" Herren, wie etwa die lange Diskussion über den von Paasche gebrauchte Begriff des „Arbeitstiers" für die Afrikaner im Kapitel Gesellschaft zeigt. Dies wirft ein interessantes Licht auf die Entwicklung des Antisemitismus, der Xenophobie und des Hurra-Patriotismus in der Wilhelminischen Epoche, die in der historiographischen Literatur wohl insgesamt eine Überbewertung und Fokalisierung erfuhr, um für Entstehung der nationalsozialistischen Diktatur ein schlüssiges Erklärungsmuster zu entwickeln.

Heinz Potthoff: Freihandel

Heinz Potthoff[1513] von der Freisinnigen Vereinigung ergriff nach Liebermann das Wort. Es war der letzte Redebeitrag in der ersten Lesung des Gesetzes. Potthoff sprach sich dezidiert für möglichst großen Freihandel aus und betonte im Laufe seiner Rede, dass die Schutzzollpolitik und hohe Zölle unter Otto von Bismarck 1878/79 und der sog. Bülow-Tarif vom 25. Dezember 1902 den Interessen der deutschen modernen Industrie, aber auch den Interessen der Volksernährung zuwidergelaufen waren. Er griff daher stark die Schwerindustrie, die Nationalliberalen und den mit ihnen verbundenen Zentralverband der Industrie sowie die Landwirtschaft an, die immer für Schutzzollpolitik eingetreten waren.[1514] Er

---

1511 John H. Mueller, Fragen des musikalischen Geschmacks: eine musiksoziologische Studie, Springer Fachmedien GmbH, Wiesbaden 1963, S. 67–68.

1512 Susan Richter, Angela Siebold, Urte Weeber, Was ist Freiheit? Eine historische Perspektive, Campus Verlag, Frankfurt, New York 2016, S. 123–152.

1513 Thilo Ramm, Potthoff, Heinz, in: Neue Deutsche Biographie 20 (2001), S. 662–663 [Online-Version]; URL: https://www.deutsche-biographie.de/pnd116277750. html#ndbcontent: Heinz Potthoff (9. Mai 1875–4. März 1945) vertrat die Fortschrittliche Volkspartei zwischen 1903 und 1912 im Reichstag. Er war gesellschaftlich liberal und international eingestellt (gegen Dreiklassenwahlrecht in Preußen und für die Einführung des Frauenwahlrechts) und trat für eine moderne Sozialpolitik ein. Er arbeitete aktiv in der 1901 gegründeten Gesellschaft für sozialen Fortschritt mit, die den Arbeiterschutz und die Arbeitsrechte verbessern wollte.

1514 Stg. Berichte, 11. Leg.-Periode 1905/06, 2, 50. Sitzung, Donnerstag, den 22. Februar 1906, S. 1507A.

erklärte den Zolltarif von 1902 als verantwortlich dafür, dass es bislang zu keinen „guten Handelsverträgen" gekommen war, und gerade am Beispiel USA würde das Scheitern der Bülow'schen Zollpolitik deutlich. Potthoff erteilte auch allen Zollkriegsphantasien seitens konservativer und rechter Abgeordneter, wie etwa Liebermann von Sonnenbergs, oder auch Teilen der Presse eine Abfuhr. Er trat vehement für eine Senkung der Zölle und den Abschluss echter positiver Handelsverträge ein. Er zeigte Verständnis für die USA und betonte, Deutschland stünde keineswegs als Verlierer im Handel mit Amerika da. Der linksliberale Abgeordnete war jedoch für den Abschluss eines Provisoriums, um die Situation nicht noch stärker zu vergiften. Zunächst ordnete Potthoff die Diskussion um das Handelsprovisorium historisch ein und betonte, dass die Freisinnige Vereinigung bereits früher vorhergesagt hatte, dass „der neue deutsche Zolltarif zur Bekämpfung von Amerika ein recht wenig geeignetes Kampf- und Rüstzeug wäre." Und weiter: „Ich möchte die Tatsache der Vergessenheit entziehen, daß doch der Hauptzweck der ganzen Neuregelung unserer Zollpolitik [...] die Bekämpfung der amerikanischen Gefahr [war]."[1515] Potthoff kritisierte harsch Paasches Ausführungen und verneinte, dass die deutschen Zollsätze weit niedriger waren als die amerikanischen. Die „amerikanische Gefahr" beschrieb er als ein Konstrukt, ähnlich dem des „roten Gespensts",[1516] um den Handel und die Industrie für Schutzzoll zu gewinnen, was auch erreicht worden war, da diese der Zollerhöhung von 1902 zugestimmt hatten.[1517] Dies ist eine sehr erhellende Aussage, zeigt sie doch, wie sehr Deutschland die USA zu Beginn des 20. Jahrhunderts als den stärksten Konkurrenten wahrzunehmen begann und dadurch nicht nur die Wirtschaftspolitik des Deutschen Reiches beeinflusst wurde. So war für Potthoff die einzige Konsequenz aus dem Zolltarif im Inneren eine Verschlechterung der sozialen und wirtschaftlichen Situation und im Äußeren eine Verschlechterung der Beziehungen zu den wichtigsten europäischen Nachbarn und den USA.[1518] Und Potthoff weiter:„ Man hat damals ja gar nicht schwarz genug diese amerikanische Gefahr malen können, obgleich die Zahlen der Statistik durchaus das Gegenteil beweisen."[1519] Das Wort von der „amerikanischen Gefahr" erinnerte an das Wort von der „Gelben Gefahr", also der

---

1515 Ibid., S. 1506C.

1516 Dr. Potthoff spricht hier vom Aufstieg der SPD. Siehe dazu: Hans-Ulrich WEHLER, Das Deutsche Kaiserreich 1871–1918, Vandenhoeck & Ruprecht, Göttingen 2009, S. 87: „Schon 1878 wurde die SAP (Sozialistische Arbeiterpartei), die sich als neuartiger Organisationstypus und Verkörperung prinzipieller Systemkritik durchaus von den anderen Parteien unterscheid, zur viertstärksten Partei im Reichstag, spätestens seither „spukte das rote Gespenst bis in die letzte Bierstube".

1517 Stg. Berichte, 11. Leg.-Periode 1905/06, 2, 50. Sitzung, Donnerstag, den 22. Februar 1906, S. 1506D.

1518 Ibid., S. 1507C.

1519 Ibid., S. 1506D.

Angst vor China. Im bekannten Gemälde von Hermann Knackfuß *Völker Europas, wahret Eure heiligsten Güter* aus dem Jahre 1897 etwa schwebte ein, die Völker Europas bedrohender Buddha aus dem Osten heran.[1520] Ein Hinweis darauf, dass der offene Handel bzw. neue Handelsnationen zwar durchaus als Problem für die deutsche Wirtschaft angesehen wurden, insbesondere für die Schwerindustrie und die Landwirtschaft, aber auch eine gewisse Bewunderung stets mitschwang.

Der freisinnige Abgeordnet kritisierte seinen Vorredner Paasche heftig und relativierte zudem die Schwäche Deutschlands, die von den Nationalliberalen und den anderen Rechten immer wieder hervorgehoben wurde.[1521] Für das Deutsche Reich als der neuen führenden europäischen Wirtschaftsmacht wurden die Beziehungen mit den USA immer wichtiger. Deutschland war ja auf dem Weg, die anderen europäischen Länder wirtschaftlich hinter sich zu lassen, was eine Gefahr für das europäische Gleichgewicht bedeutete. Die Idee des Gleichgewichts der größten europäischen Mächte hatte ab dem 18. Jahrhundert eine immer stärkere Bedeutung erlangt und wesentlich zu den insgesamt langen Friedensperioden beigetragen. Eine tiefgreifende Störung dieses Gleichgewichts zeichnete sich in den Ausführungen Potthoffs ab. Er trat der Ansicht von einer deutschen Schwäche gegenüber Amerika wohl auch aus politischen Überlegungen entgegen. Die Formel vom rücksichtslosen und egoistischen Agieren der Vereinigten Staaten, das sich in seiner Handelspolitik ausdrückte, sollte wohl als Vorwand für eingefordertes egoistisches und rücksichtsloses Verhalten des Deutschen Reiches dienen. Der linksliberale Abgeordnete versuchte, das von Nationalliberalen und rechten Parteien gezeichnete und wohl überzogene Bild von einer rücksichtslosen amerikanischen Handelspolitik, die Deutschland zum Schaden gereichte, in ein objektiveres Licht zu rücken. Er suchte dadurch einer wachsenden Zustimmung zu einem Handelskrieg vorzubeugen, die sicher auch der Tatsache geschuldet war, dass die alte Elite so eine Möglichkeit erblickt hatte, die aufstrebenden neuen Kräfte in der Gesellschaft zu schwächen. Gleichzeitig machte er der alten Elite und der Exekutive die Expertise in außen- und handelspolitischen Fragen streitig. Das über die Reden zu beobachtende wiederholte Bestreiten der exekutiven Kompetenzen in diesen Fragen trug zu einer stetigen Stärkung der Rolle des Reichstags im Institutionengefüge bei. Auch über die Rede Potthoffs kann man die sich wie einen roten Faden durch die Reden der Abgeordneten aller Seiten hindurchziehende Tendenz eines Willens zum Fortschreiten auf dem Weg der Parlamentarisierung, die von einer sich verdichtenden Demokratisierung begleitet wurde, verfolgen.

Potthoff unterstützte ja selbst die Arbeit der Gesellschaft für sozialen Fortschritt.

1520 Heinz GOLLWITZER, Die Gelbe Gefahr. Geschichte eines Schlagworts. Studien zum imperialistischen Denken. Vandenhoeck & Ruprecht, Göttingen 1962.
1521 Stg. Berichte, 11. Leg.-Periode 1905/06, 2, 50. Sitzung, Donnerstag, den 22. Februar 1906, S. 1506D.

3.2.2.2. Zweite Lesung

Da ein Antrag auf Überweisung an eine Kommission nicht gestellt worden war, fand noch am selben Tag und in derselben Sitzung die zweite Beratung statt, was die Dringlichkeit der Frage und einen gewissen Konsens bezüglich ihrer Lösung verdeutlicht.

Der erste Beitrag in der zweiten Lesung des Gesetzes kam von dem nationalliberalen Abgeordneten Heyl zu Herrnsheim. Seine Rede war sehr lang, sie hielt sich bei Details auf und wirkte zögerlich und umschweifig. Heyl zu Herrnsheim zeigte sich weit weniger klar in seinen Äußerungen als sein Fraktionskollege Paasche während der ersten Lesung. Er versuchte, es allen recht zu machen, etwa den Sozialdemokraten oder den Landwirten und auch dem Zentrum. Einerseits trat er für eine striktere Haltung gegenüber Amerika ein, andererseits war er davon überzeugt, der Freihandel hätte positive Auswirkungen auf die deutsche Industrie. Er sah die USA als den großen Konkurrenten im internationalen Handel und bestand darauf, dass es eine Reziprozität in den Handelsbeziehungen geben musste. Dabei verwies er auf die Haltung anderer Länder gegenüber Amerika. Heyl zu Herrnsheim hatte einen Antrag eingebracht, der darauf abzielte, den USA keinen allgemeinen Zolltarif zu gewähren, sondern einen nach Produkten ausdifferenzierten, wie es auch Frankreich etwa praktizierte. Dabei visierte er vor allem Erdölprodukte an. Es schien bereits auch der Gedanke einer europäischen Zusammenarbeit gegen den amerikanischen Druck auf:

> „wenn Deutschland in diesem Augenblick Amerika gegenüber fest bliebe, nachdem Frankreich Amerika bereits differenziert, und wenn auch Österreich sich an Deutschland anschlösse, wir heute den europäischen Ring eigentlich schon festgelegt hätten, mit dessen Hilfe allein wir Amerika nötigen können, seine Zölle zu ermäßigen."[1522]

Es lässt sich daraus ableiten, dass sich die Nationalliberalen nicht wirklich festlegen wollten: Wollten sie in Bezug auf die Zollpolitik für eine forderndere oder nachgiebigere Haltung gegenüber Amerika eintreten? Obwohl er zugab, dass seine Fraktion in der Frage gespalten war, bat er persönlich seine Kollegen, dem Antrag der Regierung zu unterstützen.[1523] Die Unentschiedenheit und das Schwanken der Meinung innerhalb der nationalliberalen Fraktion wurden noch dadurch unterstrichen, dass Heyl zu Herrnsheim ausführlich die Meinung Abgeordneter anderer Parteien, etwa der Sozialdemokraten und des Zentrums, zitierte. So lobte er die Ausführungen der revisionistischen sozialdemokratischen Abgeordneten Richard Calwer[1524] und Max Schippel in den höchsten

---

1522 Ibid., S. 1510D.

1523 Ibid., S. 1512D.

1524 Paul MAYER, Calwer, Richard, in: Neue Deutsche Biographie 3 (1957), S. 102 [Online-Version];   URL: https://www.deutsche-biographie.de/pnd121647722. html#ndbcontent.

Tönen.[1525]

Natürlich wollte Heyl den Keil, der sich innerhalb der Sozialdemokratie zwischen den Revisionisten und der linken Sozialdemokratie aufgetan hatte, ausnutzen und womöglich vergrößern helfen. Gleichzeitig ist aber hier doch interessant, dass ein geadelter nationalliberaler Abgeordneter einen sozialdemokratischen Abgeordneten nicht nur lobte, sondern dies auch mittels einer ausgesuchten Wortwahl tat. So war das Adjektiv „gediegen" nicht nur Ausdruck von Wertschätzung, es bezeugte, dass Klassenschranken im Reichstag allmählich zu fallen begannen, was sicher dem immer besseren Abschneiden der Sozialdemokraten bei den Reichstagswahlen geschuldet war.[1526] Es kann jedoch auch als ein Zeichen für die zunehmende Demokratisierung im Allgemeinen gedeutet werden, welche gesellschaftlichen Veränderungsdruck ausübte, der in der Volksvertretung spürbar wurde. Der Abgeordnete war wohl der Meinung, Deutschland müsse und könne den USA die Stirn bieten, da dies auch andere Länder gewagt hatten. Er war zudem der Überzeugung, dass Amerika sehr stark von deutschen Produkten abhängig war. Heyl dachte, „daß die amerikanischen hohen Zölle im Interesse der deutschen Industrie und der in ihr beschäftigten Arbeiter wesentlich ermäßigt werden [müssten], weil diese Zölle die deutsche Arbeit auf das Schwerste belasten."[1527] Beiläufig und durchaus kohärent zu seiner schonenden Behandlung der SPD nannte er dann noch einen Punkt, weswegen die amerikanischen Produkte billiger waren: „Hierdurch wird die deutsche Industrie, deren Produkte man aus Amerika ausschließt, in Spanien, Südamerika und in anderen Staaten um so mehr geschädigt, weil die Amerikaner durch sozialpolitische und andere Lasten und insbesondere durch hohe direkte Steuern, wie wir sie in Deutschland haben, nicht in annäherndem Verhältnis belastet werden."[1528]

Deutschland befand sich mit den USA in weltweiter Konkurrenz. Die beiden aufstrebenden Exportnationen suchten Preisvorteile auch über eine Dämpfung sozialer Kosten zu erreichen, wie etwa im Kapitel der vorliegenden Arbeit zum Arbeitsrecht gezeigt wird. Es wird an den beiden Stellen deutlich, wie sehr sich die Nationalliberale Partei in einem Zwiespalt befand: Einerseits musste die Arbeiterschaft geschont werden, da sie zu einem immer gewichtigeren politischen Faktor wurde. Andererseits war es für die Unternehmer von Bedeutung, die Arbeitskosten

---

1525 Stg. Berichte, 11. Leg.-Periode 1905/06, 2, 50. Sitzung, Donnerstag, den 22. Februar 1906, S. 1510B.

1526 Bei den Reichstagswahlen vom 16. Juni 1903 hatte sich die SPD noch einmal stark von 27,2 % im Jahre 1898 auf 31,7 % verbessert. Die Nationalliberalen hingegen stagnierten seit 1893 um die 14 %. Siehe dazu: Heino KAACK, Geschichte und Struktur des deutschen Parteiensystems, Westdeutscher Verlag, Opladen 1971.

1527 Stg. Berichte, 11. Leg.-Periode 1905/06, 2, 50. Sitzung, Donnerstag, den 22. Februar 1906, S. 1510C.

1528 Ibid., S. 1510B.

durch Niedrighaltung sozialer Kosten möglichst gering zu halten. Heyl zu Herrnsheim versuchte, die SPD für eine Erhöhung der Zolltarife zu gewinnen, indem er
wieder Calwer zitierte, der nachgewiesen hatte, dass durch die hohen amerikanischen Zölle nicht zuletzt der deutsche Arbeiter geschädigt würde, da Lohnerhö-
hungen hierzulande nicht durchführbar wären.

Die in der Interpellation Bassermann zur *Standard Oil Company* bereits vorher-
gesagte herausragende Bedeutung von Petroleum wurde über die weiteren Aussagen bestätigt, als er als soziale Maßnahme für den deutschen Arbeiter darüber
hinaus die Verabschiedung eines Petroleumgesetzes nach französischem Vorbild
anregte, um so Arbeitsplätze für die stark wachsende Bevölkerung zu schaffen
und an heimisches Heizmaterial zu kommen. Heyl schwankte auch hier zwischen
schutzzöllnerischen und freihändlerischen Argumenten. Er wollte sowohl den aufstrebenden Sozialdemokraten mit ausgedrückten Sorgen für den deutschen Arbeiter, zumal den Heimarbeiter, als auch den Konservativen durch sein Verständnis
für Schutzzölle das Wasser abgraben. Zugleich waren die deutsche Industrie und
das Unternehmertum gespalten zwischen denjenigen, die hochtechnologische
Ware herstellten, und den Rohstoffproduzenten und den Produzenten eher ein-
facherer Produkte. Während jene vom Export in die USA stark profitierten, litten
diese unter der Einfuhr amerikanischer Waren und forderten dementsprechend
den Schutz ihrer Produktion durch hohe Zölle. Die Entwicklung der deutschen
Industriestruktur weg von Massenware, wie Kleidung, hin zu hochtechnologischen
Produkten lässt sich in den Ausführungen des die Unternehmer repräsentierenden
Nationalliberalen Heyl zu Herrnsheim deutlich erkennen. Gleichzeitig zeichneten
sich in seiner Rede ein langsames Verschwimmen der Klassengegensätze und eine
stetige Demokratisierung ab, die, unterbrochen von der Diktatur des Nationalsozialismus, nach der bürgerlichen Gesellschaft in die Zivil- oder Bürgergesellschaft
einmünden sollte.[1529]

Nach Heyl zu Herrnsheim erteilte der Vizepräsident des Reichstages, Dr. Graf
zu Stolberg-Wernigerode, Staatssekretär Posadowsky-Wehner das Wort. Dieser
riet den Abgeordneten, dem von Heyl zu Herrnsheim eingebrachten Antrag nicht
zuzustimmen, da das Ergebnis „vielleicht nur verstimmend wirkt, ohne den nötigen Nachdruck ausüben zu können".[1530]

1529 Zur bürgerlichen Gesellschaft siehe: Reinhart KOSELLECK, Begriffsgeschichten. Stu-
      dien zur Semantik und Pragmatik der politischen und sozialen Sprache, Suhrkamp,
      Frankfurt am Main 2010, S. 407. Zur Bürgergesellschaft siehe: Ingo BODE, Adalbert
      EVERS, Ansgar KLEIN (Hg.), Bürgergesellschaft als Projekt: Eine Bestandsaufnahme
      zu Entwicklung und Förderung zivilgesellschaftlicher Potenziale in Deutschland,
      VS Verlag für Sozialwissenschaften, Wiesbaden 2009.
1530 Stg. Berichte, 11. Leg.-Periode 1905/06, 2, 50. Sitzung, Donnerstag, den 22. Februar
      1906, S. 1513A.

Interessanter als die Meinung des Staatssekretärs zum Antrag selbst ist aber wohl sein Eingehen auf einen oben betrachteten Redebeitrag des Linksliberalen Dr. Potthoff. Posadowsky-Wehner „möchte [sich] gegenüber den Ausführungen eines der letzten Herrn Vorredner noch zu bemerken gestatten, daß er die staatsrechtliche Bedeutung des Gesetzentwurfes, der Ihnen hier vorliegt, nicht ganz richtig zu beurteilen scheint.“[1531] Der Staatssekretär blieb zwar sehr höflich, doch schien durch diesen Satz das zunehmende Kompetenzgerangel zwischen Reichstag und Reichsregierung auf. Die spürbar selbstbewusst auftretenden Abgeordneten wollten sich weitergehende Rechte im Gesetzgebungsprozess zugestehen, was einmal der fortschreitenden Demokratisierung geschuldet war und diese rückkoppelnd wiederum verstärkte, insgesamt jedoch auf eine Schwächung der vorherrschenden Eliten hinauslief. Dieser Kampf wurde im Parlament aber in der Regel sehr höflich und zivilisiert ausgetragen. Posadowsky-Wehner machte klar, dass der Reichstag im vorliegenden Falle lediglich um die Verabschiedung einer Vollmacht gebeten würde, keineswegs die Regierung aber mit Vertragsverhandlungen beauftragen könnte. Der Abschluss internationaler Verträge fiel nicht in die Kompetenz des Reichstages, sondern blieb der Reichsregierung und dem Kaiser vorbehalten.

Nach dem Staatssekretär erhielt der nationalliberale Abgeordnete Dr. Johannes Semler[1532] das Wort. Semlers Rede kontrastierte recht stark mit der seines Fraktionskollegen Heyl. Sie war von bestechender Klarheit und richtete sich gegen den Antrag seines Fraktionskollegen der, dem Beispiel Frankreichs folgend,

„will, daß statt des Vertragstarifes den Vereinigten Staaten provisorisch nur ein Teil des Vertragstarifs eingeräumt werde. Dem gegenüber wird die Frage erlaubt sein: welchen Teil will der Herr Abgeordnete v. Heyl den Vereinigten Staaten einräumen?“[1533]

Semlers Ton war sehr ironisch und tat dar, wie die Abgeordneten innerhalb der nationalliberalen Fraktion uneinig waren. Der Ton überrascht umso mehr, als er stark mit demjenigen kontrastierte, den Semler gegenüber den Sozialdemokraten anschlug: „Von der linken Seite des Hauses wurde vorhin eine Bemerkung gemacht, die ich für durchaus richtig halte: [...]. (Sehr richtig! links.).“[1534]

1531 Ibid., S. 1513 A/B.

1532 Johannes Semler (5. Oktober 1858–23. September 1914) stammte aus Hamburg und repräsentiert als nationalliberaler Abgeordneter von 1901 bis zu seinem Tod das großbürgerliche Hamburg. Er wurde von dem Reeder und Direktors der HAPAG Albert Ballin unterstützt und war mit der Tochter des bedeutenden Hamburger Bürgermeisters Johan Georg Mönckeberg verheiratet. Semler war ein Experte für Kolonialfragen der mehrmals in die deutschen Kolonien in Afrika gereist war. Siehe dazu: Jürgen WESTPHAL, EinBlick: Familie und Jugend in Kriegs- und Nachkriegsjahren. Aus Gesprächen mit Juliane Westphal, Books on Demand, 2017.

1533 Stg. Berichte, 11. Leg.-Periode 1905/06, 2, 50. Sitzung, Donnerstag, den 22. Februar 1906, S. 1513B.

1534 Ibid., S. 1514A.

Sein Standpunkt bezüglich eines Handelsvertrages mit den USA stand mithin dem der SPD näher. Er wollte unter allen Umständen einen Zollkrieg mit den USA vermeiden, und zwar aus mehreren Gründen: „Viele der landwirtschaftlichen Produkte, Baumwolle, Mais usw., können wir ja nicht entbehren, das wird uns von allen Teilen gesagt. Ich glaube auch, die Herren der Rechten werden zugestehen, daß es zurzeit wenig erwünscht wäre, [...] wenn die Klagen über die Fleischnot heute noch erhöht würden."[1535]

Der Ausdruck „die Herren von der Rechten" war ironisch und bezeugte eine gewisse Distanz des Redners zu seinen Fraktionskollegen. Er verdächtigte viele rechte Abgeordnete, welche die Schwerindustrie, Produzenten einfacher Produkte, wie Kleidung, oder die Landwirtschaft repräsentierten, dass sie darauf abzielen, den amerikanischen Import nach Deutschland zu beschränken. Er drückte dies aus, indem er das passivische, unpersönliche Personalpronomen „man" benutzte, das die geheimen Absichten, die vielleicht hinter einer gegenüber Amerika hart auftretenden Haltung steckten, unterstrich: „Wenn man erreichen will, daß der lästige amerikanische Import, die Konkurrenz bei uns zurückgehalten wird, dann freilich mag sich jeder Krieg rechtfertigen, welcher dazu dient, die Situation zu erschweren."[1536]

Das pejorative Adjektiv „lästig" verdeutlichte, worum es bestimmten Abgeordneten wohl eigentlich ging. Ein von deutschen Hochschutzzöllnern ausgelöster Zollkrieg würde dazu führen, „daß Deutschland die Kosten eines Krieges zahlt, den billigerweise eigentlich Europa gegen Amerika führen sollte; dann zahlen wir die Kosten eines Krieges, der bedeutet, die mitteleuropäischen Interessen zu vertreten gegenüber Amerika! Das kann abermals nicht unsere Meinung sein."[1537]

Semler wendete sich auch direkt an die die Landwirtschaft repräsentierenden Abgeordneten, deren Haltung „Tua res agitur, dich geht's an, wir haben kein besonderes Interesse daran"[1538] er bedauerte.[1539] Er forderte von der Landwirtschaft indirekt Solidarität, da er überzeugt war, dass auch sie von der Frage, wie der Handel mit den USA geregelt werden sollte, betroffen war bzw. betroffen sein könnte. Ähnlich wie Heyl bezeugt die Rede Semlers, dass sich gegenüber den immer stärker werdenden USA eine europäische Identität herauszubilden begann. Kein einziges europäisches Land war mehr in der Lage, es alleine mit den Vereinigten Staaten aufzunehmen. Hier wird also bereits die Frage nach einem Europa gestellt, welches im Angesicht von internationalen, globalen Herausforderungen

---

1535 Ibid., S. 1513C.
1536 Ibid.
1537 Ibid., S. 1513D.
1538 Ibid., S. 1514A.
1539 Es handelt sich hier um ein verkürztes Zitat von Horaz, Epistulae, I 18, das Dr. Semler für seine Zwecke leicht fälschlich und verkürzt anwendete. Siehe dazu: http://universal_lexikon.deacademic.com/129380/tua_res_agitur.

gemeinsam vorgehen sollte.[1540] Semler lehnte insbesondere Heyls Vorschlag ab, ein eigenes deutsches Petroleumgesetz zu verabschieden und eigene Raffinerien aufzubauen: „Keine Koterie hat in Amerika mehr Einfluß als der Oiltrust![1541] Das wäre das richtige Mittel, damit aus dem Antrag v. Heyl Unheil erwächst (...)."[1542]

Diese Auffassung wurde in der dritten Beratung, in der es ja fast ausschließlich um diese Frage ging, von Semler noch einmal ähnlich wiederholt. Das beinahe sarkastische Wortspiel zwischen dem Namen Heyl und dem Substantiv Unheil gab den Antrag Heyls der Lächerlichkeit Preis und hob die Meinungsverschiedenheit zwischen den beiden hervor. Indem Semler das abwertende Nomen „Koterie"[1543] gebrauchte, wird zudem deutlich, inwiefern die Ölindustrie durch ihre stetig größere und strategische Bedeutung zu einer Macht im Staate geworden war. Man kann hier somit vielleicht eine gewisse, gegen die Errichtung von Monopolen gerichtete Haltung erkennen, die dem Ideal einer vom freien Unternehmertum getragenen Bürgergesellschaft diametral entgegengesetzt waren. Obgleich auch Heyl das Rockefeller-Ölmonopol in den USA negativ ansprach, trat doch ein tiefer liegender ideologischer Unterschied zwischen den beiden Fraktionskollegen zutage, zumal Heyl in seiner Rede auch ausdrücklich die Rolle des französischen Staates bei der Schaffung einer Ölindustrie gelobt hatte, durch das sich Frankreich vom Monopol Rockefellers unabhängig gemacht hatte.[1544] Ehe Semler zum Schluss seiner Rede kam, wandte er sich noch der Lage der deutschen Schifffahrt zu, die als „zweite Achillesferse" Deutschlands gegenüber Amerika bezeichnet wurde. Er wies dies deutlich zurück und lobte die deutsche Schifffahrt als Amerika

---

1540 Siehe dazu: Alexander SCHMIDT-GERNIG, Zukunftsmodell Amerika? Das Europäische Bürgertum und die Amerikanische Herausforderung um 1900., in: GG, Bd. 18, 2000, S. 79–112. [JSTOR, www.jstor.org/stable/40194905. Eingesehen am 6. Januar 2021].

1541 Die Problematik der Trusts und Monopole wurde im Reichstag häufig angesprochen. Sie berührte das Problem der Moralisierung des neuen kapitalistischen Wirtschaftens, welches aus sozialpolitischen und auch humanistischen Gründen eingehegt werden musste. Siehe dazu: Paul NOLTE, Die Beobachtung des Marktes. Überlegungen zur „moralischen Ökonomie" im 19. Jahrhundert, in: Ders., Transatlantische Ambivalenzen: Studien zur Sozial- und Ideengeschichte des 18. bis 20. Jahrhunderts, De Gruyter Oldenbourg, München 2014, S. 291–309.

1542 Stg. Berichte, 11. Leg.-Periode 1905/06, 2, 50. Sitzung, Donnerstag, den 22. Februar 1906, S. 1513D.

1543 Zur Definition dieses Wortes siehe: Ludwig RIES, Historik: Ein Organon geschichtlichen Denkens und Forschens, Bd. 1., G. J. Göschensche Verlagshandlung, Berlin, Leipzig 1912, S. 261.

1544 Stg. Berichte, 11. Leg.-Periode 1905/06, 2, 50. Sitzung, Donnerstag, den 22. Februar 1906, S. 1511A.

gegenüber überaus konkurrenzfähig, zumal „der amerikanische Passagier nur das Schiff [wählt], das ihn am besten und billigsten befördert."[1545]

Bemerkenswert ist hier zum einen die Beschreibung des amerikanischen Konsumenten als modernen Konsumenten, der ein gutes Preis-Leistungsverhältnis erwartet und dementsprechend seine Kaufentscheidung trifft. Die USA werden mithin als ein moderner marktwirtschaftlicher Staat gezeichnet, der von den marktwirtschaftlichen Entscheidungen der einzelnen Individuen getragen wird. Indirekt äußerte er so eine Kritik am Konsumverhalten der Deutschen, welches sich zum Wohle der heimischen Wirtschaft am amerikanischen ein Vorbild nehmen sollte: Denn in der marktwirtschaftlichen Lehre trägt der anspruchsvolle Konsument zur Belebung des Wettbewerbs bei[1546], welcher wiederum Wohlstand[1547] generiert. Zusätzlich würde ein derartiges Konsumverhalten auch eine gewisse innere Freiheit und ein bestimmtes bürgerliches Selbstbewusstsein stärken, welche positiv auf die Demokratie und damit die Parlamentarisierung rückwirken würden. Schließlich mag das besondere Interesse Semlers an der deutschen Schifffahrt überraschen, war aber wohl seiner Herkunft aus Hamburg und seiner Beziehung zu Albert Ballin geschuldet, dem Gründer des deutschen Lloyd. Semler bezeugte hier also ungewollt, dass die Reichstagsabgeordneten wie die Abgeordneten anderer Länder auch durchaus Lobbyvertreter waren und nicht nur Vertreter der Interessen des ganzen Volkes, wie es mehrfach ausgedrückt worden war. In der Tat hatten die Lobbys im Kaiserreich ihre erste Hochzeit und begründeten damit eine bis in die heutige Bundesrepublik reichende Tradition der Verwobenheit politischer, gesellschaftlicher und wirtschaftlicher Interessengruppen, welche in den privatwirtschaftlichen Nebentätigkeiten zahlreicher Abgeordneter zum Ausdruck kommt.

Am Schluss plädierte Semler noch für den Abschluss eines Handelsvertrages mit Amerika und für die Geduld der Abgeordneten, da er „auf das vernünftige kaufmännische Interesse eines so besonders kaufmännisch angelegten Volkes, wie es die Amerikaner sind"[1548] vertraute. Wie bereits an anderer Stelle gesehen, schwang in den Reichstagsreden häufig eine gewisse Bewunderung für das amerikanische Volk mit, das als sehr rücksichtslos, aber auch unternehmerisch beschrieben wurde. Semler vertraute zudem auf dessen entwickelten Bürgersinn, insbesondere auch dem des einfachen Volkes. Sobald dieses das Spiel der Trusts durchschaut

---

1545 Ibid.

1546 Siehe dazu: Handwörterbuch der Volkswirtschaft, hg. von Werner GLASTETTER, Eduard MÄNDLE, Udo MÜLLER, Rolf RETTIG, Vol. 1, Springer Fachmedien, Wiesbaden 1978, S. 1322 f.

1547 Ludwig ERHARD, Wohlstand für Alle, Neuauflage der 8. Auflage von 1964 mit einem Vorwort von Lars FELD, Ullstein Buchverlage, Berlin 2020.

1548 Stg. Berichte, 11. Leg.-Periode 1905/06, 2, 50. Sitzung, Donnerstag, den 22. Februar 1906, S. 1514B.

hätte, würde es ein Ende des hohen Zolls, der die Produkte künstlich verteuerte, fordern.[1549] Die Amerikaner wurden hier als „Bürger" bezeichnet. Es zeigte sich in diesen Worten eine gewisse Bewunderung für die amerikanische Demokratie, was, wie das Lob des amerikanischen Konsumentenverhaltens, als versteckte Kritik am immer noch nicht wirklich demokratischen Kaiserreich angesehen werden kann, in dem es keine echt souveränen Bürger, sondern weiterhin offiziell Untertanen gab. Gleichzeitig wirkte der Satz hier, als ob sich Semler gar keines Unterschieds zwischen der amerikanischen Demokratie und dem Deutschen Reich bewusst wäre, was insofern erstaunt, als in der allgemeinen Wahrnehmung das Kaiserreich heute trotz zahlreicher Untersuchungen, die zu differenzierteren Erkenntnissen gelangt sind, weiterhin als sehr rigider Untertanenstaat gilt. Befördert wurde dieses Bild nicht zuletzt von Romanen wie Heinrich Manns *Der Untertan*. Durch das Analysieren der Reichstagsreden und der Konstruktion der stenografischen Berichte als eigenständiges Quellenkorpus, das nicht nur als Quellenreservoir benutzt wird, lässt sich also durchaus mitwirken, ein immer differenzierteres Bild von der politischen und gesellschaftlichen Wirklichkeit im Deutschen Reich zu zeichnen, welches sehr stark auch von Ungleichzeitigkeiten in der Lebenswirklichkeit seiner Menschen geprägt wurde.

Im letzten Satz Semlers schien die Überzeugung auf, dass Deutschland und Amerika als die beiden zukünftigen großen Handelsnationen unbedingt zusammenarbeiten müssten: jedwede kleine Missgunst sollte vermieden werden und man sollte nur mit großen Mitteln arbeiten.[1550] Er gebrauchte hier das adjektivische Gegensatzpaar klein – groß, um einer bei Reichstagsreden von Abgeordneten aller Lager immer wieder geäußerten Ansicht Ausdruck zu verleihen, dass beide Staaten wohl in Zukunft die mächtigsten Nationen sein würden, zwischen denen sich jede kleingeistige Missgunst verbat.

Auf Semler folgte der Sozialdemokrat Eduard Bernstein.[1551] Er beschäftigte sich im Wesentlichen mit der Rede Heyls, den er bemerkenswerterweise häufig mit

---

1549 Ibid.

1550 Ibid., S. 1514C.

1551 Paul MAYER, Bernstein, Eduard, in: Neue Deutsche Biographie 2 (1955), S. 133 f. [Online-Version]; URL: https://www.deutsche-biographie.de/pnd118509993. html#ndbcontent: Eduard Bernstein (6. Januar 1850–18. Dezember 1932) war einer der bedeutendsten Sozialdemokraten in der wilhelminischen Epoche und der herausragende Vertreter des sog. Revisionismus, welcher sich vom Gedanken abwandte, die gegebene Ordnung revolutionär zu verändern, sondern stattdessen das Deutsche Reich reformerisch zu demokratisieren und zu parlamentarisieren suchte. Bis 1901 war er in London im Exil, von 1902 bis 1907 und 1912 bis 1918 war er Reichstagsabgeordneter. Zum Revisionismus siehe: Raoul GIEBENHAIN, Der Revisionismus Eduard Bernstein und die Identitätssuche der deutschen Sozialdemokratie, GRIN Verlag, Norderstedt 2007.

seinem Titel als Freiherr von Heyl bezeichnete. Dies wirkte zum Teil ironisch und sollte wohl eine gewisse Distanz sowohl zum Inhalt von Heyls Rede als auch zur Person selbst ausdrücken. Bernstein machte so einen Klassenunterschied deutlich, den er jedoch durch den häufigen Gebrauch des Titels sogleich wieder ironisch distanziert überwand, ja zerstörte. Das Ergebnis war die Perzeption einer Gleichheit der beiden Abgeordneten. Bernstein wies vor allem von Heyls Rückgriff auf die Aussagen zweier Sozialdemokraten (Calwer und Schippel) zurück, die er als „Ketzer" in der Partei bezeichnete. Er stellte klar, dass „Schippel vollständig seiner eigenen Eingebung gefolgt sei, als er sein Mandat niedergelegt hat. Das zeigt und bestätigt nur, daß kein Gewissenszwang auf Schippel ausgeübt worden ist."[1552] Die Betonung des Begriffs „Gewissenszwang" ist dabei bemerkenswert, da die Abwesenheit eines solchen gleichermaßen die Rolle des Abgeordneten widerspiegelt, der nur seinem Gewissen verantwortlich war. Bernstein wollte wohl durchblicken lassen, dass die SPD demokratisch organisiert war. Dadurch festigte er zum einen die demokratische Idee im Kaiserreich und setzte sie im Grunde als bereits vollständig existierend voraus.

Bernstein, der die Meinung der sozialdemokratischen Fraktion ausdrückte, war ganz dezidiert für Freihandel und insbesondere für einen Handelsvertrag mit den USA, der auf möglichst geringen Zöllen beruhen sollte. Um die positiven Aspekte des Freihandels zu beleuchten, zitierte er als Beispiel den Schiffsbau in England, der dank des Freihandels blühte, da die USA ihre Schiffe in Großbritannien bauen ließen. Damit wies er Heyls Argumentation zurück, der zu belegen versucht hatte, dass England auf Grund seiner freihändlerischen Politik durch Amerika geschwächt werde.[1553] Bernstein scheute sich nicht, Heyls Rede durch einen ironischen Ton nahezu ins Lächerliche zu ziehen. Das Wiederholen seines Titels und die anschließende Anrede der Abgeordneten als „meine Herren" wirkten oberlehrerhaft und unterstrichen so den Willen Bernsteins zur Aufhebung der Klassenschranken.[1554] Bernstein zeichnete dann die Haltung insbesondere der Schwerindustrie gegenüber Handelsverträgen nach: Die klassischen Industriellen in Stahl- und Textilgewerbe hatten große Angst vor den neuen Handelsverträgen.[1555] Er bezeichnete diese Haltung aber als von diesen Industrien gesponnenes „schutzzöllnerische[s] Garn"[1556] und machte so deutlich, dass es sich im Grunde um einen Täuschungsversuch handelte, um die Erzählung einer erfundenen Geschichte im Interesse dieser Unternehmen, wie etwa der Textilindustrie, für die Heyl als Textilunternehmer natürlich Lobbyarbeit betrieb. Bernstein bestritt weiter jedoch nicht, dass

1552 Stg. Berichte, 11. Leg.-Periode 1905/06, 2, 50. Sitzung, Donnerstag, den 22. Februar 1906, S. 1514D.
1553 Ibid.
1554 Ibid., S. 1514D–1515A.
1555 Ibid., S. 1515A/B.
1556 Ibid., S. 1515B.

die Vereinigten Staaten ein „Schutzzollland"[1557] waren und somit an den Handels-
hemmnissen schuld waren. Sie müssten von den Vorteilen eines Handelsvertrags
erst noch überzeugt werden. Er betonte aber, dass ein Handelskrieg zwischen beiden Ländern die Meinung der amerikanischen Bevölkerung nicht ändern würde.
Interessanterweise sprach Bernstein hier von der öffentlichen Meinung und
machte so zwei Dinge deutlich: Einmal, wie sehr den deutschen Abgeordneten die
Zwänge und Mechanismen der amerikanischen Demokratie vertraut und selbstverständlich waren. Dann, dass sich für ihn auch das Deutsche Reich auf diesem
Weg befand, wo die öffentliche Meinung bei den Entscheidungen der Regierung,
wie bei der Behandlung der Interpellation Bassermann (Dez. 1897) gezeigt, immer
schwerer wog. Ein Handelskrieg mit den USA brächte für Deutschland Bernsteins
Ansicht nach also gar nichts. Stattdessen wären dritte Länder Nutznießer eines solchen: „[...] wir haben kein Interesse, einer dritten Nation, mag sie sonst auch noch
so befreundet sein, und wenn auch gerade wir Anhänger der Verbrüderung der
Nationen sind, Vorteile auf Kosten des deutschen Volkes, der deutschen Industrie
extra noch leichtsinnig zuzuschanzen."[1558]

Die Alliteration des Adjektivs „deutsch" unterstrich noch einmal den vorausgegangenen Satz, wonach die deutschen Abgeordneten, auch die der internationa-
listisch ausgerichteten SPD, zuvörderst das nationale Interesse im Auge hatten. Die
dritte Nation, von der Bernstein sprach, war Großbritannien, welches dank seiner
bedeutenden Industrie von einem Handelskrieg zwischen Deutschland und den
USA am stärksten profitieren würde. Weiterhin betonte Bernstein, dass bei einem
Zollkrieg anders als bei einem „gewöhnliche[n] Krieg, der auf dem Schlachtfeld
ausgefochten wird",[1559] beide Seiten nur verlieren könnten. Die pazifistische Idee
von der totalen Ächtung des Krieges war also auch bei den Sozialdemokraten
nicht stark verbreitet. Noch hatte man ja die Erfahrungen des Ersten Weltkriegs
mit seinen furchtbaren Schlachten nicht gemacht, und viele konnten sich wohl
nur schwer vorstellen, welches Zerstörungspotential die neuen Waffen des Zeit-
alters der Industrialisierung hatten,[1560] wenngleich einige Abgeordnete, wie etwa
August Bebel bereits davor gewarnt hatten. Dies erklärt auch die anschließende
genauere Definition eines Zollkrieges durch Bernstein: „Ein Zollkrieg ist ein Krieg,
der geführt wird von jeder Nation auf Kosten eines großen Teils der eigenen Nation, wo die betreffenden Nationen, die ihn führen, beide sozusagen einen großen

---

1557 Ibid.
1558 Ibid., S. 1515C.
1559 Ibid.
1560 ULLRICH, Deutsches Kaiserreich, S. 167: „In ihrer öffentlichen Rhetorik hatte auch
      die deutsche Sozialdemokratie immer wieder das Wettrüsten angeprangert, doch
      war ihr Verhältnis zur preußisch-deutschen Armee viel ambivalenter, als es die
      antimilitaristischen Verlautbarungen vermuten lassen."

Teil der Industrie des eigenen Landes schwer schädigen, um dadurch indirekt dem anderen Lande einen Nachteil zuzufügen."[1561]

Bernstein gab sich aber auch als Pragmatiker zu erkennen, wenn er die rhetorische Frage stellte, in welchen Artikeln wir aber denn die Amerikaner schädigen könnten? Die Antwort darauf lieferte er sogleich selbst, nämlich in sehr wenigen.[1562] Obgleich Bernstein durchaus die Personalpronomina „wir" oder „unser" gebrauchte, fällt doch auf, dass dies weniger häufig geschah als bei anderen Abgeordneten. Er benutzte jedoch oft das Adjektiv deutsch. Die Schaffung eines Gegensatzpaares deutsch- fremd, wobei das zweite Adjektiv elliptisch ausgelassen wird, lässt auf eine gewisse Distanz sowohl zur Industrie und Handel als auch auf eine ambivalente Haltung zur Nationalidentität schließen: Einerseits entsprach sie dem Willen zur Mitwirkung an der Konstruktion einer Nationalidentität, andererseits hob sie über die elliptische Gegensatzpaarbildung den Internationalismus der SPD hervor und hing vielleicht mit seinen Erfahrungen als Exilant und Jude zusammen.

Bernstein und die SPD traten für das Wohl der Arbeiter ein, die die großen Verlierer eines Handelskrieges mit den USA wären.[1563] Er beschuldigte indirekt die Liberalen, die Arbeiter zu täuschen, wenn sie wie Herold sagten: „Freihandel bedeutet Elend der Arbeiter, Schutzzoll aber Schutz und Vorteil der Produktion."[1564] Er lehnte diesen Gedanken sogleich im nächsten Satz ab und stellte klar, dass [sich] die deutsche Industrie unter stark freihändlerischen Bedingungen [entwickelt hat]."[1565]

Bernstein bestritt anschließend die Vorstellung, man könne die Vorteile des Freihandels für die jeweiligen Länder genau auf Heller und Pfennig berechnen.[1566] Er bezichtigte somit diejenigen, die sich gegen den Freihandel stellten, als unmodern und wirtschaftlich nicht auf der Höhe der Zeit. Darüber konstruierte er den Gegensatz neue und alte Elite, welcher für die Zeit des Wilhelminismus so bedeutend und entscheidend war. Das Verbum „schenken", das er, die Freihandelsgegner zitierend, benutzte, implizierte zudem ein humanistisch-religiös geprägtes Weltbild, das

---

1561 Stg. Berichte, 11. Leg.-Periode 1905/06, 2, 50. Sitzung, Donnerstag, den 22. Februar 1906, S. 1515C.

1562 Ibid., S. 1515C/D: „Die Sache liegt nun einmal so, daß ein großer Teil des deutschen Exports nach den Vereinigten Staaten aus solchen Artikeln besteht, in denen Deutschland große Konkurrenten auf dem Weltmarkt hat, die eventuell die Vereinigten Staaten versorgen können, während umgekehrt ein großer Teil des Exports der Vereinigten Staaten nach Deutschland solcher Natur ist, daß wir ihn entweder gar nicht ersetzen oder – und das nehmen, wie es scheint, die Herren außerordentlich leicht – nur zu erheblich erhöhten Preisen erhalten können."

1563 Ibid., S. 1515D.

1564 Ibid.

1565 Ibid.

1566 Ibid.

durchaus den sozialistischen Idealen der Internationalisierung, Verbrüderung und Solidarität entsprach, aber auch ein liberales Grundverständnis offenbarte.

Zum Schluss kam Bernstein noch auf die Aussage zu sprechen, „die großen Handelsstädte, die Schifffahrt usw., haben keine Vertretung im Reichstag."[1567] Gerade das Eintreten der Sozialdemokraten für ein Handelsabkommen mit den Vereinigten Staaten kam jedoch den Handelsstädten zugute.[1568] Die Sozialdemokraten hatten nicht zuletzt in den Hafenstädten eine große Wählerschaft,[1569] die ihnen von anderen Parteien abspenstig zu machen versucht wurde. Die Rede des freisinnigen Abgeordneten Semler stand hierfür stellvertretend. Schließlich betonte Bernstein, dass es den Sozialdemokraten allerdings nicht um den Handel um des Handels willen ging, sondern um das allgemeine Interesse. Ein Handelskonflikt mit den USA, wie ihn wahrscheinlich die Annahme des Antrags Heyl auslösen würde, würde

> „nicht nur unseren Seehandel, unsere Schifffahrt nach den Vereinigten Staaten auf das höchste gefährden, wir würden auch die Gefahr heraufbeschwören, daß unsere Zufuhr an wichtigen Rohprodukten verteuert wird. Dann würden nicht nur unsere industriellen, unsere produzierenden Kreise, dann würde unsere ganze arbeitende Bevölkerung auf das höchste geschädigt werden."[1570]

Bernstein erklärte noch einmal eindringlich die Beweggründe der Sozialdemokaten, nämlich das Wohlergehen des ganzen Volkes. Dazu bediente er sich nun des Possessivpronomens „unser", aus der religiösen Sprache entliehener Verben wie „beschwören" und des emotionalen Gebrauchs des Superlativs „aufs höchste", was die Bedeutung seiner Worte noch unterstreichen sollte. Die Debatte zu einem Handelsvertrag mit den USA erlaubte es Bernstein, sich in der Mitte der Gesellschaft zu verorten, da die Beziehungen zu diesem Land trotz der, wie im Kapitel Außenpolitik gesehen, Zunahme außenpolitischer Reibungsflächen relativ wenig innenpolitisches Konfliktpotential bargen. Bernstein erhob durch sein Schlusswort den Anspruch der SPD zur Regierungsfähigkeit. Sie hatte nicht nur die Interessen ihrer Wählerschaft im Auge oder verfolgte Ziele aus rein ideologischen Gründen, sondern sie trat vielmehr für das Wohl der ganzen Nation und all ihrer „Kreise" ein.

1567 Ibid., S. 1515D/1516A.

1568 Ibid., S. 1516A.

1569 Helga Kutz-Bauer, Hamburg – das Zentrum der deutschen Arbeiterbewegung (1863–1890) und Franklin Kopitzsch, Von der Aufhebung des Sozialistengesetzes bis zum Beginn der Weimarer Republik, in: Alles für Hamburg: Die Geschichte der Hamburger SPD von den Anfängen bis zum Jahr 2007, hg. von Christoph Holstein, Christel Oldenburg, Meik Woyke (et al.), Books on Demand, Norderstedt 2007. S. 7–20 und 21–33.

1570 Stg. Berichte, 11. Leg.-Periode 1905/06, 2, 50. Sitzung, Donnerstag, den 22. Februar 1906, S. 1516A.

Zum Ende der Debatte kam es auf Grund der Bitte des deutsch-konservativen Abgeordneten von Schwerin-Löwitz noch einmal zu einer Klärung durch Posadowsky-Wehner, weshalb er den Antrag Heyl ablehnte.[1571] Der Staatssekretär kam dieser Aufforderung unverzüglich nach und bezeugte so das Gewicht des Reichstags. Gleichzeitig aber konnte er damit dem Parlament verdeutlichen, dass in internationalen oder außenpolitischen Fragen die Exekutive noch immer die eigentliche Expertise besaß. Damit konnte er den Elan des Reichstags, auf diesem Feld stärkere Bedeutung und Mitwirkung zu erlangen, bremsen. Er erklärte erneut die Konsequenzen des Antrags Heyl, nämlich die Regierung zu zwingen, den USA zunächst nur einen Teil des Konventionaltarifs einzuräumen, um so für die Verhandlungen bis zu einem endgültigen Abkommen mit Amerika Druck ausüben zu können. Diesen Gedanken wies der Staatssekretär jedoch zurück. Denn sollte man zu wenige Positionen aus dem einstweilig der USA gewährten Konventionaltarif herausnehmen,

> „würden wir schließlich vielleicht ohne sachlichen Erfolg nur Verstimmungen erregen, die den Verhandlungen, die in der uns gestellten Frist noch geführt werden sollen, nicht günstig präjudizieren würden, (Sehr richtig! links.) Würden wir dagegen den größeren Teil der Vertragssätze Amerika vorenthalten, so würde der handelspolitische und politische Effekt ganz derselbe sein, als ob wir überhaupt Amerika autonom behandeln, und jeder, der die schwere Verantwortlichkeit dieses Schrittes trägt, muß sich klar sein, was unter den gegenwärtigen Verhältnissen das Weiseste ist?"[1572]

Der Staatssekretär warnte mithin vor einem Handelskrieg mit den USA und stellte die rhetorische Frage, ob es „das Weisere [ist], Amerika sofort autonom zu behandeln und die Folgen, die sich etwa an einen solchen Schritt knüpfen, mutig zu tragen und bis zum Ende durchzukämpfen?"

Er erklärte dann dazu, dass „[es] die Regierung bei der Lage der Sache und bei der Stimmung der amerikanischen Regierung für das Richtigere gehalten [hat], von Ihnen die Vollmacht zu erbitten, ihr noch einmal eine Frist zu geben, um den ernsten Versuch fortzusetzen, ein befriedigendes, auf vertragsmäßiger Vereinbarung beruhendes Verhältnis mit den Vereinigten Staaten von Amerika herbeizuführen."[1573]

Auf diese Erklärung erbat der Abgeordnete Heyl noch einmal das Wort, um seinerseits klarzustellen, was die Gründe für den nationalliberalen Antrag waren. Er glaubte, die Amerikaner würden das Gewähren des gesamten Konventionaltarifs als Schwäche Deutschlands auffassen. Deutschland solle unbedingt auf Reziprozität bestehen, denn so „würde den Amerikanern nahegelegt werden, daß man, wenn

---

1571 Ibid., S. 1516A.
1572 Ibid., S. 1516C.
1573 Ibid.

die Verhandlungen zu einem glücklichen Ende nicht führen werden, [...] in der Tat den Mut haben wird, auch einen uns aufgedrängten Zollkrieg zu führen."[1574]

Heyl ließ aufscheinen, dass Deutschland keinen Zollkrieg mit den USA wünschte. Er betonte aber noch einmal, „daß es ganz nützlich sein wird, wenn die Amerikaner nicht im Zweifel darüber sind, daß, wenn am 1. Juli 1907 nicht wesentliche Zugeständnisse gemacht werden, ein Zollkrieg unsererseits nicht gefürchtet wird."

Wie im Kapitel Außenpolitik dargelegt, war die Gefahr, dass es zum Ausbruch eines Krieges zwischen den USA und Deutschland käme, recht gering. Deshalb konnte das Deutsche Reich über einen Handelskonflikt mit den Vereinigten Staaten versuchen, sich als Weltmacht in Szene zu setzen und so zudem eine nationale Identität zur Stärkung des inneren Zusammenhalts konstruieren. Gerade für die mit den Sozialdemokraten um Wählerschaft buhlenden Nationalliberalen war dies eine nicht unbedeutende Motivation.

Heyl wies die Anschuldigung explizit zurück, die Nationalliberalen suchten absichtlich einen Zollkrieg mit den USA herbeizuführen, um so ihr redliches Interesse am Wohlergehen des gesamten Volkes hervorzuheben. Über ihre sarkastische Reaktion zeigten die Sozialdemokraten, dass sie hinter Heyls Worten lediglich manipulative Absichten vermuteten: „(hört! hört! bei den Sozialdemokraten."[1575]

Posadowsky-Wehners erneute Erklärung, warum er die Abgeordneten bat, den Antrag Heyl abzulehnen, veranschaulicht deutlich den Kampf um die Kompetenzen, um das letzte Wort in handelspolitischen und außenpolitischen Fragen.

Am darauffolgenden Tag (23. Februar 1906) fand die dritte Beratung satt. Erneut wurde über den Antrag Heyl, obwohl er in der zweiten Lesung bereits abgelehnt worden war, heftig gestritten. Die Abgeordneten konnten so ihre internationalen und außenpolitischen Kenntnisse und ihre Bedeutung als Kompetenzzentrum noch einmal bezeugen. Zwar hatte der Staatssekretär und damit die Exekutive augenscheinlich gewonnen, denn es wurde zur Abstimmung geschritten und der Gesetzesantrag der Regierung, den USA eine Frist (30. Juni 1907) bis zum Abschluss eines Handelsabkommens zu gewähren, während derer der Konventionaltarif gelten sollte, wurde mit großer Mehrheit nach dieser Beratung angenommen. Das Gesetz wurde schließlich von Wilhelm II. am 28. Februar 1906 unterzeichnet.[1576]

Wenngleich die Regierung das Gesetz erfolgreich durch den Reichstag gebracht hatte – eine Tatsache, die Historiker oft als untrügliches Zeichen der parlamentarischen Unzulänglichkeit des Deutschen Reiches und damit seines Scheiterns interpretieren –, zeigen die beiden analysierten Beratungen doch klar, wie sehr die Exekutive von den Abgeordneten unter Druck gesetzt wurde. Diese verfügten über Kenntnisse, Wissen und Expertise, welche der Exekutive zunehmend Konkurrenz

---

1574 Ibid., S. 1516D.
1575 Ibid., S. 1516 D/1517A.
1576 Stg. Berichte, 11. Leg.-Periode 1905/06, 9, Aktenstück Nr. 238, S. 3206.

machten: Die informelle Parlamentarisierung ähnelte mehr einem Parforceritt denn einem Galopprennen. Darüber hinaus ließ sich auch der Kampf der neuen und der alten Elite beobachten, der im Reichstag jedoch oft auch zu einer Neubildung der Frontlinien führte: Mitglieder der alten Elite wurden *de facto* über ihre Stellung als Reichstagsabgeordnete Mitglieder der neuen Elite. Es kam so zu sagen zu einer Art Hybridisierung, der Konstruktion einer neuen Gruppenidentität, die dem Interesse aller Abgeordneten geschuldet war, das Gewicht ihrer Institution im Gesamtgefüge der Verfassung auszuweiten. Dies wiederum war auch auf den Druck „von unten" durch die sich verfestigende Demokratisierung zurückzuführen und die sich verschiebenden gesellschaftlichen und wirtschaftlichen Gewichte. Deshalb wurden die republikanischen Vereinigten Staaten und die „Amerikaner" oft trotz stereotyper Kritik als Vorbilder betrachtet, deren Haltung und Verhalten nachahmenswert schienen. Denn dies konnte Deutschlands Wirtschafts- und Gesellschaftssystem nur stärken, würde aber *in fine* in einer parlamentarischen Monarchie enden. Eine Tatsache, die von den Vertretern der alten Elite in der Exekutive befürchtet und gefürchtet wurde, obschon sie versuchten, über Kompromisse und teilweise Akzeptanz des Willens des Reichstags, der die Exekutive zu kontrollieren trachtete, ihre prädominante Stellung zu bewahren.

3.2.3. Die Debatten zum Handelsabkommen vom Mai 1907 nach dem Auslaufen des Provisoriums

Da die im Frühjahr 1906 gewährte Frist für die Verlängerung der bisherigen Regelungen im Juni auslief, drängte ab Frühjahr 1907 erneut die Zeit, die Handelsbeziehungen zu den USA zu regeln. Allerdings rechneten weder das Deutsche Reich noch die USA mit dem Abschluss eines „umfassenden Handelsvertrags". Deshalb wollte die Reichsleitung zunächst eine vorläufige Vereinbarung abschließen, die bis zum 30. Juni 1908 wirksam bleiben sollte. Am 7. Mai 1907 wurde die erste Beratung des Abkommens im Reichstag geführt. Nachdem es in der Kommission einige Tage beraten worden war, fand am 13. Mai 1907 die zweite Beratung und am 14. Mai 1907 die dritte Beratung – diesmal jedoch ohne Aussprache – statt. Am 10. Juni 1907 wurde es im Deutschen Reichsgesetzblatt bekannt gegeben.[1577] Das Abkommen wurde nach 1908 immer weiter verlängert, am 7. Februar 1910 aber schließlich vom amerikanischen Kongress gekündigt. Im von diesem Zeitpunkt an bis zum im Dezember 1923 abgeschlossenen deutsch-amerikanischen Handelsvertrag *(The Treaty of Friendship, Commerce and Consular Relations between Germany and the United States of America)* wurden die Handelsbeziehungen autonom geregelt: Deutschland räumte den USA die Vertragszollsätze des Bülow-Tarifs ein und bekam im Gegenzug die amerikanischen Mindesttarife zugebilligt.[1578]

1577 https://de.wikisource.org/wiki/Handelsabkommen_zwischen_dem_Deutschen_ Reiche_und_den_Vereinigten_Staaten_von_Amerika.
1578 Handbuch der Forstpolitik, S. 793.

3.2.3.1. Erste Lesung, 7. Mai 1907

Ehe die eigentliche Debatte begann, an der sich sieben Abgeordnete beteiligten, wurde das zu beratende Abkommen zunächst von Staatssekretär Posadowsky-Wehner vorgestellt. Wohl, um seinen Kritikern zuvorzukommen, gab er gleich zu Beginn zu, dass „das Handelsabkommen mit den Vereinigten Staaten von Amerika, […] die Hoffnungen, die sich an die Handelsvertragsverhandlung Deutschlands mit den Vereinigten Staaten geknüpft haben, in vielen Kreisen nicht erfüllt haben".[1579]

Und so wurde der zur Beratung anstehende Handelsvertrag mit den USA als Provisorium konzipiert und als solches von der Regierung auch betitelt. Damit sollte Zeit erkauft werden, bis ein echter, die Interessen beider Länder gleich wahrender Handelsvertrag abgeschlossen werden konnte. Denn das Problem war grundsätzlicher und tiefer Natur: Während nämlich Deutschland spezifische Zölle anwandte, erhoben die USA Wertzölle, deren Höhe im Grunde willkürlich von den Steuer- und Zollbeamten in den USA festgelegt werden konnte. Das Abkommen zielte also nicht auf eine definitive Festlegung von Zollsätzen, sondern auf „die Vorschriften, die uns auf eine andere Handhabung der Zollvorschriften in den Vereinigten Staaten hoffen lassen."[1580]

Der Staatssekretär beschrieb im weiteren Verlauf die Entwicklung der starken Wirtschaftsbeziehungen zwischen Deutschland und den Vereinigten Staaten. Denn von einer aktiven Handelsbilanz mit den USA war man über eine ausgeglichene Bilanz seit 1906 zu einer negativen gekommen. Während Deutschland für den amerikanischen Export an erster Stelle stand, nahmen die USA für Deutschland nur den dritten Platz ein. Dies machte den Abschluss eines Handelsvertrages beinahe zwingend.[1581] Aus den Worten des Staatssekretärs wird auch die weltpolitische, globale Konkurrenz ersichtlich, in der sich Deutschland mit seiner bedeutenden Industrie in der Wilhelminischen Epoche befand, was wiederum die imperialistische Politik und die Flottenpolitik aus der Sicht der Zeit heraus verständlicher macht. Die Reaktion des Reichstags am Ende seiner Rede, „Bravo", bezeugte, dass diese Auffassung von einer Mehrheit der Parlamentarier aller Parteien geteilt wurde. Posadowsky-Wehner erhielt für seine weiteren Ausführungen, in denen er noch einmal den provisorischen Charakter des Vertrags unterstrich, denn auch Zustimmungsbekundungen von rechts und links. Die amerikanischen Zölle waren nach seinen Angaben sehr hoch und er hoffte, dass die Amerikaner einem echten Interessenausgleich offen gegenüberstünden, zumal Deutschland weltweit der größte Abnehmer amerikanischer Produkte war.[1582]

1579 Stg. Berichte, 12. Leg.-Periode 1907/09, 2, 48. Sitzung, Dienstag, den 7. Mai 1907, S. 1468D.
1580 Ibid., S. 1469A.
1581 Ibid., S. 1469A/B.
1582 Ibid., S. 1469B.

Posadowsky-Wehner endete mit einem Versprechen an die Abgeordneten, in der Kommission weitere Auskunft und Aufklärung zu geben. Im Gegensatz zu den Reichstagsdebatten waren die Verhandlungen dort nicht öffentlich. So konnten dort auch Dinge gesagt werden, die den Verhandlungen, sollten sie bekannt werden, zum Nachteil gereicht hätten. In gewisser Weise zeigte Posadowsky-Wehner durch diese Aussage seine Bereitschaft, den Reichstag in die Geheimnisse der Verhandlungen einzubeziehen, so dessen internationale und außenpolitische Mitwirkungsambitionen anzuerkennen und ihn als gleichberechtigten Partner zu betrachten. Der Zentrumsabgeordnete Herold unterstützte das Argument des Staatssekretärs für die eingehendere Beratung in der Kommission, „weil dort in ausgiebiger Weise die verschiedenen Gesichtspunkte dargelegt werden können, außerdem aber auch die Regierung jedenfalls in der Lage sein wird, mancherlei Auskünfte zu geben, welche sich weniger für die öffentliche Sitzung des Reichstags eignen."[1583] Auf diese Weise machte er deutlich, dass beide Institutionen, die Exekutive und Legislative, vertrauensvoll zusammenarbeiteten und sich gegenseitig mit ihren Argumenten, Wissen und Expertisen unterstützten. Das war im Grunde das Eingeständnis der informellen Parlamentarisierung, welche darüber immer weiter fortschritt.

Der deutschkonservative Schwerin-Löwitz, der zweite Redner nach dem Staatssekretär und Herold, glaubte, dass das verhandelte Abkommen sowohl für die deutsche Landwirtschaft, aber vor allem für die Industrie, negative Auswirkungen zeitigen würde. Allerdings wollten er und seine Kollegen das Abkommen „wohlwollend[]" prüfen, da nicht nur für die deutsche Regierung, sondern auch für den im ganzen einem Handelsabkommen wohlgesinnten amerikanischen Präsidenten große Schwierigkeiten [...] bestehen, zu einem eigentlichen Tarifvertrag zwischen beiden Ländern zu gelangen."[1584] Schwerin-Löwitz stellte sich, und damit den Reichstag, als der Regierung übergeordnet dar und gab indirekt zu verstehen, dass er ein intimer Kenner der amerikanischen Politik war. Johannes Kaempf begrüßte den Abschluss des Handelsabkommens mit den USA und würde es trotz seines provisorischen Charakters auch ohne Kommissionsberatung annehmen, und zwar vor allem aus zwei Gründen: Erstens konnte später so ein Reziprozitätsvertrag erreicht werden, zweitens würde so ein Zollkrieg vermieden werden.[1585]

Der spätere Außenminister Dr. Gustav Stresemann von der Nationalliberalen Partei, der Kaempf als Redner nachfolgte, hob in seiner Rede hervor, dass es für ihn sehr wohl wichtig war, das Abkommen in einer Kommission zu beraten, da für die Nationalliberalen, die die Interessen der exportorientierten Industrie vertraten, ein „echtes" Handelsabkommen mit den USA von großem Interesse war[1586]: „[...] die

---

1583 Ibid., S. 1469C.

1584 Ibid., S. 1469B–1470A.

1585 Ibid., S. 1469B.

1586 Im Jahre 1895 wurde der Bund der Industriellen (BDI) ins Leben gerufen, um die Interessen der verarbeitenden Industrie gegenüber dem BdL und dem Centralverband

Bedeutung der Vorlage [sollte uns] veranlassen, in diesem Falle unsere Stellungnahme erst von einer ganz gründlichen Durchprüfung der Bedeutung der beiderseits gewährten Konzessionen abhängig zu machen. [...] Es handelt sich bei diesem
Provisorium, meine Herren, um eine Gesetzesvorlage über den Handel zwischen
zwei der bedeutendsten Exportländer." Der Einschub „meine Herren" kündete
dabei an, dass nun etwas Bedeutendes gezeigt wird. Der Ausruf „meine Herren"
wird in den Reden zudem nicht nur proleptisch benutzt, sondern veranschaulicht
auch die immer stärkere Emanzipation und das stetig wachsende Selbstbewusstsein der Abgeordneten aller Parteien, die sich als Herren, als Entscheider fühlten.
Stresemann wies dann noch darauf hin, dass es sich bei dem abzuschließenden
Handelsvertrag lediglich um eine Normalisierung der bisher „schikanösen" Handelsbeziehungen handelte.[1587]

Hermann Molkenbuhr von der sozialdemokratischen Partei nutzte die erste
Lesung, um in seiner längeren Rede grundsätzlichere, sozialpolitische Überlegungen zum Handelsabkommen mit den USA anzustellen. Zum Zeitpunkt des Beginns
der Hochschutzzollbewegung hatte er in den USA geweilt und wusste deshalb, dass
die Mehrheit dort nicht für die Einführung von Prohibitivzöllen gewesen war.[1588]
So konnte er zudem seine genauen Kenntnisse der Verhältnisse und der Politik in
den Vereinigten Staaten bezeugen. Mittels eines derartigen Expertenwissens übte
er indirekt Druck auf die Regierung aus, die den Reichstag nicht mehr von ihren
Entscheidungen und internen Überlegungen ausschließen konnte. Zunächst hieß
er den Abschluss gut, da solche Verträge dem Frieden unter den Völkern zuträglich
wären. Indem er den Europäern die Schuld am amerikanischen Protektionismus
gab und für die Amerikaner Partei ergriff,[1589] konstruierte er parallel zum Gegensatz alte und neue Welt indirekt einen Gegensatz zwischen der alten und neuen
Elite in Deutschland. Des Weiteren plädierte er dafür, dass solche Verträge eine
möglichst lange Laufzeit haben sollten, um sie von wechselnden Mehrheiten in
den einzelnen Staaten unabhängig zu machen. Sobald nämlich Parteien „wie bei
uns die Rechte und das Zentrum" Einfluss gewinnen, „würden sie über kurz oder
lang mit der ganzen zivilisierten Welt in einen Zollkrieg hineingeraten [der Hinweis auf die zivilisierte Welt ist interessant und zeigt, dass damals auch die Linke
noch eine Unterscheidung zwischen zivilisierter Welt und nicht-zivilisierter Welt

---

deutscher Industrieller (CDI) bei politischen und wirtschaftlichen Entscheidungen
mehr Gewicht in die Waagschale werfen zu können. Gustav Stresemann führte
eine Zeitlang den BDI. Siehe dazu: Hans-Peter ULLMANN, Der Bund der Industriellen. Organisation, Einfluß und Politik klein- und mittelbetrieblicher Industrieller
im Deutschen Kaiserreich 1895.1914, Vandenhoeck & Ruprecht, Göttingen 1976.

1587 Stg. Berichte, 12. Leg.-Periode 1907/09, 2, 48. Sitzung, Dienstag, den 7. Mai 1907,
     S. 1470C/D.
1588 Ibid., S. 1471C.
1589 Ibid.

machte]. Denn die Herren [Hier wurde das Wort „Herren" wieder gebraucht als Metonymie für Macht, Arroganz, Domination, wobei gleichzeitig ein pejorativer Unterton mitschwang, der ausdrückte, dass er die Kompetenz hatte zu entscheiden, wer ein Herr war und wer nicht. Dadurch hob er perlokutiv sein eigenes Prestige.] sagen nicht, daß sie den Verkehr unter den Völkern fördern wollen, sondern sie wollen für ihre Waren möglichst hohe Preise im Inland erzielen, und je mehr es ihnen gelingt, jede Einfuhr von dem amerikanischen Markte abzusperren, umso besser können sie die amerikanischen Konsumenten ausplündern. Das ist die eigentliche Politik, die von den Trusts und denjenigen Kreisen getrieben wird, die im Senat maßgebend sind."[1590]

Diese Trusts waren anfangs monopolartige Zusammenschlüsse von Unternehmen, die aber auf Grund der Umgehung der Antitrustgesetzgebung des *Sherman Antitrust Acts* von 1890 zu Beginn des 20. Jahrhunderts für das ausbeuterische Kapital schlechthin standen:[1591]

> „Es ist genauso als wenn wir unseren Agrariern ganz allein unsere Gesetzgebung überlassen würden; die würden sehr bald so hohe Agrarzölle einführen, und zwar nicht deshalb, um den auswärtigen Landmann zu schädigen, sondern um den inländischen Konsumenten auszuplündern (Sehr richtig! bei den Sozialdemokraten – Heiterkeit rechts)."[1592]

Im weiteren Verlauf versuchte Molkenbuhr zu zeigen, wie die Schwerindustrie und vor allem die Agrarier gegen den Freihandel waren, da es ihnen vor allem darum ging, möglichst hohe Preise für ihre eigenen Produkte zu erreichen. Dazu rief er die Schutzzollpolitik der 1880er Jahre in Erinnerung (Schweineimportverbot u.a.), um zu zeigen, dass die Folgen höhere Preise für die Verbraucher waren. Molkenbuhr wies auch darauf hin, dass das hohe Handelsbilanzdefizit mit den USA dem gestiegenen Bedarf an Rohstoffen, z.B. Kupfer und Baumwolle, für die verarbeitende Industrie in Deutschland geschuldet war.[1593] Er sprach von den Exporten nach Amerika an Hand der Textilausfuhren. Ins Auge fällt dabei der „reichsweite" nationale Blick des Abgeordneten, der sich nicht nur für die Gegebenheiten in seinem Wahlkreis interessierte, sondern die Bedingungen im gesamten Reich im Blick hatte. So wunderte er sich, „wie gerade ein Herr aus Sachsen sich auch so ablehnend gegenüber diesem Handelsabkommen verhalten konnte, da doch speziell die Textilindustrie an dem Export nach Amerika erheblich beteiligt ist. [...] diese Summen sind doch für die sächsische, die Wuppertaler, die Krefelder Industrie

---

1590 Ibid., S. 1471B/C.

1591 Howard Zinn, A People's History of the United States, Harper Collins, New York 2005, S. 351.

1592 Stg. Berichte, 12. Leg.-Periode 1907/09, 2, 48. Sitzung, Dienstag, den 7. Mai 1907, S. 1471C.

1593 Ibid., S. 1472C.

von sehr großer Bedeutung." Denn in der Tat musste man doch den Vorteil eines Handelsabkommens mit den USA für ganz Deutschland in Betracht ziehen.[1594] Die Abgeordneten waren, wie immer wieder betont, Vertreter aller Deutschen und konstruierten ihre Identität auch darüber, was den politischen Zusammenhalt und die Gruppenidentität stärkte und ausbaute. Darüber hinaus wurde im Reich so das demokratische Element im Gegensatz zum monarchischen gefestigt, da die Vertreter des Adels trotz der angesprochenen Hybridisierung häufig weiter stark in ihren Territorien verankert waren und sich weniger für den größeren, globalen Gesamtzusammenhang interessierten. Weiter nahm Molkenbuhr, der wie gesehen sehr amerikafreundlich eingestellt war – nicht zuletzt wohl aus innenpolitischen Überlegungen, waren die USA ja eine parlamentarische Demokratie –, den amerikanischen Wertzoll in Schutz, der im Grunde als Reaktion auf das vorher existierende Agentensystem zu sehen war. Am Ende sagte Molkenbuhr, der für den Abschluss des Abkommens eintrat: „Wir sind der Überzeugung, daß jeder Vertrag, der die friedlichen Beziehungen zwischen den verschiedenen Völkern fördert, mit Freuden zu begrüßen ist, und wir sind gern bereit, einem solchen unsere Zustimmung zu geben."[1595]

Seine Worte bezeugen nicht nur die Kluft zwischen alter und neuer Elite, sondern auch erneut das Fortschreiten der informellen Parlamentarisierung. Selbst wenn die Regierung nicht unbedingt die Stimmen der SPD benötigte, so sprach daraus doch ein umfassendes Selbstbewusstsein der Sozialdemokraten um ihre politische Bedeutung. Diese speiste sich natürlich nicht zuletzt aus den demokratischen und gesellschaftlichen Entwicklungen im Deutschen Reich.

Die Worte des freikonservativen Abgeordneten von Willibald von Dirksen,[1596] der im Übrigen nicht verstehen konnte, „daß eine Macht, wie es wir doch auf wirtschaftlichem Gebiete sind, bei den Vereinigten Staaten von Amerika betteln gehen,"[1597] bestätigten die zunehmende Integration der SPD in die gesellschaftliche Elite: „Meine Herren, der Herr Molkenbuhr ist ein durchaus sympathischer Kollege und Gegner, weil er immer sachlich bleibt."[1598]

Am 10. Mai 1907 schlug die unter dem Vorsitz des Abgeordneten Kaempf vom Reichstag eingesetzte 9. Kommission dem Reichstag vor, dem zum Beschluss vorgelegten Handelsabkommen mit den USA zuzustimmen.[1599]

1594 Ibid.

1595 Ibid., S. 1473A.

1596 MANN, Biographisches Handbuch, S. 108: Willibald von Dirksen (23. Dezember 1852–3. Juni 1928) war ein Diplomat und saß von 1903 bis 1912 für die Freikonservative Partei im Reichstag.

1597 Stg. Berichte, 12. Leg.-Periode 1907/09, 2, 48. Sitzung, Dienstag, den 7. Mai 1907, S. 1473C.

1598 Ibid., S. 1473B.

1599 Stg. Berichte, 12. Leg.-Periode 1907/09, 16, Anl. Bd. 242, Nr. 439.

3.2.3.2. Zweite Lesung, 13. Mai 1907

Das Abkommen wurde in zwei weiteren Lesungen diskutiert. Die zweite Lesung fand am 13. Mai statt, insgesamt sprachen außer dem Abgeordneten Kaempf, der den Beschluss der Kommission vorstellte und begründete, neun Abgeordnete, die sich teilweise länger über die Vor- und Nachteile eines derartigen Vertrages ergingen. Dabei ist bemerkenswert, wie zum Teil der Handelsaspekt und die Beziehungen zu den USA mit gesellschaftlichen Fragen vermischt und verknüpft wurden, etwa der „Judenfrage". Kaempf machte in seiner Rede eine Zusammenfassung der Diskussionen, die in der Kommission stattgefunden hatten, vor allem in Hinsicht auf die Möglichkeit des Reichstags, auf das weitere Schicksal des Abkommens einwirken zu können. Bereits der letzte Redner in der ersten Beratung des Abkommens, Karl Böhme,[1600] Mitglied der antisemitischen und rechten Deutschen Reformpartei und der Fraktionsgemeinschaft Wirtschaftliche Vereinigung, die in der 12. Legislaturperiode ihr bestes Wahlergebnis eingefahren hatte, hatte diese Frage angesprochen und forderte von der Regierung eine befriedigende Erklärung, wie das Abkommen auch wieder gekündigt werden könne, zumal der Reichstag darauf keinen Einfluss hatte.[1601] Auffällig war der apodiktische und bestimmende Ton des Abgeordneten, der zusammen mit dem Ergebnis, dass der Reichstag zur Kündigung befragt werden musste, ein bezeichnendes Licht auf die sich verschiebenden bzw. bereits verschobenen Machtgewichtungen im Institutionengefüge des Reichs warf. Neben der Tatsache, dass alle Kommissionsmitglieder ihre Genugtuung darüber ausgedrückt hatten, dass nun „ein Zustand [hergestellt werde], der sich eigentlich zwischen zwei großen Völkern wie Deutschland und Amerika von selbst verstehe",[1602] ist auch zu erkennen, wie das Parlament über das Handelsabkommen versuchte, seine Rechte gegenüber der Exekutive und dem Kaiser auszuweiten. Vor allem die beiden Forderungen, „daß es notwendig sei, gesetzlich festzulegen, daß der Vertrag gekündigt werden müsse, wenn der Reichstag es verlange", und „die verbündeten Regierungen sollten bis zum 1. Juli 1908 dem Reichstag eine Denkschrift vorlegen über die Wirksamkeit der von Amerika zugesagten Erleichterungen [...] sowie über den Stand der Verhandlungen", stießen sowohl bei einigen Mitgliedern der Kommission selbst als bei den Regierungsvertretern auf Ablehnung.[1603] Denn es

---

1600 Bernd HAUNFELDER, Die liberalen Abgeordneten des deutschen Reichstags 1871–1918. Ein biographisches Handbuch, Aschendorff, Münster 2004: Karl Böhme (17. Juli 1877–1940) saß zwischen 1907 und 1918 zunächst für die antisemitische Deutschsoziale Reformpartei, dann als Parteiloser (1910) bzw. Hospitant bei den Nationalliberalen im Reichstag.

1601 Stg. Berichte, 12. Leg.-Periode 1907/09, 2, 48. Sitzung, Dienstag, den 7. Mai 1907, S. 1474A.

1602 Stg. Berichte, 12. Leg.-Periode 1907/09, 2, 52. Sitzung, Montag, den 13. Mai 1907, S. 1582C.

1603 Ibid., S. 1583A.

wäre „staatsrechtlich unzulässig [...], die Befugnis des Kaisers, Verträge zu schließen, in der Weise einzuschränken, wie dies geschehen würde, wenn eine gesetzliche Bestimmung schon jetzt festgelegt werde, daß der Vertrag gekündigt werden
müsse, wenn der Reichstag es beschließe".[1604]

Die Abgeordneten scheuten sich mithin nicht, ganz klare Forderungen an die
Exekutive zu richten, die auf eine Ausweitung ihrer Befugnisse und Kompetenzen
zielten. Die Regierungsvertreter wiesen diese zwar letztlich zurück, bedienten sich
dazu aber nicht einer autoritären Weisungsdiktion, sondern argumentierten legalistisch. Das selbstbewusste Erheben von Forderungen sticht dabei genauso ins
Auge wie der häufige Gebrauch der Vokabel „Diskussion", die ein weiteres Merkmal für das gestiegen demokratische Selbstbewusstsein der Abgeordneten war.

Nach dem Berichterstatter Kaempf erhielt der Abgeordnete Graf von Kanitz von
der Deutschkonservativen Partei das Wort. Die Deutschkonservative Partei stand
dem einflussreichen BdL nahe und vertrat seine Interessen, also in der Hauptsache den Schutz der Großagrarier vor der Einfuhr landwirtschaftlicher Produkte,
im Reichstag. Nach einer längeren geschichtlichen Ausführung über die amerikanische Zollpolitik, die nach Ansicht von Kanitz durch den McKinley Tarif und
den Dingley Tarif seit den 1890er Jahren beständig verschärft worden war, kam
von Kanitz auf das Zuckerproblem zu sprechen. Gerade in Ostpreußen wurde sehr
viel Zuckerrübe angebaut. Die Landwirtschaft dort litt deshalb erheblich unter
der amerikanischen und vor allem unter der kubanischen Zuckerproduktion, die
nach dem Spanisch-Amerikanischen Krieg nun völlig unter amerikanischer Kontrolle stand. Der erste deutsche Austauschprofessor an der Columbia Universität,
Hermann Schumacher, etwa hatte während seiner Reise durch die USA Anfang
1907, welche ihn auch nach Cuba geführt hatte, dieses Problem unzweideutig als
Gefahr für die deutsche Zuckerindustrie erkannt.[1605] Die stetig steigende amerikanische Ausfuhr von landwirtschaftlichen Produkten machte der deutschen
Landwirtschaft insgesamt erheblich zu schaffen, zumal es zwischen Deutschland
und den USA keine Reziprozität in den Zolltarifen gab. Kanitz versuchte auch, für
die deutsche Industrie zu sprechen, die, so seine Meinung, sehr unter den hohen
amerikanischen Einfuhrzöllen zu leiden hatte, bedauerte aber, dass „[sich] unsere
vaterländische Industrie {...} über diesen Vertrag [...] bis jetzt so gut wie gar nicht
geäußert hat (hört! Hört! rechts)".[1606]

1604 Ibid., S. 1583B.
1605 GRIMMER-SOLEM, Learning Empire, S. 380: Deutschland war um 1905 dank der
     durch landwirtschaftliche Forschung erreichten Ertragssteigerung der Zuckerrübe
     und dem steigenden Zuckerbedarf in den USA zum weltweit größten Zuckerex-
     porteur der Welt geworden. Der direkte Zugang zu den Zuckerrohrplantagen auf
     Cuba durch Amerika wurde so zu einer Bedrohung der deutschen Zuckerindustrie.
1606 Stg. Berichte, 12. Leg.-Periode 1907/09, 2, 52. Sitzung, Montag, den 13. Mai 1907,
     S. 1586A.

Da nun aber die Industrie, die nach Auffassung von Kanitz weit mehr noch als die Landwirtschaft von den ungerechten Zolltarifen betroffen war, anscheinend Stillschweigen übte, so wollte er dem Vertrag schließlich zustimmen. Kanitz hofft jedoch, dass „wir endlich einmal von den Amerikanern lernen möchten, was man mit einer rücksichtslosen, zielbewußten Handelspolitik erreichen kann. (Lebhaftes Bravo rechts; Widerspruch bei den Sozialdemokraten)".[1607] Kanitz verwendete in seiner Rede immer wieder den Begriff „deutsch". An einer Stelle in seiner Rede korrigierte er sich gar, als er auf eine Note des Auswärtigen Amts an die amerikanische Regierung zu sprechen kam: „Die kaiserliche Regierung – also die deutsche Regierung."[1608] Darüber hinaus gebraucht er sehr häufig das Possessivpronomen „unser". Beide Begriffe bezeugen seine persönliche Identifikation mit Deutschland. Sie zielten darauf ab, ein gewisses Zusammengehörigkeitsgefühl zu schaffen, und spiegeln es gleichzeitig wider. Zudem war es eine Infragestellung der Autorität des Kaisers, die, wie im Exkurs zum Reichstagspräsidenten gezeigt, die „Hybridisierung" der Reichstagsabgeordneten bezeugte, welche multiple Identitäten hatten: Aus einem Angehörigen der alten Elite wurde über seine Eigenschaft als Mitglied der „neuen" Institution des Reichstags ein Mitglied der neuen Elite, wenngleich Kanitz außerhalb des Reichstags durchaus wieder in die Identität der alten Elite schlüpfen konnte. Auch glaubt man hier beinahe die Auffassung herauszuhören, das Deutsche Reich wäre im Grunde „informelle" parlamentarisch verfasst. Zwar klang in Kanitz Worten die spätere vor allem mit Ausbruch des Krieges 1914 propagierte und von den Nationalsozialisten pervertierte Idee der „Volksgemeinschaft" an.[1609] Allerdings schien in seiner Rede der ausschließende Charakter

---

1607 Ibid., S. 1586A.

1608 Ibid.

1609 Armin Nolzen schrieb in einem Tagungsbericht in der Zeitschrift HSozKult: Der Begriff „Volksgemeinschaft" bildete keinen genuinen Bestandteil dieser „lingua tertii imperii", weil er bereits seit dem Ersten Weltkrieg im Deutschen Reich in aller Munde gewesen war. In der Weimarer Republik wurde „Volksgemeinschaft", mit unterschiedlicher inhaltlicher Stoßrichtung, von fast allen politischen Parteien benutzt. Im Sprachgebrauch der NSDAP überwogen zunächst einmal die indirekten Bezüge. Sie geißelte den „marxistischen Klassenkampf", die „jüdische Zersetzung" und die „Wühlarbeit des politischen Katholizismus" und versprach Abhilfe, sollte sie die Macht im Staate erringen. Die Zerschlagung der Arbeiterbewegung, die Ausschaltung der Juden aus der Gesellschaft und die Verdrängung der Religion aus der Politik waren notwendige Voraussetzungen der nationalsozialistischen Neuordnungspläne. Nach dem 30. Januar 1933 wurde der Begriff „Volksgemeinschaft" durch die NS-Machthaber dann nahezu inflationär gebraucht. Es entwickelte sich eine Fülle „positiver" Verwendungsweisen, so das Versprechen an die „arischen Volksgenossen", ihre soziale und materielle Lage werde sich spürbar verbessern, wenn sie sich aktiv für das NS-Regime einsetzten. [Online-Version] https://www.hsozkult.de/conferencereport/id/fdkn-121446.

des späteren Begriffs noch nicht durch. Er wirkte hier noch inklusiv, eher auf das Gemeinwohl zielend. Seit den 1880er Jahren gab es verstärkt Überlegungen zur Definition des deutschen Volkes. Einer der wichtigsten neuen Theoretiker der damaligen Zeit war der Soziologe Ferdinand Tönnies.[1610] In der Rede von Kanitz erkennt man, wie sehr sich im nun relativ zentralisierten Deutschen Reich, das seit seiner Gründung im Jahre 1870 immer stärker und mächtiger wurde, zum einen die Idee, einem Volk anzugehören, ausbreitete, zum anderen aber auch, wie groß das Verlangen nach einem echten Zusammengehörigkeitsgefühl war. Vor allem das Pronomen „unser" bezeugte diese Vorstellung, einem Kollektiv, einer Gemeinschaft anzugehören, machte aber auch sichtbar, wie sehr die demokratische Individualisierung vorangekommen war. Die Rede von Kanitz kann durchaus als ein Beispiel und gar eine Bestätigung des Fortschreitens der „Fundamentalpolitisierung" und damit Demokratisierung des Deutschen Reiches angesehen werden.[1611] Kanitz gehörte der seit Langem herrschenden Elite an, diese „Vereinnahmung" der Politik und das „Sich-verantwortlich-Fühlen" für das gesamte Volk und Land lässt sich aber auch in den Reden von Abgeordneten erkennen, die einem machtferneren Milieu entstammten.

Als nächstem wurde dem Zentrumsabgeordneten Carl Herold das Wort erteilt. Er stand dem Abkommen zwar skeptisch gegenüber, wollte ihm aber dennoch zustimmen, da der Reichstag „den Vertrag nur im ganzen ablehnen oder annehmen [kann]."[1612] Hier wird eine der Schwächen der Verfassung deutlich, die es den Abgeordneten zwar erlaubte, intensiv über ein Handelsabkommen zu diskutieren, Änderungen konnten von ihnen jedoch nicht beschlossen oder erzwungen werden. Dies führte dazu, dass notwendige Verfeinerungen und Differenzierungen in derartige Verträge nur verwoben werden konnten, wenn es die Exekutive wollte. Zudem ließ diese Bestimmung die Reichstagsabgeordneten nach außen entweder als Fundamentaloppositionelle oder zahnlose Ja-Sager erscheinen. In seiner relativ kurzen Rede fällt auf, dass Herold der Regierung vertraute, dieses provisorische Abkommen zu einem für Deutschland vorteilhaften „Definitivum" überzuführen: „Wenn wir nun aber, [...], dem Vertrage unsere Zustimmung geben, so geschieht es nur in der sicheren Erwartung, daß die verbündeten Regierungen mit Kraft und Energie dahin wirken, daß wir bald zu einem besseren Zustande gelangen".[1613] Dieses Vertrauen und die versöhnliche Haltung erstaunen umso

---

1610 Der Soziologe Ferdinand Tönnies hatte mit seinem Werk „Gemeinschaft und Gesellschaft: Abhandlung des Communismus und des Socialismus als empirischer Culturformen, Fues, 1887" eine der Hauptthesen zu den neuen Überlegungen über die Definition des Begriffs „Volk" verfasst.

1611 Wehler, Doppelrevolution, S. 865.

1612 Stg. Berichte, 12. Leg.-Periode 1907/09, 2, 52. Sitzung, Montag, den 13. Mai 1907, S. 1586B/C.

1613 Ibid.

mehr, als sich die neue Regierung Bülow nach den Wahlen im Januar 1907 auch zur Abwehr des Einflusses des Zentrums und der Sozialdemokraten auf den sog. Bülowblock aus Konservativen, National- und Linksliberalen stützte.[1614] Allerdings übte der Abgeordnete über die Zusage des Vertrauens auch perlokutiven Handlungsdruck auf die Regierung aus, der es so schwerer fiel, anders als die vom Abgeordneten erhofften, aber eigentlich geforderten Entscheidungen zu treffen. Ein weiterer wichtiger Punkt war, dass sich der Abgeordnete Herold aus Kassel für die spezifisch bayerischen Belange einsetzte, als er nach einem Hinweis auf „unseren Zuckerexport nach Nordamerika" auch davon sprach, dass „es [...] von großer Wichtigkeit speziell für das Königreich Bayern [war], daß für den Hopfenexport aus Bayern nach Nordamerika günstigere Verhältnisse geschaffen werden. (Sehr richtig! in der Mitte)."[1615]

Neben dem Pronomen „unser", verdeutlicht sein Einsatz für bayerische Belange, dass sich die Abgeordneten tendenziell als Vertreter des ganzen deutschen Volkes sahen und der Gedanke, einer Nation anzugehören, über den Reichstag gestärkt wurde: Die Herstellung einer nationalen Identität war ja eine der Hauptaufgaben des 1871 neu gegründeten Deutschen Reiches gewesen. Dass dieser Prozess im Gang war, brachte Herold am Ende seiner Rede noch einmal zum Ausdruck: „[...] die deutsche Nation [erträgt] es auf die Dauer nicht [...], daß gegenüber einem Lande wie Nordamerika, dessen Einfuhr zu uns erheblich stärker ist als unsere Ausfuhr dorthin, eine einseitige Begünstigung der amerikanischen Verhältnisse stattfindet." Damit endete Herold, das Protokoll vermerkte: „(Bravo!)"[1616] Die Reaktion verdeutlicht einmal mehr, dass die Abgeordneten sich über Parteigrenzen hinweg als Körper zu fühlen begannen, der die Interessen des gesamten Staates und Volkes im Auge hat.

Paul Fuhrmann aus Magdeburg (NLP) ergriff als nächster das Wort. Er hielt sich recht kurz, was erstaunt, betrachtet man die Bedeutung des Exports für die Wähler der Nationalliberalen Partei, die doch vor allem die Industrie vertrat. Fuhrmann meinte, dass er eigentlich gegen das Abkommen war, ihm aber zustimmen werde, um den Regierungen die nötige Zeit für den Abschluss eines echten und definitiven, auf Reziprozität fußenden Vertrags zu geben. Entscheidend war an Fuhrmanns Rede zweierlei: Zum einen die Betonung der Rechte des Reichstages. Hart warf er der Regierung die „Ausschaltung des Reichstags" durch „Art. 6 des Abkommens" vor, da er „bei den Erwägungen über die Fortdauer oder Kündigung dieses Provisoriums als eine gerade dem provisorischen Charakter widersprechend [...] [zu einer] nicht entsprechende[n] Minderung der deutschen Volksvertretung" führte. (Sehr richtig! links)." Der Beifall von links ist ein Hinweis dafür,

---

1614 NIPPERDEY, Machtstaat vor der Demokratie, S. 729 ff.
1615 Stg. Berichte, 12. Leg.-Periode 1907/09, 2, 52. Sitzung, Montag, den 13. Mai 1907, S. 1586C.
1616 Ibid., S. 1586D.

dass es keine unversöhnlichen Gegensätze zwischen den Parteien gab, zumal in der geteilten Auffassung über die Zuständigkeiten und Rechte des Reichstages. Die Mitgliedschaft im Reichstag ließ mithin soziale und politische Grenzen verschwimmen, wenn es der Institution als Ganzer mehr Gewicht bringen konnte. Fuhrmann betonte auch die Zusage durch den Staatssekretär, „dem Reichstag von Zeit zu Zeit über den Stand der Verhandlungen geeignete Mitteilungen zu machen."[1617] Zum anderen insistierte er darauf, dass es sich bei den USA und Deutschland um „groß[e] Nationen" handelte, denen es gelingen sollte, „zum Vorteil der gegenseitigen Interessen und der beiden gemeinsamen großen germanischen Kultur" zu einem guten Abschluss zu kommen.[1618] Bereits zu Beginn seiner Rede hatte er von „Kulturnationen" gesprochen. Deutsche sahen die Amerikaner durchaus als gleichberechtigte und „verwandte" Nation an, ein gewisser Stolz auf den steigenden Erfolg dieser beiden „germanischen Nationen"[1619] schwang in manchen Reden mit. Der Begriff Kulturnation kam im 19. Jahrhundert auf und wurde im Kaiserreich häufig gebraucht. Im Jahre 1908 gab der Historiker Friedrich Meinecke in seinem Werk *Weltbürgertum und Nationalstaat* eine Definition des Kulturstaats als auf „gemeinsam erlebten Kulturbesitz" fußend.[1620] In Fuhrmanns Rede meinte der Begriff der Kulturnation die besondere Werthaftigkeit der deutschen Nation. Wenngleich noch nicht vom Volkstum im rassischen Sinne die Rede war, klang bei ihm aber bereits die Idee einer Überlegenheit der germanischen Rasse an. Noch lag die Betonung auf kultureller Macht und Stärke, nicht physischer. Die Vorstellung einer deutschen Nation deutschen Blutes breitete sich jedoch immer stärker aus, 1913 wurde dann das *ius sanguinis* eingeführt, wobei auch hier auf die Einbürgerungsgesetze in den USA geblickt wurde.[1621]

Dass die Rede Fuhrmanns am Ende mit einem allgemeinen „(Bravo!)" quittiert wurde,[1622] gibt einen zusätzlichen Hinweis darauf, dass über bestimmte Themen über Parteigrenzen hinweg Konsens herrschte. Der Gedanke, dass Deutschland und die USA seit ihrem politischen und wirtschaftlichen Ausgreifen und Wachsen sehr bedeutende Nationen geworden waren, sowie der Glaube an die Existenz einer germanischen Kultur waren im Kaiserreich wie im Übrigen auch in den Vereinigten Staaten durchaus mehrheitsfähig geworden. Dort war Mitte der 1850er Jahre

---

1617 Ibid., S. 1587A

1618 Ibid., S. 1567B.

1619 Vgl. Kardorff, Stg. Berichte, 10. Leg.-Periode, 1898/1900, 1, 5. Sitzung, Mittwoch, den 14. Dezember 1898, S. 70D.

1620 Vgl. Paul TRACHMANN, Kultur und Nation: Vom Mythos der deutschen Kulturnation zu einer integrativen Kulturpolitik, 2009, GRIN Verlag, München 2009, S. 5.

1621 Siehe dazu Kapitel 4.4.

1622 Stg. Berichte, 12. Leg.-Periode 1907/09, 2, 52. Sitzung, Montag, den 13. Mai 1907, S. 1587B.

die Theorie des Nativismus[1623] entstanden, und auch Präsident Theodore Roosevelt hatte genaue Ansichten vom Wert der jeweiligen Nationen und „Rassen".

Als nächste Redner trat wieder Hermann Molkenbuhr auf. Er bewies und zeigte, wie bereits in der ersten Lesung, sowohl seine genauen Kenntnisse der Verhältnisse in den USA als auch die der Beziehungen zwischen beiden Ländern. Zugleich machte er deutlich, dass ihm außenpolitische Gepflogenheiten und Gegebenheiten nicht fremd waren, er also auf diesem Felde durchaus den Vertretern der Exekutive ebenbürtig war. Im Gegensatz zu Kanitz glaubte er, dass das rigorose Vorgehen der USA nicht durch Fehler der deutschen Diplomatie, sondern die Agrarpolitik des Deutschen Reichs ausgelöst worden war.[1624] Molkenbuhr setzte sich hier Kenner auswärtiger Vorgänge in Szene und versuchte, über das Lob der Exekutive und der Diplomatie die Agrarier, mithin die alte Elite, zu schwächen, was wiederum darauf basierte, dass die SPD seit 1890 immer stärker geworden war und die Regierung Tendenzen zeigte, die Interessen der alten Elite weniger offensiv zu vertreten. Und wirklich antwortete er in seinen Ausführungen in der Hauptsache auf die Rede von Graf Kanitz. Während es in den USA die Großindustriellen waren, waren es nach Ansicht von Molkenbuhr in Deutschland die Agrarier, die einen Zollkrieg anzetteln wollten.[1625] Die Sozialdemokraten würden jedoch, wie bereits in der ersten Lesung betont, jedes Abkommen unterstützen,

> „welche[s] in der Lage ist, die freundschaftlichen Beziehungen, sowie den Handel und Verkehr zwischen zwei Kulturstaaten zu fördern. [...] Wir stimmen für den Vertrag, weil wir uns sagen, er kann dazu beitragen, die freundschaftlichen Beziehungen und den Handel und Verkehr zwischen Deutschland und den Vereinigten Staaten zu fördern – und das ist bei uns die Richtschnur. (Bravo! Bei den Sozialdemokraten)."[1626]

Wie auch die Vorredner sprach Molkenbuhr von der Nähe zwischen den zwei Nationen, legte dabei aber die Betonung auf den Gedanken, dass es sich um zwei „Kulturstaaten" handelte. Nicht die Zugehörigkeit zum Germanentum war also wichtig, mithin das eher völkische Argument, als vielmehr die Idee, einem gemeinsamen Kulturkreis anzugehören. Allerdings zeigt dies, dass auch die Sozialdemokraten davon überzeugt waren, es gäbe Kulturnationen und solche, die es nicht waren. Die Idee einer Gleichwertigkeit aller Kulturen war nicht wirklich existent. Am Ende seiner Rede brachte Molkenbuhr einige sehr erhellende Gedanken zur Frage der Parlamentarisierung des Deutschen Reichs: „Auch wir sind der Meinung, daß die Rechte des Reichstags erheblich erweitert werden müssen."[1627]

1623 Siehe dazu: Antje COBURGER, Nativismus und Fremdenangst in den USA: Von den Gründungskolonien bis zur jungen Republik. VMD, Saarbrücken 2008.

1624 Stg. Berichte, 12. Leg.-Periode 1907/09, 2, 52. Sitzung, Montag, den 13. Mai 1907, S. 1588A.

1625 Ibid., S. 1589B.

1626 Ibid., S. 1589B/C.

1627 Ibid., S. 1589B.

Zwar wollten Molkenbuhr zufolge auch die die Regierung unterstützenden konservativen und rechten Parteien eine solche, allerdings nur, wenn sie davon einen Vorteil erwarten konnten: Dann kritisierten sie die Regierung und verlangten von ihr insgesamt eine größere Einbeziehung des Reichstages.[1628] Anders als die SPD also, so unterstellte Molkenbuhr, erhoben die Rechten diese Forderungen nicht aus grundsätzlichen demokratischen oder parlamentarischen Erwägungen heraus: „Es liegt in dieser Sehnsucht aber nicht die Sehnsucht nach einer Erweiterung der Rechte des Reichstags, sondern in ihrem innersten Herzen möchten die Herren den ganzen Vertrag überhaupt nicht haben, und da werden die Rechte des Reichstags lediglich als Deckmantel gebraucht, um das Ziel herbeizuführen."

Molkenbuhr trat gegenüber Graf Kanitz sehr selbstbewusst auf, was durch die ironisch gebrauchten Ausdrücke „Sehnsucht" und „innersten Herzen" bekundet wurde. Dieser Sarkasmus war wohl dadurch gerechtfertigt, dass Kanitz lediglich die Interessen der Landwirtschaft, nicht aber die der Industrie und der Arbeiter im Auge hatte, und somit nicht diejenigen der Nation als ganzen. Dieses Selbstbewusstsein schien auch durch die sarkastische Wiederholung des leicht herablassend wirkenden, von sich wegweisenden definierten Nomens „die Herren" auf: „Ich meine aber, die Herren, welche Gegner derartiger Verträge sind, sollten das ganz ruhig aussprechen. Aber das wollen die Herren schon mit Rücksicht auf die wirtschaftlichen Folgen eines derartigen Vertrages nicht, und so suchen sie nach einem Deckmantel."[1629]

Kanitz hatte in seiner Rede die negative Handelsbilanz mit Amerika im Agrarsektor hervorgehoben und von der passiven Handelsbilanz für Deutschland gesprochen, die dem Land zum Nachteil gereichte. Molkenbuhr verwarf diesen Gedanken mit volkswirtschaftlich begründeten Argumenten. Zum einen bedeutete eine passive Handelsbilanz nicht zwingend die größere Armut eines Landes, was er wie Bernstein weiter oben hinsichtlich des Schiffsbaus am Beispiel England festmachte. Zum anderen beschuldigte er Kanitz lediglich den Blickwinkel der Agrarier wiederzugeben, den gesamten volkswirtschaftlichen Nutzen aus dem Handel mit den USA jedoch zu unterschlagen. Im Hauptteil seiner Ausführungen zeigte er, wie sehr Deutschland dank der Stärke seiner verarbeitenden Industrie und der Dynamik seiner Kaufleute vom Handel mit den USA im Speziellen und vom Freihandel und Handelskreisläufen im Allgemeinen profitierte.[1630]

Der Reichstag diente als Feld, auf dem nicht nur das Gleichgewicht zwischen den verschiedenen institutionellen Polen des Reiches oder zwischen konkurrierenden oder sich annähernden Parteien oder einzelnen Abgeordneten neu austariert wurde. Vielmehr wurde auch dasjenige zwischen der neuen und alten Elite immer

---

1628 Ibid., S. 1587B.
1629 Ibid., S. 1589B.
1630 Stg. Berichte, 12. Leg.-Periode 1907/09, 2, 52. Sitzung, Montag, den 13. Mai 1907, S. 1588D.

wieder neu abgemessen. Wie bei einem Spiel unterlagen im Reichstag die Repräsentanten aller gesellschaftlichen Gruppen denselben Regeln und konnten bei der Behandlung eines recht spezifischen, innenpolitisch jedoch wenig aufgeladenen Themas, wie die Handelsbeziehungen zu den USA, ihre Kenntnisse, Fähigkeiten und Kompetenzen öffentlich demonstrieren, vor den Augen und Ohren der Öffentlichkeit in Szene setzen und gegeneinander messen.

Die Rede von Molkenbuhrs Nachredner Dr. Heinrich Dohrn[1631] (FVg) war geradezu ein Paradebeispiel dafür, etwa wenn er Kanitz, der ja vehement für einen hohen Zoll auf amerikanische landwirtschaftliche Produkte eintrat, ironisch die rhetorische Frage stellte, ob er denn nicht wüsste, „was Kuba den Vereinigten Staaten gegenüber für eine ganz andere staatsrechtliche Stellung einnimmt als irgend ein anderes Land der Welt?"[1632] Dohrn sprach Kanitz nicht nur internationale und außenpolitische Kompetenzen ab. Die Reaktion des Parlaments bezeugte, dass es ihm gelungen war, die Linken hinter sich zu bringen: „Alles, was bei uns im Inlande geschieht, was hier als einzig heilvolle Politik angesehen wird, der Ausschluß des Auslandes bei der ganzen agrarischen Produktion, das wird den Amerikanern zum bittersten Vorwurf gemacht."[1633]

Über die Reaktion der Abgeordneten, die sowohl Akteure als auch Zuschauer waren, und die Berichterstattung in der Presse konnten auf diese Weise gesellschaftsrelevante Kompetenzen neu definiert und bewertet werden. Dies wiederum schlug sich bei den Wahlen in einer Neugewichtung der gesellschaftlichen Repräsentanz dann im Reichstag nieder.

Zurück zu Molkenbuhr: In seine Rede war zudem der deutschlandweite Blick des sächsischen Reichstagsabgeordneten interessant. Die deutsche Industrie bezog zwar eine große Menge an Baumwolle aus den USA, wie man im Kapitel Gesellschaft der vorliegenden Arbeit sehen wird:

> „[Aber]Unsere Textilindustrie steht nun [...] doch so, daß auf diesem Gebiet unsere Handelsbilanz keineswegs passiv ist. Unsere Einfuhr von Faserstoffen, von Jute und Baumwolle [...] ist nicht so hoch wie unsere Ausfuhr an Textilwaren und Artikeln

---

1631 MANN, Biographisches Handbuch, S. 110 f.: Heinrich Dohrn (16. April 1838–1. Oktober 1913) saß zwischen 1874 und 1912 für linksliberale Parteien als auch die Nationalliberale Partei im Reichstag. Er hatte Naturwissenschaften studiert und zahlreiche Reisen auch nach Afrika unternommen. Er hatte den Baltischen Lloyd mitbegründet, der eine direkte Verbindung zwischen Stettin und New York schaffen wollte. 1872 gründete er den Verein zur Förderung überseeischer Handelsbeziehungen.

1632 Stg. Berichte, 12. Leg.-Periode 1907/09, 2, 52. Sitzung, Montag, den 13. Mai 1907, S. 1589D.

1633 Ibid., S. 1590A.

der Konfektionsindustrie, die ja die Textilwaren weiter verarbeiten, sodaß alle unsere Handelsbilanz in diesen Artikeln sogar eine aktive ist."[1634]

Der Einsatz Molkenbuhrs für den freien Handel hatte in der Hauptsache allerdings die Förderung des nationalen Wohlstandes und damit des Wohlstandes der Bevölkerung sowie des guten Einvernehmens zwischen den Völkern zum Ziel. Seine Rede machte den Prozess der zunehmenden internationalen Vernetzung deutlich und zeigte wie stark die Volkswirtschaften bereits miteinander verflochten waren. Aus heutiger Sicht überrascht die Unvoreingenommenheit gegenüber unternehmerischem Handeln und Überlegen und wie sehr hier freihändlerische liberale Gedanken von einem Sozialdemokraten verteidigt wurden. Allerdings waren es vor allem der explizite Einsatz für die Parlamentarisierung und die gezeigte teilweise Solidarität mit der Regierung, wodurch die sehr konservativen Vertreter der alten Elite im Parlament beinahe außerhalb der neuen Gesellschaftsordnung des neuen Staatsinteresses verortet scheinen. Und das wiederum setzte die Fortschritte, die die informelle Parlamentarisierung und die SPD auf dem Weg zur verantwortlichen Partei gemacht hatten, in ein klareres Licht.

Nach Molkenbuhr ergriff Heinrich Dohrn das Wort. Er sprach sich für die Annahme des Handelsabkommens aus, welches er dezidiert als Provisorium bezeichnete, da er glaubte, dass nur so ein definitives Abkommen zustande kommen konnte. Er betont zu Beginn, dass die Bedeutung von derartigen Abkommen darin läge, „[den] Friede[n] und die freundschaftlichen Beziehungen zwischen beiden Nationen [zu fördern]." Diesen Gedanken griff er am Ende noch einmal auf: „Für uns alle spreche ich hier die Hoffnung aus, daß nach dem Grundsatz „Friede und guter Wille unter den Nationen" auch hier zwischen Amerika und Deutschland ein besserer Zustand hergestellt wird als bisher."[1635]

Die Nähe zu Molkenbuhr schien ganz deutlich auf. Allerdings ging er, was die Gemeinsamkeiten zwischen beiden Nationen anbelangte, sogar noch weiter. Dohrn sprach nicht so sehr von „völkischen", „kulturellen" Gemeinsamkeiten, sondern brachte eine eher universelle Idee der Völkerfreundschaft zum Ausdruck. Dieser versöhnliche Ton schlug sich in seiner Auffassung über die Rechte des Reichstags nieder. Anders als Kanitz glaubte er nicht, dass der Reichstag zu schwach und einflussarm wäre, seine Meinung durchzusetzen, vor allem dann, wenn die Regierung wegen einer ungünstigen Wendung der Lage gezwungen sein sollte, den Reichstag mit einzubeziehen.[1636] Diese Worte sind historisch bedeutend, da eine noch immer verbreitete und in neuester Zeit wiederholte Meinung ist, im Kaiserreich hätte es im Gegensatz zu England, Frankreich oder die USA ein Demokratie- und Parlamentarisierungsdefizit gegeben, welches – der Sonderweg ist nie wirklich weit – für die tragische Entwicklung der deutschen Geschichte im 20. Jahrhundert grundlegend

---

1634 Ibid., S. 1589A.
1635 Ibid., S. 1590A.
1636 Ibid., S. 1589C.

gewesen wäre.[1637] Der Reichstag wäre demnach ein reines Debattierparlament, mit sehr geringen direkten politischen Einwirkungsmöglichkeiten gewesen. Ohne die Worte eines Abgeordneten für eine korrespondente Wahrheit nehmen zu wollen, zeigen diese doch, dass es den Parlamentariern nicht an Selbstbewusstsein und Vertrauen in ihre Möglichkeiten mangelte: Ein deutlicher Hinweis auf das zeitgenössische Demokratieniveau und ein indirekter auf den informellen Fortschritt der Parlamentarisierung. Allerdings wurde diese Sicht als „zutiefst konservativ" zurückgewiesen, denn „nun hatte sich schon die Forschung der 2000er Jahre von diesen Bekenntnissätzen entfernt"[1638]. Dohrn begründete die scheinbare Machtlosigkeit des Reichstags mit folgendem Argument:

> „Ja, woran hat es gelegen, daß der Reichstag seine Meinung nicht hat durchsetzen können? Daran. Daß die Meinung [...] keine Majorität im Reichstag selbst gefunden hat. (Sehr richtig! links.). Wäre diese Meinung als Majoritätsmeinung im Reichstag gewesen, dann hätte sie in irgend einer Weise nach außen hin zum Ausdruck kommen müssen; das ist aber nicht geschehen, und so handelt es sich um Schmerzensschreie von einer Minorität, auf die natürlicherweise die Reichsregierung keine Veranlassung hat Rücksicht zu nehmen. (Sehr richtig! links.)."[1639]

So machte er deutlich, dass sich die Abgeordneten ihrer eigenen Schwächen bewusst waren und erkannt hatten, was verändert werden musste: Wollten sie Einfluss haben und ihre Positionen durchsetzen können, mussten sie gegenüber der Exekutive geschlossen aufzutreten. Diese Notwendigkeit zur Geschlossenheit förderte zwar langsam, aber stetig die Entwicklung einer Konsenskultur, die sich feststellen lässt, wenn etwa Einigkeit über bestimmte Tabus herrschte oder rechte Abgeordnete den Ausführungen linker und umgekehrt linke denjenigen rechter Abgeordneter Beifall zollten.

Willy von Dirksen (freikonservativ) sprach als nächster. Er betonte, dass seine Partei dem Vertrag zustimmen wollte, wenngleich einige Mitglieder es nicht tun würden. Noch gab es keinen echten Fraktionszwang,[1640] die Fraktionsdisziplin war vor allem bei den bürgerlichen Parteien lange nicht sehr ausgeprägt und die Abgeordneten fühlten sich durchaus zunächst ihrem Gewissen und der sie vertretenden Klientel verpflichtet. Er zählte mehrere Gründe auf, warum er und die meisten seiner Parteifreunde dem Vertrag dennoch zuzustimmen gedachten. Er glaubte, „es ist nicht wünschenswert, daß wir einem Lande gegenüber, dem wir uns auf

---

1637 Siehe dazu das Buch von Eckart CONZE, „Schatten des Kaiserreichs": Die Reichsgründung von 1871 und ihr schwieriges Erbe, Deutscher Taschenbuchverlag, München 2020.

1638 FRIE, Rausch und Nation, S. 711.

1639 Stg. Berichte, 12. Leg.-Periode 1907/09, 2, 52. Sitzung, Montag, den 13. Mai 1907, S. 1589D.

1640 NIPPERDEY, Machtstaat vor der Demokratie, S. 105.

politischem Gebiete mit Erfolg zu nähern begonnen haben, nun [...] einen Zoll-krieg führen müssen." Weiter unterstrich er die ethnische Nähe zu den USA. Dies wurde von vielen Parteien geteilt, von den Linken aber wie gesagt stärker kulturell, von der rechten stärker „völkisch" erklärt:

> „[E]inem Lande wie den Vereinigten Staaten von Amerika gegenüber, welches uns stammverwandt ist, uns nicht fern steht und uns auch politisch nützlich werden könnte, genügt es nicht, daß die gegenseitigen guten Beziehungen nun in der Gestalt eines Professorenaustausches zum Ausdruck kommen, sondern wir wollen auch einen Warenaustausch mit ihm haben."[1641]

Dirksen sprach hier ironisierend das Professorenaustauschprogramm an. Für die Konservativen stellte die intellektuelle Elite der Professoren ein Feindbild dar, da sie im Allgemeinen liberal und demokratisch eingestellt war und den Bürgerlichen ein Aufstiegspotential bot. Es war im Grunde ein weiteres Gebiet des für das Deutsche Reich zumal in der Wilhelminischen Epoche so bedeutenden Kampfes zwischen der neuen und alten Elite.

Neben der Nähe zu Amerika unterstrich Dirksen aber auch die Gegensätze innerhalb der deutschen Wirtschaft. Während die Agrarier den Vertrag ablehnten, da sie befürchteten, von amerikanischen landwirtschaftlichen Produkten vom Markt verdrängt zu werden, suchte die Industrie einen Absatzmarkt für ihre Produkte gerade in den USA. Daraus erwuchs auch die Schwierigkeit, sich gegenüber den USA stärker durchzusetzen. Dirksen schlug in seiner Rede einen recht ironischen Ton an, der zum einen wohl ein gewisses Überlegenheitsgefühl gegenüber den USA ausdrückt, zum anderen auch die von ihm ausgesprochene ethnische Nähe verdeutlichte. So bezeichnet er die Amerikaner in Anspielung auf die stereotype Diktion der „Indianer" als „die Brüder über dem großen Wasser" und sprach sie im Verlaufe seiner Rede mehrmals als „die Herren Amerikaner" an, die sich „in dem Wahne befinden",[1642] wobei der deiktische Gebrauch des Artikels „die" wiederum Geringschätzung ausdrückte. Die freundlich wirkende Herablassung schien im weiteren Verlauf der Rede immer wieder auf, etwa wenn er davon sprach, dass die dem Deutschen Reich gewährten Zollkonzessionen nur einen Geringteil dessen ausmachten, was den Amerikanern gewährt wurde: „Das ist ein Spiel, das auf die Dauer anfängt uns zu langweilen". Und etwas weiter: „[...] Deutschland, welches einer der wichtigsten Abnehmer amerikanischer Produkte ist, ist nicht mehr gewillt, länger das Aschenbrödel zu spielen." Dirksen kam zum Ende seiner Ausführungen auf die „panamerikanische Politik" zu sprechen, die „mit den mittel- und südamerikanischen Ländern Vorzugstarife anstrebt"[1643] und von der er hoffte,

---

1641 Stg. Berichte, 12. Leg.-Periode 1907/09, 2, 52. Sitzung, Montag, den 13. Mai 1907, S. 1590D.
1642 Ibid., S. 1590C.
1643 Ibid., S. 1591D.

dass sie auch auf Deutschland ausgedehnt würde,[1644] zumal Ende 1907 ein neuer Kongress zusammentreten und Ende 1908 ein neuer Präsident gewählt werden würde. Theodore Roosevelt, der Deutschland eher offen und positiv gegenüberstand,[1645] hatte angekündigt, nicht mehr zu kandidieren und es war noch nicht ausgemacht, wer nächster Präsident werden würde. Über seine Ausführungen hatte Dirksen seine Sachkenntnisse zu Fragen, die die USA betrafen, unter Beweis gestellt und damit, wie auch etwa Molkenbuhr oder Dohrn, der Regierung indirekt klar gemacht, dass sie auf außenpolitischem und internationalem Gebiet vom Reichstag Konkurrenz bekam und in ihren Kompetenzen herausgefordert wurde. Dirksens joviales und ironisches Lob der Sozialdemokraten zu Beginn seiner Rede, deren Zustimmung zur Regierungsvorlage er begrüßte,[1646] ließ eine demokratische Haltung und den Willen zur Zusammenarbeit mit den aufstrebenden Gesellschaftsschichten aufscheinen, zumal Dirksen selbst aus einer bürgerlichen Familie stammte, die man durchaus der neuen Elite zurechnen konnte.

Als nächster hatte der Abgeordnete Dr. Karl Böhme von der antisemitischen Deutschsozialen Reformpartei das Wort. Der Abgeordnete war der Meinung, dass das Handelsabkommen mit den USA die Ungleichheit in den wirtschaftlichen Beziehungen nur verstärken könnte. Er bedauerte so wie andere Abgeordnete zuvor, dass es sich zum einen um ein Provisorium handelte, welches die bestehenden Ungleichheiten allenfalls abmildern würde. Zum anderen beklagte er erneut die Unmöglichkeit des Reichstages, auf das Ende der Gültigkeit des Abkommens Einfluss nehmen zu können. Böhme blieb in seiner Rede sachlich und führte viele Details zu den wirtschaftlichen Verhältnissen in den USA an. Er zitierte aus verschiedenen Zeitungen, zum Beispiel der *Deutschen Industriezeitung*[1647] und berief sich auf eigene Sachverständige, „wie Dr. Gerber, der längere Zeit in den Vereinigten Staaten tätig gewesen ist."[1648] Dies bezeugt, wie gut viele Abgeordnete und Menschen aus der Gesellschaft über die Lage in den USA informiert waren, zum Teil aus eigenen Anschauungen kannten, wie die Abgeordneten Molkenbuhr, Barth

---

1644 Zum Panamerikanismus siehe genauer das Kapitel 2.3.2. der vorliegenden Arbeit.

1645 Edward WAGENKNECHT, The Seven Worlds of Theodore Roosevelt, The Globe Pequot Press, Guilford CT 2010, S. 276–277.

1646 Stg. Berichte, 12. Leg.-Periode 1907/09, 2, 52. Sitzung, Montag, den 13. Mai 1907, S. 1590B.

1647 Donald WARREN JR., The Red Kingdom of Saxony: Lobbying Grounds for Gustav Stresemann 1901–1909, Martinus Nijhoff, Den Haag 2012: Es handelt sich hier um ein interessantes Werk über den Einfluss von Lobbygruppen im Kaiserreich, dargestellt am Beispiel Sachsens. Die Deutsche Industriezeitung war das Presseorgan des 1876 gegründeten Centralverbandes deutscher Industrieller, der in der Hauptsache die Interessen der Schwer- und Montanindustrie vertrat.

1648 Stg. Berichte, 12. Leg.-Periode 1907/09, 2, 52. Sitzung, Montag, den 13. Mai 1907, S. 1593A.

oder Dohrn, und sich für die Entwicklung dort interessierten. Aus diesen Kenntnissen und Expertisen erwuchs der Exekutive und der alten Elite in der Beamtenschaft eine starke Konkurrenz, die sich über eine erweiterte politische Mitwirkungsforderung im Reichstag konkret ausdrückte. Obwohl seit dem *United States Census* von 1890 feststand,[1649] dass es auf dem Territorium der USA keine unerforschten oder unbesiedelten Räume mehr gab, waren die USA aus europäischer Sicht weiterhin ein Land mit schier unerschöpflichen, insbesondere territorialen Möglichkeiten. Das konnte Gefahren nicht zuletzt für die deutsche Landwirtschaft bergen: „Gewiß ist augenblicklich [...] eine Verschärfung der amerikanischen Konkurrenz auf landwirtschaftlichem Gebiet nicht zu befürchten." Diese Lage könnte sich jedoch in der Zukunft ändern: „Außerdem hat jetzt die amerikanische Gesetzgebung Maßnahmen getroffen, um die großen, wegen Trockenheit bisher nicht in Kultur genommenen Gebiete nunmehr durch Berieselung anbaufähig zu machen. Es sind das Gebiete, die so groß sind wie das Deutsche Reich."[1650]

Böhme stand einem guten Verhältnis zu den Vereinigten Staaten offen gegenüber, betonte am Ende seiner Rede im Gegensatz zu seinen Vorrednern aber, „daß die Vereinigten Staaten allen Anlaß haben, sich auch mit Deutschland gut zu stellen." Böhme meinte, dass die Vereinigten Staaten mittlerweile größeren geopolitischen Gefahren ausgesetzt waren, nicht zuletzt wegen Japan. Zudem hatten die USA im Gegensatz zu Deutschland keine starke Landmacht. Deshalb hatten sie großes Interesse an guten Beziehungen und einer Freundschaft zum starken Deutschen Reich, mehr noch, als es umgekehrt der Fall war. Der Reichstag kommentierte diese Aussagen mit „Bravo!"[1651] und zeigte so seine Zustimmung. Böhme sprach die japanische Expansion im Pazifikraum und nach Lateinamerika an, die wie im Kapitel Außenpolitik näher gezeigt wurde, mit den imperialistischen Ambitionen der USA in Lateinamerika (Monroedoktrin) und vor allem in Asien (China, Philippinen, Hawaii) zusammenstieß. Ähnlich wie die neue imperialistische Nation Deutschland, welche von den anderen europäischen Mächten in ihrem Aufstieg sehr misstrauisch beobachtet wurde und sich deshalb der *Entente cordiale* gegenübersah, wurden die Vereinigten Staaten in den genannten Regionen von Japan herausgefordert und in ihrem Expansionsdrang behindert. Aus diesem Grunde sollten sich, so Böhme, die USA und Deutschland als natürliche Verbündete mit eigentlich kompatiblen und nicht wirklich Konkurrenz machenden Interessen betrachten. Denn die Ereignisse um Samoa und vor allem Venezuela waren

---

1649 Hartmut WASSER, USA: Wirtschaft – Gesellschaft – Politik, Springer Fachmedien, Wiesbaden 1993, S. 377; Bernd STÖVER, Geschichte der USA: Von der ersten Kolonie bis zur Gegenwart, C.H. Beck, München 2017, S. 150.

1650 Stg. Berichte, 12. Leg.-Periode 1907/09, 2, 52. Sitzung, Montag, den 13. Mai 1907, S. 1593B.

1651 Ibid., S. 1593C/D.

trotz einer lauten, teilweise sehr antideutschen Pressepropaganda relativ harm-
loser und keineswegs kriegsgefährlicher Natur gewesen.

Es fällt in der Rede des Abgeordneten der neutrale und sachliche Ton auf. Der
Abgeordnete war mit den Verhältnissen in den USA gut vertraut und kannte die
verschiedenen politischen Entscheidungen. Obwohl Böhme eine antisemitische
Partei vertrat, kam es weder zu antisemitischen noch zu Deutschland überhöhen-
den Aussagen, wenngleich ein großer Stolz auf die militärische Stärke Deutschlands ausgedrückt wurde. Die Amerikaner wurden als durchaus gleichberechtigt
und stark wahrgenommen. Für Böhme stellten die USA den einzigen wahrhaft
ernstzunehmenden wirtschaftlichen Konkurrenten dar, da Deutschland in Europa zur stärksten Macht geworden war. Seine Rede wurde am Ende mit allgemeiner Zustimmung quittiert. Wie auch bereits bei anderen Reden kann man hier
erkennen, dass im Reichstag meist weder ein überhöht nationalistischer noch sehr
aggressiver Ton angeschlagen wurde. Selbst bei der Diskussion um das Reichs- und
Staatsangehörigkeitsgesetz fünf Jahre später wiesen sehr viele Abgeordnete die
chauvinistischen und völkischen Argumente offen zurück. Die sich aus antisemitischen und Bauernparteien zusammensetzende Fraktionsgemeinschaft der Wirtschaftlichen Vereinigung hatte in der Wahl zum 12. Reichstag im Jahre 1906 den
Höhepunkt ihrer Stimmen erreicht.[1652] An dieser Rede ließ sich folgende Aussage
bestätigen: „Die nicht-antisemitischen Parteien haben die Antisemiten geschlagen und verdrängt und die Wähler zurückgewonnen. Diese Tatsache sollte man
nicht, wie gewöhnlich, verdrängen oder herunterspielen. Der Antisemitismus war
parlamentarisch geworden, darum ist seine Niederlage auf diesem Felde wichtig
genug, eine wirkliche Niederlage."[1653] Hier lässt sich eine bis in die heutige Bundesrepublik reichende Kontinuitätslinie rückverfolgen, welche extremistische Parteien über die Einbindung in die parlamentarische Arbeit einzuhegen und so zu
schwächen sucht.

Vor der Abstimmung ergriffen noch zwei weitere Abgeordnete kurz das Wort.
Zunächst der Abgeordnete Michael Konrad Hufnagel von der Deutschkonservativen Partei sowie der ebenfalls aus Bayern stammende Abgeordnete Leonhard
Hilpert vom Mittelfränkischen Bauernverein. Beide Abgeordnete standen dem
Abkommen skeptisch gegenüber und hofften auf den späteren Abschluss eines
Definitivums. Hufnagel, der zunächst nicht einmal auf die Rednertribüne trat, war
„erstaunt, daß ein großer Teil der Vertreter der Industrie sich mit dem Provisorium
zufrieden erklären."[1654] Sein Hauptaugenmerk galt jedoch dem Hopfenexport in
die Vereinigten Staaten, der trotz sehr hoher Zölle stark zugenommen hatte. Er sah

1652 Die Partei bildete seit 1903 mit anderen Antisemiten- und Bauernparteien im
     Reichstag eine Fraktionsgemeinschaft und nannte sich Wirtschaftliche Vereinigung.
1653 NIPPERDEY, Machtstaat vor der Demokratie, S. 299.
1654 Stg. Berichte, 12. Leg.-Periode 1907/09, 2, 52. Sitzung, Montag, den 13. Mai 1907,
     S. 1593D.

das als einen Beweis für die Qualität des bayerischen Hopfens, ohne dies jedoch klar auszudrücken: „Das ist ein Beweis [die Exportzunahme], daß deutsches Produkt, hauptsächlich das bayerische Produkt, an Hopfen in Amerika sehr gesucht ist."[1655] Der Abgeordnete versuchte gleichwohl, sich als Vertreter allgemeiner deutscher Interessen darzustellen und die regionalen, hier bayerischen, nicht in den Vordergrund zu rücken.

Leonhard Hilpert, der als letzter Abgeordneter zu der Frage das Wort ergriff, fasste sich sehr kurz und kündigte an, nicht für das Abkommen stimmen zu wollen. Er vertrat ganz offen die bayrischen Interessen:

> „Unsere süddeutsche Landwirtschaft wird bei diesem Abkommen auch wieder zu kurz kommen, wie das früher schon der Fall war. Im Interesse unserer gesamten Landwirtschaft und im Interesse hauptsächlich unserer süddeutschen Hopfenbauern bin ich gezwungen, gegen das Handelsabkommen zu stimmen. Wenn es auch zu einem kleinen Zollkrieg zwischen dem Deutschen Reich und Amerika kommen würde (Heiterkeit), würde Deutschland bei diesem Zollkrieg nicht zu Schaden kommen; den Schaden würden hauptsächlich die Amerikaner dabei zu tragen haben."[1656]

Die Anmerkung „Heiterkeit" zeigt, dass das Adjektiv „klein" den anderen Abgeordneten als wohl unbeabsichtigte Untertreibung erschien und weist darauf hin, dass die Mehrzahl der Abgeordneten die Kräfteverhältnisse zwischen den USA und dem Deutschen Reich wohl anders einschätzte. Es kam zudem auch eine gewisse Arroganz mancher Abgeordneter zum Ausdruck, die die Ansichten des Abgeordneten Hilperts als zu provinziell betrachteten und sich vielleicht auch über seinen Dialekt moquierten, wie ein anderer Zwischenfall einige Jahre zuvor zeigte, der im Kapitel Außenbeziehungen genauer betrachtet wurde.[1657] An diesen Anekdoten lässt sich die sich abzeichnende Dichotomie zwischen Zentrum und Peripherie bereits erkennen, die die gesamte neuere deutsche Geschichte mit seinem Gegensatz der Bundes- und der Landesebenen und heute noch verstärkt durch das immer stärkere Gewicht der Bundeshauptstadt Berlin durchzieht.[1658] Interessant wäre vielleicht dazu die Untersuchung der Akten etwa der Kammer der Abgeordneten des bayerischen Landtags zu ihrer Sicht auf die USA. Der Vizepräsident des Reichstags, Paasche, ließ anschließend zur Abstimmung schreiten und das Handelsabkommen wurde vom Reichstag in zweiter Lesung mit der Mehrheit angenommen.

1655 Ibid., S. 1594A.

1656 Ibid., S. 1594B.

1657 Siehe dazu das Kapitel Exkurs 2: Das Parlament als Integrationsraum der vorliegenden Arbeit.

1658 Siehe dazu: Donald WARREN JR., The Red Kingdom of Saxony; Martinus Nijhoff, Den Haag, 1964, S. 143: „Historians of this century, also loyal in a sense to the German Empire, have dismissed internal affairs of the federal states as parochial".

Zusammenfassung Wirtschaft

Die deutsch-amerikanischen Wirtschaftsbeziehungen in der Wilhelminischen Epoche waren vom wirtschaftlichen Wachstum und Aufstieg beider Länder geprägt. Parallel zu den außenpolitischen Entscheidungen und Unternehmungen waren sie immer stärker und tiefer in globale wirtschaftliche Verflechtungen und Verbindungen eingebunden. Die wirtschaftliche Produktion beider Länder war dabei zum einen komplementär, zum anderen stand sie auch in verstärkter Konkurrenz. Ähnlich wie im außenpolitischen Bereich, war es seit den 1890er Jahren auch im Handelsbereich zu Konflikten gekommen, die jedoch, hier wieder parallel zu den Außenbeziehungen, nicht sehr virulent und gefährlich wurden.

Für die Reichstagsabgeordneten waren die wirtschaftlichen Beziehungen, ähnlich wie die äußeren, vielfach ein Mittel, ihre internationalen Kenntnisse und Kompetenzen zu bezeugen und darüber der Reichsleitung und der alten Elite in der Beamtenschaft Konkurrenz zu machen. Ziel war dabei die Stärkung und Kompetenzausweitung des Reichstags im Institutionengefüge des Reichs.

Gerade im ökonomischen Bereich war wegen des enormen wirtschaftlichen Wachstums die Demokratisierung besonders gut gediehen, und der gesellschaftliche Fortschritt spiegelte sich im Parlamentarisierungsdruck wider, der von den Abgeordneten ausging, die häufig selbst der neuen gesellschaftlichen Elite angehörten und starke Verbindungen zu der entstehenden Zivilgesellschaft unterhielten. Dieser über die Demokratisierung und Modernisierung ausgeübte Druck führte zu einer informellen Parlamentarisierung, welche aber von den alten Eliten zum Teil auch gewollt wurde, da sie selbst den aus der Gesellschaft kommenden Druck spürten, wie gerade im wirtschaftlichen Bereich deutlich wurde. Es lässt sich zudem beobachten, wie über die Diskussionen im Reichstag die Grenzen zwischen neuer und alter Elite im Übrigen oftmals verschwammen und es zu einer Art Hybridisierung der Abgeordneten kam, die formell, außerhalb des Parlaments der alten Elite angehörten. So bildeten sich neue informelle Bündnisse, die schließlich zu Entscheidungen führten, welche wiederum verstärkend auf die Demokratisierung wirkten.

Die Vereinigten Staaten mit ihrer ebenfalls so bedeutenden wirtschaftlichen Stärke stellten wegen einer relativen außenpolitischen Konfliktfreiheit zwischen beiden Ländern ein günstiges Feld für die Reichstagsabgeordnete dar, ihre Ansichten der Reichsleitung gegenüber durchzusetzen oder doch zumindest deutlich und kompetent darzulegen. Außerdem waren die Beziehungen zu den USA relativ wenig emotional belastet, was half, innerhalb der Gruppe der Reichstagsabgeordneten ein stärkeres Wir-Gefühl und eine besser Gruppenidentität herzustellen. Und das wiederum vergrößerte ihr Gewicht als Institution.

Um die Untersuchung zur informellen Parlamentarisierung des Deutschen Reichs zu vervollständigen, sollen nun noch verschiedene gesellschaftliche Aspekte betrachtet werden. Gerade für den Zusammenhang zwischen Demokratisierung, unter der man eine Ausweitung der bürgerlichen Rechte und Freiheiten und eine Stärkung des Sozial- und Rechtsstaates zu verstehen hat, mithin die

Vergrößerung des gesellschaftlichen und politischen Teilhaberaumes eines immer weiteren Bevölkerungsteiles, und der Parlamentarisierung scheinen gesellschaftliche Aspekte interessante Erkenntnisse liefern zu können. Über den Dreiklang „Rasse, Gender und Klasse" sollen die Debatten des Reichstags zu USA-betreffenden Themen im folgenden letzten Hauptteil untersucht werden.

4. Gesellschaftliche Fragen

Der Reichstag blickte zwischen 1895 und 1914 bei den Debatten gesellschaftlicher Fragen auch in das Ausland und nicht zuletzt in die Vereinigten Staaten. Dieser Zeitraum, der für das Deutsche Reich als Wilhelminische Epoche gilt, entspricht der *Progressive Era*[1659] in der Geschichte der USA.

Wie in den vorausgegangenen Hauptteilen zu außenpolitischen und wirtschaftlichen Themen und Fragen bereits gesehen, wies auch die gesellschaftliche Entwicklung innerhalb dieses Zeitrahmens in den USA sehr starke Parallelen zu derjenigen des Deutschen Reichs auf. Und so ließ sich der Reichstag in seinen Debatten manchmal vom amerikanischen Beispiel inspirieren bzw. benutzte dieses als negatives Vorbild. In der Tat jedoch zog sich über die Debatten all dieser Fragen wie auch in den anderen Kapiteln gesehen die Frage der Demokratisierung und vor allem Parlamentarisierung des Kaiserreichs wie ein roter Faden hindurch.

Gesellschaftliche Fragen von Relevanz nun, die sowohl im Deutschen Reich als auch in den Vereinigten Staaten gelöst werden mussten, waren zum Beispiel die „Rassenfrage" und die gesetzliche und gesellschaftliche Behandlung von Mischehen, die Arbeiterfrage, die Definition der Staatsbürgerschaft und die Frage, wie man mit Einwanderung umgehen sollte. Nicht zuletzt drängte die Frage der politischen Mitwirkung von Frauen in beiden Ländern immer stärker auf die politische Agenda, wenngleich in diesem Punkt die USA, zumindest auf den Ebenen unterhalb des Gesamtstaates, fortgeschrittener waren, als Deutschland.

4.1. Die „Rassenfrage" und die „Mischehen"[1660]

In einem ersten Teil des Kapitels sollen die „Rassenfrage" und das mit ihr oft verbundene Thema der Behandlung von Mischehen, also den Ehen zwischen Kolonisierten und Deutschen, im Kaiserreich betrachtet werden. Dazu soll eingehender untersucht werden, inwiefern der Reichstag sich über die Lage in den USA informierte und dafür interessierte. Mit dem Erwerb der Kolonien ab 1884 nahmen die Themen einen immer wichtigeren Raum in der öffentlichen Debatte ein. Gespeist wurden die Überlegungen und Diskussionen dazu aus unterschiedlichen Quellen, nicht zuletzt aus den sich immer stärker ausbreitenden und vermeintlich

---

1659 Zur *Progressive Era* siehe: GOULD, America in the Progressive Era; Christof MAUCH, Anke ORTLEPP, Jürgen HEIDEKING, Geschichte der USA, Narr Francke Attempto Verlag, Tübingen 2020[7], S. 197–234.
1660 Siehe dazu auch SOBICH, Schwarze Bestien, rote Gefahr, S. 352–357; Frank BECKER, Rassenmischehen und Mischlinge und Rassentrennung, Zur Politik der Rasse im deutschen Kolonialreich, Beiträge zur Überseegeschichte, Bd. 90, Stuttgart 2004.

wissenschaftlich untermauerten „Rassetheorien" im Verbund mit dem sozialdarwinistischen Denken.

Der Gebrauch der verschiedenen Ausdrücke, vor allem zur Bezeichnung der
afrikanischen kolonisierten Bevölkerung, ist dabei sehr aufschlussreich. Neben
den Begriffen „Eingeborene", „Schwarze" und „Farbige" wurde auch immer häufiger das Wort „Neger", oft in dezidiert pejorativer Absicht, benutzt.

Ein beredtes Beispiel für den abwertenden Gebrauch des Wortes „Neger" findet
sich in einer Rede von Limburg-Stirum im Rahmen der Diskussion zum ersten
Flottengesetz, welche im Kapitel Außenpolitik genauer behandelt wurde. Er war
darin auf einen Zwischenfall in Haiti zu sprechen gekommen und hatte dabei die
staatlichen haitianischen Autoritäten herablassend als „diese[] Herrn Neger[]"
bezeichnet.[1661] Der freisinnige Abgeordnete Eugen Richter mokierte sich in
seiner Reaktion daraufhin über diese rassistische Arroganz und die Überzeugung
Limburg-Stirums: „[Er] meinte, es zieme sich nicht, daß ein Vertreter des Auswärtigen Amts, ein Gesandter vor einem Negerfürsten gewissermaßen erst bittweise
aufträte." Richter sprach denn auch ohne rassisches Epitheton ornans vom „Präsidenten" Haitis.[1662]

Auch der freikonservative Abgeordnet Traugott Hermann von Arnim-Muskau
sprach sich wohl eher herablassend über Haiti aus, wenngleich der Begriff „Neger"
damals noch nicht vollständig negativ aufgeladen war[1663]: „Ich bestreite, daß es
dem Ansehen des Deutschen Reichs entspricht, wenn wir erst nach Monaten in der
Lage sind, aus Mangel an Schiffen ein Land wie die Negerrepublik Haiti zu einer
Sühne zu nöthigen."[1664]

Es entsteht der Eindruck, als ob sich der innenpolitische soziale und gesellschaftliche Kampf, der durch die Wahlerfolge sowie den seit der ersten Reichstagswahl 1871 beständig steigenden Stimmenanteil der SPD[1665] und die auch damit

---

1661 Stg. Berichte, 9. Leg.-Periode, 1897/98, 1, 4. Sitzung, Montag, den 6. Dezember 1897,
      S. 57B.

1662 Stg. Berichte, 9. Leg.-Periode, 1897/98, 1, 5. Sitzung, Dienstag, den 7. Dezember
      1897, S. 69C.

1663 In Meyers kleinem Konversationslexikon etwa wird der Begriff unter dem Artikel „Menschenrassen" für die damalige Zeit ohne rassistische Aufladung benutzt.
      Meyers kleines Konversations-Lexikon, Bd. 2, Bibliographisches Institut, Leipzig
      und Wien, 5. Auflage 1892.

1664 Stg. Berichte, 9. Leg.-Periode, 1897/98, 1, 5. Sitzung, Dienstag, den 7. Dezember
      1897, S. 81B.

1665 Wilhelm Heinz SCHRÖDER, Sozialdemokratische Reichstagskandidaten 1898–1918.
      Eine Kollektivbiographie, in: Historische Sozialforschung. Supplement, Nr. 23, 2011,
      S. 252–318, hier S. 263: Bei der Reichstagswahl 1912 hatte die SPD ihre kritische
      Größe erreicht und die Zeiten der selbstverständlichen Stimmenzuwächse waren
      vorüber. [http://www.jstor.org/stable/23032834. Eingesehen am 7. Oktober 2020].

zusammenhängende sich ausbildende Politisierung und Demokratisierung der Bevölkerung die traditionellen, alten Eliten immer stärker in die Defensive zwang, mit rassenideologischen Auseinandersetzungen zum Teil verband und überlappte. Der semantische Gehalt des Wortes „Neger" schien sich mithin immer mehr sozialpolitisch aufzuladen und zudem mit der Arbeiterfrage zu verbinden. Man versuchte, den in den Vereinigten Staaten mit einem bestimmten semantischen Gehalt belegten Begriff des „Negers" auf die deutschen Kolonien und die dort lebende afrikanische Bevölkerung zu übertragen und zu projizieren. So wollte man einerseits über das euphemistische, deutsche soziale Normalität vorgaukelnde Schlagwort der „Arbeiterfrage" die deutschen Arbeiter für das koloniale Projekt gewinnen, andererseits diese aber auch in die Nähe der noch zu zivilisierenden und zur Arbeit zu erziehenden Kolonisierten rücken. Dies machte es zudem leichter, die afrikanische Bevölkerung, parallel zu der Situation der schwarzen Bevölkerung in den Südstaaten der USA, als Arbeiter auf den Plantagen, oder „Arbeitstiere"[1666], wie es der nationalliberale Abgeordnete Hermann Paasche ausdrückte, einsetzen zu können[1667]. Die „Rassenfrage" und die soziale oder Arbeiterfrage waren im Kaiserreich sehr eng miteinander verbunden,[1668] wie es Frank Oliver Sobich in seinem Buch *Schwarze Bestien Rote Gefahr* gezeigt hat. Im Laufe der Untersuchung werden wir noch öfter darauf zurückkommen. In einer Rede während der „Mischehendebatte" im Mai 1912 machte der sozialdemokratische Abgeordnete Georg Ledebour zu dem Komplex der rassischen Definition eine interessante Aussage.[1669] Darin wird erkennbar, dass er sich des Prozesses bewusst war, der das Stereotyp des mit bestimmten rassischen Eigenheiten ausgestatteten „Negers" zu definieren und die Bedeutung der Hautfarbe zu einem ausschlaggebenden Merkmal zu machen begann. Gleichwohl war auch Ledebour nicht frei von rassistischen Überlegungen

---

1666 Im Laufe der Zeit des Kaiserreichs änderte sich das Bild von den Schwarzen. Während bis zu Beginn des 20. Jahrhunderts Schwarze eher mit Kindern gleichgesetzt wurden, kam es nach der Jahrhundertwende, vor allem im Zusammenhang mit den sog. „Hottentottenwahlen", zu einer Bestialisierung und Sexualisierung des Bildes der Schwarzen. SOBICH, Schwarze Bestien, rote Gefahr, S. 122–124 und 349–359.

1667 Siehe dazu: Andrew ZIMMERMANN, Ein deutsches Alabama in Afrika. Die Tuskegee-Expedition nach Togo und die transnationalen Ursprünge westafrikanischer Baumwollpflanzer, in: Globalgeschichte. Theorien, Ansätze, Themen, hg. von Sebastian CONRAD, Andreas ECKERT, Ulrich FREITAG, Campus Verlag, Frankfurt 2007, S. 313– 342; Andrew ZIMMERMANN, Alabama in Africa. Booker T. Washington, the German empire, and the globalization of the new south, Princeton University Press, Princeton 2010.

1668 Paul J. EDWARDS, „Bury the Gold Again Before the Europeans Bring Us Their Culture": Witzblätter and the Paradox of German Anticolonialism, in: German Studies Review, Bd. 44, Nr. 1, Februar 2021, S 1 -26, hier S. 21 f.

1669 Vgl. SOBICH, Schwarze Bestien, rote Gefahr.

und, ganz Kind seiner Zeit, stellte er rassische Hierarchien auf. Ledebour verur-teilte denn auch einmal scharf die Ansicht der „Vertreter liberaler Parteien" zu den Mischehen und deren Absicht, „die Eingeborenen, auch die Samoaner und auch die Bastards von Rehoboth[1670] [...] [zu] degradieren. Es wird hier fortwäh-rend von „Schwarzen" geredet, es wird das Phantasiegebilde des schwarzen Negers hingestellt." Dann aber bezeugten Ledebours Worte, wie sehr die sozialdarwinis-tischen Ideen und rassistischen Definitionen und Hierarchiekonstruktionen Teil des allgemeinen Denkens geworden waren oder dabei waren zu werden, denn „es handelt sich hier um die sehr hochstehenden Stämme der Samoaner und die schon bestehenden Mischlingsstämme der Bastards, die beide in körperlicher und geisti-ger Beziehung den Europäern nahestehen."[1671]

Die Redebeiträge der Abgeordneten zur Frage der Behandlung der indigenen Bevölkerung in den Kolonien, zumal in Afrika, und die Frage der auf Grund der Kolonien virulent gewordenen Problematik der „Mischehen" und „Mischlinge" spiegelten die inneren Spannungen der Gesellschaft in der „Rassenfrage" und den sich ausbreitenden rassistischen und sozialdarwinistischen Ideen wider. Gerade die Vereinigten Staaten, die *de jure* nach dem Sezessionskrieg und der zumindest formell konstitutionellen Gleichstellung der Schwarzen mit den Weißen die erste postkoloniale Gesellschaft geworden waren, dienten den Abgeordneten als Vor-bild – negativ oder positiv, als Orientierungshilfe und als Blaupause. Diese Debatte fiel dabei nicht zufällig in dieselbe Zeit, wie die Debatten über die Verabschie-dung eines neuen Gesetzes zur Reichs- und Staatsangehörigkeit, welches weiter unten[1672] behandelt werden soll.[1673]

4.1.1. Die „Rassenfrage"

In diesem Unterkapitel soll die Lage der farbigen Bevölkerung in den Kolonien betrachtet werden. Gerade die optimierende Ausbeutung der Arbeitskraft der Schwarzen in den Südstaaten der USA erweckte dabei das Interesse der deutschen

---

1670 Die Rehoboter Bastards, heute Rehoboth Baster, waren Kinder aus Beziehungen zwischen niederländischen Kolonialisten und Nama-Frauen. Um 1900 wanderten sie von der Kapkolonie als eigenständige Gruppe nach Südwestafrika und ließen sich in der Gegend von Rehoboth nieder. Sie unterstützten die deutschen Kolonial-herren bei der Inbesitznahme der Kolonie. Im Jahre 1908 waren sie das Ziel einer Forschungsreise des deutschen Eugenikers Eugen Fischer, um an ihnen die Gültig-keit der Mendelschen Gesetz auch an Menschen zu beweisen. Siehe dazu: Rudolf G. Britz, Hartmut Lang, Cornelia Limpricht, Kurze Geschichte der Rehobother Baster bis 1990, Klaus Hess Verlag, Windhoek/Göttingen 1999.

1671 Stg. Berichte, 13. Leg.-Periode, 1912/14, 3, 55. Sitzung, Dienstag, 7. Mai 1912, S. 1735D.

1672 Hierzu S. 368 ff.

1673 Siehe dazu Kapitel 4.4.

Kolonialherren zumal in Afrika. Inwiefern und ob der koloniale Rassismus die Ausbreitung rassistischen Gedankengutes im „Mutterland" selbst förderte, wie es eine Annahme und ein Postulat der *postcolonial studies* ist,[1674] soll dabei als ein Nebenaspekt der Debatten untersuchten werden. Dieser Aspekt soll vor allem mit dem Fokus auf die wirtschaftliche Ausbeutung und Nutzbarmachung der Kolonien geprüft werden.

4.1.1.1. In den Kolonien

Die in die USA ausgewanderten Deutschen hatten sich bis etwa zur Reichsgründung 1871 in der amerikanischen „Rassenfrage" und in der Frage der Sklaverei oftmals auf die Seite der Schwarzen gestellt und sich für die Abschaffung der Sklaverei eingesetzt. Es kam zu „vielfältigen Formen der Interaktion zwischen Afroamerikanern und Deutschamerikanern"[1675] auf verschiedenen staatlichen Ebenen. Die Frage der Schwarzen in den USA interessierte denn auch deutsche Politiker sehr und sie reisten in die USA, um sich von der Lage der Afroamerikaner und über die Handhabung des Zusammenlebens der verschiedenen „Rassen" ein Bild zu machen. Gustav Friedrich alias Germanus analysierte in seinem Buch zur „amerikanischen Gefahr" die „Rassenfrage" als die entscheidende amerikanische Frage, wohingegen er für das Deutsche Reich eher die soziale Frage als die grundlegende ansah. Er glaubte, dass es in den USA keine sozialistische Massenbewegungen gab, ja nicht einmal eine sozialdemokratische Partei, weil durch die Ausbeutung von „9,5 Millionen Negern und Farbigen", die „alle niederen Dienste" verrichteten, der Lebensstandard der Arbeiter höher sei und so deren „aristokratische" Grundeinstellung ermöglichte. Während Deutschland jedoch seine soziale Frage sicher lösen könnte, wusste er nicht, „wie die Amerikaner mit ihren Negern fertig werden

---

1674 Vito Francesco Gironda, Die Politik der Staatsbürgerschaft: Italien und Deutschland im Vergleich 1800–1914, Vandenhoeck & Ruprecht, Göttingen 2010, S. 19–20: „An die Prämisse einer rassenpolitischen „Imagination" der wilhelminischen Gesellschaft, [...] knüpften auch viele Ansätze der *postcolonial studies* an. [...] Es geht einerseits um die Charakterisierung des deutschen Kaiserreichs im Kolonialraum als „Rassestaat", und andererseits um die deutsche Kolonialepoche als Hervorbringung der sozialen Akzeptanz von rassistischen und diskriminierenden Denkfiguren und sozialen Praktiken. Die jüngere Kulturgeschichte des Kolonialismus versucht, koloniale Spuren im deutschen Alltag zu entdecken und die Rückwirkung von kolonialen, sozialen und kulturellen Praktiken für das Mutterland zu betonen. Sie fragt indirekt nach der Verfestigung rassistisch habitueller Dispositionen in der reichsdeutschen Gesellschaft."
1675 Anke Ortlepp, Rezension zu Allison Clark Efford, German Immigrants, Race, and Citizenship in the Civil War Era, Washington, Cambridge University Press, German Historical Institute 2013, in: Historische Zeitschrift 300/3, Juni 2015, S. 817.

wollen, das ist ein Rätsel, bedeutend schwieriger als das der alten Sphinx."[1676] Während bis in die 1880er Jahre die „Rassenfrage" und die „Negerfrage", wie es in den Debatten oft hieß, im Besonderen für das Deutsche Reich eher von zweitrangiger Bedeutung waren, rückten sie nicht zuletzt durch die Einrichtung von Kolonien[1677] in Afrika ab 1884 und der damit verbundenen Frage der „Rassenvermischung" in den Kolonien und der Einwanderung von Afrikanern nach Deutschland immer stärker in den Blickpunkt. Zudem kann man an den Reichstagsdebatten erkennen, dass sich wegen der hohen Kosten der Kolonien für das Reich das Problem von deren Nutzbarmachung durch Infrastrukturmaßnahmen und die Qualifizierung der einheimischen Bevölkerung stellte. Dabei war eine koloniale Folge hinsichtlich dieser Fragen von herausragender Bedeutung: die Einführung der Baumwollkultur.

Bei der Lektüre der Debattenbeiträge erweckt, wie bereits weiter oben angedeutet,[1678] die Bezeichnung der Afrikaner durch die Abgeordneten die Aufmerksamkeit. Diese wurden wahlweise als „Eingeborene", „Schwarze", „Neger", oder „Farbige" bezeichnet. Es verstärkte sich im Laufe der Lektüre der Eindruck, dass die Bezeichnungen durch die Abgeordneten nicht willkürlich erfolgten, sondern die einzelnen Begriffe zielgerichtet und absichtlich gebraucht wurden. So scheint in den meisten Fällen die Wahl des Wortes „Neger" durch einen Abgeordneten bewusst in pejorativer Absicht gewählt worden zu sein. In der Tat hatte sich das portugiesische Wort *negro* seit Beginn des atlantischen Sklavenhandels herausgebildet, um die aus Afrika verschleppten und zur Sklaverei gezwungenen Schwarzen zu bezeichnen. Anschließend wurde es von den verschiedenen europäischen Sprachen übernommen. Ende des 19. Jahrhunderts setzt sich dann metonymisch die Gleichsetzung aller schwarzer Menschen mit Sklaven über das Wort Neger immer stärker durch[1679] und sein Gebrauch drückte so aus, dass sein Benutzer in rassischen Hierarchien dachte. Interessanterweise wurde die Bezeichnung „Farbige" und „Schwarze" in den vom Verfasser untersuchten Redebeiträgen häufiger gewählt, was ein Hinweis darauf sein könnte, dass sich die extrem rassischen und rassistischen Vorstellungen und Weltbilder unter den Reichstagsabgeordneten bis zum Beginn des Ersten Weltkriegs jedenfalls nicht in der Mehrheit fanden und man insgesamt Menschen herabwürdigende Ausdrücke, Begriffe und Zuschreibungen

---

1676 FRIEDRICH [Germanus], Die amerikanische Gefahr, S. 10–11.
1677 Zur Definition von „Kolonie" siehe: Jürgen OSTERHAMMEL, Jan C. JANSEN, Kolonialismus. Geschichte, Formen, Folgen, Verlag C.H. Beck, München 2012[7], S. 16: „Kolonisation bezeichnet einen Prozess der Landnahme und Aneignung, Kolonie eine besondere Art von politisch-gesellschaftlichem Personenverband, Kolonialismus ein Herrschaftsverhältnis. Das Fundament aller drei Begriffe ist die Vorstellung von der Expansion einer Gesellschaft über ihren angestammten Lebensraum hinaus."
1678 Siehe dazu Kapitel 4.1.
1679 Aurélia MICHEL, Un monde en nègre et blanc: Enquête historique sur l'ordre racial, Éditions du Seuil, Paris 2020, S. 21–22.

zumindest im Zusammenhang mit den die USA betreffenden Debatten relativ selten liest,[1680]- und das, obwohl sich die Diskriminierung über die Hautfarbe erst
im Kontext der europäischen Kolonialisierung Amerikas herausgebildet hatte[1681].
Gegen Ende des Kaiserreichs hatte sich aber nichtsdestoweniger rassistisches und
sozialdarwinistisches Denken wie in allen westlichen Ländern verstärkt, was sich
auch in den Debatten spiegelte. In der Diskussion des Reichshaushaltsetats für
das Rechnungsjahr 1912[1682] wies der sozialdemokratische Abgeordnete Alfred
Henke[1683] zunächst die seit den sog. Hottentotten-Wahlen geführte Debatte über
den wirtschaftlichen Nutzen von Kolonien zurück, was er am Beispiel der Baumwollproduktion in den deutschen Kolonien in Afrika zu beweisen suchte. Auch im
Jahre 1912 blieb Deutschland, trotz der gerade in den Kolonien Togo und Deutsch-
Ostafrika unternommenen Initiativen zur Hebung der Produktion, von der Einfuhr
amerikanischer Baumwolle abhängig, wie in den Reden immer wieder beinahe
beiläufig betont wurde. So meinte etwa Hermann Paasche, dass selbst die großen
Massen bei der Arbeiterklasse längst eingesehen hätten, wie abhängig Deutschland von der Einfuhr amerikanischer Baumwolle war und deshalb eigene Baumwolle in den Kolonien produzieren sollte.[1684]
    Doch zurück zu Henke: Über die wirtschaftliche Kosten-Nutzen-Analyse von
Kolonien schwenkte er schließlich auf eine moralische und kulturelle Kritik am
Kolonialismus um.[1685] Er sprach ihm zwar einen zivilisatorischen Auftrag nicht
vollständig ab. Seine konkrete Ausformung aber er sah er lediglich als das Ergebnis des unter dem Deckmantel des Imperialismus daherkommenden Raubtierka-
pitalismus, den er so wie der internationale Sozialistenkongress im Jahre 1907 als

---

1680 Michael SCHUBERT, Der schwarze Fremde. Das Bild des Schwarzafrikaners in der
      parlamentarischen und publizistischen Kolonialdiskussion in Deutschland von den
      1870er Jahren bis in die 1930er Jahre, Steiner Verlag, Stuttgart 2003.

1681 MICHEL, Un monde en nègre et blanc, S. 21.

1682 Stg. Berichte, 13. Leg.-Periode, 1912/14, 2, 50. Sitzung, Montag, den 29. April 1912,
      S. 1513D.

1683 http://library.fes.de/fulltext/bibliothek/chronik/band3/e235g105.html [Eingesehen
      am 3. September 2020]: Alfred Henke (1. März 1868–24. Februar 1946), der in
      Bremen eine Ausbildung zum Zigarrenarbeiter gemacht hatte, saß für die SPD
      von 1912 bis 1918 im Reichstag. In der Weimarer Republik gehörte er der USPD
      an. Über Selbststudium hatte er sich eine gute Bildung angeeignet, die es ihn
      ermöglichte, als Gewerkschafter und Journalist zu arbeiten. Er hatte zu den sozial-
      demokratischen Abgeordneten gehört, die die Zustimmung zu den Kriegskrediten
      verweigert hatten.

1684 Stg. Berichte, 13. Leg.-Periode, 1912/14, 3, 52. Sitzung, Mittwoch, den 1. Mai 1912,
      S. 1573A.

1685 Stg. Berichte, 13. Leg.-Periode, 1912/14, 2, 50. Sitzung, Montag, den 29. April 1912,
      S. 1516A–1525C.

Zeichen kapitalistischer Profitgier anprangerte.[1686] Im weiteren Verlauf griff er verstärkt das rassistische und sozialdarwinistische Gedankengut an, das sich nicht nur außerhalb des Reichstags verbreitete, wie etwa in den Schriften von Paul Rohrbach[1687]. Schlimmer noch empfand er dies, wenn sie von Reichstagsabgeordneten geäußert wurden:

> „[Wir haben] in der Budgetkommission Aeußerungen gehört, die verraten, daß es auch im Reichstag Abgeordnete gibt, die den Neger nicht für einen Menschen halten. (Hört! hört! bei den Sozialdemokraten.) Der Herr Vizepräsident Paasche war es, der von den Negern als von Arbeitstieren sprach. (Hört! hört! bei den Sozialdemokraten.) Ob das christlich ist, weiß ich nicht; ich meine, daß Christentum muß sehr merkwürdig sein bei einem Mann, der solche Urteile über die Eingeborenen abgibt."[1688]

Der nationalliberale Abgeordnete und Vizepräsident des Reichstags, Hermann Paasche, sah sich daraufhin veranlasst, in einer späteren Rede diesen Vorwurf zu entkräften, und versuchte, eine Art Entschuldigung für seine Wortwahl zu geben.[1689] Allerdings wollte er die Schwarzen nicht aus ethischen, sondern utilitaristischen und kapitalistischen Überlegungen heraus vor Ausbeutung und Willkür schützen: „Jeder, der meine Reden hier seit Jahren und Jahrzehnten kennt, weiß, daß ich immer eingetreten bin für eine reelle, loyale (...) Behandlung der Neger, daß mir alles daran liegt, diesen wertvollen Besitz unserer Kolonien kulturell und wirtschaftlich zu heben und zu fördern."[1690] Interessanterweise veröffentliche zum selben Zeitraum sein Sohn Hans,[1691] der der Lebensreformbewegung

---

1686 Benedikt STUCHTEY, Die europäische Expansion und ihre Feinde: Kolonialismuskritik vom 18. bis ins 20. Jahrhundert, R. Oldenbourg Verlag, München 2010, S. 236.

1687 Josef ANKER, Rohrbach, Paul, in: Neue Deutsche Biographie 22 (2005), S. 5–6 [Online-Version]; URL: https://www.deutsche-biographie.de/pnd118790978. html#ndbcontent: Paul Rohrbach (29. Juni 1869–19. Juli 1956) war ein evangelischer Theologe und Reiseschriftsteller. Er vertrat einen ethischen Imperialismus und seine Gedanken galten als präfaschistisch.

1688 Stg. Berichte, 13. Leg.-Periode, 1912/14, 2, 50. Sitzung, Montag, den 29. April 1912, S. 1520C.

1689 Stg. Berichte, 13. Leg.-Periode, 1912/14, 3, 52. Sitzung, Mittwoch, den 1. Mai 1912, S. 1572B: „Ich habe das Wort „Arbeitstier" gebraucht. Aber Sie, Herr Kollege, werden nicht so illoyal sein, mir in den Mund zu legen, ich hätte gesagt, die Neger seien nichts als Arbeitstiere. (Abgeordneter Noske: Haben Sie gesagt!) Ich muß sagen: das ist illoyal, wenn Sie mir solche Auslegungen meiner Worte in den Mund legen, und keiner der Herren Kollegen wird überzeugt, sein, daß ich ein solches Urteil über die Neger hätte abgeben wollen. (Sehr richtig! rechts. – Glocke des Präsidenten.)."

1690 Ibid., S. 1572C.

1691 Lothar WIELAND, Vom kaiserlichen Offizier zum deutschen Revolutionär – Stationen der Wandlung des Kapitänleutnants Hans Paasche (1881–1920), in: Pazifistische

nahe stand, Pazifist war und 1920 von den Angehörigen eines Freikorps ermordet werden sollte, sein Buch *Die Forschungsreise des Afrikaners Lukanga Mukura ins innerste Deutschlands*, in dem er nach Art der *Lettres Persanes* von Montesquieu dem afrikanischen Reisenden eine Kulturkritik an der deutschen Gesellschaft verfassen lässt.[1692] Die Ambivalenzen des Kaiserreichs werden auch in einer derartigen Familiengeschichte sichtbar.

In Henkes Redeteil gegen den Imperialismus sticht nun der geradezu inflationäre und damit provozierend anmutende Gebrauch des Wortes „Neger" ins Auge. Während der eher wirtschaftlichen Analyse zu Beginn hatte er nämlich in der Hauptsache den Begriff „Eingeborene" gebraucht. Henke konzentrierte sich in diesem Abschnitt seiner Rede denn auch auf die sich immer offener artikulierende rassistische und inhumane Ideologie, die er in der Durchsetzung einer durch den Kapitalismus ermöglichten ungezügelten Gier analysierte, die sogar die Linksliberalen erfasst hatte, mit denen man einige Zeit dachte, „einen Block der Linken"[1693] bilden zu können. Die Betonung, dass etwa die Auffassung Paasches, die Afrikaner vornehmlich als billige Arbeitskräfte zu sehen und sie auf eine Stufe mit Tieren zustellen, zutiefst unchristlich war, erlaubte Henke, die rechten Abgeordneten innenpolitisch auf kultureller Ebene anzugreifen. Denn in der Tat versuchten gerade das Zentrum und ein Teil der katholischen Kirche, die Arbeiter von der Stimmenabgabe für die SPD mit dem Argument abzuhalten, dass der Sozialismus und auch der Liberalismus nicht mit dem Christentum vereinbar wären.[1694]

Das Zentrum hatte bereits nach dem Gründerkrach von 1873 in den Jahren der wirtschaftlichen Stagnation in sozialen Fragen zunehmend mit den Linksliberalen, aber auch den Sozialisten im Reichstag kooperiert. Die Hinwendung der Partei zu sozialdemokratischen Positionen wurde wegen der zunehmenden sozialen Spannungen und Forderungen noch verstärkt und drückte sich schließlich ab den 1890er Jahren in den Ideen der katholische Soziallehre, insbesondere durch die Enzyklika *Rerum Novarum* von Papst Leo XIII. aus dem Jahre 1891, konkret aus.[1695] Nach

Offiziere in Deutschland, 1871–1933, hg. von Wolfram WETTE, Helmut DONAT, Donat-Verlag, Bremen 1999, S. 169–179.

1692 Siehe dazu: Uwe PUSCHNER, Perspektivenwechsel: Hans Paasches „Forschungsreise ... ins Innerste Deutschlands, in: Deutsch-Ostafrika: Dynamiken europäischer Kulturkontakte und Erfahrungshorizonte im kolonialen Raum, hg. von Stefan NOACK, Christine de GEMEAUX, Uwe PUSCHNER, Peter Lang Verlag, Berlin 2019, S. 145–160.

1693 Stg. Berichte, 13. Leg.-Periode, 1912/14, 2, 50. Sitzung, Montag, den 29. April 1912, S. 1516D.

1694 Sascha MÜNNICH, Interessen und Ideen; die Entstehung der Arbeitslosenversicherung in Deutschland und den USA, Campus Verlag, Frankfurt am Main, New York 2010, S. 173–176.

1695 Zur Geschichte der katholischen Soziallehre siehe: Christoph HÜBNER, Die Rechtskatholiken, die Zentrumspartei und die katholische Kirche in Deutschland bis zum

der Daily-Telegraph Affäre im Dezember 1908 sprach sich Matthias Erzberger in einem Gastbeitrag für den *Berliner Tag* für ein strukturelles Bündnis mit den Linksliberalen und Sozialdemokraten aus. Ziel war die Umwandlung des Reiches in eine parlamentarische Monarchie[1696] und der Beginn einer „Konzeption der Mitte".[1697] Bereits die im Jahre 1906 von Zentrumsabgeordneten aufgedeckten Kolonialskandale hatten zur Auflösung des 11. Reichstags und zu davon geprägten Neuwahlen zum 12. Reichstag geführt. Im Zuge des Wahlkampfs hatten die evangelischen Parteien (Nationalliberale und Konservative) gegen das „ultra-montane" Zentrum Stimmung gemacht. Gleichzeitig war es zu einer (zweiten) Welle des Rechtskatholizismus gekommen, die sich gegen die sozialpolitisch gemäßigten Politiker des Zentrums, wie Matthias Erzberger, richtete. Die politische Bedeutungszunahme der Arbeiterklasse seit der Wahl zum 12. Reichstag 1907, die sich im Wahlerfolg der SPD zum 13. Reichstag im Jahre 1912 „beeindruckend" bestätigt hatte,[1698] rückte die sozialen Fragen des Mutterlandes nun auch in den Kolonien in den Fokus: Dort, so hatten viele Kolonialisten jedenfalls geglaubt, konnte man einen ungezügelten Kapitalismus und wirtschaftlichen Liberalismus ohne Berücksichtigung sozialer Überlegungen und Zwänge, wie im „Mutterland", ins Werk setzen. Der kämpferische und sehr häufige Gebrauch des Begriffs „Neger" sowohl durch einen Sozialdemokraten als auch durch einen nationalliberalen Abgeordneten und die damit einhergehende Neu-Definition der Schwarzen als reine, den kapitalistischen Zwecken unterworfene „Arbeitstiere", sowie der beinahe kulturkämpferische Vorwurf der „unchristlichen Einstellung" durch den Sozialdemokraten stellten in gewisser Weise eine Wiederholung der in den Jahren nach der Gründung des Deutschen Reiches 1871 stattgefundenen politisch-sozialen Kämpfe und Konflikte dar: Zum einen die Erschaffung einer prekären und abhängigen Arbeiterschicht, die um ihre sozialen Rechte zu kämpfen hatte; zum anderen der Konflikt darüber, wie und ob christliche Werte und soziale Forderungen vereinbar seien. Henke versuchte hier vielleicht einen Keil zu treiben zwischen die rechten evangelischen Parteien und rechtskonservativen Katholiken einerseits und dem Zentrum andererseits. Im Kern ging es dabei um die Frage der weiteren Demokratisierung und, damit verwoben, Parlamentarisierung des Reiches. Die häufige, zumal pejorative Verwendung des

---

Reichskonkordat von 1933: Ein Beitrag zur Geschichte des Scheiterns der Weimarer Republik, LIT Verlag, Berlin 2014, S. 38–43.

1696 Ibid., S. 50.

1697 MIELKE, Der Hansa-Bund, S. 166.

1698 HÜBNER, Die Rechtskatholiken, S. 70: „Die SPD errang jetzt fast ein Drittel der Mandate, während das Zentrum und Konservative, die seit 1909 tendenziell zusammengearbeitet hatten, deutliche verloren. [...] Das Zentrum distanzierte sich unter Führung Erzbergers von den Konservativen und Nationalliberalen, fand aber, nicht zuletzt wegen der Auswirkungen des Gewerkschaftsstreits, zunächst selbst nicht zu einer eindeutigen Linie."

Begriffs „Neger", sein Einsatz als Kampfbegriff, sollte aus Sicht der Rechten über die Exklusion des Fremden dem inkludierenden Nationalismusprozess dienen.[1699]

Gleichzeitig aber konnte diese inflationäre Verwendung des Wortes die inneren Konfliktlinien der Gesellschaft deutlicher hervortreten lassen und so die unterschiedlichen gesellschaftspolitischen Zukunftsvisionen klären helfen. Denn über die Debatte lässt sich erneut der zaghafte Beginn der zukünftigen Weimarer Koalition erahnen.

4.1.1.2. Die Nutzbarmachung der Kolonien: Der Baumwollanbau und die Qualifizierung der Afrikaner

Die Frage des Nutzens von Kolonien stand zunehmend im Spannungsfeld verschiedener politischer und gesellschaftlicher Strömungen. Nach der kolonialen Aufbruchstimmung in den 1890er Jahren, die mit der Einrichtung von Kolonien in Afrika ab 1884 begann und bis zum von staatlicher Seite vorangetriebenen Erwerb Kiautschous (März 1898) und Samoas (Dezember 1899) reichte, begann sich seit Beginn des 20. Jahrhunderts eine gewisse Desillusionierung einzustellen. Der koloniale Enthusiasmus sollte nach der Einrichtung eines eigenständigen Kolonialamtes 1907 zwar noch einmal angefacht werden. Allerdings überlappten sich die kolonialen Fragen zusehends mit sozialen Fragen und die kolonialpolitischen Debatten nahmen oft den Verlauf sozial- ja, kulturpolitischer Auseinandersetzungen, wie zum Beispiel über die korrekte Behandlung und Bezahlung oder die Ausbildung der Kolonisierten. Während einerseits die Alphabetisierung zumal über die Missionsschulen einigermaßen Konsens war, rückte andererseits die Frage nach der weitergehenden, beruflich-technischen Ausbildung mit steigenden sozialen Kosten im „Mutterland" und steigenden Kosten für die Kolonien, nicht zuletzt auf Grund der Zunahme der Beamtenschaft dort, in den Vordergrund. In diesem Zusammenhang blickte man auf die *Tuskegee University* im US-Bundesstaat Alabama zur beruflichen Ausbildung von Afroamerikanern und kam auf den Gedanken, eine Expertenkommission dorthin zu senden und später sogar von dort Ausbilder nach Afrika zu holen, genauer in die Kolonie Togo, von der man sich neben der Kolonie Deutsch-Ostafrika zunächst auf Grund der klimatischen und geologischen Verhältnisse am Ehesten einen Erfolg im Baumwollanbau versprach. Bei den Beratungen zum Etat für das Ostafrikanische Schutzgebiet wurde auch über einen Antrag der Budgetkommission an den Reichskanzler beraten, in dem dieser ersucht wurde, ausreichende Mittel zur Förderung der Baumwollkultur in den Schutzgebieten zur Verfügung zu stellen. Für das Kolonialwirtschaftliche Komitee galt die Baumwolle als der wichtigste koloniale Rohstoff, da sie kein Luxusartikel mehr war, sondern „in allen Kulturländern der unentbehrliche Grundstoff für die Gewebeindustrie

---

1699 STUCHTEY, Die europäische Expansion, S. 245.

geworden [ist]".[1700] Das Kolonialwirtschaftliche Komitee war eine im Jahre 1896
von Kolonialexperten und Unternehmern gegründete gemeinnützige Organisation, welche ab 1902 als „Wirtschaftlicher Ausschuss der Deutschen Kolonialgesellschaft" die Deutsche Kolonialgesellschaft beriet und u.a. die Rohstoffproduktion
in den Kolonien im Interesse der heimischen Industrie und Volksernährung
fördern wollte. Im Laufe der Zeit wurden aus seiner Mitte heraus verschiedene
Kommissionen geründet, 1906 bezeichnenderweise als erste die Baumwollbau-
Kommission.[1701] Im Jahre 1900 war die deutsche Baumwollindustrie die bedeutendste in Europa und die drittgrößte weltweit. Im Hinblick auf die Wertschöpfung
übertrafen fertige Baumwollwaren die Kohle oder die Eisen- und Stahlindustrie
und sie stellten Deutschlands wichtigstes Exportgut dar. Da Deutschland aber von
der Einfuhr amerikanischer Baumwolle abhängig war, versuchte man, sich über
den Baumwollanbau in den Kolonien von dieser Abhängigkeit zu befreien. So
sollte etwa auch die Bagdadbahn, mit deren Bau 1903 begonnen worden war, dazu
beitragen, entlang der Eisenbahnstrecke Modellfarmen und Landwirtschaftsschu-
len aufzubauen, um den Baumwollanbau zu forcieren und zu verbessern und in
Mesopotamien angebaute Baumwolle nach Deutschland zu exportieren.[1702] Bereits
einige Jahre früher, im Jahre 1900 hatte das Kolonialwirtschaftliche Komitee eine
Baumwollexpedition nach Togo entsandt.[1703] Das Ziel dieser Expedition war, „die
klimatischen und Bodenverhältnisse dieser westafrikanischen Kolonie im Hinblick
auf den Baumwollanbau zu prüfen, geeignete Saaten auszusuchen, Pflanzungen
anzulegen, die eingeborene Bevölkerung zur Baumwollkultur anzuleiten."[1704] Togo
sollte als eine „Musterkolonie"[1705] eingerichtet werden, in der sich die deutsche
Kolonisation stärker an die französische und englische anlehnte und den Fokus

---

1700 Kolonial-Wirtschaftliches Komitee, Unsere Kolonialwirtschaft, Salzwasser Verlag
      GmbH Paderborn, Nachdruck des Originals von 1914, S. 13; Jens RUPPENTHAL,
      Kolonialismus als „Wissenschaft und Technik" das Hamburgische Kolonialinstitut
      1908 bis 1919, Steiner, Stuttgart 2007.
1701 Kolonial-Wirtschaftliches Komitee, S. 2.
1702 GRIMMER-SOLEM, Learning Empire, S. 363. Zur Bedeutung und Geschichte der Baum-
      wolle ab dem 18. Jahrhundert siehe vor allem: Sven BECKERT, King Cotton: Eine
      Geschichte des globalen Kapitalismus, C.H. Beck Verlag, München 2014.
1703 Annika BÄRWALD, Bremer Baumwollträume: Bremer Wirtschaftsinteressen und
      das Streben nach Rohstoffautarkie im kolonialen Togo, in: Bonjour Geschichte.
      Das Bremer Online Journal für Geschichtswissenschaften [Eingesehen am 29.
      September 2020].
1704 Kolonial-Wirtschaftliches Komitee, S. 10.
1705 Als Musterkolonien galten Togo, Samoa und Kiautschou. Dort suchte man die
      Erwartungen und Ansprüche an eine Kolonie zu verwirklichen und kam diesen
      auch relativ nahe. Siehe dazu: Markus SEEMANN, Julius Graf Zech: Ein deutscher
      Kolonialbeamter in Togo, Diplomica Verlag GmbH, Hamburg 2012, S. 121.

auf die Zivilisationsmission der Europäer, im Sinne von Rudyard Kiplings „*the white man's burden*", und die Verbesserung und Nutzbarmachung der Kolonie sowie die Erziehung der Kolonisierten zu „Deutschen" richtete.[1706] In der Reichstagsdebatte zum Nachtragshaushalt für die Kolonien im Dezember 1904 sprach der Abgeordnete Hermann Wilhelm Stockmann von den Freikonservativen über die Nutzbarmachung der südwestafrikanischen Kolonien für das Deutsche Reich und zitierte als Vorbild die Arbeit der Deutschen Kolonialgesellschaft und das sie beratende Kolonialwirtschaftliche Komitee[1707] in Togo. Dieses hatte im Jahre 1900 vier in der von dem ehemaligen Sklaven Lewis Adams in Tuskegee bereits im Jahre 1880 eingerichteten und von Booker T. Washington geleiteten Bildungsanstalt für Schwarze ausgebildete Experten für Baumwollanbau nach Togo geholt. Ziel war es, den dortigen Baumwollpflanzern „die Möglichkeit einer rationellen Baumwollkultur als Eingeborenenkultur in Togo festzustellen und gegebenenfalls die Marktfähigkeit des Produkts für die deutsche Industrie nachzuweisen."[1708] Bei den Experten handelte es sich um die vier farbigen Amerikaner James N. Calloway, John Robinson, Allen Burks und Shepard Harris. Acht Jahre lang sollten dann insgesamt acht Tuskegee-Absolventen in Togo für die Ausbreitung und Verbesserung der Baumwollkultur arbeiten.[1709] Stockmann berichtete also dem Reichstag, dass das Kolonialwirtschaftliche Komitee in Togo, nachdem es festgestellt hatte, dass sich dort sehr gut Baumwolle anpflanzen ließ, „eine Baumwollschule [eingerichtet hatte], an deren Spitze es einen farbigen erfahrenen Pflanzer aus Amerika berief."[1710] Die Wahl der Adjektive sticht hier besonders ins Auge. Stockmann sprach nicht von einem „Neger", sondern benutzt das Adjektiv „farbig", was gleichzeitig mit dem eher noblen Adjektiv „erfahren" gebraucht wurde. Es wird hier zum einen deutlich, dass auch der sehr konservative Abgeordnete Stockmann keine explizit rassistische Sprache benutzte – und die Männer also nicht mit Sklaven

---

1706 James RETALLACK, Imperial Germany 1871–1918, Oxford University Press, Oxford 2008, S. 220.

1707 Die Deutsche Kolonialgesellschaft wurde am 19. Dezember 1887 in Berlin gegründet. Sie entstand aus der Verschmelzung des Deutschen Kolonialvereins und der Gesellschaft für Deutsche Kolonisation. Zum Kolonialwirtschaftlichen Komitee siehe: https://de.wikipedia.org/wiki/Kolonialwirtschaftliches_Komitee: Dieses war 1896 zur besseren Nutzbarmachung der Kolonien gegründet worden. Ab 1902 beriet es als „Wirtschaftlicher Ausschuß der Deutschen Kolonialgesellschaft" die Deutsche Kolonialgesellschaft in kolonialwirtschaftlichen Fragen. Das Komitee betrieb von 1903 bis 1907 eben eine Baumwollschule für Eingeborene in Südtogo.

1708 Kolonial-Wirtschaftliches Komitee (Hg.), Baumwoll-Expedition nach Togo, Bericht 1901, Berlin 1901, zitiert nach: BECKERT, Das Reich der Baumwolle, S. 280, Anm. 1.

1709 Ibid., S. 281–282.

1710 Stg. Berichte, 11. Leg.-Periode, 1903/05, 11, 107. Sitzung, Mittwoch, den 7. Dezember 1904, S. 3423C.

gleichsetzte. Der respektvolle Ton, in dem Stockmann darüber berichtete, spiegelt durchaus den Empfang der vier schwarzen Experten in Togo durch den Vizegouverneur einige Jahre zuvor wider. Am 30. Dezember 1900 wurden die vier Männer nämlich zu ihrer Verwunderung und Überraschung – in Alabama wurden die Rassenschranken zwischen weißen und schwarzen Amerikanern nach dem Ende des Bürgerkriegs immer undurchlässiger – vom deutschen Vizegouverneur Woldemar Horn persönlich begrüßt.[1711]

Drei Jahre später, am 23. Januar 1903, hatte Reichskanzler Bülow dem Reichstag eine „Denkschrift über die Entwicklung der deutschen Schutzgebiete in Afrika und der Südsee, Berichtsjahr 1. April 1901 bis 31. März 1902 [...] zur gefälligen Kenntnisnahme ergebenst vor[]legen [lassen].“[1712] Die Denkschrift berichtet auch von dem Baumwollunternehmungen in Ostafrika. Die Kolonialabteilung des Auswärtigen Amts hatte nämlich unter dem Vorsitz des Direktors und unter der Mitwirkung von „Sachverständigen und Interessenten auf dem Gebiet des Anbaus und der Verwerthung von Baumwolle“ u.a. beschlossen, „unter Leitung des Kolonial-Wirthschaftlichen Komitees eine landwirthschaftliche Expertise nach den Vereinigten Staaten von Amerika zum Studium des Baumwollbaus“ zu entsenden. „Die dort gewonnenen Erfahrungen sollen in Anlehnung an das amerikanische System verwerthet werden durch Anlegung von Versuchsstationen behufs Einführung der Baumwollkultur als Eingeborenenkultur in Deutsch-Ostafrika. Im Verfolg dieser Verhandlungen hat das Komitee in seiner Sitzung vom 2. Juni d. J. beschlossen: Das Baumwoll-Unternehmen in Deutsch-Ostafrika auszuführen und nach den in Togo gemachten Erfahrungen durch eine Versuchs- und Lehrstation und Ansiedelung amerikanischer Baumwollfarmer gleich von vornherein auf eine breitere Grundlage zu stellen“. Das ganze Unternehmen wurde zudem sehr genau geplant.[1713]

Bis in die Mitte der 1900er Jahre herrschte also durchaus noch koloniale Aufbruchstimmung vor, die mit der Ernennung Bernhard Dernburgs zum ersten Staatssekretär des neu gegründeten Reichskolonialamtes 1906 noch einmal angefacht wurde. Im Grunde aber war man sich im Laufe der Jahre immer bewusster geworden, dass die meisten Kolonien kein Eldorado darstellten. Erstens verschlangen sie viel Geld. Zweitens, und vielleicht wichtiger, wirkten sie wegen der „Rassenfrage,“ der sozialen Frage, die als Arbeiterfrage bezeichnet wurde und so die Differenzen zwischen Kolonien und das „Mutterland“ verschwimmen ließ, und wegen des sich aus dem Gegensatz zum Konzept des Imperialismus entwickelnden Antiimperialismus zunehmend gesellschaftlich herausfordernd und trugen zur weiteren Spaltung der Gesellschaft bei.[1714] Während so Stockmann 1904 noch eher positiv hinsichtlich der Zukunft des Baumwollanbaus eingestellt gewesen

---

1711 BECKERT, Das Reich der Baumwolle, S. 281.
1712 Stg. Berichte, 10. Leg.-Periode, 1900/03, 18, Aktenstück Nr. 814, S. 5253.
1713 Ibd., S. 5557.
1714 Siehe dazu: STUCHTEY, Die europäische Expansion, S. 232–288.

war, kritisierte der Abgeordnete Hermann Krätzig im Jahre 1913 von den Sozialdemokraten diesen Ansatz, da die deutsche Baumwollproduktion niemals auf
dem Weltmarkt konkurrieren könne. Dazu sprach er auch ausführlich über den
Baumwollanbau in den USA und in lateinamerikanischen Ländern. Über Expertenwissen zu den USA wurde die soziale Rangordnung im Parlament und gegenüber
der Exekutive und somit in der Gesamtgesellschaft neu ausgehandelt. Das transnationale und internationale Bewusstsein des sozialdemokratischen Abgeordneten, sein Wissensvorsprung auf diesem Gebiet und seine genauen Kenntnisse der
technischen Voraussetzungen führten zu einer informellen Kompetenzausweitung
des Reichstags und damit zu einer Gewichtsverlagerung innerhalb des Institutionengefüges. Die genaue Beschreibung der Veränderungen in den USA, wie die
Erschließung neuer Anbaugebiete im Südwesten dort oder der Einsatz der Baum-
wollpflückmaschine, diente jedoch darüber hinaus unterschwellig dazu, Innenpolitik zu betreiben und soziale Missstände anzuprangern und Forderungen zu
erheben. Der Einsatz der Pflückmaschine würde, wie Krätzig glaubte, also zwar die
Kosten verringern:

> „Noch wichtiger aber ist eine andere Wirkung. Es würde nicht nur eine Vergrößerung
> der Anbaufläche erfolgen, sondern auch eine grundstürzende Änderung der Boden-
> bewirtschaftung in Amerika. Der Raubbau durch das Pachtsystem hört auf, sobald die
> Arbeiterfrage gelöst ist, und die Konstruierung der Bauwollpflückmaschine löst die
> Arbeiterfrage."[1715]

Nicht nur die SPD, auch das Komitee hatte sich ein Jahr später hinsichtlich der
Baumwollproduktion in Togo skeptisch gezeigt, dort wesentliche Beträge zur
erhalten.[1716]
   Der globale Wissenstransfer lässt sich an Hand dieser Episoden sehr gut
beobachten. Zudem kann man die weltweiten Konnexionen anschaulich nachvollziehen. Der Wissenstransfer lief wechselseitig, und die Abgeordneten ließen
sich zumindest *a priori* nicht offen von rassischen Überlegungen leiten, sondern
wollten bei der Qualifizierung der einheimischen Bevölkerung nicht nur auf die
Erfahrungen Amerikas mit der Ausbildung der schwarzen Bevölkerung, sondern
auch auf die Expertise der Afroamerikaner in den Kolonien selbst ohne zu zögern
zurückgreifen. Die Abgeordneten schienen häufig einen eher pragmatischen und
offenen Ansatz zu verfolgen. Rassische Überlegungen spielten weniger eine Rolle,
wenngleich sich natürlich hinter der Wahl der Männer aus Tuskegee mindestens
unbewusster, struktureller Rassismus verbarg.
   Die soziale Zusammensetzung der Abgeordneten bildete im Übrigen einen guten
Ausschnitt der gesamten Bandbreite der sich immer weiter ausdifferenzierenden

---

1715 Stg. Berichte, 13. Leg.-Periode, 1912/14,6, 129. Sitzung, Sonnabend, den 8. März
     1913, S. 4383 B/C: Nutznießer waren lediglich die Kapitalisten.
1716 Kolonial-Wirtschaftliches Komitee, S. 20.

Sozialstruktur des Deutschen Reiches ab,[1717] was den Reichstag zu einem Labor für die zukünftige gesellschaftliche Gewichtung machte. Vor allem die Zunahme der sozialdemokratischen Mandate von 2 im Jahre 1871 auf 110 im Jahre 1912 trug zu einer zunehmend genaueren Abbildung der sozialen Realitäten im Deutschen Reich bei. Für die Zeit zwischen 1898 und 1912 etwa steht eine Untersuchung zur sozialen Herkunft aller sozialdemokratischen Reichstagskandidaten (700 während des gen. Zeitraums) zur Verfügung. Die Abgeordneten der SPD waren im Laufe der Wilhelminischen Epoche immer stärker den sog. Arbeiterbeamten zuzurechnen, waren also etwa Gewerkschaftsangestellte oder Parteisekretäre.[1718] Wichtiger dürfte jedoch die soziale Herkunft sein: Die Hälfte aller Reichstagskandidaten hatte Väter mit un- oder angelernten und gelernten Berufen. Ein Drittel der Väter der sozialdemokratischen Reichstagskandidaten waren Angestellte und kleine Beamte, 10 Prozent waren Selbständige im Handel und Gewerbe und weitere 10 Prozent Landwirte.[1719]

Die über die Demokratisierung erreichte, in der Wilhelminischen Epoche die sozialen Realitäten zunehmend besser abbildende soziale Mischung und Zusammensetzung der Gruppe der Reichstagsabgeordneten, nicht zuletzt über die stark gestiegen Zahl sozialdemokratischer Abgeordneter, schien einem pragmatischen und relativ ausgewogenen Politikansatz günstig zu sein. Die eigene soziale Position ließ den größten Teil der Abgeordneten weniger zu politischen Abenteuern, wie kriegerischen Konflikten, ökonomischen Extrempositionen, wie reine Schutzzollpolitik, oder überzogenen Rassismus oder Antisemitismus neigen und stellte ein demokratisch-parlamentarisches Korrektiv zu den agrarisch-militärischen und nationalchauvinistischen Positionen in gesellschaftlichen Pressuregroups, im Beamtenapparat und in der Exekutive dar. In einer Rede zum Staatsangehörigkeitsgesetz am 28. Mai 1913 etwa kritisierte und adressierte der nationalliberale Anton Josef Beck[1720] den systemischen Antisemitismus, den es zu bekämpfen galt.[1721]

4.1.1.3. Die Baumwollkultur um 1912: Das Ende der Illusionen

Vom 25. Februar 1912 (15. Sitzung) bis zum 21. Mai 1912 (67. und 68. Sitzung) fand die zweite Beratung des Reichshaushaltsetats für das Rechnungsjahr 1912 statt. Ein Unterpunkt dieser Beratung war der Etat für das Reichskolonialamt und die Schutzgebiete (29. April 1912, 50. Sitzung bis 21. Mai 1912, 67. Sitzung). Während

---

1717 ZIEMANN, Das Kaiserreich als Epoche der Polykontexturalität, S. 51–65.

1718 SCHRÖDER, Sozialdemokratische Reichstagskandidaten 1898–1918, S. 283.

1719 Ibid., S. 294.

1720 Biografisches Lexikon zur Geschichte der Deutschen Sozialpolitik, S. 11: Anton Josef Beck (27. Januar 1857–29. September 1922) war Jurist und preußischer Beamter. Von 1898 bis 1914 vertrat er die Nationalliberale Partei im Reichstag.

1721 Stg. Berichte, 13. Leg.-Periode, 1912/14, 8, 153. Sitzung, Mittwoch, den 28. Mai 1913, S. 5279C.

dieser Debatte wurde ausgiebig über den Nutzen und die Nutzbarmachung der Kolonien debattiert wurde. Insbesondere die Frage der Baumwollkultur nahm einen wichtigen Platz in den Reden der Abgeordneten ein.

Der relative Optimismus zu Beginn des 20. Jahrhunderts, eine wirtschaftlich erfolgreiche Baumwollkultur in den Kolonien, zumindest in Deutsch-Ostafrika, aufbauen zu können, war im Laufe der Zeit einer gewissen Skepsis gewichen. In Togo etwa war man auf mannigfachen Widerstand der Einheimischen gestoßen, sich zu Baumwollpflanzern ausbilden zu lassen, obwohl man extra afroamerikanische Experten in die Kolonie geholt hatte. Auch waren die klimatischen und geologischen und geografischen Bedingungen oft herausfordernder als anfangs gedacht.[1722] So kam im April 1912 der bereits zitierte Sozialdemokrat Henke zu dem Schluss, dass Deutschland weiterhin sehr stark von Baumwollimporten vor allem aus den USA abhängig geblieben war und sich der Kolonialismus immer mehr als Raubzug entpuppt hatte. Der Nutzen sowohl für die „Eingeborenen" als auch für die Arbeiter in Deutschland war sehr gering, die große Nutznießer waren die Kapitalisten: „Die Kolonialpolitik als ein Teil des Imperialismus [...] liegt nicht im Interesse der Arbeiter, sondern der Kapitalisten."[1723]

Henke kam auch auf die mangelhafte Ausbildung der Einheimischen zu sprechen und kritisierte die Schulpolitik. Sein zum Kolonialismus und zur Nutzbarmachung der Kolonien fiel zwei Jahre vor dem Ersten Weltkrieg sehr negativ aus. Zwar wurde dies im Laufe der Debatte von anderen Abgeordneten zurückgewiesen, ihre Argumente waren jedoch nicht recht überzeugend. Matthias Erzberger etwa gab zu, dass die deutschen Kolonien nur der übriggebliebne Rest gewesen war, denn Deutschland war zu spät gekommen.[1724] Gerade die Baumwollproduktion galt als symptomatisch für den Misserfolg der Kolonisierung, wenngleich Erzberger dies zurückzuweisen suchte.[1725]

Der deutschkonservative Abgeordnete Karl von Böhlendorff-Kölpin,[1726] der Afrika aus eigenen Reisen sehr gut kannte, zog einen sehr nüchternen und technokratischen Zustandsbericht der Kolonisation in Afrika, zumal in Togo. Er glaubte, dass Deutschland nicht genug unternahm, um über technische und industrielle Maßnahmen und Innovationen die Kolonien besser zu nutzen. Die antirassistischen und sehr kolonisierungskritischen Anschuldigungen Henkes wies er

---

1722 BÄRWALD, Bremer Baumwollträume, S. 14–15.

1723 Stg. Berichte, 13. Leg.-Periode, 1912/14, 2, 50. Sitzung, Montag, den 29. April 1912, S. 1516C.

1724 Ibid., S. 1526A.

1725 Ibid., S. 1526B.

1726 HAUNFELDER, Die konservativen Abgeordneten, S. 61–62: Karl von Böhlendorff-Kölpin (2. September 1855–30. Mai 1925), Offizier und Gutsbesitzer, war von 1903–1907 und 1912–1918 deutschkonservativer Reichstagsabgeordneter. Er kannte aus eigenen Reisen Afrika und Asien sehr gut.

als unbewiesen zurück.[1727] Im Gegensatz zu Henke, benutzten sowohl Erzberger als auch Böhlendorff-Kölpin das Wort „Neger" nicht. Stattdessen sprachen sie von den „Eingeborenen". Dies bezeugt, dass Henke den Begriff absichtlich gebraucht hatte, um die rassistische Ideologie, die sich im Kontext der Kolonisierung und den damit einhergehenden sozialen Änderungen, wie etwa dem Zuwachs von Mischehen und „Mischlingskindern" in der Gesellschaft weiter ausbreitete, zu denunzieren.

Hartmann von Richthofen[1728] verteidigte in seiner Rede das in den Kolonien erreichte, betonte aber, dass „die Hauptschwierigkeit [...] natürlich in der Arbeiterfrage [liegt]. Wir haben ja ein großes Material von Eingeborenen, das zu den Arbeiten herangezogen werden kann. Aber wir begegnen da mannigfachen Schwierigkeiten."[1729] Dies ist ein Hinweis auf den angenommenen Nexus von „Rassen-" und Arbeiterfrage. Richthofen wechselte nun zum Begriff „Neger", was darauf hinweist, dass dieses Wort sehr bewusst benutzt wurde, um alle Schwarzen mit Sklaven gleichzusetzen und die „Minderwertigkeit" dieser Menschen durch den Gebrauch des Begriffes noch zu unterstreichen. Dabei übermittelte der Sprecher einen Eindruck der persönlichen und moralischen Verachtung der so bezeichneten Menschen und offenbarte eine rassistische Grundhaltung, die anderen Rednern, die in der Hauptsache das Wort „Eingeborene" benutzten, vielleicht nicht zu eigen war: „Die Neger wollen an sich nicht gern arbeiten; das kann man in allen Negerländern beobachten. Gewiß hat sich eine Anzahl von Negern mit der Zeit eine höhere Bildung angeeignet;"[1730] Er verwies dann auf das Beispiel der USA, die er zu den „Negerländern" rechnete, wo man beobachten konnte, dass

> „es den Negern – obwohl sie dort genau dieselben Rechte haben wie die Weißen, und obwohl sehr viel, auch im Schulwesen, für sie geschieht – dort keineswegs gelungen ist, sich auf die Kulturstufe der Weißen zu stellen, sondern sie sind dort innerhalb der untersten Bevölkerung geblieben und verrichten – wie sie das früher taten, bevor sie

---

1727 Stg. Berichte, 13. Leg.-Periode, 1912/14, 2, 50. Sitzung, Montag, den 29. April 1912, S. 1532D–1534C.

1728 Hartmann von Richthofen (20. Juli 1878–27. März 1953) war der Sohn des ehemaligen Staatssekretärs des Auswärtigen Amtes Oswald von Richthofen. Er war Gutsbesitzer und Diplomat und u. a in Washington tätig. Von 1912 bis 1914 war er Geschäftsführer des 1909 gegründeten Hansabundes. Dieser versuchte nach dem Scheitern des Bülowblock, dem protektionistischen Einfluss des Bundes der Landwirte entgegenzuwirken. Zwischen 1912 und 1918 war er Mitglied des Reichstags für den linken Flügel der nationalliberalen Partei.

  [https://www.bundesarchiv.de/aktenreichskanzlei/1919-1933/0000/adr/ adrmr/kap1_6/para2_104.html Eingesehen am 11. September 2020]

1729 Stg. Berichte, 13. Leg.-Periode, 1912/14, 2, 50. Sitzung, Montag, den 29. April 1912, S. 1535C.

1730 Ibid.

nach Amerika gebracht wurden, und wie sie es in unseren Kolonien hauptsächlich auch noch tun – in erster Linie Handarbeit. Diese Erfahrungen sprechen nicht für die Anschauungen des sozialdemokratischen Herrn Redners bezüglich der kulturellen Entwicklung der Neger."[1731]

Die letzte Bemerkung wirkte so, als ob er über den Gebrauch des Wortes und seine grundsätzliche Verachtung dieser Menschen nicht zuletzt die Sozialdemokraten treffen wollte. Die Tatsache, dass die SPD 1912 zur stärksten Partei aufgestiegen war, bezeugte, dass sich die Gesellschaft stark gewandelt hatte und neue Eliten mit Rechten und Kompetenzen in der Wilhelminischen Gesellschaft nun beinahe etabliert waren. Dies erzeugte vielleicht einen gewissen „Hass" bei den vermeintlich „Abgehängten" und den von der geschichtlichen Entwicklung Überholten. Die USA symbolisierten im Grunde beides: Den Aufstieg einer neuen Nation und neuer gesellschaftlicher Gruppen und das Überholen der alten, früher mächtigen Nationen und alten Eliten durch neue. Die Zurechnung der Vereinigten Staaten als „Negerland" sollte dabei wohl auch eine durch persönliche, klassenspezifische Frustration geborene Verachtung dieser neuen Nation ausdrücken.

Richthofen ging dann auf die Kritik Henkes an der kolonialen Anmaßung ein, den Kolonisierten die „höhere Kultur" zu bringen. Er brachte auch hier als Argument das Beispiel der USA, die, wenn alle Nationen immer so gedacht hätten, „heute noch das Aussehen von Patagonien" hätten. Dies unterstreicht, wie sehr auch aus europäischer Sicht Nordamerika Südamerika wirtschaftlich und politisch abgehängt hatte, was im Anspruch der Monroe-Doktrin und Ereignissen wie der Venezuela-Krise 1902/03 deutlich sichtbar wurde. Richthofen verengte dann den Begriff der Kulturstaaten auf England und Deutschland, die USA wurden neben europäischen Nationen, wie Frankreich oder Spanien, ausgeschlossen, was durchaus kohärent zu seiner obigen Einordnung Amerikas als „Negerstaat" war. Zudem würden sich diese Kulturstaaten, also auch Deutschland, ein Verdienst erwerben, wenn sie die Kultur nach Afrika brächten.[1732] Er hob dabei die Rolle der Missionen besonders hervor, ohne sich eines Seitenhiebs auf Erzberger enthalten zu können, der, so behauptete er, nur von den katholischen gesprochen hatte, was dieser jedoch sogleich bestritt. Die Katholiken galten trotz des Aufstiegs der Zentrumspartei und des mittlerweile Jahrzehnte zurückliegenden Kulturkampfes in den stereotypen Vorstellungen manch protestantischer Konservativer weiterhin als unsichere Kantonisten und „Reichsfeinde"[1733]. Richthofen lobte so denn auch ausdrücklich die

---

1731 Ibid.

1732 Stg. Berichte, 13. Leg.-Periode, 1912/14, 2, 50. Sitzung, Montag, den 29. April 1912, S. 1535D.

1733 Andreas KOENEN, Visionen vom Reich: Das politisch-theologische Erbe der konservativen Revolution, in: Metamorphosen des Politischen: Grundfragen politischer Einheitsbildung seit den 20er Jahren, hg. von Andreas GÖBEL, Dirk VAN LAAG, Ingeborg VILLINGER, Akademie Verlag, Berlin 1995, S. 53 -74, hier S. 67; Winfried

Arbeit der protestantischen Missionen. Zuletzt richtete er an den Staatssekretär des Kolonialamtes die Aufforderung, „weiterhin dafür zu sorgen, daß die Kultur der Eingeborenen dort mit allen Kräften gehoben wird, aber vor allem auch dahin zu streben, daß unsere Kolonien für uns immer wertvollere Besitzungen werden."

Der Eindruck von Richthofens nationalistischem, chauvinistischem und sehr eurozentrischem Weltbild wird dann noch verstärkt durch den anaphorisch-kumulativen Gebrauch des Adjektivs „deutsch": „[...] damit der deutsche Landwirt und der deutsche Handel und der deutsche Gewerbetreibende in unseren gesamten deutschen Kolonien ein immer lohnenderes Feld der Tätigkeit finden mögen. (Bravo! bei den Nationalliberalen.)."[1734]

Dass Richthofen am Ende eher das Wort „Eingeborene" statt „Neger" benutzte, verstärkt den Eindruck, dass er dieses als eine Art provozierenden Kampfbegriff gegen die Sozialdemokratie benutzte. Er setzte sie so indirekt mit den „kulturlosen" „Negern" und mit Sklaven gleich und malte auf diese Weise, sollten sich die Ideen der Sozialdemokratie durchsetzen, unterschwellig die Gefahr eines Verlusts der „deutschen" Kultur an die Wand, was natürlich und vielleicht besonders die Arbeitskultur miteinschloss. Die SPD hatte ja in den Reichstagswahlen zum 13. Reichstag 1912 ihren größten Erfolg erzielt. Dies hatte die sich selbst als staatstragend sehenden Parteien doch reichlich nervös gemacht. Richthofen wollte deshalb die Nationalliberale Partei mit den linksliberalen Parteien vereinigen, um die Schlagkraft der Liberalen insgesamt zu stärken, zumal nach dem Scheitern des Bülowblocks 1909. Seine Schlusssätze wirkten denn auch wie ein liberales Plädoyer für das Programm des 1909 gegründeten Hansabundes, der vor allem die Industrie, das Handwerk und die Kaufleute vertrat und versuchte, den Bülowblock wenigstens teilweise am Leben zu erhalten. Der Hansabund und die Nationalliberale Partei unternahmen es aber auch, auf die revisionistischen Kreise der SPD zuzugehen. Richthofen wollte mit dem exzessiven Gebrauch des Wortes „Neger" die Sozialdemokraten vielleicht auch wachrütteln und sie vor den Gefahren einer kulturlosen, d.h. zu wenig liberalen Nation warnen. Die USA benutzte er dabei sowohl als Beispiel gelungener, von liberalen Ideen getragener Kolonisation als auch als abschreckendes Beispiel: Wenn man dem „Neger" die gleichen Rechte gab, wie den Anderen, schadete dies nur der Prosperität der Wirtschaft und der Arbeitswilligkeit. „Neger" wirkte hier wie ein Synonym für Arbeiter, Proletarier. Der übertriebene Chauvinismus, die rassistischen Äußerungen und Anschauungen des Abgeordneten Richthofen fußten sicher auf echtem rassistischem Denken, wirkten aber auch, um es noch einmal zu betonen, nach innen gerichtet. So als wollte er die Sozialisten mit den „kulturlosen und arbeitsscheuen Neger" gleichsetzten, um

---

BECKER, Die Minderheit als Mitte, Die Deutsche Zentrumspartei in der Innenpolitik des Reiches 1871–1933, Paderborn 1986, S. 12.

1734 Stg. Berichte, 13. Leg.-Periode, 1912/14, 2, 50. Sitzung, Montag, den 29. April 1912, S. 1536A/B.

dadurch die Gefahren der allgemeinen Durchsetzung sozialistischen Gedanken-
guts drastisch hervorzuheben.

Der linksliberale Abgeordnete David Felix Waldstein[1735] hingegen schlug zur
Baumwollproduktion in Togo einen gemäßigteren und weit weniger rassistischen Ton an. Er gehörte der Fortschrittlichen Volkspartei an. Sie war 1910 aus
dem Zusammenschluss der Freisinnigen Volkspartei, der Freisinnigen Vereinigung
und der Deutschen Volkspartei hervorgegangen. Eines ihrer wichtigsten Ziele war
die Parlamentarisierung des Deutschen Reichs. Zudem trat sie für eine gewisse
sozialstaatliche Ordnung ein und bemühte sich um eine Zusammenarbeit mit der
Sozialdemokratie. Auch diskutierte man über eine stärkere Hinwendung zu den
Nationalliberalen. Friedrich Naumann hatte dazu das Schlagwort „Ein Block von
Bassermann bis Bebel" formuliert.[1736] Waldsteins Sichtweise auf die Kolonien entsprach der von Bernhard Dernburg 1907 eingeleiteten neuen Ära der Kolonialpolitik. In den Jahren zuvor war es in den Kolonien zu Aufständen gekommen: In
Deutsch-Südwestafrika hatten die Deutschen einen Völkermord an den Nama und
Herero begangen, der letztlich zur Auflösung des Reichstags und zu Neuwahlen
geführt hatte. Zeitgleich hatte im Juli 1905 in Deutsch-Ostafrika der Maji-Maji-Aufstand gegen die Zwangsarbeit auf einer Baumwollplantage begonnen, der von den
deutschen Schutztruppen innerhalb von drei Jahren niedergeschlagen worden war
und mindestens 100 000 Todesopfer unter den Kolonisierten gefordert hatte.[1737] Seit
der Ernennung des linksliberalen Bankiers Dernburg am 5. September 1906 zum
Direktor der Kolonialabteilung des Auswärtigen Amtes und zum ersten Staatssekretär des am 17. Mai 1907 neu eingerichteten Reichskolonialamtes wurde nicht
zuletzt auf Grund der Vorkommnisse in den afrikanischen Kolonien eine neue
Kolonialpolitik eingeleitet. Diese setzte offiziell den Schwerpunkt auf die kulturelle Hebung der Eingeborenen und versuchte so, die eigentlichen ökonomischen
Ziele in den Hintergrund treten zu lassen. Auch sollte das Bild von den Schwarzen
geändert werden, und zwar weg von einer sozialdarwinistischen, rassistischen Interpretation der Lebensweise und Kultur der Afrikaner hin zu einem rationali-
sierenden Erklärungsansatz, der jedoch die kulturelle Überlegenheit der Europäer

---

1735 Zu David Felix Waldstein (6. Februar 1865–8. Dezember 1943) siehe: MANN, Bio-
      graphisches Handbuch, S. 401: Waldstein war Notar und lange Jahre Vorsitzender
      der Ortsgruppe Hamburg und Altona des Central-Vereins deutscher Staatsbürger
      jüdischen Glaubens Von 1912 bis 1918 saß er für die Fortschrittliche Volkspartei
      im Reichstag. 1939 emigrierte er nach London, wo er 1943 starb.

1736 Siehe dazu: Dieter LANGEWIESCHE, Liberalismus in Deutschland, Suhrkamp, Frank-
      furt am Main 1988, S. 211–229.

1737 Im Juli 1905 hatte der Maji-Maji-Aufstand auf einer Baumwollplantage gegen
      die Zwangsarbeit dort begonnen. Siehe dazu: Felicitas BECKER und Jigal BEEZ
      (Hg.), Der Maji-Maji-Krieg in Deutsch-Ostafrika 1905–1907, Ch. Links Verlag,
      Berlin 2005.

und ihr Recht zur Kolonisierung und damit kulturellen Hebung der Afrikaner nicht infrage stellte.[1738] Neben den linksliberalen Parteien lag gerade das Zentrum dabei mit den neuen kolonialpolitischen Vorstellungen Dernburgs auf einer Linie,[1739] der die Kulturmission propagierte und diese mit humanitären und utilitaristischen Argumenten unterfütterte und europäisch-rationalistische Erklärungsversuche für das Verhalten der Afrikaner suchte.[1740] Allerdings sollte man den Abgeordneten aber nicht von vorneherein eine genuine ethische Modernisierung und Motivation grundsätzlich absprechen. Und so verteidigte Waldstein zunächst den hohen Alkoholkonsum der Schwarzen in den Kolonien mit den Problemen des verseuchten Wassers in den Kolonien, was auch ein Grund für den erhöhten Alkoholkonsum etwa in Hamburg darstellte. Dann kam er auf das Problem der geringen Baumwollproduktion in Togo zu sprechen. Es fällt auf, dass er kein einziges Mal das Wort „Neger" benutzte oder sich in irgendeiner Weise abschätzig über die Menschen in Togo äußerte. Das Problem der sinkenden Baumwollproduktion in Teilen Togos sei zurückzuführen auf das Wetter. Deshalb musste „ein großer Teil der sonstigen Baumwollbauer für die notwendige Lebensmittelproduktion für die Arbeiter beim Bahnbau vollständig in Anspruch genommen [werden]." In anderen Bezirken hat sich „die Baumwollkultur durchaus [...] günstig entwickelt, besonders dank den erfreulichen Maßnahmen unseres kolonialwirtschaftlichen Komitees, für welche an dieser Stelle ein Wort des Dankes am rechten Platz erscheint."[1741]

Es war dieses Komitee, welches die farbigen Experten aus Tuskegee nach Lomé geholt hatte. Folgerichtig verglich Waldstein die Lage dann mit der in den Vereinigten Staaten, wo die Baumwollproduktion zwischen 1790 und 1912 von 5.000 Ballen auf 13 Millionen gestiegen war, was der deutschen Produktion Hoffnung machen sollte. Allerdings erwähnte er mit keinem Wort die Produktionsbedingungen in USA, also die Sklavenhaltung.[1742] Waldstein schlug am Ende vor, zur Verbesserung der Anbaumethoden, Baumwollsachverständige in Nordamerika ausbilden zu lassen, was von „links" mit „sehr richtig" kommentiert wurde. Was die „Hautfarbe" der auszubildenden Baumwollsachverständigen betrifft, so wurde er hier nicht spezifisch, vielleicht aber dachte er auch an die einheimische afrikanische Bevölkerung, die zur Weiterbildung nach Amerika geschickte werden könnte. Man erkennt hier mithin den Willen, sich einen globalen Wissenstransfer zunutze

---

1738 Schubert, Der schwarze Fremde, S. 261 ff.
1739 Ibid. S. 276: So sagte Matthias Erzberger etwa: „Statt die 13 Millionen Schwarzen zu schützen", hätte „man sie vielfach in geradezu unmenschlicher Weise mißhandelt und ihre Rechte mit den Füßen getreten."
1740 Ibid., S. 282–291.
1741 Stg. Berichte, 13. Leg.-Periode, 1912/14, 3, 51. Sitzung, Dienstag, den 30. April 1912, S. 1539C.
1742 Ibid.

zu machen. Die Vereinigten Staaten erschienen in der Rede Waldsteins nicht als Konkurrent.

4.1.1.4. „Neger" und diffamierende Äußerungen als innenpolitische Kampfbegriffe

Der Ton und das Fehlen von rassistischen Äußerungen bei Waldstein kontrastierten stark mit der teils menschenverachtenden Ausdrucksweise von Richthofens. Der beinahe brutale, rassistische Ton Richthofens, der provozierende kumulative Gebrauch des Wortes „Neger" und der sachliche, neutrale Ton Waldsteins reflektierten die sich verschärfenden Klassengegensätze in der Wilhelminischen Gesellschaft: Einerseits der ruhige, abwägende Ton der aufstrebenden Linken, andererseits der harsche, brutale Ton des Vertreters der Rechten und der alten Elite, die sich in einer Art Abwehrkampf wähnten. Dabei lässt sich wieder eine interessante Verbindung zwischen der Arbeiter- und „Rassenfrage" erkennen. Die Sozialdemokraten benutzten den Einsatz für die Rechte der Kolonisierten darüber hinaus, um über die Kompetenzen des Reichstags dessen Gewicht im Institutionengefüge des Reiches zu heben und so die Stellung sowohl der Sozialdemokratie innerhalb der Gesellschaft des Deutschen Reiches[1743] als auch über die Repräsentativität der Abgeordneten die des Volkes insgesamt weiter zu stärken: Das ist ein Beispiel für die Möglichkeit der Abgeordneten, die Parlamentarisierung voranzubringen und die Demokratisierung auszubauen. Beide Bewegungen erscheinen hier als sich gegenseitig verstärkend. Konkret erklärte dazu Ledebour, dass man in kolonialpolitische Fragen mitarbeite, weil

> „wir allerdings genau so wie in allen anderen Angelegenheiten, die der Reichskompetenz unterstehen, stets und ständig unsere Grundsätze zur Geltung zu bringen suchen. [...] Genau so wie wir in Deutschland und unsere Genossen in anderen Ländern die Unterdrückung fremder Völker oder fremdsprachiger Bestandteile eines Staatswesens bekämpfen, wie wir z. B. in Deutschland für die Polen, Dänen und die französisch sprechenden Elsaß-Lothringer eintreten, aus demselben Grunde bekämpfen wir auch die Unterdrückung fremder Völker, die nun zufällig eine schwarze, gelbe oder sonstige Hautfarbe haben."[1744]

Die intensive Auseinandersetzung mit dem Vorwurf der kolonialen Ausbeutung durch Hermann Paasche und dessen Versuch, diese zu verharmlosen,[1745] bezeugt, wie sehr sich die alte Elite bewusst war, dass über die Frage der Arbeiterausbeutung in den Kolonien die Sozialdemokratie ihre Stellung über die Solidarisierung

---

1743 SCHWARZ, „Je weniger Afrika, desto besser", S. 288–289.
1744 Stg. Berichte, 13. Leg.-Periode, 1912/14, 3, 52. Sitzung, Mittwoch, den 1. Mai 1912, S. 1582D–1583A.
1745 Ibid., S. 1572C/D.

mit den unterdrückten Bevölkerungsgruppen in den Kolonien stärken konnte. Die unterschiedlichen Bezeichnungen der einheimischen afrikanischen und togolesischen Bevölkerung und der kooperative Ton gegenüber den USA wirkten beinahe wie ein politisches Manifest: Globale, liberale und kooperative Gesellschaftsauffassung hier, nationalistische, protektionistische und konkurrierende Sichtweise dort. Am Ende versuchte Waldstein, die Sozialdemokraten von seiner Auffassung und Begründung von Kolonialpolitik zu überzeugen, was der Linie der Partei entsprach, sich der Sozialdemokratie anzunähern, insbesondere dem revisionistischen Flügel unter Eduard Bernstein, den er auch zitierte. Dabei kam es immer wieder zu kurzen Zwiegesprächen und Schlagabtauschen zwischen Waldstein und sozialdemokratischen Abgeordneten, welche oftmals „Heiterkeit" im Parlament auslösten. Seine Rede erhielt zudem Beifallsbekundungen von rechts und links und am Ende Bravorufe von links. Es lässt sich über seine Rede und die Reaktion des Parlaments einmal ein gewisser Konsens in kolonialpolitischen Fragen feststellen. Dann bezeugte die gelöste und diskussionsfreudige Atmosphäre außerdem ein gewisses Zusammengehörigkeitsgefühl, eine Gruppenidentität der Abgeordneten über Parteigrenzen hinweg. Denn obwohl Waldstein Jude war, der 20 Jahre später aus Deutschland emigrieren musste, kam es zu keinen antisemitischen Zwischenrufen. Er lieferte ferner eine interessante Definition von Imperialismus und wies den Gebrauch dieses „Fremdwortes" durch Henke zurück, da der deutsche Kolonialismus diesem nicht entspräche, der, so Waldstein der linksliberalen Auffassung von Kolonisation gemäß, keine machtpolitischen, sondern nur wirtschaftliche Ziele verfolgte.[1746] Waldsteins Meinung nach war Imperialismus außerdem eine nachbismarcksche Erfindung.[1747] Obwohl er Deutschland den kolonisierten Ländern gegenüber eine kulturelle Überlegenheit unterstellte, eine Kultur, „die auch Schattenseiten hat, die wir alle nicht verkennen," fehlte in seiner Rede im Vergleich zu derjenigen Richthofens der abfällige rassistische Ton. Auch gestand er den „Negern" „außerordentlich[e] [Bi]ldungsfähig[keit]" zu. Waldstein benutzte im Übrigen das Wort lediglich einmal, und zwar persiflierend auf Henke. Der absichtliche, exzessive Gebrauch dieses Wortes auf Grund der sich vor allem seit Mitte des 19. Jahrhunderts unter dem Einfluss des Franzosen Arthur de Gobineau entwickelnden „Rassentheorien" durch einen Sozialdemokraten und durch Richthofen unterstrich den provozierenden Charakter dieses Wortgebrauchs und seine Verwendung auch als Kampfbegriff gegen den jeweiligen innenpolitischen Gegner. Der exzessive Gebrauch des rassistischen Wortes hebt somit hervor, dass der Rassismus weniger eine in sich geschlossene Ideologie zu sein schien, als ein zunehmend abstraktes, andere politische Ideologien häufig überformendes Prinzip: Der „Rassenbegriff"

1746 Schwarz, „Je weniger Afrika, desto besser", S. 306.
1747 Stg. Berichte, 13. Leg.-Periode, 1912/14, 3, 51. Sitzung, Dienstag, den 30. April 1912, S. 1541B/C.

passte „zu den komplexer werdenden Sozialformationen des 19. Jahrhunderts wie der ideologische Schlüssel ins ordnungspolitische Schloss."[1748]

Wilhelm Solf, nach der kurzen Amtszeit Friedrich von Lindequists, seit 1911 Dernburgs Nachfolger als Staatssekretär des Reichskolonialamtes,[1749] antwortete präzise auf alle von den Abgeordneten vor ihm vorgebrachten Punkte. In Bezug auf die Baumwollkultur und die in Ostafrika weit verbreitete Haussklaverei, gegen welche Matthias Erzberger eine Resolution eingebracht hatte, kam Solf auf die USA zu sprechen. Wie in allen Reden zu den Kolonien nahm auch in seiner Rede der Versuch, in den Kolonien eine mit Gewinn wirtschaftende und effiziente Baumwollkultur zu schaffen, einen wichtigen Platz ein. Als Argument für die Bedeutung der Schaffung einer eigenen Baumwollproduktion verwies Solf auf das Beispiel England, als in den sechziger Jahren des 19. Jahrhunderts, „veranlaßt durch den Sezessionskrieg, die amerikanische Baumwolle in England ausblieb, die Zeit des sogenannten Baumwollhungers eintrat."[1750] Die Abhängigkeit der Textilwirtschaft von amerikanischer Baumwolle sollte verhindert und verringert werden.

Der Zentrumsabgeordnete Wilhelm Schwarze,[1751] der nach Solf das Wort ergriff, verband seine Ausführungen zur Bedeutung des Baumwollanbaus mit einer Kritik an der deutschen Textilindustrie. Diese verkaufte wenig in den Kolonien, da diese die Gewebe aus Sansibar, Ostindien oder, wie „die westlichen Kolonien [...] ihre

---

1748 Vgl. Christian GEULEN, Geschichte des Rassismus, C.H. Beck, München 2007, S. 75.

1749 Ralph ERBAR, „Solf, Wilhelm", in: Neue Deutsche Biographie 24 (2010), S. 549–550 [Online-Version]; URL: https://www.deutsche-biographie.de/pnd118748777. html#ndbcontent: Dr. Wilhelm Solf (5. Oktober 1865–6. Februar 1936) hatte nach seinem Studium der Indologie eine Laufbahn im diplomatischen Dienst aufgenommen. 1900 wurde er erster Gouverneur der neuen Kolonie Deutsch-Samoa. 1911 wurde er Staatssekretär des Reichskolonialamtes. Solf hatte eine moderne, offene Einstellung gegenüber Nicht-Weißen, und seine Zeit als Gouverneur von Samoa wurde allgemein gelobt. So hatte er etwa den Lauati-Aufstand 1908 ohne Waffengewalt beenden können. Allerdings löste er im Reichstag im Mai 1912 auch eine heftige Debatte über Mischehen aus, da er sich vehement gegen solche wandte. Solf stand einer echten parlamentarischen Monarchie offen gegenüber. Siehe: Oliver BRAND, Wilhelm Solf, in: Rechtsvergleicher – Verkannt, vergessen, verdrängt –, hg. von Bernhard GROSSFELD, LIT, Münster 2000, S. 55–75.

1750 Stg. Berichte, 13. Leg.-Periode, 1912/14, 3, 51. Sitzung, Dienstag, den 30. April 1912, S. 1559A.

1751 Bernd HAUNFELDER, Reichstagsabgeordnete der Deutschen Zentrumspartei 1871–1933. Biographisches Handbuch und historische Photographien, Droste, Düsseldorf 1999, S. 259–260: Wilhelm Schwarze (24. August 1851–8. Januar 1937) war Jurist und von 1893 bis 1918 Mitglied des Reichstags (Zentrum). Er war zwar stark antisozialdemokratisch eingestellt, interessierte sich aber nichtsdestoweniger für die Belange der Arbeiterschaft.

Gewebe zum überwiegenden Teil aus England und zum Teil sogar aus Amerika [beziehen]." Um den Textilmarkt aber in den Kolonien zu erobern, sollte die deutsche Industrie „den Geschmack des Negers, der ja allerdings ein sehr merkwürdiger ist und den Deutschen eigentlich verrückt erscheinen könnte, etwas besser studieren und auf denselben eingehen."[1752]

Schwarze schien das Wort „Neger" gezielt einzusetzen, wenn er von der Kultur und Lebensweise der indigenen Bevölkerung in den Kolonien sprach[1753], auf die er jedoch wie im Zitat gesehen auch einen zum Teil sehr arroganten Blick warf. Zudem setzte er den Begriff wohl auch nicht als nach innen gerichteten sozialen Kampfbegriff ein, sondern er war Ausdruck originär stereotyper Vorstellungen.

Zurück zu Dr. Solf: Er, der im Gegensatz zu den Abgeordneten in seiner Rede kein einziges Mal das Wort „Neger" benutzte, sondern stets von „Schwarzen" bzw. „Eingeborenen" sprach, kam danach auf das von seinen Vorrednern behandelte Thema der „Haussklaverei" in den Kolonien zu sprechen. Vom Reichstag war nämlich eine Resolution eingebracht worden, die deren Abschaffung forderte. Im Grunde waren sich alle Redner, auch etwa von Eduard von Liebert (Freikonservative Partei/RP)[1754] von der Reichspartei, einig, gegen diese vorzugehen.[1755] Der Sozialdemokrat Gustav Noske[1756] sagte dazu: „Daß wir Sozialdemokraten der

---

1752 Stg. Berichte, 13. Leg.-Periode, 1912/14, 3, 51. Sitzung, Dienstag, den 30. April 1912, S. 1568A.

1753 Ibid., S. 1566A: „Wir müssen in Togo die Volkskultur der Neger heben, die zweifellos eine ziemlich bedeutende ist. [...]: in Togo muß die Volkskultur der Neger mit allen Mitteln gehoben werden, namentlich auch der Baumwollbau der Neger, und dann wird Togo alles leisten als Volkskulturland der Neger." SCHUBERT, Der schwarze Fremde, S. 287.

1754 Horst GRÜNDER, „Liebert, Eduard von", in: Neue Deutsche Biographie 14 (1985), S. 487 f. [Online-Version]; URL: https://www.deutsche-biographie.de/pnd116996 595.html#ndbcontent: Eduard von Liebert (16. April 1850–14. November 1934) war ein Offizier und Gouverneur von Deutsch-Ostafrika (1896–1901). Während seiner Amtszeit war es zu Unruhen gekommen, die auch auf seine Amtsführung zurückzuführen waren. 1904 wurde er Gründungsvorsitzender des Reichsverbands gegen die Sozialdemokratie. Von 1907 bis 1914 war er Mitglied des Reichstags für die Freikonservativen. Er war Mitglied der Hauptleitung des Alldeutschen Verbandes und ein Anhänger von Rassentheorien. Während der Mischehendebatte im Reichstag sprach er sich mit rassistischen Argumenten gegen die Erlaubnis solcher Ehen aus.

1755 Stg. Berichte, 13. Leg.-Periode, 1912/14, 3, 51. Sitzung, Dienstag, den 30. April 1912, S. 1546B.

1756 Wolfgang WETTE, Noske, Gustav, in: Neue Deutsche Biographie 19 (1999), S. 347–348 [Online-Version]; URL: https://www.deutsche-biographie.de/pnd118588761. html#ndbcontent: Gustav Noske (9. Juli 1868–30. November 1946) stammte aus einfachen Verhältnissen und war gelernter Korbmacher und Journalist. Als

Resolution in Bezug auf die Haussklaverei in Ostafrika zustimmen, ist selbstverständlich."[1757] Die Frage war nur, in welchem Zeitraum. Auch Solf unterstützte grundsätzlich die Resolution, hatte aber Bedenken, einen Termin festzulegen. Denn eine solche würde tief in das Leben der „Eingeborenen" einschneiden. Außerdem

> „glaube ich, kommt bei dem Wort „Sklaverei" doch etwas Jugenderinnerung über uns alle, wenn wir an Onkel Toms Hütte und ähnliche Bücher denken, die auch in Amerika damals Unheil angerichtet haben. (Zuruf links.) Ja, Unheil in bezug auf eine falsche Beurteilung der Verhältnisse. Die Tatsache der Sklaverei ist nach unseren modernen ethischen Begriffen eine Unmöglichkeit – da gibt es zwischen uns und dem hohen Hause gar keine Meinungsverschiedenheiten –; aber die Sklaverei ist in Afrika wirklich nicht so schlimm und grausam aufzufassen wie die Sklaverei, wie wir sie aus Schilderungen in anderen Ländern kennen."[1758]

Der Roman *Onkel Toms Hütte* war in Deutschland seit Beginn der 1870er Jahre sehr populär. Wie auch die Reisen afro-amerikanischer Künstler nach Europa, wo diese bereits seit Mitte des 19. Jahrhunderts auf den Varieté- und Theaterbühnen Ragtime, Spirituals, *Coon* Songs und clowneske Plantagenszenen,[1759] aber auch anspruchsvolle *morality plays* oder gigantische *plantation shows* vorführten, stellte der Roman eine wesentliche Informationsquelle und ein wichtiges Deutungsmuster zum Schwarzen Amerika dar[1760] und verbreitete amerikanische rassische Stereotypien in Deutschland.[1761] Darauf hatte Solf angespielt. Der Roman wurde

---

Nachfolger des Sozialdemokraten Max Schippel zog er 1906 in einer Nachwahl in den Reichstag ein, wo er sich zu einem Experten für Militär- und Kolonialfragen entwickelte. Zwar war er gegen die hohen Kosten von Kolonien, nicht aber grundsätzlich gegen diese. Er befürwortete einen gewissen Nationalegoismus und stand einer Zusammenarbeit mit der Reichsleitung nicht völlig entgegen. In den Augen der Historikerin Helga Grebing gehörte er zu dem Teil der Sozialdemokraten, die sich in positiver Weise in den monarchisch-autoritären Staat integrierten. (Helga GREBING, Noske, Gustav, Politiker, in: Wolfgang BENZ und Hermann GRAML (Hg.): Biographisches Lexikon zur Weimarer Republik. C.H. Beck Verlag, München 1988, S. 240). In der Weimarer Republik wurde er der erste sozialdemokratische Minister mit der Zuständigkeit für das Militär (1919–1920). Er war verantwortlich für die Niederschlagung der Aufständischen während der Berliner Märzkämpfe 1920 und ließ den antibolschewistischen Freikorps weitgehend freie Hand.

1757 Stg. Berichte, 13. Leg.-Periode, 1912/14, 3, 51. Sitzung, Dienstag, den 30. April 1912, S. 1557B/C.

1758 Ibid., S. 1561B/C.

1759 Frederike GERSTNER, Inszenierte Inbesitznahme: Blackface und Minstrelsy in Berlin um 1900, J.B. Metzler Verlag, Stuttgart 2017, S. 4.

1760 Ibid., S. 28.

1761 Ibid., S. 4.

aber auch zum Anlass für verschiedene „kollektive Ergänzungs- und Ersetzungs-
prozesse" genommen und für die gesellschaftliche Auseinandersetzung mit Fragen, wie etwa nach der gerechten Verteilung und Organisation von Arbeit oder
der nach der modernen Reduktion des Menschen auf seine Arbeitskraft.[1762] In der
Reichstagsdebatte wiederum spiegelte sich dies in der Auseinandersetzung um den
Begriff „Arbeitstiere" wider. In der Wilhelminischen Epoche hatte sich die immer
stärkere Verbreitung amerikanischer Massenkultur in Europa und Deutschland,
nicht zuletzt in der Form der die Afro-Amerikaner thematisierenden Minstrels,[1763]
und die Intensivierung der Kolonialisierungs- und Missionierungsprojekte mit der
Institutionalisierung und Verwissenschaftlichung der Kategorie „Rasse" gekreuzt.
Neben der Ablehnung, die Behandlung der Afrikaner in den deutschen Kolonien
mit derjenigen der Schwarzen in den amerikanischen Südstaaten gleichzusetzen,
bot auch die beinahe konsensuelle Ablehnung der traditionellen afrikanischen
Haussklaverei die Möglichkeit, die Identität Deutschlands als zivilisierte Kulturnation und somit das Wir-Gefühl und die Gruppenidentität der Abgeordneten als
Vertreter eben dieser Nation zu stärken. Man konstruierte durch die Erfindung
oder Betonung gemeinsamer verbindlicher Werte und Traditionen eine kollektive
Identität oder *imagined community*, wie es Benedict Anderson bezeichnete.[1764]

   Gerade über die Ablehnung der Haussklaverei versuchte Solf, der einen aus-
geglichenen und versöhnlichen Ton anschlug, zumal auf die SPD zuzugehen. Er
zollte der Partei sogar Lob, zwar „unter dem Deckmantel der allgemeinen Regierung, positiv mitzuarbeiten an unserer Kolonialverwaltung." Woraufhin der Ledebour dazwischenrief: „Wir haben immer positiv mitgearbeitet, längst ehe Sie hier
aufgetreten sind!"[1765]

   Mit seinem Hinweis auf die in Harriet Beecher Stowes Roman *Onkel Toms Hütte*
geschilderten Lebensbedingungen der Schwarzen in den Südstaaten der USA versuchte Solf, mit den Abgeordneten der linken Parteien eine nationale kulturelle
Gemeinschaft herzustellen, indem er durchscheinen ließ, dass im Kaiserreich solche Zustände undenkbar wären und sie der allgemeinen ethischen Auffassung
widersprächen. So betonte Noske: „Selbstverständlich treten wir Sozialdemokraten

---

1762 Heike PAUL, Kulturkontakt und Racial Presences: Afro-Amerikaner und die deut-
      sche Amerika-Literatur, 1815–1914, Universitätsverlag Winter GmbH, Heidelberg
      2005, S. 134–145.

1763 *Blackness* insgesamt war zu einem amerikanischen Export- und zu einem deutschen
      Konsumgut vor allem in Großstädten geworden. Siehe dazu: Frederike GERSTNER,
      Inszenierte Inbesitznahme: Blackface und Minstrelsy in Berlin um 1900, J.B. Metz-
      ler Verlag, Stuttgart 2017, S. 17.

1764 Benedict ANDERSON, Imagined Communities: Reflections on the Origin and Spread
      of Nationalism, Verso, London, New York 2006.

1765 Stg. Berichte, 13. Leg.-Periode, 1912/14, 3, 51. Sitzung, Dienstag, den 30. April 1912,
      S. 1559C.

mit allem Nachdruck auch dafür ein, daß der farbige Arbeiter möglichst vor Ausbeutung geschützt wird."[1766] Gerade die korrekte Behandlung und Bezahlung der
„farbigen" Arbeiter in den Kolonien spielte in der Diskussion zum Etat der Kolonien eine herausragende Rolle. Dabei kann man feststellen, dass alle Redner betonten, die Arbeiter würden nun oder müssten jedenfalls von nun an besser behandelt
werden, und sei es aus rein ökonomischen Überlegungen heraus. So meinte von
Liebert, dessen zum Teil sehr verächtlichen und herablassenden Beschreibungen
der Lebensumstände der kolonisierten „Neger" aus den übrigen Debattenbeiträgen
hervorstechen,[1767] dass die in der *Leipziger Volkszeitung,* „eins der schärferen sozialdemokratischen Organe," die „Ausbeutung und die Behandlung mit der Peitsche"
völlig überzogen dargestellt worden seien." Alle diese Vorwürfe seien falsch: „Zeigen Sie mit heutzutage eine Pflanzung in Ostafrika, wo die Peitsche noch regiert!
Das wäre nicht möglich. Wie wollte ein Pflanzer heute noch Arbeiter bekommen,
wenn bei ihm ad libitum geprügelt oder gepeitscht würde."[1768]

Auch der bereits weiter oben kurz zitierte Zentrumsabgeordnete Schwarze machte
deutlich, dass die Arbeiterfrage wesentlich für die Hebung und Nutzbarmachung der
Kolonien war. Und um genügend Arbeiter für die Plantagen bekommen zu können,
war es wichtig, „daß die Schwarzen auf den Plantagen gut behandelt werden, daß
ihnen der Lohn ohne Strafabzüge ausgezahlt wird (...) und daß man ihnen die Nah-
rung gibt, die sie von Haus aus gewöhnt sind."[1769]

Der im Zusammenhang mit der Nutzbarmachung der Kolonien geschilderte Rassismus, seine tendenzielle Ausbreitung und die Benutzung des Begriffs „Neger" als
zum einen nach innen gerichteter Kampfbegriff, zum anderen als genuiner Ausdruck
struktureller Rassismus, hingen, so erweckt es den Eindruck, eng zusammen mit
der Frage der Mischehe, also der Ehe zwischen Schwarzen und Weißen. Diese Frage
wurde im Kontext der sich verstärkenden rassistischen und sozialdarwinistischen
Ideen virulent und im Reichstag intensiv diskutiert. Im Folgenden sollen die Reichstagsdebatten dazu deshalb genauer untersucht werden.

1766 Ibid., S. 1557B.
1767 Ibid., S. 1545D: „Sie müssen mit den Verhältnissen rechnen, daß der Neger von
      einer Handvoll Reis lebt, daß er nur eine Schüssel Reis, eine Mahlzeit am Tage
      kennt und im übrigen höchstens Früchte genießt [...]. Daß er in Baracken lebt, ist
      nichts Außergewöhnliches. Etwas anderes gibt es in Afrika nicht."
1768 Ibid., S. 1545C/D.
1769 Stg. Berichte, 13. Leg.-Periode, 1912/14, 3, 51. Sitzung, Dienstag, den 30. April 1912,
      S. 1566C.

4.1.2. Die „Mischehen"

Die Frage der Mischehe[1770] in den deutschen Kolonien hatte im Laufe der Jahrzehnte seit Beginn der Kolonisierung beständig an gesellschaftlicher Bedeutung zugenommen und sich ab etwa 1900 intensiviert. Im Jahre 1912 jedoch wurde sie wegen des neuen zukünftigen Staatsbürgerschaftsrechts, welches am 22. Juli 1913 verabschiedet wurde,[1771] virulent und sollte geregelt werden. Im Grunde ging es den Verfechtern des Verbotes von Mischehen aber um die „Mischlingsfrage" und damit um die „Rassenfrage", was „die weite und wachsende Verbreitung eines biologistischen Rassismus"[1772] in der Wilhelminischen Epoche bezeugte. Darüber hinaus berührte die „Rassenfrage" auch über das Nietzscheanische Konzept der Herrenmoral und des Herrenmenschentums und der Sklavenmoral[1773] das durch die Demokratisierung zunehmend gespannte Verhältnisse der verschiedenen sozialen Schichten und Klassen: Auf der einen Seite standen die vorkapitalistischen Herrschaftsschichten, die ihre Vorrechte zu verteidigen suchten, auf der anderen Seite fanden sich die Vertreter der aufsteigenden, nach Emanzipation und politischer Teilhabe strebenden Klassen und neuen Eliten. Bei Nietzsche war der Begriff der Rasse eng mit dem Begriff des sozialen Standes, der Schicht und der Klasse verbunden,[1774] eine Vorstellung die die Debatten im Reichstag und die darin aufscheinenden Konfliktlinien und Konfliktfelder widerspiegeln. Im Mai 1912 fand zur Mischehe im Rahmen des Etats für die Schutzgebiete unter der Beratung des Etats für das Schutzgebiet Samoa die Debatte im Reichstag statt.

Einige Parteien wollten die Mischehe in den Kolonien verbieten. Erste Ansätze dazu hatte es in Deutsch-Südwestafrika bereits 1905 im Zuge des Aufstands der Einheimischen gegen die Kolonialmacht von 1904 gegeben und die lokale Kolonialverwaltung verbot standesamtliche Trauungen von „gemischten" Paaren. Drei

---

1770 Fatima EL-TAYEB, Blut, Nation und multikulturelle Gesellschaft, in: AfrikanerInnen in Deutschland und schwarze Deutsche – Geschichte und Gegenwart, hg. von Marianne BECHHAUS-GERST, Reinhard KLEIN-ARENDT, Lit Verlag, Münster 2004, S. 125–139.

1771 Erich RÖPER, Staatsangehörigkeit – Staatsbürgerschaft, in: Kritische Justiz 32, Kritische Justiz, Bd. 32, Nr. 4, 1999, S. 543–556. [http://www.jstor.org/stable/24001 014. Eingesehen am 8. Oktober 2020.]; Vito F. GIRONDA, Linksliberalismus und nationale Staatsbürgerschaft im Kaiserreich: Ein deutscher Weg zur Staatsbürgernation?, in: Die Politik der Nation; Deutscher Nationalismus in Krieg und Krisen, hg. von Jörg ECHTERNKAMP und Sven Oliver MÜLLER, R. Oldenbourg Verlag München 2002, S. 107–131.

1772 SOBICH, Schwarze Bestien, rote Gefahr, S. 352.

1773 Friedrich NIETZSCHE, Jenseits von Gut und Böse, 1886; Friedrich NIETZSCHE, Zur Genealogie der Moral, 1887, Aphorismus 17.

1774 Gerd SCHANK, „Rasse" und „Züchtung" bei Nietzsche, New York, De Gruyter 2000, S. 57.

Jahre später annullierte man hier sogar rückwirkend alle „Mischehen", die vor 1905 geschlossen worden waren. Deutsche Siedler, die mit einer einheimischen Frau verheiratet waren, wurden zunehmend ausgegrenzt: Sie durften Vereinen nicht mehr beitreten, erhielten keine Darlehen und konnten keine Farmen mehr kaufen. 1909 verloren sie ihr Wahlrecht für den Landesrat. „Mischlingskinder" durften außerdem bestimmte Schulen und Kindergärten nicht besuchen. In Deutsch-Ostafrika und auch in Togo wurden Mischehen zunehmend restriktiv gehandhabt.[1775]

In der Heimat verstärkte sich die Debatte über die Mischehen-Verbote in den afrikanischen Kolonien.[1776] Ihren Höhepunkt erreichte diese, als Wilhelm Solf, der wie weiter oben gesehen mittlerweile Staatssekretär im Reichskolonialamt geworden war, im Januar 1912 ein generelles Mischehen-Verbot für Samoa erließ. Erstmals ging es nicht um eine lokale Entscheidung der Kolonialverwaltung, sondern um eine im „Mutterland" erlassene Verordnung. Mit der Regelung für Samoa waren auch neue Bestimmungen für die Nachkommen aus „gemischten" Beziehungen verbunden: „Mischlinge", die nach Bekanntgabe der neuen Grundsätze geboren wurden, sollten nun zu den „Eingeborenen" zählen. Auf Antrag konnten sie jedoch den Weißen gleichgestellt werden, sofern sie fließend Deutsch sprachen und ausreichend gebildet waren. Die Grenzen zwischen den Rassen waren also nicht nur an äußere Kriterien gebunden, sondern durchlässig und verhandelbar. Aus Schwarzen konnten Weiße werden – und umgekehrt, wie die Furcht vor dem „Verkaffern" zeigt.[1777] Im Reichstag sprach sich die aus Zentrum, Sozialdemokraten und Linksliberalen bestehende Mehrheit gegen Solfs Mischehen-Verbot aus. Im März 1912 hatte die Kommission für den Reichshaushalts-Etat beschlossen, eine von den Sozialdemokraten eingebrachte Resolution (Antrag Nr. 380) anzunehmen, in der die verbündeten Regierungen ersucht wurden, ein Gesetz einzubringen, welches „die Gültigkeit der Ehen zwischen Weißen und Eingeborenen in allen deutschen Schutzgebieten sicherstellt und das Recht derjenigen unehelichen Kinder regelt, auf welche etwa das Bürgerliche Gesetzbuch zurzeit nicht Anwendung findet."[1778]

1775 Birthe KUNDRUS, Moderne Imperialisten: Das Kaiserreich im Spiegel seiner Kolonien, Böhlau Verlag, Köln 2003, S. 219–223; Thomas SCHWARZ, Die Mischehendebatte im Reichstag 1912. Hybridität in den Verhandlungen zwischen deutscher Biopolitik, Anthropologie und Literatur, in: Deutsche Sprach- und Literaturwissenschaft, Bd. 19, 2002, S. 323–350; Horst GRÜNDER, Geschichte der deutschen Kolonien, Ferdinand Schöningh, Paderborn 2018[7], S. 250.

1776 Livia RIGOTTI, „Rassenfragen", „Mischehen" und die Rolle der Frau, in: Die Deutschen und ihre Kolonien, hg. von Horst GRÜNDER, Hermann HIERY, be.bra Verlag GmbH, Berlin-Brandenburg 2022, S. 222–238, hier S. 229.

1777 KUNDRUS, Moderne Imperialisten, S. 250.

1778 Stg. Berichte, 13. Leg.-Periode, 1912/14, 17, Aktenstück 380, S. 325.

4.1.2.1. Resolution betreffend die Mischehen, 8. Mai 1912: Staatssekretär Solf stellte sie vor

Die Debatten zur Mischehenresolution wurden in drei Reichstagssitzungen geführt. Sie begannen am 2. Mai 1912 und dauerten bis zum 8. Mai 1912. Als erster Redner ergriff Wilhelm Heinrich Solf, seit Dezember 1911 bis Dezember 1918 Staatssekretär Reichskolonialamt, der der linksliberalen Fortschrittlichen Volkspartei nahestand, das Wort. Er stieg unvermittelt in das Thema seiner Rede ein und bat in sehr ernstem Tonfall die Abgeordneten gleich zu Beginn seiner Ausführungen, „die Mischlingsfrage nicht vom Parteistandpunkte, sondern vom allgemeinen nationalen Standpunkte aus zu betrachten."[1779] So wie die „Negerfrage" gehörte die Mischehenfrage zu der seit Ende des 19. Jahrhunderts sich spürbar verschärfenden Rassenfrage. Solfs Einstieg und Appell an die Abgeordneten, nicht nach Partei-, sondern Volksinteresse abzustimmen, kann man dem Versuch zurechnen, diese emotional aufgeladenen Fragen einmal zur Schaffung nationaler innerer Einheit zu verwenden, indem man die rassische oder ethnische Homogenität des „Volkskörpers" immer stärker in den Vordergrund rückte. Bestärkt war Solf vielleicht darin durch die Haltung eines Teils der deutschen Presse und ihrer Kritik an den Verhältnissen auf Samoa geworden: So empörte sich 1906 die *Koloniale Zeitschrift* darüber, „welche Laxheit in den Anschauungen über das Endergebnis einer fortgesetzten Rassenvermischung auf Samoa herrscht". Obwohl das Blatt warnte, „niemand erblicke eine Gefahr in der Zunahme der halbweißen Bevölkerung", sprach sich unter den in Samoa lebenden Weißen jedoch nur eine Minderheit gegen „gemischte" Beziehungen aus. Vereinzelt wurde – nicht weniger rassistisch – sogar darauf hingewiesen, dass die „Beimischung" samoanischen Blutes sich positiv auf die Gesundheit der Nachkommen auswirke und diese mit dem Tropenklima besser zurechtkämen als weiße Siedler.[1780] Bezeichnenderweise für die Verschärfung der Rassenfrage hatte Solf, der ja bis 1911 Gouverneur von Samoa gewesen war, zu Beginn seiner Amtszeit Beziehungen zwischen einheimischen Frauen und deutschen Männern noch toleriert. Nun konnte dann aber die „Rassenfrage" auch verwendet werden, neue Koalitionen im Reichstag zu schmieden, zumal die neuen Eliten und ihre linksliberalen Vertreter weiterhin zwischen der Schaffung eines Linksblocks mit der SPD oder der vertieften Zusammenarbeit mit den Rechten schwankten, um ihre machtpolitische Position im Reich insgesamt zu verbessern und die weiterhin mangelnde Synchronisation zwischen wirtschaftlicher und politischer Mitwirkung endlich zu beheben. Um nun also die Abgeordneten davon zu überzeugen, die sozialdemokratische Resolution nicht anzunehmen, schilderte Solf zunächst „die üblen Folgen der Mischehen". Damit die Abgeordneten diese

---

1779 Stg. Berichte, 13. Leg.-Periode, 1912/14, 3, 53. Sitzung, Donnerstag, 2. Mai 1912, S. 1648B.
1780 GRÜNDER, Geschichte der deutschen Kolonien, S. 250–251.

besser verstehen und begreifen konnten, sprach er über die Lage in den Kolonien anderer Länder, etwa in Indien, dem Sudan oder den „malaiischen Besitzungen" der Holländer.[1781] Er führt dann ausführlicher das Beispiel der USA an, obgleich es sich hier nicht um eine mit einer für Deutschland vergleichbaren Kolonialsituation handelte, sondern die Schwarzen von Anbeginn der Besiedelung nach Amerika verschleppt worden waren und ein von Anfang an konstituierendes Element der amerikanischen Gesellschaft darstellten. Solf stellte den Abgeordneten die zahlenmäßigen Dimensionen der „Mischlinge" in den Vereinigten Staaten heraus und zeigte, dass „von den 11 Millionen Bürgern der Vereinigten Staaten, die aus Westafrika stammen, nur ein verschwindend kleiner Teil ungemischt [ist], die überwiegende Mehrheit sind Mischlinge aller Nuancen von den früheren afrikanischen Sklaven und Amerikanern". Des Weiteren zitiert er das „Lincolnsche Emanzipationsedikt" und „das 13. Amendement", die „warnende Menetekel für alle kolonisierenden Nationen" sind. „Mißverstandene Humanität rächt sich ebenso wie würdeloses Herabsteigen zur niederen Rasse. (Sehr richtig!) Der Staatssekretär betonte dabei, dass er „von unserem ethischen Standpunkte aus" gegen die Sklaverei war.[1782] Dr. Solf fuhr dann apodiktisch mit der Behauptung fort, dass sich „der Neger [...] in den alten patriarchalischen Verhältnissen in den Südstaaten besser gefühlt [hat] als er sich jetzt innerlich, als Mensch, fühlen muss. (Sehr richtig!)". In der Beschreibung des Umgangs der Amerikaner mit der Befreiung der Schwarzen schwang trotz der Ungeheuerlichkeit der Vorgänge des Lynchens Verständnis und auch Bewunderung mit:

> „Meine Herren, die Anerkennung des Negers als Weißer Bürger in der Theorie und die Bemühungen eines selbstbewußten Volkes, die Konsequenzen dieser Theorie zu verhindern, führt in Amerika zu ungeheuerlichen Konsequenzen. Jetzt ist der Neger frei! Er kann sogar Präsident werden, wenn er nicht vorher gelyncht wird. (Heiterkeit). Meine Herren, Sie mögen über die Brutalität des Lynchens noch so viel sagen, es wird bestehen bleiben, bis Staatsgesetz und Volksempfinden im Gleichklang steht".

Nach dem Ende des Sezessionskrieges hatte sich vor allem in den ehemaligen konföderierten Staaten das Lynchen stark ausgeweitet und erreichte um die Jahrhundertwende ihren Höhepunkt. Besonders schwarze Männer wurden gelyncht, insgesamt stellten die *African Americans* 3200 von beinahe 4000 Opfern dieser Gewaltverbrechen dar. Ein Grund war Angela Davis zufolge der Wille, die landlosen schwarzen *Sharecropper* politisch und ökonomisch zu zivilisieren. Meist wurde als Vorwand der Vorwurf der Vergewaltigung weißer Frauen durch schwarze Männer erhoben, da dieser die Bevölkerung am meisten von der Berechtigung

---

1781 Stg. Berichte, 13. Leg.-Periode, 1912/14, 3, 53. Sitzung, Donnerstag, 2. Mai 1912, S. 1648C.
1782 Ibid.

des Lynchaktes überzeugen konnte.[1783] Interessant ist hier sein Verweis auf das „Volksempfinden", ein Begriff, der später in der Zeit des Nationalsozialismus missbraucht werden sollte. Solfs Vater hatte sich aus dem Arbeitermilieu in den 1870er Jahren emporgearbeitet und von der Industrialisierung und der damit einhergehenden Demokratisierung profitiert. Der später von den Nationalsozialisten missbrauchte Begriff vom „gesunden Volksempfinden" hatte hier durchaus noch eine positive Signifikanz, diente jedoch bereits zur Rechtfertigung jeglicher vom Volke ausgehenden Akte, vielleicht in einer gewissen Fehlinterpretation dessen, was repräsentative Demokratie meint.[1784] Allerdings waren die angeklagten *African Americans* nach 1865 alle Angehörige einer verfassungsgemäß gleichberechtigten Bevölkerungsgruppe und hätten vor offiziellen Vertretern der zuständigen Institutionen abgeurteilt werden müssen.[1785] Solfs Aussage implizierte mithin, dass er die Schwarzen in den Vereinigten Staaten nicht zum „Volk" rechnete und lässt erkennen, wie er sich die ethnische Zusammensetzung des deutschen Volkes mithin vorstellte. Es scheint somit ein Volks- und Demokratieverständnis hindurch, das den späteren Extremismen den Weg bahnte. Solf drängte sodann die Abgeordneten, sich in der Frage der Regelung der Mischehen nur von ihren „Instinkten" leiten zu lassen, „keine sozialpolitischen und dogmatischen Momente in das Problem der Mischehen hineinzutragen." Er hatte wohl erkannt, dass die „Rassenfrage" und die Solidarität der Sozialdemokraten mit den „niederen Rassen" die soziale Frage erneut anfachen könnte und die Sozialdemokraten von der, durch ihre großen Wahlerfolge in den Bereich des Möglichen gerückten, Teilhabe an der politischen Macht wieder weiter entfernen würde. Dies könnte wiederum vor allem den Linksliberalen das Problem bereiten, nur noch über eine mögliche Machterreichungsoption, nämlich zusammen mit den konservativen Kräften, zu verfügen. Und so versuchte er an die rassistischen Emotionen und an das Nationalbewusstsein vor allem der sozialdemokratischen Abgeordneten zu appellieren, die er in seiner Rede mehrfach direkt adressierte. Dazu malte er ein immer krasseres Bild von den Folgen der „Rassenvermischung", von der nicht zuletzt die weißen Proletarier in den Kolonien betroffen wären. Dabei unterstreicht vor allem die Aussage Solfs, dass den Schwarzen gegenüber auch der Proletarier ein Herr wäre, die These des Nexus zwischen sozialer und kolonialer Frage und wie dieser sowohl von der neuen als auch der alten Elite für ihre Zwecke missbraucht wurde.[1786] Die Argumente wurden teilweise seitens des Parlaments mit „Heiterkeit" quittiert. Dies könnte auf

---

1783 Judith KETELSEN, Das unaussprechliche Verbrechen: Die Kriminalisierung der Opfer im Diskurs um Lynching und Vergewaltigung in den Südstaaten der USA nach dem Bürgerkrieg, LIT, Hamburg 2000, hier S. 11–12.

1784 Vgl. Kapitel 2.1. der vorliegenden Arbeit und die Rede Gustav Roesickes.

1785 KETELSEN, Das unaussprechliche Verbrechen, S. 2–3.

1786 Stg. Berichte, 13. Leg.-Periode, 1912/14, 3, 53. Sitzung, Donnerstag, 2. Mai 1912, S. 1648D–1649A.

zweierlei Weise interpretiert werden: Einmal fanden viele Abgeordneten die Ausführungen Solfs übertrieben und beinahe „lustig", die Abgeordneten zeigten sich
den rassistischen Ausführungen mithin nicht sehr zugänglich, eine Annahme, die
durch weitere Redebeiträge untermauert wird. Andererseits könnte es auch ein
Hinweis darauf sein, dass es Solf durchaus gelungen war, die Abgeordneten von
seinen Argumenten zu überzeugen und hinter sich zu sammeln. Auch diese Interpretation erscheint durch das am Ende der Rede notierte „Bravo" plausibel.

4.1.2.2. Die Debatte

Auf den Staatssekretär folgte der Sozialdemokrat Georg Ledebour. Er positionierte
sich diametral entgegengesetzt zu Solf und hoffte am Ende seiner hoch-ironischen,
ja spöttischen Rede, die oft von teilweise „stürmischer Heiterkeit" unterbrochen
wurde, „daß in dieser Frage – da stimme ich dem Herrn Staatssekretär überein –
alle Parteiunterschiede verschwinden, und daß die Stimme der Menschlichkeit
gegenüber der Staatsregierung, gegenüber dem Staatssekretär zur Geltung kommt.
(Lebhafter Beifall bei den Sozialdemokraten)."[1787]
    Es fällt zudem Ledebours despektierlicher Ton gegenüber Solf als auch insbe-
sondere gegenüber dem in der Sitzung nicht anwesenden ehemaligen Gouverneur
Deutsch-Südwestafrikas Bruno von Schuckmann[1788] auf. Seine Beschreibung von
dessen Wirken in Südwestafrika, den er als „christlich-konservativen Reforma-
tor der Deutschen" bezeichnete, lösten dabei mehrmals „Heiterkeit" im Plenum
aus."[1789]
    Ebenso wie einige Tage zuvor Ledebours Parteikollege Henke den in jener Sit-
zung präsidierenden Reichstagsvizepräsidenten Paasche wegen seiner Bezeichnung
der Afrikaner als „Arbeitstiere" Unchristlichkeit vorgeworfen hatte, verwendete
Ledebour dieses Argument nun gegen Solf. Dieser leicht überhebliche, ja kulturkämpferische Ton bezeugte das harte Bemühen der um die politische Teilnahme
kämpfenden Schichten, deren Selbstvertrauen durch die hohen Stimmengewinne
der Sozialdemokaten weiter gestiegen war: Unter dem Vorwand des anti-religiösen,
laizistischen Kampfes forderten sie jetzt offen die in der Mehrzahl protestantische

---

1787 Ibid., S. 1651B.
1788 MANN, Biographisches Handbuch, S. 354–355: Bruno von Schuckmann (3. Dezem-
      ber 1857–6. Juni 1919) entstammte einer ostelbischen Gutsbesitzerfamilie. Er war
      Jurist und arbeitete zunächst im Auswärtigen Amt. 1888 wurde er zum Vizekonsul
      in Chicago ernannt. Ab 1890 arbeitete er in der Kolonialabteilung. Er reiste nach
      Kamerun und wurde Generalkonsul in Kapstadt. Von 1904 bis 1907 und 1911 bis
      1918 vertrat er als Abgeordneter die Konservative Partei im Preußischen Abge-
      ordnetenhaus, dazwischen war er Gouverneur in Deutsch-Südwestafrika, wo er
      das Verbot der Mischehen dekretiert hatte.
1789 Stg. Berichte, 13. Leg.-Periode, 1912/14, 3, 53. Sitzung, Donnerstag, 2. Mai 1912,
      S. 1650A.

alte preußische Elite heraus.[1790] Auf beinahe postkoloniale Weise übte Ledebour außerdem eine grundlegende Kritik an der europäischen Kolonisation seit den spanischen Eroberungszügen in der frühen Neuzeit. Die Reichsregierung

> „will die staatliche, bürgerliche, die christliche Ehe verbieten, und das sind dann die Vertreter, die das Christentum in der ganzen Welt verbreiten wollen. Sie tun sich ja alle etwas zu gute auf Ihre Christlichkeit. Sie ist auch darnach, diese Christlichkeit der Konquistadoren europäischer Abkunft! Das hat mit der wirklichen Christlichkeit gar nichts zu tun. Wir Sozialdemokraten stellen solche Ansprüche wegen Verbreitung des Christentums nicht. Was wir verlangen sind freie Menschlichkeit. Wir verlangen menschliche Rücksicht darauf, daß, wenn Männer unseres Bluts hineingetrieben werden in solche kolonialen Verhältnisse, man ihnen das Leben erleichtert, daß man sie nicht defamiert, daß man die Frauen, die sie lieben, nicht defamiert."[1791]

Gleich zu Beginn kam es zu einem kurzen Schlagabtausch zwischen Ledebour und den konservativen Abgeordneten, nachdem er in recht krassen Worten klargestellt hatte, worum es der Regierung in der Frage des Verbots der Mischehen eigentlich ging, nämlich „gegen den Geschlechtsverkehr und seine Resultate." Das von den Rechten dazwischengerufene „Sehr richtig!" kommentierte Ledebour sogleich: „Sehr richtig!" sagen Sie; aber das muß man eben klarstellen. Dann muß man hier nicht solche – Komödie will ich nicht sagen – Verschleierung betreiben, dann soll man es offen aussprechen."[1792] Damit stellte er indirekt eine gewisse herrschende Doppelmoral im Kaiserreich bloß, welche etwa in der Harden-Eulenburg-Affäre[1793] sichtbar geworden war. Im Anschluss daran ging Ledebour auf die auch von Solf beschriebene Lage der Schwarzen in den Vereinigten Staaten ein. Er berichtete Solfs Ausführungen und vervollständigte sie: „Ich will nur auf das Beispiel hinweisen, mit dem der Herr Staatssekretär hauptsächlich operiert hat. Er hat gesagt, um das Unheil zu beweisen, das aus den Ehen zwischen Weißen und Schwarzen entsteht: sehen Sie einmal die anderen Länder an, Brasilien und Nordamerika!"[1794]

1790 Hermann Hiery, Die Kolonialverwaltung, in: Die Deutschen und ihre Kolonien, hg. von Horst Gründer, Hermann Hiery, be.bra Verlag GmbH, Berlin-Brandenburg 2022, S. 178–200, hier S. 183–187: Ins Auge fällt auch, dass kein einziger Katholik es in die Führungsspitze der Kolonialverwaltung schaffte. [...] Regional gesehen lag der Schwerpunkt eindeutig in Norddeutschland. [...] Mindestens 80 Prozent der obersten Verwaltungsspitze waren protestantisch, nur etwa 15 Prozent katholisch.
1791 Stg. Berichte, 13. Leg.-Periode, 1912/14, 3, 53. Sitzung, Donnerstag, 2. Mai 1912, S. 1651B.
1792 Ibid., S. 1649B.
1793 Siehe dazu: Peter Winzen, Das Ende der Kaiserherrlichkeit. Die Skandalprozesse um die homosexuellen Berater Wilhelms II. 1907–1909, Böhlau Verlag, Köln 2010.
1794 Ibid.

In der Tat waren in der Zeit des Sklavenhandels zwischen dem 16. und dem
19. Jahrhundert zehnmal mehr Afrikaner nach Lateinamerika verschleppt worden
als in die USA und um 1900 lebten dreimal mehr Afroamerikaner in Lateinamerika
als in den Vereinigten Staaten, die meisten wiederum davon in Brasilien.[1795] Ledebour war sich dieser Tatsache somit bewusst. Auch in anderen Debattenbeiträgen wurden die Vereinigten Staaten mit Brasilien verglichen und als „Negerland"
bezeichnet. Dies widersprach natürlich völlig der nordamerikanischen Selbstwahrnehmung, wie gerade die Beobachtung deutscher Einwanderung nach Brasilien
und Äußerungen Theodor Roosevelts hinsichtlich Brasiliens etwa bezeugten. Vielleicht hatte diese recht banal anmutenden Aussage ja auch sowohl eine nach innen
als auch nach außen gerichtete politische Zielrichtung. Die USA, die sich seit Mitte
der 1890er Jahre immer mehr zu einem wirtschaftlichen und auch imperialistischen Konkurrenten, ab der Venezuelakrise 1902/03 und der Marokkokrise 1905/
06 zu einem zumindest potentiellen Gegner Deutschlands entwickelt hatten, konnten so als der deutschen Nation kulturell und zivilisatorisch unterlegen dargestellt
werden. In gewisser Weise war das ein Versuch, die Bedeutung und den Rang der
USA im Gefüge der Welt- und damit Kulturmächte zu schmälern. So konnte man
die Bedeutung des Deutschen Reichs und seine Stellung in der Weltordnung verbessern und den eigenen Nationalstolz und damit den Stolz darauf, diese Nation im
Reichstag als Abgeordneter zu repräsentieren, stärken. Ledebour führte denn auch
aus, dass der Großteil der Schwarzen in den USA keine „reinen Neger" wären, sondern „Mischlinge". Er stellte Solf die rhetorische Frage, ob diese „Mischlinge" denn
das Ergebnis „standesamtlich oder kirchlich abgestempelter Ehen" wären? Eine
Frage, die er selbst beantwortete: „Das sind Resultate unehelichen Geschlechtsverkehrs! (Sehr richtig! bei den Sozialdemokraten.)"[1796] Ledebour, der sich über
das Verbot von Mischehen lustig machte und empörte, erwähnte jedoch so wenig
wie Solf die Tatsache, dass die meisten „Mischlinge" in den Vereinigen Staaten das
Ergebnis von Vergewaltigungen der afroamerikanischen Frauen durch weiße Männer waren. Denn tatsächlich war seit Beginn des 19. Jahrhunderts, auch wegen der
immer weiteren Durchsetzung des Verbots des Sklavenhandels ab dem Ende des
18. Jahrhunderts,[1797] die „Sklavenzucht" zu einem wichtigen Industriezweig des
Südens geworden.[1798] In den Südstaaten der Vereinigten Staaten war die Sklaverei,

---

1795 Jochen MEISSNER, Ulrich MÜCKE, Klaus WEBER, Schwarzes Amerika: Eine
     Geschichte der Sklaverei, Verlag C.H. Beck, München 2008, S. 9.

1796 Stg. Berichte, 13. Leg.-Periode, 1912/14, 3, 53. Sitzung, Donnerstag, 2. Mai 1912,
     S. 1649B.

1797 Michael ZEUSKE, Handbuch Geschichte der Sklaverei; Eine Globalgeschichte von
     den Anfängen bis zur Gegenwart, Walter De Gruyter, Berlin/Boston 2013, hier
     S. 406–430.

1798 Iris DÄRMANN, „Undienlichkeit." Gewaltgeschichte und politische Philosophie,
     Matthes & Seitz Verlag, Berlin 2020.

wie Angela Davis beschrieb, „auf den sexuellen Missbrauch ebenso angewiesen
wie auf die Peitsche und die Geißel. [...] Die sexuelle Zwangsherrschaft war [...]
eine wesentliche Dimension in der sozialen Beziehung zwischen dem Sklaven-
herrn und der Sklavin. [...] Das verbriefte Recht auf Vergewaltigung entsprang
der gnadenlosen wirtschaftlichen Beherrschung, die das furchtbare Markenzei-
chen der Sklaverei war, und förderte zugleich ihr Fortbestehen."[1799] Parallel zu der
Beschreibung der Situation in den Vereinigten Staaten findet sich in keiner der
Reichstagsreden ein Wort zu den Vergewaltigungen der schwarzen Frauen durch
weiße Männer in den Kolonien. Die Tatsache, dass es „Mischlinge" gab, wurde
lediglich durch den natürlichen Sexualdrang der jungen Männer erklärt. Der Wille
zur Beherrschung und Unterdrückung der indigenen Bevölkerung und zumal
der Frauen, zur radikalen Dienstbarmachung der Kolonisierten, wurde hingegen
nicht thematisiert. Demzufolge konnte es gegenüber schwarzen Afrikanerinnen
auch kein Verbrechen der Vergewaltigung geben. Die sexualisierte Gewalt weißer Männer gegenüber schwarzen Frauen wurde verleugnet und gleichzeitig die
schwarze Frau mit zügelloser Sexualität assoziiert.[1800] Der empathische Versuch,
die Sichtweise der Schwarzen auf dieses Phänomen zu artikulieren, war ebenso
kein Thema. Und Ledebour weiter:

> „Ist es damals überhaupt vorgekommen [...] daß sich Weiße und Neger in einer kirch-
> lichen Ehe verbunden haben? Nein, das sind alles Resultate des Konkubinats oder des
> ungeregelten Geschlechtsverkehrs. (Sehr richtig! bei den Sozialdemokraten.) Wenn
> Sie jetzt in unseren Kolonien die standesamtliche Ehe verbieten, werden Sie damit
> das Konkubinat oder den ungeregelten Geschlechtsverkehr ausrotten? Nicht im aller-
> geringsten! Also das angebliche Resultat, die Reinheit unserer Rasse, die Nichtver-
> mischung der Weißen, der Herrenrasse mit der untergeordneten schwarzen Rasse,
> alles, was Ihnen als Argument gedient hat, hat gar nichts mit der Sache zu tun. Wenn
> Sie also hier das Haus dazu überreden wollen, Ihrem Erlaß und dem Erlaß des Herrn
> v. Schuckmann in Südwestafrika zuzustimmen, so ist doch das allermindeste, das Sie
> Ihr Verlangen anders begründen müssen, daß Sie es der Wahrheit gemäß begründen
> müssen, nicht aber mit der spanischen Wand der christlichen oder standesamtlichen
> Ehe."[1801]

1799 Angela Y. Davis, Rassismus und Sexismus: Schwarze Frauen und Klassenkampf
     in den USA, Elefanten Press, Berlin 1982, S. 169.
1800 Anette Dietrich, Rassenkonstruktion im deutschen Kolonialismus. „Weiße Weib-
     lichkeit" in der kolonialen Rassenpolitik, in: Frauen in den deutschen Kolonien,
     hg. von Marianne Bechhaus-Gerst und Mechthild Leutner, Ch. Links Verlag
     Berlin 2009, S. 176–188, hier S. 178.
1801 Stg. Berichte, 13. Leg.-Periode, 1912/14, 3, 53. Sitzung, Donnerstag, 2. Mai 1912,
     S. 1649C.

Ledebour löste im weiteren Verlauf mit einer stark parodierenden Beschreibung von Solfs Ausführungen zur Mischehe und „Mischlingen" und zu der Vorstellung von der Existenz eines „Herrenvolkes" große „Heiterkeit" im Parlament aus. Gleichzeitig kritisierte er dabei erneut den Kolonialismus als solchen, etwa als er meinte:

> „Wollen Sie bestreiten, daß das Entstehen von Mischlingen eine Naturnothwendigkeit ist? Wenn das aber so ist, daß solche Mischlinge entstehen dann ist doch die notwendige Folgerung, daß Sie sofort die Kolonien aufgeben oder alle diese Sprößlinge des Herrenvolks zurückziehen müssen, damit nicht das Unheil der Rassenvermischung eintritt."[1802]

Ledebour setzte sich anschließend kritisch mit Solfs Agieren als Gouverneur von Samoa auseinander, was auf eine Schwächung dessen Autorität als Staatssekretär abzielte. Dabei verriet er, dass sich Solf in der Budgetkommission nicht gegen die Mischehe auf Samoa ausgesprochen hatte, sondern „gegen die Ehe der Weißen mit weißen Mädchen." Laut Ledebour hatte er es damit begründet, dass man zu einem standesgemäßen „Herrenleben in den Tropen" über solide Mittel verfügen musste, was die meisten der „kleinen Beamten und Handwerker" nicht hatten. Die Folge wäre, dass deren Kinder „als degenerierte Vertreter unserer Rasse unter den Samoanern auf[wachsen]."[1803]

Wieder wird deutlich, wie sehr die „Rassenfrage" mit der sozialen Frage verbunden war, wie rassische Vorurteile verwoben waren mit der im Kaiserreich so heftigen Frage der Klassen- und Schichtenzugehörigkeit. Der Kampf gegen die Emanzipations- und Mitwirkungsbestrebungen der aufsteigenden Klassen spiegelte sich im Kampf gegen die „Mischlinge" wider bzw. fand hier ihre Wiederholung und ihre Entsprechung. Am Beispiel Indiens, „wo die eurasische Frage auftauchte", machte Ledebour klar, wie sehr das Verbot von Mischehen und die „peinliche Angst" vor „Mischlingen" darauf zurückzuführen war, dass die von den Engländern „Eurasians" genannten „Mischlinge, die aus Europäern und Indiern hervorgehen [...] das Eingeborenenelement in seinen Selbständigkeitsbestrebungen stützen. [...] Wenn Sie also Kolonialpolitik betreiben wollen, [...] müssen Sie sich auf eine Mischlingsbevölkerung in allen unseren Kolonien gefasst machen [...]." Ledebour verurteilte am Ende dezidiert das Verbot von Mischehen und hoffte, „daß die Stimme der Menschlichkeit [...] zur Geltung kommt."

Dafür erhielt er lebhaften Beifall von den Sozialdemokraten.[1804] Während seiner Rede war es auch zu einem aufschlussreichen Wortgefecht zwischen ihm und dem Vizepräsidenten des Parlaments, Dr. Paasche, gekommen, das ein Licht auf die Emanzipationsbestrebungen der die Arbeiterklasse vertretenden Abgeordneten

---

1802 Ibid., S. 1649C/D.
1803 Ibid., S. 1650C.
1804 Ibid., S. 1650D.

wirft. Nachdem er Solfs Worte aus der Budgetkommission zitiert hatte fuhr Ledebour nämlich fort:

„Das ist das eine, und dann verbietet er die Ehe zwischen Weißen und Samoanerinnen. Ja, was wollen Sie denn eigentlich? (Stürmische Heiterkeit). Was denken Sie sich denn eigentlich, was die Leute dann machen sollen? (Erneut große Heiterkeit.) Was wird das Resultat sein? Meine Herren, es ist geradezu ungeheuerlich, daß von einem Staatssekretär solche unsinnigen Widersprüche vorgetragen werden. (Sehr richtig! bei den Sozialdemokraten. – Unruhe rechts. – Glocke des Präsidenten.) Vizepräsident Dr. Paasche: Herr Abgeordneter, ich möchte Sie doch bitten andere Ausdrücke zu gebrauchen, wenn Sie von der Tätigkeit des Herrn Staatssekretärs sprechen. (Bravo! rechts.) Ledebour, Abgeordneter: Ich werde mich bemühen, dem Wunsche des Herrn Präsidenten Rechnung zu tragen, und bitte deshalb den Herrn Staatssekretär, sich zu bemühen, diesen Widerspruch nachher aufzuklären."[1805]

Es fällt zum einen der despektierliche Ton auf, der unterstrichen wird durch den Gebrauch deiktischer Worte, wie des Personalpronomens „er", und des pejorativen Adjektivs „unsinnig". Auch wirkte der Gebrauch des Verbs „sich bemühen" oberlehrerhaft und bezeugte den Versuch, das Parlament im Verfassungsgefüge hierarchisch über die Exekutive zu stellen, wie es für ein echtes parlamentarisches System typisch wäre. Durch derartige Schlagabtausche im Parlament wurde der wegen der Verfassung des Deutschen Reichs und der gesellschaftlichen Herrschaftsverhältnisse teils zähe Kampf um politischen Einfluss beharrlich kämpfenden Klassen und Schichten gegen die alten Eliten in der Exekutive deutlich. Dieses Ringen hätte wohl sehr wahrscheinlich ohne den Ersten Weltkrieg zu einer formellen Revision des konstitutionellen Systems hin zu einem echten Parlamentarismus geführt, statt über eine Revolution im Chaos der letzten Kriegstage schlagartig eingeführt werden zu müssen.

Einige Tage später, am 7. Mai 1912, meinte der Zentrumsabgeordnete Adolf Gröber[1806] zwar zunächst, dass er eine Rassenvermischung für nicht wünschenswert halte. Dann aber lehnte er dennoch ein Verbot von Mischehen ausdrücklich ab und zeigte sich gegenüber den rassistischen Begründungen eines solchen Verbots skandalisiert:

1805 Ibid., S. 1650C/D.

1806 Ernst DEUERLEIN, „Gröber, Adolf", in: Neue Deutsche Biographie 7 (1966), S. 107–108 [Online-Version]; URL: https://www.deutsche-biog raphie.de/pnd118718924. html#ndbcontent: Adolf Gröber (11. Februar 1854–19. November 1919) war Jurist. 1896 und 1906 war er Präsident des Deutschen Katholikentages. Er war die unumstrittene Führungsfigur der württembergischen Zentrumspartei und saß von 1887 bis 1918 für das Zentrum im Reichstag. Im Jahre 1917 wurde er Fraktionsführer des Zentrums. In der letzten Regierung des Kaiserreichs, unter Max von Baden, war er Minister ohne Aufgabenbereich.

„Wer die Literatur über diese Fragen liest, muß eine harte Arbeit auf sich nehmen. Es gehört nicht zu den Annehmlichkeiten, Gedanken zu lesen, die darauf hinauslaufen: alles soll nur auf die dauernde Herrschaft der Weißen abgezielt werden [...]. Das sind Anschauungen, die eine Brutalität verraten, die man in deutschen literarischen Erzeugnissen lieber nicht finden möchte."[1807]

Als Kontrast zu den rassistischen und menschenverachtenden Schreiben las er Auszüge aus einem Bericht eines Hauptmanns im Generalstab der Schutztruppen Südwestafrikas vor, der „die Treue und Tüchtigkeit der Bastards" ausdrücklich lobte und betonte, dass die Mischehen „fast immer glücklich sind". Im Gegensatz zu den Zitaten aus der rassistischen Literatur, die keinerlei Reaktion des Parlaments hervorgerufen hatten, lösten die weiteren Zitate aus dem Bericht des Offiziers, in denen er von der Schönheit eines „Bastardmädchens" schwärmte, allgemeine „Großer Heiterkeit" aus. Neben der Tatsache, dass die langen Ausführungen des Abgeordneten über die „Schönheit" der farbigen Frauen eine chauvinistische und rassistische Weltsicht ableiten lassen und sich über diese leicht zotigen Auslassungen eine gewisse Gemeinsamkeit und Gruppenidentität im ausschließlich von Männern besetzten Reichstag herstellen ließ, könnte man die Reaktion des Parlaments auf zweierlei Weise deuten: Einmal wollten die gemäßigten Rechten oder die Mitte, wie etwa das Zentrum, den expliziten Rassismus nicht öffentlich unterstützen. Man kann daraus folgern, dass sich krude biologistische rassistische Ideen im Denken der Mehrheit noch nicht ausgebreitet hatten und es bestimmte rote Linien gab, die noch nicht ohne Weiteres überschritten werden konnten, obwohl insbesondere der nationalliberale Abgeordnete Hartmann von Richthofen sehr rassistische und verächtliche Aussagen zu den „Negern" und zu „Mischehen" von sich gab, welche von den nationalliberalen Abgeordneten immer wieder mit „sehr richtig" kommentiert wurden.

Richthofen etwa begründete sein Unterstützung des „Mischehenverbots" damit, dass es „viel weniger vorteilhaft für die kommenden Geschlechter ist, wenn man Ehen zuläßt, die geschlossen werden zwischen so rassenverschiedenen Elementen, wie es die Weißen und die Negerbevölkerung beispielsweise in Afrika sind."[1808] Andererseits war die Stimmung unter den Abgeordneten der verschiedenen Parteien und Fraktionen im Parlament wohl weit weniger vergiftet, als oft in einer teleologischen Konstruktion von Kontinuitäten mit Blick auf die Verhältnisse in der Weimarer Zeit angenommen wurde.

Zurück zu Gröber, der dann ausführlich und sehr kritisch auf die Ausführungen Solfs auf die Erfahrungen in Nordamerika einging. Er beschrieb die Situation der Schwarzen und die Handhabung der „Mischehen", vor allem in den Südstaaten und einigen Weststaaten, und gab dann ein vernichtendes Urteil darüber ab. Sie

1807 Stg. Berichte, 13. Leg.-Periode, 1912/14, 3, 55. Sitzung, Dienstag, 7. Mai 1912, S. 1725C.
1808 Ibid., S. 1726D.

widerspräche völlig dem 14. und 15. Zusatzartikel[1809] zu der Verfassung der Nordamerikanischen Union, welche die Schwarzen mit den Weißen gleichstellten. Das
Verbot der „Mischehen" in verschiedenen amerikanischen Staaten bezeichnete er
als Unrecht und „Kniffelei", also gewissermaßen Rechtsbeugung, was seiner Meinung nach in Deutschland nicht möglich wäre. Diese Worte mochten ein perlokutionärer Akt sein, der den Staat zu einem bestimmten Handeln bringen sollte.
Die deutsche Jurisprudenz fußte aber auch auf einer langen Geschichte der Recht-
sprechung seit dem Alten Reich, insbesondere seit dem Wormser Reichstag 1495
und der Verkündigung des Ewigen Landfriedens durch Kaiser Maximilian I., der
zu einer Monopolisierung der Gewalt und zu einer Bindung aller staatlichen Entscheidungen und Akte an das Recht zum Ziel hatte. Die sich entwickelnde spezifische deutsche Staatsrechtswissenschaft und die sog. Reichspublizistik galten
als Kennzeichen deutscher staatlicher Tradition.[1810] Dieses Rechtsverständnis
fehlte laut Gröber in den Vereinigten Staaten, was bedeutet, dass er ihnen den
Charakter eines Rechtsstaates nach deutschem, aber auch europäischem Vorbild
absprach und sie damit kulturell auf eine niedrigere Stufe relegierte. Das könnte
durchaus damit zusammenhängen, dass die Vereinigten Staaten seit spätestens der
Marokkokrise zu einem außenpolitischen Konkurrenten und potentiellen Gegner
geworden waren und zum anderen auch für die deutsche Wirtschaft einen sehr
ernstzunehmenden Konkurrenten darstellten. Darüber hinaus aber, und im konkreten innenpolitischen Zusammenhang vielleicht sogar wichtiger, konnte man
über die Konstruktion einer Überlegenheit des eigenen juristischen und rechtsstaatlichen Systems nach innen eine Einheit herstellen, die darauf abzielte, nicht
zuletzt die Sozialdemokraten und ihre Anhänger in Richtung einer Mitarbeit im
Staatsleben, insbesondere auch in den Parlamenten, zu bewegen, und deren Staats-
bewusstsein und das Gefühl der Verantwortung gegenüber dem Staatsganzen
wachzurufen.[1811] Obwohl dies das Programm des liberalen Hansa-Bundes war,
dem zahlreiche Abgeordnete angehörten und dessen Gründer und Vorsitzender
Jakob Riesser so zur Eindämmung sozialistischer Ideen vor allem unter der sich
vergrößernden Angestelltenklasse argumentiert hatte, schien Gröbner ein ähnli-
ches Ziel zu verfolgen. Denn in der Tat fand sein Verständnis für die Lage der
Schwarzen, immerhin war er ein Zentrumsabgeordneter, in der Hauptsache den
Zuspruch der Sozialdemokraten: „Daß die Erfahrungen mit dem amerikanischen
Neger im Ganzen bisher keine günstigen waren, das gebe ich dem Herrn Staats-
sekretär zu. Wie sollte das aber auch anders sein können, (sehr richtig! bei den

---

1809 https://constitutioncenter.org/media/files/constitution.pdf [Eingesehen am 22.
      Oktober 2020].
1810 Siehe dazu: Michael STOLLEIS, Geschichte des öffentlichen Rechts in Deutsch-
      land. Erster Band: Reichspublizistik und Policeywissenschaft 1600–1800, Beck,
      München 1988.
1811 MIELKE, Der Hansa-Bund, S. 131.

Sozialdemokraten) wo eine farbige Bevölkerung aus der Sklaverei und vielfach durch illegitimen Geschlechtsverkehr hervorgegangen ist?"[1812]
Gröber schien mit seiner vernichtenden Beschreibung des amerikanischen Rechtsverständnisses bei den Sozialdemokraten Interesse geweckt zu haben, denn Ledebour ging auf Gröbers Gedanken ein. Er wies die Idee mit einem ironischen Seitenhieb auf den Abgeordneten Braband[1813], dass dies unter europäischen Juristen nicht möglich wäre, zurück.[1814]
Ledebour sandte damit drei Nachrichten: Zum einen machte er deutlich, dass sich die Sozialdemokraten nicht über nationale Schmeichelei und leichtem Chauvinismus so einfach ins gemeinsame nationale Boot holen ließen. Zum anderen aber bezeugte sein Eingehen auf Gröber doch den Willen zur Hinwendung zum Zentrum, da er Gröbers Aussagen zu den amerikanischen Juristen dazu nutzte, die Ausführungen des linksliberalen Braband ironisch zu behandeln und sich so indirekt mit dem Zentrum zu verbinden. Schließlich bestand er über die Wiederholung des Adjektivs „europäisch" auf der internationalen Gesinnung der Sozialdemokraten, die nicht nur in nationalen Kategorien und Klassen dachten, sondern in übernationalen, europäischen.
Zurück zu Gröber. Dieser fuhr zu den Schwarzen in den USA und ihrem Verhältnis zum Staat fort:

„Daß eine solche Bevölkerung sich im allgemeinen in die Staats- und Gesellschaftsordnung nicht gut einfügt, das ist selbstverständlich [...]. Wenn wir dieselben Übelstände bekommen wollen, dann müssen wir es gerade so machen wie die Amerikaner. Wenn wir das aber vermeiden wollen, dann müssen wir es als unsere Aufgabe betrachten, die Eingeborenen kulturell so zu heben, daß sie sich mit unseren Leuten auf der gleichen Kulturstufe schließlich zusammenfinden können. Jedenfalls hat man bis dahin keinen zwingenden Grund, die Rechtsgültigkeit der Ehen zwischen Eingeborenen und Nichteingeborenen zu bestreiten oder gar diese Ehen zu verbieten."[1815]

1812 Stg. Berichte, 13. Leg.-Periode, 1912/14, 3, 55. Sitzung, Dienstag, 7. Mai 1912, S. 1727A/C.
1813 Helmut STUBBE DA LUZ, Braband, in: Hamburgische Biografie, Bd. 5, hg. von Franklin KOPITZSCH, Dirk BRIETZKE, Wallstein, Göttingen 2010, S. 60–62: Carl Braband (10. Juli 1870–19. November 1914) war ein bedeutender Hamburger linksliberaler Politiker. Als Mitglied der Bürgerschaft hatte er sich gegen eine die ärmeren Schichten benachteiligende Wahlrechtsreform gestellt und musste daraufhin die Fraktion der Rechten verlassen. Zusammen mit anderen gründete er die erste explizit politisch bürgerliche Fraktion in Hamburg. Seine Versuche, die SPD in die Arbeit der Bürgerschaft mit einzubeziehen, führten zu starken Anfeindungen. Von 1912 bis zu seinem Tod war er für die Fortschrittliche Volkspartei Mitglied des Reichstags.
1814 Stg. Berichte, 13. Leg.-Periode, 1912/14, 3, 55. Sitzung, Dienstag, 7. Mai 1912, S. 1734C.
1815 Ibid., S. 1727D.

Für Gröber stellten die USA und die Behandlung der Afroamerikaner mithin ein abschreckendes Beispiel dar, dem auf keinen Fall gefolgt werden durfte. Er argumentierte dabei legalistisch und pragmatisch. Wie andere Abgeordnete verurteilte Gröber jedoch weder die Sklaverei noch die „Sklavenzucht" mittels Vergewaltigung moralisch. Gröber schien es wichtig, in den Kolonien ein geordnetes, legales Gemeinwesen aufzubauen, denn nur ein solches würde den maximalen Nutzen von Kolonien garantieren können. Wenngleich also aus heutiger Sicht sicherlich die moralische Einsicht des grundsätzlichen Unrechts des Kolonialismus bei Gröber fehlte, so war es doch im Vergleich zu den brutalen Äußerungen mancher Abgeordneter oder der willkürlich gehandhabten Rechtssituation in den Vereinigten Staaten ein Fortschritt, der afrikanischen Bevölkerung dieselben Rechte zugestehen zu wollen, wie den Weißen.

Der bereits erwähnte nationalliberale und rassistische Abgeordnete Hartmann von Richthofen ging ebenfalls ausführlich auf die Lage in Nordamerika ein und gab seine spezielle Sicht der Dinge dazu wieder. Es fällt wieder der häufige Gebrauch des Wortes „Neger" und die verharmlosende Beschreibung der von Unterdrückung und Herrschaft gekennzeichneten Beziehung zwischen Schwarzen und Weißen auf, so etwa wenn er sagte: „Früher, als nur wenige Deutsche in den Kolonien waren, stand man ungefähr auf demselben Standpunkt wie in Amerika zu der Zeit, als die Sklaverei bestand. Da amüsierte man sich, wenn es Spaß machte, mit den Negerinnen und dachte nicht an die damit verbundene kulturelle Gefahr."[1816]

Wenn der rassistische und leicht joviale Ton sicherlich ein Beweis für das persönliche Denken des Abgeordneten war, so zielte seine Darlegungen doch auch darauf, über die bewusste Wortwahl eine konstruktivistische Argumentation der Überlegenheit der Weißen als ganz besondere „Wesen", auf die die Schwarzen aufzuschauen hätten, anzubieten. So wurde eine ethnische/„rassische" Identität aufgebaut. Diese wiederum sollte gesellschaftskonstituierend zu einem erhöhten Nationalgefühl führen, das die innere Einheit der nun ethnisch einheitlichen und hierarchisch über den anderen „Rassen" stehenden Abgeordneten zur Überwindung der inneren nationalen sozialen Spannungen stärken sollte: Im Vergleich zu den Schwarzen waren alle deutschen Männer Herren, wie es in der beinahe religiös-rituell, beschwörend wiederholten Anrede „Meine Herren" zum Ausdruck kam.[1817] Im Gegensatz auch zu Gröber sah Richthofen die USA als Vorbild für die Handhabung der „Rassenfrage" und damit der Mischehenfrage in den deutschen Kolonien. Wollte der Weiße der Herr über die Schwarzen bleiben, „um als Kulturträger wirken zu können",[1818] musste eine rechtliche Gleichstellung der Schwarzen

---

1816 Ibid., S. 1729B.

1817 Andreas GARDT, Wort und Welt. Konstruktivismus und Realismus in der Sprachtheorie, in: Wirklichkeit oder Konstruktion, hg. von Ekkehard FELDER, Andreas GARDT, De Gruyter, Berlin, Bosten 2018, S. 1–45.

1818 Stg. Berichte, 13. Leg.-Periode, 1912/14, 3, 55. Sitzung, Dienstag, 7. Mai 1912, S. 1729D.

mit den Weißen unbedingt verhindert werden.[1819] Denn das Beispiel USA zeigte, so Richthofen, dass nach dem Ende der Sklaverei und der rechtlichen Gleichstellung der Schwarzen die farbige Bevölkerung die Weißen nicht mehr als sich übergeordnet anerkannte, was zugleich der Kulturfähigkeit der weißen Bevölkerung abträglich war. Aus Angst davor kam es heute zu weniger „Rassenvermischung" als früher, „denn ein Weißer, der das tun würde, würde einer allgemeinen Verfemung anheimfallen."[1820] Der Verweis auf die Femegerichte lässt an den im Jahre 1865 gegründeten Ku-Klux-Klan denken, dessen Gewalttaten sich sowohl gegen die Schwarzen als auch ihre weißen Unterstützer richteten. Ähnlich wie bei den mittelalterlichen Femegerichten, bei denen es nur eine Instanz gab und Berufung somit nicht möglich war, sprach Richthofen hier dem Klan und den von ihm verübten Lynchmorden indirekt eine legitime und nötige Rolle zu, damit die Schwarzen vor den Weißen nicht den Respekt verlieren.[1821]

Obwohl Richthofen sich mit diesen Aussagen auch indirekt gegen die von Gröber als Kulturleistung beschriebene deutsche Gerichtsbarkeit nach 1495 stellte, die zu einem Ende der Femegerichte und damit zu weniger Willkür und zu einer deutlichen Verbesserung der Rechtslage der Bürger geführt hatte, betonte er am Ende seiner Rede jedoch die legalen Aspekte und Auswirkungen einer Zulassung von Mischehen und schlug vor „die Rechtsverhältnisse" zu ordnen, schon wegen der „Ansprüche der eventuellen Eingeborenenmädchen gegen die Väter."[1822] Allerdings schien hier über Richthofens Aussagen zur amerikanischen Rechtshandhabung und dem Lob der „Verfemung" eine sich aus mittelalterlichen kulturellen Versatzstücken entwickelnde Ideologie hindurch, welche im weiteren Verlauf der Geschichte von den Nationalsozialisten stark ausgearbeitet werden sollte. Vor allem in den Wirren der Weimarer Republik sollte es zu Fememorden kommen, etwa an Matthias Erzberger oder Walther Rathenau. In der Zeit des Dritten Reichs spielte der Gedanke der Verfemung dann vor allem im Bereich der Kunst eine Rolle, wo die Feststellung der „Entartung" einem Femeurteil gleichkam.[1823] Im NS-Staat, der natürlich nicht im eigentlichen und heutigen Verständnis, aber von seinem Selbstverständnis her ein Rechtsstaat war, wie es etwa der später Generalgouverneur von Polen, Hans Frank, ausgedrückt hatte[1824], denn alle Entscheidungen waren an

---

1819 Vgl. dazu Sobich, Schwarze Bestien, rote Gefahr, S. 352.

1820 Stg. Berichte, 13. Leg.-Periode, 1912/14, 3, 55. Sitzung, Dienstag, 7. Mai 1912, S. 1729A.

1821 Ibid., S. 1729C.

1822 Ibid., S. 1730A.

1823 Eberhard Fricke, Die Feme: Ein Beitrag zur Rezeptionsgeschichte mit neuen Anmerkungen zur Geschichte der spätmittelalterlichen und frühneuzeitlichen Frei- und Vemegerichtsbarkeit, Westfälische Zeitschrift 26, 2006, S. 25–65, hier S. 25–26.

1824 Hans Frank, Der deutsche Rechtssaat Adolf Hitlers, in: Deutsches Recht 1934, S. 120–123.

Gesetze gebunden, kam die Einrichtung von Sondergerichten, wie dem im Jahre 1934 als Sondergericht eingerichteten berüchtigten Volksgerichtshof, der Femegerichtsbarkeit in ihrem Wesen nach nahe.[1825] Die Urteile dieser Gerichte erinnerten doch sehr an die von Richthofen oben gelobten Fememorde und an die an den Schwarzen in den Vereinigten Staaten praktizierte Lynchjustiz. Betrachtet man die Reaktion des Parlaments auf seine Rede – lediglich die Nationalliberalen zollten ihm Beifall –, schien Richthofen aber im Reichstag des Kaiserreichs im Jahre 1912 noch keinen großen Erfolg mit einer derartigen Vision zu haben, was ein weiterer Hinweis auf die Offenheit der historischen Entwicklung des Kaiserreichs ist.

Der von Ledebour erwähnte Carl Braband, der einer der Änderungs-Antragssteller der von den Sozialdemokraten eingebrachten Resolution war, versuchte in seiner Rede klar zu machen, dass er die rassistischen Ansichten der „Ultras" nicht teilte. Allerdings sah auch er, wie die Redner aller Parteien, in der Entstehung einer „Mischlingsrasse" ein Problem.

Sein Nachredner Johannes Zürn[1826] von der Freikonservativen Partei brachte dabei das Dilemma vieler rechter und konservativer Abgeordneter in Bezug auf die „Mischlinge" auf den Punkt:

> „Unser christliches Empfinden spricht sich ganz entschieden für die Resolution aus, wie sie uns vom Zentrum vorgelegt ist, daß die Mischehen auch in unseren Kolonien und die Mischlingskinder auch in ihren Rechten sichergestellt werden. Andererseits widerstrebt dem doch das gesunde nationale Rassenbewußtsein, das sich gegen jede Erleichterung der Rassenmischung in unseren Kolonien wendet."[1827]

Auch Matthias Erzberger, der aus christlichen Gerechtigkeitsüberlegungen gegen ein Mischehenverbot war, meinte zu dieser Frage und zu der der „Mischlinge", „daß die Vermehrung der Mischlinge oder Mischehen nicht erwünscht ist. Ich stehe auch auf diesem Standpunkt und halte die Mischehen für keinen Kulturfortschritt."[1828]

Der Rassismus schien noch nicht genug mehrheits- und gesellschaftsfähig geworden und in das alltägliche Denken der Menschen eingedrungen zu sein, um teilweise aus christlicher Moral gespeiste Überlegungen völlig an den Rand zu drängen. Diese ambivalente Haltung wurde den so argumentierenden Abgeordneten

---

1825 Peter Lutz Das System der NS- Sondergerichtsbarkeiten, in: Kritische Justiz, Bd. 50, Heft 2, 2017, S. 226–235.

1826 REIBEL, Handbuch, S. 84–89: Johannes Zürn (19. November 1866–25. November 1913) war evangelischer Pfarrer in Westpreußen und von 1912 bis zu seinem Tod Mitglied des Reichstags für die Freikonservativen. Er galt als eher gemäßigter Konservativer.

1827 Stg. Berichte, 13. Leg.-Periode, 1912/14, 3, 55. Sitzung, Dienstag, 7. Mai 1912, S. 1732C.

1828 Stg. Berichte, 13. Leg.-Periode, 1912/14, 3, 56. Sitzung, Mittwoch, 8. Mai 1912, S. 1740B.

des Zentrums oder der Konservativen von den Sozialdemokraten denn auch immer wieder vorgehalten. So sagte der sozialdemokratische Abgeordnete David[1829]:

> „Meine Herren, zunächst glaube ich, daß der Versuch des konservativen Redners [Braband], die Stellung seiner Partei mit dem Christentum zu vereinbaren, gänzlich mißlungen ist. (Sehr richtig! bei den Sozialdemokraten und im Zentrum.) Das geben Sie doch auf. Wenn Sie sich auf den Boden einer Religion stellen wollen, die die Gotteskindschaft aller Menschen zur Basis ihrer Moral macht, in der Sie aber auch nicht den geringsten Anhalt finden, daß die Menschen verschieden zu werten seien, einer Religion, die außerdem noch sagt, daß die Ehen im Himmel geschlossen werden, und wenn Sie es dann doch hier unternehmen, Sturm zu laufen gegen die Eheschließung zwischen Christen – um die handelt es sich ja in Samoa, das sind ja lauter Christen! – dann ist das ein solcher Widerspruch, den Sie mit gesunder Logik nicht irgendwie aufrecht erhalten können."[1830]

Während also das Recht weißer Männer, schwarze oder farbige Frauen zu heiraten, umstritten blieb, bestand in Bezug auf das Interesse weißer Frauen an Schwarzen eine parteiübergreifende Übereinstimmung: Dies wurde allgemein als abstoßend betrachtet und es galt es zu verurteilen.

Der Reichstag war immerhin – um es noch einmal zu unterstreichen – ein reines „Herren" Parlament und neben der Tatsache, dass der rassistische Chauvinismus sicher authentisch war, konnte so darüber hinaus der innere Zusammenhalt, die Gruppenidentität des Reichstags als Institution gestärkt werden, wie die Reaktion des Parlaments bezeugte. So wurden etwa das starke Interesse der Frauen an den „Negern" sehr stark kritisiert, die anlässlich der weiter oben erwähnten exotischen Ausstellungen und Veranstaltungen vor allem in den Großstädten zu

---

1829 Gerhard A. Ritter, David, Eduard Heinrich, in: Neue Deutsche Biographie 3 (1957), S. 535 [Online-Version]; URL: https://www.deutsche-biographie.de/pnd116037288. html#ndbcontent: Eduard David (11. Juni 1863–24. Dezember 1930) war von 1903 bis 1918 sozialdemokratischer Reichstagsabgeordneter. Er gehörte dem rechten reformistischen Flügel der Partei an. So unterstützte er die gemäßigten Sozialdemokraten der süddeutschen Staaten, die seit 1891 Haushaltsvorlagen der Regierung zugestimmt hatten, und trat für eine Erweiterung der Parteibasis ein. David gehörte neben Friedrich Ebert und Hugo Haase zu den wichtigsten Politikern der SPD ab den 1910er Jahren, die die Teilhabe der Partei an der Regierungsverantwortung vorantrieben. So warb er stark für den sog. Burgfrieden während des ersten Weltkriegs und war wesentlich daran beteiligt, dass die SPD am 4. August 1914 den Kriegskrediten zustimmte. Nach dem Krieg war er der erste Präsident der Weimarer Nationalversammlung. Er gilt wegen Tagebucheintragungen etwa zu Hugo Haase auch als antisemitisch.
1830 Stg. Berichte, 13. Leg.-Periode, 1912/14, 3, 56. Sitzung, Mittwoch, 8. Mai 1912, S. 1744C/D.

sehen waren, was nach Ansicht von Braband sogar von sozialistischen Zeitungen kritisiert wurde. Der Reichstag kommentierte dies mit „Sehr Wahr!"[1831] Ledebour gab dazu folgende Stellungnahme ab, in die er freilich auch eine sozialkritische Bemerkung einfließen ließ:

> „Es ist sehr unerfreulich, daß so oft exotische Völkerschaften bei uns auftauchen, gewisse Frauen – und zwar besonders solche aus den wohlhabenden Kreisen – eine perverse Neigung bekunden, mit solchen Eingeborenen anzubandeln."[1832]

Indem der Sozialdemokrat „wohlhabende" Frauen, die sich für Schwarze interessierten, als entartet bezeichnete oder verfemte, konnte er so auf Kosten der Schwarzen Klassenkampf betreiben. Wie bereits besprochen, wurden rassistische Argumente dazu benutzt, die gesellschaftlichen Hierarchien zu verschieben. Das konnte über eine Solidarisierung mit den farbigen Arbeitern in den Kolonien geschehen, oder auch, wie im vorliegenden Falle, über eine „Entmenschlichung" der Schwarzen, mit denen die wahren deutschen Frauen, also diejenigen der ärmeren Schichten, sich nicht einließen.[1833] Die rassistische Argumentation und Vorstellungswelt wurden dazu genutzt, den Topos des Volksverräters umzudrehen: Nicht mehr die Sozialdemokraten, sondern die „entartete" Oberschicht wurde jetzt dazu abgestempelt. Die Haltung der Sozialdemokraten zu rassischen Fragen war also nicht eindeutig und oftmals opportunistisch von innenpolitischen Überlegungen bestimmt. Allerdings konnte das Phänomen der Entstehung von „Mischlingen" Ledebours Meinung nach nicht durch ein Mischeheverbot in den Kolonien, wie es auch Braband vorschlug, eingedämmt werden. Braband hatte in seiner Rede versucht, versöhnlich auf die hauptsächlichen Unterstützer der Resolution, nämlich das Zentrum und die Sozialdemokraten zuzugehen. So sagte Braband, dass er die religiösen Beweggründe der Zentrumsabgeordneten durchaus nachvollziehen könne.[1834] Das Prinzip der Sozialdemokraten vom „gleichen Recht aller, die Menschenantlitz tragen," lobte er als einen „schön[en] und ideal[en]" Grundsatz, den er teilte, der „in diesem

---

1831 Stg. Berichte, 13. Leg.-Periode, 1912/14, 3, 55. Sitzung, Dienstag, 7. Mai 1912, S. 1731C.

1832 Ibid., S. 1736D.

1833 SOBICH schlägt in seinem Werk Schwarze Bestien, rote Gefahr, S. 357 eine weiter Interpretation vor: „Dass die Anziehungskraft des ‚Wilden' gerade bei Exponentinnen bürgerlicher und adeliger Kultur phantasiert wurde, sollte vermutlich zum einen noch einmal zeigen, dass Frauen unterlegen seien. [...] Zum anderen ging es aber wohl auch darum, zu zeigen, dass die Künstlichkeit und Verweichlichung durch die bürgerliche Zivilisation eine Bedrohung seien, weil sie zu Perversionen führten, deren Ende der Niedergang in der ‚Rassenschande' und das Herabsinken auf die Stufe der ‚Wilden' sei."

1834 Stg. Berichte, 13. Leg.-Periode, 1912/14, 3, 55. Sitzung, Dienstag, 7. Mai 1912, S. 1730D.

Fall doch etwas zu theoretisch auf die Spitze getrieben [war]."[1835] Dieser Versuch auf die politischen Gegner zuzugehen, die extremen rassistischen Auslassungen zurückzuweisen und die Abgeordneten als Gruppe zu einigen war Braband zum Teil gelungen, wie die Reaktion des Parlaments bezeugte, welches ihm lebhaften Beifall von rechts und links spendete.[1836]

Der antisemitische Abgeordnete Reinhard Mumm[1837] von den Christsozialen sprach sich selbstverständlich für ein Verbot von Mischehen aus und sah sich damit mit dem „ganzen Hause darüber einig, daß Mischehen zwischen Schwarzen und Weißen nicht erwünscht sind." Es gab dazu keinen Widerspruch aus dem Parlament, aus dem Zentrum kam sogar der Zwischenruf: „Noch weniger das Konkubinat!" Um die Richtigkeit dieser wohl beinahe einstimmig geteilten Meinung zu unterstreichen, führte er das Beispiel Nordamerika an. Mumm trat offen dafür ein, dass sich „ein starkes Rassengefühl" in der Gesellschaft durchsetzen sollte. Besonders das auch von Ledebour verworfene Phänomen, „daß ein gewisser weiblicher Abhub, mag er noch so kostbare Kleider tragen, in den Großstädten sich mit Schwarzen abgibt, so muß hiergegen schärfste Reaktion als gegen Rassenschande in unserem Volksbewußtsein vorhanden sein," zielte zum einen auf die Solidarität unter „Herren", um im Reichstag das Gruppengefühl zu stärken. Zum anderen versuchte er, diesen gemeinsamen Standpunkt, wozu sich Ansätze „auch auf der äußersten Linken" fanden, wie etwa bei Alfred Henke, der den „großen Unterscheid zwischen Schwarzen und Weißen hervorgehoben [hat]", an die soziale Programmatik der Sozialdemokraten zu binden und so die Gemeinsamkeiten noch weiter hervorzuheben. Denn endlich hofften die Antisemiten, welche bei den letzten Wahlen mehr als die Hälfte ihrer Parlamentssitze eingebüßt hatten,[1838] Stimmen aus dem Arbeitermilieu zu gewinnen: „Hoffen wir, daß das Empfinden auf diesem Gebiet auch bei der Sozialdemokratie, wenn Erfahrungen hinzukommen, in der Richtung der australischen und der amerikanischen Arbeiterbevölkerung voranschreitet."[1839] Ähnlich wie im Deutschen Reich, wo der steigende Zuzug ost- und

---

1835 Ibid., S. 1731A.
1836 Ibid., S. 1732C.
1837 Helmut Busch, „Mumm, Reinhard", in: Neue Deutsche Biographie 18 (1997), S. 582–583 [Online-Version]; URL: https://www.deutsche-biographie.de/pnd11 9492083.html#ndbcontent: Reinhard Mumm (25. Juli 1873–25. August 1932) war evangelischer Theologe, der dem Hofprediger Adolf Stoecker nahestand. Von 1912 bis 1918 saß er für christlich-konservative, antisemitische Christliche Soziale Partei im Reichstag. Über die Gründung mehrerer konservativ-protestantischer Gewerkschaften hatte er versuchte, den christlich-nationalen Arbeitern eine politische Heimat zu geben.
1838 Sitze im Parlament im Vergleich zu den Wahlen 1907: SPD +67 (von 43 auf 110), Antisemiten -11 (von 21 auf 10). https://www.wahlen-in-deutschland.de/krtw.htm.
1839 Stg. Berichte, 13. Leg.-Periode, 1912/14, 3, 55. Sitzung, Dienstag, 7. Mai 1912, S. 1733B.

südosteuropäischer Einwanderer zu einer Ausbreitung nationalistischer und völkischer Ideen führte, fachte die um 1910 beginnende *Great Migration* von Schwarzen aus den Südstaaten in die industriereichen Nordstaaten der USA bei der Arbeiterbevölkerung dort den Rassismus an.[1840] Mumm brachte dann noch ein originelleres Argument gegen Rassenmischehen vor. So wie diese „für die Weißen im Interesse der Rasse nicht erwünscht sind, so sind sie nicht minder unerwünscht im Interesse der Schwarzen; so denkt auch die nordamerikanische Negerbewegung."[1841] Mumm erkannte so die Schwarzen als Menschen mit einem eigenen Willen und der Fähigkeit zur Entscheidung und zum Urteil an. Insofern sieht man hier, dass der Rassegedanke selbst bei einem Abgeordneten der antisemitischen Christsozialen in der Zeit des Kaiserreichs vielfach noch nicht so extrem biologistisch ausgeprägt war, wie er dann in späteren Jahren in der NS-Zeit zumal formuliert werden sollte. Auch in dieser Beziehung war der Ausgang offen und hätte nicht zwingend in der extremen und brutalen Denkweise des Naziregimes münden müssen.

In den beiden letzten Redebeiträgen vor der Abstimmung ergriffen noch einmal die Abgeordneten Erzberger und Richthofen das Wort. Beide Beiträge veranschaulichen, dass die Mischehenfrage trotz aller gemäßigten Überlegungen eine von den sich in der Wilhelminischen Epoche in allen europäischen und europäisch geprägten Ländern verstärkenden rassistischen Überlegungen geleitete war, in der es um die Durchsetzung des „Rassegedankens" ging. Erzberger wies den Vorwurf zurück, er habe kein „Rasseempfinden"[1842] und Richthofen erneuerte diesen Vorwurf, indem er behauptete, dass bei der Frage der Mischehen „das Rasseempfinden das Ausschlaggebende sein muß". Das Ziel war nämlich die Unterbindung des Geschlechtsverkehrs zwischen Weißen und Farbigen – zur Reinhaltung der Rasse. Dies war jedoch nur über ein Mischehenverbot und der damit einhergehenden Ächtung „gemischtrassiger" Paare zu erreichen. Als Beweis für seine These zog er noch einmal das Beispiel der USA heran, und zwar im Grunde lediglich die Südstaaten, die als Vorbild für die Handhabung der Frage in den deutschen Kolonien dienen sollten.[1843] Seine Ausführungen wurden am Ende mit „Bravo" kommentiert, allerdings wieder ausschließlich bei den Nationalliberalen, wie das Protokoll vermerkte.

1840 Steven A. Reich (Hg.), Encyclopedia of the great Black migration (3 Bände). Greenwood Press, Westport 2006.

1841 Stg. Berichte, 13. Leg.-Periode, 1912/14, 3, 55. Sitzung, Dienstag, 7. Mai 1912, S. 1733C.

1842 Stg. Berichte, 13. Leg.-Periode, 1912/14, 3, 56. Sitzung, Mittwoch, 8. Mai 1912, S. 1745D.

1843 Ibid., S. 1746C/D.

Fazit zur Mischehendebatte

Die heutige große Bedeutung der Aufarbeitung kolonialer Verbrechen und des Offenlegens des strukturellen Rassismus in den westlichen Gesellschaften macht ein etwas ausführlicheres Fazit des oben Behandelten nötig, zumal gerade die Mischehendebatte sehr aufschlussreich für das Ziehen von Rückschlüssen auf damalige innenpolitische Entwicklungen erlaubt.

Im Grunde ging es bei dieser Frage nicht so sehr um das Verbot der Ehen zwischen verschiedenen „Rassen", wenngleich der „Rassegedanke" sich immer weiter ausbreitete. Im Kern drehten sich die Debatten um die Konsequenzen solcher Verbindungen: Das Entstehen einer auf deutsche Staatsbürgerschaft ein Anrecht habende legitimen „Mischlingsrasse". Während zu Beginn der Debatte, in den ersten beiden Sitzungen, sich die Argumentation noch auf einem eher abstrakten, moralischen Niveau bewegte, wurde die Auseinandersetzung im Laufe der Debatten und vor allem in der letzten, am 8. Mai 1912, immer heftiger, und man sprach immer offener die eigentlichen Beweggründe des Eintretens für ein Verbot von Mischehen an. So erstaunt, wie häufig die Wörter „Geschlechtsverkehr" und „Rassegefühl" verwendet wurden. Die Verbindung dieser beiden Wörter bezeugt den sich immer stärker durchsetzenden rassistischen und sozialdarwinistischen Gedanken in der Gesellschaft des Kaiserreichs. Die Häufigkeit von Begriffsverbindungen mit „Rasse", wie etwa „Rassegefühl", „Rasseempfinden", und die dichotomische Gegenüberstellung der substantivierten Adjektive „Weiß" und „Schwarz", hatte eine rassifizierende Machtdifferenzierung[1844] zum Ziel, die über das Umdefinieren der afrikanischen schwarzen Menschen zum „Neger", und damit zum Sklaven, stattfand, wie es Ledebour ausgedrückt hatte. Wobei in den deutschen Kolonien in Afrika der „Neger" einmal über die stereotype Vorstellung konstruiert wurde, die man von den amerikanischen Schwarzen hatte, nicht zuletzt aus Büchern wie *Onkel Toms Hütte*. Die Vereinigten Staaten als im Grunde postkoloniale und multiethnische Gesellschaft wurden als Beispiel vor allem vom nationalliberalen Abgeordneten Richthofen herangezogen. Er glaubte, dass die Tatsache, dass es nach dem Bürgerkrieg und der rechtlichen Gleichsetzung von Afroamerikanern und Weißen in den Südstaaten der Vereinigten Staaten zu einer Segregation gekommen war, ein Vorbild für die Handhabung der Frage im Deutschen Reich sein könnte. Er argumentierte, dass ein explizites Verbot der Ehen zwischen Schwarzen und Weißen dem Ende einer „Rassenvermischung" wegen der damit einhergehenden „Verfemung" solcher Beziehungen günstig gewesen sei.

Der Zentrumsabgeordnete Gröber wandte sich gegen diese vom rechtlichen Standpunkt völlig unakzeptable Vorgehensweise und versuchte über eine legalistische Argumentation die Abgeordneten der SPD an das Zentrum anzunähern.

1844 Maureen Maisha EGGERS, Grada KILOMBA, Peggy PIESCHE, Susan ARNDT (Hg.), Mythen, Masken und Subjekte. Kritische Weißseinsforschung in Deutschland, Unrast, Münster 2005, S. 56 f.

Gerade das Zentrum und die SPD hatten ja unter einer juristischen Sonderbehandlung in der Bismarckzeit gelitten und so nimmt es nicht wunder, dass vor allem sie für eine allgemein Rechtsgleichheit eintraten. Allerdings bezweifelte Ledebour von der SPD, dass in Europa heute eine derartige Ausgrenzung von politischen oder sozialen Gruppen nicht mehr möglich wäre. Diese pessimistische Auffassung war natürlich der weiterhin starken Unterdrückung der SPD, in Preußen und Sachsen zumal, geschuldet.

Das Umdefinieren der afrikanischen Bevölkerung zum „Neger" geschah zum anderen über die Erzeugung institutionell abgesicherter Wissenskomplexe, im Reichstag etwa über das Verlesen von Erfahrungsberichten aus den Kolonien von Offizieren oder Missionaren. Über diese Machtdifferenzierung wurde zugleich das „Weißsein"[1845] konstruiert und sollte als Kategorie in den Köpfen der Menschen verankert werden, um ein bestimmtes Nationalverständnis zu schaffen und darüber die Einheit der Nation zu stärken.[1846] Alle Deutschen waren „Weiße", auch die Arbeiter und mithin Wähler der Sozialdemokraten, und standen über den „Schwarzen". Die rassische Hierarchisierung sollte also zu einer größeren inneren politischen Harmonie beitragen und letztlich die Veränderung der inneren Machtstrukturen verhindern. Mit Blick auf die Stimmenerfolge der Sozialdemokraten wurde diese Strategie des Rassifizierens vor allem von den Vertretern der alten Elite angewandt, wie etwa den rechten, nationalliberalen und konservativen Abgeordneten. Auf ähnliche Weise war bereits Bismarck verfahren, als er zur Stärkung der nationalen Einheit zunächst die Katholiken, dann die Sozialdemokraten und zum Teil den Liberalismus und die Juden[1847] als Reichsfeinde definiert hatte. Da Deutschland nun über Kolonien verfügte, war es nicht überraschend, dass als neuer innerer Reichsfeind die farbige Bevölkerung der afrikanischen Kolonien definiert wurde. Dass sogar sozialdemokratische Abgeordnete und das Zentrum die zumindest kulturelle Überlegenheit der „Weißen" nicht infrage stellten, sondern gegen „die Entstehung einer „Mischlingsrasse" und für die Reinhaltung der „weißen Rasse" eintraten, bezeugt, dass die Rechnung der alten Elite zum Teil aufging. Über die ausgiebige Verwendung des dichotomischen Begriffspaares „Weiße" und „Neger" gelang es tatsächlich, trotz Widersprüchen und Versuchen der Differenzierung, die Abgeordneten aller Parteien zumindest diskursiv auf eine Linie

---

1845 Siehe zum Begriff des „Weißseins": EGGERS, KILOMBA, PIESCHE, ARNDT (Hg.), Mythen.

1846 Susan ARNDT, Peggy PIESCHE, „Rasse" und die Kategorie Weißsein. Tagungsbericht von der Humboldt-Universität Berlin 2005.

1847 Der Historiker Heinrich von Treitschke etwa hatte in seinem berühmten Aufsatz *Unsere Aussichten* in den Preußischen Jahrbüchern im November 1879 die Juden „als unser Unglück" bezeichnet. Siehe dazu: Andreas DORPALEN, Heinrich Von Treitschke, Journal of Contemporary History, Bd. 7, Nr. 3/4, 1972, S. 21–35. [*JSTOR*, www.jstor.org/stable/259903. Eingesehen am 19. April 2021].

zu bringen. Da die Akzeptanz des „Rassegefühls" und der Ablehnung von „Mischehen" auch ein Test für die nationale Gesinnung war, mussten gerade das Zentrum und die SPD daher immer wieder betonen, wie sehr ihnen auch an einer „Reinhaltung" der Rasse lag. Alle Redner hatten mithin während der Debatten versichert, dass sie das Entstehen einer „Mischlingsrasse" als für etwas Unerwünschtes und sogar Gefährliches hielten.

Die „Mischlinge" wurden, wie etwa zur Zeit des Kulturkampfes in den 1870er Jahren die Katholiken[1848] oder im nachfolgenden Jahrzehnt die Sozialdemokraten,[1849] als unsichere Kantonisten beschrieben, die die Macht des Deutschen Reiches über seine Kolonien herausfordern konnten. Wenngleich vor allem Sozialdemokraten, wie David, und auch Linksliberale versuchten, den „rassischen" Unterscheid zwischen den Afrikanern, die nun immer öfter als „Neger" bezeichnet wurden, und den Menschen der pazifischen Kolonien, Samoa vor allem, aber auch den Karolinen hervorzuheben und damit das Unternehmen der Rassifizierung zur Stabilisierung der inneren Machtverhältnisse abzuschwächen, war dies so eigentlich nur ein Nebenkriegsschauplatz im Kampf gegen die zunehmende Ausbreitung extremer, biologistischer rassischer Ideen und Überzeugungen.

Aus heutiger Sicht ist zudem interessant, wie sehr in den Debatten zur Nutzbarmachung der Kolonien und zur Mischehe die modernen inneren Spannungen und Kämpfe des Kaiserreichs durchschienen und teilweise offen sichtbar wurden: Die sozialen Kämpfe, die neuen demografischen und ethnischen Fragen, die durch die Kolonisierung und die durch die wirtschaftliche Stärke hervorgerufene hohe Immigration nach Deutschland aufgeworfen wurden, sowie die Herausforderung der bestehenden politischen Verhältnisse durch die nach Teilhabe strebenden verschiedenen Gruppen der Gesellschaft, allen voran die Frauen, waren miteinander verbunden und untereinander verwoben. So wurde in der „Herrenrunde" des Reichstags im Grunde nur über die Möglichkeit der Heirat zwischen einem weißen Mann und einer farbigen Frau debattiert. Eine Verbindung zwischen einer weißen Frau und einem farbigen Mann, zumal aus Afrika, galt allen Abgeordneten als völlig undenkbar – ein weiterer Beleg für den männlichen Chauvinismus und die Frauenfeindlichkeit der damaligen Gesellschaft. Zudem vermischte sich in der Debatte die Argumentation zur Mischehe mit derjenigen zur Nutzbarmachung der Kolonien. Farbige Männer, und hier wiederum vor allem Afrikaner, denn die samoanischen Männer etwa weigerten sich, auf den Plantagen zu arbeiten, weshalb man Arbeiter aus China holen musste, wurden in der Hauptsache als „Arbeitstiere" betrachtet, wobei sich der Diskurs im Laufe der ersten zehn Jahre des 1900 Jahrhunderts stark radikalisiert hatte. So waren zu Beginn des 20. Jahrhunderts die schwarzen Experten aus Alabama noch mit offenen Armen empfangen worden,

---

1848 Deutsche Geschichte in Quellen und Darstellungen 8, S. 44–45.
1849 Ibid., S. 48–52.

und eine herabsetzende Sprache hinsichtlich der schwarzen einheimischen Bevölkerung in den afrikanischen Kolonien war noch relativ selten in den Debatten.

Der Diskurs über die Farbigen und deren Wahrnehmung hatte sich also geändert
und rassisch radikalisiert. Allerdings traten auch die Parteien im Reichstag selbstbewusster und offensiver auf, nicht zuletzt die SPD. So machte sich etwa Ledebour
offen über einen sprachlichen Fehler des Kolonialstaatssekretärs Solf lustig. Insgesamt aber herrschte während der Debatte eine eher gelöste Stimmung, denn immer
wieder wurden die Reden von Zwischenrufen unterbrochen und mit Heiterkeit
bedacht. Trotz der teilweisen sehr rassistischen Argumentation und dem offensichtlichen Ausbreiten rassistischen Denkens wurde das Thema der „Rassenreinheit" und die „Rassenfrage" letztendlich doch noch nicht sehr wichtig genommen,
wie eben jene Heiterkeitsausbrüche im Parlament und die häufigen humorvollen
Schlagabtausche zwischen den Rednern und Abgeordneten bezeugen.

Der Reichstag schien im Mai 1912 ganz klar an einem Scheideweg zu stehen: Die SPD und auch das Zentrum hatten stark hinzugewonnen und die Linksliberalen hatten sich wieder in einer Partei vereinigt. Sie liebäugelten mit einem
Zusammengehen mit der SPD. Die konservativen Kräfte, die alte Elite, der Adel,
ihre Stellung, ihr symbolisches Kapital und ihre Anschauungen waren auf dem
Rückzug. Der Kampf darum, über welchen Antrag, denjenigen von der SPD oder
denjenigen von den Nationalliberalen, zuerst abgestimmt werden sollte, war dabei
symptomatisch. Er wurde klar zugunsten der SPD entscheiden. Die Argumente
der Gegenseite fielen schwachbrüstig und pflichtschuldig aus. Man befand sich
auf dem Weg der Parlamentarisierung und, trotz der, aus heutiger Sicht, zum Teil
unerträglichen Redebeiträge einiger Abgeordneter, auf dem Weg zu einer demokratischen Humanisierung der Gesellschaft.

Der Antrag auf eine Zulassung von Mischehen wurde denn auch in namentlicher Abstimmung mit 203 Ja-Stimmen und 133-Stimmen Nein und 1 Enthaltung
angenommen. Zu einem Gesetz sollte es dann jedoch wegen des Ausbruchs des
Krieges zwei Jahre später nicht mehr kommen.

Zusammenfassung „Rassenfrage"

Deutlich wird also in den Diskussionen zur Mischehe und zur Nutzbarmachung
der Kolonien, dass über die Behandlung der Frage der Kolonisierten und die Rassenfrage ein innerer Konflikt über kulturelle, soziale und gesellschaftspolitische
Fragen und Spannungen geführt wurde. Die SPD fand sich dabei in einem Spannungsverhältnis zwischen der Durchsetzung und Affirmation ihrer Ideale, wie
dem universellen Menschenrechtsgedanken und der Solidarität der unterdrückten Schichten und Gruppen, und dem Willen zur Zusammenarbeit mit den ihnen
relativ nahestehenden Parteien, wie den Linksliberalen oder zum Teil auch dem
Zentrum. Ziel war dabei die Überwindung des asymmetrischen Machtverhältnisses in der Wilhelminischen Ära. Auch die Linksliberalen und das Zentrum, beides
Parteien, die eine neue Elite, neue demokratische und liberale bürgerliche Mittelschichten umfassten, waren in dieser Lage. Alle drei Parteien versuchten, politisch

an Macht zu gewinnen und den Vorrang der alten Elite zu verkürzen. Die Vertreter der alten Elite hingegen suchten über die Konstruktion rassistischer Stereotypen und Hierarchien ihre eigene Stellung zu sichern und dabei gleichzeitig auf die neuen, machtvoller werdenden Eliten zuzugehen, ohne diesen jedoch allzu große Zugeständnisse machen zu müssen. Der Blick auf die Lage und die Entwicklung in den Vereinigten Staaten diente dabei sowohl als nachahmenswertes wie abschreckendes Beispiel. In beiden Ländern verliefen ja viele Entwicklungen parallel. Und auch die Frage der rechtlichen Stellung der Schwarzen in den USA und der Gefahren, die von dem Entstehen einer „Mischlingsrasse" in den Kolonien für das Mutterland ausgehen konnten, wurden eingehend erläutert und betrachtet. Dabei half der Blick in die USA aber auch, das nationale und innere Selbstwertgefühl der Abgeordneten als Gruppe zu stärken und damit zu einer Bedeutungszunahme des Reichstags im Machtgefüge des Deutschen Reichs insgesamt beizutragen. Diese Vergrößerung der Bedeutung der Macht des Reichstags war dabei eine Entwicklung, die von den Abgeordneten der neuen und auch der alten Elite angestrebt wurde, da die alte Elite als Reichstagsabgeordnete bestimmte Interessen mit der neuen Elite teilte.

4.2. Die soziale Frage – die Gewerkschaften, die Arbeiterfrage, das Arbeitsrecht

Am 10. Dezember 1897 hatte die erste Beratung des Reichshaushaltsetats für das Rechnungsjahr 1898 begonnen. Am 17. Januar 1898 wurde die zweite Beratung eröffnet. Behandelt wurde im zweiten Unterpunkt dieser Sitzung das Budget des Reichsamts des Innern. Die Debatte wurde dazu benutzt, über die Fortführung und den Ausbau „der Arbeiterschutzgesetzgebung, der Sozialreform überhaupt" zu sprechen.[1850] Wie im Kapitel zum ersten Flottengesetz bereits besprochen, hatte die Regierung am 6. Dezember 1897 ihren Gesetzentwurf für den Aufbau einer Flotte im Parlament vorgestellt. In den darauffolgenden Sitzungen kam es dann von Seiten der SPD und der Linksliberalen zu heftigen Vorwürfen an sie, sie tue nicht genügend für die Arbeiterklasse und gebe zu wenig Geld für soziale Reformen aus. Einige Tage später wies Staatssekretär Posadowsky-Wehner diese Vorwürfe hart zurück und rechnete den Abgeordneten die Ausgaben des Reiches für soziale Fragen vor. Zudem hob er hervor, dass auch die Arbeiter vom Aufbau einer Marine profitieren würden, denn diese werde nicht, wie Bebel sagte, aufgebaut zum Schutz der reichen Leute. Posadowsky-Wehner fragte herausfordernd: „[...] hat der Arbeiter bei uns kein Vaterland? (sehr richtig! rechts.) Hängt er nicht durch Geburt, durch Heimat, durch Sprache auch an Deutschland? (Sehr gut! rechts.)"[1851]

1850 Stg. Berichte, 9. Leg.-Periode, 1897/98, 1, 18. Sitzung, Montag, den 17. Januar 1898, S. 456B.

1851 Stg. Berichte, 9. Leg.-Periode, 1897/98, 1, 9. Sitzung, Montag, den 13. Dezember 1897, S. 171D.

Wenngleich diese Worte an den herkömmlichen Vorwurf an die Sozialdemokraten, vaterlandslose Gesellen zu sein, erinnerten, schwang in den Sätzen des Staatssekretärs doch auch die provokative Aufforderung zur Teilhabe am Staatsleben und zur Identifikation mit diesem mit. Dabei war sein Ton einerseits bedrohlich, andererseits versöhnlich, denn er musste die Balance halten zwischen Einbindung der Arbeiterklasse in den Staat und Beibehaltung der Regierungsunterstützung durch die alten Eliten:

> „Meine Herren, wenn wir uns so den Staat, unsere Gesellschaftsordnung, denken, daß die arbeitenden Klassen vollkommen außerhalb des Staatswesens ständen, daß sie gar kein Interesse an der Sicherheit des Staates hätten, an der Aufrechterhaltung des Friedens, dann müsste wir eigentlich konsequenterweise die Arbeiter ebenso von der allgemeinen Wehrpflicht befreien, wie wir sie von der allgemeinen direkten Steuerpflicht befreit haben. Dann wäre aber allerdings die Aufrechterhaltung des allgemeinen direkten Wahlrechts auch nicht mehr berechtigt."[1852]

Und so zeigte er sich in einer weiteren Rede versöhnlich, da die Arbeiterklasse und die sie hauptsächlich vertretende SPD nach der Beendigung der Sozialistengesetze mittlerweile ein relativ großes Gewicht in der deutschen Gesellschaft gewonnen hatten, welches weiter beständig zunahm.[1853] In der Sitzung am 9. Dezember 1897 etwa hatte der Staatssekretär die Bedeutung der sozialen Frage und der Arbeitsgesetzgebung noch einmal ausdrücklich betont. Dabei hob er die Rolle des aus direkten und allgemeinen Wahlen hervorgegangenen Reichstags im Institutionengefüge, dessen gestiegene Macht und damit das Fortschreiten der informellen Parlamentarisierung indirekt hervor:

> „Meine Herren [...], daß einem Reichstag gegenüber, der aus allgemeinen direkten Wahlen hervorgeht und in Anbetracht der Thatsache, daß die Arbeiter das größte Kontingent der Wähler stellen, gar nicht zu erwarten ist, daß eine Regierung es aufgeben könnte, selbst wenn sie es wollte, fortgesetzt eifrige und ernste Fürsorge dem Wohle der arbeitenden Klassen zu widmen."[1854]

1852 Ibid., S. 171D.

1853 Vgl. RÖHL, Der Aufbau der persönlichen Monarchie, S. 789–792: Die Vertreter der Exekutive hatten immer wieder Furcht davor, dass Wilhelm mit seinen harten Worten gegen die Sozialdemokratie die Arbeiter zu einem Aufstand gegen die Monarchie bringt.

1854 Stg. Berichte, 9. Leg.-Periode, 1897/98,1, 12. Sitzung, Donnerstag, den 16. Dezember 1897, S. 287D.

4.2.1. Die Gewerkschaften und die Reform der Gewerbeordnung

Die Debatten Ende 1897 und Anfang 1898 standen noch unter dem Eindruck des zwischen November 1896 und Februar 1897 geführten Hamburger Hafenarbeiterstreiks. Dieser war einer der größten und längsten Arbeitskämpfe des Kaiserreichs gewesen und hatte die alten Eliten in Exekutive, Bürokratie und Militär stark beeindruckt und gar traumatisiert. Die Folge war, dass die herrschenden und besitzenden Klassen uneins waren, wie darauf reagiert werden sollte. Während die Linksliberalen auf die Einführung von Schlichtungsstellen pochten, versuchten die konservativen Kreise des Reiches über eine erneute Verschärfung der Haltung gegenüber den Arbeitern weiteren derartigen Ereignissen vorzubauen. Die in der Historiographie am Stärksten beachtete Folge war das Einbringen der Zuchthausvorlage im Jahre 1899, die jedoch scheiterte. Dazwischen war es aber auch zu zahlreichen anderen Versuchen gekommen, das in den Streiks zum Ausdruck gekommene gestiegene Selbstvertrauen der Arbeiter wieder einzuhegen.[1855] So sollte das Strafmaß für Vergehen gegen Paragraf 153 der Gewerbeordnung verschärft und den Gewerkschaften sollte über die Verweigerung des Korporationsrechts und damit der Rechtsfähigkeit die weitergehende Organisation der Arbeiterinteressen erschwert werden. Da es in den Wirkungsbereich des Reichstags fiel, den Ausbau der bestehenden Sozialgesetzgebung zu unterstützen und ihre Wirksamkeit auszudehnen, wurde die Frage der Rechte der Arbeiter und vor allem der Gewerkschaften intensiv und kontrovers diskutiert. Dabei wurde zumal von Seiten der alten Elite, also in der Hauptsache der Nationalliberalen, der Konservativen und den Vertretern der Exekutive, nicht zuletzt in die USA geblickt und die Lage der Arbeiter dort beschrieben und zum Vergleich mit Deutschland herangezogen. Auch in diesem Falle hatte die Debatte zum Thema Arbeitsgesetzgebung neben der eigentlich konkreten Funktion, also der Verbesserung und Reform der Arbeitsgesetzgebung, weitere indirekte Funktionen. Die Abgeordneten verfolgten mit ihren Redebeiträgen unterschiedliche Absichten, wodurch politische und gesellschaftliche Tendenzen sichtbar wurden. Dazu zählten etwa die Herstellung einer Gruppenidentität der Abgeordneten, die Stärkung des inneren Zusammenhalts des Reichstags als Institution und seine damit einhergehende Stärkung im Institutionengefüge, der Versuch der Kompetenzausweitung des Parlaments, der Versuch der neuen Eliten und aufstrebenden Klassen, ihre Macht im System auszuweiten und letztendlich das Vorantreiben der Parlamentarisierung.

1855 Michael GRÜTTNER, Arbeitswelt an der Wasserkante: Sozialgeschichte der Hamburger Hafenarbeiter 1886–1914, Vandenhoeck & Ruprecht, Göttingen 1984, S. 147–210.

Doch zurück zur zweiten Beratung des Etats im Januar 1898: Der Zentrumsabgeordnete und „Altmeister der deutschen Sozialpolitik"[1856] Franz Hitze betonte,
dass die grundlegenden sozialen Gesetze bereits verabschiedet worden seien, wie
die Unfallversicherung, die Krankenversicherung oder die Regelung der Arbeitszeit. Unter Reichskanzler Bismarck war die Grundlage des Sozialstaates gelegt
worden und die wichtigsten sozialen Gesetze waren in den 1880er Jahren, in der
Hauptsache mit dem Ziel der Eindämmung der Sozialdemokratie, verabschiedet
worden. Ab den 1890er Jahren handelte es sich, wie Hitze sagte, denn auch folgerichtig „überall nur um Ausbau der bestehenden Gesetzgebung."[1857] Hitze zählte
dazu den Ausbau des Koalitionsrechtes, die gewerbliche Arbeit schulpflichtiger
Kinder, die Sonntagsruhe, die menschenwürdige Gestaltung neuer Fabrikge-
bäude usw. Im weiteren Verlauf der Debatten wurde so die Frage des Koalitionsrechtes, also der gewerkschaftlichen Vertretung, zum Hauptstreitpunkt. Um die
Verwirklichung des Rechtes der Arbeitnehmer, sich zu Koalitionen zusammenzuschließen und damit die Unterlegenheit des einzelnen Arbeitnehmers gegenüber
dem einzelnen Arbeitgeber auszugleichen, hatte es im Kaiserreich jahrzehnte-
lang heftige Konflikte gegeben. Die Koalitionsfreiheit wurde dabei auch von den
Liberalen als das notwendige Korrelat der Vertragsfreiheit bezeichnet. Marschall
von Bieberstein meinte gar in einen Brief an den Freund des Kaisers, Philipp zu
Eulenburg, dass in einer modernen Gesellschaft die Vereinsbildung für die wirtschaftlich Schwächeren zu einer unentbehrlichen Waffe gegenüber der Übermacht
des Kapitals geworden sei.[1858] Es war also eine primär politische Frage, weshalb
die Freiheit der Koalitionen trotz formaler Anerkennung in der Gewerbeordnung
von 1869 stets gefährdet war und mit polizeistaatlichen Methoden unterhöhlt
wurde. Dem Paragraphen 152 der Reichsgewerbeordnung, der die Koalitionsfreiheit garantierte, folgte der Paragraph 153,[1859] der die Anwendung unerlaubter

---

1856 Karl GABRIEL, Hermann-Josef KRACHT (Hg.), Franz Hitze (1851–1921): Sozialpoli-
      tik und Sozialreform, Schöningh, Paderborn 2006, hier S. 7: Franz Hitze (18. März
      1851–20. Juli 1921) war katholischer Geistlicher und Zentrumsabgeordneter im
      Reichstag von 1884 bis 1918. Er gilt als Vater der katholischen Arbeitervereine,
      als einer der einflussreichsten deutschen parlamentarischen Sozialpolitiker und
      als „Altmeister der deutschen Sozialpolitik".
1857 Stg. Berichte, 9. Leg.-Periode, 1897/98, 1, 18. Sitzung, Montag, den 17. Januar 1898,
      S. 456B.
1858 RÖHL, Der Aufbau der persönlichen Monarchie, S. 790, Anm. 47.
1859 Hans-Hermann HARTWICH, Arbeitsmarkt, Verbände und Staat 1918–1933, Die
      öffentliche Bindung unternehmerischer Funktionen in der Weimarer Republik,
      Walter De Gruyter & Co, Berlin 1967, S. 14, Anm. 29 und 30: § 152 RGO, Absatz
      1: „Alle Verbote und Strafbestimmungen gegen Gewerbetreibende, gewerbliche
      Gehülfen, Gesellen oder Fabrikarbeiter wegen Verabredung und Vereinigung zum
      Behufe der Erlangung günstiger Lohn- und Arbeitsbedingungen, insbesondere ver-
      mittels Einstellung der Arbeit oder Entlassung der Arbeiter werden aufgehoben.";

Mittel bei der Bildung von Koalitionen bestrafte und der richterlichen Willkür Tür und Tor öffnete.[1860] Der Versuch zur Beschränkung des Koalitionsrechts war einer der Kernpunkte des vor allem vom preußischen Finanzminister Johannes von Miquel propagierten antisozialdemokratischen Sammlungsgedankens.[1861] Die Frage wurde bis zum Ende des Kaiserreichs nie zufriedenstellend gelöst. Noch im Jahre 1911 machte der die Schwer- und Montanindustrie repräsentierende Centralverband deutscher Industrieller (CDI) eine Eingabe an den Reichskanzler, deren wichtigste Forderung darin bestand, „in das neue Strafgesetzbuch das Verbot des Streikpostenstehens aufzunehmen" und eine strengere Bestrafung des Streikpostenstehens zu ermöglichen.[1862]

Der sozialdemokratische Abgeordnete Emanuel Wurm,[1863] der nach Posadowskys-Wehner das Wort ergriff, eröffnete seine Rede denn auch mit einem direkten Angriff auf den neuen Staatssekretär des Innern, über den er geradezu sarkastisch und herablassend als „Herrn Grafen Posadowsky" in der dritten Person sprach, den „die Gnade derer von Stumm und Plötz [...] auf seinen Ministersessel hinaufgeleuchtet hat." Wurm unterstellte ihm, dass er das Programm des Kaisers und des Großunternehmertums umsetzten sollte, nämlich die „Vernichtung der Gewerkschaften [...] zu Gunsten des Unternehmerthums, [...] das gern noch möchte, daß die Arbeiter zu Hörigen herabgedrückt werden. (sehr wahr! bei den Sozialdemokraten)."[1864]

Es folgte eine lange Rede, gespickt mit Anschuldigungen, Verdächtigungen und Angriffen auf den Innenstaatssekretär, wie er der Koalitionsfreiheit ein Ende bereiten wollte. Die Rede wurde in hartem und aggressivem Ton vorgetragen. Es kam

---

§ 153 RGO: „Wer andere durch Anwendung körperlichen Zwanges, durch Drohungen, durch Ehrverletzungen oder durch Verrufserklärung bestimmt oder zu bestimmen versucht, an solchen Verabredungen teilzunehmen oder ihnen Folge zu leisten, oder durch gleiche Mittel hindert oder zu hindern versucht, von solchen Verabredungen zurückzutreten, wird mit Gefängnis bis zu drei Monaten bestraft, sofern nach dem Strafgesetz nicht eine härtere Strafe eintritt."

1860 Ibid., S. 13–14.
1861 Geoff ELEY, Sammlungspolitik, Social Imperialism and the Navy Law of 1898, in: Militärgeschichtliche Zeitschrift, Band 15, Heft 1, 1974, S. 29–63.
1862 MIELKE, Der Hansa-Bund, S. 166–167.
1863 Emanuel Wurm, in: Franz OSTERROTH, Biographisches Lexikon des Sozialismus. Band I: Verstorbene Persönlichkeiten. J. H. W. Dietz Nachf., Hannover, 1960, S. 338–339: Emanuel Wurm (15. September 1857–3. Mai 1920), der jüdischen Glaubens war, war von 1890 bis 1907 und 1912 bis 1918 Mitglied des Reichstags. Er hatte Chemie studiert, arbeitete dann aber als Journalist. Nach Ende des ersten Weltkriegs war er kurzfristig Staatssekretär für Ernährung.
1864 Stg. Berichte, 9. Leg.-Periode, 1897/98,1, 18. Sitzung, Montag, den 17. Januar 1898, S. 459B/C.

zu zahlreichen Kommentaren und Zwischenrufen aus allen Parteien und es wurde feindseliges „Lachen" seitens der Rechten notiert: Eine Reaktion, die sehr selten in den Protokollen aufgezeichnet erscheint. Dies bezeugt die große Bedeutung der Frage für die gesellschaftliche Entwicklung des Kaiserreichs, da sie die Rechte und die politische Mitwirkungsmöglichkeiten aller Schichten betraf. Über dieses Problem wurden gesellschaftliche Beziehungen und Hierarchien neu ausgehandelt und es war mithin ein Gradmesser der Demokratisierung und der Parlamentarisierung des Deutschen Reiches.

Carl-Ferdinand von Stumm-Halberg,[1865] einer der führenden deutschkonservativen Abgeordneten, ging ausführlich auf die Rede des Sozialdemokraten Wurm ein. Er wies dessen Vorwürfe zurück, die Arbeitgeber seien gegen das Koalitionsverbot. Allerdings sah er doch auch die großen Gefahren, die von starken Gewerkschaften, die man auch als Gewerkvereine bezeichnete,[1866] von Streiks und der Unmöglichkeit der Einschränkung der Koalitionsfreiheit ausgingen. Nachdem die Sozialistengesetze im Januar 1890 nicht mehr durch den Reichstag verlängert worden waren, kam es bald zu einem Wiederaufleben der Gewerkschaften, die sich im Jahre 1892 auf dem Halberstädter Kongress[1867] eine schlagkräftige Organisationsstruktur gaben. Dieses Erstarken der Gewerkschaften, deren Einfluss und Reichweite rasch zunahmen, zumal sie den Lokalismus oder Syndikalismus,[1868] also der Absicht der Aneignung von Produktionsmitteln durch die Gewerkschaften, eine Absage erteilt hatten, fiel mit Beginn der Hochkonjunkturphase seit Mitte der

---

1865 Ralf BANKEN, „Stumm-Halberg, Carl Ferdinand Freiherr von", in: Neue Deutsche Biographie 25 (2013), S. 644–646 [Online-Version]; URL: https://www.deutsche-bio graphie.de/pnd118799274.html#ndbcontent: Carl-Ferdinand von Stumm-Halberg (30. März 1836–8. März 1901) war ein preußischer Montanindustrieller und einer der reichsten Männer Deutschlands. Er war einer der Gründer der Freikonservativen Partei und einer ihrer wichtigsten Politiker. Für sie saß er von 1871 bis 1881 und 1889 bis zu seinem Tod im Reichstag. Als Unternehmer vertrat er einen autoritär-patriarchalischen Standpunkt und stellte sich gegen Bismarcks Sozialgesetzgebung. Er war ein überzeugter Vertreter eines Obrigkeitsstaates und konservativen Paternalismus, wobei er aber bei der Ausarbeitung des Bürgerlichen Gesetzbuches in der Reichstagskommission eine Besserstellung der Frauen beantragte. Im Bereich des Familienrechts stimmte er in zentralen Punkten mit den linksliberalen Freisinnigen und der SPD gegen die Kommissionsmehrheit. Zusammen mit Friedrich Alfred Krupp war er in einen Skandal über Preisabsprachen zu Panzerplatten involviert.

1866 Meyers Großes Konversations-Lexikon, Band 7. Leipzig 1907, S. 801–804.

1867 Siehe dazu: Axel KUHN, Die deutsche Arbeiterbewegung, Reclam 2004, S. 105 f.

1868 Siehe dazu: Helge DÖHRING, Anarcho-Syndikalismus. Einführung in die Theorie und Geschichte einer internationalen sozialistischen Arbeiterbewegung, Verlag Edition AV, Lich/Hessen 2017.

1890er Jahre zusammen. Während es 1895 noch 250 000 Gewerkschaftsmitglieder gegeben hatte, war die Zahl bis 1900 auf über 600.000 gestiegen und sollte am Vorabend des Ersten Weltkriegs bei 3 Millionen liegen, die sich auf drei Gruppen verteilten: Freie, den Sozialdemokraten nahestehende Gewerkschaften 2,5 Millionen Mitglieder,[1869] christliche Gewerkschaften 340.000 und die den Linksliberalen nahestehenden Hirsch-Dunckerschen Gewerkschaften 100.000 Mitglieder.[1870] Stumm-Halberg bezeichnete Vorkommnisse, bei denen arbeitswillige Arbeiter von den Streikenden unter Drohungen und teilweise Gewaltanwendung gehindert worden waren, ihrer Arbeit nachzugehen, als Terrorismus. Sein Seitenhieb auf die Sozialdemokraten, die „Bauernfang" betrieben, wurde vom Plenum mit „Heiterkeit" beantwortet.[1871]

Um die nachteilige Wirkung eines uneingeschränkten und ungeregelten Koalitionsrechtes zu verdeutlichen, verwies er auf England und vor allem die Vereinigten Staaten. Stumm-Halberg berichtete davon, wie seine Arbeiter, die er zum Aufbau eines Standes zur Weltausstellung nach Chicago entsandt hatte, mit einem gewerkschaftlichen Prospekt, den Unionsstatuten der Maurer und Steinmetze in Chicago, zurückkamen, aus dem er dann dem Reichstag vorgelesen hatte, was wieder zu „Heiterkeit" im Haus geführt hatten. Stumm-Halberg beschrieb, wie die „Tyrannei" der Gewerkschaften letztendlich dazu geführt hatte, dass der Lohn der Arbeiter zu „Hungerlöhnen" herabgesunken war, „(sehr richtig! bei den Sozialdemokraten)", da sich auch die Arbeitgeber zu starken Organisationen zusammengeschlossen hatten. Schuld an dieser Situation waren also die Gewerkschaften. Dies führte zu einer geteilten Reaktion des Parlaments: „Sehr richtig! rechts. – Widerspruch links."[1872] Stumm-Halberg hatte hier zudem auf den für die deutsche Industrie ungünstigen Dingley-Tarif angespielt, und er versuchte über das Zeigen von Empathie mit den Arbeitern in den USA einerseits auf die Sozialdemokraten zuzugehen; andererseits konnte er gleichzeitig über die Konstruktion des gemeinsamen Gegners Amerika an das Nationalgefühl der Abgeordneten appellieren und darüber versuchen, den inneren Zusammenhalt des Parlaments zu stärken. Analog zu den Erfahrungen der Sozialdemokratie in den USA sagte Stumm-Halberg der SPD eine düstere Zukunft für ihre Wählerschaft voraus, sollte sie auf bestimmte

---

1869 Zur Entwicklung bei den freien Gewerkschaften siehe: https://www.dgb.de/uber-uns/bewegte-zeiten/geschichte-des-dgb/gewerkschaftsgeschichte-in-zahlen/++co++d6213e5a-a700-11e9-a99652540088cada.

1870 Zur Geschichte der Gewerkschaften siehe: Klaus TENFELDE, Klaus SCHÖNHOSEN, Michael SCHNEIDER, Detlev J.K. Peukert, Ulrich Borsdorf (Hg.), Geschichte der deutschen Gewerkschaften: Von den Anfängen bis 1945, Bund-Verlag, Köln 1987, insbesondere S. 15–278.

1871 Stg. Berichte, 9. Leg.-Periode, 1897/98, 1, 18. Sitzung, Montag, den 17. Januar 1898, S. 467D–468A.

1872 Ibid., S. 469A.

Forderungen beharren. Denn diese würden das „mehr oder weniger persönliche Verhältnis zwischen Arbeitgeber und Arbeitnehmer" zerstören.[1873] Stumm-Halberg ließ so sein paternalistisches Verständnis vom Verhältnis Arbeitgeber – Arbeitnehmer und sein persönliches Verhältnis zu seinen Arbeitern durchblicken, die zu ihm Vertrauen hätten, ihm in gewisser Weise auf Augenhöhe begegnen konnten und ihm so gleichgestellt waren, was wiederum an die demokratischen Ideale der Sozialdemokraten appellierte. Zum anderen konnte er über die Beschreibung der „exzessiven" gewerkschaftlichen Freiheiten in den USA, die bis zur „Tyrannie" führen konnten, an den nationalen Stolz appellieren und darüber die Gruppenidentität der Abgeordneten als Vertreter eines rechtsstaatlichen Landes stärken. Auch die Sozialdemokraten wurden so über das Beispiel des Verantwortungsbewusstseins der Stumm-Halbergschen Arbeiter in die Staatsverantwortung genommen. Am Ende unterstrich er noch einmal, dass seine Aussagen zu einem vertrauensvollen Miteinander nicht „der Ausfluß einer schlotternden Angst" war, sondern sein Wille, „fortzufahren, alles aufzubieten, um die deutschen Arbeiter als freie Arbeiter zu erhalten (ach! Bei den Sozialdemokraten) und sie vor den Blutsaugern zu bewahren, die bestrebt sind, sich von ihren theuer erworbenen Groschen zu mästen. (Lebhafter Beifall rechts. – Unruhe bei den Sozialdemokraten.)"[1874]

Seine Gegner waren mithin nicht die Arbeiter, auch nicht die Sozialdemokraten, sondern die Gewerkschaften. Sie schadeten nämlich nicht nur den Arbeitgebern, sondern auch den Arbeitnehmern, da sie das so erfolgreiche kapitalistische und vertrauensvolle und gegenseitigen Vorteile zusichernde Miteinander störten, ja zerstörten. Dies war zugleich ein erneuter Appell an die „revisionistische" Sozialdemokratie, sich der konstruktiven Mitarbeit nicht zu verweigern und an der dauernden Verbesserung des Staatswohls und des Wohls seiner Bürger mitzuwirken.

Der Sozialdemokrat Paul Singer[1875] nahm in seiner Rede in der Hauptsache auf Stumm-Halberg Bezug, dessen Eintreten für die Rechte der Arbeiter er sehr

---

1873 Ibid., S. 469B.

1874 Ibid., S. 469C.

1875 Ursula REUTER, Singer, Paul, in: Neue Deutsche Biographie 24 (2010), S. 463–464 [Online-Version]; URL: https://www.deutsche-biographie.de/pnd117630373. html#ndbcontent: Paul Singer (16. Januar 1844–31. Januar 1911) war neben August Bebel und Wilhelm Liebknecht einer der wichtigsten Führer der Sozialdemokratie in ihrer Aufstiegsphase nach dem Ende der Sozialistengesetze. Er gehörte von 1884 bis zu seinem Tod dem Reichstag an und war auch Fraktionsvorsitzender der SPD im Berliner Abgeordnetenhaus, obwohl er wegen seines jüdischen Glaubens Anfeindungen ausgesetzt war. Dass über eine Million Menschen zu seiner Beerdigung in Berlin kamen, unterstreicht die Popularität des sozialdemokratischen Politikers, der wegen seiner den Revisionismus nicht völlig ablehnenden Positionen im Vergleich zu Bebel und Liebknecht heute nahezu in Vergessenheit geraten ist.

misstrauisch und ironisch kommentierte. Er äußerte sich sarkastisch zu Stumm-Halbergs Berichten über Morddrohungen an ihn[1876] und zu dessen Versicherung, trotz dieser die deutschen Arbeiter als freie Arbeiter zu erhalten. Spöttisch versicherte Singer Stumm-Halberg im Namen der Sozialdemokratie, dass er als „unfreiwilliger Agitator für unsere Partei viel zu nützlich ist, als daß wir wünschen könnten, ihn bald zu verlieren. (Sehr richtig! bei den Sozialdemokraten.)"[1877] Singer hielt ihm stattdessen vor, dass in Wahrheit die Arbeitgeber die Arbeitnehmer terrorisierten. In diesem Zusammenhang ging er ebenfalls auf die von Stumm-Halberg aus Amerika berichteten Zustände ein. Singer ironisierte, dass die deutsche Sozialdemokratie nicht für den „angeblichen Terrorismus der Arbeiter in Amerika" verantwortlich sei. Außerdem betonte er, dass „die Hinweise, die Herr von Stumm und der Herr Staatssekretär auf England und Amerika machten, durchaus deplacirt [seien]."[1878]

Singers Insistieren auf den Begriff der „Wahrheit" bezeugt, wie sehr die Demokratisierung und Parlamentarisierung auch ein Kampf um die „Wahrheit" und damit um die Interpretation der Realität war: Wer besaß die nötige Kompetenz und das nötige symbolische Kapital, um die „Wahrheit" sagen, die Realität interpretieren und deuten zu können und zu dürfen und dadurch eine konsensfähige Gesetzgebung herstellen zu können. Dabei bedeutete Konsens nicht, dass alle zustimmen mussten, sondern es bedeutete „Konsensfähigkeit" im Sinne von Jürgen Habermas. Was über den Diskurs im Reichstag erreicht werden musste, war ein begründeter Konsens.[1879] Indem Singer und auch Stumm-Halberg mit dem Aussprechen ihrer Wahrheit einen für jedermann gültigen intersubjektiven Geltungsanspruch zu erheben suchten, kämpften beide um ihre Stellung in der Gesellschaft. Während der eine seine Teilhabemöglichkeiten auszubauen suchte, wollte der andere seine Stellung nicht einbüßen. So wird der demokratische Kampf in der sich stark verändernden und wandelnden Gesellschaft des Kaiserreichs im Parlament sichtbar. Darüber hinaus scheint so, da Singer nicht nur gegen den Vertreter des Klassenfeindes debattierte, sondern auch gegen den Vertreter der traditionellen adeligen Eliten in der Exekutive, nämlich den Staatssekretär Posadowsky-Wehner, über diese Debatte der Weg der Parlamentarisierung des Kaiserreichs auf. Neben dem Kampf um Kompetenzen des Reichstags innerhalb des Institutionengefüges des Deutschen Reiches, der zum Teil von den Abgeordneten als Gruppe gegen die

---

1876 RÖHL, Der Aufbau der persönlichen Monarchie, S. 790: In Straßburg war Ende 1895 ein Fabrikbesitzer ermordet worden.

1877 Stg. Berichte, 9. Leg.-Periode, 1897/98, 1, 18. Sitzung, Montag, den 17. Januar 1898, S. 469C.

1878 Ibid., S. 470A.

1879 Jürgen HABERMAS, Wahrheitstheorien, in: Wirklichkeit und Reflexion. Walter Schulz zum 60. Geburtstag, hg. von Helmut FAHRENBACH, Neske, Pfullingen 1973, S. 211–265.

Exekutive und die hergekommenen Entscheidungseliten geführt wurde, kämpften die Abgeordneten der verschiedenen Richtungen auch gegeneinander um die
Deutungshoheit der gegebenen Verhältnisse. Wer diesen Kampf für sich entschied,
konnte letztlich die Realitäten gesetzgeberisch verändern oder bewahren. Demnach ist es nicht verwunderlich, dass gerade in Bezug auf die Rechte und die Lage
der Arbeiter, die zu den bedeutendsten Themen im Deutschen Reich zählten, der
Streit um die richtige Wahrheit von geradezu existentieller Bedeutung war. Und so
fuhr Singer denn auch fort:

> „Erstens ist nicht alles wahr, was in Bezug auf Arbeiterterrorismus in England und
> Amerika erzählt und geschrieben wird. Aber, selbst wenn es ganz oder theilweise
> wahr wäre, so kann es doch nicht so schlimm sein, weil diese Vorgänge die Regierun-
> gen dieser Länder nicht zu Maßregeln veranlaßt hatten, wie sie der Erlaß des Herrn
> von Posadowsky für Deutschland in Aussicht nimmt. (Sehr richtig! bei den Sozial-
> demokraten.) Und wenn die Herren immer auf England und Amerika exemplifiziren,
> was hat das mit dem Koalitionsrecht in Deutschland zu thun? In diesen Ländern sind
> doch ganz andere Verhältnisse als bei uns. Ich kann nur sagen, daß die Arbeiter Eng-
> lands und Amerikas in Bezug auf politische Rechte und namentlich auch in Bezug auf
> Werth und Umfang des Koalitionsrechts sich in einer für deutsche Arbeiter geradezu
> beneidenswerthen Lage befinden. Schaffen Sie den deutschen Arbeitern die Koali-
> tionsfreiheit der englischen und amerikanischen Arbeiter, so werden, wir sehr zufrie-
> den sein, und Sie werden einer vernünftigen Entwicklung des Arbeiterschutzes die
> Wege ebnen. (Sehr richtig. links.).“[1880]

Für Singer boten Stumm-Halbergs Verweise auf die USA einen willkommenen Vorwand, indirekt die Verhältnisse und politischen Freiheiten in einer Republik mit
denen im monarchischen Kaiserreich zu vergleichen. Ohne es explizit zu sagen,
konnte er über die größeren Freiheiten der Arbeiter in den USA und England für
die Vorteile einer Demokratie und Republik eintreten und werben.

4.2.2. Wilhelm von Kardorff und die alte Elite

In der Sitzung am darauffolgenden Tag ging der freikonservative Abgeordnete
Wilhelm von Kardorff ausführlich auf Paul Singer ein. Über mehr als die Hälfte
seiner Rede hinweg widmete er sich einer Analyse der sozialdemokratischen
Wahlerfolge. Dabei ließ sich erkennen, wie sehr ihm diese für die Zukunft des
Landes Sorge bereiteten, wenngleich er sich am Ende zuversichtlich zeigte, dass
das Christentum, welches das antike Heidentum überwunden hatte, auch das
neue Heidentum des Sozialismus besiegen würde. Als abschreckendes Beispiel für
die negativen Folgen einer zu großen Macht der Arbeiter galten ihm dabei, wie

---

1880 Stg. Berichte, 9. Leg.-Periode, 1897/98, 1, 18. Sitzung, Montag, den 17. Januar 1898,
      S. 470A.

Stumm-Halberg oder Posadowsky-Wehner, Großbritannien und die USA. Beide Länder hatten ein parlamentarisches System, die USA waren gar eine reine Republik. Kardorff war ein profunder Kenner der amerikanischen Wirtschaftstheorien und teilte die Auffassungen Henry C. Careys von den Vorteilen einer gesellschaftlichen Interessenharmonie für die Prosperität einer Nation. Und so fürchtete und bekämpfte er das marxistische Denken in Klassen und das sozialdemokratische Ziel der Systemänderung. Zu Beginn kam er deshalb auf die Regelungen hinsichtlich der Arbeiterrechte in beiden Ländern zu sprechen. Eigentlich ging es in der Debatte um den Paragrafen 153 der Gewerbeordnung, den die Regierung, wie es Zeitungen lanciert hatten, verschärfen wollte. Das Strafmaß gegen Verstöße dieses Paragrafen sollte erhöht werden. Zudem war von Hermann Pachnicke[1881] und einigen anderen Abgeordneten der Freisinnigen Vereinigung eine Resolution eingebracht worden, die den Paragrafen 152 der Gewerbeordnung dahingehend abändern sollte, dass Gewerkschaften die Rechtsfähigkeit und damit die Parteifähigkeit erhalten sollten und mithin in Prozessen als Kläger oder Beklagte auftreten konnten. Kardorff betonte zunächst, dass er natürlich die Koalitionsfreiheit der gewerblichen Arbeiter begrüßte. Die Konservativen aber, zu denen, wie er ironisch meinte, den Sozialdemokraten zufolge jeder gehört, „der nicht zu ihnen gehört," wollten „einen kräftigeren Schutz schaffen für die freien Arbeiter, welche willig arbeiten wollen, gegen die Ausschreitungen der Streikenden".[1882]

Er wandte sich weiter gegen die Absicht der SPD, den Gewerkvereinen oder Gewerkschaften Korporationsrechte zu verleihen und sie damit als rechtsfähige Subjekte zu behandeln. Es bestand nämlich so die Gefahr, sie als Pflichtorganisationen für Arbeiter zu etablieren, wie die in England und den USA gemachten Erfahrungen lehrten – „(Sehr richtig! rechts.)" –, denn dort hatten sich die Arbeiter schließlich den harten Bedingungen der Arbeitgeber beugen müssen, wie er seinen „Freund Herr von Stumm" zitierte.[1883]

Während sich also in den USA die Arbeitgeber auf Druck der zu starken Gewerkschaften zusammengeschlossen hätten und so die Löhne drücken hätten konnten, verhielt sich die Lage in Großbritannien genau anderes herum. Nach Auffassung von Kardorff waren die Löhne waren auf Grund des Drucks der Gewerkschaften zu stark gestiegen, und die englischen Unternehmen waren mit den amerikanischen

---

1881 REIBEL, Handbuch, S. 1366–1369: Hermann Pachnicke (14. April 1857–3. Februar 1935) vertrat von 1890 bis zum Ende des Kaiserreichs verschiedene linksliberale Parteien im Reichstag. Er war ein wichtiger Sozialpolitiker, der zusammen mit Richard Roesicke, einem Bruder des BdL-Vorsitzenden Gustav Roesicke, 1902 ein sozialpolitisches Programm ausgearbeitet und sich für die Schaffung eines Reichsarbeitsamtes (gegründet 1918) eingesetzt hatte.

1882 Stg. Berichte, 9. Leg.-Periode, 1897/98, 1, 19. Sitzung, Dienstag, den 18. Januar 1898, S. 477D.

1883 Ibid., S. 478B/C.

nicht mehr konkurrenzfähig. Beide Entwicklungen waren für die Arbeiter aber
gleich schädlich.[1884] Kardorff wollte den Spielraum der Gewerkschaften getreu
dem Gedanken vom Interessenausgleich aus zweierlei Gründen eingeschränkt
wissen: Zum einen wollte er die Konkurrenzfähigkeit der deutschen Industrie
erhalten, zum anderen wollte er den Arbeitern auskömmliche Löhne sichern, um
sie davon abzuhalten, die sozialdemokratischen politischen Umsturzziele zu unterstützen. Kardorff hob deshalb explizit hervor, dass im Gegensatz zu den englischen
Arbeitern jedoch die deutschen Arbeiter „in der Eisenindustrie nicht schlecht"
verdienen. Grund dafür ist, dass die deutschen Unternehmen dank der Gewerbeordnung und zumal Paragraf 153 von den Gewerkschaften nicht so unter Druck
gesetzt werden können, wie die englischen und deshalb „zu den Bedingungen pro-
duziren können, und zwar zu Löhnen, welche bei unseren Verhältnissen sehr aus-
kömmlich sind."[1885]
Über Kardorffs Rede erkennt man sehr gut den von der Sammlungspolitik
gewollten politischen Schulterschluss der Landwirtschaft und der Schwerindustrie, welche nicht unbedingt immer dieselben Ziele verfolgten, wie etwa der Verweis Kardorffs auf die Nachteile der Industrialisierung für die Landwirtschaft
und „auf dem platten Lande" verdeutlichte. Die Vertreter dieser gesellschaftlichen
Gruppen sahen ihre politische Vormachtstellung in der Gesellschaft des Kaiserreichs durch die Sozialdemokratie und die Vertreter der exportorientierten Wirtschaft, der neuen Eliten, bedroht und trachteten danach, sie zu erhalten. Der
einstige Zusammenschluss im Reichstag von 1887 als Kartellparteien wirkte hier
nach. Dabei waren für beide, sowohl die Konservativen als auch die Nationalliberalen, die parlamentarischen und demokratischen englischen oder gar amerikanischen Gegebenheiten dichotomisch zu ihren Vorstellungen von gesellschaftlicher
und politischer Ordnung. Diese ablehnende Haltung setzte sie jedoch in der sich
demokratisch wandelnden Gesellschaft des Kaiserreichs immer stärker unter
Druck, wie etwa auch die Beziehung des Kaisers zu den Konservativen und zum
BdL bezeugte.[1886]
Im weiteren Verlauf der Debatte wurden die Nationalliberalen und Konservativen von verschiedener Seite (vor allem von SPD und Linksliberalen, aber auch,
wenngleich gemäßigter, vom Zentrum) teilweise stark angegriffen. Sie warfen
ihnen vor, den Arbeitern über die Einschränkung der Koalitionsfreiheit und die
Erhöhung des Strafmaßes für Verstöße gegen Paragraf 153 der Gewerbeordnung
grundlegende Rechte vorenthalten zu wollen.
Insbesondere der Sozialdemokrat und Gewerkschaftsführer Carl Legien warf
Stumm-Halberg und den Vertretern der alten Elite vor, die Zeichen der Zeit nicht
zu erkennen. Er lehnte auch das Schreckgespenst der Situation in England ab – auf

---

1884 Ibid., S. 478C.
1885 Ibid.
1886 RÖHL, Aufbau der persönlichen Monarchie, S. 792–793.

die Vereinigten Staaten ging er nicht ein –, wo die Arbeiter bei weitem nicht so weitgehende Rechte hatten, wie Stumm-Halberg und Posadowsky-Wehner glauben machen wollten. Allerdings befand sich Deutschland in Bezug auf die Rechte der Arbeiter seiner Meinung nach noch in der Zeit des Absolutismus. Die Absicht, die Produktionsmittel zu kollektivieren, würde sich nicht revidieren lassen. Und in prophetischem Ton sah Legien voraus, „so sicher wie der Absolutismus der Konstitution, dem verfassungsmäßigen Staat, weichen mußte, wird der verfassungsmäßige Staat der Republik und der Demokratie weichen."[1887]

4.2.3. Arbeiterkämpfe in den USA – Beispiele

Zwei Tage später, am 20. Januar 1898, antwortete Stumm-Halberg auf die harschen Vorwürfe Legiens und Pachnickes. Denn die Arbeitgeber und die alten Eliten hatten vor einer straffen Arbeiterorganisation, wie sie ihrer Ansicht nach während des weiter oben erwähnten Hamburger Streiks aufgeschienen war, große Angst. Um die Gefahren von Gewaltausbrüchen und -exzessen, die von solch organisierten Arbeiterbewegung ausgingen, konkret zu beschreiben und seine Argumentation zu untermauern, wie hoch gefährlich die Ausweitung des Koalitionsrechts doch für Deutschland wäre, blickte er noch einmal nach England und Amerika,

> „wo darüber kein Zweifel besteht, daß dort lediglich von solchen streikenden Arbeitern die Rede sein kann, die den *trade unions* angehören. Da will ich Ihnen ein Stimmungsbild aus Amerika vorlesen, welches in einer Weise durchschlagend ist, daß darüber wohl kaum eine Diskussion möglich bleibt, ob organisirte Arbeiter gefährlicher sind oder die Arbeiter in ihrer Vereinzelung."[1888]

Die Gewerkschaftsbewegung besaß in den USA seit Beginn des 19. Jahrhunderts bereits eine lange Tradition. Die dortigen Gewerkschaften zeigten sich dabei ab der zweiten Hälfte des 19. Jahrhunderts in ihren Methoden nicht zimperlich. Arbeiter wurden oft mit Gewalt gezwungen, den Gewerkschaften beizutreten, und die Gewerkschaftsbeiträge waren sehr hoch. Dabei verfolgten die amerikanischen Gewerkschaften, im Gegensatz etwa zu den deutschen, keine klassenkämpferischen, marxistischen Ziele. Sie wollten keinen Umsturz des kapitalistischen Systems, sondern sahen sich als Gegengewicht zu den Kartellen der Unternehmer. Das Kapital Arbeitskraft sollte möglichst teuer und gewinnmaximierend, also etwa über eine kurze Arbeitszeit, verkauft werden.[1889] Im Jahre 1868 zum Beispiel hatte der neu gegründete gewerkschaftliche Dachverband *National Labor Union*

1887 Stg. Berichte, 9. Leg.-Periode, 1897/98, 1, 19. Sitzung, Dienstag, den 18. Januar 1898, S. 495A.

1888 Stg. Berichte, 9. Leg.-Periode, 1897/98, 1, 21. Sitzung, Donnerstag, den 20. Januar 1898, S. 532A.

1889 HEIDEKING, NÜNNING, Einführung, S. 87.

den Achtstundentag[1890] zumindest für Staatsbedienstete auf Bundesebene und in sechs Staaten durchgesetzt. Die Forderung nach dem Achtstundentag, die bereits von dem walisischen Unternehmer und Sozialreformer Robert Owen erstmals um 1810 erhoben worden war und von der Internationalen Arbeiter Assoziation 1866 zu einer allgemeinen Forderung der weltweiten Arbeiterklasse ausgerufen wurde, gipfelte in den USA im Mai 1886 in den *Haymarket* Aufständen in Chicago und fand 1891 auch ins Erfurter Programm der SPD Eingang. Die am 1. Januar 1869 gegründeten gewerkschaftlichen *Knights of Labor* ähnelten stark einer geheimen Bruderschaft und standen noch in der Tradition der Gilden und Handwerkerverbände des frühen 19. Jahrhunderts. Sie waren bis in die 1880er Jahre sehr bedeutend, und bereits in ihrem Namen unterstrichen sie die „aristokratische" Gesinnung und den Willen zum sozialen Aufstieg der Arbeiterschaft, die sich an den aristokratischen Vorbildern der europäischen Gesellschaften orientierte. Dem amerikanischen Senator und politischen Autor John Taylor zufolge wurde gerade über die konstitutionelle Konzipierung der Institution des Senats ja diese gesellschaftliche Sichtweise und Ordnungsvorstellung erkennbar. Die lange Amtszeit der Senatoren und die Machtfülle der Institution, die bis 1913 im Grunde nicht durch demokratische Wahlen legitimiert wurde, sollte als ein aristokratisches Organ ein konstitutionelles Gegengewicht herstellen.[1891] Parallel zu dem Fehlen einer starken sozialistischen oder sozialdemokratischen Partei bildete sich so auch über die Gewerkschaften kein Klassenbewusstsein aus. Gründe dafür waren neben dem soziologischen Willen zum Aufstieg, zur Distinktion, die dem kapitalistischen System innewohnt, die Mobilität und die Fragmentierung der Arbeiterschicht und auch die ethnischen und religiösen Gegensätze, wenngleich gerade die *Knights of Labor* bereits seit 1881 Frauen und Schwarze als Mitglieder akzeptierten. Zudem war die Repressionspolitik der Arbeitgeber sehr harsch, und sie gingen gegen Arbeiterorganisationen und Streiks, unterstützt von den Gerichten und der Regierung, hart vor. Dieser Härte entsprach die Härte der Gewerkschaften, von der Stumm Halberg berichtete, nur dass er die Gründe dafür lediglich am Verhalten der Gewerkschaften fest machte. Nach Jahren des starken Wirtschaftswachstums war es ab Mai 1873 von der Börse Wien ausgehend in allen Industriestaaten zu Börsencrashs gekommen. In Deutschland ging dieses Ereignis als Gründerkrach in die Geschichte ein. Danach folgten in all diesen Ländern einige Jahre der Stagnation, die ab 1878 wieder in einen moderaten Aufschwung überging.[1892] In dieser Phase formten sich in den USA 1881 zunächst die *Federation of Organized Trades and Labor Unions* (FOTLU) als gewerkschaftlicher Dachverband neu. Aus dieser ging

---

1890 EUCHNER u.a., Geschichte der sozialen Ideen, S. 204–205.
1891 Christopher RÜHLE, Das politische Denken von John Taylor of Caroline (1753–1824): Republikanismus, Föderalismus und Marktgesellschaft in den frühen Vereinigten Staaten von Amerika, Haupt Verlag, Bern 2010, hier S. 564.
1892 WEHLER, Doppelrevolution, S. 100 ff.

1886 die *American Federation of Labor* (AFL) hervor, die sich in Übereinstimmung mit der kapitalistischen Ausrichtung als Facharbeitergewerkschaft sah und sich der zunehmenden Masse an ungelernten Fließbandarbeiter verschließen wollte.

In einer Rede am 26. Januar 1904 betonte der nationalliberale Abgeordnete Heyl zu Herrnsheim diese Tatsache und nutzte sie für seine innenpolitischen Absichten, die auf eine Schwächung, ja Ausschluss der SPD aus der nationalen Gemeinschaft zielten, aus. Diese verstünden nicht bzw. untergrüben die die Gesellschaft tragenden moralischen Regeln und Verhaltensweisen. Er überzeichnete idealistisch das Bild der Beziehungen zwischen Arbeitgebern und Gewerkschaften und Arbeitern in den USA. So wollte er zum einen die nationale Identität in seinem Sinne stärken, zum anderen der SPD die Wähler abspenstig machen und die Nationalliberale Partei für die Arbeiter als wählbare Alternative präsentieren.[1893] Dabei scheute er sich nicht, Halbwahrheiten zu berichten bzw. die Wahrheit für seine Zwecke zurechtzubiegen. Er verschwieg etwa die großen und teils gewalttätigen Arbeitskämpfe in den Vereinigten Staaten und auch die Tatsache, dass die USA gerade für Auswanderer aus europäischen Ländern ein Freiheitsversprechen waren, den in Europa noch sehr stark herrschenden Klassengegensätzen zu entfliehen. Interessanterweise sah er das amerikanischen Parteiensystem als für Deutschland vorbildlich an, was mit der Tendenz der alten Elite zusammenhing, die Sozialdemokratie bekämpfen zu wollen und auch im Deutschen Reich ein Zweiparteiensystem zu errichten, welches sich im Wesentlichen in einem Kampf um die Mitte drehen sollte. Dabei zeichnete sich die Idee einer „Mittelstandgesellschaft" ab, die die Systemfrage nicht mehr stellen sollte. In der Bundesrepublik sollte diese später zu einem großen Teil verwirklicht werden.[1894] Heyl zu Herrnsheim berichtete zunächst über eine Unterredung eines hessischen Beamten mit dem Präsidenten der *Federation of Labour*, Mister Combers.[1895] Gompers (Combers) war laut Heyl zu Herrnsheim der „erste Führer der Unions, der vereinigten Gewerkschaften in

1893 Siehe dazu: Sascha Münnich, Outside Powers: The Moral Economy of Anti-Financial Movements 1870–1930 and Today, in: Historische Sozialforschung, Bd. 42, Nr. 3 (161), 2017, S. 123–146, hier S. 130–138. [JSTOR, www.jstor.org/stable/44425365. Eingesehen am 21. April. 2020.].

1894 Helmut Schelsky hatte den Begriff von der „nivellierten Mittelstandsgesellschaft" in den 1950er Jahren für die Bundesrepublik geprägt. Siehe dazu: Hans Braun (1989), Helmut Schelskys Konzept der „nivellierten Mittelstandsgesellschaft" und die Bundesrepublik der 50er Jahre, in: Archiv für Sozialgeschichte, Bd. 29, 1989, S. 199–223.

1895 https://www.universalis.fr/encyclopedie/samuel-gompers/: Gemeint war hier Samuel Gompers (27. Januar 1850–13. Dezember 1924), der von 1895 bis 1924 Präsident der 1886 gegründeten *American Federation of Labor* (AFL) war. Gompers (ursprünglich Gumpertz) entstammte einer im Jahr 1863 aus England nach Amerika eingewanderten jüdischen Familie.

Amerika." Heyl meinte, dass diese Unterredung vor allem erkennen ließe, dass die amerikanischen Gewerkschafter „in bezug auf die Politik, welche sie betreiben, auf einem diametral entgegengesetzten Standpunkt stehen wie die Führer der hiesigen sozialistischen Bewegung. (Hört! hört! und sehr richtig! rechts und bei den Nationalliberalen.)", denn sie wollten Arbeitsverhältnisse und politische nicht verquicken. Die Folge sei ein friedliches Verhältnis zwischen den beiden Lagern. Heyls Meinung nach gab es dort auch keine Partei, die die Existenz des Staates zu untergraben suchte. Stattdessen seien dort die Arbeiter in den beiden großen Parteien vertreten und „der Senator" arbeitet „gemeinschaftlich mit den Arbeitern zusammen für die Interessen des Vaterlandes".[1896] Allerdings wurde ein Jahr nach dieser Rede in Chicago eine auch systemkritische Gewerkschaft, nämlich die *Industrial Workers of the World* (IWW), ins Leben gerufen.[1897]

Zurück in den Januar 1898: Stumm-Halberg las dem Reichstag sodann aus amerikanischen Zeitungen drei Beispiele von exzessiven und gewalttätigen Streiks vor, die in verschiedenen Staaten der USA stattgefunden hatten und als abschreckende Beispiele für die Zulassung eines zu hohen Grades an organisierten Gewerkschaften dienen sollten. Interessanterweise gelten die von ihm zitierten Ereignisse in der amerikanischen sozialgeschichtlichen Historiographie als herausragende Ereignisse, die unser heutiges Verständnis von Politik, Wirtschaft und Arbeit beeinflussten.[1898] Bei dem ersten Beispiel handelte es sich „um den Streik, der in Coal Creek stattgefunden hat, und über den der New York Herald berichtete."[1899]

Von April 1891 bis August 1892 war im Osten von Tennessee ein Aufstand der Bergleute ausgebrochen, der sog. *Coal Creek War.* Die Bergwerksbesitzer hatten nämlich damit begonnen, die Minenarbeiter durch zum Arbeitseinsatz verurteilte Strafgefangene auszutauschen, was das sog. *Convict Lease System* erlaubte. Dies gefährdete die Existenz der Bergarbeiter. Es kam während dieses „Krieges" zu zahlreichen Zusammenstößen zwischen den Bergarbeitern und den vom Gouverneur John P. Buchanan entsandten Milizen. Am bekanntesten war der Kampf um Fort Anderson, wo zwei Milizionäre von den Bergarbeitern getötet wurden. Als Folge dieses Krieges war Tennessee einer der ersten Staaten, der den Einsatz von Strafgefangen zu Arbeitszwecken verbot.[1900] Stumm-Halberg jedoch erwähnte die genauen Hintergründe des Bergarbeiteraufstandes nicht, sondern brachte ein

---

1896 Stg. Berichte, 11. Leg.-Periode, 1903/05, 1, 19. Sitzung, Dienstag, den 26. Januar 1904, S. 518D–519A.

1897 Jürgen HEIDEKING, Vera NÜNNING, Einführung, S. 84.

1898 Paul KAHAN, The Homestead Strike: Labor, Violence, and American Industrie, Routledge, New York 2014 S. 7.

1899 Stg. Berichte, 9. Leg.-Periode, 1897/98, 1, 21. Sitzung, Donnerstag, den 20. Januar 1898, S. 532A.

1900 Siehe dazu: Chris CARWOOD, Tennessee's Coal Creek War: Another Fight for Freedom, Magnolia Hill Press 1995.

weiteres Beispiel, das die Gefahren zeigen sollte, die von organisierten Arbeiter-
bewegungen ausgingen: „Ganz ähnlich war die Sache in Homestead,[1901] einem
Hauptsitz der Eisenindustrie in Pennsylvania;"[1902] In diesem Vorort von Pitts-
burgh hatten im Juli 1892 die Arbeiter die *Carnegie Steel Works* besetzt. Die Fabrik
gehörte Andrew Carnegie und wurde von Henry Clay Frick geleitet. In diesem
damals hochmodernen Betrieb war es seit den 1880er Jahren immer wieder zu
Arbeitskämpfen zwischen der machtvollen Gewerkschaft der *Amalgamated Association of Iron and Steel Workers* (AA) und Carnegie bzw. Frick gekommen. Der
Arbeitskampf dauerte von April bis November 1892 und wurde beendet, nachdem ein Anarchist ein fehlgeschlagenes Attentat auf Frick verübt hatte. Die Folge
war eine Schwächung der AA-Gewerkschaft und ein allgemeiner Ansehensverlust
der Gewerkschaften. Stumm-Halberg berichtete von den Vorkommnissen in Pitts-
burgh, übertrieb aber zum einen sehr plastisch die Gefahr, die von den streikenden
Arbeitern ausging – „Von beiden Seiten floß viel Blut" – und erwähnte die Niederlage der Gewerkschaft nicht. Um seine Argumentation zu untermauern, berichtete er in schillernden Worten von einem anderen Bergarbeiterstreik im Staate
Idaho.[1903]

Das letzte von Stumm-Halberg zitierte Beispiel stammte aus Idaho. Dort hatte im
Juli 1892 der *Coeur d'Alene labor strike* stattgefunden,[1904] als die Bergbauunterneh-
mer aus verschiedenen Gründen, u.a. die Einführung von arbeitskräftesparenden
Maschinen, die Löhne gesenkt und die Arbeitszeit ausgeweitet hatten. Daraufhin war es zu einem Streik der Bergleute gekommen, dessen Besonderheit in der
Forderung nach einem existenzsichernden Mindestlohn lag. Der Begriff des *living
wages* war 1878 von dem Engländer Hugh Lloyd Jones eingeführt[1905] und Anfang
der 1890er Jahre allgemein bekannt geworden. In den USA fielen die Forderungen nach Minimallöhnen mit der bereits eingangs erwähnten *Progressive Era*[1906]
zusammen. Allerdings zeigten sich die amerikanischen Politiker sehr skeptisch,
da sie glaubten, die Einführung eines Minimallohnes würde die verfassungsmäßig
verbürgte Vertragsfreiheit einschränken. Und so wurden die ersten Mindestlöhne
nicht vom Zentralstaat, sondern von den Einzelstaaten eingeführt, beginnend

---

1901 Siehe dazu: KAHAN, The Homestead Strike.

1902 Stg. Berichte, 9. Leg.-Periode, 1897/98,1, 21. Sitzung, Donnerstag, den 20. Januar
      1898, S. 532B.

1903 Ibid., S. 532B/C.

1904 William J. GABOURY, From Statehouse to Bull Pen: Idaho Populism and the Coeur
      D'Alene Troubles of the 1890's, in: The Pacific Northwest Quarterly, Bd. 58,
      Nr. 1, 1967, S. 14–22. [http://www.jstor.org/stable/40488223. Eingesehen am 19.
      November 2020.]

1905 Max WEBER, Abriß der universalen Sozial- und Wirtschaftsgeschichte, hg. von
      Wolfgang SCHLUCHTER, J.C.B. Mohr (Paul Siebeck), Tübingen 2011, S. 573.

1906 GOULD, America in the Progressive Era.

mit Massachusetts im Jahre 1912.[1907] Die Idee des Mindestlohnes schwappte von der englischsprachigen Welt nach Deutschland über. Hier hatte man bereits 1890 für das Druckgewerbe den sog. garantierten Jahreslohn eingeführt.[1908] Stumm-Halberg berichtete in seiner Rede zur Bedrohung, die von organisierten Arbeitern für das Wirtschaftsleben ausging, im Januar 1898 von einer Forderung des christlichen Gewerkvereins Bochum, „die von sozialdemokratischer Seite nicht überboten werden könnte" nach einem „garantirte[m] Minimallohn von 1500 Mark".[1909] Die Unternehmer in Idaho hatten auf die harten Gewerkschaftsforderungen reagiert, indem sie die streikenden Bergleute durch neue Arbeiter aus anderen Staaten ersetzten, eine Privatmiliz aufbauten und die Streikenden von Privatdetektiven der Pinkertondetektei infiltrieren ließen. Am 10. Juli kam es schließlich bei einer nicht bestreikten Mine zu einem Feuergefecht zwischen den Milizen und den Streikenden.[1910] Am Ende des Tages hatten die Bergleute die von Streikbrechern weiter betriebene Mine erobert. Es gab mehrere Tote auf beiden Seiten und die Bergarbeiter versuchten, weitere Minen zu besetzen, was ihnen auch gelang. Schließlich wurde vom Gouverneur der Ausnahmezustand ausgerufen, und die Nationalgarde beendet den Streik. Eine der Folgen war die Gründung der *Western Federation of Miners* zur besseren und organisierten Durchsetzung der Anliegen der Bergwerksarbeiter. Diese Gewerkschaft, die 1903/04 auch die *Colorado Labor Wars* führen sollte, galt als sehr militant.

All die aufgeführten Beispiel, bei denen Stumm-Halberg freilich vergaß zu erwähnen, dass sie bereits Anfang der 1890er Jahre stattgefunden hatten und auch, warum es zu den Streiks gekommen war, sollten beweisen, dass die zu starken Gewerkschaften ein gesellschaftliches Problem in ganz Amerika darstellten. Stumm-Halberg betonte aber, dass die eigentlichen Leidtragenden die Arbeiter selbst waren, da sich die Arbeitgeber auf Grund des Vorgehens der Gewerkschaften gezwungen gesehen hatten, sich selbst zu starken Organisationen zusammenzuschließen, was als Folge den Lohn erheblich drückte. Und dies wiederum hatte konkrete Auswirkungen auf England, wo die starken Arbeiterorganisationen spiegelverkehrt zu den amerikanischen ihre Forderungen, so Stumm-Halbach, durchgesetzt hatten – gegen den Einsatz von Maschinen etwa– und dadurch die

---

1907 David NEUMARK, William WASCHER, Minimum Wages, The MIT Press, Cambridge, Massachusetts 2008, S. 11–17.

1908 Anton BURGHARDT, Kompendium der Sozialpolitik: Allgemeine Sozialpolitik – Lohnpolitik – Arbeitsmarktpolitik- Politik der Sozialversicherung, Duncker & Humblot, Berlin 1970, S. 298.

1909 Stg. Berichte, 9. Leg.-Periode, 1897/98, 1, 21. Sitzung, Donnerstag, den 20. Januar 1898, S. 533D.

1910 Robert Michael SMITH, From Blackjacks to Briefcases: A History of Commercialized Strikebreaking and Unionbusting in the United States, Ohio University Press, Athens 2003, S. 21.

englische Industrie gegenüber der amerikanischen die Konkurrenzfähigkeit eingebüßt hatte.[1911] Deshalb musste verhindert werden, dass es hierzulande zu einem
Ungleichgewicht zwischen Unternehmern und Arbeitern käme, wenn Deutschland
seine Konkurrenzfähigkeit und damit den Wohlstand des Landes und seine Stärke
nicht gefährden wollte.[1912] Was die deutsche Industrie gemäß Stumm-Halbach
trotz der relativ hohen Löhne gegenüber diesen beiden wirtschaftlichen Haupt-
konkurrenten bisher konkurrenzfähig und damit stark erhielt, war,

> „daß wir noch ein autoritatives Verhältnis zwischen Arbeiter und Arbeitgeber haben,
> daß bei uns eine Disziplin herrscht, die eben in England nicht mehr besteht. Darauf
> beruht die Exportfähigkeit unserer Eisenindustrie, und diese vernichten wir völlig,
> wenn wir zu englischen und amerikanischen Zuständen kommen, wie sie bis in die
> neueste Zeit wenigstens dort bestanden haben."[1913]

Er sang hier das hohe Lied der Monarchie und des autoritären Militärstaats, vergaß
aber zugleich, dass der starke deutsche Export und die beeindruckende wirtschaftliche Entwicklung seit 1895 vor allem dank der Hochtechnologie und der Innova-
tionskraft deutscher Unternehmen, wie etwa im Chemie-[1914] oder Elektrobereich,
erreicht worden war.[1915] Er stellte die Gefahren, die aus einer zu starken gewerkschaftlichen Macht und damit einer größeren Mitwirkung der aufstrebenden Klasse
der Arbeiter rührten, überzogen und einseitig dar, um die innenpolitischen Haupt-
feinde der hergebrachten Ordnung und der alten Eliten zu schwächen: die Sozialdemokratie und die neuen Industrien. Man sieht, dass auch in dem Bereich der
Arbeitsgesetzgebung die außenpolitischen oder transnationalen Überlegungen im
Reichstag, ähnlich wie bei der Betrachtung rein außenpolitischer Themen, häufig
eine innenpolitische und machtpolitische Zielrichtung hatten und der Kompetenzerweiterung oder auch der Kompetenzbeschränkung und der institutionellen Stärkung oder Schwächung des Parlaments dienten. Im Falle Stumm-Halbachs erkennt

---

1911 Stg. Berichte, 9. Leg.-Periode, 1897/98, 1, 21. Sitzung, Donnerstag, den 20. Januar
     1898, S. 533B.
1912 Ibid.
1913 Ibid., S. 533C.
1914 Beispielhaft zur Bedeutung etwa der chemischen Industrie siehe den Artikel von
     Lothar BURCHARDT, Die Ausbildung des Chemikers im Kaiserreich, in: Zeitschrift
     Für Unternehmensgeschichte, Bd. 23, Nr. 1, 1978, S. 31–53. [JSTOR, www.jstor.
     org/stable/40694609. Eingesehen am 22 April 2019.], hier S. 33: Die Bedeutung der
     chemischen Industrie wird greifbar, wenn „man sich vor Augen [hält], daß sich die
     Zahl der bekannten organisch-chemischen Substanzen im Untersuchungszeitraum
     von rund 3000 (1860) über 15 000 (1880) auf 150 00 (1910) erhöhte, während im
     gleichen Zeitraum die Zahl der in der chemischen Industrie tätigen Vollarbeiter
     von 47 000 (1865) über 81 000 (1880) auf 290 000 (1913) anstieg."
1915 Siehe dazu ULLRICH, Die nervöse Großmacht, S. 120 f.

man eine zweiseitigen Kompetenzausweitungswillen: Zum einen scheint der Wille zur Distanzierung der neuen Eliten und aufstrebenden Schichten von der Macht auf, zum anderen verfolgte der Abgeordnete die Ausweitung der Macht der Reichstagsabgeordneten über die Exekutive. Stumm-Halbach endete denn auch mit einer Art indirekten Aufforderung an die Exekutive, den Antrag, Gewerkschaften das Korporationsrecht zuzugestehen, nicht anzunehmen.[1916] Die selbstbewusste Reaktion der SPD bezeugt, dass es ihm nicht gelungen war, diese zu spalten und sie sich ihres unaufhaltsamen Machtzuwachses im sozialen hierarchischen Gefüge der Wilhelminischen Gesellschaft bewusst war. Der Reichstag diente denn auch als Bühne, auf der die gesellschaftlichen Kräfteverhältnisse gespiegelt und neu ausgehandelt und ausbalanciert wurden.

4.2.4. Arbeitsrechte als Kampf um Demokratisierung und Parlamentarisierung

Der Sozialdemokrat Edmund Fischer[1917] ging sogleich auf Stumm-Halberg ein und verhöhnte sowohl dessen Titel als auch dessen Machtbewusstsein.[1918] Hier erkennt man die zweiseitige Stoßrichtung der Reden vieler linker Reichstagsabgeordneter: Einerseits suchte der Sozialdemokrat Fischer die Teilhabe an der Macht über Aggression und Lächerlich-Machen der alten Eliten und ihrer Riten und Statussymbole zu erreichen. Zum anderen erkennt man den Willen zur Ausweitung der Reichstagskompetenzen als Institution, die der Exekutive übergeordnet ist. Der

---

1916 Stg. Berichte, 9. Leg.-Periode, 1897/98,1, 21. Sitzung, Donnerstag, den 20. Januar 1898, S. 536C/D: „Meine Herren, wie Sie aber auch darüber denken wollen, ich glaube, niemand wird darüber zweifelhaft sein, daß, wenn dieser Antrag Pachnicke auch angenommen wird, er nicht die mindeste Aussicht hat, seitens der verbündeten Regierungen Annahme zu finden (Zurufe bei den Sozialdemokraten), und ich warne Sie davor (Lachen und Zurufe bei den Sozialdemokraten), Beschlüsse zu fassen, die keine Aussicht auf Erfolg haben. Nach meiner Ueberzeugung dient das nicht zur Hebung des Ansehens des Reichstags. (Bravo! rechts; Lachen und Zurufe bei den Sozialdemokraten.)"

1917 Edmund Fischer, in: OSTERROTH: Biographisches Lexikon, S. 82: Edmund Fischer (9. Januar 1864–11. Juni 1925) war gelernter Holzbildhauer und Mitarbeiter bei mehreren sozialdemokratischen Zeitungen. Er wer einer der Mitbegründer der SPD in Frankfurt/Main und saß von 1898 bis 1907 und 1912 bis 1918 für die SPD im Reichstag. Er galt in Bezug auf die Frauenfrage als einer der reaktionärsten Sozialdemokraten. Siehe dazu: Kirsten SCHEIWE, Johanna KRAWIETZ (Hg.), (K)Eine Arbeit wie jede andere: Die Regulierung von Arbeit im Privathaushalt, De Gruyter, Berlin, Boston 2014, S. 187.

1918 Stg. Berichte, 9. Leg.-Periode, 1897/98, 1, 21. Sitzung, Donnerstag, den 20. Januar 1898, S. 536D.

versuchte Weg, über die Demokratisierung zum Parlamentarismus zu gelangen, zog sich als roter Faden durch diese Debatte. So verdächtigte Fischer in seiner sehr langen, klassenkämpferischen Rede die Exekutive, zum Vorteil der Arbeitgeber die Rechte der Gewerkschaften und *in fine* die demokratischen Rechte der Arbeiter beschneiden und gar abschaffen zu wollen. Deshalb wollte er den deutschen Arbeitern sagen, „sie haben den Kampf in erster Linie zu führen gegen die Regierung, weil diese die Sachwalterin der Unternehmerinteressen, der mächtigste Eideshelfer der Unternehmerklasse ist."[1919]

Er benutzte dabei die Bühne des Reichstags, um sich direkt an die Arbeiter zu wenden, was wegen der intensiven Beobachtung der Debatten durch die Presse möglich wurde und zugleich bereits die über die Wahl geschlossene direkte Verbundenheit der Abgeordneten mit dem Volk symbolisierte. Diese doppelte demokratische Verbindung gab den Abgeordneten die Legitimität, die Regierung parlamentarisch kontrollieren zu wollen. Der Reichstag war also der Verbündete des Volkes und der Beschützer der demokratischen Rechte. Dazu musste aber auch die Stellung des Reichstags im Verfassungsgefüge gestärkt werden, was über den institutionellen Kampf gegen die Exekutive einerseits und die alten Eliten im Reichstag andererseits selbst geschah. Und so hatte er in seiner Rede zunächst Stumm-Halberg, dem er ganz klassenbewusst dessen „geschmackvoll[e] und gebildet[e] Redeweise"[1920] vorwarf, harsch angegriffen und ging anfangs auch kurz auf die von ihm aufgezählten Ereignisse in den USA ein. Er betonte, dass Stumm-Halbergs Argumente gegen die Rechte der Gewerkschaften und seine Angst vor deren Macht auf sehr dünnen Beinen stünden, wenn er dazu diese Beispiele aus Amerika bemühen musste. Zum einen hielt sich in Deutschland die Gewalt seiner Meinung nach nicht zuletzt wegen Paragraf 153 der Gewerbeordnung nämlich in Grenzen, zum anderen waren die Gewerkschaften für die Unternehmer in den USA und auch Großbritannien wohl doch nicht so gefährlich und dramatisch, denn sonst hätte der Staat ja bereits ähnliche Verordnungen wie in Deutschland eingeführt: „Freilich, wenn man kommt, die Infamien der amerikanischen Milizen im Hazleton als Beweis für die Nothwendigkeit von Gesetzesänderungen in Deutschland zu betonen, wenn man dazu übergeht, Unternehmerbehauptungen in England als Beweis für die Nothwendigkeit der gesetzgeberischen Aktion nach dieser Richtung im Deutschen Reichstage zu betonen, wohin kommt man dann!"[1921]

Fischer spielte hier auf das sog. *Lattimer massacre* am 10. September 1897 in Hazleton, Pennsylvania, an, bei dem mindestens 19 streikende Minenarbeiter, meist Immigranten aus Deutschland und Südost- und Osteuropa, erschossen worden waren. Es war einer der ersten Streiks, bei dem sich die als Streikbrecher und zahm verrufenen Einwanderer aus Ost- und Südosteuropa gegen die schlechte

---

1919 Ibid., S. 546B.
1920 Ibid., S. 538C.
1921 Ibid., S. 537B.

Bezahlung und Arbeitsbedingung gewehrt hatten. Zudem erfuhr die Gewerkschaft der *United Mine Workers* in der Folge einen enormen Zulauf. Das Massaker kann also durchaus als eine wichtige Etappe der politischen Emanzipation dieser Immigranten gesehen werden.[1922] Eine Entwicklung, die im Übrigen auch das Deutsche Reich interessieren musste, wo sehr viele Menschen aus diesen Teilen Europas als Saisonarbeiter beschäftigt wurden.[1923] Weiter bezeugte Fischer so, dass auch er die Verhältnisse in den USA kannte, denn dort hatte die „Bourgeoisie" keine Angst vor den Arbeitern und schrie nach Ausnahmegesetzen, „wie der Herr Abgeordnete von Stumm es bei jeder Gelegenheit im Reichstag thut."[1924]

Die USA dienten im Schlagabtausch zwischen dem Sozialdemokraten und dem nationalliberalen Unternehmer als Projektionsfläche der jeweils eigenen sozialgesellschaftlichen Anschauungen und zugleich als Feld des Austragens von Klassenkampf: Während sich Stumm-Halberg den amerikanischen Unternehmern verbunden zeigte, verhielt sich Fischer hingegen, vielleicht wegen der kapitalistischen Grundhaltung der US-Gewerkschaften, mit den Arbeitern dort nicht sonderlich solidarisch, sondern blieb im nationalen und europäischen Rahmen verhaftet. Und dies trotz der Tatsache, dass die sozialistische Idee eigentlich eine internationale war. Beide aber konstruierten über ihre Kenntnisse der Verhältnisse in den USA ihre transnationale und internationale Kompetenz, was sie einander und auch der Exekutive, die ja die eigentliche politische Kompetenz in auswärtigen Fragen hatte, ebenbürtig machte.

In der Debatte zur Arbeitsgesetzgebung werden die immer komplexeren Beziehungen und Verflechtungen in und unter den modernen Gesellschaften sichtbar, die mit ihrer Vervielfältigung möglicher Resonanzräume die Möglichkeit wechselseitiger Anregungen über Länder- und Klassengrenzen boten und so die gesellschaftliche und politische Transformation des Kaiserreichs beschleunigten. Die Demokratisierung, also die Zunahme gesellschaftlicher und politischer Frei- und Handlungsräume, verstärkte die Parlamentarisierung und diese wirkte wiederum verstärkend auf die Demokratisierung zurück. Statt einer zusehends tieferen Entfremdung des Individuums in der Moderne, wie sie etwa von Karl Marx oder Max

---

1922 Siehe dazu: Harold W. Aurand, The Lattimer Massacre: Who Owns History? – An Introduction, in: Pennsylvania History: A Journal of Mid-Atlantic Studies 69, Nr. 1 (2002), S. 5–10. [http://www.jstor.org/stable/27774381. Eingesehen am 22. November 2020.]; Interessant auch: Michael Novak, The Guns of Lattimer, Erstausgabe Basic Books 1978, Routledge, New York 2017.

1923 Christiane Reinecke, Staatliche Macht im Aufbau: Infrastrukturen der Kontrolle und die Ordnung der Migrationsverhältnisse im Kaiserreich, in: Handbuch Staat und Migration in Deutschland seit dem 17. Jahrhundert, hg. von Jochen Oltmer, De Gruyter Oldenbourg, Berlin 2015, S. 341–384, hier S. 357–360.

1924 Stg. Berichte, 9. Leg.-Periode, 1897/98, 1, 21. Sitzung, Donnerstag, den 20. Januar 1898, S. 537B.

Weber beobachtet zu werden glaubte,[1925] bezeugen die Reichstagsdebatten zumal zur Außenpolitik und internationalen Fragen eine Tendenz zum Austausch und zum Aus- und Angleich der gesellschaftlichen und politischen Gewichtungen. Darüber hinaus konnte über außenpolitisches Wissen, nicht zuletzt zu den USA, die eine Republik und eine echte Demokratie waren und zumindest wirtschaftlich und politische als äußerst liberal galten, die eigene liberale und freiheitliche Gesinnung ins Licht gerückt werden. Dadurch konnte man eine gewisse Fortschrittlichkeit suggerieren, und man konnte versuchen, eine randständige Position innerhalb der Gruppe der Abgeordneten zu überwinden und in die demokratische Meinungsmitte vorzudringen.

Dieser Aspekt wird etwa in der Rede des antisemitischen Abgeordneten Hermann Ahlwardt sehr deutlich. Während der zweiten Beratung des Reichshaushalts-Etats-Reichsamt des Innern für das Rechnungsjahr 1903, die sich vom 7. Februar 1903 bis 26. Februar 1903 über 16 Sitzungen hinzog, hielt er am 13. Februar 1903 eine Rede, in der er seine Bewunderung für die amerikanischen Arbeiter und das amerikanische Wirtschaftssystem ausführlich zum Ausdruck brachte. Er zielte bei diesem „Systemvergleich" zwischen dem amerikanischen Liberalismus und dem sich entwickelnden Sozialstaatssystem im Deutschen Reich, der auf eine Analyse der marxistischen Ideen folgte, auf die Innenpolitik, insbesondere auf die Sozialdemokratie und deren Forderungen nach einer weiteren Ausweitung der sozialen Rechte und der Arbeitsrechte, die während der Etatberatungen gefordert wurden. Ahlwardt berichtet von seinen Erfahrungen in den USA: „Und was ich dort sah, ist von solcher Bedeutung, daß ich Sie bitten möchte, ohne Rücksicht auf die Sympathien oder Antipathien gegen meine Person, diese Dinge recht ernsthaft in Erwägung zu ziehen."[1926]

Er ließ sodann eine regelrechte Lobpreisung des liberalen und wenig staatsinterventionistischen amerikanischen Systems folgen. Ahlwardt betonte seine Bewunderung für die amerikanischen Arbeiter, ihren Patriotismus und ihren Leistungswillen. All dies sah er in der großen Freiheit des amerikanischen Systems und in der Freiheitsliebe jedes einzelnen Staatsbürgers begründet. Diese Freiheit und Liebe zur Freiheit trieben die Arbeiter zu den höchsten Leistungen an. Er lobte zudem die Eigenverantwortlichkeit und versuchte, über sein Lob der Rechte der amerikanischen Gewerkschaften zur Selbstverwaltung und zur Verwaltung verschiedener Versicherungen, Stimmen aus dem Arbeitnehmerlager zu gewinnen. Denn eines der wichtigen sozialrechtlichen Kampffelder dieser Jahre war der Paragraf 153 der Gewerbeordnung. Auch die steigende Verflechtung der hochindustrialisierten Länder und ihre wirtschaftliche, industrielle Angleichung, die

---

1925 Hartmut ROSA, David STRECKER, Andrea KOTTMANN, Soziologische Theorien, 3. Auflage, UKV Verlagsgesellschaft mbH, München 2018, hier S. 44–47.
1926 Stg. Berichte, 10. Leg.-Periode, 1900/03, 9, 258. Sitzung, Freitag, den 13. Februar 1903, S. 7922D–7923A.

komparative Kostenvorteile nur über die Produktivität erlaubte, sollten sein liberales und fortschrittliches Verständnis bezeugen und muten gesellschaftlich und wirtschaftlich modern an. Ahlwardt vergaß jedoch, die sozialen Nachteile eines derartigen Systems ohne staatlich garantierte Versicherungen. Er vergaß zudem zu erwähnen, dass die schwarze Bevölkerung und vielfach auch die ost- und südosteuropäischen Migranten von betriebseigenen Sicherungssystemen nicht oder nur ungenügend profitierten. Interessanterweise fiel in seinen Ausführungen kein antisemitisches Wort, was die These eines besonders starken deutschen Antisemitismus nuanciert[1927] und der sich auch in den Ergebnissen der Reichstagswahlen für die antisemitischen Parteien so nicht nachvollziehen lässt. Es bestätigt zugleich den Eindruck, dass in den Debatten des Reichstags, zumindest in solchen mit USA-Bezug, offen antisemitische Äußerungen relativ selten und anscheinend relativ verpönt waren.[1928]

4.3. Die Migration

Eng mit der Arbeiterfrage verbunden war die Frage der Migration. In der Debatte zum Haushalt des Reichsamts des Innern für 1898, die Anfang 1898 stattfand, wurde im Zusammenhang mit einer weiteren Reform der Rechte der Arbeitnehmerorganisationen auch die Arbeitsmigrationsfrage debattiert. Dies war nicht weiter verwunderlich, da um die Jahrhundertwende die USA und das Deutsche Reich zu den wichtigsten Einwanderungsländern geworden waren, insbesondere Deutschland sich aber wegen des starken Wirtschaftswachstums vor zwei Fragen gestellt sah: Erstens, wie sollte es mit der internationalen Arbeitermigration umgehen; zweitens, war die Auswanderung Deutscher nach Amerika, die jedoch zurückgegangen war und sich teilweise in eine Rückwanderung umgekehrt hatte, negativ für die deutsche Wirtschaft? Die USA rückten deshalb hinsichtlich dieser Frage, die die kommenden Debatten um eine Klärung des bis 1913 nur recht unzufrieden geregelten Reichs- und Staatsbürgerschaftsrechts bereits am Horizont aufscheinen ließ, in den Blickpunkt.

4.3.1. Die Rückwanderung aus den USA als wirtschaftliches und gesellschaftliches Problem

Der Zentrumsabgeordnete Ernst Lieber nutzte die „scharfen" Debattenbeiträge von Fischer und Stumm-Halberg, sich als Mann der Mitte und des Ausgleichs zu präsentieren. Er wolle weder an einer „Sozialistenschlacht" teilnehmen, noch

---

1927 Daniel GOLDHAGEN, Hitler's Willing Executioners: Ordinary Germans and the Holocaust, Vintage Books, New York 1997.

1928 Stg. Berichte, 10. Leg.-Periode, 1900/03, 9, 258. Sitzung, Freitag, den 13. Februar 1903, S. 7923A/B.

widersprach er völlig Stumm-Halbergs Auffassung, von organisierten Arbeitern gingen zu große Gefahren für das wirtschaftliche Leben und die Unternehmertätigkeit aus.[1929] Lieber nahm auch in der Frage eines Minimallohnes von 1.500 Mark jährlich eine mittlere und ausgleichende Stellung ein: „Wenn und solange es den Kohlesyndikaten gestattet ist, Minimalpreise für ihre Kohlen zu vereinbaren, mit der ganzen Wucht ihres Ringes durchzuführen – was ist dagegen vom Standpunkt des Gesetzgebers mit Grund geltend zu machen, wenn nun auch die Arbeiter verlangen, sich organisiren zu dürfen, um einen Minimallohn, der das Mindestmaß der Lebenshaltung eines Arbeiters zu befriedigen im Stande ist?"[1930]

Hier zeichnet sich die für die spätere Bundesrepublik so bedeutenden „Konzeption der Mitte" ab, d.i. der Ausgleich zwischen rechten und linken Positionen. Die Überwindung eines Zweiparteienschemas, mit einem dominanten rechten (Konservative und Nationalliberale) und linken (SPD und Linksliberale) Lager,[1931] nahm mit den Bestrebungen des Zentrums nach Ausgleich zwischen rechts und links im Kaiserreich ihren Anfang, fand in der Weimarer Republik mit der sog. Weimarer Koalition ihren ersten konkreten machtpolitischen Ausdruck und findet sich im Konstrukt der Großen Koalition und der in der Bundesrepublik jahrzehntelangen dominanten Rolle der CDU wieder.

Lieber ging sodann auf Stumm-Halbergs Ausführungen zu den amerikanischen und englischen *trade unions* näher ein, welche die Konkurrenzfähigkeit der englischen Eisen- und Kohleindustrie gegenüber der amerikanischen und deutschen zerstört hätten.[1932] Er wies diese Meinung zurück, sah aber mit der sich verschlechternden Situation der Arbeiter in den Vereinigten Staaten ein Problem auch auf Deutschland zukommen, nämlich das der „rückläufige[n] Bewegung unserer Auswanderer nach Nordamerika."[1933] Damit meinte Lieber aber nicht nur die rückgängige Auswanderung Deutscher nach Amerika. Das größere Problem war, dass zahlreiche deutsche Auswanderer mangels Chance und wegen zurückgehender Löhne in den USA nach Deutschland rückwanderten. Die Folge wäre ein Arbeitskräfteüberschuss in Deutschland. Dies löste einen Zwischenruf von rechts aus, den Lieber geschickt parierte.

Wirklich hatte die Auswanderung nach Amerika ab Beginn der 1890er Jahren abgenommen. Wanderten im Zeitraum 1880 bis 1889 noch etwa 1 400 000

1929 Stg. Berichte, 9. Leg.-Periode, 1897/98, 1, 22. Sitzung, Freitag, den 21. Januar 1898, S. 555C/D.

1930 Ibid., S. 556A.

1931 Siehe dazu: Gustav Schmidt, Innenpolitische Blockbildung in Deutschland am Vorabend des Ersten Weltkriegs, in: Aus Politik und Zeitgeschichte, Beilage zur Wochenzeitung „Das Parlament", Bd. 20, 1972, S. 3–32.

1932 Stg. Berichte, 9. Leg.-Periode, 1897/98, 1, 22. Sitzung, Freitag, den 21. Januar 1898, S. 556A.

1933 Ibid.

Menschen aus Deutschland aus, waren es im darauffolgenden Jahrzehnt nur mehr etwa 600 000 und in dem Jahrzehnt vor dem Ersten Weltkrieg 300 000.[1934] Es kehrten jedoch immer mehr Deutsche nach Deutschland zurück. Amerikanische Forscher beziffern die Zahl der deutschen Rückkehrer zwischen 1899 und 1924 auf knapp ein Fünftel der ehemaligen Einwanderer. Die Statistiken dazu sind aber weit schwieriger zu erheben als für die Auswanderung, da die Quellenlage unübersichtlich ist.[1935] Allerdings gab es im Reich auch einen Arbeitskräftemangel, zumal in der Landwirtschaft, der über eine sehr starke Einwanderung und über das Phänomen der osteuropäischen Saisonarbeiter gelindert wurde.[1936]

In Liebers Rede ist allerdings auch die Abwesenheit völkischer Überlegungen bemerkenswert, die im krassen Gegensatz zum Denken von Vertretern etwa des Alldeutschen Verbandes stand. Die nationale Zugehörigkeit, die sich über Abstammung definierte, war noch nicht sehr in das Denken der Menschen eingedrungen, die *imagined community* des deutschen Volkes war noch im Entstehen. Bis zum Ende der 1910er Jahre überwog der Wunsch nach einer Bevölkerung mit möglichst homogener Staatsangehörigkeit. Das führte dazu, dass zumal in Preußen Ausländer dazu gedrängt wurden, möglichst schnell die preußische Staatszugehörigkeit zu beantragen. Es bestand mithin zwar ein intensiver Integrationsdruck, dieser bezog sich aber nicht auf kulturelle Assimilation.[1937] Insofern nimmt es kein Wunder, dass die im Antisemitismusstreit (1879–1881) kulminierende antisemitische Bewegung und der kulturelle Assimilationsdruck auf die Juden nach recht kurzer Zeit im Sande verliefen.[1938] Im Laufe der Wilhelminischen Epoche sollten sich die

---

1934 Daten online: https://de.statista.com/statistik/daten/studie/266071/umfrage/immigration-aus-deutschland-in-die-usa/#:~:text=Im%2019.,1%2C4%20Millionen%20Deutsche%20einwanderten. [Eingesehen am 26. November 2020]. Zur deutschen Auswanderung in die Vereinigten Staaten siehe: Bernd BRUNNER, Nach Amerika: Die Geschichte der deutschen Auswanderung, C.H. Beck, München 2009; Klaus J. BADE, German Emigration to the United States and Continental Immigration to Germany in the Late Nineteenth and Early Twentieth Century, in: Central European History, Bd. XIII, Atlanta 1980, S. 348–377; Alexandra FIES, Die badische Auswanderung im 19. Jahrhundert nach Nordamerika unter besonderer Berücksichtigung des Amtsbezirks Karlsruhe zwischen 1880 und 1914, KIT Scientific Publishing, Karlsruhe 2010, S. 49–68.
1935 BRUNNER, Nach Amerika, S. 87–88.
1936 Christiane REINECKE, Staatliche Macht, S. 357–358.
1937 Andreas FAHRMEIR, Migratorische Deregulierung durch Reichseinigung, in: Handbuch Staat und Migration in Deutschland seit dem 17. Jahrhundert, hg. von Jochen OLTMER, De Gruyter Oldenbourg, Berlin 2015, S. 319–340, hier S. 338.
1938 Der „Berliner Antisemitismusstreit" 1879–1881: Eine Kontroverse um die Zugehörigkeit der deutschen Juden zur Nation. Kommentierte Quellenedition, hg. von Karsten KRIEGER, K.G. Saur, München 2004, S. X–XXXI.

Meinungen zur Staatsangehörigkeit und zur Bedeutung von Nation aber stark verschärfen und zu einer gewissen Spaltung der Gesellschaft in zwei Lager führen, nämlich in ein eher international und liberal eingestelltes und in ein stark nationalistisch, ja völkisch-chauvinistisches. Diese Dichotomie wurde bei den Debatten zum Vereinsgesetzt etwa oder zur Einführung eines neuen Reichs- und Staatsangehörigkeitsgesetzes deutlich und spiegelte die wachsende Kluft zwischen neuer und alter Elite wider. Allerdings lässt sich nichtsdestoweniger die Tendenz feststellen, dass gemäßigtes nationalistisches und völkisches Denken zu einer Art annehmbaren und möglichen Meinung sogar bei der SPD wurde – wohl auch, weil die SPD immer stärker „in das gesellschaftliche Spiel" einbezogen war.[1939] Es schien sich darüber ein nationaler Konsens zu bilden, der dazu beitrug, innere Konflikte abzufedern, wie weiter unten bei den Debatten zum Reichs- und Staatsangehörigkeitsgesetz zu zeigen versucht wird.

4.3.2. Auswanderung eindämmen zum Nutzen der Nation

Im Gegensatz zu Lieber, der nicht der vorindustriellen Herrschaftsschicht oder dem Adel entstammte, nahm in der Sitzung vom 21. Januar 1898 Graf Udo zu Stolberg Wernigerode von der deutschkonservativen Partei in seiner Antwort auf ihn eine geradezu gegensätzliche Haltung ein:

> „Der Herr Abgeordnete Lieber hat nun Bezug genommen – und das ist der springende Punkt, in dem ich mit ihm anderer Meinung bin ‚auf das Verhältnis unserer Auswanderung nach Amerika'." Stolberg-Wernigerode glaubte nicht, dass der Rückgang der deutschen Auswanderung in die USA daran liege, „daß in Amerika die Lohnverhältnisse ungünstiger geworden sind. [...] Mir scheint vielmehr der eigentliche Grund darin zu liegen, daß augenblicklich in unserer deutschen Industrie mehr Arbeiter als bisher Platz und Arbeit gefunden haben."[1940]

Diese Aussage war insofern richtig, als sich Deutschland seit 1895 auf einem Wachstumspfad befand, der, unterbrochen von kleinen Dellen, bis 1914 andauern sollte. Im Gegensatz zu Lieber aber nahm Stolberg-Wernigerode, der als Adeliger und hoher preußischer Beamter zur staatstragenden alten Elite gehörte- u.a. war er Oberpräsident der Provinz Preußen gewesen-, eine bereits explizit nationalistische Haltung zur Auswanderung ein, in der sich in Zügen völkische Anklänge finden lassen. Für ihn stellte die Rückwanderung kein Problem dar, sondern ein wünschenswertes Ziel. Die Auswanderung war für ihn ein Unglück, denn „wir verlieren nicht nur das körperliche, geistige und finanzielle Kapital, welches der Mann

---

1939 SCHWARZ, „Je weniger Afrika, desto besser", S. 312.
1940 Stg. Berichte, 9. Leg.-Periode, 1897/98,1, 22. Sitzung, Freitag, den 21. Januar 1898, S. 563B.

nach Amerika herüberbringt, sondern beinahe ebenso schlimm ist es, daß uns gegenüber durch jeden Auswanderer drüben eine Konkurrenz mehr entsteht."[1941]
Seit der Samoakrise und dem Spanisch-Amerikanischen Krieg begann sich zwischen Deutschland und den Vereinigten Staaten der Konkurrenzgedanke verstärkt zu entwickeln, aus dem im folgenden Jahrzehnt echte, wenngleich nicht wirklich gefährliche Konflikte entstanden. Deutschland, das sich also in einer Hochkonjunkturphase befand und Weltpolitik zu treiben begann, brauchte für seine Wirtschaft alle verfügbaren Arbeitskräfte, wollte es seine Ziele verwirklichen. Und so war es ganz folgerichtig, wenn Stolberg-Wernigerode schloss, „daß die Auswanderung zurückgegangen ist, ist sehr erfreulich; und, meine Herren, wenn dieser Zustand ein anhaltender sein sollte, würde ich das für ein großes Glück halten. (Sehr richtig! rechts.)"[1942]
Stolberg-Wernigerode suchte gemäß dem Gedanken der Sammlungspolitik den Schulterschluss zwischen Landwirtschaft und Industrie, in der Hauptsache der Schwerindustrie, wie seine Zustimmung zu den Ausführungen Stumm-Halbergs hinsichtlich der Einschränkung der Rechte der Gewerkschaften bezeugten. Ziel war es, innenpolitisch die alten Eliten gegen die aufstrebenden Schichten, die etwa auch von Lieber repräsentiert wurden, in ihrem politischen und gesellschaftlichen Aufstieg zu behindern. Dazu mussten aber genügen Arbeitsplätze in der deutschen Wirtschaft geschaffen werden: „(Sehr richtig! rechts.)."[1943]
Die Meinung und Haltung Stolberg-Wernigerodes zur Frage der Gewerkschaften, der Löhne in Deutschland und der Auswanderung Deutscher in die USA, die er verhindern wollte, ähnelte im Übrigen seiner kurzen Ausführung zu den Forderungen Heinrich zu Schönaich-Carolaths hinsichtlich des Frauenstudiums, wie es weiter unten im Abschnitt zur Frauenfrage behandelt wird. Stolberg-Wernigerode kannte zwar einen „Zustand der Wandlung" an, der in Zukunft „eine Erweiterung ihrer Rechte" bringen würde.[1944] Obwohl dagegen nichts zu sagen war, so wollte er doch aus dieser Wandlung das Tempo herausnehmen. Hier erkennt man wieder die von der alten Elite benutzte Taktik des Hinhaltens und Aussitzens von Reformen, die zwar in der Zeit des Kaiserreichs häufig von einem Erfolg *de jure* gekrönt war, den gesellschaftlichen Mahlstrom der Veränderungen jedoch nicht aufhalten konnte, wie die umstürzenden Veränderungen kurz vor Ende des Ersten Weltkriegs und dann in der Weimarer Republik bezeugten. Das unterschwellige Ziel war mithin stets, neuen gesellschaftlich relevanten Gruppen – seien es „Mischlinge", Auswanderer, Arbeiter oder Frauen – die politische, gesellschaftliche und auch finanzielle Emanzipation zu erschweren, um so die alten Strukturen möglichst lange intakt zu halten.

1941 Ibid.
1942 Ibid., S. 563C.
1943 Ibid., S. 563B/C.
1944 Ibid., S. 562D–563A.

4.4. Die Frage der Reichs- und Staatsangehörigkeit

Liebers Angst, die Rückwanderung könnte zu einer Verschlechterung der sozialen Lage in Deutschland führen, hing eng mit der Frage der Migration und im Grunde mir derjenigen der Staatsangehörigkeit zusammen. Wie auf den oben beschriebenen gesellschaftlichen Problemfeldern der „Rassenfrage" oder der sozialen Frage wies die Migrationsproblematik in den USA und in Deutschland eine ähnliche Entwicklung auf. Ende des 19. Jahrhunderts fanden weltweit ungeheure Wanderungsbewegungen statt, denen sich kein Land entziehen konnte. Neben den USA und anderen, vor allem südamerikanischen Staaten, wurde auch Deutschland von einem Aus- zu einem Einwanderungsland. Im Jahre 1895 hatte Deutschland zum ersten Mal einen positiven Einwanderungssaldo.[1945] Und so kam es zu Überlegungen seitens des Reichstages, ein deutsches Einbürgerungsgesetz zu formulieren.

4.4.1. Der lange Weg zu einem Reichs- und Staatsangehörigkeitsgesetz

Die Diskussionen zu einem solchen Gesetz setzten sich über mehrere Jahre lang fort, wie etwa ein Redebeitrag des nationalliberalen Abgeordneten und geschäftsführenden Vorsitzenden des Alldeutschen Verbandes, Ernst Hasse, aus dem Jahr 1903 zeigt: In der Sitzung am 19. Februar 1903, bei der zweiten Lesung des Etats des Staatssekretariats des Innern für 1903, kam er auf eine Antwort des Staatssekretärs des Reichsamts des Innern zurück, die dieser dem Reichstag am 25. Januar 1901 gegeben hatte, bezüglich eines Gesetzes über Erwerb und Verlust der Reichs- und Staatsangehörigkeit. Diese war, wie Hasse sagte, dem Staatssekretär zufolge damals wegen Verhandlungen mit dem Auswärtigen Amt noch in Schwebe. Hasse fuhr dann fort, er bedaure, dass dieses Gesetz noch immer nicht verabschiedet worden war. Denn das Fehlen eines solchen Gesetzes stellte nach Hasses Ansicht nicht nur ein Problem für die Interessen der Deutschen im Ausland dar, da in diesem Jahr eine starke Einwanderung aus den „südöstlichen Ländern Europas" stattfand, und „zwar sowohl von Deutschen als auch von den Ruthenen und anderen ähnlichen Elementen". Er bedauerte sehr das Fehlen eines Staatsangehörigkeitsgesetzes, „um diese fremden Bevölkerungselemente unterschiedlich zu behandeln, d.h. die Leute mit deutscher Abstammung mit möglichstem Wohlwollen [...] dagegen die Ruthenen, für die wir kein Interesse haben, so zu behandeln, wie es unsere Interessen erheischen. Ich würde recht dankbar sein, wenn wir heute

---

1945 Dieter GOSEWINKEL, Die Nationalisierung der Staatsangehörigkeit im Deutschen Kaiserreich, in: Das Deutsche Kaiserreich in der Kontroverse, hg. von Sven Oliver MÜLLER, Cornelius TORP, Vandenhoeck & Ruprecht, Göttingen 2009, S. 392 -405, hier S. 400.

erführen, daß dieser Gegenstand gefördert würde."[1946] Dieser letzte Satz ist ein erneutes Beispiel für einen perlokutionären Akt, der die Regierung zum Handeln bringen sollte.

Es gab jedoch keinerlei Reaktionen auf den Beitrag Hasses, und im weiteren Verlauf der Debatte gingen weder der Staatssekretär noch andere Abgeordnete auf seine Anfrage ein. Beides bezeugt, dass der völkische und provokative Ton Hasses von der Mehrheit der Abgeordneten wohl nicht bzw. noch nicht geteilt wurde und auch der Einfluss der Alldeutschen auf die Regierungsarbeit bzw. den Ablauf der Debatten im Reichstag zumindest im vorliegenden Fall keinen Einfluss zeitigte.

Und wirklich sollte es noch bis zum Jahre 1913 dauern, bis schließlich das *Reichsgesetz über die Staatsangehörigkeit* verabschiedet wurde. Im Gegensatz zu den USA, die sich nach ersten Experimenten mit einer auf die Staaten bezogenen Zugehörigkeit rasch für eine einheitliche US-Staatsangehörigkeit entschieden, die zwar teilweise durch Staatsgerichte, aber nach Maßgabe der Bundesrichtlinien administriert wurde, hielt das Deutsche Reich daran fest, dass die Staatsangehörigkeit weiterhin die Zugehörigkeit zu einem Einzelstaat bezeichnete.[1947] In der Zwischenzeit galt also Artikel 3, insbesondere Absatz 1 RV.[1948] Sowohl die betroffenen Ministerien als auch der Reichstag hatten sich in den Jahren vor der Verabschiedung des Gesetzes intensiv über die Handhabung und die Gesetzeslage in anderen Staaten Europas informiert. Darüber hinaus interessierte sich der Reichstag auch für die Einwanderungslage in den USA und die Praxis der Einbürgerung dort. Die USA hatten sich zu Beginn des 20. Jahrhunderts gegenüber dem europäischen Kolonialismus und Imperialismus behauptet und waren zu einer führenden politischen und ökonomischen Nation aufgestiegen. Parallel zu dieser Entwicklung hatten sich auch das Selbstbildnis und die Selbstwahrnehmung gewandelt. Die USA versuchten, wie im Übrigen auch das Kaiserreich nach der kleindeutschen Reichsgründung 1871,[1949] sich eine nationale Identität zu geben, und dies hatte Überlegungen zur Staatsbürgerschaft und damit zur Einbürgerungspraxis zur Folge.[1950] Die USA und nicht zuletzt die dorthin ausgewanderten Deutschen lieferten für die Überlegungen zu einem neuen Einbürgerungsgesetz reichhaltiges und gutes Anschauungsmaterial. Erst 1819 war das erste Bundesgesetz zur Einwanderung vom Kongress verabschiedet worden. Bis dahin hatte man das Ideal der freien Einwanderung nicht angerührt und die konkrete Lösung der daraus entstandenen Probleme den

---

1946 Stg. Berichte, 10. Leg.-Periode, 1900/03, 9, 262. Sitzung, Donnerstag, den 19. Februar 1903, S. 8047A.
1947 FAHRMEIR, Migratorische Deregulierung, S. 325.
1948 Deutsche Geschichte in Quellen und Darstellungen 8, S. 26.
1949 Ibid., S. 8–9.
1950 Frank BECKER, Adelheid von Saldern, Amerikanismus. Kulturelle Abgrenzung von Europa und US-Nationalismus im frühen 20. Jahrhundert, in: Transatlantische Studien 49, Stuttgart 2013, S. 526.

Einzelstaaten überlassen. 1847 kam es zu einem neuen Gesetz und im Laufe der weiteren Jahrzehnte zu einer immer stärkeren Reglementierung der Einwanderung, auch in gesetzlicher Zusammenarbeit mit den Herkunftsländern. Allerdings sah man bis in die 1880er Jahre von einer Begrenzung der Immigration ab. Dann aber kam es zu einer Abwendung von der liberalen Einwanderungspraxis.[1951]

4.4.1.1. Das Erschweren der Einwanderung in den USA

In der Sitzung am 20. Februar 1903 stellte der Zentrumsabgeordnete Peter Paul Cahensly,[1952] der der Initiator des im Juni 1897 verabschiedeten Reichsgesetzes über das Auswandererwesen gewesen war,[1953] dem Reichstag einen Bericht des Bremer Reichskommissars für Auswandererwesen, Magnus von Levetzow, hinsichtlich zur Auswanderung vor. Darin lieferte dieser einiges statistisches Material zur Aus- und auch Rückwanderung, und er beschrieb zum einen die Reisebedingungen auf den Auswandererschiffen und die Kosten für eine derartige Reise. Zum anderen kam Cahensly darauf zu sprechen, wie die Auswanderer bei ihrer Ankunft in den USA in Ellis-Island behandelt wurden. Der Bericht wurde mit einem allgemeinen „Bravo" des Reichstags beantwortet, in der Folge wurde jedoch nicht weiter von anderen Abgeordneten darauf eingegangen. Dies bezeugt die Einigkeit, die in dieser Frage über die Parteigrenzen hinweg herrschte, und es zeigt, dass über ein derartiges Thema die Gruppenidentität und das nationale

---

1951 Agnes BRETTING, Der Staat und die deutsche Massenauswanderung: Gesetzgeberische Maßnahmen in Deutschland und Amerika, in: Amerika und die Deutschen. Bestandsaufnahme einer 300jährigen Geschichte, hg. von Frank TROMMLER, Westdeutscher Verlag, Opladen 1986, S. 58–60.

1952 Franz RICHTER, Cahensly, Peter Paul, in: Neue Deutsche Biographie 3 (1957), S. 91 [Online-Version]; URL: https://www.deutsche-biographie.de/pnd118666517. html#ndbcontent: Peter Paul Cahensly (28. Oktober 1838–25. Dezember 1923) war Kaufmann für Kolonialwaren und Zentrumsabgeordneter im Reichstag von 1886 bis 1916. Er war sehr aktiv in der Auswandererhilfe. Er bereiste die Vereinigten Staaten und besuchte deutsche Auswanderer. 1871 hatte er den St Raphaels-Verein zum Schutze dieser gegründet, der sich aber in der Hauptsache für die durch den Kulturkampf verfolgten deutschen katholischen Auswanderer einsetzte. Er wollte die Auswanderungsbedingungen, die Seereise und die Ankunft der Auswanderer in den USA verbessern, was ihm auch dank des 1897 verabschiedeten Gesetzes teilweise gelang. Er plädierte dafür, dass die ausgewanderten deutschen Katholiken in den USA eine besondere Stellung innerhalb der katholischen Kirche erhalten sollten, was ihm die Gegnerschaft amerikanischer Bischöfe einbrachte, die für eine schnelle Amerikanisierung der Katholiken eintraten. Schließlich musste Papst Leo XIII. in dem Streit vermitteln.

1953 Sebastian CONRAD, Globalisierung und Nation im Deutschen Kaiserreich, C.H. Beck, München 2010², S. 231–233.

Zusammengehörigkeitsgefühl gestärkt werden konnten. Um 1902 war es zu einer konjunkturellen Abkühlung gekommen, die sowohl die deutsche Auswanderung als auch die ost- und südosteuropäische Auswanderung über die deutschen Häfen Bremen und Hamburg nach Amerika, und insbesondere in die Vereinigten Staaten, wieder hatte ansteigen lassen.[1954]

Cahensly ging am Ende seiner Rede auf die Aufnahme der in den USA ankommenden Auswanderer ein und wollte – wiederum über einen perlokutionärer Akt –, „den Herrn Staatssekretär auf die unwürdige Behandlung aufmerksam [...] machen, die einem Theil unserer Auswanderer bei der Landung in New York seit mehreren Monaten schon zu Theil wird. Der jetzige Einwandererkommissar Mr. Williams[1955] hat die gesetzlichen Bestimmungen in übertriebener Weise gehandhabt und unterwirft die Ankömmlinge einer förmlichen Inquisition", welche Cahensly genau beschrieb und so sein internationales Wissen bezeugte. Und weiter: „Haben die Einwanderer Geld genug, um die Reise bis zu ihrem Ziel, etwa nach Chicago, zu unternehmen, so sind sie verdächtig, unter Kontrakt eingeführt worden zu sein. Können sie aber nicht genug bares Geld aufweisen, und seien sie auch gesund und kräftig, so laufen sie Gefahr, als ‚Paupers' wieder nach Deutschland oder Oesterreich, wo sie hergekommen sind, zurückgeschickt zu werden."[1956]

Als vom Kulturkampf geprägter Katholik dachte er natürlich auch an die Österreicher, die aber in den amerikanischen Statistiken meist einfach nur als Deutsche bezeichnet wurden, weshalb ihr Anteil an der Auswanderung oft im Dunkeln bleibt. Gleichzeitig aber betonte er auch – der Kulturkampf hatte traumatische Spuren bei den deutschen Katholiken hinterlassen –, dass er nicht großdeutsch dachte, sondern durchaus die offizielle Linie beachtete, die das Deutsche Reich und nicht Österreich in der Nachfolge des Alten Reichs sah. Und dieses Reich wünschte als „Reich" und nicht bloß Staat oder Land für seine Bürger eine privilegierte Behandlung, die in der Logik internationaler staatlicher Hierarchien vom

---

1954 Stg. Berichte, 10. Leg.-Periode, 1900/03, 9, 263. Sitzung, Freitag, den 20. Februar 1903, S. 8077A.

1955 William Williams (1862–1947) war zwischen 1902 und 1905 und 1909 bis 1914 *federal commissioner for the port of New York*. Er war von Theodore Roosevelt, den er im Spanisch-Amerikanischen Krieg kennengelernt hatte, ernannt worden. Er war ein Anhänger der sich ausbreitenden Eugenik und Rassenideologien und wollte die Vereinigten Staaten „rein" halten von ungesunden Immigranten. Das *New York Journal* brachte daraufhin zahlreiche Berichte über unmenschliche Behandlungen auf Ellis Island und es wurde Strafanzeige gegen Williams erhoben, die jedoch zu keiner Verurteilung führte. Siehe dazu: Alan M. KRAUT, Silent Travelers: Germs, Genes and the "Immigrant Menace", Baltimore und London, Johns Hopkins University Press, Baltimore und London 1994.

1956 Stg. Berichte, 10. Leg.-Periode, 1900/03, 9, 263. Sitzung, Freitag, den 20. Februar 1903, S. 8077B/C.

Staatssekretär auch einzufordern wäre. Indirekt enthielt diese Aufforderung jedoch auch die provokative Frage an die Exekutive, ob sie sich auf internationaler Ebene durchsetzungsstark zeigen und damit auch nach innen ihre weiterhin prädominante Stellung im Verfassungsgefüge verteidigen konnte. Denn in der Tat wurden immer mehr Deutsche an der Einwanderung gehindert. Deshalb bat der Abgeordnete „den Herrn Staatssekretär, doch darauf Bedacht zu nehmen, daß wenigstens deutsche Reichsangehörige in diesen schwierigen Verhältnissen sachgemäßen Beistand erhalten und nicht willkürlicher Behandlung ausgesetzt sind."[1957]

Im weiteren Verlauf wurde auf diese Frage nicht weiter eingegangen und auch der Staatssekretär äußerte sich nicht dazu. Dies könnte zweierlei meinen: Erstens herrschte über das Thema Konsens, wie das allgemeine „Bravo" der Abgeordneten suggerierte, und das nationale Zusammengehörigkeitsgefühl wurde so gestärkt. Zweitens war es für einen deutschen Staatssekretär nicht einfach, auf die Handhabung der amerikanischen Einwanderungsvorgänge einzuwirken und damit innenpolitisch ein „heißes Eisen." Dass die Beschwerden Cahenslys zur Behandlung deutscher Auswanderer bei ihrer Ankunft in den USA an die Beschwerden deutscher Unternehmer zu den Zollschikanen durch die amerikanischen Behörden erinnern, ist dabei kein Zufall. Der gesteigerte Wille zur Behinderung und Erschwerung von Einreise in die USA entsprach einer allgemeinen protektionistischen und nationalistischen Tendenz, die sich seit der Präsidentschaft McKinleys verstärkte, wie die handelspolitischen Auseinandersetzungen um den Handelsvertrag mit den USA und die Streitigkeiten um die Anwendung der verschiedenen Zolltarife, aber auch die imperialistischen Konflikte mit den USA über die Verwaltung von Samoa oder die Gültigkeit der Monroe-Doktrin während der Ereignisse um Venezuela 1902/03 bezeugen. Hier schälen sich vielleicht zwei grundlegende und gegenläufige Tendenzen in der amerikanischen und deutschen Geschichte heraus, die natürlich den geopolitischen und wirtschafts- und gesellschaftsstrukturellen Bedingungen in beiden Ländern geschuldet sind: die Tendenz zur Monopolisierung, Privatisierung und zum Protektionismus dort; eine Tendenz zum Freihandel, Interessenausgleich, zur Sozialisierung und sozialen Marktwirtschaft hier.

4.4.2. Das Reichs- und Staatsangehörigkeitsgesetz von 1913

Die amerikanische und deutsche Forschung hat sich oft der Frage zugewandt, wie die Deutschen in den USA die amerikanische Staatsbürgerschaft begriffen. Zwar waren die Deutschen die Einwanderungsgruppe mit dem höchsten Anteil an Einbürgerungen und dem niedrigsten Anteil an nicht gestellten Einbürgerungsanträgen.[1958] Dennoch erfuhr die Vorstellung von Staatsbürgerschaft im Laufe der zweiten Hälfte des 19. Jahrhunderts einen Wandel, und zwar weg von einer multiethnischen, inklusiven Vorstellung hin zu einer eher „volksdefinierten"

1957 Ibid., S. 8077C.
1958 REILING, Deutschland: Safe for Democracy?, S. 69.

Begrifflichkeit, wie etwa die Gründung des deutschamerikanischen Nationalbundes im Jahre 1901[1959] veranschaulicht. Zum einen spiegelte dies eine Wandlung in den USA selbst wider, zum anderen hing es auch stark mit der deutschen Reichsgründung 1871 zusammen, die bei den Deutschen nicht nur im Reich ein stärkeres Gefühl hervorgerufen hatte, einer ethnisch, kulturell und auch rassisch definierten Gemeinschaft anzugehören.[1960] Für die Geschichte des Kaiserreichs sind zum Beispiel die Gründung des Alldeutschen Verbandes 1891 bzw. 1894 und das Erstarken der antisemitischen Partei bei den Reichstagswahlen Indizien für diese sich verändernde Auffassung von Staatszugehörigkeit hin zu einer Deckungsgleichheit mit Volkszugehörigkeit.[1961] Allerdings erreichten die antisemitischen Parteien im Laufe der Wilhelminischen Epoche nie mehr als vier Prozent. Bei den Reichstagswahlen zum 12. Reichstag im Juni 1907 hatten sie ihren Höhepunkt bereits überschritten.[1962] Zudem wurde der Einfluss des antisemitischen und völkischen Alldeutschen Verbandes auf die Innenpolitik, die Regierung und die öffentliche Meinung vor allem im Ausland weit überschätzt, wie die Historiographie, die in der Mehrheit auf Schriften der sog. wilden Alldeutschen zurückgriff, zu diesem bezeugt. Was die Diskussionen um die Einbürgerung anbelangte und die gerade von nationalistischen und völkischen Kreisen geforderte Verschärfung der Kriterien zur Einbürgerung, hielt die Reichsleitung vorerst still. Erst nach den Reichstagswahlen von 1907 und immer lauteren Forderungen nach der Durchsetzung des Standpunkts „Keine Volksgemeinschaft ohne Wehrgemeinschaft", der das Pendant zur Bülow'schen Weltpolitik sowie zur Flottenpolitik und dem steigenden Bedarf an Soldaten war, begann sich die Reichsleitung ernsthaft mit einer Änderung des gültigen Reichs- und Staatsbürgerschaftsgesetzes zu beschäftigen.[1963]

Am 8. Februar 1912 wurde dem Reichstag ein vom Bundesrat beschlossener Entwurf für ein Reichs- und Staatsangehörigkeitsgesetz zusammen mit einem Gesetz zur Abänderung des Reichsmilitärgesetzes sowie des Gesetzes betreffend Änderungen der Wehrpflicht vom 11. Februar 1888 „zur Beschlußnahme" vorgelegt.[1964] In den beiden aufeinanderfolgenden Sitzungen am 23. und 27. Februar 1912 fand die erste Beratung des Entwurfs eines Reichs- und Staatsangehörigkeitsgesetzes

---

1959 Rudolf Cronau, Drei Jahrhunderte der Deutschen in Amerika, DOGMA, Bremen 2013, S. 606–610.

1960 Allison Clark Efford, German Immigrants, Race, and Citizenship in the Civil War Era, Washington, Cambridge University Press, German Historical Institute 2013.

1961 Hertz-Eichenrode, Ära Bismarck, S. 50: Die Antisemiten zogen erstmals 1887 in den Reichstag ein.

1962 www.bundestag.de/resource/blob/190454/782a532c7e19aa9cd5119e62ca77a260/ wahlen_kaiserreich-data.pdf [Eingesehen am 25. November 2019]

1963 Oliver Trevisiol, Die Einbürgerungspraxis im Deutschen Reich: 1871–1945, V & R unipress, Göttingen 2006, S. 43.

1964 Stg. Berichte, 13. Leg.-Periode, 1912/14, 16, Anlage 6.

statt. Erst über ein Jahr später, im Mai 1913, sollte die zweite Beratung stattfinden, was daran lag, dass das Thema heftig umstritten war und ausführlicher Beratungen in der Kommission bedurfte. Der Reichstag stimmte dem Gesetz endgültig nach der dritten Beratung am 25. Juni 1913 zu. Am 22. Juli 1913 wurde es von Kaiser Wilhelm II. auf seiner Yacht Hohenzollern unterzeichnet und verordnet. Es sollte zum 1. Januar 1914 in Kraft treten.

Den eigentlichen scharfen Einschnitt zum bisher geltenden Recht stellte dabei Paragraf 9 dar, der es jedem Bundesstaat erlaubte, gegen die Einbürgerung eines Ausländers in einem anderen Bundesstaat sein Veto einzulegen, was im Grunde die besonders scharfe preußische Einbürgerungspraxis zum deutschen Standard erhob.[1965] Zudem wurde der Grundsatz des *ius sanguinis*, also des Abstammungsprinzips, verwirklicht, allerdings entsprach das nicht der deutschen Tradition, sondern begründete erst eine neue.[1966] Doch zielte man wohl 1913 nicht auf eine substantielle Interpretation des Gesetzes, es ging also nicht um den mythisch überhöhten Blutsbegriff der Nationalsozialisten, selbst wenn in der konkreten Handhabung des Gesetzes rassistische und völkische Überlegungen zunehmend eine zumindest informelle Rolle spielten. Das Gesetz schloss keine Gruppe, auch nicht Farbige aus den Kolonien etwa, von vornherein aus. Eher ging es um die Durchsetzung des Prinzips der Volksgemeinschaft als Wehrgemeinschaft, was zur gesteigerten Bedeutung des Militärischen und der Kolonial- und Weltpolitik kohärent erschien.[1967] Das Deutsche Reich war seit Beginn des 20. Jahrhunderts zunehmend in Konflikte verwickelt, wie während der Venezuelakrise – beschrieben im Kapitel Außenpolitik – oder den Marokkokrisen 1904/06 und 1911, und es stand in Europa bündnispolitisch allein da, sieht man vom Dreibund zwischen Deutschland, Österreich und Italien ab, der jedoch im Vergleich zur *Entente cordiale* zwischen Großbritannien und Frankreich und der *Triple Entente* der beiden Länder mit Russland militärisch relativ schwach war. Zudem führte der Verfall des Osmanischen Reiches zusammen mit einem immer weiter um sich greifenden Erwachen des nationalen und sozialen Bewusstseins, wie etwa der böhmische Sprachenkonflikt in Österreich und die sog. Badeni-Krawallen im Jahre 1897[1968] oder die Revolution in Russland 1905[1969] gezeigt hatten, zu einer sicherheitspolitisch prekären Lage in Europa und an den Grenzen des Deutschen Reichs und seines Hauptverbündeten Österreichs. Die Bedeutung der Staatsangehörigkeit war also zusammen mit

---

1965 Trevisiol, Die Einbürgerungspraxis, S. 43.

1966 Ibid., S. 44.

1967 Ibid., S. 46.

1968 Siehe dazu: Jörg K. Hoensch, Geschichte Böhmens: Von der slavischen Landnahme bis zur Gegenwart, C.H. Beck, München 1997, S. 385–396.

1969 Siehe dazu: Martin Aust, Die Russische Revolution: Vom Zarenreich zum Sowjetimperium, C.H. Beck, München 2017, S. 23–63.

den gesteigerten Bedürfnissen in Heer und Marine und der Bedeutung nationaler Zugehörigkeit gestiegen.

Zu Anfang der zweiten Beratung eines Entwurfs eines Reichs- und Staatsangehörigkeitsgesetzes, die in der Sitzung am 28. Mai 1913 begonnen und in zwei weiteren Sitzungen fortgeführt wurde, fasste der Berichterstatter für das Gesetz, der nationalliberale Abgeordnete Hartmann von Richthofen, die wichtigsten Prinzipien deshalb so zusammen: Das Gesetz sollte den Verlust der Staatsangehörigkeit erschweren und die Wiedereinbürgerung Deutscher erleichtern. Der Gedanke, dass Volksgemeinschaft und Wehrgemeinschaft identisch seien, zog sich wie ein roter Faden durch das Gesetz. Es war mithin von den sich seit Anfang des 19. Jahrhunderts entwickelten und verstärkt habenden nationalen Vorstellungen, dem Einfluss der kommunistischen und sozialistischen Ideen auf die Vorstellungen von Gemeinschaft und von der Betonung des Militärischen als eines die Nation einigenden Bandes durchdrungen. Neben der Weltpolitik und dem Ausbau der Flotte war das neue Gesetz einer der Hebel, die das Gewicht Deutschlands im imperialen internationalen Konzert stärken sollten und stellte in den politischen Entwicklungen der Zeit nichts Ungewöhnliches dar.

4.4.2.1. *Sollen Ausländer die deutsche Staatsangehörigkeit erhalten können?*

Einer der Hauptstreitpunkte in der Beratung des Gesetzentwurfs war die Gewährung der Staatsangehörigkeit an Ausländer. So wurde von der SPD ein Antrag eingereicht[1970], die deutsche Staatsangehörigkeit Ausländern, die seit mehreren Jahren in Deutschland lebten und arbeiteten, zu geben. Im Zentrum stand dabei Paragraf 7 des Gesetzentwurfs: Statt einer Kann-Bestimmung sah der sozialdemokratische Antrag eine mehr oder weniger automatische Gewährung der Reichs- oder Staatsangehörigkeit vor, wenn vom ausländischen Antragsteller bestimmte Kriterien erfüllt wurden, was auf „ein Recht auf Einbürgerung" hinauslief.[1971] Der Zentrumsabgeordnete Emil Belzer[1972] stimmte mit dem sozialdemokratischen Antrag insofern überein, als auch das Zentrum wünschte, „daß einwandtfreie, moralisch und wirtschaftlich tüchtige Leute [...] in Deutschland eingebürgert werden. Im Gegensatz zu „den Herren auf der äußersten Linken" aber konnte das Zentrum „eine rechtliche Forderung eines Ausländers, in Deutschland natruralisiert zu werden, nicht zugestehen."[1973] Aus Belzers Rede wird ersichtlich, dass sich das

---

1970 Stg. Berichte, 13. Leg.-Periode, 1912/14, 20, Nr. 1010, Nr. 6, 962 der Drucksachen.
1971 Stg. Berichte, 13. Leg.-Periode, 1912/14, 8, 154. Sitzung, Donnerstag, den 29. Mai 1913, S. 5300A.
1972 MANN, Biographisches Handbuch, S. 60: Emil Belzer (18. März 1860–18. September 1930) war Richter und von 1896 bis 1918 Zentrumsabgeordneter im Reichstag.
1973 Stg. Berichte, 13. Leg.-Periode, 1912/14, 8, 153. Sitzung, Mittwoch, den 28. Mai 1913, S. 5276B.

Zentrum und die Sozialdemokraten annäherten und sich die späteren politischen Koalitionen abzeichneten.

Andreas Blunck von der Fortschrittlichen Volkspartei kritisierte stark die Idee des *ius sanguinis*, das im neuen Reichs- und Staatsbürgerschaftsgesetz gelten sollte und in dieser Form „in kaum einem einzigen Kulturstaat"[1974] existierte. Er verwies auf vom kaiserlichen Konsul Bodo Lehmann[1975] gemachte Ausführungen, in denen dieser erklärte,

> „daß das Untertanenrecht lediglich durch Geburt innerhalb der Territorialgrenze des Staates begründet wird, ist ein Rechtssatz uralten Ursprungs und sehr weiter Verbreitung; Der Satz entspricht der höchst einfachen und natürlichen Anschauung, daß, wer nicht zu uns eingewandert, sondern bei uns geboren ist, kein Fremder sein kann. (Sehr gut! links.)."[1976]

Das fränkische Recht war dabei dem von Blunck zitierten Lehmann zufolge eine Art Exportschlager. Denn es hatte sich nicht nur in den Nachfolgestaaten des fränkischen Reichs, sondern über die britischen Kolonien auf dem ganzen Erdball ausgebreitet, bis in die USA. Ein Punkt, der für Blunck besonders erwähnenswert schien, da die USA mittlerweile zum mächtigsten Land der Welt aufgestiegen waren und ihm die Prägung amerikanischen Rechts durch das fränkische/deutsche Recht als eine Art Gütesiegel galt.[1977] Das *ius sanguinis* war also im deutschen Recht eine Neuerung, die, so Blunck, erstmals in den 1840er Jahren in der „vom Gedanken des Polizeistaats beeinflußten Gesetzgebung [Preußens] zur Durchführung gebracht wurde."[1978] Blunck betonte sodann, dass Deutschland zu einem Einwanderungsland geworden war und diese Einwanderung für die Wirtschaft unverzichtbar war. Deshalb müsse das Gesetz großzügig gehandhabt werden. Er wies den Gedanken zurück, dass durch eine solche Handhabung „das Nationalbewußtsein" und der „Nationalcharakter" nicht aufrechterhalten werden könnten. Als Beweis führte er England, Frankreich und die USA an, wo „das Nationalbewußtsein und der Nationalcharakter des Staats und auch die nationale Empfindung des einzelnen

---

1974 Ibid., S. 5284A.

1975 Bodo LEHMANN, Die deutsche Reichsangehörigkeit vom nationalen und internationalen Standpunkt, in: Hirth's Annalen des Deutschen Reichs, Bd. 32, 1899, S. 776–856; Tobias C. BRINGMANN, Handbuch der Diplomatie 1815–1963: Handbook of Diplomacy 1815–1963. Heads of Foreign Missions in Germany and Heads of German Foreign Missions from Metternich to Adenauer / Auswärtige Missionschefs in Deutschland und deutsche Missionschefs im Ausland von Metternich bis Adenauer, K. G. Saur, 2001.

1976 Stg. Berichte, 13. Leg.-Periode, 1912/14, 8, 153. Sitzung, Mittwoch, den 28. Mai 1913, S. 5284A.

1977 Ibid., S. 5284A/B.

1978 Ibid., S. 5284B.

womöglich noch gesteigert gegenüber unserem deutschen Nationalempfinden [sind], (Zustimmung links.) ganz gewiß aber nicht schwächer."[1979]

Alle diese Länder wandten das *ius soli* an und bezeugten nach Ansicht von Blunck so, dass dieser Rechtsgrundsatz dem Nationalgedanken nicht abträglich war, eher im Gegenteil.

Der oberschlesische Abgeordnet Paul Dombek von der 1903 gegründeten Polnischen Nationaldemokratischen Partei, kurz: Polenpartei, die bei den Wahlen 1907 und 1912 4 bzw. 3,6 Prozent der Stimmen erhalten hatte und in einigen Städten des Ruhrgebiets – also in einer der Hochburgen der SPD – zu den stärksten Parteien zählte, ergriff nach Blunck das Wort. Er erklärte auch sogleich, dass er und seine Partei insbesondere den Antrag der SPD unterstützten, da ihm der bisherige Entwurf des Gesetzes zu engstirnig erschien und die Polen gerade in Preußen schlechte Erfahrungen mit der Staatsbürgerschaftsverleihung auf bundesstaatlicher Ebene und der nationalistischen Auslegung des Rechts gemacht hatten. Die Polen waren seit der Jahrhundertwende verstärkt einem Germanisierungsdruck ausgesetzt, als dessen Speerspitze der Deutsche Ostmarkenverein und die von den Polen so bezeichneten Hakatisten galten.[1980] So trat Dombek vehement für das *ius soli* ein, welches auch er als das in allen Kulturländern vorherrschende Recht bezeichnete. Im Übrigen war ja das Ende des 19. Jahrhunderts eine Hochzeit des internationalen Rechtsvergleiches, um die eigenen gesetzlichen und rechtlichen Vorhaben nach innen wie außen abzusichern.[1981]

4.4.2.2. Die Sicht der Sozialdemokratie und der Linken

Bei der Fortsetzung der zweiten Beratung des Gesetzes am nächsten Tag hob Eduard Bernstein denn auch vor dem Reichstag die internationalen Verflechtungen aller Länder hervor und beschrieb die Tatsache, dass „wir auf fast allen Gebieten dahin streben, internationales Recht zu schaffen, als die natürliche Folge der Tatsache, daß das soziale und Wirtschaftsleben der Völker immer inniger wird."[1982]

Aus diesen mannigfaltigen Verflechtungen und Beziehungen resultierte eine zunehmende Migration und Mobilität und eine wachsende Zahl von Ausländern im Inland. Um nun eine gewisse Rechtsunsicherheit und -ungleichheit zu vermeiden, plädierte Bernstein dafür, klare Bedingungen für die Einbürgerung zu definieren, wie sie etwa in England oder den USA bestünden, wo man nach fünf Jahren Aufenthalt einen Anspruch auf Einbürgerung hatte.[1983] Denn so Bernstein

---

1979 Ibid. S. 5284C.

1980 Siehe dazu: Sabine GRABOWSKI, Deutscher und polnischer Nationalismus. Der Deutsche Ostmarken-Verein und die polnische Straż 1894–1914. Herder-Institut, Marburg 1998.

1981 GOSEWINKEL, Die Nationalisierung, S. 397.

1982 Stg. Berichte, 13. Leg.-Periode, 1912/14, 8, 154. Sitzung, Donnerstag, den 29. Mai 1913, S. 5300B.

1983 Ibid., S. 5300C.

weiter: „Ungleiches Recht schafft ungleiches Empfinden und ungleiche Moral, gleiches Recht schafft gleiche Rechtsbegriffe, hebt und fördert das kulturelle Verhalten." Zum Beweis dieser Konnexion dienten ihm die Vereinigten Staaten, die er als das Land der unbegrenzten Möglichkeiten bezeichnete und für welche er wie bereits gesehen eine tiefe Bewunderung zu hegen schien. Dabei suchte er zudem die von den Verfechtern des reinen *ius sanguinis*-Prinzips vorgebrachten rassischen Argumente zu entkräften und beschrieb die USA deshalb als so erfolgreich und dynamisch, weil sich ihre Staatsbevölkerung aus Menschen aller Herren Länder zusammensetzte und sozusagen das erste multiethnische und multikulturelle Gemeinwesen der Welt darstellte. Im Übrigen musste dort Bernstein zufolge jeder Einwanderer die Staatsbürgerschaft nach fünf Jahren annehmen. Als Paragon für die „stets vorwärtsschreitenden Entwicklung seiner Bevölkerung" und die unerhörten Möglichkeiten, die die USA all denen boten, die ihre Staatsbürgerschaft angenommen hatten, diente ihm Woodrow Wilson, den er als „einen Regenten" bezeichnete, mit dem sich kein anderer „an Intelligenz, an Weitblick, an Tiefe der Auffassung" messen konnte.[1984] Er machte sich dabei vollständig das von den amerikanischen Historikern entworfene Geschichtsbild der Ursprünge der USA zu eigen[1985] und kritisiert so zugleich indirekt Wilhelm II.

Der Abgeordnete der dänischen Minderheit Hans Peter Hanssen[1986], der einen Antrag auf Änderung des Paragrafen 8 des Gesetzentwurfs gestellt hatte, in dem die Frage der Staatenlosen behandelt wurde, berief sich etwas später in derselben Sitzung ebenfalls auf das Recht in anderen Ländern zur Untermauerung seiner Argumentation, denn die Anwendung des reinen *ius sanguinis* sei eine Sonderstellung im internationalen Verglich: „Die Länder englischen Rechts stehen vorwiegend auf dem Standpunkt des *ius soli*. Die im Lande geborenen Personen werden in England und in den amerikanischen Staaten als Bürger angesehen ohne Rücksicht auf Abstammung."[1987]

Hanssen ging es um die Rechte der in Nordschleswig geborenen Kinder dänischer Väter. Bernstein verteidigte den Antrag Hanssens mit dem Hinweis, dass Deutschland als mächtiges Reich doch ohne Gefahr 2000 Dänen einbürgern könne,

---

1984 Ibid., S. 5301C/D.

1985 Jill Lepore, These Truths, W.W. Norton & Company, New York, London 2018, S. 10.

1986 Hans Schultz Hansen, H. P. Hanssens historische Bedeutung, Zum 150. Geburtstag des Minderheitenpolitikers, in: Zeitschrift für Deutsch-Dänischen Dialog, Bd. 2, 2012, S. 75–87: Hans Peter Hanssen (21. Februar 1862–27. Mai 1936) vertrat die dänische Minderheit von 1906 bis 1918 im Reichstag. Er betrieb eine konstruktive Parlamentsarbeit und setzte sich für eine Verbesserung der Rechte der Minderheit in Nordschleswig ein, ohne das Ziel der Vereinigung mit Dänemark aus den Augen zu verlieren.

1987 Stg. Berichte, 13. Leg.-Periode, 1912/14, 8, 154. Sitzung, Donnerstag, den 29. Mai 1913, S. 5318B.

zumal die Dänen doch zu dem „großen germanischen Sprachstamm[] oder Volksstamm[]" gehörten. Sodann machte er sich über die Ausführungen Lewalds lustig,
„ob nicht diese 2000 Dänen eigentlich versteckte Slawen sind, (Heiterkeit bei den
Sozialdemokraten) die den großen slawischen Volksstamm gegen Deutschland auf-
rufen."[1988] Bernstein verwarf auch die Argumentation des Direktors im Auswärtigen Amt, Dr. Kriege, der eingewandt hatte, dass in dieser Frage Verhandlungen mit
Dänemark in der Schwebe waren, er jedoch „über den Stand der Verhandlungen
[...] selbstverständlich näheres nicht anzugeben [vermochte]."[1989] Kriege fühlte
sich daraufhin herausgefordert, zu betonen, „daß internationale Verhandlungen
erschwert oder gar vereitelt werden müssen, wenn die eine Partei annimmt, daß
ihre Wünsche bereits durch die innere Gesetzgebung der Gegenpartei erfüllt werden. (Lebhafte Zurufe bei den Sozialdemokraten) Jeder, der internationale Verhandlungen geführt hat, wird das bestätigen können."[1990]

Kriege als Vertreter der Exekutive zeigte sich in seinen Kompetenzen durch
den Reichstag herausgefordert und suchte diese zu verteidigen, indem er implizit
zu verstehen gab, dass die Abgeordneten nicht an internationalen Verhandlungen
teilnahmen und so die Folgen und Verflechtungen bestimmter Gesetzesentwürfe
oder internationaler Verträge gar nicht übersehen konnten. Diese Argumentation
ähnelte sehr derjenigen Bülows oder Richthofens zu außenpolitischen Themen
und bezeugt den langen Kampf der Exekutive dafür, ihre Kompetenzen auf diesem
Feld nicht teilen zu müssen. Hanssen und Bernstein zeigten sich als Kenner internationalen Rechts und vor allem Bernstein zudem als ein Kenner der USA. Über
den Rechtsvergleich und die genaue Beschreibung der Verhältnisse dort bezeugte
vor allem Bernstein seine Offenheit, Modernität und Fortschrittlichkeit. Über eine
derartige Wissenskonstruktion, die man im Bereich der Außenpolitik häufig in
Bezug auf die Vereinigen Staaten beobachten kann, gab Bernstein so indirekt zu
verstehen, welchem Gesellschafts- und Politikmodell die Zukunft gehörte, nämlich
der parlamentarischen Demokratie und damit der – im Falle Bernsteins: reformistischen Sozialdemokratie. Die Anhänger nationalistischer, ja völkischer und rassistischer Ideen zählte er, wie auch Hanssen, der das Deutsche Reich und eigentlich
Preußen als rückständig in seiner Staatsbürgerschaftskonzeption dargestellt hatte,
so im Gegensatz zu den Verlierern der neuen Zeiten, deren Symbol die USA und
ihr Präsident nun waren. Das Protokoll vermerkte zu der Hochschätzung Wilsons,
die eigentlich eine Kritik an Wilhelm II. darstellte, interessanterweise keinerlei
Reaktionen oder Widersprüche seitens der Konservativen oder Nationalliberalen.

Nach Bernstein ergriff der oben erwähnte kaiserliche Direktor im Reichsamt des
Innern Dr. Theodor Lewald, der stellvertretend für den Staatssekretär sprach, das
Wort zum Antrag der SPD zur Änderung des Paragrafen 7 des Gesetzzentwurfs.

1988 Ibid., S. 5322A.
1989 Ibid., S. 5321D.
1990 Ibid., S. 5322D.

Lewald war ein hoher preußischer Beamter, der ab 1894 im Reichsamt des Innern gearbeitet hatte. Er kannte die USA sehr gut, da er das Deutsche Reich als Reichskommissar bei den Weltausstellungen in Chicago 1893 und in St. Louis 1904 vertreten hatte. Nach dem Ende des Kaiserreichs wurde er ein wichtiger deutscher Sportfunktionär, der sich stark für die Abhaltung der Olympischen Spiele in Deutschland im Jahre 1936 eingesetzt hatte.[1991] Lewald versuchte das neue Gesetz, welches auf dem Prinzip des *ius sanguinis* beruhen sollte, damit zu begründen, dass Deutschland als reiches und aufstrebendes Land, das „mit seinen freiheitlichen Institutionen (Lachen bei den Sozialdemokraten) und mit einer „hochentwickelten Sozialpolitik" Ausländern „den gleichen Unterstützungsanspruch" gewährt wie Inländern von immer mehr Menschen aus dem Osten als Einwanderungsziel betrachtet wurde. Lewald beschrieb die osteuropäischen Einwanderer aus Russland, aber auch aus Österreich als Wirtschaftsflüchtlinge, als „osteuropäische Bevölkerungselemente".[1992] Er ironisierte sodann Bernsteins Ausführungen zu den Vereinigten Staaten:

> „Der Herr Vorredner hat ein hohes Lied auf die Vereinigten Staaten gesungen. Wie machen es denn die Vereinigten Staaten? Die haben ein sehr langes Nadelwehr, wo sie außerordentlich sieben, bis irgendein Mensch hineinkommt. Ich möchte den Herrn Bernstein fragen, ob der Auswanderer, der in Ellis-Island zurückgewiesen worden ist, etwa vor dem amerikanischen Gericht klagen kann? Davon ist gar keine Rede, er wird einfach zurückgeschickt."[1993]

Bernstein antwortete auf Lewalds Rede mit einer eingehenden Beschreibung und Analyse der Lage in den Vereinigten Staaten. Er bezeugte und festigte in dieser Frage so seine persönliche Kompetenz und auch die des Reichstags insgesamt, der dadurch einem hohen Beamten der Exekutive auf Augenhöhe begegnete und sein Gewicht im Institutionengefüge stärken konnte:

> „Wie auch die Vorschriften sind, auf Grund deren in Ellis-Island Auswanderer zurückgewiesen werden, so sind doch ganz bestimmte Regeln, an die der Kommissar

---

1991 Horst UEBERHORST, Lewald, Theodor, in: Neue Deutsche Biographie 14 (1985), S. 410–411 [Online-Version]; URL: https://www.deutsche-biographie.de/pnd118572 415.html#ndbcontent: Theodor Lewald (18. August 1860–15. April 1947). Lewald, der jüdische Vorfahren hatte, konnte auch dank seiner guten Kontakte zu den amerikanischen Sportfunktionären, die er bei den Weltausstellungen kennengerlernt hatte, die Nazizeit recht unbeschadet überstehen. Er formulierte einen Teil der Abdankungsrede Wilhelms II., und in der Zeit der Weimarer Republik trat er der rechtsliberalen Deutschen Volkspartei bei. Lewald wirkte bei der Niederschlagung des Kapp-Putsches sowie beim Ruhraufstand mit.

1992 Stg. Berichte, 13. Leg.-Periode, 1912/14, 8, 154. Sitzung, Donnerstag, den 29. Mai 1913, S. 5303C.

1993 Ibid., S. 5303D.

gebunden ist, wenn er Ausländer zurückweist. Er darf nicht jeden Auswanderer nach eigenem Belieben zurückweisen. [...] Zweitens dürfen wir nicht vergessen, daß die Vereinigten Staaten zu dieser Gesetzgebung durch das System des Abschiebens unbequemer, unangenehmer, lästiger Angehöriger nach den Vereinigten Staaten genöthigt worden sind, wie es seinerzeit Gemeinden und Staaten betrieben haben, indem sie kranke oder sonstige Leute, die von vornherein unterstützungsbedürftig waren, dorthin abschoben. Dann aber besteht noch ein Drittes. Man hat es dort nicht nur mit einer Einwanderung von Persönlichkeiten schlechthin zu tun, einer freien Einwanderung von Leuten, die ein anderes Land aufsuchen, sei es um es kennen zu lernen, sei es, um eben dort ihre Existenz zu finden, sondern wir haben dort einen Massenimport von Menschen, der sozusagen industriemäßig betrieben wird."[1994]

Insgesamt aber hinderten die USA Bernstein zufolge jedoch nur wenige Menschen effektiv an der Einwanderung: 1908 waren es 25000 Menschen von einer Million Einwanderern gewesen. Bernstein betonte auch, dass die Einwanderer durch die USA kulturell gehoben würden und wies so Lewalds Argument zurück, die osteuropäischen Einwanderer würden im Deutschen Reich nicht zurechtkommen können.[1995] Bernstein wandte sich sodann gegen das Argument des Zentrumsabgeordneten Becker, die Vergabe der Staatsbürgerschaft an Einwanderer aus Osteuropa würde die Löhne in Deutschland drücken. Dabei verwies er auf das Beispiel amerikanischer Gewerkschaften, die darauf drängten, dass die Arbeiter Amerikaner wurden, da sie gerade dies zu Mitkämpfern und Kulturgenossen machen würde. Die Sozialdemokraten kommentierten dies mit „Hört! Hört!"[1996]

Deutschland, in dem, so Bernstein, im Jahre 1907 über 400 000 Ausländer in der Industrie arbeiteten, sollte sich an den USA ein Beispiel nehmen, zumal die Zahl der ausländischen Arbeiter in der Tendenz wohl noch zunehmen dürfte. Auf diese Weise würden, so Bernstein, „der Lohndruck und Kulturdruck der Ausländer, die aus tiefstehenden Ländern einwandern aus der Welt [geschafft]. [...] (Bravo! bei den Sozialdemokraten.)"[1997]

Bernsteins Parteikollege Hermann Molkenbuhr legte die Handhabung der Einwanderung und der Staatbürgerrechtserlangung in den USA dar, um die Legitimität und das Gewöhnliche am sozialdemokratischen Änderungsantrag des Gesetzentwurfs zu unterstreichen. Ebenso wie Bernstein wies er die Argumente Lewalds gegen eine Ausweitung der Staatsangehörigkeit zurück, der zu zeigen versuchte, „wie rigoros man in **Ellis-Eiland** (fett im Text) verfährt, wenn dort **Einwanderer** (fett im Text) zurückgewiesen werden."[1998] Allerdings, so betonte er wie Bernstein,

---

1994 Ibid., S. 5308A.
1995 Ibid., S. 5308B.
1996 Ibid., S. 5308C.
1997 Ibid., S. 5308D.
1998 Ibid., S. 5310D.

würden in Relation zur Zahl der Einwanderer nur sehr wenige zurückgewiesen. Er unterstrich, er

> „billig[e] keineswegs die Einwanderergesetze der Vereinigten Staaten von Nordamerika. [...] Ich denke es sollte doch auch dem Ministerialdirektor bekannt sein, daß längere Zeit hindurch die europäischen Staaten gewissermaßen die Vereinigten Staaten als Land betrachtet haben, wo menschlicher Schutt abgeladen werden kann. Hat irgendein Offizier Schiffbruch erlitten, dann wandert er nach Amerika aus. (Sehr gut! bei den Sozialdemokraten.) Daß man derartige Elemente nicht haben wollte, ist sehr leicht begreiflich. Sehr oft wurden Leute, die aus Strafanstalten entlassen wurden, nach Amerika abgeschoben. Gegen derartige Dinge haben sich die Vereinigten Staaten gewehrt."[1999]

Molkenbuhr gebrauchte hier dasselbe Wort wie Lewald, nämlich „Elemente": Die aus den Naturwissenschaften und dem technischen Bereich herstammenden Begriffe „Element" oder das weiter unten von Richthofen gebrauchte zusammengesetzte Substantiv „Menschenmaterial" würde heute im Zusammenhang mit Menschen billigerweise als dehumanisierend und menschenverachtend betrachtet werden und man würde sie einer faschistischen, sozialdarwinistischen oder extreme materialistische Gesinnung zuordnen, deren Benutzer sich als „Übermenschen" betrachten, für die die anderen nur nach ihren Interessen zu formendes und nutzendes „Material" darstellen. Molkenbuhr bezeugte so ein sozialdarwinistisches Menschenbild, das zum Ende des 19. und zu Beginn des 20. Jahrhunderts nur wenig kritisch hinterfragt wurde und in immer weiteren Kreisen Verbreitung und Akzeptanz fand. Gerade über die protestantischen Missionsgesellschaften[2000] und die *Social-Gospel*-Bewegung[2001] hatte sich in den USA ab Ende der 1870er Jahren, also in der Zeit des starken wirtschaftlichen Aufschwungs der USA, die einherging mit den Problemen modernere Gesellschaften, wie Pauperisierung, die Ideen einer überlegenen „Angelsächsischen Rasse" im Gefolge der Theorien der Briten Charles Darwin oder Herbert Spencer stark ausgebreitet. Das 1885 veröffentlichte

---

1999 Ibid.

2000 Richard KYLE, Evangelicalism: An Americanized Christianity, Transaction Publishers, New Brunswick 2006, S. 76: *The late nineteenth century must be regarded as the great age of Protestant missions. [...] American values bore the stamp of this Anglo-Saxon Protestant ascendancy. The political, religious, and intellectual leaders of the nation were largely of a Northern European Protestant stock, and they propagated public morals compatible with their background.*

2001 Vgl. Michael HOCHGESCHWENDER, Sozialer Protestantismus in den USA, Insel Verlag, Frankfurt am Main 2007, S. 224–245. [https://www.kas.de/c/document_library/get_file?uuid=fe155424-ad5c-400a-4333-92d0765f8934&groupId=252038. Eingesehen am 24. April 2021].

Werk Josiah Strongs *Our Country: Its Possible Future and Its Present Crisis*[2002] ist dafür ein deutlicher Beleg. Zu Beginn seiner Ausführungen zeigte sich Molkenbuhr denn auch mit der Aussage des Zentrumsabgeordneten Becker insofern einig, „daß die Arbeiter, die aus dem fernen Osten zu uns kommen, auf einer niedrigeren Kulturstufe stehen."[2003] Für den Sozialdemokraten stellte es also kein Problem dar, eine Metapher anzuwenden, die später als menschenverachtend eingeschätzt werden sollte, und machte so deutlich, dass es sich im Laufe der Wilhelminischen Epoche sozialdarwinistische und völkische Vorstellungen durchzusetzen schienen oder zumindest akzeptabel wurden. Es schien häufig keinen grundlegenden Unterschied in der sozialen Vorstellung zwischen den verschiedenen Parteien zu geben, und ein derartiger Vergleich wurde durchaus als normal angesehen. Er wurde hier ohne Scheu von einem Sozialdemokraten gebraucht, was darauf schließen lässt, dass es hinsichtlich des Menschen- und Gesellschaftsbildes keine grundlegenden Unterschiede zwischen Linken und Rechten gab. Molkenbuhr befürwortete die Einschränkung der Einbürgerung solcher „Elemente" also und sah die amerikanischen Einwanderungsgesetze positiv, da sie zwar bestimmte Einwanderer von der Immigration abhielten, nicht aber gegen die Arbeiter missbraucht wurden.[2004] Der Ausschlussmechanismus rassistischen und völkischen Gedankengutes bezeugte sicher originäres Denken, wurde aber auch, um es noch einmal zu betonen, zur Herstellung nationaler Einheit missbraucht und trug im Falle der Reichstagsabgeordneten dazu bei, ihr Gruppengefühl zu stärken und so der Exekutive als festerer Block gegenübertreten zu können. Molkenbuhr beschrieb dann so wie auch Bernstein bereits vorher bestimmte Vorgänge detailgenau. Dadurch bezeugte er seine Kompetenzen und Fachkenntnisse auf diesem Gebiet transnationaler und internationaler Fragen, was ihn und so den gesamten Reichstag wiederum auf Augenhöhe mit der Exekutive und den alten Eliten brachte.

Der von Molkenbuhr zitierte schiffbrüchige Offizier, den er in einer Art Parallelismus den freigelassenen Strafgefangenen gleichsetzte, hatte bereits zuvor die Autoritätsgrenze verschoben. Und da Molkenbuhr selbst aus einfachen Verhältnissen stammte, stellte eine derartige Rhetorik gegenüber dem hohen Beamten Lewald in Zusammenhang mit seiner eigenen Biografie eine Aussage dar, die eine neue Wahrheit begründete: Der unaufhaltsame Aufstieg der „neuen Welt", repräsentiert von ihm selbst und versinnbildlicht durch die USA, und der stetige Niedergang der alten Welt, die von Lewald repräsentiert wurde. Er wollte zudem die von den Konservativen gemachte Konnexion zwischen Einwanderung und Einbürgerung brechen. In der Tat wurde beides willentlich vermengt, um völkische und

---

2002 Josiah STRONG, Our Country: Its Possible Future and Its Present Crisis, The American Home Missionary Society, New York 1885, S. 159–180.
2003 Stg. Berichte, 13. Leg.-Periode, 1912/14, 8, 154. Sitzung, Donnerstag, den 29. Mai 1913, S. 5310C.
2004 Ibid., S. 5311A.

nationalistische Ansichten verbreiten zu können und die SPD bzw. die Linke zu verdächtigen, einer ungeregelten Einwanderung das Wort zu reden. In Wirklichkeit ging es der SPD jedoch um die Einbürgerung von Arbeitern, die sich bereits seit mehreren Jahren im Land befanden. Und so fuhr Molkenbuhr in teilweise ironisch-humorvollem Tonfall, der eine gewisse Überheblichkeit gegenüber der amerikanischen Gesellschaft, zumal ihrer Religiosität, ausdrückte, fort:

> „Nun hätte der Herr Ministerialdirektor nachweisen müssen, daß in Amerika Leute, die jahrelang dort gelebt haben, zurückgewiesen worden sind, sobald sie das Bürgerrecht erwerben wollten. Er wird nicht nachweißen können, daß einer deshalb, weil er rote Augen hat, nicht eingebürgert werden kann. Dort nimmt jeder, der sich meldet, ohne weiteres sein erstes Papier heraus und es genügt in der Regel, daß er seinen Namen in ein Buch einschreibt und dann die Bibel küßt. Damit ist der Aufnahme als Einwohner der Vereinigten Staaten Genüge geleistet. [...] Es werden in der Regel alle aufgenommen mit Ausnahme der Chinesen und Japaner [...]. Man hat in letzter Zeit auch politische Momente geltend gemacht, indem man auch einigen Anarchisten die Erwerbung des Bürgerrechts verweigert hat."[2005]

Molkenbuhr sprach hier einmal den *Chinese Exclusion Act* von 1882 und den *Anarchist Exclusion Act* an. Der *Chinese Exclusion Act* wurde 1892 zunächst durch den *Geary Act,* dann 1902 noch einmal um weitere zehn Jahre verlängert. Erst ab 1965 konnten Chinesen wieder relativ ungehindert in die USA einwandern.[2006] Der *Anarchist Exclusion Act* war nach dem von dem polnisch stämmigen Amerikaner Leon Czolgosz verübten Attentat auf Präsident McKinley, am 6. September 1901, im Jahre 1903 auf Betreiben Präsident Roosevelts verabschiedet worden. Das Gesetz sah die Befragung von Einreisenden hinsichtlich ihrer politischen Überzeugungen vor und war das erste Einwanderungsgesetz seit den *Alien and Sedition Acts* von 1798, das auf die politischen Ansichten der Einwanderer abzielte.[2007] Molkenbuhr schlug schließlich vor, „also ungefähr das in Deutschland einzuführen, was in Amerika besteht. Darum dreht sich der Streit und der Herr Ministerialdirektor wird nicht nachweisen können, daß Europäer, die zwei Jahre in den Vereinigten Staaten gelebt haben, dort vom Erwerb des Bürgerrechts zurückgewiesen wurden. (Bravo! bei den Sozialdemokraten)."[2008]

2005 Ibid., S. 5311A/B.
2006 Siehe dazu: Leslie Li WONG, Racial Reconstruction: Black Inclusion, Chinese Exclusion, and the Fictions of Citizenship, NYU Press, New York 2015.
2007 Julia Rose KRAUT, Global Anti-Anarchism: The origins of Ideological Deportation and the Suppression of Expression, in: Indiana Journal of Global Legal Studies, Bd. 19, Nr. 1, Winter 2012, S. 169–193. [*JSTOR*, www.jstor.org/stable/10.2979/indjgl olegstu.19.1.169. Eingesehen am 20. Dezember 2020].
2008 Stg. Berichte, 13. Leg.-Periode, 1912/14, 8, 154. Sitzung, Donnerstag, den 29. Mai 1913, S. 5311B.

4.4.2.3. Die konservative Sicht

Sein Nachredner, der nationalliberale Abgeordnete Hartmann von Richthofen, stellte zunächst die Bedeutung und den Wert der internationalen Kompetenzen Molkenbuhrs infrage und betonte, dass er „den Ausführungen [Molkenbuhrs] in keiner Weise beipflichten [konnte]."[2009] Zugleich präsentierte er sich selbst als Kenner der USA, um so der neuen Elite dieses Expertentum streitig zu machen. Gleichzeitig bezeugte diese Kommunikation aber zudem, wie sehr sich die alte Elite von den aufstrebenden Schichten in ihren Kompetenzen und Stellungen bedroht fühlte. Richthofen weiter:

> „Es ist an sich immer bedenklich, wann man die Verhältnisse eines anderen Staates mit den unsrigen vergleicht, namentlich wenn sie so verschieden sind wie die unsrigen gegenüber den Verhältnissen in den Vereinigten Staaten. Während in den Vereinigten Staaten heute noch ein gewisses Bedürfnis nach einer starken Einwanderung besteht, können wir bei der Gott sei Dank immer mehr steigenden Bevölkerung bei uns nicht sagen, daß wir ein unbedingtes Bedürfnis haben, die Zahl unserer Reichsangehörigen noch durch Zuzug aus dem Ausland zu vermehren."

Die Antwort des Angeordneten von Richthofen bezeugte zuvörderst, dass Molkenbuhr mit seinem Seitenhieb auf den „schiffbrüchigen Offizier" einen sozialen, gesellschaftlichen Nerv getroffen hatte. Denn Richthofen reagiert darauf pikiert, indem er dazu meinte:

> „Auch war der Herr Vorredner meines Erachtens in einem großen Irrtum, wenn er ausführte, daß die jetzigen etwas strengeren Bestimmungen, die die Einwanderung in den Vereinigten Staaten regeln, darauf zurückzuführen seien, daß sehr unliebsame Elemente gekommen seien, die z.B. aus verkrachten deutschen Offizieren, vorbestraften Persönlichkeiten und ähnlichen Elementen zusammengesetzt hätten. Nein, so liegen die Dinge nicht. Auch der verkrachte deutsche Offizier ist, beispielsweise wenn er Kellner wird, in einem Lande, wo man alle Hände braucht, wo man jede Arbeitsleistung schätzt, immer noch ein willkommener Gast."[2010]

Dann verwies Richthofen auf die eigentlichen Gründe der erschwerten Einwanderung oder Einreise. Grund war, dass die Einwanderung aus den südosteuropäischen Ländern stark zugenommen hatte. Wie im Deutschen Reich, so sah man auch in den USA diese Richthofen zufolge nicht gerne, weshalb Roosevelt William Loeb[2011] damit beauftragt hatte, diese „Elemente aus „den slawischen südeuropäischen

---

2009 Ibid., S. 5311C.
2010 Ibid., S. 5311C.
2011 Shirley Anne WARSHAW, The White House Staff, SAGE, Thousand Oaks 2013; S. 26–27: William Loeb Jr. (9. Oktober 1866–19. September 1937) war Privatsekretär von Theodor Roosevelt und einer seiner wichtigsten Politikberater. Er war der erste „Sprecher" des Weißen Hauses. Präsident Taft ernannte Loeb 1909 zum *Collector of*

Staaten fernzuhalten". Wenn sich also die USA „trotz ihres großen Mangels an Menschenmaterial" gegen diese Einwanderung richteten, so sollte sich das Deutsche Reich, „erst recht dagegen wehren müssen".[2012]

Wie weiter oben beschrieben breiteten sich auch in den USA rassische und „völkische" Gedanken immer weiter aus. Nicht zuletzt in der traditionellen Ostküstenelite mit ihrem Zentrum Boston, die sich wie die alte Elite im Deutschen Reich durch die neuen und aufstrebenden Schichten und, im Falle der Vereinigten Staaten, auch Ethnien bedroht fühlte. Im Jahre 1894 war die *Immigration Restriction League* von drei aus alten eingewanderten englischen Familien stammenden Männern aus Boston gegründet worden, die sich um die amerikanische Lebensweise und um die Vormachtstellung der *Anglo-Saxons* sorgten. Sie wandten sich ausdrücklich gegen eine Einwanderung aus Ost- und Südosteuropa, da von ihnen die Menschen aus diesen Regionen als ethnisch minderwertiger eingestuft wurden als Angelsachsen oder Deutsche. Beginnend mit dem bereits zitierten *Chinese Exclusion Act*, einer stärkeren Regulierung der Einwanderung, z.B. 1892 durch die Einrichtung von Ellis Island als der zentralen Sammelstelle für Einwanderer, verschärften die USA dann unter Präsident McKinley zunehmend die Einwanderungsregeln, um auf die durch die Wirtschaftskrise steigende Arbeitslosigkeit zu Beginn der 1890er Jahre zu reagieren. Gleichzeitig kam es zu einem Aufleben des Nativismus, der sich nicht zuletzt gegen die Einwanderung von Katholiken wandte, und etwa die Einführung von englischen Sprachtests forderte, was jedoch nicht durchgesetzt werden konnte. Der im Jahre 1907 verabschiedete *Immigration Act*[2013] sah im Wesentlichen vor, dass die Einwanderungsbehörde sog. *paupers*, also mittellosen Menschen, und Menschen mit geistigen Behinderungen oder Einschränkungen und Menschen, die unter bestimmten Krankheiten, wie Tuberkulose litten, die Einreise verweigern konnte.[2014] Die Einwanderungsgesetze und -bestimmungen[2015] richteten sich somit vor allem gegen die neuen Einwanderungswellen aus Ost- und Südosteuropa und

---

the Port of New York. Damit war er zuständig für die Steuereinnahme des Hafens und auch die Einwanderungsbehörde auf Ellis Island; Stephen PONDER, Publicity in the Interest of the People' Theodore Roosevelt's Conservation Crusade, in: Presidential Studies Quarterly Bd. 20, 1990/3, S. 547 -555. [http://www.jstor.org/stable/40574534 Eingesehen am 21. Dezember 2020].

2012   Stg. Berichte, 13. Leg.-Periode, 1912/14, 8, 154. Sitzung, Donnerstag, den 29. Mai 1913, S. 5311C/D.

2013   Robert DeC. WARD, "The New Immigration Act." The North American Review, Bd. 185, Nr. 619, 1907, S. 587 -593. [http://www.jstor.org/stable/25105935 Eingesehen am 21. Dezember 2020].

2014   https://www.historycentral.com/documents/immigrationact.html.

2015   Michael BASS, Das „Goldene Tor": Die Entwicklung des Einwanderungsrechts der USA, Schriften zum Internationalen Recht, Bd. 50, Duncker & Humblot, Berlin 1990, S. 32–68.

dem asiatisch-pazifischen Raum, unter dem Vorwand, dass deren Angehörige größere Probleme bei der Assimilation hatten. Emily Greene Balch, eine bedeutende amerikanisch Nationalökonomin und Pazifistin, veröffentlichte 1906 ein Buch über die Einwanderung von Slawen in die USA,[2016] in dem sie für die Integration dieser Menschen und den Austausch mit deren Kultur zum Wohle und Fortschritt der amerikanischen Gesellschaft eintrat.[2017] Die negative Einschätzung dieser Einwanderung hatte allerdings zwischen den 1840er bis in die 1920er Jahren oftmals auch die deutschen Einwanderer betroffen, wie zum Beispiel das vom Staat Wisconsin im Jahr 1890 verabschiedete *Bennet Law* bezeugte. Wie im Deutschen Reich wurde auch in den USA, den beiden Hauptzielländern der Einwanderung um 1900, „das Gefühl, dass die Integration von Millionen fremder und fremdartiger Menschen ihr Land überfordere, [] in großen Teilen der amerikanischen Bevölkerung immer stärker."[2018]

Die Einwanderung und die Migration waren zum Teil eine Frage völkischer Ideen und des sich verstärkenden Nationalbewusstseins. Daneben waren sie aber – und das soll betont werden – auch eine Frage um die politische Mitwirkung und Teilhabe neuer Gruppen. Der Kampf der Einwanderer, der durch die in den USA bereits existierende, im Deutschen Reich noch im Entstehen und Wachsen befindliche Demokratisierung und Parlamentarisierung verstärkt wurde, verlief parallel zu den Kämpfen und den Aushandlungsprozessen in der Arbeiterfrage, aber auch in der „Rassenfrage". Denn so wie die slawischen Einwanderer in den USA und im Deutschen Reich neue, ihre Rechte einfordernden Gruppen waren, so waren es auch die amerikanischen Schwarzen und die „Mischlinge" und farbigen Menschen aus den Kolonien im Deutschen Reich.

Eine Gruppe jedoch, die sozusagen eine Schnittmenge aller diskriminierten Gruppenteilmengen darstellte, waren die Frauen und insbesondere die Frauen der Unterschicht. Deswegen mussten sie in gewisser Weise oft einen mehrfachen Kampf führen: Um soziale, politische und rechtliche Mitwirkung und Anerkennung. Diese Frage der Verwobenheit von Ungleichheitskategorien, die man der vor allem seit den 1970er Jahren in den USA in Bezug auf schwarze Frauen entwickelten Theorie der Intersektionalität zurechnen kann,[2019] wurde Ende des

---

2016 GRIMMER-SOLEM, Learning Empire, S. 371.

2017 Emily Greene BALCH, Our Slavic Fellow Citizens, Charities Publication Committee, New York 1910; Catia C. CONFORTINI, The International Thought of Emily Greene Balch, in: Women's International Thought: A New History, hg. von Patricia OWENS und Katharina RIETZLER, Cambridge University Press, New York 2021, S. 230–260.

2018 BRETTING, Massenauswanderung (wie Anm. 63), S. 61; Michael BASS, Das „Goldene Tor": Die Entwicklung des Einwanderungsrechts der USA, Schriften zum Internationalen Recht, Bd. 50, Duncker & Humblot, Berlin 1990, S. 23.

2019 Zur Genese und Geschichte des Begriffs der Intersektionalität siehe: Gabriele WINKER, Nina DEGELE, Intersektionalität: Zur Analyse sozialer Ungleichheiten, transcript Verlag, Bielefeld 2009, S. 15: „Wir begreifen Intersektionalität als

19. Jahrhunderts immer drängender, und es kam im Reichstag zu zahlreichen Debatten darüber. Diese waren geprägt von teilweise sehr gegensätzlichen Auffassungen zur Rolle der Frau und ihrer möglichen politischen Teilhabe. Dabei stellte diese Frage einen Teilbereich des Klassenkampfes dar, in dem die intersektionelle Position der Frauen der Unterschicht zu ebendiesem benutzt wurde. Allerdings verliefen die Trennlinien zwischen den Interessen der Frauen der verschiedenen Klassen nicht scharf. Sie waren vielmehr beweglich und durchlässig, was wiederum die fortschreitende Ausdifferenzierung und Komplexität der Gesellschaft des Kaiserreichs belegt. Der Reichstag blickte, wie etwa bei der Arbeiterfrage, auch in dieser gesellschaftlichen Problematik u.a. in die USA. Dort wurden den Frauen teilweise bereits mehr Rechte als im Deutsche Reich gewährt, wie weiter unten gezeigt wird, wenngleich die deutsche Frauenbewegung sehr aktiv war und häufig von Reichstagsabgeordneten unterstützt wurde.

4.5. Die Frauenfrage

Die gesellschaftliche Mitwirkung der Frauen wurde zu einem immer drängenderen politischen Thema in der Wilhelminischen Epoche. Dass sich die Einstellung zu dieser Frage veränderte, brachte der sozialdemokratische Abgeordnete Emanuel Wurm während einer Diskussion zur Abänderung des Artikels 153 der Gewerbeordnung am 21. Januar 1898 anlässlich der zweiten Beratung des Haushalts für das Reichsamt des Innern zum Ausdruck: „Wir haben ja heute das merkwürdige Schauspiel erlebt, daß der Reichstag und die Regierung sich zur Frauenfrage weit freundlicher gestellt haben als je zuvor. [...] Heute hat sogar der Staatssekretär Graf Posadowsky zugegeben, daß die geistige Befähigung der Frau dieselbe sei, wie die des Mannes."[2020]

4.5.1. Die Gleichstellung der Frau als Gradmesser der Demokratisierung

Dabei betrafen die gesellschaftlichen Veränderungen die Frauen aller Klassen, sowohl der bürgerlichen als auch der proletarischen Schichten. Die alte Elite war durchaus bereit, den Frauen der eigenen Schicht weitreichendere Rechte einzuräumen. Gleichzeitig versuchte sie aber auch in dieser Frage, die aufstrebenden Schichten von der Emanzipation und der politisch-gesellschaftlichen Teilhabe und Gleichberechtigung abzuhalten. Ein Verdacht, der auch von Emanuel Wurm

---

kontextspezifische, gegenstandsbezogene und an sozialen Praxen ansetzende Wechselwirkung ungleichheitsgenerierender sozialer Strukturen (d.h. von Herrschaftsverhältnissen), symbolischer Repräsentation und Identitätskonstruktionen."
2020 Stg. Berichte, 9. Leg.-Periode, 1897/98,1, 22. Sitzung, Freitag, den 21. Januar 1898, S. 574A.

geäußert wurde, als er auf die weiter oben bereits erstmals erwähnte Rede Prinz Schönaich-Caroloths zurückkam, der zuvor für die Zulassung der Frauen zum Studium eingetreten war.[2021]

In der Mitte des 19. Jahrhunderts hatten noch etwa drei Viertel der Menschen auf dem Land gelebt. Die meisten der Frauen waren dort als mithelfende Familienangehörige in der Landwirtschaft oder Handwerk tätig. Daneben nahm der Anteil der Frauen, die in Heimarbeit arbeiteten, mit steigender Industrialisierung zu. Heimarbeit aber sicherte weder ein regelmäßiges Einkommen, noch gab es Kündigungsschutz oder wurden dafür Sozialleistungen gezahlt. Die Verdienste waren sehr niedrig und die Arbeitstage lang. Eine Tabakarbeiterin in einer Fabrik verdiente mehr als doppelt so viel wie eine Heimarbeiterin. Ein Vorteil der Heimarbeit lag jedoch darin, dass die Frauen zusätzlich zur Arbeit Kinder beaufsichtigen und andere Aufgaben erledigen konnten. Zur Jahrhundertwende hin gab es zum häuslichen Dienst, bei dem die Aufsicht streng und die Bevormundung stark waren, zunehmend Alternativen: Lieber gingen junge Mädchen in die Fabrik, wo der Verdienst höher war und sie selbstbestimmter als im häuslichen Dienst über ihre – wenn auch geringe – Freizeit verfügen konnten. Bis zur Jahrhundertwende arbeiteten immer mehr Frauen als Angestellte in Büros und Warenhäusern oder Beamtinnen im Telefondienst und dieser Trend setzte sich fort. Die Erwerbsquote weiblicher Beschäftigter stieg tendenziell: von 24,6 Prozent (1895) über 29,6 Prozent (1907) auf 35,3 Prozent (1925). Das Modell vom Mann als Ernährer und der Hausfrau als Zuverdienerin verfestigte sich als Grundmodell der sozialen Ordnung. Daher sollte nach gesellschaftspolitischen Vorstellungen die Ernährerposition wirtschaftlich und sozial gestärkt werden. Dies erfolgte unter anderem über die Sozialpolitik und eine entsprechende Gesetzgebung. So erließ man beispielsweise arbeitsrechtliche Sonderbestimmungen für Frauen zum Schutz von Familie und Mutterschaft. Das betraf zum Beispiel das Nachtarbeitsverbot und den Maximalarbeitstag für Frauen (11 Stunden), die 1891 eingeführt wurden. Diese Gesetze galten aber nur für Lohnarbeiterinnen in Fabriken – eine Minderheit erwerbstätiger Frauen. Die Diskurse über den Arbeiterinnenschutz zielten im Laufe der Jahre immer häufiger auf das weibliche Geschlecht insgesamt. Allerdings galt Frauenerwerbsarbeit in Nachahmung des Adels in bürgerlichen Familien im Allgemeinen als unschicklich. Der Beruf der Gouvernante und Lehrerin wurde durch seine Nähe zur mütterlichen Aufgabe noch toleriert.[2022]

Da also immer mehr Frauen aus den unteren Schichten in der Industrie arbeiteten und einer Erwerbsarbeit nachgingen, stellte sich zum Beispiel die Frage ihrer

---

2021 Ibid.

2022 https://www.digitales-deutsches-frauenarchiv.de/themen/erwerbstaetigkeit-von-frauen-im-kaiserreich-und-der-weimarer-republik [Eingesehen am 27. November 2020]: Barbara VON HINDENBURG, Erwerbstätigkeit von Frauen im Kaiserreich und in der Weimarer Republik, veröffentlich am 13. September 2018.

Mitgliedschaft in Gewerkschaften oder als Inspektoren der Gewerbeaufsicht. In den USA war beides seit mehreren Jahrzehnten bereits möglich. Emanuel Wurm etwa hielt in der bereits zitierten Debatte über eine Änderung des Paragrafen 153 der Gewerbeordnung dazu ein flammendes Plädoyer für die Gleichberechtigung der Frauen. Allerdings setzte er sich nur für die Belange der Arbeiterinnen, nicht für die der bürgerlichen Frauen ein: „Im Interesse der Arbeiterinnen fordern wir, daß auch Frauen zur Gewerbeaufsicht mindestens vorläufig als Assistentinnen zugezogen werden!"[2023] Dabei verwies er unter anderem auf die Vereinigten Staaten.[2024]

Neben der für die Frauen aus dem Bildungs- und Besitzbürgertum wichtigen Frage der Zulassung zum Studium und derjenigen für Frauen aus der Arbeiterschicht hinsichtlich ihrer gewerkschaftlichen Rechte, stellte sich um die Jahrhundertwende für die Frauen aus allen Schichten die hochpolitische Frage zur Zulassung an Wahlen verstärkt. Hierin also zeigte sich die intersektionelle Benachteiligung der Frauen wohl am Deutlichsten. Die Frauenfrage wurde denn auch als Kampfmittel sowohl von der alten Elite als auch der neuen Elite benutzt, wie Wurms Hinweis auf die fehlende politische Mitwirkungsmöglichkeit der Frauen über Wahlen bezeugte. Denn das Wahlrecht für Frauen hätte sicher die linken Parteien und zumal die Sozialdemokratie noch weiter gestärkt und spiegelverkehrt zu einer weiteren Schwächung der konservativen und rechten Parteien geführt.[2025] Zudem sollte aber nicht unterschätz werden, dass eine Weiterentwicklung der Frauenrechte eine konkurrenzierende Herausforderung für die Männer aller Parteien, vor allem in den qualifizierten, gesellschaftlich angesehenen und gut bezahlten Stellungen und Berufen mit sich gebracht hätte.

Die Frauenfrage rückte also aus verschiedenen Gründen in den Blick- und Mittelpunkt: Die Demokratisierung und der steigende Wohlstand trugen zu einer Diversifizierung des gesellschaftlichen Lebens und der Mitwirkungsansprüche bisher nicht oder nur ungenügend am politischen Entscheidungsprozess beteiligter Gruppen bei. Die Frauenfrage schrieb sich mithin in das allgemeine Problem der mangelhaften Synchronisation der wirtschaftlichen und politischen Entwicklung ein.[2026] Nicht zuletzt machte das anhaltende Wirtschaftswachstum die Hebung von Arbeitskräftereserven trotz der Befürchtungen Liebers etwa, die Rückwanderung aus den USA könnte der einheimischen Bevölkerung die Arbeit wegnehmen, notwendig. Die Hebung der weiblichen Arbeitsreserve führte kollateral zum Zwang der Gewährung bestimmter gesellschaftlicher Mitwirkungsmöglichkeiten und zur Öffnung von bisher den Frauen vorenthaltenen sozialen Positionen, zumal im Bereich der akademischen Ausbildung.

2023 Stg. Berichte, 9. Leg.-Periode, 1897/98, 1, 22. Sitzung, Freitag, den 21. Januar 1898, S. 574A.
2024 Ibid., S. 574B/C.
2025 Ibid., S. 574B.
2026 MIELKE, Der Hansa-Bund, S. 16.

4.5.2. Das Frauenstudium

Und so setzte sich die Frauenbewegung im Kaiserreich stark für eine bessere Bildung der Frauen ein, vor allem für Töchter aus bürgerlichen Familien. Dies erklärt sich nicht nur aus einem individuellen Bildungsstreben, sondern auch aus verschiedenen wirtschaftlichen Bedingungen und Entwicklungen. In der *Gelben Broschüre* fasste Helene Lange 1887 zentrale Kritik und Forderungen zusammen und stärkte 1890 mit der Gründung eines Berufsverbandes, des Allgemeine Deutschen Lehrerinnenvereins (ADLV), den Lehrerinnenstand. Der Einsatz der Frauenbewegung für bessere Mädchen- und Frauenbildung zeitigte Erfolg: In einem Probeversuch machte Hildegard Wegscheider als erste Frau in Preußen 1894 Abitur, zwei Jahre später kam die offizielle Zulassung für Frauen zu dieser Prüfung. Es wurden immer mehr Mädchengymnasien eingerichtet, die den gesellschaftlichen Druck zur Zulassung von Frauen zu einem Studium zusätzlich erhöhten. Ab 1900 waren Frauen offiziell an Universitäten in Baden, ab 1908 auch in Preußen zugelassen. Bereits vorher hatten sie mit Ausnahmegenehmigungen die Zulassung zum Medizinstudium erreicht und sich als Ärztinnen niedergelassen.[2027]

Am 21. Januar 1898 aber war es noch nicht so weit. Die Debatten zur Änderung des Paragrafen 153 der Gewerbeordnung hatten bereits seit mehreren Sitzungen angedauert. Der nationalliberale Abgeordnete Prinz Schönaich-Carolath[2028], den Wurm später ja zitieren sollte, wollte sich nun aber nicht mehr zu dieser Frage äußern, sondern wollte über einen anderen Bereich sprechen, nämlich die Zulassung von Frauen zum Studium, „soweit er der Kompetenzen des Reichs

---

2027 https://www.digitales-deutsches-frauenarchiv.de/themen/erwerbstaetigkeit-von-frauen-im-kaiserreich-und-der-weimarer-republik.

2028 Werner HERZOG, Prinz Heinrich von Schoenaich-Carolath 1852–1920. Freimaurer und Politiker im deutschen Kaiserreich, Stock & Stein, Schwerin 1999: Heinrich zu Schönaich-Carolath (24. April 1852–20. Juni 1920) war ab 1881 bis 1918 zunächst Abgeordneter im Reichstag für die Freikonservative Partei, ab 1890 für die Nationalliberale Partei. Heinrich zu Schoenaich-Carolath engagierte sich für die lebendige Frauenbewegung um 1900. Mit zahlreichen prominenten Zeitgenossen gehörte er der 1893 von Helene Lange gegründeten *Vereinigung zur Veranstaltung von Gymnasialkursen für Frauen* an, die sich für ein Recht der Frauen auf ein Universitätsstudium einsetzte. Schoenaich-Carolath gehörte 1918 zu jenen Abgeordneten, die sich für das Frauenwahlrecht einsetzten, und mit einer die Mehrheit bildenden Parteienkoalition stellte er einen entsprechenden Antrag, der jedoch wegen der ausbrechenden Revolution nicht mehr zur Abstimmung kam. Er unterstützte die Sozialgesetzgebung von Otto von Bismarck, lehnte aber dessen Sozialistengesetz ab. Er wurde daher auch „Roter Prinz" genannt. Mit Wilhelm I. kam es zu einem offenen Konflikt in Militärfragen, da er das kaiserliche Gnadenrecht in Militärfragen ablehnte. Daher wurde er 1885 aus dem (inaktiven) Militärdienst entfernt.

unterliegt."[2029] Die Universitätsausbildung sowie der gesamte Kultusbereich fielen im Allgemeinen unter die Kompetenzen der Bundesstaaten. In der Tat unterstützte Schönaich-Carolath, der auch der rote Prinz genannt wurde, die Frauenbewegung, und insbesondere deren Forderung zur Zulassung zum Studium, genauer „auf das Studium der Frau, soweit es sie berechtigen soll, die Praxis als Aerztin auszuüben."[2030] Die Forderungen der Frauenbewegung hatten sich auf eine Zulassung zum Studium seit Beginn der 1890er Jahre auf eine Zulassung zum Medizinstudium konzentriert. Diese Forderung war erstmals 1891 im Reichstag erhoben worden, unter Bezugnahme auf Artikel 29 der Gewerbeordnung. Das Medizinstudium stellte darüber hinaus eine Tür zum Frauenstudium dar, da „die Frage des ärztlichen Studiums [] Sache des Reichs [war]; das Reich hat[te] auch die Aerzteordnung erlassen."[2031] Seit dem Wintersemester 1896/97 waren Frauen erstmals als Gasthörerinnen in Medizin an preußischen Universitäten zugelassen. Im Laufe der 1900er Jahre öffneten immer mehr Bundesstaaten ihre Universitäten für die allgemeine Frauenimmatrikulation. Insgesamt war das Deutsche Reich aber in dieser Frage eines der rückständigsten Länder.[2032]

In den USA etwa durften Frauen bereits seit 1833 zumindest an spezifischen Colleges und Universitäten studieren.[2033] Die weiter oben zitierte Emily Greene Balch etwa hatte in den 1880er Jahren das Studium am *Bryn Mawr College*[2034], der ersten amerikanischen Hochschule, an der Frauen promovieren konnten, aufgenommen. 1890 erhielt sie ein Stipendium für ein Studium an der Sorbonne in Paris, 1895 hörte sie in Berlin Vorlesungen bei Georg Simmel.

Schönaich-Carolath wollte denn auch den Blick seiner Abgeordnetenkollegen auf das Ausland wenden und machte gleichzeitig einen ironischen Seitenhieb auf den sich durch das starke Wachstum breit machenden Nationalstolz: „Wir Deutschen begehen vielfach den Fehler, daß wir meinen, bei uns stände immer alles

2029 Stg. Berichte, 9. Leg.-Periode, 1897/98, 1, 22. Sitzung, Freitag, den 21. Januar 1898, S. 558C.

2030 Ibid.

2031 Ibid., S. 559B.

2032 Anja BURCHARDT, Blaustrumpf – Modestudentin – Anarchistin? Deutsche und russische Medizinstudentinnen in Berlin 1896–1918, Verlag, J.B. Melzer, Stuttgart, Weimar 1997, S. 12–14.

2033 Ilse COSTAS: Der Kampf um das Frauenstudium im internationalen Vergleich. Begünstigende und hemmende Faktoren für die Emanzipation der Frauen aus ihrer intellektuellen Unmündigkeit in unterschiedlichen bürgerlichen Gesellschaften, in: Pionierinnen – Feministinnen – Karrierefrauen? Zur Geschichte des Frauenstudiums in Deutschland. Frauen in Geschichte und Gesellschaft, Bd. 22., hg. von Anne SCHLÜTER, Centaurus, Pfaffenweiler 1992, S. 115–144.

2034 Andrea HAMILTON, A Vision for Girls: Gender, Education and the Bryn Mawr School, The Johns Hopkins University Press, Baltimore 2004.

aufs herrlichste und nirgends anders so schön, wir wären dem Auslande außerordentlich voraus."[2035]

Über diesen Blick ins Ausland trug Schönaich-Carolath indirekt auch dazu bei, den Reichstag als kompetent in internationalen und transnationalen Fragen zu etablieren und damit der auf die Innenpolitik fokussierten Exekutive und alten Elite etwa den Progressismus und die Offenheit des Reichstags und damit auch in gewisser Weise der neuen Eliten gegenüberzustellen. Wobei hier wieder deutlich wird, wie sehr die Institution des Reichstags und die Gruppenidentität auf die Selbstwahrnehmung der Akteure zurückwirkte, welche sich zum Teil hybridisierte. Schönaich-Carolath, als von seinem Herkommen her Mitglied der alten Elite, identifizierte sich über sein Reichstagsmandat mit der neuen, aufstrebenden Elite oder kann als ein solches identifiziert werden. Er führte zunächst die Beispiele Russland und England an, wo bereits sehr viele Frauen als Ärztinnen approbiert waren. Ehe er weitere Beispiele aus „der ganzen zivilisierten Welt" betrachten wollte, wozu er neben Belgien, Italien, Schweden, Dänemark, Norwegen, Holland und Finnland interessanterweise auch Indien zählte, sprach er kurz die Verhältnisse in den Vereinigten Staaten an, von denen er annahm, dass sie den Abgeordneten bekannt waren: „[D]aß in Amerika ganz außerordentlich viel Frauenärzte thätig sind, und überaus zahlreiche Promotionen stattfinden, brauche ich nicht zu erwähnen."[2036]

Dies bezeugt, wie gut der Reichstag im Allgemeinen über die Verhältnisse in den USA informiert war, was wiederum die wachsende Bedeutung dieses Landes unterstrich. Zudem bauten die Abgeordneten über ihre Kenntnisse der USA ein eigenes, von der alten Elite sich unterscheidendes transnationales und internationales Wissen auf. Dies konnte, wie die Beschäftigung mit den Verhältnissen im zwar kolonialen, aber doch außereuropäischen Ausland insgesamt, zu einem Bedeutungszuwachs des Reichstags über Kompetenzvorsprung beitragen.

Über die Rede Schönaich-Caroliths, die am Ende mit „Bravo!" quittierte wurde und während derer es weder zu Zwischenrufen noch Bemerkungen gekommen war, lässt sich die relative gesellschaftliche Fortschrittlichkeit des Reichstags und damit der Mehrheit seiner Abgeordneten erkennen. Außerdem war er eine Institution, die zur Disziplinierung und Demokratisierung des Diskurses und damit zur Gesellschaft insgesamt beitrug, da extreme, dem allgemeinen gesellschaftlichen Fortschritt zuwiderlaufende Ansichten meist nur recht vorsichtig geäußert wurden. In den Jahren vor dem Ausbruch des Ersten Weltkriegs wurden die Debatten zwar aggressiver und liefen häufig weniger diszipliniert ab, was jedoch mehr als ein Zeichen für die weiter sich ausbildende Demokratisierung und Parlamentarisierung gewertet werden kann, denn als eine Extremisierung und ein Vorbote tragischer Ereignisse. Fast auf den Tag genau zwei Jahre später, am 13. Januar 1900,

---

2035 Stg. Berichte, 9. Leg.-Periode, 1897/98, 1, 22. Sitzung, Freitag, den 21. Januar 1898, S. 560A.
2036 Ibid., S. 560B/C.

kam es in einer Debatte zur Zulassung von Realschulabiturienten noch einmal zu einer kurzen Diskussion über die Zulassung von Frauen zum Medizinstudium. Die begeisterte Reaktion der Linken auf die Äußerungen des der alten Elite angehörenden Staatssekretärs des Innern bezeugte dabei, wie sehr die Frauenfrage die Möglichkeit bot, dass die Parteien sich als fortschrittlich und damit demokratisch präsentieren und neue Allianzen im Reichstag herstellen konnten.[2037]

Während die Zulassung der Frauen zu einem Studium noch relativ konsensfähig war, nicht zuletzt wegen der bereits genannten wirtschaftlichen Zwänge, verhielt es sich mit dem Wahlrecht nicht ganz so. Allerdings sollte die Weimarer Verfassung den Frauen das Wahlrecht zugestehen, was sicherlich auch ein Ergebnis der im Kaiserreich geführten feministischen Kämpfe und der Debatten im Reichstag war.

4.5.3. Das Frauenwahlrecht: Ein bis zum Ende des Kaiserreichs ungeklärtes Thema

Das Wahlrecht zu den Wahlen des Reichstags des Deutschen Reiches war im Vergleich zu demjenigen in anderen Staaten fortschrittlich. Allerdings bestanden zwischen den einzelnen Bundesstaaten erhebliche Unterschiede in Bezug auf die Wahl zu den Volksvertretungen. Vor allem in Mecklenburg, welches bis 1918 gar keine Volksvertretung kannte, und in Preußen, das bis zum Ende des Kaiserreichs am Dreiklassenwahlrecht festhielt. Aber auch in Hamburg war das Wahlrecht im Vergleich zum nationalen Wahlrecht rückständig und glich der Meinung des sozialdemokratischen Abgeordneten Paul Singers nach eher einem plutokratischen denn demokratischen System.

Am 5. Februar 1895 waren von den Abgeordneten Ignaz Auer, SPD, Hermann Pachnicke, FVg, und Heinrich Ancker, FVp, drei verschiedene Gesetzesentwürfen „betreffend die Volksvertretung in den Bundesstaaten" eingereicht worden. Die SPD hatte in ihrem Gesetzentwurf drei Forderungen erhoben. Zunächst die Absenkung des Wahlrechts auf alle Wahlberechtigten über 20 Jahre; die Verfassung gewährte das Wahlrecht ab dem 25. Lebensjahr. In der zweiten Beratung dieser Gesetzentwürfe, am 20. Februar 1895, hatte Paul Singer dies mit einem ironischen Hinweis auf das Alter mancher Monarchen, etwa Ludwigs II. von Bayern, begründet: „Und weiter, meine Herren, wenn hier kaum den Knabenschuhen entwachsene Leute in dem Alter von 18. Jahren für fähig erachtet werden, den Thron zu besteigen, wenn ihnen die Entscheidung über die Geschicke ganzer Völker anvertraut wird, dann kann man doch wahrlich nicht behaupten, daß andere junge Leute, die sogar einige Jahre älter sind, nicht im Stande wären das Wahlrecht auszuüben."[2038]

2037 Stg. Berichte, 10. Leg.-Periode, 1898/1900, 4, 127. Sitzung, Sonnabend, den 13. Januar 1900, S. 3513C.
2038 Stg. Berichte, 9. Leg.-Periode, 1895/97, 2, 42. Sitzung, Mittwoch, den 20. Februar 1895, S. 1012B/C.

Die weiteren zwei Punkte des Antrags waren die Übernahme des Reichstagswahlrechts durch die Landesparlamente und seine Ausweitung auf die Frauen. Singer wies darauf hin, dass die SPD sehr wohl für eine Ausweitung des Frauenwahlrechts auf die Reichstagswahl war und dass Karl Rodbertus zufolge, einem Verfechter der Idee des Staatsinterventionismus, „das natürliche Ziel der geschichtlichen Entwicklung das allgemeine gleiche Wahlrecht [ist]."[2039]

Singer verwies dann auf die guten Erfahrungen, die mit dem Frauenstimmrecht in anderen Ländern, zumal in den USA, gemacht worden waren.[2040] Dort hatte sich seit 1848 und der *Seneca Falls Convention* und vor allem seit dem Bürgerkrieg zusammen mit dem Kampf gegen die Sklaverei auch die Frauenrechts- und Frauenwahlrechtsbewegung stark entwickelt. So hatte etwa die Frauenrechtlerin Angelina Emily Grimké geschrieben: *The investigation of the rights of the slaves has led me to a better understanding of my own.*[2041] Seit 1890 existierte der Dachverband der *National American Woman Suffrage Association* (NAWSA). Ab den 1860er Jahren wurden hauptsächlich im Westen der USA, die als Frontierstaaten eine geringe Bevölkerungsdichte im Allgemeinen und einen Frauenmangel im Besonderen aufwiesen, deshalb verstärkt Versuche unternommen, das Frauenwahlrecht einzuführen. Ziel war es, die Arbeitskräftereserven auszunutzen und die Staaten für Frauen attraktiv zu machen. So etwa hielt Kansas 1867 ein Referendum für das Frauenwahlrecht ab. Zwar scheiterte es dort, doch anderswo hatten Frauen das Wahlrecht erhalten, so 1870 in Utah und im Wyoming Territorium oder 1893 in Colorado. Zudem erlaubten manche Gemeinden den Frauen die Wahl zu den *schoolboards*, zu Richtern oder *county clerks*. Im selben Jahr wie in Deutschland, nämlich 1919 durch die Weimarer Verfassung, sollten die amerikanischen Frauen schließlich mit dem 19. Amendement[2042] das volle Wahlrecht, welches bis 1920 einem Flickenteppich unterschiedlicher Rechte geglichen hatte, sowohl auf bundesstaatlicher Ebene als auch in allen Staaten uneingeschränkt erhalten[2043].

2039　Ibid., S. 1012C.

2040　Ibid., S. 1012D: „Ueberall da, wo die Frauen auf staatlichem oder kommunalem Gebiet aktives und passives Wahlrecht besitzen, haben sich nicht die geringsten Nachtheile oder Bedenken gezeigt. Ueberall, in Amerika, England und Schweden, wo, sei es in der Gemeinde oder im Staat, der Einfluß der Frauen durch die Wahlrechtsgesetzgebung gesichert ist, wird es lebhaft empfunden, daß das Frauenstimmrecht sich als eine durchaus gute und zweckmäßige gesellschaftliche Einrichtung bewährt hat."

2041　http://utc.iath.virginia.edu/abolitn/abesaegb5t.html [Eingesehen am 2. Dezember 2020]: Angelina F. GRIMKE, Letters to Catherine Beecher, Boston, Isaac Knapp, 1839, Letter XII, Human Rights not Founded on Sex, 10. Februar 1837.

2042　https://en.wikisource.org/wiki/Additional_amendments_to_the_United_States_C onstitution.

2043　Zur Geschichte des Frauenwahlrechts in den Vereinigten Staaten benutzte Literatur: Mari Jo BUHLE, Paul BUHLE, The concise history of woman suffrage, University

Ein Jahr nach der Einbringung der o.g. Gesetzesentwürfe fand in der Sitzung am 8. Februar 1896 die erste Beratung des von verschiedenen Sozialdemokraten eingebrachten Gesetzentwurfs zu einem „Gesetz betreffend das Recht auf Versammlung und Vereinigung und das Recht der Koalition," statt. Der Gesetzentwurf stellte dabei einen Nexus her zwischen den Rechten der Arbeiter auf Koalitionsfreiheit – eine Frage, die wie weiter oben gesehen bis zum Ende des Reichs virulent bleiben sollte –, und denen der Frauen, wie die verschiedenen Paragrafen des Gesetzentwurfs bezeugen. Bewusst oder unbewusst wurde hier die Problematik der Intersektionalität bekämpft, denn Frauen standen an der Schnittstelle zwischen politischer und gesellschaftlicher Diskriminierung, die auch im Fehlen eines einheitlichen Vereinsgesetzes spürbar wurde.

In der Frage des Frauenwahlrechts wird erneut deutlich, wie die verschiedenen aufstrebenden Gruppen und Schichten des Reichs versuchten, ihre gesellschaftlichen und politischen Mitwirkungsmöglichkeiten auch über die Formung asymmetrischer Allianzen durchzusetzen. Denn die im Gesetzentwurf vorgesehen Rechte für Frauen betrafen sowohl das proletarische als auch das bürgerliche Milieu. Wenn diese gescheiterte Gesetzesinitiative von 1896 zeigt, wie sehr die demokratisch-parlamentarische Entwicklung langsam vonstattenging, welch langen Atmen die Verfechter eines solchen Weges brauchten, macht sie gleichzeitig deutlich, dass die Tendenz dazu unaufhaltsam war. Paragraf 1 des Gesetzentwurfs sollte nun folgendermaßen lauten: „Die Reichsangehörigen ohne Unterschied des Geschlechts haben das Recht, sich zu versammeln." Paragraf 2 sollte bestimmen: „Die Reichsangehörigen ohne Unterschied des Geschlechts haben das Recht, Vereine zu bilden." Paragraf 3 sah vor: „Alle den vorstehenden Bestimmungen widersprechenden Gesetz und Verordnungen einschließlich derer, welche die Verabredung und Vereinigung zum Behufe der Erlangung günstigerer Lohn- und Beschäftigungsbedingungen hindern, untersagen oder unter Strafe stellen, sind aufgehoben." Auch der Abgeordnete Martin Schall[2044] von der Deutschkonservativen Partei kam in Bezug auf diesen Gesetzentwurf auf die Rechte von Frauen zu sprechen, und zwar das Frauenwahlrecht. Dabei verwies er auf die Lage in Massachusetts, USA, von der

---

of Illinois, Urbana 1978. Rebecca J. MEAD, How the Vote Was Won: Woman Suffrage in the Western United States, 1868–1914, NYU Press, New York 2006; Corinne M. McCONNAUGHY, The Woman Suffrage Movement in America: A Reassessment, Cambridge University Press, New York 2013.

2044 MANN, Biographisches Handbuch, S. 337: Martin Schall (27. Mai 1844–21. Oktober 1921) war ein Militärpfarrer und Verfasser politischer Schriften. Er war einer der wenigen Abgeordneten der Deutsch-konservativen Partei, der nicht aus dem Landadel, dem Junkertum stammte, saß für die Partei gleichwohl von 1893 bis 1898 im Reichstag und auch im preußischen Abgeordnetenhaus.

die sozialdemokratische Zeitschrift *Die Gleichheit*[2045], deren spätere Chefredakteurin Clara Zetkin war, berichtete hatte:

> „Ich habe vorhin in der „Gleichheit" gelesen, die bekanntlich von der Frau Ihrer Partei in Pankow redigiert wird, da steht in der vorletzten Nummer eine Nachricht aus Massachusets in Amerika. Dort hat kürzlich eine Volksabstimmung stattgefunden über die politische Gleichberechtigung der Frau bei den letzten Staatswahlen, und Sie wissen, daß man in Amerika auf diesem Gebiet bereits sehr emanzipiert ist, und daß ein blue stocking dort nicht gerade so etwas Seltenes ist. Welches ist nun das Resultat bei den Wahlen gewesen? Es heißt: unter drei Männern hatte je einer und unter 26 Frauen 25 Frauen mit „ja" geantwortet, daß also die Frau völlige politische Gleichheit haben sollte; aber der größte Theil der Frauen enthielt sich der Wahl. Daher war das Resultat der Wahl ein negatives, die Frauen blieben von der politischen Gleichstellung ausgeschlossen. Meine Herren, ich denke, darin liegt ein Beweis, daß nicht alle Frauen in dem Geschenk, welches Sie ihnen zudenken wollen, ein besonderes Glück sehen, sondern mehr eine Art Danaergeschenk."[2046]

Nach diesem ironisch-humorvollen Einstieg in das Thema – Schall war als guter Prediger bekannt –, gab er dann seine eigentliche Anschauung der Rolle der Frauen wider, welche den Vorstellungen der Frauenbewegung und der von ihm spöttisch als *blue stocking*[2047] bezeichneten Frauen diametral entgegenstand.[2048] Diese wirkte aber angesichts der tatsächlichen Entwicklungen und auch der Reden anderer Reichstagsabgeordneter als ein Rückzugsgefecht, welches sich durchaus in den Abwehrkampf der vorindustriellen Elite gegen die aufstrebenden Klassen und Gruppen einordnen lässt. Er bedauerte, dass so viele Frauen arbeiten mussten, weil zu viele Männer ledig bleiben wollten, und er wies den Frauen im Übrigen ganz klar die Mutterrolle zu oder beschränkte ihre beruflichen Möglichkeiten auf „mütterliche" Beruf, wie Diakonissinnen, Lehrerinnen oder auch Ärztinnen. Dann aber griff er den von der SPD eingebrachten Gesetzentwurf als eine „Utopie" an, der die „politischen Wirren" der Zeit noch vergrößern würde. Denn „der schönste Ruhm

---

2045 Alexandra ZELFEL, Erziehen – die Politik von Frauen. Erziehungsdiskurse im Spiegel von Frauenzeitschriften im ausgehenden 19. Jahrhundert, Klinkhardt, Bad Heilbrunn, 2004, S. 96 ff.

2046 Stg. Berichte, 9. Leg.-Periode, 1895/97, 2, 35. Sitzung, Sonnabend, den 8. Februar 1896, S. 840C.

2047 Die *Bluestocking Society* war eine in der Mitte des 18. Jahrhunderts in London gegründete Gruppe gelehrter Frauen zum Austausch politischer und literarischer Gedanken. Siehe dazu: https://en.wikipedia.org/wiki/Bluestocking.

2048 Siehe dazu: Michaela KARL, Die Geschichte der Frauenbewegung, Reclam, Ditzingen 2020⁶.

einer Frau wird immer der sein, ein Geschlecht tüchtiger Kinder, einen tüchtigen Nachwuchs herangezogen zu haben."[2049] Im weiteren Verlauf des Kaiserreichs kam es im Reichstag immer wieder zu Debatten über das Wahlrecht oder die Umstände der Wahl, wie zum Beispiel das Wahlgeheimnis, wie etwa im Kapitel Außenpolitik gezeigt wurde. In der Tendenz aber schienen derartige Diskussionen jedoch abzunehmen bzw. weniger hart abzulaufen. Das lag vielleicht daran, dass sich das Reich und damit auch die Reichstagswahlen und der Reichstag zur dominanten Instanz jedenfalls auch in der Vorstellung der Bürger zu entwickeln begann, wenngleich etwa die Landesfürsten, wie etwa Prinzregent Luitpold in Bayern, sehr populär blieben und weiterhin eine emotionale und politische Bezugsgröße waren. Erst in der Osterbotschaft des Jahres 1917 wurde das Thema wieder explizit aufgenommen, als Kaiser Wilhelm II. versprach, nach dem Krieg das allgemeine und direkte Wahlrecht auf Preußen auszudehnen. Vom Frauenwahlrecht war aber weiterhin keine Rede, ebenso wenig wie vom gleichen Wahlrecht.[2050]

Zusammenfassung Gesellschaft

Die im untersuchten Zeitraum in den Vereinigten Staaten und im Deutschen Reich oft parallel verlaufenden politischen, wirtschaftlichen und gesellschaftlichen Entwicklungen veranlassten die Abgeordneten immer wieder, sich mit den Verhältnissen in dieser aufstrebenden Weltmacht auseinanderzusetzen. Oft kam ihnen dabei zugegen, dass sie die USA aus eigener Anschauung kannten und sich vor Ort ein Bild von den gesellschaftlichen Gegebenheiten hatten machen können. Diese Kenntnisse benutzten sie, um die alte Elite oder vielleicht genauer die Exekutive herauszufordern und ihr deren Kompetenzen streitig zu machen. Der Reichstag musste wegen der zunehmenden Notwendigkeit zur gesetzlichen Regelung auch von gesellschaftlichen Fragen und dem stetig steigenden Budget, nicht zuletzt im militärischen und außenpolitischen Bereich, konsultiert werden und Gesetze verabschieden. Diese Entwicklung nutzten die Abgeordneten, um ihren Kompetenzrahmen auszuweiten. In gewisser Weise standen die Abgeordneten an einer intersektionellen Position im Machtgefüge des Reichs. Der Reichstag wurde als Debattierclub verunglimpft[2051] und er musste um seine Anerkennung

---

2049 Stg. Berichte, 9. Leg.-Periode, 1895/97, 2, 35. Sitzung, Sonnabend, den 8. Februar 1896, S. 840A.

2050 Röhl, Wilhelm II.: Der Weg in den Abgrund, S. 1216–1223.

2051 John C. G. Röhl, Wilhelm II. Die Jugend des Kaisers 1859–1888, C.H. Beck, München 2001², S. 292–293; Gerhard Loewenberg, Paradoxien des Parlamentarismus. Historische und aktuelle Gründe für Fehlverständnisse in Wissenschaft und Öffentlichkeit, in: Zeitschrift Für Parlamentsfragen, Bd. 38, Nr. 4, 2007, S. 816–827, hier S. 816. [JSTOR, www.jstor.org/stable/24237781. Eingesehen am 30 Januar 2021].

im Institutionengefüge kämpfen. Auch seine Beschäftigung mit gesellschaftlichen Themen, wie der Frauenfrage, der „Rassenfrage", der Migration oder der
Arbeiterfrage, welche sich allesamt im Grunde um die Ausweitung von Rechten
und Mitwirkungsmöglichkeiten bisher subalterner Gruppen drehten, machte den
Reichstag zu einem Akteur intersektionellen Kampfes, wenngleich hier noch weniger der Focus auf der Genderproblematik lag. Der Kampf um die Ausweitung der
Rechte subalterner Gruppen, wie der Frauen, der Farbigen oder der Arbeiter, ordnete sich also ein in den intrinsischen Kampf der Reichstagsabgeordneten selbst,
zu wirkmächtigen und anerkannten Akteuren im politischen Ordnungssystem zu
werden. Sie kämpften mithin, wenngleich nicht aggressiv so doch offen, um die
Parlamentarisierung des Reiches und damit auch um die Aufwertung ihrer individuellen Position und derjenigen des Reichstags. Die demokratischen Strukturen,
die sich wegen der Ausdifferenzierung und wirtschaftlichen Stärke des Deutschen
Reichs ebenso in der Tendenz informell verstärkten, drängten das Reich immer
vehementer auf den Weg der Parlamentarisierung, und die informelle Parlamentarisierung wiederum stärkte die demokratischen Strukturen.

Fazit

Zu Beginn der Untersuchung war weder klar noch vorbestimmt, was sich aus der Lektüre der Reichstagsdebatten zu Themen mit USA-Bezug herauslesen und erkennen ließe. So wurden zunächst eher eine perzeptionsgeschichtliche Herangehensweise und eine Geschichte der Repräsentation ins Auge gefasst. Zwar beinhaltete unser Forschungsvorhaben auch eine Institutionengeschichte. Es bestand allerdings keine vorformulierte politische Agenda, wie etwa den Reichstag zu rehabilitieren oder die angenommene Bedeutung des Kaiserreichs mit Blick auf die Gegenwart neu zu bewerten. Im Gegenteil sollte der Versuch unternommen werden, das Kaiserreich, genauer die Wilhelminische Epoche, mit ihren spezifischen Dynamiken über eine Untersuchung der Beschäftigung des Reichstages mit Themen, die die USA betrafen, besser zu verstehen. Wenngleich jeder Historiker natürlich auch durch seine eigene Geschichte im Sinne Hayden Whites bei der Erforschung und beim Schreiben der Geschichte beeinflusst wird, so muss er doch bestrebt sein, die Realität so getreu als möglich nachzuzeichnen und zu einer möglichst objektiven Schlussfolgerung zu gelangen. Im Falle der vorliegenden Arbeit sollte dieses Ziel durch die genaue Lektüre und Analyse eines sehr umfangreichen, unerlässlichen und wichtigen, allerdings recht wenig systematisch untersuchten Quellenkorpus erreicht werden: die stenographischen Berichte des Reichstags. Diese Quelle, bei deren Lektüre natürlich immer zu bedenken ist, dass die Reden auch dazu dienten, die Meinung der Wähler und der Öffentlichkeit zu beeinflussen,[2052] wurde bisher meist lediglich als zusätzliche Informationsquelle, als Vervollständigung anderer Quellen herangezogen, die man im Hinblick auf die politischen, wirtschaftlichen und gesellschaftlichen Entwicklungen als ertragreicher und bedeutender angesehen hatte.

Im Verlaufe der Untersuchung trat aber nun immer deutlicher zu Tage, dass über die Beschäftigung des Reichstags mit den Vereinigten Staaten die Rolle des Parlaments im Prozess steigender demokratischer Teilhabe und die informelle Ausweitung der Rechte des Parlaments analysiert und herausgearbeitet werden konnte. Als eigentliches Thema der Arbeit schälte sich so im Laufe der Promotion das Thema der Parlamentarisierung heraus. Eine Frage, die Oliver Haardt zufolge „einen, wenn nicht den umstrittensten Aspekt der politischen Geschichte des Kaiserreichs" anbelangt; die vermeintliche Parlamentarisierung der Reichsgewalt"[2053].

Eines der Ziele dieser Arbeit ist es demnach, einen Beitrag für ein besseres Verständnis der konstitutionellen Entwicklung des Kaiserreichs zu leisten, da der Reichstag des Kaiserreichs, um noch einmal den in der Einleitung zitierten Hans

---

2052 Schwarz, „Je weniger Afrika, desto besser", S. 21.
2053 HAARDT, Ewiger Bund, S. 405.

Fenske zu bemühen, als von den Historikern oftmals unterschätztes Organ der
Verfassung gilt, wennschon gerade zum 150sten Jubiläum der Reichsgründung
viele Werke veröffentlicht wurden, die einen etwas differenzierteren Blick auf den
Reichstag werfen. Zu nennen wären hier etwa das bereits erwähnte Buch von Oliver Haardt. In der Tat aber scheint die Historiographie immer noch nicht recht verstanden und akzeptiert zu haben, dass es natürlich keine Demokratie und keinen
Parlamentarismus in der Zeit vor 1918 in unserem heutigen Verständnis gegeben
hatte, sondern dass man es mit einem Vorgang zu tun hat, einem Prozess des stetigen Bohrens dicker parlamentarischer Bretter, der sich über mehrere Jahrzehnte
hinzog. Erst im Oktober 1918 gab es den Moment des Kairos, den günstigen Moment also der Entscheidung zur Einführung eines parlamentarischen Systems mit
Abhängigkeit der Regierung von einer Parlamentsmehrheit. All die Jahrzehnte der
in der Untersuchung beschriebenen informellen Parlamentarisierung zuvor liefen
auf diesen Punkt zu, den Immanuel Wallerstein so ausdrückte: *„People* [in unserem Fall die Abgeordneten] *resist fundamental moral choice"*[2054]. Manfred Rauh
war also weniger „vollmundig", wie es erst jüngst wieder kaiserreichspessimistisch
oder doch kaiserreichskeptisch ausgedrückt wurde,[2055] als realistisch und klarsichtig. Bismarck selbst hatte den Reichstag zwar lediglich als parlamentarisches Zugeständnis an die Parlamentarisierungstendenzen der Zeit und als relativ schwaches
Gegengewicht zu den feudalen konservativen Elementen der Gesellschaft gesehen.
Jedoch lässt sich an Hand von Debatten zu außenpolitischen, wirtschaftlichen und
gesellschaftlichen Themen, die der Reichstag in Bezug auf die Vereinigten Staaten
in der Regentschaft Wilhelms II. führte, sehen und nachvollziehen, wie im Laufe
des Deutschen Reichs ein stetiger Bedeutungsgewinn dieser Institution stattfand,
der auf den Kairos der Einführung des parlamentarischen Systems hinführte, den
Zeitpunkt, an dem das alte System am Ende war und in ein anderes übergeleitet
werden musste und konnte, nämlich das parlamentarische System.

Die „informelle" Parlamentarisierung wurde zudem vor allem in der Epoche
unter zuerst Staatssekretär des Äußeren und dann Reichskanzler Bernhard von
Bülow (1897–1909) jedenfalls ansatzweise absichtlich vorangetrieben, um den Kaiser und dessen Willen zum persönlichen Regiment zu schwächen. Darüber hinaus
hatte in der Gesellschaft des Deutschen Reichs die Dekomposition zugenommen,
d.h. die komplexe Ganzheit differenzierte sich in Teile aus. Die zunehmende Komplexität der Gesellschaft des Kaiserreiches und ihre immer stärkere funktionale
Differenzierung[2056] führten dazu, dass sie immer weniger als kompakte Einheit
gesehen werden konnte,[2057] wenn das denn eigentlich je wirklich möglich gewesen

---

2054 WALLERSTEIN, TimeSpace, S. 296.

2055 NONN, 12 Tage, S. 510.

2056 Niklas LUHMANN, Soziologische Aufklärung 4: Beiträge zur funktionalen Differenzierung der Gesellschaft, 4. Auflage, VS Verlag für Sozialwissenschaften,
     Wiesbaden 2009.

2057 ZIEMANN, Das Kaiserreich als Epoche der Polykontexturalität, S. 51.

sein sollte, war doch bereits die Gesellschaft im Alten Reich komplex. Diese Ausdifferenzierung also erforderte eine immer stärkere Berücksichtigung der sich ausformenden Zivilgesellschaft. Allerdings kann man auch bei diesem Begriff natürlich nicht davon im heutigen Sinne sprechen.[2058] Durch die Ausdifferenzierung stieg zudem die Notwendigkeit, immer weitere Bereiche des öffentlichen Lebens gesetzlich zu regeln und das Recht im gesamten Reich zu vereinheitlichen, was wiederum zu einem Bedeutungsgewinn des Reichstags als eines Teils und gleichzeitig Repräsentant dieser ausdifferenzierten Gesellschaft und als Gesetzgebungsorgan und Kompetenzzentrum für gesetzliche Fragen führte. Damit einherging die Herausbildung der spezifischen sozialen Gruppe der Reichstagsabgeordneten, die eine parlamentarische, parteipolitische und überregionale, nationale Elite zu bilden begannen.[2059] Sie hatten nicht nur die konstitutionelle Verpflichtung, Vertreter des ganzen deutschen Volkes zu sein, sondern beschrieben über ihre überregional vernetzte Stellung und differenzierten Kontakte diese Rolle auch immer konturschärfer und nahmen sie zielgerichteter wahr. Die Gruppe der Reichstagsabgeordneten entwickelte sich also wie gesehen absichtlich und „autopoietisch" fort.

Die in der vorliegenden Arbeit behandelten drei Themenkomplexe Außenpolitik, Wirtschaft und Gesellschaft ergeben dabei in der Zusammenschau ein Bild der zunehmenden informellen Parlamentarisierung des Reiches. Über diese drei Themenkomplexe wird ersichtlich, wie die Reichsleitung vom Parlament unter Druck gesetzt, ja manchmal gar in die Zange genommen wurde. Und zwar von drei verschiedenen Seiten: der außenpolitischen, der wirtschaftlichen und der gesellschaftlichen.

Betrachten wir zunächst den im ersten Kapitel behandelten Bereich der außenpolitischen Fragen: Hier lässt sich festhalten, dass bei der Analyse der Reichstagsdebatten, die die Vereinigten Staaten zum Thema hatten, erkennbar wird, wie sehr im Kaiserreich damit gerungen wurde, die sich über die wirtschaftliche und demografische Entwicklung abzeichnende quasihegemoniale Stellung des Kaiserreichs in Kontinentaleuropa weltpolitisch zu nutzen und der damit gleichzeitig zunehmend als Einkreisung wahrgenommenen Konkurrenz der anderen Großmächte, allen voran Großbritannien, zu entgehen.

Sowohl während des Spanisch-Amerikanischen und des Amerikanisch-Philippinischen Krieges als auch in der Samoafrage und während der Venezuelakrise fällt dabei auf, dass die USA trotz ihrer weltpolitischen Ambitionen, die sie

---

2058 Nonn, 12 Tage, S. 512: Die kritisch-herabsetzende Bemerkung „Eine verantwortungsvolle Zivilgesellschaft konnte so kaum [im Kaiserreich] entstehen" bezeugt wieder zum einen eine Verkennung des Prozesscharakters von geschichtlicher Entwicklung und der Beharrungskräfte in einem System und ist zum andere eine vielleicht etwas zu selbstgefällige Einschätzung des heutigen politisch-sozialen Systems.

2059 Berger, Building the Nation Among Visions of German Empire, S. 295.

gleichzeitig zur deutschen globalen Expansion entwickelten, nicht in erster Linie als Gegner, sondern eher als mögliche Verbündete angesehen wurden. Obwohl die Außenpolitik vornehmlich durch die Exekutive und den Kaiser selbst gestaltet werden konnte, hatte der Reichstag zumal über sein Zustimmungserfordernis zum Reichsetat ein nicht geringes Gewicht gerade bei der Bewilligung von Geldern für die neuen und stetig ansteigenden auswärtigen Aufgaben, die nicht zuletzt durch die wirtschaftliche Expansion des Reiches entstanden. Die betrachteten Ereignisse erlaubten es dem Reichstag, über die Aneignung außenpolitischer Fragestellungen größeres institutionelles und innenpolitisches Gewicht zu erlangen, was Ziel und Resultat zugleich dieser „informellen" Kompetenz-Kompetenz war. Die Regierung musste den politischen Arkanbereich der außenpolitischen Entscheidungen zumindest informell mit dem Reichstag teilen und dessen Ansichten, Vorstellungen und Wünsche hören, berücksichtigen und in ihre Entscheidungsfindung mit einbeziehen. Im Jahre 1908 schrieb der bayerische Gesandte in Berlin Lerchenfeld: „Gerade gegenüber dem in der Öffentlichkeit hervortretenden Bestreben, dem Reichstag eine stärkere Beteiligung an den Fragen der auswärtigen Politik zu sichern, ist es notwendig, daß auch die verbündeten Regierungen beweisen, daß sie sich ihrer Mitverantwortung bewußt sind."[2060] Dies wurde mithin einige Jahre nach der Samoakrise, der Venezuelakrise oder der Verabschiedung der Flottengesetze geschrieben, bei denen man hatte beobachten können, wie der Reichstag versuchte, seine Mitwirkungsmöglichkeiten im außenpolitischen Bereich zu stärken. Die Sätze Lerchenfelds bestätigen daher die in der vorliegenden Untersuchung gemachte Analyse des Versuchs und auch des Gelingens des Reichstags, auf diesem Politikfeld seine Kompetenzen „informell" auszuweiten – und das seit Mitte der 1890er Jahre.

In wirtschaftlichen und gesellschaftlichen Fragen war die Reichsleitung dem Druck des Reichstags ebenfalls ausgesetzt. In wirtschaftlichen Fragen hatten die Abgeordneten nicht nur sehr häufig große Kompetenz, indem sie etwa Unternehmer oder Ökonomen waren. Sie hatten oft auch ein starkes Eigeninteresse an besonderen wirtschaftlichen Entscheidungen, etwa pro oder contra Freihandel. Darüber hinaus wurden sie in ihren Wahlkreisen direkt gewählt und mussten so u.a. die wirtschaftlichen Interessen ihrer Wählerklientel im Auge behalten, ja vertreten – allen Bekundungen, man sei ja Vertreter des gesamten Volkes, zum Trotz. In gewisser Weise kann man deshalb sagen, dass die Abgeordneten zum Teil auch Lobbyarbeit im Parlament betrieben. Die zunehmende Bedeutung des Ökonomischen also trug so, wie etwa auch die allgemeine Tendenz zur Verrechtlichung und zur nationalen Vereinheitlichung von Rechtsnormen, dazu bei, die Rolle des Reichstags zu stärken und die Reichsleitung zum Teilen der Kompetenzen und zum Berücksichtigen der Mehrheitsmeinung des Reichstags zu zwingen.

2060 Lerchenfeld an Podewils und Hohental an Vitzthum, 4. 11. 1908, (zitiert nach NONN, 12 Tage, S. 491, Anm. 41).

Auf dem dritten behandelten Themenfeld, den gesellschaftlichen Fragen, hatten viele Abgeordnete sehr spezifische individuelle Kompetenzen, zum Beispiel auf Grund ihres Studiums, Berufs, ihres Lebensumfeldes oder ihrer Herkunft, die sie im Reichstag bei den verschiedenen Debatten einbrachten. Durch die steigende Komplexität gesellschaftlicher Fragen trugen diese Kompetenzen viel dazu bei, das Reich auf dem Weg der informellen Parlamentarisierung voranzubringen. So wurde etwa in Bezug auf die „Rassenfrage" die Grenze des Sagbaren ausgetestet. Auch wenn zu Beginn des untersuchten Zeitraums von manchen Abgeordneten der Begriff „Neger" als Synonym zu „Eingeborene" oder „Schwarze" benutzt wurde und nicht immer rassistisch aufgeladen war, scheint man erkennen zu können, dass die Verwendung des Wortes doch eine Entwicklung hin zu einem rein rassistischen Gebrauch des Begriffs spiegelt. Gleichzeitig sollte die rassische Aufladung des Wortes wohl aber auch dazu beitragen, die inneren klassenspezifischen Konflikte abzufedern. In der Tat weisen die Debatten im Reichstag darauf hin, dass die „Rassenfrage" zunehmend auch für sozialpolitische Kämpfe von den verschiedenen Parteien ge- bzw. missbraucht wurde. Diese Feststellung gilt ebenso für die Frauenfrage. Die Frauenfrage ließe sich zudem zu einer Genderfrage ausweiten, und insbesondere die verschiedenen Männlichkeiten und die politischen Implikationen könnten über die Reichstagsdebatten – schließlich waren alle Reichstagsabgeordneten Männer- noch tiefergehend untersucht werden.[2061] Dies hätte aber den Rahmen der vorliegenden Untersuchung gesprengt. In gesellschaftlichen Fragen verfügte der Reichstag mithin häufig über eine der Reichsleitung überlegene Kompetenz und über ein stärker ausdifferenziertes und tieferes Wissen der behandelten Fragen. Hier wurde die Regierung von Reichstag also über Wissen und Kompetenz herausgefordert.

Alle drei Themenfelder mit USA-Bezug, Außenpolitik, Wirtschaft und Gesellschaft, verstärkten *in fine* die Position des Reichstags im Verfassungsgefüge von drei unterschiedlichen Seiten her.

Schließlich nun erlaubt die genauere Analyse der Debatten im Reichstag mit USA-Bezug nicht nur die institutionelle Entwicklung des Parlaments im Verfassungsgefüge des Kaiserreichs genauer zu verstehen. Sie gestattet auch, die zunehmende gesellschaftliche Ausdifferenzierung und Komplexität über die Abgeordneten und ihre Sprache sowie ihre Interessengebiete vor der Katastrophe des Ersten Weltkriegs besser zu erfassen. Es handelt sich somit um eine Kulturgeschichte des Politischen, aber auch um eine Kulturgeschichte des Politikers. Deshalb ist die Erforschung des Lebens der Abgeordneten, ihrer persönlichen Geschichte und ihres Arbeits- und Lebensalltags, wie sie die Parlamentarismus-Kommission für die Zeit des Kaiserreichs unternimmt[2062], von eminenter Bedeutung und kann die

---

2061 Vgl. Dazu Raewyn CONNELL, Masculinities, University of California Press, Los Angeles 1995: Die Autorin hat verschiedene Männlichkeitstypen analysiert und definiert.

2062 https://kgparl.de/forschung/abgeordnetenleben-1871-1918/.

hier in der Arbeit gewonnenen Einblicke und Erkenntnisse nur vertiefen und verfeinern. So kannten etwa viele der Abgeordneten, die sich an den Debatten zu Themen mit USA-Bezug beteiligten, das Land selbst aus eigener Anschauung. Dabei waren die Erfahrungen durchaus sehr unterschiedlich und reichten von beruflich-wirtschaftlichen zu politischen Erfahrungen, was sich in den Debatten deutlich widerspiegelte.

Hier gilt es auch noch einmal den außergewöhnlichen Charakter der für die Arbeit benutzten Quelle zu betonen: Bei den stenographischen Berichten des Reichstags handelt es sich um eine besondere, nämlich hybride Quelle: Sie steht zwischen Schriftlichkeit und Mündlichkeit und macht sie deshalb für den Historiker zu einem ganz außergewöhnlichen Material. Über die, ähnlich wie bei reinen Schriftquellen benutzbare Analyse des Tons, der rhetorischen Stilmittel, des benutzten Vokabulars, der Satzstrukturen, erlaubt auch die paratextuelle Analyse der Reaktion des Parlaments Rückschlüsse auf die indirekten, unterschwelligen, vielleicht eigentlichen Absichten und Ziele der Abgeordneten. Sie geben einen unmittelbaren und relativ wahrheitsgetreuen Eindruck der Reden wieder. Der ironische Ton etwa, der ein herausragendes Merkmal kritischer und damit sich demokratisierender Gesellschaften ist, sticht besonders hervor und erlaubte es den Abgeordneten, sich der Exekutive übergeordnet in Szene zu setzen. Dies weist sogleich auf ein anderes Charakteristikum der Reichstagsdebatten und ihrer Archivierung als stenographische Berichte hin: Der Reichstag war Dank der Öffentlichkeit der Debatten wie eine Bühne. Und diese Bühne konnte zu vielerlei Zwecken benutzt werden: Man konnte seine Argumente verbreiten, man konnte ein bestimmtes Image aufbauen, man konnte, wie oft im Falle der Beiträge der Abgeordneten, perlokutiv versuchen, die Hierarchien zu hinterfragen und zu verändern. Die im Parlament vertretene neue Elite konnte ihre Kompetenzen und ihre gesellschaftlichen Vernetzungen und Verbindungen bezeugen, sie konnte die Autorität der alten Elite und gar der Monarchie ungestraft herausfordern und so die gesellschaftlichen Tiefenstrukturen insgesamt in Bewegung versetzen. Die gesellschaftlichen Kräfteverhältnisse wurden auf dieser Bühne gespiegelt und neu ausgehandelt und ausbalanciert, die informelle Parlamentarisierung schritt so unentwegt voran. Nicht zuletzt, weil die für die spätere Bundesrepublik so bedeutenden „Konzeption der Mitte", des Ausgleichs zwischen rechten und linken Positionen, im Entstehen erkenntlich wird und auf ein Zweiparteienschema, mit einem dominanten rechten (Konservative und Nationalliberale) und linken (SPD und Linksliberale) Lager zulief. Es lässt sich im Parlament, in dem zumindest in Debatten mit USA-Bezug harte nationalistische, völkische und gar unsäglich rassistische und antisemitische Aussagen relativ selten zu lesen sind und häufig vom Reichstagspräsidenten und einer Mehrheit der Abgeordneten zurückgewiesen wurden, zudem eine bis in die heutige Bundesrepublik reichende Kontinuitätslinie rückverfolgen, welche extremistische Parteien über die Einbindung in die parlamentarische Arbeit einzuhegen und so zu schwächen sucht.

Natürlich brachte die öffentliche Diskussion internationaler und transnationaler außenpolitischer, wirtschaftlicher oder gesellschaftlicher Themen wegen unbedachter oder aggressiver Äußerungen, wie von der Exekutive häufig betont, die Gefahr mit sich, dass es zu diplomatischen Missverständnissen und Verwicklungen kam. Allerdings schob, einem unterirdischen Mahlstrom gleich, die Demokratisierung und die gesamtgesellschaftliche Entwicklung mit der zunehmenden globalen Verflechtung und Verwobenheit des Kaiserreichs diese Themen verstärkt an die Oberfläche der parlamentarischen Debatte, und die Parteien waren „im politischen System so weit etabliert und stabilisiert"[2063], dass sie sich verstärkt äußeren Fragen zuwenden konnten und ihren Blick über den innenpolitischen Horizont werfen konnten.

Und über den Einsatz perlokutiver Redebeiträge, wie etwa dem Aussprechen von Vertrauen oder der Aufforderung, Sorgfalt beim Abschluss internationaler Verträge walten zu lassen und nur solche Verträge abzuschließen, deren Folgen wirklich verstanden und abgeschätzt werden konnten, wurde die Reichsleitung, welche – das ist ein überaus wichtiger Punkt – vermehrt als Regierung bezeichnet wurde, zu einem bestimmten Handeln gedrängt. So baute der Reichstag *de facto*, wenn auch nicht *de jure*, was angesichts der fortgeführten und im Grunde sterilen Diskussion über das parlamentarische Wesen des Kaiserreichs immer wieder betont werden muss, seine Kompetenzen aus. Derartige despektierliche, harsche Worte gegenüber der Exekutive lösten häufig im Plenum „Heiterkeit" aus. Das förderte und bezeugte zugleich ein gewisses Zusammengehörigkeitsgefühl unter den Abgeordneten und war eine wichtige Etappe auf dem Weg zur Vertiefung der Gemeinschaft der Abgeordneten, welche wiederum die informelle Parlamentarisierung weiter voranbrachte. Oder um es mit anderen Worten zu sagen: Es kam zu einer immer weitgehenderen Komplementarität der Entscheidungs- und Handlungsmotivationen im Kaiserreich. Statt über die Anordnung einer alle politische Entscheidungsgewalt auf sich konzentrierenden Machtzentrale wurde die Gesellschaft über das Zusammenspiel oder auch die Konkurrenz verschiedener konstitutioneller, aber auch privater Institutionen in eine bestimmte Richtung gelenkt, wurden die Menschen zu bestimmten Handlungen gebracht. Im Laufe der Zeit vervollkommnete sich über das Fortschreiten der Demokratisierung das Formulieren gemeinsamer Ziele. Einer dieser institutionellen Orte der gemeinsamen politischen, wirtschaftlichen und gesellschaftlichen Zielfindung, die Vermittlungsinstanz des gesellschaftlich-politischen Pluralismus,[2064] war eben der Reichstag mit seinem geballten Expertenwissen, in unserem Fall zu den Vereinigten Staaten, seinen transnationalen, internationalen und technokratischen Kompetenzen. Dies führte im Laufe der Zeit zu einer informellen Kompetenzausweitung des Reichstags und damit zu einer Gewichtsverlagerung innerhalb des verfassungsmäßig festgelegten Institutionengefüges zugunsten eines sich ausbildenden parlamentarischen Systems.

Über die Debatten im Reichstag schien so nicht selten das Idealbild eines liberalen, nicht autoritären, modernen und demokratisch verfassten Staates auf, als

---

2063 SCHWARZ, „Je weniger Afrika, desto besser", S. 312.
2064 NIPPERDEY, Machtstaat vor der Demokratie, S. 105.

dessen Garanten der legislativen Freiheit und der Fortentwicklungsmöglichkeiten
des so dynamischen Deutschen Reichs der Reichstag betrachtet werden kann.

Das Deutsche Reich oder das Kaiserreich, wie es sehr oft, im Grunde die Person
und konstitutionelle Institution des Kaisers überbewertend, reduzierend genannt
wird, war eine für die weitere Entwicklung der deutschen Geschichte hochbedeu-
tende, ja entscheidende Epoche. Einmal trug sie bereits viele Wesenszüge späterer
Entwicklungen in sich – die tragischen, katastrophalen und kriminellen ebenso
wie die demokratisch-egalitäre humanistischen –, andererseits entstanden in ihr
erst die Grundlagen dazu.

Gerade an Hand der Debatten im Reichstag, welche, wie es immer wieder zu
unterstreichen gilt, trotz ihrer hervorragenden Zugänglichkeit dank der Arbeit der
Bayerischen Staatsbibliothek weiterhin in ihrer historischen Erkenntnisgewinn-
chance unterschätzt werden, öffnet sich ein Zugang zu einem verfeinerten, genaueren und vielleicht emotionell weniger aufgeladenen Verständnis der Epoche.

Danksagung

Mein erster Dank gilt Frankreich und Paris. Hier durfte ich erleben, dass „liberté", „égalité" und „fraternité" nicht nur leere Worthülsen darstellen, sondern oft gelebte Ideale sind.

Dann möchte ich all denen meine Dankbarkeit aussprechen, die mich zum Promotionsprojekt ermutigten und mir die Möglichkeit zu seiner Durchführung boten. Dazu muss ich zunächst Herrn Prof. Hermann Beck erwähnen, dessen Freundschaft und Begeisterung den eigentlichen Anstoß des Projekts bedeuteten. Und dies leitet mich gleich über zu meinem Doktorvater, Herrn Prof. Michael Hochgeschwender. Herr Hochgeschwender war für mich der bestmögliche Doktorvater: immer da, wenn ich ihn brauchte, jedoch nie aufdringlich und stets die nötige Forschungsfreiheit gewährend. Frau Prof. Ursula Prutsch gilt als meiner Zweitprüferin mein besonderer Dank, hat sie mir doch immer mit Rat und Tat zur Seite gestanden. An dieser Stelle auch mein Dank an Herrn Prof. Kiran Patel als Drittprüfer, der mir während der Disputatio weitere wichtige wissenschaftlichen Denkanstöße gab.

All den Personen, die es mir während der langen Jahre der Forschungsarbeit erlaubt haben, dieser Impulse zu verleihen oder sie auch vorstellen zu dürfen, möchte ich nun meinen tiefen Dank aussprechen: Frau Prof. Laura Katzman, deren Einladung zu ihrer Tagung in Berlin zum Spanisch-Amerikanischen Krieg meiner Promotion einen beträchtlichen Schub verlieh. Auch Nick Acker bin ich seither in Freundschaft verbunden. Herrn Prof. Stefan Berger, dass er es mir erlaubt hat, trotz nicht ganz einhelliger Meinung zum Thema, meine Gedanken in seinem höchstinteressanten Seminar darzulegen. Prof. Erik Grimmer-Solem für seine Freundschaft und für sein zum richtigen Zeitpunkt erschienenes Werk „Learning Empire". Herrn Prof. Thomas Kühne, der trotz aller Skepsis bereit war, mein an der German Studies Organization organisiertes Panel zur Parlamentarisierung tatkräftig und wohlwollend zu unterstützen sowie Frau Prof. Elisabeth Piller und Prof. Kenneth Ledford. Frau Prof. Lavinia Anderson, bei der die Idee zum Panel gleich von Anfang an begeisterte Unterstützung erfahren hat. Nicht zuletzt möchte ich Frau Prof. Claudine Delphis, welche mir als erste die Möglichkeit gegeben, meine Arbeit in ihrem Seminar vorzustellen, danken.

Ein besonders herzliches Dankeschön möchte ich an Dr. Michael Hundt richten, dessen kluger und hilfreicher Korrektur meine Arbeit sehr viel schuldet. In diesem Zusammenhang möchte ich den verschiedenen Institutionen, an denen ich arbeiten durfte, meinen Dank ausdrücken: Dem Stadtarchiv Lübeck, der Provinzialbibliothek in Amberg, dem Leibniz-Institut für Europäische Geschichte in Mainz, der Herzog-August-Bibliothek in Wolfenbüttel, dem Interdisziplinären Forschungszentrum Ostseeraum in Greifswald. Den Angestellten und LeiterInnen dort gilt mein Dank, insbesondere Frau Prof. Antjekathrin Grassmann, Herrn Prof. Johannes Paulmann und Herrn Dr. Alexander Drost sowie Frau Doreen Wollbrecht.

Ein aufrichtiges Dankeschön nun an Frau Prof. Ina Ulrike Paul und Herrn Prof. Uwe Puschner, die mir eine Veröffentlichung in ihrer Reihe ermöglichten.

Einen ganz besonderen Gedanken richte ich an unsere langjährigen Freunde: Mary Lindemann und Michael B. Miller. Michael, der mich in seiner Forschungshaltung und seiner Menschlichkeit sehr inspirierte. Lucien Bély und Herrn Bernard Wolff für die aufschlussreichen Diskussionen, ihre Unterstützung und die gemeinsamen Abendessen im „Languedoc". Caroline Ford und Sanjay Subrahmanyam, für die stets anregenden Gespräche. Michael Naujoks, der keine Kosten und Mühen gescheut hat, mich in München bei der Disputatio mit seiner so wohltuenden Anwesenheit zu unterstützen.

Meine Gedanken gehen zu meinen Großeltern, Cäcilia und Walter Beier und Magdalena und Michael Hiltl, denen ich unendlich viel verdanke, und natürlich zu meinen Eltern, Angela und Rudolf Hiltl, meinem Vater zumal, der mir auch als Lektor zur Seite stand.

Schließlich muss ich mich bei meiner Frau bedanken: Indravati, deren Liebe, Beharrlichkeit und Intelligenz mich das Projekt „Promotion" haben angehen und durchhalten lassen und deren Forschungsarbeit meiner Promotion so entscheidende Ausrichtungen gab.

Paris, im Dezember 2023   Markus Hiltl

Literaturverzeichnis

Quellen:

I. Stenographische Berichte über die Verhandlungen des Deutschen Reichstags:

http://www.reichstagsprotokolle.de

9. Leg.-Periode, 1895/97, 2.

9. Leg.-Periode, 1895/97, 8.

9. Leg.-Periode, 1897/98, 1.

9. Leg.-Periode, 1897/98, 3.

10. Leg.-Periode, 1898/1900, 1.

10. Leg.-Periode, 1898/1900, 2.

10. Leg.-Periode, 1898/1900, 3.

10. Leg.-Periode, 1898/1900, 4.

10. Leg.-Periode, 1898/1900, 5.

10. Leg.-Periode, 1898/1900, 7.

10. Leg.-Periode, 1898/1900, 10.

10. Leg.-Periode, 1898/1900, 14.

10. Leg.-Periode, 1900/03, 4.

10. Leg.-Periode, 1900/03, 9.

10. Leg.-Periode, 1900/03, 10.

10. Leg.-Periode, 1900/03, 4.

10. Leg.-Periode, 1900/03, 17.

10. Leg.-Periode, 1900/03, 18.

11. Leg.-Periode, 1903/05, 1.

11. Leg.-Periode, 1903/05, 11.

12. Leg.-Periode, 1907/1909, 2.

12. Leg.-Periode, 1907/1909, 3.

12. Leg.-Periode, 1907/1909, 6.

12. Leg.-Periode, 1907/1909, 16.

12. Leg.-Periode, 1907/1909, 17.

13. Leg.-Periode, 1912/14, 2.

13. Leg.-Periode, 1912/14, 3.

13. Leg.-Periode, 1912/14, 6.

13. Leg.-Periode, 1912/14, 8.

13. Leg.-Periode, 1912/14, 11.

13. Leg.-Periode, 1912/14, 16.

13. Leg.-Periode, 1912/14, 17.

13. Leg.-Periode, 1912/14, 20.

II. Die Große Politik der Europäischen Kabinette 1871–1914 (im Folgenden: GP): Sammlung der Diplomatischen Akten des Auswärtigen Amtes, hg. von Johannes Lepsius, Albrecht Mendelssohn-Bartholdy, Friedrich Thimme, 1924.

GP, Bd. 14,2: Weltpolitische Rivalitäten.

GP, Bd. 15: Rings um die Erste Haager Friedenskonferenz.

GP, Bd. 17: Die Wendung im Deutsch-Englischen Verhältnis.

III. Andere

Aus dem Tagebuch der Baronin Spitzemberg 1865–1914, hg. von Rudolf Vierhaus, Deutscher Taschenbuchverlag, München 1979[2].

Otto von Bismarck, Gesammelte Werke. Neue Friedrichsruher Ausgabe, hg. von Holger Afferbach, Konrad Canis, Lothar Gall, Eberhard Kolb, Abt. III. 1871–1898. Schriften. Letzter im Jahr 2018 herausgegebener Band 7: 1886–1887, bearb. von Ulf Morgenstern, Paderborn, Ferdinand Schöningh 2018.

Otto von Bismarck, Die gesammelten Werke (im Folgenden: Bismarck, GW), 15. Bde., Berlin 1924–1935.

British Documents on the Origins of War, 1899–1914, hg. von G.P. Gooch, H. Temperley, 1. Bd., London 1926–1938, Nr. 128.

„Die Brüsseler Konvention und das deutsche Zuckersteuergesetz,“ in: Finanz-Archiv, Nr. 2 (1902): 260–79.

British Documents on Foreign Affairs [BDFA Part I]. Reports and Papers from the Foreign Office Confidential Print, General Editors Kenneth Bourne and D. Cameron Watt, Part I: From the Mid-Nineteenth Century to the First World War, Series C, North America 1837–1914, Bd. 10: Expansion and Rapprochement, 1889–1898, Doc. 137, S. 241–261.

Der „Berliner Antisemitismusstreit“ 1879–1881: Eine Kontroverse um die Zugehörigkeit der deutschen Juden zur Nation. Kommentierte Quellenedition, hg. von Karsten Krieger, K.G. Saur, München 2004, S. X–XXXI.

Deutsche Geschichte in Quellen und Darstellungen 7: Vom Deutschen Bund zum Kaiserreich 1815–1871, Reclam, Stuttgart 2003.

Deutsche Geschichte in Quellen und Darstellungen 8: Kaiserreich und Erster Weltkrieg 1871–1918, Reclam, Stuttgart 2002.

DIE NEUE ZEIT: Revue des geistigen und öffentlichen Lebens, (Hg. von Karl Kautsky), Siebzehnter Jahrgang, Zweiter Band, Nr. 47, Stuttgart 1899.

HOLSTEIN, Die geheimen Papiere Friedrich von Holsteins, hg. von Norman RICH und M. H. FISHER, dt. Ausgabe hg. von Werner FRAUENDIENST, Bd. 1–4, Göttingen 1956–1963.

KOLONIAL-WIRTSCHAFTLICHES KOMITEE, Unsere Kolonialwirtschaft, Salzwasser Verlag GmbH Paderborn, Nachdruck des Originals von 1914.

P.A. PREUSSEN Nr. 11, Geheim. Staatsministerial- und Kronrathsprotokolle, Bd. 16.

Preußische Jahrbücher.

QUELLEN ZUM POLITISCHEN DENKEN DER DEUTSCHEN im 19. und 20. Jahrhundert, Freiherr vom Stein-Gedächtnisausgabe: Unter Wilhelm II. 1890–1918, hg. von Hans FENSKE, Bd. VII, Wissenschaftliche Buchgesellschaft, Darmstadt 1982.

REICHSANZEIGER:

https://www.deutscher-reichsanzeiger.de/rgbl/jahrgang-1892/

REICHSGESETZBLATT:

de.wikisource.org/wiki/Gesetz, betreffend_die_deutsche_Flotte

Walther RATHENAU, Der Kaiser, in: Die Zukunft, 31. Mai 1919, wieder abgedruckt in: Walther RATHENAU, Schriften und Reden, Frankfurt a. M. 1964, S 235–272.

[SPRING RICE, Cecil] The Letters and Friendships of Sir Cecil Spring Rice. A Record, hg. von Stephen GWYNN, Bde. 1–2, Boston/New York 1929, repr. New York 1972.

Alfred Graf von WALDERSEE, Denkwürdigkeiten des General-Feldmarschalls Alfred Grafen von Waldersee, bearb. und hg. von Heinrich Otto Meisner, Bde. 1–3, Stuttgart/Berlin 1922–1923.

IV. Archivalische Quellen

Auswärtiges Amt (AA) A Ver. St. 16, Bd. 18.

BHStA München, MA Nr. 76024.

Bundesarchiv:

BA, R 1501, 103086.

BA, R 43, 308, Bl. 78.

Bundesarchiv Lichterfelde, R 101/ 5022, Bd. 2, Die Finanzen von Frankreich, Großbritannien und Irland, Italien, Japan, Österreich- Ungarn, Rußland, der Schweiz, den

Vereinigten Staaten von Amerika, Nov. 1908, Gruppe I: Finanzverwaltung 303 II.

https://www.bundesarchiv.de/aktenreichskanzlei/1919-1933/0000/adr/adrsz/kap1_5/para2_37.html.

https://www.bundesarchiv.de/aktenreichskanzlei/1919-1933/0000/adr/adrmr/kap
1_6/para2_104.htm.

Literatur:

Thomas ADAM (HG.), Germany and the Americans: culture, politics, and history, Oxford 2005.

Will Paul ADAMS, Die USA vor 1900, R. Oldenbourg Verlag, München 2009[2].

Holger AFFLERBACH, Der Dreibund. Europäische Großmacht- und Allianzpolitik vor dem Ersten Weltkrieg, Böhlau, Wien 2002.

Hans ALBERT, Macht und Gesetz, Grundprobleme der Politik und Ökonomik, Mohr Siebeck, Tübingen 2012.

Lothar ALBERTIN, Haußmann, Conrad, in: Neue Deutsche Biographie 8 (1969), S. 130 f. [Online-Version]; URL: https://www.deutsche-biographie.de/pnd11 8547208.html#ndbcontent.

Matthias ALEXANDER, Die Freikonservative Partei 1890–1918. Gemäßigter Konservatismus in der konstitutionellen Monarchie. Droste, Düsseldorf 2000.

Ann Taylor ALLEN, Satire and Society in Wilhelmine Germany: Kladderadatsch & Simplicissimus, 1890–1914, Lexington University Press of Kentucky, Lexington 1984.

Götz ALY, Das Prachtboot: Wie Deutsche die Kunstschätz der Südsee raubten, Fischer Verlag, Frankfurt am Main 2021.

Tyler ANBINDER, Nativism and Slavery: The Northern Know Nothings and the Politics oft he 1850s, Oxford University Press, New York, Oxford 1992.

Ferdinand ANDERS, Klaus EGGERT, Maximilian von Mexiko. Erzherzog und Kaiser, Verlag Niederösterreichisches Presseheus, Wien 1982.

Benedict ANDERSON, Imagined Communities: Reflections on the Origin and Spread of Nationalism, Verso, London, New York 2006.

Margaret Lavinia ANDERSON, Ein Demokratiedefizit? Das Deutsche Kaiserreich in vergleichender Perspektive, in: GG, Zeitschrift für Historische Sozialwissenschaft, 44. Jahrgang 2018, Heft 3, Hg. von Tim B. MÜLLER und Hedwig RICHTER.

Dies., Lehrjahre der Demokratie. Wahlen und politische Kultur im Deutschen Kaiserreich, Franz Steiner Verlag, Stuttgart 2009.

Stuart ANDERSON, Race and Rapprochement: Anglo-Saxonism and Anglo-American Relations, 1895–1904, Fairleigh Dickinson University 1981.

Josef ANKER, Rohrbach, Paul, in: Neue Deutsche Biographie 22 (2005), S. 5–6 [Online-Version]; URL: https://www.deutsche-biographie.de/pnd118790978. html#ndbcontent.

Helga Arend, Der Chor. Partizipation, Isolation und Auflösung des Einzelnen. In: Theater als Raum bildender Prozesse, hg. von Mayte Zimmermann, Kristin Westphal, Helga Arend, Wiebke Lohfeld. Athena, Oberhausen 2020.

Adolf Arndt, Das Staatsrecht des Deutschen Reiches, Berlin 1901.

Susan Arndt, Peggy Piesche, „Rasse" und die Kategorie Weißsein. Tagungsbericht von der Humboldt-Universität Berlin 2005.

Olaf Asbach, Der moderne Staat und „le doux commerce": Politik, Ökonomie und Internationale Beziehungen im politischen Denken, Nomos, Baden-Baden 2014.

Harold W. Aurand, The Lattimer Massacre: Who Owns History? – An Introduction, in: Pennsylvania History: A Journal of Mid-Atlantic Studies 69, Nr. 1 (2002), S. 5–10.

Martin Aust, Die Russische Revolution: Vom Zarenreich zum Sowjetimperium, C.H. Beck, München 2017.

John Langshaw Austin, Zur Theorie der Sprechakte (How to do things with words), Deutsche Bearbeitung von Eike von Savigny, Reclam, Stuttgart 1972.

Karl-Ludwig Ay, „Schäfer, Dietrich", in: Neue Deutsche Biographie 22 (2005), S. 504–505 [Online-Version]; URL: https://www.deutsche-biographie.de/pnd118794841.html#ndbcontent.

Wolfgang Ayass, „Schrader, Karl", in: Neue Deutsche Biographie 23 (2007), S. 505 [Online-Version]; URL: https://www.deutsche-biographie.de/pnd117646121.html#ndbcontent.

Jürgen G. Backhaus, Historische Schulen, LIT Verlag, Münster 2005.

Klaus J. Bade, German Emigration to the United States and Continental Immigration to Germany in the Late Nineteenth and Early Twentieth Century, in: Central European History, Bd. XIII, Atlanta 1980, S. 348–377.

Emily Greene Balch, Our Slavic Fellow Citizens, Charities Publication Committee, New York 1910.

Ralf Banken, „Stumm-Halberg, Carl Ferdinand Freiherr von", in: Neue Deutsche Biographie 25 (2013), S. 644–646 [Online-Version]; URL: https://www.deutsche-biographie.de/pnd118799274.html#ndbcontent.

Annika Bärwald, Bremer Baumwollträume: Bremer Wirtschaftsinteressen und das Streben nach Rohstoffautarkie im kolonialen Togo, in: Bonjour Geschichte. Das Bremer Online Journal für Geschichtswissenschaften.

Peter-Paul Bänziger, Die Moderne als Erlebnis. Eine Geschichte der Konsum- und Arbeitsgesellschaft, 1840–1940, Wallstein, Göttingen 2021.

Patrick Bahners, Eine umgekehrte Dolchstoßlegende, FAZ, 20. März 2021.

Theodor Barth, Amerikanische Eindrücke. Eine impressionistische Schilderung amerikanischer Zustände in Briefen, Verlag Georg Reimer, Berlin 1907.

Volker BARTH, Wa(h)re Fakten. Wissensproduktion globaler Nachrichtenagenturen 1835–1939, in: Kritische Studien zur Geschichtswissenschaft, Bd. 233, Vandehoeck & Ruprecht, Göttingen 2019.

Michael BASS, Das „Goldene Tor": Die Entwicklung des Einwanderungsrechts der USA, Schriften zum Internationalen Recht, Bd. 50, Duncker & Humblot, Berlin 1990.

Moritz BASSLER, New Historicism: Literaturgeschichte als Poetik der Kultur, Fischer Taschenbuch-Verlag, Frankfurt am Main 1995.

Karl Jack BAUER, The Mexican War 1846–1848. Einführung von Robert W. JOHANNSEN, University of Nebraska Press, Lincoln, London 1992.

Oswald BAUER, Der ehrbare Kaufmann und sein Ansehen, Steinkopf & Springer, Dresden 1906.

Zygmunt BAUMANN, Dialektik der Ordnung. Die Moderne und der Holocaust, EVA, Hamburg 1992.

Winfried BAUMGART, Deutschland im Zeitalter des Imperialismus 1890–1914. Grundkräfte, Thesen und Strukturen, Mainz [5] 1986.

Ders., Europäisches Konzert und nationale Bewegung. Internationale Beziehungen 1830–1878. 2. Auflage. Schöningh, Paderborn 2007.

Felicitas BECKER und Jigal BEEZ (Hg.), Der Maji-Maji-Krieg in Deutsch-Ostafrika 1905–1907, Ch. Links Verlag, Berlin 2005.

Frank BECKER, Adelheid von Saldern, Amerikanismus. Kulturelle Abgrenzung von Europa und US-Nationalismus im frühen 20. Jahrhundert, in: Transatlantische Studien 49, Stuttgart 2013.

Ders., Rezension zu: Volker BERGHAHN, Das Kaiserreich 1871–1914: Industriegesellschaft, bürgerliche Kultur und autoritärer Staat, Stuttgart: Klett-Cotta 2003, in: Sehepunkte, Ausgabe 4, 2004, Nr. 5.

Winfried BECKER, Die Minderheit als Mitte, Die Deutsche Zentrumspartei in der Innenpolitik des Reiches 1871–1933, Schöningh, Paderborn 1986.

Erwin von BECKERATH, Dietzel, Heinrich, in: Neue Deutsche Biographie 3 (1957), S. 708–709 [Online-Version]; URL: https://www.deutsche-biographie.de/pnd11 6117060.html#ndbcontent/

Sven BECKERT, Das Reich der Baumwolle, Eine globale Geschichte, in: Das Kaiserreich transnational: Deutschland in der Welt 1871–1914, hg. von Sebastian CONRAD und Jürgen OSTERHAMMEL, Vandenhoeck & Ruprecht, Göttingen 2005.

Ders., King Cotton: Eine Geschichte des globalen Kapitalismus, C.H. Beck Verlag, München 2014.

BEGEGNUNGEN MIT BISMARCK, Bd. 1: Robert von Keudell: Fürst und Fürstin Bismarck. Erinnerungen aus den Jahren 1846–1872; Bd. 2: Robert Lucius von Ballhausen: Bismarck-Erinnerungen des Staatsministers Robert Lucius von Ballhausen 1871–1890, Wbg./Theiss Verlag, Darmstadt 2020.

Wolfgang BEHR, Sozialdemokratie und Konservatismus: Ein empirischer und theoretischer Beitrag zur regionalen Parteienanalyse am Beispiel der Geschichte und Nachkriegsentwicklung Bayerns, Verlag für Literatur und Zeitgeschehen, Hannover 1977.

Rudolf BEHRENS, Jörn STEIGERWALD (Hg.), Die Macht und das Imaginäre, Eine kulturelle Verwandtschaft in der Literatur zwischen Früher Neuzeit und Moderne, Königshausen & Neumann, Würzburg 2005.

Jürgen BELLERS, Politische Kultur und Außenpolitik im Vergleich, R. Oldenbourg Verlag, München 1999.

Wolfgang BEHRINGER, Im Zeichen des Merkur. Reichspost und Kommunikationsrevolution in der Frühen Neuzeit, Vandenhoeck & Ruprecht, Göttingen 2003.

Stefan BERGER, Building the Nation Among Visions of German Empire, in: Stefan BERGER and Alexei MILLER (Hg.), Nationalizing Empires, CEU Press, New York 2015.

Volker R. BERGHAHN, Der Tirpitz-Plan: Genesis und Verfall einer innenpolitischen Krisenstrategie unter Wilhelm II., Droste Verlag, Düsseldorf 1971.

Rüdiger BERGIEN, Flotte und Medien im Kaiserreich, in: Deutsche Marinen im Wandel: Vom Symbol nationaler Einheit zum Instrument internationaler Sicherheit, hg. von Werner RAHN, R. Oldenbourg Verlag, München 2005, S. 143–160.

Werner BERGMANN, Völkischer Antisemitismus im Kaiserreich, in: Handbuch zur Völkischen Bewegung 1871–1918, hg. von Uwe PUSCHNER, Walter SCHMITZ, Justus H. ULBRICHT, München u.a. 1996, S. 449–463.

Heinrich BEST, Wilhelm Heinz SCHRÖDER, Biographisches Handbuch der Abgeordneten des Norddeutschen Reichstages, des Zollparlaments und der Deutschen Reichstage 1867–1918. Zentrum für Historische Sozialforschung, Köln 1992.

Wolfram BEYER, Pazifismus und Antimilitarismus. Eine Einführung in die Ideengeschichte, Schmetterling, Stuttgart 2012.

Klaus von BEYME, Die parlamentarische Demokratie: Entstehung und Funktionsweise 1789–1999, Springer Fachmedien, Wiesbaden 2014[4].

Andreas BIEFANG, Die andere Seite der Macht: Reichstag und Öffentlichkeit im „System Bismarck" 1871–1890, Bd. 156, Droste Verlag, Düsseldorf 2009.

Ders., Die Reichstagswahlen als demokratisches Zeremoniell, in: Andreas BIEFANG, Michael EPKENHANS, Klaus TENFELDE (Hg.), Das politische Zeremoniell im Kaiserreich 1871–1918, Droste Verlag, Düsseldorf 2008.

Ders., Michael EPKENHANS, Klaus TENFELDE (Hg.), Das politische Zeremoniell im Kaiserreich 1871–1918, Droste Verlag, Düsseldorf 2008.

BIOGRAPHISCHES LEXIKON DES SOZIALISMUS. Verstorbene Persönlichkeiten. Bd. 1, hg. von Franz OSTERROTH, J. H. W. Dietz Nachf., Hannover 1960.

BIOGRAFISCHES LEXIKON ZUR GESCHICHTE DER DEUTSCHEN SOZIALPOLITIK, 1871 bis 1945, hg. von Eckhard HANSEN, Florian TENNSTEDT, u.a., Bd. 1: Sozialpolitiker im Deutschen Kaiserreich 1871 bis 1918, Kassel University Press GmbH, Kassel 2010.

James E. BJORK, Neither German nor Pole: Catholicism and National Indifference in a Central European Borderland, University of Michigan Press, Ann Arbor 2008.

David BLACKBOURN, Das Kaiserreich transnational. Eine Skizze, in: Das Kaiserreich transnational. Deutschland in der Welt 1871–1914, hg. von Sebastian CONRAD und Jürgen OSTERHAMMEL, Vandenhoeck & Ruprecht, Göttingen 2004.

David BLACKBOURN, Geoff ELEY, The Peculiarities of German History: Bourgeois Society and Politics in 19th Century Germany, University Press, Oxford 1984.

Ingo BODE, Adalbert EVERS, Angsgar KLEIN (Hg.), Bürgergesellschaft als Projekt: Eine Bestandsaufnahme zu Entwicklung und Förderung zivilgesellschaftlicher Potenziale in Deutschland, VS Verlag für Sozialwissenschaften, Wiesbaden 2009.

Marin BOSSENBROEK, The Boer War, übersetzt ins Englische von Yvette ROSENBERG, Seven Stories Press, New York 2018[2].

Joachim BOHLMANN, Die Deutschkonservative Partei am Ende des Kaiserreichs: Stillstand und Wandel einer untergehenden Organisation, Südwestdeutscher Verlag für Hochschulschriften, London 2012.

Pierre BOURDIEU, Ökonomisches Kapital, kulturelles Kapital, soziales Kapital, in: Soziale Ungleichheiten, Ökonomisches Kapital, kulturelles Kapital, soziales Kapital, in: Soziale Ungleichheiten, hg. von Reinhard Kreckel (Soziale Welt, Sonderheft 2), Otto Schwartz & Co., Göttingen 1983, S. 183-198.

Ekkehard BÖHM, Überseehandel und Flottenbau. Hanseatische Kaufmannschaft und deutsche Seerüstung 1879–1902, Bertelsmann-Universitätsverlag, Düsseldorf 1972.

Michael BÖLDICKE, Erziehung zur Männlichkeit im deutschen Kaiserreich, 1871–1914, Helmut-Schmidt-Universität, Hamburg 2008.

Christian BÖSE, Kartellpolitik im Kaiserreich. Das Kohlensyndikat und die Absatzorganisation im Ruhrbergbau 1893–1914, Berlin/Boston, De Gruyter Oldenbourg 2018.

Frank BÖTSCH, Grenzen des „Obrigkeitsstaates". Medien, Politik und Skandale im Kaiserreich, in: Das deutsche Kaiserreich in der Kontroverse, hg. von Sven Oliver MÜLLER und Cornelius TORP, Vandenhoeck&Ruprecht, Göttingen 2009.

Oliver BRAND, Wilhelm Solf, in: Rechtsvergleicher – Verkannt, vergessen, verdrängt –, hg. von Bernhard GROSSFELD, LIT, Münster 2000.

Hans BRAUN (1989), Helmut Schelskys Konzept der „nivellierten Mittelstandsgesellschaft" und die Bundesrepublik der 50er Jahre, in: Archiv für Sozialgeschichte, Bd. 29, 1989, S. 199-223.

Christian Brauner (Hg.), Samuel F. B. Morse. Eine Biographie. Birkhäuser, Basel, Boston, Berlin 1991.

Sven Brajer, Am Rande Dresdens? Das völkisch-nationale Spektrum einer konservativen Kulturstadt 1879–1933, Thelem Universitätsverlag, München und Dresden 2022.

Magnus Brechtken, Scharnierzeit 1895–1907: Persönlichkeitsnetze und internationale Politik in den deutsch-britisch-amerikanischen Beziehungen vor dem Ersten Weltkrieg, Vandenhoeck&Ruprecht, Mainz 2006.

Stefan Breuer, Die Völkischen in Deutschland: Kaiserreich und Weimarer Republik, Wissenschaftliche Buchgesellschaft, Darmstadt 2008.

Agnes Bretting, Der Staat und die deutsche Massenauswanderung: Gesetzgeberische Maßnahmen in Deutschland und Amerika, in: Amerika und die Deutschen. Bestandsaufnahme einer 300jährigen Geschichte, hg. von Frank Trommler, Westdeutscher Verlag, Opladen 1986.

Tobias C. Bringmann, Handbuch der Diplomatie 1815–1963: Handbook of Diplomacy 1815–1963. Heads of Foreign Missions in Germany and Heads of German Foreign Missions from Metternich to Adenauer / Auswärtige Missionschefs in Deutschland und deutsche Missionschefs im Ausland von Metternich bis Adenauer, K. G. Saur, München 2001.

Rudolf G. Britz, Hartmut Lang, Cornelia Limpricht, Kurze Geschichte der Rehobother Baster bis 1990, Klaus Hess Verlag, Windhoek/Göttingen 1999.

Brockhaus' Kleines Konversations-Lexikon, fünfte Auflage, Band 2. Leipzig 1911.

Lajos Brons, Othering, An Analysis, in: Transcience, a Journal of Global Studies 6 (1), 2015, S 69-90.

Rüdiger vom Bruch, Wissenschaftspolitik, Wissenschaftssystem und Nationalstaat im Deutschen Kaiserreich, in: Wirtschaft, Wissenschaft und Bildung in Preußen: Zur Wirtschafts- und Sozialgeschichte Preußens vom 18. bis zum 20. Jahrhundert, hg. von Karl Heinrich Kaufhold, Bernd Sösemann, Franz Steiner Verlag, Stuttgart 1998.

Bernd Brunner, Nach Amerika: Die Geschichte der deutschen Auswanderung, C.H. Beck, München 2009.

Henri Brunschwig, Le partage de l'Afrique noire, Flammarion, Paris 2009.

Lothar Burchardt, Die Ausbildung des Chemikers im Kaiserreich, in: Zeitschrift Für Unternehmensgeschichte, Bd. 23, Nr. 1, 1978, S. 31–53.

Anton Burghardt, Kompendium der Sozialpolitik: Allgemeine Sozialpolitik – Lohnpolitik – Arbeitsmarktpolitik – Politik der Sozialversicherung, Duncker & Humblot, Berlin 1970.

Helmut Busch, „Mumm, Reinhard", in: Neue Deutsche Biographie 18 (1997), S. 582–583 [Online-Version]; URL: https://www.deutsche-biographie.de/pnd11 9492083.html#ndbcontent.

Volkmar BUEB, Die „Junge Schule" der französischen Marine. Strategie und Politik 1875–1900, in: Militärgeschichtliches Forschungsamt (Hg.): Wehrwissenschaftliche Forschungen, Abteilung Militärgeschichtliche Studien, Band 12, Harald Boldt Verlag, Boppard am Rhein 1971.

Mari Jo BUHLE, Paul BUHLE, The Concise History of Woman Suffrage, University of Illinois, Urbana 1978.

Bernhard von BÜLOW, Denkwürdigkeiten, 4 Bde, hg. von Franz von STOCKHAMMERN, Ullstein, Berlin 1930–1931.

Remigius BUNIA, Till DEMBECK, Georg STANITZEK (Hg.), Philister. Problemgeschichte einer Sozialfigur der neueren deutschen Literatur, Akademie Verlag, Berlin 2011.

Marco BÜNTE, Formen und Formenwandel politischer Gewalt in Südostasien – ein Überblick, in: Multiple Unsicherheit: Befunde aus Asien, Nahost, Afrika und Lateinamerika, hg. von Matthias BASEDAU, Hanspeter MATTES, Anika OETTLER, DÜI, Hamburg 2005, S. 33–59.

Anja BURCHARDT, Blaustrumpf – Modestudentin – Anarchistin? Deutsche und russische Medizinstudentinnen in Berlin 1896–1918, Verlag, J.B. Melzer, Stuttgart, Weimar 1997.

Peter BURIAN, „Maximilian", in: Neue Deutsche Biographie 16 (1990), S. 507–511 [Online-Version]; URL: https://www.deutsche-biographie.de/pnd118579363.html#ndbcontent.

Armin BURKHARDT, Das Parlament und seine Sprache, in: Reihe Germanistische Linguistik, Max Niemeyer Verlag, Tübingen 2003, S. 529–532.

Hermann BUTZER, Diäten und Freifahrt im Deutschen Reichstag – Der Weg zum Entschädigungsgesetz von 1906 und die Nachwirkung dieser Regelung bis in die Zeit des Grundgesetzes. Droste Verlag, Düsseldorf 1999.

Konrad CANIS, Von Bismarck zur Weltpolitik: Deutsche Außenpolitik 1890 bis 1902, Akademie Verlag, Berlin 1999.

Ders., Der Weg in den Abgrund: Deutsche Außenpolitik 1902–1914, Ferdinand Schöningh, Paderborn 2011.

Henry C. CAREY, The Harmony of Interests: Agricultural, Manufacturing and Commercial, Industrial Publishers, Philadelphia 1872, Reprint University of Michigan 2005.

Patrick W. CAREY, Catholics in America: A History, Prager, Westport Connecticut, London 2004.

Chris CARWOOD, Tennessee's Coal Creek War: Another Fight for Freedom, Magnolia Hill Press, Delaplane 1995.

Robert W. CHERNY, A Righteous cause: the Life of William Jennings Bryan, Oklahoma Press, Norman 1994.

Roger CHICKERING, We Men who feel most German: A cultural study of the Pan-German League 1886–1914, Allen & Unwin, Boston 1984.

Christopher CLARK, Wilhelm II.: Die Herrschaft des letzten Deutschen Kaisers. Aus dem Englischen von Norbert JURASCHITZ, Deutsche Verlags-Anstalt, München 2008.

Antje COBURGER, Nativismus und Fremdenangst in den USA: von den Gründungskolonien bis zur jungen Republik. VMD, Saarbrücken 2008.

Catia C. CONFORTINI, The International Thought of Emily Greene Balch, in: Women's International Thought: A New History, hg. von Patricia OWENS und Katharina RIETZLER, Cambridge University Press, New York 2021, S. 230–260.

Raewyn CONNELL, Masculinities, University of California Press, Los Angeles 1995.

Sebastian CONRAD, Globalisierung und Nation im Deutschen Kaiserreich, C.H. Beck, München 2010².

Eckart CONZE, Das Auswärtige Amt: Vom Kaiserreich bis zur Gegenwart, C.H. Beck, München 2013.

Ders., „Schatten des Kaiserreichs": Die Reichsgründung von 1871 und ihr schwieriges Erbe, Deutscher Taschenbuchverlag, München 2020.

Sebastian CONRAD, Jürgen OSTERHAMMEL (Hg.), Das Kaiserreich transnational: Deutschland in der Welt 1871–1914, Vandenhoeck & Ruprecht, Göttingen 2005.

Norbert CONRADS, „Kopp, Georg von", in: Neue Deutsche Biographie 12 (1979), S. 570–572 [Online-Version]; URL: https://www.deutsche-biographie.de/pnd11 8714031.html#ndbcontent.

Christoph CORNELISSEN, Das politische Zeremoniell im Kaiserreich im europäischen Vergleich, in: Andreas BIEFANG, Michael EPKENHANS, Klaus TENFELDE (Hg.), Das politische Zeremoniell im Kaiserreich 1871–1918, Droste Verlag, Düsseldorf 2008.

Ilse COSTAS, Der Kampf um das Frauenstudium im internationalen Vergleich. Begünstigende und hemmende Faktoren für die Emanzipation der Frauen aus ihrer intellektuellen Unmündigkeit in unterschiedlichen bürgerlichen Gesellschaften, in: Pionierinnen – Feministinnen – Karrierefrauen? Zur Geschichte des Frauenstudiums in Deutschland. Frauen in Geschichte und Gesellschaft, Bd. 22., hg. von Anne SCHLÜTER, Centaurus, Pfaffenweiler 1992, S. 115–144.

Rudolf CRONAU, Drei Jahrhunderte der Deutschen in Amerika, DOGMA, Bremen 2013.

Marek CZAJA, Die USA und ihr Aufstieg zur Weltmacht um die Jahrhundertwende: Die Amerikaperzeption der Parteien im Kaiserreich, Duncker & Humblot, Berlin 2006.

Bernhard DAHM, José Rizal, Der Nationalheld der Filipinos, Muster-Schmidt, Göttingen/Zürich 1989.

Paolo DALVIT, Die Außenpolitik im Klassenkampf: Die Position von Marx und Engels zum Krimkrieg, in: Zeitschrift Marxistische Erneuerung, Nr. 88, Dezember 2011. [Online-Version]; http://www.zeitschrift-marxistische-erneuerung.de/arti cle/285.die-aussenpolitik-im-klassenkampf.html.

Ute DANIEL, Postheroische Demokratiegeschichte, Verlag Hamburger Edition, Hamburg 2020.

Iris DÄRMANN, „Undienlichkeit." Gewaltgeschichte und politische Philosophie, Matthes & Seitz Verlag, Berlin 2020.

Sven DÄSCHNER, Die deutsch-britische Annäherung um 1900, GRIN Verlag, Norderstedt 2005.

Werner DAUM, Gelehrter und Diplomat, Friedrich Rosen und die Begründung der diplomatischen Beziehungen zwischen Deutschland und Äthiopien: Der Mann ohne den es die Axum-Expedition nicht gegeben hätte, in: Afrikas Horn, Akten der Ersten Internationalen Littmann-Konferenz, 2. bis 5. Mai 2002 in München, hg. von Walter RAUNIG und Steffan WENIG, Harrassowitz Verlag, Wiesbanden 2005, S. 265-281.

Angela Y. DAVIS, Rassismus und Sexismus: Schwarze Frauen und Klassenkampf in den USA, Elefanten Press, Berlin 1982.

Richard DEEKEN, Manuia Samoa! Samoanische Reiseskizzen und Beobachtungen, Stalling, Oldenburg 1902.

Elisabeth DEMLEITNER, Genlemen und Nazis? Nationale Stereotype in deutschen und britischen Printmedien, Dissertation, Erlangen 2009, WespA. Würzburger elektronischen sprachwissenschaftlichen Arbeiten Nr. 8 (Mai 2010) [Online-Version] https://opus.bibliothek.uni-wuerzburg.de/opus4-wuerzburg/frontd oor/deliver/index/docId/3961/file/DissDemleitnerWespa8.pdf.

Volker DEPKAT, Das Alte Reich in den Verfassungsdebatten des kolonialen British Nordamerika und den USA 1750–1788, DTIEV-Online, Nr. 1/2013.

Ders., Geschichte Nordamerikas, Böhlau Verlag, Wien 2008.

Ernst DEUERLEIN, „Gröber, Adolf", in: Neue Deutsche Biographie 7 (1966), S. 107–108 [Online-Version]; URL: https://www.deutsche-biog raphie.de/pnd118718924.html#ndbcontent.

Ders., „Hertling, Georg Graf, von", in: Neue Deutsche Biographie 8 (1969), S. 702–704 [Online-Version]; URL: https://www.deutsche-biographie.de/pnd118550 071.html#ndbcontent.

DEUTSCHES STAATS-WÖRTERBUCH: in Verbindung mit deutschen Gelehrten, Bd. 3, hg. von J.S. BLUNTSCHLI und R. BRATER, Stuttgart, Leipzig 1858.

Sebastian DIECKMANN, Handlungsspielräume des Reichstags im späten Deutschen Kaiserreich. Exemplarisch dargelegt am Beispiel der Zabernaffäre 1913/14, GRIN Verlag, München 1999, Stalling, Oldenburg 1902.

Anette DIETRICH, Rassenkonstruktion im deutschen Kolonialismus. „Weiße Weiblichkeit" in der kolonialen Rassenpolitik, in: Frauen in den deutschen Kolonien, hg. von Marianne BECHHAUS-GERST und Mechthild LEUTNER, Ch. Links Verlag, Berlin 2009, S. 176–188.

Heinrich DIETZEL, Der deutsch-amerikanische Handelsvertrag und das Phantom der amerikanischen Industriekonkurrenz, Verlag von Leonard Simion Nf., Berlin 1905.

Sebastian DIZIOL, „Deutsche, werdet Mitglieder des Vaterlandes!": Der Deutsche Flottenverein 1898–1934, 2. Bde., Solivagus Praeteritum, Kiel 2015.

Jason J. DOERRE, Staging the New Reichshauptstadt: Modern Encounters in Hermann Sudermann's Die Ehre, in: German Studies Review, Bd. 43, 1, S. 1–17.

Reinhard R. DOERRIES, Kaiserreich und Republik. Deutsch-Amerikanische Beziehungen vor 1917, in: Amerika und die Deutschen. Die Beziehungen im 20. Jahrhundert, hg. Frank TROMMLER, Springer Fachmedien, Wiesbaden 1986.

Martin DOERRY, Übergangsmenschen. Die Mentalität der Wilhelminer und die Krise des Kaiserreichs, Verlag Weinheim, München 1986.

Helge DÖHRING, Anarcho-Syndikalismus. Einführung in die Theorie und Geschichte einer internationalen sozialistischen Arbeiterbewegung, Verlag Edition AV, Lich/Hessen 2017.

Jörg DÖRING, Tristan THIELMANN (Hg.), Spatial Turn: Das Raumparadigma in den Kultur- und Sozialwissenschaften, transcript Verlag, Bielefeld 2008.

Andreas DORPALEN, Heinrich Von Treitschke, Journal of Contemporary History, Bd. 7, Nr. 3/4, 1972, S. 21-35.

Emil DOVIFAT, Ahlwardt, Hermann, in: Neue Deutsche Biographie 1 (1953), S. 112 [Online-Version]; URL: https://www.deutsche-biographie.de/pnd123440041.html#ndbcontent.

DR. GABLERS WIRTSCHAFTSLEXIKON, hg. von Dr. Dr. h.c. R. SELLIEN und Dr. H. SELLIEN, Springer Fachmedien, Wiesbaden 1977.

Heinz DUCHHARDT, Balance of Power und Pentarchie. Internationale Beziehungen 1700–1785, Schöningh, Paderborn, München, Wien, Zürich 1997.

Ders., Barock und Aufklärung: Das Zeitalter des Absolutismus, Oldenbourg, München 2007.

Kees VAN DIJK, Pacific Strife: The great Powers and their Political and Economic Rivaleries in Asia and the Western Pazific 1870–1914, Amsterdam University Press, Amsterdam 2015.

Jost DÜLFFER, Regeln gegen den Krieg? Die Haager Friedenskonferenzen von 1899 und 1907 in der internationalen Politik, Ullstein Verlag, Frankfurt 1981.

Jost DÜLFFER, Martin KRÖGER, Rolf-Harald WIPPICH (Hg.), Vermiedene Kriege: Deeskalation von Konflikten der Großmächte zwischen dem Krimkrieg und Erstem Weltkrieg 1865–1914, R. Oldenbourg Verlag, München 1997.

Paul J. Edwards, „Bury the Gold Again Before the Europeans Bring Us Their Culture": Witzblätter and the Paradox of German Anticolonialism, in: German Studies Review, Bd. 44, Nr. 1, Februar 2021, S 1-26.

Maureen Maisha Eggers, Grada Kilomba, Peggy Piesche, Susan Arndt (Hg.), Mythen, Masken und Subjekte. Kritische Weißseinsforschung in Deutschland, Unrast, Münster 2005.

Bernd Ellerbrock, Flotten-Agitprop anno 1900: Schwarze Gesellen auf dem Rhein, Books on Demand, Norderstedt 2020.

Geoff Eley, Sammlungspolitik, Social Imperialism and the Navy Law of 1898, in: Militärgeschichtliche Zeitschrift, Band 15, Heft 1, 1974, S. 29–63.

Fatima El-Tayeb, Blut, Nation und multikulturelle Gesellschaft, in: AfrikanerInnen in Deutschland und schwarze Deutsche – Geschichte und Gegenwart, hg. von Marianne Bechhaus-Gerst, Reinhard Klein-Arendt, Lit Verlag, Münster 2004, S. 125–139.

Manfred P. Emmes, Die Außenpolitiken der USA, Japans und Deutschlands im wechselseitigen Einfluß von der Mitte des 19. bis Ende des 20. Jahrhunderts, Studien zur Politikwissenschaft Abt. B, Bd. 91, Lit Verlag, Münster 2000.

Martin Endress, Vertrauen, transcript Verlag, Bielefeld 2002.

Michael Epkenhans, Ulrich Lappenküper, Andreas von Seggern, Otto von Bismarck: Aufbruch in die Moderne, Bucher Verlag, München 2015.

Michael Epkenhans, Wilhelm II and his navy, 1888–1918, in: Annika Mombauer and Wilhelm Deist, The Kaiser: New Research on Wilhelm II's role in Imperial Germany, Cambridge University Press, Cambridge 2003, S. 12-36.

Ralph Erbar, Solf, Wilhelm in: Neue Deutsche Biographie 24 (2010), S. 549–550 [Online-Version]; URL: https://www.deutsche-biographie.de/pnd118748777.html#ndbcontent.

Ludwig Erhard, Wohlstand für Alle, Neuauflage der 8. Auflage von 1964 mit einem Vorwort von Lars Feld, Ullstein Buchverlage, Berlin 2020.

Theodor Eschenburg, „Bassermann, Ernst" in: Neue Deutsche Biographie 1 (1953), S. 623 [Online-Version]; URL: https://www.deutsche-biographie.de/pnd118657526.html#ndbcontent.

Walter Euchner, Helga Grebing, F.-J.Stegmann, Peter Langhorst, Traugott Jähnichen, Norbert Friedrich, Geschichte der sozialen Ideen in Deutschland: Sozialismus – Katholische Soziallehre – Protestantische Sozialethik. Ein Handbuch, hg. von Helga Grebing, VS Verlag für Sozialwissenschaften, Wiesbaden 2005[2].

Andreas Fahrmeir, Migratorische Deregulierung durch Reichseinigung, in: Handbuch Staat und Migration in Deutschland seit dem 17. Jahrhundert, hg. von Jochen Oltmer, De Gruyter Oldenbourg, Berlin 2015, S. 319–340.

Elisabeth FEHRENBACH, Wandlungen des deutschen Kaisergedankens, 1871–1918 (= Studien zur Geschichte des neunzehnten Jahrhunderts. Bd. 1). Oldenbourg, München 1969.

Michael F. FELDKAMP, Die parlamentarische „Sommerpause" im Reichstag und im Deutschen Bundestag, in: Zeitschrift für Parlamentsfragen, Bd. 38, Nr. 3 (2007), S. 630–647.

Hans FENSKE, Baden 1860 -1918, in: Handbuch der baden-württembergischen Geschichte, Band 3: Vom Ende des alten Reiches bis zum Ende der Monarchien, hg. von Meinrad SCHAAB, Hansmartin SCHWARZMAIER u.a. im Auftrag der Kommission für geschichtliche Landeskunde in Baden-Württemberg. Klett-Cotta, Stuttgart 1992, S. 133-233.

Hans FENSKE, Friedrich von Holstein: Außenpolitiker mit Augenmaß, in: Otto von Bismarck und das „lange 19. Jahrhundert": Lebendige Vergangenheit im Spiegel der „Friedrichsruher Beiträge" 1996–2016, hg. von Ulrich LAPPENKÜPER, Ferdinand Schöningh, Paderborn 2017, S. 873–933.

Ragnhild FIEBIG-VON HASE, Die Rolle Kaiser Wilhelms II. in den deutsch-amerikanischen Beziehungen, 1890–1914, in: John C.G. RÖHL (Hg.), Elisabeth MÜLLER-LUCKNER, Der Ort Kaiser Wilhelms II. in der deutschen Geschichte, Oldenbourg Wissenschaftsverlag, München 1991.

Dies., Großmachtkonflikte in der westlichen Hemisphäre: das Beispiel der Venezuelakrise vom Winter 1902/03, in: Jost DÜLFFER, Martin KRÖGER, Rolf-Harald WIPPICH (Hg.), Vermiedene Kriege: Deeskalation von Konflikten der Großmächte zwischen dem Krimkrieg und Erstem Weltkrieg 1865–1914, R. Oldenbourg Verlag, München 1997, S. 527-555.

Dies., Lateinamerika als Konfliktherd der Deutsch-Amerikanischen Beziehungen 1890–1903: Vom Beginn der Panamapolitik bis zur Venezuelakrise von 1902/03. Teil 2, Vandenhoeck&Ruprecht, Göttingen 1986.

Ragnhild FIEBIG-VON HASE und Jürgen HEIDEKING (Hg.), Zwei Wege in die Moderne: Aspekte der deutsch-amerikanischen Beziehungen 1900–1918, WTV, Trier 1988.

Alexandra FIES, Die badische Auswanderung im 19. Jahrhundert nach Nordamerika unter besonderer Berücksichtigung des Amtsbezirks Karlsruhe zwischen 1880 und 1914, KIT Scientific Publishing, Karlsruhe 2010.

Erika FISCHER- LICHTE, Performance, Inszenierung, Ritual. Zur Klärung kulturwissenschaftlicher Schlüsselbegriffe, in: Geschichtswissenschaft und "performative turn". Ritual, Inszenierung und Performanz vom Mittelalter bis zur Neuzeit, hg. von Jürgen MARTSCHUKAT und Steffen PATZOLD, Böhlau, Köln u. a. 2003, S. 34–54.

Gabriele FÖRDERER, Koloniale Grüße aus Samoa: Eine Diskursanalyse von deutschen, englischen und US-amerikanischen Reisebeschreibungen aus Samoa von 1860 bis 1916, transcript Verlag, Bielefeld 2017.

Thomas FRANK, The people, no: A brief history of anti-populism, Metropolitan Books, New York 2020.

Eberhard FRICKE, Die Feme: Ein Beitrag zur Rezeptionsgeschichte mit neuen Anmerkungen zur Geschichte der spätmittelalterlichen und frühneuzeitlichen Frei- und Vemegerichtsbarkeit, Westfälische Zeitschrift 26, 2006, S. 25-65.

Ute FREVERT, Die Kasernierte Nation: Militärdienst und Zivilgesellschaft in Deutschland, Verlag C.H. Beck, München 2001.

Nils FREYTAG, Das Wilhelminische Kaiserreich 1890–1914, Ferdinand Schöningh, Paderborn 2018.

Ewald FRIE, das deutsche Kaierreich, WBG (Wissenschaftliche Buchgesellschaft), Darmstadt 2013².

Ders., Rausch und Nation: Neuerscheinungen zum 150. Jubiläum der Reichsgründung, Historische Zeitschrift, Bd. 313, 2021/3, S. 695–714.

Alfred H. FRIED, Die Amerikanische Gefahr, in: Die Friedens-Warte: Wochenschrift für internationale Verständigung, Bd. 3, Nr. 35/36, 26. Oktober 1901, S. 137-139.

Gustav FRIEDRICH [Germanus], Die amerikanische Gefahr, keine wirtschaftliche, sondern eine geistige, Stephan Geibel, Altenburg 1905.

Peter FRITZSCHE, Reading Berlin 1900, Harvard University Press, Cambridge, Mass. 1996.

Peter FROWEIN, „Pauw, Kornelius de", in: Neue Deutsche Biographie 20 (2001), S. 140 f. [Online-Version]; URL: https://www.deutsche-biographie.de/pnd12 4060552.html#ndbcontent.

Jürgen FRÖLICH, „Müller-Meiningen, Ernst", in: Neue Deutsche Biographie 18 (1997), S. 505–507 [Online-Version]; URL: https://www.deutsche-biographie.de/ pnd118737694.html#ndbcontent.

Eduard FUCHS, Die Juden in der Karikatur: Ein Beitrag zur Kulturgeschichte, DOGMA, Bremen 2013.

Hans FÜRSTENBERG, Erinnerungen. Mein Weg als Bankier und Carl Fürstenbergs Altersjahre, Rheinische Verlags Anstalt, Wiesbaden 1965.

William J. GABOURY, From Statehouse to Bull Pen: Idaho Populism and the Cœur D'Alene Troubles of the 1890's, in: The Pacific Northwest Quarterly, Bd. 58, Nr. 1, 1967, S. 14–22.

Karl GABRIEL, Hermann-Josef KRACHT (Hg.), Franz Hitze (1851–1921): Sozialpolitik und Sozialreform, Schöningh, Paderborn 2006.

Lothar GALL (Hg.), Otto von Bismarck und Wilhelm II. Repräsentanten eines Epochenwechsels?, Schöningh, Paderborn 2000.

Andreas GARDT, Wort und Welt. Konstruktivismus und Realismus in der Sprachtheorie, in: Wirklichkeit oder Konstruktion, hg. von Ekkehard FELDER, Andreas GARDT, De Gruyter, Berlin, Boston 2018.

Klaus Ferdinand GÄRDITZ, Florian MEINEL, Unbegrenzte Ermächtigung, in: Frankfurter Allgemeine Zeitung, Donnerstag, 26. März 2020.

Gerard GENETTE, Palimpsestes. La Littérature au second degré, Seuil, Paris 1982.

Dominik GEPPERT, Pressekriege: Öffentlichkeit und Diplomatie in den deutsch-britischen Beziehungen (1896–1912), Oldenbourg Verlag, München 2007.

Wilhelm GERLACH, Die Wirkung der deutschen Börsensteuergesetzgebung, in Zeitschrift für die Gesamte Staatswissenschaft, Bd. 61, Nr. 3, 1905, S. 461–520.

Frederike GERSTNER, Inszenierte Inbesitznahme: Blackface und Minstrelsy in Berlin um 1900, J.B. Metzler Verlag, Stuttgart 2017.

Christian GEULEN, Geschichte des Rassismus, C.H. Beck, München 2007.

Antje GIMMLER, Institution und Individuum: Zur Institutionentheorie von Max Weber und Jürgen Habermas, Campus Verlag, Frankfurt 1998.

Vito F. GIRONDA, Die Politik der Staatsbürgerschaft: Italien und Deutschland im Vergleich 1800–1914, Vandenhoeck & Ruprecht, Göttingen 2010.

Vito F. GIRONDA, Linksliberalismus und nationale Staatsbürgerschaft im Kaiserreich: Ein deutscher Weg zur Staatsbürgernation? in: Die Politik der Nation; Deutscher Nationalismus in Krieg und Krisen, hg. von Jörg ECHTERNKAMP und Sven Oliver MÜLLER, R. Oldenbourg Verlag, München 2002, S. 107–131.

L[udwig] GLIER, Die Meistbegünstigungsklausel. Eine Entwicklungsgeschichtliche Studie unter besonderer Berücksichtigung der deutschen Verträge mit den Vereinigten Staaten von Amerika und mit Argentinien, in: Veröffentlichungen des Mitteleuropäischen Wirtschaftsvereins, Heft II, Druck und Verlag von Georg Reimer, Berlin 1905, S. 280–324.

Erving GOFFMAN, Stigma. Über Techniken der Bewältigung beschädigter Identität. Übersetzt von Frigga HAUG, Suhrkamp Verlag, Frankfurt am Main 1967.

Hans-Peter GOLDBERG, Bismarck und seine Gegner. Die politische Rhetorik im kaiserlichen Reichstag, Droste, Düsseldorf 1998.

Max Ludwig GOLDBERGER, Das Land der unbegrenzten Möglichkeiten. Beobachtungen über das Wirtschaftsleben der Vereinigten Staaten von Amerika, F Fontane & Company, Berlin 1903.

Daniel GOLDHAGEN, Hitler's Willing Executioners: Ordinary Germans and the Holocaust, Vintage Books, New York 1997.

Heinz GOLLWITZER, Die Gelbe Gefahr. Geschichte eines Schlagworts. Studien zum imperialistischen Denken. Vandenhoeck & Ruprecht, Göttingen 1962.

Dieter GOSEWINKEL, Die Nationalisierung der Staatsangehörigkeit im Deutschen Kaiserreich, in: Das Deutsche Kaiserreich in der Kontroverse, hg. von Sven Oliver MÜLLER, Cornelius TORP, Vandenhoeck & Ruprecht, Göttingen 2009, S. 392–405.

Götz ALY, Das Prachtboot: Wie Deutsche die Kunstschätz der Südsee raubten, Fischer Verlag, Frankfurt/Main 2021.

Lewis L. GOULD, America in the Progressive Era 1890–1914, Routledge, London, New York 2013.

Sabine GRABOWSKI, Deutscher und polnischer Nationalismus. Der Deutsche Ostmarken-Verein und die polnische Straż 1894–1914. Herder-Institut, Marburg 1998.

Gabriele GRAEFEN, Martina LIEDKE, Germanistische Sprachwissenschaft: Deutsch als Erst-, Zweit- oder Fremdsprache, A. Francke Verlag, Tübingen, Basel 2012².

Helga GREBING, Noske, Gustav, Politiker, in: Biographisches Lexikon zur Weimarer Republik, hg. von Wolfgang BENZ und Hermann GRAML, C.H. Beck Verlag, München 1988, S. 240.

Erik GRIMMER-SOLEM, Learning Empire: Globalization and the German Quest for World Status 1875–1914, Cambridge University Press, New York 2019.

Marc GROHMANN, Exotische Verfassung: Die Kompetenzen des Reichstags für die deutschen Kolonien in Gesetzgebung und Staatsrechtswissenschaft des Kaiserreichs (1884–1914), Mohr Siebeck, Tübingen 2001.

Carola GROPPE, Im deutschen Kaiserreich: Eine Bildungsgeschichte des Bürgertums 1871–1918, Böhlau Verlag, Köln 2018.

David GROTEN, How Sentiment Matters in International Relations: China and the South China Sea Dispute, Leverkusen Dispute, Barbara Budrich, Leverkusen 2019.

Thomas GRUNDMANN, Philosophische Wahrheitstheorien, Reclam, Stuttgart 2019.

Horst GRÜNDER, „... da und dort ein junges Deutschland gründen", Rassismus, Kolonien und kolonialer Gedanke vom 16. bis zum 20. Jahrhundert, Deutscher Taschenbuchverlag, München 1999.

Ders., Geschichte der deutschen Kolonien, Ferdinand Schöningh, Paderborn 2018⁷.

Ders., Liebert, Eduard von, in: Neue Deutsche Biographie 14 (1985), S. 487 f. [Online-Version]; URL: https://www.deutsche-biographie.de/pnd116996595.html#ndbcontent.

Horst GRÜNDER, Hermann J. HIERY (Hg.), Die Deutschen und ihre Kolonien: Ein Überblick, be.bra Verlag, Berlin 2018².

Michael GRÜTTNER, Arbeitswelt an der Wasserkante: Sozialgeschichte der Hamburger Hafenarbeiter 1886–1914, Vandenhoeck & Ruprecht, Göttingen 1984.

Wilmont HAACKE, Dasbach, Georg Friedrich, in: Neue Deutsche Biographie 3 (1957), S. 518 [Online-Version]; URL: https://www.deutsche-biographie.de/pnd11852383X.html#ndbcontent.

Oliver R. HAARDT, Bismarcks ewiger Bund; Eine neue Geschichte des Deutschen Kaiserreichs, Wbg./Theiss Verlag, Darmstadt 2020.

Ders., Der Bundesrat in Verfassung und Wirklichkeit, in: Einigkeit und Recht doch Freiheit? 150 Jahre Kaiserreich, Online-Tagung, 29.–30. Oktober 2020, S. 24–28 [Online-Version]; https://www.demokratie-geschichte.de/extra/docs/tagungs bericht.pdf.

Amine HAASE, Katholische Presse und die Judenfrage: Inhaltsanalyse katholischer Periodika am Ende des 19. Jahrhunderts, Verlag Dokumentation, Pullach bei München 1975.

Gottfried HABERLER, Der internationale Handel, Verlag Julius Springer, Berlin 1933.

Jürgen HABERMAS, Theorie des kommunikativen Handelns, Bd. 1, Suhrkamp, Frankfurt am Main 1981.

Ders., Wahrheitstheorien, in: Wirklichkeit und Reflexion. Walter Schulz zum 60. Geburtstag, hg. von Helmut FAHRENBACH, Neske, Pfullingen 1973, S. 211-265.

Hans-Joachim HÄRTEL, Roland SCHÖNFELD, Bulgarien: Vom Mittelalter zur Gegenwart, Pustet Verlag, Regensburg 1998.

Karen HAGEMANN, Nation, Krieg Und Geschlechterordnung. Zum Kulturellen Und Politischen Diskurs in der Zeit der Antinapoleonischen Erhebung Preußens 1806–1815, in: Geschichte und Gesellschaft, Bd. 22, Nr. 4, 1996, S. 562–591.

Christian Diederich HAHN, Erinnerung an Diederich Hahn, in: Stader Jahrbuch, Stader Archiv, Neue Folge Heft 75, 1985, S. 82–98.

Richard Burdon HALDANE, Before the War, Cassell, London 1920.

Andrea HAMILTON, A Vision for Girls: Gender, Education and the Bryn Mawr School, The Johns Hopkins University Press, Baltimore 2004.

Handbuch der Forstpolitik, mit besonderer Berücksichtigung der Gesetzgebung und Statistik, hg. von Dr. Max ENDRES, zweite, neubearbeitete Auflage, Berlin 1922[2].

Handwörterbuch der Volkswirtschaft, hg. von Werner GLASTETTER, Eduard MÄNDLE, Udo MÜLLER, Rolf RETTIG, Bd. 1, Springer Fachmedien, Wiesbaden 1978.

Handwörterbuch der Wirtschaftswissenschaften, hg. von Willi ALBERS u.a., Bd. 4, Gustav Fischer, Stuttgart 1978.

Gerd HARDACH, Bausteine für ein grösseres Deutschland: Die Annexion der Karolinen und Mariannen 1898–1899, in: Zeitschrift Für Unternehmensgeschichte, Bd. 33, Nr. 1, 1988, S. 1–21.

Ders., Die deutsche Herrschaft in Mikronesien, in: Hermann Joseph HIERY (Hg.), Die deutsche Südsee 1884–1914. Ein Handbuch, Schöningh, Paderborn 2001, S. 508-534.

Hans Schultz HANSEN, H. P. Hanssens historische Bedeutung, Zum 150. Geburtstag des Minderheitenpolitikers, in: Zeitschrift für Deutsch-Dänischen Dialog, Bd. 2, 2012, S. 75-86.

Wolfgang HARDTWIG, Historismus als ästhetische Geschichtsschreibung: Leopold von Ranke, in: GG, 23. Jahrgang, H1, Wege zur Kulturgeschichte, Jan.–Mär. 1997, S. 99–114.

Peter Claus HARTMANN, Bayerns Weg in die Gegenwart: Vom Stammesherzogtum zum Freistaat heute, Verlag F. Pustet, Regensburg 2004.

Fritz HARTUNG, „Die Wahlkapitulationen Der Deutschen Kaiser und Könige", in: Historische Zeitschrift, Bd. 107, 1911/2, S. 306–344.

Hans-Hermann HARTWICH, Arbeitsmarkt, Verbände und Staat 1918–1933, Die öffentliche Bindung unternehmerischer Funktionen in der Weimarer Republik, Walter De Gruyter & Co, Berlin 1967.

Bernd HAUNFELDER, Reichstagsabgeordnete der Deutschen Zentrumspartei 1871–1933. Biographisches Handbuch und historische Photographien, Droste, Düsseldorf 1999.

Ders., Die konservativen Abgeordneten des deutschen Reichstags 1871–1918. Ein biographisches Handbuch, Aschendorff, Münster 2010.

Ders., Die liberalen Abgeordneten des deutschen Reichstags 1871–1918. Ein biographisches Handbuch, Aschendorff, Münster 2004.

Heinz HAUSHOFER, Hahn, Diederich, in: Neue Deutsche Biographie 7 (1966), S. 503 f. [Online-Version]; URL: https://www.deutsche-biographie.de/pnd11 7377457.html#ndbcontent.

Rainer HERING, Konstruierte Nation. Der Alldeutsche Verband 1890 bis 1939, Christians Verlag, Hamburg 2003.

Ulrich van der HEYDEN, Joachim ZELLER, Kolonialismus hierzulande: eine Spurensuche in Deutschland, Sutton, Erfurt 2007.

Hellmuth HECKER, Schutzangehörigkeit Und Staatsangehörigkeit in Deutschland, in: Archiv des Völkerrechts, Bd. 21, Nr. 4, 1983, S. 433–91.

Jürgen HEIDEKING, Christof MAUCH, Geschichte der USA, A. Francke Verlag, Tübingen und Basel 2008[6].

Jürgen HEIDEKING, Vera NÜNNING, Einführung in die amerikanische Geschichte, C.H. Beck, München 1998.

Eric HELLEINER, The Neomercantilists: A Global Intellectual History, Cornell University Press, Ithaca 2021.

Günter HENLE, Weggenosse des Jahrhunderts. Als Diplomat, Industrieller, Politiker und Freund der Musik, DVA, Stuttgart 1968.

James HENNESEY, American Catholics: A History of the Roman Catholic Community in the United States, Oxford University Press, Oxford 1981.

Hansjoachim HENNING, Posadowsky-Wehner, Arthur Graf von, in: Neue Deutsche Biographie 20 (2001), S. 646 [Online-Version]; URL: https://www.deutsche-bio graphie.de/pnd118792970.html#ndbcontent.

Beatrix Herlemann, Helga Schatz (Hg.),: Biographisches Lexikon niedersächsischer Parlamentarier 1919–1945 (= Veröffentlichungen der Historischen Kommission für Niedersachsen und Bremen, Band 222), Hahnsche Buchhandlung, Hannover 2004.

Heiko Herold, Reichsgewalt bedeutet Seegewalt: Die Kreuzergeschwader der kaiserlichen Marine als Instrument der deutschen Kolonial- und Weltpolitik 1885 bis 1901, Oldenbourg Verlag, München 2013.

George C. Herring, From Colony to Superpower: U.S. Foreign Relations Since 1776, Oxford University Press, New York 2008.

Dieter Hertz-Eichenrode, Deutsche Geschichte 1871–1890: Das Kaiserreich in der Ära Bismarck, Verlag W. Kohlhammer, Köln 1992.

Theodor Herzl, Der Judenstaat: Versuch einer modernen Lösung der Judenfrage, M. Breitenstein & Verlagsbuchhandlung, Leipzig, Wien, Princeton 1986.

Werner Herzog, Prinz Heinrich von Schoenaich-Carolath 1852–1920. Freimaurer und Politiker im deutschen Kaiserreich, Stock & Stein, Schwerin 1999.

Holger H. Herwig, Germany's Vision of Empire in Venezuela, 1871–1914, Princeton University Press, Princeton 1986.

Holger Herwig und David F. Trask, Naval Operations Plans between Germany and the United States of America, 1898–1913: A study of Strategic Planning in the Age of Imperialism, Militärgeschichtliche Mitteilungen, Bd. 2, 1970, S. 5-32.

Holger H. Herwig, „Luxury" Fleet: The Imperial German Navy 1888–1918, Ashfield, Atlantic Highlands, NJ 1987.

Theodor Heuss, Barth, Theodor, in: Neue Deutsche Biographie 1 (1953), S. 606–607 [Online-Version]; URL: https://www.deutsche-biographie.de/pnd11865277X.html#ndbcontent:

Ders., Bebel, August, in: Neue Deutsche Biographie 1 (1953), S. 683–685 [Online-Version]; URL: https://www.deutsche-biographie.de/pnd118507893.html#ndb content.

Herman Hiery, Das Deutsche Reich in der Südsee (1900–1921), Vandenhoeck & Ruprecht, Göttingen 1995.

Ders., Die Kolonialverwaltung, in: Die Deutschen und ihre Kolonien, hg. von Horst Gründer, Hermann Hiery, be.bra Verlag GmbH, Berlin-Brandenburg 2022, S. 178–200.

Klaus Hildebrand, Deutsche Außenpolitik 1871–1918, Oldenbourg Verlag, München ³2008.

Historische deutsche Studenten- und Schülersprache: Einführung, Bibliographie und Wortregister, hg. von Helmut Henne, Heidrun Kämper-Jensen, Georg Objartel, Walter De Gruyter, Berlin, New York 1984.

Tanja Hitzel-Cassagnes, Rechtsstaatliche Domestizierung der Außenpolitik?, in: Kritische Justiz, Bd. 33, Nr. 1, 2000, S. 63–85.

Rolf HOBSON, Die Besonderheiten des Wilhelminischen Navalismus, in: Deutsche Marinen im Wandel: Vom Symbol nationaler Einheit zum Instrument internationaler Sicherheit, hg. von Werner RAHN, R. Oldenbourg Verlag, München 2005, S. 161–185.

Michael HOCHGESCHWENDER, Glaubensbruder Joe Biden, in: FAZ, Mittwoch, den 27. Januar 2021.

Ders., Sozialer Protestantismus in den USA, Insel Verlag, Frankfurt am Main.

Jörg K. HOENSCH, Geschichte Böhmens: Von der slavischen Landnahme bis zur Gegenwart, C.H. Beck, München 1997.

Martin HÖNER, Die Diskussion um das richterliche Prüfungsrecht und das monarchische Verordnungsrecht als Beitrag zur Entwicklung der Rechtsstaatlichkeit im zweiten deutschen Kaiserreich, LIT, Münster 2001.

Gerd HOHORST u.a., Sozialgeschichtliches Arbeitsbuch. Bd. 2. 1870–1914. Beck Verlag, München 2. durchgesehene Auflage 1978.

Arthur HOLITSCHER, Amerika heute und morgen, Reiseerlebnisse, Fischer Verlag, Berlin 1913.

Axel HONNETH, Anerkennung, eine europäische Ideengeschichte, Suhrkamp, Berlin 2018.

Catherine HOREL (Hg.), Les guerres balkaniques (1912–1913): Conflits, enjeux, mémoires. Peter Lang, Brüssel 2014.

Paul HOSER, Die Krügerdepesche (1896), in: Jürgen ZIMMERER (Hg.): Kein Platz an der Sonne. Erinnerungsorte der deutschen Kolonialgeschichte, Campus Verlag, Frankfurt 2013, S. 150-163.

Norman HOWARD-JONES, The scientific background of the International Sanitary Conferences, 1851–1938. World Health Organization, Genf 1975.

Suellen HOY und Walter NUGENT, Public Health or Protectionism? The German-American Pork War 1880–1891, in: Bulletin of the History of Medicine ,Bd. 63, Nr. 2, 1989,S. 198–224.

Rudolf HUBER, Die Bismarcksche Reichsverfassung im Zusammenhang der deutschen Verfassungsgeschichte, in: Reichsgründung 1870/1871: Tatsachen, Kontroversen, Interpretationen, hg. von Theodor Schieund Ernst Deuerlein, Seewald Verlag, Stuttgart 1970, S. 164-196.

Christoph HÜBNER, Die Rechtskatholiken, die Zentrumspartei und die katholische Kirche in Deutschland bis zum Reichskonkordat von 1933: Ein Beitrag zur Geschichte des Scheiterns der Weimarer Republik, LIT Verlag, Berlin 2014.

Kristina HÜBENER, Levetzkow, Albert Frhr. v., in: Brandenburgisches Biographisches Lexikon (=Einzelveröffentlichung der Brandenburgischen Historischen Kommission e.V.), Bd. 5, hg. von Friedrich BECK, Eckart HENNING, Verlag für Berlin-Brandenburg, Potsdam 2002, S. 255-256.

Ronald INGLEHART, The Silent Revolution: Changing Values and Political Styles among Western Publics, Princeton University Press, Princeton 1977.

Ernst JACOBI, Wechsel- und Scheckrecht unter Berücksichtigung des ausländischen Rechts, De Gruyter, Berlin 1956.

Johann JACOBY, Das Ziel der Deutschen Volkspartei: Rede des Abgeordneten Dr. Johann Jacoby vor seinen Berliner Wählern am 30. Januar 1868. Th. Theiles Buchhandlung (Ferd. Meyer), Königsberg 1869[2].

Siegfried JÄGER, Theoretische und methodische Aspekte einer Kritischen Diskurs- und Dispositivanalyse, in: Handbuch Sozialwissenschaftliche Diskursanalyse, hg. von Reiner KELLER, Andreas HIRSELAND, Werner SCHNEIDER, Willy Viehöver, Bd. I, Theorien und Methoden, Leske + Budrich, Opladen 2001, S. 81–113.

Sheila JASANOFF (Hg.), States of Knowledge: The co-production of science and social order, Routledge, London, New York 2004.

Willi JASPER, Faust und die Deutschen: Zur Entwicklungsgeschichte eines literarischen und politischen Mythos, in: Zeitschrift für Religions- und Geistesgeschichte, Bd. 48, Nr. 3, 1996, S. 215-230.

Stefan JOHAG, Verwaltung von Deutsch-Samoa: eine vergleichende verwaltungswissenschaftliche Analyse, Galda Verlag, Berlin 2011.

Heino KAACK, Geschichte und Struktur des deutschen Parteiensystems, Westdeutscher Verlag, Opladen 1971.

Paul KAHAN, The Homestead Strike: Labor, Violence, and American Industrie, Routledge, New York 2014.

Olli KAIKKONEN, Deutschland und die Expansionspolitik der USA in den 1890er Jahren des 19. Jahrhunderts, Jyväskylän Yliopisto, Jyväskälä 1980.

Karl KAISER, Transnational Politics: Toward a Theory of Multinational Politics, in: International Organization, Bd. 25, Nr. 4, 1971, S. 790–817.

Barbara KALETTA, Anerkennung oder Abwertung: Über die Verarbeitung sozialer Desintegration, Verlag für Sozialwissenschaften, Wiesbaden 2008.

Peter Lutz KALMBACH, Das System der NS- Sondergerichtsbarkeiten, in: Kritische Justiz, Bd. 50, Heft 2, 2017, S. 226-235.

Michaela KARL, Die Geschichte der Frauenbewegung, Reclam, Ditzingen 2020[6].

Scott Andrew KEEFER, The Law of Nations and Britain's Quest for Naval Security: International Law and Arms Control, Palgrave Macmillan, gedruckt von Springer Nature, Cham, Schweiz 2016.

Michael KELLER, Waldemar Graf von Oriola 1854–1910. Ein konservativer Agrarier zwischen Büdesheim, Darmstadt und Berlin. In: Büdesheim 817–1992. Zur 1175-Jahrfeier herausgegeben von der Gemeinde Schöneck in Hessen, Schöneck 1992.

S. Natasha A. KELLY, Das N-Wort, in: Rassismus auf gut Deutsch: Ein kritisches Nachschlagewerk zu rassistischen Sprachhandlunge, hg. von Adibeli

NDUKA-AGWU, Antje Lann HORNSCHEIDT, Brandes & Apsel, Frankfurt am Main 2013, S. 157–167.

Paul KENNEDY, The Samoan Tangle: A Study in Anglo-German-American Relations 1878–1900, Irish University Press, Dublin 1974.

Martina KESSEL, Gewalt und Gelächter. „Deutschsein" 1914–1945, Steiner Verlag, Stuttgart 2019.

Judith KETELSEN, Das unaussprechliche Verbrechen: Die Kriminalisierung der Opfer im Diskurs um Lynching und Vergewaltigung in den Südstaaten der USA nach dem Bürgerkrieg, LIT, Hamburg 2000.

Alexander KEYSSAR, The Right to Vote: The Contested History of Democracy in the United States, revised edition, Basic Books, New York 2009.

Manfred KITTEL, Provinz zwischen Reich und Republik: Politische Mentalitäten in Deutschland und Frankreich 1918–1933/36, R. Oldenbourg Verlag München 2000.

Johannes KIRCHER, Sozialdarwinismus im wilhelminischen Kaiserreich: Umgang mit Determinismen und den Ideen der Weltreichslehre in den Reichstagsdebatten, Diplomica Verlag GmbH, Hamburg 2015.

Günther KÜCHENHOFF, Allgemeine Staatslehre, Kohlhammer, Stuttgart 1977.

Georg KIRSCHNIOK-SCHMIDT, Das Informationsrecht des Abgeordneten nach der brandenburgischen Landesverfassung, Peter Lang GmbH, Frankfurt am Main 2010.

Egbert KLAUTKE, Unbegrenzte Möglichkeiten: „Amerikanisierung" in Deutschland und Frankreich (1900–1933), Franz Steiner Verlag, Wiesbaden 2003.

Victor KLEMPERER, Die Sprache des Dritten Reiches: Beobachtungen und Reflexionen aus LTI, Ausgewählt und herausgegeben von Heinrich Detering, Philipp Reclam jun. Verlag GmbH, Ditzingen 2020.

Michael KNOLL, Prinz Heinrich von Preußen an John Deweys Laborschule in Chicago, in: Pädagogische Rundschau 65 (September 2011), S. 561–575.

Angela KOCH, DruckBilder. Stereotype und Geschlechtercodes in den antipolnischen Diskursen der „Gartenlaube" (1870–1930), Böhlau Verlag, Köln 2002.

Andreas KOENEN, Visionen vom Reich: Das politisch-theologische Erbe der Konservativen Revolution, in: Metamorphosen des Politischen: Grundfragen politischer Einheitsbildung seit den 20er Jahren, hg. von Andreas GÖBEL, Dirk VAN LAAG, Ingeborg VILLINGER, Akademie Verlag, Berlin 1995, S. 53-74.

Gerald KOLDITZ, Hasse, Ernst Traugott Friedrich, in: Sächsische Biografie, hg. vom Institut für Sächsische Geschichte und Volkskunde e.V. Online-Ausgabe: [http://www.isgv.de/saebi/].

Reinhart KOSELLECK, Begriffsgeschichten. Studien zur Semantik und Pragmatik der politischen und sozialen Sprache, Suhrkamp, Frankfurt am Main 2010.

Georg KOTOWSKI, Georg, Fischbeck, Otto, in: Neue Deutsche Biographie 5 (1961), S. 171 f. [Online-Version]; URL: https://www.deutsche-biographie.de/pnd12 3565103.html#ndbcontent.

Wolfgang KRAMER, „Ritter ohne Furcht und Tadel" – Reichstagspräsident Rudolf von Buol-Berenberg. *In:* Mühlingen, eine gemeinsame Ortsgeschichte der Madachdörfer Gallmannsweil, Mainwangen, Mühlingen, Schwackenreute und Zoznegg, MarkOrPlan Hegau-Bodensee, Singen (Hohentwiel) 2007, S. 386.

Knud KRAKAU, „... important luminaries for the political telescope to observe": Preußen – gesehen durch das politische amerikanische Teleskop des ausgehenden 18. Jahrhunderts, in: Gesellschaft und Diplomatie im transatlantischen Kontext: Festschrift für Reinhard R. Doerries zum 65. Geburtstag, hg. von Michael WALA, Franz Steiner Verlag, Stuttgart 1999, S. 39-60.

Manfred KRAPF, Auf verlorenem Posten? Die bayerische Sozialdemokratie seit den 1990er Jahren, Tectum Verlag, Baden-Baden 2018.

Herbert KRAUS, Die Monroedoktrin in ihren Beziehungen zur amerikanischen Diplomatie und zum Völkerrecht, Berlin 1913, Nachdruck Salzwasser, Paderborn 2012.

Alan M. KRAUT, Silent Travelers: Germs, Genes and the "Immigrant Menace", Johns Hopkins University Press, Baltimore und London 1994.

Julia Rose KRAUT, Global Anti-Anarchism: The origins of Ideological Deportation and the Suppression of Expression, in: Indiana Journal of Global Legal Studies, Bd. 19, Nr. 1, Winter 2012, S. 169–193.

Gerald KRETSCHMER, Geschäftsordnungen deutscher Volksvertretungen, in: Parlamentsrecht und Parlamentspraxis: Ein Handbuch, hg. von Hans-Peter SCHNEIDER und Wolfgang ZEH, Walter De Gruyter, Berlin 1989, Teil 3, § 9, S. 291-332.

Marcus KREUZER, Und sie parlamentarisierte sich doch: Die Verfassungsordnung des Kaiserreichs in vergleichender Perspektive: in: Parlamentarismus in Europa: Deutschland, England, Frankreich im Vergleich, hg. von Marie-Luise RECKER, Oldenbourg Wissenschaftsverlag, München 2004, S. 17–41.

Marcus KREUZER, Ina STEPHAN, Frankreich: Zwischen Wahlkreishonoratioren und nationalen Technokraten, in: Politik als Beruf: Die politische Klasse in westlichen Demokratien, hg. von Jens BORCHERT, Springer Fachmedien, Wiesbaden 1999, S. 161-186.

Dieter KRÜGER, Nationalökonomen im wilhelminischen Deutschland, Vandenhoeck & Ruprecht, Göttingen 1983.

Axel KUHN, Die deutsche Arbeiterbewegung, Reclam, Stuttgart 2004.

Thomas KÜHNE, Demokratisierung und Parlamentarisierung: Neue Forschungen zur politischen Entwicklungsfähigkeit Deutschlands vor dem Ersten Weltkrieg, in: Geschichte und Gesellschaft, 31. Jahrg., H. 2, Apr.–Jun. 2005, S. 293–316.

Ders., Das Deutsche Kaiserreich 1871–1918 und seine politische Kultur. Demokratisierung, Segmentierung, Militarisierung, in: Neue Politische Literatur, Bd. 43, 1998, S. 206-263.

Birthe KUNDRUS, Moderne Imperialisten: Das Kaiserreich im Spiegel seiner Kolonien, Böhlau Verlag, Köln 2003.

Helga KUTZ-BAUER, Hamburg – das Zentrum der deutschen Arbeiterbewegung (1863–1890) und Franklin KOPITZSCH, Von der Aufhebung des Sozialistengesetzes bis zum Beginn der Weimarer Republik, in: Alles für Hamburg: Die Geschichte der Hamburger SPD von den Anfängen bis zum Jahr 2007, hg. von Christoph HOLSTEIN, Christel OLDENBURG, Meik WOYKE (et al.), Books on Demand, Norderstedt 2007, S. 7–20 und 21–33.

Richard KYLE, Evangelicalism: An Americanized Christianity, Transaction Publishers, New Brunswick 2006.

Raimund LAMMERSDORF, Anfänge einer Weltmacht: Theodor Roosevelt und die transatlantischen Beziehungen der USA 1901–1909, Akademie Verlag, Berlin 1994.

Ders., William McKinley (1897–1901). Der Eintritt in die Weltpolitik, in: Christof MAUCH (Hg.), Die amerikanischen Präsidenten. 5., fortgeführte und aktualisierte Auflage, C. H. Beck, München 2009.

Dieter LANGEWIESCHE, Liberalismus in Deutschland, Suhrkamp, Frankfurt am Main 1988.

Dieter LANGEWIESCHE, Georg SCHMIDT (Hg.), Föderative Nation: Deutschlandkonzepte von der Reformation bis zum Ersten Weltkrieg, Oldenbourg Verlag, München 2000.

Jean LAPLANCHE, Jean-Bertrand PONTALIS, Das Vokabular der Psychoanalyse, Suhrkamp, Frankfurt am Main 1973.

Katharina LAU, Gentlemen und Dandys: Studien zur Darstellung eines männlichen Ideals im englischen Porträt des frühen 19. Jahrhunderts, LIT Verlag, Berlin 2018.

Daniel LEGUTKE, Diplomatie als soziale Institution: brandenburgische, sächsische und kaiserliche Gesandte in Den Haag 1648–1720, Waxmann, Münster, New York 2010.

Bodo LEHMANN, Die deutsche Reichsangehörigkeit vom nationalen und internationalen Standpunkt, in: Hirth's Annalen des Deutschen Reichs, Bd. 32, 1899, S. 776-856.

Ursula LEHMKUHL, „Diplomatiegeschichte als internationale Kulturgeschichte: Theoretische Ansätze und empirische Forschung zwischen historischer Kulturwissenschaft und soziologischem Institutionalismus," in: Geschichte und Gesellschaft, Bd. 27, Nr. 3, 2001, S. 394–423.

Detlef LEHNERT, Paul Nathan (1857–1927). Ein demokratischer Berliner Sozialforscher und „Die Nation", in Detlef LEHNERT, Vom Linksliberalismus zur Sozialdemokratie. Politische Lebenswege in historischen Richtungskonflikten 1890–1945, Böhlau Verlag, Köln 2015, S. 177-204.

Johannes LEITHÄUSER, Bundestag macht Außenpolitik: Ein Parlament emanzipiert sich, in: Frankfurter Allgemeine Zeitung, 25. Dezember 2019.

Jakob LEMPP, Stefan ROBEL, Regionale Entwicklung und US-amerikanische Hegemonie, in: Alexander BRAND, Nicolaus von der GOLTZ (Hg.), Herausforderung Entwicklung: Neuere Beiträge zur theoretischen und praxisorientierten Entwicklungsforschung, LIT Verlag, Münster 2004, S. 39-64.

Jill LEPORE, These Truths, W.W. Norton & Company, New York, London 2018.

Charlotte LERG, Universitätsdiplomatie. Wissenschaft und Prestige in den transatlantischen Beziehungen 1890–1920, Vandenhoeck & Ruprecht, Göttingen 2019.

Katharina A. LERMAN, The Chancellor as Courtier: Bernhard von Bülow and the Governance of Germany 1900–1909, Cambridge University Press, Cambridge 1990.

Dies., The Kaiser's elite? Wilhelm II and the Berlin administration, 1890–1914, in: The Kaiser: New Research on Wilhelm II's role in Imperial Germany, hg. von Annika MOMBAUER und Wilhelm DEIST, Cambridge University Press, New York 2003, S. 63-90.

Bruno LIEBRUCKS, Sprache und Bewußtsein, 7 Bände, Akad. Verl.-Ges., Frankfurt (Bände 1–5) und Lang, Bände 6 und 7, 1964 bis 1979.

Gerhard LOEWENBERG, Paradoxien Des Parlamentarismus. Historische und aktuelle Gründe für Fehlverständnisse in Wissenschaft und Öffentlichkeit, in: Zeitschrift Für Parlamentsfragen, Bd. 38, Nr. 4, 2007, S. 816-827.

Tim LÖRKE, „Niederschlag eines organischen und immer gegenwärtigen Grundgedankens": Thomas Manns Arbeit am rechten Begriff Begriffsgeschichte, in: Tim LÖRKE, Christian MÜLLER (Hg.), Vom Nutzen und Nachteil der Theorie für die Lektüre: Das Werk Thomas Manns im Lichte der neuen Literaturtheorien, Königshausen und Neumann, Würzburg 2006, S. 169-180.

Niklas LUHMANN, Die Realität der Massenmedien, Westdeutscher Verlag, Opladen 1996.

Ders., Legitimation durch Verfahren, 6. Auflage, Suhrkamp, Frankfurt am Main 2001.

Ders., Soziologische Aufklärung 4: Beiträge zur funktionalen Differenzierung der Gesellschaft, 4. Auflage, VS Verlag für Sozialwissenschaften, Wiesbaden 2009.

Ders., Soziale Systeme: Grundriss einer allgemeinen Theorie, Suhrkamp, Frankfurt am Main 1984.

Christoph LÜTGE, Christoph STROSETZKI, Zwischen Bescheidenheit und Risiko: Der Ehrbare Kaufmann im Fokus der Kulturen, Springer Fachmedien Wiesbaden 2017.

Halford John MACKINDER, Man-Power as a Measure of National and Imperial Strength, in: National Review ändern in:, Bd. XLV, 1905, S. 136–143.

Alfred Thayer MAHAN, Britain and the German Navy, in: The Daily Mail, 4. Juli 1910, wieder abgedruckt in: John B. Hattendorf (Hg.), Mahan on British Strategy. Selections from the Writings of Rear Admiral Alfred Thayer Mahan, Naval Institute Press, Annapolis 1991, S. 359-367.

Ders., The Influence of Sea-Power upon History, 1660–1783, Little, Brown & Company, Boston 1890.

Bernhard MANN, Biographisches Handbuch für das Preußische Abgeordnetenhaus. 1867–1918 (= Handbücher zur Geschichte des Parlamentarismus und der Politischen Parteien. Bd. 3), Mitarbeit von Martin DOERRY, Cornelia RAUH und Thomas KÜHNE, Droste, Düsseldorf 1988.

Golo MANN, Ein amerikanischer Aristokrat, über die Memoiren des Henry Adams, in: Der Monat, Jg. 6, Nr. 71, Heft 8, (August 1954), S. 485–488, Nachgedruckt in Geschichte und Geschichten, S. 395–403.

Michael MANN, Die dunkle Seite der Demokratie: Eine Theorie der ethnischen Säuberung, (Aus dem Englischen von Werner ROLLER) HIS Verlag, Hamburg 2019.

Karl MANNHEIM, Mensch und Gesellschaft im Zeitalter des Umbaus, Sijthoff, Leiden 1935.

Isabela MARES, Menus of Electoral Irregularities: Imperial German National Elections in a Comparative Perspective, in: GG, 44. Jahrg., H. 3, Juli -September 2018, S. 399-415.

Karl MARX, Zweites Kaiserreich: Diktatur der konservativen Zentralregierung und die Revolution des Proletariats in Frankreich, mit Einleitung und hg. von Friedrich ENGELS 1895 nach Karl MARX, Klassenkämpfe in Frankreich 1848 bis 1850, (Historiografische Werke), Musaicum Books, OK Publishing 2017.

Virginie MARTIN, Du noble ambassadeur au fonctionnaire public: l'invention du "diplomate" sous la Révolution française, in: L'identité du diplomate (Moyen Âge XIXe siècle). Métier ou noble loisir?, hg. von Indravati FÉLICITÉ, Classiques Garnier, Paris 2020, S. 119–134.

Erwin MATSCH, Wien – Washington: Ein Journal diplomatischer Beziehungen 1837–1917, Böhlau Verlag, Wien, Köln 1990.

Christoph MAUCH (Hg.) Die amerikanischen Präsidenten: 44 historische Portaits von George Washington bis Barack Obama. C.H. Beck, München 2005.

Christoph MAUCH, Anke ORTLEPP, Jürgen HEIDEKING, Geschichte der USA, Narr Francke Attempto Verlag, Tübingen 2020[7].

Christoph MAUCH und Kiran PATEL (Hg.), Wettlauf um die Moderne. Die USA und Deutschland 1890 bis heute, Pantheon Verlag, München 2008.

Martin MAYER, Geheime Diplomatie und öffentliche Meinung. Die Parlamente in Frankreich, Deutschland und Großbritannien und die erste Marokkokrise 1904–1906, Droste, Düsseldorf 2002.

Paul MAYER, Bernstein, Eduard, in: Neue Deutsche Biographie 2 (1955), S. 133 f. [Online-Version]; URL: https://www.deutsche-biographie.de/pnd118509993.html#ndbcontent.

Ders., Calwer, Richard, in: Neue Deutsche Biographie 3 (1957), S. 102 [Online-Version]; URL: https://www.deutsche-biographie.de/pnd121647722.html#ndb content.

Corinne M. McCONNAUGHY, The Woman Suffrage Movement in America: A Reassessement, Cambridge University Press, New York 2013.

Rebecca J. MEAD, How the Vote Was Won: Woman Suffrage in the Western United States, 1868–1914, NYU Press, New York 2006.

Ute MEHNERT, Deutschland, Amerika und die „Gelbe Gefahr": Zur Karriere eines Schlagworts in der Großen Politik, 1905– 1917, Steiner, Stuttgart 1995.

Friedrich MEINECKE, Autobiographische Schriften, hg. und eingeleitet von Eberhard KESSEL, K. F. Koehler Verlag, Stuttgart 1967.

Friedrich MEINECKE, Sammlungspolitik und Liberalismus (1910), in: Ders., Politische Schriften und Reden, hg. von Georg KOTOWSKI, Siegfried Toeche -Mittler, Damstadt 1958, S. 40 -43.

Jochen MEISSNER, Ulrich MÜCKE, Klaus WEBER, Schwarzes Amerika: Eine Geschichte der Sklaverei, Verlag C.H.Beck, München 2008.

Heinrich Otto MEISNER, Bötticher, Heinrich von, in: Neue Deutsche Biographie 2 (1955), S. 413- 414 [Online- Version]; URL: https://www.deutschebio graphie.de/ pnd135552850.html#ndbcontent.

Heinrich O. MEISNER (Hg.), Denkwürdigkeiten des Generalfeldmarschall Alfred Graf Waldersee, Bd. 2, 1888– 1900, DVA, Stuttgart 1923.

Christoph MENKE, Von der Ironie der Politik zur Politik der Ironie: Eine Notiz zum Prozess liberaler Demokratien, in: Die Ironie der Politik: Über die Konstruktion politischer Wirklichkeiten, hg. von Thorsten BONACKER, André BRODOCZ, Thomas NOETZEL, Campus Verlag, Frankfurt am Main 2003.

Militärdienstes im Kaiserreich und seine gesellschaftliche Bedeutung, in: Militärgeschichtliche Mitteilungen, Bd. 39, 1986/1, S. 59 -66.

Christian METHFESSEL, Kontroverse Gewalt: die imperiale Expansion in der englischen und deutschen Presse vor dem Ersten Weltkrieg, Böhlau Verlag, Köln 2019.

Ders., Rassistische Prestigepolitik mit Kanonenbooten: Die Militäraktion gegen Haiti 1897 und die deutsche Öffentlichkeit, in: http://portal-militaergeschichte.de/methfessel_prestigepolitik.

Aurélia MICHEL, Un monde en nègre et blanc: Enquête historique sur l'ordre racial, Éditions du Seuil, Paris 2020.

Siegfried MIELKE, Der Hansa-Bund für Gewerbe, Handel und Industrie 1909–1914: Der gescheiterte Versuch einer antifeudale Sammlungspolitik, Vandenhoeck & Ruprecht, Göttingen 1976.

Alf MINTZEL, Die Volkspartei: Typus und Wirklichkeit, Springer Fachmedien GmbH, Wiesbaden 1984.

Nancy MITCHELL, The Danger of Dreams. German and American Imperialism in Latin America, Univ. of North Carolina Press, Chapel Hill 1999.

Peter MOLT, Der Reichstag vor der improvisierten Revolution, Springer Fachmedien GmbH, Wiesbaden 1963.

Wolfgang J. MOMMSEN, Der autoritäre Nationalstaat: Verfassung, Gesellschaft und Kultur im deutschen Kaiserreich, Fischer Taschenbuch Verlag GmbH, Frankfurt am Main 1990.

Rudolf MORSEY, Lieber, Ernst, in: Neue Deutsche Biographie 14 (1985), S. 477 f. [Online-Version]; URL: https://www.deutsche-biographie.de/pnd118728180. html#ndbcontent.

John H. MUELLER, Fragen des musikalischen Geschmacks: eine musiksoziologische Studie, Springer Fachmedien GmbH, Wiesbaden 1963.

Kurt MUELLER-VOLLMER, Transatlantic Crossings and Transformations: German-American Cultural Transfer from the 18th to the 19th century, Peter Lang, Wien 2015.

Hermann MÜCKLER, Australien, Ozeanien, Neuseeland, Neue Fischer Weltgeschichte, Bd. 15, Frankfurt am Main, 2020.

Walter MÜHLHAUSEN, Gegen den Reichsfeind-Anmerkungen zur Politik von Staat und Gesellschaft gegenüber der Sozialdemokratie im Kaierreich, in: Otto von Bismarck und das „lange 19. Jahrhundert": Lebendige Vergangenheit im Spiegel der „Friedrichsruher Beiträge" 1996–2016, hg. von Ulrich Lappenküper, Ferdinand Schöningh, Paderborn 2017, S. 329–352.

Jeanette Hedwig MÜLLER, Vertrauen und Kreativität: Zur Bedeutung von Vertrauen Für diverse AkteurInnen in Innovationsnetzwerken, Peter Lang, Frankfurt am Main 2009.

Martin L. MÜLLER, Siemens, Georg von, in: Neue Deutsche Biographie 24 (2010), S. 375–376 [Online-Version]; URL: https://www.deutsche-biographie.de/pnd11 8797093.html#ndbcontent.

Michael MÜLLER, Rechtsgrundlagen und Verfahrenspraxis der Parlamentarischen Untersuchungsausschüsse des Deutschen Bundestages, Diplomica Verlag GmbH, Hamburg 2003.

Senya MÜLLER, Sprachwörterbücher im Nationalsozialismus: Die ideologische Beeinflussung von Duden, Sprach-Brockhaus und anderen Nachschlagewerken während des „Dritten Reichs B B", J.B. Metzler, Stuttgart 1994.

Sven Oliver MÜLLER und Cornelius TORP, Das Bild des Deutschen Kaiserreichs im Wandel, in: Das Deutsche Kaiserreich in der Kontroverse, hg. von Oliver MÜLLER und Cornelius TORP, Vandenhoeck & Ruprecht, Göttingen 2009, S. 9-29.

Sascha MÜNNICH, Interessen und Ideen; die Entstehung der Arbeitslosenversicherung in Deutschland und den USA, Campus Verlag, Frankfurt am Main, New York 2010.

Ders., Outside Powers: The Moral Economy of Anti-Financial Movements 1870–1930 and Today, in: Historische Sozialforschung, Bd. 42, Nr. 3 (161), 2017, S. 123-146.

Herfried MÜNKLER, Die Visibilität der Macht und Strategien der Machtvisualisierung, in: Gerhard GÖHLER (Hg.), Macht der Öffentlichkeit – Öffentlichkeit der Macht, Nomos-Verl.-Ges., Baden-Baden 1995, S. 213-230.

Bettina MUSALL, Schneidige Untertanen, in: Das Kaiserreich: Deutschland unter preußischer Herrschaft, hg. von Uwe KLUSSMANN, Joachim MOHR, Deutsche Verlags-Anstalt, München 2014, S. 44-53.

Klaus NATHAUS, Vereinsgeselligkeit Und Soziale Integration Von Arbeitern in Deutschland, 1860–1914. Mit Einem Vergleichenden Blick Auf Den Britischen Fall, in: Geschichte Und Gesellschaft, Bd. 36, Nr. 1, 2010, S. 37-65.

Friedrich NAUMANN, Mitteleuropa, G. Reimer, Berlin 1915.

Sönke NEITZEL, Das Revolutionsjahr 1905 in den internationalen Beziehungen der Großmächte, in: Das Zarenreich, das Jahr 1905 und seine Wirkungen, hg. von Jan KUSBER, Andreas FRINGS, LIT Verlag, Berlin 2007, S. 17-56.

Ders., Was wäre wenn…? Gedanken zur kontrafaktischen Geschichtsschreibung, in: Geschichtsbilder: Festschrift für Michael Salewski zum 65. Geburtstag, hg. von Thomas STAMM-KUHLMANN, Jürgen ELVERT, Birgit ASCHMANN, Jens HOHENSEE, Franz Steiner Verlag, Wiesbaden 2003, S. 312-324.

David NEUMARK und William L. WASCHER, Minimum Wages, The MIT Press, Cambridge, Massachusetts 2008.

Thomas NIPPERDEY, Deutsche Geschichte: Machtstaat vor der Demokratie, Bd. 2, Verlag C.H. Beck, München 1995[3].

Ders., Nachdenken über die deutsche Geschichte, C.H. Beck, München 1991.

Mary NOLAN, Visions of Modernity: American Business and the Modernization of Germany, Oxford University Press, New York 1994.

Paul NOLTE, Effizienz oder „self-governement"? Amerikanische Wahrnehmungen deutscher Städte und das Problem der Demokratie 1900 bis 1930, in: Die Alte Stadt, Bd. 15, 1988, S. 261-288.

Ders., Transatlantische Ambivalenzen: Studien zur Sozial- und Ideengeschichte des 18. bis 20. Jahrhunderts, De Gruyter Oldenbourg, München 2014.

Christoph NONN, Paasche, Hermann, in: Neue Deutsche Biographie 19 (1999), S. 734 f. [Online-Version]; URL: https://www.deutsche-biographie.de/pnd11 6011300.html#ndbcontent.

Ders., 12 Tage und ein halbes Jahrhundert: Eine Geschichte des Deutschen Kaiserreichs 1871–1918, C.H. Beck, München 2020.

Michael NOVAK, The Guns of Lattimer, Erstausgabe Basic Books 1978, Routledge, New York 2017.

Torsten OPPELLAND, Der lange Weg in den Krieg (1900–1918), in: Deutschland und die USA im 20. Jahrhundert. Geschichte der politischen Beziehungen, hg. von Klaus LARRES und Torsten OPPELLAND, Wissenschaftliche Buchgesellschaft, Darmstadt 1997, S. 1-30.

Anke ORTLEPP Rezension zu Allison Clark EFFORD, German Immigrants, Race, and Citizenship in the Civil War Era, Washington, Cambridge University Press, German Historical Institute 2013, in: Historische Zeitschrift 300/3, Juni 2015, S. 817-818.

Jürgen OSTERHAMMEL, Transnationale Gesellschaftsgeschichte: Erweiterung oder Alternative?, in: Geschichte und Gesellschaft, Bd. 27, Nr. 3, 2001, S. 464–479.

Jürgen OSTERHAMMEL, Jan C. JANSEN, Kolonialismus. Geschichte, Formen, Folgen, Verlag C.H. Beck, München 2012[7].

Franz OSTERROTH, Biographisches Lexikon des Sozialismus. Band I: Verstorbene Persönlichkeiten. J. H. W. Dietz Nachf., Hannover, 1960.

Heike PAUL, Kulturkontakt und Racial Presences: Afro-Amerikaner und die deutsche Amerika-Literatur, 1815–1914, Universitätsverlag Winter GmbH, Heidelberg 2005.

Johannes PAULMANN, Globale Vorherrschaft und Fortschrittsglaube: Europa 1850–1914, C.H. Beck, München 2019.

Kurt PERELS, Das autonome Reichstagsrecht. Die Geschäftsordnung und die Observanz des Reichstages in systematischer Darstellung, Mittler & Sohn, Berlin 1903.

Andreas PESCHEL, Schippel, Valentin Max (Pseud. Isegrim), in: Sächsische Biografie, hg. vom Institut für Sächsische Geschichte und Volkskunde e.V. Online-Ausgabe.

Elisabeth PILLER, Selling Weimar: German Public Diplomacy and the United States 1918–1933, Franz Steiner Verlag, Stuttgart 2021.

P.J.C., Der Kaiser von Bützow - ein Studentenscherz, in: Mecklenburgische Monatshefte, Bd. 4, 1928/2, S. 86–91.

Helmuth PLESSNER, Die verspätete Nation. Über die politische Verführbarkeit bürgerlichen Geistes (1935/1959), in: Helmuth Plessner, Gesammelte Schriften VI: Die verspätete Nation, Suhrkamp, Frankfurt am Main 1982, S. 10-223.

Brenda PLUMMER, Haiti and the Great Powers, 1902–1915, State University Press, Baton Rouge, Louisiana 1988.

Manfred POHL, Konzentration im deutschen Bankenwesen (1848–1980), Verlag Fritz Knapp, Frankfurt am Main 1982.

Wilhelm VON POLENZ, Land der Zukunft, Fontane, Berlin 1903.

Klaus Erich POLLMANN, Das Unbehagen an den Parteien in der Gründungsphase des Deutschen Kaiserreichs, in: Politikverdrossenheit: Der Parteienstaat in der historischen und gegenwärtigen Diskussion: ein deutsch-britischer Vergleich, hg. von Adolf M. BIRKE und Magnus BRECHTKEN, K.G. Saur, München 1995, S. 41-51.

Rainer POMMERIN, Der Kaiser und Amerika: Die USA in der Politik der Reichsleitung 1890–1917, Böhlau, Köln 1986.

Stephen PONDER, Publicity in the Interest of the People' Theodore Roosevelt's Conservation Crusade, in: Presidential Studies Quarterly Bd. 20, 1990/3, S. 547-555.

Jason PORTERFIELD, The Homestead Act of 1962: A Primary Source History of the Settlement of the American Heartland in the late 19th Century, Rosen Publishing Group, Inc., New York 2005.

Heinrich POTTHOFF, Legien, Carl, in: Neue Deutsche Biographie 14 (1985), S. 61–63 [Online-Version]; URL: https://www.deutsche-biographie.de/pnd11857101X.html#ndbcontent.

Horace Henry POWERS, Expansion and Protection, in: The Quarterly Journal of Economics, Bd. 13, 1899/4, S. 361-378.

Max PRAGER, Die amerikanische Gefahr. Vortrag gehalten in der Münchner Volkswirtschaftlichen Gesellschaft am 16. Januar 1902, L. Simion, Berlin 1902.

Hugo PREUSS, Gesammelte Schriften, hg. von Detlef LEHNERT und Christoph MÜLLER, Zweiter Band: Öffentliches Recht und Rechtsphilosophie im Kaiserreich hg. von Dian SCHEFOLD in Zusammenarbeit mit Christoph MÜLLER, Mohr Siebeck, Tübingen 2009.

Ursula PRUTSCH, Das Geschäft mit der Hoffnung. Österreichische Auswanderung nach Brasilien 1918–1938, Böhlau Verlag, Köln 1996.

Ralf PTAK, Vom Ordoliberalismus zur Sozialen Marktwirtschaft: Stationen des Neoliberalismus in Deutschland, Springer Fachmedien GmbH, Wiesbaden 2004.

Hans Jürgen PUHLE, Radikalisierung und Wandel des deutschen Konservatismus vor dem Ersten Weltkrieg, in: Die deutschen Parteien vor 1918, hg. von G.A. RITTER, Kiepenheuer & Witsch, Köln 1973, S. 165–186.

Peter PULZER, Die jüdische Beteiligung an der Politik, in: Juden in Wilhelminischen Deutschland 1890–1914, hg. von Werner MOSSE, Arnold PAUCKER, Mohr Siebeck, Tübingen 1998, erste Auflage 1976, S. 143–240.

Uwe PUSCHNER, Die völkische Bewegung in Deutschland, in: „Weltanschauung en marche". Die Bayreuther Festspiele und die Juden 1876 bis 1945, hg. von Hannes HEER, Königshausen & Neumann, Würzburg 2013, S. 151–167.

Ders., Die völkische Bewegung im wilhelminischen Kaiserreich. Sprache – Rasse – Religion, Wissenschaftliche Buchgesellschaft, Darmstadt 2001.

Ders., Perspektivenwechsel: Hans Paasches „Forschungsreise ... ins Innerste Deutschlands, in: Deutsch-Ostafrika: Dynamiken europäischer Kulturkontakte und Erfahrungshorizonte im kolonialen Raum, hg. von Stefan NOACK, Christine de GEMEAUX, Uwe PUSCHNER, in: Peter Lang Verlag, Berlin 2019, S. 145-160.

Ders., Sozialdarwinismus als wissenschaftliches Konzept und politisches Programm, in: Europäische Wissenschaftskulturen und politische Ordnungen in der Moderne (1890–1970), hg. von Gangolf HÜBINGER und Anne MITTELHAMMER, Oldenbourg Verlag, München 2014, S. 99–122.

Wolfram PYTA, Das Symbol: Wie der Bundestag den Reichstag verhüllte, in FAZ, Donnerstag, 17. Juni 2021, S. 6.

John RADZILOWSKI, In American eyes: Views of Polish Peasants in Europe and the United States, 1890s–1930s, in: The Polish Review, Bd. 47, Nr. 4, 2002, S. 393–406.

Hans RALL, Wilhelm II.: Eine Biographie, Verlag Styra, Graz 1995.

Jackson H. RALSTON, Venezuelan Arbitations of 1903, Government Printing Office, Washington 1904.

Thilo RAMM, Potthoff, Heinz, in: Neue Deutsche Biographie 20 (2001), S. 662–663 [Online-Version]; URL: https://www.deutsche-biographie.de/pnd116277750.html#ndbcontent.

Jim RASENBERGER, America 1908: The Dawn of Flight, the Race to the Pole, the Invention of the Model T, and the Making of a Modern Nation, Scribner, New York 2007.

Ursula RATZ, Ledebour, Georg, in: Neue Deutsche Biographie 14 (1985), S. 37 f. [Online-Version]; URL: https://www.deutsche-biographie.de/pnd118726994.html#ndbcontent.

Manfred RAUH, Die Parlamentarisierung des Deutschen Reiches, Droste, Düsseldorf 1977.

Ders., Föderalismus und Parlamentarismus im Wilhelminischen Reich, Droste, Düsseldorf 1973.

Claudia Linda REESE, Neuseeland und Deutschland: Handelsabkommen, Außenhandelspolitik und Handel von 1871 bis 1973, Franz Steiner Verlag, Stuttgart 1989.

Carl-Wilhelm REIBEL, Handbuch der Reichstagswahlen 1890–1918. Bündnisse, Ergebnisse, Kandidaten, Erster und Zweiter Halbband, Droste, Düsseldorf 2007.

Steven A. REICH (Hg.), Encyclopedia of the great Black migration (3 Bände). Greenwood Press, Westport 2006.

Peter REICHEL, Parteien und politische Kultur in Deutschland. – Ein Rückblick, in: Bürger und Parteien: Ansichten und Analysen einer schwierigen Beziehung, hg. von Joachim RASCHKE, Schriftenreihe der Bundeszentrale für politische Bildung, Bonn, Bd. 189, S. 102–112.

Peter REICHEL, Politische Kultur der Bundesrepublik, Leske und Budrich, Opladen 1981.

Christiane REINECKE, Staatliche Macht im Aufbau: Infrastrukturen der Kontrolle und die Ordnung der Migrationsverhältnisse im Kaiserreich, in: Handbuch Staat und Migration in Deutschland seit dem 17. Jahrhundert, hg. von Jochen OLTMER, De Gruyter Oldenbourg, Berlin 2015, S. 341–384.

Johannes REILING, Deutschland: Safe for Democracy? Deutsch-amerikanische Beziehungen aus dem Tätigkeitsbereich Heinrich F. Alberts, kaiserlicher Geheimrat in Amerika, erster Staatssekretär der Reichskanzlei der Weimarer Republik, Reichsminister, Betreuer der Ford-Gesellschaften im Herrschaftsgebiet des Dritten Reiches 1914 bis 1945, Franz Steiner Verlag, Stuttgart 1997.

James RETALLACK, Imperial Germany 1871–1918, Oxford University Press, Oxford 2008.

Ders., Obrigkeitsstaat und politischer Massenmarkt, in: Das Deutsche Kaiserreich in der Kontroverse, hg. von Oliver MÜLLER und Cornelius TORP, Vandenhoeck & Ruprecht, Göttingen 2009.

Jürgen REULECKE, Neuer Mensch und neue Männlichkeit. Die „junge Generation" im ersten Drittel des 20. Jahrhunderts, in: Jahrbuch des Historischen Kollegs 2001, München 2002, S. 109–138.

Ursula REUTER, Singer, Paul, in: Neue Deutsche Biographie 24 (2010), S. 463–464 [Online-Version]; URL: https://www.deutsche-biographie.de/pnd117630373. html#ndbcontent.

Franz RICHTER, Cahensly, Peter Paul, in: Neue Deutsche Biographie 3 (1957), S. 91 [Online-Version]; URL: https://www.deutsche-biographie.de/pnd118666517. html#ndbcontent.

Günter RICHTER, Holstein, Friedrich von, in: Neue Deutsche Biographie 9 (1972), S. 550–552 [Online-Version]; URL: https://www.deutsche-biographie.de/pnd11 855316X.html#ndbcontent.

Ders., Kanitz, Hans Graf von, in: Neue Deutsche Biographie 11 (1977), S. 102 f. [Online-Version]; URL: https://www.deutsche-biographie.de/pnd116039086. html#ndbcontent.

Ders., Kardorff, Wilhelm von, in: Neue Deutsche Biographie 11 (1977), S. 150 f. [Online-Version]; URL: https://www.deutsche-biographie.de/pnd11877672X. html#ndbcontent.

Hedwig RICHTER, Demokratie, eine deutsche Affäre: Vom 18. Jahrhundert bis zur Gegenwart, C.H. Beck, München 2020.

Dies., Moderne Wahlen: Eine Geschichte der Demokratie in Preußen und den USA, Hamburger Edition, Hamburg 2017.

Susan RICHTER, Angela SIEBOLD, Urte WEEBER, Was ist Freiheit? Eine historische Perspektive, Campus Verlag, Frankfurt, New York 2016.

Axel RIEHL, Der „Tanz um den Äquator". Bismarcks antienglische Bündnispolitik und die Erwartung des Thronwechsels in Deutschland 1883 bis 1885, Duncker & Humblot, Berlin 1993.

Ludwig RIES, Historik: Ein Organon geschichtlichen Denkens und Forschens, Bd. 1., G. J. Göschensche Verlagshandlung, Berlin, Leipzig 1912.

Heinz RIETER, Historische Schulen, in: Geschichte der Nationalökonomie, hg. von Otmar ISSING, Verlag Vahlen, München, 4. Auflage, S. 131–168.

Livia RIGOTTI, „Rassenfragen", „Mischehen" und die Rolle der Frau, in: Die Deutschen und ihre Kolonien, hg. von Horst GRÜNDER, Hermann HIERY, be.bra Verlag GmbH, Berlin-Brandenburg 2022, S. 222–238.

Julia Laura RISCHBIETER, „Er würde, wie man so sagt, kaltgestellt": Scheitern in kaufmännischen Kooperationen um 1900, in: Pleitiers und Bankrotteure: Geschichte des ökonomischen Scheiterns vom 18. bis 20. Jahrhundert, hg. von Ingo KÖHLER, Roman ROSSFELD, Campus Verlag, Frankfurt 2012, S. 153–184.

Gerhard A. RITTER, Die Sozialdemokratie im Deutschen Kaiserreich in sozialgeschichtlicher Perspektive, in: Schriften des Historischen Kollegs, hg. von Horst FUHRMANN, München 1989.

Ders., David, Eduard Heinrich in: Neue Deutsche Biographie 3 (1957), S. 535 [Online-Version]; URL: https://www.deutsche-biographie.de/pnd116037288. html#ndbcontent.

Anton RITTHALER, Ballestrem, Franz Karl Wolfgang Graf von in: Neue Deutsche Biographie 1 (1953), S. 561 [Online-Version]; URL: https://www.deutsche-bio graphie.de/pnd118665847.html#ndbcontent

Adrien ROBINET DE CLERY, Gerlach, Hellmut Georg von in: Neue Deutsche Biographie 6 (1964), S. 301 f. [Online-Version]; URL: https://www.deutsche-biograp hie.de/pnd118538691.html#ndbcontent.

Tilmann J. RÖDER, Katastrophe als Katalysator: Der Untergang von San Francisco als Impuls für die Entwicklung einer Weltgesellschaft, in: Weltereignisse. Theoretische und empirische Perspektiven, hg. von Stefan NACKE, René UNKELBACH, Tobias WERRON, VS Verlag für Sozialwissenschaften, Wiesbaden 2008, S. 203-222.

Daniel T. RODGERS, Atlantic Crossing: Social Politics in a Progressive Age, Cambridge, Mass. 1998.

Encarnacion Gutiérrez RODRIGUEZ, Die Tasse Tee und die Toilettenbürste, in: Symbolische Gewalt: Herrschaftsanalyse nach Perre Bourdieu, hg. von Robert SCHMIDT, Volker WOLTERSDORFF, Halem, Köln 2018, S. 195–218.

Thomas ROHKRÄMER, Der Militarismus der „kleinen Leute"; Die Kriegervereine im Deutschen Kaiserreich 1871–1914, Oldenbourg Verlag, München 2009.

John C.G. RÖHL (Hg.), Elisabeth MÜLLER-LUCKNER, Der Ort Kaiser Wilhelms II. in der deutschen Geschichte, Schriften des Historischen Kollegs, Kolloquien 17, Oldenbourg, München 1991.

John C.G. RÖHL, Kaiser, Hof und Staat: Wilhelm II. und die deutsche Politik, C.H. Beck, München 1987.

Ders., Wilhelm II., 3 Bände, C.H. Beck Verlag, München 1992–2008.

Ders., Wilhelm II.: Der Aufbau der persönlichen Monarchie 1888–1900, C.H. Beck Verlag, München 2001.

Ders., Wilhelm II.: Der Weg in den Abgrund (1900–1941), C.H. Beck Verlag, München 2018[3].

Ders., Wilhelm II.: Die Jugend des Kaisers 1859–1888, C.H. Beck Verlag, München 2001[2].

Wilfried RÖHRICH, Politische Theorien zur bürgerlichen Gesellschaft: Von Hobbes bis Horkheimer, 2. Auflage, Springer VS, Wiesbaden 2013, S. 99–118.

Erich RÖPER, „Staatsangehörigkeit – Staatsbürgerschaft." In: Kritische Justiz, Bd. 32, Nr. 4, 1999, S. 543–556.

Hartmut ROSA, Resonanz. Eine Soziologie der Weltbeziehung, 2. Auflage. Suhrkamp Verlag, Berlin 2016.

Hartmut ROSA, David STRECKER, Andrea KOTTMANN, Soziologische Theorien, 3. Auflage, UKV Verlagsgesellschaft mbH, München 2018.

Friedrich ROSEN, Max von Thielmann: Ein Nachruf, in: Zeitschrift der Deutschen Morgenländischen Gesellschaft, Bd. 83, 1929, S. 262–264.

Hans ROSENBERG, Große Depression und Bismarckzeit, Wirtschaftsablauf, Gesellschaft und Politik in Mitteleuropa, De Gruyter, Berlin 1967.

Ders., Machteliten und Wirtschaftskonjunkturen: Studien zur neueren deutschen Sozial- und Wirtschaftsgeschichte, Vandenhoeck & Ruprecht, Göttingen 1978.

Karsten RUDOLPH, Schoenlank, Bruno, in: Neue Deutsche Biographie 23 (2007), S. 417–418 [Online-Version]; URL: https://www.deutsche-biographie.de/pnd11 6888970.html#ndbcontent.

Christopher RÜHLE, Das politische Denken von John Taylor of Caroline (1753–1824): Republikanismus, Föderalismus und Marktgesellschaft in den frühen Vereinigten Staaten von Amerika, Haupt Verlag, Bern 2010.

Jens RUPPENTHAL, Kolonialismus als „Wissenschaft und Technik" das Hamburgische Kolonialinstitut 1908 bis 1919, Steiner, Stuttgart 2007.

Sumit SARKAR, Writing social history, Oxford University Press, Oxford 1998.

Udo SAUTTER, Geschichte Kanadas, Verlag C.H. Beck, München 2007[2].

Gary S. SCHAAL, Vertrauen, Verfassung und Demokratie: Über den Einfluss konstitutioneller Prozesse und Prozeduren auf die Genese von Vertrauensbeziehungen in modernen Demokratien, Springer Fachmedien, Wiesbaden 2004.

Georges SCHADRON, De la naissance d'un stéréotype à son internalisation, in: Cahiers de l'Urmis [Online-Ausgabe], Bde. 10-11, 2006 [http://journals.open edition.org/urmis/220].

Friedrich SCHÄFER, Der Bundestag: Eine Darstellung seiner Aufgaben und Arbeitsweisen, verbunden mit Vorschlägen zur Parlamentsreform, Springer Fachmedien, Wiesbaden 1967.

ALBERT SCHÄFFLE, Zum Kartellwesen und zur Kartellpolitik, zweiter Artikel, in: Zeitschrift Für Die Gesamte Staatswissenschaft, Bd. 54, Nr. 4, 1898, S. 467-528.

Gerd SCHANK, „Rasse" und „Züchtung" bei Nietzsche, De Gruyter, New York 2000.

Susanne SCHATTENBERG, Die Sprache Der Diplomatie oder das Wunder Von Portsmouth. Überlegungen zu einer Kulturgeschichte der Außenpolitik, in: Jahrbücher Für Geschichte Osteuropas, Bd. 56, Nr. 1, 2008, S. 3–26.

Kirsten SCHEIWE, Johanna KRAWIETZ (Hg.), (K)Eine Arbeit wie jede andere: Die Regulierung von Arbeit im Privathaushalt, De Gruyter, Berlin, Boston 2014.

Thomas SCHLEMMER, Roesicke, Gustav, in: Neue Deutsche Biographie 21 (2003), S. 740–741 [Online-Version]; URL: https://www.deutsche-biographie.de/pnd12 9409162.html#ndbcontent.

Heinz SCHILLING, Kleinbürger: Mentalität und Lebensstil, Campus Verlag, Frankfurt 2003.

Utz SCHLIESKY, Souveränität und Legitimität von Herrschaftsgewalt: Die Weiterentwicklung von Begriffen der Staatslehre und des Staatsrechts im europäischen Mehrebenensystem, Mohr Siebeck, Tübingen 2004.

Henning SCHLUSS, Ironie als Bildungsziel, in: Zeitschrift Pädagogik, Bd. 57 2011/1, S. 37–54.

Alexander SCHMIDT, Reisen in die Moderne. Der Amerika-Diskurs des deutschen Bürgertums vor dem Ersten Weltkrieg im europäischen Vergleich, De Gruyter, Berlin 1997.

Gustav SCHMIDT, Innenpolitische Blockbildung in Deutschland am Vorabend des Ersten Weltkriegs, in: Aus Politik und Zeitgeschichte, Beilage zur Wochenzeitung „Das Parlament", Bd. 20, 1972, S. 3–32.

Jürgen SCHMIDT, Arbeit und Nicht-Arbeit im „Paradies der Südsee": Samoa um 1890 bis 1914, in: Arbeit Bewegung Geschichte: Zeitschrift für Historische Studien 2016/II, 15. Jahrgang, Metropol Verlag, Berlin, Mai 2016, S. 7–25.

Daniel SCHMIDT-BRÜCKEN, Verallgemeinerung im Diskurs: Generische Wissensindizierung im kolonialen Sprachgebrauch, Walter De Gruyter GmbH, Berlin, München, Boston 2015.

Alexander SCHMIDT-GERNIG, Faszination und Schrecken der „radikalisierten" bürgerlichen Gesellschaft: Das europäische Bürgertum und die Erfahrung der USA vor dem ersten Weltkrieg, in: Das Bild „des Anderen", Politische Wahrnehmung im 19. und 20. Jahrhundert, von Birgit ASCHMANN und Michael SALEWSKI (Hg.), HMRG, Beihefte, Bd. 40, Franz Steiner Verlag, Stuttgart 2000, S. 165-183.

Ders., Zukunftsmodell Amerika? Das Europäische Bürgertum und die Amerikanische Herausforderung um 1900., in: GG, Bd. 18, 2000, S. 79–112.

Sandra SCHNÄDELBACH, Entscheidende Gefühle: Rechtsgefühl und juristische Emotionalität vom Kaiserreich bis in die Weimarer Republik, Wallstein Verlag, Göttingen 2020.

Gregor SCHÖLLGEN, Das Zeitalter des Imperialismus, Oldenbourg Verlag, München 2000[4].

Christoph SCHÖNBERGER, Das Parlament im Anstaltsstaat: Zur Theorie parlamentarischer Repräsentation in der Staatsrechtslehre des Kaiserreichs (1871–1918), Klostermann, Frankfurt am Main 1997.

Ernst SCHRAEPLER, August Bebel: Sozialdemokrat im Kaiserreich, Musterschmidt-Verlag, Zürich 1966.

Hans-Jürgen SCHRÖDER, Deutsch-amerikanische Beziehungen im 20. Jahrhundert: Geschichtsschreibung und Forschungsperspektiven, in: Amerika und die Deutschen. Die Beziehungen im 20. Jahrhundert, Zweiter Teil, hg. von Frank TROMMLER, Springer Fachmedien, Wiesbaden 1986, S. 491–513.

Ders., Deutschland und Amerika in der Epoche des Ersten Weltkriegs, 1900–1924, Franz Steiner, Stuttgart 1993.

Wilhelm Heinz SCHRÖDER, Sozialdemokratische Abgeordnete und Reichstagskandidaten 1898–1918, Biographisch-Statistisches Handbuch, Droste, Düsseldorf 1998.

Ders., Sozialdemokratische Reichstagskandidaten 1898–1918. Eine Kollektivbiographie, in: Historische Sozialforschung. Supplement, Nr. 23, 2011, S. 252–318.

Michael SCHUBERT, Der schwarze Fremde. Das Bild des Schwarzafrikaners in der parlamentarischen und publizistischen Kolonialdiskussion in Deutschland von den 1870er Jahren bis in die 1930er Jahre, Steiner Verlag, Stuttgart 2003.

Frank SCHUMACHER, „Niederbrennen, plündern und töten sollt ihr." Der Kolonialkrieg der USA auf den Philippinen, in: Kolonialkriege. Militärische Gewalt im Zeichen des Imperialismus, hg. von Thoralf KLEIN, Frank SCHUMACHER, Hamburger Edition, Hamburg 2006, S. 109-144.

Hermann SCHUMACHER, Deutschlands Interessen in China, in: Handels- und Machtpolitik: Reden und Aufsätze im Auftrage der „Freien Vereinigung für Flottenvorträge", hg. von Gustav SCHMOLLER, Max SERING, Adolph WAGNER, Bd. 2., zweite Auflage, J. Cotta, Stuttgart 1900, S. 175–246.

Dirk SCHUMANN, Der Brüchige Frieden. Kriegserinnerungen, Kriegsszenarien Und Kriegsbereitschaft, in: GG. Sonderheft, Bd. 18, 2000, S. 113–145.

Fritz SCHUMANN, Die Reichsfinanzreform von 1909, in: FinanzArchiv, Bd. 27, Nr. 1, 1910, S. 201–245.

Dirk SCHÜMER, „*Lachen mit Bachtin*" – ein geisteshistorisches Trauerspiel, In: Merkur. Zeitschrift für europäisches Denken, Bd. 10, 2002, S. 847–853.

Joseph SCHUMPETER, Theorie der wirtschaftlichen Entwicklung, Berlin 1911.

Gunnar Folke SCHUPPERT, Wissen, Governance, Recht: Von der kognitiven Dimension des Rechts zur rechtlichen Dimension des Wissens, Nomos Verlagsgesellschaft, Baden-Baden 2019.

Elisabeth SCHÜSSLER FIORENZA, But she said: Feminist Practices of Biblical Interpretation, Beacon Press, Boston 1982.

Maria-Theresia SCHWARZ, „Je weniger Afrika, desto besser". Die deutsche Kolonialismuskritik am Ende des 19. Jahrhunderts: Eine Untersuchung zur kolonialen Haltung von Linksliberalismus und Sozialdemokratie, Peter Lang Verlag, Frankfurt am Main 1999.

Thomas SCHWARZ, Die Mischehendebatte im Reichstag 1912. Hybridität in den Verhandlungen zwischen deutscher Biopolitik, Anthropologie und Literatur, in: Deutsche Sprach- und Literaturwissenschaft, Bd. 19, 2002, S. 323-350.

Joseph R. SEARLE, Die Konstruktion der gesellschaftlichen Wirklichkeit. Zur Ontologie sozialer Tatsachen, Rowohlt Taschenbuch-Verlag, Reinbeck 1997.

Hinrich C. SEEBA, Cultural History: An American Refuge for a German Idea, in: German Culture in Nineteenth-Century America: Reception, Adaptation, Transformation, hg. von Lynne TATLOCK und Matt ERLIN, Boydell & Brewer, Camden House 2005, S 3 -20. Diplomica Verlag GmbH, Hamburg 2012.

Max SERING, Die Handelspolitik der Großstaaten und die Kriegsflotte, in: Handels- und Machtpolitik: Reden und Aufsätze im Auftrag der „Freien Vereinigung für Flottenvorträge", hg. von Gustav SCHMOLLER und Adolph WAGNER, Bd. 2, J. G. Cotta'sche Buchhandlung, Stuttgart 1900, S. 1–44.

James F. SHEEHAN, Politische Führung im deutschen Reichstag 1871–1918, in: Die deutschen Parteien vor 1918, hg. von Gerhard A. Ritter, Kiepenheuer & Witsch, Köln 1973, S. 81 -99.

Ders., Der deutsche Liberalismus. Von den Anfängen im 18. Jahrhundert bis zum Ersten Weltkrieg. 1770–1914, C.H. Beck, München 1983.

James J. SHEEHAN, Deutscher Liberalismus im postliberalen Zeitalter 1890–1914, in: GG, 4. Jahrg., Heft 1, Liberalismus im aufsteigenden Industriestaat, hg. von James J. SHEEHAN, Wolfgang MOCK, Vandenhoeck & Ruprecht, Göttingen 1978, S. 29–48.

Adam SMITH, An Inquiry into the Nature and Causes of the Wealth of Nations, W. Strahan and T. Cadell, London 1776.

Robert Michael SMITH, From Blackjacks to Briefcases: A History of Commercialized Strikebreaking and Unionbusting in the United States, Ohio University Press, Athens 2003.

Frank Oliver SOBICH, Schwarze Bestien, rote Gefahr: Rassismus und Antisozialismus im deutschen Kaiserreich, Campus Verlag, Frankfurt, New York 2006.

Rüdiger SOLDT, Helle Seite, dunkle Zeit, FAZ, 17. Juli 2021.

Hartwin SPENKUCH, Schwerin, Hans Graf von, in: Neue Deutsche Biographie 24 (2010), S. 76–77 [Online-Version]; URL: https://www.deutsche-biographie.de/gnd117422355.html#ndbcontent.

Dirk H. R. SPENNEMANN, An Officer, Yes But a Gentleman...? Eugen Brandeis, Military Adviser, Imperial Judge and Administrator in the German Colonial Service in the South Pacific. Centre for South Pacific Studies, University of New South Wales, Sydney 1998.

Gayatri CHAKRAVORTY SPIVAK, The Rani of Sirmur: An Essay in Reading the Archives, in: History and Theory, Bd. 24, Nr. 3, 1985, S. 247–272.

Volker STALMANN, Das Verhältnis der Sozialdemokratie zum parlamentarischen System 1871–1890, in: SPD und Parlamentarismus: Entwicklungslinien und Problemfelder 1870–1990, hg. von Detlef LEHNERT, Böhlau Verlag, Köln 2016, S. 37–69.

Ders., Fürst Chlodwig zu Hohenlohe-Schillingsfürst. Ein deutscher Reichskanzler, Schöningh, Paderborn 2009.

Douglas STEEPLES, David O. WHITTEN, Democracy in Desperation: The Depression of 1893, Greenwood Press, Westport Connecticut 1998.

Dirk STEGMANN, Konservativismus und Nationale Verbände Im Kaiserreich. Bemerkungen zu einigen neueren Veröffentlichungen, in: GG, Bd. 10, Nr. 3, 1984, S. 409–420.

Zara STEINER, Elitism and Foreign Policy: the Foreign Office before the Great War, in: Shadow and Substance in British Foreign Policy, hg. von B. J. C. McKERCHER and D. J. Moss, The University of Alberta Press, Endmonton 1984, S. 19–55.

Gunda STÖBER, Pressepolitik als Notwendigkeit: zum Verhältnis von Staat und Öffentlichkeit im wilhelminischen Deutschland 1890–1914, Steiner, Stuttgart 2000.

Bernd STÖVER, Geschichte der USA: Von der ersten Kolonie bis zur Gegenwart, C.H. Beck, München 2017.

Barbara STOLLBERG-RILINGER, Was heißt Kulturgeschichte des Politischen?, Duncker & Humblot, Berlin (Zeitschrift für Historische Forschung, Beiheft 25) 2005.

Michael STOLLEIS, Geschichte des öffentlichen Rechts in Deutschland. Erster Band: Reichspublizistik und Policeywissenschaft 1600–1800, Beck, München 1988.

Josiah STRONG, Our Country: Its Possible Future and Its Present Crisis, The Amarican Home Missionary Society, New York 1885.

Helmut STUBBE DA LUZ, Braband, in: Hamburgische Biografie, Bd. 5, hg. von Franklin KOPITZSCH, Dirk BRIETZKE, Wallstein, Göttingen 2010, S. 60-62.

Benedikt STUCHTEY, Die europäische Expansion und ihre Feinde: Kolonialismus-kritik vom 18. bis ins 20. Jahrhundert, R. Oldenbourg Verlag, München 2010.

Michael STÜRMER, Das ruhelose Reich. Deutschland 1866–1918, Severin und Siedler, Berlin 1983.

Tomasz SZAROTA, Der deutsche Michel. Geschichte eines nationalen Symbols und Autostereotyps, Fibre, Osnabrück 1998.

Ida M. TARBELL, The History of the Standard Oil Company, briefer Version, hg. von David M. CHALMERS, Dover Publications, Inc., Mineola, New York 1966.

Klaus TENFELDE, Klaus SCHÖNHOSEN, Michael SCHNEIDER, Detlev J.K. PEUKERT, Ulrich BORSDORF (Hg.), Geschichte der deutschen Gewerkschaften: Von den Anfängen bis 1945, Bund-Verlag, Köln 1987.

Andreas THIER, Franckensteinsche Klausel, in: Handwörterbuch zur deutschen Rechtsgeschichte, 2. Auflage, Bd. I, Erich Schmidt Verlag, Berlin 2008, S. 1648–1650.

Ders., Richter, Eugen, in: Neue Deutsche Biographie 21 (2003), S. 526–528. [Online-Version]; URL: https://www.deutsche-biographie.de/pnd118600400.html#ndb content.

Don Heinrich TOLZMANN, Images of America: German Cincinnati, Arcadia Publishing, Charleston SC, 2005.

Cornelius TORP, Die Herausforderung der Globalisierung. Wirtschaft und Politik in Deutschland 1860–1914, Vandenhoeck & Ruprecht, Göttingen 2005.

Paul TRACHMANN, Kultur und Nation: Vom Mythos der deutschen Kulturnation zu einer integrativen Kulturpolitik, GRIN Verlag, München 2009.

Oliver TREVISIOL, Die Einbürgerungspraxis im Deutschen Reich: 1871–1945, V & R unipress, Göttingen 2006.

Keith TRIBE, Strategies of Economic Order: German Economic Disours, 1750–1950, Cambridge University Press, Cambridge 1995.

A. Morgan TUIMALEALI'IFANO, O Tama A ‚Aiga: The Politics of Succession to Samoa's Paramount Titels, Institute of Pacific Studies, The University of South Pacific, Suva Fidji 2006.

Heidi J.S. TWOREK, News from Germany: The Competition to Control World Communications, 1900–1945, Harvard University Press, Cambridge, Massachusetts 2019.

Horst UEBERHORST, Lewald, Theodor, in: Neue Deutsche Biographie 14 (1985), S. 410–411 [Online-Version]; URL: https://www.deutsche-biographie.de/pnd11 8572415.html#ndbcontent.

Hans-Peter ULLMANN, Das deutsche Kaiserreich 1871–1918, Suhrkamp, Frankfurt 1995.

Ders., Interessenverbände in Deutschland, Suhrkamp, Frankfurt am Main 1988.

Ders., Der Bund der Industriellen. Organisation, Einfluß und Politik klein- und mittelbetrieblicher Industrieller im Deutschen Kaiserreich 1895.1914, Vandenhoeck und Ruprecht, Göttingen 1976.

Volker ULLRICH, Deutsches Kaiserreich, Fischer Verlag, Frankfurt 2006.

Ders., Die nervöse Großmacht: Aufstieg und Untergang des deutschen Kaiserreichs 1871–1918, Fischer, Frankfurt am Main 1997.

Karina URBACH, Rößler, Constantin, in: Neue Deutsche Biographie 21 (2003), S. 750 [Online-Version]; URL: https://www.deutsche-biographie.de/pnd116595736.html#ndbcontent.

Nikolaus URBAN, Die Diätenfrage: Zum Abgeordnetenbild in Staatsrechtslehre und Politik 1900–1933, Mohr Siebeck, Tübingen 2003.

Alfred VAGTS, Deutschland und die Vereinigten Staaten in der Weltpolitik, Bd. 2, Lovat Dickson & Thompson Ltd., London 1935.

Eberhard von VIETSCH, Bismarck, Herbert Fürst von, in: Neue Deutsche Biographie 2 (1955), S. 268 [Online-Version]; URL: https://www.deutsche-biographie.de/pnd118663542.html#ndbcontent.

Jakob VOGEL, Nationen im Gleichschritt: Der Kult der „Nation in Waffen" in Deutschland und Frankreich 1871–1914, Vandenhoeck & Ruprecht, Göttingen 1997.

Ernst WAGEMANN, Die deutschen Kolonisten im brasilianischen Staate Espirito Santo, in: Die Ansiedlung von Europäern in den Tropen, hg. von Ständiger Ausschuss des Vereins für Socialpolitik, Bd. 147, Fünfter Teil, Duncker & Humblot, Leipzig 1915.

Edward WAGENKNECHT, The Seven Worlds of Theodore Roosevelt, The Globe Pequot Press, Guilford CT 2010.

Norbert WAGNER (Hg.), Archiv des Deutschen Kolonialrechts. Konvention vom 2. September 1879 betreffend die Munizipalverwaltung für Apia. (RT-Vhdl., 4. LP, 3. Session, Bd. 65, Aktenst. Nr. 101, S. 728; PDF; 2,0 MB).

Patrick WAGNER, Bauern, Junker und Beamte: Lokale Herrschaft und Partizipation im Ostelbien des 19. Jahrhunderts, Wallstein Verlag, Göttingen 2005.

Peter WALKENHORST, Nation – Volk – Rasse: Radikaler Nationalismus im Deutschen Kaiserreich 1890–1914, Vandenhoeck & Ruprecht, Göttingen 2011.

Immanuel WALLERSTEIN, The Inventions of TimeSpace: Realities: Towards an Understanding of our Historical Systems, in: Geography, Bd. 73, Nr. 4, Oktober 1988, S. 289–297.

Helmut WALSER SMITH, Jenseits der Sonderweg-Debatte, in: Das Deutsche Kaiserreich in der Kontroverse, hg. von Oliver MÜLLER und Cornelius TORP, Vandenhoeck & Ruprecht, Göttingen 2009, S. 31–50.

Robert DeC. WARD, „The New Immigration Act." The North American Review, Bd. 185, Nr. 619, 1907, S. 587–593.

Shirley Anne WARSHAW, The White House Staff, SAGE, Thousand Oaks 2013.

Donald WARREN JR., The Red Kingdom of Saxony: Lobbying Grounds for Gustav Stresemann 1901–1909, Martinus Nijhoff, Den Haag 2012.

Hartmut WASSER, USA: Wirtschaft – Gesellschaft – Politik, Springer Fachmedien, Wiesbaden 1993.

Max WEBER, Abriß der universalen Sozial- und Wirtschaftsgeschichte, hg. von Wolfgang SCHLUCHTER, J.C.B. Mohr (Paul Siebeck), Tübingen 2011.

Max WEBER, Wirtschaft, Staat und Sozialpolitik: Schriften und Reden, 1900–1912, hg. von Horst BAIER, Mario Rainer LEPSIUS, Wolfgang J. MOMMSEN, Tübingen 1998 (Bd. 8 der Max-Weber-Gesamtausgabe).

Heinz Friedrich Ernst WEGENER, Der Einfluss der Internationalen Flottenkonzeptionen auf die Marinepolitik des Kaiserreichs und ihre Durchsetzung in der deutschen Öffentlichkeit 1871– 1908, Dissertation, Würzburg 1983.

Hans-Ulrich WEHLER, Bismarck und der Imperialismus, Kiepenheuer & Witsch, Köln 1972[3].

Ders., Der Amerikanische Handelsimperialismus in China, 1844–1900, in: Jahrbuch Für Amerikastudien Bd. 14, 1969, S. 55–76.

Ders., Das Deutsche Kaiserreich 1871–1918, Vandenhoeck & Ruprecht, Göttingen 2009.

Ders., Der Aufstieg des amerikanischen Imperialismus: Studien zur Entwicklung des Imperium Americanum 1865–1900, Vandenhoeck & Ruprecht, Göttingen 1987[2].

Ders., Deutsche Gesellschaftsgeschichte, Bd. 3: Von der deutschen Doppelrevolution bis zum Beginn des Ersten Weltkriegs. 1849–1914, C.H. Beck, München 1995.

Ders., Krisenherde des Kaiserreichs 1871–1914, Vandenhoeck & Ruprecht, Göttingen 1979[2].

Rudolf WEINMEISTER, Gabelsberger, Franz Xaver, in: Neue Deutsche Biographie 6 (1964), S. 4–5 [Online-Version]; URL: https://www.deutsche-biographie.de/pnd118716026.html#ndbcontent.

H.G. WELLS, The New Machiavelli, he Bodley Head, London 1911.

Reinhard Wendt, Die Südsee, in: Kein Platz an der Sonne: Erinnerungsorte der deutschen Kolonialgeschichte, hg. von Jürgen Zimmerer, De Gruyter, Frankfurt am Main/New York 2013, S. 41–55.

Jürgen WESTPHAL, EinBlick: Familie und Jugend in Kriegs- und Nachkriegsjahren. Aus Gesprächen mit Juliane Westphal, Books on Demand, 2017.

Raban von WESTPHALEN (Hg.) Deutsches Regierungssystem, R. Oldenbourg Verlag, München 2001.

Wolfgang WETTE, Noske, Gustav, in: Neue Deutsche Biographie 19 (1999), S. 347–348 [Online-Version]; URL: https://www.deutsche-biographie.de/pnd118588761.html#ndbcontent.

Hayden WHITE, Metahistory. Die historische Einbildungskraft im 19. Jahrhundert in Europa, S. Fischer, Frankfurt 1991.

Gerhard WIECHMANN, Die preußisch-deutsche Marine in Lateinamerika 1866–1914. Eine Studie deutscher Kanonenbootpolitik, H.M. Hauschild, Bremen 2002.

Gerhard WIECHMANN, Die Königlich-Preußische Marine in Lateinamerika 1851 bis 1867: Ein Versuch deutscher Kanonenbootpolitik in Übersee, in: Preußen und Lateinamerika: Im Spannungsfeld von Kommerz, Macht und Kultur, hg. von Sandra CARRERAS, Günther MAIHOLD, LIT VERLAG, Münster 2004, S. 105-144.

Lothar WIELAND, Vom kaiserlichen Offizier zum deutschen Revolutionär – Stationen der Wandlung des Kapitänleutnants Hans Paasche (1881–1920), in: Pazifistische Offiziere in Deutschland, 1871–1933, hg. von Wolfram WETTE, Helmut DONAT, Donat-Verlag, Bremen 1999, S. 169-179.

Andreas WILHELM, Außenpolitik: Grundlagen, Strukturen und Prozesse, R. Oldenbourg Verlag, Wien, München 2006.

WILHELM II., Aus meinem Leben 1859 -1888, Koehler, Berlin und Leipzig 1927.

Olaf WILLETT, Sozialgeschichte Erlanger Professoren 1743–1933, Vandenhoeck & Ruprecht, Göttingen 2001.

Ernest Edwin WILLIAMS, „Made in Germany", 4. Ausgabe, William Heinemann, London 1896.

Johannes WILLMS, Nationalismus ohne Nation: Deutsche Geschichte von 1789 bis 1914, Fischer Taschenbuch, Frankfurt 1985.

Gabriele WINKER, Nina DEGELE, Intersektionalität: Zur Analyse sozialer Ungleichheiten, transcript Verlag, Bielefeld 2009.

Heinrich August WINKLER, Weimar 1918–1933: Die Geschichte der Ersten Deutschen Demokratie, Verlag C.H. Beck, München 1993.

Peter WINZEN, Das Ende der Kaiserherrlichkeit. Die Skandalprozesse um die homosexuellen Berater Wilhelms II. 1907–1909, Böhlau Verlag, Köln 2010.

Ders., Reichskanzler Bernhard von Bülow, Mit Weltmachtphantasien in den Ersten Weltkrieg: Eine politische Biografie, Verlag Friedrich Pustet, Regensburg 2013.

Ders., Zur Genesis von Weltmachtkonzept und Weltpolitik, in: Der Ort Kaiser Wilhelms II. in der deutschen Geschichte, hg. von John C.G. RÖHL, Elisabeth MÜLLER-LUCKNER, Schriften des Historischen Kollegs, Kolloquien 17, Oldenbourg, München 1991, S. 189-222.

Michael WOBRING, Die Globalisierung der Telekommunikation im 19. Jahrhundert: Pläne, Projekte und Kapazitätsausbauten zwischen Wirtschaft und Politik, Peter Lang, Frankfurt 2005.

Wolfgang WÖLK, Kaempf Johannes, in: Neue Deutsche Biographie 10 (1974), S. 728 .

Reinhard WOLF, Respekt. Ein unterschätzter Faktor in internationalen Beziehungen, in Zeitschrift für internationale Beziehungen, 15. Jahrg., Heft 1, Juni 2008, S. 5–42.

Leslie Li WONG, Racial Reconstruction: Black Inclusion, Chinese Exclusion, and the Fictions of Citizenship, NYU Press, New York 2015.

Alexandra ZELFEL, Erziehen – die Politik von Frauen. Erziehungsdiskurse im Spiegel von Frauenzeitschriften im ausgehenden 19. Jahrhundert, Klinkhardt, Bad Heilbrunn, 2004.

Michael ZEUSKE, Handbuch Geschichte der Sklaverei; Eine Globalgeschichte von den Anfängen bis zur Gegenwart, Walter De Gruyter, Berlin/Boston 2013.

Ders., Kleine Geschichte Kubas, C.H. Beck, München 2007³.

Benjamin ZIEMANN, Das Kaiserreich als Epoche der Polykontexturalität, in: Das Deutsche Kaiserreich in der Kontroverse, hg. von Sven Oliver MÜLLER und Cornelius TORP, Vandenhoeck & Ruprecht, Göttingen 2009, S. 51–65.

Andrew ZIMMERMANN, Alabama in Africa. Booker T. Washington, the German empire, and the globalization of the new south, Princeton University Press, Princeton 2010.

Ders., Ein deutsches Alabama in Afrika. Die Tuskegee-Expedition nach Togo und die transnationalen Ursprünge westafrikanischer Baumwollpflanzer, in: Globalgeschichte. Theorien, Ansätze, Themen, hg. von Sebastian CONRAD, Andreas ECKERT, Ulrich FREITAG, Campus Verlag, Frankfurt 2007, S. 313–342.

Howard ZINN, A People's History of the United States, Harper Collins, New York 2005.

Friedrich ZUNKEL, Hammacher, Friedrich, in: Neue Deutsche Biographie 7 (1966), S. 588 f. [Online-Version]; URL: https://www.deutsche-biographie.de/pnd11 6440619.html#ndbcontent.

https://www.bpb.de/kurz-knapp/lexika/das-europalexikon/177087/kompetenz-kompetenz/.

www.bundestag.de/resource/blob/190454/782a532c7e19aa9cd5119e62ca77a260/wahlen_kaiserreich-data.pdf

https://de.statista.com/statistik/daten/studie/266071/umfrage/immigration-aus-deutschland-in-die-usa/#:~:text=Im%2019.,1%2C4%20Millionen%20Deutsche%20einwanderten.

http://www.deutsche-auswanderer-datenbank.de/index.php?id=557.

https://www.dgb.de/uber-uns/bewegte-zeiten/geschichte-des-dgb/gewerkschaftsgeschichte-in-zahlen/++co++d6213e5a-a700-11e9-a99652540088cada.

https://www.digitales-deutsches-frauenarchiv.de/themen/erwerbstaetigkeit-von-frauen-im-kaiserreich-und-der-weimarer-republik

https://www.hsozkult.de/conferencereport/id/fdkn-121446

https://kgparl.de/forschung/abgeordnetenleben-1871-1918/

http://library.fes.de/fulltext/bibliothek/chronik/band3/e235g105.html

http://utc.iath.virginia.edu/abolitn/abesaegb5t.html

https://www.historycentral.com/documents/immigrationact.html

https://www.loc.gov/item/sn83030147/

https://www.wahlen-in-deutschland.de/krtw.htm

https://en.wikipedia.org/wiki/Bluestocking

https://de.wikipedia.org/wiki/Julius_Oskar_Galler

https://de.wikipedia.org/wiki/Kolonialwirtschaftliches_Komitee.

https://de.wikisource.org/wiki/Handelsabkommen_zwischen_dem_Deutschen_Reiche_und_den_Vereinigten_Staaten_von_Amerika.

https://www.universalis.fr/encyclopedie/samuel-gompers/

Personenregister

Washington) 36, 177, 178, 276, 291, 292, 307, 308, 338, 339, 389
Hermann Wilhelm Stockmann (Freikonservative Partei) 447, 448
Gustav Stresemann (NL, Außenminister) 278, 413, 414, 429
Karl Schrader (FVg) 186, 220, 273, 274
Georg von Siemens (Bankier, FVg) 65, 248–250, 345
Paul Singer (SPD) 55, 496–498, 543, 544
Udo zu Stolberg-Wernigerode (DK, Reichstagspräsident) 240, 244, 248, 399, 515, 516
Carl-Ferdinand von Stumm-Halberg (DK) 135, 251, 494–501, 504–506, 508–510, 512, 513, 516
Hans von Schwerin-Löwitz (DK, Reichstagspräsident) 237, 373–376, 381, 393, 409, 413
Wilhelm Solf (Gouverneur von Samoa, Staatssekretär des Reichskolonialamtes) 459–461, 465, 466, 468–471, 473–475, 488
Oscar Wilhelm Stübel (Deutscher Konsul) 189
Talavou (Samoanischer Prinz) 189
Tamasese (Samoanischer König) 189, 190
Tanu (Samoanischer Prinz) 192–194
Alfred Tirpitz (Staatssekretär der Marine) 42, 43, 144, 140, 143, 144, 146, 147, 151, 156, 164, 206, 224, 232, 252, 258, 264, 326
Max von Thielmann (Staatssekretär des Reichsschatzamtes) 129, 133, 224
Ferdinand Tönnies (Soziologe) 420
Georg von Vollmar (SPD) 266–269, 270, 271–274, 276, 279, 280, 283, 284
Hans Wagner (Ökonom) 242
Alfred von Waldersee (Preußischer Generalfeldmarschall) 95, 96, 163, 191

David Felix Waldstein (FVP) 455–458
Conrad von Wangenheim (DK, BdL) 90, 239, 240
Booker T. Washington (Amerikanischer Pädagoge und Sozialreformer) 437, 447
Max Weber (Deutscher Soziologe) 61, 62, 65, 329, 330, 505, 510
Theodor Weber (Deutscher Händler) 189
Carl Maria von Weber (Komponist) 394
Otto Wiemer (FVp) 184, 186
Wilhelm II. (Deutscher Kaiser) 25, 28, 32–34, 38–42, 43, 47, 48, 51, 54, 55, 57, 59, 60–62, 66, 74, 78, 82, 84, 86, 88, 92, 93, 95, 100, 101, 111, 114, 117, 121, 122, 124, 126, 131, 132, 135, 140–151, 153, 163, 164, 166–169, 171, 175, 176, 180, 181, 189, 191, 193, 199–201, 206, 211, 213, 222, 228, 233, 236, 254–262, 264, 272, 274, 275, 283, 290, 291, 303, 308, 309, 314, 319, 326, 327, 355, 356, 359, 361, 363, 391, 393, 404, 408, 410, 412, 428, 433, 435, 439, 450, 453, 457, 562, 464, 470, 484, 488, 490, 508, 514, 522, 523, 527-529, 532, 537, 547–549
Andrew D. White (Amerikanischer Diplomat, Botschafter in Berlin) 172
Henry White (Amerikanischer Diplomat) 122, 302
Woodrow Wilson (Amerikanischer Präsident) 527
Theodor Wolff (Deutscher Publizist und Journalist) 329
Emanuel Wurm (SPD) 493, 494, 537, 539, 540
Oswald Zimmermann (Deutschsoziale Reformpartei) 313
Johannes Zürn (Freikonservative Partei) 480

Zivilisationen & Geschichte / Civilizations & History / Civilisations & Histoire

Herausgegeben von / edited by / dirigée par Ina Ulrike Paul und / and / et Uwe Puschner

Bd. / Vol. 21 Nicola Kristin Karcher / Anders G. Kjøstvedt (eds.): Movements and Ideas of the Extreme Right in Europe. Positions and Continuities. 2013.

Bd. / Vol. 22 Klaus Geus / Elisabeth Irwin / Thomas Poiss (Hrsg.): Herodots Wege des Erzählens. Logos und Topos in den *Historien*. 2013.

Bd. / Vol. 23 Alina Soroceanu: Niceta von Remesiana. Seelsorge und Kirchenpolitik im spätantiken unteren Donauraum. 2013.

Bd. / Vol. 24 Horst Junginger / Andreas Åkerlund (eds.): Nordic Ideology between Religion and Scholarship. 2013.

Bd. / Vol. 25 Richard Faber (Hrsg.): Totale Erziehung in europäischer und amerikanischer Literatur. 2013.

Bd. / Vol. 26 Silke Segler-Meßner / Isabella von Treskow (éd.): Génocide, enfance et adolescence dans la littérature, le dessin et au cinéma. 2014.

Bd./Vol. 27 Michael Meyer : Symbolarme Republik? Das politische Zeremoniell der Weimarer Republik in den Staatsbesuchen zwischen 1920 und 1933. 2014.

Bd./Vol. 28 Enno Schwanke: Die Landesheil- und Pflegeanstalt Tiegenhof. Die nationalsozialistische *Euthanasie* in Polen während des Zweiten Weltkrieges. 2014.

Bd./Vol. 29 Christina Stange-Fayos: Publizistik und Politisierung der Frauenbewegung in der wilhelminischen Epoche. Die Zeitschrift *Die Frau* (1893–1914). Diskurs und Rhetorik. 2014.

Bd./Vol. 30 Susanne Wein: Antisemitismus im Reichstag Judenfeindliche Sprache in Politik und Gesellschaft der Weimarer Republik. 2014.

Bd./Vol. 31 Uwe Puschner / Christina Stange-Fayos / Katja Wimmer (Hrsg.): Laboratorium der Moderne. Ideenzirkulation im Wilhelminischen Reich / Laboratoire de la modernité. Circulation des idées à l'ère wilhelminienne. 2015.

Bd./Vol. 32 Simona Lavaud: Gleichberechtigung und Gleichwertigkeit? Jüdische Wohlfahrt in der Weimarer Republik zwischen privaten Initiativen und öffentlichem Engagement am Beispiel der Berliner Gemeinde. 2015.

Bd./Vol. 33 Annika Haß: Der Verleger Johann Friedrich Cotta (1764-1832) als Kulturvermittler zwischen Deutschland und Frankreich. Frankreichbezüge, Koeditionen und Übersetzungen. Mit einem Vorwort von Hans-Jürgen Lüsebrink. 2015.

Bd./Vol. 34 Joris Corin Heyder / Christine Seidel (eds.): Re-Inventing Traditions. On the Transmission of Artistic Patterns in Late Medieval Manuscript Illumination. 2015.

Bd./Vol. 35 Tetyana Pavlush: Kirche nach Auschwitz zwischen Theologie und Vergangenheitspolitik. Die Auseinandersetzung der evangelischen Kirchen beider deutscher Staaten mit der Judenvernichtung im „Dritten Reich" im politisch-gesellschaftlichen Kontext. 2015.

Bd./Vol. 36 Luiz Estevam de Oliveira Fernandes / Luísa Rauter Pereira / Sérgio da Mata (eds.): Contributions to Theory and Comparative History of Historiography. German and Brazilian Perspectives. 2015.

Bd./Vol. 37 Alexandra Ludewig: Zwischen Korallenriff und Stacheldraht. Interniert auf Rottnest Island, 1914-1915. 2015.

Bd./Vol. 38 Michel Lefèvre / Katharina Mucha-Tummuseit / Rainer Hünecke (Hrsg.): Rhetorik und Kulturen. 2016.

Bd./Vol. 39 Ursula Konnertz / Sibylle Mühleisen (Hrsg.): Bildung und Schlüsselqualifikationen. Zur Rolle der Schlüsselqualifikationen an den Universitäten. 2016.

Bd./Vol. 40 Ernst Baltrusch / Uwe Puschner (Hrsg.): Jüdische Lebenswelten. Von der Antike bis zur Gegenwart. 2016.

Bd./Vol. 41 Luitgard Sofie Löw: Gottessohn und Mutter Erde auf bronzezeitlichen Felsbildern. Herman Wirth und die völkische Symbolforschung. 2016.

Bd./Vol. 42 Johanna Heinen: Ein „jüdisches" Mäzenatentum für moderne französische Kunst? Das Fallbeispiel der Nationalgalerie im Berlin der wilhelminischen Ära (1882-1911). Eine kultur- und sozialhistorische Studie. 2016.

Bd./Vol. 43 Matthias Loeber: Völkische Bewegung zwischen Weser und Ems. Richard von Hoff und die Nordische Gesellschaft in Bremen und Nordwestdeutschland. 2016.

Bd./Vol. 44 Barbara von Hindenburg: Die Abgeordneten des Preußischen Landtags. Biographie – Herkunft – Geschlecht. 2017.

Bd./Vol. 45 Barbara von Hindenburg (Hrsg. und Bearb.): Biographisches Handbuch der Abgeordneten des Preußischen Landtags. Verfassunggebende Preußische Landesversammlung und Preußischer Landtag 1919-1933. 2017.

Bd./Vol. 46 Dirk Hainbuch: Das Reichsministerium für Wiederaufbau. Die Abwicklung des Ersten Weltkrieges: Reparationen, Kriegsschäden-Beseitigung, Opferentschädigung und der Wiederaufbau der deutschen Handelsflotte 1919 bis 1924. 2016.

Bd./Vol. 47 Alexandra Esche: Hitlers «völkische Vorkämpfer»: Die Entwicklung nationalsozialistischer Kultur- und Rassenpolitik in der Baum-Frick-Regierung 1930-1931. 2017.

Bd./Vol. 48 Mirjam Neusius: Herrschaftslegitimation und Kulturtransfer in der habsburgischen Lombardei. Die Zeitschrift «Biblioteca italiana» und die deutsche Kultur (1815–1830). 2017.

Bd./Vol. 49 Peter L. Münch-Heubner: Sanfter Paternalismus. Entstehung, Geschichte und Gegenwart des Sozial- und Interventionsstaates in Australien. 2017.

Bd./Vol. 50 Richard Faber / Uwe Puschner (Hrsg.): Luther – zeitgenössisch, historisch, kontrovers. 2017.

Bd./Vol. 51 Florian Krobb: Vorkoloniale Afrika-Penetrationen. Diskursive Vorstöße ins «Herz des großen Continents» in der deutschen Reiseliteratur (ca. 1850-1890). 2017.

Bd./Vol. 52 Winfried Mogge: Wilhelm Branco (1844-1928). 2018.

Bd./Vol. 53 Etienne Dubslaff: Oser plus de social-démocratie. La recréation et l'établissement du Parti social-démocrate en RDA (1989–1990). 2019.

Bd./Vol. 54 Markus Bierkoch: Völkische Werbung in den USA. Die Ortsgruppe New York des Alldeutschen Verbandes in den ersten beiden Jahrzehnten des 20. Jahrhunderts. 2019.

Bd./Vol. 55 Ina Ulrike Paul / Sylvia Schraut (Hrsg.): Rassismus in Geschichte und Gegenwart. Eine interdisziplinäre Analyse. 2019.

Bd./Vol. 56 Bérénice Zunino: Die Mobilmachung der Kinder im Ersten Weltkrieg. Kriegskultur und illustrierte Kriegskinderliteratur im Deutschen Kaiserreich (1911–1918). 2019.

Bd./Vol. 57 Stefan Noack / Christine de Gemeaux / Uwe Puschner (Hrsg.): Deutsch-Ostafrika. Dynamiken europäischer Kulturkontakte und Erfahrungshorizonte im kolonialen Raum. 2019.

Bd./Vol. 58 Lisa Sophie Gebhard / David Hamann (Hrsg.): Deutschsprachige Zionismen. Verfechter, Kritiker und Gegner, Organisationen und Medien (1890–1938). 2019.

Bd./Vol. 59 Catherine Mazellier-Lajarrige / Ina Ulrike Paul / Christina Stange-Fayos (Hrsg./éds.): Geschichte ordnen – L'Histoire mise en ordre. Interdisziplinäre Fallstudien zum Begriff „Generation" – Études de cas interdisciplinaires sur la notion de « génération ». 2019.

Bd./Vol. 60 Claudius Kiene: Karl Spiecker, die Weimarer Rechte und der Nationalsozialismus. Eine andere Geschichte der christlichen Demokratie. 2020.

Bd./Vol. 61 David Bordiehn / Christian Köhler / Stefan Noack / Susanne Wein (Hrsg.): Ausgrenzende politische Ideologien. Akteure, Organisationen und Programmatiken. Festschrift zu Ehren von Uwe Puschner. Unter Mitarbeit von Marit Bergner, Markus Börner, Etta Grotrian, Henning Holsten, Katja Kaiser, Sonja Knopp, Manuel Pauli, Katrin Riedel, Johannes Zechner, Eva Zimmermann sowie Tamara Or und Felix Wiedemann. 2020.

Bd./Vol. 62 Annette Grohmann-Nogarède: L'hebdomadaire *Die Zukunft* (1938-1940) et ses auteurs (1899-1979) : Penser l'Europe et le monde au XXe siècle. 2020.

Bd./Vol. 63 Isabell Scheele: Les relations transimpériales. L'exemple du Togo allemand et du Dahomey français à l'apogée de l'impérialisme européen. Mit einer ausführlich deutschen Zusammenfassung. 2021.

Bd./Vol. 64 Luise Dumas: Automobile et cinéma : un long-métrage. Une étude du motif de l'automobile à l'exemple du cinéma allemand. 2021.

Bd./Vol. 65 Jens Flemming: Arbeit am Geist der Zeit: Journalisten, Schriftsteller, Professoren. Zur geistigen Physiognomie Deutschlands zwischen Kaiserreich und Bundesrepublik. 2021.

Bd./Vol. 66 Katja Kaiser: Wirtschaft, Wissenschaft und Weltgeltung. Die Botanische Zentralstelle für die deutschen Kolonien am Botanischen Garten und Museum Berlin (1891–1920). 2021.

Bd./Vol. 67 Laurent Dedryvère / Patrick Farges / Indravati Félicité / Elisa Goudin (Hrsg./éd.): Transimpérialités contemporaines / Moderne Transimperialitäten. Rivalités, contacts, émulation / Rivalitäten, Kontakte, Wetteifer. 2021.

Bd./Vol. 68 Theresa Angenlahr: Der Kölner Lischka-Prozess. NS-Verbrechen und Erinnerungskultur in der Bundesrepublik Deutschland und in Frankreich. 2021.

Bd./Vol. 69 Michel Grunewald: Das „Dritte Reich" im Visier. Interpretationen, Urteile, Strategien der Action française, 1933-1945. 2021.

Bd./Vol. 70 Françoise Lartillot / Ina Ulrike Paul (Hrsg./éds.): Der Erste Weltkrieg in Literatur, Künsten und Wissenschaft – La Première Guerre mondiale dans la littérature, les arts et les sciences. Kriegserfahrung und intellektuelle Gegenwehr – Expérience de la guerre et résistance intellectuelle. 2022.

Bd./Vol. 71 David Bordiehn: Manfred Gerlach, LDP(D) – Eine politische Biographie. 2022.

Bd./Vol. 72 Stefan Rindlisbacher: Lebensreform in der Schweiz (1850–1950). Vegetarisch essen, nackt baden und im Grünen wohnen. 2022.

Bd./Vol. 73 Claire Aslangul-Rallo / Bérénice Zunino (dir./Hrsg.): La presse et ses images / Die Presse und ihre Bilder. Sources – réseaux – imaginaires – méthodes / Quellen – Netzwerke – Imaginäre – Methoden. 2022.

Bd./Vol. 74 Ulrich Linse: Völkisch – Nationalsozialistisch – Rechtsradikal. Weltanschauung und Lebenswelt einer Jugendbewegten. Eine deutsche Biographie im 20. Jahrhundert – Teil 1. 2022.

Bd./Vol. 75 Ulrich Linse: Völkisch – Nationalsozialistisch – Rechtsradikal. Weltanschauung und Lebenswelt einer Jugendbewegten. Eine deutsche Biographie im 20. Jahrhundert – Teil 2. 2022.

Bd./Vol. 76 Manuel Pauli: Die deutsche Freimaurerei in der langen Jahrhundertwende (1860 – 1935). 2022.

Bd./Vol. 77 Carla Dalbeck: Die Herausbildung des neuzeitlichen Nationsbegriffs. Begriffswandel und Transferprozesse in deutschen und französischen enzyklopädischen Wörterbüchern der Sattelzeit. 2022.

Bd./Vol. 78 Maik Schmerbauch: Die Kirchenbücher und die nationalsozialistische „Sippenforschung" im Bistum Hildesheim. Eine Studie zum kirchlichen Archivwesen im „Dritten Reich" 1933-1945. 2023.

Bd./Vol. 79 Regina Schuhbauer: La Résistance muséalisée. Les mises en récit, en scène et en espace du passé. 2023.

Bd./Vol. 80 Michel Grunewald: Le troisième Reich. 2023.

Bd./Vol. 81 Robert Suckro: Ein völkischreligiöser Weltanschauungsproduzent um 1900. 2023.

Bd./Vol. 82 Markus Hiltl: Der Reichstag und die Vereinigten Staaten in der Wilhelminischen Epoche (1895-1914). 2023.

Milton Keynes UK
Ingram Content Group UK Ltd.
UKHW021009090424
440842UK00003B/20

9 783631 902530